自助游中国

ZIZHUYOU ZHONGGUO 第12版

鲍威 ◆ 编著

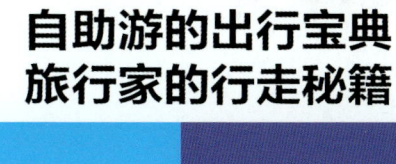

自助游的出行宝典
旅行家的行走秘籍

新版再升级

中国旅游出版社

特辑：跟着世界遗产去旅行

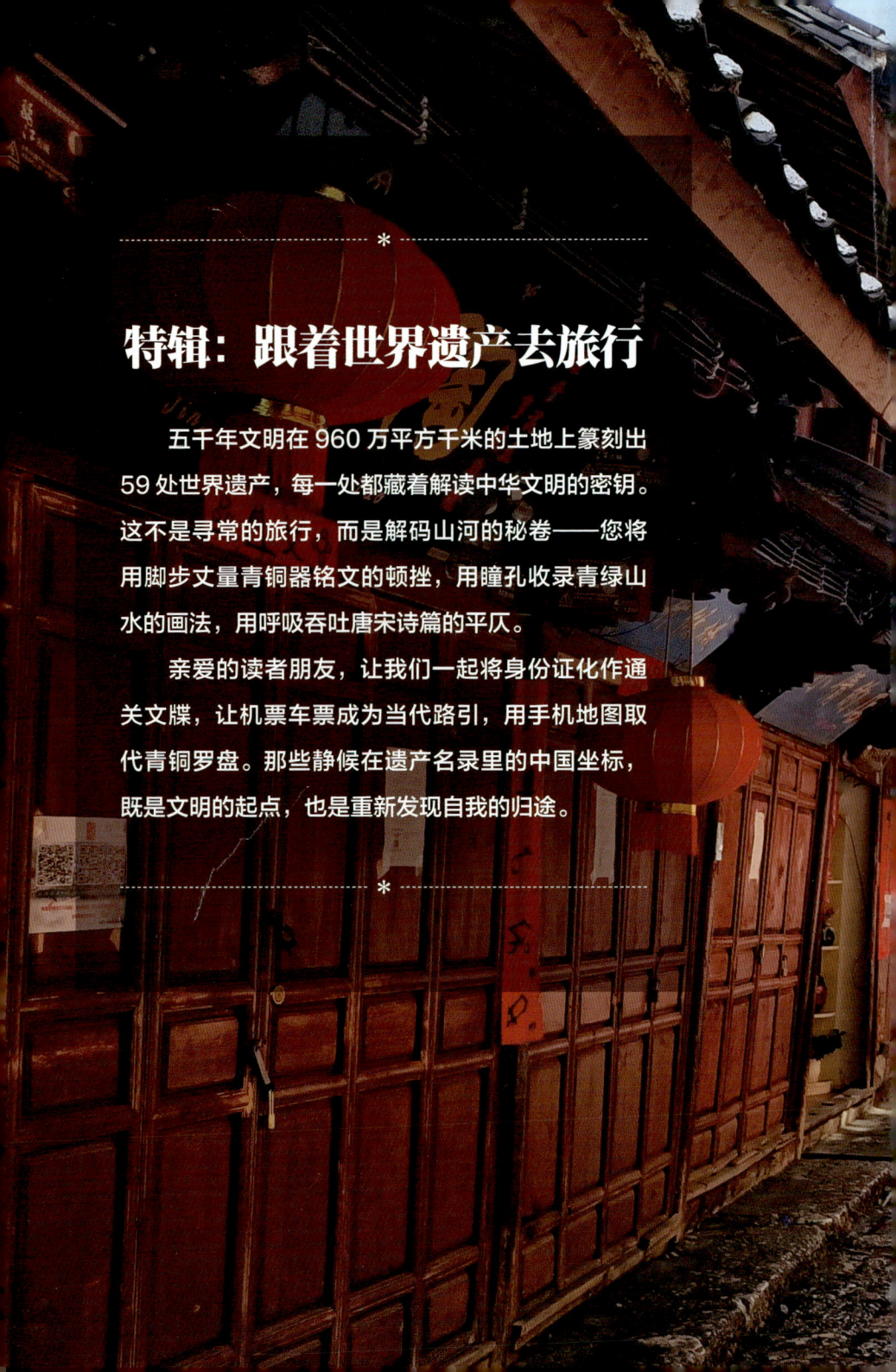

　　五千年文明在 960 万平方千米的土地上篆刻出 59 处世界遗产，每一处都藏着解读中华文明的密钥。这不是寻常的旅行，而是解码山河的秘卷——您将用脚步丈量青铜器铭文的顿挫，用瞳孔收录青绿山水的画法，用呼吸吞吐唐宋诗篇的平仄。

　　亲爱的读者朋友，让我们一起将身份证化作通关文牒，让机票车票成为当代路引，用手机地图取代青铜罗盘。那些静候在遗产名录里的中国坐标，既是文明的起点，也是重新发现自我的归途。

世界文化与自然双遗产	
黄山	峨眉山——乐山大佛
泰山	武夷山

世界文化遗产	
明清故宫（北京故宫、沈阳故宫）	龙门石窟
长城	庐山国家公园
北京皇家园林——颐和园	莫高窟
北京皇家祭坛——天坛	平遥古城
明清皇家陵寝	秦始皇陵及兵马俑
周口店北京人遗址	青城山——都江堰
大运河	曲阜孔庙、孔林、孔府
登封"天地之中"历史建筑群	丝绸之路：长安——天山廊道的路网
殷墟	苏州古典园林
澳门历史城区	土司遗址
拉萨布达拉宫历史建筑群（含罗布林卡和大昭寺）	皖南古村落——西递、宏村
承德避暑山庄及其周围寺庙	五台山
大足石刻	武当山古建筑群

（续表）

世界文化遗产	
福建土楼	元上都遗址
高句丽王城、王陵及贵族墓葬	云冈石窟
丽江古城	左江花山岩画文化景观
鼓浪屿：历史国际社区	良渚古城遗址
杭州西湖文化景观	泉州：宋元中国的世界海洋商贸中心
红河哈尼梯田文化景观	普洱景迈山古茶林文化景观
开平碉楼与村落	北京中轴线——中国理想都城秩序的杰作

世界自然遗产	
黄龙风景名胜区	新疆天山
九寨沟风景名胜区	中国南方喀斯特
武陵源风景名胜区	湖北神农架
云南三江并流保护区	青海可可西里
四川大熊猫栖息地	梵净山
三清山国家公园	中国黄（渤）海候鸟栖息地（第一期）（第二期）
中国丹霞	巴丹吉林沙漠—沙山湖泊群
澄江化石地	

长城

　　长城是世界上修建时间最长、工程量最大的一项古代防御工程，是中华民族的代表性符号和中华文明的重要象征。首次来京的朋友建议您去八达岭长城，风光好，路途近，是万里长城的精华之一。

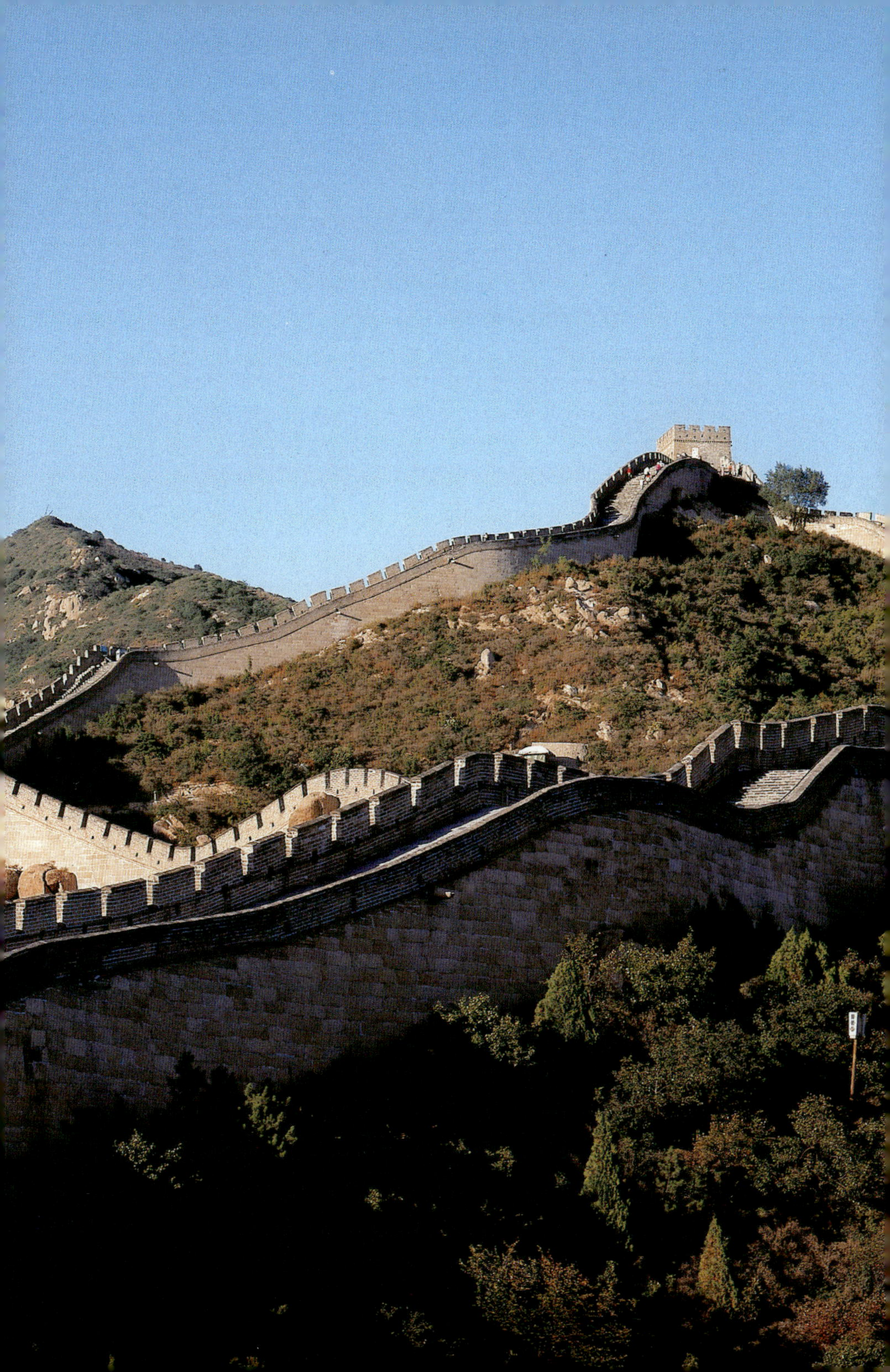

云冈石窟

云冈石窟依山开凿,气势宏伟,内容丰富,堪称公元5世纪中国石刻艺术之冠,被誉为中国古代雕刻艺术的宝库。20号石窟前的大佛是标志性景点,以它为背景好好拍照吧!

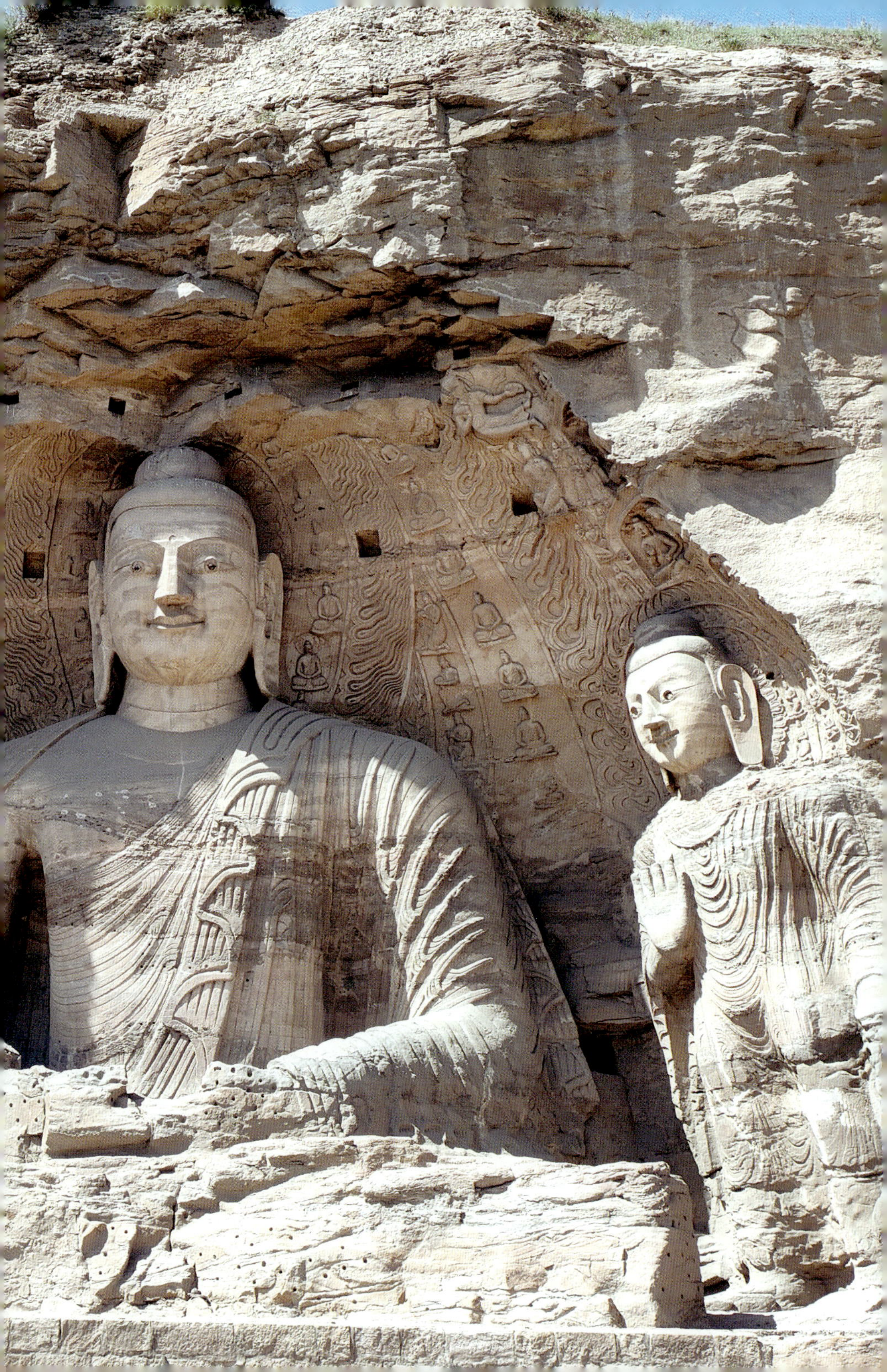

泰山

　　泰山自然景观雄伟奇绝,有数千年精神文化的渲染和人文景观的烘托,被誉为中华民族精神的缩影。虽然泰山壮美的日出并不是每天都能看到,但在这里俯瞰城市的夜景也很动人。

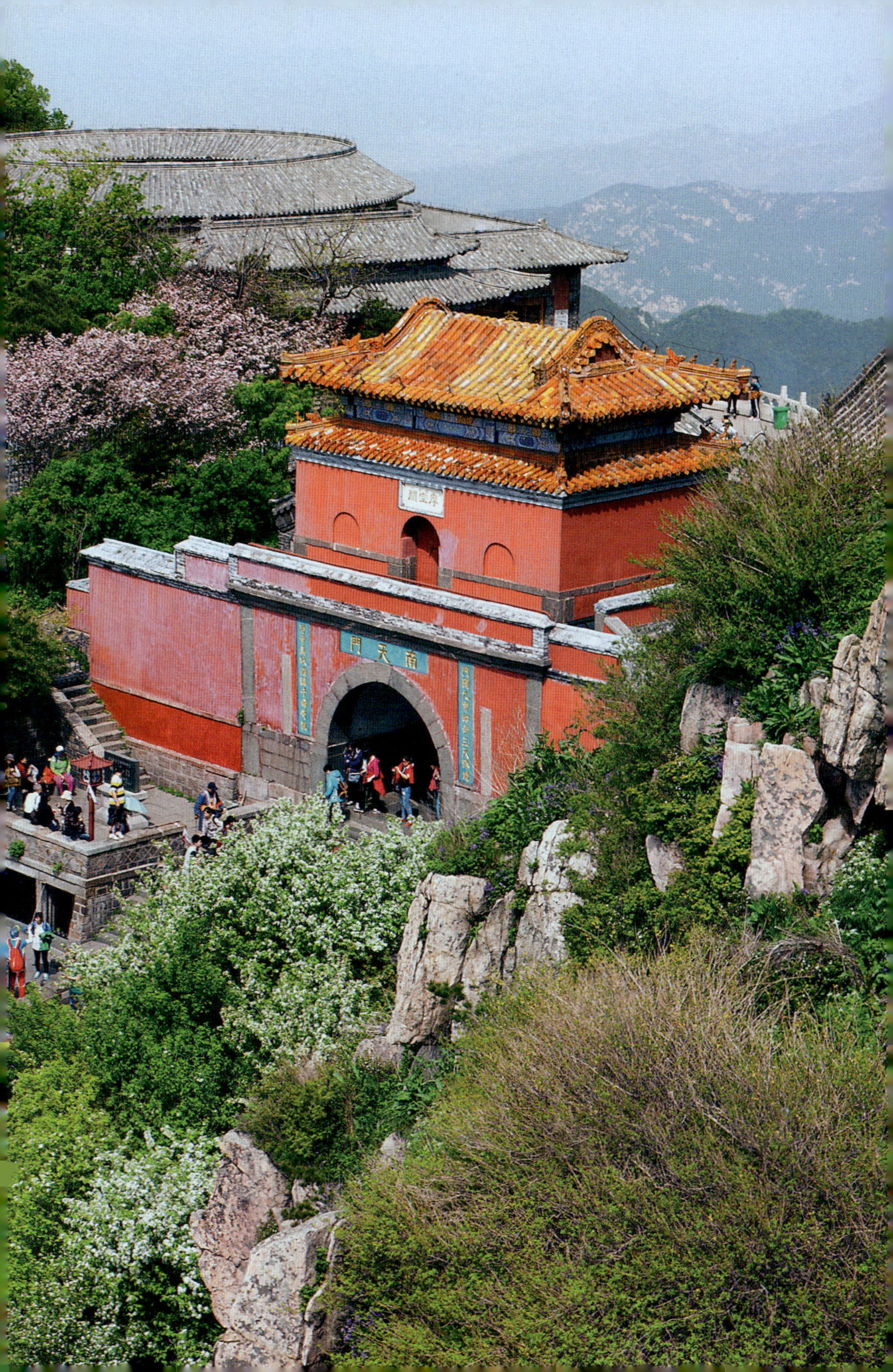
摩空閣
南天門

鼓浪屿

　　鼓浪屿具有突出的文化多样性和现代生活品质,见证着各种价值观念的交汇、碰撞和融合。这里建筑雅致,风光优美,民宿颇具设计感,小住上一两天真是令人心旷神怡。

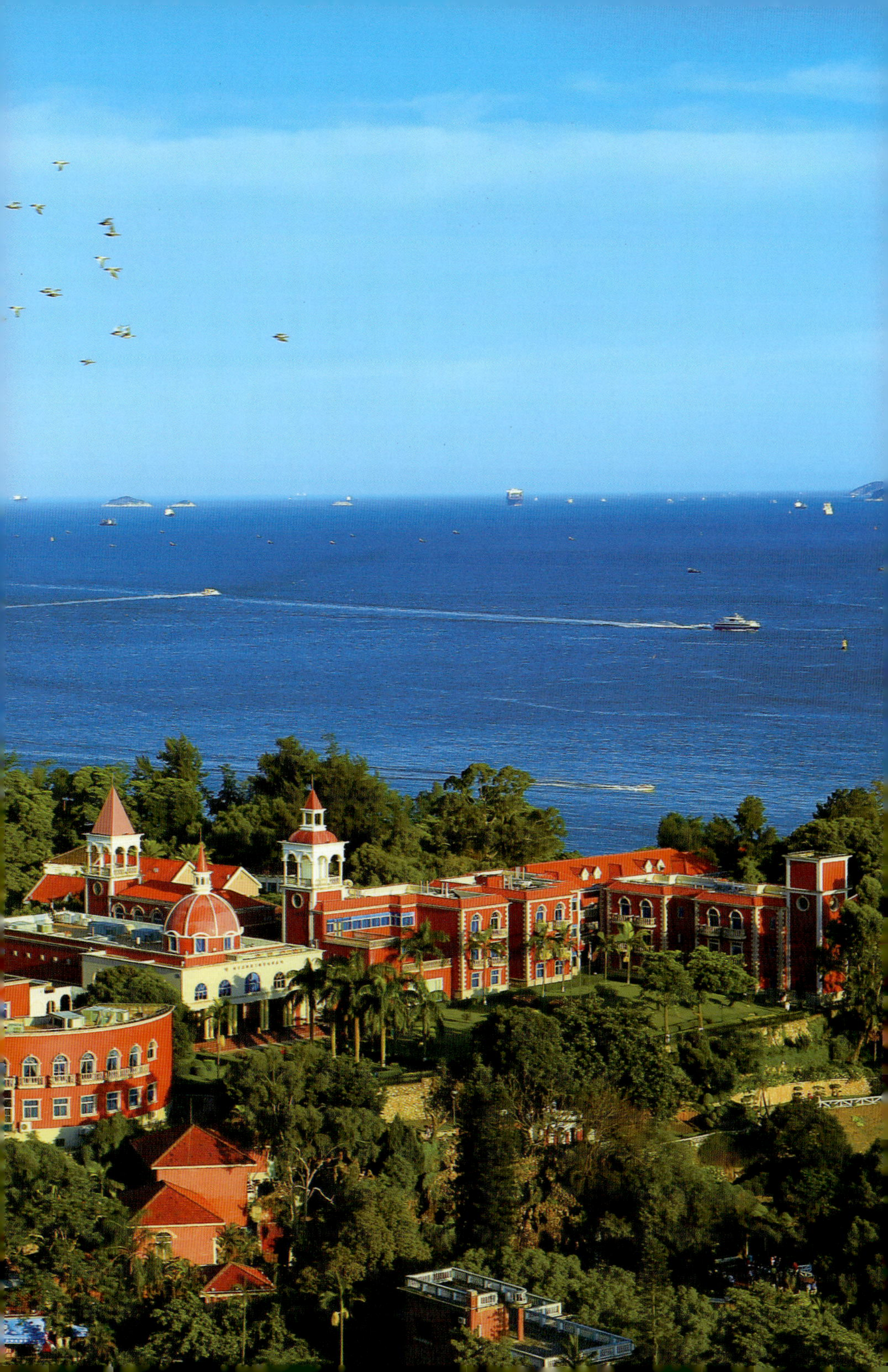

北京中轴线——中国理想都城秩序的杰作

北京中轴线纵贯北京老城南北，展现了中国古代城市规划传统，见证了北京城市的发展演变。景山公园的万春亭是俯瞰故宫全景与北京中轴线的最佳观景台，游览完故宫的您不妨再上去看看。

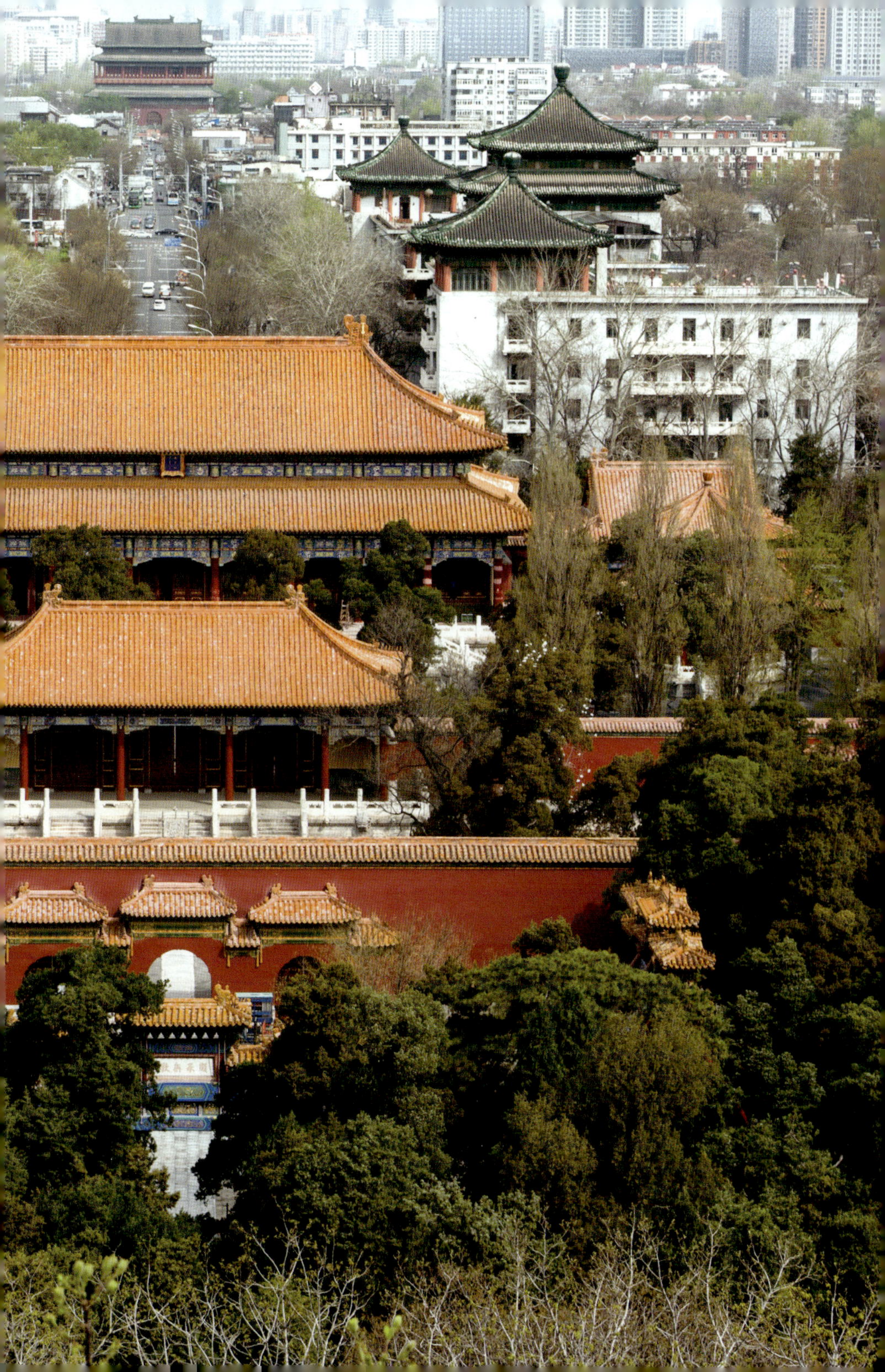

澳门历史城区

澳门历史城区保留着葡萄牙和中国风格的古老街道、住宅和公共建筑,是东西方美学、文化的交融。大三巴牌坊是澳门最具代表性的地标,大炮台如今是俯瞰澳门城市景观的最佳旅游打卡地之一。

第12版出版说明

　　时隔8年，《自助游中国》（第12版）和大家见面了。本书的作者和编者向广大读者和旅游爱好者朋友表示诚挚的问候和感谢！

　　《自助游中国》自2004年9月出版以来，一直受到广大旅游者和各界读者的喜爱和欢迎。其后我社数度推出修订版，每版都曾数次加印。对于社会各界给予本书的关注和爱护，作者和编者非常感动亦从中受到了激励和鼓舞，也更坚定了我们将本书不断改进完善以报答读者朋友的决心和信心。现在根据广大读者的建议和我国旅游业的发展变化，我们推出新版《自助游中国》（第12版）。在本书的修订过程中，增加了许多新内容和新资料。

　　这部大型的旅游指南收录了我国23个省、5个自治区、4个直辖市和香港、澳门两个特别行政区的主要旅游景区和景点的旅游信息，配有景区景点示意图和数百幅风景插图，既给读者以最具体明确实用的旅游出行指导，亦能让读者用最短的时间领略到国内各省各地最优美的景色。本书的作者鲍威先生是国内资深旅行家。他20多年来遍走中国各地，搜集到了大量与自助游览有关的一手资料和信息并编写创作了多本旅游指南图书佳作，他愿将这些宝贵的信息和自己的体会及丰富的旅游经验奉献给所有热爱旅游的读者朋友们。

　　本书作者在写作过程中，广泛征求众多旅游发烧友的建议，力求全书文字简洁、资讯翔实、线路明确、计划切实可行。全书采取栏目化编排，通过设置包括食、住、行、游、购、娱六大旅游要素在内的各种栏目，使读者可以轻而易举地找到所需的内容。以下栏目是读者阅读时要认真关注的：一是书中的主要栏目，有城市或景区概况、气候与游季、交通、住宿、餐饮、主要景点、周边景点等，读者可以从中查到最基本的旅游信息，精心制订自己的出行计划。二是个性化栏目，有发烧友特别关照、旅行家指导、推荐游程、旅游锦囊、景区亮点闪击和旅途花絮、补充提示、新奇发现、天外天——还有更好的玩法、预警提示、旅途中、游览指导、游览艺术和经验谈等，读者可以从中读到作者亲身的经历感受并得到明确有效的提示和指导，从而得到启发和关照，以便用最开心和最省钱的方式自由地欣赏各地的美丽风光，获取开心愉悦的观光感受。

为了使内容更显简洁明快，本书的目录采用简目形式，只是把重要景区景点加以罗列，而书中大量的栏目信息（尤其是实用性很强的旅游指导关照）只能靠读者在阅读时自己体会了。同时，作者在写作时，并不是孤立地介绍某省市某景区的风光和交通食宿状况，还为大家设计了不少跨省市跨地区的游览线路和方式，这为读者实际出行提供了便利，读者不妨借鉴一下，看是否可行。

本书各条旅游线路的参考价格均为作者写作时的价格。本书作者及编辑部尽力为您提供最新的价格参考，但由于旅游的价格受市场、季节、政策等影响，各条线路的实时实际价格和出行手续可能会产生变动，请以您在相应的第三方官网、官微查询到的或与商家咨询的信息为准。本指南仅供参考，请读者朋友们实际游览时根据实地情况自行判断并自负责任。

我们真诚地希望新版《自助游中国》能够给您提供最新的旅游资讯，最精彩圆满实用的出行建议和指导，成为您出行的宝典。当您拥有新版《自助游中国》时，您会有和作者一样精彩难忘的经历和感受。我们期待通过这本国内自助游指南类图书中的精心之作，和广大旅游爱好者结为最真诚的朋友。

旅游经验谈（一）
——本书作者与各位读者朋友之间的真诚交流

鲍 威

我是从20世纪90年代中期开始在中华大地上开心旅游、快乐观光的。三十年来我游遍了祖国的山山水水（有许多景点已经去过多次了），饱览了960万平方千米辽阔国土的神奇和瑰丽，也积累了诸多与自助游览有关的经验和体会。在《自助游中国》第12版面世之际，我把部分感受和体会择其要点介绍给各位读者，期待与大家交流沟通并互相学习勉励。

一、旅游应该尽早开始

常听到一些人阐述这样的观点，就是年轻时应该努力奋斗、建功立业，待事业有成、生活高枕无忧或者干脆年老退休后再开心旅游享受生活。我对此持有异议。据说某个国家的一位政要在与本国青年交谈时建议他们早一点出去旅游，多见世面且丰富自己的经历阅历。可这些青年人说："您想去哪可以随心所欲，可我们还在上学，连固定收入都没有，想出远门不是那么容易的。"这位政要先生说："不是这么回事。我上大学的时候经济也不宽裕，可我还是克服困难游览了地中海沿岸的好几个国家。一个人一定要在他能够感受这个世界、改变这个世界的时候看清这个世界是什么样子，而不要在将要离开这个世界时再去看清这个世界是什么样子。"这番话说得多好多精彩啊！

二、旅游是件轻松愉快的事

常看到一些导游书或是导游文章为驴友外出提建议，说是出去旅游要带上这个、带上那个——诸如各类衣物、野外露营装备、各式摄影器材、各类护肤用品，光是药品就要带上七八种。哇，这么多物品装备集于一身，那游客的单人负重恐怕要达到几十斤（快赶上一个特种兵了），背着如此的重负，这样的观光能轻松愉快、舒适开心吗？

实际上出门旅游不是非要这样的。当代社会的发展，交通、食宿及观光条件的日益改善，早已为大家提供了轻松出游的机会和可能。去那些经济发达、交通食宿方便且又山清水秀、空气纯净的地方观光完全可以"轻装上阵"。我有好多次去广西和海南，只带一套最简单的换洗衣服和一个数码相机就出发了（一个小拎包就足以装下上述物品），来去都很开心。甚至有几次去广西是从大街上"临时起意"就买了机票车票上路的，只要身上带着证件、手机、银行卡和一个高像素的数码相机就完全可以了（现在手机拍摄的效果非常好，不用单反相

▲ 布达拉宫雄姿

机也能拍出很清晰美观的图片)。南方的许多省份都是餐馆林立、宾馆成群、交通方便且温度宜人、空气清新,衣服想脏都脏不了——带上很多换洗衣服显得多余。既然是这样,为什么我们要把旅游观光想象得那么郑重或是恐怖,好像不带上几十斤的装备就不能顺利往返呢?我认为旅游要实现的目的很多,而享受轻松和愉快就是重要的目标之一。当然,如果是去华南、华东我们尽可以轻装出行,但如果是去西北或其他人烟稀少、环境气候恶劣的地方,那还是应该带上适当衣服和物品。本书在后边亦有相关介绍。

三、国内哪里最好玩?哪个地方的风光最出色?

我们的祖国幅员辽阔、美景众多,值得重点观光游乐的地方太多了。我认为下列观光线路可作为重点关注目标。它们分别是:

(1)桂林山水或称"大桂林旅游圈"(指桂林市和周边的阳朔、资源、龙胜、三江县及荔浦市);(2)长江三峡和沿岸各景区;(3)海南省的东线及中线;(4)云南的昆明、大理、丽江、香格里拉(含泸沽湖)一线;(5)云南的昆明、大理、腾冲、怒江一线;(6)云南的昆明、抚仙湖、西双版纳一线;(7)贵州的贵阳、红枫湖、黄果树、龙宫、兴义一线;(8)西藏的全境;(9)四川的成都、九寨沟、黄龙、牟尼沟一线(可延伸至黄河第一湾、郎木寺及红原大草原);(10)四川的成都、泸定、海螺沟、康定、稻城一线;(11)浙江的杭州、普陀山、雁荡山、楠溪江一线;(12)安徽的黄山、齐云山、黟县、歙县一线;(13)福建的武夷山、泰宁大金湖、永定及南靖土楼、厦门一线;(14)江西的庐山、井冈山、龙虎山、三清山、婺源一线;(15)新疆的乌鲁木齐、喀纳斯湖、伊犁、库尔勒一线;(16)山东的青岛、威海、烟台(蓬莱、长岛)、济南、泰山一线。上述16条线路都是国内观光焦点亮点中的精华,可作各位游客出行时的首选和备选。

对于初次远行或是到目前为止出行次数还不太多的驴友朋友来说,我建议你们重点关注和选择上述线路中的第(1)、(2)、(3)、(4)、(7)、(8)、(9)、(10)等几条线,原因如下:第(1)号线中尽是碧水青山、风光精美绝伦;第(2)号线的三峡美景虽然风格有变化但绝对风采依然;第(3)号线中的海南美景百看不厌(尤其是冬季前去舒适无比);第(4)号线是当今国内最出色的黄金旅游线(山水风光多样、民族风情诱人);第(7)号线中的黄果树、龙宫、兴义是贵州省内最出色的观光亮点;第(8)号线中的西藏高原风光壮丽无比、举世无双;第(9)号线中的"九·黄"景区是巴蜀大地上的美景"绝佳搭配";第(10)号线中的稻城风光达到了"登峰造极"般的美丽,足以震撼人心!

以上几条线路可供大家依不同的季节加以选择,出行后定不虚此行。

四、推荐目前人流相对稀少的美景聚集地

对于大多数游客而言,旅游不光要看到美丽的景观,还要玩得舒适开心,至少所去的地方应该风光美且环境安宁、不拥挤、不混乱。近年来,春节时海南三亚人满为患、消费价格全面上浮而有的服务水平下降,引起了社会各界的不满和反感。这足以说明:风光再好、气候再宜人的地方如果游人太多亦会给人带来不悦的感觉。为此,我为

▲ 泸沽湖水上风情

给大家推荐国内几处山水风光绝美但人流不太多的地方，去后吃住游得开心且开销不大——性价比甚佳。

A. 黑龙江省鸡西市

这里天高地广，空间极大，足以容下大量游人，且总体风光水平甚好，又有兴凯湖、虎头·乌苏里江和珍宝岛三大观光亮点，夏季景色极为美丽动人。我强烈推荐（详细介绍见本书黑龙江省大鸡西旅游圈一章）。

B. 广西"大桂林旅游圈"的美丽景观

▲ 桂林叠彩山美景

这里不光有著名的"三山两洞一条江"，且周边县区的美景也很美很迷人，比如阳朔的遇龙河、高田景区、兴坪、老寨山；比如兴安的猫儿山、灵渠；比如龙胜的梯田壮景；光是位于桂林西边的资源县境内就有资江、天门山、百卉谷、八角寨、宝鼎瀑布、五排河六大景点，这些位于桂林市区周边的景区风光美但游人相对少一些，所以前去观光会玩得很舒服很开心。

C. 云南昆明、抚仙湖、西双版纳黄金旅游线

春城美景早已为世人所熟知称颂，西双版纳的热带风光和傣族风情多姿多彩且神奇诱人；中间又加上个抚仙湖（湖区有云南省内最开阔壮美的水上风光），顿时观光价值骤增。这条线路特别适合冬春时节前去（此时那里气候温暖但不炎热适合观光和休闲）。我强烈推荐（详细介绍见本书云南省内容）。

D. 云南腾冲

腾冲有火山、有温泉、有瀑布、有湿地，还有侨乡和名人故居等众多的人文景观和历史遗址，每个景点的风光类型各不相同，真是锋芒毕露、特色鲜明、引人入胜。我管腾冲叫"彩云辉映下的高原明珠"，这里向大家强烈推荐（详细介绍见本书云南省内腾冲一章）。

推荐上述四处景点还有一个重要用意，就是它们四个都是大型风景名胜区和美景聚集地，景观多，一两天内根本玩不完，而只有逗留3～5天才能玩得精彩圆满舒适开心，所以鸡西适合在盛夏和初秋时节畅游，而后三个地方都是四季皆宜观光的"全年候"旅游佳境。有了我推荐的上述四处佳景，您在暑期和黄金周中就不会发愁没地方去也不用过分担心遭遇嘈杂混乱了。这也算是我为各位驴友做出的"杰出贡献"吧。

五、如何购买机票、车票？如何能获得飞机上和火车上的最佳座位（即靠窗的座位）？

如今购买飞机票、火车票的方法真是多啊！网上订票、电话订票等真是五花八门。其中手机上下载的携程、铁路12306等App都是"订票利器"，按照其中的规定程序操作，短短几分钟一张票就订好了。我要提醒您的是，在火车上或飞机上拥有好位置（指靠车窗或是机窗）是很重要的，位置直接影响您旅途中的感受和心情。坐在靠窗子的位置上，不光安静安全、不受过道上人来人往的干扰，而且便于休息和观赏窗外的风光。

那怎么才能买到靠窗的机票车票呢？方法很简单，订好机票后早一点去机场，领登机牌时向工作人员声明一下，想要一个靠窗的座位，十有八九会得到满足（网上值

3

▲ 广西德天瀑布秀色

机也可以）。至于火车票呢，硬座车厢尾号为4、5、9、0的座号都靠窗（85%以上的列车是这样，只有少数车例外）用手机软件订票时选择相应的位置就可以了。

六、如何在住宿和用餐时保护自己的权益，住好吃好又不会"挨宰"？

出行前可通过网络和导游书刊获取目的地的住宿信息，其中携程、大众点评、华住会等软件预订宾馆酒店非常方便。但如果抵达目的地时并未预订好宾馆，那临时寻找的好方式也是有的。比如您下车后可以把行李存在车站，然后乘公交或是旅游车浏览市容或是去景区观光，途中常可以看到一些酒店门前的房价优惠或打折的告示或称店招（有招牌展示也有霓虹灯显示），房价和订房电话一清二楚，用手机记下来打过去即可询问入住事宜。另外大多数宾馆外边都有电话号码的标志，您可从中选取那些位置、外观、档次中意的用电话询问就行。

在这里要强调的是不论入住哪家宾馆，在询问价格觉得可以接受后一定要先看房间再交钱，因为客房内的装修新旧程度、门窗是否能关严、空调效果好不好、卫生间是否漏水还有房间的隔音效果怎样，这些都是大问题，直接影响您的住宿效果。即使是用手机软件订好了宾馆和酒店的房间，入住时也应该先去房间里勘查一番，而不能太相信手机软件上的图文介绍，因为这些介绍往往有"美化和美颜"的功能，可能会有与实际效果和条件不相符的状况出现。所以必须以"眼见为实"作为入住不可或缺的程序，这样才能确保自己的权益，从而住得舒适和安全保险。常听驴友朋友说入住后发现宾馆客房条件不理想，严重影响了自己的心情，可是我不禁要问，那您入住时，为何不先到客房看一看呢？

至于用餐，除了在网上或书刊上获取信息之外，判定一家餐厅是好是坏、能不能进去，重要标准之一是看店中的人气如何。正值高峰时段，可店中没有食客，这样的店就要慎去。相反，那些人气兴旺的餐馆虽不一定十全十美，但至少可以进去看看。另外，在某些景区的某些餐馆如果进去后发现不理想，但又不便退出来或是没有其他更理想的用餐地点而只能在这儿吃，那一定要谨慎消费，您不吃山珍海味只要一盘家常菜，店主即使想宰您，又能有多少"宰杀的价格空间"呢？

七、旅途中的安全提示和自我保护的窍门

现在，国内各地的治安状况已经非常好了，但是旅客在旅途中仍然要注意人身和财产的安全。钱包及身份证、银行卡一定要放在贴身处，若放在外边的衣裤口袋中一定要将口袋"拧个麻花"，即旋转一周，这样小偷就不可能掏出来了。虽然现在微信支付的方式很方便，但是出门在外带上银行卡备用也是十分必要的，这样一旦手机遗失或出了毛病也仍然有支付的能力和手段。

此外，出门在外要遵守的一些基本常识应该予以重视，比如夜晚不要去行人稀少、灯光昏暗的地方；不要与陌生人过分亲热搭讪，以防被"麻抢"或诈骗。另外应穿着普通，不要张扬或"露富"。那些穿着华服、戴着金戒指金项链、胸挂高级相机

且又谈吐张狂的朋友固然很显气派，但这样的人身处异乡时安全系数会大大降低。外出旅游获取开心游历和满意观感最重要，自己是否富有且会给别人留下什么印象是极其次要的。"包子有肉不在褶上"，这句老话中反映出的哲理至今仍然应该为我们所接受和推崇。不过现在国内各地的治安状况越来越好，安全方面的担扰越来越少了。

八、如何节省旅费？如何应对物价上涨给出行带来的不便？

这些年来，物价上涨是非常快的，在这其中以食品和景区门票的价格上涨更为明显，而每到节假日和暑假期间宾馆酒店的房价也上浮得非常厉害，这给游客带来了压力和困难。

虽然物价上涨了许多，但游客仍然能找到一些应对的方法来减少对自己出游造成的不便。下面我就为您介绍几种节省旅费的窍门。

①尽量选择铁路客车（硬座）出行。普通旅客快车是最便宜快捷的交通方式（指T或K开头的车次），车费已多年未上涨，所以乘火车太划算了——比飞机或公路大巴便宜得多。如果买硬座车票又在靠窗位置，乘坐和观光效果都会很好，所以乘火车一定要买卧铺票这个习惯不一定非要坚持（至少短途和中等里程距离的出行是可以选择硬座车厢的）。

②提前预订飞机票可以便宜许多。现在各大航空公司竞争得厉害，机票打折简直成了常态化，五折很常见，三折或二折也并非不可能。

③网上预订景区门票也经常可以打折，虽然折扣没有飞机票那么大，但仍然能节约一些钱，游客出行前应做一做相应功课。

④节省食宿费用的好方法是不住宾馆酒店而住洗浴城。许多中小城市中洗浴城的门票都只有48—68元，都含12小时以上的洗浴及休息甚至能免费供应自助餐。而许多大城市中比较高档的洗浴城中门票一般也不超过150元。洗浴城内舒服透顶、服务也周到热情。经过洗浴和充足时间的休息，可以让人精神大振，面貌焕然一新而支出的费用很少。大家说我这样的住宿休息调整方式是不是很精彩、很划算，很值得借鉴呢？

其他节省旅费的窍门本书正文部分还介绍了许多，请各位读者阅读之后作为参考吧！

上面说了不少，但其实没有说出来、写出来的更多，上边的感受和体会可以说是我全部旅途经历和经验感受中的"九牛之一毛"。只因书前的这一点能用的篇幅实在有限，更多的内容就请大家看书的正文部分吧！最后我写一段相对轻松开心的话作为本篇文章的结束语吧——

我觉得旅游是人类观察生活、享受生活的最佳方式之一。旅游可以陶冶我们的性情、开阔我们的眼界，使我们获取丰富的知识和学问；旅游可以使我们留下人生不同时间段中最精彩美妙的经历和记忆，从而带给我们无穷无尽的好心情；旅游可以使我们的身体更强健；旅游可以使我们的头脑更聪明。因此，我们应该让旅游成为日常生活中不可或缺的重要内容。我衷心地希望大家能够多出去旅游，能够早一点出去旅游——通过旅游来丰富自己的知识和见识，也就丰富了自己的人生。

▲ 丽江古城伞街美丽夜色

5

旅游经验谈（二）

——五彩缤纷话旅游：本书作者写给各位读者的话

鲍 威

一、我们为什么要出去旅游？

从浅层次最直观的角度说，出游的目的应该是为了换换脑子、换换环境，到外边去接触新事物、寻找新感觉，调节一下自己的身心状态，获取轻松愉悦的观光感受。但如果欲从深层次去寻求，探讨正确、完整、深刻、圆满的旅游目的或是旅游价值观，那恐怕就难有一个唯一的答案，而是仁者见仁、智者见智的问题了。

▲ 三亚滨海风光

有人说："旅游就是人类接受大自然的慷慨馈赠。"这话很有道理。也有人说："旅游就是寻求全新的人生体验，并在大自然中享受最大限度的身心自由。"这个结论也不乏真见卓识。还有人从很平实的角度分析说："旅游其实就是把别人看烦了的东西换成自己看。"这种说法很直白、很独特也很耐人寻味——一个隐藏在深山峡谷中的巨大瀑布，当地山民看了它几十年，早已习以为常，丝毫不会觉得它有什么美丽和壮观，可是从外地大城市里来的人看到这个瀑布的一瞬间就可能发出忘情的惊呼呐喊。同样，生活在大城市中的人们早已厌烦了摩肩接踵的高楼广厦，非常盼望到大自然中去感受原始和清新；但是细想起来，大城市中的许多超级建筑、摩天高楼都是当代科技和工业发展的最新成果——北京的国贸大厦、京广中心、中央电视塔，上海的金茂大厦、东方明珠、环球金融中心，哪个不是人类文明和人类勤劳智慧的结晶——这些高楼有当今世界上高超的建筑手段、建筑结构和最华美的装饰艺术、有现代化且豪华舒适的餐饮、住宿、观光、购物、娱乐、休闲设施。我们在其中，可以饱览当代物质文明和精神文明产生的登峰造极的精美和绝妙，得到美食、观光、娱乐诸多方面的高级享受；尤其是在这些高楼上眺望到的城市全景，会让人感到无比欢欣振奋。但是，长时间在现代都市中居住生活的许多人却在想方设法逃离这些钢筋水泥建筑给自己形成的禁锢，想要到大自然中去放飞自己的心灵。这充分说明：旅游也好，观光也好，其实最简单明确的目的就是脱离老环境，接触新事物，换取自己身心上的全新感觉甚至是全新感悟。因此我认为，到外边去寻求新的意境，发现和感受这个国家、这个世界、这个星球乃至整个宇宙间的丰富美丽、多彩多姿，应该就是我们踏上旅途的主要目的和缘由！

二、在旅游过程中我们会有什么样的发现和感悟？

我认为，在旅游的过程中，我们至少能得到3个方面的巨大收获。

1. 我们能够充分发现和体味众多自然和人文佳景的美丽和动人

远的不说，就说我们国内的旅游资源所呈现出的精彩和美妙吧：桂林山水风光的精美标致，青藏高原美景的辽阔壮丽，大理苍山洱海的巍峨和开阔，太湖、抚仙湖、青海湖的烟波浩渺、一望无际，西双版纳热带风情的旖旎秀美，海南的明媚阳光金色沙滩和醉人的椰风海韵，黄山的神奇险峻，庐山的葱茏秀气，雁荡山山景的奇特怪异，稻城神山圣湖间透射出来的登峰造极般的雍容华美……上述各景哪个不是风光如画、诱人心醉。我们观赏和体验这些美景的过程，其实就是人类最高级的享受，从中得到的永恒美感，绝对可以回味终生！

2. 我们能够发现和感受大自然和人类社会中的千差万别和妙趣横生

北京举办亚运会的时候，由于作词家和作曲家的辛勤努力，诞生了好几首脍炙人口的好歌。但令人遗憾的是，人们只记住了那首昂扬激越的《亚洲雄风》，却忽视和淡忘了另外一首亚运会会歌，这就是在亚运会闭幕式上演出的男女声大合唱《美丽的亚细亚》。

《美丽的亚细亚》歌词很美很动人，第一段歌词是："亚细亚，亚细亚，美丽的亚细亚。你在海之角，我在天之涯，相会在今朝，正是好年华。你爱嚼槟榔，我爱喝奶茶，你穿羊皮袄，我穿乔其纱。亚细亚，亚细亚，美丽的亚细亚，你的家，我的家都在亚细亚。"第二段歌词是："驯鹿拉雪橇，海鸥穿浪花，候鸟春天来，越冬到你家。东边观日出，西边看晚霞，天涯若比邻，比邻隔天涯。亚细亚，亚细亚，美丽的亚细亚，亚细亚兄弟民族是一家。"我认为，这首歌非常简明生动、恰当传神地反映出了亚洲的神奇美丽以及亚洲各国各族人民在生活环境、生活方式上的纷繁丰富和多彩多姿，给人很好的艺术享受。而我们在国内国际的旅游观光，途中的所见所闻也会是同样纷繁丰富、多彩多姿，也会让人感到很新奇很开心。首先说说巨大的温差：隆冬时节，我国东北西北的许多地方，气温都会降到-20℃—-30℃甚至更低，真是寒风刺骨、滴水成冰；而就在此时，居住在海南三亚的人们正在享受金色阳光的温暖照射和清爽海风的吹拂爱抚、正在大东海或是亚龙湾的碧蓝海水中开心遨游嬉戏，这有多么大的差别和不同啊！再说时差：早上3—4点钟，居住在黑龙江乌苏里江沿线的人们已经看到了东方美丽的晨曦；上午8点钟左右，生活在华东华中各省市的人们一定会在各自的岗位上开始一天的工作和学习；而此时在新疆的绝大多数地方，人们还在沉睡中享受着梦境的甜美——新疆许多地方上午9点之后天才亮，早餐一定要在8—10点钟吃，午餐一定要在14点吃，晚餐一定要在20点吃，如果您在午后13点左右看到许多背着书包的学生在街上行走，那不是在上学，而是上午上课的孩子在放学。有一年的10月中旬，我住在南疆塔什库尔干县城，早上9点半拉开窗帘一看，天空是黑漆漆的一片，只有月牙挂在西边天上，下边的雪山在月光照射下放射着耀眼的寒光，那一刻我感到非常惊讶和恐怖。总而言之，我们在旅途中看到的自然和社会生活中的千差万别，是会让人感到很新鲜、很奇异的，从中获取的特殊观感可以让人倍感震惊甚至是刻骨铭心。

3. 我们能够发现不同地方人民生活方式中的优点和长处

就我的经历见闻而言，感觉虽然是生活在同一个国家或

▲ 桂林奇山丽水

▲ 武陵源云海奇观

是同一个世界里的人们，但其生活方式和生存技巧方面的差别简直是太大了，如果大家能彼此学习、互通有无，那绝对会改变我们的生活方式、提高我们的生活质量——这不是耸人听闻，这做起来很容易，甚至效果可以立竿见影。

比如说手工制作面条的技巧和过程吧，兰州拉面是多么快捷和巧妙：一根变两根、两根变四根、四根变八根，唰唰唰，面条在手中折在一起又拉开，又折在一起又拉开，顶多20—30秒钟，一碗面条就下锅了。再比如北方人爱吃面条，可做面煮面都挺麻烦——要有面案，要有熊熊炉火，制作过程长并且会弄得厨师一身面尘加上一身煤灰或是油烟。可南方各省人们吃的米粉和武汉人吃的热干面就省事得多——它们都是从专门的食品厂买回来的半成品，已被煮成了八九成熟，顾客要吃时只需浸放在热水中煮上20秒钟或者就是简单烫一烫就行了，且口感和味道俱佳。这样省去了店方诸多麻烦又可以减少炉灰和油烟对环境的污染。又比如同样的面粉、米粉、食油和盐酱醋糖，在四川和重庆人那里可以无穷变幻、制作出无数种精美小吃，如果精心搭配可以在一个月内吃得顿顿不重样。

国内各地方人的心态素质、性格和办事方式也是差别很大的：北京人国家主人翁意识很强，很关心国家民族的命运和世界上的大事；上海人聪明有智慧，屡屡创造出精彩业绩，值得国人效仿；广东人非常务实，愿意从最实际的事情做起，给自己和社会带来看得见摸得着的改变；东北人粗犷豪爽，做事相对坚定果断。如果我们注意学习各地人们的优点和长处，博采众人之长，并且把其中的优秀素质集于自己一身，那是不是可以让自己生活、工作得更好、更成熟、更圆满，同时也会对国家和社会贡献更多更好的"正能量"呢？

三、我认为：我们在国内旅游时就是要着重选择和关注那些"能让人喊出'哇'的地方"或是那些"能让人长久不出声的地方"

　　旅游观光需要一定的时间和经费，但并不是每个游客都拥有大量的时间和金钱，所以我们在出游时一定要精选目的地，首先选择那些国内或国际上"顶尖级"的观光亮点，也就是笔者说的"能让人喊出'哇'的地方"或是"能让人长久不出声的地方"，这样才能"把好钢用在刀刃上"，取得事半功倍的观光效果。

　　什么是"能让人喊出'哇'的地方"呢？

　　其实就是让人能喜出望外从而发出惊呼和呐喊的地方。在前面的《旅游经验谈（一）》中我已给大家推荐了多条黄金游线，这里再和大家说说国内一些特别令人印象深刻和观光效果绝美的景点吧——比如从福建武夷山天游峰的"山颈处"看九曲溪大拐弯；比如从广西阳朔兴坪的老寨山山巅看漓江大拐弯；比如从广西资源天门山百卉谷景区的神仙寨山上看资江大拐弯；比如从湘西武陵源天子山、袁家界和杨家界的山顶向下俯瞰；比如在四川的牛背山顶看群山壮景；比如在九寨沟景区站在老虎嘴看到五花海水上精美图案的一瞬间；比如进入四川稻城亚丁景区后乘坐观光车到洛绒牛场后刚下车的那一刻；比如刚刚登上峨眉山金顶山巅步行到舍身崖的时候……您都会情不自禁地喊出这个"哇"字，之后就是长时间的目瞪口呆、如痴如醉。

　　那"能让人长久不出声的地方"是指什么呢？

　　其实就是能让人长时间发呆，进入无比优美宁静的心态和绝美观光状态的地方——比如傍晚时分丽江大研古镇和束河古镇中那些没有太多噪声干扰的溪水边；比如长江巫峡峡口处巫山县城南侧能看见长江辽阔优美画面的神女大道上；比如在夜游长江三峡时坐在游船的船头或船尾；比如海南文昌的铜鼓岭山巅和云龙湾海边；比如晚间广西阳朔西街东口的漓江边；比如晚间黑龙江鸡西虎头景区的乌苏里江边；比如白天的云南抚仙湖畔的笔架山山巅和夜晚的湖滨波息湾度假村的412房间；比如午夜时分湖南吉首乾州古城的万溶江吊桥上……上述地方都具有让人一坐下来就几个小时甚至一天不想动弹的魅力，且交通便利，任何人皆可轻松抵达。因此，上述各景就请各位读者从容选择、重点关注吧！当然，我在本书的正文中还为各位推荐了其他多处观光亮点。

四、我们应该如何创造条件，让自己获取外出开心游乐的资格和能力？

　　除去要具备相应的心态和境界，以便能够发现和感悟旅途中的新奇丰富的见闻外，支撑游人出行的两大要素一是经费、二是时间。我认为，除去少数个例之外，大多数年轻人还是应该按部就班，首先以学习好、工作好为主要生活目标——先刻苦学习、认真工作，数年后经济实力方面往往就不会成为问题和困难，那时再考虑大规模、高档次的开心游玩也为时不晚。当然在上学和工作的同时也可以出游，但应该做出妥善安排，使学习、工作、旅游观光互不干扰。人生在世，应该有能让自己安身立命的主业，这样才能有利于自己、有利

▲ 三亚"海角石"岩礁美景

9

于家庭并造福于社会。如果没有事业做支撑，不惜代价只想出去游玩得高兴从而影响了正常的工作和生活，那反倒是不妥当的。开心游乐应该是水到渠成的产物，而不是拔苗助长的结果，这是很重要的。我认为，那些又能干、又会玩并且把工作和享乐结合得很好的人，一定是很开心快活的。

五、在进行了常规的国内观光后，有什么办法可以让我们在更高的层次上获取更新更美的观光感受呢？

我认为方式有很多，比如说我们可以不再用短暂、间断的方式进行间歇式的游览，可以抽出半年左右的时间一口气把国内所有主要景点玩个遍。

除此之外，我们可以到国外旅游，分布在世界七大洲间的美丽风光和异域风情真是气象万千、异彩纷呈，对浩瀚宇宙间的事产生兴趣——我认为今天大多数人因为各方面的原因都只能关心周围的事，也就是"地上的事"，而忽视了宇宙间的事，也就是"天上的事"，这是非常令人遗憾的！

其实，"天上的事"无比精彩、无比诱人！别的不说，就是茫茫宇宙的浩瀚和辽阔，就是我们用"常人""常理"根本无法想象和解释的。比如地球，不过是浩瀚宇宙中的一颗微粒，一个"小土包、小石块"。那宇宙有多大呢？大到星星与星星之间的距离用普通长度也就是"多少米、多少千米"都根本无法说清而只能用"光年"这个长度来衡量计算——"光年"就是光在一年中走过的距离。大家都知道光的速度在1秒钟内能走30万千米，那光在一年中能走多少千米呢？问题是天上的许多星星（主要指恒星）离地球的距离都不是小数，比如相距50万光年、100万光年、150万光年的都"大有星在"。太远距离的不说，就说那些离地球50万"光年"距离的恒星吧，您看到的星光其实是它在50万年前发出来的——您看到它亮了一下，那是它50万年前亮了一下；您看到它暗了一下，那是它50万年前暗了一下；您看到它眨了一下眼，那是它50万年前眨了一下眼——由此可见，浩瀚宇宙间，分布着多少广阔无垠的空间、有多少可能有生命存在的行星和不可能有生命存在的恒星、其间孕育着多少奥秘、又饱含着多少神奇和美妙，这些事情用三言两语是根本说不清的。

现在，已经有人在着手准备乘坐宇宙飞船做星际旅游观光了。当然，能享受这种方式、这种待遇的暂时只能是极少数人，但这并不妨碍我们关注、向往、思索、感悟浩瀚宇宙间的各种奇异现象和美丽故事。我一直认为，能生存在浩瀚的宇宙间、能生活在地球这颗美丽的蓝色星球上是我们的荣幸和福分。不论我们身处哪个国家，不论我们的生活是贫穷还是富有，不论我们的社会地位是尊贵还是卑微，只要我们热爱旅游、喜欢观光，并且能在有限的人生时光中看清和领略到地球上无与伦比的精彩和美丽而又能关注和领悟到浩瀚宇宙中的无限神奇和美妙，那我们的人生经历就一定会是很精彩、很美妙、很幸福、很开心的！

▲ 鸡西乌苏里江美景

目 录

西南地区 XINANDIQU

云南省 2

昆明 4
滇池风景区→西山森林公园→云南民族村→世博园→金殿名胜区→黑龙潭→大观公园→石林风景区→九乡风景区→金马碧鸡坊→翠湖公园→云南省博物馆→安宁温泉→陆良彩色沙林→东川红土地

泸沽湖 14

丽江 19
丽江古城→黑龙潭胜景→玉龙雪山→虎跳峡→长江第一湾→木府大院→万古楼→纳西东巴文化博物馆→白沙壁画→白水河→拉市海→束河古镇→老君山黎明景区

大理 28
苍山→洱海→蝴蝶泉→大理古城→崇圣寺三塔→三塔倒影公园→南诏风情岛→喜洲古民居→鸡足山→石宝山

香格里拉 35
噶丹松赞林寺→普达措国家公园→属都湖→碧塔海→纳帕海→独克宗古城→石卡雪山→碧壤峡谷→白水台→哈巴雪山

德钦 41
梅里雪山→明永冰川→飞来寺→世外桃源——雨崩村→茨中天主教堂→白茫雪山

西双版纳 45
勐仑热带植物园→橄榄坝傣族园→野象谷景区→原始森林公园→雨林谷→望天树→勐远仙境→花卉园→基诺山寨

抚仙湖 52
抚仙湖→禄充风景区→孤山景区

开心畅快怒江游 55

腾冲 58
火山公园→热海风光→叠水河瀑布→北海湿地→坝派巨泉→国殇墓园→和顺侨乡

瑞丽 64
东线旅游→西线景点→出境游览

罗平·油菜花海 67
油菜花海→九龙瀑布→多依河→鲁布革风光→十万大山

文山·普者黑·坝美 72
普者黑→世外桃源——坝美村→麻栗坡老山→广南峰岩洞

石屏 76

红河·元阳梯田 77
元阳梯田→建水燕子洞→建水古城→泸西阿庐古洞

贵州省 82

贵阳 84
黔灵公园→花溪公园→青岩古镇→天河潭→甲秀楼→南江大峡谷→百里杜鹃

黄果树 88

龙宫 90
中心景区→旋塘景区→云山屯堡村寨→花江大峡谷→梭筛

红枫湖 92
遵义会议会址→茅台镇→织金洞→威宁草海

紫云格凸河 94
大穿洞景区→大河景区→小穿洞景区

兴义·马岭河·万峰林 98
马岭河谷→马岭河漂流→万峰林→万峰湖→群螺顶天→贵州醇景区

1

梵净山 103
乌江三峡→石阡温泉

㵲阳河·镇远 105
青龙洞→镇远古城→云台山→杉木河

赤水 108
十丈洞瀑布→四洞沟景区→竹海公园→丹霞奇景→桫椤王国

荔波樟江 110
小七孔→68级跌水瀑布→喀斯特森林→水上石林→天钟洞→鸳鸯湖→大七孔→水春河漂流

凯里·黔东南 114
郎德山寨→西江千户苗寨→榕江三宝侗寨→岜沙苗寨→小黄侗寨→高增侗寨→增冲侗寨→肇兴侗寨

四川省 121

成都 123
杜甫草堂→武侯祠→望江楼公园→青羊宫→都江堰→大熊猫繁育研究基地→宽窄巷子→锦里古街→欢乐谷主题公园→春熙路→远洋太古里→文殊院→金沙遗址→环球中心→极地海洋世界→动物园→珍稀植物园→东郊记忆→天府广场→三圣花乡→石象湖生态风景区→黄龙溪古镇→洛带古镇→北川羌城→阆中古城→邓小平故里→眉山三苏祠→天台山→雅安碧峰峡→上里古镇→牛背山

峨眉山·乐山 135
乐山大佛→东方佛都景区

瓦屋山·柳江古镇 139

青城山 140
三星堆

九寨沟 142
树正沟→则查洼沟→日则沟→神仙池

黄龙 151
达古冰山

牟尼沟 153

米亚罗·桃坪羌寨 154

川西北黄金旅游线 155
红原·若尔盖大草原→郎木寺→花湖→黄河第一湾

四姑娘山 159
双桥沟→长坪沟→海子沟

泸定·泸定桥 163

康定 164
跑马山风景区→木格措风景区→二道桥温泉→塔公风景名胜区→八美草原景区

海螺沟 167
现代冰川→巨大冰瀑布→沸、热、温、冷泉水→动植物园→贡嘎山→燕子沟

稻城 171
亚丁景区→三座神山→三个圣湖→冲古寺→洛绒牛场→傍河和色拉景区→俄初山→海子山景区

蜀南竹海 176
观海楼→翡翠长廊→七彩飞瀑→忘忧谷→墨溪景区→海中海→仙女湖→春龙湖→仙寓洞→天宝象→李庄→五粮液酒厂→僰人悬棺→夕佳山风景名胜区

石海洞乡 181
地上石海→大漏斗→天泉洞

西昌 184

重庆市 186

朝天门→解放碑→歌乐山→枇杷山公园→长江缆车→南山一棵树→鹅岭公园→洪崖洞→云端之眼观景台→李子坝轻轨站→人民大礼堂→三峡博物馆→缙云山→北温泉公园→大足石刻→金佛山→万盛石林→钓鱼城

乌江·龚滩古镇 192

武隆·天生三桥·龙水峡地缝 193
天生三桥→龙水峡地缝

四面山 195
望乡台·龙潭湖景区→洪海景区→水口寺景区·土地岩景区

西藏自治区 198

拉萨 206
布达拉宫→大昭寺→八廓街→罗布林卡→哲蚌寺→色拉寺→纳木错→甘丹寺→药王山→西藏博物馆→小昭寺→羊八井地热温泉→直贡梯寺→楚布寺

林芝地区 217
雅鲁藏布大峡谷→南迦巴瓦峰→墨脱→巴松错→世界柏树王园林→尼洋河→米堆冰川

山南地区 221
桑耶寺→雍布拉康→昌珠寺→藏王墓→拉姆拉错

日喀则 224
羊卓雍错→扎什伦布寺→夏鲁寺→萨迦寺→白居寺→宗山古堡→珠穆朗玛峰→樟木口岸

阿里地区 229
神山冈仁波齐→圣湖玛旁雍错和"鬼湖"拉昂错→古格王国遗址→札达土林→托林寺→班公错→狮泉河镇

昌都地区 233
强巴林寺→卡若遗址→然乌湖→来古冰川

西北地区 XIBEIDIQU

新疆维吾尔自治区 237

乌鲁木齐 238
天山天池→南山风景区→南山西白杨沟→红山公园→水磨沟景区→一号冰川

吐鲁番 244
葡萄沟→交河故城→高昌故城→柏孜克里克千佛洞→苏公塔→阿斯塔那—哈拉和卓古墓群→维吾尔古村→火焰山

库尔勒 249
巴音布鲁克天鹅保护区→罗布人村→博斯腾湖→巩乃斯森林公园→塔里木河·胡杨林公园→阿尔金山自然保护区

伊犁 254
赛里木湖→果子沟→那拉提草原→伊犁河→霍尔果斯口岸→夏塔游览区→喀拉峻国际生态旅游区

喀什 258
喀什大巴扎→艾提尕尔清真寺→香妃园→玉素甫陵园→卡拉库里湖→慕士塔格山→红其拉甫口岸→泽普金湖杨国家森林公园→高台民居→白沙山·白沙湖

喀纳斯—阿勒泰 263
原始村落禾木和白哈巴→五彩滩→桦林公园→蝴蝶沟→乌伦古湖

青海省 268

西宁—青海湖 269
塔尔寺→东关清真大寺→孟达天池→龙羊峡水库→坎布拉国家地质公园→青海湖→二郎剑景区→海心山→鸟岛→日月山→倒淌河→茶卡盐湖→金银滩草原→原子城→黑马河至鸟岛→门源油菜花海→祁连卓尔山

宁夏回族自治区 278

银川及宁夏南部景区 279
西夏王陵→华夏西影视城→贺兰山岩画→滚钟口→南关清真大寺→沙坡头→中卫高庙→青铜峡→一百零八塔→沙湖→水洞沟→永宁中华回乡文化园→须弥山石窟→六盘山旅游区

陕西省 ········· 290

西安 ········· 291
碑林→大雁塔→大唐芙蓉园→小雁塔→陕西历史博物馆→钟楼和鼓楼→西安古城墙→秦始皇陵→秦始皇兵马俑博物馆→华清池→太白山→法门寺→炎帝陵

咸阳 ········· 297
乾陵→昭陵→汉阳陵→茂陵→杨贵妃墓→咸阳博物馆

华山 ········· 299
西峰→南峰、东峰→千尺幢、百尺峡、老君犁沟→苍龙岭→上天梯

延安 ········· 302
宝塔山→清凉山→杨家岭→枣园→王家坪→凤凰山→黄帝陵→南泥湾

黄河壶口瀑布 ········· 305
苏三监狱→洪洞大槐树寻根祭祖园

甘肃省 ········· 307

兰州 ········· 308
滨河路绿色长廊→黄河铁桥→白塔山公园→五泉山→甘肃省博物馆→刘家峡→炳灵寺石窟→榆中兴隆山

天水 ········· 312
麦积山石窟→伏羲庙→石门山→崆峒山

甘南·夏河·郎木寺 ········· 315
拉卜楞寺→贡唐宝塔→桑科草原→郎木寺→尕海湖→甘加草原→黄河首曲

张掖·丹霞地貌 ········· 320
大佛寺→木塔寺→鼓楼→马蹄寺→山丹军马场→黑水国遗址→平山湖大峡谷→丹霞世界地质公园

嘉峪关—酒泉 ········· 323
嘉峪关文物景区→七一冰川→酒泉卫星发射中心→黑山岩画

敦煌 ········· 327
莫高窟→鸣沙山·月牙泉→玉门关→阳关→敦煌古城→西千佛洞→雅丹魔鬼城

华东地区 HUADONGDIQU

山东省 ········· 332

青岛 ········· 334
前海栈桥→琴岛→鲁迅公园→青岛海底世界→海军博物馆→第一海水浴场→八大关→青岛极地海洋公园→奥林匹克帆船中心→崂山

泰山 ········· 341
岱庙→经石峪→中天门→十八盘→南天门→玉皇顶→日观峰

济南 ········· 345
趵突泉→大明湖→千佛山→灵岩寺→山东博物馆→山东美术馆

曲阜 ········· 348
孔庙→孔府→孔林→微山湖和日照海滨

烟台 ········· 350
滨海游览线→烟台山→毓璜顶公园→金沙滩海滨公园→养马岛

烟台市蓬莱区 ········· 353
蓬莱阁→蓬莱水城→登州古街→三山门海滨→八仙过海景区→龙口南山风景区

烟台市蓬莱区—长岛海洋生态文明综合试验区 ········· 356
九丈崖→半月湾→望夫礁公园→仙境源→烽山→林海公园

威海 ········· 360
刘公岛→环翠楼公园→国际海水浴场→成山头→华夏城景区

上海市 ... 363

东方明珠→金茂大厦→环球金融中心→豫园→外滩→南京路步行街→朱家角→黄浦江游览→南浦大桥→杨浦大桥→上海博物馆→上海迪士尼乐园→上海新天地→上海野生动物园→老码头→佘山国家旅游度假区

崇明岛 ... 372

江苏省 ... 373

南京 ... 374
钟山风景区→玄武湖→雨花台→燕子矶→总统府旧址→南京长江大桥和长江第二大桥→秦淮河·夫子庙

扬州 ... 378
瘦西湖→个园→何园

镇江 ... 381
金山→焦山→北固山→句容茅山→西津古渡街→南山风景区→市区美景

苏州 ... 384
拙政园→狮子林→沧浪亭→网师园→虎丘→留园→寒山寺→太湖游览→太湖三山岛

周庄 ... 388
周庄博物馆→南湖园→迷楼→沈厅→张厅→双桥

同里 ... 392

无锡 ... 394
太湖·鼋头渚→太湖仙岛→蠡园→锡惠公园→惠山古镇和荡口古镇→灵山大佛→无锡影视城

千灯 ... 397

甪直 ... 398

锦溪 ... 399
苏州市沙家浜·虞山尚湖旅游区→苏州市金鸡湖景区→常州市天目湖景区→常州市环球恐龙城休闲旅游区

浙江省 ... 402

杭州 ... 403
西湖风景名胜区
西湖老十景：苏堤春晓→曲院风荷→柳浪闻莺→平湖秋月→三潭印月→断桥残雪→双峰插云→南屏晚钟→雷峰夕照→花港观鱼
西湖新十景：九溪烟树→云栖竹径→龙井问茶→满陇桂雨→虎跑梦泉→玉皇飞云→宝石流霞→黄龙吐翠→吴山天风→阮墩环碧
佳景推荐：宋城

绍兴 ... 413

诸暨·五泄 ... 414
西施故里→五泄

普陀山 ... 416
四大庙宇群→百步沙→千步沙→紫竹林、不肯去观音院、潮音洞→梵音洞→东山磐陀石

舟山群岛·朱家尖 ... 421
朱家尖→桃花岛→嵊泗列岛

雁荡山 ... 423
大龙湫→小龙湫→方洞景区→三折瀑→灵峰景区→显圣门→雁湖→温州江心屿→温岭长屿硐天

楠溪江 ... 428
狮子岩→石桅岩→大若岩-石门台→楠溪江漂流→林坑古村寨→龙湾潭国家森林公园和永嘉书院

西天目山 ... 431
安吉竹海→大明山→浙西大峡谷

莫干山 ... 434

千岛湖..........436
中心湖区→东南湖区→西南湖区→西北湖区→东北湖区→石林景区

奉化溪口..........440
天台山

宁波..........443
保国寺→天童寺→阿育王寺→天一阁→东钱湖

乌镇..........445

西塘..........448
廊棚→宅弄和古桥→薛宅

南浔..........451
小莲庄→嘉业堂藏书楼→张石铭旧居→百间楼→张静江故居

安徽省..........453

黄山..........454
温泉景区→玉屏楼景区→北海—西海景区→西海大峡谷

翡翠谷（情人谷）..........464
山间峡谷→潭池和彩石佳景→九龙瀑布群→香溪漂流

歙县..........467
棠樾牌坊群→徽州古城·斗山街→渔梁古镇→潜口→唐模

呈坎..........469

黟县..........471
宏村→木坑竹海→西递→南屏→关麓→塔川→卢村木雕楼

九华山..........476
九华街→天台峰→凤凰松→闵园→肉身宝殿→化城寺→花台景区

齐云山..........480

天柱山..........481
西关景区→天柱峰→神秘谷→东关景区→三祖寺·潜河景区·天柱山大峡谷·九曲河漂流

福建省..........484

厦门..........485
鼓浪屿→环岛路→南普陀寺→胡里山炮台→集美区→厦门园林植物园→海沧大桥→国际会展中心→大嶝岛·小嶝岛·角屿岛

武夷山..........494
九曲溪→天游峰→虎啸岩→一线天→大红袍→水帘洞→下梅古民居→城村

泰宁大金湖..........499
丹霞金湖→猫儿山→上清溪漂流→状元岩和尚书第→九龙潭→寨下大峡谷→桃源洞→鳞隐石林→安贞堡

鲤鱼溪·九龙漈瀑布..........504
九龙漈瀑布→鸳鸯溪→屏南白水洋→三都澳

福州..........506
鼓山→于山→西湖→开元寺→三坊七巷

泉州·莆田·湄洲岛..........509
开元寺→洛阳桥→清源山—老君岩→清净寺→湄洲岛

太姥山..........512

龙岩·永定南靖土楼群..........513
冠豸山→培田古民居→永定·南靖土楼群→龙硿洞

东山岛..........517

目 录

江西省 519

庐山 520
牯岭街→花径→锦绣谷→仙人洞→龙首崖→含鄱口→五老峰→三叠泉→三宝树→美庐→会址→秀峰→白鹿洞书院→甘棠湖→浔阳楼→锁江楼→石钟山→龙宫洞

南昌 528
滕王阁→梅岭→八一南昌起义纪念馆→青山湖→八大山人纪念馆→鄱阳湖吴城候鸟小镇

婺源 531
东线主要景点（李坑、汪口、江湾、上、下晓起、江岭、庆源）→北线主要景点（延村、思溪、彩虹桥、理坑、大鄣山）→西线主要景点（文公山、鸳鸯湖）周边景点：柘林湖→瑶里古镇→景德镇古窑民俗博览区→龙珠阁

龙虎山 537
仙水岩景区→上清景区→十不得景点→象鼻山景区

三清山 540
玉京峰→南清园景区→西海岸景区

井冈山 543
黄洋界哨口及纪念碑→大井朱德和陈毅同志旧居、毛泽东旧居→井冈山革命博物馆→龙潭景区→笔架山→水口景区→主峰景区→茨坪景区

明月山 548

龟峰 549

华中地区 HUAZHONGDIQU

湖南省 551

长沙 552
岳麓山→岳麓书院→湖南博物院→橘子洲→长沙世界之窗和海底世界→韶山旅游区→花明楼景区→大围山国家森林公园

衡山 555
南岳庙→水帘洞→方广寺→祝融峰→常德桃花源

岳阳 558
岳阳楼→洞庭湖→君山→张谷英村

武陵源·张家界 560
张家界国家森林公园→天子山→袁家界→杨家界→天门山→索溪峪景区→芙蓉镇→猛洞河风景名胜区→茅岩河风景区→九天洞景区

凤凰 568
凤凰古城→黄丝桥古城→奇梁洞→南方长城

吉首·乾州古城 571

德夯苗寨·矮寨大桥 573

资兴·东江湖 574
东江湖旅游区→一线天

湖北省 577

武汉 578
东湖→黄鹤楼→龟山→归元禅寺→武汉长江大桥→湖北省博物馆→辛亥革命武昌起义纪念馆→木兰文化生态旅游区

三峡·宜昌 582
西陵峡→巫峡→瞿塘峡→秭归→葛洲坝→三峡大坝→小三峡→小小三峡→神农溪纤夫文化旅游区→三峡人家→九畹溪→三游洞→赤壁古战场→九宫山→清江山水画廊

7

神农架 588
神农架主峰大神农架→风景垭→瞭望塔→天燕风景区→红坪画廊→神农祭坛→天生桥→小龙潭→香溪源

武当山 592
紫霄宫→南岩风景区→金顶·金殿→襄阳古隆中景区→襄阳城→恩施大峡谷→腾龙洞

河南省 596

郑州 597
郑州黄河文化公园→河南博物院→大河村遗迹→花园口

少林寺 600
中岳庙→嵩阳书院→嵩岳寺塔→嵩山主峰

洛阳 602
龙门石窟→白马寺→关林→天子驾六博物馆→小浪底水利工程

焦作 605
云台山→青天河→神农山→青龙峡·峰林峡

开封 607
龙亭公园→大相国寺→开封府→铁塔→禹王台→清明上河园→山陕甘会馆→郭亮村

鸡公山 610

华南地区 HUANANDIQU

广东省 612

广州 614
越秀山→白云山→陈家祠→黄花岗烈士墓→华南植物园→农民运动讲习所旧址→沙面→珠江水上风情→中山纪念堂→增城白水寨→广州塔→广州番禺：莲花山→宝墨园→余荫山房→长隆旅游度假区→佛山：西樵山→祖庙→梁园→清晖园→南风古灶

开平碉楼和古村落 621

川山群岛 622
上川岛→下川岛

河源 625
万绿湖→苏家围古村→南园古村旅游区→恐龙之乡→新丰江音乐喷泉→温泉之乡

从化 628

肇庆 629
七星岩→鼎湖山→端州古城墙→梅庵→阅江楼

德庆·盘龙峡 632

清远 633
新景泉温泉度假区→飞来峡→太和古洞旅游区→新华鸸鹋文化生态园→连州地下河→湟川三峡

深圳 635
地王大厦→华侨城旅游度假区：世界之窗、锦绣中华民俗文化村、锦绣中华、深圳欢乐谷、东部华侨城

珠海 642
珠海渔女雕像→石景山→圆明新园→御温泉→海泉湾度假区→共乐园→野狸岛→东澳岛→外伶仃岛

大韶关旅游圈 646
丹霞山→满堂客家大围→东湖坪民俗文化村→珠玑巷→梅关古道→金鸡岭→古佛岩→龙王潭→洞天生态庄园→广东大峡谷→必背瑶寨→云门寺→南华寺

广西壮族自治区 653

桂林 655
象鼻山→伏波山→叠彩山→独秀峰·王城公园→七星公园→芦笛岩→穿山公园→漓江

阳朔 660
世外桃源→山水园→漓江下游景区→高田景区→兴坪古镇→阳朔西街→银子岩→丰鱼岩

资源 668
资江漂流→八角寨→宝鼎瀑布

龙胜·龙脊和大寨梯田 672
龙胜温泉国家森林公园→龙胜矮岭温泉→岩门峡漂流→龙脊梯田→大寨金坑梯田→银水侗寨

兴安 676
猫儿山→灵渠→秦城水街→乐满地主题乐园

三江 678
程阳风雨桥→侗族鼓楼

贺州·黄姚古镇 680
姑婆山→贺州温泉→桂江观光→黄姚古镇→玉石林和紫云洞

柳州 683
鱼峰山→都乐岩

融水·元宝山·雨卜苗寨 685
贝江漂流→元宝山探奇·雨卜苗寨览民族风情→金秀圣堂山→金秀莲花山

北海 687
银滩→涠洲岛→星岛湖→海滩公园→海底世界→北部湾广场→侨港海滨→北海老街→山口红树林

巴马 692

钦州·七十二泾·三娘湾 693

防城港 695
江山半岛→大平坡→白浪滩→灯架岭→怪石滩→月亮湾→万尾半岛→金滩→万鹤山→边城东兴→竹山→中越人民友谊公园→十万大山国家森林公园

南宁 699
青秀山→白龙公园→广西民族文物苑→伊岭岩→良凤江国家森林公园→扬美古镇→友谊关→宁明花山

中越边境——大新·靖西 702
大新德天瀑布→靖西通灵大峡谷

百色 705
乐业大石围天坑群→百色起义纪念馆→古龙山峡谷群(靖西)

海南省 708

海口 712
五公祠→海瑞墓→万绿园→假日海滩→贵族游艇会→秀英古炮台→热带野生动植物园→东寨港红树林

三亚 716
亚龙湾→大东海→鹿回头山顶公园→天涯海角游览区→南山文化旅游区→大小洞天→蜈支洲岛→西岛海上游乐世界→三亚湾→椰梦长廊→珠江南田温泉→呀诺达雨林文化旅游区→三亚千古情景区

海南东海岸·西海岸 725

文昌·东郊椰林·铜鼓岭 726
百莱玛度假村→椰林湾→椰子公园→宋氏祖居→清澜高隆湾旅游区→孔庙→铜鼓岭旅游区→石头公园→云龙湾

琼海 730
博鳌水城→博鳌亚洲论坛成立会址→东屿岛博鳌亚洲论坛永久会址→玉带滩→万泉河漂流→官塘温泉度假村→白石岭风景区→红色娘子军纪念园

万宁·兴隆温泉度假区 733
兴隆热带植物园→度假区夜景→石梅湾→加井岛

陵水—分界洲岛·猴岛 735
南湾猴岛→分界洲岛→牛路岭→吊罗山国家森林公园

海南中线 737
五指山→五指山河谷漂流→海南省民族博物馆→太平山瀑布→七仙岭温泉国家森林公园→七仙岭温泉度假区→槟榔谷→仙安石林

海南西线 740
海南热带植物园→东坡书院→松涛水库→蓝洋温泉度假区→尖峰岭国家森林公园

华北地区 HUABEIDIQU

北京市 ······ 745

天安门与天安门广场→中山公园→太庙→故宫→景山公园→北海公园→天坛→雍和宫→孔庙和国子监博物馆→什刹海→恭王府及花园→中央电视塔→中华世纪坛→鸟巢和水立方→白云观→西单文化广场→动物园与海洋馆→香山公园→中华民族园→北京植物园→八大处公园→颐和园→圆明园→卢沟桥→胡同与四合院→国子监街→银锭桥

京城水上游：亮马河游船→大运河水上观光游船→皇家御河游船

科技及文化旅游：大学区→中国科学技术馆→北京天文馆

北京郊区游：八达岭长城→慕田峪长城→明十三陵景区→龙庆峡→十渡→雁栖湖→红螺寺→黑龙潭→京东第一瀑→青龙峡→桃源仙谷

天津市 ······ 766

天津广播电视塔→水上公园→五大道洋楼群→古文化街→津湾广场→滨江道商业街→食品街→

海河游览区→梁启超故居→塘沽滨海游乐城→盘山→黄崖关长城→泰达航母主题公园

河北省 ······ 771

秦皇岛—北戴河 ······ 772
北戴河海滨景区→莲蓬山→山海关景区→老龙头→燕塞湖→南戴河海滨→野生动物园→角山→孟姜女庙→山海关乐岛水族馆→新澳海底世界→集发生态观光园

黄金海岸 ······ 777
黄金海岸线→国际娱乐中心→碣石山

承德 ······ 779
避暑山庄及周围寺庙景区→棒槌山→双塔山

坝上草原 ······ 782

石家庄 ······ 785
苍岩山→赵州桥→柏林禅寺→嶂石岩→抱犊寨→隆兴寺→西柏坡中共中央旧址

保定 ······ 788
白洋淀→清西陵→野三坡→冉庄地道战遗址→涿州影视城→狼牙山→定州塔→清东陵

内蒙古自治区 ······ 791

呼和浩特 ······ 792
大召寺→席力图召→五塔寺→内蒙古博物院→昭君墓→清公主府→希拉穆仁草原→格根塔拉草原→辉腾锡勒草原

包头 ······ 795
五当召→美岱召→南海→成吉思汗陵旅游区→

响沙湾

阿尔山 798

满洲里 799
国门景区→套娃景区→满洲里市博物馆→呼伦湖

锡林浩特 801
贝子庙→额尔敦敖包公园→锡林河九曲弯

东乌珠穆沁旗 803
草原风光→乌里雅斯太山→那达慕大会→珠恩嘎达布其口岸

西乌珠穆沁旗 805
蒙古汗城文化旅游区→成吉思汗瞭望山→浩齐特王盖庙

呼伦贝尔·额尔古纳 808

山西省 809

五台山 810
显通寺→塔院寺→菩萨顶→黛螺顶→南山寺→罗睺寺

恒山·悬空寺 814
北岳恒山→悬空寺→应县木塔

太原 816
晋祠→天龙山景区→双塔寺→纯阳宫→崇善寺

常家庄园

平遥 819
平遥古城→日升昌票号→城隍庙→文庙→古县衙→中华第一镖局→乔家大院→王家大院

大同 823
云冈石窟→九龙壁→华严寺→善化寺

绵山 825

东北地区 DONGBEIDIQU

辽宁省 827

沈阳 828
沈阳植物园·世博园→沈阳故宫→北陵→"九·一八"历史博物馆→怪坡→五里河城市建筑风光→西塔朝鲜风情街

大连 831
老虎滩海洋公园→星海公园·圣亚海底世界→大连森林动物园→滨海路→广场风光→旅顺口→冰峪沟

大连金石滩 836

鞍山 837
千山→玉佛苑→汤岗子温泉→本溪水洞→盘锦红海滩

丹东 840
锦江山公园→鸭绿江风景名胜区→抗美援朝纪念馆→凤凰山→虎山长城→青山沟

兴城 843
海滨浴场→菊花岛→首山·温泉→明代宁远古城→锦州大笔架山→辽沈战役纪念馆→医巫闾山→九门口长城→绥中电厂海滨

吉林省 847

长春 848
伪满皇宫博物院→伪满八大部→南湖公园→净月潭→长春电影世纪城→长春世界雕塑公园

长白山 850
长白山天池→长白山瀑布→天然温泉群→长白山十六峰→长白山大峡谷→锦江瀑布→高原冰雪运动训练基地

长白县·长白山南坡 855
长白山→塔山公园→千年崖城风景区→长白口岸景区→果园朝鲜族民俗文化村

吉林 857
松花湖风景名胜区→北山公园→吉林市博物馆→北大湖滑雪场→雾凇岛→吉林雾凇→松江中路→查干湖→拉法山国家森林公园→红叶谷→庆岭活鱼村

延边 861
"一眼望三国"防川风景名胜区→图们→帽儿山国家森林公园→六鼎山文化旅游区

黑龙江省 863

哈尔滨 864
中央大街→斯大林公园→圣·索菲亚教堂→太阳岛景区→东北虎林园→冰灯游园会和冰雪大世界→伊春市汤旺河林海奇石景区→萧红故居→亚布力滑雪旅游度假区

五大连池—黑河 870
五大连池：五池水上游览区→火山奇观→三园览胜→药泉圣水→边城黑河→大黑河岛商贸园→江滨公园→异国风光

漠河·北极村·北红村 876

齐齐哈尔 879
扎龙国家级自然保护区→明月岛风景区→龙沙公园→昂昂溪遗址

牡丹江·双峰雪乡 881
镜泊湖→吊水楼瀑布→火山口国家森林公园→八女投江群雕→中国雪乡

大鸡西旅游圈 885
兴凯湖→虎头风景名胜区→珍宝岛→月牙湖→北大荒书法艺术长廊→农业旅游观光

港澳台地区 GANGAOTAIDIQU

香港特别行政区 892
海洋公园→太平山顶→维多利亚港→迪士尼乐园→兰桂坊→铜锣湾→尖沙咀→金紫荆广场→旺角→庙街→中环→星光大道

澳门特别行政区 898
澳门历史城区→大三巴牌坊→玫瑰圣母堂→威尼斯人度假村→澳门旅游塔→金莲花广场

台湾省 900
日月潭→阿里山→阳明山公园→台北故宫博物院→台北101大楼→孔庙

第12版后记 902

西南地区
XINAN DIQU

云南省 2
贵州省 82
四川省 121
重庆市 186
西藏自治区 198

云南省

YUNNANSHENG

黄金旅游线路

① 昆明—大理—丽江—泸沽湖
② 昆明—大理—丽江—香格里拉
③ 昆明—大理—腾冲—瑞丽
④ 昆明—西双版纳—抚仙湖
⑤ 昆明—陆良—罗平
⑥ 昆明—元阳—河口

关于云南的总体概述——大都是教科书、导游书上的介绍

云南意即"彩云之南",它位于祖国西南边陲,以其美丽、丰饶、神奇、壮丽而著称于世。云南省的地形地貌特色鲜明,它呈典型的南低北高形态,省区南缘的河口海拔仅有76米,而滇西北高原上的梅里雪山海拔却达6740米,崇山峻岭向着西北、东北方向层层隆起,条条浩荡江河向着东南大地汹涌奔流,江河溪流和险峻峡谷纵横交错,共同造就了祖国南疆的这块神奇美丽的乐土。

云南省内有20多个世居民族,民风民情瑰丽多姿。这里更有数不胜数、美不胜收的山水风景名胜:省会昆明四季风光如画,大理的苍山洱海壮丽迷人,香格里拉的世外桃源风光宛若仙境,泸沽湖边的摩梭风情举世无双。更有那西双版纳的热带风光、罗平山谷间的油菜花海、边城腾冲的火山温泉、江水奔腾势如排山倒海的虎跳峡和那钻石般熠熠生辉的丽江古城,云南省内的美景之多真令人目不暇接、眼花缭乱,它留给游人的美好观感更是丰富幽远,如幻如梦。

对云南省内各主要景区的具体评价和游览指导——这可是笔者的亲身感受

①云南是国内当之无愧的旅游资源大省,笔者在云南玩了一个多月,花费了1万多元,还是有很多地方没去过,想想这里该有多少美景呢。

②省会昆明真是风光优美而又位置绝佳,且不说这里的石林、西山、九乡、民族村有多美,单说从昆明出发东西南北各个方向都有全国闻名的风景名胜,欲去西南观光,首选目标就应该是昆明。

③丽江太棒了,玉龙雪山冰雕玉琢,虎跳峡中江水奔流震耳欲聋,最精彩诱人的是丽江大研古城,它是云南省内风光最耀眼的山水明星——应该至少在那儿玩3天。

▲ 西双版纳热带植物园秀色

④泸沽湖不光山清水秀，那里居住的摩梭人的生活习俗也真是奇异动人，应该赶紧去泸沽湖，把美景尽收眼底。现在那里的原始风光犹存，至少在那儿玩2—3天。

⑤碧塔海、属都海是深山间的珍珠，梅里雪山是滇北当之无愧的高原美神，香格里拉市(中甸县)值得一去，至少应停留3—4天。

⑥西双版纳是云南省内的传统风景，那里的热带风光绮丽，傣族风情动人。近年来，那里又新建了傣族园、原始森林公园等数处大型景区，而且建得很成功，所以西双版纳新姿也非常美丽，如果您曾经到过那里，现在是不是可以考虑故地重游呢？

▲ 玉溪抚仙湖湖区美景

⑦您听说过抚仙湖这处名景吗？它距昆明市只有一个多小时车程，湖面非常壮美、风光十分绮丽，诗人们形容其为"琉璃万顷"，这是一点也不夸张的——至少应该在那儿玩2—3天（自驾和包车环湖游令人非常快慰和开心）。

⑧大理是滇西高原上的旅游名城，风光独特，位置重要——是游人的必经之处，时间嘛，3天基本够用。

⑨腾冲的风光极好，目前还算小众，所以您一去，肯定会有喜出望外的美好印象和感受。

⑩瑞丽位置好、气候佳，又能出境观览异国风情，可早些年当地人重边贸、轻旅游，所以景区开发得不充分，但是游人去一次也不会后悔。

⑪罗平不光有全国最大的油菜花海之一，溪泉瀑布各景也很迷人，什么时候游览都成，但以春季油菜花盛开的季节为最佳，停留2—3天为宜。

⑫别以为只在广西龙胜有梯田美景。云南元阳的梯田规模更大且风光更美丽、气势更恢宏。它是滇南人民辛勤劳作的结晶，更是对八方游客的精彩馈赠。

⑬其他较好的地方还有位于滇西的怒江峡谷、独龙江峡谷等，去不去可由您自己掌握。此外文山壮族苗族自治州的普者黑和世外桃源坝美村风光美而独特，亦有观光价值。如果时间充裕，还可以去边城河口看一看，从那里可以出境去越南开心游览，美感更上一层楼。

▲ 丘北普者黑景区山水秀色

自助游中国 西南地区

云南省

昆明

电话区号：0871　旅游咨询：63107859　旅游投诉：63164961

在我国西南的各省会城市中，有谁能像昆明这样芳姿独具而又魅力袭人呢？这里气候甚佳——常年繁花吐艳、四季温暖如春；这里美景云集——滇池烟波浩渺、石林奇特瑰丽、九乡峡洞幽深、云南民族村民族风情浓郁迷人。更令人倾慕惊叹的是昆明得天独厚而又无与伦比的重要地理位置——不论您是西去腾冲、瑞丽，北上丽江、香格里拉、德钦，还是南下西双版纳，东奔陆良、罗平，抵达云南后您都要和美丽的春城会一次面、握一次手，从此以后，您的脑海里，就会永远浮现和铭记着这颗"高原明珠"那烂漫秀丽的风姿倩影。

▲ 昆明金马碧鸡广场秀色

气候与游季

昆明地处云贵高原中部，纬度低而海拔高，加之周边有滇池、阳宗海等湖泊调节温、湿度，所以形成了夏无酷暑、冬无严寒的宜人气候。最热月平均气温19.7℃，最冷月平均气温7.5℃，鲜花常年不谢，草木四季常青，全年皆可畅游。但有时这里昼夜温差稍大，雨后亦显凉爽，所以体质差的游客要注意调节衣服穿着。不过与全国其他城市相比，昆明的气候太好了，令人感觉非常舒服惬意。

昆明的气候真棒啊！好好享受这里的明媚阳光和清爽空气吧

● 云南主要少数民族节日（一）

目瑙纵歌节，德宏，农历正月十五。
白水台赛歌会，香格里拉，农历二月初八。
插花节，大姚、双江，农历二月初八。
刀杆节，怒江、保山，农历二月初八。

交通

昆明是一座内陆高原城市，火车和飞机是外省市游客进出昆明的主要交通方式。云南省内的铁路和公路运输业都很发达，所以抵达昆明后可乘火车和汽车随心所欲地驶向任何方向开心旅行，不论是到大理、瑞丽、腾冲、丽江还是文山、西双版纳，铁路和公路状况都是非常好的。

昆明民航问询电话：0871-96566

4

航空

昆明有航班飞往全国各省省会和各大中型城市。长水国际机场是昆明最主要的机场，距离昆明市区约24.5千米。有城铁轻轨列车同市中心区对开。乘坐机场大巴也很方便，可以直达市中心和昆明周边许多地方。

长水机场大巴服务热线：4000272999

铁路（火车站和火车南站）

昆明站即南窑火车站，是进出昆明的主要铁路站点，许多从外省进入昆明的火车都在这里停靠（包括去大理和丽江）。昆明南站是新建的大型车站，主要停靠高铁列车。

昆明火车站电话：0871-63511534

昆明火车南站电话：0871-66197142

昆明至大理、丽江火车每天有多班，高铁至大理车程约2小时，至丽江约3.5小时

公路

乘坐长途汽车是到达云南省内各地区常见的交通方式，由于云南的公路建设颇见成效，许多公路干线甚至偏远地区的路况也是又平又好，对于自助旅游者来说，乘长途客车出行是很快捷和经济的选择，行车途中还可观览窗外的美丽风景。

昆明至大理、丽江汽车在客运西站、南站滚动发车，30—60分钟1班车

市内交通

公交车和出租车是昆明市区最主要的交通工具，因为全市有百余条公交线路且四通八达，所以，一般情况下1—2元制的公交车就能让您完成市内行程，在城市交通高峰期，因堵车而造成交通不畅时，乘公交车比乘出租车可能要划算得多。

昆明于2013年起开建了6条地铁线，最先运营的是1号线和6号线。1号线现开通12个站点：从晓东村站至大学城南站。6号线从东部汽车站出发开往机场中心。

云南主要少数民族节日（二）

泼水节，西双版纳、德宏，4月中旬。

三月街，大理，农历三月十五。

赛马会，香格里拉，农历五月初五。

火把节，石林、楚雄、大理，农历六月廿四。

▲ 大观楼风光

●昆明火车站

昆明火车站位于昆明市北京路南段，乘2、3、23、24、25、44、50、58、60、64、68、80路公交车可到。

●从机场至昆明南站

有专线车可到，车票30—35元。

●从机场至昆明火车站

有城铁专线可到，票价25元。

●出租车

出租车3千米起价8元，以后每千米1.8元，22:00后起价9.6元，以后每千米2.7元。

●关注北京路

昆明火车站前的城市干道叫北京路。两侧有不少宾馆酒店和机票代售点。可关注。

长途汽车站点及发车方向（区号0871）

长途客车站点	地址	发车方向	电话
南部客运站	官渡区新螺狮湾商贸城	玉溪、西双版纳、红河、建水、石屏	67361722
东部客运站	新机场高速路旁	石林、陆良、罗平、河口、蒙自、个旧、文山	63833680
西部客运站	西山区马街	大理、丽江、保山、德宏州、怒江州、迪庆州	65326258
省旅高快客运	东风东路拓东体育场	省内各地长途客运	67185102
北部客运站	盘龙区龙头片区	曲靖、昭通、东川	65727185
西北部客运站	五华区王家桥	楚雄、攀枝花、花坪、安宁	68265359

● 推荐晚间休闲方式

① 品尝云南各式风味美食，特色餐馆详见下页介绍。
② 到金碧广场周边商业区逛街购物。
③ 看《云南映象》大型歌舞表演，下页有详介。

▲ 昆明太和宫金殿是中国最大的铜殿

● 推荐便宜实惠的宾馆酒店

汉庭酒店连锁店遍布在国内大、中城市的各个主要街区且共具如下特点：卫生条件好、服务周到热情，房价不贵，客人入住后倍感舒适安心。现在国内的经济型酒店极多，如7天、如家、锦江之星等，但笔者力荐汉庭。通过携程和华住会官网预订汉庭酒店极方便，望您一试。

▲ 昆明市中心的金碧广场

● 普通饭食

昆明街头上的中、小餐馆饭菜价格适中（比过去上涨了不少），有不少12—16元的肉炒青菜和16—23元的纯肉菜，花30元左右可以吃好一顿。

住 宿

作为云南省会和全国闻名的旅游城市，昆明的住宿非常方便，市区有各类宾馆酒店数百近千家，从五星级宾馆到普通酒店、旅馆一应俱全，数量之多令人眼花缭乱。高档酒店有富力万达文华酒店（前兴路888号，电话：0871－68038888）、昆明饭店（东风东路52号，电话：0871－63162063）、中心皇冠假日酒店（青年路399号，电话：0871－63158888）等。中低档的酒店宾馆在市区内外遍地开花随处可寻，且房价真心不贵，大家视情选择即可，不过我仍然可以为各位推荐几家综合性价比很好的住处，以经济型商务酒店为主，详情见下方表格内。

经济快捷型酒店参考

① **汉庭昆明火车站国贸中心店**
位于关上金汁路65号，2024年新开业，条件好、服务热情、房价适中（电话：0871-68119059）。

② **如家酒店火车站春城路店**
位于春城路94号，平日标间118元起（电话：0871-68882666）。

③ **梦景·彩虹酒店环城南路店**
位于春城路202号，平日标间百元左右（电话：0871-63328555）。

④ **华都酒店万达广场店**
位于华昌路208号，标间120元左右（电话：0871-68044988）。

▲ 到大观公园观海鸥是昆明旅游中的重要内容

旅游锦囊

为您介绍昆明的餐饮购物娱乐信息

一、昆明的特色风味食品

昆明的风味饮食有过桥米线、气锅鸡、宣威火腿、路南乳饼、红烧鸡枞、全羊席、野生菌、宜良烤鸭、烧豆腐、大理砂锅鱼、泥鳅钻豆腐、青椒松茸、饵丝饵块、竹筒饭、烧竹荪、香草烧鸡、香草烤鱼等。

二、推荐特色餐馆

①桥香园过桥米线

专营各类云南过桥米线和卤菜、凉菜。过桥米线品种多、质量好、品味佳,价格也差别很大——最便宜的10元/份、最贵的128元/份,食客可各取所需。桥香园名气很大,在昆明市区有多家分店,国贸店人气较高。

②野菌园火锅

专营各类野生菌火锅,风味独特。人均消费70元。在关渡区关兴路185号。电话:0871-67167476。

③福照楼气锅鸡

专营云南气锅鸡和滇味炒菜。气锅鸡68—198元/锅,可供多人共同食用。另外,烤罗非鱼、火焰土豆、酥红豆和特色炒牛肉等菜肴也很有名。人均消费80—100元。火车站锦江店,电话:0871-63556858。

④傣家竹楼

主营各色正宗的傣族风味菜肴,代表菜品有山笋炒牛肉、香茅草烤鱼、各式石锅菜、竹筒菜、菠萝饭、泼水粑粑等。人均消费54元。位于五华区三合营路66号。电话:0871-63618908。

以上餐厅可适度关注。现在昆明新的美食佳境层出不穷,数不胜数,大家可各取所需,任意选择。

三、推荐晚间娱乐方式

昆明市晚间共有4台有云南特色的大型歌舞表演,笔者强力推荐杨丽萍担任主创和艺术总监的《云南映象》,这场大型歌舞把人类的肢体语言和舞蹈语言发挥到了极限,观后使人心灵上得到极大震撼。此外,舞蹈体现出来的丰富思想内涵让人能够在很深的层次上认识到生活的本质和意义,令人深受启迪,受益匪浅。《云南映象》不单单是一个晚间的娱乐节目,更是一个不可多得的艺术精品,非常值得一看,演出地点在东风西路132号艺术剧院,演出时间每晚20:00到21:45。票价220—680元,中间分为数个档次。订票电话:0871-63846006。

▲《云南映象》大型歌舞剧的少数民族演员真漂亮

主要景点
滇池风景区

滇池在昆明市区西南方，它面积达297平方千米，烟波浩渺，既有湖泊的秀逸和韵味，又有大海般的气势和情调，享有"高原明珠"之称。滇池风景区包括昆明城边滇池周边的诸多名胜景点，总面积达700多平方千米。滇池东北有海埂公园、云南民族村，西面有龙门公园，西南有白鱼口，它们风光各异但都景色绮丽迷人，游人逐一游览池边各景，可以畅观山水之美妙、领略绚丽多姿的少数民族风情（昆明市区有24、44和73路车到海埂公园，门票免收）。

☛ 滇池景色"贼壮阔"，东西南北都有好风光

西山森林公园（国家4A级旅游景区）

西山距昆明市区15千米，濒临滇池西岸，由碧鸡、罗汉、华亭、太平诸山组成。西山的山姿轮廓非常秀美，酷似一个仰卧在滇池之滨的妙龄少女，所以被誉为卧佛山和睡美人。

西山森林公园建在山上海拔1900米至2350米之间，绵延数十里，山上有华亭寺、太华寺、三清阁等景点，其中最精彩诱人的景点是建在山东坡悬崖峭壁间的精美亭阁龙门胜境，这里上依山崖、下临深谷，左前方是新楼迭起的昆明市区，右前方是烟波浩渺的滇池湖水，正前方是大名鼎鼎的云南民族村。站在一个地方能饱览这么多美丽画面，让远道而来的游客好开心！西山森林公园是八方游客抵达昆明后的必游景观。

☛ 登上龙门胜境，五百里滇池尽收眼底，风景真美

云南民族村（国家4A级旅游景区）

在昆明西南的滇池之滨，村中数十个少数民族村寨掩映在万绿丛中（都是根据真景仿制而成），游人可在这里看大理三塔、观石林县（路南）石林、登傣家竹楼、游景颇山村，一日之内，尽览云南各少数民族绚丽多姿的民族风情。村内每天有热烈欢快的民族歌舞表演，民族团结广场上的驯象表演更是令人忍俊不禁。游览云南民族村，能给人带来极好的心情。

☛ 这里是国家4A级旅游景区，进去一次还是值得的

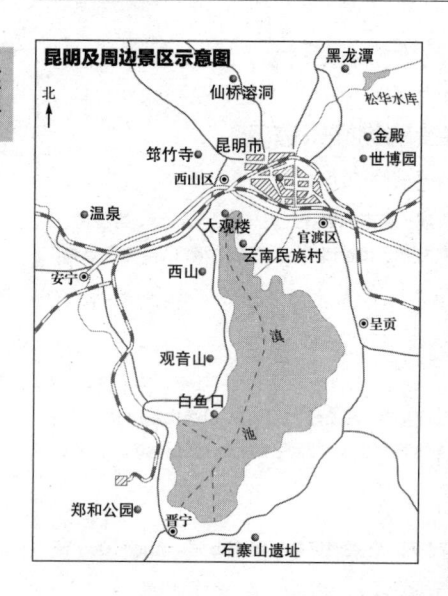

● **推荐特色美食街**

昆明的主要美食小吃街有：祥云美食城、和平村小吃街、南强街小吃步行街、人民广场夜市小吃、大观商业城内小吃城等。

● **西山森林公园**

从昆明市西端的梁家河乘6路公交车可到。亦可从云南饭店前乘旅游专线车前往。此外，在滇池的海埂公园和云南民族村有缆车跨越滇池抵达西山。
龙门门票40元，套票100元。
从海埂公园旁乘缆车去西山缆车费40元，往返70元。
从云南民族村打车去约需20元。

● **云南民族村**

乘24、44、94路公交车可到。门票90元。
园区很大，观光内容和项目很多，各种特色表演很吸引人，游览需要半天至一天时间。

世博园

虽然是1999年世界园艺博览会后留下的会址，但如今仍然对外开放，供游人参观。园区内有5座展馆、6个专题展园、34个国内展园和33个国际展园，占地达218公顷，是一个汇集了全世界各国各地区园艺风景的超大型博览会。

☛ 只是世博会留下的遗址，观光效果与世博会召开时不可同日而语

金殿名胜区（国家4A级旅游景区）

位于昆明城东8千米处的鸣凤山中，殿高6.7米、宽深各6.2米，用黄铜铸成，总重达250吨，系中国第一大铜殿，此殿始建于明万历三十年（1602年），已有400多年的建造历史，是中国古代劳动人民勤劳智慧的结晶。

☛ 金殿风光尚可、特色鲜明，上去看看是值得的

黑龙潭

在昆明北郊15千米处，因涌出的池水带有黑色而得名。景区有龙泉观和黑龙宫两组建筑群，均修建在苍天古木、修竹茂林之中。这里有唐梅、宋柏、明茶三株古树，它们与南北两潭之鱼"老死不相往来"，和奇异的凹字碑一起被称为"潭内五绝"。景区内还有占地达28公顷、面积是全国之最的梅花园。

☛ 黑龙潭景点精巧玲珑，值得关注

大观公园

位于昆明市区西南缘滇池岸边的大观公园，园区遍布亭阁、楼台、小桥流水，风光秀美与昆明龙门西山景区隔湖相望、相映生辉。园中最具观赏价值的大观楼建于康熙年间，楼高三层，因其历史悠久、身姿秀丽且楼前悬挂有180字长联的题匾而蜚声中外。

🚌 4、22、52、54 路可到大观楼　🎫 门票免费

石林风景区（国家5A级旅游景区）

坐落于昆明以东100千米处的石林彝族自治县境内，由大小石林、乃古石林、大叠水、长湖、月湖、芝云洞、奇风洞诸景组成，总面积达400平方千米，其中大小石林是游览中心。这里石柱、石壁、石峰林立，鬼斧神工、千姿百态、争奇竞秀，游人穿行其间如入迷宫仙境。景区内每天都有歌舞表演和篝火晚会，如遇节日，宾客狂欢可通宵达旦。

☛ 石林是当地标志性景点，不可不看

● 世博园
在昆明市区东北缘，乘47、68、69路公交车和地铁5号线可到。
门票免费。

● 太和宫金殿
乘10、69、71、76路公交车可到，亦可在参观世博园后在园内乘缆车直达金殿公园。
门票免费，但游玩项目收费。

● 黑龙潭
乘3、22、23、25路等公交车先到火车北站，然后换9路公交车可直达。
门票免费。
附近还有甚有名气的昆明植物研究所，很有观赏价值，可前去观览热带植物奇观。

● 石林风景区
昆明市区很多地方都有石林一日游班车，往返车费50元。另外火车站前的汽车客运站和客运东站中北客运站有客车直达石林，每15分钟一趟，车票28—34元，2小时可到。此外亦可乘火车，1个半小时可到。
长水机场有专线车石林，车票50元。

▲ 大观楼远景

● 石林风景区

石林门票130元。手机购票有优惠。电瓶车费25元/人。大石林风光最美，小石林中的阿诗玛石像也挺出色，游览中心景点需2小时左右。另外，乃古石林特色鲜明也值得一看。

去石林旅游最好坐单程客车或火车去，这样可以直奔景点。而石林一日游的往返专线车开出后一上午都在拉游客购物、吃饭，下午才开始进入石林，白白耽误了许多时间。

▲ 世博园门外的吉祥物

● 九乡旅游区

昆明市中北汽车站有专线车直达九乡，往返票价36元。亦可先从昆明乘车到宜良（去石林的途中经过宜良），然后转车，车票7元即到九乡。

¥ 九乡门票260元，索道费加船票82元，电瓶车费25元。

▲ 翠湖公园里也有海鸥

九乡风景区

是以溶洞景观为主体的新兴风景区，在昆明东南90千米处的宜良县境内，集山峡风光、民族风情、人文景观于一身。这里山陡峡深，多V形岩壁和山谷及喀斯特溶洞，系国内规模最大、数量最多的洞穴群落体系之一，游人观后倍感新鲜刺激。

☛ 游人应该去九乡一游，会有不俗观感

★另荐市区和周边其他景点

★金马碧鸡坊

金马碧鸡坊是两个牌坊的合称，其中金马坊在东、碧鸡坊在西，都是高12米、宽18米的雕梁画栋、精美绝伦的牌坊佳景。金马碧鸡坊坐落在昆明市区中轴线的三市街与金碧路交会处，现在是昆明市区的标志性景物，周边则是繁华喧闹的大型商业中心区。

🚇 地铁3号线五一路站B口出可到。¥ 门票免收

★翠湖公园

是位于昆明市区北部螺峰山前的精美园林，有湖心岛、水月轩、金鱼岛、竹林岛、葫芦岛、九曲桥等数个景区。每年冬季有大量红嘴鸥从西伯利亚飞到昆明过冬，一部分在大观公园、另一部分在翠湖栖息，此时到翠湖公园观赏人鸥同乐的场面很有情趣。

🚇 地铁5号线华山西路B口出可到。¥ 门票免收

★云南省博物馆

在五华区五一路，馆藏文物十余万件，展示云南省的历史、文化和少数民族风情，值得一看。乘公交4、5、26路在艺术剧院站下车可到，也可从金马碧鸡坊步行20分钟即到。

¥ 门票免收

★安宁温泉

由多处温泉浴场、温泉度假村组成的温泉休闲度假区，山林幽静、风光柔美。从市区小西门和人民西路乘公交车可直达，车程约需50分钟。各式洗浴收费不一。

★陆良彩色沙林

陆良县城东南方约18千米处由天然形成的沙柱、沙峰和森林、溪湖景观组成的美丽世界，地貌奇特曾被多部影视剧选为外景拍摄地。

🚌 先到陆良，再换车前往沙林　　¥ 门票70元

★东川红土地

在距昆明市约250千米的东川区新田乡境内，以花石头村为中心，方圆几十千米的范围内遍布因土壤中的铁质氧化后沉积而形成的赤红色土地，色彩斑斓、景色独特、风光壮美，近年来引起外界广泛关注，是摄影家和自驾、自助游客向往的地方。

● 东川红土地

去东川红土地观光可以乘昆明至法者的汽车（昆明北站每日7:50、8:30有车），行车途中经过红土地、乐谱凹、花石头、锦绣园等景点，整个车程约需5小时。红土地目前开发出来的景区有打马坎、七彩坡、锦绣园、落霞沟、乐谱凹等。当日回昆明来不及，应该在那里住一晚，有民宿酒店可供选择。

发烧友特别关照

①西山（龙门）、大观楼、云南民族村、海埂公园、石林皆为昆明市区绝佳景点，游人哪一处也不应漏掉。

②滇池的水质近年来通过治理持续向好，或许仍达不到清澈碧透的程度，但这并不影响人们登高远望，在西山龙门上看到的滇池全景还是很壮观的。

③大观楼（大观公园）既有精美亭阁和碧绿池水，又有红嘴鸥和那副著名的长长的精彩对联，值得一看。

④冬天市区的翠湖也有不少红嘴鸥，场面也好看。"翠湖观鸥"已成为昆明热门的景观之一。

⑤九乡风光非常绮丽迷人，到此一游可能会喜出望外。

⑥论游览效果，云南民族村更佳。民族村的功能很明确，就是让人领略绚丽多姿的少数民族风情，这里风光优美、民风浓郁，歌舞和驯象表演也很动人。世博园面积很大，景点也多，一天很难游完。如果想多看些景点，可乘坐园内的电瓶车，还有免费的小火车。

⑦欲观城市中心区风情可去金马碧鸡广场，以"金马"和"碧鸡"两座牌坊为背景拍摄的人像很有纪念意义。这里也是昆明主要商业中心区，观光、购物和晚间休闲皆宜。

⑧昆明东边陆良县境内的沙林风光与众不同，可视情况前往观览。

⑨距昆明只有两个多小时车程的抚仙湖，湖面壮观且水质清澈，湖上风光秀丽迷人，前去一游绝无遗憾！本书后面有独立章节进行详细介绍。

▲ 乃古石林胜景

旅游锦囊

为您介绍游览昆明和云南省内其他景点线路的有关学问

旅游锦囊之一：如何在昆明及周边地带选择合理游程

在昆明游览主要景点需2—3天时间。其中市区观光至少要一天时间，西山（龙门）、云南民族村（含歌舞驯兽表演）、大观楼可作首选景点。早晨起床后应先去云南民族村，赶在9:00之前到达以便观看盛大的开村仪式和歌舞表演，然后游览全村。民族村面积不小，走马观花也要半天时间。正午时分离开民族村乘出租车跨越滇池到西山观赏滇池胜景。之后从西山乘缆车下行到海埂公园，这里有车、船载您去大观楼。游毕大观楼后可视情况游览世博园、金殿和黑龙潭等。第二天可游九乡和石林，一日游览这两处景点需早出晚归且抓紧时间。上面的游程安排非常紧凑但也略显仓促，如果增加一天时间（共3日游览）便会轻松许多了。如欲到澄江游风光秀美的抚仙湖，则需再增加1—2天时间。如去陆良看沙林奇景，还需增加至少一天时间。另外昆明附近最近涌现一处新景东川红土地，可给予适当关注。

旅游锦囊之二：如何在云南境内选择常规游览线路

①如果您是初次入滇，最好选择昆明、大理、丽江一线，游毕丽江可去香格里拉或泸沽湖，当然最好是把它们一次都游遍（从丽江去泸沽湖两天可打来回）。滇西北是当今云南境内最精彩的黄金旅游线，也是国内游的观光大亮点。游客前去定觉精彩圆满。单游昆明、大理、丽江用时至少5—6天，若加上泸沽湖则需7—8天，再加上香格里拉和德钦共需11—12天时间。观光绝对物有所值。

②同样是初次入滇，您也可选昆明、西双版纳一线，西双版纳风光虽然听上去有点俗，但那里有旖旎的热带风光，民族风情也多姿多彩，不去一次还真有些遗憾。加上不久前中老铁路通车后，版纳交通条件大为改善，所以去那里观光、度假、越冬疗养的人流增加了不少，近来那里游览热度上升、人气很旺，值得关注。如果在途中加上玉溪、澄江境内的著名景点抚仙湖，这条线的观光效果就非常精彩圆满了。观光时间至少要5—6天。

③如果您是第二次来云南又不想落俗，那可选择滇西南一线，那里主要有腾冲和瑞丽两个观光候选地。笔者认为腾冲风光够水平，而瑞丽风景稍显平淡，游客应有心理准备。仅游腾冲、瑞丽两地（连同昆明短暂游览）需6—8天。

④如果是春季2—3月份来云南，游毕昆明、大理后可考虑去滇东罗平，油菜花盛开的时候罗平风光还真挺壮观。在罗平当地停留两天够用了。

⑤另外滇东南也有个性鲜明的好景点，如红河州的元阳梯田和文山州的普者黑及"世外桃源"坝美村，风光都很诱人，这条线适合第二次来滇的游客。从昆明出发一次游遍文山普者黑、坝美村和红河元阳梯田及建水古城需要4—5天时间。

▲ 昆明西山美景（左下方是滇池）

舌尖上的昆明（当地特色风味美食）

①过桥米线

过桥米线是云南的特色食品。把米线、汤料、配料分别制作，用现吃现烫的烹调形式和食用方法。汤是用大骨、鸡肉、鸡骨等经过长时间熬煮而成的，浓淡适度、香气袭人。吃时先把汤烧开，在上边浇上鸡油，油浮在汤上保温隔热。然后把米线和配料一起倒进汤内烫熟，之后开心品尝（昆明市内经营过桥米线的餐馆随处可寻）。

②宣威火腿

宣威火腿是云南著名特产之一，皮薄肉厚肥瘦适中，色泽鲜艳，香气浓郁，号称中国三大火腿之一。来昆明后游人既可自己细细品尝，也可以购买捎带"宣威火腿"回家——绝对是馈赠亲友之佳品，在昆明各大食品商城均可买到宣威火腿。

③青椒松茸

松茸，是一种山珍。青椒松茸，是昆明名菜之一。用青辣椒、红辣椒加蒜片与松茸片相炒，以肉汤加湿淀粉勾芡，白中缀红绿，清香味醇厚。味道独特，令人垂涎欲滴（可在昆明滇味餐馆中品尝）。

④野生菌火锅

云南是野生植物的天堂。在这里仅菌类就出产有上百种：青头菌、鸡腿菌、鸡油菌、珊瑚菌……真是数不胜数。到了云南，不吃野生菌火锅，真是太可惜了。本章前部分内容已经为大家推荐了品尝野生菌的特色餐厅，在此笔者提示您：吃菌类火锅的时候，应该先涮素菜再加荤菜，这样既可尝到野生菌的美味，又可畅享火锅的涮肉浓香。

⑤气锅鸡

气锅鸡也是云南名菜。先将中药三七装入已清洗干净的鸡腹内，将鸡块置于气锅内，然后放在一只盛有几公斤水的砂锅上，将两锅接触处密封，用旺火上炖三四个小时，这样炖出来的鸡肉汤汁鲜甜、肉香扑鼻（主营气锅鸡的特色餐馆本书前面已有推荐）。

旅游锦囊

为您介绍昆明自助游览方面的最新攻略

①当地观光亮点仍然以西山（在山上观滇池全景）、龙门、大观园、石林、云南民族村、世博园为主，周边其他景点可关注九乡、抚仙湖、陆良沙林、东川红土地。

②游览云南民族村后欲去西山可乘缆车，但车费很贵，对于结伴旅游者来说乘出租车去西山最适宜，车费15—20元即可到达西山山门，再换公交车车费3元就到西山的售票口了。以4人出游为例，乘缆车要160元（每人40元），而按上述方式行进只需32元（每人8元），省钱效果极为明显。

③西山的最佳观景点在龙门胜境，这地方非常狭小，十分拥挤，但确是观赏滇池全景的绝好地点，一定要多停留。

④游毕大观园后再去西山有捷径：园内有游船去海埂（招牌上说是远观西山睡美人），双程票价60元，但您一定要坚持买单程票（30—40元），这船经过滇池的一部分草海湖（湖中风光很好），到海埂上岸再打的15—20元即到西山公园大门（与上边第②条说的是一个地方）。此游览顺序也可颠倒进行，即先游西山后去大观园。

⑤云南民族村和世博园的园内风光没有太大变化，多次去过昆明的游人可把目光投入昆明周边地带，笔者强力推荐澄江县境内的抚仙湖，单说水上风光，这湖绝不比大理的洱海风光逊色。去抚仙湖观光不受季节影响，冬天也可畅游。

自助游中国 ▶ 西南地区

云南省

泸沽湖

电话区号：0888　旅游咨询：5160370　湖区公安局：5881110　景区：5156117

泸沽湖——镶嵌在川滇两省交界处深山之中的灿烂明珠，这里巍巍群山环抱着盈盈湖水，山青如黛、水明如镜，湖边林木葱郁、湖心礁岛秀立，自然风光极为绚丽迷人，而居住在湖畔的摩梭人的独特生活方式和奇异的风俗民情，更给来自海内外的八方游客带来无限的向往和憧憬。这些年来，已有数以万计的图片、数以千计的文章、数以百计的电视片争相向世人描绘介绍泸沽湖的绚烂风光和摩梭母系社会的文化，去泸沽湖观光已被许多人当作国内旅游中最令人激动和幸福的事情。

▲ 泸沽湖绚丽风光

气候与游季

泸沽湖冬暖夏凉，四季如春。春夏季节，山青湖绿，百鸟欢歌；严冬时节，这里白天依然艳阳高照，暖风融融（1月份穿毛衣加外套即可，只是夜间有点凉）；一年四季风光如画，皆可开心畅游（只是湖区紫外线强烈，游人要适当打伞、戴帽，注意防晒）。

☞ 冬季游湖一定要住空调房，否则夜间太冷。

● 快捷交通方式

先从昆明、大理乘火车到丽江，再换汽车到宁蒗和泸沽湖，也是较佳方案。

● 路途捷径

北方游客去泸沽湖完全可以不必绕道昆明、大理、丽江。可以先乘火车到四川西昌。西昌旅游客运站每日有两班客车发往泸沽湖东岸的泸沽湖镇，车程8—9小时，车费95元左右。抵达后换乘当地微面，可以轻松抵达凹夸、大嘴、里格、大落水等湖畔观光食宿点，交通很方便。

● 西昌汽车客运总站

电话：0834－3223865

🚌 交通——如何到达泸沽湖

主要有三条路径可选：

A. 从昆明、大理、丽江方向出发（这是最传统的路线）

昆明市客运西站每日有数班长途客车开往宁蒗县（旺季可以直接到泸沽湖边），车票280元，行车约需6小时。

大理市每天开往宁蒗的客车有1班，行车需2.5小时，车费120元左右。丽江市每天8:00、8:30有客车（古城停车场发车）直达泸沽湖，单程票价80元，往返130元。另外丽江市每日开往宁蒗的中巴车从6:00至15:00有8—10班，行车3小时（走新路）可到，车票50—60元。

宁蒗县城到泸沽湖还需1.5个小时，县客运站随时有车（主要是微面），车票40元/人。宁蒗客运站电话：0888-5521505。

B. 从四川西昌出发

西昌市内每日有2班客车开往泸沽湖，车费约需95元，

14

行车需1天时间，此段路况已比过去好了许多，但前半程以上坡为主，行车有点吃力，后半程基本上是平路。亦可先从西昌乘车到盐源县，再换车去泸沽湖。

C. 从四川攀枝花出发

攀枝花市汽车站每天有客车开往泸沽湖所在的宁蒗县，车票70元。

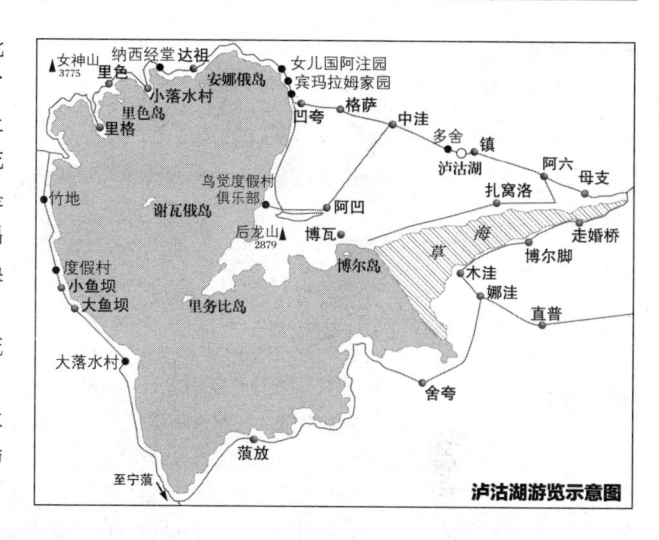

👉 四川西昌风光绝美！把西昌和泸沽湖连在一起玩堪称绝佳搭配

🏨 住在泸沽湖

泸沽湖云南一侧的岸边虽有大鱼坝、小鱼坝、竹地等五六个少数民族村落，但游览的中心和游客的集散地是紧挨湖边的大落水村，许多村民修建的木楼群距湖水仅有8—10米的距离，几乎每座临湖的木楼都被开辟为家庭旅舍并冠以如"摩梭女儿国""摩梭伊甸园""阿夏风情园"等好听的名字。早期建的一些木楼旅舍主要是双人普通间，只有床、被、电视等简易设施，许多房间中都没有卫生间（卫生间在院子里），收费亦相当低廉。

但是，近年来大落水村新建了不少砖混结构的湖畔观光度假酒店、旅馆，里边的标间都有彩电、卫生间（还有一些有空调），房价淡季70—100元，旺季翻番。此外地处泸沽湖西北角的里格村近年来新建了大量家庭式宾馆酒店，起点高、设施新、条件好，普通标间淡季70—80元/间，湖景房90—140元/间，旺季大幅上浮。另外里格村某些位置好的湖景房标间淡季开价也在180元以上，旺季可达300元/间。由于大小鱼坝、竹地及小落水村的住宿接待规模小，笔者不做专门推荐。

👉 泸沽湖四川一侧的住宿点主要有凹夸和大嘴两个村寨，游人可适当关注

吃在泸沽湖

大落水村内有不少餐馆和酒楼，游人用餐方便。也可在每座家庭旅馆中附设的餐厅中吃饭，用餐形式以点菜为主，当地的风味菜肴基本都能吃到，菜量不少但价格不便宜。有名的猪膘肉38—58元一份，摩梭小炒肉28—38元、回锅肉25—38元，素菜一

● 住宿参考

大落水村

① 观澜悦客栈，临湖，条件尚可，房价不贵，平日标间100—150元。电话：19869096739。

② 望湖庭院精品酒店，临湖，条件尚可，标间平日90—120元。电话：13888138534。

里格村

③ 江南雅居客栈，条件尚可，服务不错，平日标间130元起。电话：15368882655。

云南省

● 当地风味食品

猪膘肉、牛干巴、牛头肉、酸鱼、坨坨肉、糍粑、苏里玛酒、酥油茶。夜晚湖边还有不少烧烤摊，各类鸡肉、牛羊肉一应俱全，湖中捞上来的小鱼小虾烤后更是美味适口。

● 泸沽湖门票

景区通票70元。在湖区公路口收取，21:00以后进入有时没人收票。

● 摩梭节日

火把节是宁蒗很多民族都喜爱过的一个传统节日，而每年农历七月二十五日的转山节是摩梭人最重大的节日。摩梭人其他节日还有：祭祖节（农历十二月）、祭牧神节（农历十一月十二日）、祭土地神节（农历十一月三十日）、跳神会（农历十月十五日）等。

● 划船去四川

从大落水村乘猪槽船，只需2.5小时就可以划到四川一侧的湖边，那里的风光比云南一侧原始古朴，乘船横跨整个湖面的经历见闻也很新鲜刺激，望君一试，船费需80元/人或是300—400元/船。

● 夜游泸沽湖

租一叶轻舟，夜晚划到湖心，沐轻柔晚风，看如水月光，聆听鱼儿跃出水面后的美妙声响，感觉之美如诗如梦。一天晚上，笔者在湖边的高山上看到一只小舟在湖心的月光波影中漂荡到深夜，不知在舟上享受美妙意境和时光的幸运儿是何人。

▲ 远望里格岛

一般不超过25元，米饭2元钱可吃饱。此外还有一些旅店为客人提供包餐，正餐30—40元/份、早餐10—20元/份，有菜有汤有饭，还算实惠。另外大落水村的湖边还有数家外地人开设的小吃店，主要经营米粉、面条、饺子、炒饭等简单饭食，价格相对便宜（米粉面条15—18元一碗），人均20元可吃饱一顿。

☛ 从笔者个人的观感，里格村的餐饮要比大落水贵20%左右，应有心理准备

泸沽湖的主要游览项目和方式

①湖边观景

泸沽湖水面辽阔，湖水清澈碧透，且波平如镜，湖边的狮子峰等山峦形态亦很秀美，山光水色完美交融，活脱脱一幅湖光潋滟的绝佳山水画卷，且每天早、中、晚风光各不相同，令人百看不厌。

②乘船游湖

泸沽湖湖心有数处岛屿，其中以里务比岛和谢瓦俄岛风姿最为优美——小岛秀立水中，上有茂密树林和精美亭阁，看上去非常玲珑动人。从大落水村西边的游船码头，乘上村民的猪槽船，可横跨湖面到里务比岛和谢瓦俄岛畅览湖光山色。游兴足、瘾头大的游客还可乘猪槽船到四川一侧的湖边畅游美景（划船到四川一侧需2—3小时，船费单程80元/人，在携程网上订票有优惠）。

③晚上参加篝火晚会大联欢

每天晚饭后（20:00左右），当地村民都要在大落水村北侧的民俗博物馆前歌舞表演场举办大型篝火晚会（里格村也有），伴随着熊熊火光和欢快乐曲，摩梭姑娘和小伙子要为大家表演十几个精彩的歌舞节目，游客亦可随时加入他们的行列，一同狂歌劲舞，可以玩得十分欢乐开心。门票30—50元。

④环湖乘车游

泸沽湖边有较完整的环湖公路，欲看湖区全貌并观览摩梭人真正自然生活状态的游客可以做环湖（或沿湖走一大半）乘车游，这样可以看到比大落水村更加自然原始的摩梭村寨，湖区旖旎多姿的景色风光当然亦会呈现得更加精彩完整。大落水村西侧的停车场上每天有各类轿车揽客，环湖游每天每车收费260—300元（租电动自行车80—100元/天）。另外携程旅游网上有环湖旅游大巴车票出售，票价60元/人，观光效果尚好。

⑤在湖边长住畅览摩梭风情

摩梭原始母系社会的风俗和文化太独特、太丰富、太诱人了，从生下后的起名到告别童年时的成丁，从长大成人后的走婚到去世时的葬礼，摩梭人的生活习俗太奇异独特，是整个华夏民族中的"独一份儿"，其中包含的文化底蕴十分深厚复杂。住在泸沽湖边了解、考察瞭解摩梭人的生活和文化，是一件甚具情趣和意义的事，不过这是个"细活"，时间太短可不行。

☞ 笔者强力推荐包车环湖游，一日内游遍湖区所有景点，真叫人爽快开心！您何乐而不为呢？

结论

泸沽湖山清水秀，少数民族风情浓郁，是国内最神奇诱人的旅游胜地之一。作为一个中国人，一生中至少应该去那里玩一回。

景区亮点闪击和旅途花絮

①泸沽湖的水真清，现在湖水的能见度仍可达7—8米，连水底随波摇曳的水草都清晰在目，令乘船游览并俯视湖水的游客颇感新奇开心。

②每当我们盖上白天晒过的棉被时，都要发出这样的赞叹："哇，太阳的味道真好闻！"而您一旦站在泸沽湖边，定会发出同样的赞叹："哇，湖水的味道真好闻！"当一个湖泊上的水汽清洁新鲜得能让人明显闻到，那这个湖的湖水的碧绿纯净程度还有必要用语言来形容吗？

③泸沽湖四周都是山峰，其中以湖西北方狮子峰的形态最美，尽情以它为背景拍照留念吧！

④泸沽湖上每日都有上千只水鸟（鸳鸯、野鸭）觅食游水（且距湖边不过数十米），但从未发生过被当地人猎杀捕食的事情，人与世间万物真应该如此相互依存。

⑤别看划着猪槽船载客人去湖上游览的摩梭船手大都是"大嫂"，可是她们为客人唱歌不收费且歌声特别悠扬动听——"辽阔的泸沽湖泛着清波，雄伟的狮子山披着白云，为什么母亲这样高兴，只因为女儿已经长大成人。"哇，音调俱佳，真棒！

⑥摩梭女人真能干，笔者住宿的那家家庭旅馆就由20岁上下的姐妹俩经营。她们一个负责餐厅，淘米、洗菜、烧锅、掌勺忙个不停；一个负责旅舍，每天要收拾三四十间客房。难怪有人说摩梭女子天下最优秀——她们白天用万般辛劳支撑母系家庭和社会，夜晚用万种柔情抚慰相爱的心灵，培育爱情的花朵和结晶，谁要是与一个摩梭姑娘相亲相爱，那一定是世界上最幸福的人。

▲ 泸沽湖秀色

旅游锦囊

为您提供泸沽湖旅游的攻略

①泸沽湖山光水色俱佳,风景非常绚丽,虽然已经开发开放多年,但当地环保工作做得不错,其生态环境并未遭到严重破坏,这里仍然是国内最具诱惑力的景区之一,非常值得一去。

②目前大多数游客去泸沽湖会选择以下3条路径:一是从丽江出发,游览完丽江再去泸沽湖(中途经过宁蒗县城)顺路也顺理成章(每天有直达车);二是从四川攀枝花出发,中途也经过宁蒗县城,到了宁蒗再换车到达湖边,车程一共需要7小时左右;三是从四川西昌出发,也有直达车,8小时可到。笔者认为从丽江、宁蒗一线前往最快捷方便。

③虽然泸沽湖边到处有观光食宿点,但笔者认为云南一侧的大落水村(过去叫落水下村)仍是最佳观光点,这里看到的山水风光都是最佳角度,从大落水乘船到湖上游览也最方便。至于食宿接待条件,大落水村的宾馆、旅馆、餐馆多而价格最便宜,所以笔者给予强力推荐。

④里格村位于泸沽湖西北角的狮子山下,这里村边湖滨看到的风光比不上大落水(当然在里格半岛东缘有一小段湖边绝佳观光处)但是从村后半山腰的观景台上看到的湖区全景特精彩,所以综合衡量后可以认为这里与大落水的景色各有千秋。里格近年来兴建了不少度假酒店、旅馆,起点高、条件好,加之这里幽静有野味,因此还是吸引了不少游客(里格的食宿价格要略高于大落水)。

⑤笔者认为去了大落水而不去里格勉强可以,但是只去了里格而不去大落水不合逻辑和情理,会影响观光效果。当然两个地方都去就是两全其美了。

⑥云南一侧湖边的大小渔坝村几乎没什么接待能力,游人可以不停留。尼赛村有情人树和狮子山登山索道等景点,可适当停留;小落水村有杨二车娜姆的庄园和纪念馆,可适当关注。尼赛和小落水村的接待能力近年来有提高但仍逊色于大落水和里格,简单看看即可。

⑦四川境内的观光点主要有大嘴、凹夸两个临湖村落(都有些食宿接待设施),从这两个地方观泸沽湖风光也不错。此外还有一个草海景区,那里是一片湖泊湿地,外加一个800米长的走婚桥,风光一般,是否前去可适情而定。

⑧综上所述,笔者认为泸沽湖边的最佳观光点是大落水、里格和狮子山上(有缆车上去)。此外在大落水至里格之间、里格到大嘴、凹夸之间的沿湖公路上,亦能看到辽阔壮丽的湖上风光。而湖区最佳食宿点是大落水和里格村,游客可以从中二选一。若是两个村子各住一两天,那就更让人高兴开心了。

⑨如今若想做环湖游即一天内游遍上述各景简直太容易了,在沿湖各地都可以轻而易举地找到各类轿车和微面车,包车1天约需260—300元,游览范围是环湖走完整一圈或是多半圈。每车可乘4人,观光无时间限制。如果乘坐携程网上提供的环湖大巴,游览效果也很好。

⑩散客乘湖边客车到达上述各点也非常容易——从大落水到里格车费10元,15分钟可到;里格到尼赛和小落水车费10元也可到,车程10—15分钟;小落水到大嘴、凹夸车费5—10元,行车10分钟;凹夸到四川的泸沽湖镇车费5—10元,车程10—15分钟;泸沽湖镇到草海车费5元即可。

▲ 泸沽湖风光如画

云南省 丽江

丽江

📞 电话区号：0888　旅游投诉：96927　旅行社：530808

　　十几年前的丽江城像一块刚刚出土甚至尚未完全出土的璞玉，躺在滇北高原上的一角默默无闻。真正把丽江推向引人注目显赫位置的起因竟是1996年闻名全国的滇北大地震，当八方记者前去报道当地抗震救灾的情况时，却突然发现在这南疆的偏僻一隅竟有这样漂亮壮观的山水和这么精妙玲珑的名城古迹——巍巍玉龙雪山头顶蓝天，傲视滇北大地；龙潭公园亭阁精美，水映蓝天白云；金沙江水在虎跳峡中奔腾狂泻，势如排山倒海；丽江古城中民宅古朴，碧溪欢涌。还有蜿蜒流淌的金沙江大拐弯、宁静幽深的拉市海、皎洁纯丽的白水河，美景之多之丰富之密集真可称之为中国大地上的罕见奇迹。于是一篇篇、一部部报道丽江的文章和电影、电视片从这里传出，流向全国和全世界，丽江的俏丽容颜亦被揭去了掩在头上的神秘面纱，走进了海内海外的千家万户。试问当今国人世人，有谁不知丽江这颗滇北高原上的山水明星呢？云南省虽有大理的苍洱风光、昆明的西山和石林美景、香格里拉的原始秘境和西双版纳的傣家风情，但是全省最美的地方之一是丽江，不做丽江游，枉为云南（西南）行。

☼ 气候与游季

　　丽江属高原型西南季风气候，气温比昆明、大理稍低，昼夜温差也较大，通常是正午间艳阳高照，但早晚却凉风习习。总体上说丽江并无明显旅游淡季，春秋时节气温适中最适合游览，盛夏时节因这里地处高原而又逢雨季，因此亦无难耐酷热，冬季这里夜间较冷，但白天因日照充足，中午时分仍然会暖风融融，令人感到很舒服。所以，丽江可以算是一处全年候的游览胜境。

▲ 丽江龙潭秀色，背景上白云缭绕的山峰就是玉龙雪山

👉 丽江风光之美超出常人想象，人们的共同观感都是四个字："喜出望外"

🚌 交通

　　丽江虽然地处滇北高原，但交通极为方便。游客有多种交通方式可选择。

● 笔者关照

丽江不光风光美，位置也太"黄金"了——南有大理，北有泸沽湖、香格里拉，所以来云南一次把丽江和周边景区一起玩，定会倍感物有所值、幸福开心！

● 出租车

丽江城内起步7元。

19

▲ 长江第一湾

● 公路客运信息

昆明长途客运总站，电话：0871-3510617。
大理客运总站，电话：0872-2123436。
攀枝花长途客运站，电话：0812-2222096。

● 丽江的两个客运站

分别是汽车客运站和高快客运站。前者快巴和普巴客车都发，后者只发快巴。

● 推荐星级酒店

①官房大酒店，五星级，标间平日280元以上。电话：0888-5188888。
②云庭映山酒店，标间平日150元左右，电话：19908885090。
③悦公馆酒店，标间平日250元左右，电话：0888-3069666。
④开臣酒店，标间平日430左右，电话：0888-3017777。

● 地势绝佳的宾馆

丽江望古楼客栈，在其二楼可观丽江古城全貌，画面很动人。双人标准间150元/间起。电话：13187751357。

★ 香格里拉到丽江

由于高速路已修通，香格里拉与丽江之间只需行车3小时即可，每日有多班客车对开，车费80元。

🚌 丽江高快客运站：0888-5140888，丽江汽车客运站：0888-5121106

飞机

北京、上海、广州等各大城市都有航线与丽江对飞，北京飞丽江用时3小时左右，昆明飞丽江1小时即可。机票经常可打折。

丽江机场距市区约30分钟车程，有专线大巴直达市区，停车地点在丽江新城云南航空公司售票处门口（蓝天宾馆），车费20元。另外1路和18路公交车亦可以从机场到达市区。

🚌 机场大巴车队问询：0888-5168587。丽江机场问询：0888-5173081，昆明机场问询：0871-96566

铁路

丽江早已开通铁路客运，与昆明、大理间有旅客列车。昆明到丽江的动车最快3小时即到，票价174元起，还有少量普通列车，约9小时可到，车票123元。大理到丽江的动车2小时出头即到，车票72元。丽江到香格里拉行车1.5小时，车票62元。丽江火车站到市内可以坐8路公交车或打车。

➡ 丽江火车站距市中心约4千米远，但在市内有数处售票点

公路

丽江地处滇、藏、川三省区交界处，高速及普通公路四通八达，游客从哪个方向进出丽江都方便。

★ 昆明到丽江

昆明市长途客运总站、潘家湾客运站、东西南站、关上广场站均有客车发往丽江，车次每天有多班，行车6—7小时可到（全程柏油路，其中大部分是高速路），车费商务车260元、大巴200元。

★ 大理到丽江

大理市内的各大客运站包括大理古城都有开往丽江的大客，行车2.5小时可到（全程是高速路），大巴61元。

★ 攀枝花到丽江

每天有大客、中巴车往返，行车10小时，车票104元。行驶8—10小时。

住 宿

丽江作为滇北旅游的中心和八方游客聚集的焦点，这里的住宿业非常发达，各类宾馆、招待所、民居客栈一应俱全，且各大宾馆和民居客栈的住宿条件和情调完全不一样。

★酒店宾馆

在丽江城内有数十家宾馆酒店，最高级的是五星级的官房大酒店，标准间价格500—680元/间。四星级的有玉龙花园大酒店，标准间价格400—500元/间。三星级宾馆的代表是丽江宾馆、黑白水大酒店等，标准间价格250—400元/间。二星级的宾馆更多，共同特点是住宿条件好、餐饮娱乐及通信设施全，舒适气派，标准间价格在120—180元/间。

★民宿客栈

主要分布在丽江古城内，大多用纳西族居民的家居房装修改建而成。主要特点是地处古城中心或周边，游览古城方便，出门就能看到古城风采，同时院内多种有花草，环境优美，房屋装饰得也颇具匠心，特别精美诱人。但缺点是有些客栈房间不大，一般只及正式宾馆的70%，而且是木地板，隔音效果差，住宿时没有正式宾馆那么方便舒服。当然，这类民宿客栈的房费也非常便宜，标准间（有卫生间）旺季120—180元甚至更贵，淡季只需80—100元/间。游客可根据个人兴趣爱好视情挑选。如今，古城内新开业的民宿客栈越来越多，一般花120—138元，就能挑到条件很好的住处了。

☞ 晚上在古城内找住处挺好，房价会比白天低一些

餐 饮

近年来，丽江的餐饮价格上涨明显。市区街面上的小餐馆内一般的菜肴价格16—23元，米粉6—8元一碗，亦可让店主做15—20元钱一份的快餐，含一盘肉炒青菜、一碗米饭和一小碗高汤，填饱肚子没问题。而古城内的餐饮收费远远高于这个水准。

当地的特色菜肴主要有三叠水、丽江粑粑，各类牛肉干、猪膘肉等，既可以在中高档酒楼、饭店中品尝，也可在丽江古城中溪水边的小饭店中开心品美食——尤其是在夜晚，每家小店前都是烛光闪烁、灯影朦胧，情调特别美妙温馨。在这样好的就餐环境中用餐真是高级享受，且菜价适中，像鸡蛋炒西红柿、鱼香肉丝这样的家常菜20—38元，当地风味特色菜38—60元，雪碧、可乐一类的饮料单价一般为4—5元，在丽江古城中用餐是丽江游览中最美妙的享受之一，请切记。

● 美食佳境大石桥

大石桥在古城南侧的新义街密士巷，桥身古朴而精美，桥下溪水汹涌奔腾，水边有许多精巧玲珑的个体餐馆。在这里用餐，沐水上轻风、观碧溪欢涌，甚至可以把双脚伸入清波享受无尽的凉爽和清新，感受之美妙难以用语言形容。附近还有一个卖布农铃的工艺品店，不时随风飘来美妙的铃声，非常悦耳动听。

● 民居旅馆住宿参考

① 大石桥客栈，位置很好，在古城名景大石桥溪水边，环境也美，标准间120元/间起，电话：0888-5184001。
② 锦江之星七星街店，在古城七星街，性价比好，电话：0888-3068899。
③ 水月花神大水车设计师酒店，条件很好，房价不贵，标间平日140元左右。电话：13578390927。

主要景点

丽江古城（国家 5A 级旅游景区）

丽江古城坐落在玉龙雪山下的丽江坝中部，北依象山、金虹山，西枕狮子山，南临宽坦的平原，现为丽江市古城区，也是蜚声中外的国家历史名城和当地最富鲜明个性魅力的观光游乐景区。

古城建筑风格古朴、典雅而又生动别致，纳西族独特外形的民居鳞次栉比，城中各式商号店铺林立，清清的溪流穿城过巷，形成了"条条街道见流水、户户门前有清溪"的独特建筑格局，酷似江南而又胜似江南的奇观妙景，使之享有"高原姑苏"和"东方威尼斯"的美誉。

☛ 丽江古城与阆中古城、平遥古城、徽州古城并称为"保存最为完好的四大古城"

●丽江古城

古城就在市区东南缘，乘18、105、4 路、丽江机场大巴等多路公交车或步行均可到。
古城维修费 50 元 / 人。

黑龙潭胜景

在丽江城北象山西南麓，这里泉涌如珠，潭青如玉，近有得月楼、宝带桥等精美亭阁桥榭，远有玉龙雪峰巍峨身姿挺拔高耸，湖光山色相映衬，风景秀美而绮丽。

☛ 以得月楼、宝带桥、玉龙雪山为背景拍摄的图片是丽江标志性画面

●黑龙潭胜景

在丽江城市东北缘，如果从古城步行去黑龙潭大约需要 20 分钟。
持古城维修费收据可门票免收。
从黑龙潭向西北方向远眺玉龙雪山是丽江风光摄影中的代表作，就跟北京的长城和故宫似的，一定要照一张啊！

玉龙雪山（国家 5A 级旅游景区）

玉龙雪山位于丽江城北 15 千米处，整座雪山由 13 座山峰组成，东西宽约 13 千米，南北绵延近 50 千米。

玉龙雪山是北半球纬度最低而海拔最高的山峰，其主峰扇子陡海拔 5596 米，山顶积雪终年不化，皎洁晶莹而又挺拔秀立，雪山上从海拔 1800 米到 4500 米之间覆盖着浓密的森林植被，4500 米之上则是永久积雪带，森林风姿和雪峰奇景引人入胜，被誉为现代冰川博物馆和"植物王国"。是最早被列为国家重点名胜区的游览胜境。

●玉龙雪山

从丽江市区乘 7 路公交车即可到达玉龙雪山，车票 10 元。
景区门票 100 元 / 人。景区电瓶车费 20 元。
大索道往返 140 元；小索道往返 60 元；中索道往返 65 元。
蓝月谷就在山下公路边，游人顺路观览拍照即可。

目前玉龙雪山对游人开放的景区有 4 大片，一是大索道，位于进入景区大门不远处，可以载客到海拔 4580 米的山颈处（下车后再步行可以到达 4680 米处），从高山上畅览美景并参加滑雪等游乐活动。往返缆车费共 182 元。二是云杉坪，又称小索道，观光缆车可以载客到达 3200 米的山腰处，再步行约 30 分钟可到一处相当平坦的山

▲ 丽江古城一角

▲ 玉龙雪山

● 虎跳峡

旅游旺季丽江客运站有客车到达游人最常去的上虎跳。此外客运站每日还有多班客车开往或途经虎跳峡镇，车票23—28元。虎跳峡镇距上虎跳只有9千米，打车有20—25元也就差不多了。虎跳峡门票45元。

此外从丽江包车去上虎跳非常容易，一辆微型车往返车费300—350元，可乘4—5人，平摊下来人均不过70元，比乘客车贵不了多少。

如果欲游整条虎跳峡谷，那可从丽江乘开往大具的客车，抵达后从渡口过江，再沿下虎跳、中虎跳、上虎跳的顺序走完整条峡谷，这种玩法艰辛但新奇刺激，本文稍后单有介绍。

● 长江第一湾

长江第一湾及石鼓镇距丽江约50千米，可从丽江客运站乘客车前去。更方便的方式是包车去虎跳峡游览后返回时顺路前去——从公路路口向西拐行20分钟就到了。第一湾不收门票。欲观石鼓收费10元。

间谷地（此处就叫云杉坪），在这里可以向南仰望玉龙诸峰雄姿并观看当地少数民族男女表演的歌舞节目。往返索道费70元。三是牦牛坪，又称中索道，距丽江市区最远，这里地势开阔、草场平坦，春季山花烂漫，景色优美而壮观，但是冬天冰雪覆盖大地，风光略显惨淡。往返索道费需85元。四是蓝月谷，它位于雪山脚下云杉坪道口的公路旁。湛蓝色的湖水与雪山和苍翠山林相映衬，风光柔美而奇丽，景色如诗如梦。

☛ 虽然要开销250—350元，但玉龙雪山还是值得一看

虎跳峡

虎跳峡是金沙江水冲刷切割玉龙雪山和哈巴雪山而形成的世界上最深的峡谷，该峡谷落差近200米，两岸雪峰高出江面3000多米，其惊奇险峻程度属国内罕见，令人望而生畏。

虎跳峡分为上、中、下三段，全长约20千米，上虎跳处于峡谷入口处，有许多巨型岩石横卧江心，水石相击，惊涛拍岸，势如翻江倒海；中虎跳一段江水落差近百米，数处险滩中都是乱礁密布，如星石陨落江中，被人称作满天星；下虎跳一带峡口渐渐开阔，江水宽坦浩荡且平静地流向远方，从而享有高峡出平湖的美誉；上、中、下虎跳三段江峡风格迥异但风光同样秀美，游人观后可以得到惊心动魄而又神奇梦幻般的永恒回味。

☛ 虎跳峡一定要去，至少上虎跳的壮景能带给游人强烈震撼。这里的观光步道修得很好，沿江观景很方便

长江第一湾

长江第一湾（又称金沙江大拐弯）位于丽江市石鼓镇与香格里拉县金沙江沙松碧村之间，距丽江市约50千米。江水在这里由北南流向转向东西流向，形成了一个"U"字形的半圆状巨型弯道，形态流畅、均匀而优美，不远处的石鼓镇山冈上屹立着一面鼓状石碑，直径15米，厚0.7米，是目前丽江所发现的年代最早的石碑之一。它们两者东西相依，亦成为丽江周边的著名景区。

为您的丽江游览支高招

锦囊之一：如何游好丽江古城

一定要白天和晚上结合起来游览——白天可以细观古城风貌，那种"条条街道见流水、户户门前见清溪"的美妙环境格局真是世间难寻，另外，像木府大院（门票40元）等景点也只在白天才能看清楚。可是要切记：夜晚的古城更美丽、更迷人。溪水边的小酒吧、小餐馆前摆满了玲珑精美的小餐桌，上方挂着串串漂亮的灯笼，桌上点着支支红色的蜡烛，光线柔和而朦胧，人们坐在一起品咖啡、饮美酒、尝美味，一起交流回味白天游览后得到的美好感受，那种温馨柔美的情调真是舒适宜人。古城中餐馆和酒吧集中的地方有两条街，一是新华街（在古城中心街北侧）——这里溪水流得很平缓，真是波平如镜、水流无声，在溪边品茶饮酒谈天非常快活开心；二是中心街东南侧的新义街密士巷，这里溪水边的风景意境皆美，在溪边开怀畅饮更显快活开心。

此外在古城内的四方街广场和剑南春宾馆前，每晚都有篝火联欢活动，游客免费参加，与纳西族人同歌同舞非常令人快乐欢欣。

锦囊之二：如何游好龙潭胜景

园中的最佳观景点在园区东南角湖滨亭东北侧，从这里眺望前方，近有清澈潭水，中有精美亭桥，远有雪峰美景叠加，画面极为生动。另外登上东北侧小山上的观景点，可以俯视龙潭全貌和古城远景。如欲拍出好照片，可在黄昏时入园，这时夕阳西下，潭水清碧如玉，远处的玉龙雪山山头映衬落日余晖，画面和色彩之美可达全天之最。

锦囊之三：如何游好玉龙雪山

欲寻新奇刺激，那当然要乘大索道，海拔4600米以上的高山雪景非常开阔壮丽，山上的滑雪等活动也很令人欢乐快慰。可是这里海拔稍高，空气稍显稀薄，有些人会出现轻度高原反应，所以年老及体弱者应慎去。

云杉坪海拔只有3200米，在此既可以看到雪峰雄姿（仰望）又不会出现任何高原反应，所以这个地方任何人都可以游玩（尤其是团队爱来这里），但缺点是玩起来没有大索道那样惊险刺激。

牦牛坪海拔3600米，有不少高原草甸和湖泊，春、夏、秋三季风光均可，但冬天积雪盖地什么东西也看不见，风光大打折扣。弄清了上述三处景区的差异，您就可以酌情选择目的地了。

蓝月谷就在山下旅游公路边，顺路观光毫不费劲。

锦囊之四：如何游好虎跳峡

一般游客去虎跳峡只是观览离丽江城最近的上虎跳。丽江市有客车直达但车次不多，而过路客车大都只开到或途经虎跳峡镇，下来后还需打车走9千米才到景区，回来时车也不太好等，真是费时又费力。最佳的方式是在客运站门外包私人小型车——车很多，一辆车去上虎跳往返300—350元即可，每车可乘3—4人，每人平摊车费后并不比客车贵且可享受专车待遇——一口气开到上虎跳，下车后即是景区大门，玩完了上车就可返回，途中多给司机20—30元油钱，还可以顺路拉您去长江第一湾一游，何乐而不为？至于游览上、中、下3个虎跳的全景，那是体力充沛者和勇敢者的事，一般游客不必寻求这样的惊险和刺激。

锦囊之五：如何游好长江第一湾

从摄影图片上看，这个长江第一湾好蜿蜒、好流畅、好优美，可这样的画面要么是在对面的高山上拍摄，要么是在飞机上航拍的，一般游客在江边根本看不到这么壮阔的远景，所以到这里游览不会有太震撼人心的效果。笔者觉得在游毕上虎跳返回丽江途中乘车到第一湾，走马观花逗留10分钟就完全可以了，甚至可以在车上观景，这当然只是笔者的个人意见，仅供"驴友"们参考。

推荐游程

标准而宽松的三日游
　　D1. 上午古城观光，午后去龙潭游乐，晚上继续在古城内看夜景。
　　D2. 游览玉龙雪山，大索道、中索道、小索道任选其一，途中观白水河、蓝月谷等景点，观看《印象·丽江》歌舞表演。黄昏后回市区，晚上去束河古镇休闲享乐。
　　D3. 白天游上虎跳，返回途中看长江第一湾和拉市海，黄昏时返回丽江结束游览。

紧凑而集中的二日游
　　D1. 上午游玉龙雪山，黄昏时回丽江观龙潭胜景，晚上到丽江古城游乐。
　　D2. 上午游览上虎跳，下午返程中看长江第一湾，黄昏时返丽江去束河古镇休闲娱乐。次日结束游览踏上返程。

另荐景点

　　①**木府大院**。坐落在丽江古城西南面，是古时丽江木氏先民统治者的官邸，1996年重建。建筑风格颇具白族、纳西族特色。整个建筑群中轴线长近370米，内有议事厅、万卷楼、玉音楼、三清殿等精美建筑，很显凝重气派。游人步行前去即可。门票40元/人。

　　②**万古楼**。在古城四方街旁的狮子山顶，楼高33米。登楼远望，丽江古城、新城尽收眼底，远方的玉龙雪山历历在目。游客步行上山登楼即可。门票35元。

发烧友特别关照

　　①晚上在古城游览时一定要去欣赏纳西族古乐演奏会。原来宣科先生主持演出的纳西族古乐演奏会很有名气和影响力，现在宣科先生去世了，但是古乐演奏还在继续，非常值得观看和欣赏。
　　②建议您观看《丽江千古情》演出。淡季每天14:00开园，16:30、19:30演出2场，门票300元起，电话：0888-6881111。
　　③《印象·丽江》演出效果也非常震撼人心，每天玉龙雪山下的表演场演出1—3场，票价280元/人，电话：0888-8888888。建议您重点关注。

▲ 丽江古城一角

云南省

- **白沙壁画**
  从市区乘 6 路公交车可到。
  门票 30 元。

- **白水河**
  玉龙雪山景区到云杉坪的车均路过该河，下车观光即可。

- **拉市海**
  🚌 从丽江城内乘 11 路车到忠义路市场再换微型车即到。
  🎫 湿地公园门票 30 元。

- **束河古镇**
  非常值得一看，笔者强力推荐。从丽江古城打车去车费 20 元左右。
  束河古镇上遍布餐馆和客栈，住宿用餐方便。消费价格比丽江古城低一点点。

- **老君山黎明景区（暂停营业）**
  从丽江乘客车去黎明（发车地点情韵停车场），车程 3 小时，车费 40 元。黎明门票 80 元、老君山门票 80 元。

其他景点

★纳西东巴文化博物馆

如果您去黑龙潭的时候时间充裕，不妨去附近的纳西东巴文化博物馆看一看。这个博物馆的主体建筑形式为仿古纳西族四合院式，布局遵循纳西族的传统建筑形式，收藏有东巴文化文物以及各种历史文物资料一万多件，设有东巴文化展、丽江古城文物资料展等基本陈列。大家来到这里可以沿着东巴文化发展的轨迹，充分领略纳西族悠久丰厚的传统文化。让人感到新奇的是，大家可以在这里为自己取一个纳西名，过程很简单，还可以拿到一个小名片作纪念。门票免收，如果您不从黑龙潭公园正门进入而直接导航到博物馆大门的话，也可以免收古城保护管理费。

★白沙壁画

白沙古镇地处丽江以北 11 千米处，镇内的白沙琉璃殿和大宝积宫内有不少明清时期的壁画，其中许多绘画寓意深远，耐人寻味。

☞ 游毕玉龙雪山后，可以到白沙壁画和白水河看一看

★白水河

在玉龙雪山东北坡、云杉坪南侧不远处，与蓝月谷相邻。这里河水清澈，河底多白色石块，河畔还有矿物质沉积留下的白色台阶状钙华石，是观景拍照佳境。

☞ 据说白水河的水带有灵性，是一处爱情圣地

★拉市海

在丽江以西约 8 千米处，是湖泊景区和自然保护区，湖水面积不小，湖边有渔家村寨，风光美，民族风情多姿。

☞ 12 月以后是看鸟的好时候

★束河古镇

是丽江三大古镇之一，距丽江古城约 4 千米，这里有小桥流水、古街古民居，与丽江古城所在的大研镇有异曲同工之妙，但比大研镇安详宁静。从丽江乘 11 路公交车车费 1 元即到束河，门票免收。

☞ 束河风光有特色，不应遗漏

★老君山黎明景区

老君山黎明丹霞地貌景区分布在黎明傈僳族乡，是国内最大规模的丹霞地貌景观之一，其中以千龟山地表形态最美最有特色。黎明的自然生态和山间植被保护良好，红色山岩、绿色林木和漫山遍野生长的杜鹃花海构成了一个国内罕见的山景奇观。

☞ 也可在丽江古城内参团游黎明

晚上休闲娱乐的好方式

①观看纳西族古乐演出,古城有数家表演场地,演出内容各有特色。还是看宣科的吧!

②观看《丽水金沙》大型歌舞表演,在丽江国际民族文化交流中心,门票100元。

③购物,古城中的主要街区内各类商摊店铺少说也有近千家,各类旅游商品、纪念品一应俱全,游客可任意选购。

④小酌,有名的酒吧大都在新华街,主要有一米阳光、千里走单骑、守望1840等。

旅游锦囊

为您提供丽江旅游的温馨提示

①除了玉龙雪山、虎跳峡、黑龙潭、长江第一湾等传统景点外,拉市海、束河古镇等地的观光游览热度有明显升温,成为丽江旅游的新亮点。

②玉龙雪山的门票是100元,再加上乘索道上山必须购买的索道费,游人游览一次玉龙雪山就要开销400元左右。但是交了古城维护费后,去黑龙潭就不收门票了。

③拉市海的售票点在丽江古城区随处可售,去前可做认真咨询(但这里的旅游接待工作还不完善,拉客现象时有发生)。黎明、老君山游览最好跟团,古城入口处有售票点。束河古镇就在丽江市区北侧,白天有客车前去,晚上打车不超过15元。

④束河古镇风光古朴原始,虽然总体观光效果不及丽江大研古城但也甚具观光价值。况且束河古镇游人稀少(总量只有大研古镇的60%),所以很显安详宁静,尤其到了晚间倍显幽静温馨,所以笔者强力推荐。

⑤刚进入束河古镇风光显得很一般,但是不要过早失望,请坚定地朝着西北方向走,沿枝柳街、大石桥一直走到九鼎龙潭,这时您会感到非常惊喜和满足。束河古镇有多家旅馆、餐馆和酒吧,一切都方便且价钱比丽江古城稍便宜一点。

⑥从黑龙潭流来的山泉水在丽江古城中分为三条主要支流,中间的一股流经古城中心街,北面的一股流经新华街,南边的一股流经新义街密士巷。过去这三条溪泉环绕的古街白天晚上皆宁静温馨,但现在北边的新华街上建起了多家餐馆酒吧,一到晚上里边尽是狂歌劲舞,附近的住户夜里两点前别想睡安稳,所以笔者提醒您若想安静早休息则别住那条街上的旅馆。

⑦丽江古城内的旅馆客栈太多了,笔者为您推荐两处环境位置绝好而又便宜实惠的住处:一是小桥流水客栈,在新义街密士巷,院子旁就是清清溪流,有独卫的双人间150元/间,电话:13988816836;二是全景客栈,在古城背后的狮子山上,在客房和楼顶可把古城全貌尽收眼底。有独卫的双人间106元/间,电话:18088001817。

▲ 束河古镇四方音乐广场夜景

自助游中国 ▶ 西南地区

云南省

大理

电话区号：0872　旅游投诉：2316779

　　大理，滇西高原上风光秀美的旅游名城。这里气候温暖湿润，名胜古迹遍布，以上关花、下关风、苍山雪、洱海月四景著称。其中苍山终年积雪，洱海四季蔚蓝，景色非常优美，而蝴蝶泉、崇圣寺三塔和大理古城也是当地个性鲜明、引人入胜的佳景。大理还是滇西重要的交通枢纽，从这里游客可以南下腾冲、瑞丽，北上香格里拉、德钦、丽江，畅览滇西南和西北的多处美景。苍山、洱海的壮丽风光和绚烂多彩的白族风情，使驰名中外的大理成为与省会昆明交相辉映的高原明珠，在祖国西南边陲放射着灿烂夺目的诱人光彩。

☞ 大理的地理位置好重要、好"黄金"哪！您就在这里开心畅游吧！观光时间至少要2—3天

▲ 从三塔倒影公园拍摄到的三塔倩影

气候与游季

　　大理属高原型季风气候，无严冬酷暑，四季皆可游览，最佳旅游时节当数3—6月份，此时春光明媚，气候温润，让人感到很舒适。9—11月气候也很宜人。12月到次年1月份气温稍低，有时有小雨雪，不过苍山仍可以上，洱海也从不结冰，所以大理是全年候的游览胜境。除了这里风大，经常保持在3级左右以外，游人不会有任何不适。

交通

航空

　　北京、上海、广州、成都等大城市都与大理有空中航线相连，其中云南省会昆明等大城市飞大理，1小时即到，淡季票价打折后可低至300余元。大理机场全称叫大理凤仪机场，距大理市区约13千米，有7路公交车和专线车直通市区。此外大理到西双版纳每日有数个航班，票价打折后也非常便宜，飞行1小时可到。

● 当地主要节庆
① 三月街，农历三月十五。
② 蝴蝶会，农历四月十一。
③ 绕三灵，农历四月廿三至四月廿五。
④ 石宝山歌会，农历七月廿六至七月廿八。

📞 大理凤仪机场电话：0872-2428915

28

铁路

昆明与大理间每日有数十班高铁列车或动车对开，车票109—155元不等，视不同时刻车次而异。大理至丽江每天有数班动车对开，车程1.5—2.5小时。还有1班普通列车开行，车程4小时。大理至保山的列车1.5小时即到。大理火车站前有6、8、10、11路公交车通往市区。

大理客运北站：0872-12306

公路

大理与昆明间全程为高速路，每日有多班大巴对开，快巴行驶5小时左右，空调车票价80—125元。大理有快速汽车客运站、客运站和客运北站、兴盛客运站新站等，还有一些中小客运站，有各类快巴和普通客车发往丽江、剑川、保山、瑞丽、腾冲、六库、香格里拉、楚雄等周边市县。

大理快速汽车客运站电话：0872-2128922　客运北站电话：0872-2292203

住宿

大理下关区和古城内有各类宾馆、饭店、招待所数百家，住宿非常方便。

由于下关和大理古城两大部分的城市功能并不一样，所以宾馆、旅馆的分布亦有较大不同。下关是城市政治经济文化及交通中心，所以这里高楼大厦多、星级酒店多，豪华气派。而大理古城还基本保持着古时旧貌，所以这里虽有几家大宾馆，但更多的还是由白族民居改成的中小客栈。星级酒店一般季节的标准间价格在100—220元/间，许多中小旅店中60—80元/间的标间不难找寻，住宿非常方便。

在大理欲找便宜实惠的住处，就到古城南门外去吧，便宜的小宾馆成群成片

餐饮

作为一个旅游城市，大理的餐饮业收费适中，像大理砂锅鱼、邓州乳扇等特色菜在一般小餐馆里不过是28—38元一份，普通家常菜一般在18—28元。游客一定要品尝一下砂锅鱼，它由鱼块、鸡片、香菇等十余种原料搭配用文火熬成，味鲜美令人垂涎。另外一种由洱海鱼加上辣椒、青梅和果酸烹制的翠梅酸鱼味道也很诱人。洋人街道口对面还有许多烧烤小吃摊，鱼类、牛羊肉、鸡、各类蔬菜品种一应俱全，20元钱即能吃得很丰富美满。此外，古城中还有数家小吃店，可以吃饺子、面条、炒饭等简单食品。

● 从昆明到大理

昆明火车站问询电话：0871-12306。
昆明云航售票处电话：0871-3133994。

● 大理出租车

起步价8元/3公里；超过3公里至8公里，每千米2元；超过1公里，每公里3元。

▲ 大理古城南门城楼

● 骑车游大理

古城中有数处自行车出租点，需交押金或身份证，另付租金10—15元/天。

▲ 洋人街夜景

● 实惠旅馆参考

① 汉庭大理洱海兴盛路酒店，在从下关到大理古城的路边，设施不错，房价适中，服务热情。电话：0872-2508999。
② 汉庭大理古城南门店，条件尚可，服务周到、交通方便。电话：0872-8898988。

●大理购物

特色商品有白族蜡染、下关沱茶、剑川木雕、大理雪梨等。大理古城中有多家工艺食品商店，洋人街上更是店摊林立，各类手工艺品种类之多令人目眩，值得好好观赏。另外大理的药材很有名，可以买些虫草、田七、天麻一类的，既能养颜健身，也可馈赠亲友。

▲ 天龙八部影视城一角

●苍山

苍山很高峻，游人步行上下山很困难，乘索道上下山或只乘索道上山而步行下山是好方法。
山上开辟了一条玉带云游路，串联起山腰上的许多景点，游人可循路而行。
苍山景区门票35元，索道票全程60元，单程30元。

●洱海

洱海南侧湖滨（乘4路公交车可到）有多家游船码头，各类游船都有。建议游客乘旅行社或航运公司的大型船，这些船有稳定的客源，可以保证按时开船。单游海船票140元，游大理A线（含洱海、蝴蝶泉、三塔寺）370元可打折。其中船票、午餐和陆上交通费全包，在船上还可品尝三道菜、看民族歌舞表演。

另荐大理其他景点：双廊渔村、玉矶岛、大建旁村

这几个地方是洱海东岸美丽的湖滨观光带中的重要组成部分——其中双廊因南边有7千米长的莲花曲湖岸，北有长约5千米的萝莳曲湖岸，二曲形如两条长廊而得名。这个小村庄紧邻洱海、面向苍山，风光柔美、环境幽雅，头些年确是远离都市的世外桃源。近年来，因不少艺术家移居至此而引得外界关注。游毕苍山、蝴蝶泉、三塔寺后再来双廊饱览无边洱海之辽阔壮美和清幽宁静是件特别惬意舒适的事。虽然前些年这里正在大兴土木，兴建客栈、宾馆，因而稍显零乱，但近期经过整改大有改观。而玉矶岛、大建旁村也是洱海边的游览休闲胜境，观光效果与双廊有异曲同工之妙。

观光指导

从大理火车站、下关客运北站和洱海边的江尾乘车都可到双廊。从大理古城东边的大丽公路边（风花雪月酒店前）乘过路车前去也方便。双廊门票免收，玉矶岛门票25元。

双廊一带有隐熹山居观海客栈、青庐上宅艺术酒店等不少个性化湖滨旅舍，游人可自由选择。笔者建议您住隐熹山居，这家旅店临湖而建，风光好而房价不贵，性价比很高。

🔥 主要景点

👉 "盯住"了苍山、洱海、蝴蝶泉和古城四处佳景，您的大理之旅就不会有明显遗憾

苍山

亦称点苍山，是云岭山脉的主峰，山体南北长约50千米、东西宽约20千米，东临洱海、西濒黑惠江，共有海拔3500米以上的山峰19座，山头终年积雪，在阳光的映照下熠熠生辉。苍山山姿巍峨，色彩绚丽，是云南境内漂亮的山岳风景区之一。

👉 上苍山上观光一次不留遗憾，就选择大索道吧。山上风光尚可

洱海

风光绚丽的大型高山湖泊，南北长约40千米，面积约为240平方千米，海水碧蓝清澈，风光辽阔壮美。洱海亦呈南北走向，且与苍山相依相偎。苍山有多长，洱海亦有多长，湖光山色相映衬，构成了色彩绚烂且规模宏伟的大型高原风景区，甚具神奇美丽的诱人魅力。

蝴蝶泉

位于苍山脚下、洱海西侧，参天古树下喷涌着清澈泉水，每年春天4月前后，这里的绿树清泉间常有成群蝴蝶结队纷飞，色彩鲜艳、舞姿翩跹，充满诗情画意。多年以前电影《五朵金花》亦在此拍摄过精美片段，"蝴蝶泉边再相会"的美妙歌声和动人的爱情故事给此处风光增添诸多情趣。

☛ 名气这么大的景点，还是进去看一看吧！不过蝴蝶可不是四季都有啊

大理古城

位于大理下关以北13千米处，西侧是苍山山脉，东侧是辽阔洱海。古城中的街道均呈南北、东西走向，是典型的横贯式布局，这里的建筑均为清一色的青瓦屋面，城中的地面亦都用巨型条石拼砌而成，特色鲜明、风格古朴。经过多年的修整，现在古街中的主要街道和街边店铺都恢复了古时期的旧貌，成为国内少有的保存最完整的白族民居建筑群。古城内商店、民居、寺庙一应俱全，吸引着许多游客前来观景购物，城中店铺、酒吧集中的"洋人街"在大理享有盛名。

☛ 古城应算必观之景，但观光效果比不上丽江古城

崇圣寺三塔（国家5A级旅游景区）

在大理古城西北1千米处，这里前临碧波千顷的宽阔洱海，背依雪岱万仞的雄伟苍山，古庙间有俏丽三塔撑天拔

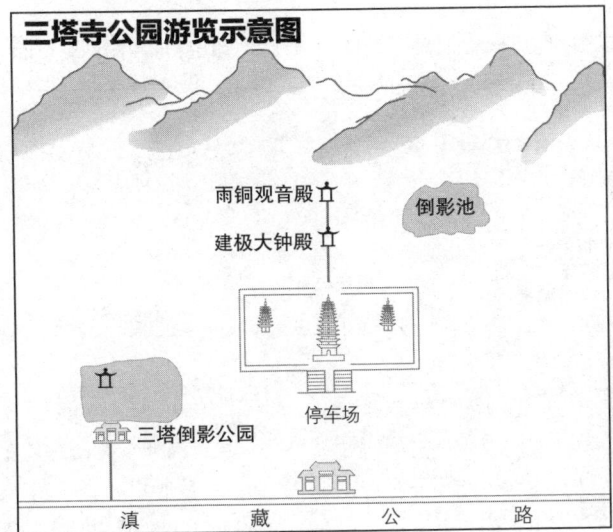

三塔寺公园游览示意图

雨铜观音殿
建极大钟殿
倒影池
三塔倒影公园
停车场
滇 藏 公 路

● 租条渔船游洱海

散步到洱海边包一条渔民的小船到洱海上漂荡，任湖心微风拂面，看脚下碧波荡漾，感觉真是轻柔温馨。这样的小船出游一次船费可以砍到60元左右，虽然不能像大型旅游船那样纵穿洱海游览多处景点，但那种自由自在的方式，感觉也挺宜人。

也可乘小型游船游洱海，上船地点可以在才村码头，在古城乘2路公交车可到，船票每人138元，最低可砍到80元。在桃源码头上船也成。

● 蝴蝶泉

可乘游览专线车或过路客车抵达，亦可参加苍洱一日游团队，游毕洱海在桃源码头上岸后即到蝴蝶泉。

园内有时有白族姑娘载歌载舞，与她们同唱同跳很快乐，能不能见到蝴蝶要看季节和运气。

门票40元。

● 大理古城

大理古城是全国首批历史文化名城之一，古风古韵浓郁迷人。城内还有许多旅游工艺品商店，出售各类精美小商品，可随意选购。洋人街、人民路上的小酒吧、小餐馆是消磨时光的佳境，但是整条街道太短，休闲观光的味道和感觉比不上丽江古城和广西阳朔的西街。

下关至大理古城有4、8路公交车可乘，30分钟可到。古城内观光只能步行。

▲ 洱海湖心亭

云南省

●崇圣寺三塔

这里是既看苍山又观洱海的绝佳观景地。如果想拍摄三塔的倩影,可去附近的三塔倒影公园,那里前有碧水、后有苍山、中间是三塔的画面确实非常美丽动人。

从大理古城南门乘8、19路公交车车票1元即到三塔,从大理古城北门乘2路车,票价2元,片刻就到三塔寺,或从蝴蝶泉乘车向南票价7元也可到。

●最新门票信息

崇圣寺、三塔公园、三塔倒影公园三个景点只售联票75元。观光车费上行15元、下行10元。

●鸡足山

大理有客车直达宾川县城,宾川到鸡足山2小时可到,门票80元。

鸡足山上有缆车,双程50元。

山顶上有鸡足山宾馆、金顶宾馆可住宿,在山顶住一晚次日清晨看日出感觉很精彩。

地,犹如玉柱凌空,身姿洁白姣美而又雄浑壮丽,是苍洱风光中的佼佼者,也是大理的标志性景点。三塔后边的建筑群也气派动人。

☞ 三塔是一定要看的,以它为背景拍的纪念照一定会成为经典画面

三塔倒影公园

距大理崇圣寺三塔不远,公园很小但风光美,有小湖和亭阁,是拍摄三塔水中倒影的绝佳地点。

☞ 幽静美丽的小公园,风光真是不错啊

南诏风情岛

洱海东北部的一个玲珑小岛,是洱海上的一颗明珠。岛上有为展示博大精深的南诏文化艺术而修建的大型建筑群,共有沙壹母群雕码头、云南福星——阿嵯耶观音广场、南诏避暑行宫、渔家傲别景等八大景观,门票50元。

☞ 风情岛算是洱海边上的一景,乘船观光游览吧

喜洲古民居

坐落在大理古城以北约18千米处洱海之滨的白族民居建筑群,集白族传统民居特色和中西建筑手法于一身,代表建筑有杨品相宅、严家大院、侯家大院等。从大理古城乘中巴车可直达。古民居中的严家民居门票30元。看歌舞表演和三道茶另收费。

☞ 从大理古城去蝴蝶泉的客车路过这里,可适当关注

鸡足山

位于大理州宾川县以西约30千米处(距下关110千米),因山脉形状酷似鸡爪而

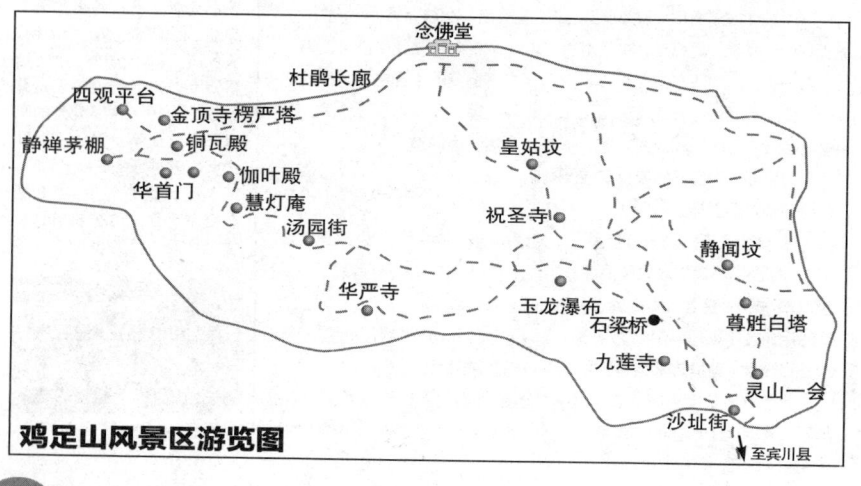

鸡足山风景区游览图

▲ 蝴蝶泉美景

得名。全山东西长17千米、南北宽6千米，共有40座奇山、13座险峰、34座崖壁和溪潭百余处，以雄秀幽奇著称（大理高铁站旁有客车直达，门票55元）。

👉 去鸡足山、石宝山观光一次总是应该的

石宝山

在大理以北120千米处的剑川县境内，由佛顶山、石伞山、石钟山多处景区组成。这里丹霞地貌特征异常明显，到处矗立着如狮似虎、如塔似箭般的陡峭风化石，高低不平，错落有致，美景迭出。石宝山上有石窟浮雕造像139具，是千年以前南诏、大理国时期留下的艺术瑰宝（门票85元，含观光车）。

●石宝山

先从大理到剑川，再换车前往

游程安排和游览艺术

游览方式可分为自助游和参团游两种：

A. 自助游，用两天时间可游览主要景点，线路可做如下安排。

D1. 洱海公园观光，乘船游洱海，途中看小普陀及南诏风情岛，上岸后去蝴蝶泉，然后乘客车向南返回，途中下车游三塔寺，之后再去不远处的大理古城，晚上在古城休闲游乐。

D2. 乘索道上苍山观光，在山上看清碧溪、佛顶峰、马龙峰、七龙女池、龙潭、龙泉峰、桃溪、梅溪等景，下山后看天龙八部影视城，之后结束游览。

如果 **D1** 先去三塔寺，下午上苍山，晚上游古城，则 **D2** 乘船游洱海，上岸后看蝴蝶泉、喜洲古民居则效果更佳。

B. 参加苍洱风光一日游团队（全包价砍价后约需200—250元，下关和大理古城有许多售票点）。此游程早晨出发先至洱海边乘船观海，并依次游览洱海公园、金梭岛或小普陀、南诏风情岛，游洱海途中在船上品尝三道茶并观看白族歌舞表演，行船途中随时可眺望雄伟苍山，中午船上或下船后午餐（乘船游洱海需4—5小时），且苍山只在下边仰望（当然次日再上山也行）上岸后依次游蝴蝶泉、三塔寺和大理古城，16:00左右散团。

此游览方式须跟团队走，自主性差且苍山只能在下边仰望（当然次日再上山也行）但各环节各景点各交通工具之间连接甚好，十分省心省力省时，还有导游讲解，效果较佳。

发烧友特别关照

旅游锦囊：为您介绍大理观光的最新攻略

①大理观光的主要目的地仍然是苍山、洱海、三塔寺、蝴蝶泉、古城，新开放的景点有天龙八部影视城和喜洲古民居、双廊古村等。

②洱海风光壮阔美丽，乘船在海上观光是初到大理的游客必备的观光方式。现在洱海上的洱海、才村、蝴蝶泉（桃源）等许多码头都有游船载客在海上观光，但是以洱海码头上发的1日游线路安排最合理——因为是游船载客做洱海全程观光（从洱海南头一直开到洱海北头），观光效果最佳，所以最值得参与（船票140元）。其他码头上发的船都只在洱海上行驶一小段，游客坐完后觉得"太不过瘾"。

▲ 大街古城中心街上店铺林立，是购物天堂

③欲上苍山观光有两条索道可乘，其中感通索道（大索道）可把游人送到海拔2600米处，出索道站后即可走上著名的玉带云游路。这条路非常平坦，走起来非常省力，但是要向北走3.5千米才能见到好风景（分别是大理古城全景、玉龙雪山雄姿、七龙女池清溪碧潭），在这之前没有太好的观景点，游客应有心理准备。

④体力充沛的人可走完14千米长的玉带云游路，从感通索道一直走到苍山索道（反向行走也行），途中可见多处好景，时间约需4小时。现在以上两条索道由同一家公司经营，在其中一处买了往返票可以这边上那边下。

⑤天龙八部影视城规模不小，城中每天还有一些表演节目，初来大理的人去一次也无妨。

⑥喜洲古民居观光效果一般，笔者不作单独推荐。

⑦在大理古城中，每天都有一些洱海北端的村民和渔民拉游客到他们那儿看什么鱼鹰捕鱼表演，这个表演意思不大，没必要去耽误时间。

⑧另外大理古城中心地段的人民路上有不少小餐馆，里边可吃到25—38元/份的砂锅鱼、20—25元的各种肉炒青菜，非常便宜实惠，大家也可适当关注。

▲ 三塔倒影公园正门

云南省 香格里拉

香格里拉

电话区号：0887 普达措国家公园：8232533

"香格里拉"一词源于英国作家詹姆斯·希尔顿的长篇小说《消失的地平线》。书中首次描绘了一个远在东方崇山峻岭中的永恒和平宁静之地"香格里拉"——那是在中国藏区地处雪山环抱中的一条神秘峡谷；附近有金字塔般的雪峰、蓝色的湖泊、宽阔的草甸，还有喇嘛庙、尼姑庵、道观、清真寺和天主教堂；那里人与大自然和谐相处，多种宗教并存，多种民族共处；人们不分种族、男女、宗教信仰，共同在那里生息繁衍；那里的寺庙金碧辉煌，寺内园林典雅，中外藏书丰富，早晚钟声悠扬——显然，那里不仅仅是一片美丽的自然景观，也是一种非常美妙近似于世外桃源般理想化的生存意境……

多年来关于香格里拉究竟在何处的争论此起彼伏且无止无休，云南迪庆的中甸、德钦以及怒江峡谷，四川的稻城以及西藏的阿里等地均认为自己就是《消失的地平线》中描绘的"香格里拉"圣境，且上述各地风光均很优美理由亦很充足。一时间，到底谁是真正的香格里拉的问题真是众说纷纭，扑朔迷离。为了尽早结束无谓的争论，尽快开发景点景区让广大游客畅览东方世外桃源的迷人风光，经国务院及原国家旅游局有关方面进行综合调查、衡量后，于2002年5月正式宣布决定将云南的中甸县改名为香格里拉县（其景区范围含德钦），从此关于香格里拉的争论亦算尘埃落定。2014年，撤销香格里拉县，设立县级香格里拉市。现在香格里拉市已经开发、开放了多处景区景点，呈现在广大游客面前的，已是一个日新月异且风姿异常美丽迷人的观光佳境。

☛ 只要您不是在严冬时节去丽江游玩，那游毕丽江一定要"乘胜追击"到香格里拉看一看，这颗"山水巨星"会给人永生难忘的美感

气候与游季

香格里拉地处滇西高原，平均海拔在3000米以上，气温较平原地带低很多，尤其是冬季较

▲ 噶丹松赞林寺后依青山、前临碧水，景色环境俱佳

冷，大雪覆盖山川、河谷，亦会给交通带来巨大不便，盛夏时节虽气温高，但雨水偏多，同样不适合户外旅游，所以去香格里拉及德钦的黄金游季是每年的4月中旬到6月初，9—10月的秋景亦非常美丽。因高原上紫外线强烈，所以游客应携带必要的遮阳防晒用品。

●丽江至香格里拉

目前许多路段在筑路施工，虽不影响两地车辆对开，但有时影响行车速度，因此客车开行有时会超过5个小时。

●香格里拉至稻城

虽然每天有车，但有时当天买不到票，请注意提前购票。

●当地包车游览

在香格里拉租车一般280—350元/天，当然与您出行的远近有关，具体事宜须面议。

●从香格里拉到德钦

每天有客车多班，发车地点在县客运站，车程约5小时。

●德钦客运站

电话：0887-8413322

🚌 交 通

如何到达香格里拉

★航空

香格里拉机场目前有航班同北京、上海、广州、昆明、成都等许多城市对飞。但北京、上海来的许多航班要在昆明、成都、重庆中转后才能到达。香格里拉机场距县城仅6千米，坐出租车只需30元左右。

香格里拉已通高铁列车，从丽江发车约一个半小时就到，车费49—63元，真是太方便了。

▌香格里拉市中心有1个公路客运站，有客车发往昆明、大理、丽江、德钦

★公路

1）昆明至香格里拉驾车距离约660千米，全程柏油路，车程13小时左右，每天有1班车，票价270元。大理至香格里拉300千米，白天乘大巴车票价114元，车程6小时；车票136元，4.5小时可到。丽江至香格里拉196千米，路况尚好，车程约2.5小时，每天7:00—17:00发多班车，票价75—80元。

2）从四川的稻城也可进入香格里拉。稻城至香格里拉300多千米，每天都有1班大客开行，行程约5小时，票价约148元。行车途中要翻越大雪山及小雪山，可观碧壤峡谷；但冬季会积雪封山，最好不要走这条路。

3）拉萨至香格里拉1700千米左右，隔天发1班车，车费650元，途经昌都、芒康、德钦，行车非常辛苦，即使一切顺利也要将近3天的时间才能到达，这条路适合探险旅游者，一般游客最好还是敬而远之。

▌香格里拉客运站电话：0887-8223501

香格里拉市内的住宿和餐饮

香格里拉市内有诸多宾馆旅店，比较有名的有香格里拉酒店、碧塔大酒店、龙凤祥大酒店、迪庆观光酒店、迪庆宾馆、松赞假日酒店等。实惠住处有流星雨客栈，标间130元起，电话：0887-6888988。又如背包客青年旅舍和藏地青年旅舍，房价都

推荐游程

香格里拉境内

一日游： 上午普达措国家森林公园观光，午后15:00左右去噶丹松赞林寺，晚上逛独克宗古城。

二日游： **D1.** 上午普达措国家森林公园。黄昏时回香格里拉县城，晚上逛独克宗古城。**D2.** 上午游石卡雪山，下午15:00 后观噶丹松赞林寺。

三日游： **D1. D2.** 同上，第三日可去白水台或碧壤峡谷或巴拉格宗大峡谷观美景。

很便宜，多人间30—40元/床，标间80—120元/间。总体上说，香格里拉市内的住宿价格不贵，平日里花90—120元，就可住条件尚可的宾馆标间了。

香格里拉的餐饮业收费适中，各式餐厅很多，人均35—40元一般饭菜可吃饱一顿。藏式小吃有琵琶肉、牦牛肉、坨坨肉、奶茶、荞粑粑、高原鱼等，游客抵达后可按不同口味选用。

香格里拉主要景点

★噶丹松赞林寺

位于香格里拉市内以北5千米的佛屏山下的一座规模宏大的古堡式建筑群，它不仅是云南最大的藏传佛教寺庙，也是川滇一带的格鲁派中心。该寺依山势层叠修建、殿堂高大巍峨、气派壮观非凡，其面积为迪庆地区24个喇嘛院之首，被誉为"集藏族造型艺术之大成"的艺术博物馆。噶丹松赞林寺内有诸多古老壁画和经幡，游人可在其间领略藏传佛教内容的博大精深。

👉 寺庙很宏伟，庙前还有湖泊、湿地，非常值得一去

● 住宿参考

背包客青年旅舍，在独克宗古城昌聪巷，2024年刚开业，设施新，单人床位36元起。电话：13368872509。

● 噶丹松赞林寺

香格里拉市中心距松赞林寺5千米远，乘3路公交车或其他微型车可直达景区，公交车车票2元，出租车车费10元，行车10多分钟即到。门票90元。

寺前有一家特色酒店，条件很好但房价挺贵，游人可适度留意。

▲ 位于云南省香格里拉市境内的金沙江大拐弯壮景

●普达措国家森林公园

从香格里拉古城门口有景区专车直达，车费单程20元，往返30元，车程40分钟。另外县客运总站乘客车可经过公园门口，车程近45分钟，车费15元。

●门票信息

碧塔海和属都湖及高山牧场合并为普达措国家公园，发售联票138元，含观光车费。属都湖船票65元。

★普达措国家公园（国家5A级旅游景区）

是原香格里拉旅游局将原来的碧塔海、属都海和高山牧场"整合"后连体开发开放的大型森林公园，面积大、风光美，是当今香格里拉观光的最大亮点。进入普达措国家森林公园后必须乘观光车沿固定线路行进，依次观览属都湖、碧塔海两处主要景点。

☞ 普达措国家森林公园虽然面积很大，但由于可以乘车行进，所以不显辛苦劳累。观光需4—5小时

★属都湖

距香格里拉市中心35千米（市中心东北方向），距碧塔海10余千米，湖区面积15平方千米，是全县最大的高原湖泊之一。属都海水青如玉，湖畔是当地有名的牧场，原始森林遮天蔽日，湖光山色交相辉映，这里人迹罕至，是野生动物的天堂和乐园。湖区栖息着野鸭、鸳鸯等各类水鸟，湖中的"裂纹鱼"肉质鲜美，是湖鲜中的珍品。现在，风光美丽而宁静的属都湖已经吸引了越来越多的游客，和高山明珠碧塔海一起交相辉映。

☞ 属都海风光尚可但是比不上碧塔海，步行观光需70—90分钟，也可乘船在水上游乐

★碧塔海

在香格里拉市中心以东35千米处，是滇西北高原上著名的淡水湖之一。湖面海拔3540米，最深处40余米，湖水常年清澈碧绿。

碧塔海湖面长约3千米、宽约1千米，湖滨古树成林、遮天蔽日，湖心清波见底，栖息游动着许多珍稀鱼类；清晨或黄昏，碧塔海水幽深如墨，群峰尽映其中，午间水蓝如碧玉，透出无限清丽和生机。碧塔海恰似一块镶嵌在深山中的宝石，是香格里拉众多湖泊佳景中的秀美之最。

☞ 普达措森林公园中最"够味"的景点就是碧塔海，一定要步行否则景色看不全

★纳帕海

是位于香格里拉市中心西北约8千米处的高原季节性湖泊，夏末初秋，雨水降临后湖面增大，形成四面群山环抱、湖心波光粼粼的美景，亦有黑颈鹤、白鹤、斑头雁、黄鸭等几十种水鸟飞禽在此觅食、栖息嬉戏。秋末至次年初夏，湖水下落，青翠的牧草像绿色的绒毯，铺遍湖区大地，成群的羊、牛、马在这里尽情吃草，与辽阔的草原融为一体。雪山、草原和牛羊组成了独特的高原壮景，呈现出宁静祥和而又丰饶美丽的盎然生机。

▲ 纳帕海风光

云南省 香格里拉

▲ 独克宗古城街景

★独克宗古城

在香格里拉市中心南侧，藏语中"独克宗"的含义是"月光城"和"建在石头上的城堡"，以此评价独克宗古城应算名副其实。古城依山而建，石板铺就的道路自然起伏，城中商业街中店铺、酒吧、餐馆、宾馆林立，还有大龟山公园和白塔等突出景点。古城的现状风格与丽江很相似，但城中没有潺潺溪流，因此缺少丽江古城中那种活泼和生动。

☛ 古城至少是购物佳境，买点牦牛肉吧！比丽江便宜多了

★石卡雪山

香格里拉市内近年开发的新景，又称蓝月山谷，最高处海拔约4500米，山腰有水草肥美的亚拉青波牧场，山顶上风光壮阔，天气晴朗时可览梅里、玉龙和哈巴雪山远景。现在观光缆车（分两段）可把游人一直送到山巅，缆车费220元。

☛ 石卡雪山开放时间并不太长但风光尚好，可以关注。从香格里拉市中心乘9路公交可到石卡雪山，门票30元

★碧壤峡谷

是位于香格里拉市中心东北103千米处的大型峡谷群，谷长数十千米，谷底与两侧高山的落差达2000—3000米。峡谷内天空蔚蓝、清泉碧澈、密林葱郁、野花飘香，是一块尚未被人类污染的"净土仙境"，因此又被称作"香格里拉大峡谷"。

游览香格里拉大峡谷可以饱览大自然的神秘与富饶，畅观滇西北高原无与伦比的纯净和美丽。由于峡谷异常幽远深长，据说走到接近峡谷尽头处还可眺望到四川境内有名的圣山贡嘎山的绚丽风光。

☛ 时间充裕而又游兴浓厚的游友可去这条峡谷，笔者不作专门推荐

● 独克宗古城

有3路和其他多路公交车可到。门票免收。

● 碧壤峡谷

碧壤峡谷距香格里拉103千米，乘香格里拉早晨发往乡城和东旺的客车可到峡谷入口处，票价20元。若从香格里拉包车往返约需350元。返回香格里拉可在峡口搭车或搭乡城发往香格里拉的客车，或在峡谷内找从香格里拉包车来此的游客同车返回（当然要奉上适当车费）。

景区门票189元。观光车67元。

峡口有一些中小旅馆可供住宿。

● 白水台

从香格里拉乘8:30发往三坝乡的大客车，票价20元可到白水台，一去一回约需两天时间，如包出租车可当天往返，包车费约需300元。

景区门票30元。

上午观光拍摄光线最佳。

● 哈巴雪山

从香格里拉县城至哈巴雪山有公路相通，一天可到达，山下的哈巴村有人家可借宿。欲徒步攀登或穿越雪山非常辛苦，游客应有思想准备。

★白水台

在香格里拉市中心东南100千米处的三坝乡境内，是由含有碳酸钙白色沉淀物的泉水在轻盈缓慢地流动过程中沉淀覆盖在地表而形成的大型岩溶台地，其造型极像一丘丘上下层叠的精美梯田，造型奇特而又色彩艳丽，被当地人称作"仙人遗田"，纳西语意为"逐渐长大的花"。这里的风光美，只是规模比同类风光的四川黄龙景区要小，但每年农历二月初八，春光明媚的时候，当地纳西族聚集在此欢度"朝白水"节的场面还算热烈欢快（平时也时有民族歌舞表演），游客可视情况决定是否前去。

★哈巴雪山

位于香格里拉市中心东南部120千米处，主峰海拔5396米，景区面积约为220平方千米。

哈巴雪山地形复杂，海拔4000米以上是悬崖陡峭的雪峰以及乱石嶙峋的流石滩和冰川，海拔4000米以下，地势平缓呈阶梯状分布。这里有众多的古冰川遗迹和冰碛湖，茂密的原始森林呈立体状分布，自然保护区内时常可见野驴、云豹和金丝猴的身影，因此享有"天然动植物园"的美称。

旅行家指导

香格里拉及周边景区的观光提示指导

A. 普达措国家公园、噶丹松赞林寺是香格里拉名气大、风光美的景点，一般游客均去上述两地观光。

B. 普达措公园的观光线路和方式非常统一和固定——入园后先乘观光车，行驶20分钟左右到属都湖，之后下车步行或乘船观光都行。步行观光是沿湖南侧的木栈道行进，走大约70分钟后到达下一个观光车上车站（途中湖区风光很不错。若是乘船收费65元）。过去的旅游方式是再上车行驶20分钟左右，到弥里塘高山牧场，在这里停车观光10余分钟（风光一般般）。之后再上车到一个餐厅吃简单午餐，然后再上车行驶片刻即到碧塔海。但是现在高山牧场封闭了，何时开放不知道，观光车是从属都湖直到碧塔海。碧塔海比属都湖漂亮且野味足，需步行观光（行进90分钟）。沿途看尽蓝天白云与碧绿湖水相映的美景，森林和草场风光也很美。

▲ 噶丹松赞林寺外景

C. 噶丹松赞林寺很气派，寺前还有一片很大的湖泊湿地，值得一去。115元的门票必须买，否则在山外就把您给截住了，连个寺庙的影子也看不见。不过从香格里拉县城去纳帕海的途中可在公路边看到该寺的远景。

D. 独克宗古城的味道比不上丽江古城，但去一次还是应该的。古城中有不少风味美食——主要是牦牛肉，物美价廉，值得关注。

E. 白水台风光在当地独树一帜，但路途远，只有包车才可当天返回，乘客车往返则需两天时间。

F. 碧壤峡谷山高谷深，原始风光神奇迷人，但距香格里拉市中心有103千米路程，一日游往返需早出晚归，有些仓促不太尽兴，二日或三日游才可畅览美景（景区有旅馆可住宿）。

G. 从香格里拉去哈巴雪山来回需三天时间，有的游客有步行翻越雪山的兴趣和经历，但需强健体魄、充沛精力并做认真准备。

德钦

电话区号：0887　旅游投诉：8412748　梅里雪山国家公园：8414949

从香格里拉县城乘车向西北方向行驶4—5小时，即可到达位于崇山峻岭环抱中的德钦县。这里最漂亮、最气派的景点就是梅里雪山。梅里雪山山姿壮美、风光无限，不论您在路途中经历了多少困苦艰辛，见到梅里雪山后都会感到劳累疲乏一扫而光，代之以无限的欢欣和振奋。梅里雪山与明永冰川、雨崩村、金沙江大拐弯、飞来寺迎宾塔共同组成了一个规模庞大的风景群，美景如织，带给八方来客无限的快乐开心。

▲ 飞来寺迎宾塔群

气候与游季

去德钦观光的适宜季节应该是每年春末到秋初，即4月底至10月底。冬天气温较低，很少有人前去。

主要景点

梅里雪山

位于德钦县城以西20多千米，是滇藏两省区界山。这里平均海拔在6000米以上的山峰就有13座，被人称作著名的"太子十三峰"，其主峰卡格博峰山体呈金字塔形，冰雕玉琢，娇娆壮丽，享有"世界最美之山"的盛誉。卡格博峰山上经常有浓雾、乌云、狂风及暴风雨雪相伴，亦时常发生巨大雪崩，因而至今还无人能攀上该山峰顶，1991年因登攀卡格博峰突遇雪崩而形成的巨大"山难"（中日登山队员共19人遇难），曾使梅里雪山为世界所瞩目。现在这座高原上的神秘美神依然高耸云天、傲视大地，每个来到高原上眺望到梅里雪峰雄姿的人都会倍感幸运和神圣。

● 梅里雪山

距德钦县城9千米的飞来寺是观赏梅里雪山雄姿的好地点。从县城乘车30分钟就到飞来寺，各类机动车很多，飞来寺不收票。寺旁有宾馆酒店群。另外从山脚下的明永村观山效果也很好。当然从山旁的迎宾台观景效果亦佳。

▲ 飞来寺一角

明永冰川

卡格博峰下是世界稀有的低纬度、高海拔季风海洋性现代冰川。主体冰川是"明永恰"和"斯恰"，从海拔5500米一直向下延伸到海拔2700米处，宛如冰雪巨龙，场面甚为壮观。近年来这里兴建了大型停车场和大量的宾馆、旅店、餐馆，成了外省市游客来梅里雪山观光最重要的落脚点和集散地。

●明永冰川

明永冰川这里距县城40千米，冰川前9千米处有明永村，是前往冰川的必经地点。德钦县城每天到明永村的客车很少，1.5小时可到。从飞来寺包车去明永村更方便，车程1小时，拼车约30元/人。村中有旅馆和招待所接待游人。
门票55元。
明永村离冰川还有9千米，步行单程需2—2.5小时。体弱者或是天气不好时可考虑坐观车站前去，往返需车费75元。

●飞来寺

门票免收。
如今游客来德钦几乎没有不到飞来寺观光、停留和住宿的，这里应该重点关注。

●雨崩村

是一个鲜为人知的小山村，头些年每年来此的游客不过数百人，所以它"养在深闺人未识"。论风光之原始古朴，可谓德钦之最。
门票55元。
村中有徒步者之家等多家个体旅馆可投宿。

●茨中天主教堂

教堂中有客房可留宿。

飞来寺

距德钦县城10千米处滇藏公路沿线的一处山间古庙，至今已有300余年历史，这里是观赏梅里雪山全景的绝佳地点，天气晴朗时看到的神山绝景令人永生难忘。

🚌 县城中有各类机动车30分钟可到。这里有庞大的宾馆酒店群，住宿极方便

世外桃源——雨崩村

梅里雪山山脚下的一个藏族聚居的小山村，人烟稀少，四周只有洁白雪山和小溪、峡谷、森林、草原，这里的自然环境与风光尤为接近《消失的地平线》中描绘的香格里拉仙境。村边还有雨崩神瀑、冰湖、中日联合探险队大本营遗址和杜鹃花海等佳景。

🅰 可从德钦或是飞来寺先乘车到西当，下车后租马匹去雨崩村

茨中天主教堂

是法国传教士1909年建于德钦以南80千米的茨中山村中的教堂，包括大门、前院、教堂、后院及花园、菜园等多重建筑，中西合璧且建造精美，是高山峡谷间不可多得的人文佳景，也是东西方文化交融的历史见证。

🅰 从德钦县城乘车一天可到。可在茨中桥头下车后沿上山小道步行片刻即到

白茫雪山

是云南省内面积最大、海拔最高的自然保护区，也是金沙江与澜沧江的分水岭，山中有香格里拉至德钦的214国道穿过，公路两侧美景纷呈。白茫雪山气候寒冷，从每年12月至来年4月汽车一般不能开行，夏秋时节山间林海苍茫，繁花吐蕊，红花绿树与山头残存的洁白冰雪色彩相映，景色绮丽迷人。

👉 夏秋时节坐客车经过时眺望该山风光即可，有自备车可随时下车观光拍照

推荐游程

D1. 抵达德钦，观赏街景后立即去飞来寺住宿，观黄昏时的梅里雪山美景。

D2. 清晨观梅里雪山雄姿——晨曦、朝霞映照下的梅里风姿甚为动人。然后包租车或拼车去明永冰川。抵达明永村后可乘观光车或步行于9千米的冰川去观景，往返需2—3小时。下午即可租车回飞来寺住宿，亦可当晚住在明永村。明永村有数家宾馆酒店（如冰川假日饭店、冰川山庄、明永山庄等，标准间120—200元/间，普通间40—80元/间），次日早晨再乘客车或包车、拼车返回飞来寺或直接包车去明崩。

D3. 去世外桃源雨崩村游览，往返需2—3天，后面有关于雨崩村行程的详尽介绍。

旅行家指导

为您提供德钦旅游的攻略

一、交通

①德钦无机场、无铁路，只有公路同外界相连。欲去德钦应先到丽江或香格里拉市，再换车去德钦县城。

②丽江每日有快巴直达德钦县城但班次不多，车费140元，车程9—10小时。更方便的方式是先乘飞机、高铁或客车到香格里拉市，再换车去德钦。香格里拉去德钦的客车旺季每天有多班，车程4小时，车费70元左右。

③从丽江包车到德钦并不难，从香格里拉包车去德钦更方便，德钦客运总站前揽客的司机多的是，若拼车每人车费需70—80元。

二、食宿

德钦县城可以吃住，但笔者力主您住飞来寺附近。因为县城的宾馆酒店并不密集但飞来寺附近全是宾馆酒店，给游客充足的选择空间。飞来寺附近各档住处一应俱全，总数有数百家，一般季节档次较高的酒店标间在2000元/间左右，但普通旅馆标间也就是300元/间左右。吉祥客栈，标间80元/间起，电话：0887-8416368。德钦岗坚酒店，标间300元/间，电话：13988794321。游人可任选。飞来寺附近还有不少餐馆，总体上饭菜价格适中，回锅肉等家常菜一般35—42元，米饭2元/人。

三、观光

不论是谁到德钦观光，都要掌握一个原则，那就是别在县城多停留，先赶到飞来寺再说。首先是飞来寺迎宾塔处有硕大的观景台，在此观梅里雪山雄姿无比壮丽美观；二是这里驴友多，可交流旅游信息；三是便于拼车或包车去各景点观光以便节省费用。在飞来寺眺望梅里雪山后如何继续观光您可有以下选择。

①可以包车或拼车去梅里雪山明永冰川（当然还有乘客车前去，但班次太少了）。

②可以包车或拼车去西当温泉，然后换车去雨崩村和尼农古村。

③在飞来寺乘观光车游览新开放的其他周边景点。

④更简明的方式是在飞来寺观拍完梅里雪山后，就认为"够本"了，马上打道回府。

四、门票

现在去飞来寺看梅里雪山不收门票，去雨崩村和明永冰川门票各55元。

▲ 高原美神·梅里雪山

旅游锦囊

为您提供德钦梅里雪山、明永冰川、金沙江大拐弯及雨崩村游览的攻略

①在德钦游览可住县城，但住飞来寺附近更佳，这里有多家宾馆酒店，也有便宜的民宿，还有不少餐馆、酒吧，很热闹，很方便。

②可以观赏梅里雪山的地点有3处：一是从香格里拉至德钦走214国道下了白茫雪山之后，在这里有段路上可看雪山但路边无停车场所以无法久留；二是继续前行距德钦还有15千米处有个叫雾农顶的地方观雪山画面也行（标志是路边有13座白塔）；三是能停下来踏踏实实观赏雪山倩影的地方还是飞来寺。飞来寺有一个很大的双层观景台，在这里"隔山相望"把梅里雪山十三峰看得无比真切（画面比上面两个景点漂亮得多）。况且飞来寺的许多酒店都有落地玻璃窗，躺在床上就能全天候地"监看"雪山每时每刻的风云变幻。

③明永冰川距飞来寺37千米，从飞来寺包租机动车前去也极为方便（揽客的机动车极多且不受客车时间限制），从飞来寺至明永途中有观拍梅里主峰和冰川的好地点。

④单游明永冰川也要买票（55元）。上下往返要4—5个小时，欲观光方便可乘车往返。

⑤雨崩村在梅里主峰卡格博南侧，风光原始优美但交通不太方便，前去要费一点事，如步行往返，费时费力。笔者建议您先从飞来寺乘客车或租车到西当温泉（行车不超过1小时，包车需200元，可坐6—7个人，拼车人均30—40元。），从西当温泉换越野车2小时后可到雨崩垭口，车费250元/人。雨崩门票55元。从垭口走到上雨崩20分钟左右，走到下雨崩约30分钟。

⑥雨崩村分为上、下两个村，都有住宿的旅店。如果次日欲看神瀑可住下村，而次日去大本营或冰湖则应住上村，这样去时路程更近。雨崩的家庭旅店一般25—50元/床或60—120元/间，条件近年来有改善，许多旅馆有卫生间，提供一次性洗漱用品。可选的地方有上村的徒步者之家（电话：0887-8411173）、上村村长家（电话：0887-8411053），下村的农布兄弟家客栈（电话：0887-8411053）等，另外下村的神瀑之家客栈离神瀑近，位置好（电话：0887-8411082），还有下雨崩青年旅舍（电话：13705252876）。您就视情选择吧。

⑦从雨崩下村走到神瀑要2小时左右，从雨崩上村走到大本营要2小时，再走1.5小时至冰湖。依上述行程，从德钦去雨崩村往返要2—3天。

⑧近来在距梅里雪山不太远的地方有个叫尼农的古村寨引起了外界的关注，那里有独特的山水及峡谷风光。游人可从飞来寺租车前往，也可从雨崩步行到尼农。

▲ 梅里雪山神秘身姿

云南省 西双版纳

西双版纳

电话区号：0691 旅行社：2220444

西双版纳——神奇的热带动植物王国，镶嵌在祖国西南边陲尽头风光绚烂的闪亮明珠、绿色翡翠。这里四季阳光明媚，鲜花盛开，万木含春，葱茏秀美的自然风光和绚丽多姿的少数民族风情醉倒了多少慕名而来的海内外游客——可是您最近是否去过西双版纳，是否了解那里的最新发展、最新变化呢？不久前，笔者重游西双版纳，发现那些当地的传统风景青春犹在、风采依然，而近年来新开放的多处新景则恰似夜空中升起的新星，放射出夺目的光彩。这些新老景点交相辉映，把整个版纳装点得更加多彩多姿、秀丽迷人。下面我们就为您介绍西双版纳大地上的最新气象、最新发展。

▲ 西双版纳勐仑热带植物园中的棕榈林

气候与游季

西双版纳青山常绿，碧水长流，四季皆宜游览，但因夏季稍热，所以还是春、秋、冬三季前往为宜。冬天最冷时西双版纳依然温暖如春，穿毛背心加外套即可，非常舒服。

☞ 春节时其他省份很多景点人满为患，此时去西双版纳会玩得更开心

如何去西双版纳

可以从全国各大城市直飞版纳，也可以先到达云南省会昆明，之后可选择飞机高铁和汽车3种交通方式去西双版纳。

当地主要节庆

傣族有3个主要节日，一是公历7月的关门节；二是公历10月的开门节；最隆重的是公历4月13日至15日的泼水节，届时会全民泼水，万众欢腾。
西双版纳机场咨询电话：0691-2159055。

45

云南省

●汽车

昆明长途客运站电话：
0871-3544574。
景洪长途客运站电话：
0691-2123570。

●打折机票

通过昆明市的旅行社可买到去西双版纳的打折机票，最低低到3—5折，当然可能要收些手续费。游客自己去售票处买有时也可买到，但拿到的折扣可能不如旅行社高。

●推荐住宿

汉庭西双版纳孔雀湖酒店，在老市区中心，周边遍布普通餐馆、大小超市和大商厦，用餐购物极方便。这里烟火气很足很浓，住着很舒服。标间平日200元左右，旺季会明显上浮。电话：0691-2139198。

●当地特色美食

主要有竹筒饭、香竹糯米饭、香茅草包烧、番茄南泌、菠萝紫米饭、烤鱼、烤肉、油炸牛皮、烤竹鼠、酸笋煮肉、卵石鲢鱼汤等。

●当地特色美食街

①景洪市新大桥旁的金沙滩美食广场是餐馆、排档聚集地，一到夜晚炊烟袅袅，香气扑鼻，各类风味美食之多让人眼花缭乱，当然亦会流连忘返。
②告庄星光夜色，晚间美食商摊太多人气太旺了，本文后边另有介绍。

西双版纳印象

★飞机

西双版纳机场距景洪5千米，有航班同昆明、北京、上海、广州、天津、郑州、长沙、成都、大理、丽江等数十个城市对飞。

昆明市每日有至少6—8班飞机去西双版纳，机票1280元（机票很好买且很多时候可打折到400元以下），飞行60分钟左右可到西双版纳的景洪市（嘎洒机场）。从大理到版纳机票也是1280元（也可大幅打折）。

★汽车

昆明长途客运站和市区其他客运站每天有多班汽车去西双版纳，走高速路，8—10小时即可到景洪，车票230—235元。但随着高铁的开通，公路大巴的车次会越来越少，甚至有可能停运。

★高铁

中老铁路已全线贯通，从昆明乘高铁列车（昆明站和昆明南站均有发车）去版纳3.5—4小时可到，车票178—248元不等。

版纳客运南站电话：0691-2136277 版纳客运站电话：0691-2138768

食宿在西双版纳

景洪市区遍布高中低各档宾馆酒店，星级宾馆有四星级的傣园酒店（电话：0691-2123888）。

普通宾馆酒店有数百近千家，大家在携程、美团、华住会软件上随意选定房间就行了，但是房价依不同游季变化甚大，标间淡季可能会是百元出头，旺季多半能翻几翻。此外，西双版纳东线热带植物园内有星级宾馆，标房价180—350元。野象谷内有观象旅馆，淡季房价80—120元，旺季可涨至220元以上（近期停业）。原始森林公园内的宾馆环境好但房价贵，一般季节标房价280元以上，可打折优惠。

景洪市区的中小餐馆随处可见，一般肉菜仅为22—28元，普通快餐饭菜花15—20元钱吃饱一顿毫无问题。

西双版纳印象

一、西双版纳东线最新印象——勐仑热带植物园依然秀美，橄榄坝傣族园光芒夺目

到过西双版纳观光旅游的人，有谁没有领略过勐仑热带植物园的迷人风采呢？棕榈园、竹类园、萌生植物园、热带雨林园等景区异彩纷呈、交相辉映，以挺拔秀丽的王棕和大王椰为背景拍摄的纪念照令多少人欣喜自豪、宽心快慰。近年来，植物园又开发兴建了名人名树林等多处景观，完善了导游、餐饮、住宿等各个环节各项措施，使得植物园内风景更秀丽，服务更成熟完美，更具神奇诱人魅力。

然而，西双版纳东线最大的变化是在橄榄坝新建了大型景区傣族园——中央是停车场、餐饮住宿服务区、泼水游乐场和民族歌舞表演场，四周有曼春满村等五个傣族村寨。中央景区每天进行泼水活动和歌舞表演，给游客带来无尽的愉悦和欢欣（这里的泼水活动非常有特色，每天下午泼两个场次），而周边的5个村寨则风光原始古朴，供游客进寨畅览傣家风情——傣寨中的每家农舍都是二层高的小楼，周边长满芭蕉、龙眼、杧果、木瓜树和挺拔修竹，每家农户就是一个立体的小花园，风光特别妖娆美丽。且每家农舍都为游人免费开放，供游客详尽观赏和了解傣族的生活习俗和民风民情。

此外，傣族园中已有近百户人家开设了内容新颖独特的傣家乐活动，游客只要缴纳少量费用，就可以住进竹楼，"穿一天傣家衣、吃一天傣家饭、当一天傣家人"，品味全新的傣家生活情调。

由于橄榄坝傣族园风光优美、风情独特而建设起点颇高，所以前来观光游览的客人极多，留下诸多佳话。

二、西双版纳北线最新印象——野象谷景区日趋成熟，原始森林公园神奇迷人

野象谷是西双版纳北线最早建设的景点，如今已经发展成功能诸多的综合景区。景区内不光在野象时常出没的峡谷中建了完备的观览住宿设施——千米长的空中观象栈桥和树上旅馆（旅馆偶有停业），而且在山门入口处兴建了百鸟园、蝴蝶园、歌舞表演场和大型宾馆度假村。景区中每天进行的驯象表演（亦称"大象学校"）亦十分活泼欢快，妙趣横生。

原始森林公园建在距景洪市区8千米处的山谷中，数十个景点分五级排列：第一级是休闲区和动物表演区；第二级是餐饮住宿区，有建在山间湖畔环境极美的水上餐

▲ 美人蕉和热带植物园中的导游

● **西双版纳当地交通**

景洪市区出租车起步10元，另有多路市区公交，上车2元。去东线、西线、北线可从市内版纳或景洪两个客运站乘中巴、大巴，随时有车。

● **另荐东线新景点**

泼水印象乐园，在橄榄坝，内有泼水和江上泛舟游乐，门票最低100元。

● **东线游览**

从景洪市内泼水广场或告庄乘专线车可直达，或版纳或景洪客运站乘中巴车票18元，60分钟可到橄榄坝（勐罕镇），再换乘摩的，车费3—5元即到傣族园，门票65元。观光车费40元。

住在傣家乐民宿间房价一般季节80元起价。

另外，傣族园大门外还有正式宾馆可住宿。

傣族园内下午有泼水民族歌舞表演和织布、榨甘蔗等民间技艺表演任君观看。

从景洪版纳和景洪客运站乘客车（车票23—25元），70分钟可到勐仑热带植物园（西门），门票80元，电瓶车费东西区分别是50元。植物园中的热带棕榈园是绝佳摄影点。

●北线游览

从景洪告庄乘专线车可直达，也可从版纳客运站乘去关坪或三岔河的客车，40分钟可到野象谷，车费25元，门票60元，缆车往返70元。谷内餐饮住宿设施齐全，短游长住均方便。

景洪市区乘Z21路公交车去森林公园，车费5元，30分钟可到，亦可乘去三岔河的客车在原始森林公园下，公园门票45元，观光车费60元。

森林公园中的孔雀放飞表演每天有多场，而傣族歌舞表演之后开始的泼水活动最令人快乐开心，非常值得参与。

●西线游览

过去景洪市区有多家旅行社均办理西线出境一日游业务，带领大家参观辽多母大佛像、缅甸金塔、野人谷等景点。现在这条线的观光活动基本上停掉了，何时恢复不得而知。

●西双版纳晚间娱乐

①在景洪告庄表演剧场观看《勐巴拉娜西》大型歌舞表演，特色鲜明，引人入胜。门票260元，含晚餐费用。
②曼听公园观《澜沧江之夜》歌舞晚会，场面很红火很壮观，共演出十余个节目，另有各色风味美食供游客品尝。这个晚会人气很旺，笔者给予强力推荐。门票280元。
③去告庄休闲娱乐美食购物。这里有亚洲最大的星光夜市之一，有上千个商店商摊，集美食、娱乐、休闲、购物多重功能于一身，人气极旺，是版纳夜生活中的特大亮点，笔者强力推荐。

厅和宾馆，供游人餐饮度假（孔雀放飞表演也在这里）；第三级是有铁索悬桥与外界相连的少数民族村寨，独特的民族风情歌舞和欢乐开心的"抢亲"活动吸引着诸多游客（民族音乐演奏和瀑布景色观光在村寨马路对面）；第四级是大型歌舞表演场和泼水游乐场，每天下午傣族歌舞表演结束后都要上演百人甚至千人"挥盆对泼"的喜剧闹剧；第五级即最高的一级是长满原始森林的深山峡谷，谷中的动植物奇观随处可见，热带雨林佳景绮丽迷人。由于原始森林公园满足了游客来西双版纳后畅观森林奇景的愿望而又活动内容颇为丰富，所以这里已成为西双版纳北线上最大的亮点，每天门庭若市，游人如潮。

除此之外，西双版纳还建设了许多县具水平的新景

★东线新景——雨林谷

位于勐仑热带动物园以西7千米处。景区内浓缩了热带雨林的精华，巨型藤类植物、巨大的绞杀植物、各类野生花卉在谷中随处可见，700米长的游览道旁清泉飞流、蝶舞鸟鸣，使游客倍感远离尘世、回归自然时的清静和温馨（景洪至橄榄坝的客车均经过雨林谷，门票120元）。

★东线新景——望天树

在勐腊县城以东约20千米处，热带雨林深处生长着不少高达50—70米的钻天树，挺拔秀丽。长达2.5千米的"空中走廊"观光路可使游人徜徉其间饱览原始森林腹地的奇观妙景（先从景洪乘客车2小时后到勐腊，再换客车，车费10元即到景区，另外每天8:40、12:40有两班免费车可直达景区，门票55元、船费40元、空中走廊观光另收120元）。

★东线新景——勐远仙境

天然溶洞风光奇异，洞内流水潺潺，各类石钟乳五光十色，游人观感如梦如幻（从景洪乘车先到勐腊再换车前往，门票120元）。

★景洪市区新景——花卉园

位于景洪城区的云南热带作物科研所内，占地80公顷，以自然形成的一串河、湖水面为中心游览线，依次展开百花园、空中花园、棕榈区、稀树草坪区、盆景区、热带果林区等十余处景点，生长着各类珍稀花卉近千种，其

花色之鲜艳、树姿之优美可以和著名的勐仑热带植物园相媲美（门票40元，观光车费40元）。

★北线新景——基诺山寨

在距景洪市约50千米的基诺乡，是基诺族山民聚集地，原始山寨古风浓郁、观光内容也是丰富多彩。游客可以参加的活动有山寨观光，观看歌舞表演，品尝各类烤肉、米酒、热带水果，参加基诺族婚礼等等，观光时间需3小时左右（景洪市区版纳客运站有客车直达，门票160元，含水果、饮料、烤肉等风味美食）。

发烧友特别关照

当今的西双版纳应该怎样游玩

欲览今日西双版纳之风姿全貌，至少应在景洪逗留3个整天。

D1. 可去东线，上午先到勐仑热带植物园观光，主要是在西区游览（一定要坐观光车，步行费劲），观光要点是棕榈园，园中央的22棵王棕树身姿高大挺拔、是版纳的标志和名片，一定要好好观拍它们。在植物园停留3小时左右。午后返回去傣族园游览，这样可赶上园中下午的泼水和民族歌舞表演。晚上返回景洪市内住宿，并观看《勐巴拉纳西》大型歌舞表演。

自驾游或愿意包车且时间充足的游客还可考虑去望天树景区。但是望天树在快到中老边境的勐腊县，路程较远，去一次需要多花大半天时间。

D2. 可去北线，上午去野象谷，看驯象表演并午餐。午后返回去原始森林公园，下午在公园内观光、看孔雀放飞表演、泼水，晚上返回景洪去旅行社订好次日西线中缅边境一日游车票（全包价380—650元，视不同季节而定）。

D3. 景洪市区观光，上午可观赏花卉园、大佛寺，黄昏时去曼听公园游乐，晚间在国内看《澜沧江之夜》风情歌舞表演，之后在园内参加篝火晚会联欢。

依上述游程安排，游客可在四日内游遍西双版纳的各主要景区，获得最完整、全面的游览观光效果，至于东线的猴山、雨林谷和东北线上的基诺山寨等次要景点，时间充足的游客可择机游览。另外要说明的是西双版纳南线的曼飞龙白塔虽有些名气，但一般游客很少前去。

补充提示

在西双版纳参加印象澜沧江游轮水上观光也很开心，可以在船上边看江上风光边欣赏歌舞表演。登船地点在景洪市新大桥景洪码头，发船时间为14:30、16:30、18:30，船票200元。

▲ 在西双版纳做出境一日游时看到的缅甸寺庙风光

一路春风版纳行
云南西双版纳游记

"有一个美丽的地方,那里彩云在飘荡。"提起神奇秀丽的西双版纳,谁能不为之心驰神往。严冬的一天,我从北京飞到了版纳首府景洪,见到的是满城翠绿、满目春光。在那醉人的暖风中,我观热带雨林,涉澜沧碧水,登傣家竹楼,拍下了一张张珍贵的图片,留下了一串串彩色的记忆……

(一)绿海明珠——勐仑热带植物园

如果把西双版纳比作四季常青的绿海,那勐仑热带植物园就是绿海中一颗耀眼的珍珠。

勐仑热带植物园坐落在湄公河支流罗梭江心的葫芦岛上,是著名植物学家蔡希陶教授在周总理的直接关怀下主持修建的。经过科研工作者多年的辛勤培育,已有数千种奇花异树在这里安了家。由于这里空气温润,雨量充沛,园中的各种热带植物简直长"疯"了:望天树高达数十米、铁树王要几个人才能合抱过来、热带雨林浓荫蔽日、修竹斑斓多彩多姿。热带植物园的精萃当属热带棕榈园。这里生长着棕榈树250余种、近万株,全都高大挺拔、青翠欲滴、亭亭玉立、楚楚动人。走进热带棕榈园,仿佛置身于一个靓女如林的选美赛场,看得人目瞪口呆、如痴如醉。

游热带植物园一定要找一位导游小姐,这些傣家小妹不光能如数家珍般地给你介绍各种热带植物的习性,让你眼界大开,还是非常好的摄影模特。她们都身穿鲜艳的民族服装,打着五彩缤纷的遮阳伞,就像一只只漂亮的花蝴蝶,在万绿丛中飘来飘去。有她们那俏丽的情景做点缀,你的纪念照一定会拍得更鲜艳、更亮丽。

(二)山寨尽览傣家情

从景洪驱车向北,穿过国营农场的万亩橡胶林,一小时后就到了曼典——一个傣族人聚居的小山村。在这里,你可以领略到原汁原味的傣家风情。

旅游车刚刚停稳,就有身着鲜艳筒裙的导游小姐迎上前来,今日旅游的第一个项目,就是跟她们进后山观赏热带雨林。

真是不看不知道,一看吓一跳,没想到热带雨林是如此的高大茂盛,一株株参天巨树拔地而起,直刺苍穹,用它们那浓密的树叶架起了一个巨大的绿色天棚,人站在树木中几乎不见天日。林中到处是藤树相缠,盘根错节,荆棘丛生。高高的树冠上各类飞禽在不停啼叫,密林深处不时传来阵阵猿鸣。指着树上结满的各色野果,导游小姐不无自豪地说:"在我们这里,一个人要想挨饿那是很不容易的",经过一个多小时的艰难跋涉,我们终于见到了隐藏在深山峡谷中的曼典瀑布。再往上看,山崖更陡、森林幽暗,让人毛骨悚然,众人只好望而却步。

回到山寨竹楼上,好客的主人早已为大家准备好了傣家风味的饭菜,炒木瓜鲜脆可口,竹筒饭散发出浓郁的清香,喝着甜酥酥的米酒,吃着不知名的兽肉炒的青菜,大家交口称赞傣家饭菜色美味香。

饭后,一日游中最开心的活动——泼水开始了。由于傣族把水看成是吉祥的象征,所以泼水已成为曼典山寨一日游中不可缺少的内容。细心的主人为大家备好了清凉的泉水和锅、碗、瓢、盆各类家什,一时间,大树后、竹楼旁,四下都埋伏着手执水盆的"狙击手",一不小心,就会有一盆清水把你浇个透心凉。这时候,到处都有圣洁的甘露从天而降,人们追着、泼着、打着、闹着,一切烦恼不快统统抛到九霄云外,连上了年纪的老人也笑得前扑后仰、满面红光。黄昏时,我们穿着湿乎乎的衣服，依依不舍地告别了曼典山寨，美好的记忆常留在每个人心上。

（三）境外风光醉人心

西双版纳同缅甸、老挝两国接壤，从陆路出境旅游是当地的家常便饭，在景洪，花上几百元钱，就可以领略到绚丽多彩的境外风光。

在西双版纳众多的出境旅游线中，最"火"的要数中缅边境一日游了。游人清晨从景洪出发，午后就可以跨出国门，进入缅甸边境小城勐拉市。在那里，您可以逛人流熙攘的中缅街、观中缅友谊纪念塔、

▲ 勐仑热带植物园中的漂亮棕榈林

看当地特有的歌舞表演，购买珠宝玉器也是一日游的重要内容。缅甸的珠宝玉器在世界上享有盛名，小城内每家珠宝店都是金光闪烁，琳琅满目。由于是自产自销，缅甸的珠宝比中国国内便宜不少，只要您独具慧眼并挑选认真，不愁买不回货真价实的珍品。

游缅甸不能不看著名的"辽多母"佛像。身长十数米的大佛侧卧在一棵枝繁叶茂的巨大古榕树旁，神态安祥，眉宇端庄，面带摄人心魄的永恒微笑，给人以无尽的遐想。游人纷纷与大佛合影，期待佛光普照、安度此生。

如今，出境旅游之风越刮越红火，中缅边境二日游、三日游和版纳东线的老挝游也很盛行。版纳的朋友告诉我们，当地的旅游部门正在开发一条跨越四国的水上旅游线：不久后，游人从景洪市上船，沿澜沧江（出国境后称湄公河）直下，一次就可游遍缅、老、泰三国，到那时，神秘的"金三角"将成为国人关注的旅游新"热点"，景洪市也将变成名副其实的国际旅游城。

虽然我在版纳停留了五天，但是那丰富多彩的游历却使我久久难以忘怀。四月中旬，傣族一年一度的"泼水节"就要到来，那时候"黎明之城"定是人潮奔涌、万众欢腾。那时我一定再去版纳，观赏那迷人的热带风光，沐浴那醉人的温暖春风！

（注：本文发表于20世纪90年代末期，曾获云南日报社举办的旅游散文征文优秀作品奖。如今在此重登此文，是为了唤起作者内心深入的彩色记忆，也希望给读者展现西双版纳清新独特的美好风貌。）

▲ 22棵大王棕，种植在热带植物园的中心，是版纳的名片和象征

自助游中国 → 西南地区

云南省

抚仙湖

电话区号：0877　抚仙湖管理局：6916356　禄冲景区：6610184

如果您想在祖国南方找到一处风光优美、气候凉爽、交通便利而又不太为常人所熟知的旅游观光佳境，那笔者向您郑重推荐有着"云南省的北戴河"之称的名景——抚仙湖。抚仙湖位于云南省省会昆明东南约60千米处，是云南省第一深水湖和第三淡水湖。这里青山苍翠，湖水碧澈，风光绚丽且旅游度假设施完备，是国内外游客观光、疗养、休闲、娱乐的绝好去处。抚仙湖畔有近百处佳景，现已开发并开放出禄充、孤山、明星、

▲ 抚仙湖禄充度假区波息湾秀丽山光水色

新河口、海口五大景区供游人观览，其中禄充和孤山两地风光最美，景点最集中。

气候与游季

抚仙湖距昆明只有2小时车程，四季如春的气候与昆明相同。这里盛夏时节比昆明市区气温还低2℃—3℃，是云南省最著名的避暑胜境之一；冬季气温仍较高且日照充足，1月白天只需穿长袖单衣或毛衣，中午时分还可下湖游乐。湖区的旅游最旺季从每年4月初持续到10月中旬，冬季风光仍然秀美且景区内特别安详宁静，别有一番迷人风情。

笔者认为：抚仙湖是国内最漂亮的湖泊景区之一，论湖光山色不逊于大理的苍洱风光，值得重点关注

● 笔者着重提示

①抚仙湖知名度不是很高，但湖区风光优美、水面辽阔，水质清澈而又交通便利的湖泊景区在国内尚不多见，去一次完全值得。

②禄充和孤山均为湖区景点中的灿烂明星，游客应重点游览。

此外，像明星景区中的明星渔洞、新河口景区内的湖滨游乐场、海口景区内的温泉度假村等亦都是抚仙湖畔的名景，游客有时间可以去逐一观赏游乐。

推荐游程

A. 标准的二日游：

D1. 全天在湖区观光中心禄充游览，乘船游湖，登笔架山观景，湖滨戏水游乐，品尝烧烤摊上香嫩可口的湖鲜，住宿禄充。

D2. 孤山观光，览孤山全岛秀色，赏观鱼亭等佳景，看成千上万条青鱼组成的水上巨大青鱼阵，下午返回结束游览。

B. 紧凑的一日游：

上午游禄充，下午去孤山，一天之内尽游两大景区。

C. 宽松的三日至四日游：

D1和D2可分别游览禄充和孤山，D3和D4分别游立昌和明星景区（从禄充乘车沿环湖路5分钟可到立昌，10分钟即可到明星）和温泉景区（从禄充乘车40分钟可到），这样基本可以游遍湖滨所有美景。

云南省 抚仙湖

🚌 交 通

外地游客可从两个方向去抚仙湖：A. 先乘火车或飞机到昆明，再从昆明客运南站乘客车，约50分钟即可到澄江县城，然后再换当地开往湖区的公交车，票价5元，40分钟即可到达抚仙湖景区的中心禄充；B. 从云南玉溪市客运站乘客车去抚仙湖，车票20—25元，1.5小时即可到达湖滨禄充景区。

🎫 禄充景区门票15元，孤山门票20元。

🏨 住 宿

湖区游览的中心是禄充。禄充风景区附近有高、中、低档宾馆酒店数百家，原来条件很好，临水又近的笔架山庄、波息湾度假村因环保问题被拆除了，现在条件尚好的宾馆有华业大酒店、抚仙公馆等，标准间房价旺季在300元以上，淡季可降到140元左右。离景区大门入口处不远的汽车站旁有多家中、小型宾馆和民宿酒店，条件尚可，一般季节80—100元的双标间随处可寻，旺季房价会明显上浮。

孤山湖区的岸边有数十家普通宾馆、酒店，平日房价在100—150元/间。

此外，湖滨的明星、新河口及温泉景区都有各档次宾馆饭店，住宿极为方便。

🏞 主要景点

抚仙湖的湖面非常辽阔

它南北长约32千米，东西宽约12千米，湖岸线长达93千米，游客乘车需要3—4个小时才能环湖行驶一周。站在湖边居高远眺，只见墨绿色的湖水就像一块巨大的绒毯，一直铺到遥远的天际，真是碧涛万顷、烟波浩渺、水天一色，风光壮阔美不胜收。

👉 推荐全新观光方式：抚仙湖环湖游：可以从禄充景区包租当地机动车，300元可环湖游完整一圈，美景尽收眼底，时间需6—8小时。请注意一定要顺时针方向行进，这样便于观拍美景，另外上午要在湖区东边走，下午要在湖西边开行，这样拍照是顺光，画面更美观。

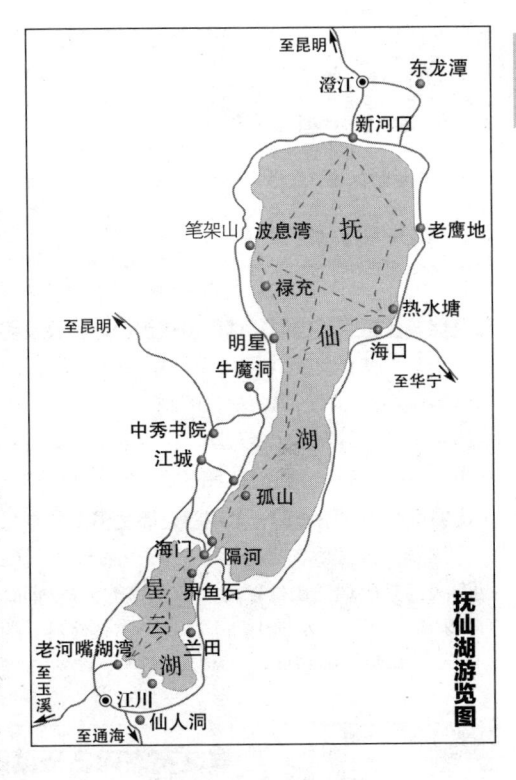

● 住宿参考

①华业大酒店在禄充景区湖滨，笔架山西侧，位置好，环境美，标间淡季140元左右，旺季上浮，电话：18468234825。

②绿玉宾馆从禄充下车后向东南走5分钟即到。虽然不临湖但房价便宜，淡季标间只需80—110元/间。

● 孤山景区住宿参考

抚仙公馆，在孤山湖滨，位置好，湖景房250元，电话：15331551517。

抚仙湖游览图

53

●湖区餐饮

主要湖鲜有青鱼、鲤鱼、抗浪鱼等，铜锅鱼是这里的特色美食佳肴，肉质鲜嫩但价钱并不便宜。如果在湖边的小餐馆中吃普通饭菜，40元钱可吃到一菜一汤含米饭。湖边的烧烤摊上的烤鱼虾挺馋人，应好好品尝。

抚仙湖的水质甚好

湖水能见度可达8—10米，游客在湖上泛舟，可以清晰地看到湖底五彩缤纷的鹅卵石和身姿摇曳的鲜嫩水草，湖边的居民经常从湖中汲水直接饮用；无论清晨或黄昏，青山环抱的湖水在霞光的映照下闪烁着绿宝石般凝重华美的光泽，秀丽的抚仙湖真是滇中高原上一颗光彩夺目的珍珠。

☛ 在禄充一定要登上笔架山山顶，上面有3个观景亭和1个观景平台，在那里可看到湖区壮观美景

禄充风景区是观光中心，这里风光最美，山光水色俱佳

景区中央的笔架山和两侧的麒麟山、尖山皆山势挺拔、造型奇特，登上山巅极目远望可将百里湖区秀色尽收眼底（笔架山上有数处位置甚佳的观景亭），湖滨的两处游船码头各有各类游艇、划艇，供欲去湖心泛舟观光的游客任意选用。

☛ 孤山景区门票20元，从岸边去孤山岛往返船费20—30元。从禄充到孤山可乘客运中巴车程50分钟

孤山景区是湖区南端的一个小岛，岛上多奇异岩石和精美亭阁

这里的天生桥、舍身崖等"新、老十景"风光已很绮丽，而每年5—8月间岛边湖面上经常出现的由数万尾大小不等的青鱼列队环游组成的"青鱼阵"更是场面壮观、神奇诱人。现在孤山岛上建有一座条件甚好的宾馆，游人可以住在这里"晨观日出、午看鱼乐、晚眺仙湖、夜望明月"，得到快活难忘的美好享受。

景区亮点闪击及精彩回放

①抚仙湖的湖面真辽阔呀！多年前"渡海英雄""大侠"张健（北京体育学院教授，曾泅渡过国内外很多大江大河包括英吉利海峡）横渡抚仙湖，游了整整一天呢（20:00才上岸）。

②笔者在抚仙湖住了整整10天，每天清晨打开住所的窗帘时（宾馆紧挨湖面）都要发出这样的惊叹："哇，这不就是海吗？"

③站在抚仙湖孤山景区的山巅，看到浩瀚湖水对岸的远山和湖面上徐徐驶过的漂亮轮船，不知怎的笔者心里老是念叨一个词："英吉利海峡"——其实是因为看过英吉利海峡的电视风光片所致，这里的风光真的能与英吉利比一比呀。

④每当风起之时，抚仙湖水都会泛起狂澜，且一浪一浪地冲向湖边的沙滩，惊涛拍岸的场面真壮观，抚仙湖有大海一样的气势和风韵。

⑤抚仙湖的水质真好（能见度达到8—10米），湖中生长的鱼虾肉质特鲜嫩，尝一尝湖边小摊上的烤鱼炸虾，哇——肉全是甜甜的、香香的！

▲ 辽阔壮美的抚仙湖水上风光

开心畅快怒江游

怒江峡谷位于滇西南、西北部的崇山峻岭中,两侧群山林立,中间峡谷幽深,风光非常美丽壮阔,其中从六库至丙中洛的一段峡谷是整个怒江大峡谷中的精华部分,这里有怒江老虎滩、老姆登教堂、石月亮、碧罗雪山、江心松、怒江第一湾、桃花岛等多处名景,其风姿各异颇为诱人关注。随着当地交通、食宿条件的不断改善,外地游客进入怒江峡谷观光已变得非常容易,下面就向大家介绍那里的观光注意事项。

▲ 怒江大拐弯壮丽风光

☛ 近来六库经福贡、贡山到丙中洛的公路状况有改观,且路边开辟了骑行路,行进和观光方便多了。

❄ 气候与游季

当地12月至次年1月天气稍冷,6—8月雨水稍多,其余时间皆为观光佳季。

🚌 交　通

从昆明(西部客运站)或大理乘客车,可以抵达怒江峡谷。其中昆明到六库的快巴行驶7—8小时,车费240元左右。大理到六库的客车行驶4个小时左右,车费93元。上述路段全部是柏油路,大部分是高速路。更快捷的方式是从昆明或大理先坐动车到保山,抵达后换汽车,1.5小时即到六库,车费88元。网约车就更方便了。

从六库到丙中洛(途经福贡和贡山)也都是柏油路,但是路面不宽且公路修在山与江之间,虽觉险峻,但风景也是气象万千。六库至福贡间可乘客车和其他机动车。客车班次并不多,车程2.5小时左右,车费50元上下。福贡至贡山县城行车约需2.5小时,车费36—40元。贡山到丙中洛只有1千米远,交通更方便。

🚏 怒江六库客运站电话:0886-3620124　福贡客运站电话:0886-3411983　贡山客运站电话:0886-3511496

🏨 住　宿

六库、福贡、贡山县城住宿皆方便且价格不算贵。像福贡的民政宾馆,双人标准间70—100元/间。丙中洛有名的荣马客站双人标准间80元/间。沿途还有一些个体旅舍收费更便宜。

●当地住宿信息

①六库艾扉酒店江边广场店,位置不错,条件尚好,标间150元左右,电话:0886-6661866。

②福贡阿里当酒店。标间100—130元/间。电话:0886-3412997。

③贡山大峡谷酒店。标间180元/间。电话:0886-3511666。

④丙中洛洛缘精品酒店,条件尚可,标间百元出头,性价比不错,电话:0886-3059668。

🐎 主要景点

在六库至福贡之间，有怒江老虎滩、飞来石、匹河乡上知子罗废城、老姆登教堂等景点。其中老虎滩是两山峡峙的狭窄江段，谷底江水湍急、江心有巨石挺立迎击激流，有点金沙江虎跳峡的味道；知子罗废城附近有一处弯道是鸟瞰怒江峡谷的极好地点。老姆登教堂造型精致美丽，周围的环境、风水也很好，具有观赏价值；石月亮是中间有孔洞的山峰巨岩，与张家界名景天门山异曲同工。福贡至丙中洛之间的主要景点是江心松——生长在怒江江心岛上的奇松、怒江第一湾——呈U字形的怒江江段形态优美、桃花岛——怒江水边桃花盛开林草繁茂的秀丽洲岛等。在六库至丙中洛之间的大部分路段上，还可眺望到碧罗雪山的雄姿。此外，距丙中洛十余千米的秋那桶古村自然风光很美，也值得给予关注。

☛ 欲轻松游遍上述景点，要花3—4天时间　　☛ 丙中洛门票免收，其余地方也不要门票

观光指导

上述景点沿怒江峡谷依次分布，可乘客车观光游览，分段上下即可，但是稍稍费一点时间、力气且游览不会太随心所欲，在客车行进途中观景效果也欠佳，所以建议半程包租车半程乘客车。理想的行进方式是从六库包车沿江上行，第一日到福贡，途中看老虎滩、匹河乡上知子罗废城、老姆登教堂、石月亮和沿途怒江峡谷风光。住宿在福贡。第二日从福贡经贡山至丙中洛，途中览江心松、怒江第一湾、桃花岛等景点，夜宿丙中洛。第三日在丙中洛周边观光。次日乘客车返回。也可能第一日从六库直到贡山住宿，次日专门游丙中洛和周边景点，第三天返回六库。

☛ 包租车观光每日车费需500—600元，车内可乘4—5人，这对结伴旅游者来说很划算

租车指导

一定要找长期在这条线上跑的司机，因为途中尽是山峰峡谷，只有熟悉路况才能确保安全。并且多次在这条路上往返的司机更熟知外来游客的观光需求，可以更好地提供便利。另外注意查看车况不要太差，不要图便宜而去租旧车、破车，途中发生故障麻烦更多。笔者推荐一位当地司机供您参考：杨师傅，六库人，对当地景区和路况很熟悉，可载客沿怒江流域做各类观光游乐，且服务态度很好。游人可与他咨询联系，电话：13988674886。

☛ 每年春节时怒江流域各地都会举办"澡堂会"，其场面红火、民族风情浓郁，值得一看

其他观光方式

① 抵达丙中洛后，可包车去古村寨察瓦龙，这个村子在西藏境内，沿途可见石门关、五里寨、那恰洛峡谷以及梅里雪山南坡滚石天险等，风光古朴原始，很惊险刺激也很艰辛（没有柏油路），往返要两天左右。

▲ 当地奇景石月亮

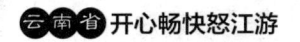

②从六库出发到片马观光，沿途可见自然保护区中的山水风光和大片原始森林，以及中英战争遗址。这条线大部分是土路，包租车更合适。

③既然到了滇西，那别光看怒江峡谷六库至丙中洛这一段，南边不远处的腾冲风光好且自然和人文佳景均为高水平，郑重建议您去腾冲一游，保证游后感觉全新、心满意足。

④从大库到独龙江的公路正在修建，以后去独龙江观光会很方便。

推荐全新黄金旅游线：昆明→西双版纳→抚仙湖八日游

向您推荐这条线路的理由

①昆明、西双版纳是云南境内最出色的景区，初次入滇的游客十有八九是要去这两个地方游览的。

②西双版纳近年来已有多处新建佳景，已经去过的人故地重游亦会有极为新鲜的感受。

③抚仙湖是至今游客涉足较少但风景绝佳的地方，走过了昆明、西双版纳这条传统老线再顺路去抚仙湖开心一游，恰似老树上开了大大的一朵新花，感受是非常不一般的。

八日游程可按如下安排

D1. 昆明市区观光，重点游览大观楼、西山、云南民族村。其中西山（龙门）是居高远眺滇池全景的好地方，而民族村内少数民族风情浓郁独特，歌舞及驯兽表演红火喧嚣，非常精彩诱人（门票90元）。

D2. 石林一日游，乘单程车从昆明市区到石林需2小时（东部客运站有汽车直达），游大、小石林主要景点2小时足够（门票175元）。下午返回市区后去客运南站乘空调快巴（车费235元）或卧铺车（车费265元）去西双版纳，行车8—10小时到达西双版纳首府景洪市。

D3. 上午抵西双版纳，下午到景洪市区观光，游景洪最古老但风光很秀丽的曼听公园（午后有泼水活动）、民俗园、花卉园，晚上逛小吃一条街并观看民族歌舞表演。

D4. 西双版纳东线一日游，先到传统老景勐仑热带植物园观光拍照（门票104元），再去橄榄坝新建名景傣族园览民族风情看歌舞表演（门票65元）。夜宿景洪市区。

D5. 参加中缅边境一日游（随团出行全包价380—650元），随队去缅甸看金塔、缉毒展览馆、辽多母大佛，途中观独树成林、八角亭，全天游览共需13小时，20:00回到景洪。

D6. 上午游西双版纳北线名景野象谷（门票65元），下午到原始森林公园看歌舞、泼水、观热带雨林（门票65元）。黄昏时返景洪从客运中心乘大巴去玉溪（卧铺车190元、空调快巴188元）。

D7. 9:00前后到玉溪市，从玉溪西部客运站乘普客车，票价23元，1.5小时即到抚仙湖景区的中心禄充（可住紧邻湖边条件尚好而房价不贵的个体客栈）。下午畅游抚仙湖禄充景区——笔架山及湖区观光游乐很开心，各类湖鲜更是美味袭人。

D8. 上午从禄充乘车去孤山景区游览（1小时即到，中巴车费人均10元，包车需40—45元），那里湖深水阔，且有观鱼亭等许多佳景。午后结束游览乘车回昆明（孤山到昆明只需3小时车程，有直达车也可经澄江转车）。

依上述行程安排，您可在八天内游遍云南省省会昆明、西双版纳和抚仙湖三大景区的几乎所有主要景点，玩得非常幸福、开心，人均费用需2800元左右。

腾冲

☎ 电话区号：0875　火山地热公园（热海）：5133333　火山地热公园（火山）：5853888

腾冲位于云南省的西端，东距保山市150千米，西北与缅甸接壤，这里地处高原，气候温暖，土地肥沃，物产丰饶，而自然风光更是多姿多彩，秀丽迷人。作为云南省最重要的旅游度假区之一，腾冲最大的特点就是景点景区类型多而又特色鲜明，这里火山、热海、温泉、湿地、瀑布一应俱全，而且有古镇、烈士墓园、名人故居等众多的人文景观。近年来，随着当地机场的通航和与大理、保山间高等级公路的贯通，腾冲的旅游度假设施日趋完善而前来观光的各地游客亦日益增多，风光瑰丽的腾冲已成为中国西南风光名胜中格外引人注目的新亮点。

▲ 火山公园中最高的黑空山

☛ 腾冲的风光非常美且景点类型非常多，我管腾冲叫"彩云辉映下的高原明珠"，向大家予以强烈推荐

● 重点提示

腾冲的风光类型繁多、个性十足且锋芒毕露，比一般人想象的好得多，非常值得一看。

🌡 气候与游季

腾冲地处西南边陲，日照充足，气候温润，雨量充沛，一年四季皆可旅游。但7—8月这里雨水较多，游客出行小有不便，因此9月至来年6月更适宜游览。尤其是严冬时节，祖国北方滴水成冰，而腾冲却仍然艳阳高照，温暖舒适，穿单衣或毛背心即可，加之这里到处有地热温泉，游乐洗浴令人非常快活开心。

观光指导

在腾冲游览若想玩得痛快至少需要3天时间，游程可作如下安排：

D1. 上午游览位于马站乡的火山公园，看火山和高黎贡山风光。下午去热海观光，去科考区看地热奇观（有间歇泉、沸泉多处奇景），在疗养区休闲游乐，去美女池或浴谷洗温泉浴，品尝烧烤美味（夜宿热海或腾冲城区）。

D2. 上午国殇墓园、叠水河瀑布（两者只相距400米），下午去北海湿地，泛舟、观景、吃烤鱼。

D3. 上午畅游坝派巨泉，看国内绝无仅有的大型喷泉群奇观。下午和晚上去和顺侨乡，领略边陲深厚历史文化底蕴。晚上观《梦幻腾冲》大型歌舞表演（门票235元）。

如果您时间充足，可以在第4—5天看李根源故居、绮罗乡和云峰山，这样可获更佳观感。

58

交通

腾冲驼峰机场已通航多年,有航线与北京、上海、昆明、丽江、成都、南宁等大城市之间对飞,其中从昆明飞腾冲1小时即到,游客可在网上随时查询购票。也有高等级公路与外界相连,游客可从昆明、大理、保山乘客车至腾冲。其中昆明到大理和保山间皆为高速路,保山至腾冲间虽是山间公路但也是高速路,行车也甚为快捷方便。昆明客运西站直达腾冲的大巴每日有数班,车程9小时左右。大理高快客运站直达腾冲的大巴每日也有几班,行程需5—6小时。更方便的方式是先从昆明或大理乘高铁客车到保山再换车去腾冲。保山与腾冲间客车随时发,票价66—70元(视不同车型而异),2.5小时即到。此外瑞丽、盈江、芒市、六库都有客车与腾冲对开。

腾冲市内打车6元起价,公交车上车1元起价。共有2个客运站,游客在此乘客车可轻松抵达各景点(腾冲旅游客运站电话:0875-5161526)。

腾冲机场电话:0875-5198866　宝山客运站电话:0875-2122311

住宿

腾冲市内及热海景区有高、中、低档饭店宾馆。其中玉都、空港观光锦程等酒店均为四星级,标准间价格在300元/间左右。热海景区内的热海玉温泉酒店、美女池温泉酒店设施都很好,适合洗浴休闲疗养。

▲ 北海湿地,风光优美如诗如画

腾冲主要特色宾馆酒店(区号0875)

美尔翡翠皇冠建国酒店	电话:5169888
千里走单骑温泉酒店	电话:5837777
东方轩逸假日酒店	电话:3059388
玉景潭温泉酒店	电话:6823533
格林东方酒店	电话:19087502003
繁花轻奢庭院	电话:13887810832
金玉酒店	电话:5836666
云上四季尚品酒店	电话:2226499

●保山住宿参考

锦顺天华酒店,位于市中心,交通便利而设施尚好,一般季节标准间150元/间左右。电话:0875-2199999。

●腾冲住宿参考

①官房大酒店,条件好,房价700元/间以上,电话:0875-5199999。
②和顺古镇观云花园客栈,可住可吃,电话:18087599987。
③和顺野云山房民居,在和顺古镇,条件尚好,电话:15770411569。

●餐饮

普通餐馆中的家常菜不贵,菜价一般在18—25元,大街上还有一些自选快餐摊,花10元钱出头可吃到3—4样菜,还算实惠。当地的特色风味美食有大救驾、大薄片、饵块饵丝、青辣子拌鸡、土火锅、南瓜炒腊肉、棕包炒肉、酸菜牛肉等。

● 火山公园

从腾冲旅游客运站乘火山公园专线车45分钟可到马站乡的火山公园大门,车费4元。亦可从腾冲包租微型车前去,车费60~70元。

¥ 景区门票35元含另外两处景区黑鱼河和柱状节理。登山观景2小时可游毕,进入景区后步行30分钟即可登上大空山,大空山顶东侧的观景亭台是最佳观景点。

● 热海

从腾冲旅游客运站乘热海专线车,票价3元,25分钟即到热海。

¥ 景区门票50元。电瓶车单程10元。美女池洗浴游泳票价258元。浴谷是豪华洗浴娱乐区,洗全套温泉浴票价258元。

景区最高处的沸泉"大滚锅"场面壮观,是绝佳观景、摄影点。这里还有餐厅提供特色美食。

浴谷和美女池是景区中休闲洗浴的中心。

🦌 主要景点

火山公园 神奇壮观

作为中国内地的四大火山群之首,腾冲境内火山分布的规模和密集程度堪称全国第一,这里有火山锥90余处,其中喷口形状保持相当完好的有22座,此外还有大量的火山湖、火山溶洞、岩溶台地等,所以腾冲一直被人称为"中国的火山地热博物馆"。

为了使广大游客更好地观览火山奇观,腾冲市的旅游管理部门在距县城23千米处的马站乡兴建了火山群国家公园,园内可供一般游人登山观景的有大空山、小空山、黑空山3座死火山,其中海拔2000余米的大空山是园内位置居中的最佳观景点。游人沿火山石砌成的登山道攀至山顶,既可以见到深50余米而直径达400米的巨大圆形火山口,亦可以居高环视整座公园的全貌——视野内可以清楚见到的远近不同、大小不等的火山有一二十座,而远方从西北一直绵延至正南方向的海拔4000余米的高黎贡山更是高耸入云,壮观迷人。

公园内还有一座火山博物馆,游客可在馆内详细观看了解世界各国各地区火山地热方面的概况,获取丰富的知识和学问。火山公园东南方向还有黑鱼河、柱状节理(一种火山熔岩冷却后形成的奇异岩石)等自然奇观,都是风景秀美而又造型奇特的绝佳观景点。

➡ 火山公园是标志性景点,一定要去仔细观览

热海风光 旖旎动人

腾冲是中国三大地热区之一,这里的地热资源异常丰富,全县共有沸泉、热泉、温泉及各类喷泉近90处,地热活动之强烈为国内罕见。目前,腾冲境内地热资源开发利用得最好的地方是距县城约10千米处的热海旅游度假区,这里四周为青山环抱,澡塘河从峡谷中蜿蜒流过,山间河畔有数十座热泉、温泉终日喷涌奔流,其中场面最壮观的是被称为"大滚锅"的沸泉。它的泉池直径约有5米,泉水分三股从地下冒出,水表温度达96℃,终日泉水鼎沸,热气冲

云南省 腾冲

▲ 乘船游览北海湿地　　　　▲ 水温达96℃的热海大滚锅沸泉

天。此外像泉底冒出数十串气泡宛如数十串珍珠项链的珍珠泉，两个圆形泉眼并排相连的"眼镜泉"等亦都形态各异，神奇迷人。因为热海中的泉水含有钙、镁、钾、钠等多种微量元素，对运动、神经、消化系统的20多种疾病有好处，所以人们在这里建立了数家温泉宾馆和疗养院，每家内部都有温泉澡堂和温泉泳池，客人不出房门（或院门）就能洗上有保健和强身功效的温泉浴，加之热海景区内的风光非常优美，到处都有芭蕉挺立、修竹耸翠，所以游人不论是休闲疗养还是前去游览观光，都会感到非常舒适开心。

☛ 热海景区内住宿费用很贵，但是服务项目多且质量好，可视情选择

叠水河瀑布　风姿独秀

　　叠水河瀑布在腾冲县城北缘（从县城中心步行前去约需15分钟，乘4路公交车也可到），瀑水高约35米，宽6米左右，"身材"很美且风姿独具。它既不像雁荡山的大龙湫那样"瘦高"，也不像黄果树瀑布那样"扁平"，而是"身材适中、体态浑圆"，看上去特别粗壮匀称。叠水河瀑布水量甚丰，枯水期时亦能汹涌奔流，丰水期时更是飞流直泻，声震山谷，加之它的位置紧靠县城，观赏它无须远程跋涉，翻山越岭，所以这里的飞瀑秀色一直吸引着来腾冲观光的八方游客。

☛ 看过了这条美丽的瀑布，有一种黄果树瀑布也不过如此的感觉

北海湿地　特色鲜明

　　北海湿地位于腾冲县城正东15千米处。所谓"湿地"，其实就是一种介于湖泊和沼泽之间的东西，它的地下有水，而水上又漂浮着陆地（是一大块一大块长着草的地皮），人用脚踩下去地皮可以浸入水中，脚离开后它又能自动浮出水面，这种特殊的地况全国并不多见，因而能引起游客非常浓厚的兴趣。

● **叠水河瀑布**

¥ 门票10元。

● **北海湿地**

从腾冲县城13路公交车向东行驶25分钟就到北海湿地。门票55元。乘船游览船费50元。景区中心湖面的烤鱼摊是美食和观景的绝佳地点。

● **另荐景点：李根源故居**

故居位于腾冲市区东缘的腾越河畔。李根源先生是当地著名爱国人士，曾于1917年任陕西省省长，1922年任北洋政府农商总长并代理国务总理，中华人民共和国成立后曾任全国政协委员，在当地有较大声望和知名度。故居于1998年对外开放，现在是腾冲重点文物保护单位。

¥ 门票10元。

61

●坝派巨泉

从腾冲县城乘客车先到荷花乡（票价8元，行车45分钟），再换当地机动车，票价2元，10分钟到糖厂路口，再步行20分钟即到。若从荷花乡打的去只需车费15~20元。
💰 门票20元。

●国殇墓园

墓园就在县城边，步行或乘4路公交即可到。
门票免收。详细参观需90分钟时间。此园和叠水河瀑布相邻，一定要两景一起参观。

●和顺古镇

从腾冲乘6路公交车，票价2元，20分钟就到古镇，打车从县城到和顺车费20元。
💰 门票通票55元（7天有效）。

●来凤山

就在腾冲县城中心偏西一点，是腾冲县城中的制高点之一，登上山顶可畅观腾冲县城全貌。
💰 门票免收。

●云峰山

从腾冲乘去固东的车可到。
💰 门票40元。

北海湿地分为北海沼泽地和青海天然湖两大部分，景区内山清水秀，百花争艳，随处可见水草飘摇，鱼跃鸟飞。游人既可乘上小船在密集的水网河道间左右穿梭游弋，亦可挽起裤腿在松软的草地上漫步，享受这时起伏特殊感受的美妙乐趣。湿地中央有渔民经营的烧烤摊，游客在这里沐田野清风，看四周山景，吃美味烤鱼，会感到无比开心惬意。

👉 到湿地游玩不要乱跑，陷在沼泽里拔不出腿的感觉让人"肝儿颤"

坝派巨泉　高原奇观

在腾冲西北方25公里处有一个傣族村寨坝派村，村边有一处奇景坝派巨泉，当地人管这里叫出水口。它的核心景区不过一二百米长、三四十米宽，但在这样小的范围内竟有数十处大小泉眼在汹涌喷流（最大的泉眼每秒钟能出水数立方米，水量之大足以形成一条江的源头），这样的奇观妙景在国内恐怕是独一份儿。来到坝派巨泉，游人会对以下三个词汇体会颇深：一是震耳欲聋，条条流泉飞瀑奔腾咆哮声震山谷；二是绿荫蔽日，泉水边生长着成百上千棵巨大的芭蕉树，高大浓密，郁郁葱葱；三是流连忘返，这样小的景区竟让不少游客逗留三四个小时后仍然不忍离去，足见其风光有多么美丽和集中。坝派巨泉是腾冲境内最生动奇特也最能给游人带来惊喜和愉悦的景点。

👉 这个景点虽然名不见经传但风光独特，笔者强力推荐

国殇墓园　肃穆庄严

腾冲不光有秀美的山水，还有众多的人文景观，其中颇具代表性的是国家级重点文物保护区——国殇墓园，它是专门为纪念在二战时期著名的滇西战役中牺牲的烈士而修建的陵园和纪念馆。

1942年5月，日本侵略军从缅甸攻入我国云南省，怒江以西的大片国土沦陷。两年后，为了收复失地，中国远征军发动了著名的滇西战役，战斗历时4个月，全歼腾冲及周边守敌共6000余人，而中国军队则付出了伤亡近2万人的高昂代价。庄严肃穆的国殇墓园中的大量文字、图片资料真实地记录了这段血与火交织的珍贵历史，游人可在园中缅怀先烈，获取不忘国耻、振兴中华的决心和力量。

👉 建议前去观览国殇墓园，肯定观后会有全新感受

和顺侨乡　佳景云集

腾冲地处边陲，自古以来一直是我国通往东南亚各国的重要通商口岸，自从明代开始当地就有许多居民出境到缅甸等国创立事业、寻求发展，距腾冲县城3千米的

和顺村就先后有1万余人去国外创业和定居，今天的和顺村只有居民5000余人，70%以上是侨属和侨眷。

和顺村山清水秀，清溪绕村，风光柔美，村中有众多造型精美别致的古桥、古亭、古庙、古民居，许多人文佳景也颇令世人关注和回味。像始建于1928年的全国最大的乡村图书馆至今还在免费为读者开放，当代著名哲学家艾思奇的故居也在接待着络绎不绝的八方游人，多姿多彩的自然风光和丰富的历史文化内涵使人观后收获颇丰，许多人来到和顺观览后都会留连忘返。

☛ 侨乡内有多家私人旅馆，条件好、设施新且收费低廉，住在这里细观侨乡风貌非常舒适开心

★其他景点

除上述景区外，腾冲还有来凤山、云峰山、银杏村（门票30元）、绮罗侨乡等景点值得一看。

另荐晚间娱乐项目

每晚在腾冲县梦幻腾冲剧场上演的《梦幻腾冲》大型歌舞表演非常值得一看。开演时间20:00，门票238元（有时可优惠）。

▲坝派巨泉中最大的喷水口

景区亮点闪击和旅途花絮

①位于火山公园中心的大空山上的最佳观景点在山顶东侧（游人从西坡登顶后应该向东走半圈），这里左有黑空山、右有小空山，正前方海拔4000余米的高黎贡山脉从西北一直绵延到正南，山姿巍峨，高耸入云，甚是壮观迷人。

②火山公园内的博物馆一定要看，观后您才知道火山喷发对人类来说利远大于弊，火山是人类的好友而不是凶恶的敌人，这一点真叫人耳目一新。

③白天的热海风光优美，夜晚的热海更是舒适迷人，许多游客来到这里在美女池和浴谷中洗温泉、游夜泳、吃烧烤，整个景区在朦胧灯影的映照下，在轻柔乐曲的环绕飘荡中，那场面和情调真叫浪漫和温馨。

④北海湿地远看不过是一片稻田，您千万别因此觉得失望而向后转，一定要走到湿地中央——蓝天白云、青山绿树、碧水金滩互相映衬的画面真美，而凉爽轻风的吹拂和烤鱼香气的"熏蒸"更会叫人乐不思归，流连忘返。

⑤和顺侨乡有太多的古老建筑和古老传说，亦有太深厚的历史和文化内涵，时间太短根本看不清、弄不懂，所以"摸不着头脑，理不出头绪"是大多数游客初来时的共同观感。

⑥从县城出发去坝派巨泉游览开始会有挺深的怀疑和困惑：乘车经过的乡村挺偏僻，下车后步行的小路亦有些灰土，而坝派村中也没有大型停车场和游乐设施，这样的地方能有什么好风景？但是不要急，不要慌，走到村南的陡峭岩壁上下去一看：哇，几十个泉眼一齐喷涌，那场面真能惊煞游人！

⑦坝派巨泉——真"牛"！笔者游览过全国所有省份，也算是见过世面的人，可是一看到坝派巨泉，立刻就震惊了：几十个泉眼一齐喷涌，连大地仿佛都受到了震颤而微微发抖！笔者甚至认为这里就是"南水北调"的最好的源头，这么清澈碧透且冲劲儿十足的泉水汇成的河流，它一定能跨越千山万水，流到祖国北方灌溉干涸的土地……见到了坝派巨泉后，笔者嘴里反复念叨的一句话就是：哇，这次腾冲真是没白来呀！

云南省

瑞丽

电话区号：0692　旅游投诉：4113941　八达旅行社：4146400

您听过那首美丽的云南民歌吗——"有一个美丽的地方，边疆人民在这里生长，密密的寨子紧连着瑞丽江水呀碧波荡漾，一只孔雀飞到了龙树上。"这首歌中描绘的"美丽的地方"就是地处祖国西南边陲"顶点"的云南瑞丽市。

瑞丽真是一个美丽的地方，这里冬无严寒，夏无酷暑，天蓝气爽，清风和畅。瑞丽有迷人的南亚热带风光，丰富的物产资源，多姿多彩的少数民族风情，被人誉为"孔雀之乡""动植物王国"和"民族歌舞之乡"，它是一块不可多得的热区宝地，也是一处神奇美丽、令人神往的旅游佳境。

瑞丽市及周边有许多佳景，它们主要分布在市区东、西两侧，此外，出境游（去缅甸）也曾是当地盛行的游览项目。

▲缅甸金佛寺大佛像

● 当地主要节日

最重要的是每年清明节后第七天傣族和德昂族的泼水节，每年农历正月十五景颇族的目瑙纵歌节。此外还有阿昌族的阿露窝罗节，傈僳族的阔时节（12月20日）和火把节（农历六月廿五）。

● 笔者关照提示

瑞丽的自然风光不错但旅游资源水平一般，观光热度和人气比版纳差得远。是否前去应视个人喜好而定，笔者不作专门推荐。

推荐游程

D1. 东线观光：游览瑞丽江、畹町桥、莫里森林公园、金塔、独树成林、傣王宫。

D2. 西线观光：参观一寨两国景区喊沙、屯洪等少数民族村寨，看大等喊奘寺、去南菇河淘宝场观光。冬季时还可参加串寨赶摆联欢。

D3. 去缅甸出境一日游：参观南坎市容、农贸市场、风情园、云峰寺、木姐市容、金鹿寺，享受丰盛晚宴和观看风情歌舞表演（详情请向当地旅行社咨询）。

气候与游季

瑞丽属南亚热带气候，常年气温较高，冬天最冷时穿毛背心加外套即可。这里花草四季常青，全年皆宜旅游，内地游客在9月至次年5月前来更佳（躲开夏天最热和多雨的时候）。

交　通

★航空

瑞丽目前无民用机场，游客可先从各大城市乘飞机到德宏芒市机场，抵达后乘机场专线大巴（车票30元），1小时即到瑞丽。

芒市机场问询：0692-2934712

★汽车

从昆明、大理至瑞丽的高速公路已修通，乘客运大巴前往很方便。如欲更快抵达，可从昆明或大理乘高铁列车先到保山，之后换公路大巴，3个小时即到瑞丽。

昆明西部客运站：0871-65326258　瑞丽客运总站：0692-4142869

住　宿

瑞丽满街都是宾馆、酒店，中、低档的双人标准间房价只需70—100元/间（这样的地方比比皆是）且条件尚好，星级宾馆的标准间议价后在100—240元/间。

汽车和航空

瑞丽客运电话：0692-4141423。

瑞丽民航售票电话：0692-4111111。

餐饮及特色食品

不论白天还是晚上，瑞丽满街都是烧烤摊和风味食品店，香蕉、芒果、菠萝、木瓜等热带水果制成的果汁、果冻更是品种繁多、琳琅满目。快餐店也比比皆是，一份肉炒青菜加一碗汤加上米饭20元钱左右即可拿下，米粉、饵丝6—10元一碗，还算便宜实惠。此外，城区街道上还断断续续分布着一些自选快餐摊，快餐13—15元可吃到一般水平。

另荐周边景点

①芒市最著名的景点是勐巴娜西珍奇园，该园由榕树园、桂花园、桫椤园、珍奇园、展览馆等多个部分组成。据说园中有四项全国之最：百年古树数量之多（500余株）、规格之大为全国之最；树化石、树化玉的数量和精品之多（1000余吨）、规模之大为全国之最，世界罕见；大型根雕数量之多、形状之奇、规格之大为全国之最；大（古）树移植数量之多（500余株）、成活率之高（96%）为全国之最。在园中游人可以看到千年桂花、千年黄杨、千年紫薇、亿年硅化木玉石等诸多珍奇物品，令人叹为观止。

珍奇园就在芒市市区。门票40元。

②芒市的树包塔也算得上一个奇迹。据傣文史料记载，清乾隆五十三年，即1788年，芒市第十七任土司放愈著为纪念一场战争的胜利而修建了此塔，后因天长日久，砖砌的塔身上出现了裂缝，裂缝中又渐渐积满了尘土，后来一粒榕树种子被风吹或鸟衔带到了塔缝中，得以生根发芽，于是古塔就渐渐被榕树包了起来，形成树包塔奇观。树包塔非常美观耐看，茂盛的菩提树像撑开的巨伞护住塔顶，粗壮的树冠像手臂一样伸向天空，塔树相偎的美妙形态给八方游客带来美好吉祥的观感。

树包塔也在芒市市区。门票暂时免收。

●当地旅行社

位于瑞丽市政府旁八达旅行社，能为游客提供各类旅游服务。电话：0692-4146400。

●东线游览

这条线路风光挺美，莫里森林景区比西双版纳的曼典山寨好，独树成林亦很迷人，值得一看。

去莫里公园可从瑞丽包车，费用约需80~100元。

莫里公园门票35元，金塔门票5元，独树成林门票15元。全线游览时间需4~6小时。

●西线游览

从瑞丽客运枢纽站乘客车可轻松地去西线游览。

从瑞丽乘1路车依次经过市中心区、喊沙、一寨两国、大等喊，游览3小时即可。

●一寨两国和喊沙傣寨

💰 门票39元。喊沙傣寨门票免收

●另荐景点傣王宫

位于瑞丽市区以东约6千米处，与缅甸隔河相望。王宫金碧辉煌，外观很美。值得认真观拍。

🔍 主要景点

东线旅游　风光秀丽

瑞丽城东约50千米的距离内分布着许多当地名景，像著名的瑞丽江碧波泱泱，终年流淌，两岸青山连绵，重峦叠嶂。莫里森林景区长满参天巨树，遍地奔涌溪流和泉水，沿着暗无天日的原始密林中的羊肠小路行进约1小时，还可见到深山古崖上汹涌奔流的巨型瀑布，热带风光旖旎优美。距城区只有10千米远的金塔虽然不算太高大，但金碧辉煌而又玲珑娟秀。最漂亮的景区要数芒令村的独树成林，这里数株巨大的参天古榕树树龄已有数百年，树冠面积超过500平方米且枝叶浓密，连景区围墙外的公路路面都被它遮挡得绿荫蔽日，这处奇景的庞大气派程度在祖国西南各省的同类景点中堪称第一！另外，东线的畹町口岸和畹町桥，特色鲜明，也值得一看。

👉 东线是瑞丽观光的主要线路，可作游览首选

西线景点　原始古朴

瑞丽的西线景点主要是一连串相隔不远的傣族村寨，寨中木楼秀立，修竹芭蕉林高耸，从早到晚都回荡着时强时弱、似有似无但旋律极为悠扬婉转的由葫芦丝奏响的傣族民歌。这里的大等喊奘寺建筑气派雄伟，是当地较大的佛教寺庙之一（电影《孔雀公主》曾在此拍摄），而喊沙、银井、冗井、屯洪等村落与缅甸村寨紧紧相邻——"中国的瓜秧爬到缅甸去结果，缅甸的母鸡跑到中国来生蛋"，这奇特的边境景观让游客颇感新奇和开心。

一国两寨景区位于中缅边境71号界碑旁，几乎与缅甸国土"无缝对接"。园中有金塔等特色建筑，以它们为背景拍照画面很美。里边的中缅一条街、民俗村也颇具异国风情。在这里看看歌舞表演感受当地特色，能留下独特的回忆。

👉 西线观光效果一般，但是喊沙傣寨和一寨两国景区值得一去

出境游览　舒适惬意（去缅甸）

瑞丽与缅甸只一条江水相隔，出境去缅甸游览易如反掌。过去当地最盛行的是缅甸两城（木姐、南坎）一日游，这里出境太方便，离开瑞丽少则15分钟多则半小时即可到达边境口岸，稍作检查即可进入缅甸国门且一天的活动安排特别舒适宽松。但出境游近年来未开放，何时恢复不得而知。

罗平·油菜花海

电话区号：0874　旅游投诉：8212524　火车问询：12306

　　以往内地游客去云南旅游，总是爱把目光和注意力对着滇南和滇西北的风光——西双版纳的傣家风情，梅里雪山的神秘风姿，丽江城中的纳西族古文化，大理苍山、洱海间的高原壮景，无数美景交织交融，给远道而来的八方游客留下了多少如诗如梦般的美妙记忆。然而，许多游客在畅游过云南大地后亦曾多次发出惋惜的疑问：为何滇东没有出色的美景呢？

　　其实滇东有美景，只是需要得到人们的发现、重视和开发。近年来，有一个美丽的地方颇似夜空中升起的新星，吸引了无数惊叹倾慕的目光，它就是滇东小城罗平。这里有奇山、有丽水、有漫山遍野一望无际的油菜花海，更有绚丽多姿的少数民族风情。

▲ 罗平油菜花海

气候与游季

　　罗平地处滇东高原，气候特别温暖宜人，一年四季皆宜游览。盛夏时节气温较高，但各个溪泉瀑布群水流甚猛，非常好看，严冬时节只穿毛衣即可，春季2月初至3月底油菜花盛开，花田壮丽如花海，为旅游观光最佳时节。

　　欲去罗平观光，最好是在春季油菜花盛开的时候，这时罗平的景色在云南省内绝对属于"甲A"的行列。

● 路途捷径

如果北方游客不想绕道云南其他地方而直接去罗平，最方便的是取道贵州，可先到贵阳，再从贵阳乘快巴7小时可到兴义，再换车2小时即到罗平。

🚌 交 通

可以从三个方向去罗平（目前罗平无机场也无高铁，只能乘普通火车、汽车前往）：

A. 从广西南宁乘火车向西行驶，车次不多，可能还要中转，每日有数班列车可选择，但笔者不推荐。

B. 从云南省会昆明去罗平，昆明每日有直快列车2趟，4—6个小时即到罗平，快车车票27.5—37.5元（昆明还有许多客运大巴开往罗平，发地点是东部客运站，快巴车费69元，行程4小时）。

C. 从贵阳、黄果树、兴义方向去罗平，从贵阳市长途客运站乘豪华快巴（每小时1班、途经黄果树），票价140—160元，4小时可到兴义市（每天还有1班火车，车程约8小时），再从兴义乘火车或汽车，2小时即可到罗平（车费29—32元）。

▌罗平火车问询电话：0874-12306 罗平汽车客运总站电话：0874-8212327

●重要提示

春季油菜花节期间在罗平县内住宿有点儿难（人多价格也上浮），这时可以采取白天在罗平玩而晚上去兴义住宿的方法（公路交通极方便，罗平到兴义乘车只需2小时），兴义的住宿方便又便宜，这样可能会多花一点车费和时间，但可以节省一些房费，也很划算。

●酒店住宿参考（区号0874）

①金花玉湖酒店，条件很好，标间258元起。
②融庭假日酒店，条件尚好，房价不贵，标间130元起。

🏨 住 宿

罗平县内各档宾馆饭店甚多，高档星级宾馆有政府宾馆、鑫源宾馆、多依河宾馆、鲁布革大酒店、金太阳酒店等十余家，双人标准间旅游旺季价格在160—280元/间，淡季可降至90—120元/间。中小旅馆不计其数，以城区街道两侧新建的私家小楼为主，房价60—100元不等。除春季油菜花节期间外，住宿绝无问题。此外鲁布革电厂内还有高档宾馆和普通招待所供选择。

🍴 餐 饮

县城内中小餐馆多，价钱便宜，米粉4—8元钱一碗，荷包鸡蛋2元一个，肉炒青菜（如肉炒菜花、肉炒白菜、肉炒青瓜等）价格在15—22元，一般的纯肉菜也在28—40元，人均40元钱吃饱一顿便餐绝无问题。

当地特色食品有陆良板鸭、曲靖韭菜花及"三黄""三白"等。

🐎 主要景点

油菜花海 香飘千里

罗平是全国最重要的油菜花生产基地，油菜花的种植面积多达30万亩，每年2—3月，油菜花竞相开放，罗平就成了一片花的海洋。油菜花的色彩十分艳丽，它不是橙黄、淡黄而是一种耀眼的鲜黄、嫩黄、金黄，30万亩黄花漫山遍野随着和煦的春风摇曳，宛如无边无际的大海泛着金色的波浪，难怪人们把罗平称为是金玉满堂之乡。每年春季，罗平人民都要举办规模盛大的油菜花节，节日期间罗平美景如织，游客如云，人们从全国各地来到这里，观罗平美景，看花海秀色，览绚丽的少数民族风情，会玩得特别快活开心。

👉 笔者认为油菜花盛开的时候罗平风光可排进全国"甲A"的行列

九龙瀑布 壮阔迷人

罗平是著名的瀑布之乡，全县共有大小瀑布数百处，其中最有代表性、最为波澜壮阔的是九龙瀑布群，它位于县城东北20千米处，由高低宽窄各不同的十级瀑布组成，其中最大的九龙瀑高56米、宽达110米，丰水期时瀑水呈扇面状咆哮而下，势如排山倒海，雷霆万钧。除此之外，像景区中的石龙漫游瀑、情人瀑、白絮瀑等亦都形态各异，特色鲜明，最为精彩的是九龙瀑布群的十级瀑布均相距不远，因此游客可在短短的2小时内饱览整个瀑布群的奇观妙景。

👉 丰水时期，九龙瀑布的美景不比黄果树差

多依河畔多美景

多依河景区位于罗平县城南约33千米处，9千米长的游览距离内遍布清溪、浅滩、瀑布、竹林和少数民族村寨。与九龙飞瀑的雄浑壮观相比，多依河显得特别柔美、宁静，河水一路低吟轻歌，蜿蜒而下，流淌得异常舒缓从容。这里的瀑布数量多但落差不大（最高的雷公滩瀑布落差不过8米），浅滩多，场面特别美丽动人。滩水清澈见底，河心多彩色钙化石，四周青竹茂密，游人乘一叶竹筏沿泛着碧浪银花的级级河滩顺流而下，倍感清幽寂静、惬意舒心。现在，多依河景区已在景区内依山傍河建造了近百架各类大型水车，中国最大、最新、最奇特的水车博览会已在多依河畔迎接游客。水车，这地球上最古老的汲水装置正把多依河风光装点得更加原始古朴、清纯诱人。

▲ 九龙瀑秀色（罗平）

● 油菜花香飘千里

早春2—3月，祖国北方还是乍暖还寒之际，而罗平境内早已是金浪滚滚、花香袭人，难怪有人说："欲观黄花美，只有到罗平"。从县城乘去板桥镇的中巴途中经过一个叫金鸡山的地方，是登高观赏并拍照油菜花海的好地方。在县城西北10千米处的螺丝田观花效果也很好。

● 九龙瀑布

从县城乘专线客车，票价15元，车程90分钟可到九龙瀑布景区。

💰 门票65元，接驳车费10元。瀑布群边有石级步行道，游人可拾级而上，1小时内可从第10级瀑布一直走到第1级。乘缆车单程30元。最佳摄影点在瀑布对面小山上，在这里可拍到壮观的瀑布群全景（人称"一目十瀑"）。

● 多依河

从县城乘专线车票价15元，包面包车需40元左右，45分钟即到多依河。

💰 门票45元。观光车另收费。最佳观景点在一目十滩和雷公滩。

多依河景区高低落差不大，但步行距离较远，从大门至主要景点需步行1小时，乘观光车观光更舒适。

景区门口有布依村寨，可吃住并览民族风情。

云南省

鲁布革风光 旖旎动人

在罗平,没有人不知道"鲁布革"的大名。"鲁布革"三字原为布依语,意为"山清水秀的布依族村寨"。20世纪80年代初,我国第一次通过国际招标而引资兴建的大型电站在这里破土动工,使这个偏僻小村名声大振。1991年电站全部竣工后不光成为祖国西南的重要电力基地,而且还为罗平"制造"出数处旅游佳景———是因电站大坝拦河蓄水而有了雄狮峡、滴灵峡、双象峡三段山间峡谷组成的小三峡,峡谷中水流清澈碧透,两岸多奇山怪石,游人乘船行驶其间很觉新鲜快活(船程往返约2.5小时);二是电站本身也是一处观光佳境,它建在大山的腹腔内,上下共有14层人工开凿的巨大洞穴,宛如一座巨大的地下迷宫,迷宫内布满各类大型水电设备——水轮机、发电机及变电输电系统,而装机达60万千瓦的中型电站在正常运转时只需一名值班人员用电脑监控,现代工业和科技发展的高超水平令人瞠目结舌。参观这个电厂可以从中了解世界工业和科技发展的最新成果,增长知识和学问。

▲ 多依河风光

👉 独家新闻:从鲁布革电厂前的水库乘船,可直达贵州兴义,船程4小时,风光好动人!

● 鲁布革风光

从县城乘专线车,票价17元,1小时即到鲁布革,电站参观门票免收,但有时不让进厂区,只能看外景。
电厂前即是万峰湖,可乘船行驶近百里,一直开到贵州境内的天生桥水电站。
除此之外,罗平还有三江口、十万大山等美景值得游人观赏,九龙瀑和多依河景区中每日的少数民族歌舞表演亦很动人。美丽的罗平正以其滇东山水新星的迷人风采,笑迎八方游客。

● 鲁布革小三峡

¥ 门票加船票130元。

● 导游和花情咨询

宝中旅行社,电话:15908841357。
虽说油菜花每年都在春季开,但因气候变化每年开花的日期有早有晚,当地油菜花节开幕的时间也常有变化浮动,去罗平前咨询很有益处。

推荐游程

在罗平旅游需要2—3天时间,游程可按下列安排:

D1. 去九龙瀑观光(途中可下车登上路边小山观赏油菜花海),观赏高低宽窄不同的十级瀑布,并在景区内看民族歌舞表演。

D2. 上午去多依河观河滩瀑布,看造型各异的大型水车,观一目十滩、雷公滩瀑布等景点,领略布依风情。下午去鲁布革看电厂雄姿(从多依河景区门口乘中巴票价2元,15分钟就到鲁布革),还可乘船去观光。

D3. 乘船游览由雄狮峡、滴灵峡、双象峡组成的小三峡。下午结束游览踏上回程。

如果时间紧张,也可在D2.的下午去小三峡观光,这样可省去一天时间。

★ 重要提示 ★

新奇发现——十万大山真奇丽

在从罗平乘车前往多依河的途中,您会在公路的左侧看到一片绵延数十里的奇异山峰,它们既不亭亭玉立,也不挺拔俏美,但山头众多,高度整齐统一,特别玲珑秀美,当地人称这处山景为十万大山。

十万大山的山头都呈圆柱或圆锥形(特像北京北海公园仿膳饭庄中制作的慈禧太后小窝头),高度一般只有100—200米,但山体特别密集。在公路边一个叫塘梨凹村边的小山顶上遥望山区远景,在左右近2千米的距离内,竟有高度齐整的山头近300个,山头与山头的距离太紧简直就是紧紧依偎在一起。笔者觉得若是有个手掌大一些的人用力向下一拍,没准就能拍平它五六个(塘梨凹还有个玻璃栈桥,也是绝佳观光点,门票20元)。这处怪异的山景绝就绝在它跟其他几乎所有的山岳风景区都不一样,所以在罗平游览的时候您一定要注意它,十万大山真奇丽!

景区亮点闪击及精彩回放

①对于罗平享有的"全国最著名的油菜花之乡"的光荣称号,一开始有许多地方的人还不服气呢——"我们这里也有不少油菜花田,究竟能比你们差多少呢?"可是后来他们来到罗平一看,立马就被震撼了:30万亩油菜花海随着春风荡漾,座座山峰就像漂在金色海浪上的座座孤岛,这样的场面除了罗平还有第二个吗?

②知道罗平的油菜花有多少朵吗?每亩至少有100万朵,30万亩就是3000亿朵,把它们采摘下来全世界每人都能分到35朵呢!

③九龙瀑布虽然名不见经传,但其中宽110米、落差56米的最大一级,丰水期的气势并不比黄果树瀑布差,尤其是这里有个叫一目十瀑的地方,在此可以通览十级瀑水层层下跌的壮观景色,其场面没准比黄果树瀑布还要略胜一筹呢!

④多依河中多浅滩,河水淌过每处浅滩时都要泛起成千上万的白色水珠和泡沫,像珍珠闪光、像梨花绽放,晶莹清澈,好看极了。

⑤多依河上最壮观的就是有名的雷公滩瀑布,它的水帘左右特别匀称且水流粗细也特别均匀,使人联想起国庆阅兵式上迈着有力步伐向前移动的仪仗兵方阵——铁流滚滚,威武雄壮。

⑥鲁布革电站的地下机房共有上下14层,巨型引水涵道亦长达20千米,钻进电站一看,任何人都会大为惊诧:在外面怎么也想不到,外表平淡荒凉、其貌不扬的大山的肚子里竟然藏着这么一座大型迷宫呢!

⑦鲁布革电站的中心控制室只有一个值班员监守,电站入口处亦只有一两名保安坐在岗亭中看护,除此之外设备昂贵的电站机房中没有一名安保人员,任游人随意走动参观,但设备从未遭到过乱动和破坏,其社会稳定及治安状况之好令人惊叹。

▲ 油菜花梯田

71

自助游中国 ▶ 西南地区

云南省

文山·普者黑·坝美

电话区号：0876 旅行社：2152047

文山壮族苗族自治州位于云南省的东南部，南与越南接壤，东与广西交界，有"滇东大门"之称。全州地势西北高而东南低，境内有诸多山峰峡谷和清澈河湖，其中位于丘北县的普者黑景区奇峰耸立、水明如镜，风光非常美丽奇异；而地处广南县境内的坝美村，亦因其相对封闭的位置环境和原始古朴的生存状态从而享有"当代世外桃源"的美名并受到外界的广泛关注。

▲ 普者黑风光秀色

☛ 笔者觉得坝美村景色一般但普者黑风光绝美，因为有普者黑，所以不去文山很遗憾

● 当地主要节日

壮族陇端节（4月初，青年男女对歌）、苗族花山节（正月初三，苗族最盛大节日，男女对歌、倒爬杆、斗牛、赛马）、瑶族盘王节（农历十月十六，祭祀完盘王后进行娱乐）。

● 昆明客运东站

电话：0871-3829710

气候与游季

文山属亚热带高原季风气候，年平均气温15.5℃—19.3℃，有冬暖夏凉的特性，常年皆宜旅游。每年5月前后普者黑景区内荷花盛开，风光最美，最适合观光、摄影，其他季节游览亦会得到美好感受。

☛ 普者黑机场已通航，有航班同昆明对飞。

交通

文山距省会昆明338公里，昆明市东部客运站每日有各类客车大巴发往文山（快巴车票125元），此外开远、个旧及广西南宁、玉林、百色，贵州兴义等周边省、市均有客车发往文山。

去普者黑旅游可从昆明直接乘铁路动车到达，车程1.5—2小时，车费75元起，昆明站和昆明南站都有动车出发。再去邱北县城和普者黑景区（县城和景区相距12千米）。

☞ 文山客运总站：0876-2140015　文山城南客运站：0876-2122343

主要景点

普者黑

位于文山壮族苗族自治州丘北县城西北12千米处，语意为"鱼虾多的湖潭"，由诸多湖泊、山峰、溶洞、瀑布构成，共分为五大景区、56个景点，面积达165平方千米。景区内无数奇峰与碧湖相连相偎，且水中有峰、峰中有洞、洞中有河，景色奇异而独特。每到盛夏时节，湖中大片荷花盛开，红花绿叶相衬，风光优美如画。现在，湖区已开辟了长达10余千米的水上旅游线，游客乘小舟出发，沿途可观赏到300余座奇峰、5000亩荷花湖、80余处溶洞，游历非常丰富新鲜而开心。

☞ 普者黑风光绝美且四季皆可畅游，笔者给予强力推荐

世外桃源——坝美村

为文山壮族苗族自治州广南县境内的一个小山村。四周全被山峰包围，只通过一两个幽深山洞同外界相通。山洞中还有小河，外人进入须乘船穿过山洞才可到达村中。坝美青山环绕、碧溪穿村，有无数茅屋农舍、古老水车、油菜花田，碧水青山与黄色野花相映，风光古朴原始、奇异迷人，恰似陶渊明笔下的世外桃源。这里的村民过着自给自足的农家生活，自己养猪养鸡、种谷种菜，酿制米酒，纺线织布，过得悠然自得、其乐融融。到坝美村一游，可以看到清新柔美的风光，领略当地

▲ 坝美村一角

● **普者黑**
邱北县城有公交车直达普者黑，车票3元。
景区门票免收，船费170元。环线观光车92元，不限乘坐次数。车、船联票230元，含月亮洞、仙人洞、火把洞、观音洞观光。
游普者黑一定要乘游船并打水仗，光在岸上观景没劲。

● **仙人洞**
普者黑还有一个叫仙人洞的小村庄，村中可览少数民族风情，还可戏水游泳，详细地点要向当地人打听。

● **坝美村**
去坝美村可从昆明直接乘铁路动车到广南县，车程1.5—2小时，车费109元起。亦可游过普者黑景区后从丘北乘车沿砚山一线去广南。广南县城距坝美村约37千米，需再乘3路公交车走50分钟，下车后再步行和乘船钻过山洞才能到达。游览后可食宿在村民家。
¥ 门票180元。
含桃源洞、猴爬岩、桃花谷、汤那洞4个景点。乘观光车和3次船费也含在其中。
在村民家可住宿，标间120元左右。

● **风味小吃**
有温淘米线、油炸粑、椒盐饼、扭糍粑等。另外，当地人自酿的壮酒亦颇有名气。特色菜则首推气锅鸡。

●麻栗坡老山

昆明到麻栗坡老山客车一般要走小半天，文山南站至麻栗坡中巴车随时发，2小时左右可到。老山山巅有纪念碑、纪念馆、瞭望台、战壕、界碑等可供游人参观。参观者要出示身份证件。

●广南峰岩洞

可先从昆明或文山乘客车到广南县城，再换车到南屏镇，然后步行到峰岩洞。

村中可投宿，亦可品尝当地村民烹调的农家饭菜和野味。

由于交通小有不便，峰岩洞目前尚未完全开发开放，外地游客来广南后大多去坝美观光，去峰岩洞的人较少。

人和睦友善的邻里亲情，品尝腊肉、土鸡、熏肠和米酒、酸菜，看当地人表演《采茶舞》《迎宾舞》，得到世间难寻的新奇见闻感受。

☞ 坝美村没有壮观美景，却有着独特的田园风光。可以一游

住宿

普者黑景区内有3家度假村和多家乡民旅馆可供住宿，另外住在丘北县城内亦很方便。普者黑度假村位于风景区内，位置好房价适中。在景区的普者黑和仙人洞两个自然村内有大量民宿旅馆，游客可任选。

周边景点

★麻栗坡老山

位于昆明东南约400千米处的中越边境处，由老山、南温河、大王岩、下金厂、新寨五大景区40余处景点组成。目前游人常去的有老山主峰、老山烈士陵园、曼棍洞（将军洞）、交趾城战场遗址和天保边窗口岸等观光点，边陲风光特色鲜明，令游客耳目一新。麻栗坡距昆明400千米，昆明各大汽车客运站均有班车前往。老山门票免收。

☞ 欲去老山主峰观光可从麻栗坡到天保口岸，再包机动车上山

★广南峰岩洞

位于广南县东南方40多千米的南屏镇，全村60余户村民全都居住在面积近1平方千米的峰岩溶洞内，迄今已有数百年历史。由于洞内无风吹雨淋之忧，所以全村住房均无房顶且高低错落、排列有致，特色极为鲜明生动。这里牛马有圈、鸡猪有窝，人畜各得其所，虽然已有卫星电视天线等现代通信设施，但村民仍保持原始生活习俗且悠然自得，因此被誉为"现代中国第一奇村"。

¥ 峰岩洞门票免收

推荐游程

三日游

D1. 从昆明出发去丘北游普者黑，2—3小时可到景区大门。乘船加陆上观光需5—6小时，在湖边的青龙山上还可环视普者黑全貌。夜宿普者黑景区或丘北县城。

D2. 从丘北普者黑车站乘动车去广南1小时即到。抵达后再换车至坝美村（50分钟可到）在坝美观光游乐，住宿村民家。

D3. 在世外桃源坝美村畅游。也可以去广南县游峰岩洞，或是去天保口岸和老山，亦可踏上归程返回昆明。

旅游锦囊

为您介绍文山旅游的攻略之一

如何在普者黑玩得快乐开心

①普者黑山美、水美,山水风光结合得也非常和谐完美,另外景区内的自然环境也保护得非常好,非常值得一去。

②丘北县城内有3路客车专线直达普者黑(发车地点在县客运站),车费3元,1小时就到。如果从县城内打车去,车费要40元。

③普者黑景区内有3家大型宾馆度假村,分别是普者黑度假村、普者黑宾馆和银湖大酒店。笔者推荐的住宿首选是普者黑度假村,住宿条件较好(大致相当于二星级)而房价不贵,双标间一般季节100—160元/间,淡季还可议价。

④普者黑景区不收门票,任何人都可免费进入,但乘船游览观光收费170元/人,就算只有1个人购票,景区也会为您派一条船,游览服务非常热情规范。

⑤景区内的游船是手划船,湖上单程行驶时间约2小时(穿过好几个湖区),最后在青龙山脚下上岸。上岸后可选择的游览方式有登青龙山和参观火把洞、月亮洞、观音洞以及在山下观看和参与当地少数民族歌舞表演。笔者认为上岸后一定要登上青龙山顶,在山的正面和反面各可以看到一个个精彩画面(都是当地书刊画册上展示的最经典的镜头)。如果不登青龙山观景,那普者黑之行的美感要缩水至少40%。之后乘观光车或步行返回。

⑥普者黑景区内还有普者黑村、仙人洞村等湖边村寨,里边有不少民居旅馆,可吃可住。住宿双人间(有独卫、电视)房价仅需70—120元,旅馆餐厅中可品尝到各类湖鲜。其中普者黑荷韵湖岸度假酒店条件尚可,房价不贵。

为您介绍文山旅游的攻略之二

如何在世外桃源——坝美村玩得高兴开心

①去坝美村先要到广南县城,从昆明、从文山、从丘北都可乘客车去广南(昆明到广南还有铁路动车),如果是在丘北游过了普者黑景区后再乘客车去广南,一般需在砚山县转车。另外前不久普者黑至坝美间新修了一条公路,通车时间指日可待。

②广南县城有3路公交车直达坝美村,车程50分钟,车费8元。抵达景区入口购票后再乘观光车(车费含在门票中)或步行约30分钟即到桃源洞口,在此乘船穿越该洞(时间15分钟)即可到达坝美村。

③坝美村风水甚佳,四周是青山,村前是平原(全部开垦为菜地和稻田),平原上一条小河蜿蜒流过——清溪碧澈、绿浪翻卷就是坝美村前平原景色的真实写照。

④坝美村有数家民居旅馆接待客人,条件尚可的有大榕树之家等,可住可吃。农家饭菜主要有炒腊肉、炖土鸡等,目前饭菜价格已经有所上涨,一般肉菜28—48元。

⑤在坝美村观光主要是看田园风光和村民的生活状态,二者都很清新、自然、柔美,如果能在村中住一晚,体验山村之夜的凉爽、宁静、温馨,感觉亦甚佳。

⑥坝美村里边又开通了一个山洞,所以游客可以这个洞进,那个洞出,游览观光不走回头路。

▲ 普者黑山水秀色

云南省

75

自助游中国 ▶ 西南地区

云南省

石屏

☎ 电话区号：0873　金桥国旅石屏分社：13708630861

　　石屏县位于云南省南部红河哈尼族彝族自治州境内，距昆明240公里，东临建水，南接红河，全县总面积3087平方千米。石屏县风光优美、气候宜人，境内古迹众多，民族风情绚丽多姿。

　　石屏是云南省内有名的歌舞之乡，聚居在石屏北部山区的花腰彝族素以能歌善舞著称，其特有的舞龙技艺更是绝妙高超而特色鲜明，其中石屏县哨冲乡的女子舞龙队曾在中华舞龙大赛中荣获过金奖。石屏县还盛产杨梅，每年5月举办的杨梅节都能吸引大量观光客人。以绚丽山水风光和特色民族风情著称的石屏正以其崭新的风姿神韵喜迎八方游客。

气候与游季

　　石屏气候温暖，常年可以游览观光，每年的5月份杨梅节期间是游览高峰期，其余时间前去也能获得很好的观光效果。

☛ 电影《花腰新娘》是在石屏拍的，超级精彩！它是一粒"开心果"，观后让人非常欢欣快活。您一定要看一看

▲ 美丽的石屏县城

旅游锦囊

游客如何去石屏观光游乐

　　去石屏县旅游可从昆明南部客运站乘直达大巴，行车3小时可到石屏县城，车费90元。县城内食宿并不贵，100—120元的宾馆标间随处可寻，如石屏善诚酒店。您可关注格林东方酒店，条件很好的双标间打折后最低150元左右。在石屏县城内吃一顿普通的快餐要12—16元钱。

　　当地主要观光项目有游览古城、异龙湖、焕文公园、拖龙黑水库等景点，其中拖龙黑水库是电影《花腰新娘》的拍摄外景地，风光挺美。特色旅游观光项目有品尝当地特产杨梅，在县城或去哨冲乡观看舞龙表演等。现在，石屏县城内可做舞龙和花腰彝族歌舞表演的有好几支演出队，观看表演要预约。也可直接到石屏北部山区的慕善村寨去看原汁原味的舞龙表演（门票一般2000元1场，含一顿餐费，石屏客运站有客车去慕善村）。

红河·元阳梯田

电话区号：0873　梯田酒店：5621588　燕子洞景区：7821298

　　红河哈尼族彝族自治州位于滇南，因红河在其境内川流不息而得名，是云南境内风光甚美、自然山水和人文佳景密集荟萃之地。州内的建水燕子洞、朱家花园、泸西阿庐古洞等景点在云南省内占有举足轻重的地位，元阳梯田的神奇瑰丽可以与著名的广西龙脊梯田相媲美。近年来，对云南其他老景均已熟知的游客开始越来越多地到红河境内寻新猎奇，红河已成为云南境内颇为引人注目的新兴游览胜地之一。

▲ 元阳梯田美景

☛ 如果欲看冬季梯田美景，那还是去云南元阳吧

气候与游季

　　红河的大部分地区属于亚热带高原季风气候，年平均气温15℃—22.6℃，从北往南气温逐步升高，空气也越来越湿润，所以游览时最好带上两季的衣服。夏天的元阳梯田没有冬春时节好看，这一点游客一定要清楚和明白。

　　元阳地区气温相差很大，以去元阳梯田观光为例，山下的元阳新县城（南沙）其热无比，四月份气温可达33℃以上，笔者认为国内除了海南就数这里热了，可山上的元阳老县城（新街）比南沙气候至少低10℃，凉爽无比，很奇怪。

● 重点提示

①元阳梯田的冬景远比广西龙脊梯田强，每年11月至次年4月这里的梯田都是灌水期，波光潋滟，风光绝佳，适合观光和拍照。

②逐一提示元阳梯田的较佳摄影点太费劲，也难免挂一漏万。建议您看一下《马理文摄影作品选》，里边对在当地摄影的所有有关事项几乎都有明确提示，指导性极强，非常实用。

云南省

●推荐乘车方式

可从昆明先乘动车到建水，每天有数班车，车费51元起，2个小时即到。在建水观光后换汽车去元阳看梯田。这样省时、省力、省钱。

●元阳梯田

可从元阳老县城内的客运站前乘车去各个梯田景区。这里的机动车很多，很多车主专爱拉游客和摄影家，包车一天需280—350元，司机还可兼做导游，介绍观景和摄影较好的地点。

多依树梯田景区、坝达梯田、老虎嘴梯田景区联票共70元（两日有效）。

●建水燕子洞

可从昆明乘车到建水，高铁列车每天有多班，然后到客运站乘专线车1小时可到燕子洞，车费12元。

景区门票55元，含导游费、游船费、歌舞表演等。

●建水古城

入城不收门票，文庙门票30元。朱家花园门票33元。

●泸西阿庐古洞

昆明市内有客车和旅游专线车直达景区，亦可先从昆明到石林游览，然后再从石林到阿庐古洞（两者相距仅80千米）。

🚌 门票120元，含旅游索道费和游船费。

●当地奇异风情

哈播哈尼族长街宴，一般在每年岁末，镇上所有住户都把饭桌摆到街上，形成一条饭桌的长龙，男女老幼坐在一起猛吃猛喝，晚上还要欢歌劲舞，甚为红火热闹。

🚌 交 通

昆明至元阳路程约326千米，在昆明客运南站乘快巴，6—7小时到元阳。发车时间为上午10:20、下午12:20、19:00，车费139元。昆明客运南站电话：0871-7361683。

昆明至个旧：每天有多班客车，发车地点在南昆明东部客运站，快巴101元，车程4.5小时。

个旧至元阳：每天有多班客班车，共10余个班次，车程1小时。

昆明至建水：客车票价78元，火车车费51元起。

建水至元阳：大约每1小时一班车，票价30元，车程2.5小时。

📞 昆明客运东站电话：0871-3829710　个旧客运站电话：0873-2222091

🚶 主要景点

元阳梯田（最佳景观）

虽然名气不比广西桂林龙胜县的龙脊梯田大，但景色之美却有过之而无不及（元阳境内梯田的面积已达17万亩之多）。这里的各式梯田有的整齐层叠，灌满水后犹如层层的金色天梯；有的层次相间，田形各异，既像奔腾的群马，又似舞动的游龙，确实千姿百态、瑰丽无比。尤为令人称道的是元阳梯田常年灌满了水，因而四季清波荡漾、珠光闪烁，游人不论何时均可来此观览拍照，这一点颇令八方游客快活欢欣。

👉 元阳梯田景色壮阔，与广西龙胜梯田有异曲同工之妙

建水燕子洞

在建水古城以东约30千米处，幽深绮丽，洞内多钟乳怪石和暗河清溪。每年夏秋之间，千万只燕子进入洞内生儿育女，繁殖后代，燕鸣之声，响彻山谷，场面颇为壮观迷人。现在每年8月，景区都要举办红火热闹的"燕窝节"，八方游客会聚在此，共观洞内美景并欣赏当地人攀岩贴壁、采摘燕窝的绝技。

👉 进洞参观时建议乘船而不要全程步行，否则太累

建水古城

始建于唐代，是国务院确定的历史文化名城之一。如今仍保存有文庙、朱家花园、双龙桥、燃灯寺、东林寺、玉皇阁等楼阁寺庙50余处，诸多古迹虽历尽沧桑但仍闪烁着我国古代文化艺术的光辉。

👉 古城中观光点不少，其中朝阳楼、文庙、朱家花园是一定要游览的

泸西阿庐古洞

位于泸西县城2.5公里处,是一个规模甚为宏大的溶洞群,全景区由阿庐古洞、歹鲁瀑布、板桥河水库3部分组成。其中主洞体内有泸源洞、玉柱洞、碧玉洞和玉笋河"三洞一河",全长达3000余米,遍布的奇异钟乳石和清澈见底的洞中暗河构成了古莲倒挂、飞龙戏瀑、擎天玉柱、阿细跳月等无数情趣盎然的佳景。游客时而步行时而乘船在洞中穿行游乐,如入人间仙境。

☛ 阿庐古洞洞室很大,去观光一次总是应该的

当地餐饮

饭菜价格已上涨不少,平均每人35—40元才可在小饭馆中吃到一菜一汤和米饭,米粉2元钱管饱。当地的特色食品主要有酸汤鸡、酸汤鱼、腊肉、腊鱼及各类山野菜、农家菜等。

●推荐住宿

①云梯顺捷酒店,在老县城,条件好而房价适中,笔者强力推荐。
②远山田舍民宿,在多依树景区附近,条件尚可房价不贵。

▲ 元阳新街风光

发烧友特别关照

①从昆明到元阳观梯田很方便,昆明有客车直达元阳,也可走以下两条线路,一是昆明—建水—元阳,二是昆明个旧—元阳,来回时各走一条线路可览不同沿途风光。

②元阳的老县城称为新街,新县城称为南沙,中间有约1小时的车程,各类载客机动车很多,车费25—30元。新县城住宿条件更佳,而从老城出发乘车观光游览更方便。

③在元阳拍照梯田美景可乘当地交通客车,亦可包车,包辆微型车四处观光非常灵活开心,但应注意一定要找一个对景区风光熟知且脾气好的司机,另外自己应买一张导游图,这样心中更有数。

④过去在元阳颇有名气的一些旅馆、餐馆现在变化很大,有些小型的餐馆关了门,在网上出现频率很高的某个旅馆设施条件和服务水平均与传说中相差很远,所以请大家注意别受旧信息误导。

旅游锦囊

四日游

D1. 从昆明乘车至建水,中午到达。下午游建水古城、文庙、朱家花园等。

D2. 上午游建水燕子洞,中午乘车去元阳,夜宿元阳老城。

D3. 元阳观光,拍摄梯田美景,较佳观景摄影点有多依树、坝达、老虎嘴等。

D4. 上午依旧在元阳游览,下午乘车返昆明。

此游程亦可适当更改,可以先从昆明乘车经个旧到元阳,游程最后再游建水,之后返昆明。

最佳摄影时间、地点

拍摄元阳梯田最佳月份是11月至次年4月,尤其是2月中旬至3月初,这段时间,是当地名副其实的旅游旺季,梯田灌满了水,层层梯田,水波荡漾,拍摄效果好。

摄影者常去的地方有:多依树,拍朝霞的绝佳之地;坝达和老虎嘴,拍夕阳最合适;龙树坝,离县城最近的大片梯田区,拍夕阳很好;猛品,俯拍梯田最佳之地,以黄昏时最好。其他还有很多,如黄茅岭、黄草岭等等。圩曰坝是拍摄民族风情的最佳地点。

元阳梯田观光示意图

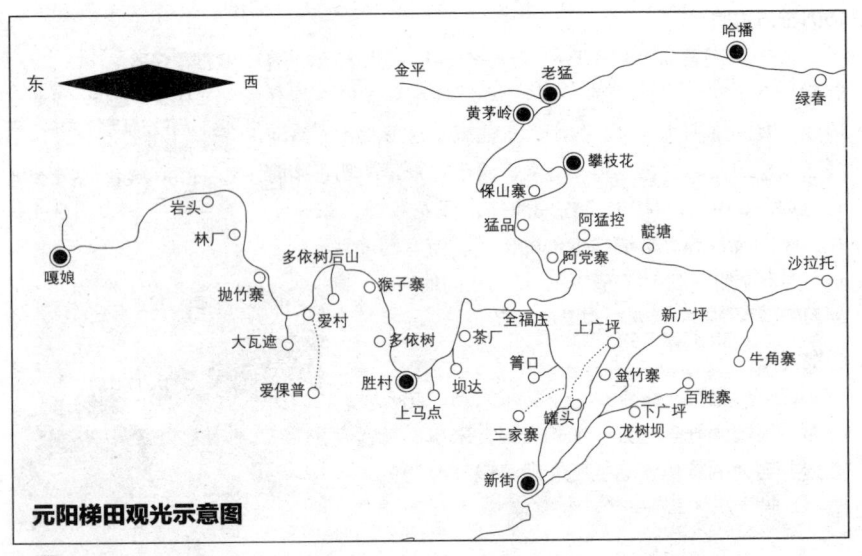

为您提供元阳梯田观光的最新攻略

①从昆明去元阳乘车方便，旺季昆明客运南站有客车直到元阳老县城（新街），下车后即可安排游览。淡季时昆明有客车直达元阳新县城（南沙），再转车去新街即可观拍梯田美景，另外中转前去的两条路中笔者建议走昆明一个旧一元阳，这条路路况好，而走昆明一建水一元阳，中途要翻数座大山（有客车行驶其间），还有一些土路，行车稍显不便。

②元阳老县城南沙的天气很热，大家要有心理准备。

③新县城南沙到老县城新街有微型车运营，车费每人25—30元，1小时可到。

④论住宿，新县城比老县城方便得多，这里旅店宾馆多而新，房价也比老县城便宜。新县城中的王子智慧酒店，标间平日百元出头，旺季上浮一些，条件不错。

⑤在老县城中笔者看好的宾馆是位置绝好条件更好的云梯顺捷酒店，设施不错的双标间一般季节100—130元/间（旺季上浮），性价比还行。

⑥论餐饮，元阳新老县城中的价格都不便宜，一个肉炒青菜也要25元甚至更贵，米饭2元管饱。在众多的餐馆中笔者筛选出一个个体餐馆福哥小吃店，老板姓王，里边的快餐15—20元/份（是肉炒青菜加不限量的米饭），相比较而言还算实惠。此店就在梯云顺捷酒店前街面的左侧。另外在老县城的小巷子里边，还有一些价格相对便宜的小餐馆。

⑦元阳有梯田的地方很多，初次前去的人可能对各处梯田的地名和特色摸不太清而头脑"发晕"——其实当地的观光原则非常简单：目前游人必观的梯田景点是多依树和老虎嘴，一般游客去这两处就算基本上"够本"了。如果时间充足再加上一个坝达梯田就非常圆满了。要掌握这样的原则：多依树梯田日出时好看，一定要早上去；老虎嘴梯田日落时好看，一定要下午去；坝达梯田也是下午好看。

⑧在老县城去攀枝花和老勐的车都路过老虎嘴梯田，车费15元，车程40分钟，在路边可看到梯田但角度不好；下到山谷中的观景台要步行20分钟。在老县城客运站处有机动车去多依树，人均车费15—20元。观景台就在公路边。从县城去多依树的途中经过坝达梯田。从县城去多依树和老虎嘴的所有车都经过箐口梯田。

⑨在元阳观梯田是很轻松省力的事，早上去多依树，返程中看坝达，中午回县城睡个小觉，下午再去老虎嘴，一天之内可轻松拿下当地三大主要梯田景观。还有一个箐口梯田，位置紧挨着县城，规模比不上多依树、老虎嘴和坝达梯田，游人可以适当关注。

▲ 元阳箐口梯田壮景

另外，位于多依树的憬悦云图酒店元阳1号店，虽房价不菲但条件不错，视野也好。元阳老虎嘴客栈在老虎嘴景区内，条件很一般，但房价极便宜。这两个民宿可作为住宿备选。

发烧友特别关照

专家点评：去云南元阳和广西龙胜观赏梯田美景的效果差异

①云南元阳的梯田和广西龙胜的梯田风光都很美，但是两地的梯田景色及观光效果还是有所不同。

②笔者个人认为云南元阳的梯田壮阔（面积大、层数多）而广西龙胜的梯田风景精美，在观光效果上各有千秋。

③对大多数省份的游客来说，去广西龙胜要比去云南元阳方便得多，可以节省旅途时间和不少旅费。

④就出行一次所得到的综合收获而言，笔者个人认为广西龙胜要优于云南元阳。龙胜不光有梯田风光，还有出色的山水风光（紧邻桂林这个观光亮点），还有绚丽多姿的少数民族风情。可是元阳除去梯田外，山水风光稍显一般（山高山大但相比较而言不太精致美丽），当地的民风民俗旅游开发得也不如广西境内好。

综上所述，笔者个人认为内地各省市的游客第一次远程出行去观梯田（指以观赏梯田为出游主要目标）那应该去广西龙胜。若是时间、经费充足而又愿意去边陲探奇览胜的朋友去云南元阳也是较好选择。个人看法，仅供您参考。

▲ 多依树梯田佳景

贵州省
GUIZHOUSHENG

黄金旅游线路

① 贵阳—红枫湖—龙宫—黄果树
② 贵阳—黄果树—兴义
③ 贵阳—镇远—施秉—梵净山
④ 贵阳—都匀—荔波樟江
⑤ 贵阳—遵义—赤水

贵州的山水风光非常瑰丽——其喀斯特地貌的神奇美丽堪称全国之最；贵州的少数民族风情非常浓郁——省内的17个世居少数民族有1000多万人，每年当中光是各个民族的节日就有1000多个，真是三里不同风，五里不同俗，大节三六九，小节天天有，外地人到那里，一定会被绚烂多彩的民族风情感染！所以到贵州一游，得到精彩圆满、幸福开心的感觉是绝对没有问题的。

①笔者的感受和评价是：贵阳市区风光平淡，所以在那里停留一天（最多两天）也就够了。

②黄果树瀑布很精彩，近年来各地不断发现新的瀑布——有的比黄果树瀑布高、有的比黄果树瀑布宽，可是有几个美观程度能超过黄果树瀑布呢？所以第一次入黔的人，不看黄果树瀑布非常不应该。

③龙宫的溶洞风光真够味，观后令人感到新奇不已。红枫湖边盖了太多的房子，已几乎领略不到自然风光的神韵，但湖边民族村寨中的民俗风情表演很动人。上述两景恰在贵阳和黄果树瀑布之间，与黄果树瀑布连在一起玩必然是锦上添花。

④兴义风光更精彩：马岭河奔腾咆哮，万峰林万山叠翠，万峰湖开阔壮美，笔者认为那里就是贵州境内最美丽动人的景区。

⑤荔波樟江是黔南地区近年来开发的新景，奇山密林遍布，江河溪泉成群，风光如诗似画。但要注意，水是那里风光的灵魂，丰水期（4—10月）前去风光绝好，枯水期前去效果欠佳。

⑥赤水风光真是绝了——有河溪300余条、瀑布上千处，更有神奇瑰丽的丹霞奇景和全球罕见的桫椤原生林区，前去一游定会喜出望外。

⑦梵净山、潕阳河、镇远古城、杉木河，这些黔东景区相距不远且个性独具，把它们连在一起一次游遍应算物有所值。

⑧黔东南苗族侗族自治州山水秀丽，又有郎德、西江、三宝、芭沙、小黄、肇兴等少数民族村寨，民族风情多彩多姿，值得一去。

▲ 小黄侗寨中的侗族大歌演唱非常精彩，足以震撼人心

发烧友特别关照

如何在贵州省内选择旅游观光线路

贵州省内山青水绿、佳景云集。以省会贵阳为中心，四面八方都有好风景，给各方游客以极为充足且多样化的选择。那么游客来贵州之前，应该如何确定自己的观光线路和游程安排呢？笔者在此向各位作一些简单推荐介绍。

①首次入黔的游客，建议您游览贵阳、安顺（黄果树、龙宫）和兴义（马岭河、万峰林、万峰湖等）一线。这条线堪称贵州省内最具诱人魅力的黄金旅游线——交通顺畅、美景众多，甚具观光价值，笔者给予强力推荐（游览途中可以加上两处景点，分别是清镇的红枫湖和紫云格凸河）。

②同样是首次入黔的游客，也可以选择黔东南一线。观光亮点主要是凯里、西江苗寨、朗德苗寨及榕江、从江、黎平县的各个景点（主要是芭沙、三宝、小黄、高增、肇兴等少数民族村寨）。这条线的特点是山水风光柔美、民族风情绚丽，游后亦会留下深刻记忆。

③黔南州的景点（主要是荔波樟江的大小七孔、水春河）单独形不成气候，笔者不建议把它单独作为一条线路来观光，倒是建议您把它和黔东南的景点一起玩。

④二次入黔的朋友可以关注梵净山、镇远一线（镇远距凯里也不太远，也可在游黔东南时顺路游镇远）。这样有山有水（镇远有潕阳河、杉木河），也算是一种上佳搭配。

⑤二次或三次入黔的人可选择遵义、赤水一线，这条线风光尚可，但综合观光效果比不上上述几条线，但是可以作为一种候补观光方式，让游人多一种选择吧！

⑥如果能把贵阳、安顺、兴义一线和黔东南一线连在一起玩，那观光效果肯定精彩绝伦，游览时间至少要 6—8 天。建议您试试看！

▲ 黔东南少数民族村寨中的鼓楼和风雨桥

自助游中国 西南地区

贵阳

贵州省

📞 电话区号：0851　机场问询：5498114

贵州省的省会，因位于贵山之南而得名。地处云贵高原东部，既是全省政治、经济、文化中心，也是交通中心和旅游集散地。贵阳市区的景点风光稍显平淡，但周边地带喀斯特地形特色鲜明且千奇百怪，地上遍布奇峰翠谷，地下穿绕着诸多幽深岩洞，形成了个性鲜明的高原奇景。所以游客来到贵阳，观光的重点并不是这座省会城市的本身，东去梵净山、镇远古城、㵲阳河，南下荔波樟江、大小七孔，西奔黄果树、龙宫、马岭河，北上遵义、赤水，才能真正领略到贵州山水的神奇魅力。

🌡 气候与游季

贵阳气候温和，夏无酷暑、冬无严寒，最热的7月平均气温为24℃，最冷的1月平均气温为4.6℃，空气不干燥、四季无风沙，常年皆宜游览，但以春夏秋三季最佳。需要切记的是这里的阴雨天气偏多（有"天无三日晴"之说），游人应注意携带必要雨具。

▲ 贵阳城市新姿——贵阳的城市建设真是突飞猛进，市中心南明河—甲秀楼一带已是新楼迭起、华美气派且风光如画，这里的城市新姿比北京、广州丝毫也不差，令人观后颇感新奇振奋

🚌 交通

航空

✈ 贵阳机场问询：0851-5498114

贵阳机场叫龙洞堡国际机场，距市区约9千米，有航班飞往北京、上海、广州、杭州、成都、南宁、青岛、三亚、汕头、沈阳、深圳、温州、武汉、厦门、西安等全国各大中城市。遵义路民航售票处有往返机场的班车，票价10—15元。

🚕 出租车：市区内3千米起价10元，夜间升为12元

● 城市通宵公交车

🚌 有1路车和2路车，昼夜往返于火车站和黔灵公园之间，途经主要街区。

● 住宿参考

悦亨酒店蟠桃宫店，在南明区水口寺街道，离甲秀楼不远。条件尚好，标间平日150元左右，旺季上浮。

铁路

贵阳有5个火车站，其中主要担任客运任务的是贵阳站（这是当地最古老、最传统的火车站）、贵阳北站和东站。其中北站和东站是近年来新建的车站，主要承担高铁列车的进出和流转功能。贵阳与北京、广州、成都、重庆、昆明、上海、杭州、湛江、柳州等各大中城市都有直通列车，交通非常便利。

🚉 贵阳火车站问询电话：0851-8181222　铁路票务电话：0851-96006

公路

贵阳是贵州公路运输的中心,市内有东站(距机场不远)和金阳(在金阳南路)两大长途客运站通过湘黔、黔桂、滇黔、川黔4条国道和贵黄、贵遵、贵毕、贵新4条高等级公路及其他公路,线路上行驶的各类客车把贵阳及省内省外的各市县紧密相连。其中贵阳至安顺约15分钟一班客车,至遵义约30分钟一班客车,至兴义、凯里、铜仁、毕节、茅台、织金每日也有客车多班,交通非常便利。

金阳客运站电话:0851-6505803 客运东站电话:0851-5859089

住 宿

其中三星级的有华城大酒店、黄果树大酒店、华联酒店、神奇星岛酒店、山林大酒店等;至于普通宾馆、旅馆和招待所,在贵州街头上有许多,花费90—120元就能住上条件较好的标准间了。

主要景点

☛ 黔灵公园是贵阳市区传统的常规景点,游览3个小时足够

黔灵公园

在贵阳市西北角,是全市最大的综合性公园,山光水色都美,内有黔灵山、黔灵湖、弘福寺、望筑亭等景点,其中望筑亭位于山顶,在亭上可环眺贵阳城全景,乘缆车登山另需购票。

¥ 黔灵公园门票免收

花溪公园

贵阳城南17千米处的大型风景区,由花溪河、青岩古镇、高坡和黔陶乡三大部分组成,其中花溪公园是主体和中心。景区山水齐备,人文景观丰富,风光水平在贵阳市属上乘,百步长桥是当地标志性的景观。

青岩古镇

位于贵阳花溪区南郊,距市内约29千米。始建于明洪武年间,至今已有600余年历史。3平方千米的范围内,建有1宫、1院、5阁、8庙、9寺和30余座庙宇祠堂,建筑工艺精湛细腻,令人观后叫绝,且古镇上还有多处古民居保存甚好,颇具古老幽远原始之迷人风韵。

¥ 青岩古镇大门门票10元,老人有优惠

● 黔灵公园

🚌 1、2、70路公交车和地铁1号线均可到。

● 花溪公园

🚌 26路公交车可到。

¥ 门票免收

● 推荐特色餐馆

①青岩古镇美食多,最有名的就是卤猪蹄了。它肥而不腻、香咸适口,富含胶原蛋白,是滋补和养生佳品,望君品尝,保您满意。

②醉苗乡苗菜风情酒楼。在飞山路73号凯发大厦,主营酸汤鱼和各式贵州菜。酒楼内部装潢不错,挺有民族特色。晚间用餐食客进店时还会受到迎宾芦笙的欢迎,席间还有民族歌舞表演。人均消费150元左右。

● 推荐特色风味小吃

著名小吃街合群路上的烤鱼味美,一定要吃。另外丝娃娃、肠旺面、毕节臭豆腐也一定要品尝。

贵州省

● 青岩古镇

从贵阳市区乘203、210路可直达古镇，车票3—5元。

● 购物

特色商品有茅台酒、贵州醇酒、贵州大曲、贵州蜡染、刺绣、原木艺术品等。主要商业街有中华路、延安路及市西商业街等。

● 餐饮美食

风味菜肴有酸汤鱼、花江狗肉等，最著名的美食街是合群路、蔡家街、陕西路，它们均在市区中心喷水池附近，另外黔灵西路、新华路上的各类餐馆也不少。餐饮摊店一般19:00之后营业，凌晨4:00—5:00才关门，生意异常红火。

● 观《多彩贵州风》演出

这是一台大型歌舞演出，展示贵州秀丽风光和绚丽民族风情，观后令人耳目一新。演出地点在南明区新华路贵阳大剧院，演出时间19:30，票价198元。

▲ 花溪名景百步长桥——在这个桥上走一遭感觉真好

天河潭

贵阳西南郊23千米处集溪、泉、瀑、潭和奇石怪洞于一身的风景区，中心景点是一个长达1000余米的喀斯特溶洞——由水洞和旱洞两部分组成，洞内有阴潭、暗河和诸多钟乳奇石。游客或乘船或步行潜入洞内，感觉神奇美妙，与名景龙宫异曲同工。

🚌 从贵阳市区乘38、211路公交车可到。💰 门票10元，通票含溶洞、游船、观光车费共80元

甲秀楼

贵阳城南南明河鳌头矶上的一座高约20米的塔形木楼，有三层三檐，造型华丽秀美，是贵阳市的标志性建筑。甲秀楼周边的城市风光非常美丽壮阔，白天和晚上均有观光价值。

🚌 乘轨道交通1号线和9、18、48、52路公交车均可到。💰 门票免收

推荐游程

二日游

D1. 花溪公园、青岩古镇。晚间在合群路品尝风味美食，之后可去陕西路休闲。

D2. 甲秀楼、天河潭。晚上在大十字商业街休闲购物。

之后有时间应重点关注周边其他重要景点，如黄果树瀑布、龙宫、兴义、荔波樟江、梵净山、潕阳河、赤水等，它们都比贵阳市风光更美、更动人。

发烧友特别关照

贵阳虽然是贵州省省会，但它的市区风光比较一般，所以在市区不必久留和仔细游览（在贵阳逗留1—2天即可），重要的景点在周边。从贵阳去黄果树瀑布只有2.5小时车程；去龙宫亦只需2.5小时；去红枫湖1小时；去兴义马岭河谷需6—7小时车程全程柏油路；去织金洞车行7—8小时；去杉木河车程6小时；去镇远—潕阳河车程需6小时；去荔波樟江（大小七孔）车程5小时。这些周边景点才是贵州山水的精华，本书后面都有详细介绍，敬请参照。

南江大峡谷

总长达数十千米的大型山水景区，喀斯特地貌形态万千、瀑布群景色多姿。峡谷内可进行观光、探险、科教多种游乐，尤以峡谷漂流最令游客开心。

另荐景点

★百里杜鹃（国家5A级旅游景区）

位于贵州省西北部、毕节市中部。素有"地球彩带、世界花园"之美誉。杜鹃品种占世界5个亚属中的4个，花色多样，最为难得的是一树不同花，即一棵树上开出不同颜色的花朵，最多的达7种之多。百里杜鹃被誉为"世界上最大的天然花园"。

● **南江大峡谷**

市区金阳客运站有客车直达。门票旺季88元、漂流168—188元（含门票）。

● **百里杜鹃**

门票120元，观光车费45元，含普底、金坡两大景区。

青岩古镇示意图

旅游锦囊

如何在贵阳抓住观光要点并玩得顺利开心

①笔者认为贵阳市区的风景名胜的美观程度和观光价值比贵阳周边的景区有明显差距，但这并不应该影响我们认真规划在贵阳市区的游程。

②笔者认为黔灵公园风光一般，可去可不去，如果去的话在里边逗留2—3小时足够。而甲秀楼、花溪、天河潭、青岩古镇这4处景点绝对应该至少去一次。

③甲秀楼本身值得一看，而楼边的风光更是壮阔迷人——南明河在这里拐了一个大弯，河面很宽且线条非常蜿蜒流畅，河两边尽是新建的外观很美丽的摩天大楼，古老景观与都市新姿在这里完美交融，让人看了很动心（至少全国大多数大中城市的市中心没有这么好看而开阔的风光），所以甲秀楼应该作为贵阳市区中心的观光首选（这里夜景也很动人，灯花璀璨，一定要去认真观拍）。

④花溪也不错，虽然很显人工化但园中浩荡山溪穿园而过，让人看了很舒服，尤其是到了园中名景百步长桥一带，不会有人说风光不美。

⑤青岩古镇内有青岩书院、朝阳寺、文昌阁等古迹名胜，去那里观光一次不嫌多，镇中美食品种多，尤其是卤猪蹄好吃，很馋人。之后再有时间可关注南江大峡谷、香纸沟等景区。

自助游中国 ▶ 西南地区

黄果树（国家5A级旅游景区）

贵州省

电话区号：0851　　风景区电话：4008009988　　景区夜游咨询：71189666

黄果树大瀑布位于贵州省安顺市以西140千米处的镇宁县境内，瀑水高67米、宽83.3米，奔腾而下，势如排山倒海且常年不息，瀑水后面的水帘洞长136米，是世界上最长的水帘洞之一，瀑下的犀牛潭清波回荡且水映蓝天白云，活泼生动而又秀丽无比。

▲ 黄果树瀑布壮景

黄果树是我国开发开放得最早的国家级重点风景名胜之一，论级别名气早已是声震全国，名扬海外，来此游览观光的客人业已不计其数。近年来景区通过拓展和景观整合，给这里带来了许多新变化、新气象，使得游客的观光内容变得更丰富，能让大家玩得更快乐更开心。

一是黄果树已与风光绮丽的天星景区连为一体：位于黄果树瀑布下游6千米处的天星景区由水上盆景、天星湖、天星洞、水上石林等部分组成，集飞瀑流泉、清澈湖泊、怪异山石、幽深岩洞和奇花异树多景于一身，其喀斯特地貌的神奇美丽程度比黄果树瀑布景区还要略胜一筹，尤其是天星景区中的主景银链坠潭瀑布，其水流的均匀优美程度在贵州省乃至全国堪称第一。

● 交通

去黄果树游览可乘飞机或火车抵贵阳或是安顺（黄果树机场就在安顺），再换汽车抵达。贵阳市内去黄果树的直达车和过路车均很多，最快捷的方式是从金阳客运站乘直达车，票价55元，车程约90分钟。从安顺后在汽车东站乘当地客车，车费20元途经镇宁不出1小时即到黄果树。在当地滴滴拼车亦很方便。另外安顺火车西站有客车直达黄果树景区，车程约45分钟，车费22元。

二是开发开放了黄果树周边瀑布群：黄果树瀑布可不是独立存在，它周边数千米的范围内，分布着大大小小共十余处飞瀑，各处瀑布都风姿秀美、神采各异。现在，当地旅游部门已开发出陡坡塘和螺蛳滩瀑布供游人观赏，如今游人到了那里，看到的可不只是黄果树瀑布一处老景哟！

三是黄果树没有冬天：其他的瀑布景区都是丰水期的风光美，但到了冬季枯水期时风景水平就会大打折扣。而黄果树瀑布即使是在冬天最冷的1月，仍能欢快地流淌，景区内外也是一片青绿，迎面吹过的也是清新凉爽但绝不寒冷的微风，用北方人的标准来衡量，黄果树根本没有冬天。所以即使是在严冬时节抵达，黄果树这华夏山水名胜中的大家闺秀，仍能带给人温馨舒适的美感和享受。

88

贵州省 黄果树

观光总体指导

进入黄果树必须乘景区观光车行进。依次经过陡坡塘瀑布、天星桥景区,最后到黄果树瀑布景区。其中陡坡塘可简单观览,停留半小时左右。天星桥景区内要步行观光(一路下坡),时间足够了。切记,一定要在下午抵达黄果树瀑布,只有这时拍照是侧光或顺光,上午到肯定是逆光,拍不出好的效果。

餐饮

酸汤鱼、花江狗肉、黄果树腊肉、狗肉火锅等贵州特色美食几乎在景区周边每家餐馆都有,味道正宗的当然要数黄果树柏联的餐厅,这里就餐环境好,烹调水平高,当然价钱也很贵。若想吃普通当地美食菜肴或快餐便饭可到景区大门售票处旁的度假区商业街上的中小餐馆,人均60元可吃饱吃好。这里晚上还有不少烧烤摊,品种很多,任您挑选。

▲ 螺蛳滩瀑布秀色

● 黄果树景区门票价格

黄果树瀑布、天星桥景区、陡坡塘瀑布三个景点门票联票160元。淡季150元,老人、儿童、军人有优惠。观光电梯50元,单程30元。观光车费50元。

● 住宿

黄果树景区内最舒服气派的住处是柏联酒店和黔首居酒店,距大瀑布只有5分钟距离,位置好、环境美但房价稍贵。
景区大门外则有各类宾馆酒店数百家,游人有充足选择余地。笔者推荐合源大酒店,它就在景区观光车站旁,交通极便利,房价不贵性价比好。

● 观光指导

游毕黄果树一定要去兴义,获取锦上添花般美感没问题。

推荐游程

在黄果树游览一天或两天都可以,一日游按陡坡塘瀑布、天星景区、黄果树大瀑布顺序行进游玩,即能取得满意效果。两天比较舒服宽松,二日游可于第一天畅游黄果树大瀑布及水帘洞等景点。晚间在度假区内休闲娱乐,次日游陡坡塘和天星桥,之后即可经安顺、贵阳返家或是乘车去兴义进行马岭河谷漂流。

★ 重点关照 ★

①别只把目光对着黄果树瀑布,6千米外的天星桥景区比黄果树风光还要更绮丽多姿——喀斯特地貌千奇百怪,水上盆景、水上石林和银链坠潭瀑布尤其优美,要重点关注。

②游天星景区千万别到高老庄后就止步向后转,一定要继续向前走游完全程,好景在后面。返程应坐缆车否则太累。

③黄果树景区还可夜游,开放时间19:30—22:30,门票200元/人。您可一试。

龙宫（国家5A级旅游景区）

电话区号：0851　　龙宫景区：4006288889

安顺龙宫是国家级重点风景名胜区，它位于贵州安顺市西南27千米处，是贵州境内久负盛名的山水风光"绝景"之一，也是贵阳—黄果树黄金旅游线上的耀眼"明星"。龙宫风景区由中心景区、旋塘景区、龙腾堡、群芳谷景区、虎穴洞、观音洞、油菜湖景区和仙人箐景区几大部分组成，目前游客主要观览的是前几处景观。

☛ 推荐贵州省内最佳黄金旅游线：贵阳、红枫湖、龙宫、黄果树、兴义马岭河、万峰林、万峰湖

▲ 乘船观赏龙宫奇景

中心景区

中心景区的主景是一个巨大的山间水洞——龙宫天池，池水深近30米，总面积近1万平方米，洞内奇石遍布，千姿百态，游客乘一叶轻舟进洞遨游，倍感新奇惊讶，惊心动魄。乘船进洞游览分为一进龙宫、二进龙宫两段，游客可走单程也可往返游览，单程乘船约需35分钟。

旋塘景区

旋塘景区的主景是一个1万平方米的圆形大水塘，因水塘一侧有河水注入，塘底又有暗河泻流，所以塘水总是沿顺时针方向旋转，永无休止，宛若一个巨大的天然漩涡。景区内东侧的通泉河水清如镜，两侧的观音洞内长满奇形怪状的石钟乳，山区塘畔有许多竹林、小溪和原始农舍，风光古朴而俏丽。

¥ 龙宫中心景区、旋塘景区、虎穴洞、群芳谷、观音洞通票150元
🚌 贵州金阳客运站：0851-6505805　　☺ 龙宫景区风光好，赞

🚌 交　通

可先从贵阳乘车到安顺，从安顺客运东站或汽车南站去龙宫非常方便，乘各类客运车、旅游车均可，车费10—15元，45分钟即到龙宫。旅游旺季贵阳市区也有专线车和一日游专车直抵龙宫。

● 游览季节

龙宫地处黔西南，气候湿润，全年皆可游览，夏日天气虽炎热，但山间、洞内皆凉爽，严冬时节洞内温暖如春，仍可乘船畅游。

● 从黄果树去龙宫

也可从黄果树方向去龙宫，两景区间有专线车直达，车程1小时，车费30元。也可以先乘黄果树去安顺的车到龙宫道口，这里距龙宫还有10千米，乘过路客车半小时可到，打"摩的"车费要15—20元。

周边景区

★云山屯堡村寨

云山屯堡村寨是600余年前屯田戍守安顺的江南军队后裔建造的奇异村落。该村依山而建,建筑外表略显粗犷但内部装饰非常精美且每一座建筑的碉楼及院墙上都设有射击孔等防御守卫措施,与福建土楼、广东碉楼群有异曲同工之妙。

☞ 从安顺汽车西站乘车可直达,车费7元。门票70元

▲ 梭筛风景区湖光山色

★花江大峡谷

地处安顺以西80千米处的关岭县境内,长约80千米,险峻雄奇、瀑布四挂,有"地球裂缝"之称,乘船观览沿途山光水色,令人非常快活开心。花江峡谷近年来引起外界广泛关注,建议游客前去畅观美景(先从贵阳或安顺乘车到关岭花江镇客运站,再换车前往,包车车程约40分钟,车费50—70元。景区门票30元)。

☞ 花江峡谷景区内没有宾馆酒店,但是花江镇上住宿很方便

★梭筛

在安顺以西30千米处的普定县境内,中心景区是夜郎湖,湖长42千米,有岛屿、半岛、湖湾上百个,水色山光旖旎动人。

从安顺市乘客车或包车或自驾可轻松抵达上述各个景区,从安顺客运南站乘去织金的车路过梭筛景区,也可先到普定,再转车前往。

●周边佳景

龙宫正好处在黄果树和红枫湖之间,它们相依相连,形成了贵州境内最古老也是最传统的黄金旅游线,初次入黔的游客可将此线列为观光线路首选。也可舍去红枫湖而加兴义马岭河观光漂流,这样更有新意。

●花江峡谷美景多

乘船游览花江峡谷,如果走全程可以见到亚洲最高公路桥——北盘江大桥的风姿倩影,非常震撼人心。门票加全程船票138元,水上陆上观光需3个小时。

游览指导

①游龙宫时应按常规线路行进:先看九子广场—龙门飞瀑,之后乘船一进龙宫(游览距离800米,船行约20分钟)和二进龙宫(游览距离400米,船行约15分钟);之后上岸步行,依次观览龙腾堡、观音洞、漩塘景区;然后可乘观光车或乘船返回景区入口处(车程约5分钟,船程约40分钟)。

在龙宫只游上述景区需要3—4小时。如节假日游人多时等船等车耗时较长,此时观光需要大半天时间。如果再去其他景区则需一整天才行。龙宫中心景区大门内外有多家宾馆、饭店,游客来此短游、长住均可。

②去古屯堡村寨建议在博物馆站下车,先参观并听讲解后再看另外两个景点云山屯和本寨,然后从本寨乘车返回。这样观光顺畅返回也方便。

红枫湖

电话区号：0851　管理处：2152005　红枫湖景区：2522669

红枫湖风景名胜区位于贵州省贵阳市以西33千米处的清镇市（紧靠贵阳至黄果树的高速公路），景区总面积200平方千米，湖水面积57.2平方千米，是贵州境内最大的湖泊之一。红枫湖集山、水、林、洞诸景于一身，湖面烟波浩渺，湖湾曲折幽深，岸边多秀丽山峦，有山峡绝壁、石林幽谷、盆景山亭、湖岛夕阳等诸多景点。

▲ 红枫湖秀色

红枫湖畔分布着苗、侗、布依等许多少数民族村落，民风民俗、民族文化多姿多彩。湖滨依山傍水兴建了数个大型民俗村，村中每天锣鼓喧天、芦笙阵阵，身着鲜艳民族服装的各族青年从早到晚都为游客表演杂技、斗鸡、斗马和各类民族歌舞，地道的农家饭菜和杯杯香甜美酒更是令游客欢乐陶醉。红枫湖上有各类游船数十艘，湖滨宾馆饭店数十家，能为游客提供食、宿、游、娱多方面综合服务，去红枫湖观景、览民族风情会玩得舒服开心。

● 游览指导

景区门票40元，船票根据线路不同35—50元不等。游客做一日游或半日游均可。旺季晚间的土风狂欢篝火晚会挺红火，有特色，值得参与。

交通

从贵阳市乘西行客车30—50分钟即可到清镇市（直达车很多且去安顺、关岭和黄果树的客车都途经清镇），下车后坐3、6路公交车车费2元可到景区。从清镇打车到湖区，车费只需10余元。湖区设施相对集中紧凑，宾馆、餐馆、码头都挨在一起（大门入口处），游览食宿均方便（湖区内民族村寨也可住宿）。

发烧友特别关照

①红枫湖区本来挺辽阔，风光亦挺壮丽，可是近年来湖滨盖了一些宾馆、度假村，有点影响原始风光。另外，近来景区人气不太旺，民族歌舞有时停演，游人应有心理准备。

②乘船游湖时的费用已涨至35—50元/人，但由于在岸边看不全湖上的风光，所以船费还是应该花的，湖上观光点主要有龟岛、蛇岛、侗寨、苗寨等。

③也可以在从贵阳去黄果树的行车途中看红枫湖的景色（主要湖区在公路北边）。虽然是稍纵即逝，但可基本看清湖区风貌。

另荐黔北地区其他景点

遵义会议会址

位于遵义市红花岗区红旗路的一幢漂亮的二层楼房，1935年1月，党中央率红一方面军在长征途中到达遵义后，在这里举行了著名的遵义会议，该会议被视为中国革命历史上的转折点。这幢楼房亦因此受到各界广泛的长久关注。现在会址中的会议室、办公室恢复了原来风貌。是黔北重要的红色旅游景观（遵义的红色旅游景点还有红军街、红军山烈士陵园等，均可免费参观）。

☞ 会址在遵义市内，有多路公交车可到，步行前去也行。

茅台镇

位于赤水河边的茅台镇是"国酒"茅台的诞生地，著名的茅台酒厂就在这里。镇旁的国酒门城楼和茅台酒"瓶楼"显示了酒乡风情的独特韵味，酒文化城中则展示了国酒酿造的发展史。购买和品尝各种档次不同的茅台酒（有真品亦有仿制品）亦能给游人带来全新经历和记忆。镇上的红军吊桥和四渡赤水纪念园是著名人文景观，眺望酒厂全景亦能给人带来全新观感。

☞ 从遵义忠庄汽车站乘客车，1小时可到仁怀，抵达后换车20分钟就到茅台镇。

周边景点

★织金洞

织金洞位于贵州省织金县境内，面积约为307万平方米，为国家级风景名胜区，全景区分为织金古城、织金洞、织河峡谷、洪家渡四大部分。

织金洞是该景区的精华所在，该洞深近12千米，游人观光距离约3千米。洞内空间开阔，岩质复杂，拥有40多种岩态堆集形态，几乎包括了世界溶洞中主要的形态类别，因此被誉为"岩溶博物馆"，有"黄山归来不看山，织金归来不看洞"之说。

织金洞观光指导

织金洞距贵阳156千米，距安顺145千米，贵阳金阳客运站每天有多班客车前往织金县，车程不超过两小时。安顺到织金的客车每日至少5—6班。到织金后从客运站门口乘10路公交，车费4元，片刻即到织金洞景区。织金洞门票140元含保险和观光车费。

★威宁草海

贵州高原上的天然淡水湖，在海拔2200米的威宁县城旁，湖区花草茂盛，鸟类云集，风光优美，景色宜人。游人不论在岸边观景还是乘船游湖，都能充分感受到"高原明珠"迷人的美丽宁静。浪漫草海景区门票50元，西海码头景区免收门票。湖上观光船费依不同观光线路和距离收取。

▲ 织金洞洞内风光

乘火车到六盘水市再换去威宁方向的长途客车即可到草海景区（也可从贵阳乘客车到威宁）。湖滨有草海宾馆等宾馆度假村可供食宿。各式游船随时可以载客游湖。

自助游中国 西南地区

紫云格凸河

电话区号：0851　　景区：35899008

格凸河景区位于贵州省西南部的紫云县境内，距贵阳市161千米，距安顺76千米。"格凸"一词是苗语中"圣地"的意思。格凸河是以喀斯特地貌为主的大型山水风景名胜，这里遍布奇异山峰和幽深峡谷，山间原始森林密布，地下溶洞暗河四通八达，景观特色鲜明，风光美丽而奇异。目前对外开放的主要是大穿洞、小穿洞、大河和妖岩四大景区，而大穿洞、小穿洞则是其中的核心和精华。

▲ 格凸河上

● 紫云风光值得关注

紫云格凸河是贵州山水风光中的新星，值得关注，笔者推荐。

▲ 格凸河燕子洞佳景

气候与游季

格凸河地处贵阳西南，气候相对温暖，全年皆宜旅游，但因格凸河水水位会随季节变化，所以每年春、夏、秋季雨量充沛时观光效果更好，尤以夏秋时节风景最佳。

安顺至紫云，每20—30分钟1班客车。交通很方便

交　通

格凸河景区主要的对外交通方式是公路，其中贵阳和安顺是进入景区的主要方向和路径。贵阳和安顺每天有多班客运大巴与紫云对开，其中贵阳客运东站到紫云车程约1.5小时，车费70元（私家车100元左右），安顺到紫云车程1—1.5小时，车费35元。

住宿

紫云县城内不同档次的宾馆酒店多家，如墨云酒店、丽柏酒店、维也纳酒店等条件都不错，平日标间在200元以上。而皇朝大酒店、润澜酒店、城市便捷酒店房价便宜许多，平日标间房价在百元左右。

在格凸河景区的门口，有一家民宿旅馆可住宿，平日是标间100元左右。还有一家农家菜餐馆可提供普通饭食。

餐饮

当地特色菜肴有羊场狗汤锅、布依滚豆鸡、紫云米粉、油炸粑、坝羊豆腐干等。以上菜肴在紫云各家宾馆及格凸山庄及县城和景区内的其他餐馆均可吃到。普通家常菜如鱼香肉丝、回锅肉等在中小餐馆的价格约为22—30元，肉炒青菜22—28元，素炒青菜10—15元，米粉3—6元/碗。

👉 紫云的餐饮比贵阳安顺便宜些，大家开心品尝当地风味美食即可。

主要景点

大穿洞景区

由深山峡谷中的格凸河水道和大穿洞（燕子洞）、通天洞、穿上洞、盲谷及落水洞几大景点组成。其中格凸河水色清绿、风光柔美；而大穿洞是高116米、宽约25米的巨大拱门形岩洞、洞壁陡峭而洞底河水幽深，风光壮美而诱人。穿上洞则在大穿洞的上方，是在巨型山峰岩壁上天然

● **推荐住宿**

紫云时光铂悦酒店，双标间160—200元/间，条件较好，交通便利，笔者推荐。

● **大穿洞景区**

从紫云县城客运中心乘微型车半小时可到，车费22元。
景区各项收费：
门票：150元/人。包含景区内船票全程、观光电梯、蜘蛛人攀岩表演费和电瓶车费。以上收费不含小穿洞景区游览收费。

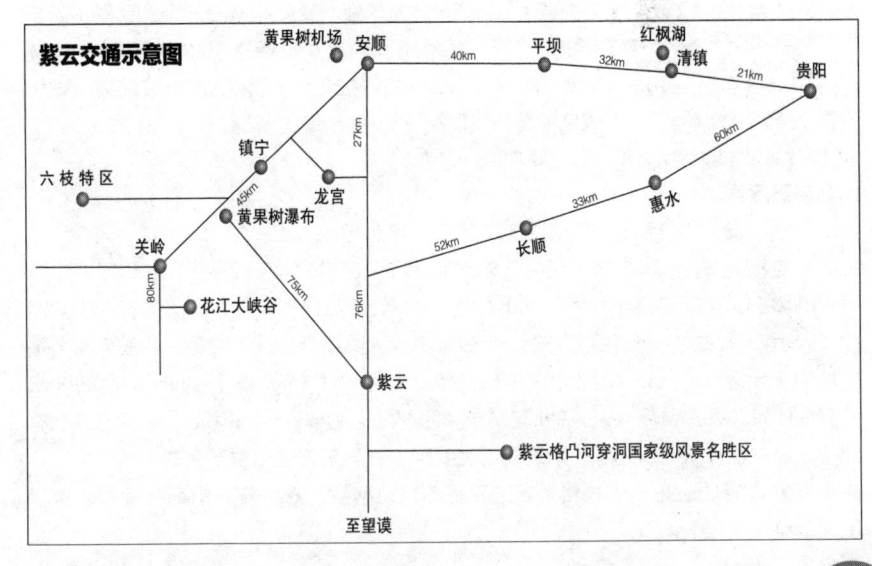

紫云交通示意图

▲ 紫云奇景中洞人家

● 大河景区

在大穿洞景区的河流上游，游览大穿洞时船会载游客到大河景区一并观光。

● 小穿洞景区

景区近来没有对外开放，目前没有直达客车前去，如前去需要在县城包车前往。

● 关于中洞人家

虽然要步行挺长时间才能到达洞内，但洞中居民生活状态奇异，曾给游人留下独特观感，但不久前洞中居民全都外迁了，留下的只是遗址。

☛ 大河景区是大穿洞景区近邻，可与大穿洞景区一并游览

形成的前后贯通的高约50米、宽70余米、长137米的大型孔洞，宛如山巅架天桥或是崖上开天窗，形态非常美丽而醒目。此外像大穿洞内的望天洞、大穿洞下方的落水洞也是构造非常奇异独特的岩溶地貌奇观。

☛ 是核心景区应重点观光拍摄

大河景区

由高110米、宽40米的天星洞（格凸河水就是从这个洞口流出的）、依山面水的大河苗寨（田园风光美犹如世外桃源）和寨旁约500米处的变色湖（随四季变化湖水会呈现出红、黄、绿等不同颜色）及峙立在格凸河两岸的山峰（夹山）组成，这些景观都分布在格凸河上或河边，乘坐景区的游船可以把它们在3小时内游遍。

小穿洞景区

由小穿洞、下穿洞、苗厅和中洞人家几大部分组成。

小穿洞是1个山间溶洞，洞内有格凸河、猴场河等3条河水流淌，洞口形成了数十米的瀑布。苗厅是距小穿洞约500米处长700米、宽215米、高70余米的巨大山间洞厅，因附近有苗族村寨而得名，有"世界上第二大喀斯特洞厅"之称。中洞人家更是当地的一大奇观——在小穿洞出口的上方有上、中、下3个溶洞，中间的1个深200米的洞内住着20余户苗族人家，他们在洞外耕作收获，在洞内居住生活，生活方式状态独特。洞中还曾有一所小学，附近的学生要爬山钻洞来到这里求学上课。

此外，当地还有一个妖岩景区，那里的岜易河谷、妖岩寨、喀斯特裸岩、星星峡等景点风光也很动人。

推荐游程

D1. 早晨出发去大穿洞景区,乘船游览夹山,上岸后游大河苗寨,观变色湖,看天星洞等景点。之后游船会掉头向下游开,一直开进大穿洞内,可看大穿洞和穿上洞奇景。中途可再次上岸攀到山上近距离观赏通天洞和盲谷风光。下午返回县城住或是住宿在景区门口的农家乐旅店。

D2. 去小穿洞景区游览。包租车只能开到距中洞还有 1—2 千米的地方,之后还须步行约 1 小时才能到中洞洞口,观赏中洞人家目前只能看到生活遗迹。观览附近的小穿洞等景区也需 2 小时左右(由于近期小穿洞景区并未开放,所以并不建议您前去,待正式开放后再去为宜)。当晚或次日返回县城。

旅游锦囊

如何在格凸河玩得顺利开心

①格凸河景区风光奇异,很值得一去。加之它与黄果树、龙宫、红枫湖景区相比知名度相对低一些,所以显得有些新鲜神秘,因此前去观光会有不俗收获。

②住宿地点可选笔者推荐的县城内的铂悦酒店,条件好服务也热情。如果觉得酒店内的餐厅吃饭贵,可以到酒店旁边街上的小店去,里边有不少 20 多元钱左右的炒菜,如果吃一凉一热两个菜有 35—40 元就够了(这里吃饭的规矩是只计算菜价,米饭免费)。

③去大穿洞的专线车一般是以网约的形式,可上门接。也可在县城客运站门口等车,早上去车多人满就开,临近中午车就少了,这时想立即出发就需要包车,车费最低也要 70 元上下。

④大穿洞景区门口有电瓶车送游客到游船码头,之后可乘船轻松观赏大部分景点,游览毫不费劲。

⑤去小穿洞没有直达客车,包租车前去的方式很多,如果从县城直接包租车往返开销太大。笔者倾向的方式是先从县城乘车到幸福桥,再从此地找过路车去小穿洞就行了。

⑥在过去那么多年的时间里,中洞人家的生存状态非常耐人寻味,他们居住的洞穴冬暖夏凉,房屋只有墙没有顶,洞外的耕地面积并不大,每人每天有斤把苞谷就可以维持生存,每年饲养宰杀 1 头猪全年就有肉吃,在创收手段很有限的情况下,许多人家还要负担上初中的子女在外边并不低廉的学费和生活费,其坚韧的生存意志和毅力很令人钦佩。虽然这一切已经成为了历史,但好在笔者去那探访过,并留下了影像资料,这些东西将成为永恒的纪念,很有意义。如果读者对此感兴趣,可联系笔者索取珍贵图文记录。

▲ 格凸河上

自助游中国 ▶ 西南地区

贵州省

兴义·马岭河·万峰林

电话区号：0859　马岭河漂流：3229900　马岭河景区：3646118

兴义地处贵州、云南、广西三省区交界处，它是贵州黔西南布依族苗族自治州的人民政府所在地，也是一座正在迅速崛起的旅游新城。作为贵州山水风景名胜中冉冉升起的灿烂新星，兴义市的自然风光非常秀丽迷人，这里山峦起伏、河流纵横、峰奇谷幽、飞瀑成群，全市有马岭河、万峰林、万峰湖、贵州醇、泥凼石林等多处美景，山水风格多样，特色异常鲜明。

▲ 马岭河谷飞瀑成群

● 气候与游季

兴义气候温和，冬无严寒、夏无酷热，常年可游览。但是严冬时节作漂流稍显寒冷，所以3—11月游览更佳。每年9月这里举办马岭河漂流节，游客众多，人潮涌动，热闹非凡。

● 从贵阳拼车去很方便

到兴义人均车费约170元，与坐客运大巴费用差不太多，可以上门接客。下载当地出行软件即可操作。

● 笔者关照

①兴义风光奇美，在贵州省内独树一帜，非常值得一去，应予重点关注。②观光时间最少要2天。**D1.** 游天星画廊、漂马岭河。**D2.** 看万峰林、万峰湖。之后有时间再关注其他景点。

● 交通捷径

大多数游客去兴义，取道贵阳最方便。贵阳到兴义的快巴快而舒适，一路上还可看到许多壮丽的高山和峡谷。其中北盘江大桥飞越大峡谷，桥面距下方水面486米，为路途中引人关注的胜景。

🚌 交　通

兴义虽然地处黔西南山区，但有空中航线、铁路和高等级公路同外界相连，交通尚属方便，从贵阳乘飞机去可以但班次不多，大部分游客会选择从以下3个方向乘车前去。

A. 从贵阳方向出发去兴义：贵阳金阳客运站每日有多班空调快巴去兴义（7:00—14:00几乎每小时1班），车行3.5—5小时（全程柏油路，部分车次走高速路），途经安顺和黄果树，票价为140—150元。从安顺乘车去兴义也很方便。贵阳金阳客运站电话：0851-82218000。

B. 从云南昆明乘火车去兴义：昆明每日有数班旅客快车沿桂昆铁路东行（分别开往广州、南宁、湛江）途经兴义，5—6小时可到。

C. 从广西南宁乘火车去兴义：南宁每日有3班旅客快车沿桂昆铁路西行途经兴义，行车6—8小时可到。

餐饮住宿

兴义市区遍布高、中、低档宾馆，星级宾馆有国龙雅阁大酒店，平日标间房价300元左右。而富康国际大酒店条件更好，标间一般在450元以上。普通宾馆酒店满街都是，不计其数，游人可根据个人喜好随意选择。

兴义市内的餐饮业价格适中，一般的家常炒菜价格在18—28元，每人每餐花40元出头即可吃饱吃好，更便宜实惠的饭食是米粉，8—12元一大碗，里边有肉有菜，大碗米粉可以当一顿正餐吃。

☛ 可关注的特色美食店有稻子巷的邹记鸡肉汤圆店及斜对面的金牛王牛肉粉面、宣化街的郑记刷把头，另外布衣第一寨的"布衣八大碗"也颇具特色

🐾 主要景点

☛ 就是不参加漂流，天星画廊也一定要去，这个景区真"够味"

马岭河谷——"地球上最美丽的伤痕"

马岭河是由数万年前因地壳运动时的切割、断裂和错位而形成的巨大天然峡谷，它深一二百米，宽七八十米，在兴义市境内蜿蜒曲折长达70余千米。站在河谷边沿向下俯瞰，只见河两岸的岩石"块对块、茬对茬"，凹凸完全对称，线条轮廓完全对应吻合，整个河谷就是被"活生生掰开"的一道大裂缝，形成了这条云贵高原地表上独有而世界上亦不多见的硕大无比的"巨型伤痕"。马岭河谷两侧的岩壁非常陡峭直立，谷底奔流的河水也异常汹涌湍急，沿途遍布险滩、暗礁、深潭。而从谷顶直泻河心的近百条飞瀑和岩壁上随处可见的数万块钟乳石"壁挂"更把整条河谷装点得多姿多彩、壮观迷人。马岭河风景最典型集中的地方是位于河谷公路大桥正下方的天星画廊景区，这里集急流险滩、危岩峭壁、奇峰怪石和百米飞瀑于一身，山光水色相映，颇为神奇诱人。

黔西南旅行示意图

● 推荐实惠的住处

汉庭酒店桔山广场店，在市中心，交通方便，房价不贵，平日标间百元出头还含早餐。出门不远处有4、7路公交车去马岭河景区。笔者推荐。

● 当地的出租车

起价5元，之后1.2元/千米。

● 马岭河谷

🚌 从兴义市内乘4、7、301路公汽都可到天星画廊景区，在此逗留至少需要2小时时间。

💰 门票70元。60岁以上老人及儿童可免票。观光电梯单程30元，往返40元。

马岭河谷的两侧全是美景，悬崖上有人工修建的栈道，中央有横跨河心的双虹、海狮两桥相连，步行观光很方便。

99

▲ 万峰林秀色

● 马岭河漂流

现在起点在马岭码头，终点靠近天星画廊景区。船程约13千米，漂流船上时间约1.5小时，含往返时间约需3小时。漂流费用239元。可从市区乘101路公交到马岭公园站下，再步行到漂流码头。订票电话：0859-3229900。

● 万峰林

从兴义乘19路公共汽车，车费3元，半小时到万峰林景区大门。一定要在万峰林广场下车。

景区门票70元，另收50元含观光车费。

游览万峰林是全程乘电瓶车且有导游陪同，观光质量非常高，令人开心。

● 从马岭河去万峰林

游毕马岭河天星画廊景区后想去万峰林，坐301路公交车可直达，车程约45分钟。

● 万峰湖

从兴义市乘去天生桥的中巴，票价12元，1.5小时就到天生桥镇，在水库南岸观景更佳。

散客欲乘船在库区游乐，可在水库南岸的码头上找船，大船开行3小时约需150元，小船船费会便宜许多。

马岭河漂流，动魄又惊心

由于马岭河的落差大、水流急，两岸多新奇美景，所以乘船漂流马岭河已成为每个来兴义观光的游客的"必修课"。游客骑在这里独有的形状细长像大鲸鱼或大海豚一样的橡皮船上顺流而下，一路过急流、越险滩，领略滔滔河水之汹涌狂暴，观两岸群山、瀑布交织的五彩缤纷的美景，倍感惊险刺激而又幸福开心。从前马岭河上共开发出四段探险漂流区，其中第三段（天星画廊至赵家渡大桥）的风光最美"最够味"——途中经过20多处急流险滩，漂流时间长达3.5小时。可是现在其中3段漂流都停运了，游人只能选择仅有的一段河谷漂流即马岭码头至天星画廊一段。

☛ 现在保留的这段马岭河漂流水流相对平缓，没有天星画廊至赵家渡大桥那段那么惊险刺激，游客应有心理准备。

万峰林——磅礴千里的西南奇胜

万峰林是一片由成千上万座奇异山峰组成的"山的森林"，它位于兴义市的正南方向，从下五屯一直绵延到万峰湖畔，南北长数十千米，东西长近200千米，总面积达2000余平方千米，景区内山体密集、群山耸立、千姿百态、挺拔秀美。如此规模宏大、辽阔壮美的山岳风景区在国内并不多见，难怪300多年前我国明代著名的旅行家徐霞客途经此地时曾发出这样的感叹和赞誉"天下山峰何其多，唯有此处峰成林"、"磅礴数千里，为西南奇胜"。

过去对游人开放的是万峰林中的东峰林，现在更美丽壮阔的西峰林也开始接待游人。西峰林内修了一条环形观光路，游人坐在观光车上可以全方位地远眺万峰林全景，视野内可以看到的美丽山峰超过200座，且山体各异、形态万千，使游人观后受到深深的美的震撼。

☛ 万峰林真美，这样壮观气派的山景在国内独树一帜。

万峰湖——山水相间，旖旎动人

万峰湖是1998年国家在云贵高原上修建天生桥电站后拦江蓄水而形成的大型人工湖，它位于兴义城南28千米处，总面积176平方千米，湖区碧波万顷、山水相依、风光秀美，可谓云贵高原上的一颗璀璨明珠。

贵州省 兴义·马岭河·万峰林

万峰湖边有许多挺拔直立、形态优美的山峰，且山抱着水、水偎着山，风景类型颇像桂林漓江；湖上有数百个小岛、半岛和数十个港湾，沿岸分布着许多布依族、壮族、苗族及水族村寨，洋溢着浓郁的少数民族风情；雄伟壮观的天生桥水库大坝和装机容量达240万千瓦的巨型电站，展示着人类勤劳和智慧的伟力；清澈的万峰湖水向游人供了各类湖鲜美味。现在，万峰湖上已有专业游船供游客乘坐，包乘或搭乘渔民、船家的自用小型机动船去湖上乐亦非常方便，去万峰湖观美景、品湖鲜，已成为兴义旅游中的一大快事。

▲ 万峰林奇峰

☞ 从天生桥镇旁的万峰湖包租机动船只，可以逆水上行到云南境内，上岸后就是以油菜花海而著称的罗平。船程4—5小时，船费400元左右。这是全新玩法，建议您关注

群螺顶天——神奇诱人

在兴义至天生桥公路中间段的赵家渡大桥旁，有一处尚未被人们熟识和开发的天然奇景，它由数十座高一二百米的山峰组成。这些山峰全呈下大上小的典型的圆锥形状，特像退潮后海底沙滩上显露出来的大个海螺，由于这些"螺体"非常巨大，所以笔者称此处新景为"群螺顶天"。

"群螺顶天"景区的风光真好，马岭河从中央穿过，奔腾咆哮、场面壮观，周围是一片片绿油油的农田，一个个"大海螺"就接二连三地从农田四周的平地拔起，形态优美，曲线玲珑且高低错落，身姿真是漂亮迷人（沿公路爬至赵家渡大桥东南方的山上俯瞰全景更好）。随着从兴义去天生桥大坝游览客人的增多，相信此地会成为当地惹人喜爱、备受关注的新景点（因背景分明特适合摄影留念）。

贵州醇景区——精致优美

在兴义城南，有一家大型酒厂，这里生产的贵州醇酒誉满西南、名扬海外。由于酒厂经济效益好，又有环保和公益意识，所以厂方自行投资兴建了名为"贵州醇"的大型景区，供游人观览。

● 巴结镇和红椿码头

从兴义市汽车南站乘客车可到巴结镇，这里有游船可载客游万峰湖，可一直开到小三峡景区。游客从市区包车可到红椿码头，这里有个万峰湖游船码头，乘船游湖80元/人，但航程比从巴结出发稍短一些。两个地方都能为游客提供简单食宿。

● 疑难问题

天生桥电站装机容量那么大，可笔者在大坝旁观察了半天，却没发现电站的机房在哪里，是不是为躲避敌人空袭，建在地底下了？

● 群螺顶天

从兴义去天生桥的途中（车出兴义后20余分钟）可看到这处美景，山体玲珑，特色鲜明，引人入胜。

● 贵州醇景区

兴义市区有公共汽车直达，票价2元就到贵州醇景区，若打车去只需10元。门票免收。奇香园餐厅古香古色，环境好而饭菜价格便宜，许多特色风味价都不超过50元，游客可大饱口福。

● 另荐新景南农古寨

此寨距万峰湖不远，寨中有许多古民居和古树，原始风貌特色鲜明，值得关注。

101

贵州醇景区遍布清溪绿柳、精美亭阁和各类游乐设施，登上园中的制高点小洞天，还可以畅览贵州醇酒厂的全景和远处的万峰林奇观。奇香园餐厅就坐落在景区中心，可为游客提供富有贵州特色的各类美味佳肴，领略了马岭河的神奇、万峰林的辽阔之后再来享受奇香园的精美和舒适，感觉一定很快慰开心。

除此之外，兴义还有泥凼石林、刘氏庄园、亚洲第一铁路高架桥和阳光盆景园等多处景点，可供游客逐一游览。如果能在9月来兴义还可以赶上规模盛大的漂流节，此时游览项目多，游人如潮，气氛热烈喧嚣，场面极为动人。

▲ 马岭河漂流

● 泥凼石林

如果您游过云南石林，那泥凼石林就不一定要去了。

● 另荐景点：安龙招堤

招堤位于安龙县城东北，景区风光很美。盛夏时节这里垂柳成荫、荷花盛开，精美曲桥和亭阁楼廊连为一体，且有半山亭、明代十八先生墓、南明永历帝故宫等多处人文佳景，值得游人特别关注。

可从贵阳金阳客运站乘车到安龙，亦可从兴义乘车前往。门票90元。

☞ 去贵州醇景区，喝贵州醇、吃麻辣鱼、喝酸汤鸡汤，哇！感觉真美

景区亮点闪击及旅途花絮

1. 游马岭河一定要体验乘船漂流，光在岸边看别人漂根本无法体会飞流直下、劈波斩浪的惊险和刺激，"漂的就是心跳"的滋味真美！

2. 马岭河上用来载客漂流的橡皮舟明显与众不同，别处的橡皮船大都是船帮高而中央低，游客坐在船心；而这里的橡皮舟是个长约5米、粗约70厘米的大直筒，游客要骑在上面（当然脚上有地方踩、双手有东西抓），那感觉特像骑着条软软的大海豚或大鲸鱼。

3. 游马岭河谷（尤其是天星画廊景区）必须要带摄像机而不能光带照相机，因为两岸的美景太多而照相机的取景范围又太窄，从哪个角度去拍都不能令人满意，唯有用摄像机来一个360度的全方位扫描，才能真正记录下这"地球上最美丽的伤痕"的风姿和神韵。

4. 在万峰西峰林上游客看到的奇异山峰有200余座，它们有的像大窝头、大馒头，有的像驼峰、马鞍、蜗牛、豺狼虎豹，真是千奇百怪、千姿百态。

5. 贵州醇酒厂兴建的贵州醇景区不仅风光美，而且连空气中都弥漫着浓郁的酒香。游人在这里闻酒香、观美景，感觉特别开心惬意。

▲ 在山巅看马岭河谷美景

梵净山

📞 电话区号：0856　梵净山景区：4009976999

梵净山位于贵州东北部江口、印江、松桃三县交界处，总面积约为567平方千米，最高峰海拔2494米，是武陵山脉的主峰。梵净山是我国亚热带森林生态系统保存较为完好的典型地区之一，山上溪泉汹涌奔流，原始森林密布，这里生长着珙桐、鹅掌楸、紫薇等古老珍稀树种，山上亦栖息金丝猴等珍禽异兽。梵净山上还有镇国寺等数处古代庙宇，其中建在老金顶和红云金顶险崖顶端的寺庙更是巧夺天工。梵净山的登山道由7980级石级组成，路途漫长而艰辛（现在已有缆车代步，上下极方便），然而登顶后可以居高观赏云海日出奇观，山顶上的蘑菇石等景点亦很有名。

▲ 梵净山蘑菇石

☞ 山脚和山腰很一般，但山巅的风光妙不可言。一定要登上去看一看。听我的没错

🚌 交通

外地游客可先乘火车到贵州铜仁或是玉屏（北京、上海、杭州、重庆、成都、昆明、广州等城市都有列车开往或途经铜仁及玉屏）。铜仁高铁站有汽车直达梵净山，车程1小时，车费35元。铜仁高铁南站也有汽车直达梵净山，车程90分钟，车费65元。从玉屏下火车可换汽车直接到江口县，再换车去梵净山很方便。

铜仁旅游汽车站也有直达客车到梵净山景区山门，车程60分钟，车费35元。

☞ 梵净山风光的精彩之处在山巅，老金顶、红云金顶、蘑菇石、万卷书四大景点都是个性鲜明、美不胜收。游人哪一处也不应遗漏

游程安排

游人步行登山速度慢的需5—6小时，加上在山顶上的观景游览，当天上下太勉强，现在很少有人这么玩了。时间紧迫又欲节省体力的游客可以从前山乘缆车往返，这样观光省力又开心。一进山门就是观光车站，上车走9.7千米后下车，立即见到了缆车站。乘缆车开行25分钟，即到山颈处，下车后步行30分钟，就可见到老金顶和红云金顶的雄伟身姿了。在这里逗留3个小时足够用。所以游客上午上山下午下来绝对没问题。另外在缆车上看到的山景也非常美丽壮观。

● 景区门票

💴 梵净山进山票100元，与观光车联票含保险共130元。

● 笔者关照

梵净山登山过程累而枯燥，尤其是从前山上，途中风景很一般。因此游人可考虑乘缆车上下，非常省心省力（笔者力荐）。缆车上行收费70元往返140元。

周边景点

①乌江三峡　山水画廊

在铜仁沿河县境内,绵延至重庆龚滩。沿途江流长近百千米,多蜿蜒绿水和峻岭奇峰,宛如天然画廊,气象万千,风光诱人。游人可从铜仁乘车到沿河县,再乘船游览(沿河每天9:00前后有客船直达龚滩,船程4小时左右)。

龚滩古镇是乌江水库蓄水后在山坡上重建的,风光很不错。建议您在这儿做1—2日观光游览。

②石阡温泉

温泉疗养区规模不大但水质好,是铜仁石阡县城南的洗浴休闲佳境。可从铜仁、镇远、遵化乘车到石阡县城再转车前往。

最新信息:从印江上山省力又开心

游梵净山经江口沿7980级石级徒步上行已被公认是最古老和艰辛的登山路线,好在几年前有了登山缆车,情况大为好转。现在再为您提供一种新的游览路线即从印江方向上山——既可从铜仁包车经江口到印江方向的山顶,亦可先到印江再乘车上行。从印江方向乘车1.5小时,车费25—30元可到梵净山西门,之后换车沿登山路可抵达与梵净山山颈处镇国寺高度相近的山顶(棉絮岭),下车后再步行(山路坡度小很好走)2—3小时就可到达接近山巅处的金顶路口了,在这里即可开始开心观光,沿此线登山比从前山爬7000余级石级步行上山省力不知多少倍,还可以在途中看到镇国寺、万米睡佛、薄刀岭、剪刀峡等不错的景点,以上游览方式适合于旺季,但不适合于淡季,谨供旅友参考。下山时不必走回头路,可从前山乘缆车下行,这样前后山的景色就都看全了且观光效果很好,体力充沛的游友可以选择和尝试。

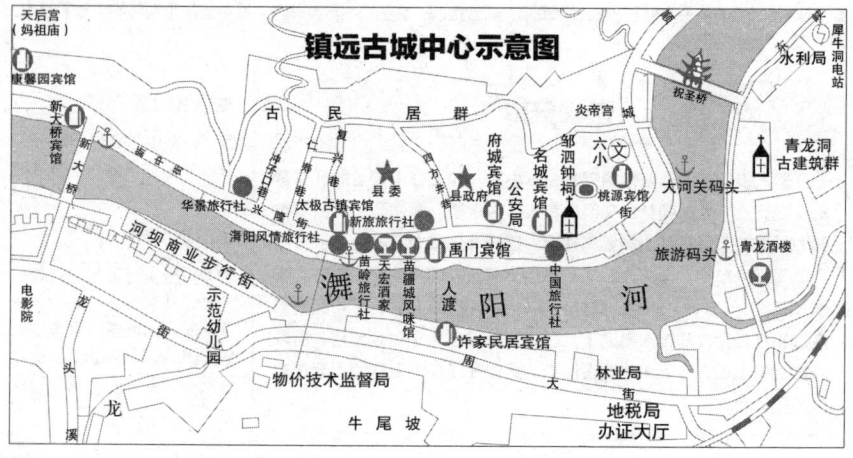

潕阳河·镇远

电话区号： 0855　**杉木河漂流：** 3861116　**潕阳河游览：** 5729999　**镇远古城：** 5721096

潕阳河发源于苗岭腹地瓮安，贯穿黔东山地流入湖南沅江，其从黄平旧州至镇远城东月亮湾长达95千米的河段风光最美，是著名的风景观光区。潕阳河风景区的核心是上、下潕阳两段河谷，上潕阳有头峡、无路峡、老洞峡和观音峡，下潕阳有诸葛峡、龙王峡、西峡和东峡。其中西起施秉沙坪的瓮莲洞，东至镇远板滩的吴王洞，由诸葛峡、龙王峡、西峡三段峡谷组成长达35千米的"小三峡"是潕阳河风光的精华所在。

小三峡既有长江三峡的险峻、漓江的明媚，又有贵州特有的喀斯特地貌的瑰丽神奇。其中龙王峡长16千米，沿途有飞泉三叠、孔雀石、双龙戏水、火烧赤壁等数十处佳景；诸葛峡长7千米，峡谷中遍布断壁悬岩、溶洞飞瀑和野生竹林；西峡长近12千米，时而惊涛飞泻，时而水势平缓，动静相间，风光绮丽而迷人。

☞ 单游潕阳河或镇远都有些不尽兴，二者连起来观光才显充实圆满、物有所值

交通

乘火车在湘黔铁路贵州境内的镇远站下车即可，北京、上海、杭州、贵阳、成都、重庆、广州都有列车途经镇远。其中贵阳每日有多班列车开往镇远，车程4—5小时，车票35—42元，交通尚属便利。亦可从贵阳龙洞堡站乘汽车沿高速公路2—2.5小时可到镇远，每天发4—5班车，车费70元。

▲ 潕阳河美景孔雀开屏

游览指导

游览潕阳河可从镇远乘船逆水而上（先从镇远汽车站乘去潕阳河景区的客车，车费往返30元，约30分钟即到潕阳河景区售票处），景区每日有多班专线游船，常规线路只是游览下潕阳河景区全程的一半，门票加船票共140元，游程1.5个小时左右。潕阳河上最美的景点是孔雀开屏，可以以它为背景尽情拍照。盛夏时节飞泉三叠也很迷人（总体观光效果尚可）。游览完毕，游人还须乘车原路返镇远。

●青龙洞
位于镇远城东南，从镇远市内乘公交车、打的或步行均可到，可步行或乘船游览。

¥ 青龙洞古建筑群，门票60元。老人、儿童可免票。

●镇远古城
乘火车在镇远下车后打车5元钱10分钟即到古城，亦可乘公交车抵达，之后步行及乘船游览均可。

●云台山
云台山位于施秉县城西北13千米处，距镇远古城30千米，可先乘车从镇远至施秉，再换4路公交车，车费5元，30分钟可到云台山。

¥ 门票40元。淡季有优惠。

●汽车从凯里到施秉
普通客车车程3小时左右，车费约需25元。沿途多为高山深谷和原始村寨，非常好看。

●从镇远到施秉
车程只需1.5小时，车费10—12元。途经一个很漂亮的湖泊（㵲阳河上游）看上去很美，令人心情愉悦。

●杉木河
漂流季节是每年的4—10月。收费180—200元。含门票、漂流船费、车费。漂流时间约2小时。

周边景点

★青龙洞
青龙洞位于镇远城东的中和山前，由万寿宫、大佛堂、玉皇殿多重寺庙组成。这里三面临江、绝壁千尺、怪石嶙峋，整群建筑靠山临水、依崖傍洞、贴壁凌空，建造极为绝妙生动，有"西南悬空寺"之美称。

青龙洞规模宏伟、金碧辉煌、壮丽异常，且集儒、道、佛、会馆、桥梁及驿道建筑文化于一身，是全国重点文物保护单位，也是贵州省内最壮观的古代建筑群。

👉 青龙洞值得一看。欲观青龙洞全景应到景区对岸的㵲阳河边去

★镇远古城
镇远古城系㵲阳河风景区十大景点之一，始建于汉高祖五年（公元前202年），亦曾是贵州黔东南自治州人民政府所在地。这里有外观精美而古朴的楼阁、庙宇及古民居近百座，亦有纵横交错的古河道和巷道，古镇风光优美迷人。近年来，因古城改建，不少古建筑被拆除，但游客来此仍然依稀可见其古时之独特身姿神韵（古城不收门票，可随意观光游览，有些小景点需单独购票）。

👉 登上古城旁的石屏山，可看到镇远古城的全景，画面挺美

★云台山
位于距施秉县城13千米处的㵲阳河北岸，景区东西宽10千米，南北长20千米，有云台山主峰、拜经石、野牛洞、笔架山、老虎背、渡云桥等20余处景点，这里河流蜿蜒、群峰夹峙、古树参天，风光集奇、险、幽、绝于一身，被誉为"苗乡桃源"。

👉 施秉的云台山和杉木河具有一定游览价值，可做1—2日观光游乐

★杉木河
位于施秉西北部的清澈河流，沿岸山峰美，河心水流急，现有四大游览区共20余处佳景，乘船漂流惊险刺激又开心。可先从镇远乘车到施秉县城，这里距杉木河漂流点不远，县城亦有漂流接待站。

推荐特色观光方式：自驾或包车走老公路从镇远到施秉、再到凯里

车程约需4.5—5小时，途中可见不少高山峡谷和原始村寨，可以观览了解当地山民、村民的自然生活状态。尤其让人感到新奇诧异的是，途中可见一个很大的湖（在镇远与施秉之间）和一条很大的河（在施秉与凯里之间）——观后让人很费解，高山上哪来这么大的河和湖？水从哪里来？又流到哪里去呢？

👉 镇远古城中多民居旅店，住宿方便。特色餐馆中推荐苗伯好酸汤鱼餐馆，相对便宜实惠

发烧友特别关照

如何在镇远玩得高兴开心

①镇远古城依山面水，风光很美，城区内外又有青龙洞和㵲阳河等数处佳景，甚具观光价值。笔者认为之所以当地的旅游观光热度有限，是因为开发和宣传的力度不够。

②镇远古城内的主要观光点有新大桥和祝圣桥之间的仿古街和㵲阳河，距祝圣桥不远的青龙洞以及地处石屏山下的四方井巷、复兴巷、人寿巷附近的古民居群。

③强力推荐把火车当作进入镇远的首选交通方式，镇远周边多山地，乘汽车进去有的线路有点费劲，当然现在通了高速路，状况有所改观。

④从镇远火车站打车5元钱就可到镇中心的新大桥，新大桥旁就是仿古街，仿古街北面就是古民居群，整条仿古街用30分钟可走完（到达街那头的祝圣桥），过桥就是名景青龙洞了。

⑤笔者的建议是，先从头到尾把仿古街走一遍，之后过祝圣桥去游青龙洞（这个景点风水位置极好），然后返回仿古街去看街北边的古民居群，有付家大院等老宅院，整个观光过程3—4小时即可。

⑥镇远古城、㵲阳河对面有玉屏山，山上可以看到古镇和㵲阳河秀丽全景，山顶上还有苗疆长城，亦具观光价值。可从祝圣桥头上山，门票30元，半小时可以登顶。

⑦当地风味餐馆很多，主要分布在古城中的㵲阳河畔，主营酸汤鱼、酸汤鸡和各类当地风味菜肴。白天生意已经很好，晚上更是人声鼎沸，食客如云。加上各家餐馆都有彩灯映照，所以溢彩流光构成了㵲阳河边的亮丽风景线。人气旺的餐馆有多家可关注。例如苗伯好酸汤鱼餐馆，在和平街附近，虽味道一般但菜品种类多，价格实惠。汤底10元/份、各类荤菜10—15元/份含大虾，素菜5元不限量，值得光顾。

⑧镇远的夜生活中有一个亮点，就是看歌舞表演《古韵镇远》，这场演出场面比不上《印象·刘三姐》那么大，但仍具观赏价值（门票180—220元，但是可以打折）。笔者强力推荐。

⑨镇远古城的夜色非常美，步行或乘船游览皆开心！祝您在这里过度美妙而温馨的一天。

▲ 镇远㵲阳河上的祝圣桥美景

赤水

电话区号：0851　赤水风景区：22863700

　　赤水风景名胜区位于黔北赤水市，面积 300 平方千米，有森林 2.68 万公顷，有大小河溪 350 余条，丰富的水源和跌宕地形，形成了大大小小共数千条瀑布，所以赤水又被誉为"瀑布之乡"。

　　赤水位于云贵高原向四川盆地过渡的地段，高山和深谷相互交织，形成峭壁连绵、峰峦俊秀、森林茂密、峡谷幽深、乱石纵横、溪水潺潺的绮丽景观。

　　赤水景区也是著名的楠竹之乡，有竹林 1.8 万公顷，到处是修竹挺拔，绿荫蔽日。赤水景区内集十丈洞瀑布、中洞瀑布、四洞沟、万年石伞、渡仙岛、桫椤林、大白岩等景集飞瀑流泉、奇异山石、翠绿竹海于一身，此外当地还有不少以红军四渡赤水和酒乡文化为主体的人文佳景。

▲ 赤水飞瀑

交　通

　　可以先乘火车或飞机到重庆或四川泸州，上述两地均有客车开往赤水，其中从重庆到赤水行车3小时，泸州到赤水公路行车只需半小时，每天有客车10班不止。亦可从遵义和贵阳乘客车去赤水，贵阳长途客运总站（延安西路22号）每日8:00、14:00、17:00有车直达赤水，行程460千米，行车5小时左右。

住　宿

　　赤水主要的宾馆酒店有赤水大酒店、同盛浙旅大酒店、赤水名城大酒店等，中小旅馆不计其数。其中赤水名城大酒店条件一般但房价不贵，标间百元出头即可拿下。

● 当地特色美食

有赤水豆花、赤水鱼、米团子、脆臊面、小笼排骨、剑光汤圆、水晶包子等，当地人最爱吃的豆花饭做法独特，6—8元钱就能吃饱。

主要景点

十丈洞瀑布（赤水大瀑布）

　　位于赤水城南39千米处的风溪河急流间，高76米、宽80

米，河水被一方完整的丹霞巨石切断，化为帘状飞瀑从红色巨石上狂泻而下、注入深潭，声如雷鸣、震撼山谷；瀑布四周烟雾腾飞、水雾弥漫，置身百米之外，仍有水珠接连不断扑面而来，令人倍感凉风阵阵，寒气逼人。周边还有中洞瀑布、香溪湖、亿年灵芝、奇兵古道、石笋峰等景点。

☞ 建议先游大瀑布，之后再看中瀑布

四洞沟景区

在距市区15千米处的大同河支流上。有水帘洞、月亮潭、飞蛙岩、白龙潭四个梯级瀑布，四周峡谷幽深、群山苍翠、竹林密集、溪瀑成群，风姿甚为动人。

☞ 四洞沟风光很美，值得一游，建议步行上，乘车下

竹海公园

位于赤水市城东40千米处，有面积达17万亩的浩瀚竹林绿海，景色壮阔与蜀南竹海异曲同工。景区中的观海楼为绝佳观景处。

🚌 每天9:00从赤水长途汽车站乘车可直达。💰 门票 45 元

丹霞奇景

赤水境内有1000多平方千米的丹霞地貌，随处可见平地拔起艳丽嫣红的丹崖赤壁和奇岩怪石，它们和绿色丛林、飞瀑流泉相映成趣，把整个景区装扮得分外绚丽迷人。丹霞景观最突出的地方有金沙沟赤壁神州、香溪湖、万年灵芝、四洞沟渡仙桥、元厚镇"外星人"，等等。

☞ 从赤水旅游汽车站乘去土城的车可到丹霞景观突出的佛光岩景区
💰 门票 80 元，观光车 25 元

桫椤王国

赤水境内分布着大片大片的大桫椤树林，这种古老的树种从远古时期的侏罗纪一直生长至今，有极高的考古和经济价值。仅在赤水金沙沟保护区内（距赤水40千米）就有桫椤树数万棵，被人誉为"桫椤王国"，是生态旅游和考古科研的理想胜地。

💰 桫椤王国门票 50 元

游程安排

A. 从贵州方向来的客人可在第一天游金沙沟、甘沟、竹海；第二天游四洞沟、大同古镇，宿丙安；第三天游十丈洞。

B. 从成渝方向来的游客可在第一天游四洞沟和十丈洞；第二天游桫椤王国、甘沟、竹海。

以上行程只是大致指导，游客抵赤水后可即兴发挥。

● **十丈洞瀑布**

位于赤水城南39千米处，县城旅游汽车站每天有专线车直达，车费 10 元。
💰 门票 80 元。观光车费 20 元。

● **四洞沟景区**

县城客运站有8路公交车直达，20分钟可到。
💰 门票 75 元。观光车费 30 元。景区内有翠竹山庄等度假村可住宿。

● **桫椤王国**

从赤水客运站乘去遵义和习水的班车在金沙镇下车可到。

● **另荐当地热门游览线路**

环线游览：市区—风溪红军渡口—燕子岩—十丈洞—香溪湖—华平瀑布群—四洞沟景区。

● **当地景区住宿参考**

赤水大瀑布公寓，在十丈洞景区附近，店主热情、服务尚好，标间房价百元出头。

自助游中国 ▶ 西南地区

荔波樟江

电话区号：0854　**水春河漂流：**3619515　**景区：**3561176

提起贵州的山水名胜，人们首先想到的肯定是大名鼎鼎如雷贯耳的黄果树、奔腾咆哮的马岭河和神奇魔幻般的龙宫洞、织金洞。可是您知道荔波樟江这处国家级重点风景名胜吗？不久前笔者到那里游历了一番，发现荔波樟江重峦叠嶂、溪流纵横、森林茂密，少数民族风情浓郁，是黔南地区不可多得的观光佳境。

荔波樟江风景名胜区位于贵州南部边缘的荔波县境内，景区总面积273平方千米，由小七孔、大七孔、水春河、茂兰自然保护区和樟江风光带组成。

▲ 荔波樟江小七孔风光

气候与游季

黔南地区属山地亚热带温暖湿润季风气候，气候温和，雨量充沛，平均气温16.6℃，冬无严寒、夏无酷暑，一年四季皆可游览。但是切记，就荔波樟江景区而言，水是它的灵魂，枯水季节风光水平大打折扣——小七孔的瀑布消失了许多，水春河亦无法漂流，只有大七孔勉强能玩，因此这里的绝佳游览季节是4月中旬至11月中旬，冬季游览效果欠佳。

交通

航空

荔波机场开通了飞往北京、上海、广州、重庆等多个城市的航线，但是航班不都是直飞，有时需要中转。荔波机场距县城大约有半小时的车程。

火车

荔波已开通了高铁，从贵阳到荔波车程只需1小时出头，高铁站到县城只有10余分钟车程。另外独山和麻尾都是距荔波樟江很近的停靠普通列车的火车站，北边的贵阳、南边的柳州、南宁以及广州、上海、福州等都有列车经过独山和麻尾，从麻尾下火车后再乘汽车2小时左右就到荔波县，从独山乘汽车到荔波需1.5小时左右。

● **交通提示**

如果从贵阳乘普通列车向南去荔波，应在独山下车；如果从柳州方向向北乘车，应在麻尾下车，这样路途更近（独山和麻尾两地同处一条铁路线上，但前者在北面，后者在南面）。

● **乘高铁最方便**

目前大部分游客都是高铁去荔波，在独山和麻尾下车的人不多了。

公路

贵阳至桂林的高速公路已基本修通了，从贵阳乘大巴沿此路行车，3.5—4个小时可到荔波县，贵阳客运东站每天有数班客车发往荔波，票价110元。但是高铁开通后，贵阳去荔波的客车越来越少，且有可能停运。车票应提前购买。从凯里到荔波客车行驶也是3.5小时，车费85元。都匀去荔波的车更多。

- 荔波客运总站电话：0854-3611077

住宿

荔波县城内有荔波饭店、四季花园酒店、荔晶酒店、小七孔三力丽呈酒店、小七孔滨江酒店等多家中档和普通宾馆酒店，平日标间在180—350元之间，住宿非常方便。小七孔景区外有大量民宿客栈，游人有充足的选择空间。

☞ 也可住在小七孔景区内外，空气新鲜风光美，农家乐房价不贵

餐饮

景区内外的餐馆价格不菲。但县城内的中小餐馆还算实惠，肉、菜都洗好放在明处，让炒什么就炒什么，一般的肉菜不超过35元钱，米粉5—8元钱一碗，若吃饺子或米粉再来点儿小菜，20元左右肚子就饱了。晚上街上烧烤摊很多，牛肉、羊肉、火腿肠、土豆、豆腐干等品种挺齐全，任君品尝。

☞ 当地美食：酸汤鱼、猪嘴烤鱼、炸山坑鱼、冰镇杨梅汤等味道都鲜美

● 当地交通

县客运站和主要街道上有11路公交车开往大、小七孔，半小时即到大小七孔景区大门，车费7元。现在大小七孔已经合并成一个景区，售票处在大七孔门外边。

推荐游程

在荔波樟江游览至少要2天时间，而3天才能玩得宽松舒服，日程可作如下安排：

D1. 早晨从县城乘车去小七孔，半小时能到，用一整天的时间游68级跌水瀑布、喀斯特森林、水上石林、鸳鸯湖等景点；晚上宿小七孔景区外（有多家旅店和农家乐，房价都很便宜）。也可回县城住，顺便看看古城夜景。

D2. 上午游大七孔，步行加乘船游览大七孔2.5小时足够。之后可顺路观览不远处的瑶山古寨。中午餐后，下午去水春河漂流（全包价200元）。如果游客时间充足，可在第3天去茂兰国家喀斯特森林保护区游览。

贵州省

● 小七孔游览提示

小七孔景区中的水上石林颇有味道和情趣，卧龙潭和鸳鸯湖也很美，以上三景应予重点关注。天钟洞和68级瀑布风光一般，适当观览即可。

💴 门票130元，天钟洞观光10元，鸳鸯湖划船费20元。观光车费40元。

小七孔景区内外都有民宿客栈，其中景区门口的民居酒店数量不少形成了规模，住在这食宿购物都很方便。

● 小七孔住宿推荐

昂泱乡情园民居酒店，在小七孔景区门外不远处，条件好，房价不贵，老板接人待客很热情，笔者推荐。

● 水上石林

在小七孔中心公路北侧，距路很近，这里风光绝佳，虽然范围不大，但是游人钻进去就不想出来，应该好好观赏享受。

💴 门票免收。

● 鸳鸯湖

💴 湖上游船另需收费。

▲ 荔波樟江大七孔天生桥奇观

🚶 主要景点

活泼生动的小七孔

小七孔因其景区内有一座清道光年间修建的七孔石桥而得名，景区的基本地形地貌是两山夹一水——两侧山峰轮廓俊秀，中央的响水河边忽左忽右断断续续地分布着许许多多森林瀑布和湖泊，从景区入口处的小七孔石桥算起，游人可以依次见到的景点如下。

👉 小七孔是当地最大的观光亮点，须重点关注。步行太累应坐观光车

68级跌水瀑布

瀑布沿响水河级级跌下，每级只有1—2米的落差、8—15米宽，但层层叠叠银花四溅、娇媚玲珑秀气，雨季时节洪水奔流而下，气势亦颇为壮观迷人。

👉 水量充足的时候这个瀑布很美，水少的时候风光很一般

喀斯特森林

上千种绿色植物交织成的"海洋"，郁郁葱葱、莽莽苍苍，近百种飞禽栖息其间，悦耳的鸟鸣声终日在林间回荡。林区内还有许多奇石怪岩，千姿百态，鬼斧神工。

👉 喀斯特森林风景一般，笔者不做专门推荐

水上石林

500多米长的清澈溪流上，长满了绿葱葱、密匝匝的岩溶森林，树下水上又布满了平整的石槽和弯弯的石径，石上长着树、树下流着水；水石相击，泛起无尽的浪花；石树相偎，织起了浓密的绿荫；游人钻进林间踏石戏水，倍感清幽凉爽，惬意开心。

👉 风光妙不可言，一定要进去蹚水游乐一番

天钟洞

洞长700余米，共有古榕迎宾厅、金谷厅、天钟厅等前后5个洞厅，洞内遍布奇形怪状的钟乳石，形态各异，十分逼真。

👉 天钟洞内风光尚可，可予关注

鸳鸯湖

深山密林中的清澈湖泊，总共有4片湖水，面积近3平方千米，水色幽蓝，波平如镜，倒映蓝天白云、青山绿树，风景如画，俊美迷人。

贵州省 荔波樟江

▲ 水上石林秀色

👉 小七孔景区的龟背山、飞云洞、野猪林、卧龙潭等佳景风光也很娇媚，（其中卧龙潭享有"小九寨"之称）景区范围总长超过10千米，需花一整天时间才能观其全貌——步行游览小七孔可以但很费劲儿，乘车观光才能欢乐舒适又开心，景区内有过路的大客及中巴但车次不太多（主要是荔波去麻尾的客车），从入口处乘观光车最方便。

神奇险峻的大七孔

　　大七孔也因景区入口处有一座七孔桥（比小七孔桥稍大）而得名。它的地形地貌也是两山夹一水，它长仅2千米，但景点紧凑集中，两侧百米高崖巍然耸立、挺拔险峻，中间河水湍急、声震峡谷，河边满是黑压压的原始密林，景区末端有因巨型钟乳石跨越河谷而形成的天生桥，桥洞宽约20米、高约60米，桥下波翻浪涌，阴风阵阵，令游人望而却步、惊心动魄。天生桥后还有幽深莫测的风神洞和地峨宫（都是巨大山间溶洞），洞内有奇石、暗河、飞瀑，险峻无比，非探险家而不能前行。

👉 大七孔的风光类型与小七孔不同，但颇具观光价值，亦应重点关注

水春河漂流

　　水春河源起月亮山原始森林，一路飞驰而下流向荔波县城，河谷长达13千米，漂流距离超过9千米，两岸多险峰、峭壁、洞穴、密林，漂流过程中要经过29处浪涛翻卷的急流险滩，会饱尝劈波斩浪、顺流而下的豪迈之情。

👉 漂流肯定要弄湿衣服，建议把物品存在售票处。漂流时千万注意安全

其他景点

　　荔波县境内还有方圆20余千米、面积达2万公顷的茂兰喀斯特密林，还有许多分布在山间河畔的瑶族村寨，游客来到荔波后可以从事原始森林探险和探访瑶寨、畅览民族风情等多种形式的观光游乐活动，保证开心畅快、收获颇丰。

● **大七孔游览提示**

💰 门票130元（与小七桥联票）。船票单程30元。如在旅游淡季游大七孔，应在下午4点前到达，否则船工下班后游客无法步行穿过天生桥洞（洞下河水汹涌奔腾）。

● **发烧友关照**

如果征得当地旅游部门的同意和支持，并备好专用设备，那到风神洞和地峨宫中探险会有新鲜感受，特刺激。

● **水春河漂流**

💰 漂流全包价190元。全程车船游接送，县城东边的交警大队旁有售票点。漂流时间约需3小时。咨询售票电话：0854－3613222。

● **茂兰自然保护区**

茂兰自然保护区原始生态和林木植被保存甚好，值得一去。在市区参加一日游挺好，也可乘荔波到金城江的客车到保护区门口，包车前去车费在280—320之间。景区门票60元含保险。主要观光亮点有凉水井峰丛、拉滩瀑布、青龙洞、一线天等。另外荔波境内随处可见朦胧青山、碧澈河溪，色彩图案俱佳，摄影爱好者可大显神通。

113

凯里·黔东南

电话区号：0855　西江千户苗寨：4001538866　肇兴侗寨：6161216

黔东南苗族侗族自治州位于贵州省东南部，首府是凯里市。这里山河壮美，民族风情艳丽多彩。潕阳河、杉木河、云台山都是贵州省内有相当知名度的景区，而朗德苗寨、西江千户苗寨、榕江三宝侗寨、从江岜沙苗寨和肇兴侗寨等少数民族村寨更以其独特的建筑风格、建筑方式和寨中居民独特的生产生活方式而受到外界的广泛关注。近年来，黔东南一带的旅游观光业升温迅速。去黔东南看奇山秀水、览民族风情已成为贵州旅游中颇为新潮而时尚的事情。

▲ 西江千户苗寨壮丽全景

气候与游季

黔东南地区气候温暖，全年适宜旅游。虽然冬季会有降雪，但是比北方各省气温高出许多。7—8月这里气温较高，但各项旅游观光皆可顺利进行。

凯里火车问询电话：0855-12306　　凯运司（洗马河）客运站电话：0855-8238035

交通

凯里是湘黔铁路上的大站，几乎所有特快和直快列车都在凯里有站。凯里南站则是高铁站，从北京乘高铁列车，最快8小时可到凯里，上海到凯里也是8小时左右。凯里周边的公路交通非常发达，各市、县间每日有各类客车穿梭运行，发车密度较大。但是由于黔东南地区多山地，行车有点费时间，所以游客花在路途中的时间有时要高于预期。在一些过去著名的艰险路段如凯里到榕江、凯里到施秉，曾经以其山高谷深和道路曲折蜿蜒而给游客留下深刻印象，但现在通了高速路，早就"天堑变通途"了。凯里发往黔东南各县和各少数民族村寨如郎德、西江、榕江、从江的客车发车点是凯运司（洗马河）客运站和火车南站。

餐饮

当地的风味菜肴有酸汤鸡、酸汤鱼、腊肉、香肠等。到了少数民族村寨中，最常见的特色菜就是腊肉和香肠，味道确实新鲜独特。但是由于近年来食品价格上涨不少，所以游客在餐饮上还是要付出相当成本的。在凯里街头上，普通的米粉也要5—8元钱1碗，普通的各类炒饭要6—10元，肉炒青菜要18—22元钱，纯肉菜要30元左右甚至更贵，就是一份普通的快餐，也由过去的8元钱上涨到了10—15元。在西江、朗德、肇兴这些少数民族村寨中，饭菜价格不便宜（纯肉菜也要30—48元）但是菜量不少，还算实惠。另外如果住在村寨中的老乡家，用餐也可以顿计价，一般每顿50元就能吃得很好了。

● 当地风味美食：酸汤鱼、苗王鱼、鸡稀饭、辣粑、腊肉、香肠

● **凯里住宿参考**
①汉庭酒店国贸店，干净卫生，房价不贵。
②优程酒店州政府店，条件一般，房价便宜，标间138元起。

● **西江苗寨住宿参考**
①夫妻树酒店观景台店，位置好、地势高、能观拍苗寨全景且房价不贵，笔者推荐。
②云景秀酒店观景台店，也是观览苗寨全景的好地方，笔者也推荐。

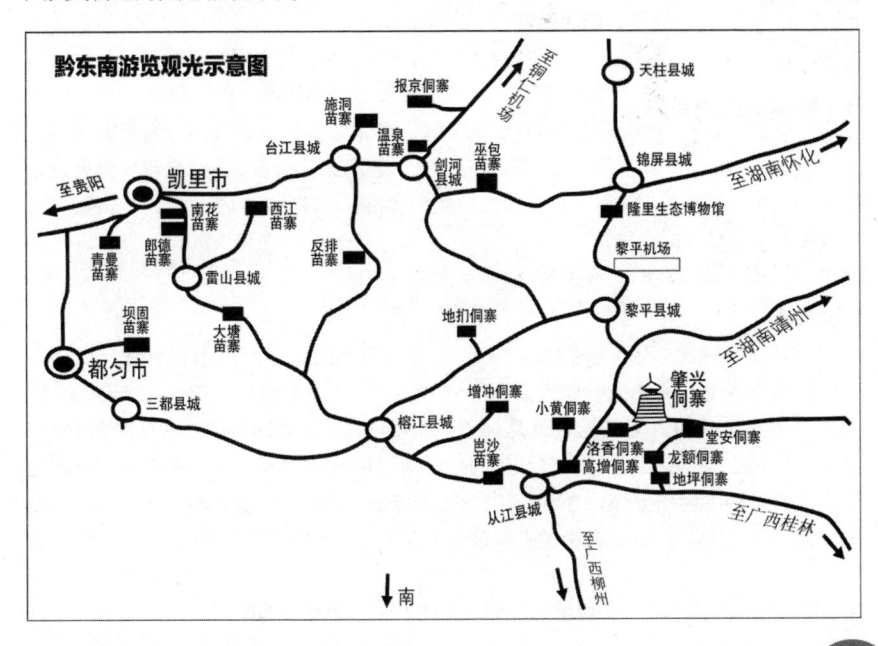

住宿

凯里市区和黔东南各地的宾馆酒店各个级别档次的一应俱全，游人可根据自身喜好任意选择。此外各个民族村寨中的民居、民宿、客栈如雨后春笋，遍地开花，数量很多，游人找到合适的住处非常简单。

● 榕江住宿参考

尚品国际大酒店,条件不错,标间200元左右。

● 三宝侗寨住宿参考

逸则民宿三宝侗店,标间100元左右。

● 郎德山寨

从凯里乘客车可直达,车程40分钟,车费10元,下车后换摆渡车5分钟可到。门票50元。含民族歌舞表演。

● 西江千户苗寨

从凯里火车南站坐客车1小时可到,车费35元。门票90元,乘坐观光车费用20元。老人、学生有优惠。

从凯里火车南站乘车去西江,车费35元。

● 榕江三宝侗寨

从榕江县城乘公汽15分钟可到,门票免收。

● 岜沙苗寨

从从江县城乘专线车可到。包车去约需30元。

● 小黄侗寨住宿参考

侗歌王食宿店,标间80元。

🏛 主要景点

郎德山寨

凯里市南30千米处的苗寨,寨中遍布颇具当地特色的吊脚木楼,民族风情浓郁,游客来此还可看到拦路酒歌、盛装苗寨、芦笙舞等歌舞民俗表演。

☞ 此苗寨规模不太大,观光效果尚好,外省游客至少应到此观光一次

西江千户苗寨

地处凯里东南的西江,是千余户苗家聚居的山村,木质吊脚楼成片而立,场面壮阔,寨前后有碧水青山相依,自然风光迷人。此处是当地观光特大亮点,适合游乐和摄影。

☞ 西江苗寨规模宏大,村寨全景视觉效果甚佳,应重点关注游览

榕江三宝侗寨

在榕江县城以东5千米处,是国内较大的侗寨之一,寨前有高大的鼓楼,寨中有不少古老的民房古屋。村寨北侧有宽阔江河流过,河边生长着百十棵巨大的古榕树——绿荫浓密、郁郁葱葱,形成了林荫掩古寨、绿云映乡村的独特风景。

☞ 此村寨是当地代表性景点,游人不应将它遗漏,观光2小时即可

岜沙苗寨

距从江县城约7.5千米处的苗族村寨,寨子背依高山、前临深谷,地势险要,景色壮阔。岜沙苗寨中多古屋古树,很有原始韵味,寨中居民也保持着原始古朴的生活习俗,他们衣着奇异、发型独特且至今还保持着身佩火枪和腰刀的习俗。游客来到岜沙,可览少数民族村寨特殊风貌,观看当地人的歌舞和火枪鸣放表演会倍感新鲜奇异。

☞ 岜沙这个寨子可以适度关注,在此待上半天基本够用

小黄侗寨

距从江县城20余千米的侗族村寨,这里有青山绿水和原始古朴的民居吊脚楼,更因其当地人擅长演唱的侗族大歌而蜚声中外。侗族大歌是种多声部无伴奏的合唱曲目,按照今天最时髦的形容就是"原生态唱法",但关键是小黄人生来就爱唱歌也似乎是生来就会唱歌,所以稍加演练就可以把这种侗族大歌合唱演绎出登峰造极且天衣无缝的绝佳效果,那种近乎完美的流畅和谐简直就是天籁,让人听后感到深深的震撼与陶醉。所以去小黄听侗族大歌是人们来到黔东南后最流行的游览方式之一。

☞ 村中逢节日有侗歌演唱表演(平日需交费包场),特色鲜明,您一定要观看

高增侗寨

距从江县城约5千米，寨中有一座高大的鼓楼和精美的风雨桥，是从江有代表性的侗寨之一。与之相邻的银良和平桥两个小村寨也有不错的风光。

☛ 时间充裕者可去高增短暂观光，笔者不作专门推荐。

增冲侗寨

在从江西北约80千米处，寨子三面山环水绕，古老民居群簇拥着特色鲜明的鼓楼，寨子周边3—15千米距离范围还有数量不少的鼓楼和花桥群，如信地鼓楼、往洞花桥、朝利鼓楼等，颇具观光价值但交通很不方便。

☛ 时间充裕者可去增冲，包租机动车会玩得更加顺利开心。

肇兴侗寨

在黎平县境内，距县城有40分钟的车程，是规模很大风光很美独具特色魅力的绝佳观光所在。肇兴侗寨两侧是青山，中央是溪水，山间水畔间矗立着一座座民居木楼，山水风光绝好而民族风情浓郁。肇兴侗寨中有5座鼓楼和5座风雨桥，这样的楼桥数量在国内同类侗寨中属实罕见。肇兴侗寨周边的风光也很美，到处是起伏的高山和层层叠叠的梯田。在肇兴背后的高山上还有一座古侗寨堂安，被称为"侗家博物馆"，而从堂安到肇兴之间穿越层层梯田和几座古村寨的一条石板小路也因其风光绝佳而成为当地步行观光线路中的经典。

☛ 黔东南最漂亮的少数民族村寨，观光摄影效果绝佳，一定要重点游览。

周边景点

黔东南其他值得关注的景点有：黎平天生桥——在黎平县城东北面的高屯镇，距县城约15千米，是世界上跨度最大的天然石质拱桥之一；隆里古镇——是一座能战能防的古军事城堡，是本地土著居民和外来屯军人员及其后裔共建的戍边重镇；德凤镇翘街——两头高、中间低，形如扁担，故而得名，这条街上保存了相当完整的明清两代的建筑物，条石、卵石铺成的路面颇显古色古香。

▲ 小黄的侗族大歌表演

● **小黄侗寨**
从从江县城乘专线车40分钟可到，车费10元，包车前去100元/车。
¥ 门票免收。

● **高增侗寨**
从江县城有客车直达。门票免收。

● **增冲侗寨**
从榕江去更方便。先坐客车到停洞，再换当地机动车可到。门票免收。

● **肇兴侗寨**
从黎平县城乘客车40分钟可到，从从江高铁站乘车15分钟可到，车费10元。门票80元。观光车费10元。

● **中国最美的乡间小路之一**
就在堂安至肇兴中间，一定要徒步走完它，其间观感妙不可言。

▲ 地坪风雨桥

总体观光指导

▲ 岜沙苗寨中的枪手

在黔东南观光，应主要关注山水风光和民族风情两大部分。当地的潕阳河、青龙洞、镇远古城、云台山、杉木河等景点本书已有介绍，下面笔者将为您详介郎德、西江、三宝、岜沙、肇兴等少数民族村寨的观光注意事项。

从凯里乘客车向南行驶，车程30分钟即可到三花苗寨，这个寨子名气、规模和观光效果一般，但是依山面河，风水不错，可作适当关注。之后再向前行车10余分钟即可到郎德村寨道口，这个寨子名气不小，寨中的旅游接待和歌舞表演也很有条理。一有游客到来（当然要达到一定数量），听到广播后村民会迅速会聚到寨子中心的歌舞表演场上为客人献上民族歌舞和特技表演。郎德苗寨的民居建造得很紧凑，寨中道路很狭窄很曲折，很显幽深神秘。

从郎德道口向南行车15分钟到雷山，再向东北行车1小时就到西江（也可以从凯里洗马河汽车站或火车南站乘客车直达西江苗寨），这个寨子很大，众多民居木楼整整盖住了两座山头，寨前的小河上也有一座新建造的风雨桥。每当有当地的民族节日时，寨子里的欢庆活动也很丰富多彩。笔者认为西江苗寨是黔东南体量最大、人气最旺的民族村寨，离远了好看，走进去观光效果也很好，饶有兴味。寨中每天上午和黄昏的民族歌舞表演还挺多彩动人。此外这里每天还上演一场《美丽西江》的大型

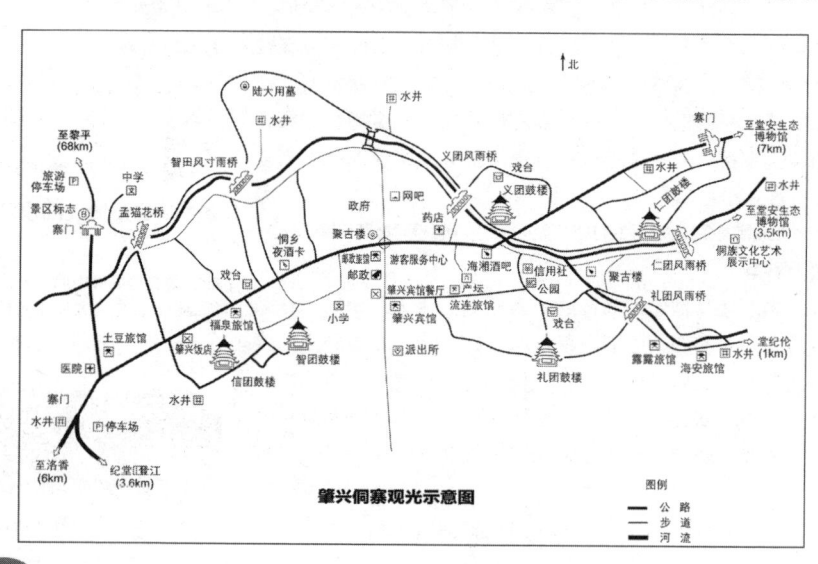

肇兴侗寨观光示意图

歌舞表演，场面宏大，热闹动人（票价130元起）。

从凯里洗马河汽车站乘客车或从省会贵阳乘高铁列车，可到榕江县。榕江的三宝侗寨临近河流，河边有百余棵大榕树，浓荫蔽日，风光独特，但是这个寨子其他特色并不显著，笔者认为逗留2小时足够了。

乘高铁从榕江到从江只需20分钟（车费18元起）。从江的岜沙苗寨建在高山上，前

▲ 肇兴侗寨一角

临深谷，山间有许多梯田，地势险要而田园风光美丽，值得一去。如果时间合适赶上村中的民族歌舞和风情表演，那观光就算物有所值，可逗留半天或1天时间。

小黄地处深山，那里的侗族大歌犹如天籁之声，让人听后感到心灵上的强烈震撼，但是那里风光不出色，去一次听听侗歌（因为交通不便大概需要住一晚）就行了。

肇兴可是个好地方，这个侗寨中两侧是青山、中央是碧水，风光美而地势奇佳，且寨中有5座鼓楼和5座风雨桥，这样大的桥楼数量在国内恐怕是独一份儿。肇兴的民族歌舞表演也很丰富出色，寨子后边还有堂安侗寨等观光亮点，非常值得一去。笔者认为在肇兴至少应住宿一晚，时间充足的人玩上3天不嫌多。此外黎平的天生桥和锦屏的隆里古镇也值得一看。

综上所述，笔者认为黔东南各少数民族村寨中，郎德、西江、岜沙、肇兴应作为观光重点，而兰花苗寨、三宝和小黄侗寨可予适当关注。

交通状况和行车时间大概如下：凯里至榕江客车行驶70分钟，全是高速路，车费60元，沿途路况好，行车无惊无险。榕江至从江高铁列车行车20分钟即可。从江高铁站至肇兴侗寨车行15分钟即到。从肇兴到黎平客车行驶约40分钟。另外，如果游毕肇兴向南去广西三江、龙胜、桂林，也是一条很有观光价值的线路，过去路况太差，近来通了高铁，往返容易，真是片刻即到。因此郑重建议您把黔东南和广西桂林一起玩，美感更上一层楼。

推荐游程

D1. 从凯里出发，从车上观兰花苗寨（在车窗左侧），之后游郎德苗寨（逗留2—3小时），再经雷山去西江，观苗寨全景、品尝苗家风味美食并看歌舞表演。当晚住西江苗寨。

D2. 上午从西江返回凯里，换车去榕江车程约70分钟，中午抵达后立即游三宝侗寨，逗留2小时左右，下午乘高铁去从江，抵达后住县城。

D3. 上午游岜沙苗寨，下午去肇兴侗寨，晚上住肇兴寨内。

D4. 全天畅游肇兴，并看当地民族歌舞表演。

D5. 早上去堂安看侗寨博物馆，中午离开肇兴。或去黎平、锦屏一线看天生桥、隆里古镇，或去广西三江看程阳风雨桥，之后游龙胜梯田和桂林山水。

旅游锦囊

如何在黔东南玩得顺利开心

①凯里市区没什么特别出色的景点，简单停留即可。

②兰花苗寨在公路东侧，注意坐在客车左侧看得更清。

③郎德苗寨停留3小时够了，如果想住宿1晚可到当地老乡文芬家，她家在村子另一头，清静且宽敞，住宿费间价平日150元/间，老板娘脾气好，服务不错。电话：15086201466。

④西江苗寨的最佳观景点是距景区西门不远处的观光大平台，这里看西江全景视野开阔，画面很美，是最佳观光拍摄地点，一定要在这儿拍下精彩瞬间。

⑤榕江三宝侗寨进村后看到的那个鼓楼还行，之后就是河边那排大榕树了，村中的古民居相当一般，不必做过多停留。

⑥从榕江到从江之间的公路车子一直沿桂柳江行驶。途中有许多古村寨坐落在山水间且有村寨就有鼓楼，有村寨就有渡船，动静相宜的画面简直美不胜收，注意仔细观看（美景大多在车窗右侧）。不过现在通了高铁，很少有人愿意坐慢吞吞的公路客车了，时间充足者可选乘汽车观光的方式，另有一番独特风韵和观感。

⑦岜沙苗寨每天下午有民族风情表演，此外这个寨子地势和风水俱佳，游人可以在寨子里仔细转一转，会有很多新发现。

⑧目前从江至小黄的客车停驶了，何时恢复不得而知，但包车前往完全可以。不愿当天回来就在那里住一天，正好趁晚间在那欣赏侗族大歌表演。

⑨高增寨子里也有鼓楼和其他民族建筑，但去那的路太难走，笔者不作专门推荐。

⑩肇兴侗寨白天和晚上皆美，尤其是寨子里的鼓楼镶上了彩灯，晚上轮廓美丽动人。寨子里除了晚上固定的免费民族风情表演外，只要游客交纳一定费用，随时可看到各类形式内容的歌舞表演。

⑪在肇兴寨子北面还有一座古寨堂安，过去被誉为"侗族村寨中的博物馆"（意为侗族特色最明显）。但是不久前那里遭遇火灾，烧毁了不少房屋而伤了元气。不过从堂安到肇兴之间有条小路（石板路），穿行在山间梯田旁，两侧山水和田园风光皆美，被笔者誉为"国内最美的山间小径"。虽然走完这条路要2.5小时，但笔者向大家作强力推荐。

⑫距肇兴只有1.5小时的地坪也有1座挺有名的风雨桥，造型很美，但它是被火烧毁后重建的，没有古风古韵，所以笔者不作专门推荐。

⑬游毕肇兴侗寨可以返回贵阳（高铁车程约90分钟），也可向东南方向前行去广西三江，看程阳桥后再游龙胜梯田，之后抵桂林和阳朔开心游乐（从从江火车站乘高铁直达桂林也只需1小时时间，车费44元起。如今的交通有多么方便，让人无比开心和振奋）。这条观光线路可以说是超级物超所值，游人沿此线一游绝对可以心满意足。时间充足的朋友可选择这种观光方式。

▲ 堂安侗寨中的鼓楼

四川省
SICHUANSHENG

黄金旅游线路

① 成都—乐山—峨眉山
② 成都—都江堰—青城山
③ 成都—九寨沟—黄龙—牟尼沟
④ 成都—康定—海螺沟
⑤ 成都—稻城
⑥ 成都—蜀南竹海—石海洞乡

四川省地处我国西南地区，这里地形多样，西部是山地和高原、东部是盆地和丘陵，江河湖泊、险峰、草原、湿地一应俱全，确是纷繁复杂、千姿百态。四川境内气候温润、水量充沛，因而农业甚为发达，"天府之国"的美丽丰饶世人皆知。更加令人惊叹的是，四川省内的如珍珠般散落的众多山水名胜，其中仅国家级重点风景名胜区和省级风景名胜区就有近百处。到四川旅游确需大量的时间，没有20—25天的时间，您是根本别想把这里的主要景点粗粗看一遍的。至于当地的自然风光和名胜古迹，且看笔者在下面为您作详细评价。

①成都市区景观集中，望江楼、杜甫草堂、青羊宫、武侯祠、锦里古镇、宽窄巷子，有两天工夫就足够了，还是留着时间和金钱到别处去游玩吧！

②峨眉山绝对够水平，那种"大家闺秀"般的风韵不是其他小景区能轻易攀比的，峨眉山主峰海拔3079.3米，想想那上面云海日出会瑰丽神奇到什么程度呢？

③乐山大佛名气大到那样的程度，不看一眼说得过去吗？再说这里还有好几处天然山体组成的巨佛像，确实能让人拍案叫绝，不过这几处景点分布得很紧凑，半天之内就可以看全了。

④青城山风光远比不上峨眉山，不过那种清幽宁静却是国内独一份儿。都江堰

▲ 海螺沟冰川·雪山壮丽风光

水利工程虽然建造得独具匠心，但自然风光水平一般。把青城山、都江堰连在一起玩才能物有所值。

⑤九寨沟、黄龙、牟尼沟一线聚集着国内一流水准的美景，风光确实精彩。尤其是九寨沟，已经美到惊心动魄、永生难忘的地步，但是一定要找准观光季节，夏秋时节风光最棒！

⑥四姑娘山蓝天、白云、雪山、绿野相映，风光非常美丽纯洁，确实令人心动，再说距成都只有4—5个小时车程，您还等待观望什么呢？

⑦海螺沟风光亦很壮美，但前去游览应注意找准季节，盛夏时节冰雪融化、风光欠佳，而初冬时节山上冰川盖满白雪，景色非常壮丽。

⑧稻城是四川境内的"香格里拉"，风光之美丽原始是其他地方很难比拟的，现在那里的交通、食宿条件完善多了，旅途中的辛苦劳累减轻后游人得到的是开心愉悦的美好感受，稻城新姿更加美丽动人。

⑨西昌是座高原城市，有泸山、邛海等数处景点，风光非常优美。从这里向西行车1天还可到泸沽湖一游，这一点非常方便诱人。

⑩蜀南竹海太棒了，满山种翠竹，遍地流泉水，空气特新鲜，风光也优美，不去玩一趟实在太亏。

⑪同样精彩的地方是兴文县境内的石海洞乡，喀斯特地貌瑰丽奇特，可做1—2日观光游览。

其他较有名气的景区还有红原草原、柳江古镇、瓦屋山、蒙顶山、碧峰峡等，时间充足的游客可一一驻足。

▲ 黄龙景区一角

四川省 成都

成都

☎ 电话区号：028　旅游投诉：96527

　　成都——四川省的政治、经济、文化中心，也是祖国西南风光绮丽的旅游名城。两千多年悠久的历史文化造就了武侯祠、杜甫草堂、金沙遗址、大熊猫繁育研究基地、青羊宫、望江楼等驰名中外的人文佳景；而九寨沟、峨眉山、都江堰、青城山等华夏山水风光明星亦像日月争辉，放射出夺目的光彩。峨眉天下秀、青城天下幽、剑门天下险、夔门天下雄，只要您来到了"休闲之都"成都，不论向东、西、南、北任何一方邀游，都会尽览绚丽的自然风光，饱领纯美迷人的风土人情。

☛ 市区观光要点应该是望江楼、武侯祠、锦里古街、杜甫草堂、青羊宫、宽窄巷子、天府广场、熊猫基地

🌡 气候与游季

　　属亚热带季风气候，主要特征是春早、夏热、秋凉、冬暖，空气潮湿且多云雾。由于夏季天气较闷热而冬天又有些阴冷，所以这里虽然常年可游览但最佳旅游季节是每年的3—6月或9—11月。

☛ 成都周边观光要点应该是黄龙溪和洛带古镇、都江堰、青城山、西岭雪山

🚌 交　通

　　成都是西南地区最大的陆路和空中交通枢纽，交通十分便利。目前有两个主要机场，老机场叫双流机场，新机场叫天府国际机场。双流机场只有国内航班，天府机场既飞国内又能飞往世界各国。

☏ 四川航空公司电话：028-88888888　成都航空问询电话：028-66668888

飞机

　　成都与北京、上海、广州、深圳、郑州、武汉、哈尔滨、乌鲁木齐、拉萨等全国80多个大中城市间有航班往来，开通250多条航线其中有近百条国际航线，具体班次可以电话问询机场售票处或在售票软件上查询。双流机场距成都市区16千米，有多路专线车和地铁同市区对开。天府机场在简阳，距成都市中心和双流机场都是50千米远，目前至少有6条公交线路与市区相连。

▲ 锦里古街一角

● 成都双流机场问询
028-85205555。

● 天府机场问询
028-86906666。

● 从双流机场到市区
白天有多路公交和地铁10号线可乘，约半小时可到成都市区。

● 机场专线大巴车
只在夜区开通，车内很干净，服务也好，另外行车线路经过成都各主要街区，给乘客带来诸多方便。

123

铁路

成都的铁路交通非常发达，目前市区有4个火车站，其中成都站是主要客运站，成都东站是高铁和动车站，两个站都有许多旅客列车发往全国各省各大城市。此外成都南站和西站也是重要的客运中心。

火车站问询电话：028-86433232　火车订票电话：96006

公路

成都市内有众多的长途汽车站，各类客车发往各省、市和本省的各地区，各大汽车站的发车范围有分工。详细情况请打咨询电话。

● 公路客运及旅游乘客指导

游客最应关注的是新南门和茶店子车站，这两个车站都是旅游集散中心，有多班客车、旅游车发往各个景区。其中去峨眉山、乐山、康定、稻城、海螺沟、九寨沟在新南门上车；去青城山、都江堰、九寨沟、黄龙主要在茶店子上车。

● 住宿参考

① 汉庭酒店武侯祠店，干净舒适、服务热情，房价适中。
② 莫泰168杜甫草堂店，条件尚好，服务周到。

主要长途汽车站　　电话区号（028）

站名	发车方向	电话
金沙汽车站	发往川西、近郊等地	87350091
茶店子客运站	发往川西、川西北及近郊	87506610
新南门汽车站	发往川南、川西南、川东、近郊	85433609
城北客运中心	发往川南、川北、川西北	83175758

市内交通

成都的市内交通主要由公交车、地铁、出租车构成，市内绝大多数景点都可以乘公交车到达。

出租车8元起步，1千米后1.9元/千米。

成都目前有12条地铁线路，其中1号线北起升仙湖，南至广都站，设22座车站。2号线北起犀浦，南至龙泉驿站，设32座车站。4号线西起非遗博览园站，东至万年场站，设16个车站。还有数条在建线路，不久后会通车。

住宿

作为一个省会级的旅游城市，成都的宾馆酒店极多，高、中、低档都有。五星级酒店的代表是锦江宾馆，平日标间房价也在500元以上。四星级宾馆的代表有华洋花园城大酒店、岷山饭店，平日标间房价在350元以上。三星级的有全兴大酒店、民航巨龙酒店等。作为自助旅游者来说，尽可以选择便宜实惠的经济型酒店和普通宾馆。

主要景点

杜甫草堂

唐代大诗人杜甫在成都的故居，坐落在成都西郊的浣花溪畔，诗人曾在这里居住了将近四年时间。著名的《茅屋为秋风所破歌》等诗篇即是在此写成。现在，草堂已被开辟为杜甫纪念馆，游人可在此了解诗人的生平经历，重温那些千古流传的著名诗句。草堂内竹林茂密，溪水轻流，风光柔美，古朴宜人。

☛ 建议在草堂观光2小时

武侯祠

位于成都市南郊，系古人为纪念三国时期蜀国丞相武侯诸葛亮而建，是国内目前纪念诸葛亮的名胜景区中最著名的一处。内有诸葛亮殿、刘备殿等主要建筑，藏有唐碑和诸公贴金泥塑像等珍贵文物，现已成为诸葛亮与三国文化的研究中心。

☛ 建议观光 1.5 小时　　💴 门票 50 元、老人、学生有优惠

望江楼公园

在成都市锦江西岸，是纪念唐代女诗人薛涛的古迹和游览胜地。园内竹林耸翠、石栏精美，有崇丽阁（望江楼）、濯锦楼、吟诗楼等景，其中当数30米高的崇丽阁身姿最秀丽，一度成为成都市的标志性建筑。

☛ 建议在望江楼观光 1.5 小时　　💴 门票 20 元

青羊宫

成都市内最大的道观，始建于唐代，现有三清殿、紫金台、混元殿等宫殿，寺内还有造型奇特的铜铸羊像，特色鲜明。每年农历二月

● **推荐特色餐馆**

① 龙抄手总店在春熙路南段6号，主营龙抄手和各类四川小吃。

② 夫妻肺片总店在总府路27号，主营夫妻肺片和各类成都小吃。

③ 赖汤圆总店在总府路27号，主营赖汤圆和成都小吃。

④ 蜀九香火锅店，主营四川火锅（在紫竹南一街）。

● **杜甫草堂**

17、30、35、47、82、85、304 路公交车可到。门票 50 元。老人、儿童可免收门票。开放时间 7:00—20:00。

餐饮及特色美食

川菜是中国八大菜系之一，其味之美与特色之鲜明早已是名扬四海。到了成都，当然要品尝各类佳肴美味，加之这里的川菜不光口味醇正，价钱还相对便宜，许多中小餐馆中如回锅肉、水煮肉、宫保鸡丁、抄手肉片等家常川菜的价码都在18—28元，这一点还算令人快活欣欣。特色菜肴的代表有回锅肉、水煮牛肉、火爆腰花、锅巴肉片、粉蒸排骨、红油耳片、棒棒鸡、珍珠脆皮鸡、碧绿虾仁、麻婆豆腐、香辣炒蟹等。风味小吃有夫妻肺片、酸辣豆花、火ების肉粉、张老五凉粉、宋嫂面、钟水饺、赖汤圆、龙眼包子、老四川灯影牛肉干、龙抄手、三合泥、八宝黑米粥、烫面油糕、鸡汁锅贴、双味珍珠丸子等。

不把上边的东西吃个遍，您的四川之旅就不太圆满了。此外，更加令人垂涎的是川味的火锅，光锅底就有数十种，可以下锅的原料更多，不过那泛着滚滚红油的锅中每样东西都是真正的麻、辣、烫，能不能承受可就是个人的问题了。传统饮食街主要有羊市街西延线、科华北路、领事馆路、望平街等，近年来新兴的美食聚集区亦很多，如一品天下美食街甚具规模、名气。游人可视情光顾。

欲吃龙抄手、赖汤圆、夫妻肺片这些成都著名小吃，可到成都最繁华的商业街春熙路、总府路。龙抄手、赖汤圆、夫妻肺片的总店都在这里。一次吃遍上述小吃名品是件令人很开心的事。

▲ 成都美食龙抄手、粉蒸肉

杜甫草堂示意图

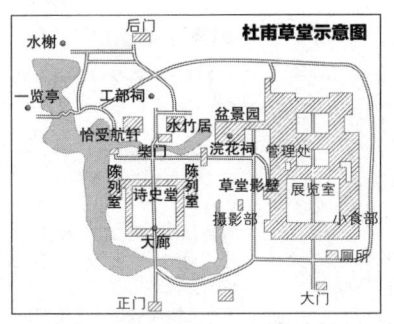

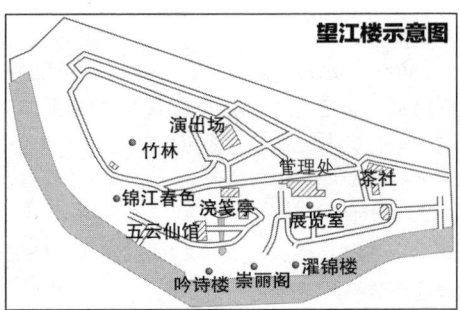

望江楼示意图

●另荐青龙正街酒楼

在一品天下美食街上，主营川菜。就餐环境不错且相对便宜实惠，其中回锅肉32元/份，水煮鱼58～68元/份，就该店的菜量来说，是很划算的。笔者力荐。

●武侯祠

1、10、14、26、53、57、59、213、214、304、307路公交车可到。

●望江楼公园

5、18、19、27、34、35路公交车可到。

●青羊宫

3、4、5、13、18、19、27、35路公交车可到。

●都江堰

从成都去都江堰最方便的是茶店子汽车站，每10分钟一班，车费12～16元，1小时即可到。
成都犀埔火车站发往都江堰的火车每天有多班，车程最快27分钟。车费10元。下火车后还要换乘4路公交车，即能抵达景区。
都江堰门票80元。

十五，附近的文化公园中都举办盛大的花会，此时把两个景点一起游览会倍感快活开心。

☛建议在青羊宫观光1小时　¥门票10元

都江堰（国家5A级旅游景区）

都江堰水利工程位于都江堰市以西，由鱼嘴（分水堤）、飞沙堰（泄洪道）和宝瓶口三大部分组成。其中鱼嘴把汹涌的岷江分隔成内江和外江——外江排洪、内江引水灌溉。飞沙堰主要担负泄洪、排沙和调节水量的作用，宝瓶口亦可调节江水、分流洪峰。都江堰水利工程建成后，当地人民免遭洪涝侵害，整个成都平原的农业和经济都从中受益匪浅，我国古代水利工程高超的施工水平至今为中外游人所惊叹。现在，都江堰已被开发成游览区，游客从成都出发1小时即可到达都江堰，附近的道教名山青城山风光亦很旖旎，多数游客均把上述两景连在一起游览。

☛建议在都江堰观光2～3小时

大熊猫繁育研究基地

位于成都市北郊的斧头山下，是国内颇具规模的大熊猫及其他珍稀动物的繁殖保护基地，也是市区周边近年来受到外界关注的观光亮点（乘198、532、902路公交车可到，门票55元）。

宽窄巷子

成都市内著名的历史文化街区，由宽巷子、窄巷子、井巷子3条老街道及古屋院落组成。2008年6月这里的改造工程竣工，部分恢复了古街旧貌。现在的宽窄巷子历史文化保护区内古风古韵浓郁，有古香古色的茶馆、餐馆、客栈、特色工艺品店和生活体验馆，展示成都古老而丰富的历史文化和市井风情，这里亦有"老成都的新名片、新成都的老客厅"之称（乘5、13、25、42、43、47、58、64、78、81、93、340路公交车可到，无须门票）。

●推荐成都著名的商业购物街

①春熙路。高档商业街，相当于上海的南京路和北京的王府井，华丽气派。
②锦华馆。街道不长，有不少服装店、小餐厅、咖啡屋，风格时尚而新潮。
③盐市口，是大众化商业中心，有多家大型商城，人气很旺。
④四川特产商城。在新华大道玉沙路10号。出售各类旅游纪念品和食品，品种极丰富。

▲ 宽窄巷子街景

锦里古街

长近400米的古街道，与著名景点武侯祠相邻。街两侧有川西建筑风格的古民居，街上有百家各色店铺提供餐饮小吃、购物、民俗表演等，是八方游客体验成都特有民俗风情的好去处。锦里古街风光很美、人气很旺，笔者给予强力推荐（与武侯祠一起游览就行）。

👉 锦里古街是观景大亮点，在此逗留半天吧，无须门票

欢乐谷主题公园

位于成都市金牛区北三环一段与交大路交界处，是颇具规模的大型主题公园。由阳光港、欢乐时光、加勒比旋风、巴蜀迷情、飞行岛、魔幻城堡、飞跃地中海等主题区域组成，能带给游客无尽快乐享受。园内的歌舞表演内容也很丰富，极具感染力（乘88、95、362、512路公交车可直达。门票230元/人，老人、儿童有优惠）。

推荐游程

成都含周边景区五日游

D1. 从成都出发去乐山观大佛，2小时可到，观光停留2小时。之后乘车1小时到峨眉山市，宿山下报国寺或上山住雷洞坪或住金顶。

D2. 早晨峨眉山金顶观日出，之后下至山腰游万年寺、白龙洞、生态猴区、清音阁，下午出山回成都市区。晚间去春熙路休闲购物，夜宿成都市内。

D3. 早晨先在成都观光，看杜甫草堂、武侯祠、锦里古街、望江楼。之后出发去都江堰，观景停留1.5小时。然后到青城山山门外住宿。

D4. 上午游青城山。下午返回成都去大熊猫基地游玩。晚上在天府广场观景购物。

D5. 上午到黄龙溪看古镇风情，下午观宽窄巷子或欢乐谷游览。依以上游程安排，成都市区及周边的主要观光亮点您都基本上看全了，很精彩！

春熙路

春熙路位于成都市锦江区春熙路街道，覆盖北新街以东、总府路以南、红星路以西、东大街以北、南新街、中新街以及临街区域，面积大约20公顷。春熙路热闹繁华，现大约有商业网点700家。

交通：市内乘坐43路、47路、48路、55路、56路、104路、298路通宵专线，地铁2、3号线可到达。

远洋太古里

成都远洋太古里坐落于成都中心地带，是太古地产和远洋地产携手发展的开放式、低密度的街区形态购物中心。位于春熙路，尽享优越交通和人流优势，比邻的千年古刹大慈寺更为其增添独特的历史和文化韵味。

交通：市内乘坐3路、4路、58路、81路、98路、138路公交，地铁2、3号线可到达。

文殊院

是川西著名的佛教寺院。它的前身是唐代的妙圆塔院，宋时改称"信相寺"，后毁于兵燹。康熙三十六年（1697年）集资重建庙宇，改称文殊院至今。

交通：市内乘坐16、55、64路公交车可到达。地址：青羊区文殊院街15号文殊院。门票免收

金沙遗址

金沙遗址主体文化遗存的时代约为商代晚期至西周时期，重要遗迹有大型建筑基址、祭祀区、一般居住址、大型墓地等，出土金器、铜器、玉器、石器、象牙器、漆器等珍贵文物5000余件，还有数以万计的陶片、数以吨计的象牙以及数以千计的野猪獠牙和鹿角。

交通：市内乘坐5、7路公交车可以到达。地址：成都青羊区城西金沙遗址路2号。门票：66元／人

环球中心

是迄今为止亚洲最大的单体建筑，是一个集大型的商业综合体：百货业（韩国乐天百货）、商业街、餐饮业、商务办公、酒店（天堂洲际酒店）于一身的多功能建筑。内有天堂岛海洋乐园，建在一个巨大的玻璃体内，建筑主体高约100米、长近500米、宽约400米。它拥有目前世界上超大的室内人造海洋，亦有长达400多米的海岸线，室内人造海滩让市民一年四季都能感受到海的气息，而细腻柔软的海岸沙滩，带给人以最真实的海滨度假感受。

交通：地铁1号线，海洋乐园门票60元／人

极地海洋世界

极地海洋世界是大连海昌旅游集团打造的集旅游、休闲、度假、购物、娱乐等多种方式于一身的大型主题公园，是国家4A级景区。由极地动物展示区、鲸豚表演场、欢乐剧场、海洋动物展示区、风情小岛休闲区五大核心板块组成，每个板块分别由不同种类的动物为主题分馆围合而成。园内通过人造冰雪景观、维生系统等高科技的精密运用，使极地动物也能在内陆悠然生活，为游客带来梦幻般的奇异感受。

交通：市内乘坐801、803公交线路到华阳客运站，然后转2路B、4路A、4路B古城路口下即可到达。地址：成都市华阳镇天府大道南段2039号 门票：130—175元／人

动物园

经过近50年的建设与发展，已建有30余组各种造型的动物馆舍，成为常年展出各种兽类、两栖爬行、鸟类以及观赏金鱼等国家保护的珍稀濒危野生动物300余种、3000余只（头）的大型专业特色公园。

🚌 交通：9路、18路、32路公共汽车可以到达公园正门。地址：四川省成都市成华区昭觉寺北路234号
🎫 门票：20元／人

珍稀植物园

位于成都北郊天回镇，距市区10千米，占地774亩，绿地率94%。该园共设8个专类植物区和10多个植物专类园，荟萃中外珍稀树种200余种。包括6种一级保护植物：桫椤、珙桐、水杉、银杉、秃杉、金花茶。园内树木繁茂，环境幽雅，风光如画。

🚌 交通：224路、25路到植物园站下车　　地址：成都市金牛区北门外天回镇

东郊记忆

被称为"中国的伦敦西区"，系原成都东区音乐公园。是集合音乐、美术、戏剧、摄影等各类文化形式于一身的多元文化园区。是工业遗址主题旅游地、艺术文化展演聚落、文艺创作交流园区、成都文化创意产业高地，亦是国家4A级景区。这里拥有种类齐全的演出空间，18个场馆持续上演各具活力魅力的文化节目。

🚌 交通：乘180、342、1013路公交至东郊记忆北大门站下车步行约200米即到。地址：四川省成都市成华区二环东路外侧建设南支路4号　　🎫 门票：开放式景区，无门票。

天府广场

天府广场是成都的城市中心，是成都的核心地标和城市名片。天府广场中央的是毛泽东雕像，高度30米左右。周边有省图书馆、省科技馆、省美术馆、成都博物馆新馆、锦城艺术宫等科学、文化、艺术设施以及大型商业百货、特色餐饮等服务设施。

🚌 交通：1路、16路、26路，机场专线2号线、地铁1号线、2号线。　地址：位于成都市中心

三圣花乡

三圣花乡景区是国家4A级旅游景区。景区以观光休闲农业和乡村旅游为主题，是集休闲度假、观光旅游、餐饮娱乐、商务会议等诸多功能于一身的城市近郊生态休闲度假胜地。景区由花乡农居、幸福梅林、荷塘月色、东篱菊园、江家菜地五个核心景区组成，享有"五朵金花"的美誉。

🚌 交通：可乘坐23路、31路、56a路至三圣乡政府站下即可。地址：锦江区三圣街道办事处

石象湖生态风景区

石象湖生态风景区位于成都市蒲江县境内，在成雅高速公路86千米处，因湖区有古刹石象寺而得名。是国家4A级景区。这里森林覆盖率达90%以上。湖区内有大面积马尾松林和呈"九沟十八岔"形态分布的水域，因湖区山水奇异，所以享有"水上迷宫"之美誉。石象湖生态风景区也是万亩生态园区的发展中心。

🚌 交通：石象湖生态风景区位于成雅高速路86千米处。　在成都新南门车站，每天有大巴定时往返于石象湖生态风景区。门票价格 50元

旅途花絮·精彩回放·旅游提示·观光指导

①近年来，成都城市建设进程突飞猛进，国际大都市风貌日益显现，令人刮目相看，挺棒！

②市区观光重点是：望江楼、武侯祠、杜甫草堂、金沙遗址博物馆、青羊宫、熊猫基地、锦里古街、宽窄巷子、天府广场、春熙路、太古里，周边有黄龙溪和洛带古镇、五凤溪古镇、街子古镇、三通古镇、平落古镇。再远一点就是都江堰、青城山、峨眉山、乐山、三苏祠、瓦屋山、天台山、平乐古镇了。

③笔者看到黄龙溪后很感惊诧意外，真没想到有这么个好地方，并且距成都市区这么近。

④笔者看到太古里后喜出望外，这里体现着国际休闲时尚与传统历史文化的完美结合，令人感到耳目一新。

⑤锦里古街和宽窄巷子都颇具历史文化底蕴，都应该仔细观赏体味。过去笔者不喜欢宽窄巷子但特喜欢锦里古街，原因是消费价格在宽窄巷子很贵而在锦里很便宜——不久前笔者又去了一次，发现宽窄巷子的物价有所下降而锦里的餐饮价格上涨明显，哈哈，这下它俩基本扯平了！

⑥别看成都市区有那么多景点，其实如果科学安排、妥善行进，一两天内就可览其全貌，好好计划一下、试试看（本书前边也有行程推荐）。

⑦欲看2008年"5·12"大地震后出现的"地震旅游"景点，笔者推荐您关注2个地方，分别是映秀、水磨（都距成都和都江堰不远），前者是着重看地震的威力和造成的灾难，后者则主要看的是灾后重建的成果。

⑧三星堆遗址博物馆很有观赏价值，随着"博物馆热"成为近些年的热门景点；西岭雪山适合游乐休闲但不适合观光。如果您有时间从成都经洪雅去瓦屋山，沿途见到的则是数不尽的青山绿水和原始村舍，那里呈现的大概是四川省内最柔美的田园风光。

⑨最后推荐一个绝佳所在：柳江古镇（距成都只有2小时车程，在从成都去瓦屋山的路上），这个古镇风光很美，值得重点关注（本书后边有详介）。

▲ 天府广场秀丽景色

旅行家指导

为您提供成都旅游观光的补充关照

①成都有那么多特色餐馆，笔者着重为您作如下推荐介绍：A.一定要去吃一次龙抄手，味道鲜美分量足（要去总店）！B.赖汤圆和夫妻肺片总店也建议您去惠顾，因为它俩名气大且与龙抄手总店很近。C.四川火锅店除了前面提到的蜀九乡外，再推荐一家老码头，在玉林中路27号，相对正宗且实惠。对于一个在成都只逗留几天的食客来说，上边几家美食店够用了。别再介绍太多的餐馆了，那会让您顾此失彼、挑花了眼。

②晚上休闲娱乐方式很好选择：A.逛春熙路、总府路（相当于上海南京路、北京王府井）。B.逛天府广场（相当于北京天安门广场，周边还有多家大型商厦）C.去宽窄巷子感受回味老时光。D.去锦里古街享受美食休闲，看川剧变脸。哇，一个是一个，内容丰富，样样都能让您快乐开心！

周边景点

黄龙溪古镇

地处成都市双流县境内,前临锦江、背依无边绿野,镇上溪河遍布、古屋成群,更有镇江寺、潮音寺、古老寺三座寺庙古迹。近年来,镇上有近百家农家乐宾馆和餐馆开业,假日里成都市区的观光休闲客蜂拥而至,古镇上人流涌动、热闹非凡。黄龙溪已成为成都周边引人关注的古镇游特大亮点。

🚌 成都市区有多路专线车直达黄龙溪。其中新南门车站滚动发车,车程1小时,车费15元。💰 古镇无门票。

洛带古镇

在明末清初规模很大的"湖广填四川"的移民过程中,有来自广东、江西、湖南、湖北的大量客家人来到这里安家生根,他们有独特的生活习俗也带来了独特的客家文化。如今地处成都东郊龙泉驿区北部的洛带古镇以大量的客家会馆和古屋古街向外来客人展示客家历史文化的底蕴,而物美价廉的各式当地特色美食也为游人带来了诸多满意和开心。

🚌 新南门车站有专线车直达洛带,车程1小时,车费8元。💰 古镇无门票。

北川羌城(国家5A级旅游景区)

北川羌城旅游区位于绵阳市北川羌族自治县境内,由地震纪念地、大爱文化观赏区和禹羌文化体验区三部分组成,三大旅游区主题定位分别是缅怀祭奠、大爱无疆、禹羌文化,总面积6.01平方千米。

🚌 北川羌城旅游区内部有观光车相通。💰 免费开放。

阆中古城(国家5A级旅游景区)

阆中与云南丽江、山西平遥、徽州古城并称为中国四大古城。分布在古城区内的重要历史遗迹有汉桓侯祠(张飞庙)、华光楼、贡院、清真寺、文庙、净圣庵、天主堂、火神楼、柳辺井、中天楼、红四方面军总政治部旧址以及正在修复或重建中的道台衙门、学署、武庙等。保宁醋、张飞牛肉、白糖蒸馍、保宁压酒是著名的"阆中四绝",游人可留意品尝。

🚌 景区内公交车有1路、2路,主要在张飞大道行驶。💰 进入古镇不收门票,参观镇内景点另需购票。

邓小平故里(国家5A级旅游景区)

位于广安市协兴镇牌坊村,距广安市区7千米。沿成都至广安高速公路及重庆至广安高速公路行进可直达。邓小平故里旅游景区现有主要景点近20处,如翰林院子、蚕房院子、邓绍昌墓以及邓家老井、放牛坪、清水塘、洗砚池、神道碑等,回顾展示了邓小平同志青少年时期的成长历史和后来的革命历程。

💰 景区门票已于2008年5月1日起免收,游人在售票处免费领取门票,进入小平故居参观。

眉山三苏祠

眉山三苏祠是北宋著名文学家苏洵、苏轼、苏辙的故居。它位于眉山市纱縠行街(距成都约70千米),始建于元代延祐三年(1316年),后经几次扩建、重建,现在已成为一组典型的西蜀民居风格的园林式建筑群。

三苏祠红墙环抱、绿水萦绕,园林中心荷池相通,桥榭精古、古木挟疏、翠竹掩映,风光非常柔美动人,祠内的主体建筑有景苏楼、疏竹轩、南堂、海棠亭等。三苏祠对面的三苏博物馆也是景区的重要组成部分。

🚌 从成都新南门汽车站乘大巴,50分钟可到眉山市,从

▲ 黄龙溪古镇一角

▲ 碧峰峡瀑布秀色

成都站乘火车去眉山车程也只有40分钟左右。从乐山、峨眉山乘火车或汽车去眉山亦十分方便。眉山火车站有1路公交车直达三苏祠。另外乘3、11、15路公交车也可到达。🎫 门票40元。

天台山

天台山位于邛崃市郊，距成都市约110千米，以"山奇、石怪、水美、林幽"著称。山上拥有道观、佛寺、官房多达108处，形成庞大的宗教山城。作为当年红军长征时经过的地方，这里被确定为"四川省爱国主义教育基地"，红军长征邛崃纪念馆就坐落在景区内向青少年和各界游人开放。天台山气候凉爽，山间遍布各类农家乐旅馆餐馆，是成都周边的休闲度假佳境。

🚌 成都文化宫地铁口或茶店子车站双休日8:00和8:30有旅游专车可直达天台山景区，行车时间约为1小时。游客也可从成都乘高铁，45分钟可到邛崃，出站后换车约60分钟可到达天台山。

💰 门票旺季：58元。老人、儿童、军人、残疾人有优惠。

雅安碧峰峡

碧峰峡景区位于四川雅安北部18千米处，距成都128千米，由碧峰峡生态风景区、野生动物园、大熊猫保护基地三大景点组成。碧峰峡生态风景区主要有两条峡谷，左峡长7千米，右峡长6千米，沿1.5米宽的石板路在峡区内环绕旅游，可领险、奇、秀、幽之原始风貌。中国保护大熊猫研究中心雅安碧峰峡基地2003年落成开放。碧峰峡野生动物园目前是四川唯一的野生动物园，园内有各类野生动物400多种，11000头（只）：其中有东北虎、金丝猴、白颊长臂猿、黑头叶猴、雪豹、丹顶鹤等国家一级保护动物30多种；黑熊、白鹇、红腹锦鸡、短尾猴等二级保护动物50多种，还有白狮、白虎等极品珍稀动物。

🚌 去碧峰峡最好先到雅安。成都到雅安高铁1小时即到。之后乘去碧峰峡的专线车，车费7元，30—40分钟即到碧峰峡景区。💰 峡谷景区（含大熊猫园）门票100元。野生动物园门票180元。

上里古镇

上里古镇位于雅安市雨城区北部，距雅安市中心27千米。镇上古朴民居林立且高低错落、鳞次栉比，与镇边古树、竹林、古桥、溪水相映成趣。街上石板铺路、两侧木屋为舍，颇具古风古韵。

镇上有石桥10余座、古塔4座、古牌坊3座。1935—1936年红军长征时曾路过上里古镇，留下了石刻标语数十幅，如今仍然清晰可见，成为古镇上的独特景观。现在，古镇周边的溪河边建起了大量的酒吧、餐馆、休闲庄，节假日期间从成都、雅安来的观光休闲客人络绎不绝，上里古镇已经成了名副其实的成都的后花园。

🚌 从雅安火车站或是旅游汽车站乘专线中巴车1小时可到。车票8元。💰 无门票。

牛背山

虽然山峰很险峻、登攀很艰辛，但是一旦登顶却可以在有"四川最大山巅观景平台"之称的地方饱览巴蜀大地上不可多得的壮观景色——天气晴好时峨眉山、瓦屋山、夹金山、四姑娘山、二郎山、贡嘎山的雄伟山姿全都历历在目（尤其是"蜀山之王"贡嘎雪峰的身姿非常巍峨动人），而云海、日出、佛光等胜景在这里更是频繁出现。这个绝佳观景点叫牛背山，它是四川省内近年来才开始被外界发现并逐步开始引人关注的观光新亮点。

🚌 欲登牛背山既可从成都开车或乘客车至荥经县城再经三合乡上山，也可开车或乘车到冷碛镇再包租当地机动车上山。门票115元起。

四川省 成都

推荐黄金旅游线路：
成都—汶川—九寨沟—黄龙—郎木寺—黄河第一湾五日游

目前大多数游人首次入川时首选的景点就是九寨沟、黄龙。"九·黄"组合堪称是四川省内（至少是川西北一带）最具观光价值的顶尖级美景。本文为您设计的这条黄金旅游线路不光包含了九寨沟和黄龙观光，还加上了汶川地震遗迹、郎木寺、唐克黄河第一湾等新景点，游览内容丰富、观光效果圆满，望君一试！

D1. 成都—汶川—茂县—松潘—九寨沟口

早上从成都新南门或是茶店子车站乘大巴去九寨沟（自驾车更好），全程柏油路或是水泥路，所有路段又宽又平，乘车观光是一种享受。

成都与都江堰之间是高速路。出了都江堰行走约16千米（也是高速路）就到了映秀镇，这里是2008.5.12大地震的震中。震后是一片废墟，如今全都盖起了新楼且非常美观漂亮，抗震救灾的成果让人倍感震惊和佩服。从映秀镇到汶川还有1小时车程，这里公路两侧地震遗迹犹存，被流石掩埋的旧213国道、垮塌的桥梁、废弃的农舍随处可寻，而213国道新线已完全修通，各类客货车辆川流不息，宛如一条条活动的长龙。到了汶川县城之后，公路就非常宽阔平坦了；到了茂县，路况更好了。尤其是茂县到松潘之间，公路沿线的风光非常美，两侧是青山碧水和绿荫掩映的小村庄，很有诗情画意。从茂县到松潘乘客车要3小时，过了松潘路况更好，两旁全是高大森林和浓密灌木丛，途中经过的几个藏寨也很美，2个小时后，九寨沟口就到了。

九寨沟口两侧全是宾馆酒店，还有茂密林木，另有一条波涛汹涌的溪水在昼夜奔流，环境很美很迷人。吃过晚饭早点休息，明天畅游九寨沟。

▲ 九寨沟五花海秀色

D2. 全天游九寨沟

8:00 前后进沟，乘观光车一步抵达诺日朗，然后换车 25 分钟到长海，观光后步行到五彩池，停留 15 分钟，然后坐观光车回诺日朗。饱吃一顿自助餐，60 元的就能吃饱吃好。然后坐观光车进日则沟，先上行再从箭竹海下车向下走，依次游览箭竹海、熊猫海、五花海、珍珠滩和珍珠滩瀑布——其中珍珠滩瀑布最能反映出"人间仙境"的风姿神韵。之后再看境海。然后乘车去诺日朗，稍息片刻，买些工艺纪念品。

然后乘车下行，先观诺日朗大瀑布，然后依次看犀牛海、老虎海、树正群海、树正瀑布，在树正藏寨前上观光车，车上观芦苇海、盆景滩景色。晚 18:00 左右出沟。

别看这一天玩了不少地方，实际上并不劳累，因为观光车四通八达，需要自己走路的地方并不多——不超过 2.5 小时且全是下坡路。晚上抖擞精神，再去看一场大型歌舞表演《印象九寨》或是《九寨千古情》，这一天的观光游乐算是相当充实圆满了。

D3. 畅游黄龙，看松潘古城

早上 7:00，从九寨沟口乘客车去黄龙，3 个小时可到。中途经过川主寺和一座大山山巅，可以近看红军长征纪念碑和远眺雪宝顶主峰雄姿。

10:00 左右到黄龙，带足食品饮水上山。先乘缆车，下车后步行 10 分钟到观景台看黄龙群山壮景，再步行 60 分钟到黄龙寺，然后从黄龙寺上行，用 60 分钟走一个环线，好好欣赏路边的五彩池迷人风光，这个由数百个彩色钙化池组成的美景会给您带来无限美妙欢欣。

12:00 左右在黄龙寺午餐（吃自带食品），之后一路下山，依次观赏黄龙中寺、娑萝映彩池、明镜倒映池、盆景池、飞瀑流辉、迎宾池等著名景点，14:00 左右出黄龙景区，换车去松潘，松潘古城风光一般，简单观光购物即可。夜宿松潘。

D4. 游览郎木寺

早上 7:00 乘客车从松潘乘车到若尔盖再换车去郎木寺，10:00 前后可到达若尔盖。若尔盖到郎木寺是热线，包车或拼车到郎木寺易如反掌，1 小时出头就到了。抵达后先安排好住宿，然后依次看郎木寺、格尔底寺、白龙江发源地、纳摩大峡谷（可进去走一段不必走全程）。这一圈观光有 5 小时就够用，晚上在郎木寺品尝一下藏家风味菜，参加跳锅庄晚会。

D5. 游花湖、黄河第一湾

早上从郎木寺拼车或包车，约 40 分钟后到达花湖，观光 2 小时令人满意开心。离开花湖后行车 60—80 分钟可到黄河第一湾——这里是川西草原上不可多得的美景，河也美岛也美，岛上的草坪和沙洲更是漂亮迷人——人工种的草坪不会这么平坦均匀，人工种的树也绝对不会这么葱茏茂盛。黄河第一湾留给人的印象很难忘，但是您一定要登上河东边的山顶，在那上边看到的画面才是最美最完整的。

下午离开黄河第一湾返回若尔盖，这一段公路里程大约 82 千米，行车要 1 小时出头，途中见到的若尔盖大草原非常辽阔壮美，借着夕阳的余晖以草原为背景拍上几张纪念照，会给您此次川北之行画上特别圆满的句号。

晚上在若尔盖住宿。次日踏上返程。

若尔盖有客车直达成都，也有客车到甘肃合作。合作有快巴直达兰州，从合作到夏河去看拉扑楞寺也方便（合作到夏河车程只要 1 个小时），因此不论是从四川返回还是从甘肃返回，行程都是很方便的。

四川省 峨眉山·乐山

峨眉山·乐山（国家5A级旅游景区）

电话区号：0833　峨眉山景区：4008196333

峨眉山位于四川盆地西南边缘的峨眉山市境内，距成都约为160千米，是国内著名的四大佛教名山之一。峨眉山主峰金顶——万佛顶海拔3079.3米，挺拔秀美无比，山上看到的日出、云海、佛光等自然奇观更是神奇瑰丽。峨眉山上森林茂密、溪泉飞瀑遍布，还有报国寺、万年寺等数十处庙宇，佛教氛围独特而浓郁。诸多自然和人文佳景交相辉映，使峨眉山风光在四川省内享有得天独厚而又无与伦比的重要地位（已正式列入世界自然与文化遗产名录），峨眉山已成为八方游客入川后的首选和必观景区之一。

气候与游季

全年皆宜游览。只是严冬时节有时会大雪封山，车辆上下小有麻烦，此时前去应事先咨询。

▲ 云拥万佛顶——峨眉山高近3100米，顶峰上看到的云海、日出、佛光奇景非常美丽壮观

交通

从成都去峨眉山最方便。成都到乐山、峨眉山景区的高速公路早已贯通，全长169千米，往西南方向可达峨眉山，往东南方向可达乐山。

从成都市前往峨眉山，车辆班次最多的车站是新南门的旅游汽车客运中心，平均30分钟1班车。车程约2小时，大巴车票60—65元。抵峨眉山市区后换乘公交7路或12路车，到报国寺站换乘专线车即可上山（成都和乐山也有快巴直达报国寺）。峨眉山与乐山相距约30千米，两市间有601、602路公交车穿梭往返，平均每10分钟就有1班汽车发出，车程约60分钟，车票5元。

从成都火车南站乘高铁列车，在峨眉山站下车，车程1小时出头。出站后换直达专线车10分钟可到峨眉山景区。去乐山就在乐山站下车，之后转乘专线车进入景区。

从成都和乐山去峨眉山应注意乘直达报国寺的车，这样上山方便

● 景区票价

进山票160元。两天有效。景区内有的小景点还要收门票。从接引寺到金顶的缆车上行65元，下行55元，万年寺缆车上行65元、下行45元，淡季有优惠。

● 自助游建议

若是在下午抵达峨眉山，可住山脚下报国寺前，这里中、小型宾馆极多，房价不贵。次日早上可从寺前的报国寺站乘客车上山，100分钟到达2600米高的雷洞坪，单程车票50元。下车后再换缆车，10分钟可到金顶。也可在下午抵达后立即上山住金顶，次日观日出更方便。

●关于报国寺

去峨眉山观光首先应该到达报国寺，这里不光有宏伟寺庙，还是各方游客集散地，有观光车发往山上各个景区。报国寺宾馆、饭店成群，食宿非常便利。

主要景点分布

峨眉山上有报国寺、伏虎寺、万年寺、清音阁、洗象池、洪椿坪、金顶、万佛顶等大小数十处景点，它们虽然遍布全山但分布有序，主要依高度不同分为三个层次：①是低山区的报国寺、伏虎寺景区，位于山脚下山门处；②是中山区的万年寺和清音阁景区，它们均处在山腰上；③是高山区的金顶、万佛顶景区。三大景区个性鲜明、特色各异：报国寺规模宏、气势雄浑、佛教气息浓郁；万年寺、清音阁周边森林密布、溪泉奔涌，非常清幽柔美；而金顶、万佛顶处于高山之巅，在此眺望云海、日出、佛光美景和川南大地秀色，感觉之美之壮观令人惊心动魄。而山间的其他景点如洪椿坪、洗象池、华严顶等高度、位置各异而风光各有千秋。目前大多数游客关注的是高山区和中山区，它俩是峨眉诸景中的精华和灵魂。

游览方式介绍

A. 随团游

峨眉山市有多家旅行社，经营峨眉山经典线路一日游项目。观光方式如下：清晨 5:20—6:30 从山下乘车上山，1 小时后到达 2600 米处的雷洞坪，下车后乘缆车到达主峰之一的金顶观云海、日出和高山美景。之后游览金顶、远眺万佛顶、贡嘎山远景。然后坐缆车返雷洞坪，再乘车至半山腰游览万年寺、清音阁、生态猴区、清音平湖等景点，下午结束游览出山。上述游览方式能玩遍山上的主要常规点，效果还算精彩圆满。费用约 230 元／人。

B. 自助游

游客可自行从山脚下报国寺旅游客运中心乘车登山，100 分钟后到雷洞坪，之后可乘缆车到金顶观光。下山时可以回到雷洞坪再乘车到半山腰的万年寺停车场下车，之后游万年寺、白龙洞、清音阁、生态猴区后再出山。亦可从雷洞坪步行沿洗象池、遇仙寺、洪椿坪一线下山。前者轻松舒适不费力，后者辛苦劳累（步行下山约需 9 小时，当然每段景区路旁都有食宿点可随时休息吃住）但看到的山区美景多，非常惊险刺激。用多长时间和何种方式游玩可自行选择。

山上住宿

峨眉山市区宾馆、招待所多而价格不贵,但离景区远。景区从山脚下到山顶都有住处,但条件、价钱各异。位于山下报国寺不远处的峨眉山旅游客运中心的四周都是宾馆、酒店,有标准间在300元/间以上的峨眉山大酒店等高档宾馆,也有不少80—120元/间的个体宾馆。半山腰处的宾馆和个体民宿旅馆亦不难找,标准间一般季节在70—120元/间,个体旅馆可便宜到60—70元/间(一般叫休闲庄)。山顶上的住宿挺贵,级别很高的金顶大酒店标准间淡季也要在700元/间以上,旺季当然要上浮。若想省钱而又便于游览可住在上山汽车停靠站的雷洞坪一带,这里房价便宜,在此乘缆车10分钟、步行1小时即可登上金顶,观景很方便。不过要想早上看到云海日出奇观,最好还是住金顶,因为有时天晴云开的时间很短,观日出或云海的机会稍纵即逝,错过了特遗憾。

☛ 在这里笔者推荐一家原舍酒店,这家店在报国寺温泉牌坊旁,从报国寺峨眉山旅游客运中心步行3—5分钟即到。条件不错,性价比好,平日标间80—120元/间,旺季会上浮一些。

☛ 欲品风味美食可到报国寺的好吃街去,这里有多家中小川菜馆菜价相对便宜,总有一家适合您。另外,上边提到的向家旅饭店边上也有几个餐厅,菜价不太贵可惠顾(回锅肉等家常菜25—28元)。

☛ 金顶大酒店就在峨眉山颠,虽然房价贵但是位置好,可以看云海日出奇观。云海和日出美景有时出现的时间很短,稍纵即逝。住金顶上最容易捕捉精彩纵间。

乐山大佛及其他景点

乐山是峨眉山的近邻,这里有岷江、青衣江、大渡河三江交汇,山清水秀,景色优美,屹立在三江交汇处的巨型大佛石像更是为乐山山水锦上添花。大佛呈坐姿,通高71米、头高14.7米、头宽10米、肩宽24米、鼻长5.6米、耳长7米、眼长3.3米,身姿异常高大伟岸(巨大的脚面上即可坐立百余人)。来乐山主要是畅观大佛雄姿,此外与大佛融为一体的大佛寺和旁边的乌尤寺均依山傍水,风光秀丽值得一看,旁边的万佛园等景比大佛寺略逊一筹,游客可视情决定是否前去。

☛ 大佛寺和乌尤寺都很精彩,一定要把它俩看全

乐山交通及游览指导

从成都乘车(新南门站)2小时就到乐山,车费50—55元。从峨眉山报国寺乘客车,60分钟即到乐山,车票只需5元。

从乐山客运总站乘3路可到大佛寺,从肖坝汽车站乘13路可到大佛寺、乌尤寺。另外从高铁站乘K1路公交可到大佛寺。乐山大佛寺门票80元,含麻浩崖墓博物馆和乌尤寺门票。

大佛寺内可近距离观佛但拍不到大佛全景,正面拍全景必须乘船到江心。江上只有游船和快艇行驶,而渡船都已停开。游船票白天70元、晚间138元(游船起航到达大佛前方后会在江心停留20—30分钟让游人观光拍照)。所以,上船后要立即备好照相机,以免错过精彩

▲ 乐山大佛雄姿

的瞬间，在乐山游览有半天时间即可玩得宽松开心。主要观光点应对准大佛寺和乌尤寺，这两个地方风光美且有特色，与乐山大佛同在凌云九峰的景点东方佛都，荟萃了世间石刻佛像精品，一定要入内一观。

☞ 若想拍全大佛正面全景，必须乘船到江心。上船点主要有乌尤和嘉州渡两个码头，它们分别在大佛寺的南边和北边

东方佛都景区（国家4A级旅游景区）

东方佛都坐落于乐山大佛景区群峰之间，系仿古石刻佛像主题公园，融宗教艺术、雕刻艺术、园林艺术为一体，是乐山大佛旅游景点佛文化的延伸及乐山大佛景区的主要组成部分。这里有当今世界最大、体长170米的巨型卧佛，有我国历代佛像精品，以及东南亚和印度、日本等国家、地区的著名佛像，还有占地800多平方米的佛教艺术精品陈列馆（门票80元）。

▣ 旅游咨询电话：0833-2301801　　网址：www.scdffd.com

推荐游程

二日内畅游乐山、峨眉山

D1. 早上从成都乘车2－3小时到乐山，观大佛及乌尤寺用2－3小时。午后乘车去峨眉山市，先游山脚下的报国寺、伏虎寺，再乘车上山到金顶或雷洞坪住宿（住在报国寺更便宜）。

D2. 早上在金顶看云海日出，然后乘车下山到半山腰游万年寺、清音阁、生态猴区，然后步行到五显岗乘车到山门出口，即可结束游览返回成都。这样安排的结果是两天游览两大景区，还可在第二日早上观赏到高山日出的壮丽画面。切记应该先玩金顶再到山腰，反向行进不合逻辑。

旅行家指导

① 到江上乘船观大佛正面全景，畅游大佛寺、乌尤寺，抓住了这三个观光要点，您的乐山游效果就不会太差。

② 早些年可以不坐游船而坐轮渡去江上观大佛，现在轮渡停开了；过去还可以从铁牛门码头坐轮渡1元钱到沙洲岛东头隔江看大佛，但现在沙洲岛东边也封闭了。所以现在只能花70元钱坐游船看大佛了，不过这70元船费花得值，因为如果是不在江上面而是在岸上拍摄大佛，那就拍不到理想的全景。

③ 大佛寺和乌尤寺应该连在一起玩（通票），观光顺序是大佛寺北门、龙湫、载酒亭、大佛像、凌云栈道、下观音亭，然后出大佛寺南门过壕上大桥即可进乌尤寺北门，花3个小时左右时间就可游遍大佛寺、乌尤寺两处江边名景了。加上江上乘船观大佛用时1小时，花上半天工夫就可在乐山玩得非常快乐开心了。

四川省 瓦屋山·柳江古镇

瓦屋山·柳江古镇

电话区号：028　瓦屋山景区：36598888

　　瓦屋山位于四川省眉山市洪雅县境内，因山体形态像瓦屋屋脊而得名，最高峰海拔3522米。瓦屋山上森林茂盛，溪泉众多，有80多个泉眼终年奔涌，以兰溪、鸳溪、鸯溪为代表的72条瀑布长流不息。瓦屋山最鲜明的特色是山顶上有一块南北长3375米、东西宽3475米、总面积达11平方千米的巨大平台，这样的山体在国内外罕见，因此该山享有"人间天台"之美誉。

　　柳江古镇位于四川洪雅县城西南约35千米处。古镇内风景名胜数量繁多，有中西合璧的古宅院曾家园、建造精美的古居王家宅、巨榕吊脚楼、目禅寺、老君顶、观音岩、抱扑洞等古迹和佛教、道教名胜遗址，亦有双河天然壁画、看花台、天池山等秀丽自然景观，古镇山光水色柔美，人文佳景荟萃，是八方游客游山玩水和艺术家摄影绘画写生的绝佳候选地之一。

👉 春夏秋三季更适合观光

🚌 交通

▲ 柳江古镇一角

　　从成都新南门车站乘车先到洪雅县，车程1小时（重庆、眉山、乐山、雅安、峨眉山等市县也有客车直达洪雅），洪雅客运站到柳江的中巴车20分钟1班，车费10元，行车1小时即到。洪雅汽车总站亦有客车直达瓦屋山山门（中途经过柳江古镇），车程约2小时，车费25—28元。

💰 瓦屋山门票60元。观光车68元往返，缆车往返186元。进入柳江古镇不收门票，但镇中一些小景点要收门票

旅途花絮·精彩回放·旅游提示·观光指导

①瓦屋山是座很深的山，游人到达洪雅县城后还要乘车西行走20多千米后到柳江古镇，再走20多千米到瓦屋山镇，再走20多千米到瓦屋山门和山间缆车站，这里才是观光的起点。哇，这么多20多千米，您一定会觉得很麻烦、很漫长。但其实不然，沿途遍布绿水青山和美丽田园风光，这个旅程很让人开心。

②瓦屋山门外有多家宾馆酒店，食宿很方便。柳江古镇上更是客栈成群，任您选择。

③瓦屋山的观光方式很简单：先乘观光车到缆车站，换缆车一步到位抵达山顶，在山顶"大平台"上看森林和杜鹃花海，观兰溪、鸳溪、鸯溪三条瀑布及峨眉山远景，游览时间5—6小时足够用。

④柳江古镇地处山间河畔，林木茂盛、古屋成群、溪泉遍布，环境极好风光美而生动。笔者认为就观光休闲效果而言，柳江古镇的风光与周庄、同里和云南丽江的束河古镇有异曲同工之妙。所以您一定不要放过这处古镇佳景！

139

自助游中国 ▶ 西南地区

青城山（国家5A级旅游景区）

电话区号：028　景区管委会：87288159　景区：87111907

四川省

青城山，国内四大道教名山之一，位于四川都江堰市西南15公里处，距成都约70公里。青城山群峰环抱、浓荫覆地、四季山林耸翠，故享有青城之美誉。山上虽有建福宫、上清宫、天师洞、朝阳洞、月湖等山水胜境和人文佳景，但景区内最大的特点是"幽"——山林幽深、古道幽静、山花幽香、亭阁幽雅、溪泉幽清，一个"幽"字就集中概括了青城山明显与众不同的独特风姿神韵，能够在风景区内品味感受到这里的清幽和宁静，您的青城之旅才算不虚此行。

▲ 青城天下幽

交通

从成都去青城山最方便，成都茶店子客运站和犀埔客运站（从市区乘4路公交车可到）每日有多班火车、汽车经都江堰到青城山，到都江堰车费12—16元，到青城山车票25—30元。先乘车到都江堰再换车去青城山亦非常方便。

●景区票价

前山门票80元。后山20元。观光车20元，往返35元。前山索道单程35元，往返60元。后山索道单程30元，往返55元。

●发烧友关照

游青城前山必须步行上山，乘缆车根本无法领略"青城天下幽"的味道，下山时乘缆车可以。

●去青城山有火车

在成都犀埔火车站发车，车程30分钟，车费10元。在青城山站下车后要换乘观光车即能到景区。

推荐游程

游青城山一般需要2天时间。第一天游青城前山，可以步行穿过林荫蔽日、幽静无比的石板路，沿天师洞、上清宫一线至呼应亭，然后再步行或乘缆车从月城湖一线下车，这样上山下山不走一条路，更可饱览山上的多处风景。第二天可到青城后山观光，后山的风光与前山明显不同：前山很幽静，而后山峡谷内遍布汹涌溪泉，飞流直泻、银花四溅，使人倍感惊险刺激而又活泼生动。后山有飞泉沟和五龙沟两处山间峡谷，都是美景集聚地，其中五龙沟风景更突出集中。两天内游遍青城前、后山，您的游览会感到特别宽松舒适，当然如果抓紧时间，一天内游遍前、后山也完全切实可行。

青城山前山门前有数家宾馆酒店，青城后山外有大量宾馆、酒店和农家乐。游人食宿很方便。当地的风味美食"青城四绝"（青城茶、白果炖鸡、洞天乳酒、青城泡菜）和寺庙中的素斋均有鲜明特色，游客可留意品尝。

四川省 青城山

另荐景点

三星堆遗址文化旅游区位于四川省广汉市境内，由三星堆遗址和三星堆博物馆组成，现在大多数游人参观浏览的主要是三星堆博物馆。馆中陈列着九十多年来三星堆遗址出土的陶器、玉器、骨器、金器、青铜器等珍贵文物数千件，品种繁多、琳琅满目，极具历史文化和考古价值。

从成都春熙路爬墙熊猫像前乘车1.5—2小时可到三星堆博物馆。三星堆博物馆成人票72元，学生票36元。

▲ 三星堆博物馆

推荐黄金旅游线路：乐山—峨眉山—成都市区—青城山—都江堰四日游

成都周边是美景集聚之地，百余千米的距离内，密密麻麻地"挤"着峨眉山、乐山、青城山、天台山、九峰山等数十处名胜佳景。下面我们去粗取精，选择要点，为欲到成都周边旅行的游客提供一道"味美而价廉的好菜"。这是一条最常规然而却是最重要的旅游线路——四日内畅游乐山、峨眉山、成都市区、青城山和都江堰，费用只需1500余元。

D1. 成都市区—乐山—峨眉山

8:00乘车从成都去乐山。10:00到达，马上到岷江上乘船观大佛全景。之后有兴趣可去大佛寺和旁边的乌尤寺一游（两寺之间有壕上大桥相接相连）。

在江滨吃午餐，饭后乘车去峨眉山市的报国寺，1小时即到。夜宿报国寺。如时间不算太晚也可乘车上山到雷洞坪或金顶住宿（看日出方便）。

D2. 畅游峨眉山

游客清晨从峨眉山脚下出发（乘旅游专线车），100分钟后可到海拔2600米的雷洞坪停车场，下车后再乘缆车，10分钟后即可到峨眉山主峰金顶。游人在金顶之巅的瞻光台上，可以看到瑰丽无比的云海日出及峨眉山独有的"佛光"奇观。中午下山，继续游览位于半山腰处的两处佳景万年寺和清音阁。黄昏时出山，仍在报国寺住宿。

D3. 峨眉山—成都—都江堰

8:00从报国寺乘车直接去成都，抵达后先去望江楼、武侯祠、锦里古街、杜甫草堂游览。之后去茶店子汽车站或犀浦火车站，从上述两站乘车30—60分钟即到都江堰。

参观都江堰水利工程1.5小时即可基本看全主要景点。出门后到路边上乘公交车，40余分钟即到青城山，在山门处住宿。

D4. 青城前山、青城后山一起玩

青城前山林木幽深、寂静无比，这里虽有神建宫、月城湖、天师洞、上清宫等多处景点，但游客能享受到的最大乐趣是沿松竹掩映的青石板路缓缓上行，体味山间那种难以名状的清幽宁静感。从山门步行到山顶名景上清宫约需1.5小时，乘缆车下山即可。

午餐后从青城山山门处乘公交车，40分钟就到青城后山，后山景区精华尽在五龙沟内，山谷中有溪泉飞旋而下，奔腾咆哮，势若蛟龙，条条古栈道依危岩而建，摇摇欲坠，险象环生。游人沿狭窄小路在深山陡岩、急流飞瀑间左右穿行，会倍感惊险刺激、动魄惊心。

游毕青城后山，四日游即可宣告结束，游客即可踏上返程。

▲ 峨眉山金顶风光

九寨沟（国家5A级旅游景区）

电话区号：0837　九寨沟风景管理局：7739777　景区投诉：7739309　景区急救：7739818

　　九寨沟位于四川省阿坝藏族羌族自治州九寨沟县境内，因景区内有9个藏族村寨而得名。九寨沟内的3条主要山谷——树正沟、则查洼沟和日则沟内到处是连绵起伏的山峦、浓密翠绿的森林，自然环境异常洁净优美，原始风光格外秀丽迷人。

　　虽然景区山光水色俱佳且有茂盛森林，但水才是九寨沟的精髓和灵魂。这里的三条沟谷中到处有溪泉在欢快地流淌奔涌，光是山间湖泊就有108个——这些被称为"海子"的湖泊水质纯净清澈、水色碧绿蔚蓝，虽然面积大小不一且形态各异，但个个晶莹透亮、闪烁着五彩缤纷摄人心魄的美丽光泽，如珍珠玛瑙般艳丽夺目且多彩多姿。其中树正沟中的犀牛海、树正群海和树正瀑布、火花海，日则沟中的箭竹海、五花海、珍珠滩瀑布和镜海，都是九寨沟内登峰造极的美丽瀑布和湖泊，其生动秀丽程度在国内堪称一流，观后令人永生难忘。

　　现在九寨沟的经营管理已进入高度成熟期（2017年地震造成的损毁基本恢复了），景区内旅游设施完备，观光车四通八达，游人可在1—2日的短暂时光里，畅观三大沟谷中的所有美景，得到精彩圆满、无与伦比的开心观光享受。

▲ 九寨沟诺日朗瀑布秀色

气候与游季

九寨沟四季风光各有不同，春、夏、秋、冬皆可开心畅游。但以夏、秋时节（丰水季节）观光效果最佳。每年的9、10月份是全年的旅游最高峰期。冬春时节的九寨沟不是不能玩，但风光与夏秋时节有差距，因此笔者不建议游客在冬春季节前往。

交　通

航空

目前距离九寨沟景区最近的就是黄龙机场（九寨沟机场，九黄机场和川主寺机场指的都是一个地方），从机场到九寨沟景区有2个多小时的车程。现在开通的直达九寨沟的航班有北京、上海、杭州、成都、绵阳、重庆和西安等多个城市。从成都飞到九寨沟只需40分钟。从机场到九寨沟口的巴士每天有多班，票价为50元/人（1.5小时可到）。机场大巴到黄龙景区约需1小时。也可以选择从机场包车（出租车，可坐4人）到九寨沟或者黄龙景区，价格为200元/车（白天），260元/车（晚上）。包车的好处是中途可以让司机停车，领略沿途美景。九寨沟机场购票和咨询电话：0837-7243770。

火车

九寨沟已有高铁，但高铁站并不紧邻景区。游客可在成都车站上车，在镇江关站下车（车程约1.5小时，车费106元）。下车后换乘汽车，3—4小时可到九寨沟。如今从成都经都江堰、汶川、茂县、松潘到九寨沟公路路况很好，是快乐旅程。

汽车

九寨沟环线是四川一条重要的旅游干线，全长913千米，起点是成都，终点是九寨沟，分东线和西线，也就是说从成都往返九寨沟可以走东西两条道路。西线里程约430千米，行进次序是成都—都江堰—汶川—茂县—松潘—川主寺—九寨沟；东线里程约520千米，行进次序是成都—广汉—德阳—绵阳—江油—平武—九寨沟县—九寨沟。东西环线的行车时间大致相当，车程均需8—9小时。成都至都江堰，成都至绵阳、江油都是高速公路，其余路段是路面平坦、宽阔的柏油路或水泥路，行驶其间很舒服很享受。夏天雨季时部分路段偶有塌方出现，但沿线地方政府十分重视保护这条旅游公路，一般都能在短时间内重新修复开通。

乘客车从成都出发：成都新南门旅游汽车站有发往九寨沟的旅游专线车，每天上午8:20左右发车；车程9小时左右，车费168元。茶店子车站有长途客车可直达九寨沟——黄龙（每天有数班车，发车时间集中在上午），车程7—8小时，车费175—185元。

乘客车从绵阳出发：客运总站每天6:40开始就有巴士前往九寨沟，途经江油，车程9小时左右。

▲ 五彩池一角

九寨沟内交通：沟内禁止社会车辆通行，游客可乘绿色环保观光车游览，行车区段为：1. 沟口—诺日朗14.3千米；2. 诺日朗—长海18千米；3. 诺日朗—原始森林18千米，三条沟中共有20余个招呼站供游客上下。可在景区门口售票处购买门票和观光车的联票，280元/人。车票当天有效。

★**九寨沟外交通：**

九寨沟沟口外有公交车，打车也很方便。

★**交通补充提示：**

进入九寨沟的7条公路线路

游客沿公路进入九寨沟有以下7条线路：线路一：成都—都江堰—汶川—茂县—松潘—九寨沟，沿途有都江堰、青城山、映秀地震遗址、叠溪海子等名胜。从成都至黄龙寺约393千米、至九寨沟440千米。此路路况较好，旅游团队基本都走这条路。线路二：成都—汶川—理县—米亚罗—红原—瓦切—川主寺—九寨沟，这条路路程较长，公路里程约702千米但路面宽阔，安全舒适。沿途可观赏壮丽的草原风光，领略奇异的藏乡风情。虽然这条路团队不会走（因为太绕远），但适合时间、经费充足的愿意寻找丰富全面的新鲜感受的自驾游客。线路三：先到江油市，再自驾或租车或乘客车经平武至九寨沟县，沿途游窦团山、李白纪念馆、海灯武馆、报恩寺等名胜。公路里程约303千米。目前走这条路的游人不多，但这条路沿线风光很美值得一试，笔者认为这条路非常适合自驾游客。线路四：先至广元（或昭化），再自驾或租车经甘肃文县至九寨沟县，沿途有广元古城、昭化古城、皇泽寺、千佛岩、剑门蜀道、碧口水库、古阴平道等观光点。公路里程约308千米。线路五：乘宝成线火车至略阳站下，换乘汽车经成县、武都、文县、九寨沟县。公路里程约441千米。沿途有西北地区罕见的大溶洞——武都万象洞。走这条路的人也很少。线路六：先到甘肃天水，再自驾或租车或换乘汽车经武都、文县、九寨沟县前往。公路里程约546千米。沿途有麦积山石窟、石门风景区、成县杜甫草堂、西汉摩崖颂（黄龙碑）等名胜。走这条路的人不多，主要是自驾游客。线路七：兰州—甘南—川西—九寨沟。由兰州经郎木寺、若尔盖、川主寺前往。沿途有刘家峡水库、炳灵寺石窟、拉卜楞寺、桑科草原、黄河大拐

●**住宿参考**

①水墨记忆度假酒店，在沟口度假区，条件尚好，标价平日138—168元。

②格林豪泰酒店九寨沟店，条件尚可，房价不贵，标价平日150元左右。

③三喜酒店九寨客游中心店，条件尚可，房价便宜，票间平日90—120元/间。

●**九寨沟晚间娱乐**

主要有《印象九寨》和《九寨千古情》等大型歌舞表演。

▲ 熊猫海秀色

弯、松潘草原等名胜。此路路程较长，但道路平直，沿线风光美，不失为内地人进九寨沟的绝佳线路，现在走这条路的人越来越多，自驾车或乘客车都行。

如何住宿

九寨沟景区外有庞大的宾馆酒店群，有各类宾馆酒店数百家，以近年来兴建的居多。其建设起点高、设施新、条件好，房价总体上衡量不便宜。九寨沟的旅游黄金季节从6月份一直持续到11月初，以暑假期间和10月份游人最多，这期间要在沟口入住条件较好的宾馆，房价200元以下的不好找，到了旅游淡季，各个宾馆酒店的房价都会明显下降。如果对宾馆、酒店的条件要求不是太高，那在沟口附近花点力气还是可以找到相对便宜的住处的，上页笔者已为您推荐了几处相对便宜的宾馆和酒店。

★关于住宿方面的补充提示

虽然九寨沟目前主要的宾馆酒店都在沟口外，且景区管理部门一再重申不允许游客住在景区内，但在九寨沟内的几个藏族村寨内还是有些个体旅店在偷偷地接待游客（主要是树正寨和则查洼寨），这些藏族旅馆收费便宜，吃饭也不贵，但是游客住在其中不合法，一旦遭到景区工作人员抽查可能会受到处罚（抽查一般在早上和中午进行）。再说九寨沟的门票和观光车票都是当日有效，如果在沟内住一晚，次日遭到抽查那还要再买一次门票和车票，有些得不偿失。此点望欲住在景区内的游客三思。

★沟外住宿的补充提示

虽然九寨沟沟口外的度假区有不少中高档宾馆酒店，旺季房价很贵，但是如果用点心，相对便宜的住处还是可以找到。游人没有必要随沟口的一些拉客人员去住他们宣扬的挺远的藏族村寨，那里虽然房价便宜但条件欠佳且距沟口远，来去要花出租车费（公交车不多），所以有点儿得不偿失。

如何就餐

★景区外用餐

在九寨沟沟口两侧分布着大量的不同规模、档次的饭馆餐厅，饭菜价格依各自的不同档次有很大差别和悬殊，但总体上衡量饭菜价格不菲。普通的小饭店中回锅肉、鱼香肉丝、木耳肉片、青笋肉丝等家常菜，普通菜菜价在25—38元，青椒土豆丝、西红柿炒蛋等素菜18—28元/份；但是到了中档餐厅中同类菜价可能要贵30%—40%；至于高档宾馆酒店中的餐厅，菜价就更贵了，游客应有心理准备。

当地的主要特色风味菜有九寨野生菌、五香牦牛肉、红烧牦牛蹄筋、烧藏香猪肉、贝母炖土鸡、手抓羊肉、九寨老腊肉、贡菜肉丝、野菌烧鸡、九寨冷水鱼等，上述菜肴的价格大都在48—70元之间，九寨冷水鱼每斤150元以上。

● 景区内用餐提示

此外诺日朗还出售快餐盒饭和方便面，盒饭30元/盒，里边只有2—3个素菜，方便面15元/桶，如果自带方便面，在这里冲开水还需适当付费。

笔者强力推荐各位吃60元/位的自助餐，不建议吃盒饭和方便面，因为多花不了多少钱，再说九寨沟游览区内有一些步行路段，吃得好一些便于精神饱满、体力充沛地进行观光游乐。

● 景区门票

旺季280元/人，（含观光车）。淡季160元/人。老人、儿童、军人等都有优惠。

● 《九寨沟千古情》演出

每晚在沟口的宋城景区内上演，门票260元。

★景区内用餐

在沟内能用餐的地方只有诺日朗一个地方，这里有一个超级大型餐厅，所有游客都必须在这里进餐（沟内的其他地方没有餐厅，连小卖部都少）。这里只供应自助餐，分为2个档次，分别是60元、98元，游人可任选一种。2个档次有2个餐厅，互相之间不重合、不干扰，上述2个餐厅内均不限制取菜数量也不限用餐时间。其中60元的有3—4个荤菜、4—5个素菜；98元的要丰盛许多。上述自助餐是完全可以让客人吃饱吃好的。

若在沟内做一日观光，那吃好午餐是很重要的，因为游览非常消耗体力

主要景点

★树正沟

树正沟长13.8千米，是九寨沟的门户，刚进入景区，看到的就是这条沟。两侧是轮廓柔美的山峰，中间是晶莹清澈的海子（湖泊）群，沟内共有湖泊40余个，分别是浅滩上长满了白杨、杜鹃、松柏、柳树各色花木犹如巨大盆景般的盆景滩、芦苇丛生的芦苇海、水下有两条钙化礁堤好像两条蛟龙的双龙海、清晨水面在阳光照射下泛起金涛犹如火光闪烁的火花海、海中有一条乳黄色碳酸钙沉淀物像沉卧于水中的巨龙的卧龙海、由二三十个绵延重叠的湖泊组成的树正群海、水面开阔是九寨沟三大湖泊之一的犀牛海；此外树正沟中的树正瀑布和诺日朗瀑布也颇具规模和观光价值。按照景区为游客安排好的游程，树正沟是游客最先见到却是最后游览的一条沟。因为观光车进入景区内经过树正沟时并不停车，而是一直开到诺日朗。所以大多数游客是到诺日朗后换车先去则查洼沟，之后再去日则沟和树正沟。

★则查洼沟

观光车从沟口发车后，行驶最多15分钟经过树正沟后就到了九寨沟三沟交汇处的诺日朗，从诺日朗向左上行就进入了则查洼沟。这条沟长约17千米，沟内观光点较少，只有快要到达沟谷尽头的五彩池和位于沟口尽头的长海是游客必观之景。

长海是九寨沟最大的湖泊，长7.5千米、宽500余米，四周雪山高耸、山林茂盛，海中碧水幽深、风光壮阔。但是长海上没有游船，游人只能在湖边眺望湖区风光。五彩池因湖底布满五彩缤纷的沉积物而得名，其他水长宽只有百米上下，很显精美玲珑。游过长海后游人必须步行去五彩池，因为观光车在这段路不载客。

则查洼沟中还有上、下季节海两个湖泊，这两个湖景色平淡，加之观光车在湖边也不停车，所以游人不必关注。

★日则沟

从诺日朗向右上行就进入了日则沟，它全长约18千米，九寨沟最漂亮的山光水色全在这条沟内——分别是水面平静，倒映青山绿树、蓝天白云的镜海，水流汹涌但形态多变的珍珠滩和珍珠滩瀑布，水下布满五彩缤纷钙华沉积物图案如孔雀开屏般美

丽的五花海，色泽墨绿，水边时有熊猫出现的熊猫海，四周长满箭竹郁郁葱葱的箭竹海以及天鹅海、草海、原始森林等。以上叙述顺序是从下往上说（从海拔低的地方向高的地方介绍），但大多数游客是乘车先到高处，再步行向下一个个地仔细观览。

日则沟是九寨沟山水的精华和核心，沟内简直是美景如云、异彩纷呈。游人应予重点关注。

★九寨沟内的三大主要瀑布

即诺日朗瀑布、珍珠滩瀑布、树正瀑布。这3个瀑布形态完全不同，景色各有千秋，但都非常好看，游客哪个也不应遗漏。

九寨沟周边景点

★神仙池

神仙池位于岷山山脉南段，距九寨沟约1小时车程。这里有1200余个钙化彩色瑶池，呈阶梯状在山间层层散落，池中溢满碧澈山泉水，在阳光照射下波光闪烁，色彩图案柔和美观，原始风光分外诱人。

神仙池作为九寨、黄龙、牟尼沟等传统风景已为游人熟知后的新兴景区，近年来甚为游人关注。门票100元、老人、军人等可免票。观光车24元。景区内有一家餐厅可吃饭。观光3个小时基本够用。

游客可从九寨沟口租车去神仙池，路程45千米，约1小时左右可到。车费单程150元起，往返则加倍收取。

从前去神仙池景区的路曾被水冲坏过，现在完全修复了。游客前去没有任何问题。

▲ 神仙池秀色

旅行家指导

一、关于九寨沟的总体观光指导

①九寨沟山光水色俱佳，不负"人间仙境"之美名——只要您找准旅游观光的季节（确切地说就是要夏秋时节去），那里的秀丽风光一定会让您心动，一定会在那里收获美好观感，在心中成为永恒。笔者前两次去都是春季，感觉风景一般般，后来9月份又去了一次，顿感耳目全新风光妙不可言。

②虽然是山也美、树也美、水也美，但水是九寨沟风光的灵魂。到九寨沟旅游主要是看水——主要是指那数不胜数、美不胜收的溪泉瀑布和山间湖泊（当地人称这些湖为"海子"）。虽然秀美山峰和浓密森林也是九寨山水的重要组成部分，但很少听说游人在九寨沟玩得高兴是因为爬了哪座山的。

③九寨沟有3条沟，分别是刚一进沟时经过的树正沟和之后向左方延伸的则查洼沟以及向右方延伸的日则沟。三条沟中树正沟的风光很精彩，日则沟中的风光更精彩而则查洼沟中的风光稍显平淡。所以游览九寨沟应该着重观光树正沟和日则沟中的美景，对则查洼沟只需适当关注。

④九寨沟景区的经营管理已经进入高度成熟期，去每一条沟都有观光车载客游览，每辆车上都有专职导游讲解窗外风光并疏导游客；观光车在所有重要景观边都设有车站，游客基本上可随意上下车；并且在九寨沟的三条沟内，都全程铺有木质观光栈道，路标也是随处可寻，想要全程步行观光的游客亦无任何后顾之忧。乘观光车一天内可游遍九寨沟全部精彩景点，而全程步行，就需要再加至少一天观光时间。

⑤九寨沟3条沟内虽然到处是美景，但景观毕竟还有精彩和平淡之分，笔者下面将要向各位介绍观光技巧和要领。

二、笔者认为3条沟中的观光侧重和观光策略

①树正沟——盆景滩、芦苇海风光稍显一般，在观光车上看看即可，火花海、老虎海、树正群海、树正瀑布、犀牛海都很精彩，应该下车步行仔细观览。

②则查洼沟——两个季节海风光都一般，在车上看看即可，根本不看也不会有太大遗憾。长海和五彩池风光尚可，可重点关注。

③日则沟——天鹅海、原始森林风光一般，不必太在意，从箭竹海向下的景点一个赛一个的精彩绝伦：箭竹海、熊猫海、五花海、珍珠滩和珍珠滩瀑布、镜海都必须下车全身心地投入观光和拍照，诺日朗群海在车上看看即可。此外距诺日朗300米处的诺日朗大瀑布风光也美，必须下车仔细观看，体味其精妙所在。

▲ 树正群海溪流美景

旅游锦囊：如何在九寨沟玩得快乐开心

①要找准旅游季节。第一次去九寨，还是应该选在夏秋时节，这时雨量充沛，景区内的溪河泉水都会欢快奔涌，风光最为生动迷人。春冬时节不是不能玩，但至少不会有心灵受到强烈震撼一般的美妙观感。

②进沟后步行观光太累，应该采取乘车和步行游览相结合的方针。

③在景区门口上观光车后，15分钟可到诺日朗，这期间一定要坐在左侧车窗前，好风光全在这一边，坐在右边什么也看不到（只有快到诺日朗时，诺日朗瀑布在车窗右边）。

④车到诺日朗后，游客可选择乘坐不同的车去则查洼沟和日则沟——笔者郑重建议先去则查洼沟——先走个过场用一点时间把这个风光一般的沟拿下，再集中力量畅游风光最美的日则沟。

⑤观光车从诺日朗开到则查洼沟的尽头长海需要25分钟，下车后即是长海观景台，在这里看九寨沟最大的湖泊长海有25分钟够用。之后步行20—30分钟到精巧玲珑的五彩池观光拍照，停留15分钟即可，然后乘观光车直返诺日朗，在那里换车去日则沟。

⑥观光车从诺日朗一直开到日则沟的尽头原始森林约需25—35分钟，时间充足的人可随车一直到原始森林，到达后下车观光30分钟，然后随车下行到箭竹海下车，从箭竹海开始，依次步行畅游或称全身心地投入，仔细游览熊猫海、五花海、珍珠滩和珍珠滩瀑布（这几个景点之间也可搭观光车），然后到珍珠滩瀑布下方车站上观光车，3分钟后到镜海观光台，下车观光拍照10—15分钟，之后重新上观光车经诺日朗后到诺日朗瀑布下车观光（至少在此逗留20分钟），之后原地上车5分钟后到犀牛海下车。

⑦从犀牛海往下便是树正沟的精华部分，一定要步行观光，顺序是犀牛海、老虎海、树正瀑布、树正群海、卧龙海、火花海，然后从树正磨坊处回到公路上来，上观光车后一边向沟口开进一边浏览芦苇海和盆景滩。到沟口下观光车。至此，九寨沟的美景您基本上是看全了。

⑧九寨沟度假区内夜生活丰富，不光可以在宾馆酒店内消费，还可以观看《印象九寨》和《九寨千古情》等大型歌舞演出，演出效果很震撼人心。

▲ 诺日朗服务区全景

旅行家指导　为您提供九寨沟观光的补充提示

①由于九寨沟在旺季门票只一日有效，次日进沟更要再买门票和观光车票，所以游客应注意抓紧时间科学妥善安排游程，力争在一日内看完沟中所有主要景点，这样可免去二次进沟的门票和观光车费用。

②由于九寨沟内观光车车次频繁且道路四通八达，游客乘车太便利了，所以一天内游毕完全可能。当然笔者在下边会为您设计推荐一个一日游的标准行程。

③九寨沟门口的游客中心免费向大家提供导游图，游客一定要取一张仔细观赏以便观光时心中有数。

④在九寨沟观光最好是遵循从上往下游的方针——在则查洼沟，观光车是先开到尽头长海，再往下走，游客必须遵守这个观光次序；在日则沟，一定要先乘车到上方的箭竹海（或是原始森林），再向下走，游熊猫海、五花海、珍珠滩和镜海；在树正沟，一定要从犀牛海向下走，依次游老虎海、树正群海、卧龙海（下面还有双龙海、火花海、芦苇海、盆景滩）。之所以这样提示大家是因为从上往下走全是下坡路，省心省力。

推荐游程

精彩紧凑的自助一日游

上午进入景区后先乘车经树正沟去则查洼沟的尽头（路过树正沟的时候，可在车窗左侧顺路看这个沟的风光），看九寨沟最大的山间湖泊长海，在抵达长海之前可看到两个季节海。在长海游览半小时足够。之后步行去五彩池观光，然后原路乘车返回至诺日朗（这是三条沟的交汇点），再乘车直达Y形右上侧的日则沟尽头处的原始森林，观赏完森林景色后步行或乘车依次下行，分别观赏芳草海、天鹅海、箭竹海、熊猫海、五花海等佳景，其中箭竹海、熊猫海和五花海景色更突出，应该下车步行细看，珍珠滩瀑布更应该好好观赏拍照，再向下还有镜海等几个景点，游览日则沟需要2.5—3小时。之后可以在沟中的公路边等过路车回诺日朗，这里有商店、餐厅，游人可在此午餐、休息。

▲ 珍珠滩瀑布美景

下午的时间应全部交给树正沟，沟口的诺日朗瀑布落差不大但水面宽达270米，丰水期场面壮观，是拍摄留念绝佳景点，依次向下还有水色碧蓝清澈的犀牛海、老虎海、双龙海、芦苇海、火花海等。树正沟内的湖泊特别平和宁静，如镜的水面中倒映着两侧的青山和白云，论水中倒影的清晰美观程度真比桂林漓江还要秀美迷人。然而景区中还有银练飞舞、奔腾咆哮的树正沟瀑布，还有细长而优美的湖上观景栈道，还有修筑在水边的藏式小屋和座座秀丽白塔，游客穿行其间可以好好体味一下"树在水中生、水在林间流、人在画中走"的活泼生动的美妙意境。游毕树正沟，一日游内容已足够丰富（主要景点都看过），游览即可结束（一日游切记早上早点出发）。

如果游人进沟的时间特别早，此时去树正沟、日则沟的观光车已开通但去则查洼沟的观光车还未运行，那游人也可先经树正沟、诺日朗去日则沟畅游，之后再去看则查洼沟，回来后细观树正沟美景。这样的观光顺序也很好很合逻辑。

宽松舒适的二日游

D1. 进入景区内可以先花2小时时间专门游览则查洼沟的风光，午后去树正沟畅游，夜宿沟内或沟口（假如住沟口外，那第二天重入景区还要再买门票和观光车票）。

D2. 全天游览日则沟，把原始森林、五花海、珍珠滩、镜海这些佳景看个够、拍个够、玩个够，黄昏时结束游览返回。

笔者另须关照您：不论欲作几日游，"五一"及"十一"黄金周别去九寨沟，人太多，食宿也贵。

▲ 诺日朗大瀑布美景

黄龙

电话区号：0837 景区：4000905766

　　黄龙景区位于四川阿坝藏族羌族自治州松潘县境内，因其长7.5千米、宽200—300米的峡谷内布满黄色石灰沉积物，宛如一条"黄色巨龙"从高山上飞腾而下而得名。黄龙与九寨沟直线距离只有35千米（公路行程），景区及周边有黄龙寺、雪宝顶山等多处名景，其中特色最为鲜明的是被人称为"七彩瑶池"的上千个鱼鳞状的钙化沉积池。

　　这些梯田状池塘群主要分布在海拔3145—3578米之间的山坡上，绵延达3.6千米之长，相对高差近400米，间有滩流、瀑布、泉水相连，层层嵌砌、重重叠叠，错落有致，造型生动而优美。池中灌满清澈山泉水，波光粼粼，晶莹透亮，在阳光的照射下闪烁着五彩缤纷的荧光，游人穿行其间宛若身临仙境。

　　雪宝顶山就在黄龙景区南侧，山姿巍峨，景色壮观，它与黄龙景区相依相偎，可谓山光映水色，风光甚为生动优美，绮丽迷人。

▲ 黄龙风光

交通

　　成都茶淀子车站有客车到黄龙但班次不多。也可从成都乘高铁到镇江关下，这里有免费车送客到松潘，再从松潘去黄龙。松潘至黄龙60千米，票价35—40元。最方便的办法是从松潘或川主寺包车或拼车去黄龙，从松潘到黄龙拼车30—40元/人，包车160—200元/车。从川主寺出发车费会便宜一些。另外"九·黄"机场已建成启用，成都飞"九·黄"机场40分钟可到，降落后可乘机场大巴直抵黄龙景区，1小时可到。

住宿

　　黄龙景区内有数家宾馆，三星级的华龙山庄条件尚好，普通标间也要100—130元/间，瑟尔嵯宾馆条件差但价格便宜。由于黄龙景区气温低空气潮湿阴冷，所以很少游人住在这里。大多数游客是住九寨沟、川主寺。

●从九寨沟到黄龙

每天早晨有3班直达车，约1.5小时可到。亦可先从九寨乘车至川主寺，在此换车去黄龙。从九寨包车去黄龙极方便，车费250元左右。

●黄龙景区的餐饮

景区内无餐厅，景区门外有多家饭店。笔者建议您在景区外吃饱了再上山，观光很费体力。

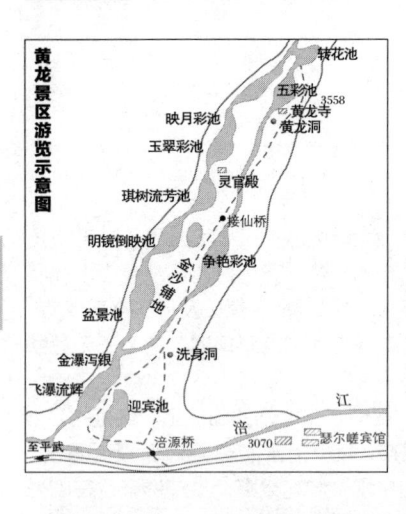

另荐景点

达古冰山

　　达古冰山风景名胜区、四川达古自然保护区位于中国四川阿坝藏族羌族自治州黑水县境内，系罕见的现代山地冰川。

　　达古冰山集现代冰川和古冰川地貌、原始森林、高山草甸、雪峰藏寨、珍稀动植物及红色文化人文景观于一身，是融观光、度假、休闲、避暑、科考、科普、探险、爱国主义教育诸多功能为一体的地质、生态、文化旅游景区。这里有冰川生态彩林区、藏酋猴观赏游览区、藏民俗风情体验区、红色旅游文化体验区、珍稀野生动物观赏区、高山牧场休闲观赏区、洛格斯神山游览区、古冰川地质公园、现代冰川观赏区等。

　　达古冰山距成都、九寨沟280多千米。旅游区位优越，交通环境舒适便利。近年来，在中国发现新美景评选活动中被评为最具有吸引力新美景和四川最佳度假旅游目的地。

🚍 成都茶店子客运站、茂县、汶川、马尔康等地均有直通班车可到达黑水县，再从黑水县包车到达古冰山，车费30元左右。景区门票120元，观光车70元，索道往返180元，网上订票常有优惠

📞 旅游咨询：0837-6729999　网址：www.dgbc.cn　官方微博：@达古冰山

发烧友特别关照

　　①游黄龙一是登山畅观景区内的数千个五彩瑶池——清波荡漾、五彩缤纷；二是景区旁的雪宝顶山山姿巍峨，壮观迷人，亦会给人心灵上的震撼。

　　②游黄龙一定要登攀到山颈处的黄龙寺，这里是观赏拍摄雪山和瑶池的好地方——南边是雪宝顶山，巍峨高耸；下边是瑶池群，五彩缤纷（最好看的五彩池就在这里）。如果没见到五彩池，您的黄龙之行就算白来了。

　　③水是黄龙风光的灵魂，上千个瑶池只有灌满水（雨水、泉水）才会色彩缤纷、艳丽夺目。没有水的瑶池不过是个黄色的土坑，毫无观赏价值。所以若想见到最美、最壮观的瑶池群，还是夏、秋时节前去更佳，冬春时节有水的瑶池不足总数的一半，与照片上看到的相距甚远，风光大打折扣。

　　④黄龙山高空气稀薄，游客有时会稍感呼吸困难但不会太严重，体质好的人上山控制一下速度节奏不要走太快即可，体弱者有必要考虑在山下租个氧气袋备用。

　　⑤不建议游人步行上下山，因为太累、太费时间。但也不建议上下都乘缆车，因为这样看不全景点。笔者力荐乘缆车上、步行下的观光方式，这样才会两全其美，既仔细观赏了景区秀色，又不会太费劲。

　　⑥缆车上行只需7—8分钟，下车后要1个小时才能到景区中心黄龙寺。到寺上边看五彩池走一个环线约需90分钟。之后一路下山观景至少要2.5小时。也就是说在黄龙观光至少要用5—6个小时。很辛苦但也很开心！

　　⑦黄龙景区门票旺季170元，淡季60元。缆车上行80元，下行40元。观光车费20元。

▲ 黄龙七彩瑶池美景

牟尼沟

电话区号：0837　景区：7247123

牟尼沟景区位于松潘县城西南11千米处，是九寨沟——黄龙黄金旅游线上重要的山水佳景。牟尼沟中的主要景点是扎嘎瀑布和二道海。其中扎嘎瀑布是国内最高的钙化瀑布，高约90米，瀑布呈台阶形下泻，每跌下一级台阶，就弹进出一团团银色水花，故享有孔雀开屏、天女散花、银龙跃空、悬崖银屏等美妙名称。二道海景区内有上千个大小不等、形态各异的高原堰塞湖，周围还有许多草甸、温泉、溶洞，它们与不远处的天鹅湖、石花湖、人参湖的美景交相辉映，色彩艳丽秀美，观后赏心悦目。

交 通

去牟尼沟可以从两个方向前往，一是从松潘县城方向去，县客运站有公交车前往，但班次少，方便的办法是包微型车前往，车费单程100元左右。

二是从成都乘去松潘、九寨沟的班车，到牟尼沟道口下，之后换乘当地微型车，行驶约15千米到景区，车费50元左右。

▲ 牟尼沟风光

● 牟尼沟景区门票

¥ 通票旺季100元（含两大景区），淡季70元（只游扎嘎瀑布）。

住 宿

扎嘎瀑布与二道海两景区之间有住处，既有正式宾馆亦有木楼，房间40—120元。此外住在沟口或松潘县城条件更舒适一些。

游 览

牟尼沟内有两大观光亮点：一个是扎嘎瀑布，另外一个是二道海。扎嘎瀑布丰水期很壮观，二道海与小海子、大海子、天鹅湖、翡翠湖、犀牛湖等多个山间湖泊相伴，风光也很动人。上述两个景区不在一条山沟内，要分别游览。现在，机动车可开到扎嘎瀑布不远处的停车场，下车后步行约200—300米即可看到瀑布。而去二道海观光也不费劲（景区内有马匹可以代步）。因此去牟尼沟游览，用5小时进出会显得很宽松。

发烧友特别关照

牟尼沟冬天气候温暖，不会大规模结冰，四季皆可以游览，当严冬时节黄龙景区大雪封山道路断绝之时，牟尼沟就成了离九寨沟最近也是景色最诱人的姊妹景，所以冬季人们来九寨沟后或之前必游牟尼沟。

米亚罗·桃坪羌寨
（含古尔沟温泉）

四川米亚罗红叶风景区位于川西理县境内。这里群山连绵、林海浩瀚、重峦叠嶂、风景如画，其中以每年深秋时节殷红如海的大片红叶林最为引人入胜。米亚罗风景区的总面积为3688平方千米，比北京香山红叶林区大近180倍，是我国目前发现并已经开发的面积最大的红叶风景区。

米亚罗景区周边还有桃坪羌寨和古尔沟温泉等景点，其中桃坪羌寨是羌族人建造的碉楼式建筑群，其造型奇特、内部构造诡异、非常神奇迷人，是川西高原上的独特一景。古尔沟温泉在当地亦有相当知名度。在观赏苍山红叶美景的同时观览少数民族风情、体味享受灼热矿泉的温馨洗礼，亦非常令人惬意舒心。

●气候与游季
金秋时节（10月中、下旬），米亚罗万山红遍，景色最为壮观，是绝佳观景时机。盛夏时节气温较低，是避暑佳境。冬季风光惨淡不宜游览。但桃坪羌寨和古尔沟温泉仍可观光洗浴。

●桃坪羌寨门票
¥ 羌寨门票30元。

●古尔沟温泉
古尔沟温泉度假区在四川阿坝藏族羌族自治州理县内，风景秀丽。温泉水温62℃，日流量有1500吨以上，水中富含的元素，含量高的元素主要有硅、锂、硼、氟、锗、硒、锶等，对人体消化系统疾病、皮肤病、胆囊炎、胆结石等有明显的疗效。

虽然与一些其他著名的温泉度假区相比有较大差距，但古尔沟温泉是阿坝藏族羌族自治州开发最好的温泉之一。艰辛游乐或探险后来此泡一泡温泉，可算是旅途中的一大乐趣。分为室内和室外泉池两大部分。

温泉度假村内有宾馆、酒店五六十家，游人食宿非常便利。
¥ 温泉洗浴60元起价。

☛ 羌寨内部结构非常复杂，跟迷宫似的。进去好好探查吧，饶有兴味

🚌 交通与住宿
成都茶店子车站去马尔康的客车经过桃坪羌寨、古尔沟温泉和米亚罗，但每天班次不多。也可从茶店子乘去理县的车，经过桃坪羌寨（车程1小时左右），到理县后再换车，半小时到古尔沟温泉，之后很快到米亚罗。

在桃坪羌寨老寨子中有数家农家旅馆可食宿。新寨中的民宿极多，住宿很便利。就餐是地道的羌族风味，如玉米饭、老腊肉、烧烤羊、芋炒青椒、咂酒等，每人每餐需40—50元。亦可吃住在一起结算，一般每天每人100元即可。米亚罗镇上有旅店但家数不多。住古尔沟温泉也是不错选择。

☛ 桃坪羌寨住宿参考：羌寨魁星酒店，能吃能住，条件尚好，服务热情，平日标间百元出头

游览指导

①从成都乘车出发经都江堰、汶川县城向西拐，沿317国道行进，依次经过桃坪羌寨、理县县城、古尔沟温泉和米亚罗。

②桃坪羌寨极具观光价值，在这里探秘古堡、览羌族风情，至少应停留半天时间。

③古尔沟温泉度假区可洗可住，洗浴和住宿费用都很低。可作为休闲住宿首选。

④米亚罗红叶风景区景观距离拉得很长但不集中不紧凑，这里的红叶景观一般但秋季彩林风光极美。建议包租车和自驾车游览。

⑤建议一步到位先到米亚罗，观光后住古尔沟温泉，次日畅游桃坪羌寨，然后回成都。这样观光效果非常精彩圆满。

四川省 川西北黄金旅游线

川西北黄金旅游线

前些年外省游客从成都去九寨沟、黄龙游览,大多是看过了九寨沟的碧水青山和黄龙的雪山瑶池后就满意开心地"向后转"了。可是近年来人们发现游过了"九·黄"之后继续向前行,仍可以看到绚丽多姿的四川西北部的迷人风光——这里草原辽阔、山峦起伏、江河曲折,有诸多颇具水平的自然和人文佳景分布其间。在这其中有4处美景最为引人关注,它们分别是红原·若尔盖大草原、郎木寺、黄河第一湾和花湖。

气候与游季

川西北一带气候凉爽(称为寒冷也行),旅游佳季为每年4月底至10月中旬,尤以夏秋(7—9月份)时节风光最美。冬季这里冰天雪地,除目的特殊的画家、摄影家以外不适宜大众游客游玩。

交通

▲ 黄河第一湾远景

游客去川西北游玩,可以从两个方向进入。一是从甘肃兰州方向走,兰州汽车南站每天有客车直达郎木寺,也可从兰州乘客车到合作后再换车到郎木寺。从合作乘客车到四川的若尔盖也方便,从若尔盖乘客车到红原·若尔盖大草原和黄河第一湾毫不费力。

从四川成都去川西北公路交通很顺畅,成都茶店子车站每天有客车到松潘、九寨沟和若尔盖(新南门车站也有车),从松潘到若尔盖乘客车和包租车皆宜,车程4—5小时。到了若尔盖,就可以选择多种交通方式到上述各景点游玩。

餐饮住宿

川西北一带气候寒冷,农产品生产品种不丰富,运输成本也很高,因此这里的餐饮消费价格较高。在若尔盖,吃一顿简单的普通饭菜人均消费至少也要30—40元。在红原县城和郎木寺吃饭稍稍便宜一点。

住宿以郎木寺最方便,高中低各档次的宾馆、旅舍都有,贵的宾馆标间夏季280—400元,便宜的普通旅舍50元/间。若尔盖县城内的住宿很贵,夏天这里稍稍像点样的宾馆标间就要200元/间以上。

155

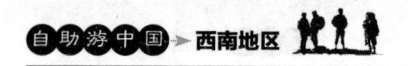

主要景点

红原·若尔盖大草原

红原·若尔盖大草原位于四川阿坝藏族羌族自治州西北部的红原县和若尔盖县境内，东到九寨沟、黄龙，南至黑水，西侧北侧与甘肃省相邻，是国内三大草原牧区之一。

红原·若尔盖大草原内既有开阔平坦的草原，亦有低矮平缓的丘陵，还有挺拔雄伟的雪山和茂密的森林，草原上随处可见远处终年积雪的群山与近处碧绿草场相间的美丽画面。每年的6月至9月，是大草原水草最丰美、风光最动人的季节，如茵绿草、似锦繁花和如珍珠宝石般散落其间的雪白羊群和五色斑斓的牦牛群相谐相映，组成了一幅幅优美动人的草原风情画。

红原·若尔盖大草原上还有诸多自然和人文美景，形成了一个个引人关注的观光亮点。像若尔盖草原北部和西部的格尔底寺、郎木寺、唐克黄河第一湾、索格藏寺、花湖、云海、红原大草原上的月亮湾、瓦切塔林、剧经寺森林公园、龙日坝藏乡风情区、雪玛格勒冰川遗迹等都颇具观光价值。

外省游客到红原·若尔盖大草原观光非常容易，成都有客车直达红原和若尔盖县城，从马尔康也有客车直达红原和若尔盖。游毕九寨沟和黄龙后，可以从松潘经川主寺到若尔盖，也可从川主寺乘车直接到红原草原北边的瓦切。另外从甘肃方向去上述各地也方便，兰州汽车南站每天有多班客车直达合作市，从合作乘车（每天有多班）3—4小时即可到若尔盖县城。此外在近年来颇受外界关注的郎木寺，每天也有客车到若尔盖。红原·若尔盖大草原上公路畅通且主要路段路况甚好，乘坐客车即可行驶在草原上畅观美景，而拼车、包租车则会在观光途中更能享受其开心快乐和灵活方便。

郎木寺

郎木寺镇位于甘肃、四川两省交界处，四周有高山挺立——山姿岿巍、挺拔雄伟、高耸入云；镇中有清溪穿过，水面不宽然而却是碧波欢涌、呼啸而下，充满生机和活力。山峰与古镇之间是大片的高山草甸和茂密原始森林，郁郁葱葱，风光十分柔美动人。

郎木寺镇山水相依，风光秀美，这里的郎木寺庙宇、大峡谷、红石崖、白龙江源头都是特色鲜明的观光亮点，由于有白龙江水穿城而过，郎木寺本身也颇具开发潜力。随着川北、甘南一带道路交通条件的不断改善，郎木寺正日益为外界所熟知了解，这座享有"东方瑞士"美称的古老乡镇，正在焕发出夺目诱人的灿烂光辉。

游客可以从四川、甘肃两个方向去郎木寺。可先从成都、都江堰、松潘乘车到若尔盖，然后换车去郎木寺。在旅游旺季若尔盖每天有客车去郎木寺，车程约2小时，车费30—35元。另外若尔盖每天有数班客车到甘肃合作，中途经过郎木寺桥头道口，从这里下车再换当地微面，车费2元/人，10分钟就到郎木寺镇中心了。

甘肃省会兰州汽车南站每天有数班客车直达郎木寺，车程4—5小时，车费110—120元。也可经从兰州汽车南站乘车到合作（每天车次极多），车费约80元，车程2.5—3

小时，到合作后换去郎木寺的客车（在合作东站发车，每天至少有3班，车程3小时，车费50元即到郎木寺。

达仓郎木寺门票30元。格尔底寺门票30元。纳摩大峡谷门票30元。

花湖

花湖又名美朵湖，位于四川若尔盖至甘肃郎木寺之间的213国道旁，是红原·若尔盖大草原上相邻的3个海子中的一个。花湖地处世界上最大的高原泥炭湿地——若尔盖湿地中央，四周青山连绵，湖心清波倒映蓝天白云，春夏之交时湖区开满鲜艳野花，五彩缤纷如云霞铺地，花湖因此而得名。

花湖自然生态保存完好，湖区水草丰茂，芦苇成片，有黄鸭、溪鸥、黑颈鹤栖息其间，旱獭、野兔、土拨鼠等小动物的身影也是随处可寻。如今，人们在花湖水边修建了木质观光栈道和观景亭，游人可以徜徉其间，仔细观赏宁静柔美的湖区美景，品味和感受高原明珠的纯净和自然。

可以从若尔盖或郎木寺乘客车或租车去花湖。门票75元，观光车费30元。

黄河第一湾

黄河发源于青海省境内，流经四川省若尔盖县唐克乡的时候形成了多处弯道——曲线优美、形态动人，人们把这一河曲地区称为"黄河第一湾"。

黄河第一湾河面开阔且弯曲，浩荡流畅的河面从西南方向的地平线上延伸而来，最后消失在正北方的广阔草原间，河道不是拐了一个弯而是"N"个弯——这些弯道有的呈优美的半圆弧形，有的呈弓形或直角，湾湾形态皆秀美，段段河床水景都迷人，形成了四川高原上不可多得的妙景奇观。

欣赏黄河第一湾最好的时间段是夏秋时节的黄昏，绿色河水与漫天晚霞相映，景观摄人心魄为世间罕见。

从若尔盖、红原、郎木寺去唐克黄河第一湾皆方便。若尔盖每天有客车前去但车次不多，车程80—90分钟，车费25元（客车大多开到唐克乡，距第一湾景区还有9千米）。红原县城每天也有1—3班客车直达或途经唐克，车程约90分钟，车费30元。目前游客大都是自驾或拼车或包租机动车去唐克，从若尔盖包租一辆微面车费约需300—350元，拼车人均50—60元。

也可从郎木寺拼车或包车去唐克黄河第一湾，包车车费500—600元，车程约80分钟。门票免收。

▲ 红原大草原风光

▲ 郎木寺镇全景

推荐游程

郎木寺、花湖、黄河第一湾四日游

D1. 郎木寺镇观光：观光要点是达仓郎木寺、格尔底寺、白龙江源头和纳摩大峡谷，红石崖在黄昏时眺望景色就很好。

D2. 从郎木寺包租机动车，先游花湖逗留3小时，然后在下午抵达黄河第一湾，黄昏时在此看黄河日落风景最迷人。之后回若尔盖住宿。

D3. 乘客车或租车或自驾车从若尔盖去红原，途中游览瓦切塔林等景点。住宿红原县城。

D4. 乘车或租车或自驾从红原出发去黑水，途中观赏龙日坝等景点。住宿黑水县城。次日游览达古冰川或卡龙沟。之后返回成都。

旅途花絮·亮点闪击·观光指导

①盛夏时节去川西北观光是件开心惬意的美事，此时这里不光风光优美，气候也极为凉爽宜人，这里的气温比成都要低15℃—20℃（指夜间最低温度），避暑旅游十分舒服。

②论风景，红原大草原比若尔盖草原好看许多。若尔盖草原风景很平凡很平淡，可红原草原上多森林、多溪河，还有不少寺庙古迹且人烟稀少，在这里驱车旅行心情畅快无比。

③从红原县城驱车到马尔康或黑水，中途经过一个叫龙日坝的地方，那地方简直就是当代的世外桃源。到那里时您一定要停车、下车，视野的四面八方都是令人感叹、诱人心醉的柔美画面。

④郎木寺是个好地方——从兰州经夏河、合作去郎木寺，一路上的山形态都不美，可是到了郎木寺，山就好看了；一路上的山都只有草却少有树。但到了郎木寺，山上就有了浓密森林。郎木寺的两座庙地势都不错，镇中心还有白龙江水穿流而过，景色活泼而生动——如果好好改造建设，这里的景色可与云南丽江异曲同工，可是当地有关部门至今还未动这根神经。

⑤黄河第一湾夏秋时节风光美，旁边还有一座金碧辉煌的宏伟寺院和一座小山，登山观光很好看——但在好看之余也会产生不少疑问。黄河在草原上的这么多弯道形态都很优美，它们是何年何月由何等原因和力量形成的呢？黄河上有好几个岛屿，岛屿上又有茂密的树木和平整的草坪，其间树林之密、草坪之平整就是许多内地大城市中的中心广场上的同类景观也望尘莫及，造物之神为何在偏僻寒冷的川西草原上为人类贡献了这一片宝石般的美丽绿洲呢？

⑥建议您从成都出发，先游九寨沟、黄龙，然后一步到位抵郎木寺，观光一天后租车去花湖和黄河第一湾。次日开心畅游红原大草原，之后抵黑水（这里有达古冰川、继古藏寨、卡龙沟等景区可以游览）或马尔康再返成都，其间美景定让您终生难忘。

▲ 郎木寺庙门

四姑娘山

电话区号：0837　景区：2791063　景区咨询：2791063　旅游投诉：96927

四姑娘山位于小金县与汶川县交界处，由横断山脉中四座相依相连的山峰组成，根据当地山民的传说，它们是四个冰清玉洁的姑娘的化身，四姑娘山因此而得名。

四位"仙姑"中，以幺妹四姐为最高，海拔6250米，大姐、二姐、三姐分别为5355米、5454米和5664米。她们肩并肩、手牵手，头顶蓝天白云，肩披冰川瑞雪，腰系苍林碧翠，清丽俊俏、高雅圣洁，被誉为"中国的阿尔卑斯"和"蜀山皇后"。

四姑娘山的景点主要分布于山峰南侧沃日河北岸的几条支流中，主要有双桥沟、长坪沟、海子沟等美景集聚地。

气候与游季

5—11月均可游览，尤其是5月中旬至6月中旬及金秋10月均是观光、摄影黄金时节。7—8月雨水频繁，有时观光受限，冬季亦可进山但游览效果差。这里昼夜温差较大，即使5—10月进山亦应携带长袖衣服以御寒保暖。

成都茶店子车站电话：028-87506610

交　通

从成都去四姑娘山最方便，从成都茶店子车站乘去阿坝藏族羌族自治州小金县的客车沿都江堰、映秀、巴朗山、卧龙一线前行，最后抵达四姑娘山所在地小金县的日隆镇下车即可，每天发多班车，几乎是每小时发1班。车费商务车120元、大客车95元。班车一般开行5个小时左右，也可从茶店子车站前"拼车"经映秀、卧龙去四姑娘山，有个体司机在茶店子车站揽客拉人。车程4—5小时，车费120—140元。

▲ 四姑娘山主峰雄姿

● 餐饮

当地日隆镇上和长坪村内有不少小饭店，多为川味菜馆，价格适中，肉炒青菜20—28元，纯肉菜28—48元，人均60元可吃饱一顿。在宾馆、酒店的餐厅中吃，菜价要贵一些。进沟游览最好自带食品，双桥沟内有些村民开的餐馆，旺季长坪沟口也有食品出售，就餐不会有太大困难，但进海子沟应带足食品饮水。欲吃风味美食可选择烤全羊、牦牛肉等。另外青稞酒、酥油茶、羊杂汤等亦可为游客带来全新口感。

● 摄影较佳地点

①猫鼻梁、长坪沟内，可拍四姑娘山日出日落。②锅庄坪、海子沟前，亦适合拍照日出日落。③三锅庄，适合拍五彩山和双桥沟全景。④巴朗山垭口，适合拍高山云海。

● 特种旅游：攀登四姑娘山主峰

从海子沟的登山营地出发，4—6小时可登上海拔5355米的大峰，这是一般体力的游客基本可以实现的目标。另外近年来登上5454米的二峰的人也不少，但是登6250米的主峰困难很大，非专业人员应谨慎行事。且从事户外运动必须向景区报备。

四姑娘山游览示意图

住 宿

日隆镇与长坪沟口的长坪村相接相连，镇上高、中档宾馆较多，如新四姑娘山山庄、四姑娘山国际饭店、四姑娘山大酒店、四姑娘山宾馆、山峦栖壁珵酒店等，总共有数十家，房价随季节大幅升降，旺季可达500元/间以上，而淡季可降至100—130元/间。还有一些档次较低的普通宾馆，淡季标间不过80—100元/间。另外双桥沟内有一些藏族家庭旅馆可住宿，有普通间也有标间，欲在房东家吃饭每天缴纳100元即可三餐全包。另外四姑娘山游客中心对面的长坪村内也有多家民宿旅馆。

☛ 鑫伟民居，在双桥沟口，交通方便，可关注

区内交通

★双桥沟

沟口距日隆镇7千米，总长34.5千米，步行吃力，须乘沟内专用观光车游览，旺季车票加门票共150元。沟内主要景点有五色山、人参果坪、沙棘林栈道、野人峰、撵鱼坝、猎人峰、阿妣山、牛心山等。游客乘车入沟后可在指定的五个观光点上下车，亦可沿沟中观光路步行游览，总之观光很方便。

★长坪沟

总长约31千米，日隆镇上的游客中心有专车将游人送到沟口处的喇嘛寺，车程约7千米，观光车收费20元。之后开始步行或骑马观光。喇嘛寺步行或骑马至枯树滩5千米，约需1.5小时。枯树滩—下干海子步行或骑马1小时即可。下干海子步行或骑马到两河口要1.5小时。两河口—木骡子5千米，骑马约需1小时。木骡子—鸡冠岩11千米。徒步一天往返可至两河口；徒步两天体力好可至鸡冠岩（第一晚住两河口）；徒步3天可至鸡冠岩或老鹰岩。徒步2天以上游客最好自带帐篷、睡袋（和必要食品）等，亦可在日隆镇、长坪村等地租用；长坪沟口管理处有帐篷、睡袋及各种登山用品出租。两河口以前路途较平

坦，平日骑马与步行并无太大区别，但雨季或冬天结冰期步行可能会更安全。

★海子沟

沟口距日隆镇0.2千米，全长约20千米，山路崎岖且一路上坡，骑马观光最适宜。长坪村—锅庄坪3千米，骑马40分钟。锅庄坪—老牛园子8千米，老牛园子—大海子2千米，大海子—花海子2千米，花海子—双海子8千米。租马从沟口至锅庄坪70元，至老牛园子120元，至大海子180元，这些价格随季节浮动，旺季可能会更贵一些。步行或骑马1天能到大海子往返，2天可至双海子往返。

主要景点

双桥沟

四姑娘山中最开阔的峡谷，全长近34.5千米，两侧是山峰，中央是公路和溪流，已开发出景点20余处，呈三段分布，下段有杨柳桥、日月宝镜山、五色山，中段有撵鱼坝、人参果坪、尖山子、九架海，上段有牛棚子草坪、长河滩等多处佳景。这里的阿妣山、猎人峰、鹰嘴岩、金鸡岭等奇山异石形态怪异，鲜活生灵，是大自然鬼斧神工雕刻创造的人间绝景。秋冬季节降雪后山景同样壮观。

▣ 门票150元，含观光车票70元

长坪沟

长近29千米，平缓悠长，辽阔壮丽，四姑娘山主峰就坐落在沟内16千米处，山姿挺拔给人强烈美感。景区内有古柏幽道、喇嘛寺等先人遗迹，数十米高的多处飞瀑和欢快奔流的谷底清溪与葱郁森林相映衬，景色秀美动人。

▣ 门票旺季90元，含观光车费20元

海子沟

全长近20千米，有花海子、深海子、白海蓝河、黄河等10多个高山湖泊，湖水清澈见底而又碧波千顷，蓝天、白云和四周山景都把美丽身姿映在水中，共同描绘、演绎出了高原明珠、深山美神的绰约风采。这里还是登攀四姑娘山主峰的必经之地，登峰造极的感受经历非常精彩刺激。

● 双桥沟

须乘观光车进沟，因而游览很轻松，但亦有来去匆匆之感。建议在红杉林至布达拉峰一段长近10千米的路段下车观光，这里风光绮丽、景色绝佳。

● 长坪沟

目前大多数游人游览的是沟口喇嘛寺至干海子一段的常规线路，骑马步行都方便。但从干海子再向里走风光更原始而优美。最佳风光带在过了木骡子的水草湖，这里草地平坦宽阔，小溪水流清澈，雪峰与蓝天相映，景色极为动人。目前景区允许的观光范围是到木骡子为止。

● 海子沟

从海子沟可行至四姑娘山脚下或攀至山顶，美景如织，令人惊心动魄。门票旺季60元。
这条沟路途长亦不太好走，但大海子和花海子的风光还算诱人，游后辛苦但还是物有所值。

● 景区内食宿

宾馆、餐厅一般集中在日隆镇，双桥沟内也有一些。但长坪沟和海子沟内食宿不便。欲进沟露营者应自带帐篷和食品饮水。

▲ 冬日的四姑娘山双桥沟风光

为您推荐丹巴境内的景区

丹巴因建县时取丹东、巴底、巴旺三个土司音译汉文首字而得名,它位于四川省甘孜藏族自治州东部,东、南、西、北四个方向分别与小金县、康定县、道孚县、金川县毗邻和相连。丹巴境内虽然多高山和峡谷,但物产丰饶,盛产药材和果品。丹巴也有绚丽多姿的民族风情,嘉绒藏族奇异的村寨建筑风格闻名天下。

主要景区之一:梭坡碉楼群

丹巴是我国古代石质碉楼数量最多的地方,具有"千碉古国"的美称。据说鼎盛时期的丹巴碉楼多达数千座,时至今日,这里仍有保存尚好的碉楼560多座。它们大多挺立在高山峡谷之间和关隘要处,成为大小金河和大渡河沿岸的独特风景。

梭坡乡就是丹巴境内碉楼相当集中的地方,这里从大渡河边到山顶,1000余米的落差范围内集中分布着84座碉楼,形成了蔚为大观的古代碉楼群。站在大渡河对岸眺望梭坡村全景,碉楼群的庞大规模和气势给观光者带来感官和心灵上的巨大震撼。

从丹巴县城打车可到碉楼群,车费20元。登楼观光时有些楼要少量收取参观费用。另外,从丹巴到泸定、康定和孔玉的客车经过梭坡乡对面的观景台,在这里眺望碉楼群画面很美。门票免收。

主要景区之二:甲居藏寨

在丹巴县城以北约6千米处,面积约5平方千米,居住着嘉绒藏族百余户居民。藏寨位于河边山坡上,寨中藏族民居造型美观,四周种植有桃树、石榴树,绿荫掩映,环境幽美,风光别致。现在,寨中建起了不少藏式农家乐餐馆旅馆,成为丹巴内、大金川河谷中的观光休闲胜境。

丹巴县城有专线车可到,车程25分钟。门票30元。

▲ 丹巴梭坡碉楼群壮景

推荐游程

四姑娘山3条沟的沟内常规游览3天时间即可,一般双桥沟、长坪沟、海子沟各1天即可玩得非常圆满。因为双桥沟内路相对好走,所以从成都出发午后到达后可立即进双桥沟游览,乘坐观光车进出黄昏时即可游毕,第二、第三天再游长坪沟和海子沟。第四天即可返回。如欲登大姑娘山顶须加行程2—3天。若欲野营探险或是拍摄风光图片可任意增加行程。应该提醒游人的是双桥沟因为有观光车进入,所以观光的时间伸缩余地不大,而长坪沟和海子沟风光美且沿途见闻丰富,所以可以适当增加观光时间(必要时可露营)。

旅行家指导

①从日隆镇到双桥沟口还是乘车为好,否则7千米路要走好一阵。

②游长坪沟有观光车从日隆镇送到沟口的喇嘛寺,然后再步行或骑马向纵深前进,体力好的人其实不必骑马,徒步观光省钱又自在开心(平坦的观光栈道已铺到四姑娘山主峰下的干海子)。

③海子沟最好骑马行进,否则路况不好非常艰辛。

④景区内租用马匹虽有统一标价,但租马前仍应对着导游图谈好里程和价钱。

⑤景区海拔较高,可能会有高原反应。有心脑血管疾病和年老体衰者应谨慎前去。

⑥春、夏、秋三季自驾车前去无问题,冬季前去车轮应加防滑装置。

⑦四姑娘山有"大美",笔者给予强力推荐。

泸定·泸定桥

📞 电话区号：0836

　　泸定县位于四川甘孜藏族自治州内的二郎山西南、大渡河畔，是进入康藏高原的东方门户。这里山川壮丽、峡谷幽深、日照充足、气候宜人，自然和人文景色众多且各具风采。建于清康熙四十五年（1706年）的泸定铁索桥飞架在大渡河上，这座有名的桥梁当年曾经是弹雨横飞的战场，亦为红军长征胜利起过重要的作用。至今它仍然傲然挺立在大渡河狂涛之上，继续向人们展示着它独特而迷人的风姿神韵，而海螺沟冰川公园和二郎山森林公园亦在泸定境内，它们都是当地颇具知名度的观光亮点。如今从成都、重庆方向进入川西南的游客大都要在泸定停留观赏和拍摄泸定桥美景，之后再去康定、稻城、海螺沟等著名景区观光。以泸定铁索桥为背景拍摄风光和纪念照成了八方游客抵达川西南后不可或缺的重要内容。

¥ 泸定桥门票10元

☞ 泸定桥晃动得厉害，外来游客如果能登桥走到对岸，能堪称超人，令人钦佩

🌡 气候与游季

　　泸定气候相对温暖，常年可以观光游览。附近的海螺沟景区的最佳观光时节是每年的11月份。但是康定的气候较寒冷，冬季不适宜前去。

🚌 交　通

▲ 泸定桥雄姿

　　从成都新南门汽车站乘客车，走高速路3小时可到泸定，车次每天有多班，车费90元。另外从新南门汽车站发往康定的所有客车都经过泸定。泸定只有一个汽车客运站，每天有客车发往成都、康定、丹巴、海螺沟等地。

🍴 食　宿

　　泸定的宾馆、酒店不是太多，房价适中，一般100—120元可以住上一般宾馆的标间。如四海一家精品酒店，条件挺好，距泸定桥不太远，电话：0836－6111110。

　　泸定的餐饮价格不贵，普通饭菜30—35元可吃饱吃好。

补充交通提示

　　泸定到康定的客车每天有许多班，车程60分钟，车费30元；泸定到海螺沟的微型客车人满即开，车程60分钟，车费20元。

观光指导

①从泸定汽车站下车后，步行最多15分钟，就可走到泸定桥头，在这里看泸定桥雄姿和桥上桥下拍摄留影有45分钟就可以了。
②之后可去参观飞夺泸定桥纪念碑和革命博物馆。
③笔者认为在泸定停留半天即可，之后的观光要点是海螺沟、康定、稻城。

康定

电话区号：0836　跑马山景区：2812312　木格措景区：2828218

康定是四川省甘孜藏族自治州的首府，也是一座历史悠久的高原古城。它位于川西贡嘎山北端的跑马山麓，古时这里曾是茶马古道的中心，是通向西藏的交通枢纽和汉藏贸易的集散地。如今的康定是川西的经济文化中心和驰名中外的旅游文化名城。康定旅游资源众多、风光优美，城市中心群山环抱河水欢流，河边有跑马山巍然屹立。木格措、新都桥、塔公草原、八美草原、二道桥温泉等多处美景亦像众星捧月般各显风姿华彩。一首《康定情歌》让康定城名扬四海，亲身到康定览迷人高原风光亦会给您留下美好观感。

最佳游季和气候

到康定旅游的最好季节是每年5—6月的旱季和雨季交替期，因这个时段既有较高的温度又无太大的雨量。夏季也不热，是避暑天堂。冬季这里气候寒冷，很少有游客前来。

▲ 跑马山上的吉祥禅院

交通

成都新南门车站每天隔一小时有一班发往康定的班车，最晚一班为14:30开车。成都城北客运中心每天有两班发往康定的班车，上午9:00和下午2:00发车；平时票价在120元左右。泸定、丹巴也有客车到康定，泸定到康定车程不超过两个小时，车费20—25元。康定机场已经通航，从成都到康定只需35分钟，但从机场到康定城行车至少需45分钟，中间要翻越折多山，路程稍显遥远和艰难。

住宿

康定城内的宾馆酒店数量不是太多，房价中等偏上，平日普通宾馆里的标间房价一般在150元以上，低于130元的酒店条件就不太好了。

当地宾馆酒店参考：

①康定卡拉卡尔酒店，在康定县沿河东路5号，标间200—260元/间。
②邦金麦朵酒店，在康定东大街102号，标间180—220元/间。
③宿颐民宿，在二道桥温泉附近。

🍽 餐 饮

餐饮及风味美食

当地的石巴子鱼出自大渡河中，肉质嫩滑无比。还有当地的牦牛肉、熏烤肉、青稞酒、酥油茶，各有独特风味。康定立方米粉在藏区是非常有名的，用当地的白豌豆精制而成，韧性很好。康定锅盔松软可口，当地人常将其作为干粮带在路上吃。康定作为甘孜藏族自治州的首府，藏餐馆随处都是，只要您吃得习惯，那酥油茶、糌粑、牛羊肉等就都算是美食了。

品尝普通饭菜

如果不吃当地特色风味饮食而只想填饱肚子，那可以到县城小街小巷上的小型川菜馆中去。里边的木耳肉片、芹菜肉丝、鱼香肉丝等家常菜一般18—28元，一菜一汤加米饭35元左右，可吃饱一顿。

🐎 主要景点

跑马山风景区

跑马山是藏语"帕姆山"的音译，意思就是"仙女山"。跑马山海拔2700米，山势挺陡，不能跑马也没有赛马场，但它自古以来就是当地人心目中的圣山、灵山、仙山、情山。山顶上有人工修建的圆形赛歌场，是乡民聚会娱乐的地方，《康定情歌》里的"张家大哥"就是在这儿看上了"李家大姐"，留下了中外闻名的美妙爱情传说佳话。在山上还可以俯瞰康定全城美景。

木格措风景区（康定情歌景区）

木格措风景区（又称康定情歌景区）距康定县城17千米，景区面积500平方千米，由七色海、药池沸泉、木格措湖、红海、芳草坪等景点组成。是一处融雪山、高原湖泊、森林、温泉、杜鹃花海和藏牧风情为一体的游览观光区。景区内宽阔湖水、碧澈溪流、墨绿森林与远处雪峰相映，景色十分壮观。位于山巅的木格措湖是川西北最大的高山湖泊，湖面面积3.2平方千米，湖水最深处达70米，周围由高山和草甸环抱，山水风光如画且有游船载客环湖游览。位于半山腰的七色海四周长满杜鹃花和浓密草甸，盛夏时节形成了花海奇观。木格措景区内的山峰形态一般，但景区对面的数座山头都有尖锐的岩石直刺蓝天，游人望去，可得到与黄山、张家界同样摄人心魄的美感。

二道桥温泉

距康定县城只有5千米的著名温泉，历史悠久，开发、开放时间长。这个温泉水

● 另荐便宜实惠的餐馆

康巴餐馆，在康定情歌广场旁边，门面不太大很干净，饭菜价格便宜但量不小，很实惠，在这能吃到不少当地风味菜如牦牛肉等，笔者给予特别推荐。电话：0836 - 2834153。

● 跑马山

就在康定老城区，有数路公交车可到。打车去车费5元即到。

🎫 门票 50 元，缆车单程35 元，往返 60 元。

现在景区正在进行升级改造，预计两年后才会重新开放。

● 游跑马山可能产生的印象和后果

您要做好心理准备，一旦真的上了跑马山，您心中那个由《康定情歌》而形成的跑马山印象就完全不存在了（瞬间会被推翻颠覆）。

● 木格措风景区

去木格措要从县城包车或拼车去，包车最低费用70元，拼车每人 20—40 元。

🎫 门票 195 元含观光车。淡季 165 元。游船票 66 元。

● 二道桥温泉

从康定县城打车20元车费，15 分钟可到。

🎫 门票 40 元。

● **塔公风景名胜区**

要从县城包车前往，车程2.5—3小时。车费270—330元。

💰 塔公寺门票10元

● **八美草原景区**

可从康定包车前往，车费300—380元，车程3—4小时。

质和洗浴、休闲设施条件都很好，可作为当地诸多温泉疗养区中的消费首选。

塔公风景名胜区

塔公风景名胜区距康定县城110千米。以著名的塔公寺庙为中心，由河流、草原、森林、山峰、藏族民居和浓郁的藏乡风情构成独特的自然和人文景观。夏秋两季这里草原山花烂漫，牛羊马群，呈现出原始自然的迷人景色。每年7月中旬到8月初，人们都要在这里举行一年一度的"耍坝子"活动，节日期间场面红火，喧嚣动人。

八美草原景区

在川西高原上，海拔高度为3500米，这里千姿百态的土石林与广袤的草甸、起伏的雪山、迷人的藏寨，构成了一幅绝妙的风情画。草原上的惠远寺建于清雍正七年（1729年），寺门正中的镏金匾额为清世宗钦赐。寺庙经3次重建，殿宇豪华气派，是康巴建筑艺术的精品。庙中大的法会有正月的"默朗钦波"，六月的"亚却"和十一月的"安却"。由于十一世达赖凯珠嘉措降生于此，惠远寺在藏区享有崇高的地位。

推荐游程

三日至多日游

D1. 上午游跑马山，从山上看康定老城区远景。下午去二道桥泡温泉，享受舒适温馨。晚上看康定老城区夜景，在情歌广场休闲娱乐。

D2. 上午去木格措，重点关注木格措湖和七色海秀色。下午回来，晚上在城区品尝藏餐并做好次日出发准备。

D3. 离康定去塔公、八美或去稻城，途中浏览新都桥景色。

旅游锦囊

旅游锦囊：如何在康定玩得高兴开心

①首先要找准游览季节。康定是山城，气候凉爽气温低（比只数十千米之隔的泸定气温要低10℃左右），5月中旬—10月中旬去那里观光游乐效果好，严冬和早春时节风光惨淡，游人不应前去。

②笔者感觉康定老城区、跑马山、木格措应是游人必观之景，新都桥可在去稻城的途中顺路观光。塔公景区和八美草原更适合时间极为充裕的自驾车或包租车游客。康定老城区因中央有康定河水奔流而下，很显欢乐动感，晚上风光尤其美，应予适当关注。跑马山虽然与大家设想的不一样，但这个景区毕竟有那么大的名气，所以上去一次也不错。木格措风光很精彩，山顶上的木格措湖和山腰上的七色海风光都很迷人，加上山间森林稠密，周边有些山峰的形态轮廓也挺美，所以游人在这可以领略到与九寨沟相同的妙景（秋景尤为动人）。

③外省市的游客到了康定，游完跑马山、木格措、新都桥即可获得相对满意的观光效果。但就此向北转打道回府确实显得不完美、不尽兴。因为这里距稻城只有1个整天的车程，所以只要时间体力充沛，游完康定后最好再去稻城观亚丁秀色，稻城风光给人带来的不仅是美感更是心灵上的强烈震撼。

海螺沟

电话区号：0836　景区票务中心：3266550　景区咨询：3268893　景区投诉：3266203

海螺沟冰川森林公园位于四川甘孜藏族自治州泸定县境内，距省会成都319千米，距州府康定105千米。

海螺沟发源于蜀山之王贡嘎山东坡，沟长约30.7千米，面积约220平方千米，风景区内集高山雪峰、巨大冰川、巨大冰瀑、原始森林、地热温泉、野生动植物园于一身，景色壮美、魅力独特，近年来吸引了来自海内外的大批观光游客。

☞前些年海螺沟曾遭遇地震的破坏，现景区已恢复正常开放，游人尽可前去观光游乐

交通

成都新南门汽车站每天9:30、10:10有专线车直达冰川公园脚下的磨西镇，票价117元，行程需4小时。也可乘坐成都至泸定的班车（或乘成都到康定的班车在泸定下），再从泸定坐车到磨西。成都至泸定309千米，新南门汽车站每天有数班客车开往泸定，票价102元起，行程3小时。泸定到磨西53千米，路很好，有专线车前往（全是小型车），票价20元。车程近1小时，可以直达磨西镇上山门入口处的游客中心。游客可以在此坐观光车上山，依次路过1、2、3号营地，最后到达山颈处的干河坝车站，之后步行或乘缆车到观光点。

成都新南门汽车站问询电话：028-85433609。预售6天车票

▲海螺沟三大壮景：冰川、冰瀑、雪山

●海螺沟门票

¥ 景区门票90元，观光车票70元，观光索道往返135元。
门票和观光车票需捆绑购买。索道只发售往返票。（次日入沟须补交30元门票和车费）

●磨西镇住宿参考

推荐美家居旅馆，干净便宜服务好，标间50—60元/间。

●观光季节

去海螺沟观光主要是看冰川和雪山，因而夏天去效果反而欠佳，因为冰雪都融化了，风景不如秋冬季节好看。最佳观光期是11月份。

住宿

磨西镇：镇上最好的宾馆是有贡嘎翔云悬崖温泉酒店（电话：0836-3266666），标准间开价350—650元；其次是贡嘎山饭店，位置绝好；再次是长征饭店，价格200—300元。各种普通酒店和民宿更是遍地都有，比如云端观景民宿，条件不错，房价不贵。

一号营地 有金来悦温泉假日酒店（三星级），有温泉水可洗浴，房价300元左右。还有级别更高的贡嘎神汤宾馆。这里距冰川较远，地震后很少有人住这里。

二号营地 有一家温泉疗养中心，条件不错，可住宿

用餐，亦可洗温泉，房价不便宜，淡季也要300—400元。单洗温泉120元（地震后尚未恢复营业）。

三号营地 有金山酒店和银山大酒店，金山酒店房内有取暖器或是地暖，条件还好，2017年装修过，标准间200—388元/间（旺季还要上浮）。

☞ 另荐实惠住处迎宾客栈，在磨西镇上

🍴 餐 饮

磨西镇上有不少饭馆餐厅，菜价价格适中（家常肉菜25—48元），一般饭菜人均40—55元吃好绝无问题。小饭店中的牛肉面10—15元/碗，分量还算足。山上景区内的宾馆都可提供饭食，亦可吃到虫草鸡、贝母鸡、天麻肘子、酸菜腊肉等风味菜肴，但价格不便宜，集体早餐每人在10—15元。

☞ 温泉洗浴首选二号营地的温泉度假村

🦌 海螺沟五大看点

海拔最低的现代冰川

海螺沟冰川生成于1600年前，是贡嘎山最大的一条冰川，全长14.2千米，沿线布满冰海、冰湖、冰河、冰川城门洞、冰裂隙、冰阶梯、冰石蘑菇，它们与两侧数百米高有冰山擦痕的岩石绝壁和墨绿色的原始森林相接相融，形成了国内罕见的现代巨型冰川奇景。

巨大冰瀑布

位于冰川入口内3千米处（在冰川上方），宽1100米，落差1080米，由无数极其巨大的光芒四射的冰块组成，仿佛是从蓝天直泻而下的一道银河，比世界闻名的加拿大国家冰川公园中同等落差的大瀑布还要壮观迷人。

☞ 只有坐缆车去四号营地，运行途中和抵达后才能见到冰瀑

大流量的沸、热、温、冷泉水

海螺沟内所有人迹能至的地方，都分布有大量的泉水溪流，它们或在地面奔

涌，或形成石上飞瀑，碧水涓涓、银花四溅，景色欢快生动。水温低的冷泉甘甜可口，可以直接饮用。水温高的沸泉水汽蒸腾，宛如白云缭绕，尤其是冰川二号营地旁的一处沸泉，水温达90℃，可以直接沏开茶水和蒸煮食物，现在泉边已建有温泉游泳池和浴室，供游客洗浴游乐。

👉 在二号营地洗温泉很舒服，一号营地附近的贡嘎神汤温泉也不错

▲ 日照金山

● 推荐实惠餐馆

磨西镇上的十全九美小餐馆，家常肉菜22—38元，结伴游客可打折。还有其他便宜饭食，人均30元出头可饱吃一顿。

天然的动植物园

海螺沟内生长着2500余种从亚热带到寒带的高山植物，青翠的竹林、挺拔的棕榈、低矮的苔藓地衣、参天的松树楠木在这里均有分布。海螺沟内栖息着400余种野生动物，属于国家保护的珍贵物种就有28种，其中既有温驯的熊猫也有狗熊和野猪。

👉 在四号营地是看不到贡嘎山的，不要听别人乱说，这里见到的雪山叫粒雪盆

观赏贡嘎山的绝佳地点

贡嘎雪山在海螺沟的北缘，藏语中是"至高无上、洁白无瑕的山"。它周围海拔6000米以上的山峰有45座，主峰高达7556米，银光四射，挺拔倚天，是中国境内最美的雪山之一。

海螺沟内的二层山或狮子岩，都是观览贡嘎雪山的绝佳地点（但上去要花一点体力），碧蓝如洗的天空下，贡嘎山直插苍天的壮景能给人带来心灵上的强烈震撼。

游览现状

一个镇和四个营地

磨西镇位于去海螺沟的必经之地，是风景区的门户。海拔1700米，镇上有许多宾馆、饭店，可供游人食宿。一号宿营地距磨西镇11千米，海拔1800米，这里有一处室外温泉和两家三星级宾馆——金来悦温泉假日酒店和贡嘎神汤宾馆在一号营地下方。二号宿营地距一号营地6千米，海拔2840米，这里有茂密森林和水温达90℃的温泉，游客可以在这里住宿并洗温泉浴。三号宿营地距二号营地5千米，海拔3080米，到冰川观景点区约2千米，这里是前往冰川的最后一个住宿点，许多游客愿意在这里住宿一晚，然后去冰川旅游探险，这里有三星级的金山和银山饭店。四号营地是新建的海螺沟冰川索道的终点（索道往返150元），此处无住宿地点，但可以抵近观赏到壮美的冰川全景。

推荐周边佳景

★燕子沟

燕子沟与海螺沟紧紧相邻。海螺沟在南边的前山，燕子沟则在西北边的后山。燕子沟内雪山高耸、森林遍布，沟里有大量红色石头组成的巨大石滩，风光类型很奇异独特，在燕子沟内眺望贡嘎雪山主峰比在海螺沟要方便轻松，且画面更真切迷人。所以，游毕海螺沟后再去燕子沟做一日游是锦上添花的美事。

燕子沟的售票处就在海螺沟山门外的磨西镇上。购票后有观光车送游客进景区。地震和疫情时此景区曾暂时关闭，现已恢复开放。

▲ 燕子沟风光

旅游锦囊

为您介绍海螺沟自助游览方面的攻略

①虽然成都有客车直达海螺沟沟口的磨西镇，但车次很少。笔者不建议乘这样的直达车，反而建议先从成都乘车到泸定，看一下泸定桥风姿，再从泸定乘车去磨西镇（车程仅1小时），这样游览更显内容丰富且开心。

②食宿地点建议选在磨西镇，这里各档次的宾馆和餐馆有近百家，总有几家适合您。不建议住在山上的那几个营地，那里的食宿价格明显高于磨西镇，并且也看不到什么太好的风景（只是二号营地可以泡温泉，挺舒服）。

③海螺沟虽然看点很多，但游客应该关注的是这里的三大主景即冰川、冰瀑和雪山，只要看好、拍好这三大景点，您的海螺沟之游就算不虚此行。

④海螺沟观光其实非常简单，从磨西镇的山门门口处的游客中心购票后，有观光车直接送客到干河坝（观光车终点站，行车要50分钟），下车后步行1分钟即到索道站。上缆车后两分钟，即可见到巨大冰川（从冰川上方跨越），再过6—7分钟即可看到冰瀑和雪山，三大景点全部一览无余，太棒了！走出索道上站就是一个观景平台，再步行3分钟（下坡路）就到最佳观景台，这里可以最近距离地观赏冰川、冰瀑、雪山壮景（但这里看到的雪山主峰叫粒金盆，并不是贡嘎山），停留2个小时仍会觉得意犹未尽、流连忘返。在这里畅观美景后即可满意而归。

⑤不建议在干河坝下车后步行去冰川，那样只能看到冰川，但看不到冰瀑和粒金盆雪山，而且也不安全。还是应该乘缆车上行，途中三大主景尽收眼底。

⑥依以上游览方式在海螺沟观光大半天时间就够用了（切记选个晴朗日子上山，阴雨天气云遮雾罩，三大绝景有可能一个也看不见）。

⑦下山途中可在二号营地或贡嘎神汤泡温泉，另外磨西镇上的老街和天主教堂也值得一看。之后有时间，可从磨西镇去另一景点燕子沟游览（售票处在镇上），在那里看贡嘎山更方便（进出要大半天时间）。

▲ 四姑娘山著名温泉贡嘎神汤

稻城

电话区号：0836　稻城汽车站：5728762、5728565　康定汽车站：2822211

稻城，藏语意为山谷沟口开阔之地，位于四川西南边缘，甘孜藏族自治州南部，南北长174千米，东西宽63千米。境内最高海拔6032米，最低海拔2000米，垂直高差达4000余米。

稻城高原由横断山系的贡嘎雪山和海子山组成，境内群山起伏、重峦叠嶂，莽苍逶迤。这里有稻城河、赤土河、东义河三大河流，水网密布，溪流众多，原始山林和高山草甸保护得甚好，许多地方人迹罕至，被誉为"地球上的最后一片净土"。目前稻城对外开放的主要是亚丁景区，这里的观光亮点是三座神山和三个圣湖，其风光之壮美到了世间罕见的程度，令每个来到亚丁的游客倍感新奇和振奋。

气候与游季

高原气候，特征明显，这里气温较平原低许多，但一年四季阳光明媚、日照强烈，稻城一年四季皆有美景，但风格不同，游客应注意的是避开每年的冬季和雨季。冬季雪景壮美但气温太低（11月至次年3月为冬季）。景区会关闭。而雨季不光道路泥泞、难以行走，观景亦很不便（6—8月为雨季）；所以每年的4月至5月，9月至10月中旬是最佳游览时间。

▲ 稻城亚丁·络绒牛场景区雪山美景

交通

稻城亚丁机场已对外开放，已开通了与成都等许多城市对飞的航班，其中成都到稻城飞行70分钟即可。亚丁机场大巴可把乘客送到县城和亚丁景区门口。

若选择公路交通可从四川和云南两个方向进入稻城。

A. 从四川成都方向去稻城。新南门客运站开往稻城的客车每日1班当天能到稻城，发车时间上午6:20。晚上20:00前后到稻城，票价270元。也可从成都先乘车到康定，新南门客运站每天7:10—14:10发车多班，票价127—139元，当天中午到康定，在那里观光游览，当晚住康定。次日乘康定去稻城的车，票价128—151元，下午或晚间可到稻城。

B. 从云南香格里拉（中甸）方向去稻城。虽然是300多千米的山路，但乘大客车1天可到（每天至少有1班车），车票98元。

● **成都新南门车站**

电话：028-85433609。

● **包车去稻城**

结伴旅行者可考虑包车，乘滴滴顺风车去稻城，平摊车费后与乘长途客车差不太多，快捷方便又舒适，可以尝试。

●游览日程和线路

去稻城有不同路径可选。既可从四川成都进出，也可以经昆明、丽江从香格里拉（中甸）进出，相应地可采取环线或直线游览。

成都方向可按如下行程安排：
D1. 从成都乘客车出发晚上到稻城住宿；**D2.** 稻城出发经香格里拉镇到亚丁村住宿并去冲古寺和珍珠海观光；**D3.** 从亚丁村上行至冲古寺再至洛绒牛场再至牛奶海、五色海一路观景，回稻城住宿；**D4.** 在稻城和稻城周边游览傍河、桑堆等景区；之后踏上返程。从成都出发时若有6天时间可支配，则游览会较为宽松，没有紧迫感，而且许多景点可以一一看遍，如理塘喇嘛寺、海子山、稻城温泉、剪子弯山等。

香格里拉方向可按如下行程安排：
D1. 香格里拉乘车至稻城，赏傍河风光；**D2.** 稻城经香格里拉镇到亚丁村住宿并去冲古寺、珍珠海观光；**D3.** 亚丁村—冲古寺—洛绒牛场—牛奶海、五色海，回稻城住宿；**D4.** 游览稻城—海子山，之后可踏上返程。

当地交通

稻城的主要风景区（尤其是三座神山和三个圣湖）都在亚丁保护区内（距县城约为110千米）。稻城旺季有直达客车发往亚丁，途经日瓦乡，现在叫香格里拉镇，景区售票处设在日瓦乡过去一点的仁村，门票146元）。其他季节只好从县城拼车或包车去亚丁，拼车费用50—60元/人，车很多，有人即开。包车车费在200—280元之间。从稻城到景区售票处车程约需2小时。

在售票处购买门票后须乘景区的观光车前行（其他车辆不可以进入景区），往返车费120元/人，约50—60分钟后经过亚丁村（这里有站点，可上下车）和龙同坝，抵达观光车终点扎灌崩，下车步行10分钟即可到第一个观光点冲古寺。冲古寺是亚丁景区的中心之一，在冲古寺即可观赏保护区风光美景。再乘观光车上行20分钟，可到高山上的洛绒牛场，从这里可饱览三座神山的迷人风姿。继续步行或骑马上行可看到五色海、牛奶海等高山湖泊。从冲古寺到洛绒牛场的观光车单程40元/人，往返70元/人。

到俄初山可从香格里拉镇乘当地微型车前去，40余千米路程往返需220元左右车费。

稻城县城附近还有许多溪流河湖和翠绿山林组成的田园风光，当地人称为傍河景区，因距县城较近，游览很容易。

海子山景区位于桑堆到理塘县途中的海子山附近，可租车前往，那里有几个公路道班可提供临时住宿，周边还有直共寺、蚌普寺等景点，山下的桑堆草原风光也很美。

住宿

稻城县城内的宾馆条件一般，价格不贵。档次较高的有亚丁宾馆、电力宾馆、政府宾馆、交通宾馆等，其中亚丁宾馆三星级，双人标准间200—300元/间。便宜的酒店有金珠大酒店标间138元起，电话：0836－6968888。京言轻居客栈，淡季标间100元/间，电话：0836－6969499。

▲ 冲古寺风光

四川省 稻城

香格里拉镇有数十家中小宾馆、客栈可供住宿，标间70—150元，其中三圣如意店紧临溪水，碧波潺潺颇有诗情画意。还有天使宾馆、教育宾馆和一些藏族家庭旅舍都是不错的选择。

亚丁景区内有龙同坝、亚丁村2个住宿点，其中龙同坝位于景区门口，这里有一家龙门客栈，条件一般。亚丁村有许多小型宾馆客栈，条件一般但房价不低，一般季节标间都在150元以上，旺季肯定上浮。而冲古寺和洛绒牛场虽然都是观赏三座神山雪景的好地方，但是这两个地方如今都不允许游客住宿了，游人只能住在景区入口处的龙同坝和亚丁村。

▲ 洛绒牛场壮景

● 亚丁景区门票价格

旺季门票146元。观光车120元往返。淡季门票120元。观光车往返100元门票3天内有效，可进入景区两次。

● 三座神山

景区内的冲古寺和洛绒牛场是观赏拍摄神山的好地方，从景区入口进入后骑马或步行可到冲古寺，再坐观光车可到洛绒牛场。洛绒牛场的观山效果比冲古寺强得多。

● 当地住宿参考

①亚丁云山台酒店，条件尚好，房价适中。
②云山酒店，房价便宜，标间百元出头。

餐饮

稻城县城内饭馆很多，吃饭无困难。亚丁村和龙同坝有多家餐馆但价格很高，回锅肉、鱼香肉丝等家常肉菜均在40元以上，素菜也要30元左右，一只烤鸡收费可达300元甚至更贵，米饭3元/人。亚丁景区内可以吃饭，其中冲古寺有盒饭供应，洛绒牛场有正式餐厅，但价格较贵。景区内饮食商摊也不多，因此建议游客自己携带食品，如速食面、火腿肠、压缩饼干、各类罐头等多多益善。因景区里到处有清澈山溪欢快奔流，身体好者可直接饮用，所以火力旺盛的年轻游客只需带上少量饮料和矿泉水瓶即可。

主要景点

亚丁景区

位于稻城东南130千米处，面积千余平方千米，主体部分是3座完全隔开而又相距不远的雪山——仙乃日、央迈勇、夏诺多吉。此外还有牛奶海、五色海、珍珠海3个山间湖泊和周边的蒙自大峡谷，俄初山、阿西高山公园等诸多景区，是稻城游览的主景和中心。

☞ 外省游客去稻城，为的就是能畅观亚丁风光

三座神山

仙乃日，海拔6032米，为稻城第一高峰，看似观世音菩萨坐于莲花台上，手持宝瓶乘祥云而去，慈目注视脚下人间仙境。夏季时雪线之下瀑布连片成群，风光绮丽壮美；央迈勇海拔5958米，晶莹剔透、冰雕玉琢，宛若一位端庄娴静、冰清玉洁的少女；夏诺多吉，海拔5958米，山姿刚劲勇武，恰似一位风姿焕发的英雄少年。三座神

173

山相距不远呈品字形排列，在蔚蓝天空、洁白云朵的映衬下尽显巍巍英姿。

☞ 在洛绒牛场观雪山比在冲古寺看要美丽壮观多了

三个圣湖

分别是牛奶海、五色海、珍珠海。其中牛奶海和五色海均在洛绒牛场上方，牛奶海水色碧绿、五色海海水湛蓝，它们与四周高山雪峰相映，那种高雅圣洁的美丽达到了极致，令观光者如痴如醉。珍珠海在冲古寺上方，湖水面积只有0.1平方千米，但晶莹碧透，如珠光闪烁。牛奶海、五色海、珍珠海在雪峰映衬下熠熠生辉，为稻城风光平添无尽妖娆和秀美。

☞ 建议您不畏艰辛，把三个圣湖都游遍

两个绝佳景点

就是大名鼎鼎的冲古寺和洛绒牛场。冲古寺山、林、水、庙诸景俱佳，洛绒牛场以挺拔雪峰和宽阔山谷及森林美景震撼人心。它们都是亚丁景区中的最大观光亮点，游人不可不看。

☞ 冲古寺和洛绒牛场两个地方都应观览，看过了冲古寺就向后转绝对不应该，那您的稻城之旅将留有遗憾

傍河和色拉景区

是稻城县城以北桑堆村与色拉村之间的美丽田园风光。白色和黄色的杨树林、红色的草地、清碧的河水与蓝天白云完美交融，构成了一幅纯净柔美的风情画，清晨和黄昏时景色最佳。

☞ 傍河和色拉景区在县城与亚丁之间，可在去亚丁途中顺路观拍

俄初山

在亚丁景区北侧，藏语意为"闪光的山"，是稻城最大最浓密的林区，这里森林广袤，绿浪滔天，站在山顶，还能远眺贡嘎雪山奇观。

☞ 俄初山和海子山也是稻城风光的组成部分，适合自驾游或租车游

海子山景区

位于稻城县城西北，海拔3600—5020米，景区面积3287平方千米，这里遍布喜马拉雅山古冰貌遗迹，怪石林立，千姿百态，1145个碧蓝如玉的高山湖泊如珍珠翡翠，散落在高原崇山峻岭之间，湖中鱼群遨游，水鸟栖息，湖畔青草繁茂，山花盛开，灌木丛间还时常可见旱獭、野兔、藏雪鸡的踪迹。

稻城总体观光：原始风光绮丽优美

稻城风光以雪山、湖泊、红叶、田园秀色著称，这里人迹稀少，原始风光遍布，山光水色旖旎动人而绝少人为环境污染，所以在祖国各大城市中几乎绝迹的自然风光美景在这里随处可寻。仙乃日等三座神山及海子山等美景固然风姿绰约，而游人视野内的每一处田园佳景亦都秀美动人。在稻城，几乎每座山、每片水、每处高原草甸都能入画。"最后的香格里拉"的确是世间难寻的仙境乐土，非常令人流连回味。

旅行家指导 为您提供稻城亚丁景区观光的攻略

①如今的稻城交通状况比过去好多了（从成都乘客车一整天能到，公路都修好了）稻城当地的交通也很顺畅——从稻城县城到亚丁景区的售票处，全是柏油路；从售票处到第一个美景聚集地冲古寺，也有观光车代步，行车50—60分钟即可。另外从冲古寺到最佳景点洛绒牛场，观光车一路高歌猛进，20分钟就到了（过去那些纷繁复杂、乱七八糟的观光攻略全都过时了，不适用了），下车后就是最佳观光点。

②在亚丁景区，游人应重点关注的就是两大观光亮点，一是冲古寺，这里山、林、草甸、溪、桥、古庙风光都美，三座神山在这里可以看到两座（一远一近），所以亚丁观光的第一个重要内容就是畅游冲古寺，停留至少50分钟吧!

③第二个观光亮点就是著名的洛绒牛场了——这里的风光无比壮阔，高山、草场、密林、溪河景观俱佳，组成了一幅无与伦比的高原风情画。三座神山在这全可看到，尤其是央迈勇峰雄姿让人赞叹不绝。来到洛绒牛场的人，无不为眼前的美景而欢呼雀跃。在这里，逗留2小时不嫌多，山水看不够、美景拍不完。

④看过冲古寺和洛绒牛场，一般人的稻城之旅就算基本圆满了。但若想深度旅游，还有三处湖泊美景可看：一是在洛绒牛场上边的五色海和牛奶海，风光都很美，但从牛场骑马上去再走下来（骑马只能上去，必须步行下来）往返要4小时出头（租马费用300元/匹，没有议价余地且每天定量售票，可提供的马匹并不多），步行往返要5—6个小时，很辛苦很费时间啊！这段路不适合老人和儿童，体力欠佳者应谨慎前往。二是在冲古寺上方有个珍珠海，这个湖泊好游览，从冲古寺出发步行一去一回有2小时出头基本可以了。游遍了冲古寺、珍珠海、洛绒牛场、五色海、牛奶海，您的稻城之旅毫无遗憾。

⑤下边为您介绍一个一天内游遍亚丁景区的绝佳精彩方案 第一天晚上住到亚丁村或龙同坝，次日早上7:00过后进入景区。8:00到冲古寺，观光40分钟；之后乘观光车，9:00到洛绒牛场，先观景1小时，再骑马去五色海、牛奶海，14:30左右回到牛场，再观光30分钟；15:00回到冲古寺，去珍珠海观景，17:00左右回来看当地奇景日照金山。18:00出景区搭车回县城（此时观光车如果已停驶，则可租当地私人车），20:30到稻城县城。一天时间游遍稻城亚丁的方案就是这么精彩而紧凑，也更令人快活开心（当然这样玩需要充沛的体力做支撑）！

⑥顺利实施上述一日游方案的前提是头一天晚上住到景区门口（亚丁村或龙同坝），次日清晨就进景区观光。如果前一天晚上才到稻城县城，次日早晨才从县城去景区，那肯定时间是不够用的。那就只有作二日游览了，或是作不含五色海和牛奶海的一日游也行。

⑦游毕稻城返回时去云南香格里拉也很好，因为那里也有普达措等多处美景，同样会令人向往和心动。

▲ 稻城县城一角

四川省

自助游中国 ▶ 西南地区

蜀南竹海

电话区号：0831　竹海景区：4980221　竹海观光车：4912288

四川省

蜀南竹海位于四川盆地南缘的长宁、江安两县交界处，面积约为120平方千米，是我国最大的天然绿竹公园。景区中心的44平方千米楠竹林枝叠根连、苍翠葱郁、浩瀚辽阔，形成了世界罕见的绿竹海洋，风起时整个竹海碧涛翻卷、绿浪掀天，磅礴壮阔。竹海景区青山起伏，溪泉遍野，山崖险峭、峡谷幽深，共有八大景区134处景点，烟雨龙岩、石破天惊、忘忧叠翠、翡翠长廊、天宝寨、七彩飞瀑等佳景与无边绿海交相辉映，把整个竹海装点得流光溢彩、分外迷人。

▲ 蜀南竹海中的竹林美景

● **重庆到竹海**

菜园坝客运站（重庆火车站前）上，下午都有客车去竹海的所在地长宁县。

● **宜宾到竹海**

每日有数班车直达。

● **发烧友关注**

到了竹海，您就会体验到清爽的空气、清澈的水源，人类理想的生活环境——常住在这里，真没准能比居住在嘈杂、拥挤的城市中更长寿呢！

气候与游季

蜀南竹海海拔在600—1000米之间，气候温和宜人，年平均气温15.5℃，冬季虽偶见降雪但气温极少在0℃以下，夏季高温亦极少超过32℃，所以这里是冬暖夏凉、四季皆宜旅游的观光胜境。当然如果想要达到最佳观光效果，还是春、夏、秋三季来竹海最好。

交通

主要是从重庆和成都两个方向去：

A. 从重庆方向走。可沿重庆—泸州—江安—万里—竹海线路，亦可走重庆—长宁—万岭—竹海线路。重庆市长途客运站每日到竹海的直达车甚少，但到江安或长宁的车多。江安和长宁分别在竹海景区的东、西侧，距竹海均只30—40分钟车程且随时有车。

B. 成都—宜宾—竹海也是去竹海的重要路径。成都南站和东站有高铁列车经宜宾到长宁站（车程约2小时），下车后乘公交车，票价10元即到竹海景区（车次不多）。从长宁站打的去竹海（西大门），30分钟即到。另外，从贵阳站或贵阳北站乘高铁去长宁，车程也是2个小时，车费156元起。此外乘飞机到宜宾，再去竹海也非常方便。

住宿

竹海属长宁县管辖，长宁县城到景区的中心万岭镇乘中巴40分钟即到，车费5元，所以游客既可住长宁县城亦可住万岭镇。另外景区内的个体农家乐很多。万岭镇有各类宾旅馆数十家，高档的数量少，主要是蜀南宾馆、竹海宾馆等，标准间在100—340元/间；景区内大量的农家乐旅馆标准间只需收费80—130元/间（有卫生间、空调、电视），住宿很方便。此外，竹海东大门的万里镇亦有多家宾馆、旅馆，档次、收费标准与万岭镇相仿。

☞ 从省钱和实惠的角度衡量，住景区的农家乐很划算

特色饮食

竹海内的风味食品几乎都跟竹子对应了，竹笋、竹荪、竹花多达一二十种，另外还有山鸡和野猪、竹海腊肉等野味。上述菜开价不菲但有砍价余地，烹调方式和味道需要跟店主面议。著名的全竹宴更是丰盛诱人，白油竹荪蛋、红油笋尖、笋系玉兰片、天然竹花等菜肴味道甚为鲜美。

☞ 景区内外各餐厅中特色美食应有尽有，但如今已是"物美价不廉"了

主要景点

观海楼

坐落在竹海中心海拔880米的大水塘山顶上，八层楼高共有25米，是畅观竹海全景的绝好地点。登楼远望，但见万顷碧涛波澜壮阔，座座山峦翠色尽染，漂亮的登山缆车在青山绿谷、茂密竹中缓缓穿行，时隐时现，宛如绿海泛轻舟，充满宁静柔和而又活跃欢快的流动美感。

☞ 一定要登上观海楼畅观竹海壮丽全景

翡翠长廊

位于大水塘山顶端，中间是一条天然的红色沙石路，两侧是浓密的楠竹林，青竹青翠挺拔、亭亭玉立而又向沙石路中央内倾，把整个公路遮掩得绿荫蔽日、秀美幽深，形成了一条天然狭长的绿色长廊。

☞ 竹海的标志性景点，没有人不在这里观光、拍照

七彩飞瀑

处在竹海石鼓山和石锣山间的葫芦谷中，总落差达200余米，其中最壮观的是高40米、宽5米的第三级，这里四季飞流直下、水雾升腾，每当正午时分，日照强烈，

● 当地住宿参考

① 锦绣山庄，在竹海景区内、竹海博物馆对面，位置不错，条件很好，标间180元起。

② 三合度假酒店，在竹海三合界，距海中海不远，条件尚可，食宿不贵，标间房价百元左右，还能为游客提供食宿一条龙服务，连吃带住每天每人80—100元。

③ 竹海云泉山庄，在景区内，条件一般，但房价不贵。

● 竹海景区门票

通票100元，淡季60元。老人、学生有优惠。1.1米以下儿童、军人免费。

● 观海楼

乘观光车20分钟左右，即可到达山顶上的观海楼。亦可从墨溪景区门口乘缆车登山至观海楼，缆车上行50元，下行50元，往返75元。

● 笔者关照

乘缆车俯瞰脚下竹海的感受挺美，登上观海楼环视竹海全貌的感受更佳，这些都是竹海观光中的高级享用，不要忘掉啊！

● 翡翠长廊

此景与观海楼相距甚近，可一并游览。

● 乘观光车游竹海

景区有路面较平但高度起伏的山间公路，若想1天内多玩几个景区，最方便的就是乘区观光车，目前有两条观光线路。

阳光透过水雾便折射出七色光环，形成色彩缤纷的彩虹，七彩飞瀑因此而得名，瀑布旁有巨石，登上石顶可以观览飞瀑全景。

☞ 在竹海中心区与万里镇之间，值得一看

●忘忧谷

从竹海入口处万岭镇向西步行30分钟即到忘忧谷。也有观光车抵达。

●墨溪

从竹海入口万岭镇步行30—40分钟即到墨溪景区大门，也可坐观光车前往。景区大门旁即是索道站，在此乘缆车24分钟后即到观楼山巅。单游墨溪景区要1.5—2小时时间。

●周边景区

世纪竹园距中心景区8千米，种植了世界各地的竹子430多种，是目前世界面积最大，竹类品种最多的竹类系统生态园。观光约需90分钟。

●海中海、仙女湖、春龙湖

都是山顶上玲珑秀美的小型湖泊，目前游人观览的是前两个，它俩与仙寓洞、天宝寨相距不远。有观光车抵达。

●另荐景点观云亭

地处竹海西南缘的观云亭风光甚好，可观云海雾涛和山下田园佳景，从山下乘车去山顶观海楼时会路过此亭，尽可关注。

●仙寓洞　天宝寨

从观海楼或翡翠长廊乘观光车即到景区入口，里边是一条环形游览线，东口进西口出观光效果更佳。
这里的高山深谷风光奇特而惊险，其景色远远超出了"竹海"的范围和含义，特别值得一看。

忘忧谷

一条幽深宁静的峡谷，一条清溪在谷中奔腾而下，清流淙淙，泉声叮咚，形成了五叠瀑、珍珠瀑等众多瀑布美景，峡谷中楠竹秀立，巨石嵯峨，空气清新但人迹罕至，是一处孤寂清冷、远离世间嘈杂喧嚣的桃源仙境。

☞ 环境景色都好，在此观光60—90分钟吧

墨溪景区

墨溪是莽莽密竹丛中欢快流淌的一条水色泛着青色波光的山溪，溪边有生长茂盛的慈竹和楠竹林，溪水上游山岩陡峭、奇峰高耸，有三条山间溪流汇集竹林深处的三景坪、半山腰古代猎人生活居住的朝阳洞和落差达80余米的壮美飞瀑等多处佳景，是整个竹海中风光最原始古朴的景区，最具竹海原汁原味的风姿神韵。

☞ 墨溪比忘忧谷规模大多了，景色也是超级精彩，请重点关注

▲ 竹海观海楼

蜀南竹海示意图

海中海、仙女湖、春龙湖

　　竹海景区内的三个山间湖泊，湖中绿波清清，四边松竹掩映，临水而建的竹亭、竹廊、竹寨中有竹质桌椅供游人小憩，悠闲观景，用楠竹扎制的排筏可以把游人载至湖心，沐爽爽微风，畅览秀丽的湖光山色。

仙寓洞、天宝寨

　　均为竹海高原台地南缘陡峭山崖上的天然岩腔（半开放半露天式山洞），其中仙寓洞长300余米，宽和高2—15米，天宝寨长约1500米，两洞均上依险崖危岩，下临千仞绝壁、茫茫深谷，洞前常有烟飞雾聚、仙云缭绕，洞中常有瀑水滴落、怪石挡道。仙寓洞中建有观音殿、大雄宝殿等，造型玲珑秀美，庙中香火旺盛。天宝寨前还建有以三十六计为主题的大型浮雕。登临上述两地，不光能观览洞中奇景，还可居高鸟瞰竹海高原台地上下的百里田园秀色——青山似丘、河水如带。

●这里不光有竹海，更有秀丽山景

　　但凡人们称作"海"的地方，一般地势都很低洼，但蜀南竹海不是，它的主要景区高出下面600—800米呢！尤其惊险而绮丽的是天宝寨、仙寓洞一带，这里的岩壁非常陡峭且遍布悬崖险石、飞瀑流泉和奇异洞穴，而台地下方的平川上青山如螺蛳、溪水如玉带、农田似阡陌，块块水田晶莹剔透，似珍珠玛瑙熠熠闪光。真是锦绣田园、风光如画，气象万千，如诗如梦。游人居高四望，感觉甚美，绝了！

推荐游程

　　竹海的范围极大，一日游可从万岭镇入园，看竹海博物馆、忘忧谷、墨溪景区，然后乘缆车或观光车直达观海楼看竹海全景并观旁边的翡翠长廊，下午再去海中海、仙女湖、天宝寨、仙寓洞观光，这样安排已经挺圆满了。二日游第一天的内容可同上，但晚上可在山顶上住宿，山巅观海楼旁有数家宾馆，这里风光好，空气特新鲜，住宿一定很舒服，第二天再加上七彩飞瀑和挂榜崖瀑布群、观云亭等其他美景，下山后还可参加淯江漂流。之后踏上返程。以上一日和二日游程安排都非常顺畅圆满，各位游友尽可参照。

旅游锦囊

竹海观光指导·旅游信息

　　①游览竹海既可从江安—万里进入亦可以从长宁—万岭进入，笔者感觉似乎从万岭进入观光更顺畅一些。

　　②万岭、万里及竹海景区内有不少农家乐，特点是起点高、设施完善，绝大多数客房都是标间（电视、卫生间、空调一应俱全），游客只要比较一下，选择新装修过设施好一些的就行了。

　　③景区内农家乐目前的收费状况是住宿不贵（标间淡季70—80元/间，旺季百元左右），但吃饭贵（近年来饭菜价格上涨厉害），有的餐馆回锅肉居然标价48—58元，遇到这样的餐馆只要游客表示不满，老板就会主动降价，所以用餐前议价是完全应该的（像回锅肉这类菜打折后35—38元/份，老板是完全可以接受的）。

　　④现在竹海内已经有观光车了，分为A、B两条线路。其中A线路程很长，几乎经过了忘忧谷、观海楼、海中海、仙寓洞等各主要观光点。B线路作为A线路有效的补充，去往其他站点。乘坐这两条线路的观光车，可以轻松"玩转"竹海所有景区。力荐！

旅游锦囊

旅游锦囊：为您推荐周边其他景点

李庄

李庄是国家级历史文化名镇，位于宜宾市郊19千米处的长江南岸李庄镇，有万里长江第一古镇之称。李庄古迹众多，人文景观荟萃，镇上的古建筑群规模宏大，布局严谨，比较完整地体现了明、清时期川南民居、庙宇、殿堂等建筑的特点。李庄还是抗日战争时期大后方的文化中心之一。抗日战争时期，为躲避战火、防止日军袭扰，同济大学、金陵大学、中国营造学社等十多家高等学府和科研院所迁驻李庄达6年之久，其间各大院校得以安心办学并进行科学研究，既为国家培育了宝贵人才，也使中华文化脉络得以薪火相传，其宝贵经历、经验永垂青史。近年来李庄的原始古朴和其在抗日战争中为国家做出的宝贵贡献正逐渐为外界所熟知，古老江村引起了外界的广泛关注。

▲ 五粮液酒厂中的代表性建筑——瓶楼

从宜宾市内乘39路公交车可到，车程45分钟。从宜宾高铁站乘45路公交，50分钟可到，车票2元。门票免收。观光车单程20元，全天乘坐30元。古镇上有多家宾馆酒店可提供住宿。特色美食李庄蒜泥白肉香气袭人，是游客必尝之风味美食珍品。

五粮液酒厂

五粮液酒厂坐落在宜宾城北，是宜宾旅游观光亮点之一。酒厂内的景点之一是酒类陈列室，这里有各种精美的五粮液酒标本，也出售正宗的五粮液佳酿。景点之二是酿酒车间，这里美酒的香气令人心醉。景点之三是酒圣山，在这可以观览到酒厂全景。最有观光价值的景观是鹏程广场，这里有高66.8米的奇异建筑"瓶楼"，它与五粮液酒瓶的形态外观完全一样，以它为背景拍的纪念照令每个游客高兴开心。

从宜宾市乘2路公交车可直达。门票免收。

僰人悬棺

僰人悬棺景区位于宜宾珙县境内。悬棺葬是古代少数民族的一种丧葬形式，悬棺不光分布在奇峰险崖上，令人惊异感叹，而且悬棺四周还绘有不少岩石壁画，有很高的历史和考古观光价值。目前保存尚好的悬棺遗址首推珙县洛表镇的麻塘坝和曹营乡的苏麻湾。这里的垂直山壁上，悬置着共200多具棺木，最高者离地约100米。山崖上遍布的粗犷的暗红色壁画，内容丰富、构图简练、形态逼真，是研究僰人这一独特文化的重要依据。

可从宜宾乘火车或汽车至珙县。宜宾南岸汽车站到珙县的客车15分钟1班，车费17元。到后再换乘汽车到悬棺最集中的麻塘坝和苏麻湾等地参观。门票20元。

夕佳山风景名胜区

夕佳山风景名胜区距离蜀南竹海15千米，是我国目前保存最完整的古代民居建筑群之一。该民居始建于明万历年间，占地1万多平方米。共有房屋123间，纵深三进，大门、正厅、后厅依次置于一中轴线上，中轴线左右各有二进厢房。保留了宋、明以后民间建筑风格。另辟有一处江南风格的精美园林"怡园"，园中一株参天古榕树与一株高约10米的古棕树相加相抱，树根相连。屋后还植有数公顷楠木林，古树参天，遮天蔽日。常有白鹭鸟翔集林间，使夕佳山享有"天然鹭鸟公园"之美名。

宜宾市有专线车可到。门票免收。

▲ 李庄古镇

100余米，可以容纳近万人观览休息，在这里建一个足球场也绰绰有余；其次是洞穴奇多、洞内河水奔涌、涛声阵阵，每逢暴雨时节，阴河之中水石拍击、发出雷鸣般的怒吼，游人闻之顿感毛骨悚然、惊心动魄；第三是天泉洞中多奇景，各类钟乳奇石千姿百态。最有代表性的是石林仙姿景区，这里有钟乳石林平地拔起，亭亭玉立、挺拔秀美，而洞顶上又有数千块钟乳石摇摇欲坠，这上上下下的无数石柱、石花身材各异而又色彩斑斓，它们交相辉映把岩溶地貌的神奇优美展现得淋漓尽致，游人至此如入梦幻之境。

地上石林、大漏斗、天泉洞三大景区相依相连，游客只需用大半天时间即可通览这三处自然奇景。现在兴文又开发出一处新景博望山，那里峰峦叠翠、峡谷幽深且遍布溪泉、瀑布和茂密竹林，亦具很高的观光价值。

● 博望山

从兴文县城乘中巴40分钟可到。
¥ 门票60元。

推荐指导

可从县城客运中心乘车，票价12元，50分钟即到石海洞乡风景区的中心，地表石林、大漏斗、天泉洞三大景区连在一起，花3—4小时游览绰绰有余，景区通票80元。请切记大漏斗和天泉洞是观光要点，另外请个导游讲解会平添诸多情趣，每位导游收费240元。博望山在县城的另一方向（西侧），需单独坐车前去。

游览兴文有两天时间即可，第一天畅游石林、大漏斗、天泉洞，夜宿县城。第二天再去博望山一游。

沿线亮点闪击和精彩回放

①大漏斗真是壮观，虽然笔者去游览前就看过它的照片和录像，可是一旦到了它跟前，还是情不自禁地叫出声来：哇！

②大漏斗虽然面积巨大、地势又低洼，但不论老天下多大的雨它也不会积水，因为下面有岩石缝隙、有暗河，水会自动漏走，喀斯特地貌的构造真是神奇绝妙。

③天泉洞口真大（指靠近大漏斗一侧的洞口），笔者见到它的第一感觉就像见到了5米高的人，惊诧了好一会儿并且迟迟不敢靠近（人与洞的比例真像蚂蚁和足球），笔者真怕让这个巨大的洞口给"生吞"了。

④天泉洞顶有一处巨大天窗，光影投下来能形成七彩飞虹，真绝！

⑤笔者敢打赌，天泉洞中的"石林仙姿"在全国同类洞景中堪称第一，绝对最美！您若是能告诉笔者有什么其他地方的彩色钟乳石林能比这里更好看，笔者可以请您上全聚德烤鸭店饱餐一顿，绝不心疼！

西昌

📞 电话区号：0834

西昌市位于四川省南部，是凉山彝族自治州的首府。这里纬度低，海拔高，空气纯净而能见度高，因此西昌白天艳阳高照、夜晚皓月当空，同时享有"日光城"和"月光城"的美名。由于位于市区西北约60公里处的西昌卫星发射中心已将数十颗卫星送入太空，所以这里也是当之无愧的航天城。西昌市区和周边地点有不少颇具观光价值的美景，像泸沽湖、螺髻山、马湖、龙肘山等，但最令人赞叹的是市区南缘有一座美丽的山峰和一个浩瀚的湖泊，它们就是泸山和邛海，其中泸山山姿柔美、邛海烟波浩渺，它们相依相偎，构成了足以和大理苍山洱海相媲美的壮丽风光。

👉 到了西昌，您一定会喜出望外

🌡 气候与游季

西昌常年可以旅游，春、夏、秋三季观光效果更佳。

👉 这里风光美，空气清新

🚌 交 通

西昌青山机场是川南重要的航空港，有航班同北京、成都、重庆等城市对飞（北京直飞西昌约需3.5小时）。西昌火车站是成昆铁路上的重要站点，在这里乘旅客列车可直达北京、昆明、成都、西安、重庆（西昌西站为高铁站，这里到成都都只有3小时车程）。西昌市内有两个较大的汽车客运站，其中旅游客运中心规模大，发往成都、重庆、攀枝花、泸沽湖及泸山、邛海的客车都在这里始发，而汽车东站发的客车主要是开往东部5个县。

▲ 邛海水上名阁对泸轩

📞 火车站电话：0834-8620013　旅游客运中心站电话：0834-3082318

🏨 住宿·餐饮

西昌城市不大，物价不高，许多位于市中心的普通宾馆，标间房价都在百元上下，邛海边上（西岸）的不少个体酒店标间80元左右即可拿下，住宿很方便，如邛海小镇客栈，条件不错，标间百元左右。另外，心谷客栈也离泸山、邛海不远，标间也是百元左右。市区中小餐馆里有不少15—25元/份的荤菜，人均35元可以吃好一顿。

👉 笔者认为西昌是值得来买房定居的城市之一

主要景点和观光指导

西昌市内最大的观光亮点就是泸山和邛海，它俩紧紧相依，山光水色俱佳极为美丽动人。泸山主峰海拔2317米，但是一般游客无须登顶，只要走到半山腰就能看到山下邛海辽阔湖面和西昌市区远景（门票3元，观光车单程5元）。邛海就在泸山脚下（门票免收），水域辽阔、水色青绿，有各色游船行驶海上，风光美而生动。从西昌市内的旅游汽车站乘22路公交车，20多分钟就到泸山和邛海（可在邛海公园或45医院站点下车，下车后东边是邛海、西边是泸山）；如果乘缆车登泸山上下有2—2.5小时就可以玩得很高兴了，而游邛海除在海边观景外，一定要坐游船（船票20—30元/人）横跨海面抵达海中的半岛小渔村；小渔村本身就是邛海边上的绝佳观光点，况且这里有一些民宿及农家乐餐馆和烧烤摊，是海边休闲度假及美食佳境，一定要重点游览并品尝当地各类湖鲜（品种主要有青波鱼、南瓜鱼、醉虾、海贝、毛蟹等）。小渔村边还有111路公交车抵达市中心，火把广场很值得一看。

螺髻山在西昌市区以南37千米处，山势高峻，山上有不少湖泊和冰川遗迹，夏秋时节观光效果好（从西昌旅游汽车站乘去普格的客车在螺髻山镇下车，车程1.5小时、车费12元，再换当地机动车到半山腰处的山门，购买门票后先乘观光车再换缆车才能到达山上景区，门票加观光车和缆车费一共226元）。

西昌卫星发射中心距市区有一段距离，游客在市区参加旅行社组织的一日游为好，全包价160元左右。马湖地处西昌东北200余千米的雷波县境内，风光尚可但因路途不近所以一般人较少前去。西昌风光非常美且环境整洁、空气清新、物价不贵，是四川省内不可多得的观光度假胜境，笔者给予强力推荐。

亮点闪击·旅途花絮

①西昌市区风光很美，美就美在市区南边的泸山邛海，它俩相依相偎，构成了绝佳的山水组合，其总体风光水平即使比不上著名的大理洱海苍山但也不会相差太远。

②邛海的最佳观点之一是西岸的邛海公园，在这里看蓝天飘白云、碧水泛青波，视觉感受真是美妙绝伦。在邛海公园向东南方遥望黛色青山和无边绿海，保您沉醉迷离，舒服得两个小时之内不想动弹。

③从邛海西岸的邛海公园乘游船，20分钟内就可以横跨湖面到达对岸的半岛小渔村，小渔村也是邛海之滨的绝佳所在，这里湖中碧波荡漾，岸上绿荫浓密，座座宾馆和农家乐餐馆就隐藏在青波绿树间，每一家酒店和餐馆都能带给人温馨舒适，您就选一家中意的走进去开心享受吧！

④小渔村的最佳观景点是湖边名阁泸轩，在这里观邛海视野更开阔、景色更壮观，烟波浩渺、水天一色的邛海风光会带给您视觉和心灵上的强烈震撼。

⑤一定要在小渔村住一晚，以便饱览宁静柔美的邛海夜色并畅观湖上的晨曦朝晖，这一早一晚的海上佳景和美妙意境带给人的感受就是八个字：如痴如醉、飘飘欲仙。在小渔村还可乘观光车沿邛海东岸行驶，一直到达月亮湾景区，沿途美景袭人，笔者力荐您前去快乐一游，领略无限风光。

▲ 邛海风光

自助游中国 ▶ 西南地区

重庆市
CHONGQINGSHI

重庆是一座个性鲜明的城市，它位于四川盆地东南，东有嘉陵江，南有长江，背依枇杷山，整座城市建在江滨山坡上，高低不平、错落有致，显得特别美丽生动。重庆的特点太多，因此得到了诸多别称，如山城、江城、雾城、不夜城等，而每种称呼和身份，都名副其实，令人向往。重庆还是中国最年轻的直辖市，都市风光、江山秀色和巴蜀风情在这里完美交融，使它无愧于极具魅力城市的美名。

▲ 朝天门码头新姿

● 当地住宿参考

①乐城商务酒店，距江北国际机场很近，条件一般，但房价不贵。标间120元起。
②金格酒店，在解放碑十八梯旁，条件一般、房价便宜，标间120元起。
③容悦酒店，距解放碑近，条件尚可，房价不贵，标间130元起。

● 江北机场订票热线
023－67150114。

气候与游季

重庆属于亚热带季风性湿润气候，特点为冬暖、夏热、春早、秋短。年平均气温在18℃，常年雨量充沛，尤其是在秋季，秋雨霏霏，令游人有诸多不便。游重庆最宜在春、冬两季，夏季酷热，秋季多雨，皆不太适宜旅游。

交通

航空
重庆江北机场位于渝北区两路镇，距市区约23千米，有高速公路与市区相连。江北机场现已与国内外数十个大中城市间通航。重庆市的上清寺有专线车直抵机场，车费15元。此处乘轻轨3号线也可到江北机场。

铁路
重庆与成都、内江、西安、乌鲁木齐、昆明、广州、上海、杭州、贵阳、达州、汉口、北京、郑州、福州、厦门、万盛之间有始发直通列车，其中到成都的城际列车运行4个多小时即到。老火车站位于市区中部的菜园坝，规模很大的新火车站重庆北站也竣工投入使用了（轻轨3号线直达火车北站）。

▌ 重庆汽车客运咨询电话：023-96096

公路
有开往江津、南充、泸州、达州、阆中、成都、万州、巫山、涪陵等地的客车。沿成渝高速路到成都只需4小时。市区的主要汽车客运站有菜园坝、陈家坪等。

水运

　　水运曾是进出重庆的常用方式。长江航运可通达沿江各市，航程到巫山（小三峡）一般为20—24小时，至宜昌一般需30—35小时，另外还有大量旅游船经三峡到达宜昌。但是现在，沿长江而下到达宜昌、武汉、南京一带的客轮都已停航，随之而来的是各类旅游船越来越多，什么世纪系列、黄金系列的豪华游船数不胜数，船上条件也越来越现代化，连三等舱都有彩电和卫生间，当然船票也比普通客轮贵得多。各个系列游船的游览内容有差别，所以购票前一定要问清楚一切相关事宜再来定夺。（三峡轮船公司售票处电话：023－63837310）

　重庆港九客运总站，电话：023-63100659

地铁

　　重庆有1号线、2号线、3号线、6号线及国博线和交通环线等共12条地铁线。实行分段计程票制，票价2元起。

住宿

　　重庆是我国西南热点旅游城市之一，旅馆服务业发达，住宿设施完善，仅星级宾馆就有近百家，且房费不贵。如万豪酒店、海逸酒店等五星级酒店打折后标准间500元/间上下。海德大酒店、大世界酒店等四星级宾馆打折后标准间250—300元/间。而三星级的重庆饭店、雾都宾馆打折后标准间180—250元/间，堪称物美价廉。还有遍布全城的中小旅馆，条件虽然一般但房价可以低到40—50元，因此令人感到非常舒心方便。

餐饮

　　重庆的特色美食品种多且饭菜价格便宜。如果您只想填饱肚子，在街面上花10元左右就能基本解决问题。重庆火车站前许多快餐店中还有7—8元/碗的小面和10—13元的套餐，含两荤两素，赠送高汤且米饭量不算少，一般饭量的人可以吃饱。

　　此外，可去各正式餐馆中随心品尝川味名菜，如水煮鱼、水煮牛肉、回锅肉、怪味鸡、棒棒鸡、脆皮鱼、锅巴肉片、火爆双脆等。各类风味小吃有担担面、过桥抄手、酸辣粉、醪糟汤圆、炒米糖开水及各类豆花食品等。最令外地游客流连回味的是重庆的火锅，配料全，菜类多，什么都能涮，锅中红油滚滚，辣味扑鼻辣舌，令人胃口大开。

购物

　　特色商品有涪陵榨菜、老四川灯影牛肉、金角牌五香牛肉干、江津广柑、苍溪雪梨、长寿沙田柚等。此外，重庆的茶叶如重庆沱茶、西农毛尖、翠坪银针茶等均很有

●当地风味美食街区

　　八一路好吃街，是八一路的爱称，在解放碑附近，有很多家餐馆、饭店，是公认的重庆风味餐饮一条街。

　　直港大道，云集了数十家餐饮名店，食客可各取所需。

　　南滨路，在长江边上，汇集了重庆众多有名美食餐厅，同时也是酒吧、咖啡厅集中地。在这里消费便宜看长江风光感觉也美。

　　磁器口，各类山味美食店铺有不少。

　　南山，这一带有著名的鲜火锅一条街、泉水鸡美食一条街等，近年来有一定的知名度。

▲ 重庆歌剧院独特风姿

●推荐重庆夜游方式

①在南山一棵树看山城夜景，画面非常美丽生动。

②在朝天门广场观光，风景不错还可乘船夜游长江、嘉陵江。

③在洪崖洞休闲享乐，各类餐馆、饭店很多。

④在解放碑、沙平坝逛街购物，很惬意。

● 朝天门

🚌 乘 102、103、122、251、382、418 路公交车和 252、413、420 路小巴均可到。

广场甚为开阔，地势亦佳，值得特别关注，晚间可以在这里登船参加嘉陵江及长江夜游，平视和仰望山城夜景。

● 解放碑

🚌 乘 103、104、215、251、301、303、413、418、481 路公交车均可到。

这里的步行街相当于上海的南京路，红火喧嚣至极，有美美百货、大都会、重庆百货、太平洋百货、新世纪百货等大型商城，您就好好游览、观光、购物吧。

● 歌乐山（烈士墓）

🚌 乘 210、215、217、221 路公交车和城铁 1 号线均可到。

渣滓洞、白公馆门票全部免费发放，观光车 20 元 1 人。

● 枇杷山公园

🚌 乘 109、401、402、405、413、418、481 路公交车均可到。

开放时间：8:00—22:00。

💴 门票免收。

不过，由于市区新建楼房太多了，有点妨碍视线，因此近年去南山一棵树观夜景的人更多。

▲ 解放碑商业街一角

名。工艺纪念品可选购各式竹编、蜀绣、织锦、三峡石砚、綦江农民版画等。市内的主要商业街区有解放碑、磁器口、洪崖洞等。

🚶 主要景点

朝天门

位于市区东北长江与嘉陵江交汇处，左侧的嘉陵江江水青绿，右侧的长江水水色褐黄，黄绿交融汇成浩荡江流滚滚东去，风光独特而生动。在陆地伸入江心的突出地带，近年来开放兴建了开阔壮观的朝天门广场，江滨还有大型客轮和游船码头，游客可以凭栏好好观览江天秀色和重庆市区风情。

👉 在朝天门观光无须门票。观光时间需 1 小时

解放碑

位于市内渝中区民族、民权、邹容三大路口交会处，全称叫"重庆人民解放纪念碑"，碑体高大，通高35米，是重庆标志性建筑之一。解放碑周围高楼迭起、广厦林立，遍布大型商厦、宾馆、影剧院、夜总会，是当今重庆最繁华的商业中心。

👉 白天去游其他景点，晚上来解放碑逛街、休闲、购物吧

歌乐山（烈士墓）

位于重庆沙坪坝区，由主峰中心景区、林园和烈士陵园三部分组成。因国民党政府在此设立了"中美合作所"，囚禁共产党人，所以这里留下了渣滓洞、白公馆等集中营旧址，中华人民共和国成立后建有歌乐山烈士陵园，供游人瞻仰。

👉 烈士墓观光要 3 小时左右

枇杷山公园

位于重庆市渝中区的海拔345米的枇杷山山顶，为重庆旧城区制高点。山顶上有观景亭，游人登临可环视市区全貌，览山城夜景——灯花灿烂如海、车船穿行如流星，非常美妙动人。

长江缆车

从长江北岸的渝中区到南岸的南岸区凌空飞架跨越长江，索道全长1166

米，缆车运行7—8分钟，游人在车厢中临窗眺望，可尽览山城江山美景（缆车车票20元）。

👉 坐缆车体验一下完全应该，江上风光也非常美

南山一棵树

长江南岸的南山一棵树是观赏重庆市区夜间全景的最佳地点，那里有很大的观景台和观景楼，游人在此凭栏远望，可以把重庆中心区渝中区山上的万家灯火尽收眼底，其画面美不胜收令人赞叹不绝。

👉 现在，南山一棵树是公认的眺望重庆山城夜景的最佳地点了

鹅岭公园

地处渝中区长江一路、长江与嘉陵江汇合处江滨的陡崖上，背依山城、面向江涛，有江山一览台、瞰胜楼（两江亭）等多处美景，在此观赏山城夜色亦非常引人入胜。

👉 和南山一棵树有异曲同工之美，但观景的角度、画面不同

洪崖洞

位于长江、嘉陵江交汇处依山而建的宏大"吊脚楼"建筑群，具有山城建筑特色的鲜明特征。经过前些年大夫械的现代化改造，现在为集观光、美食、住宿、购物多功能于一体的大型民俗风貌旅游区。白天这里游人如潮、晚间夜色迷人，是重庆市区夜生活中的特大亮点，"夜重庆"独特的风姿神韵吸引着八方游客顷注的目光。

云端之眼观景台

在渝中区新华路201号联合国际写字楼67层，是重庆市中心重要的制高点和观景点。这里距地面约320米，登高远望，山城全貌非常辽阔壮美，昼景夜景皆能震撼人心。

李子坝轻轨站（列车穿楼奇观）

重庆是山城也是江城，山间和江畔的空间实在是不宽敞，如何既建好城铁列车线路又盖好居民住宅楼，李子坝轻轨站就是其中的奇迹和经典。在这里轨道和大楼共存，列车从楼中间的洞钻进去又穿出来，形成了"火车穿楼"的妙景奇观，令各方游客新奇惊叹，此地也是重庆市区新兴的网红打卡点。

● **南山一棵树**

可从菜园坝或朝天门乘车过长江大桥到南坪区的上新街，从那里乘公交车（364、384、347路）2元钱或打的10元钱左右即到南山一棵树。
💴 门票30元。观夜景时间为19:30—22:30。

● **鹅岭公园**

🚌 乘109、412、413、418、421路公交车和城铁1号线均可到。
开放时间：8:00—22:00。
💴 门票免收。但登瞰胜楼收费10元。

● **洪崖洞**

有两线城铁和多路公交车抵达，门票免收。

● **云端之眼观景台**

距朝天门不远，交通方便，有轨道6号线可到，门票68元。

● **李子坝轻轨站**

乘轨道2号线李子坝下车，即可观景，门票免收。

▲ 轻轨穿楼

其他景点

★人民大礼堂

重庆市特色鲜明的标志性建筑之一，主体部分的穹庐金顶外观与北京天坛皇穹宇相似。整座建筑由大礼堂和东、南、北楼四大部分组成，气势宏伟、庄重大方。

★三峡博物馆

与人民大礼堂相邻。馆内藏品丰富，展示重庆及三峡地区历史文化和秀丽的自然风光。馆内的《壮丽三峡》《远古巴渝》等展厅颇受观众欢迎，门票免收。

▲ 云端之眼

●人民大礼堂

乘103、104、105、111、122、215、503路公交均可到。门票10元。

●缙云山

缙云山距市区约60千米，可从市区先乘251、252、253路公交车或城铁6号线到北碚，再换268、270、287路公交车上山。

💰 门票15元。

另外在北碚区的团山堡有索道上山。上行30元，下行20元。

●北温泉公园

火车站、解放碑、朝天门均有专线车前往。

💰 门票20元。洗浴另收费。

★缙云山

在北碚区嘉陵江温塘峡畔，主峰玉尖峰海拔1050米，雄奇险峻，其他诸多山峰亦各具风姿神韵。山上长有千余种植物，亦可观日出和流云。山间还有缙云寺、北温泉等景点，休养娱乐设施亦非常完善。

👉 山上空气清新环境好，中小宾馆及农家乐很多，适合休闲度假

★北温泉公园

南依缙云山、北临嘉陵江，公园随江山地貌而建，林木葱茏、古殿林立、风光如画。园内有泉眼近10处，日出水高达数千吨，水温35℃—37℃，洗浴后能养生保健。

👉 钓鱼城地势险峻、规模不小，观光至少需4小时时间

周边景点

★大足石刻（国家5A级旅游景区）

在大足县境内，分为北山和宝顶山石刻两大部分，其中宝顶山石刻更为突出。宝顶山石刻的中心是大佛湾，这

推荐游程

D1. 上午去烈士墓，看歌乐山、渣滓洞、白公馆；中午看磁器口古镇；下午观人民大礼堂和三峡博物馆；黄昏时朝天门观光；晚上解放碑购物或是去南山一棵树观城市夜色。另外火车站旁的皇冠大电梯有"亚洲第一梯"之称，也可顺路一看。

D2. 上午大足石刻半日游。下午去江津游四面山，观赏足以同湖北神农架媲美的深山原始森林。

D3. 上午继续游四面山，午后乘车经江津返回重庆。黄昏时洪崖洞美食休闲。晚间去鹅岭再览山城美丽夜景。

D4. 缙云山畅游，北温泉洗浴。或去武隆天生三桥和龙水峡地缝景区游玩。

重庆市

▲ 大足石刻中的巨型睡佛

里长仅500余米的崖壁上就有石雕万余具，且雕刻色彩尤为动人。自古以来国内就有"北敦煌，南大足"之称，足见大足石刻的艺术价值是多么超群。

★ 金佛山

位于南川区城南15千米，由金佛、柏枝、菁坝三山组成。最高峰2251米，游览区面积达264平方千米，山间有诸多奇峰怪岩和原始森林，且洞穴幽深、溪泉密布，是重庆地区观光名胜。

☞ 乘缆车上金佛山更省力。冬季山上可滑雪游乐

★ 万盛石林

位于重庆市区以南165千米处的万盛区南天乡内，面积2.4平方千米，有神女峰、天门洞、香炉山、巨扇石、石鼓、地缝一线天等佳景百余处，在重庆周边地区风光独树一帜。

☞ 可以一看，与云南路南石林有异曲同工之妙

★ 钓鱼城

在合川区嘉陵江南岸钓鱼山上，有江边巨大的钓鱼石和保存甚好的古城门、城墙、皇宫、步军营和水军码头等。当年南宋守军固守城池曾击溃成吉思汗之孙蒙哥大汗所率大军入侵的悲壮故事，故此城被欧洲人誉为"东方麦加城"，具有甚高的考古观光价值。

● 大足石刻

重庆陈平坝和菜园坝车站开往大足的客车随时发，2小时就到。从大足客运老站或宝顶山专线车站换乘各类机动车，10分钟到北山，35分钟到宝顶山。旺季朝天门还有专线车直达宝顶山。
¥ 宝顶山门票115元。北山70元。联票140元。
就大多数佛像的精美程度而言，大足石刻要超过云冈和龙门石窟，因此非常值得一看。

● 金佛山

可从重庆乘车至南川，再换车去金佛山。亦可取道万盛再换车前往。
¥ 门票75元，淡季有优惠。

● 万盛石林

重庆火车站每天上午8:00有旅游专线车到万盛，亦可从南坪汽车站乘327路公交车到万盛，再换车去石林。
¥ 门票80元。

● 钓鱼城

先从重庆乘车至合川县城，之后换客车可直达，车费3元。
¥ 门票60元

▲ 钓鱼城一角

乌江·龚滩古镇

电话区号：023

乌江发源于云贵高原，从大娄山和武陵山脉区向东北方向狂泻，在涪陵注入长江。乌江水流湍急，势如翻江倒海，沿岸有芙蓉洞、芙蓉江、大溪河、三门峡、盐井峡、关滩峡等险关奇峡。龚滩古镇位于重庆市酉阳土家族苗族自治县内，有许多古民居木楼和长达1.5千米的青石板古街，这里依山临江，江边陡崖林立，崖边建满原始而精巧的吊脚楼，风光秀美。近年来因电站蓄水，古镇被淹了不少，现在龚滩新镇基本建好了，从镇上可乘船游览乌江上有名的百里画廊景区。如果游客时间充裕，可从龚滩乘客货轮船沿江观光，直达贵州沿河，途中风光如画、美不胜收。

▲ 龚滩古镇边的乌江水上风光

交通

可从重庆北站乘火车直达酉阳土家族苗族自治县，车程3.5小时左右。之后从酉阳客运北站乘客车2小时即到龚滩古镇（重庆也有快巴到酉阳县城）。如从重庆乘火车先到彭水，换车去龚滩更快更方便。

游览乌江百里画廊，船票20元起，每天有多班游船。龚滩每天有一班客轮发往贵州沿河，船程4—5小时，船费30—40元。

¥ 古镇门票免收，乘船观光船费另收

旅行家指导

①龚滩镇虽然是近年来新建的，但由于完全复制了古镇的风貌，所以景色仍显古朴迷人。古镇中许多古建筑被完整"移植"过来，非常具有观光价值。加之这个镇风水极佳：背依青山、面向乌江、山水秀美且江上风光无限，颇具吸引力。因此笔者向大家予以郑重推荐。

②如果从重庆出发去龚滩，不论是坐火车还是汽车，不论是取道酉阳还是彭水，路上都至少要花3—4小时时间，因此，一日往返不可能，观光至少要花2天时间。

③不论是上午还是下午抵达，住宿地点都应该定在龚滩镇（而不应该住彭水或酉阳县城），这样可以看清古镇一早一晚的迷人风光。镇上至少有各类客栈、餐馆百十家，食宿非常方便。一般季节客栈的双标准间房价在百元上下（旺季上浮）。推荐漫拾小栖民宿，条件不错，房价不贵。

④龚滩镇的江边上有游船码头，载客到江上游览，船费20—80元/人，乘快艇游江更贵（不过以上费用商议后有打折可能）。这些船艇走的都是短途，2—3小时即返回古镇。

⑤若是想看全乌江百里画廊全貌，那只有坐客船——每天只有1班，上午从彭水发船，9:00—9:30到达龚滩上客人，下午2:00—3:00开到贵州沿河县（船费40元/人），次日上午9:00—10:00从沿河返回，下午到龚滩。笔者认为坐船走一趟还是值得的。

⑥从龚滩乘船抵达贵州沿河县后，也可以不原路返回，从沿河乘汽车到印江或铜仁后去道教名山梵净山一游，亦是绝佳选择。

武隆·天生三桥·龙水峡地缝

电话区号：023　天生三桥景区：4000235666　旅游投诉：77721248　医疗救护：77726120

武隆县位于重庆市区东南约120千米处，境内山川起伏、河流纵横。乌江从这里穿行而过，江山之间分布着诸多大自然鬼斧神工造就的奇异秀美的好风景。由于这里有大片大片的碳酸盐岩溶地表，是典型的"喀斯特"地貌，所以县内遍布地下溪河和奇异岩洞，享有"中国地质奇观旅游之乡"之美称。

近年来，武隆县的旅游资源开发开放和旅游观光业升温迅速，已开发出级别档次甚高的五大观光景区，分别是天生三桥、龙水峡地缝、仙女山国家森林公园、芙蓉江和芙蓉洞。以上五大景点中以天生三桥和龙水峡地缝风光最为引人注目。

气候与游季

武隆常年四季皆宜游览，但以春、夏、秋三季观光效果更佳。仙女山镇比武隆县城气温低5℃—8℃，尤其是早晚凉爽，若是春秋季节前往，应带长袖衣物。

▲ 龙水峡地缝峡谷风光

● 门票

天生三桥125元。龙水峡地缝105元。仙女山50元。芙蓉洞150元（含索道）。《印象武隆》门票200元起。

交通

重庆四千米交通枢纽有到武隆县城的快巴，至少每小时有1班车，车费65元，车程约2小时。另外重庆涪陵区到武隆的客车也很多，车费30元。重庆火车北站开往秀山、广州、桂林、厦门、上海的客车途经武隆县城，车程约2小时。武隆客运总站旁有专线车发往当地旅游核心地点仙女山镇，车程35分钟，车费10元。下车后即到游客接待中心，在这里购买各个景区门票，然后有观光车免费送游客到各景区。

住宿

游客可以住在仙女山镇，镇上全是宾馆酒店，总数超过100家。小型家庭客栈标间房价80元起，星级宾馆要贵一些。

以下几家小型宾馆房价实惠一些，游客可适度关注：①七色花园酒店，②归来精品酒店，③华胜酒店。如果住在武隆县城，可去选择汽车总站旁的五龙商都商务楼，这座高层建筑内有不同档次的多家宾馆，您可视情选择。

主要景点

天生三桥

在武隆县仙女镇附近。何为天生桥？其实就是地下岩溶洞穴崩塌后残留的巨型石拱状天然岩石——下方的山石崩塌了形成巨大洞穴和缺口，而洞穴和缺口上方的岩石横梁还巍然屹立，形成了桥梁状的横向巨大山石，这种奇异的山体结构被人们称为"天生桥"。

天生三桥的名称分别叫天龙桥——桥高235米、拱高96米、跨度34米；青龙桥——桥高281米、拱高103米、跨度31米；黑龙桥——桥高223米、拱高116米、跨度28米。游客进入景区后先要乘观光电梯下行到天坑内，之后步行穿越天坑底部依次仰望观拍这三座天生桥的雄伟身姿。坑底还有溪流奔涌和飞瀑直泻，景色很是生动美观。天生三桥景区是武隆喀斯特景观的中心，已被列入《世界自然遗产名录》。

▲ 天生桥壮景

龙水峡地缝

也在武隆县仙女山镇附近，与天生三桥景区相距不远。这个景区名义上说是地缝，其实还是"山缝"。龙水峡地缝景区山水神奇，颇具震撼力——沿途所见的山岩裂缝要么巨大而幽深、里面光线黑暗让人颇感阴森恐怖；要么狭窄而局促，让人穿行通过都有些困难。而不论是哪段山岩缝隙，都会有溪泉瀑布相伴——它们有的只在谷底奔涌，水声动地惊天；有的则从高处飞泻，犹如暴风骤雨般狂暴肆虐，给游人通过造成极大阻碍和困难。龙水峡地缝是武隆最具吸引力的景区，建议游人予以重点关注。

旅行家指导

仙女山镇是武隆旅游观光的中心。这个镇开发建造得很好，到处是漂亮楼房和度假别墅群，各类宾馆餐厅也一应俱全。此外，武隆旅游公司设立的游客中心也在这里，去天生三桥、龙水峡地缝观光和观看《印象武隆》实景歌舞表演也都在这里购票，之后有观光车直送景区。因此，在武隆观光最重要的一步就是要抵达仙女山镇，到了这里，吃、住、行、游一切问题都会迎刃而解。

推荐游程

D1. 白天畅游天生三桥和龙水峡地缝——这两个景区的观光模式完全相同：都是乘观光车到山上的景区门口，然后乘电梯下行到"山腰"处，之后步行下到谷底，一路观光，最后从谷底乘观光车上行返回（不走回头路）。建议先去天生三桥，游览过后从景区出口可直接乘观光车至龙水峡地缝（不必中途返回仙女山镇）。上述两景的观光时间均为2小时左右，加上乘车时间，耗时一共需要大半天时间。晚上看一场《印象武隆》，这样的一日游属于"标准配置"。

D2. 游兴浓厚而又体力充沛的朋友可以在第二日上午仙女山，午后经武隆县城去芙蓉洞，进洞观光并俯瞰芙蓉江，黄昏时回武隆结束游览。芙蓉洞和芙蓉江两个景区在武隆县城另一侧，需要从县城乘客车前去。时间充足者可进洞观光70—90分钟。芙蓉江紧邻芙蓉洞，顺路观光即可。

重庆市 四面山

四面山

电话区号：023　景区咨询：47666559　景区投诉：47666559　景区救援：47666010

四面山位于重庆江津区正南，距江津90公里、距重庆140公里，这里已到渝黔边境，地域偏僻、人烟稀少、山深林密、野味十足。从重庆出发去四面山，须先乘车跨过长江，抵达江津区（旅游旺季重庆、四面山间有直通车），从江津客运站再换乘当地大巴，还要向南穿山越岭再行进将近2小时才能抵达位于野山深处、原始森林腹地的四面山镇。

四面山有龙潭湖、望乡台、土地岩、洪海、水口寺等景区，全由苍莽神秘的原始森林、雄奇壮丽的林间瀑布、群峰倒映的高山湖泊、天然奇特的怪异山石组成。

景区门票90元。观光车费40元（两天有效）

主要景点

望乡台·龙潭湖景区

有龙潭湖、卧龙沟、望乡台瀑布多处美景，集青山翠谷、险崖绝壁、山间碧湖和壮美飞瀑于一身。其中龙潭湖潭水清澈，波平如镜，倒映青山翠竹，风光秀美；望乡台大瀑布高152米，宽40余米，雨季时瀑水飞流直泻、奔腾咆哮，其场面之壮观比黄果树大瀑布有过之而无不及。四面山镇坐落在景区中心龙潭湖畔，镇上多宾馆、餐馆、招待所，有公路与外界相连，是各方游客来四面山游览的集散地。

☞ 黄果树瀑布才70多米高，望乡台瀑布比它高一倍，真是了不得

洪海景区

由大洪海、小洪海、林都湖三座高山湖泊组成，其中大洪海宽60—200米，长6850米，蓄水量达400余万立方米，是景区最大的湖泊；小洪海拔1200米，

▲ 落差达152米的四面山望乡台大瀑布 （丰水期瀑水比这大得多）

● **风光提示：四面山特别精彩**

到处是密林、遍地溪水清泉，非常古朴秀美。近年来这里通往外界的公路已经修整拓宽了，游客来得多了，景区的野味少了一些，但风光依然动人，非常值得一去。

● **山上食宿**

四面山镇是景区食宿中心和游客集散地，镇上有大小宾馆招待所数十家，其中普通宾馆的双人标准间虽然旺季房费会达到200元/间以上，但淡季房价可降至70—90元/间。镇上遍布大小餐馆，供应普通川菜和野鸡、山猪等各类野味。饭菜价格不贵，家常肉菜价格在25—38元之间，野味一般不超过100元。

● **住宿参考**

四面山大酒店，条件很好，房价适中，电话：023－47773999。

是景区最高的湖泊。三处湖区相依相连且水色青绿，宛如一根金线穿起的三块珍珠碧玉。

洪海景区四面奇峰高耸、重峦叠嶂，湖心波光潋滟、水清见底，湖边不时有鸳鸯游弋、麋鹿饮水，充满幽雅恬静的田园诗意。

☛一定要去洪海景区啊！途中可见望乡台大瀑布雄姿　￥大洪海船费45元。龙潭湖船费30元起

水口寺景区·土地岩景区

水口寺景区的主景是水口寺瀑布。其两级落差达130米，且水势甚猛，急流从高岩泻下，水雾铺天盖地，涛声远传数里（就是以它为中心的瀑布群为四面山赢得了"全国罕见的瀑布之乡"的美誉）。土地岩景区的大瀑布落差近90米，与水口寺大瀑布有异曲同工之妙，且这里的丹霞石景非常壮阔，享有"亚洲第一神岩"之美誉，甚具迷人魅力。

☛水口寺景区山深村密、野味十足，一定要去看一看

🚌 交　通

重庆市区的龙头寺等主要客运站旅游旺季均有专线车直达四面山，车程2小时左右（需向景区预约）。平日可从菜园坝陈家坪等客运站先乘车到江津市（车程1小时左右），然后从江津换乘当地中巴2小时可到四面山景区的中心四面山镇。

四面山镇上有观光车可抵水口、大小洪海等主要景点。龙潭湖景区就在四面山镇旁，步行前去即可。

推荐三日游游程

D1. 望乡台观大瀑布，大、小洪海乘船观景。
D2. 上午游览水口景区，观赏大瀑布群和奇山怪石，下午看土地岩瀑布美景。
D3. 上午游龙潭湖景区，下午经江津返回。

发烧友特别关照

一、笔者对重庆的总体印象

笔者是去四川游毕成都后到重庆的，抵达后顿感耳目一新，喜出望外，因为这个城市同成都形成鲜明的对照，重庆是山城，整个市区高低不平、错落有致，看上去特别活泼生动。而且，重庆不论是自然环境、城市风貌，还是生活习俗和民风民情无一不是个性鲜明而又多彩多姿。所以

外地游客来到重庆，立即会感到这个城市的勃勃生机和盎然活力，一股新奇快慰之感不禁油然而生。

二、观光游览指导

①重庆是直辖市，各类自然风光美景和古迹名胜也多得惊人，连长江三峡中的瞿塘峡和巫峡也属于重庆的管辖。以笔者的观点看，在这里即使是蜻蜓点水、走马观光作最简单的观光游览也要3天时间，而欲详细游览市区尤其是周边美景，如四面山、金佛山、武隆诸景、乌江及龚滩古镇及长江三峡沿线风光，则要半月时间才成。

②如果在重庆市做一日观光游乐，那上午可去歌乐山（当地人称烈士墓）参观烈士陵园和渣滓洞、白公馆等历史遗址，之后畅览山城都市风情，其中磁器口、人民大礼堂、三峡博物馆和解放碑商业繁华街区不可遗漏。黄昏时可去朝天门观长江与嘉陵江交汇处的壮阔风光，如能乘缆车跨越长江，则会对山城有新鲜的视角和观光感受（缆车费20元／人次）。晚上可以干的事太多了，首先应饱餐当地特色美食，麻辣火锅应吃一次，可以告诉店主汤中少放辣椒；之后可登高看山城夜景，长江南边的南山一棵树是最佳观景点，在此眺望山城全貌非常动人（比在枇杷山上看的夜景美得多）。另外朝天门码头每晚有多种游船载客进行两江夜游，观光效果不错，游人应择情选乘。此处洪崖洞餐饮、娱乐、购物功能齐全，是市区休闲胜境，在那里逛街、购物、美食停留2小时左右，是令人开心愉快的事。

③重庆周边有两处美景不能不看，一是大足石刻，它比洛阳龙门和山西云冈石窟精美、秀气、玲珑得多，透着一种江南石刻的精灵风韵，很诱人，大半天即可打个来回。二是四面山，山深林密、溪泉汹涌，野味甚足，避开7－8月的游览旺季观光效果更佳，不过这山似乎一天之内回不来，两日游览才勉强够用。在重庆南部还有座金佛山，风光尚可，但笔者觉得它的风景不如四面山那么紧凑集中。此外，近年来名声渐起的武隆天生三桥和龙水峡地缝景区人气很旺（属同一家旅游公司经营），建议您特别予以关注。酉阳县境内的乌江和龚滩古镇近年来吸引的游客也不少，从这里乘船可直达贵州境内，把它和梵净山连起来玩颇有新意。至于从重庆上游乘船顺水而下游览三峡更是高级享受。您就根据自身情况从容选择吧！

④特别推荐重庆黄水民俗生态旅游区：位于重庆市石柱土家族自治县东北部，以黄水镇为中心，主要涵盖冷水、枫木、石家、鱼池、悦崃等5个乡镇和西沱古镇云梯街、河嘴乡银杏堂2个景点，区域总面积800余平方千米。有重庆最美森林、国家4A级旅游景区大风堡、重庆最美草场千野草场、国家3A级景区毕兹卡绿宫和药用植物园、国家首批历史文化名镇西沱古镇云梯街、油草河峡谷漂流、云中花都、中国一号水杉母树、佛莲洞、莼菜田园等景区景点。

旅游咨询电话：023-73337520

⑤综上所述，重庆这个地方美景多而特色鲜明，非常值得一去，但最好别单独游重庆市区，东边最好连上长江三峡，西边最好连上大足石刻，南边最好连上四面山、酉阳、乌江及龚滩古镇甚至是蜀南竹海，这样玩会更充实。

▲ 蜀南竹海风光

西藏自治区
XIZANGZIZHIQU

如果您想看到中国大地上空最明澈的天空和最纯洁的白云，如果您想见到银白雪山和蔚蓝湖水相依相映宛如宝石般熠熠生辉的壮丽美景，如果您想在无数宏伟寺庙和无数虔诚教徒的簇拥下领略藏传佛教无与伦比的博大精深，如果您想在地球上距离太阳最近的地方放飞自己的心灵，请到西藏去——那里有比桂林山水还要美丽的自然风光，有世界上最绮丽，最多彩多姿的风俗民情。任何人在西藏得到的都不仅是美的发现、美的享受，更是美的洗礼和美的震撼，留在心中的是难以忘却、伴随终生的悠长回味。

▲ 布达拉宫雄姿

地理及地形、地貌

西藏自治区位于中国的西南边疆、青藏高原的西南部。它北与新疆维吾尔自治区和青海省毗邻，东连四川省，东南与云南省相连，南部、西部与缅甸、印度、不丹和尼泊尔等国接壤，形成了中国与上述国家边境线的全部或一部分，全长4000多千米。

西藏自治区平均海拔在4000米以上，是青藏高原的主体部分，青藏高原有"世界屋脊"之称。这里地形复杂，大体可分为三个不同的自然区：西部、北部是藏北高原，位于昆仑山、唐古拉山和冈底斯山、念青唐古拉山之间，占自治区总面积的一半左右；南部是藏南谷地，位于冈底斯山和喜马拉雅山之间，藏东为高山峡谷区，分布着一系列由东西走向逐渐转为南北走向的高山深谷，是著名的横断山脉的一部分。地貌基本上可分为极高山、高山、中高山、低山、丘陵和平原六种类型，还有冰缘地貌、岩溶地貌、风沙地貌、火山地貌等。

▲ 从拉萨火车站前远眺拉萨河上的铁路大桥

旅游季节

在西藏旅行必须考虑季节因素。高寒地区，冬长夏短，只有西藏东南局部地区四季较分明。对于拉萨、林芝、日喀则、山南等交通便利的地区来讲，基本上全年都可以旅行，6月至10月为最佳旅游季节，气温适宜，风光美，节日也较多。

1. 阿里地区是春、夏、秋天最好，冬天下雪之后基本就不太容易通行了。

2. 林芝地区春天比较潮冷，但是桃花盛开时风光如画。此外，夏天和秋天自然风光很好看，气候也最宜人。

3. 藏北除了青藏公路以外，湖区的路夏天基本没办法走，春天风沙大，冬天只要不闹雪灾还是挺好走的。总体上讲，春、夏、秋天是西藏户外旅游最好的季节。

● **气候与游季**

西藏空气稀薄干燥，透明度好，太阳辐射和日照时数都比同纬度地区多得多。下半年又正值雨季，最暖月平均气温在18℃，凉爽宜人。

"高原夜雨"和多冰雹是西藏下半年气候的又一特色。如位于宽阔河谷的拉萨和日喀则，由于地形的影响，夜雨率高达80%以上，为高原的夜雨中心。西藏又是全国冰雹日数最多的地区，如那曲年平均雹日35.9天，多为小冰雹。

旅途小花絮：拉萨的夜雨和祥云

笔者在去西藏之前，曾经长时间地注意过电视台播放的天气预报，可是8—9月几乎每天见到的预报都是"拉萨，小雨，××℃"，笔者真有些发愁了：到了一个每天都下雨的地方，该有多么的不方便呀！

可是9月中旬到了拉萨一看，这里确实每天都下雨，但总是夜里下，早晨7:00前后雨就停了，之后就是一个大晴天——天空碧蓝如洗，纯净得令人无法置信，亦无法用语言来形容。之后就有大团大团的云彩飘过来，其运行方向是从西南到东北，其运行态势真是前赴后继。这么多云团过来（数量绝对要以千计万计），可它们形态都特别美丽柔和，没有一朵云彩面目狰狞恐怖，相反看上去都特别祥和友善。在拉萨上空观赏"祥云博览会"真令人无比舒服、开心，那种美妙的感受和印象至今还在笔者的脑海挥之不去，真是太棒太难忘啦！

▲ 大昭寺正门

● 乘飞机进藏应注意

不论是从北京还是上海直飞拉萨的航班票价全价都在3000元以上，欲购打折机票，请注意提前预订，暑假期间尤其是这样。

拉萨民航机场咨询电话：0891-96222。可以为客人提供航班、票价、机场大巴等各方面的答疑和指导。

● 青藏公路交通提示

由于青藏铁路通车了，所以再沿青藏公路进藏的人少多了，除了自驾车之外，青藏公路上的客车停驶了许多（那曲至拉萨的客车还是不少）。游人进藏还是乘火车方便快捷。

另外，每年的七八月两个月是西藏的旅游季节，这段时间的确是西藏气候最好、最温暖的时节，每到这时候，都有大量的国内外游客蜂拥而至。机票、住房、车辆都会显得紧张而且昂贵。冬季游客相对较少，但是沿雅鲁藏布江流域的日喀则、拉萨、山南等地仍然可以正常观光，而且一些住宿、交通费用都可以大幅度打折，因此，此时仍然可以择机前往。

进藏线路

航空

拉萨贡嘎机场与北京、上海、广州、成都、重庆、西安、昌都等国内多个城市以及尼泊尔首都加德满都之间都有直飞航班，从北京直飞拉萨航程约4个小时，成都飞拉萨用时2个小时出头。

拉萨贡嘎机场位于拉萨西南98千米的贡嘎县境内。

机场有民航班车到拉萨市内，走新路全程需70分钟，费用为30元，终点是市中心娘热路的民航局（途中停靠火车站）。拉萨市内发车时间是5:00至晚上航班结束，地点也是娘热路的民航售票处大门口。另外，每天早上，在八朗学旅馆、雪域旅馆门口会有出租车招揽生意拉旅游者去机场，费用一般是70～80元。乘出租车去机场完全可以，但相比还是坐民航班车更规范安全。

进藏公路交通

1. 青藏公路

青藏（西宁—格尔木—拉萨）公路，全长1937千米，自格尔木至拉萨长1214千米,是旅游者进入西藏的主要路线。理论上全为黑色等级路面,实际上会有不少因为损坏而在维修的路段。全线平均海拔在4000米以上,穿越连绵的莽莽昆仑山和唐古拉山。

由青海入藏,最好先乘车从西宁至格尔木,再换车去拉萨,不过现在格尔木到拉萨的客运大巴少多了。

青藏公路里程(单位:千米)

格尔木180—不冻泉89—五道梁150—唐古拉山92—雁石坪50—温泉50—唐古拉山口89—安多138—那曲164—当雄75—羊八井87—拉萨。

2. 川藏公路

川藏(成都—拉萨,318国道中的一段路)公路全长2330千米,就气候而言,冬夏两季是不太适合走的,冬季天冷气候不适宜,景色也很一般。而夏天一到雨季,有些路段可能有塌方,当然有关方面会安排抢修,但总要耽误一点时间,所以最好是春秋天走,尤其在秋天,风景很美。

川藏线路近年来路况好多了,全都是柏油路面,开吉普车和越野车当然是很好的选择,普通的小型轿车、客车、中型客车也可以平安通过。沿途有不少宾馆、酒店、饭馆、餐厅,能为过往人员提供餐饮住宿服务。成都至拉萨之间每周有数班长途客运汽车往返,夏季班次较多。成都往拉萨的班车,售票及乘车地点在蓉北客运

旅游锦囊

旅游锦囊:包车游玩穿越青、藏两省区

目前,由于青藏路上(主要指格尔木至拉萨段)客车减少,路面状况也不如从前好,所以乘客车沿青藏路行进观光已不适宜。但是包车从西宁经格尔木到拉萨畅观沿途美景的形式最近很受游人青睐。目前从西宁驱车边走边玩至拉萨要5—7天时间,沿途可看到日月山、青海湖、茶卡盐湖、格尔木、纳赤台、昆仑山口、五道梁、沱沱河、唐古拉山口、安多、那曲、当雄等地的风光,并见到玉珠峰、烽火山、通天河美景和藏羚羊的踪影,观光感受绝佳(沿途可在青海湖、茶卡、格尔木、唐古拉山兵站、那曲等地住宿)。

以上行程的车费标准浮动很大,贵的要收15000元以上,便宜的只需8000—9000元。

▲ 玉珠峰风光

● 川藏路交通及食宿注意事项

拉萨客运站每天均有发往昌都和林芝一线的客车（林芝的车极多而昌都的车少），具体的发车时间须在当地查询。沿川藏线进出拉萨，如果时间充裕并且还想体验一下搭便车的乐趣，可在成都及拉萨找寻合适的便车，当地许多旅行社都提供这样的服务，至少是能提供有关方面的咨询。近来租车拼车走川藏线的方式很盛行。但在时间的安排上也需要相当宽松，以免因泥石流或塌方而受阻误事。这条线路最佳行车时节是每年的5月和8—10月间。

● 滇藏公路交通提示

现在的路况很好，全是柏油路，除去夏季雨后会有一些塌方路段，其他时间都是畅通的。沿途也有许多宾馆、饭店，吃住无明显困难。滇藏公路的夏天会偶遇泥石流和塌方，应提前打听路况以避免不必要的耽搁。如乘客车也可以，目前有从云南至西藏拉萨的客车但班次不多。

站，17:00发车，车票880元但近来因修路可能停运（咨询电话：028-83118599）。拉萨开往成都的班车，则由拉萨客运站出发。

食宿

可在沿途各地的宾馆、旅店住宿。对卫生条件和保暖有苛求者可自备睡袋。沿途饭馆多为川味，菜价适中偏高一点点，以家常菜的回锅肉为例，普通餐馆中约35—48元/份。

沿途景观

川藏公路318国道里程（单位：千米）

成都147—雅安217—康定149—雅江308—巴塘104—芒康158—左贡107—邦达94—八宿217—波密233—林芝127—工布江达206—墨竹工卡73—拉萨。

成都—康定（沿途观赏二郎山、泸定桥、大渡河峡谷风光）。

康定—理塘（沿途观赏折多山、新都桥、康巴高原、贡嘎山风光）

稻城—理塘—芒康（沿途观赏金沙江海子山、眼镜湖、金沙江大峡谷风光）。目前该路不少路段正在修路。

芒康—然乌（沿途观赏原始森林、澜沧江峡谷、然乌湖风光）。

然乌—波密—林芝（沿途观赏原始森林、南迦巴瓦雪峰、三岩湖、湖心岛古寺风光）。

林芝—米林—朗县—泽当（沿途观赏西藏江南与雅鲁藏布江风光）。

泽当—羊卓雍错—卡若拉冰川—江孜（沿途观赏圣湖与冰川、白居寺、红河谷风光）。

江孜—日喀则（游览扎什伦布寺，观赏世界上最高的镀金强巴佛铜像、历代班禅灵塔风光）。

3. 滇藏公路

滇藏公路有直达客车，从云南开到拉萨大约要3—4天时间，中途需住宿两三个晚上，住宿地点一般在芒康、邦达、波密或八一镇。自驾、包租车或拼车走滇藏路是很好的选择。从德钦经盐井到芒康5小时可到，全是柏油路面。芒康到左贡158千米，也是柏油路，行车8小时左右。左贡到邦达也是柏油路，3小时可到。邦达到八宿路况尚可。八宿至波密（经过然乌）是柏油路，行车约需5—5.5小时。波密到林芝车程约需5.5—6小时。

由于滇藏公路某些路段弯路多，又基本上全程限速，所以车速不会太快，这一点是应该心中有"速"的。

4. 新藏公路

新藏公路自叶城至拉萨，全长2611千米。沿线翻越昆仑山脉的10个山口，最高海拔为6700米的界山达坂，海拔5000米以上的线路有130千米，是世界上海拔最高的公路。沿途多经渺无人迹的荒地，加之气候恶劣、空气稀薄，虽然近年来路况大有改善，基本上全程是柏油路，但总体上说行程确实有些艰苦。

由噶尔往东经革吉、改则、洞错到安多，此线横越羌塘高原，被称为从拉萨到阿里的北线；普兰和拉孜之间有一条沿中尼边境而建的拉普公路，被称为南线，此线路程较短，但夏季雨大且多流沙，冬季可勉强通过，夏季行进则有些风险，行前请做好安全方面的评估和咨询。

进藏准备

进藏前最好进行一次全面体检，尤其要避免出发前患上感冒、发烧之类呼吸道常见病，保持充沛的体力。预防高原病可以服用一些中成药，如西洋参、红景天等，西药目前认为比较好的是硝苯地平，但是有个别人服用后会产生头痛等副作用，故应在医生指导下使用。在高原上，要准备一些常用药处理常见症状，如芬必得治头痛，维生素B_6治恶心、呕吐，如果仍感觉不适就应该上医院治疗。另外出发时应尽一切可能向去过西藏的人请教，寻求在高原上克服高原反应切实可行的措施和办法。其实最安全有效的办法是提前进行高强度的身体锻炼，心肺功能一改善，高原反应会大大减轻。

▲ 拉萨火车站外观

● 新藏公路交通及食宿提示

1. 叶城—噶尔两地相距1100千米，车程需2—3天。无客车往返此线，可在叶城或噶尔的汽车运输站找车搭乘。
2. 噶尔—普兰两地相距430多千米，车程约2天。如果要转入札达游览，则需行进280千米，车程约1天，再从札达到普兰（443千米）。沿途可搭乘车或租车。普兰是边贸重镇，来往车辆较多。
3. 新藏公路冬春两季大雪封山，无法通行，最佳行车时节是每年5月初至10月中旬。沿途气候恶劣且食宿条件差，应备足防寒衣物和药品（止泻、消炎、治感冒药等）。任何人在界山达坂都会有高山反应，需备药物和氧气。
4. 新藏公路沿途有宾馆和餐馆，但数量不是太多且食宿条件一般，最好是自带干粮（食品和饮水要足够）和睡袋。因沿途蔬菜缺乏，应随身携带适量维生素药剂。
5. 沿途加油站不是太多，注意逢加油站就要加满油，以满足途中的需求。

● 带鸭梨很重要

在藏区内长途跋涉，因当地空气干燥常使人口干舌燥，所以上路前多带些水果会有很大益处，带鸭梨最好。

● 驾车装备

自驾车旅行一定要带上必需的户外用品，帐篷、睡袋最好考虑进去。此外，一罐燃气（或油炉）、一个最简单可靠的炉头、一个压力锅或许会帮上忙。运输时气罐一定要固定好。另外切记行李不要过重。一般切诺基载人不要超过4个，丰田陆地巡洋舰载人也不要超过5个。

亲身经历：笔者关于克服高原反应的经验和体会

坐火车时，由于进藏列车车厢内均有制氧设施，所以游客在乘火车进藏时所出现的高原反应可能并不明显。但是初次进藏的游客在乘汽车沿青藏公路翻越唐古拉山（海拔五六千米）时，会出现不同程度的高原反应，主要是缺氧引起的胸闷、气短、心慌、头晕、四肢无力等症状。要预防和减轻高原反应，可从以下几方面着手做起。

- 进藏前两周（或更早一些）开始锻炼身体，多做一些奔跑跳跃运动，改善自己的心肺功能。
- 进藏时可带上一些制氧药品，如体积小、产氧大的"活力氧"，以备高原反应强烈时吸用。此外格尔木也有氧气袋出售，但含氧量有多少请咨询相关人员。
- 吃水果能有效减轻高山原应，从格尔木出发时人均水果携带量不应低于2公斤（核小汁多的鸭梨最合适）。
- 进藏途中用餐时应吃一些体积小而热量高的食物，如肉、蛋类和油炸食品，切忌吃大量的主食，否则翻越唐古拉山时，会有强烈的肠胃反应（上吐下泻）。
- 严防感冒和其他呼吸系统的疾病。在高山缺氧的条件下，感冒可转化成为后果严重的肺气肿。因此游客一到格尔木，就应该定时服用感冒和消炎药（没有病也要服）另外注意保暖，避免着凉也很重要，把一切可能发生的小病小灾消灭在萌芽状态中，直到抵达拉萨为止。

高原反应虽然会给人带来不适，但绝非不可战胜（再说青藏路上的唐古拉山段海拔只有5000余米而不是7000米，那里只是缺氧但不会使人窒息）。只要游客身体健康（并非一定要健壮），无心脑血管疾病而又做到了上述五条，就可以安全翻越唐古拉山，顺利抵达拉萨。

▲ 布达拉宫远景

旅游锦囊：为您介绍西藏自助游方面的有关攻略

一、青藏铁路上乘车的补充提示

①除了车厢内的弥漫式供氧和座位旁的管道供氧以外，列车上还备有小型氧气瓶供游客吸用，乘客如有不适可及时向列车员索要。车厢内 24 小时有热水，还有 220V 电源插头供乘客使用吹风机、剃须刀和为手机充电。青藏铁路上各次列车上的列车员都经过相关培训，有高原行车的专业知识和处理相关问题的手段，可以尽力为旅客服务。

②青藏铁路上能看到较好风景的车站和路段有：玉珠山站——雪山倩景；五道梁——藏羚羊、野驴、野牦牛；风火山隧道——奇异的红褐色山峰岩体；沱沱河——宽阔、宁静的河面和远处的长江源头纪念碑；唐古拉山雪峰；等。请乘客留意观览。

二、关于在拉萨租车出游的知识和学问

以拉萨为中心，包租当地机动车到西藏其他地方观光游览是许多游客愿意选择的方式，虽然车费不便宜（许多车型达到三四元 / 千米）但因是多人结伴而行，平摊车费后每人的开销也就很少了。以从拉萨包车至阿里往返游览为例，10 余天的行程车费约在 16000—18000 元，车上可乘 4—5 人，每人均摊也就是 4000 元左右，很划算。

▲ 拉萨市中心的宇拓路步行街一角

但切记出行前与司机签一份书面合同（手写的也行），写清如下条款：行程、车费、每天行进位置及住宿地点（以防车主司机向前方赶路而减少在景区的观光时间）、中途不许携带不认识的陌生人、司机的食宿由谁负责等，以防途中发生纠纷。在车型的选择上短途出行什么车都行，但长途如去珠峰、阿里等地最好包丰田 4500 型车，安全舒适可以走土路，而普通的轿车经不起长时间的颠簸。另外切记，出行前只能付司机部分预付款，余款在行程结束后才能全部付清，这是保护自己合法权益极有效的手段。

三、推荐包租车去阿里观光游览的好方式

阿里虽有客车直达但不便于观光拍照，所以包租车几乎是去阿里观光的必然方式，笔者向您简要推荐一个历时 12 天的包车游览方式，沿途可见气象万千的西藏西部风光。

D1. 拉萨—日喀则—桑桑。
D2. 桑桑—22 道班—萨嘎—帕羊。
D3. 帕羊—霍尔—巴嘎—玛旁—极物寺—圣湖玛旁雍错。
D4. 上午转湖，下午到塔尔钦看冈仁波齐神山。
D5. 在冈仁波齐山转山。
D6. 经莲花寺、门士、巴尔兵站到札达，看塔林、土林、象泉河谷、托林寺庙塔。
D7. 在札达游古格王国遗址。
D8. 从札达到阿里。
D9. 从阿里到班公错，看湖景品全鱼宴再返回。
D10. 阿里—革吉—改则。
D11. 改则—措勤—22 道班—桑桑。
D12. 桑桑—拉萨。

按以上行程，可在 12 日内畅览藏西地区的大部分主要景点，沿途路程漫长，要有吃苦耐劳方面的准备（食宿无大问题但可能有时不能洗澡），但观光收获肯定甚丰。

自助游中国 ▶ 西南地区

拉萨

电话区号：0891　　**景点门票咨询**：118114　　**旅游投诉**：6834193

拉萨不仅是西藏自治区的首府和政治、经济、文化中心，更是中国乃至世界上最富鲜明个性和诱人魅力的高原名城。高原雪域的绚烂风光、藏族居民的特殊生活习俗风情、藏传佛教的悠久历史和博大精深，从古至今发生和流传在这块神奇土地上的无数奇异故事和迷人传说与海内海外八方游客的心仪向往交织交融，使拉萨这座圣城上空始终笼罩着神秘、美妙而又令人如痴如醉般的金色光晕。试问当今各位游客，有谁不希望登上雪域高原，一览拉萨的诱人风采呢？尤为令人称道的是拉萨气候甚好、位置绝佳，这里日照充足、空气纯净、风光绮丽，还有那金碧辉煌的众多宏伟寺庙，蓝白相间、挺拔秀立的座座雪山和那蔚蓝天空上前仆后继、每时每刻都在飘荡飞舞徐徐前行而又永远无穷无尽的千朵万朵乃至上亿朵的洁白祥云……

▲ 布达拉宫美丽夜景

● **医疗救护电话**

自治区医院急诊科0891-6322200。

● **拉萨火车站问询**

0891-12306

● **拉萨火车客运**

拉萨火车站位于市区西郊，有1、13、14路等公交车可到。从市中心打车到火车站车费25—30元。

🚌 交　通

■ 机场问询电话：0891-96222　　民航售票电话：0891-96222

航空

拉萨的国际机场叫贡嘎机场，位于拉萨市西南方约98千米外的贡嘎县，每天有航班来往于全国各大城市（机票经常可打折）。贡嘎机场有汽车到拉萨市娘热路民航局门口，每人收费30元，车程60—70分钟。人多的话可以考虑包出租，收费180—230元。另外机场有从泽当或日喀则到拉萨的过路中巴，车票价格25—30元。

公路

拉萨最传统的长途汽车站即西郊客运站位于民族路和金珠中路交界处的青藏公路纪念碑旁。这里的长途汽车线路主要通往山南、日喀则、那曲、米林等。另外拉萨市区还有北郊、柳梧等客运站。北郊客运站有车发往那曲、格尔木、香格里拉、阿里等。东郊客运站有车去林芝,柳梧站主要发长距离跨省客车。

☏ 西郊客运站电话:0891-6630301 柳梧客运站电话:0891-6947204

市内交通

拉萨市内有许多租车公司,吉普车每千米租金3.5—4元,包车另有优惠。民航班车(进出拉萨30—40元,车程约70分钟)。

☏ 拉萨北郊客运站电话:0891-6922104

★出租车

虽然拉萨城市范围并不大,但是市内有1500余辆出租车在运营。出租车在拉萨市内2千米起价10元,去哲蚌寺距离较远需要20—30元,如打的前往机场车费要180—230元,98千米路程行车不超过1小时(走新修的快速路)。

☞ 在拉萨市区打车比较划算,出了城区就应该考虑坐公交车了

★公共汽车

拉萨的公共汽车有数十路,线路覆盖拉萨市区和郊区各地点,起步票价1—2元,交通很方便。

☞ 在拉萨,乘公交车去各景点观光是物美价廉的好事,所有景点都可乘车抵达

住 宿

拉萨市的旅馆业近年来发展很快,高、中、低档宾馆齐备,游客可各取所需。高档宾馆有拉萨饭店(民族路1号,标准间一般季节在500元以上)、西藏宾馆(北京西路221号,标准间房价一般在500元以上)、香巴拉酒店(丹觉林路1号,标准间房价一般在330元左右,淡季可议价)等。中档宾馆有唐卡酒店(雨拓路38号,标准间价280元)、佳泰商务酒店(标准间价在200元左右)等。背包族游客的聚居点有平措康桑、吉日、雪域旅舍等,这几家旅馆的共同特点是房价便宜,好的标准间一般在160—200元/间,而普通房间的床价不过30—40元,加之条件尚好(住多人间亦有公用浴室)且容易找到出游伙伴(共同租车可分摊车费),所以可作为住宿拉萨时的重点参考目标。

●进藏自助游应携带的物品

除了证件、银行卡、摄影器材以外,以下物品亦很重要:手套和墨镜及防晒霜,西藏的日晒好厉害。睡袋,可保温又保洁,因某些偏远地方的旅店卫生条件差。长袖厚衣物,即使是夏季,早晚的气温也很低。手电筒,以备晚间在野外行走时用。边防证,去珠峰时用得上,在户口所在地办好为宜。如果您只去拉萨而不去其他地方,那以上用品可以忽略不带。

▲ 八廓街一角

●便宜实惠的住处参考

①平措康桑青年旅舍,在拉萨市朵森格北路(青年路)48号,位置好而交通便利。旅舍能为客人提供住宿、餐饮、导游、订票、上网等多种服务,房价(床价)也很便宜;淡季双标间110—130元/间,多人间40—60元/床(旺季会上浮)。

②尚客优布达拉宫小昭寺店,在小昭寺路50号,2024年刚开业,交通方便,设施新、服务好、房价不贵,平日标间150—185元。

自助游中国 ▶ 西南地区

☕ 餐 饮

拉萨城中一般的餐馆以川味为主，饭菜口味与其他地区无太大差异，菜价不太便宜但分量较足，人均50元可吃好一顿。另外，市区内沙县小吃和四川或成都、重庆快餐店的踪影随处可寻，吃好简餐易如反掌。欲吃藏区风味特色菜可以到八廓街及北京中路一带，那里有拉萨厨房、怪牛沙龙餐厅、香巴拉餐厅等，供应炸羊排、炖牦牛肉、生肉酱、青稞酒、酥油茶、糌粑等风味食品，但有些游客并不一定习惯藏餐的口味。

● **特色藏餐饭店参考**

① 雪神宫藏餐馆，代表性菜品有烤牛排、烤羊排、牦牛肉、藏味包子等。人均消费需80~120元。电话:0891-6825866。
② 玛吉阿米西餐吧，也是主营藏餐，在八廓街东南角，人均消费120元。电话:0891-6328608。

● **拉萨的医疗机构**

① 西藏自治区人民医院，在林廓北路，电话:0891-6332462。
② 拉萨市人民医院，在北京东路，电话:0891-6323811。
③ 西藏军区总医院，在娘热北路，电话:0891-6323390。

● **布达拉宫**

就在拉萨市中心，步行或乘各路公交车前去均可。

¥ 门票淡季100元，11月1日到次年4月30日。旺季指5月1日到10月31日。旺季参观1号线路200元，2号线路100元。2号线路参观的景点多，观光效果更全面。老人、学生、残疾人有优惠。欲进布达拉宫，必须事先预约然后按景区指定时间进入参观。
电话: 0891-6339615。

● **旺季门票要预订**

由于游客增多，有时布达拉宫门票要提前预订，旺季时有时还须夜间排队预订，订票时须出示本人身份证件。

购物

特色商品及旅游工艺品有藏刀、金银首饰、民族服装、手织地毯、天然宝石、牛羊头及藏红花、雪莲、羚羊角等各类藏药等。

最著名的商品街当然是大昭寺旁的八廓街和民族商场，大昭寺广场边店摊也有不少，此外在布达拉宫和罗布林卡门口，亦有各类摊商出售各类工艺纪念品。

在八廓街购物应该对藏族同胞以诚相待，有购物意愿并看清商品款式后再砍价，砍价不要含糊，但砍到自己要求的价码后应该成交，不要跟摊主"逗咳嗽"，否则易起纠纷。另外如欲乘飞机返回，请慎购藏刀，以免在安检时出麻烦。

🏛 主要景点

布达拉宫

位于拉萨市中心玛布日山巅，系7世纪时松赞干布为

▲ 布达拉宫雄姿

西藏自治区

208

迎娶文成公主而修建。全宫占地36万平方米，总建筑面积约13万平方米，内有宫殿、僧舍2000余间，是当今世界上海拔最高、规模最大的宫殿式建筑群。这里主要分为红宫和白宫两大部分，红宫居寺庙中央，全是灵塔殿和佛殿，是从事佛事活动的地方。白宫则位于红宫两侧，是历代达赖喇嘛的寝宫和朝政之地。布达拉宫内藏有大量佛像、壁画、藏经册印和珠宝古玩，价值连城而又不计其数，堪称西藏的宗教文化宝库。布达拉宫的最高点金顶上有7座金碧辉煌的灵塔殿顶和圣观音殿观等，是最佳摄影点，在此还可俯瞰拉萨全城风貌。

大昭寺

地处拉萨市中心，是始建于7世纪，后经历代修缮扩建而形成的庞大建筑群，殿高四层，坐东向西，上覆金顶，气派壮观。殿内有诸多精美壁画，其中《文成公主进藏图》和《大佛寺修建图》等均为艺术珍品，主殿中供奉的文成公主像和从长安带来的释迦牟尼等身塑像更具历史宗教价值。大昭寺前的广场和寺周围的八廓街也是拉萨的交通集散地和商品购物中心。

八廓街

围绕大昭寺修建的环形街道，沿途有许多历史及文物遗迹，是藏传佛教徒的转经要道，每日来此转经的教徒络绎不绝。这里还是拉萨的物资交流中心和最大的小商品街，共有各式店铺几百家，游客可以在此尽情选购各类工艺纪念品，不逛八廓街，就不能领略拉萨的生动和喧嚣。

罗布林卡

在拉萨市区中部偏西，过去是达赖喇嘛每年5—10月避暑休闲和处理政务时居住的夏宫。园中宫殿精美但稀疏，有大片的绿地和树林，清幽宁静。而每年8月的雪顿节期间，这里也是人头攒动，每日有藏戏和歌舞节目上演，许多拉萨城内的百姓举家来此狂欢，场面热闹非凡。

哲蚌寺

位于拉萨西北5千米的根培乌孜山下，寺院占地达25万平方米，规模场面空前壮观。这里三面被高山环绕，前方是拉萨河谷，登上寺顶极目远眺，风光之美比在布达拉宫金顶上见到的还要神奇诱人。

色拉寺

地处拉萨市区北面的色拉乌孜山下，依山而建、规模宏大，寺周围山石上绘有不少鲜艳的岩画，寺内僧人众多，每日一次的和尚辩经活动场面十分热闹（一般

● **大昭寺**
在拉萨市中心东部，可乘多路公交车或步行前去即可。
🎫 门票85元，淡季有优惠。寺中的喇嘛生性活泼，就是生产劳作时也会情不自禁地欢歌劲舞，观看他们生活劳作的场景挺有趣。
电话：0891-6336858。

● **八廓街**
就在大昭寺周围，可与大昭寺一起游览。
在此购物应注意辨清货物真假并敢于砍价。

● **罗布林卡**
🚌 在拉萨城区中部偏西，乘89、201等多路公交均可到。
🎫 门票60元，淡季有优惠。开放时间周一至周六：9:00—18:00。

● **哲蚌寺**
🚌 在拉萨市西郊，乘16、17、24、25、301路公交车票价2元可到山脚下，然后可换微型车（车费2元）或步行约45分钟上山入寺。
🎫 门票50元，淡季有优惠。别以为见过了布达拉宫就万事大吉，哲蚌寺很宏大而有气派，也是游客在拉萨的必观景区。

15:00开始），引得八方游客驻足观看。

周边景点

★纳木错

在拉萨当雄县和那曲地区班戈县之间，距拉萨约250千米。湖面海拔4718米，东西长70千米，南北长30千米，面积1920平方千米，是世界上海拔最高的咸水湖。湖中盛产各种高原鱼类，湖边水草茂盛，有藏羚羊、黄羊、野牦牛等野生动物出没，原始风光旖旎诱人（湖边有餐馆，肉炒菜38—68元/份）。

★甘丹寺

是坐落在拉萨市达孜县城内（距拉萨40千米）山间的庞大古建筑群，明永乐七年（1409年）由藏传佛教格鲁派创始人宗喀巴兴建，是格鲁派六大寺院之首，寺内藏品丰富，殿宇居山而筑，错落有致，外观和内涵均很神奇诱人。

● 色拉寺

🚌 在拉萨城北，可乘16、24、501路公交车前往。
🎫 门票50元。淡季有优惠。

● 纳木错

从拉萨至纳木错全是柏油路，行车3小时可到。
从拉萨去纳木错旺季有旅游班车，也可以包车，车费视不同季节浮动。也可乘车在青藏路上的青藏公路当雄下车，然后包当地机动车去湖区。当雄至湖边游客中心还有35千米，行车半小时可到。湖区门票210元含观光车费。湖边有饭店餐馆，但没有宾馆酒店，欲住宿可到当雄县城。

● 甘丹寺

🚌 可以从拉萨大昭寺广场乘车前去，6:30—7:00有车前往，行车2小时可到，车票23元。14:00返回。
🎫 门票45元。参观2小时够用。

● 笔者关照

①登布达拉宫一定要上金顶，上边的寺庙美，看到的拉萨全景更美。
②大昭寺中的喇嘛唱歌跳舞及劳作的场景多姿多彩，应好好关注。
③哲蚌寺甚为气派，还可在寺顶看拉萨河谷全景，必须要去。
④黄昏时的拉萨河谷有夕阳映照，金涛滚滚，景色迷人，适合观光拍照。

▲ 纳木错湖区风光

推荐游程

拉萨市区观光有2天时间可玩得非常从容：

D1. 布达拉宫观光，大昭寺游览，八廓街及宇拓步行街购物，黄昏时到拉萨河边观夕阳西下时的美景。

D2. 游罗布林卡，观西藏博物馆，去哲蚌寺俯瞰拉萨河谷壮景。色拉寺是否去，看时间和兴趣而定。

如果去纳木错、羊卓雍错、林芝、日喀则和其他周边美景游玩，则另需增加1—5日游程。

另荐景点

药王山

在布达拉宫西南侧,隔着拉萨中心干道北京路与布达拉宫相对相望。山腰上有一个观景台,是观赏拍照布达拉宫全景的好地方(本书前几版的封面图片几乎都是在这里拍的)。

药王山就在市中心,步行或乘公交车去均可。观景台门票2元。

西藏博物馆

西藏首座多功能的综合性展馆,藏品丰富,详细介绍西藏的历史、文化、宗教及民俗,观后收获丰厚,笔者推荐。

博物馆在罗布林卡对面,有公交8、13、24、25路可到。门票免收。

旅游锦囊

为您介绍拉萨的餐饮购物娱乐信息

旅游锦囊之一:为您介绍在拉萨节省旅费的窍门

一、巧找便宜实惠的住处

平措康桑青年旅舍最便宜实惠,因为这家旅舍的多人间床价只有40—60元,堪称拉萨市内最低价,且该旅舍的多人间非常整洁,且每位客人都有1个可以上锁的储物柜,可以存放自己的随身物品,房间中还有洗手间,24小时有热水洗澡。住在这样的多人间中算是物美而又价廉。由于这家青年旅舍位置好(比八朗学和亚宾馆距布达拉宫更近),客房环境和房内设施好(楼顶有观光台可览布达拉宫雄姿),加之旅舍内能提供导游、租

▲ 高原上的云

车、订票、上网等多种服务且来此沟通信息、寻找旅伴的各方驴友甚多,所以住在此处可谓收益多多。平措康桑青年旅舍的地点在拉萨市朵森格北路(青年路)48号,订房及咨询电话:0891-6927618。

二、设法节约交通费用

在拉萨短距离出行可选出租车,5千米起价10元,比北京等大城市便宜一些。远距离出行如去哲蚌寺、色拉寺应坐专线公交车,全程2元钱(而打车至少要25元车费),另外去火车站有数路公交车,去机场有专线大巴,乘坐它们都比打车便宜许多。

211

另荐景点

小昭寺
在拉萨市中心，距大昭寺约1千米远。相传是文成公主为供奉释迦牟尼等身像而督建的。规模比大昭寺小许多，但它是拉萨市内重要的寺庙景观。

从拉萨市区步行或乘三轮车前去均可。门票20元。

羊八井地热温泉
在拉萨西北约90千米处的当雄县境内。这里地热资源丰富，有不少温泉、沸泉、间歇泉，热气蒸腾、白色水雾弥漫的独特景观在很远就能看见。

可从拉萨长客站乘车前去。温泉洗浴98元/人，洗浴条件很一般。

旅游锦囊

为您介绍拉萨的餐饮购物娱乐信息

旅游锦囊之二：继续介绍在拉萨节省旅费的窍门

一、如何在拉萨节约用餐费用

同其他省会城市相比，拉萨的餐饮业收费适中，便宜实惠的用餐地点也不少，下面笔者为您介绍几种节约餐费的窍门和方式。

A. 由于全国各地不同风味的餐厅都在拉萨落了地，所以欲吃便宜饭食不用多费劲。这其中四川或称为重庆盖饭是您最快捷的选择。力荐回锅肉盖饭，一般20—28元/份，有不少肉和菜，吃饱没问题。

B. 在大昭寺西南侧的小街道上有不少四川风味餐馆，里边的肉炒青菜一般22—35元/份，米饭2元/碗，四川盖饭25元左右/份，也算是价格便宜的用餐地。

C. 如果去哲蚌寺和色拉寺观光，可在寺庙不远处用餐。比如哲蚌寺道口以南有几家四川小吃店，里边的肉菜18—28元/份，明显比市区便宜。色拉寺门口有家大众食堂一类的餐馆，里边的牛肉20—25元/份，素菜10—12元/份，便宜实惠，如果在拉萨市中心吃同样的饭，恐怕价格要翻番。

D. 推荐特色餐厅——央卿仓藏餐厅

在八朗学三巷9号，距八廓商城不远。店内主营藏式风味菜肴，代表性的菜品有藏式牦牛火锅、土豆煎羊排、松茸土鸡汤、椒盐烤牛舌、八宝酸奶等。店内用餐环境还好，菜价适中，菜量挺足，人气很旺。游人可适度留意和关注。

二、选取合适的方式去拉萨周边旅游

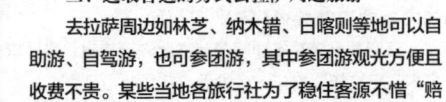

去拉萨周边如林芝、纳木错、日喀则等地可以自助游、自驾游，也可参团游，其中参团游观光方便且收费不贵。某些当地各旅行社为了稳住客源不惜"赔本赚吆喝"，比如从拉萨出发的纳木错一日游全包价300元、林芝二日游全包价500—600元、日喀则二日游全包价400—500元（都还可议价），这样的价格已明显低于游客自助去上述各地旅游的费用。

▲ 拉萨邮政局大楼

另荐景点

直贡梯寺

在拉萨以东黑竹工卡县境内，1179年由直贡巴仁钦白所建，是直贡噶举派的中心寺院。主要有经堂、佛殿、藏经楼、坛城、护法神殿等建筑组成，非常雄伟壮观。

拉萨东郊客运站每天7:00有客车前去，车票45元，15:00前后返回。门票35元。

楚布寺

系藏传佛教噶玛噶举派在西藏的主寺，1187年开始修建。位于拉萨以西60千米处堆龙德庆县楚布河上游，规模宏大，寺内藏有大量珍贵文物，多为稀世珍宝。

拉萨大昭寺广场每天7:00有客车前去，车票20元。门票45元。

发烧友特别关照

发烧友关照：为您介绍拉萨旅游的攻略

①随着青藏铁路的开通，内地游客去拉萨观光已变得非常方便容易，加之铁路列车内有供氧设备，所以体质不算太差的人都可平安抵达拉萨。

②进藏列车车内设施先进，空间宽松（定员只有98人，比普通列车少20人），乘客乘车会感到安全舒适。

③正是因为进藏列车内氧气充足，乘客进藏时不会有明显的高原反应。但是到拉萨下车走出车站后（海拔3650米），许多人会有不同程度的胸闷气短头晕等症状出现，此时应注意切勿做剧烈运动，到住处后洗澡时间亦不宜过长。

④拉萨市区的食宿都很方便，前边为大家推荐了便宜实惠的住处和餐馆，各位旅友可留意关注。

⑤拉萨市区的观光要点还是布达拉宫、大昭寺、哲蚌寺、色拉寺、罗布林卡、小昭寺等。观光时要注意的是布达拉宫旺季时要限制参观人数，所以要提前到网上或是宫殿东门去预约订票；哲蚌寺和色拉寺都各有两路以上的公交车抵达，车费2元即可，游客不必打车去；罗布林卡门前兴建了园林广场，环境很美，游人可去观光休闲；布达拉宫后边新开放的宗角禄康公园景色不错可短暂游览；另外在拉萨汽车西站东南侧的青藏、川藏公路纪念碑旁新修了河滨带状公园，在此可览拉萨河秀色。此外位于罗布林卡南边的西藏历史博物馆亦值得一看。

⑥在拉萨河的太阳岛上（其实是半岛），近年来开放了中和国际城等商贸旅游区，有不少商店和餐饮、娱乐设施（市政府也在这里），游人可予适当关注。

⑦拉萨市内较好的购物地点有北京东路、宇拓路步行街、八廓街、拉百、温州商城、太阳岛等，各位旅友可酌情选择。

⑧布达拉宫夜晚灯火通明，景色很美，对面人民广场上的音乐喷泉也很绚丽多姿，游人尽可去观光拍照。

⑨拉萨市内每晚有《文成公主》等大型歌舞演出，市内的各旅行社内均有售票点，游人购票时可以议价，买到8折票应该没有问题。

▲ 八廓街街景

发烧友特别关照

发烧友关照：为您介绍在青藏线上乘火车观光的注意事项

①目前，大多数进藏列车都是在白天通过格尔木至拉萨路段（从拉萨返回时也是如此），所以观赏铁路沿线的风光很方便。

②笔者认为列车从格尔木开出约1小时后经过的纳赤台可作为第1个观光点，这里有黄土高山和河流峡谷，景色粗犷壮观。

③列车再向前行驶约25分钟到玉珠峰站，之后可见铁路东侧的玉珠雪峰，它盛夏时节也被白雪覆盖，素洁美观。

④再有40分钟即到不冻泉站，从不冻泉经楚玛尔河、五道梁一直到烽火山站，大约有1.5小时车程，沿途都是可可西里的一部分，铁路两侧的藏羚羊随处可寻，应注意观看。笔者不久前进藏，在此区域数十次见到藏羚羊灵巧敏捷的身影。

⑤烽火山在铁路西侧，山色赤红很好看。

⑥烽火山过后行车1小时到沱沱河，河面很宽而水很浅，河水呈网状分布流淌，画面好看，极具拍摄价值。

⑦过沱沱河后的3小时车程基本在唐古拉山上行驶，这一带高寒缺氧、人烟稀少、景色一般，但可在铁路西侧见到规模很大的唐古拉山兵站，兵站的楼房色彩很鲜艳醒目。

⑧过了唐古拉山后半小时就到安多。列车离安多约10分钟即可见到错那湖秀色（铁路西侧），它是国内海拔较高的淡水湖，该湖很大风光也美，列车在湖边整整走了20分钟，有充足的时间观光拍照。

⑨过错那湖约1—1.5小时会到那曲站，进站前经过的高架铁路桥很长也很雄伟。那曲是旅客列车从格尔木开出后首次停靠的车站，乘客可到站台上观光留影。

⑩过了那曲后铁路两侧风光有明显改观，这里不是藏北高原的荒凉贫瘠，而是草原宽阔肥沃且河流众多，雪山虽然多但山下却随处可见藏族同胞居住的村落，车窗两侧的画面很美也很生动，值得观赏拍照的东西太多了，所以无须一一提及。从那曲到拉萨共需4小时车程，笔者提示您应重点关注的是当雄北侧的宽阔湖泊、羊八井地热区的白色水雾和拉萨河风光及河上的大桥倩影，之后您就抵达圣城拉萨了。

▲ 坐在青藏铁路的列车上与青藏公路上的汽车赛跑是件挺有意思的事（摄于进藏列车车窗内）

难忘游历——初次翻越昆仑山、唐古拉山

笔者第一次去西藏观光游览时心中充满了庄严神圣和自豪幸运之感，也对进藏途中可能遇到的问题——尤其是预防和抵抗高原反应这个问题做了认真准备。乘客车去青海湖和格尔木的时候，我蜷曲在车座上连动一动都不敢，生怕因为活动过量而引起高原反应。可是客车翻越了日月山，路过了青海湖、茶卡后直抵格尔木，哪有什么高原反应，一路上连喘粗气的事情都没有发生，看来高原反应的问题，也许只是某些人的有意渲染而已。

抵达格尔木的那天晚上，我睡得无比香甜，第二天中午我就趁热打铁，乘大巴向着圣城拉萨进发了。当客车驶过了茫茫戈壁滩快要进入昆仑山脉的时候，高原反应来了，而且越来越严重。一开始，只是轻度的胸闷、气短、呼吸不畅，进而发展到即使大口喘息、大口地吞吸空气仍觉得透不过气来。身体一缺氧，后果就真严重了：头昏、眼花、心跳骤然加速，我只觉得心脏在"咚咚咚"地跳，其声音其节奏一阵高似一阵、一阵紧似一阵，直震得胸口甚至是后背和肩膀都生疼，且周身却越来越松软无力。此时客车还没有驶进昆仑山，这里的海拔顶多有3000多米，高原反应就如此严重，那之后还有海拔4000米的昆仑山、海拔5000余米的唐古拉山，我将如何度过更加艰难危险的旅程呢？

谁知到了海拔4000米的昆仑山口，我的高原反应却大大减轻了，这使我能够轻松舒服地观赏起高原上的美丽风光来——昆仑山真美呀！山峰积雪，山顶轮廓柔和平缓，山与公路间是大片大片绿茵如海的草原，一条条溪流小河画着无比蜿蜒流畅的优美线条在欢流，雪白的羊群和五彩缤纷的牦牛群像珍珠宝石一样撒落在山、水和高原草甸之间。我一次次地打开车窗，拍下了许多精彩难忘的画面。

傍晚到了青藏路上最难过的重镇五道梁，这是大家公认的青藏路上最缺氧、最容易出现高原反应的地方——五道梁真是名不虚传，到这后我身上的感觉比下午还难受，车上一些当地土生土长的藏族同胞居然也开始周身不适甚至痛苦不堪，恰逢这里的道路正在修整，夜间无法通行，于是全车人都在车厢座位上或一

▲ 青藏路沿线风光

▲ 祥云笼罩布达拉宫

动不动或辗转反侧地经受着痛苦的煎熬。喘不过气来的感觉很痛苦，不是周身无力，就是大脑因缺氧亦无法进行正常思考，脑海中总是混沌一片。就这样坚持了一夜，次日清晨，车辆终于向前移动了，几小时后我在车窗右侧看到了庞大的唐古拉山兵站和唐古拉山口的石碑。再往前看，前方所有的山都比脚下的山矮，公路从此会一路下坡，我此时感到危险已经完全过去了，但是车上的人全都是周身无力，几乎没人说话甚至是没人动弹。几个小时后，客车驶出了唐古拉山脚，拐到了安多县城，这里有清溪碧河，有葱绿草坪。更重要的是，天一下子晴了，阳光照进了车厢，暖风吹进了车窗，全车人这下子全都"活了"，大家全都站起来活动着身体，互相反复说得最多的一句话就是："哎呀，总算（活着）过来了。"

与昆仑山和唐古拉山不同，安多之后的路段就是幸福的旅途了，公路很平坦，路边景色也是气象万千、风光无限。傍晚抵达拉萨后，我很兴奋也很疲乏，很早就进入了梦乡。第二天早晨醒来，疲乏困倦一扫而光，冲了个凉水澡，顿觉精神抖擞。之后我出门坐上了开往市中心的中巴，车子拐过了一片楼群，我眼中随之一亮：哇！布达拉宫——圣城中的神圣宝殿，矗立在红山之巅，沐浴着金色朝霞，闪耀着夺目光辉，它的高雅圣洁和雍容华美真令我激奋至极、心痴心醉。之后几天，我在拉萨度过了无比快活欢欣的幸福时光，游遍了圣城和周边的几乎所有景点，得到了终生难忘的美好记忆。

后来我问过当地的朋友，据说许多人来到拉萨后都会因高原反应而周身不适，可我在拉萨怎么并没有明显的高原反应呢？他们说："都因为你是坐汽车从青藏路过来的，路上尽是海拔四五千米的高山，在山上你都反应完了，拉萨才3600米高，比在青藏路上矮多了，你怎么会再有高原反应呢？"

我听了他们的话，感到很庆幸也很得意。我庆幸的是选择了乘汽车从青藏路进藏这种方式，它使我提前经受了高原反应的考验和锤炼。这样，我抵达拉萨后，才会享受到舒适欢愉的快乐游程。翻越了昆仑山、唐古拉山，来到了圣城拉萨，看到了那么多晶莹的雪山、清澈的河流、宏伟的寺庙，看到了高原上空成千上万朵的洁白祥云，真是令人终生难忘。

林芝地区

电话区号：0894　医疗救护：5822842　公安短信报警：12110

林芝位于西藏自治区东南，距拉萨400余千米。这里地处雅鲁藏布江下游，海拔相对较低，气候温和、空气湿润，自然环境和风光亦非常柔和优美，蓝天、白云、青山、绿树、碧水、野花相映的画面在这里几乎随处可寻。林芝更是旅游观光和科考探险的乐土，地区行署八一镇水绕山环，景色已很绮丽，周边还有错高湖、林芝巨柏林、南迦巴瓦峰、墨脱、雅鲁藏布大峡谷等美景，其中墨脱观光和雅鲁藏布大峡谷探险是当今游览中颇有新意的"热门儿"玩法，林芝古镇亦因此在近年来受到八方游客的敬仰和关注。

▲ 雅鲁藏布江沿岸风光

气候与游季

藏东地形复杂，山高谷深，气候类型较多，素有"一山见四季""十里不同天"的说法。除三江下游谷地属高原温暖半干旱气候外，大部分地区属高原温暖湿润气候，气候条件较好，年平均气温9℃—10℃，年降水量在400—650毫米之间。

林芝大部分地区"夏无酷暑，冬无严寒"，全年都适合旅行，但东南部的波密、察隅和墨脱一带受季节影响大。每年5—9月的雨季，大量降雨容易引发泥石流、塌方，这时候八一镇以东的川藏公路亦偶有中断；墨脱及雅鲁藏布大峡谷地区，只有在每年5月至10月下旬才可以顺利进出，其余时间进入该地的道路可能会被大雪封住而通行受阻；秋天林芝地区空气纯净，气温适中，是旅游观光的较佳季节。

● 从林芝回拉萨

长客主要在建设路上的林芝汽车客运站发车，最早一班在6:00前后开出，车费120—180元。

私营客车一般在林芝市中心的厦门广场发车。

一般凑满客人才发车。

● 当地宾馆酒店

如家酒店汽车站步行街店，电话：0894-5713888。

明洋大酒店，电话：0894-5738666。

● 景区住宿参考

喜玛拉雅大峡谷酒店，距景区不远，房价适中，电话：0894-54833660。

交通

从拉萨到林芝最方便。拉萨距林芝地区行署八一镇全程柏油路约633千米，行车5—6小时可到。拉萨到八一镇的客车每天在市柳梧客运站发车（电话：0891-6505656），每天有多班，票价120—180元，视不同车型而异。

另外亦可从川藏或滇藏公路搭车或自驾车前去，上述两条路进藏后都先路过林芝。从拉萨乘火车去林芝也行，每天有客车4班，车程2.5—4小时。

住宿

林芝的住宿业没有拉萨那样发达，但可以满足一般游客的住宿需求。林芝地区行署八一镇上有林芝宾馆、林芝迎宾馆等中高档宾馆，普通酒店也是数量繁多。到巴松错游览，湖滨有度假村可住。若去南迦巴瓦峰观光或穿越雅鲁藏布大峡谷或前往墨脱，食宿条件也比过去好了许多，其中墨脱的公路交通开通后，当地已建起了多家宾馆酒店，用"今非昔比"四个字形容也丝毫不过分。

餐饮

当地一般餐馆里可以吃到各式川菜，市区有名的餐馆有蜀家菜庄、谭府菜、红楼火锅城等。藏族风味食品如人参果粥、火烧羊肠、红烧羊肺、生肉酱等可去藏味餐馆品尝，味道很独特。更有鲜明特色的当地酒菜：自酿的白酒、黄酒、鸡爪谷酒等。

☞ 当地盛行石锅菜，主要有石锅鸡、石锅香猪等。菜量大价格不菲

购物

特色商品主要有各类农产品和各类药材及一些手工艺品，如木耳、竹笋、花椒、蘑菇、八角、野菠萝、野柠檬、山龙眼、三七、天麻、虫草、七叶一枝花、雪莲、灵芝等。门巴族工匠制作的木碗和竹编也挺有观赏收藏价值，在八一镇上有各类商摊可光顾。

主要景点

雅鲁藏布大峡谷

雅鲁藏布江发源于喜马拉雅山西段杰马央宗冰川，奔腾咆哮流向东南，在林芝、米林县和墨脱县交界处受到了南迦巴瓦峰和加拉白垒峰的夹峙阻挡，江水滔滔劈山而去形成了举世无双的壮丽峡谷。

大峡谷的入口在米林县的派镇，出口为墨脱县的巴昔卡村，全长约504.6千米，两岸山峰高耸入云，谷底江水狂泻，水声震耳欲聋，气势磅礴如排山倒海。江水在峡谷北端的扎曲村附近环绕多布拉雄山而过，形成了一个V字形大弯，硕大而又壮美无比，因此外界几乎公认这里是雅鲁藏布大峡谷的标志，也是雅鲁藏布大峡谷沿岸的

最佳观景点。
南迦巴瓦峰
地处墨脱县雅鲁藏布江出境处的巴昔卡，海拔7782米，系世界第15高峰。其山姿陡峭挺拔，植被呈垂直分布，山下热带雨林浓密，山巅则终年积雪，银光闪闪，辉映蓝天，为登山探险和摄影观光之佳境。

墨脱
雅鲁藏布江流入印度之前途经我国境内的最后一个县，也是西藏东南最偏僻的县和最晚通公路的县。独特的地理位置和进出该县时的艰难路径和艰辛过程反而成了吸引八方游客的招牌和兴趣点、兴奋点。所以虽然通了汽车，但徒步走进墨脱是当今自助旅游和探险考察中的大热点，每年有来自海内外的诸多旅游者到此力争观览墨脱小城的芳姿容颜。

可选路线：可首先从林芝或其他方向到派镇，之后从派镇翻多雄拉雪山，经汗密、拉格、背崩，3—5天就可以到墨脱。这条路，目前为去墨脱的主要通道。回来不妨从雅鲁藏布江上行到108千米处，再翻越嘎隆拉雪山到波密，要3—4天。也可从墨脱坐汽车到波密，当天可到，之后返回。

巴松错（错高湖）
在距林芝地区工布江达县50余千米的巴河上游的高

▲ 雅鲁藏布大峡谷风光

关于墨脱公路交通的信息
现在从林芝去墨脱的公路交通非常顺畅。林芝客运站每天7:30发两班车去墨脱，车费182元，全程水泥路，8—9小时可到。

● 雅鲁藏布大峡谷
可以先从林芝客运中心乘车，车费50—60元，行驶约90千米到派镇，这里是大峡谷景区入口，购票后坐景区观光车进入峡谷，观光路线长约20千米，依次经过千年大桑树、南迦巴瓦观景台、峡谷拐弯，最后到直白村（这里有一些民宿可住）返回。途中随处可见雅鲁藏布江风光和南迦巴瓦峰秀色。游览时间大约2.5小时。门票240元、观光车费90元。私家车不能进入景区。

● 南迦巴瓦峰
交通：可以先从林芝八一镇搭车或包车到米林县的派镇，再乘大峡谷景区观光车沿雅鲁藏布江下行，沿途可见青山、绿水、蓝天、白云和诸多秀丽江景。也能见到南迦巴瓦峰。之后到直白村，可在此住宿并于次日继续在周边巡游，在这里有很多好地方好角度可看到并拍摄南迦巴瓦峰英姿（直白村距南迦巴瓦峰直有几千米远）。

● 直白村住宿观光
村中巴青农庄位置不错，住宿条件也行。从直白村步行1小时，还可看到雅鲁藏布江小拐弯风光。

● 去墨脱的最佳时节
每年11月下旬至次年6月初最好不要去，气温低气候恶劣。金秋10月季节最佳，既非雨季又无大规模降雪，但应注意快去快回。

关于墨脱新貌的简单介绍

过去的墨脱因为交通不便，令许多游客望尘莫及。但近年来公路修通后，墨脱县的面貌用日新月异来形容是毫不过分。别看县城不大，但是新楼迭起，各色宾馆、酒店、餐厅、商厦、超市随处可寻，连卡拉OK、足浴店等休闲娱乐场所也是生意红火，其中还有级别档次很高的酒店供游人食宿和休闲享乐。当然，这里的食宿价格也不便宜，如墨脱大酒店，平日房价也在700元以上，甚至高于内地各大城市中同档的宾馆的价格。欲图实惠可选择华宇天都酒店（电话：0894-5974999）、维也纳国际酒店（电话0894-5974666）等。墨脱县城周边有果果塘大拐弯、嘎瓦龙景区等，由于是实行双日进、单日出的交通管制方式，目前大多数游客是在墨脱作1—3日逗留和观光游览。墨脱虽然风光不错，但这里非常的高温多雨，各位游客要有心理准备。

●墨脱的信息更新

墨脱已通正式公路，路况尚好，但是车辆进入要遵守双日进、单日出的原则，途中要查验边防通行证。

●徒步去墨脱所需的装备

由于通了汽车，所以不建议游客再辛苦劳累地徒步去墨脱了。如果想尝试惊险刺激从而步行前往，请注意安全并携带睡袋、防水布、雨衣、保暖衣裤、结实的登山鞋、绑腿、太阳镜、防晒霜、帽子、手电、镜子、打火机、手纸、药品、洗漱用具、相机、充电宝、地图册、指南针、食品和适量饮用水。此外，还需要边防通行证和足够的现金。

●巴松错

去巴松错可从八一镇北郊客运站上客车，1.5—2小时可到。也可从林芝包车，往返车费600—700元。景区门票120元、观光车费45元，游览3小时够用。

●世界柏树王园林

巨柏林位于八一镇去林芝县的公路边，从八一镇乘去林芝县的微型车即可到。参观完毕返回八一镇或林芝县城时搭过路车也方便。

峡深谷里，长约12千米。"错高"在藏语中的意思是"绿色的水"，湖区山水相间，有玲珑的小岛和精巧寺庙，湖中亦有鱼类和水鸟栖息游弋，游客可以登高看景、乘船观光，也可环湖步行，领略观山看湖的美妙情趣（湖边有度假村可住宿）。

☛ 巴松错风光尚可但路途较远，笔者不作专门推荐

世界柏树王园林

为林芝县巴结村内的一片巨柏保护区，8公顷的山坡上生长分布着数百棵苍劲古柏，高度达30—40米，最老的柏树树龄已逾两千年，高大浓密、风姿诱人，系西藏境内风姿独特的森林景观。

🎫 门票30元。依季节不同上下浮动

尼洋河

雅鲁藏布江最大的支流之一。江心是银浪碧波，两岸遍布绿色草场和青翠森林，水草丰美、景色旖旎。从拉萨到林芝的路上，尼洋河美景一路相随。河面或宽或窄，水流时缓时急，但是每一处河段，风光都动人，在车上观光即可获得满意效果。

米堆冰川

地处波密县米美、米堆两村旁的米堆河上游，属藏东南海洋性冰川。冰川、湖泊、森林、原始农庄多重景色融合在一起，远眺冰川很柔美，近看冰川很壮观，是西藏东部重要景点之一。冰川距波密约90千米，景区在318国道上有岔路口，这里距景区约有6千米远（须乘景区观光车进入），游览冰川需4.5小时。门票50元，观光车费36元。

山南地区

电话区号：0893

山南地区是指西藏南部念青唐古拉山和喜马拉雅山脉东段之间的河谷地带，这里北连拉萨，东依林芝，西接日喀则，地域面积约为8万平方千米。山南地区山势平缓，河流密布，气候温和，水草肥美，有"西藏粮仓"之美誉。山南共有18大景区近60处景点，地区行署泽当镇是全地区政治、经济、文化、交通和旅游中心。

气候与游季

山南地区由于处在河谷地带，气候相对温和，冬天少严寒，夏天无酷热，夏季高温时间持续很短。年平均温度7℃，最冷月的温度2℃—12℃，最暖月10℃—18℃。

这样的气候当然一年里大部分时间都可以出游，而且山南地区更多的是人文景观，交通便利，不太受季节影响。

交通

可以先乘汽车或飞机到拉萨，然后再换汽车前往。拉萨距山南地区行署泽当镇约200千米，市长途客运站（拉萨城西南角青藏公路纪念碑旁）每日有各类客车前往，票价50—60元。若包车前往更快捷方便，陌生人亦可结伴乘车分摊费用。另外拉萨的贡

● 乘车提示

从拉萨乘大客车去山南时可先上车占好座位再向售票员购票，以免在售票窗口买到站票，3小时的车程站着太累。

● 当地节庆

每年7月25日的"山南雅砻文化节"期间，绚烂多彩的民俗文化活动会让您大饱眼福，倍感惬意开心。

▲ 羊卓雍错

▲ 寺中绘画

▲ 昌珠寺外景

● 当地饮品

酥油茶和青稞酒是当地民间最常见的饮料。酥油茶营养价值高，味道也好，尽管开怀畅饮。但青稞酒后劲足，饮时不要贪杯。

● 当地特产

主要有地毯、氆氇、石锅、木碗等，都是可以自己收藏、使用和馈赠亲友的工艺佳品。

● 桑耶寺

拉萨大昭寺的拉萨电影院每天早6:00和下午17:00有客车直达桑耶寺，车票60元，车程2.5小时。泽当也有客车前往。
进殿参观门票40元。

● 雍布拉康

距泽当镇约10千米。乘小公共去车费2—3元即可。包机动车单程30元，往返需50—60元。下车后还要步行或骑马走一小段路才可到达寺庙门口。
门票30元，骑马上山40—50元／人。
在山底仰望和登殿参观均可，不过这处寺庙的气派规模比西藏其他寺庙小，远不如布达拉宫和哲蚌寺一般壮观。

嘎机场就坐落在山南地区的贡嘎县境内，距泽当镇只有100余千米，如能在机场乘专线车或者拼车，直接去山南更好，不必绕道拉萨。

住宿

山南地区行署泽当镇上有许多宾馆酒店。如美康国际大酒店，在萨热路，标准间260—350元/间。又如尚客优酒店，标准间230元/间。还有一些小型客栈，里边有50—60元左右的标间。

餐饮

当地餐馆以川味为主，游客就餐在口味上不会有太大不适，菜价适中，普通肉菜在22—38元。另外可注意品尝藏族风味食品如青稞酒、风干牛肉、酸奶、烤肠等。

通信

山南泽当镇上和周边县城都有手机信号，泽当镇上有不少网吧，上网费5—7元/小时。

主要景点

桑耶寺

在山南扎囊县雅鲁藏布江北岸的扎玛山麓，建于唐大历十四年（779年），被称为"西藏的第一座寺庙"。桑耶寺的建造规模宏大而又颇具匠心，中心大殿南北建有太阳殿和月亮殿，四周又有四座佛塔、四座大殿和四座小殿，布局精妙，意寓颇深。寺内长达92米的壁画《西藏史》、汉白玉石雕大象和历经千年的唐式铜铸大钟均是闻名全藏的艺术珍品。

雍布拉康

为建在山南乃东县东南约5千米扎西次日小山巅上的气派而精美的城堡宫殿。远远望去甚具美好观感。传说是公元前1世纪第一代藏王聂赤赞普所建，迄今已有2000余年历史，亦被称为"西藏的第一座宫殿"。殿内供有松赞干布及文成公主像等，寺旁不远处还有一口名为"嘎泉"的著名泉眼。

昌珠寺

位于乃东县泽当镇南郊外 2 千米处的贡日山南麓，建于吐蕃赞普松赞干布时期，据传文成公主曾来此院修行。全寺由大殿、转经转廊、廊院三部分组成，内藏文物的极品是珍珠唐卡，是用珍珠穿起为线条绘出的《观世音菩萨憩息图》，上镶珍珠近3000颗，价值连城。

▲ 昌珠寺珍珠唐卡

藏王墓

在山南琼结县宗山西南方，距泽当镇约90千米，墓区有巨大陵墓近10座，是包括松赞干布之墓在内的庞大古墓群。

拉姆拉错

在距泽当镇约150千米的加查县境内，藏语的含义为"圣母湖"，这里人迹罕至，极富传奇色彩，据说每次达赖和班禅转世的线索都是高僧在这里看到后预见的。圣湖水色幽蓝，四周有山峰环抱，景色旖旎优美。

● 昌珠寺

距泽当镇很近，镇上有 2 路公交车前去，车票 2 元/人。包机动三轮车 10 元出头即可。亦可在游过雍布拉康后返回时顺路游览（两者在一条线上）。
门票 35 元。

● 藏王墓

从泽当乘客车先到琼结（车费 9 元），再从琼结换车去藏王墓。若从泽当包车去藏王墓往返需 160—180 元/车。此景不是游客在当地的必观景点，是否前去视情而定。

● 拉姆拉错

可先从泽当乘车到 128 公里外的加查，加查汽车站每天早晨有客车去拉姆拉错。此线包车或自驾车更合适，乘客车很费劲。景区目前暂停开放。

▲ 昌珠寺一角

自助游中国 ▶ 西南地区

日喀则

电话区号：0892　　旅游投诉：8990444

日喀则地处雅鲁藏布江和年楚河的交汇处，是西藏的第二大城市。日喀则在藏语中的含义是"最如意美好的家园"，这样的美誉对于日喀则来说绝非徒有虚名。这里有高原圣湖羊卓雍错，西藏著名的寺庙扎什伦布寺，神奇傲美的世界第一高峰珠穆朗玛峰。诸多美景相依相连，组成了西藏境内最具诱人魅力的黄金旅游线。

▲ 到了这里，就看到了远方珠峰壮景

气候与游季

藏南谷地海拔2500—4200米，气候受地形的影响十分明显。日喀则地区处于河谷地带，最冷月份的气温为2℃—12℃，最暖月份气温为10℃—18℃，可算是冬无严寒，夏无酷暑。降水量集中在7、8月，而且多夜雨，干湿季节明显。

日喀则日光充足，气候温和，旅游设施比较完善，所以任何时候都可以到这里旅游观光。但应切记如果您要去珠穆朗玛峰探险游览，每年10月至次年4月由于天气严寒不适合前去；另外7—8月为雨季，烟雨蒙蒙中也经常无法看见珠穆朗玛峰。观赏珠峰的最佳时间是每年的4—6月。

交通

拉萨长途汽车站有车到日喀则。另外拉萨的八朗学和吉日旅馆之间的一段北京路上，每天7:00—15:00，有客车开往日喀则，车费60元，车程约4小时。由日喀则开往西藏各地的班车较拉萨少，位于解放中路的汽车站有班车开往各地。拉萨至日喀则之间的铁路已经通车，现在每日发车3班左右，车程约2.5小时。

日喀则去樟木的班车不定期，人多时才会发车，行车约需2天，中途会在定日过夜。从日喀则包车去樟木和珠峰更方便。

住宿

日喀则流动人口较多，因此当地的旅馆业也很红火。高级宾馆有乔穆朗宗逸扉酒店（珠峰路口，标准间300元/间起）、湖畔国际大酒店（标准间220元/间起）、邮政宾馆（解放中路12号，标准间130元/间左右）。此外当地还有不少个体旅舍，房价50—60元的住处不难找寻。

在江孜可以选择二星级的江孜酒店（江孜镇中心，标准间150元/间左右）或江孜县政府迎宾馆。

去珠峰途中的定日县城中有多家宾馆酒店，客人可任选。

☞ 佳鑫宾馆条件尚好且房价便宜，笔者推荐。电话：13228928962

餐饮

在日喀则市及周边景区，既有西藏境内随处可见的由四川人开设的川味餐馆，亦有一些藏餐饭店、藏式茶馆和其他风味的餐馆。川菜馆中的肉菜一般在25元以上，人均40元钱可吃饱一顿。西藏风味食品的代表主要有青稞酒、酥油茶、手抓牛肉、风干肉、灌肠等。在樟木口岸，还有一些尼泊尔和其他异国风味的餐馆，菜价不贵，一些快餐饭食如尼泊尔炒饭等不过20元钱一份。

☞ 日喀则的上海中路挺热闹，餐馆也多。适合餐饮及购物

主要景点

羊卓雍错

羊卓雍错是西藏三大圣湖之一，在拉萨以南100千米处，海拔4441米，东西长130千米，南北宽70千米，面积居喜马拉雅山北麓各湖区之最。

羊卓雍错是西藏境内最大的水鸟栖息地，常有天鹅、大雁和野鸭在湖边嬉戏，水中亦盛产细鳞、裸鲤等高原鱼类。最令人惊叹的是湖水的颜色，那种一尘不染、纯洁碧透的蔚蓝色真是举世无双、人间难寻。观赏羊卓雍错，就是在观赏高原上的明珠，游览羊卓雍错，就是在遨游罕见的人间梦境。

● 发烧友关照

1. 抵达拉萨后可以在拉萨市吉日、支域、八朗学、东措青年旅舍等旅馆的留言板上寻找旅伴一起拼车去日喀则、珠峰，这样可节省不少车费。
2. 去珠峰樟木、亚东等地需本人在户籍所在地公安机关办好边防通行证。在拉萨也能办去珠峰的边防证，价格50—100元，可与当地旅行社或所在旅馆联系，需带好有关证明。

● 美食街区

解放北路和珠穆朗玛路一带是川菜馆和藏菜的集中地。日喀则汽车站附近的夜市，菜式多样，气氛热闹，值得一尝。

▲ 夏鲁寺

● 羊卓雍错

可从拉萨包车前往羊卓雍错，车费往返约需500—600元/车。从拉萨到羊卓雍错需2—3小时。也可游览羊卓雍错后不返拉萨而是乘车经浪卡子去日喀则观光。一、二号观景台要收费，门票60元。

▲ 珠峰雄姿

● **扎什伦布寺**

在日喀则城西，乘公交65路车可到，开放时间：9:00—19:00。
💰 门票100元。淡季有优惠。

● **夏鲁寺**

可从日喀则搭乘到江孜的客车中途下，再步行即可，从日喀则打车去更方便。
💰 门票40元。

● **萨迦寺**

可从日喀则客运站乘客车去萨迦，每日7:00—8:00发车，车费50元，3小时可到。下车后步行即可。拉萨也有客车到萨迦。
💰 门票50元。

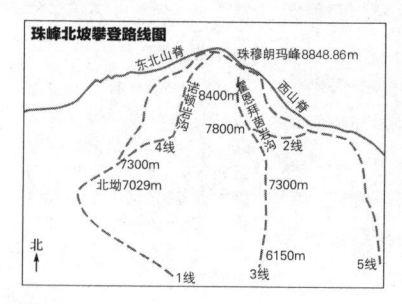

珠峰北坡攀登路线图

扎什伦布寺

地处日喀则城西的尼色日山坡上，始建于明正统十二年（1447年），建筑面积达30万平方米，是甚具规模气势的古建筑群，也是西藏六大黄教寺院之一。寺内分宫殿区、勘布会议、班禅灵塔殿、经学院四大部分，内藏世界上最大的铜佛坐像和九世班禅主持铸造的镏金青铜弥勒坐像等稀世佛教艺术珍品，在世界佛学界内享有盛名。

夏鲁寺

在日喀则东南20千米处的丛堆山谷中，是始建于北宋元祐二年（1087年）的汉藏合璧式建筑群。现存殿房近50间。殿内供奉的释迦牟尼和八大弟子塑像及大藏经《丹珠尔》《甘珠尔》以及诸多室内壁画颇具欣赏价值。

萨迦寺

位于日喀则地区萨迦县境内，是萨迦派的第一座寺庙，共有40余座建筑，内存大量手抄佛经、精美壁画佛像、瓷器等，数量甚丰，因此该寺享有"第二敦煌"之称。

白居寺

在江孜县东北隅。始建于15世纪初，是典型的藏传佛教寺庙建筑。寺中有塔、塔中有寺，庙宇不大但造型非常奇异。寺中的"十万佛塔"和精美壁画享有盛名。

宗山古堡

在距拉萨254千米的江孜县中心山顶上，亦称宗山堡，是一座屹立在褐红色山岩上的城堡。清光绪三十年（1904年）英国军队进藏袭击江孜，江孜军民坚守城堡抗击英军达8个月之久，最后弹尽粮绝，大部分壮烈牺牲，留下传世英名。数年前，著名影片《红河谷》就是在此拍摄的外景。

珠穆朗玛峰

珠穆朗玛藏语意为"第三女神"，它是喜马拉雅山的主峰和世界最高峰，海拔8848.86米的巍峨身躯坐落在日喀则定日县正南方的中尼边境。这里有数百条冰川和大量的冰塔、冰桥、冰峰、冰茸，千姿百态，美不胜收。而金字塔状的主峰山尖上刺巍巍蓝天、下视浩瀚西藏高原，冰雕玉琢、挺拔秀丽，给人留下庄严神圣无与伦比的美好观感。近年来，前来观赏和登攀珠峰的人日益增多，高原美神正在撩开自己的神秘面纱，把举世无双的圣洁容颜展示给慕名而来的八方游客。

樟木口岸

是中尼边境上规模不大但风光优美而特色鲜明的山间小镇。这里的海拔比西藏大多数地方都低，只有2300米，属亚热带气候，空气湿润，四周森林茂密，景色宜人。由于这里是中尼两国重要的边境口岸，所以边贸红火繁忙，来往流动人口亦多，镇上有许多商店和餐馆，边境风情生动迷人。

拉萨与樟木间有客车来往但时间没准谱，所以大多数游客都是从拉萨、日喀则、拉孜包车或搭车而来。但是从樟木返回拉萨或日喀则的车却较多，因有不少到中尼边境送客人的车返回时是空驶，所以只要交上不多的车费，就有可能坐上豪华旅游车直返日喀则或拉萨。

樟木镇上有一些宾馆可住宿，如樟木宾馆、曲乡宾馆等。

●白居寺

可从拉萨乘客车到江孜县城（车费30元），之后步行即到。
￥ 门票60元。登塔拍照20元。

●宗山古堡

从江孜县城步行前去即可。
￥ 门票暂时免收。

●珠穆朗玛峰

珠峰地处中尼公路以南大约100千米的边境线上。许多游客从拉萨直接包车前去，此方式最为简明省力省心。亦可先到日喀则或拉孜，然后包车前往。搭客车可从拉孜先到中尼公路上的鲁鲁检查站，这里是去珠峰的必经之路，时常有去珠峰的各类车辆经过，如果车上有空位，司机可能会带上您。从鲁鲁检查站上车后的历程大约是：行车10余千米到珠峰路口，拐下柏油路不远处是登山检查站查验各类进山手续，沿土路行驶30千米到遮古拉山口，再走20千米到一个叫达扎西穿的山村，有餐馆可吃饭，再走30余千米即到珠峰脚下的绒布寺和珠峰大本营。

●游览指导

樟木宾馆里的饭食较贵，但街上有不少中、尼风味餐馆，菜肴多样风味亦诱人。

▲ 边境小镇樟木

旅游锦囊

为您介绍去珠峰旅游观光的攻略

①欲去珠峰观光应事先做好准备，一是要提前进行身体锻炼，改善心肺功能以减轻每个人初次进藏后都会出现的高原反应。二是在高原（尤其是在珠峰脚下）行进和游玩途中，一定要对高原反应予以足够的重视——运动量千万不要大，切忌长时间在野外行走，切忌暴饮暴食和过量饮酒，严防感冒和其他呼吸系统及心脑血管系统疾病的发生，一旦身体不适或患感冒等病症，应先回到日喀则或拉萨去休息治病，留得"青山"在，不怕下次看不到好风景。在青藏高原上想挑战自然和超越自我的想法非常不可取。

②如果觉得有必要，去珠峰前可先向保险公司投保高原旅游救助保险，这样如果在高原上遭遇身体伤病和其他方面的意外，可以得到相应救助。有关事宜可向中国人寿保险公司和太平洋保险公司做具体咨询。

③去珠峰观光除应事先办理边防通行证外，还应携带以下物品：巧克力糖或压缩饼干、牛肉干、方便面、火腿肠及榨菜、适量饮用水和水果、遮阳帽和墨镜、防晒霜及润唇膏、红景天和施尔康及治疗感冒发烧和消炎的药品。

④在去珠峰途中经过珠峰检查站后不久会抵达著名的遮古拉山口，在此可以眺望到马卡鲁、洛子、珠峰、希夏邦玛峰、卓奥友峰5座海拔8000米以上的高山——银光闪闪、旗云飘飘，风光壮丽迷人，请注意观景拍照。

⑤进入珠峰需购门票，票价160元/人，之后必须乘坐景区的观光车前行至绒布寺，车费单程60元，车程约50分钟。

⑥珠峰脚下的绒布寺除了条件一般的普通招待所外，不久前又新建了一家条件稍好的旅馆，旅馆中的每间房都有朝向珠峰的大窗户，在房间中即能看珠峰雄姿，但住宿不便宜。在绒布寺吃饭很贵，普通的鸡蛋炒饭也要30元/份、啤酒10—15元/听。

⑦现在珠峰大本营从海拔5200米下辙到了海拔4980米的地方，是在绒布寺下边，这里也有一些简易的住处，可供游人食宿。目前观赏珠峰的好地点就是在绒布寺一带了。

⑧大本营有一些帐篷搭建的旅馆，如大本营屋脊帐篷民宿，双人间250元以上，电话19899506015。

⑨绒布寺有中国移动5G信号，通信方便。

⑩在大本营观光后别忘记在邮政点盖个邮戳或是寄回张明信片，很有纪念意义。

⑪如果是从拉萨包车去珠峰观光，那短短4天之内即可打个来回。第一天从拉萨出发，下午可达日喀则（行车5小时），抵达后顺路游扎什伦布寺。第二天早上出发，下午或黄昏可抵珠峰脚下的大本营住宿。第三天早上在大本营附近观光（一般人可上至珠峰大本营海拔碑处），午后即可原路返回。若返程时间抓紧一点，第四天下午或晚上即可回到拉萨。

▲ 从珠峰登山大本营看珠峰雄姿

阿里地区

电话区号： 0897　　神山圣湖景区咨询：4006666712

阿里地处西藏自治区的西部，地域独特而风光优美。这里平均海拔在4500米以上，被称为"世界屋脊上的屋脊"。由于当地风光绮丽而又交通不便，所以阿里的高原风光一直披有神秘的面纱，它不光是藏族同胞心中的"世界的中心"，也是西藏境内最富有诱惑力的观光景区。如今的阿里是西藏旅游中最闪光的亮点、最时尚的一程，主要风景点有神山冈仁波齐、圣湖玛旁雍错、古格王国遗址、札达土林、托林寺等，而当地随处可见的粗犷雄奇的高原壮景亦会让游客备感新奇欣喜、如痴如醉。

气候与游季

受北高南低的地势影响，区内气候南北差异显著。

北部气候寒冷而干燥，以狮泉河镇为代表，年平均气温0.1℃，最冷月平均气温-12.1℃，最热月平均气温13.6℃，降水量不大。冬春降雪较少，多大风，常在10级以上，且可持续刮上数昼夜。

▲ 高原冰峰

南部普兰和札达地区气候条件相对较好，年平均气温为3℃，最冷月平均气温为-9.2℃，最暖在7、8月，平均气温为13.8℃，是阿里的主要农业基地，作物一年一熟，冬春季节有时会有较大降雪。

每年5—7月和9—10月是去阿里的最好季节，可以避开雨季和冬季的大雪和严寒。

交通

如何到达阿里

阿里之行与国内旅游观光的诸多线路相比较来说应该算是最为困难艰辛，但是今日的阿里高原已通过空中航线

● **从拉萨乘飞机去阿里**

拉萨贡嘎机场每天有数班飞机前往，航程2小时左右，机票经济舱全价3000元左右且打折的幅度很少，欲图方便快捷的客人就选择直飞吧，虽然机票不便宜。

● **从拉萨有客车去阿里**

拉萨客运北站每日有客车。本文后边有介绍。

和直贯南北的新藏公路和外界建立了紧密的联系，所以如今去阿里还算是可望又可即。人们可以选择从东（拉萨）西（新疆）两个方向进入阿里。

从拉萨到阿里地区狮泉河镇主要有北、中、南三条公路交通路线。

★ 北线

基本上是无人区，而且有很多沼泽地带，只有冬季上冻之后才能走车，所以只能说是"理论上的路线"。

★ 中线

从拉萨经日喀则、拉孜、措勤、改则、革吉到狮泉河，路比较好走，进出阿里的干部和访问者、商业车队基本上都走这条路，中路海拔高，要经过海拔6000米的桑木拉达阪。然而中线没有什么太突出的风景，阿里周边激动人心的景点大都不在这条路上，途中唯一激动人心的是可以遇到成群的野驴和藏羚羊。

欲从这条线去阿里（狮泉河）可以从拉萨乘长途客车，车费为652元，具体事项可去拉萨北郊客运站去询问。

★ 南线

从拉萨到阿里旅游最好走南线。这条路线基本上是沿雅鲁藏布江而上，经日喀则、拉孜、萨嘎、仲巴可达圣湖玛旁雍错，从玛旁雍错南下到边镇普兰，再从普兰返

▲ 在青藏线列车上拍到的错那湖风光

回，向西北去朝拜神山冈仁波齐，继续向西北到札达县，最后从南面进入狮泉河镇。这条路线蜿蜒穿行在喜马拉雅与冈底斯两大山脉之间，又汇聚了诸多当地著名景点，所以风光壮丽，特别神奇诱人，目前一般的自助游爱好者和旅行团队大多走这条线去阿里。

这条线上也有长途客车（每天1班），发车地点也是拉萨北郊客运站，发车时间11:00，车程约28个小时，车费652元。时间紧迫的游客可以包车或搭车。如果包租一辆适合野外行进的陆地巡洋舰60型或62型车，租金约需12000元以上，所以单人游客最好与人结伴以分摊费用，出发前请详细问清路上各注意事项并做认真准备，以免出现困难和被动。另外欲走此线亦可先从拉萨到日喀则和拉孜，再搭车或包车前往阿里。

■ 拉萨汽车北站电话：0891-6507373

住 宿

阿里地区行署狮泉河镇是全地区食宿条件最好的地方之一。镇上有阿里大酒店、狮泉河宾馆、邮电宾馆等。

餐 饮

阿里地区的餐馆内饭菜价格比西藏其他地区略贵，一般炒菜可以开价在30—48元，一碗面条也会达到15—20元，考虑到这里的食品许多是从别的地方远道而来，所以对此不应太感惊奇。狮泉河镇上有许多四川风味和新疆风味的餐馆，适合不同地域来客的不同口味。

主要景点

神山冈仁波齐

地处阿里地区行署狮泉河镇东南约480千米处，海拔6638米，系冈底斯山脉的主峰。冈仁波齐在藏语中的含义是"神灵之山"，它被印度教、藏传佛教、西藏原生教派等同时认定为世界的中心，每年来此朝圣的人络绎不绝，总数超过10万人，转山、转湖等佛教朝拜仪式虽然辛苦却尽显其虔诚意味。冈仁波齐峰的山姿亦很优美，四壁非常对称，形如圆形金字塔，山尖直立、刺破烟云，山头终年积雪，更显洁白纯美，极具动人魂魄般的感染震撼力。

圣湖玛旁雍错和"鬼湖"拉昂错

玛旁雍错在冈仁波齐峰东南约30千米处，海拔4586米，是世界上最高的淡水湖之一。它的湖区面积达412平方千米，湖面开阔，湖水蔚蓝清澈，雍容华美。它在藏语中的语义为"永恒不败的碧玉湖"，每年有诸多朝圣者来此

● 阿里大饭店

是当地最高级的饭店之一。条件好房价也贵，平日标间也在380元以上。

● 神山冈仁波齐

从阿里地区行署狮泉河镇乘客车前去，可在3—4小时内到达神山脚下的游客落脚点塔钦村，这里有多家宾馆、餐馆提供食宿。从塔尔钦村步行1小时登上村北侧的小山上，即可看到神山雄姿。此外219国道1300千米处也是很好的观山地点。
从拉萨驱车走南线的游客可沿萨嘎、仲巴、巴嘎到塔钦（不经过狮泉河），全程1671千米。转山一周距离为54千米，一般需1—3天时间。神山门票150元，观光车费50—60元单程。

● 圣湖玛旁雍错和"鬼湖"拉昂错

可以从狮泉河乘客车或包车先到圣山，再转车去圣湖。也可从拉萨乘车走南线沿萨嘎、仲巴、霍尔、巴嘎到圣湖。先游冈仁波齐神山再游玛旁雍错很方便。
湖滨和不远处的即乌寺有宾馆酒店提供食宿。转湖一般按顺时针方向行走，转一圈一般需3—4天时间。湖西的即乌寺是拍摄湖区风光的好地点。圣湖门票150元。

转湖、洗浴。圣湖与圣山冈仁波齐可谓相距甚近且相映生辉。

拉昂错（又称"鬼湖"）与玛旁雍错相距不远，是个咸水湖，虽风光别具一格，但湖中没有生命踪迹。

古格王国遗址

古格王国于10世纪前半期开始建立，在10—16世纪不断扩张并达到全盛期，于17世纪衰败覆亡。古格王国遗址坐落在阿里札达县城以西16千米处，从山麓到山顶高约300米，有房屋建筑、洞窟、碉楼、佛塔等600余座（处），是占地达十数万平方米的超大型古建筑群。遗址内有不少精美雕塑和壁画，近年来亦不断有新的发掘和发现，极其引人关注和寻味。

●古格王国遗址
遗址位于狮泉河东南札达县城以西18千米处。从狮泉河乘客车来挺方便（每天12:00发1班车，车程3—4小时）。从拉萨乘车走南线经过仲巴、巴嘎后在那不如向南拐也可到札达。从县城可包车或拼车去遗址，步行太辛苦。
¥ 门票65元。

札达土林

阿里地区札达县周围分布的天然土林地貌风光区，是因地层长期受流水切割并风化剥蚀后形成的土质"森林"。土林数量多且形态各异，挺拔陡峭而又高低错落、千姿百态，与云南昆明石林和陆良沙林有异曲同工之妙，是高原上不可多得的天然绝景。

●札达土林
土林分布在札达县城周围，来札达途中可见到，也可到札达后步行前去观光。
土林和札达县城内有宾馆和酒店，可以找到70—80元的标间。

托林寺

在札达县城北缘，996年由古格王益西沃创建，是历代僧人讲经著书、弘传佛法之地，该寺一度成为藏传佛教中心。现在寺中的不少庙宇和佛塔保存尚好。游人到此依稀可见托林寺当年的辉煌和壮观（门票50元）。

班公错

位于阿里狮泉河镇以西130千米处日土县城旁中印边境地带的狭长湖泊，东西长约155千米，而平均宽度只有2—5千米。班公错是中印两国间的奇异界湖，其1/3面积属印度，湖中是咸水，没有鱼类生长；而属中国的近2/3湖区面积中却是淡水，湖中鱼群穿梭，湖上水鸟竞翔，一派盎然生机。由于春夏时节常有天鹅等珍禽飞临此地觅食栖息，所以班公错又享有"高原上的天鹅湖"之美誉（乘快艇去湖心岛160元/人）。

●班公错
可以从狮泉河乘客车先到日土县城，再搭车行驶15千米即到湖边。此外从新藏公路入藏后先经过班公错而后到阿里。湖滨有小型旅馆及餐厅，提供简单食宿。其中班公湖度假村客房干净，标间150—260元/间。租船游湖船价面议。

狮泉河镇

为阿里地区的行署，又称阿里或噶尔，西接印度，北靠新疆，是西藏西部的交通枢纽和工业边贸及旅游中心。

狮泉河镇的镇区规模不大，但流动人口不少，物资供应丰富，消费场所亦比比皆是，游人来此在吃、住方面不会有太大不适。

●狮泉河镇
较好的宾馆有狮泉河饭店、阿里地区迎宾馆等。
餐馆以川味为主，也有新疆和其他风味餐馆，饭菜价格明显更贵，但口味可以让一般人接受。

昌都地区

电话区号：0895

　　昌都是西藏东部的政治、经济、文化中心，它东毗四川，东南与云南省相邻，北面与青海省相连，是川藏公路的中心点，也是从东部进出西藏的交通要冲。

　　昌都地区山高林密、地势复杂，境内有20余座被当地人敬仰的"神山"，亦有丰富的动植物资源，这里的古迹名胜虽不如拉萨—日喀则—阿里—线，但仍有不少景点值得流连，如强巴林寺、卡若遗址、然乌湖、德庆颇章神山等。

气候与游季

　　昌都地区山脉与沟谷交错，形成了"一山有四季，十里不同天"的复杂气候类型。总地来说，西北部、北部严寒干燥，东南部温和湿润，日照时间长，辐射强，昼夜温差大，干湿分明，夏季多夜雨，冬春多风。年平均温度9℃，降水集中在5—9月，北少南多。

　　每年4—5月和9—10月是去昌都最好的季节，初夏时绿草茵茵，深秋山色斑斓，游趣倍增。其余季节主要是雨季和冬天的大雪会令交通不畅。

▲ 藏族歌舞

交通

航空

　　昌都的邦达机场是世界上海拔最高的民用机场之一（海拔4000米），有航线和全国各大城市相连，其中与成都和重庆对飞的飞机每天有数班，航程1.5—2小时。与拉萨的飞机每天有2—3班，1小时左右即到。民航昌都售票处位于昌都镇马草坝，在这售票并回答咨询（网上和手机订票也非常方便快捷）。

☛ 昌都至拉萨机票票价挺贵，一般时候打折的幅度很小

公路

　　昌都到成都间有长途卧铺大巴和其他客车对开，一般情况下每日有1班，票价630元左右，快的话2—3天可到，

●邦达机场

距昌都约120千米，打车到县城需250—300元，搭乘或拼租50元/人。全程柏油路。

●从成都飞昌都

售票点在成都高升桥旁的昌宾宾馆内。

●昌都民航售票

电话：0895-4821004。

●通信

昌都镇及周边大部分县城可打长途，亦有手机信号。

233

路上遇到塌方、修路或其他意外时，时间会更长。

昌都到拉萨的客车每日有1班，但天气或路况不好时会减少发车班次，大巴票价为472元/人，一般行车2天可到，途经波密和林芝。

昌都到波密（途经八宿），车票190元/人，1天可到。由于当地气候多变、路况复杂，所以即使是昌都最大的客运站也经常不能正点发车，所以欲乘汽车进出的游客应尽早买票并随时关注发车状况。

此外在昌都汽运公司第三运输队的停车场上亦常有各类货车搭载客人，欲乘货车上路的人可前去与司机洽商具体事宜。

●昌都汽车客运

问询电话：0895-4822793。

如果乘客数量超过20人，而当时的路况又没大问题，那可以与客运站协商加开去拉萨的车。

●当地交通

昌都镇上有公交中巴，上车1元起价。出租车上车起价6元。

●推荐便宜实惠的住处

昌都客运站招待所，就在客运站停车场的楼上，虽然人流量大，有些喧嚣嘈杂，但房间卫生条件较好，房价亦不贵，单人间40—50元/间，双人间20—25元/床，只有公用卫生间和洗漱室，如果图安静，可以住在较高的楼层或自己包房。

●然乌湖住宿

湖边有平安饭店等旅馆客栈，可提供简易食宿。在然乌湖边扎帐篷野营也行。

●饭菜价格

总体上是量大而价高，纯肉菜一般35—48元/份，素菜18—25元/份，一个人一顿饭点一个菜基本够吃。

●强巴林寺

💰 门票免收。

●卡若遗址

从县城坐去水泥厂的中巴票价5元，30分钟可到。打车需20—30元。

🏨 住 宿

昌都是西藏重要的商品物资流通地和人员集散地，由于有一定的流动人口，所以县城不算太冷清，住宿业亦算红火，可满足一般客人的需求。

这里较高级的酒店是通泰明宇丽呈酒店，位于昌都夏通路1号（电话：0895-4909999），双人标准间420元/间。中档宾馆有高藏大酒店，标间238元起。普通宾馆中的金欣商务酒店（电话：0895-4988880）和金都酒店（电话：0895-4409277）虽条件极为一般，但房价不贵，标间都在百元出头，客人可适当关注。

🍜 餐 饮

大街上常见的是四川风味餐馆，在藏味餐厅和茶馆内可尝到酥油茶、奶茶、糌粑、风干肉等风味食品。

🚩 主要景点

强巴林寺

建在昌都旧城区地势最高的马拉山台地上，占地20余公顷，是黄教创始人宗喀巴的弟子于明正统二年（1437年）修建。迄今为止寺内各建筑保存完好，寺内供奉的强巴大佛像体态丰满、表情生动，另有不少精美壁画值得回味流连。每年藏历二月二十七至二十九日间，这里表演的藏族神舞舞姿大气、场面恢宏，特别值得一看。站在强巴林寺门前，还可畅览昌都城区全景。

👉 从县城步行20余分钟即可到。打车去约需8元钱

卡若遗址

位于昌都镇以北12千米处的昌都水泥场附近，是占地面积达1万平方米的新石器时代人类生活遗址。近年来发掘

出众多颇有价值的文物珍品，被考古学家公认为是西藏三大原始遗址之一，对研究西藏的历史和考古史具有重大意义，亦值得游览参观（门票25元）。

👉 然乌湖边有多家酒店宾馆，在客房中就能眺望到湖区美景。可关注

然乌湖

为地处昌都地区八宿县境内的高山堰塞湖，距县城约90千米。湖区面积约为22平方千米，形状狭长，湖心有岛屿，湖边有大片高山草甸，亦有白雪皑皑的高山，是川藏公路边风光优美而又便于观赏的重要景点。距然乌湖10余千米远的地方还有一处藏民聚居的村寨——瓦村，村中多藏式木楼，造型精美别致，适合观览拍照。

来古冰川

地处距然乌镇20余千米的群山环抱的来古村边。这里有美西、若冰、稚隆、东嘎等多条冰川，它们统称为来古冰川。来古村边还有不少冰湖、冰川、冰山、冰湖相映的景色非常独特，颇有几分南极海洋的风姿神韵（门票210元，含观光车费）。

●然乌湖

在318国道波密与八宿之间。距波密县城约130千米，距八宿县城约90千米，可自驾或从波密或八宿搭过路车前往。

距湖区不远的然乌镇上有宾馆酒店，湖边也有一些观光客栈。

在八宿到波密的公路边只能看到部分湖区风光，走八宿到察隅的公路才能看清然乌湖秀丽全景。

湖边的休登寺，是观湖区全景的绝好地点。

●来古冰川

可从拉萨、林芝、成都、昌都等地乘客车先到然乌镇，再租车前往。也可从林芝或昌都乘去察隅的车在宗巴村下，这里距来古村只有10千米远。

▲ 西藏然乌湖风光

西北地区
—— XIBEI DIQU ——

新疆维吾尔自治区 237
青海省 268
宁夏回族自治区 278
陕西省 290
甘肃省 307

新疆维吾尔自治区
XINJIANGWEIWUERZIZHIQU

黄金旅游线路

① 乌鲁木齐—吐鲁番—哈密
② 乌鲁木齐—喀纳斯
③ 乌鲁木齐—喀什
④ 乌鲁木齐—伊犁
⑤ 乌鲁木齐—库尔勒—巴音布鲁克

虽然古代丝绸之路对于当今游客已不陌生了，但是新疆大地仍能给您带来无尽的向往和惊奇。天山冰峰巍峨高耸，伊犁河谷绿茵铺地，塔克拉玛干沙漠一望无际，喀纳斯湖中的"水怪"使人倍觉惊心动魄而又扑朔迷离。更有那成百上千种精美建筑、服饰、歌舞、美食交会而成的民风民俗民情之海，置身其中令人眼花缭乱、如痴如醉。去巴音布鲁克天鹅保护区看天鹅倩影，到伊犁河桥上观落日余晖，穿过塔克拉玛干沙漠中心来到魔鬼城一览雅丹地貌奇观，在吐鲁番浓密的葡萄架下品尝香馕和烤全羊的美味，在每一个城市每一处景区都能领略到西域边陲无与伦比的鲜明个性，这就是快活欢欣的新疆之旅。

▲ 天山牧场风光

自助游中国 ▶ 西北地区

乌鲁木齐

电话区号：0991　天山天池景区：4008706110　二道桥大巴扎歌舞晚宴：8555485

乌鲁木齐是新疆维吾尔自治区的首府，位于天山北麓的边陲名城。在准噶尔蒙古语中乌鲁木齐四个字的原意是"优美的牧场"，而如今它早已是辽阔新疆大地上当之无愧的政治、经济、文化中心。虽然新疆大地上有诸多国内罕见的风光美景，而这些美景大部分并不在乌鲁木齐市内，但是乌鲁木齐却是八方游客到新疆观光时的必经之地。人们从这里出发奔向南、西、北疆，可以饱览西北大地上的无数神奇而壮丽的迷人佳景，得到全新的难忘观感和奇妙享受，而乌鲁木齐市周边的天池、白杨沟等景点亦享有盛名。

气候与游季

乌鲁木齐属温带大陆性气候，冬冷夏热，最热的7—8月平均气温为25.7℃，最冷的1月平均气温为－15.2℃。这里的昼夜温差亦大，即使是在盛夏时节，夜间出行亦需穿长袖衣衫或风衣、毛背心。乌市的旅游佳季是每年的5—10月，严冬时节观光效果欠佳。

☛ 北疆9月份是旅游高峰期，游人多且交通食宿价格很贵

交　通

市区有27、51、306路公交车直达机场。机场大巴票价15元。打车需35元左右

航空

乌鲁木齐市和国内外众多大城市有直航班机。乌鲁木齐通达的疆内城市有：库尔勒、库车、阿克苏、喀什、和田、且末、伊宁、克拉玛依、塔城、富蕴、阿勒泰。乌鲁木齐机场距离市中心25千米，机场大巴由市区红山公园门口发车。

铁路

乌鲁木齐与北京、上海、郑州、济南、兰州、重庆、商丘、汉口、敦煌等城市间都有始发直通列车（高铁已经通车了）。乌鲁木齐有去往新疆区内东、南、西三个方向的火车。向东：吐鲁番至鄯善至哈密经甘肃去往内地各省。向西：昌吉至石河子、奎屯到伊宁和经博乐至阿拉山口进入哈萨克斯坦境内（亚欧大陆桥）。向南：乌鲁木齐至库尔勒至库车至阿克苏至阿图什直到喀什。乌鲁木齐高铁站位于乌市市区西北约17千米，可以从市内乘坐多路公交车抵达。市区最大的公路客运站也在这里。

● 碾子沟长途客运站
黑龙江路49号，
电话：0991-5878898。

● 发烧友关照
到新疆旅游要适当注意防晒、防风、防雨、防蚊虫叮咬。应带上适量衣物、防晒霜、防蚊油等。

住　宿

乌鲁木齐市住宿业很发达，有宾馆饭店数百家，小型

新疆维吾尔自治区 乌鲁木齐

旅馆亦遍布全城。五星级酒店有美丽华酒店、银都酒店、海德大酒店等；四星级的有东方王朝酒店、富丽华大酒店、环球大酒店、鸿福大饭店等；还有不少普通宾馆、酒店，房价便宜的地方双标房只需百元上下。

■ 推荐民德路马森烧烤餐厅，风味菜相对实惠。地点在第一小学旁

餐饮

　　乌鲁木齐市区遍布着全国各类风味餐馆，其中尤以川菜馆居多，游客抵达后在用餐口味上不会有明显不适。维吾尔族风味饭菜更是特色鲜明。香气扑鼻、又咸又辣的烤羊肉串，色泽金黄、肉质香嫩的烤全羊，香喷喷的手抓饭，闻起来很膻但喝起来很香的羊肉汤，您可以在任何一家风味餐厅中开心品尝。

购物

　　食品首选哈密瓜、石榴及葡萄干、杏干一类的干鲜果品，此外当地产的葡萄酒、伊犁特曲、鹿血酒等也是馈赠亲友之佳品。工艺纪念品有维吾尔族的腰刀、金银首饰、木雕、手工刺绣，最令人喜爱的是维吾尔族花帽，民族特色极鲜明。主要商业区有二道桥市场、国际大巴扎（生意场面异常热闹）、红山和红旗路巴扎、中山路购物区和友好商品街等。

主要景点

天山天池（国家5A级旅游景区）

　　在乌鲁木齐市以北的阜康市境内，是世界上著名的高山湖泊。天池湖面海拔1980米，池长3千米，最宽处1.5千米。巍巍天山博格达峰辉映着一池蔚蓝清澈的湖水，湖边有挺拔秀丽的森林和座座哈萨克族人居住的毡房，风光原始，画面生动，令人陶醉。天池湖面上有游船行驶，载游客饱赏山光湖色，周围还有"南山望雪"、"龙潭碧月"、"顶天之石"、"梅峰晨曦"等秀丽风景。

南山风景区

　　位于乌鲁木齐市以南的天山支脉喀拉乌成山北麓，是优良的天然牧场，这里山青如黛、绿草如茵、云杉挺拔、山花遍野。游人来此可以骑马在山间旷野上任意驰骋，观看当地少数民族群众表演的赛马、刁羊、姑娘追等娱乐项目，并可进入哈萨克牧民的毡房做客，品尝各类当地美食。山谷深处还有一条秀丽迷人的小瀑布，游人如有兴趣可以去观景拍照。

南山西白杨沟

　　为南山风景区中的观景游乐中心之一，距乌鲁木齐市75千米，海拔2252米，沟谷内山峦秀美、溪流涓涓、林木

● 推荐温德堡浴场

可洗浴，也可食宿休息。收费不贵。

● 住宿参考

①锦泰美酒店大巴扎店，条件尚好，房价适中。
②星和酒店万达广场店，资助方便距国际大巴扎不远，房价不贵。

● 推荐特色美食街

和平北路山西巷美食一条街，距国际大巴扎800米左右，本地人经常前去，消费相对便宜实惠，各位可留意关注。

● 旅游车发车点

乌鲁木齐市人民公园前、后门及红山宾馆前都是专线游览车发车较为集中的地点。

● 市内交通

出租车起价3千米10元，之后每千米1.3元。

239

●天池

乌鲁木齐市人民公园门口均有旅游专线车去天池。1.5—2小时可到，车费往返共60元。

💰 景区门票旺季155元（4—11月）。淡季135元。含景区专线车往返90元。游船票100元/人。

去牙马山观光，观光车加缆车费共220元（目前正在维修未开放）。

在湖区进行一般性的简单观光有4个小时足以，如能在湖处住宿，晚上参加篝火晚会，次日继续细观周边景色则更能增添诸多情趣。

●南山风景区

从乌鲁木齐市西公园市郊客运站乘车1.5小时可到。

💰 门票20元。

苍翠、牛羊成群。这里有多种草原上盛行的游乐项目，许多哈萨克牧民的毡房亦向游客开放并提供奶茶、手抓羊肉等美味。游兴浓郁的客人亦可在沟内的毡房招待所留宿，山野的夜晚星空灿烂、空气凉爽又有多种娱乐项目，令人开心舒适、惬意无比。

红山公园

耸立在乌市市中心，主峰海拔910米（但只比山下的地面高60米），因其山岩呈赭红色而得名。该山为乌鲁木齐市最高点，登上山顶上的远眺楼，可将乌鲁木齐市全貌尽收眼底。夜晚的红山山间彩灯闪烁景色非常美丽诱人。

水磨沟景区

为乌鲁木齐市以南5千米处的一条美丽河谷。水磨沟河穿流而过，河心碧水清清，两岸林木茂盛，沟中还有一处著名温泉，洗浴后有健体强身作用，现景区内建有温泉疗养院，供游客疗养

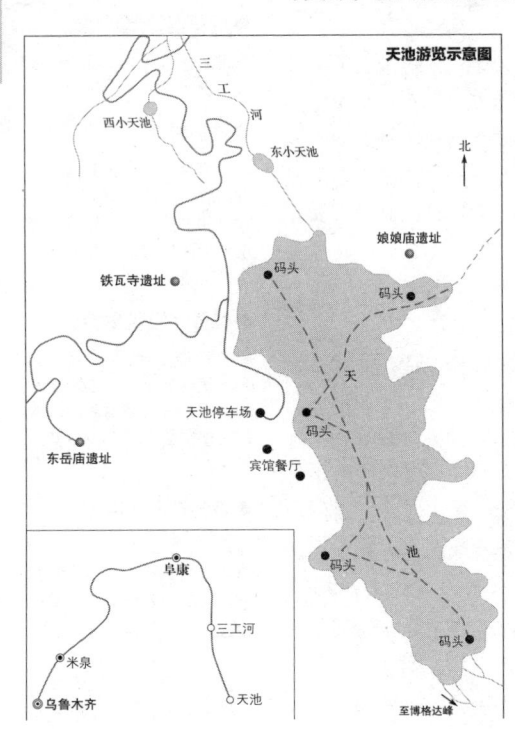

▲ 天池风光

休闲观光（市区有34、8、104、106等多路公交车到达，门票免收）。

一号冰川

在乌鲁木齐市西南120千米处的天格尔山中，海拔3800—4000米，长约2400米，面积约1.95平方千米。这里冰川壮阔、银瀑飞泻、水流清澈，还有一条长近80米的人工开凿的大冰洞，游客钻入其间，如入白雪公主的圣殿，感受新奇，宛入仙境。一号冰川景区周围共有76条大小冰川，正是它们的清流汇集，形成了乌鲁木齐河的源头。

▲ 民族工艺品摊商

● 南山西白杨沟

市区人民公园门口有专线车直达白杨沟。黄河路525路车站旁有郊线车前去。
¥ 门票40元。

● 红山公园

就在市中心，步行或乘1、7、17、29、35、61、101和快速公交2路均可到。
¥ 门票免收。
该公园风光尚可且在山上可看乌市全景，远方的天山雪峰也历历在目

● 一号冰川

旺季乌鲁木齐市人民公园门口有客车前往。但包车前去更方便，单程行车约需3小时。车费往返需500—600元，随油价起落有浮动。

● 另荐景点：亚洲大陆地理中心

在乌鲁木齐市西南约37千米处的永丰乡境内，是中科院地理所精确测定的亚洲大陆地理中心的标志矗立地点，有观光和摄影留念双重价值和意义。从乌市中桥客运站乘车可到。门票30元。

推荐游程

一日游

上午乘车去天池。大天池池边观景、乘船游湖，观博格达雪峰雄姿，览东小天池、定海神针、顶天之石、龙潭碧月等景秀色。下午回乌鲁木齐市，顺路游红山公园。之后去二道桥市场购物（国际大巴扎是游览要点），晚上在二道桥品尝当地风味美食并出席大巴扎歌舞晚宴。

二日游

D1. 同上。
D2. 早晨去南山牧场，观看民族风情表演、品尝当地美食。黄昏时返回乌鲁木齐市，去市政府旁的南湖广场短暂观光，晚上去五一广场、五一星光夜市休闲娱乐。

241

发烧友关照·旅途花絮

发烧友关照

①乌鲁木齐虽有天山、天池等美丽动人的景区，但自然风光总体水平在新疆维吾尔自治区内并不算太突出，没有吐鲁番、库尔勒、喀什和阿勒泰——喀纳斯等地的诸多名景那样个性鲜明而又锋芒毕露，所以在乌市逗留2天至多3天也就可以了，而去一趟新疆只游览了乌鲁木齐之后就打道回府的方式根本不成——根本没有领略到新疆风光之美和当地民风民俗之丰富绚丽。

②乌市及整个新疆的气候较凉爽甚至寒冷，所以旅游佳季只是从5月持续到10月初（最多到10月中旬），如果季节不对头则观光效果大打折扣，此点需格外注意。另外新疆昼夜温差大，游客应注意多带几身衣服。用数码相机的人最好多带几张存储卡，因为可入画的美景太多了。

③新疆与国内东南沿海地区有2—3小时的时差，这里人大都在9:00前后吃早饭，晚上22:00左右天才黑透，初到新疆的人要有个适应过程。

④在新疆聚居的维吾尔族同胞为人善良豪爽，但是他们有特殊的生活及思维办事方式，其中有些地方可能与其他省份的人不尽相同。所以游客进新疆后应注意与当地人求同存异且互相尊重，这样才能使心情更好、游程更顺、大家都高兴。

⑤乌鲁木齐市内的大巴扎很有特色值得一去，但是在那里消费要谨慎，对于自己并不真心想买的东西不要随便砍价，以免引起不必要的纠纷。另外游览购物时要保护好自己的物品，以免被盗。也可在大巴扎及周边店尝当地风味特色食品，那里商摊多且各类风味美食齐全，大盘鸡、烤全羊、烤鱼、八楼猪蹄都是值得重点关注的美味。

⑥乌市国际大巴扎每晚有《丝绸之路千年印象》大型民族歌舞表演，每人收费319元起。游客可于19:30入场，首先品尝丰盛的自助餐（有各类肉串、抓饭、水果等当地特色美食），之后观看表演，演出时间20:30—21:40，物有所值，让人很开心！订票及咨询电话：0991-8555485。

旅途小花絮——乌鲁木齐的"八楼"和"2路汽车"

乌鲁木齐市内真有"八楼"这个站点（据说是因为旁边有座宾馆楼高为8层而得名），站点上也真有2路汽车——在刚刚听到刀郎的《2002年的第一场雪》后，笔者就断定这首歌必火。不光是因为歌词内容还行也不光是因为旋律美，也是因为"停靠在八楼的2路汽车"这句词具体、别致、生动、传神（虽然对一般听歌者来说这句话真假难辨——到底八楼这个站在哪儿，到底有没有2路汽车）。生活中有些事挺有意思，某些小细节通过合适且特殊的方式表达出来就能令人流连回味。前些年孙国庆唱的一首叫《梅》的歌中也有异曲同工之妙，据说很多听众已经忘了歌的名字但还记得歌中的一句词，就是"四平针的毛衣"。

▲ 国际大巴扎外景

发烧友特别关照

如何包租机动车畅游新疆全境

新疆是一片神奇而秀丽的土地，这里天地宽广、美景云集，冰峰与火洲共存、潮海与绿洲相邻。北疆以秀丽的自然风光见长，南疆则以绚丽多彩的民族风情著称于世。天池、喀纳斯湖、禾木和白哈巴古村落、五彩湾、魔鬼城、赛里木湖、伊犁河、那拉提大草原、吐鲁番千佛洞、火焰山、葡萄沟、博斯腾湖、库车大峡谷、巴音布鲁克天鹅湖、喀什大巴扎……风格各异但都特色鲜明的自然和人文佳景真是数不胜数、美不胜收。到新疆旅游，可以领略到其他省份景点所不具备的雄浑浩瀚和磅礴大气，西部边陲独特的奇观妙景必将化作游人心中美好的永恒记忆。

然而新疆地域广阔，面积约占中国总面积的 1/6，要想用常规方式快捷迅速地游遍全疆是有困难的——如果是坐客车行进进度会较慢，若想深入交通不便的地方观光也很不易。如何才能方便顺畅快捷地游遍北疆、南疆美景又不耗时费力过多呢？包租车游览是个好方法。包车观光的优点是明显的：短时间内可以观览多处景观（许多细小的景点是参团游和乘客车自助游时根本看不到的）且开停随意接近于随心所欲，对于喜爱摄影的朋友尤为合适。且开销并不昂贵，因为结伴游客分摊车费比乘坐客车也贵不了太多。因此笔者力荐各位在当地包租车畅游新疆大地。

目前包车游南疆、北疆的线路与费用大致如下。

①北疆游：天池、五彩湾、卡拉麦里山自然保护区、布尔津、喀纳斯、禾木、魔鬼城、石河子、赛里木湖、果子沟、伊犁河、那拉提大草原，共 7 天行程每天千元左右（具体情况可与司机面议）。其中包括过路费、停车费、油费、司机食宿费。

②南北疆重合游：吐鲁番千佛古洞、火焰山、葡萄沟、高昌古城、坎儿井、交河故城、博斯腾湖、孔雀河、罗布人村寨、轮台、塔克拉玛干大沙漠、原始胡杨林公园、喀什大巴扎、阿克苏、库车大峡谷、七颗星、巴音布鲁克天鹅湖自然保护区、巩乃斯自然森林保护区、伊犁河、果子沟、赛里木湖、石河子，返回乌市。共 7 天左右，每天千元上下（具体情况可与司机面议）包括过路费、停车费、司机个人食宿费、油费。

③以上两条线路可进行任意拆分组合，可根据不同季节不同时间安排确定自己的游程。

笔者向您推荐个体司机刘俊义师傅，他对新疆的路况非常熟悉，能提供租车、导游和预订酒店等各方面的综合服务，收费公道，咨询联系电话：13579888088。

▲ 当地特色美食摊

自助游中国 > 西北地区

吐鲁番

电话区号：0995　市旅游集散中心：8687885　火焰山景区：8696015

　　吐鲁番位于新疆中部、天山南麓，古时即是丝绸之路上的西域名城。作为古高昌郡和高昌回鹘王国的首府，这里有许多颇具历史文化和考古价值的古迹名胜，至今保存尚好的有交河故城、高昌故城、柏孜克里克千佛洞、阿斯塔那—哈拉和卓古墓群、苏公塔等。此外火焰山、葡萄沟、艾丁湖亦都是国内西部旅游中颇为引人注目的名景。"火洲"和"葡萄之乡"就是对吐鲁番市特色鲜明、恰当准确的别称和爱称。

新疆维吾尔自治区

▲ 吐鲁番名景火焰山

● 注意防晒

戈壁滩上的日照好强烈，就是9月下旬中午的阳光，也能让您一天黑一轮，请注意打伞、戴帽、抹防晒霜。

● 航空问询

乌鲁木齐民航售票处，电话：0991-2330000。

气候与游季

　　吐鲁番被人称为"火洲"，夏天十分炎热，周边的戈壁滩上热气蒸腾，火焰山附近更是酷热难忍，但是这里昼夜温差大，白天气温可达40℃以上，晚上却可凉风阵阵，所以"早穿皮袄午穿纱，抱着火炉吃西瓜"的笑谈虽然不太准确，但亦有几分贴切。这里5—10月皆可旅游，5月和10月白天不太热，很舒服，但7—9月是当地瓜果成熟的季节，一年一度的"葡萄节"也在这时举行，所以什么时候去玩，您还是自己考虑决定吧！

交通

航空

乌鲁木齐机场距吐鲁番市230千米，由于有高速公路相通，下机后换汽车两小时即可到达吐鲁番市区。吐鲁番自己的机场也建成投入使用了，名子叫交河机场，距市区约10千米远，有航班飞往成都等多个城市。飞成都行程约4个小时。

铁路

吐鲁番过去的老火车站在市区西北的大河沿镇，距吐鲁番市约40千米，有公交车和中巴车穿梭往返。从火车站到吐鲁番市区，车票15元。新的火车站叫动车北站，与机场相距不远。从这里乘动车，1小时即到乌鲁木齐。

公路

从乌鲁木齐到吐鲁番市，长途快巴需40元，约3小时可到。在吐鲁番市旅游可以坐旅行社的车，也可乘去各景点的专线车和包租车。吐鲁番市的旅游点，除苏公塔一处在市区边缘，其余都分布在距市中心约40千米范围内，都有公路相通，旅游十分方便。旺季在动车北站有开往全市各景区的旅游巴士，把各个景区串连起来，车费不贵乘坐很划算。

● **铁路问询**

电话：0995－7656222。
疫情后原来开往各个景区的公交专用车线路有一些停运了，大家应有心理准备。但是动车北站前发出的旅游巴士可很方便地抵达各个景区，笔者向各位强力推荐。

● **关于炒菜米饭**

这是当地饭店里的特殊用餐方式，类似于四川重庆的盖饭，只不过没盖在上面，而是饭菜分开放在盘中，是典型的物美价廉的快餐吃法，大家尽可吃吃看。

住宿

吐鲁番的宾馆、酒店各档次的一应俱全，高档的有希尔顿欢朋酒店、阿凡提庄园、焰岭栖舍民宿等，平日房间在400元左右。中档的有维也纳酒店、交河华城酒店等。

市区中心汉庭酒店绿洲中路店条件尚可，房价在百元出头，性价比不错，笔者推荐。

餐饮

和新疆其他城市一样，吐鲁番既有维吾尔族风味餐馆，也有一些川、粤、鲁等其他风味餐馆，游客可按需选择。像烤羊肉和羊肉串乃至烤全羊、煮羊头和手抓饭、拉条子、马奶子、烤馕等新疆美食佳肴在街头的摊上随处可寻。另外如果在夏秋时节抵达，一定要品尝当地的各类葡萄、西瓜等美味果品，保证令人垂涎欲滴，食后留下长久回味。另外，吐鲁番许多宾馆和街头小店把餐桌摆在葡萄架下，在绿荫深处进餐品尝美食真是令人感到惬意温馨。

▲ 交河故城

购物

工艺品可首选吐鲁番花帽，不光可以馈赠亲友，自己戴上也会显得活泼生动。葡萄沟中的各类葡萄干和其他果干也可买一些。另外葡萄沟旁有王洛宾纪念馆，馆中有介绍王洛宾生平和创作的书籍、磁带、光盘，地域及艺术特色鲜明，亦可适当关注。

摄影提示

吐鲁番市区到处都有高大的葡萄架，有的甚至横跨街道，汽车和行人只能在架下穿行。以它们为背景拍摄纪念照地域特色十分鲜明，拿回家给亲友看，人家一定会说：哇！真漂亮！

● 葡萄沟

从吐鲁番市中心高昌路乘3或12路公交半小时即到。

门票：联票60元/人，含葡萄沟内外的4个景点，分别是葡萄沟、王洛宾纪念馆、达瓦孜民俗风情园、维吾尔族民俗村。观光车费25元/人。

● 交河故城

先从吐鲁番市内乘101路公交到终点站，再换当地中巴车（5元）或打车（15—20元），即到交河故城。

门票70元。

清晨或黄昏游览该城味道更不一般。

● 高昌故城

可从吐鲁番市乘去鄯善的客车在胜金口下车，然后换乘当地机动车前往。也可先乘车到火焰山客运站，再换机动车前往。

从吐鲁番市打车到故城单程50—60元，合租车15元/人。门票70元。

● 柏孜克里克千佛洞

距吐鲁番市约38千米，包租车前去更方便。

门票40元。

主要景点

葡萄沟（国家5A级旅游景区）

位于吐鲁番市东北方向约10千米的火焰山峡谷中。这里有一条清溪穿沟流过，山谷两侧到处都是爬满青藤的葡萄架，架上绿荫蔽日，架下的坎儿井中终日有清波奔涌，间有其他花果林木和古朴农舍散布其间，景色柔美错落而生动。葡萄沟现在有葡萄园约400公顷，种植的葡萄有马奶、喀代哈尔、比夹干等10余种，在新疆享有盛名。游客来此观光可以进行的游乐方式有品尝各类葡萄美味、观看维吾尔族歌舞表演、参观王洛宾纪念馆等。

交河故城

在吐鲁番市西郊10公里处的亚尔乃孜沟西河床之间的一处河心洲上，长约1500米，是汉代车师王前庭治所的所在地，6世纪初麹氏建立高昌王国时，在此建立交河郡城。虽然距今已有2300余年的历史，但故城城池建筑仍有完整保留，城中分为官署区、手工作坊和居住区三大部分。游人来此可以寻古访幽，从中得到颇具历史纵深感的诸多思绪回味。

高昌故城

地处吐鲁番市以东约40公里处的三堡乡，是古高昌王国的都城，至今保存尚好。该城占地约1万平方米，全城分内城、外城、宫城三部分，共有9个城门和讲经堂、藏经堂、大殿、僧房等，甚具历史和考古价值，亦令人感叹回味。

▲ 葡萄沟景区一角

柏孜克里克千佛洞

在吐鲁番市东北50多千米处的火焰山中段，距高昌故城约15千米。此洞始凿于南北朝时期，自古就是西域的佛教中心之一。现存洞窟约77个，内有诸多精美壁画和佛像，玲珑而美丽，是极具规模和水平的佛教艺术宝库。

苏公塔

位于吐鲁番市以南2千米处，又名额敏塔，是古维吾尔族领袖额敏和卓为报答清王朝的"天恩"而在1777年建成，至今有200多年历史。塔高44米，高度是新疆古塔之最。塔身是由14种几何图形和向上均匀收缩的圆柱体组成，塔表有砖石筑成的菱格、水纹、四瓣花纹等30余种图案，美观大方，是古代维吾尔族建筑大师们勤劳智慧的结晶。

▲ 苏公塔

阿斯塔那—哈拉和卓古墓群

在吐鲁番东面高昌北郊的戈壁滩上，是古高昌官民的公共墓地。该墓群东西长5千米，南北宽2千米，共有晋唐古墓数千座，已出土墓葬500余座，发掘出数千件珍贵文物，因而享有"地下宝藏博物馆"之称。

维吾尔古村

维吾尔古村景区在交河故城附近的亚尔果勒村，是展示交河历史文化和当地浓郁民俗风情的古村落博物馆。这里通过各种文物、各种古民居生动形象地展示了维吾尔族的人文历史及维吾尔人民生产劳动、民居建筑、宗教信仰等诸多方面的场景和画面，具有相当高的观赏和艺术价值。

火焰山

在吐鲁番盆地北缘，东西长约100千米，最宽处约10千米，由红色砂岩组成，盛夏时节在阳光照射下，这里山岩热浪滚滚，绛红色云雾蒸腾，气温可达50℃，而地表温度可升至70℃以上，就是它给吐鲁番赢来了"火洲"之称。火焰山的周边却有不少山谷中的绿洲。著名的葡萄沟即在该山南麓，那里的浓密绿荫、清凉泉水同火焰山形成鲜明对照，亦使同时游览这两处风景区的游客甚感强烈反差和迷人情趣。

● 苏公塔
可从吐鲁番市乘1、6、102路公交前去。
💰 门票45元（含郡王府）。

● 阿斯塔那—哈拉和卓古墓群
可从吐鲁番乘去鄯善的客车在火焰山下，再换机动车前往。
💰 门票20元。

● 维吾尔古村
与交河故城相距很近，可一并游览。
💰 门票35元。

● 火焰山
吐鲁番市客运总站去鄯善和火焰山镇的客车经过火焰山。车程45分钟左右。
火焰山是面积很大的一片山，而火焰山景区占据了山前最佳观光位置。景区中的主要观光点有火焰山石刻，孙悟空及牛魔王、铁扇公主雕像和一个巨大的温度计。景区门票40元。

● 坎儿井观光
作为新疆境内独有的灌溉设施，坎儿井的建造工程浩大且颇具匠心，在市区周边就可见到不少坎儿井。修建成景点开放的有坎儿井乐园、坎儿井民俗园等，其中坎儿井民俗园规模不小，里边还有演艺节目，人气旺，可作为观光首选。坎儿井民俗园门票88元/人。

推荐游程

一日游（自驾或包租车）

上午游柏孜克里克千佛洞、火焰山，午后葡萄沟观景，下午经吐鲁番市去苏公塔参观，黄昏时去交河故城领略远古岁月烽烟。

二日游（自助游）

D1. 上午游柏孜克里克千佛洞、火焰山，午后进葡萄沟，观光至黄昏时出来。

D2. 上午看苏公塔，返回途中看市博物馆，午后先游坎井民俗园，之后去交河故城，观光至黄昏，之后顺路看维吾尔古村。

旅游锦囊

吐鲁番各景区间有一定的距离，虽然有客车，且旺季亦有游览环线巴士前去，但总归是游览一遍要耗费一些时间和体力。更好的办法是包租各类机动车前去（每辆车一般300元/天上下），这样可在一天观遍几乎所有主要景点。结伴游客若合伙或与别人"拼缝"包车人均平摊也就是百元左右，单个游客包车也合算，因为一天内游览完毕，次日甚至当晚即可离开，这样多花了一点儿车费却减少了在此停留多日所费的餐费和住宿费，至于包车游览的方便和快活，已经不必多说了。

发烧友特别关照

①葡萄沟的名气很大，但是没有美到令人赞叹不绝的程度，所以游人前去一看可能会有"不过如此"的感觉。再说葡萄沟中出售的鲜葡萄和葡萄干并不比其他地方便宜，此点应有心理准备。另外王洛宾纪念馆、达瓦孜风情园、维吾尔族民俗村也是葡萄沟景区的组成部分，游人可乘观光车一一浏览（因各景点相距有点远，步行观光不方便）。

②交河故城很精彩，尤其是在清晨和黄昏时前去看到那霞光映照下的座座古堡，很有一种说不尽的悲壮、苍凉、沧桑之感，颇为令人回味。

③柏孜克里克千佛洞内存壁画很多亦很精美，值得一去。

④火焰山是很大的一片山，远看近观都成。现在开发的火焰山景区占据了山前的最佳位置，是观光拍照的绝佳地点，建议游客进去游览。如果不买门票，而只是在景区外观景，也可以清楚地观赏火焰山，但拍不出高质量画面纯净美观的风景照和纪念照，因为地面上有铁丝网、围栏一类的杂物，影响了画面的美观。从这个角度衡量，购票进景区观光拍照是最佳方案。

▲ 葡萄沟中硕果累累的葡萄天棚

⑤在吐鲁番的许多地方都能见到坎儿井，但从观光的角度来说，还是坎儿井民俗园开发得最好最有观赏意味。游人可以前去用2小时观光游览。

⑥游客在乌市参加各旅行社组织的吐鲁番一日游团队也行，这种一日游的优点是省时省力省心——费用220—280元，含往返车费和葡萄沟、火焰山、高昌故城、白水古镇、维吾尔族村、坎儿井的景区门票，途中还可观赏风力发电厂奇观，特别适合时间紧迫不能在吐鲁番久留的人。

⑦关于艾丁湖，过去这个湖是当地一景，现在基本干涸了，因此很少有人再去了（门票30元）。

⑧市中心的柏孜克里克大街是最繁华的街区，建议游客在此用餐、购物和住宿。

库尔勒

📞 电话区号：0996　巴音布鲁克景区、博斯腾湖大河口景区：5350199

　　库尔勒位于新疆中南部的天山南麓，古时是丝绸之路上的要隘，现在是巴音郭楞蒙古自治州的首府，是南疆最重要的城市之一。库尔勒以盛产香梨而著称，城市周边亦分布着不少特色鲜明的自然风景，像颇具知名度的巴音布鲁克天鹅保护区、辽阔壮观的博斯腾湖、被称为"八百里绿色走廊"的塔里木河和塔克拉玛干游览区等。从库尔勒出发，还可进阿尔金山探险，去大漠深处寻觅楼兰故城，辽阔南疆粗犷雄奇的西部美景会让八方来客倍感新奇和振奋。

▲ 五彩城丹霞奇观

✵ 气候与游季

　　库尔勒属大陆性干旱气候，1月平均气温为-7.9℃，7月平均气温为26℃，年降水量为51毫米，总体气候特征在新疆境内尚属温和。这里每年5—10月为游览佳季，去巴音布鲁克天鹅保护区观天鹅以6月最佳，而当地瓜果香梨的成熟期在8—9月，一年一度的香梨节亦在此时举行，何时前去，不同兴趣的游客可作不同选择。

🚌 交通
航空

　　库尔勒的机场叫梨城机场，北京、上海、西安、兰州

● 笔者关照

库尔勒境内有很多个性鲜明的景区值得一看，其中博斯腾湖虽然是当地老景但风光依然壮丽；巴音布鲁克天鹅湖和邻近的九曲十八湾是备受国内外游客青睐关注的观光大亮点；塔里木河区风光和胡杨林很有独特风韵，随着当地交通条件和外界游客旅游探险及通信设备的改善，去阿尔金山和楼兰古城遗址观光也变得相对容易方便（其中驾车穿越楼兰只需2天时间）。

249

● **民航客运售票**
电话：0996-2364038。

● **铁路问询**
电话：0996-8642222。

● **巴州长途客运站**
电话：0996-2078973。

● **洗浴城食宿参考**
大金原洗浴会所，可洗浴，也可食宿休息，可关注。

等各大城市都有航班与库尔勒对飞。从北京直飞库尔勒航班行程4小时左右。

铁路

库尔勒位于乌鲁木齐至喀什间的南疆铁路上，可乘火车去乌鲁木齐、吐鲁番、喀什。从乌鲁木齐火车站乘普通火车，6小时可到库尔勒，动车车程只需4个小时。

公路

库尔勒为南疆交通枢纽，向有"北乌南库"之称。库尔勒北到乌鲁木齐471千米，东至吐鲁番361千米，南到若羌440千米，西至库车280千米，至伊宁640千米，至喀什1003千米。从若羌往东可以进入青海格尔木市。库市每日都有直达焉耆和乌鲁木齐（约每小时1班）的班车（到乌市95元、行车5—6小时）。从库尔勒市内到博斯腾湖、和静、轮台、若羌等地均有专线班车，新修好的世界第一条沙漠公路自轮台县进入塔克拉玛干沙漠，可达民丰县、和田市。由于一些风景点没有开通客车，非要包车前往景点不可。库尔勒市区内供出租的各类机动车很多，游人有充足的选择余地。

➤ **市内交通**：出租车起价7元，1路公共汽车可以抵达火车站

住 宿

库尔勒有从一星级到四星级的各档宾馆酒店，还有不少普通旅馆招待所。四星级宾馆的代表是塔里木石油宾馆和楼兰宾馆，其中楼兰宾馆位于人民东路。三星级宾馆的代表是巴音郭楞州宾馆和博斯腾宾馆等，其中博斯腾宾馆位于人民西路。普通宾馆有很多，如金丰大酒店、汉庭酒店、金星大酒店、金元宾馆、祥和酒店等，平日标间房价都在150元左右。

餐 饮

库尔勒市有许多新疆风味餐馆和四川餐馆，欲吃新疆特色美食和普通饭菜都很方便。需要单独予以关注的是库尔勒的香梨和博斯腾湖中盛产的湖鲜。香梨皮薄肉脆、汁甜可口且营养丰富，在国内外享有盛誉，而博斯腾湖中盛产各类鱼虾，在湖滨游览时可以品尝到草、鲢、鲤、五道黑鱼和新疆鱼为原料烹制的全鱼宴，有10余道菜，吃后令人长久回味。此外，库尔勒市内的小吃摊上到处都有烤鱼出售，刷上孜然、酥油和盐巴、辣椒的五道黑鱼肉质清醇细嫩、香气扑鼻，令人垂涎欲滴。其他美食有烤羊肉、酸奶等。

主要景点

➤ 巴西力克山头是观览九曲十八湾的好地点

巴音布鲁克天鹅保护区

是位于和静县海拔2500米的山间盆地中的高原湖泊，东西长约30千米，南北宽近10千米，总面积300余平方千米。水量充沛的开都河贯穿其中，湖区遍布沼泽、浅

滩和洲岛，水草丰茂，食料充足，是天鹅和其他各类水禽的理想栖息地。每年春季过后，以大小天鹅、灰雁、斑头雁、蓝鸥等水鸟组成的候鸟群飞临这里，数量之多、规模之大真是万鸟竞翔、遮天蔽日，万余只水鸟与湖区山光水色相映，风光甚为美丽生动。景区内的九曲十八湾风光优美而独特，是观景胜境。

☛ 巴音布鲁克是个好地方，草原辽阔，湖水蔚蓝，风光原始，赞

罗布人村

在距库尔勒70千米的塔里木河边，是当地少数民族聚居的古村落，有不少当地村民原始生活的遗迹，也有一些新建或仿建的新景，如月亮姑娘的木屋、太阳墓、戏台、祭坛等，村边美丽的塔里木河和胡杨树，以及旁边的塔克拉玛干沙漠也是特色鲜明的观光亮点。

博斯腾湖（国家 5A 级旅游景区）

在和硕县和博湖县之间，分为大湖和小湖，总面积980平方千米。湖区水域辽阔湖中有大量水禽及鱼类栖息生存，湖西岸的广阔沙滩间开辟了诸多湖滨游乐场，乘船游湖、滑水、品尝湖鲜，各类游乐享受均令人十分快活开心。

☛ 湖边的观光点还有阿洪口、扬水站等，但风光不如大河口和白鹭洲

▲ 博斯腾湖一角

● 巴音布鲁克天鹅保护区

可先从库尔勒乘车到和静县，和静县有客车前往或途经巴音布鲁克镇（车有多班，人满即开，车程约4—5小时，车费100元），景区游客中心就在镇上，购买门票后换乘专线观光车就能进入景区。

亦可从伊宁和那拉提一线乘客车或包租车去巴音布鲁克镇。此外从库车、奎屯都可以抵达巴音布鲁克。

巴音布鲁克镇很小，但是这里有不少旅店和餐馆，能提供一般水平的食宿。

镇上草原假日酒店房价适中，可关注。

💰 景区门票65元。观光费62元，电瓶车费18元。

送游客到巴润库热庙、九曲十八湾（也就是巴西里克观景台）和天鹅湖3个景点。其中天鹅湖区域适合观拍天鹅（6—9月天鹅最多），而巴西力克观景台位于小山顶上，可以观拍九曲十八湾全景。景区观光车行程45千米，车程约80分钟，从巴西力克观景台返回城区大门的末班车大约22:00发车，游客应留意收车时间。

● 博斯腾湖

库尔勒客运总站有客车开往博湖县，抵达后换乘去大河口的中巴车，即到湖边。

大河口是湖边开发得最成熟的景点，观湖角度好，亦可在此乘船游湖，门票40元（含观光车），船费60—80元/人。在白鹭洲观湖、游泳也很令人开心。

● 罗布人村

门票35元，观光车费15元。从库尔勒包车去很方便。

巩乃斯森林公园

在距巴音布鲁克95千米的和静县境内，是巩乃斯林场所在地。园内雪山掩湖泊、绿林映红花，雪鸡、猎鹰、山羊、马鹿等各类动物穿（飞）行其间，风光柔美且富有动感。这里是南疆著名的避暑游览胜境，景区内还有著名的阿尔先温泉供游客舒心洗浴。

☞ 夏日雨后去巩乃斯观光效果好。但要注意防晒

● 巩乃斯森林公园
巩乃斯距巴音布鲁克只有95千米，两地一起游览更方便。

● 塔里木河·胡杨林公园
河区风光主要在库尔勒至库车之间的轮台县。可从库尔勒坐客车到轮台，然后乘客车1小时即可到塔河桥镇，途中经过胡杨林公园。跨河大桥本身也是河区一景，桥下的河流和河岸上的湖杨林景色也独特。

胡杨林公园门票40元，观光车30元，小火车100元，登观景塔20元。

● 野外游览提示
在库尔勒周边的沙漠中旅行必须注意事先与有关旅行社联系，安排好行程和车辆，多人结伴而行。临行需要带足饮用水、干粮、御寒的衣服以及护肤品、药品、口罩、防风镜。旅游时间最好选择在秋季，此时大漠较为平静。如果要去大漠深处观光探险，如楼兰、尼雅遗址、罗布泊及阿尔金山自然保护区等地，还要联系并预订好专门的救援机构随时待命准备提供帮助。

塔里木河·胡杨林公园

由叶尔羌河、和田河、阿克苏河汇集而成，全长超过2000千米，是中国最大的内陆河。塔里木河河床奇特，在戈壁滩和沙漠间时分时合，河边有大片大片的原始胡杨林，其中位于轮台县以南沙漠公路东侧的湖杨林公园面积辽阔，金秋时节景色迷人。

☞ 巴州轮台县城南沙漠公路70千米处的塔河桥是塔河最佳观光点

阿尔金山自然保护区

位于阿尔金山南部，西起若羌和且末，东至新疆与青海交界处，总面积4.5万平方千米。这里有8条主要河流和众多季节性河，大小近百处湖泊更是星罗棋布，还有面积达1万平方千米的岩溶地貌，海拔6973米的木孜塔格峰亦在保护区的南缘。阿尔金山亦是高原上罕见的天然动植物园，这里生长着250种高原植物，亦有藏羚、藏野驴、野牦牛、野骆驼等珍稀动物栖息其间。此外像魔鬼谷、鲸鱼湖、高原沙漠奇观等也是祖国内地根本无缘见到的高山奇景。不过阿尔金山地域辽阔、气候独特、自然环境严酷，各类野兽出没，所以这里适合结伴者自驾车游览，单人徒步旅行者应谨慎前去。

☞ 去楼兰古城和罗布泊遗迹行程都很艰辛，为保安全应谨慎前往

推荐游程

四日游

D1. 上午参观巴州文物博物馆、铁门关，下午去博斯腾湖游乐、观景、乘船兜风、品尝湖鲜。
D2. 包车或乘客车去巴音布鲁克览天鹅湖秀色，夜宿湖区。
D3. 早晨继续湖区游览，而后乘车去巩乃斯森林公园看美景，晚上到阿尔先温泉洗浴住宿。
D4. 返回库尔勒，途中观览罗布人村、艾肯达坂、蒙古王府旧址等景区。

发烧友特别关照

发烧友特别关照：为您推荐库车美景

库车县位于中国新疆维吾尔自治区中西部，阿克苏地区东部，天山中段南麓，塔里木盆地北缘。素有"歌舞之乡""西域乐都""瓜果之乡"的美誉。

库车县历史悠久，史称龟兹，曾是西域三十六国之一。汉时西域都护府设于此。唐朝时这里是安西都护府驻地。五代至宋称龟兹回鹘，元明时期改称亦力巴力。清乾隆二十三年（1758年）定名库车，设库车办事大臣。库车是古丝绸之路上一颗璀璨的明珠，是东方艺术瑰宝——龟兹文化的发祥地。

库车各类古迹名胜众多，其中克孜尔千佛洞和天山神秘大峡谷是其中的佼佼者。

克孜尔千佛洞

克孜尔千佛洞是中国四大佛教石窟之一，也是新疆最大的佛教文化遗址，在库车西北70余千米处。洞窟最早开凿于3世纪即东汉末年。5—7世纪这里香火鼎盛，当时龟兹国的人口有十余万人，而在千佛洞修行的僧侣就有上万人。至8世纪，因为战乱和其他宗教的进入，佛窟开凿基本停止了。石窟建在木扎尔特河谷北岸崖壁之上，共有大小洞窟236个，其中保存较完整的有135个，内有壁画的有80个，是中国开凿最早、规模最大的石窟群。各类壁画现存1万余平方米，是克孜尔千佛洞中最珍贵的宝藏。在千佛洞大小不同，形态各异的洞窟中，不仅有保存完整的飞天、伎乐天、佛塔、菩萨、罗汉、佛像、佛传故事、经变图画，而且有大量的民间习俗画，以山水、花鸟、飞禽、走兽、生产和生活场面为素材，内容极为丰富多样，其中许多壁画都蕴含着动人的故事。

天山神秘大峡谷

又称库车大峡谷或克孜利亚大峡谷，位于天山山脉南麓、库车县以北64千米处。呈东西向，纵深长约5.5千米。平均海拔1600米，最宽处53米，最窄处0.4米。

天山神秘大峡谷由红褐色的巨大山体群组成，维吾尔语称"克孜利亚"（红色的山崖），是因亿万年风雨剥蚀、山洪冲刷山岩而形成。大峡谷由主谷和七条支谷组成，全长5000多米。谷端至谷口处自然落差达200米以上，峡谷深约150米到200米，是典型的地缝式隘谷，许多狭窄处仅容一人低头弯躯侧身通过。由于大峡谷地形奇异、颜色艳丽（山崖多呈褐红色），能给观光者留下全新观感。因此这里享有"中国十大最美峡谷之一"的美称。

观光指导

从库车市区到天山大峡谷可在汽车站坐专线客车（其中有的车是开往东风矿的），随时发车，人满即走。中途在大峡谷下就可以了，门票40元。景区入口就在马路边，沿途可以欣赏到雅丹地貌和红山石林。

库车市区到克孜尔千佛洞（门票70元）没有班车，可先乘客车到克孜尔乡，再换车前往。也可以从库车包车前往。这样可以把千佛洞和大峡谷连在一起玩（汽车站外有很多载人客车，可以车比三家）。

住宿参考

库车川渝大酒店在文化东路128号，条件一般但房价便宜，标间一般100—130元/间。

▲ 新疆库车大峡谷正门

伊犁

电话区号：0999　赛里木湖景区：7688552　喀拉峻景区：7765295

在辽阔的新疆大地上，伊犁是一块富有传奇色彩的宝地，在浩瀚的戈壁滩上，伊犁是一颗晶莹闪亮的明珠。这里雨水充足，空气湿润，水草丰美，被人称为"瀚海湿岛"，亦有"塞外江南"的美称。伊犁河谷、赛里木湖、果子沟、那拉提草原，都是当地个性鲜明的自然风光名景，而随处可见的天山雄峰、茂密森林、幽深湖泊和辽阔草原，亦会向游人尽显北疆大地的傲然生机和诱人风采。不到伊犁不知道新疆有多美，"北疆明珠"会令每一位钟情探险的访者感到不虚此行。

▲ 赛里木湖风光

气候与游季

伊犁的气候在新疆尚属温和，四季皆宜旅游。但应注意这里冬季气温还是偏低，亦常有寒流入侵而引起气温骤降，春季时有大风，因此游览季节还是以4—10月为宜。尤其是7—9月，天气晴好，草原上花草繁茂，各类瓜果亦成熟上市且价格便宜，此时前去，风光和美味都能为游客带来精彩观感和开心回味。

交通

从内地各城市飞往伊宁，经常会在乌鲁木齐转机

航空

伊宁机场是新疆地方支线机场，开通了伊宁至乌鲁木齐喀什以及其他国内多个城市的航线。每天都有从伊宁到乌鲁木齐之间的多架班机对开，80分钟可到。与喀什的航班行程在100分钟左右，伊宁机场距离市内大约15千米（有3路公交车直达）。

乌鲁木齐民航售票处电话：0999-2330000

铁路

伊宁已通火车，每天有多班列车与乌鲁木齐对开，途经石河子、奎屯。乘10、16、201、401路公交车可到火车站。

● **民航售票**
电话：0999-8088888。

● **长途客运站**
电话：0999-8139263。

● **关于奎伊高速路**
原来乌鲁木齐市到伊犁路不好走，快客也要12小时，而高速路已于2004年第三季度贯通，把车程缩短至8小时左右。

● **乌市到伊宁**
乌鲁木齐长客站每日有多班客车去伊犁首府伊宁，途经赛里木湖。

公路

乌伊公路连接伊宁和石河子以及乌鲁木齐,往南有公路可达库尔勒和库车。伊宁与乌鲁木齐、奎屯、石河子、克拉玛依、库尔勒、喀什、阿图什、和田、库车、昌吉等地也有长途客车相通。从伊宁到州内各地都有班车。

伊宁客运站电话：0999-8139363

住宿

欲住普通宾馆,可选择邮电宾馆、友谊宾馆、雪岭宾馆等。高档酒店有环球港六星街丽呈酒店,平日标间350元起。伊犁宾馆,标间380元起。V8商务酒店便宜些,标间平日180元起。

餐饮

当地不光有烤全羊、大盘鸡等正式新疆大菜,各类小吃如手抓饭、粉汤、风味包子、纳仁、辣罐和血肠等亦很具袭人美味。其中纳仁是哈萨克族人制造的手抓肉,用清汤煮熟,佐料只放盐和蒜泥,保持了羊肉的原汁原味。辣罐是把肉馅剁好装进辣椒内,用油炸成金黄色上桌,吃起来香辣适口,十分开胃。当地最有名的民族餐馆叫欧日大,在人民东路,可关注。当然伊犁也不乏川味餐馆等普通风味餐馆,游客抵达后可各选所需。

市区汉人街上有不少小商品和小吃摊点,可光顾

购物

有"新疆茅台"之称的伊犁大曲是当地名优产品,畅销海内外。其他工艺纪念品有刺绣、木雕及各类金银首饰等。另外由于伊犁距外贸口岸很近,因此市场上还可方便地买到俄罗斯、巴基斯坦、沙特阿拉伯、土耳其等国家的商品,主要商业区有汉人街、塔西来普开市场等。

主要景点

赛里木湖

赛里木湖位于博乐市西南的塔尔钦斯山区,湖面海拔2073米,湖区面积达458平方千米。这里四周群山环抱、雪峰高耸,湖心水色湛蓝、倒映蓝天白云,湖滨有大片盛开的野花和悠闲吃草的羊群,风光原始古朴,是罕见的高原湖泊美景。每年7、8月,湖区周边聚居的蒙古族、哈萨克族牧民都要在这里举办那达慕大会,为宁静湖区风光再添无尽的美丽和生机。

赛里木湖风光甚美,应该重点游览

果子沟

果子沟为地处伊犁霍城县城东北40千米处的一条美

● 住宿参考

伊犁宾馆,伊宁市迎宾路8号,级别高、条件好,房价也贵。
呼勒佳宾馆,伊宁市新华西路58号,标间338元/间。

● 赛里木湖

从乌鲁木齐到伊宁和霍城的客车经过赛里木湖,车程7小时、车费150—175元,下车即可游览拍照,旅游旺季伊宁市区亦有专线车直抵湖边。湖区有宾馆和餐厅提供食宿服务。

门票70元。冬季不收门票。观光车费全线往返75元,单程45元。

● 当地特色饮料

格瓦斯是原产自俄罗斯的一种饮料,酸甜适度,介于啤酒和果汁之间。可以留意品尝。

▲ 赛里木湖湖滨景色

● 果子沟

从乌鲁木齐到伊宁市的客车经过果子沟，游客可在车上观光亦可下车游览。

● 那拉提草原

伊犁客运站有客车到新源县那拉提镇。行车3—4小时。从库尔勒和库车租车去也方便。

￥ 门票95元。淡季门票37—60元。观光车空中草原线往返60元，森林公园线往返40元，两线联票有优惠。

景区观光需一整天时间。景区内有宾馆、酒店，夏季房价并不便宜。

这里还有过路客车开往巴音布鲁克天鹅保护区。

● 伊犁河

伊宁市区有2路公交车直抵河边。

伊犁河大桥可是当地著名景点，有许多人到那里观景拍照，亦有不少新人去那里举办结婚典礼，因此值得一看。

● 霍尔果斯口岸

可以先从伊犁乘车到达霍城县，再换乘当地机动车即可到霍尔果斯。

￥ 国门景区门票30元。

丽沟谷，全长约28千米。沟内长满各类丛林果树，从春天开始直至深秋，您都可以在这里见到盛开的山野花海，闻到清爽的花香和野果的芬芳。果子沟中还生长着诸多珍稀药材，另有不少动物穿行栖息，美景交织颇为令人神往关注，此沟在伊犁亦有"第一美景"之称。

☞ 近年来果子沟的树木遭砍伐，景色受到一定影响，但仍有观光价值

那拉提草原

那拉提草原是南疆地区美丽辽阔的亚高山草甸植被区，也是当地著名的高山牧场。这里山峰高峻、峡谷纵横、森林茂盛、草场如茵，各色高原美景交织，亦可观赏到绚丽多彩的哈萨克族民俗风情，是具有观光、度假、避暑、科考多功能的大型旅游区。主要观光亮点有空中草原、天界台垭口、雪莲谷、森林公园、天鹰台、天意台、天仙台等。

☞ 那拉提夏日风光诱人。应重点游览空中草原和森林公园两条线路

伊犁河

伊犁河为新疆流量最大的内陆河，全长达1500千米，最终在霍尔果斯河口流入哈萨克斯坦境内。伊犁河水清流昼夜流淌，造就出了沿途无数戈壁绿洲，亦给沿河各地带来了勃勃生机。它在途经伊宁市区西南16千米处流过，这里有一座大桥跨越两岸（指的是原来的老桥），桥上也是当地最美、最方便的河心摄影、观景点。

☞ 伊犁河落日美景非常动人，黄昏时去观拍应会很满意

霍尔果斯口岸

在距伊宁市约42公里处的霍城县境内，是中国与中亚各国通商的重要口岸，与新疆境内的红其拉甫、阿拉山口口岸齐名。这里头些年边贸搞得异常红火，近年来大幅降温，人流也少了许多，但是这里的边关风情仍有诱人之处，亦有边境界碑等景点供游人观赏拍照。

夏塔游览区

地处昭苏县城西南约70公里处，是由诸多山间峡谷、冲积平原、古代驿道、古城遗址、古墓群组成的高原风光线，自然风光美且历史遗迹众多，个性鲜明，颇具新疆特色。近年来，夏塔峡谷内又开放了高山温泉疗养区和大峡

谷风景区，成为伊犁地区颇具知名度的观光疗养胜地。

👉 游客抵达夏塔大峡谷售票处后，需支出门票40元、观光车费40元。之后坐观光车行进半小时才能到景区，进入后可以看到非常美观的雪山、草甸和花海，还有温泉可以洗浴，观光游乐算是物有所值（景区门外有多家民宿，食宿方便）。

喀拉峻国际生态旅游区

喀拉峻在哈萨克语中是"黑色莽原"的意思。该景区位于特克斯县南喀拉峻山，地形风光独特，是山地草甸型草原。每年5月至9月期间，这里雨量充沛、日照充足、草木茂盛、野花盛开，远处天山雪峰的银白和近处花海中的五色缤纷构成了一种世间罕见的艳丽色彩，令观光者感到沉醉和震撼。

👉 喀拉峻草原近年来名声渐起，游人可重点关注

▲ 那拉提草原

● 夏塔游览区

伊宁有到夏塔的直达客车8:30发车，6小时可到，车费50元，也可先从伊宁先乘车到昭苏县城，再换乘当地机动车前去。

● 喀拉峻国际生态旅游区

从伊宁包车或自驾去喀拉峻很方便，单程用时3—4小时。乘客车应先从伊宁到特克斯县城（车程2小时），之后换乘包车前去，前行15千米到阔克苏峡谷，再走15千米到喀拉峻景区。喀拉峻景区主要分为阔克苏大峡谷、西喀拉峻、东喀拉峻、中天山雪峰、天籁之林五大部分，其中大峡谷和喀拉峻草原是核心景区。

● 阔克苏大峡谷

💰 门票35元、观光车40元、游船费80元。东西喀拉峻门票共70元、观光车70元。

推荐游程

三日游

D1. 从乌鲁木齐乘客车去伊宁。途中路过赛里木湖区时下车观湖区景色，夜宿湖滨，有小木屋等简单住处，并能提供餐饮（消费时特别要注意问清价钱，谨防被"宰"）。

D2. 从湖滨上车，途中观果子沟风光，在清水河换车去霍尔果斯口岸，赏边境风情，晚上回伊宁市住宿。

D3. 伊宁市区观光，拜都拉大寺和陕西大寺朝拜，集贸市场购物。黄昏时去伊犁河大桥看落日美景。之后有时间关注那拉提和夏塔风光。从那拉提去巴音布鲁克天鹅湖也是绝佳选择。

此外，夏日的喀拉峻风光优美如画，笔者强力推荐。从伊宁出发前去观光（租车或自驾）一天可往返。

自助游中国 > 西北地区

喀什

电话区号：0998　香妃墓：2651891　金湖杨森林公园：8255333

喀什古时是南北丝绸之路在中国西部的交会点，是中国对西方经济文化交流的交通枢纽和门户。如今，它是南疆当之无愧的政治、经济、文化、交通中心，更是八方游客来南疆游览时的目的地和集散地。喀什是塔里木盆地西缘最富饶的绿洲，盛产葡萄、西瓜等香甜果品，有"瓜果之乡"之称。喀什周边更有众多的自然和人文景观："冰山之父"慕士塔格山、"死亡之海"塔克拉玛干大沙漠、新疆最大的艾提尕尔清真寺、横跨中巴两国的红其拉甫口岸，无一不是新疆个性鲜明、风光独特的观景点。同样让人耳目一新的是新疆最大的农贸市场喀什大巴扎，这里的商品之丰富往往让游客眼花缭乱。不到喀什就不算来过新疆，到过喀什您的南疆之旅才会无悔无憾。

▲ 喀什香妃墓

● 航空售票处

电话：0998－2926600。

● 火车问询

电话：0998－5637222。

● 国际汽车客运站

电话：0998－2963630。

● 喀什机场

距市区不远，打车20—25元可到。

● 打折机票

通过乌鲁木齐市的各旅行社可订到去喀什的打折机票，当然需付手续费，但买到的打折票实在是便宜，有时竟能买到3折的票，只需400余元，具体事宜需与旅行社商议。

气候与游季

喀什地区夏长冬短，1月最冷，平均气温-6℃；7月最热，平均气温27℃。每年4—10月初均可开心游览，但8—9月恰逢当地水果成熟上市季节，天气又好，游览效果应属最佳。此外肉孜节（回历九月底）和古尔邦节（回历十二月十日）是当地重要节日，其间会有盛大红火的节庆活动，此时前去可畅览当地民族风情（出发前应问清其节日在公历的具体日期）。

交 通

■ 乌鲁木齐民航售票处电话：0991-2330000

航空

喀什有多条航线同国内各大城市对飞，但许多内地机场飞喀什要在乌鲁木齐转机。喀什与乌鲁木齐之间，每天都有多个航班，航程2个小时左右。

铁路

喀什是南疆铁路的终点站，与乌鲁木齐每日有多班直

新疆维吾尔自治区

通列车，途经吐鲁番、库尔勒、阿克苏行车时间12—14个小时，硬坐车票270元起。

从喀什到塔县可从天南路喀什客运站乘客车

公路

喀什公路四通八达，12个县（市）均通汽车。从喀什市向东北有公路通往克孜勒苏柯尔克孜自治州、阿克苏、库尔勒、吐鲁番，再向北通往乌鲁木齐。从喀什市向东南有公路通往疏勒、英吉沙、莎车、泽普、叶城、和田，再向东可通往甘肃的敦煌和青海的格尔木，由叶城向南可通往西藏的阿里地区。由于乌鲁木齐与喀什间的路况近年大有改善，所以从乌市乘客车20—22小时可到喀什。喀什长途汽车站位于人民医院旁边。

另荐便宜住处老城青年旅舍，40元/床，可参考

住宿

作为南疆名城，喀什有高、中酒店和其他旅游定点宾馆数十家，还有大量的普通宾馆和酒店。其中色满宾馆是20世纪80年代在苏联领事馆的基础上改建的，伊斯兰庭院式建筑特色鲜明且环境较好，位于色满路377号，标间180元。噶尔宾馆有迎宾馆之称，历史悠久，地点在塔吾孜路57号。其他宾馆有奇民瓦克国际酒店，标间300元起。

推荐五月花餐厅，环境不错，可边用餐边看维吾尔族歌舞表演

餐饮

特色美食品种繁多，羊肉串、烤全羊、烤包子、手抓饭、馕坑烤肉、曲子、烤鱼、羊肉汤，各式做法各式味道的羊头、羊尾、羊杂碎，还有夏秋时节成熟的西瓜、葡萄、石榴、无花果……您就随性品尝吧。国际大巴扎内外、市中心的艾提尕广场和喀什市区遍布维吾尔族餐馆和小吃摊，尤其是艾提尕广场晚间简直就是一个美食大世界，您就奔着香味儿去吧！

购物

特色食品如葡萄干、甜瓜、香瓜、石榴、无花果等可以现吃现买，亦可带回去馈赠亲友。各类工艺纪念品如花帽、首饰、英吉沙小刀、印花布等亦都美观精致、特色鲜明。主要市场有喀什大巴扎和安江巴扎，市区其他地方也有不少商业点。不过欲乘飞机返回安检挺严，如购买刀具一类的工艺纪念品一般只能通过邮局寄回去。

主要景点

喀什大巴扎

喀什大巴扎是新疆乃至我国西北地区最大的国际贸易市场，位于喀什市东北角

●当地交通

喀什市内打车起价5元。

●推荐水云阁浴场

可洗浴，也可食宿休息。收费标准不高，非常便宜实惠。门票99元，可在其中休息18个小时并享用3顿自助餐（不另收餐费），这对于想小住一两天的游客来说非常划算。笔者力荐，您可重点关注。电话：0998-2555888

●美食佳境

①榆树果园餐厅，葡萄架下支饭桌，很有浪漫气息，席间还有维吾尔族歌舞表演。
②茶园大酒店，席间纳有表演，很令食客开心。

●购物提示

喀什最著名的集市是喀什大巴扎和安江巴扎。喀什大巴扎位于市区东北角的吐曼河东岸，是新疆最大的农村集市贸易场所。安江巴扎也叫"香港巴扎"，位于艾提尕广场北侧的安江热斯特巷。

的吐曼河东岸上。这里有数千个摊位，出售数万种商品，每天车来人往，热闹非凡。丰富的商品供应，独特的售货易货方式，浓郁的民族风情吸引着大批国内外商务客和游客，许多人来喀什就是为了观赏大巴扎盛景，无论是在这里购物、观光、休闲、娱乐或做民俗考察，皆可满意而归。

艾提尕尔清真寺

艾提尕尔清真寺是新疆最大的清真寺，位于喀什市中心解放路，是新疆最大的伊斯兰教活动中心。大寺南北长140米、东西宽120米，寺内寺外均有宽大广场。平日里前来朝拜的信徒已是络绎不绝，若逢礼拜日和古尔邦节及肉孜节，更有成千上万的信教群众在此歌舞狂欢，场面红火喧嚣，热闹非凡。

香妃园

坐落在喀什以北5千米处的浩罕村，据传是清朝乾隆皇帝的爱妃买姆热·艾则木（香妃，此墓是衣冠冢）之墓，是典型的伊斯兰式古陵墓建筑群。墓园内有大、小礼拜寺、教经堂、主墓室和塔楼等建筑，建造精巧而华美，规模和造型都很绮丽诱人。

玉素甫陵园

玉素甫陵园是11世纪中期维吾尔族诗人、学者玉素甫·哈斯·哈吉甫的陵墓。玉素甫曾用古回鹘文写成了叙事长诗《福乐智慧》，诗中涉及11世纪中期中亚政治、经济、文学、历史、地理等诸多领域，具有广泛影响力和较高史学价值。

卡拉库里湖

在距喀什约190千米的慕士塔格山下，海拔3600米，湖区面积约为10平方千米，它在柯尔克孜语中的含义是"黑

● 喀什大巴扎
喀什市区有公汽和中巴到大巴扎（可在人民公园一站下车），步行或乘毛驴车前去亦可。

● 艾提尕尔清真寺
就在市中心。乘7路、8路、13路、22路、28路公汽可到。
🎫 门票 30元。

● 香妃园
从喀什市区乘20路车可到。
🎫 门票联票 30元。

● 玉素甫陵园
在喀什市南郊，可步行或乘7路车前去。
🎫 门票 50元。

● 卡拉库里湖
从喀什到塔什库尔干的中巴公路途经卡拉库里湖，因此坐客车前去亦可。另外从喀什租车前去很方便，3.5小时可到。湖边有多家民居宾馆、酒店，游客食宿没有任何困难。游览时间视个人情况而定。
🎫 门票 40元。

在湖边可以看到慕士塔格山及另两座雪峰的倩影，山光水色皆美。

▲ 喀什大巴扎一角

海"，是因四周雪山银光闪闪反衬湖水颜色呈深绿稍许发黑而得名。这里水质清澈，又有蓝天、白云、雪峰相映，风光很美，适宜观光和摄影。

慕士塔格山

慕士塔格山位于阿克陶县布伦口乡，距喀什约200千米。由于其地形险要、山势陡峭且终年为冰封雪盖而不易登攀，所以享有"冰山之父"之称。由于从喀什到红其拉甫的公路途经雪峰不远处，所以诸多游客只是在路边或山下遥望雪山，就能观赏到慕士塔格山与公格尔山和公格尔九别峰三山并立的雄姿，观感甚佳。

红其拉甫口岸

在帕米尔高原上海拔约5000米的红其拉甫山口是中巴两国的边境口岸。受天气条件所限，这里每年11月至来年4月封关，而5—10月通关时间商人和游客数量甚多，有边界界碑可供拍照留念，边关风情也会给人留下新鲜观感。另外从喀什前来，一路上还可看到卡拉库里湖、慕士塔格山、石头城、公主堡等景点，亦算收获多多，不虚此行。

▲ 位于喀什市中心的艾提尕尔清真寺

● 慕士塔格山

从喀什到塔什库尔干或红其拉甫的公路经过慕士塔格山山脚下，一般游客只是在路边眺望和拍照，欲到山脚下观光须乘越野车，登山探险应谨慎前行。
卡拉库里湖畔是观慕士塔格山的好地点。

● 红其拉甫口岸

可以先乘客车从喀什到塔什库尔干县城，再包乘当地机动车前去喀什到卡县拼车很方便，人均110—150元，视不同车型而异。
红其拉甫口岸因天气恶劣，所以开关时间只是在每年的4—10月间，其他季节前去应问清当地天气、交通、边境管理等综合状况再前行。
从喀什去塔什库尔干和红其拉甫应先去当地公安局办理前往边境界碑处的护照，在喀什可到色满边防支队免费办理，在塔什库尔干县城办也行，需提供身份证。

● 包租车观光游览

在当地包车找汉族司机更好沟通，切记出发前协商好一切收费标准，以免途中闹纠纷。

推荐游程

喀什市区古迹名胜分布集中紧凑，但去周边景点游览就要费些时间，一般花上3—4天时间可览当地景区基本全貌。日程可作如下安排。

D1. 市区观光。香妃墓、莫尔佛塔、艾提尕尔清真寺、喀什大巴扎。

D2. 乘车去塔什库尔干，途中可游（观赏）白沙山、白沙湖、公格尔山、慕士塔格山、卡拉库里湖、石头城，夜宿塔什库尔干。

D3. 从塔什库尔干县乘车去红其拉甫口岸观光，然后返塔什库尔干住宿，次日返喀什，如自备车或包租车，亦可当晚返喀什。

另荐其他景点

泽普金湖杨国家森林公园（国家 5A 级旅游景区）

金湖杨国家森林公园位于泽普县西南 36 千米处亚斯墩林场境内，景区占地面积有 4 万亩，天然胡杨林面积多达 2 万亩。远处是巍巍昆仑山，脚下的叶尔羌河支流奔腾不息，从公园内穿越而过，雪域昆仑和叶尔羌河共同孕育了这片神奇的土地，风光壮丽引人入胜。

高台民居

位于喀什噶尔老城东北端，与大巴扎相距不远。是在 40 多米高、800 多米长的黄土高崖上盖起的土石结构为主的维吾尔族民居建筑群——古民居群层层叠叠而又纵横交错，形成了颇具民族特色且中外罕见的奇异景观，被称为"**维吾尔族活的民俗博物馆**"。

门票 30 元。

白沙山·白沙湖

从喀什前往塔尔库尔干途中经过盖孜检查站后再南行 30 千米，就可看到白沙山、白沙湖的倩影。这是一座水库，水边的白色砂粒风干后被吹到了旁边的山上，就形成了碧水白山相映的画面，风光极为独特迷人。

发烧友特别关照

游览提示观光指导

①喀什是南疆的游览观光中心，有诸多自然和人文美景，民俗风情亦很绚丽多姿，很值得一去。

②除去喀什市区观光外，去塔什库尔干县（途中可观白沙湖、白沙山、卡拉库里湖和慕士塔格雪山）再去中巴边境红其拉甫口岸也是当地时兴的黄金旅游线。喀什市天南客运站每日有 1—2 班客车前往塔什库尔干县，15:30 前后到，车费 55 元/人。旺季还有旅游直通车去塔什库尔干，发车地点在古城东门，车费 124 元起。与别人合乘出租车到塔县车费 110—150 元/人视车型而定（上车地点在市区塔县客运站）。途中欲细观白沙山、白沙湖、卡拉库里湖、慕士塔格雪山美景最好从喀什包车到塔什库尔干县，这样可方便地开下主路去观山湖秀色，车费单程约需 700—1000 元（视不同车型而异）。

③塔什库尔干县城食宿方便价钱适中，普通宾馆中的标间房价在 100—160 元/间，普通饭菜 50 元可吃好。

④塔什库尔干县城到红其拉甫口岸 130 千米，目前行车往返约需 3—4 小时，包车费约需 500—600 元。

⑤去红其拉甫口岸需办理护照（通行证），可在喀什也可在塔什库尔干县办理，每人提供身份证即可，不收费用。

⑥在喀什与塔什库尔干县之间已有不少好风光，白沙山、白沙湖、卡拉库里湖、慕士塔格山景色都壮美，所以抵达塔什库尔干后也可以省点时间、金钱而不去红其拉甫。以笔者的个人的意见，第一天离喀什到塔什库尔干县城，次日短暂观光就返喀什是绝好选择。

▲ 慕士塔格山奇异山姿

喀纳斯—阿勒泰（国家 5A 级旅游景区）

电话区号：0906　景区咨询：4001110906

喀纳斯位于新疆维吾尔自治区最北端的布尔津县北部，是一处湖光山色诱人而风光古朴原始的高山佳境和世外桃源。喀纳斯在蒙古语中的意思是"峡谷中的湖"，用"美丽富饶、神秘莫测"来形容该湖确实是恰如其分。

喀纳斯湖地处阿勒泰深山中，海拔约 1374 米，湖区面积约 45 平方千米，四周雪峰耸峙、山林如黛，湖心波光潋滟、清碧迷人。湖滨的山峰间常有烟雾缭绕，湖心的碧波亦会随天气和光线的不同而变换颜色，游客在此观览山光湖色，常常在一天内看到色调完全不同的美丽图景，倍感瑰丽神奇、如梦如幻。

喀纳斯湖滨生长着大片的野生高山林木，林间、湖上亦栖息着鹿、狍、野狸、天鹅、仙鹤、野鸭等珍禽异兽。美丽的喀纳斯湖已成为新疆北部最具神秘诱惑力的观光景点之一。

气候与游季

北疆的天气较冷，1 月平均气温低达 -24℃，所以冬春季节不宜旅游。去喀纳斯—阿勒泰以夏季 7、8 月为宜（亦应携带长袖衣服），9、10 月初秋景很美，但旅游者应抓紧时间快去快回（行前应做天气咨询），因为 10 月中旬后，北疆可能会天降大雪，山间公路一断，游客将面临巨大困难和不便。

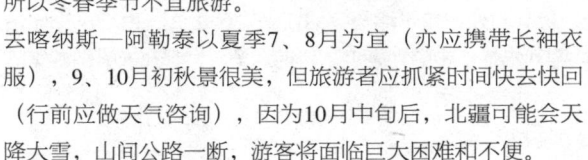

▶ 喀纳斯湖气温很低，夏季前去亦应带上长袖衣裤

交通

航空

乌鲁木齐每日有航班飞往阿勒泰，航程 1.5 小时左右。

公路

从乌鲁木齐高铁国际汽车客运站乘客车 10 小时左右可到阿勒泰，但班次很少（阿勒泰与布尔津之间还有 1 小时车程），坐票 124 元/人，卧铺 195 元/人。亦可包车

▲ 喀纳斯湖区风光

● 喀纳斯湖门票价格

门票 160 元/人。
专线车费 70 元。

● 阿勒泰民航售票处

电话：0906-2128686。

● 阿勒泰长客站

电话：0906-2311064。

● 从阿勒泰到布尔津

乘中型客车20—25元/人。

● 布尔津到湖区

目前所有外来车辆都只能开到距湖区还有32千米远的门票站，购票后必须乘景区提供的专线观光车进入湖区，车费70元/人。

● 湖边住宿

湖区有一些宾馆度假村供游客食宿，住在这里离湖近，观光方便，但是价格很贵。

● 边境通行证

去白哈巴要有边境通行证，可在游客户口所在地的公安部门办，也可到布尔津县再办，请注意带免冠照片，到当地再照也成。

● 禾木村住宿参考

禾福客栈，平日标间170元左右，条件一般，但房价在当地算是很便宜的。

或拼车从乌鲁木齐市前去阿勒泰和布尔津，阿勒泰和布尔津距喀纳斯湖分别为246千米和140千米，从布尔津乘客车或包车去喀纳斯湖都方便。

火车

乌鲁木齐每天有数班火车开往阿勒泰，车程9—10小时。

住宿

布尔津及阿勒泰市区均有各档宾馆，住宿无任何困难。在喀纳斯景区观光可以住在景区入口处的贾登峪，这里有多家宾馆、酒店，湖边的一些宾馆度假村也在营业，但房价非常贵，尤其是旺季，千元左右的标间很常见，游客要有心理准备。

☞ 8、9月份旺季时喀纳斯湖区食宿质次价高，不如住贾登峪便宜实惠

餐饮

阿勒泰和布尔津的餐饮价格并不贵，但喀纳斯湖周围的饭店内菜价贵得惊人，有的饭店里肉炒青菜竟要50多元，鱼香肉丝开价在50—65元（有的饭店有40—50元/人的自助餐），游客应有心理准备。当地的特产是湖区出产的湖鲜，在湖区或布尔津、阿勒泰，可以尝到烤、炸、红烧、干烧各类淡水鱼等美味。

☞ 布尔津的河堤夜市很有名，美食品种繁多，可关注

周边景点

原始村落禾木和白哈巴

禾木和白哈巴两个原始村落均处在布尔津与喀纳斯湖景区之间，由于风光原始古朴而又瑰丽清新而成为北疆观光景区中的大亮点，目前许多游客都在去喀湖游览的途中顺路游览这两个地方，留下诸多美感和回味。

禾木

距喀纳斯湖60余千米，四周有青山，村前不远处有湍急而清澈的禾木河，周边有平坦的草甸和漂亮的白桦林，村中木屋与四周山林溪河美景相映，风光古朴而迷人（门票50元，游客进村还要另交观光专线车费52元/人）。

☞ 笔者认为禾木村的风光比白哈巴出色一些，美丽峰是观禾木村全景的好地点

白哈巴

地处距喀纳斯湖约40千米的哈巴河县境内。自然环境与禾木村相仿，但这里已到边境地带，边陲风光宁静优美、独具风韵。在进出白哈巴的途中可见一些金色的白桦树林，这是当地的独特风景（门票加保护费共30元，区间车费45元）。

旅游锦囊

为您介绍喀纳斯湖区观光的提示

①去喀纳斯湖观光最好先到布尔津，从布尔津去喀纳斯湖最近。

②布尔津客运站前有各类机动车去喀纳斯湖，车开到距喀纳湖约32千米的贾登峪门票站约需2小时，车费大巴车40—50元、中巴车70元、拼车80—110元/人。门票160元，观光车费70元。门票2日有效。

③如果除喀纳斯湖之外还欲去禾木和白哈巴，那最好先从布尔津到禾木，再从禾木到喀纳斯湖，游完喀纳斯湖去白哈巴，之后返布尔津。

④若从布尔津包车只到禾木，需230—300元/车（全程是柏油路和水泥路）。另外布尔津每日10:00有客车去禾木，中午到达，下午返回，车费60元左右（有时布尔津去禾木下午5:00还有1班客车）。此外贾登峪到禾木有专线车行驶，发车时间分别是11:00和16:00，车程2.5小时。另外游客进入禾木村必须乘坐指定的专线观光车，车费52元。

⑤喀纳斯湖管理部门在距景区约32千米处（贾登峪附近）设立了门票站，任何外来车辆到此后必须"打住"，游客下车购买门票后必须乘景区提供的专线车（金龙空调大巴）进入湖区。

⑥如果当天游湖后出来住宿，次日还要进湖区观光，那无须再购70元的观光车票，只需另交车费10元即可。

⑦湖区至当地名景观鱼亭还有一条观光车线路，车费暂时免收。

⑧现在游毕喀纳斯湖后再去白哈巴村观光，必须乘坐景区指定的专线车（在湖区内的游客中心上车），车程约60千米，车程1小时出头，车费往返45元（另交30元门票费）。

⑨去白哈巴村必须办理边境通行证。

⑩从每年10月初开始，进入喀纳斯湖就须谨慎，出发前一定要弄清天气及路况情况，否则遇大雪封山会非常麻烦被动。

旅游锦囊

为您推荐喀纳斯观光的游程

D1. 早上从布尔津出发去禾木，上午10:00有一班客车，但是如果能找到拼车的游伴或是自己愿意包租车，那还是应该早一点出发为好。中午抵达禾木村后抓紧时间观光，下午乘返程客车或拼车或包车从禾木返回贾登峪住宿。

D2. 购票后乘观光专线车向喀纳斯湖区进发，中途在卧龙湾下车，沿着湖边栈道步行1.5小时到神仙湾（此段路边风光很美），之后上观光车到喀纳斯餐厅午餐，之后从餐厅门口乘车去中心湖边的码头，在此乘船游湖（船费120元/人）。返回上岸后乘观光车去总库（这是各路观光车的总站），抵达后换乘专线车去观鱼亭（车票暂时免费），下车后登1000余级台阶到亭上览湖区全景之后返回。此时如果时间早可乘车去白哈巴，如时间晚可在湖边住或回贾登峪住宿。

D3. 在白哈巴观光，览边境原始村庄秀色，晚上住白哈巴或返回布尔津。依上述游程，您可在3日内游览禾木、喀纳斯湖和白哈巴3处景区，观光顺畅，不太费力。

以上游程安排得很紧凑，但也有一些缺憾，主要是未能在禾木村住宿，因此无法看到原始村落黄昏和清晨的风光。时间充足者也可在禾木住一晚，欣赏早晚动人风光。

发烧友特别关照

一、推荐佳景：可可托海景区

可可托海景区亦称额尔齐斯大峡谷，地处北疆阿勒泰地区富蕴县境内，由可可托海、可可苏里、伊雷木湖、额尔齐斯大峡谷几大部分组成。集美丽溪湖、高山峡谷、奇异山崖、茂密木林和美丽白桦树诸多景观于一身。主要景点是可可托海和额尔齐斯大峡谷。游人进入可可托海后可乘观光车经白桦林、金三角诸景然后到达终点站石门。下车后登山观赏神钟山和额尔齐斯峡谷，最后到达卡拉卓勒瀑布，沿途看尽秀丽山光水色。另外，可可苏里的清澈湖水和浓密芦苇丛风光也独特而迷人。

游人可先乘车到富蕴县，再换当地客车经可可托海镇到景区（车程1小时左右）。自驾和包车去当然更方便（从阿勒泰开到富蕴要2—2.5小时间）。景区门票90元、观光车费26元。在可可托海观光需4小时左右。

二、推荐徒步游线路：贾登峪——禾木

这段路全程约35千米，风光如画，随处可见广阔的草原、成群的牛羊、秀丽的白桦林和清澈的河流，金秋时节的景色更是绚丽迷人。

这段路并不难走，但应注意出发时间不要太晚（最好8:00前后），因为要步行8小时左右。16:00左右到禾木还可看到黄昏的村落美景。此路前半程只有一条路因此不会迷失方向，但中途经过"半路客栈"后应注意在岔路口选大路走，就能直到禾木村。

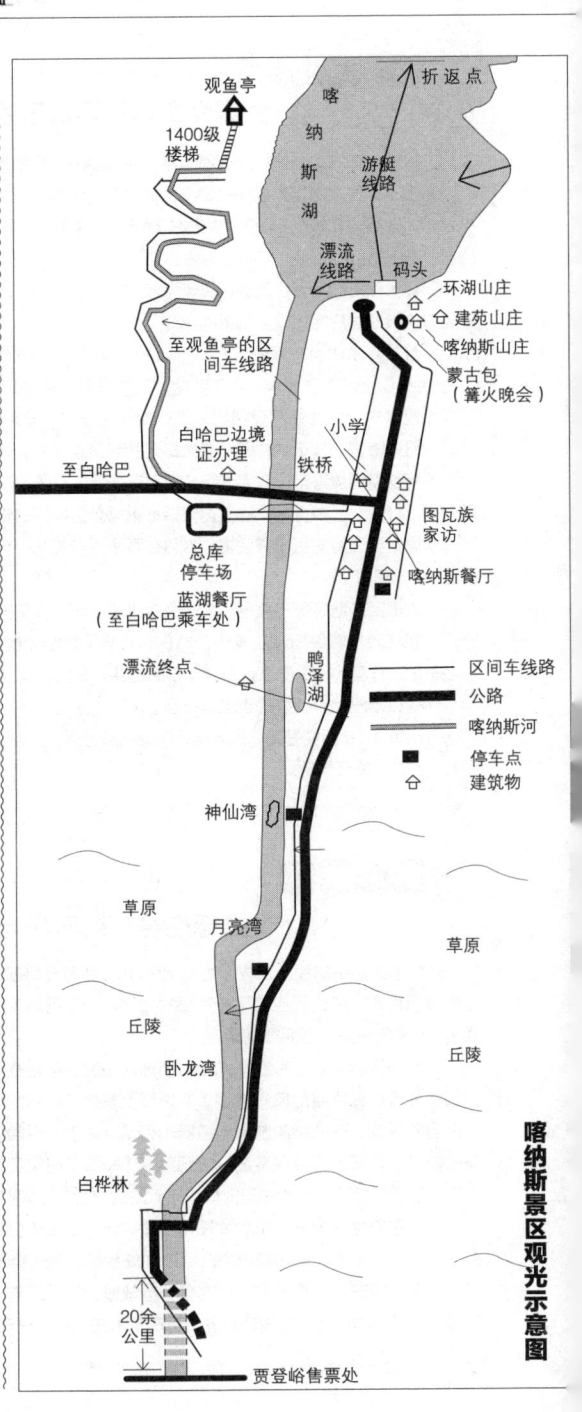

周边景点

五彩滩

额尔齐斯河北岸岩层间的丹霞地貌奇景，这里的砂岩、泥岩、沙砾岩形态奇异、五彩缤纷，其中红色、土红色、浅黄色和浅绿色最为明显，与河对岸的森林景观相互映衬，极富迷人风韵，早晨日出和黄昏日落时由于光线变幻风景更加精彩动人，此景在布尔津与喀纳斯之间，可于行车途中顺便观光。

☞ 五彩滩景区外额尔齐斯河上有座吊桥，那里也是绝佳观景点。

桦林公园

桦林公园在阿勒泰市北2千米处的克兰河边。园内河心岛上长满浓密茂盛的白桦林，亭亭玉立、爽洁秀美，给人以视觉上的美感，这里夏季是避暑胜地，金秋时节大地一片金黄，桦林景色尤为迷人。

☞ 可在阿勒泰逗留时顺路去桦林公园观光

蝴蝶沟

地处阿勒泰市区以东60余千米处的库别里克山中，沟长60余千米，每年6—9月会有上百万只蝴蝶飞聚在此，汇成蝴蝶的海洋，花团锦簇而又变幻莫测的美丽图案层出不穷，场面与云南大理蝴蝶泉异曲同工。

☞ 蝴蝶沟夏日风光独特　　门票20元

乌伦古湖

在阿勒泰地区福海县境内，是我国十大淡水湖之一。这里湖池众多，湖鲜丰美，还有长近10千米的湖滨河滩旅游区，可供游客划船、冲浪、戏水，湖边的餐厅中供应全鱼宴等美味，是阿勒泰市周边有名的水上游乐园。

●**另荐景点：魔鬼城**

在乌鲁木齐至布尔津途中（走西部线路）经过的乌尔禾附近，这里有诸多深浅不一的沟壑山谷，沟谷中无数裸露的岩石被狂风劲吹雕琢得奇形怪状，千姿百态，山间坡地上还遍布红、白、蓝、黄彩色石块，观后令人赏心悦目。若是大风天气时来到这里，可以听到因气流在沟谷中回荡而发出的尖锐啸叫，声如鬼哭狼嚎（魔鬼城因此而得名），闻后令人动魄惊心。

如果您是自驾车或包车从乌鲁木齐市出发走西线去喀纳斯，那途中真应去魔鬼城一游，会有新鲜感受。门票46元。

● **五彩滩**

🚌 门票45元。观光1小时时间够用。

● **桦林公园**

从阿勒泰市区乘客车或步行均可到达。

🚌 门票15元。

● **乌伦古湖**

从阿勒泰乘车经北屯、福海可到。湖边黄金海岸景区门票35元。

● **喀纳斯湖水怪**

《东方时空》曾专门报道过它的真相，"水怪"就是在捕食的大红鱼影子。

喀纳斯湖"水怪"颇现身影

早些年，关于喀纳斯湖中有"巨大水怪"的消息一直传得沸沸扬扬，有人甚至将此比喻为同欧洲尼斯湖怪兽齐名的世界级谜团和奇观。2011年5月24日19:00前后（新疆的天黑得晚），有30多名东北游客看到并拍到了一些巨大水生动物（体长近5米）在湖心至湖边游泳嬉戏的场面——水生动物几次跃出水面，激起的浪花高达4—5米，引起岸边的观光客人惊呼一片。由于这次拍到的录像相对清晰，为"水怪"探索提供了新证据，喀纳斯湖的秘密，感兴趣的朋友可继续关注。

自助游中国 ▶ 西北地区

青海省
QINGHAISHENG

黄金旅游线路

① 西宁—日月山—青海湖
② 西宁—青海湖—茶卡—鸟岛
③ 青海湖环湖游览
④ 西宁—循化天池
⑤ 西宁—玛多（黄河源头之一）

如果您是第一次来到青海，那最鲜明的印象就是这里地处高原，阳光灿烂，天空澄碧，地广人稀，风光开阔壮美。塔尔寺依山修造，气势雄浑且错落有致；青海湖湖水蔚蓝，其湖面之广阔至少超过杭州西湖700倍；茶卡盐湖和青海湖边的鸟岛都是祖国西域独有的绝景，而到长江和黄河的源头去探奇胜会倍感艰辛曲折和新鲜神秘。令人开心的是从西宁沿青藏公路经格尔木进藏去拉萨，沿途有看不尽的巍巍雪山、晶莹湖水、浩荡草原和五彩斑斓的牦牛群，那千朵万朵结队成群的洁白祥云亦会擦着山头低低迎面飞来，犹如天上下凡的无数绰约仙女，向远方来客行着热情友好的注目礼。青海省内的旅游热点是西宁—青海湖一线，南下玛多或西越昆仑山口去探望黄河和长江源头会有新奇收获，但亦会饱尝困苦艰辛。如果能在游毕青海后再去西藏或是甘肃，将会给您的西域之行增添更多的幸福和快慰。

▲ 藏族同胞在青海湖边合影

青海省 西宁—青海湖

西宁—青海湖

电话区号：0971　塔尔寺：2232357　青海湖景区咨询：0974-8519680

西宁市已有2100余年的历史，古时曾是"丝绸之路"上的边关重镇，作为青海省内的唯一大城市，西宁的地理位置非常重要，所有沿青藏线进藏的人都要在此乘车西行。西宁市区有塔尔寺、东关清真大寺等景点，其中塔尔寺是青海省内最大的寺庙。西宁市区以西90千米处的日月山、倒淌河和青海湖山光水色壮观迷人，是游客在青海境内的必观之景。近年来，西宁周边的坎布拉、卓尔山、牛心山、门源油菜花海等新兴景区亦日益受到中外游客的关注，从西宁出发畅游青海湖后再到甘肃张掖看丹霞地貌，更是诸多自驾驴友的全新选择。

▲ 日月山风姿

气候与游季

西宁—青海湖一线冬季稍显寒冷，夏季则凉爽宜人，每年6—9月底为旅游黄金季节，此时段日平均气温为17℃，与内地的夏季酷热形成鲜明的对照，且青海湖畔有大片油菜花盛开，十分赏心悦目。在西宁—青海湖一线游览应适量携带衣服保暖（昼夜温差大），另外防晒用品也应带上备用。

☛ 严冬时节很少有人游青海湖，但塔尔寺观光不受影响

交通
航空

西宁机场位于西宁市以东29千米的互助县高寨乡曹家堡，现已开通直达北京、成都、重庆、敦煌、广州、昆明、拉萨、深圳、乌鲁木齐等国内各大城市的航线。

市内长江路三角花园和火车站旁的汽车客运中心有往返机场的大巴车，票价23元。如果坐出租车前往机场，价格在百元出头。

●节日会庆

六月六花儿会、青稞酒节：地点在互助土族自治县、五峰寺、丹麻镇、乐都瞿昙寺、大通老爷山；时间是农历六月初六、六月十三日。

同仁"六月会"：地点在黄南州同仁县附近4个村庄；时间是农历六月十七日至六月廿五日。活动内容：A.转经；B.祈天；C.祭山。

玉树赛马会：地点在玉树藏族自治州，在农历七月十五日至七月三十日举行。活动内容包括赛马、赛牦牛、摔跤、马术表演、藏族歌舞表演、宗教祭祀活动等。

▲ 倒淌河的标志：石质碑刻

●租车游青海

主要租车点在西宁体育馆外，行车路途地点及车费可以同司机面议，一般包车一天收费400—600元，而多日包车游览时间越长每日车费越便宜。

铁路

西宁与北京、上海、郑州、广州、格尔木、青岛、兰州、银川等国内各大城市都有直达列车。其中至兰州的普通城际列车运行2—3个小时可到，动车1小时即到。

■ 西宁长途客运站（建国路站）电话：0971-8123110

公路

西宁汽车总站（在火车站旁）是青海全省的公路客运中心，每天有数百辆客车发往省内各地和格尔木、拉萨以及刘家峡、敦煌、兰州、绥德、银川、西安等。西宁去玛多的客车10小时可到，车费83元。

西宁新宁路汽车站也有大巴发往省内省外多个市县，此外另有一个小桥客运站但该站车次不多。

■ 新宁路汽车站电话：0971-6155795 小桥汽车站电话：0971-5131299

住宿

西宁住宿

市区内有高、中、低各档宾馆酒店数百家，西宁昆仑希尔顿欢朋酒店，环境条件较好，标间280—399元/间，从火车站乘36路车可到，电话：0971-3589999。青海宾馆是西宁知名度较高的宾馆之一，标间一般季节260元起，电话：0971-6148991。欲图干净舒适而又便宜实惠，可考虑汉庭酒店七一路店和汉庭西宁火车站店。这两个店平日标间130元左右，旺季会上浮。

青海湖住宿

151基地是青海湖南岸最大的游览中心，这里景区内外都有宾馆、酒店。

此外，在青海湖环湖公路边（含151基地公路南侧）还有一些个体民宿，房价70—100元的住处并不难寻。

▲ 塔尔寺全景

●格尔木住宿参考

①可选汉庭昆仑购物中心店，条件尚好，标间150元左右。

②格尔木宾馆是格尔木市级别最高的宾馆，位于昆仑路157号，平日打折后标间可降到150元以下。格尔木政府招待所价格更便宜，双标间只需70—80元，不少中小型旅馆招待所，双人房在50—70元之间。

▲ 塔尔寺如来八塔

●推荐当地特色美食

①酸奶。又酸又甜、又黏又稠、味道鲜美、营养丰富。在西宁街头的小摊小店中都可以尝到。

②手抓羊肉。这里的羊肉品种和肉质肯定与内地不同，肉味鲜香膻气不重。手抓羊肉的作料很简单，但吃起来很爽口，一个人来半斤就可吃得有滋有味、满嘴流油。

西宁便宜实惠的住处参考

①岷山青藏铁路酒店，在建国路与七一路交会处，交通方便，标间150元左右。电话：0971-3536888。

②美期国际酒店，在七一路9号，距长途汽车站约2公里，交通方便。条件一般但房价不贵，标间110元/间起。电话：0971-8164109。

餐饮及特色食品

西宁的风味美食品种多且特色鲜明,其中手抓羊肉、清汤羊肚、羊肉蘑菇片、蛋白虫草鸡、人参羊筋、煮羊肝、酸奶、奶皮、奶茶及面片汤等均是当地的特色美食,风味小吃有羊肉串、羊杂碎、甜醅儿、麦仁饭、拉条子、粉汤、麻食等,还有种类繁多的砂锅菜,有羊肉、牛肉、鱼丸、青菜、粉丝烩成的汤菜,一般为10—16元/份,再加一碗米饭即可吃得舒舒服服。最著名的小吃街是大新街(从火车站乘1路车在大十字站下然后步行即到)和水井巷,这里有数百个店铺摊位,供应以青海小吃为主的各类风味食品,营业时间从黄昏一直持续至零点之后。其他小吃美食街还有莫家街等,人气也挺旺。

主要景点

塔尔寺(国家5A级旅游景区)

位于西宁市区西南25千米处的湟中县鲁沙尔镇,是著名的黄教创始人宗喀巴诞生地,也是我国西北地区的佛教活动中心。该寺有大金瓦寺、小金瓦寺、大经堂、九间殿、大拉浪(大方丈室)等数百间宫殿,全都依山而建,造型精美、气势雄浑,是一处集藏汉艺术风格于一身且颇具规模气派的庞大古建筑群。寺内的酥油花、壁画和堆绣被称为"三绝"。每年农历四月、六月、九月举行的四大佛教法会更是规模宏大,热闹非凡。

☛ 是必观之景,应重点关注

东关清真大寺

位于西宁东关大街路南,已有600余年历史,总面积11940平方米,是我国西北地区最大的清真寺院之一,具有我国古代建筑和民族风格的建筑特点。主体建筑高大雄伟,室内装饰精巧玲珑,寺内可同时容纳数千人做礼拜,是我国西北地区伊斯兰教的教育中心。

☛ 市区重要景点,可适当关注

孟达天池

位于西宁东南方110余千米的循化县境内,水面面积约20公顷,这里碧绿湖水与蔚蓝天空融为一体,湖中群峰倒影随波微动,湖滨森林浓密,郁郁葱葱,风景区内生长的各类植物达500余种,享有"高原西双版纳"的美称。

☛ 天池风光挺美,途中景色也行,时间充裕者可前去一游

● 塔尔寺

西宁市区有3路公交车直达。西宁昆仑道口和新宁路客运站每日也有多班公汽和其他车辆发往塔尔寺所在地的湟中。

门票70元,军人、学生、老人半价优惠。开放时间:8:00—17:00,粗略游览2.5小时即够。

塔尔寺外有塔尔寺宾馆,标房旺季180元、淡季120元,周围有诸多民族风味餐馆,食宿方便。

此外在西宁火车站前也时有中巴车开往塔尔寺并途经西宁体育馆。

▲ 塔尔寺一角

● 东关清真大寺

在西宁市内乘1路、2路、23路公交车可到。

门票免收,粗略游览1小时即可,欲观场面盛大的礼拜仪式或诵经会则需长时间逗留。

▲ 青海湖二郎剑风光

●孟达天池

西宁长途客运站有客车开往循化县，票价30元，3.5小时可到，从循化去天池可乘各类小型车。

💰 景区门票70元。骑骡子上山费用另收

●坎布拉国家地质公园

可以先从西宁城东客运站乘去群科或尖扎的客车到下多巴再租当地机动车前去。亦可从西宁包车直接前往。门票45元，景区内观光车费40—100元、船费100元。

▲ 青海湖游船码头一角

龙羊峡水库

　　位于西宁以南140千米处的海南藏族自治州内，是修建电站后形成的大型人工湖。湖区水面宽阔、鱼鸥盘旋，场面美丽而壮观。游人抵达后可在观景台观光并乘船在库区游览。

🚌 西宁城东区中发源酒店每天12:00后有车前往，2.5小时可到，门票35元，船费60—65元

坎布拉国家地质公园

　　新开放的以丹霞地貌为主体的观光游览区，中央是一个大水库，四周有不少呈紫红颜色的山峰岩石，景色粗犷壮美，在青海省内独树一帜。

👉 是新兴景点，近年来观光热度逐渐提高，可重点关注

青海湖

　　青海湖位于青海省东北部，日月山西侧，湖面海拔3193.92米，面积4340平方千米，是我国最大的内陆咸水湖。

👉 青海湖是青海省内最具观光价值的景区，必须重点游览

关于青海湖

　　青海湖的湖面很大，其辽阔是国内其他湖泊根本没法相比的。笔者去青海的时候，乘坐的大客车以80迈左右的速度沿湖南岸走了3—4个小时，才把湖区走完，想想这个湖该有多大呢！

　　青海湖的另一特色是湖面上（或称高原上）经常蒸腾起巨大的云团来。笔者曾经看见湖上飘过的一大块云彩足有百十里长，云层也很厚，面目狰狞恐怖，仿佛是天上怒涛翻卷的样子，所以笔者把那片云称为"怒云"（只有这个"怒"字才恰如其分）。总之，这里的湖也好、云也好、高原风光也好，给人的印象并非柔美，而是一种感官上和心灵上的震撼。

西宁—青海湖

青海湖游览示意图

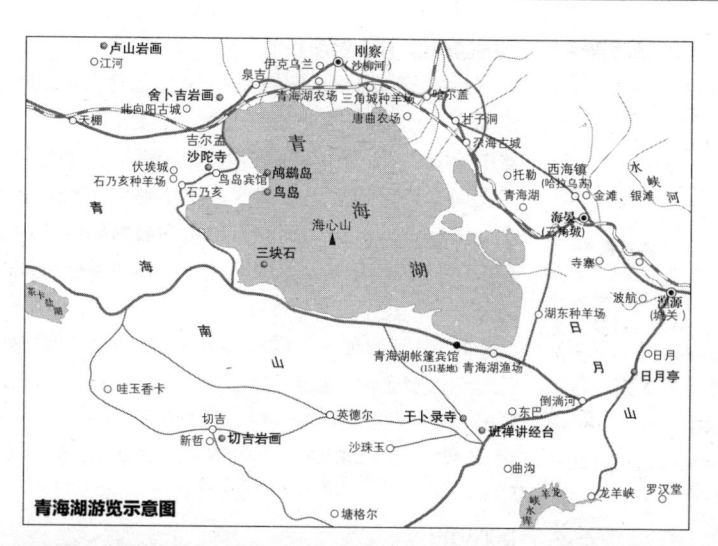

▶ 时间充裕者可乘车环游青海湖，时间紧张者应重点游览湖南岸各景点

青海湖蒙古语叫"库库诺尔"，藏语叫"错温布"，意思是"青蓝色的海"。该湖湖面非常辽阔，湖水亦非常清澈，湖南岸长有大片大片的鲜黄油菜花（夏季绽放，观花佳季为6月底至8月初），碧蓝天空、纯洁白云、青绿湖水和艳丽花海构成了青藏高原上辽阔壮美而又绚丽多姿的特有风情画。

青海湖地处青藏公路北侧，所有从内地乘车沿青藏路进藏的人都可以饱览"高原明珠"的迷人风姿，湖区及周边地带的日月山、倒淌河、二郎剑（151基地）、茶卡盐湖、鸟岛、沙岛、金银滩、原子城等景点个性鲜明，值得一游。

▶ 青海湖湖水的颜色依季节和光线的变化而不断变幻，好好观赏拍照吧

● **乘客车去青海湖**

西宁长客站发往青海湖151基地的多是过路车，最后1班在14:00左右，晚于14:00可能需要包车前往了。

● **租车去游青海湖**

本文后边有详细介绍和推荐。

▲ 塔尔寺寺庙美景

青海湖游览指导

青海湖周边皆可游览，湖北岸人烟稀少，景色原始粗犷有野趣，过去因交通不便所以并非游人首选，但近年来游客渐多。而湖南岸的青藏公路擦湖而过且路况甚好，沿途有日月山、倒淌河等景点，所以南线是大家公认的游览热线。西宁长途客运站每天有多班客车（主要集中在上午，发往乌兰、都兰、茶卡、江西沟）均经过青海湖边，在湖畔的二郎剑（151基地）下车即是游览中心。

鸟岛在青海湖西北侧，直通客车旺季才有，其他时候游客包车前去更方便。此外湖区北岸还有金银滩、原子城等景点值得一看。另外参加西宁各旅行社组织的青海湖一日游也是较好选择，收费140—160元，一天即可游遍日月山、倒淌河、青海湖等主要景点。此外在西宁火车站前也有不少人揽客做日月山、青海湖一日游，但发车时间不太准时。

273

● 151基地（二郎剑景区）

从西宁市乘西行客车（多是去乌兰、都兰的车），3小时即可抵达151。

151有数家宾馆和许多中小民宿旅馆，住宿方便。门票90元，淡季45元。从岸边乘船去海上环游行程50分钟左右，船费180元。乘船去二郎剑半岛游览，船行约25分钟，船票140元，含返回的观光车费。乘小火车去二郎剑半岛，往返120元。

● 海心山

出于环保的需要，海心山不可以登岛游览。

● 鸟岛

西宁市区无每天有客车开往鸟岛镇，车程约5小时。抵鸟岛镇后（这里距鸟岛景区约16千米）换乘当地机动车行驶约30分钟可到景区售票处。

近年来因为环保等原因，鸟岛已暂停开放。

● 日月山、倒淌河

从西宁发往江西沟、茶卡和格尔木的客车均途经此地，游客可在游览青海湖时顺路观光。

二郎剑景区（151基地）

青海湖南岸旅游区的中心，151的含义即距西宁市区距离为151千米，这里原是国防科工委下属的一处水上武器试验场，现试验场使命结束人去房空，于是就被开辟成了湖南岸最大的游览接待区。这里有著名的帐篷宾馆和其他多家宾馆饭店，湖滨有专用的游船码头，游客可以在这里眺望水天一色的湖区壮景，亦可乘船去湖心快乐观光。

在151基地游客可以东望日月山风光，北眺青海湖秀色——水面辽阔一望无边，盛夏时节湖南岸还有大片油菜花田，金花摇曳，色彩绚烂，蔚为大观。

☞ 到151之前公路边有好几个地方能贴近湖水观光，在这观湖可免收门票

海心山

青海湖心的玲珑小岛，长近1千米，宽约600米，山顶高出湖面77米，岛上有古庙，有清泉，游客乘船至此，可以登高环视碧波万顷的湖区全貌。

☞ 不管是否登岛，只要乘船游览青海湖，感觉都会非常快乐开心

鸟岛

是位于湖区最西侧的一个伸入水中的半岛，每年都有成千上万只候鸟在此栖息繁衍，岛上布满鸟巢鸟蛋，空中万鸟竞翔、遮天蔽日的场面亦非常壮观，每年5月至7月是游客上岛观景的最好季节。

☞ 鸟岛主要有蛋岛和鸬鹚岛组成。5—7月为观鸟佳季

日月山、倒淌河

日月山位于西宁市区以西约90千米处，海拔3950米，上有两座形似太阳和月亮的山峰，建有日亭和月亭。山下不远处是走向独特水向西流的倒淌河。相传文成公主进藏时途经此地，美好传说为山水风光增彩添辉。这里距西宁100千米，景区即在青藏公路路边。

¥ 日月山景区门票40元，倒淌河门票20元

▲ 青海湖南岸的油菜花花海

▲ 青海湖风光

茶卡盐湖

茶卡盐湖是因远古时候地壳运动地面升高截留海水沉淀而成的湖泊，这里是一个盐的世界，湖区地表就是由盐组成的，随处可见巨大的挖盐船在挖盐，满眼银白、荧光四射的景色十分独特迷人。

茶卡距西宁300千米，从西宁汽车客运站乘去茶卡镇、乌兰、格尔木、德令哈的车均可到达。

金银滩草原

在青海湖东岸，面积辽阔，因盛夏时节开满金鹿梅花和银鹿梅花而得名。夏秋时节这里野花盛开、牧草繁茂、牛羊成群，风光秀美迷人。

原子城

在青海湖东北侧的西海镇。从20世纪50年代开始，这里成为国家的核武器研制基地，制造出了我国第一颗原子弹和第一颗氢弹。现在这里的厂房和指挥中心保存尚好，成为爱国主义教育示范基地供游人参观。

● **茶卡盐湖**
盐湖距盐湖汽车站还有4千米远，打车往返20元。门票60元。观光小火车往返100元。茶卡盐湖景区内有一家宾馆，房价不便宜，住在茶卡镇上更便宜实惠。

● **金银滩草原**
建议包租车或自驾车游览。

● **原子城**
可从西宁乘客车到西海镇，租车或自驾游更方便。门票50元。

● **另荐景点**
西宁植物园中的盆景园精美玲珑，值得一看。

推荐游程

最常规的线路——西宁、青海湖二日游

D1. 早晨从西宁乘客车去青海湖151基地，中午抵达，下午乘船游湖，远眺海心山，看湖滨油菜花花海，夜宿151基地。

D2. 从151基地返西宁，途中游日月山、倒淌河，下午返回西宁后去湟中观塔尔寺。

非常规线路—西宁、循化二日游

D1. 西宁—循化县，游清真寺、骆驼泉，夜宿循化或孟达天池。

D2. 游览孟达天池，下午返回西宁。

发烧友特别关照（一）

①西宁市区的观光重点是塔尔寺，青海湖南岸的观光重点是151即二郎剑景区，此外环湖路黑马河至鸟岛段风光也不错，抓住重点才能获得深刻印象和美好观感。

②去鸟岛观光须注意游览季节（5—7月为宜），季节不对毫无美感可言。

③青海有许多少数民族的节日和欢庆活动，其中以塔尔寺的四会和周边地区的花儿会、青稞酒节、六月会及玉树赛马会最具代表性。节会期间人山人海、民族风情浓郁迷人。此外7月份举办的环湖国际自行车赛亦能吸引不少游客。

④如果您游过青海还要去西藏，那就不必对塔尔寺观光太在意，塔尔寺的规模在青海是老大，可是若跟西藏的几大寺庙群相比，可真算是小巫见大巫。

发烧友特别关照（二）

推荐全新观光方式——包车（或自驾车）青海湖环湖游和青藏两地游

目前各地游客来青海游览有以下几种方式：一是乘客车在湖南岸塔尔寺、日月山、151基地一线游览，或是游览上述景点后再租车去茶卡盐湖等（或干脆租车游上述各景区）；二是包车从湖北岸行进观金银滩、原子城等景点最后到湖西岸的鸟岛（暂不开放）观光，之后再游茶卡151和塔尔寺；上述单游湖南岸或湖北岸再加西岸南岸的方式都显片面，难尽游兴。此外还有一些游客参加西宁市各旅行社的一至二日游的团队，游览上述全部或部分景点，可是随团观光必须集体行动，不太灵活方便。

目前在西宁最时尚也特流行的最新观光方式是包车（或自驾）去青海和甘肃做两省大环线游，6—8天内两省内的诸多主要景点——这种方式太棒了，一是能览青、甘两省风貌，获得美妙观感甚至是心灵上的强烈震撼；二是在途中灵活方便，想停就停、想走就走，完全随心所欲，所以能玩得特别开心，肯定会留下美妙记忆。

两省游可从西宁开始，沿青海湖、茶卡、大柴旦、翡翠湖、V形公路、水上丹霞、敦煌、嘉峪关、张掖、祁连、门源的次序行进，最后回到西宁。沿途可观美景无限，用精彩纷呈、气象万千来形容毫不过分。

笔者向您推荐个体司机王师傅，他熟悉青海及周边省份的路况，能带领游客在四川、甘肃等地开心游览，服务态度好，收费公道，在"驴友"群体中享有极好的口碑，咨询联系电话：13997226115。

▲ 青海湖畔的著名景点金银滩

周边景点

黑马河至鸟岛

黑马河乡在青海湖西南端,从黑马河向北沿环湖西路经石乃亥至鸟岛,全长约70千米的路段,是青海湖畔最美的风光线。尤其是黑马河至石乃亥乡长41千米的环湖西路两岸更是绿草如茵、野花绽放、牛羊成群,路边的青海湖更是碧波万顷、风光无限。盛夏时节自驾或包车沿此线行进,可获得异常美妙的观感。

租车或自驾车沿此线行进更方便宜人。

门源油菜花海

门源县境内的油菜花种植面积超过万亩,7、8月份黄花盛开时节花海如金涛翻卷、金光耀目,给观花者以视觉上的强烈震撼。主要观花景点有青石嘴、照壁山等。

可以从西宁火车站乘火车到门源县(车程40分钟)。出站后有专线车直达圆山,车费5元。

祁连卓尔山

景区内山势起伏连绵,植被种类丰富,丹霞景观奇异。盛夏时节远处白色雪山和山坳中的黄色油菜花海相映,色彩艳丽宛如仙境,与对面的牛心山交映生辉。

可从西宁乘客车到祁连。包租或自驾车前去更方便。

发烧友特别关照

推荐黄金旅游线路:西宁—日月山、青海湖—敦煌—嘉峪关—张掖—西宁

具体行程次序如下:西宁—塔尔寺—日月山—青海湖—茶卡盐湖—克鲁克湖—敦煌—魔鬼城—莫高窟—千佛洞—鸣沙山—月牙泉—嘉峪关—张掖七彩丹霞—祁连—花海鸳鸯—岗什卡雪山—门源万亩油菜花—西宁

此路线是一条环形旅游线,全程距离2500千米左右。

游程安排如下:

D1. 从西宁出发,先游塔尔寺,参观约2小时。然后翻越拉脊山(海拔3800多米),稍作停留后抵达日月山,在日月山和倒淌河两处名景游览2小时左右。中午抵达青海湖观光。下午沿湖南岸行驶,看尽湖区美景。晚上住宿青海湖边黑马河的藏族家庭旅游接待点。次日看青海湖日出,这里是看青海湖日出的最佳地点。

D2. 先游高原奇景茶卡盐湖,之后观克鲁克湖。克鲁克湖旁边还有个托素湖,此湖颇具神秘色彩,两湖可以一并观览。中午和下午在途经大柴旦镇的时候很有可能看到海市蜃楼的景观。晚上抵达敦煌,逛敦煌著名的沙洲夜市,晚间休闲娱乐。

D3. 游距敦煌市区约180千米的雅丹地貌景区和阳关、玉门关,可在戈壁沙漠看日落。

D4. 上午游月牙泉和鸣沙山,中午品尝敦煌有家餐馆的达记驴肉黄面(很有名,味道不错)。午餐过后去莫高窟参观,大约2小时参观完毕。然后驱车去嘉峪关(380千米),4小时到达。黄昏时去拍嘉峪关城楼的日落,画面很美。

D5. 上午参观嘉峪关城楼,下午赶到张掖临泽七彩丹霞山看日落。张掖丹霞地貌分布广阔,场面壮观,造型奇特,色彩艳丽,是我国干旱地区最典型和面积最大的丹霞地貌景观,具有很高的科考价值和旅游观赏价值。另外张掖的平山湖大峡谷,景色壮阔,非常值得一看。

D6. 从张掖出发,一路观览名庙马蹄寺、祁连山的岗什卡雪山、乱海子湿地、门源油菜花海景观。晚上抵达西宁。此行程旺季车费每天900—1100元,含汽油费、过路费和司机的住宿费用。

宁夏回族自治区
NINGXIAHUIZUZIZHIQU

黄金旅游线路
① 银川—西夏王陵—华夏影视城—贺兰山岩画
② 银川—中卫—沙坡头—腾格里沙漠
③ 银川—沙湖
④ 银川—固原—六盘山

宁夏虽然是中国版图上最小的民族自治区，然而它玲珑娇媚、特色鲜明而又气象万千。宁夏回族自治区位于黄河河套西部，东南部跨黄土高原。它与内蒙古、陕西、甘肃三省区为邻。1958年10月25日成立宁夏回族自治区。全区面积6.6万平方公里。宁夏地形以山地、高原为主，贺兰山脉绵亘西北边界，长200多公里。山脉遮挡了西北寒风和腾格里沙漠向东吹进，是银川平原的天然屏障。浩荡黄河在这里拐了两个大弯，造就了水网密布、良田万顷、碧波金沙绿稻相映的"北国江南"绚烂风光。900多年前西夏帝国的开拓、繁荣与强盛，又为宁夏留下了灿烂丰富的古代文化遗产。宁夏名胜古迹很多，有国家重点风景名胜区"西夏王陵"。银川是国家历史文化古城，还有海宝塔、须弥山石窟等国家重点文物保护单位6处，全区清真寺多达1800多座。

宁夏是全国唯一的回族自治区，民族风情多彩多姿、奇异迷人。到宁夏看塞北江南水乡风情，览西夏古文化遗迹，领略回族及伊斯兰教独特风情，会给游客带来风格全新的经历和美感。

宁夏属大陆性半湿润干旱气候。气候特点是南暖北寒，南湿北干，冬寒漫长，夏少酷暑，风大沙多，雨雪稀少。全区年平均气温7℃；适宜旅游。

▲ 造型独特的银川南关城楼

银川及宁夏南部景区

电话区号： 0951　宁夏中国国际旅行社：4008006737

银川位于西北宁夏平原上，是一座古老而又年轻且生机盎然的历史文化名城，也是当仁不让的全区政治经济和旅游中心。城区和周边的鼓楼、南关清真大寺、南关城楼、海宝塔、西夏王陵、贺兰山岩画、华夏西部影视城及沙湖等景点风光优美甚具迷人个性。宁夏南部景区则是由中卫沙坡头、青铜峡一百零八塔和须弥山石窟等景区组成，各景自成体系而又遥相呼应，以长河落日、大漠金沙、玲珑塔影和精美石雕最显风采神韵。到宁夏旅游，主要是游览银川周边和南部景区，它们是宁夏全区美景中的精髓和灵魂。

▲ 沙坡头景区最佳观景处——王维雕像

交通
航空
银川现有民航与联航两个机场。民航河东机场位于银川市东郊17公里处，现已与北京、长沙、成都、重庆、广州、昆明、兰州、南京、上海虹桥、深圳、乌鲁木齐、武汉、厦门、西安等各大、中城市通航。南门民航大厦有往返机场的班车，车费15—20元，打车从市区到机场约需35元。

火车票预售电话：95105105

铁路
银川与北京、西安、西宁、上海、兰州等各大城市间均有直通车，呼和浩特与兰州、北京西与兰州间往返的列车亦在银川停靠。

➥ 银川火车新站非常高大气派，有1、11、26、30、36、41、101、201、301等多路公交直达

● 观光指导

还是夏天和秋天去宁夏银川观光好，各个景区景色最佳。

● 气候与游季

宁夏地处西北内陆高原，属大陆性半湿润、半干旱气候。冬季长、夏季短，雨雪稀少，气候干燥，风沙稍多。首府银川因地表水源充足，空气稍显湿润，每年5—10月为游览佳季。春季前去可戴帽子、太阳镜等防沙物品。

▲ 沙坡头风光

● 汽车新站（南站）

有公交1、3、12、23、37、38等多路车可到。

● 北门汽车站

有公交3、11、18、20、30等多路车可到。

● 汽车西站

有公交1、11、18、41、45、101路车可到。

● 购物

特色商品主要是有"宁夏五宝"之称的红枸杞、黄甘草、蓝贺兰石、白滩羊皮和黑发菜。其中红枸杞有明显的生精养气、补肾润肺、明目祛风功效，是健身和馈赠亲朋之佳品，可作为购物之首选。著名商业区有南门广场地下的北京华联商城以及市区的鼓楼步行商业街等。

公路

长途汽车有开往全区各地、市、县所在地以及北京、郑州、西安、宝鸡、天水、西宁、兰州、张掖、武威、平凉、太原、绥德、延安、定边、包头、乌海等方向的多班客车。

吃在宁夏

特色菜以穆斯林风味为主，羊肉泡馍、羊肉臊子面、马三水白鸡、红焖牛羊肉、炒羊羔肉、手抓羊肉、大盘鸡、特色炒烩肉、扒驼掌及红烧和干烧沙湖大鱼头、吴忠白水鸡、糖醋黄河鲤鱼等为当地名菜。市区的松鹤楼饭店有烤羊排、羊肉饺子等风味美食，老毛手抓餐厅主营手抓羊肉及各式清真菜肴，都很值得光顾。欲吃经济快餐可选择各类面食，羊肉拉面、牛肉面、清拌面8—15元钱一大碗，一般饭量的人一大碗面加上适量小菜即可当一顿正餐。

老毛手抓美食楼，在南关清真寺北，电话：0951－4117848。

老毛手抓美食楼鼓楼店，在解放东路93号，手抓羊肉味道正宗但价格不菲，108元/斤，电话：0951－6028796。

三益轩清真餐馆，在新月广场旁清真美食城，电话：0951－6728896。

国强手抓美食楼，在解放路，电话：0951－5036220。

沙湖宾馆餐厅中的早餐饭菜品种巨多，可以关注并品尝。

发烧友特别关照

介绍银川的4个主要汽车客运站

①汽车新站。又称南站或长途客运站。规模大、车次多，银川开往周边地区的客车和长途快巴大都在此发车。去往中卫和沙坡头景区的客车也从这里始发。从火车站乘1路公交可直达汽车新站。

②北门汽车站。又称旅游汽车站。主要始发去宁夏北部地区的客车。去沙湖和水洞沟景区的客车也在这里发出。

③汽车西站。客车主要发往周边县区。

④新月广场旅游汽车站。在市区东侧，主要始发去西夏王陵和贺兰山岩画景区的旅游客车。旅游车行驶路线经过市中心主要街区。

宁夏回族自治区 银川及宁夏南部景区

住在宁夏

银川市的宾馆酒店很多，总体上价格适中，条件较好的有宁夏宾馆、悦兰山国际酒店、白玉酒店等。此外，价格便宜的小型旅馆在城区和火车站前随处可见。中卫市内有中卫饭店、中铁宾馆、阳光大酒店等。其中速8酒店在火车站前，标间138—158元。此外在沙坡头风景区亦有数家度假村和不少农家乐，在腾格里沙漠中还有沙漠酒店接待游人。

☛ 桃源山庄是沙坡头景区门口的农家乐，可吃可住

主要景点

西夏王陵

在银川市以西35千米处，是西夏历代帝王陵墓所在地，墓区南北长10千米，东西宽4千米，占地面积近50平方千米，里边9座帝王陵布列有序，200余座陪葬墓星罗棋布。王陵规模宏大，布局严整，每座陵墓都是独立完整的建筑群体，巍峨高大的王陵，丰富悠远的佛教文化，使之享有"东方金字塔"的美誉。

▲ 腾格里沙漠中的骆驼队

● 便宜住宿参考

① 尚客优宁夏大学店，条件尚可，房价不贵。
② 云朵酒店，条件不错，标间138元起。

● 西夏王陵

💰 西夏王陵门票68元，观光电瓶车费往返20元。门票学生有优惠。
🚍 可从银川市火车站乘公交708路，40分钟到达。另外新月广场有游1路直达，车费10元（8:30只发1班车）。双陵、昊王陵、博物馆等是必观之景点。

推荐游程

银川及宁夏南、北部四日游

D1. 市区观光——抵达银川后游南关清真寺、南关城楼、承天寺塔、鼓楼、玉皇阁，观览市容并选购工艺纪念品。玉皇阁广场上的秦腔表演有特色，也值得一看。

D2. 市区周边1日游——西夏王陵、华夏西部影视城、贺兰山岩画。

D3. 宁夏南部游——中卫高庙、沙坡头游乐、漂流黄河、骑骆驼进腾格里沙漠观景、游览通湖风景区等。

D4. 去石嘴山市境内游览沙湖，下午回银川观海宝塔、浏览市区中市干道北京路。

▲ 银川市标志性景点：西夏王陵

281

华夏西部影视城（国家 5A 级旅游景区）

在银川市郊镇北堡，是在荒漠中废弃的明代古堡上开发兴建的融影视拍摄与旅游观光为一体的大型风景区。城内有王宫、西平王宫、天都古堡等许多高大仿古建筑，而影视一条街上的许多小庙小殿、小菜馆、小商铺亦颇有古时风韵。《红高粱》《大话西游》《新龙门客栈》《黄河绝恋》等许多著名影视剧中的主要外景都是在此拍摄的。在原始古朴的有"东方好莱坞"之称的影视城内看古代建筑、古国风情并观赏电影电视剧拍摄的过程非常有趣和开心。

☞ 影视城分为明城、清城、老银川一条街3部分，特色各有千秋

贺兰山岩画

位于贺兰县西贺兰口内（距西部影视城只半小时路程），在600余米长的峡谷两岸石壁上，刻有内容为人头像及牛、马、驴、羊及狩猎、人手图案的壁画300多幅，题材广泛、手法细腻、线条生动，充分反映了古代民族的图腾崇拜，是贺兰山地区少数民族历史文化艺术的瑰宝。

滚钟口

在银川市西北约35公里处的贺兰山麓，山间林木葱茏、泉水叮咚，有笔架山、禹王台、兴隆寺、晚翠阁、山上望海亭和马鸿逵的避暑山庄等景点。其中望海亭是绝佳观景点，站在亭间，可把银川市周边的平川景色尽收眼底。

南关清真大寺

是银川市的标志性建筑，也是宁夏回族自治区穆斯林兄弟的宗教文化活动中心。它位于银川市内南门广场，寺高22米，分上、下两层，可以同时容纳1000多人做礼拜，

● 沙坡头特色餐厅
黄河小馆，在沙坡头景区内的黄河岸边，位置好，菜肴有特色，可以重点关注。

● 华夏西部影视城
¥ 影视城门票80元。老人、学生有优惠。
开放时间 8:00—18:00。从银川市区八一车场乘57路公交车可到。南关清真寺南门有景区专线车，车程45分钟可到，车费15元。影视城内有许多拍摄场景鲜活而逼真，讲解员的导游讲解亦颇具水平，在近距离内观看影视剧目的拍摄令人非常新奇开心。
在此停留3—4小时为宜。

● 贺兰山岩画
从银川市内新月广场乘游2路可到，车费15元。
¥ 门票68元。学生有优惠。此地离影视城不太远，两个景区间有免费班车但车次不多，从影视城打车去单程需40—50元。

● 银川的美食街
鼓楼尚街和怀远夜市人气挺旺，可重点关注。

▲ 西部影视城一角

整座建筑以绿色为主调，具有鲜明的阿拉伯建筑风格，视觉效果非常巍峨壮美。

沙坡头（国家5A级旅游景区）

景区位于中国四大沙漠之一的腾格里沙漠东南边缘，融大漠、黄河、高山、绿洲为一体，集江南水乡的清秀和西部大漠之雄浑于一身。这里有特色鲜明的沙海日出、沙坡鸣钟、炭山夜照、白马拉缰等几大美景，主要游览项目有眺望黄河美景、滑沙、骑骆驼漫游沙海及乘羊皮筏漂流黄河等。其中到腾格里沙漠腹地探险观光游颇具迷人魅力。

中卫高庙

中卫城北一座始建于明永乐年间的庞大古建筑群，是一处融佛、道、儒三教为一体的大型寺庙。庙内有保安寺、大雄宝殿、经牌坊、南天门、圣母殿等多重殿宇，它们层层相连且步步升高，气势雄浑、场面壮阔，是宁夏全区古代大型建筑群中的佼佼者。

青铜峡一百零八塔

坐落在宁夏中部黄河上游的最后一个峡口边，是由108座宝塔构成的大型古塔群，塔群坐东朝西、背山面水、随山势起伏而建，造型精美，塔状玲珑而又颇具群体规模，每当风和日丽之时，群塔映在黄河水波中的美丽倒影堪称绝景。景区内还有金沙湾、鸟岛西河等景点，游客均可乘船抵达，逐一仔细观览。

■ 青铜峡黄河大峡谷景区热线电话：4009960953、青铜峡旅游局电话：0953-3052321

▲ 中卫高庙一角

● 滚钟口
门票30元。从银川市乘去贺兰山岩画景区的游2路可到。

● 南关清真大寺
在市区南薰门广场长途车站西南方的南环东路，门票10元，参观约需45—60分钟。

● 沙坡头
银川至沙坡头可乘火车或汽车先到中卫，普通火车行驶需2—3小时（行程约150千米），高铁1小时即到。汽车大致开行2.5—4小时。银川汽车南站（南门）每日有多班客车发往中卫，快巴2.5小时可到，车费60元。中卫至沙坡头还有22千米，可乘2路中巴客车，车票5元，50分钟即到。另外中卫长客站发往景泰、甘棠的长途车亦经过沙坡头。
门票旺季80元、淡季50元，含南北两个景区。
在沙坡头漂黄河船票往返40—60元/人，乘羊皮筏漂黄河单程90元，乘骆驼漫游沙丘最低100元/人，乘缆车上沙山25元。
腾格里沙漠景区内有沙漠宾馆，食宿条件很好。

● 中卫高庙
就在中卫市的鼓楼大街北段西侧，入庙参观门票免收。

●青铜峡一百零八塔

从青铜峡市区乘29路车可到青铜峡大峡谷景区，再换渡船即可到一百零八塔，游客可自行选择乘船观光的景点和线路，单游108塔船费加门票120元，游览往返90—120分钟即可。游黄河大峡谷全程需3.5小时，船票加门票190元。

●沙湖

🎫 门票加船票198元起（其中门票50、船费148元，含观光车费）。景区中其他游乐项目另收费。

🚌 银川老城区的旅游汽车站旅游旺季有大量开往沙湖的班车，车票15—18元，1小时可到。

沙湖景区内有多种游览方式，乘大船或快艇或登岛龙舟均可，如果单独包船船价单算。

景区还有自己的宾馆和旅行社，可提供导游、食宿多方面的综合服务。沙湖旅行社电话：0951-5027399。沙湖宾馆电话：0951-5012128。

沙湖胖头鱼味道美，可在景区内外的餐馆中品尝。

沙湖（国家5A级旅游景区）

坐落在距银川市56千米处的平罗县境内，是全国35个王牌景点之一，这里有67公顷荷池、130多公顷芦荡、300余公顷沙丘、670多公顷水面，随处可见碧澈湖水鱼群潜流，水鸟翻飞遮天蔽日。碧水蓝天，黄河绿苇与数十种珍鸟奇禽、珍稀鱼种完美依存，构成了北疆大漠中清纯秀美的"江南水乡"奇景，堪称高原风光中的一绝。

👉 沙湖是当地最具特色的景区之一。必须重点关注

水洞沟

是国内最早发掘的旧石器时代的古文化遗址，在距银川市区约19千米的灵武市境内。这里先后出土过各类文物数万件，对于研究考证古时人类在东北亚地区的活动有十分重要的意义。水洞沟一带丹霞地貌景色独特，有许多土林景观，亦有清碧的溪河和秀美的湖泊，自然风光秀丽迷人。这里还是古代军事防御建筑的聚集地，有长城、墩堠、城堡和众多的地道藏兵洞。这些藏兵洞上下相连、左右相通、功能齐全、易守难攻，游客观后眼界大开、赞叹不绝。

👉 从银川北门车站（旅游汽车站）乘车可直达。车程40分钟，车费15元。门票60元。套票238元

周边景点

永宁中华回乡文化园

是以伊斯兰建筑风格为特色的大型建筑群，规模宏大、精美气派。展示伊斯兰民族文化和生活习俗，效果甚佳、场景诱人。旅游旺季园内还有《月上贺兰》大型歌舞表演。

👉 银川南门广场有302路公交直达。门票60元

🧳 旅行家指导

旅游锦囊之一：什么季节去宁夏观光游览最合适？

对于省会银川市区及周边的众多景点来说，一年四季都可以游览，但最佳观光时节毫无疑问是春夏秋三季（确切地说应该是每年的5—10月份）。因为笔者认为银川市区的几处景点观光效果很一般，而市区周边的景点稍好一些，但景色也不是最精彩——最漂亮最具有宁夏特色的景点分别在银川的北边和南边，也就是石嘴山市境内的沙湖和中卫市境内的沙坡头，它们才是银川及周边的观光特大亮点（当然近年来新开放的水洞沟景区也不错）。而沙湖和沙坡头两大景区严冬时都不适宜游览（至少观光效果会大打折扣），所以专门去宁夏银川观光的朋友当然应该选择春、夏、秋三季前去啦！

宁夏银川的夏季并不可怕，即使是7、8月份，下午5:00之后至次日上午9:00之前天气都是相对凉爽的，正午时分阳光有些强烈且有干燥热风风拂，给人带来少许不适，但只要采取些防晒措施就可以了。

须弥山石窟

位于固原市须弥山南麓,由100多处石窟组成,它们分布在鸿沟相隔的8座石山上,各沟之间有梯桥相连,山间石像精美、林木繁茂,又有清溪碧流相间,是国内石窟景区中个性鲜明的独一份。

¥ 石窟门票48元,观光车20元

六盘山旅游区

位于宁夏南部,古时是军事要塞和丝绸路上的必经之地,如今已开辟为国家级自然保护区,因其自然环境及资源保护尚好,故有"高原绿岛"之称,是宁夏黄土高原上少见的富有江南水乡灵秀美景风韵的新兴游览区。主要景区有野荷谷、胭脂峡、二龙河、老龙潭、小南川等山水风光景点和红军长征纪念亭等人文名胜。近年来逐渐引起各地游客的关注和兴趣(六盘山国家森林公园门票50元)。

▲ 须弥山大佛

● 须弥山石窟

可从中卫或银川先乘客车到固原市,再换公交车到三营镇(固原到三营镇行车1小时左右),从三营镇北的路口有车去须弥山,1小时可到。另外亦可从中卫先乘车到50千米外的同心县,再换车经三营镇去须弥山。须弥山石窟颇有特色,但路途较远,一去一回约需2天时间。

旅行家指导

旅游锦囊之二:宁夏银川及周边地区都有哪些精彩景点?观光需要几天时间?

笔者认为银川市区及周边景点分为三个层次分布

①首先是银川市内的景点,主要有鼓楼、玉皇阁、南关城楼、南关清真大寺、海宝塔、承天寺(西塔)及中山公园等。平心而论,上述景点的景色挺一般,游人基本上不会获得震撼人心的观光效果。因此对上述景点简单浏览即可,用大半天或一天时间就够用了。

②银川市区周边的景点——主要有西夏王陵、贺兰山岩画、镇北堡西部影视城、苏峪口国家森林公园、滚钟口、拜寺口双塔等。上述景点已经颇具观光价值,尤其是西夏王陵、贺兰山岩画和镇北堡影视城,基本上已经成为八方游客抵达银川后的必观之景。上述景点观光需1~2天。

③最精彩的景点是银川以北石嘴山境内的沙湖和银川以南中宁县境内的沙坡头景区,这两个地方太精彩太漂亮太诱人了。沙湖景区沙山连绵起伏、湖水宽阔浩荡,集江南水乡与大漠风光于一身,很有宁夏景观特色;而沙坡头景区既有浩荡壮美的黄河水上风光又有腾格里沙漠景色的浩瀚雄浑,景观之美丽神奇绝对能动人心魄。对于上述两景,游人一定要安排时间专门用于深度游览,否则遗漏了哪一处都是深深遗憾。游览沙湖至少需要半天时间,游沙坡头需用一整天时间。

④近年来宁夏开发开放了多处新景点,其中位于灵武市与盐池县交界处的水洞沟遗址和位于永宁县的中华回乡文化园的知名度与日俱增,游人可予充分关注。

旅行家指导

旅游锦囊之三：如何在宁夏合理安排食宿，吃住得省钱、舒服又开心？

①宁夏的消费水平不低，物价并不便宜。在银川市区，稍微像一点样的宾馆标间房价都在百元之上，标间房价在百元之下的酒店条件就比较差了。

②在银川市区，普通中小餐馆中的肉菜价格也要在16—22元。到了当地的著名老字号或是特色风味餐馆，菜价至少要翻上一番。如其名的

▲ 沙湖景区内的水鲜餐厅

清真餐馆老毛手抓美食楼，里边稍稍像点样的肉菜价格至少要35—48元，手抓羊肉达到80—90元/斤，甚至更贵；而各旅游景区中的餐馆菜价也很惊人，如沙坡头景区中的餐厅中黄河鲤鱼要58—68元/斤，一份羊羔肉要68元；到了沙湖景区内的湖鲜餐馆中，沙湖大鱼头居然可以卖到90多元/斤甚至更贵（便宜的也要70—80元/斤）。所以当地的中高档餐馆虽然菜肴有特色，但价格给人感觉是不舒服的。

③那到了宁夏银川是否就一定要承担和接受昂贵的食宿费用呢？笔者倒不这样认为，因为笔者经过考察找到了能提供便宜食宿的地方，这就是各大洗浴城——里边能洗浴、能餐饮、能休息住宿，而每人每天的消费支出只需要几十元，太便宜实惠啦！

④关于手抓羊肉和特色清真菜：银川市内的特色清真菜馆主要有老毛手抓、国强手抓等。里边的清真菜肴风味独特，客人可酌情品尝。但是手抓羊肉的味道也就那么回事，上桌后作料只有醋和辣椒，吃起来并不能让人感到鲜美无比，且价格又那么贵，所以一个人用餐点上半斤手抓羊肉、两人用餐点1斤手抓羊肉辅之以其他菜肴就完全可以了。

⑤关于沙湖大鱼头——名气大、价格贵、味道尚可，您愿意吃就吃一次吧！不过笔者经过观察认为沙湖景区内的各家餐馆中的胖头鱼和鲤鱼并不一定都产自沙湖中，不信您在即将到达沙湖时看看公路两边的那么多的人工鱼塘大概也应该明白是怎么一回事了。

⑥关于黄河鲤鱼——沙坡头景区内黄河边上的餐馆有售，还有棒棒鱼、鲇鱼等，价格58—68元/斤，比沙湖景区的便宜一些。这里风光美，游人的兴致也会很好，笔者倒是建议您观光过后在这里美食饱餐一顿。

▲ 银川市标志性建筑鼓楼

旅行家指导

旅游锦囊之四：在省会银川及周边地带观光游览需要多长时间？

①笔者认为首次去宁夏的游人至少应该在银川及周边地区游览4—5天时间，若想深度观光则需要另加3—4天时间。

②游览银川市区的景点如鼓楼、玉皇阁、南关城楼、南关清真大寺、海宝塔、承天寺、黄河古渡等有大半天时间够用。如果欲对银川周边和南北部的景点进行充分游览，那对银川市区的景点就没有必要过分关注，可以白天去周边地带诸景观光，黄昏或晚间回银川顺路看看鼓楼、玉皇阁、

▲ 坐羊皮筏漂流黄河

南关城楼、南关清真大寺及海宝塔就行了。其中鼓楼和南关城楼一带也是繁华商业区，晚间休闲购物时到那里简单游览一下也行。

③去西夏王陵、镇北堡影视城、贺兰山岩画三景一天够用但也没有多少富余时间，若再加上苏峪口森林公园和双塔观光那就更紧张了（虽然它们与贺兰山岩画在一条路上），一天游览必须早出晚归才行。建议沿西夏王陵、镇北堡影视城、贺兰山岩画的顺序行进（途中可顺路经过苏峪口和双塔），这样安排在交通及乘车方面会稍显便利顺畅。

④从银川出发去沙湖游览往返至少要5小时时间，可于清晨前去，下午回银川后游市区景点如海宝塔、鼓楼、南关城楼及清真大寺，晚上在银川品尝特色美食，这样安排很是顺畅而合理。另外银川市区的主要干道北京路、上海路都非常宽阔气派，也属市区必观之景（可乘公交车观光）。

⑤从银川出发去沙坡头游览一去一回基本上要用一整天时间（光往返路程就要耗时3—4小时），途中可顺路看中卫高庙，勤奋的游人还可加上青铜峡一百零八塔，但这只适合于自驾车或包租车的游客。

⑥从银川出发去水洞沟观光往返要大半天时间，去永宁中华回乡文化园也要半天时间。笔者的建议是水洞沟一定要去，回乡文化园视情况而定。

⑦如果游毕上述景区后还要去须弥山石窟和六盘山观光，那肯定要再花上2—3天时间。

⑧对于首次到宁夏观光的朋友，游览了鼓楼、南关城楼、清真大寺、海宝塔、西夏王陵、镇北堡影视城、贺兰山岩画、沙湖、沙坡头、水洞沟诸景，观光效果就已经非常精彩圆满了！

▲ 沙坡头景区内的黄河和沙山风光

旅行家指导

旅游锦囊之五：为您介绍宁夏游览的攻略

一、如何在一天内游遍西夏王陵、镇北堡影视城和贺兰山岩画3处重要景点

①应该首先去西夏王陵游览，乘游1路车即可，上车地点可以在新月广场，也可以在市区中央干道上的太阳神大酒店、人民广场、上海路西口等站点——新月广场9:00发车，抵达西夏王陵大约10:00出头。抓紧时间进陵区观光，然后在12:00乘游1路离开王陵回市区。只要能见到16路中巴车就下去换乘（不必回市中心，询问一下游1路的售票员即可），乘上16路中巴车40分钟可到镇北堡影视城了，此时大概是13:30。

②抓紧时间观览镇北堡影视城。最好先看明城，之后看清城，最后观览老银川一条街。与国内其他著名影视城相比，镇北堡影视城的规模实在是很有限，用两个小时游览可以玩得非常满意开心。

③15:30左右走到影视城的公路边乘车去贺兰山岩画，这里几乎没有公交车但私家车很多，包车去岩画景区车费一般为40—50元，若是"拼车"每人10—15元就可以了，30分钟后到贺兰山岩画景区，观光60—90分钟。之后出景区可采用多种交通方式回银川。

二、如何在沙湖玩得高兴开心

①一定要到北门车站去乘车，那里是滚动发车站，南门车站去沙湖的车极少。

②买张100元的套票游沙湖只能按指定路线行进——进大门后步行10分钟到游船码头，之后乘船行驶30—40分钟到岸西岸，途中水景很美：湖清水绿、苇草丛生、鸥鸟竞翔，请注意观光拍照。上岸后就是一条长约5千米的湖边观光路——左边是沙山、右边是沙湖水面，路边有骑骆驼游沙山、骑沙漠摩托车、乘水上飞机或摩托艇游湖之类的诸多自费游乐项目，这一段路纯粹是让游客花钱消费的。游人连观光带赶路90—120分钟后到湖边的客运码头，在此乘船回沙湖景区大门。船行约30分钟，到湖东岸码头后上岸步行穿过一段餐饮购物区（可在此用餐、购物）后就到了观光车站，上车后10分钟就回到了景区大门口（您刚才就是从这里开始游览的），至此走了一个大环线，沙湖游览圆满结束。

③笔者要提示您的有两点：一是游船游湖时见到的风光美而有特色，一定要仔细观光拍照。二是到湖西岸后不必对那些自费游览项目太留恋，尤其是不必骑骆驼游沙丘山山，因为这里的沙山风光比中卫沙坡头的腾格里沙漠差很多，还是到沙坡头去骑骆驼看大漠奇观吧！

④不建议在沙湖吃大鱼头，价格太贵及来路不明（说是产自沙湖之中但实际上……）

⑤从银川出发游沙湖半天时间不够用而一整天时间太多了。所以建议您把沙湖观光和银川市区游览结合起来——早上8:00左右出发游沙湖，下午2:00—3:00回市区看北京路、上海路、海宝塔，黄昏时去看南关清真寺和南关城楼，晚上到鼓楼品尝老毛手抓，然后去鼓楼步行街浏览购物。这样的安排非常顺畅合理，会让人感到满足开心！

▲ 宽阔而气派的银川市区人民广场

旅行家指导

⑥不要把沙湖和西夏王陵、镇北堡影视城、贺兰山岩画安排在一天内游玩,上述四景不是一个方向,一天时间玩不过来,就是自驾车者玩起来也非常费劲,太紧张、太累!

三、如何在沙坡头玩得高兴开心

①从银川出发去中卫沙坡头可以坐火车也可以坐汽车,火车车次少而汽车车次多。如果是乘火车到中卫下车,出站后立即就有去沙坡头的公交车(2路),而中卫汽车站门前没有2路车,不建议您再去费力地去找2路车站,就从汽车站门口打车或拼车去沙坡头吧,25元钱20分钟就到了。

②一定要从沙坡头正门进去,也就是黄河边上的这个门,不要从腾格里沙漠那个门进;否则观光次序不对,有点别扭。

③进入正门后见到了黄河,建议您步行向西沿河边一直走到沙漠古渡,途中细观黄河美景和沙漠治理的丰硕成果——景区内林木苍翠、繁花似锦、绿草如茵,哪里还看得出来沙漠的影子呢。

④到了沙漠古渡才看到了沙山,山上才是眺望沙坡头景区的好地方,从这里上山共有4种方式:分别是缆车、电梯、骑骆驼和步行,建议您乘缆车,3—5分钟就到了沙山顶上了。

⑤上边的风光真是辽阔壮美啊——黄河在这里拐了两个大弯——河心水流浩荡、金涛澎湃,河边沙山陡立、起伏连绵。"大漠孤烟直,长河落日圆",唐代名诗人王维的佳句生动地概括了西域风光的奇丽,沙坡头的景色比王维的诗句还要壮观迷人。

⑥王维雕像就屹立在沙坡头的沙山顶上,这里就是全景区最佳观光点,好好在这里观光拍照吧!

⑦王维雕像紧挨着沙坡头景区的西门,从这个门出去就有观光车载客,10分钟后就到了腾格里沙漠的游览中心,这里见到的是连绵起伏的沙山。沙漠中人的行走太费劲,建议您乘骆驼观光,游兴高的游人可骑在"沙漠之舟"的背上一直穿过沙漠走到通湖景区,而时间有限的人骑着骆驼在沙丘中转一圈就可以回来了(最低收费50元)。

⑧沙漠中有一家宾馆,住宿条件不错但房间不多,且房价绝不便宜。大多数游客不会选择住这里,而是在观光后就原路返回。出了腾格里沙漠的南门后公路边有不少出租车载客回中卫,但笔者不建议您这么早这么快就结束游览,而应该把刚才见过的沙坡头美景再复习重温一遍——也就是说应该再次进入沙坡头景区的西大门(上次门票仍有效),俯瞰景区全景后乘缆车下沙山到黄河边,品尝黄河鲤鱼美味再坐羊皮筏子顺流而下漂回观光起点也就是景区正门(东大门),这样可以收获精彩圆满的观光效果。

⑨游毕沙坡头可经中卫县城返回银川,也可在沙坡头或中卫住一晚。沙坡头景区大门外有一个大型酒店,旁边的村庄里有数十家农家乐(标间房价在60—100元)。此外中卫城内的宾馆也不算贵,百元出头就可以找到不错的酒店标间了。笔者感觉中卫这个地方挺好,河流遍布、水网密集、林木稠密、城区风光也很漂亮。所以用4个字就可以概括中卫这个地方的风貌,那就是:北国江南。

▲ 沙坡头景区内的沙山美景

陕西省
SHANXISHENG

黄金旅游线路

① 西安—临潼—华山
② 西安—咸阳—宝鸡
③ 西安—延安—壶口
④ 西安—太白山

三秦大地风光很美，这里虽然没有江南水乡的婉约清丽，却凝聚着北方黄土高原上特有的粗犷、壮观和雄浑。巍巍华山高耸入云，其神奇险峻堪称中华山峰之最；滔滔黄河水奔腾咆哮，在壶口龙槽用震天巨响撼动着每一个观光者的心灵；西安、临潼、咸阳一线有很多古代的文化遗迹，令人怀古抚今平添无尽感慨；而千沟万壑的北部山区亦以其特色鲜明的地形地貌为游人带来耳目全新的欢悦和感动。来陕西观光，西安、临潼、华山、延安和壶口瀑布一定要看，艰辛而又神秘刺激的穿越太白山之旅亦是近年来颇为引人关注的全新游览方式。

陕西气候冬冷夏热。夏季自6月至9月初，这季节是雨季，每月雨日约有十天。古都雨后越发酷热，气温可高达41℃。陕北高原海拔约1000米，故此地气候清凉得多。黄土高原值得一游，春夏秋季前去均可。春节时分，民间欢庆活动甚多，此时探访窑洞居民，看腰鼓舞、社戏等，都能让游客倍感新鲜开心。夏秋时节，壶口瀑布水量充足，其势如排山倒海，壮阔无比，惊心动魄，此时观瀑令人永生难忘。

▲ 壶口瀑布壮景

西安

☎ 电话区号：029   兵马俑售票处：81399127   大雁塔景区：85518039

　　西安是中国历史文化名城，迄今已有3100多年建城史。自古以来，一直是中国与世界各国进行经济、文化交流的东方古都。作为与罗马、雅典、开罗并称的世界四大文明古都，西安有着古时遗留并保存至今的诸多名胜古迹，享有"天然的历史博物馆"的美称。以世界八大奇迹之一的秦始皇陵兵马俑，全世界保存得最完整的古城墙及周秦汉唐四大遗址为首的数百处自然和人文佳景，无一不闪耀着华夏古代历史文化辉煌灿烂的灵慧之光。

气候与游季

　　西安地处陕西关中平原中部，属暖温带半湿润季风气候，四季分明，年平均气温15.9℃（2022年），每年春、夏、秋三季适宜旅游，但是严冬时节，市区和周边的大小雁塔、钟楼、鼓楼、兵马俑博物馆等古迹名胜仍然可以观赏，游览不太受季节影响。

▲ 大雁塔秀丽远景

● 西安主要长途汽车站点

城南客运站。朱雀大街78号，朱雀大街南段与南三环十字西南角。
西安市汽车站。丰庆路13号。
城西客运站。枣园东路92号。
城北客运站。北二环西段9号。

交通

航空

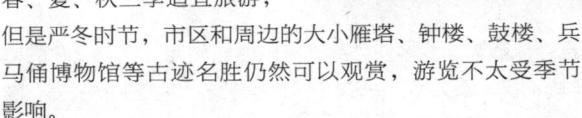

　　西安咸阳机场距市中心约45千米，有机场高速路直达市区，行车约1小时就可到达。咸阳机场是中国西北最大航空港，每天都有多次航班飞往北京、上海、杭州、广州、福州、厦门、哈尔滨、长春、沈阳、武汉、成都、乌鲁木齐等大型城市，亦有众多的国际航班。

　　市区的西稍门和火车站、钟鼓楼等地都有车去机场（机场巴士共有多条线路），每线大巴隔30—60分钟开1班，票价15—25元。出租车去机场的价格为120—150元。

📞 机场问询电话：029-96788

铁路

　　西安是中原和西部地区的交通枢纽，这里有列车发往全国各大中城市。北京至

● **推荐便宜实惠的住处**

何夜青年旅行酒店（钟楼地铁站），有单人床位70元左右的多人间，电话：029－87217820。

● **晚间娱乐**

① 观看《长恨歌》演出，晚上 20:00 左右开演，门票 228 元起。

② 看《西安千古情》演出，下午至晚上开园，门票 278 元起，电话：029－88089888。

● **购物**

特色商品有秦兵马俑复制品、仿古青铜器、仿唐三彩、历代书法手迹碑帖、秦绣、剪纸、户县农民画、工艺陶瓷、唐壁画摹本。土特产有党参、天麻、秦椒、西凤酒等。市区的繁华商业街很多，碑林附近的古文化街是各地游客的购物佳境。

西安的高铁列车最快的4个多小时即可到达。

铁路客服电话：12306

市内交通

公共交通发达，市区内所有景点和主要长途车站均有公共汽车前往。3、5、9、13、14、20等路公共汽车经过火车站，3、4、12、18等路公共汽车经过南稍门。还有其他线路公交和游览专线车开往各个景区。

西安有9条地铁线，总运营里程超过300千米。

住 宿

西安是一个典型的国际化旅游城市，市内有大量的宾馆、酒店接待游客，住宿非常方便。高档的如喜来登大酒店（五星级，丰镐路12号，平时标间房价在380元以上，电话：029－84261888），古都文化大酒店（四星级，莲湖路，电话：029－87216868），兴正元车际酒店（三星级，解放路，电话：029－87219555）等。城外的李家村和鲁家村一带有许多中、低档酒店和宾馆，普通间不过100元出头。另外南方酒店钟楼地铁店，条件不错价格不贵，标间最低150元左右，且旅馆距碑林、钟鼓楼都近，观光方便，电话：029－87286508。骡马市街上的锦江之星酒店性价比也不错。

餐 饮

西安市的风味食品多且特色鲜明，游客任意品尝可以体味到西北饮食文化的精湛和丰富。主要品种有牛羊肉泡馍、肉夹馍、酸汤饺子、胡辣汤、锅盔、臊子面、灌汤包、葫芦鸡、老童家腊羊肉、水煮羊肉、王记粉汤羊血、凉皮等，此外饺子宴和仿唐筵席在当地享有盛名。

经营羊肉泡馍的名店有老孙家饭店（东关正街）、同盛祥饭庄（钟鼓楼广场）、春发生饭店（东大街）及西关牛羊肉泡馍馆等。

饺子宴以解放路上的西安饺子宴饭店最有名，里边的饺

陕西省 西安

旅游锦囊

推荐当地特色餐馆

①贾三灌汤包子馆

是清真餐馆中的老字号，主营牛、羊肉馅灌汤包子，味道独特。地址在回民街北院门93号。电话：029-87257507。

②老孙家羊肉泡馍老店

主营羊肉泡馍，以料重味重、肉烂汤浓著称。地址在东关正街。电话：029-82403205。

③德发长饺子馆

主营各类风味水饺（包括饺子宴），亦有当地风味炒菜。地址在钟鼓楼广场西大街3号。电话：029-87214065。

④同盛祥饭店

主营羊肉泡馍、麻酱凉皮、凉面等。地址在钟鼓楼广场，与德发长相邻。电话：029-87218711。

⑤魏家凉皮钟楼店

主营魏家凉皮（分秘制和麻酱两大类）和肉夹馍。地址在竹笆市中段，与钟楼相距不远。

子居然有100多种，品种繁多、吃法独特，每天食客盈门。德发长的饺子宴也挺有名。

在西安欲寻小吃及风味食品可到东新街的夜市和鼓楼后边的回民小吃街。小吃街周边有同盛祥、德发长、贾三包子等数家老字号，街上遍布各类烧烤摊，华灯初上后这里青烟袅袅、香气四溢，游人穿行其间定会垂涎欲滴。小吃名店的价码都不低，大家应有心理准备。

● 舌尖上的西安：当地风味美食

①灌汤包子：选用肋条肉为馅心，用鲜骨髓汤打馅，配以十多种上等调料佐味。包子鲜香肉嫩、皮薄筋软、外形玲珑剔透、汤汁醇正浓郁，口感甚佳。

②凉皮：分为米皮和面皮两大类。米皮白且透亮，酸辣爽口，再佐以豆芽、芹菜，色彩黄绿相间，堪称绝配。面皮的颜色比米皮稍黄，吃面皮时会拌入面筋，里面吸满了鲜美的料水和辣油，香辣爽口。

③牛羊肉泡馍：特点是肉烂汤浓、香醇味美，营养价值也高。食后再饮一小碗高汤，更觉余香满口，回味悠长。

④荞面饸饹：条细筋韧，清香利口。冬可热吃，夏可凉食，风味独特。如凉吃，加入油泼辣子、蒜泥、芥末等调味，极为爽口。

⑤肉夹馍：是当地百姓最常吃最爱吃的一种大众食品。肉用腊汁肉，极为酥烂，口味鲜美，肥肉不腻口，瘦肉不柴不油。汤汁用熬制的老汤。夹肉用的馍须是特制白吉馍才正宗。

⑥甑糕：是西安的特色小吃。这种甜品小吃是用糯米、芸豆和红枣蒸成，口感黏软香甜，又很饱腹，是当地人常吃的食品。

推荐游程

西安三日游

D1. 古城墙、钟楼、鼓楼、小雁塔、陕西历史博物馆（提前预约）、碑林、大雁塔、晚上小吃街、回民街品尝风味美食。

D2.（西线）乾陵→法门寺，晚上返回西安游大唐芙蓉园。住宿市区。

D3.（东线）秦始皇陵→兵马俑→华清池→骊山→西安半坡遗址。

华山、西安四日游

D1.D2.D3. 的游程与上面的三日游相同。

D4. 去西岳华山一游（可于D3. 晚上去华山脚下住宿）。之后若还有时间，可关注壶口瀑布或去游览太白山。

🚩 主要景点

碑林

在西安南城墙魁金楼下，因碑石丛立如林而得名，是收藏我国古代碑石最多的艺术宝库，由孔庙、碑林、石刻艺术室三部分组成，共有七个陈列室，陈列面积近5000平方米，内有《石台孝经》《开成石经》等无数石刻艺术珍品，被世人誉为"东方艺术宝库"。

👉 碑林颇具艺术和观光价值，值得一看

大雁塔（国家5A级旅游景区）

在西安南郊雁塔路南端的慈恩寺内，始建于652年，是西安现存最著名的古塔，也是古城的象征。大雁塔高约64米，用青砖磨砖对缝砌成，造型稳重、结构严整，内有木梯通向塔顶。古时有许多文人墨客登临塔顶居高远眺，临风抒怀，留下了诸多脍炙人口的诗词佳作。大雁塔四周有溪池环绕、塔北侧有音乐喷泉，白天晚上皆开放，充满观光动感。大雁塔是古城西安最著名的观光胜境，目前已与大唐芙蓉园和大雁塔文化休闲景区及唐大慈恩寺遗址公园连为一体，甚具规模气势和观光价值。

👉 白天可览庞大景区风貌，晚间能看音乐喷泉，美景诱人

大唐芙蓉园（国家5A级旅游景区）

位于西安市曲江新区芙蓉路99号，是全方位展示盛唐风貌的大型皇家园林式文化主题公园，园内有目前国内最大的仿唐建筑群，雄伟壮观；晚间园内有各类表演和娱乐活动，夜景美丽动人，是西安城内观光新亮点。

小雁塔

坐落于西安城南1千米处的荐福寺内，塔高46米，塔形俊秀、精美玲珑，与壮丽雄伟的大雁塔交相辉映。塔旁的荐福寺内有一口大铁钟，高3.5米、重约8吨，用力敲击可声传十里之遥，"雁塔晨钟"亦成为著名的关中八景之一。

陕西历史博物馆

建筑面积达6万平方米的现代化大型博物馆，诉说着古都昔日的辉煌，展示着西安今朝的风采，使前来观光的无数中外宾客观后倍感新奇、惊喜而振奋。

钟楼和鼓楼

钟楼位于西安市中心东西南北四条大街的交会处，楼高36米，其西北角陈列着一口重达5吨的古钟。鼓楼位于西大街路北，因楼上悬巨鼓报时而得名。钟楼鼓楼遥然相对，美妙的晨钟暮鼓之声在西安城区上空回荡为市民平添情趣与欢愉。现在扩建一新的钟鼓楼广场宽阔气派，成为

● 碑林

🚌 14、23、402路车可到。
开放时间：9:00—17:00。
🎫 门票目前10元（因为改建，许多展区未开放）。电话：029-87253331。

● 大雁塔

🚌 21、22、23等路车可到。
🎫 门票30元。登塔参观另收25元。
大雁塔北侧的音乐喷泉每晚有表演，值得一看。

● 大唐芙蓉园

🚌 5、19、21、22、27、30、41、44路均可到。
🎫 门票旺季120元，观光车票30元/人。有的演出需另收门票。

▲ 玲珑秀美的西安小雁塔

西安城市重要的佳景。

西安古城墙
是世界上保存得最完整的古城墙之一，底宽约18米，顶宽约15米，墙高12米，周长约13.9千米。墙间有许多吊桥、闸楼、箭楼等古代军事设施。古城墙是西安古迹中的一绝，应重点关注游览。

秦始皇陵
坐落在西安临潼区以东5千米处，陵园总面积56平方千米，陵高76米，有内外两重城垣，内城周长3.8千米，外城周长约6.2千米，是一处规模宏大的古陵园建筑群。

秦始皇兵马俑博物馆（国家5A级旅游景区）
在秦始皇陵以东约1.5千米处，由一、二、三号共三个俑坑组成，其中一号坑最大，东西长230米，宽约62米，坑中已出土仿真人真马尺寸大小的陶制兵马俑千余件，估计全部出土后加上二、三号坑约8000件。这些陶俑形体高大、神态逼真，且千人千面，栩栩如生，它们成功再现了秦朝军队的形象和军威，是中华古代雕塑艺术宝库中最具奇光异彩的灿烂明珠。

秦始皇陵兵马俑的发现和开发，使古城西安跻身于我国最重要的旅游城市之一。

华清池（国家5A级旅游景区）
西距西安约30千米，南临骊山、北临渭水，以温泉和秀美风光而著称。自从汉、唐时起，这里就是帝王妃嫔的游宴行宫，唐玄宗曾先后30余次来此休闲享乐，《长恨歌》中"春寒赐浴华清池，温泉水滑洗凝脂"的词句就源于此。

1936年，这里发生了震惊中外的西安事变，使该地更为人记忆关注。现在园中的湖、桥、亭、阁依然精美诱人，"兵谏亭"等历史遗址亦保存甚好，供游人观光游览。

另荐景点
★太白山
在西安以西100余千米的眉县城南，海拔3771.2米，是国家级自然保护区之一。太白山动植物资源丰富，深山密林间偶有大熊猫、金丝猴等珍稀动物的踪迹，山顶终年积雪，原始风光非常绮丽。近年来，在返璞归真、回归自然的时尚理念倡导下，许多人来到太白山观光游乐和探险猎奇，在艰辛旅途中饱览该山的神奇优美。

● 陕西历史博物馆
位于大雁塔的西北侧。
🚇 地铁2号线小寨站下（出E东北口）、271、26路公交车可到。
参观需提前在小程序预约。

● 钟楼和鼓楼
🚇 地铁线2号线、6号线钟楼站下。
💰 门票钟楼30元，鼓楼30元。两楼联票50元。

● 西安古城墙
🚇 可从南、北、西门和和平门等地购票登城（也可网上预约）。现城墙已基本贯通。
💰 门票54元。学生票27元。乘电瓶车绕城墙一周80元。租骑单人自行车在城墙上观光40元/100分钟。

● 秦始皇陵
🚌 从西安火车站乘306路（游5路）、915公交车可到。
💰 门票联票旺季120元，与兵马俑通用。秦始皇陵与兵马俑景区间有免费专线车开行。

● 秦始皇陵兵马俑博物馆
西安火车站乘306（游5）、307（游7）路专线车可到。车费7元。914、915路也可到达。
💰 门票120元。学生有优惠。观光车费5元。导游讲解100元。
🚌 乘306路应在火车站上车，不要轻信其他拉客的人而到别处上车。

●观光窍门

看兵马俑最好请个导游（博物馆外有许多导游），聆听讲解可增添不少学问。也可跟在别的旅游团队后面走，享受人家团队的"免费导游"，效果甚佳。

●华清池

🚌 西安火车站乘306、307、914路专线车，地铁9号线均可到。

¥ 门票120元。含华清池和骊山两个景区。

●骊山

🚌 紧邻华清池，门票与华清池通用。

●太白山

西安火车站前省汽车站有专线车前往。

¥ 景区大门票旺季90元，淡季45元，缆车费往返230元（大索道）、90元（小索道）。观光车费60元。

登太白山的路线分南北两侧。南坡路线从周至县厚畛子乡出发有3条路可以登顶；北坡则分别从汤峪、营头和雁鸽嘴出发可以登顶。山上有住宿点。山顶气温很低，应携带保暖衣物。

景区电话：0917-5716685。

●太白山

目前景区只可正常观光，禁止徒步穿越。

●法门寺

从西安城西客运站乘车可直达，也可先坐到扶风县再转车到法门寺。

¥ 门票100元。淡季90元。

●炎帝陵

🚌 宝鸡火车站乘2、6等路公汽可到。

¥ 门票30元。

▲ 华清池秀色

★法门寺（国家5A级旅游景区）

地处宝鸡市扶风县城以北的法门镇，始建于东汉，是历史悠久而规模甚大的佛家名刹。1987年该寺修建时，发现了珍藏着释迦牟尼指骨舍利等珍贵文物的唐代地宫，这一继秦始皇兵马俑之后的又一重大发现使法门寺天下扬名。

★炎帝陵

在宝鸡市渭滨区神农镇，分为陵前区、祭祀区、陵墓区三大部分，总面积3800平方米，气势雄伟壮阔。每年七月初七陵区都有大型祭祀活动。

发烧友特别关照

①大雁塔与大唐芙蓉园和唐大慈恩寺遗址公园紧紧相邻，可一并游览。小雁塔与陕西历史博物馆在一起可一并游览。华清池、骊山、秦始皇陵、兵马俑是一条线，可一并游览。这样说起来，游遍西安的主要景点在行进方向、行程安排上是很好掌握的。

②西安火车站前有国营旅游专线车开往华山、临潼、法门寺等各景点。车辆有明显标志，司售人员统一着装，发车及行驶安全正点，游客可放心乘坐。

③冬季去法门寺的旅游专线车可能停开，此时可从西安城西客运站乘车先到扶风县（车程3小时，车费25元），再换乘后30分钟就到法门寺。

▲ 外观气派的陕西历史博物馆

陕西省 咸阳

咸阳

电话区号：029　咸阳博物馆：33231998　乾陵景区：35510353　汉阳陵博物馆：62657530

　　咸阳地处八百里秦川腹地，东南与省会西安相邻，是历史悠久的文明古城。作为我国古时周、秦、汉、隋、唐等11个朝代的都城重地，咸阳大地上保存下来诸多历史名胜古迹。全市有各类文物景点450余处，古陵墓1135座，形成了规模宏大、辽阔壮丽的古代陵墓群。壮美辉煌的陵墓犹如一座座天然的历史博物馆，在关中平原上向世人尽情展示华夏古代文明历史的绚丽画卷，亦使咸阳成为祖国北方独具风姿魅力的旅游胜地。

交通

航空

　　咸阳国际机场在咸阳市区北侧8千米处，有航班飞往全国各省（也是西安市的机场），机场问询处电话：029－96788。

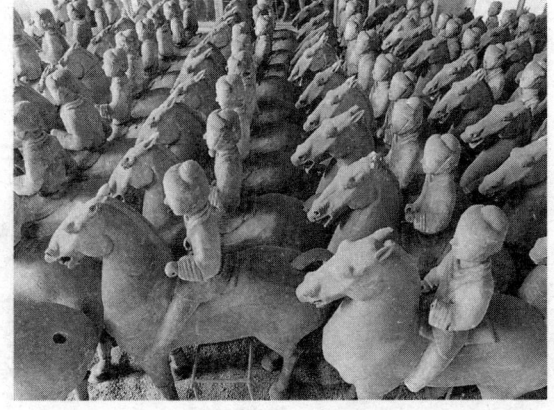

铁路

　　咸阳地处陇海铁路干线和咸（阳）铜（川）线交会处，是陕西境内的大站之一，这里距西安很近，高铁列车15分钟即到。从咸阳上车可达全国各主要省份和各大城市。

公路

　　咸阳与西安相距甚近，乘客车60分钟即到。西安市内始发的许多游览专线车可到咸阳各景区。

主要景点

乾陵

　　在陕西乾县城北6千米处，是唐高宗李治和皇后武则天的陵墓，也是"唐代十八陵"中保存最好的一座陵园。陵区内有17座陪葬墓和百余座大型石刻，另建有乾陵博物馆供游人观览。

▣ 乾陵门票旺季100元，淡季80元，观光车费30元

▲ 在咸阳出土的汉代兵马俑

● **推荐游程**

咸阳汉唐文化二日游：乾陵、乾陵博物馆（永泰公主墓）、章怀太子墓、茂陵博物馆、昭陵博物馆、贵妃墓、咸阳博物馆。

咸阳周边一日游：周陵、顺陵、秦宫遗址、汉阳陵、咸阳博物馆。

● **参考住宿**

汉庭酒店咸阳杨凌示范区火车南站店，标间138元起。电话：029－87032888。

● **乾陵**

🚌 从西安城西客运站乘车，先到乾县，行车约1小时，出站后换1、2路公交车即可到达。

▲ 乾陵一角

● 昭陵

可从西安北站坐高铁至礼泉南站，车票20元左右，后打车前往昭陵和昭陵博物馆。

● 汉阳陵

门票70元，提前一天网上购买65元。

● 茂陵

门票75元。淡季55元。

● 杨贵妃墓

门票45元。

● 咸阳博物馆

门票免收。

● 当地特色美食

有三原千层油饼、泡油糕、石子馍、腊汁肉夹馍、乾县锅盔、白吉饼、箸头面等。

● 当地特色美食街

咸阳的美食街集中在北门口十字街周边。如新兴南路、北大街、中山街等。这里有不同档次的饭店餐馆，食客可以各选所需。

昭陵

地处咸阳市礼泉县东北20余千米处，系唐太宗李世民的陵墓。该陵墓依山而建，周围还有扇形陪葬墓群，规模甚大，气势雄浑，总面积超过2万公顷，被誉为世界上最大的皇家陵园。

门票30元。昭陵博物馆门票40元

汉阳陵

在咸阳市渭城区，是汉景帝刘启及其皇后王氏的合葬陵园，由帝陵陵园、后陵陵园、西北从葬坑、陪葬墓园等部分组成。陵区出土的大量人物及动物陶俑真实、生动形象地再现了汉代的宫廷和社会生活，考古和观光价值甚高。

从西安乘游4路、从咸阳火车站乘5路公交均可到

茂陵

位于咸阳市兴平市东北侧的茂陵村，是汉武帝刘彻的陵墓，也是汉代帝王墓中规模最大的一座。墓中陪葬品十分丰富，因其地上封土为覆斗形，下宽上尖，所以有"中国的金字塔"之称。

西安火车站和玉祥门汽车站均有专线车直达茂陵

杨贵妃墓

在兴平市马嵬镇西侧约500米处，相传是唐"安史之乱"时唐玄宗让杨贵妃自缢后的葬身之处（亦有人说这只是杨贵妃的衣冠冢），墓区内有高约2米的墓冢和杨贵妃的大理石塑像。

西安市内发往法门寺的专线车可到

咸阳博物馆

在咸阳市中心的中山街，有七个陈列馆，主要收藏秦汉两代文物，藏品总数超过10万套，其中以近3000件西汉彩绘兵马俑最出名。

地铁1号线沣河森林公园A口出，坐56路（文旅专线）可到

发烧友特别关照

可以在西安市内的旅游咨询亭购票参加西线一日游，车费旺季60元、淡季40元左右（景点门票由游客自理），一日内游遍咸阳博物馆、乾陵、法门寺、茂陵、黄土风情园等六七个当地主要景点（每个景点是否游览由游客自定），从时间上衡量非常划算。

华山（国家5A级旅游景区）

电话区号：0913 旅游服务热线：8376888 8375999

华山——五岳之中的西岳，位于陕西省华阴市境内，西距西安市约120千米。它南接秦岭山脉，北瞰黄河渭水，位置重要风光奇丽。华山海拔2154.9米，山势如刀削斧劈，其险峻陡峭雄踞五岳之首，自古即享有"奇险天下第一山"之美誉。去华山旅游观光探险猎奇，能给人带来心灵上的强烈震撼和长久回味。

游季

春、夏、秋三季当然适合游览，近年来冬季仍有不少人登山，上山时注意保暖防寒即可（除去必备衣物外，帽子、围巾、手套一定要带上）。

交通

可乘普通火车在陇海线的华山站下，从这里打车20—25元钱即到华山入口处的玉泉院。亦可乘高铁或动车在华山北站下，此地离景区更近，有公交车直达华山入口处的玉泉院。

另外，西安火车站旁的东停车场有华山一日游专车可乘。该车是西安旅游公司的公交大巴（游1路），每小时发1班车，途中不做无谓停留，2小时可到华山。从西安火车北站乘高铁列车，30分钟可到华山北，下车后换公交车，也可到华山。

住宿

华山道口距华山景区入口甚近，道口两侧全是宾馆、饭店，有数十至近百家，高、中、低档一应俱全。华山的几大主峰山上也有数家宾馆供登山客住宿，但条件一般、卫生欠佳且房价不低，冬季亦要100元/间甚至更贵，旺季普间可涨到350元/间以上，加之山上夜晚很冷（冬天住山上必须有电热毯和取暖器），真不如住山下舒适。

▲ 华山西峰拔地倚天

● 景区住宿参考

7天连锁酒店华山景区店，距玉泉院近，上山方便，标间平日百元左右，电话：0913－4651666。

● 华山北峰缆车

旺季上下双程150元（两天有效），单程80元（当天有效），淡季有优惠。山脚下的东山门停车场有小巴直达索道站，车票20元。缆车只到北峰（运行10余分钟），下车后还要步行一大段才能到最高的南峰。

● 华山门票

门票160元，淡季100元。含华山主峰、西岳庙、仙峪3个景区。

● 手套的问题

在山下买副手套戴着爬山是非常必要的，因为扶手铁索上有不少铁锈，天冷时还很凉。

● 千尺幢、百尺峡、老君犁沟

通过此地必须严肃认真，切勿嬉笑打闹，否则极易发生危险（20世纪80年代中期发生的著名的华山抢险的中心现场就是在这里。当时人民解放军军医大学的学员奋力抢救摔伤的游客，留下诸多感人故事）。

● 苍龙岭

在此山路任何一处向下张望，都会令您倒吸一口冷气。

● 华山挑夫

华山上有众多挑夫，负重步走在高山险峰间。他们意志坚韧，成为山上的独特景观。

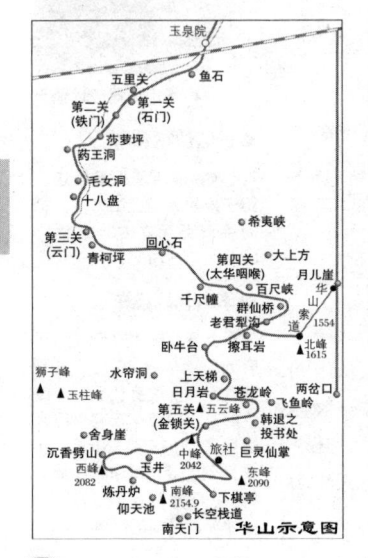

🍴 餐 饮

登山前最好在山门道口处吃个肚圆（道口两侧都是餐厅饭馆），然后买足够数量的肉夹馍、火腿肠、方便面、巧克力和适量的饮水带上，这样可省下大量餐费。华山山上的饭食价格不是很划算（矿泉水5—10元，方便面20—25元、炒饭30元，荤菜要60—70元甚至更贵），但也难怪，山上的东西大部分是挑夫背上去的。

📍 主要景点

西峰

海拔2082米，华山主峰之一，因位置居西而得名，山姿挺拔，刺破烟云，是华山最漂亮的山峰。山顶有摘星台，游人在此凭栏下望，可以将渭河平原尽收眼底。

👉 西峰看着很险峻（从电视或是图片上），但爬起来却并不艰难

南峰、东峰

南峰海拔2154.9米（华山之最），东峰海拔2090米，它们都是华山主峰，也是登高览胜、观赏日出的绝佳胜地。

👉 与西峰一样都是山上最重要的景点，要重点关注游览

千尺幢、百尺峡、老君犁沟

华山登山途中最险峻的三段山道，人称"华山三大险"其中光是千尺幢就有石级370余级，山路陡峭，直上直下，坡度大于60度，游人攀登时要手足并举——脚蹬石梯，手抓铁索方能徐徐上行，此险途令意志薄弱、体质虚弱者望而生畏。

👉 这三个地方站着上可不行，要手脚并用爬上去

苍龙岭

华山山腰上一条细长而高峻陡峭的山脊，因山石呈苍黑色且势若游龙而得名，苍龙岭上有华山巍巍四大主峰，下有深不见底的深谷绝壁，是游客饱览华山险峻神奇之妙地。

👉 走苍龙岭这段路挺费劲，不过山两边的风光还行

上天梯

一道高近10米、坡度达90度的直立悬崖，上有石梯和铁索，游客必须像登山家或攀岩者那样手脚并用、不畏艰险而又技艺高超，才可慢慢翻上岩顶，继续向主峰进发。

推荐指导

可选择步行登山或缆车登山任意一种方式，步行登山可以畅观华山山上多处美景，充分领略华山的神奇险峻，但需要消耗一定的体力。从华山入口处的玉泉院徒步攀登到主峰之一也是最险峻的西峰，一般体力的人少说也要走4—5个小时，山上游览需1.5—2小时（线路为玉泉院—五里关—莎萝坪—毛女洞—青柯坪—回心石—华山三大险—北峰—苍龙岭—金锁关—西峰—南峰—东峰），这样全程上下至少需要10小时左右，意欲当天步行上下的游客切记早上早些出发，晚于9:00出发会给一天的游览带来仓促和被动。宽松舒适的玩法是步行上山（早上从西安过来也来得及），全天在山上观光，夜宿山上。次日清晨看日出，然后继续在山上观光，中午时下山。

体力欠佳的人可选择索道上下，华山现有两条观光索道，其中北峰索道（三特索道）是从山下至北峰，西峰太华索道从山下到西峰。上下全乘缆车虽然省劲但无法深切体会华山之险之美，所以笔者建议即使乘缆车也只乘半程，留下半程步行游览（体力充沛者最好上山时步行，因为山路很陡，有华山特色），仔细领略品味山上的各处美景，也充分体味一下攀登西岳的危险和艰辛。体力差的人缆车上、步行下是明智选择。另外近年比较时兴的方式是西峰索道上，北峰索道下，这样先上到较高的西峰，再走到低一些的北峰，大部分是下坡路，会玩得更加轻松和开心。

👉 如果上下都乘缆车，那7个小时左右可游览华山山上的主要景点。笔者认为从西峰索道上山，之后步行观光，然后走到北峰索道乘缆车下山是较佳选择。这样既节省了体力，又看到了山顶上的大部分景点。而从西峰索道上，在山顶观光后全程步行下山是绝佳选择，这样可以看全华山上的所有景点

夜游华山

许多背包旅游客愿意在夜间登华山，以便在清晨观日出，此举挺新奇刺激，但必须小心登攀，以保安全（山路间有路灯照明）。上山时切记携带手电、手套及御寒衣物（帽子、围巾、手套亦不可少，尤其是秋、冬、春季）和充足饮料、食品。夜游的另一个好处是爬山时看不见两边的险状，胆子会大一点；而且爬一晚山后正好可以看日出。

▲ 西峰陡壁悬岩

华山风光总体评价

游华山主要是领略它的雄奇和险峻，山上岩石的奇特美观程度和云海日出的瑰丽程度都比不上黄山，也没有黄山迎客松和送客松那么漂亮的古树，但是华山的陡峭山路、悬崖绝壁和千丈深谷都可令登攀者惊心动魄甚至永生回味。

👉 直达华山西峰的索道已经建成了。索道长约4200米，高差894米。从山下的游客中心乘景区摆渡车到索道站下，车票单程40元。索道上行旺季140元、往返280元。淡季乘坐有优惠

🎒📷 旅行家指导

①前些年华山景区旅游开发秩序欠佳，游客对景区的管理和服务评价不太好，现在大有改观。但是游客在景区内消费时仍应问清价钱，以免产生不必要的纠纷；如遇合法权益遭侵害，坚决立即找有关部门投诉，不要姑息"害群之马"。

②山上的食品和饮水都较贵，山顶的许多就餐点中馒头3—4元/个，米粥6—8元/碗，米饭10元/碗，面条20—30元/碗/碗尚不能完全吃饱，炒菜当然就更贵了，因此在山下购买可节省不少钱。

③华山东峰旁有两处险境：鹞子翻身和长空栈道，风光虽美但行走困难，年轻力壮者通过不算太难，但身体欠佳者最好急流勇退，确保安全（走长空栈道安全带租赁费30元/人）。

自助游中国 → 西北地区

延安

电话区号：0911　旅游服务中心：8073373　宝塔山景区：8080707　延安革命纪念馆：8213694

延安位于陕西省中北部，自古就是军事要塞，素有"塞上咽喉"之称。作为抗日战争和解放战争时期的中共中央所在地，这里有宝塔山、清凉山、枣园、王家坪、杨家岭等多处革命遗址，黄土高原独特的地形地貌和浓郁的陕北民俗风情同样奇异迷人。周边的黄帝陵和壶口瀑布也是闻名海内外的佳景。

▲ 延安革命纪念馆

● **从机场到市区**

机场大巴票价20元。5路公交车票价2元。

● **发烧友特别关照**

①有些个体运输司机和路边餐馆的店主对待外地游客不一定都诚实友好，因此乘车或用餐时应对开车时间、票价及饭菜质量、价格做适当咨询核实，以免发生不快。
②陕北的山间公路多曲折迂回，行车很费时间，游客乘车时应注意尽量提早出发，千万不要时间卡太紧，那样有可能延误自己的行程。

● **气候与游季**

延安年平均气温在10℃，最冷的1月份均温为-5℃，最热的7月份均温为22℃。这里冬季寒冷，春天有风沙，夏天还算凉爽，秋天游览效果最佳。对于附近的壶口瀑布来说，7—8月雨季时前去可能会有最佳观光效果。

交通

航空

延安南泥湾机场距市区11千米，有航班飞往西安和北京、上海、重庆、广州等各大城市。延安航空售票处电话：0911-2111111，机场电话：0911-8812288。

铁路

延安火车站位于市区七里铺，从市内乘1、11、12路等均可到。从北京、上海、石家庄、郑州、南京、苏州、西安、榆林、神木、安康等城市乘火车都可直达延安。从西安到延安的动车最快只需2.5小时，车票86元起。

汽车南站电话：0911-2491167

公路

延安汽车站有开往省会西安和省内各市县及周边省份的客车。其中到西安市大约4—5小时车程。西安到延安的客车白天基本上30分钟一班，车票80—90元。

住宿

延安城内宾馆、酒店有多家，条件参差不齐。有位置和地势甚好的新世界大酒店，标间200元左右，电话：0911-2985888；高地华苑大酒店，电话：0911-7778888；延安宾馆，电话：0911-2133333等。另有一家新开的窑洞宾馆是窑洞式建筑，颇有特色和新意，平日标间270—500元。普通招待所、旅馆中可方便地找到40—60元/间的住处，但条件只能勉强说得过去。

餐饮

陕北风味食品有猫耳朵、荞面、莜面、陕北大烩菜、猪肉粉条、肉夹馍、羊杂碎、洋芋擦擦、甘泉豆腐、小米粥等。一般餐馆中多面食，饸饹面、臊子面、青拌面，价钱不贵，量也大。宾馆餐厅中的饭食基本上能与北方其他地方接轨。

主要景点

宝塔山

位于市区以东的延河之滨。因山上建有一座高44米的唐代宝塔而得名，它是中国革命圣地的象征，亦是延安城区位置最佳的山岳风景。登上宝塔山巅可览四周三山夹峙、中间河水蜿蜒的延安城全貌。

清凉山

位于延安城西北，山势高峻、风光秀丽，自古就有"金山胜景"之美称，山上有万佛洞石窟、范公祠、月儿井、撒珠坡等景点。在抗日战争和解放战争时期，新华社、解放日报社、中央印刷厂等重要机关都设在此地。因新华广播电台每日在这里向全国播放广播节目，影响甚广，直接推动了抗日战争、解放战争的发展，因此，延安人至今还称该山为"广播山"。

杨家岭

1938年11月至1947年3月，毛泽东等中央领导和中共中央机关曾在此居住办公，主要参观点有中央七大会址及延安文艺座谈会会址等，后面的小山坡上有毛泽东、朱

●当地交通
公交车上车1—2元，出租车起步7元。

●住宿关照
延安宾馆是当地最好的宾馆之一，因常接待政府客人故房价较贵，有时标房价会达到350元以上。而凤凰迎宾馆的级别差一些，房价也便宜，标间200元以上。

●小吃一条街
市区回民街上小吃店、小饭馆不少，当地特色小吃品种齐全。

●宝塔山
步行或乘K7、K13路等汽车可到。
门票60元。
登塔观光另收10元。

●清凉山
从城市步行或乘1、3路汽车即到。
门票40元。

● **最佳摄影点**

每天下午到延河大桥西侧北岸，借着夕阳余晖拍摄大桥和宝塔山，画面及光线最佳。

● **南泥湾**

在从延安去壶口的途中会路过南泥湾，这里一改陕北的干旱、贫瘠，许多地方有清水、有稻田，真是"陕北的好江南"，可下车观光拍照。

● **黄帝陵**

从西安乘动车，1小时可到。西安火车站前广场的汽车站上车，车程4小时可到黄帝陵。从延安乘客车到黄帝陵约需2小时。门票75元。

● **壶口瀑布**

景点参观票100元／人。
黄河边有多家宾馆、招待所可住宿。
延安客运南站每天早晨有客车去壶口，车程约2小时。

● **另荐景点延安革命纪念馆**

延安革命纪念馆，在王家坪。外观高大气派，馆内藏品丰富。市区有K1、K2路等公交车抵达，门票免费。

● **看《延安颂》歌舞表演**

晚8:30在延安大礼堂上演，门票150元／人。

德、周恩来、刘少奇等中央领导的窑洞旧居。

🚌 K1、K13路等车可到　💰 门票免费

枣园

距延安市区8千米，1943年至1947年是中共中央书记处的办公地点，中央主要领导曾在此居住并参加大生产运动。周恩来等领导同志曾在此亲身参加纺线劳动，给军民极大鼓舞。

🚌 K13、K16路等车可到　💰 门票免费

王家坪

1937年至1947年中共中央军委和红军总司令部所在地，有毛泽东、朱德、彭德怀等中央领导旧居和由陈列大厅与六个展厅组成的革命纪念馆，后面的小山上有当年为躲避轰炸而修的防空洞亦可参观。

🚌 K1、8、K13路公交车可到王家坪　💰 门票免费

凤凰山

延安四大名山之一，坐落在市中心，是登高览胜，俯瞰延安城全景的绝好地点。在山上看到的延安夜景非常动人。

🚌 K208、K19路车可到　💰 门票免费

另荐景点

★ **黄帝陵（国家5A级旅游景区）**

位于延安以南200千米的黄陵县，系史载华夏祖先黄帝的葬地。陵区面积约4平方千米，山环水抱、林木葱郁，宫殿建筑雄伟，有汉武仙台和世界柏树之父"黄帝手植柏"。这里每年都要举办大型祭祀活动。

★ **南泥湾**

南泥湾供游人参观的有当年开垦的大片梯田、南泥湾大生产运动展览馆、毛泽东视察南泥湾时的旧居、九龙泉和烈士纪念碑。

推荐游程

D1. 游延安市内，看宝塔山、王家坪、延安革命博物馆、杨家岭、枣园、凤凰山、清凉山等名胜。

D2. 去壶口观飞瀑秀色然后取道临汾、太原或西安返回。

时间充裕者可先行游览西安及周边景点，再向北行进观览黄帝陵，而后抵延安观光，再去壶口观飞瀑，这样游览会非常精彩圆满。

黄河壶口瀑布

电话区号（陕西）：0357　景区咨询电话：7955000（山西一侧）　0911-4838030（陕西一侧）

壶口瀑布位于晋陕交界处，虽然落差不太大但河床宽，丰水期河水流量大且流速快（因河床骤然变窄并下陷，历史记载最大流量为9000立方米/秒，相当于每秒钟有9000吨水往下砸），所以该瀑布黄雾弥漫、涛声震天，场面甚为壮观，场景非常动魄惊心——"金涛澎湃，掀起万丈狂澜"就是对壶口瀑布最生动形象的描绘。

近年来壶口瀑布水量略有减少，但"飞黄"和其他形式的活动却有增无减，许多大型影视剧也来此拍外景，所以该地依然是壮观而又诱人的观景胜境。

游客可从三个方向去壶口游览

①先乘火车到山西临汾，然后在高铁站平阳广场、鼓楼广场换直通车2小时就到壶口。也可坐临汾到吉县的汽车（临汾尧庙站每小时至少一班，行车1.5小时可到），抵吉县后换车，1小时即到壶口。吉县去壶口包车80—100元。也可从临汾拼车去，4人打车人均200元（含景区门票）即可往返。

②从陕西西安方向去，西安到壶口的公路路况很好，行车3—4小时能到。西安纺织城客运站每天上午有客车直达壶口。

③从陕北延安方向去，延安汽车南站每天早晨和下午至少各有一班客车（电话：2491167）到壶口景区，行车3小时可到。亦可先从延安到宜川，再转车去壶口。从延安包车到壶口需450—500元。

游览提示

①在壶口观瀑布有2个小时即可，山西和陕西一侧的门票均为100元，陕西景区观光车往返收费为40元/人，山西一侧往返车费20元。如欲细观不同时间不同光线下的瀑布秀色，可住在景区旁边。黄河两岸均有一些宾馆酒店，其中山西一侧的壶口瀑布大酒店级别挺高，标间约为280元/间；黄河壶口饭店条件也很好。陕西一侧有观瀑坊大酒店，条件尚好但房价不便宜，平日面向黄河的房间议价后也需400元以上，背向黄河的房间便宜100元左右，淡季可适当打折。电话：0911-8376888。其他一些中小旅馆房价只需几十元。另外在与壶口相邻的山西吉县和陕西宜川县都有不少便宜的宾馆旅店可供住宿。

②从观赏拍照的角度说，山西一侧和陕西一侧有些区别，一般人的共识是要看黄河上游来水量的大小——水大时山西一侧好看，水小时陕西一侧好看。但是从拍摄用光的时间上考虑，上午山西那边是顺光，下午陕西这边是顺光，拍摄者应视情况掌握。

③枯水期尽量不要去壶口，壮观程度大大降低，但严冬时节的满河冰凌花百态千姿，非常好看。

周边景点
苏三监狱
地处山西洪洞县境内，是有600余年历史的明代监狱，据传是当年囚禁苏三（京剧《玉堂春》主人公）之地。狱内阴森恐怖，游客观后感到压抑。门票40元。

洪洞大槐树寻根祭祖园
大槐树在山西洪洞县城北的广济寺旁，据说是汉代所植，因明永乐年间这里被当作大规模移民的出发地而闻名。现存的大槐树已是古槐繁衍出的第三代，树边的碑亭内有记录古代移民事件的碑刻。门票80元。

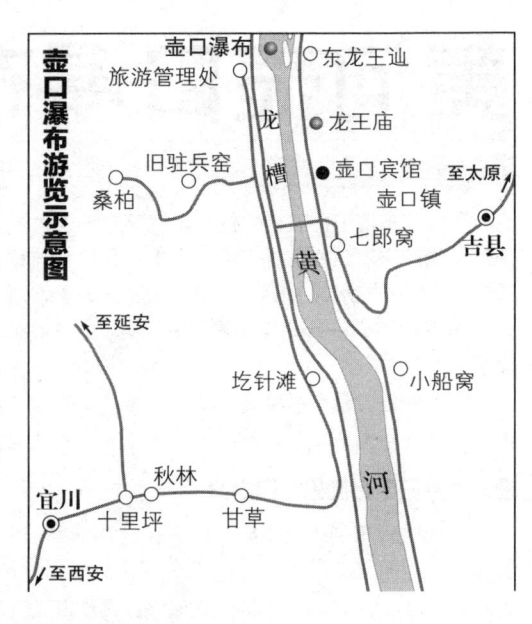

☞ 从高铁洪洞站下车，坐26路转5路公交即到大槐树景区

壶口瀑布游览示意图

旅途小花絮

黄果树瀑布和壶口瀑布哪个更美
黄果树瀑布是中国第一大瀑布，壶口瀑布是中国第二大瀑布，论级别名气，它们都可以算是名扬全国、声震海外；可若是要问：它们二者哪个更美？这就不太好回答了，因为它们两个完全不是一个路子。

黄果树瀑布很美观、耐看，并且经得起长时间的仔细端详。您第一天去看觉得很美，第二天第三天再去仍然会觉得它风采依然，这种美观好看是用美学上的标准来衡量的，它主要作用于人的视觉和感官。

而壶口瀑布则不同，它惊涛澎湃、浊浪翻卷，具有一种摧枯拉朽、气吞山河般的磅礴和威严。在壶口飞瀑，会令您心潮激荡、浮想联翩——黄土高原的文化、中华民族的摇篮、抗日战争的烽火、《黄河大合唱》那撼天动地般的惊呼呐喊……从古至今诸多思绪会全都一齐涌来，在您的心灵和脑海中奔腾翻卷，那一刻，您一定会被壶口飞瀑的壮观所打动折服，也一定会在河边良久伫立，流连忘返。

综上所述，笔者以为黄果树瀑布的"好看"来得更简明直接，而壶口瀑布给人引起的思考和联想则更加丰富久远；看黄果树瀑布得到的是视觉上的美感，观壶口瀑布则感受到的是心灵上的强烈震撼。

▲ 壶口瀑布

甘肃省
GANSUSHENG

黄金旅游线路

① 兰州—张掖—嘉峪关—酒泉—敦煌
② 兰州—天水（麦积山、崆峒山）
③ 兰州—甘南（夏河、临夏、玛曲）

甘肃省地跨青藏高原、内蒙古高原、黄土高原三大高原之间，北与蒙古国接壤，国内与内蒙古、宁夏、陕西、四川、青海、新疆六省/自治区为邻。从地图上看，甘肃省的形状很奇特，中段狭细、两头浑圆，很像精巧玲珑的如意。甘肃省是我国旅游较发达地区之一，驰名中外的"丝绸之路"贯穿东西，留下了许多著名历史人物的足迹和丰富多彩的文物名胜。省内有鸣沙山、麦积山和崆峒山三个国家重点风景名胜区，有敦煌、天水、武威、张掖四座国家历史文化名城，有莫高窟、嘉峪关等10多处国家重点文物保护单位。甘肃省的景点排列很有序，它们均沿兰新线顺序排列，宛如被一根金链穿起的颗颗珍珠；甘肃的地形地貌和自然环境差别甚大，西部尽是戈壁荒滩贫瘠且荒凉，而东部的甘南草原水草肥沃，崆峒山绿荫如海，显示出无尽的丰饶和富庶。

到甘肃旅游，您的见闻感受会很纷繁很丰富——祁连雪山、大漠戈壁展示的是粗犷辽阔和壮美；敦煌、麦积山的石刻壁画则尽情展示着华夏文明的幽深底蕴；而沿黄河故道和古代丝绸之路穿行，您又会因为心潮思绪穿越时空而倍感历史岁月的沧桑和凝重。

▲ 走向鸣沙山（甘肃敦煌）

自助游中国 > 西北地区

兰州

电话区号：0931　旅游投诉：8826860　炳灵寺石窟：0930-6912105

兰州是沿古代丝绸之路寻古访胜的游览热点，也是游客到甘肃游览的重要集散地。滔滔黄河从市中心穿流而过，造就了依山傍河、浩荡而雄浑的城市总体气势。而滨河路绿色长廊、中山铁桥、黄河母亲塑像、白塔山、五泉山等城区景点则在山区、河畔分布，把兰州城装点得活泼生动而秀美，市区周边的刘家峡、炳灵寺是西北地区重要的风景名胜；而夏秋时节成熟的各类瓜果和城中四季飘香的伊斯兰风味美食更让八方来客垂涎欲滴。虽然这里的气候欠温和，但是鲜明的城市特色依然可以使兰州在西部旅游城市中占有一席之地。

● 笔者关照

去兰州前一定要把在甘肃和西部的行程计划好，因为兰州的风光在甘肃境内并不算十分出众。南下夏河，东奔崆峒山、麦积山，西去嘉峪关、敦煌，才能看到甘肃最好的风光。

● 从兰州到西宁

普通特快和直快列车行驶只需3个小时，而动车1小时即可到达。

● 如何品尝牛肉拉面

兰州市内到处都是拉面馆，但笔者建议您一定要去马子禄牛肉面馆吃拉面。兰州市区内有多家马子禄牛肉面的连锁店，拉面8元/碗，牛肉100元/斤，拉面和牛肉的质量比其他的拉面好许多。可以说，没去过马子禄，就没尝过正宗牛肉拉面的味道。

▲ 黄河中山铁桥是兰州市的标志性景点，这是铁桥南端桥头和黄河第一桥石碑的画面

● 气候与游季

兰州深居内陆，地处季风气候区与非季风气候区的过渡地带，是典型的温带半干旱大陆性季风气候区，冬季漫长天气较冷，夏天短促气温尚高，秋季温度下降快（尤其是冷空气过境时），总体上是气候干燥，日照充足且昼夜温差较大。去兰州旅游的人应考虑带件厚外衣，以备不时之需。

☞ 还是5—10月份去兰州观光吧！可以玩得舒服又开心

● 交　通

☞ 机场大巴可到兰州市区的兰州大学旁边，车票30元/人

航空

中川机场位于市区西北70千米处，现已与北京、广州、上海、西安、南京、乌鲁木齐等各大中城市通航。民航售票处、富力万达文华酒店门前有往返于机场的大巴班车。

铁路

兰州与北京、上海、成都、南京西、乌鲁木齐、呼和浩特、广州、西安、西宁、格尔木、嘉峪关等地对开始发客车，也有许多列车在兰州经停。兰州与西宁间的城际动车1小时即到。

火车站查询电话：0931-4922222

公路

兰州有汽车东站、南站等多个长途汽车站和客运中心。有多班汽车开往乌鲁木齐、天水、平凉、金昌、张掖、嘉峪关、西宁、格尔木、湟源、银川、吴忠、中卫、郑州、延安、固原、西安等城市，甚至还有到东南沿海各市的大巴。

汽车东站电话：0931-4562222　汽车南站电话：0931-2914066

市内交通

兰州市公交系统非常发达，多数公交车起价1—2元。出租车10元/3千米。市内交通很便利。

住宿

高中档宾馆和普通酒店、旅馆均多。主要有五星级的阳光大厦，四星级的飞天大酒店、国际大酒店，三星级的金城宾馆、兰州饭店、友谊宾馆，二星级的兰州大厦、铁道宾馆、迎宾饭店等。一般宾馆中的标间在100—160元，而普通宾馆、酒店内80—100元的标间也很常见。如火车站附近的速8精选酒店中标间138—178元（0931-8617000），而条件尚好且房价便宜的兰美居酒店（标间百元出头）也可适度关注，电话：0931-8175655。

餐饮

城内遍布清真和其他风味的餐馆，特色风味美食有烤羊肉、唐汪手抓羊肉、金鱼发菜、面岁鸡、马大胡子羊羔肉及当地特有的牛肉拉面和胖妈妈羊肉面片等，尤其值得一提的是这里的牛肉拉面特色鲜明且味道正宗，是当地最物美价廉的大众美食。特色小吃有臊子面、千层牛肉饼、陈春麻辣粉、酿白兰瓜等。

主要景点

滨河路绿色长廊

亦称滨河公园或"黄河外滩"，是兰州市内兴建的东起雁滩旧桥、西至秀川河滩，长达20余千米的沿河带状风景区。沿途风光优美且景点众多，有不少玲珑花园和

● **从火车站到黄河边**

从兰州火车站出站后即可见到很大的站前广场，这里公汽四通八达，可到兰州各个城区。从广场前的天水路向前走，一会儿就可以到黄河边观赏美景了。

● **兰州汽车南站**

去甘南、夏河、临夏、合作在这里上车。

● **当地商务酒店住宿参考**

①世纪星商务酒店，条件尚可，房价适中，电话：0931-8738666。
②坤逸精品酒店，条件不错，房价不贵，电话：0931-8236688。

● **用餐提示**

兰州物价上涨明显，5—10元/碗的普通牛肉拉面中没有几片肉，要有心理准备。

● **特色餐厅**

①马子禄牛肉面，大众巷这家主营正宗牛肉面，味道不错，在当地颇有知名度。
②民族餐厅，在张掖路，主营牛肉拉面及兰州风味饭菜。
③金鼎牛肉面馆，在平凉路，主营牛肉拉面和其他风味菜。

● **推荐美食街**

大众巷小吃一条街位于市中心张掖路与黄河之间，有马子禄牛肉面等特色餐馆，应关注。

●推荐步行商业街
张掖路，热闹非凡，有多家商厦店铺，游人可前去餐饮、购物、娱乐。

●滨河路绿色长廊
河边观光点可选从雁滩旧桥到中山桥、白塔山、水车园、黄河母亲雕像的一段。许多园区免费进出。

●甘肃省博物馆
乘1、31、32、53、58路车皆可到。

●刘家峡
抵达水库库区后，建议打车去游船码头（路程约10千米），再换船去炳灵寺观光。

●另荐景点：鲁土司衙门
在永登县城西南约65千米处，由衙门、花园、妙因寺三部分组成。是寺院众多、规模庞大、修饰精美的古建筑群。其建造水平之高在我国西部地区所罕见。
可从兰州汽车南站乘车前往。门票20元。

精美雕塑，随处可见依依垂柳和亭台楼阁，素有"绿色旅游长廊"之誉，是兰州城区深受人们喜爱的大型公众游览胜地。
¥ 水车博览园门票免收

黄河铁桥
在兰州城北的白塔山下，又称"中山桥"和"天下黄河第一桥"，是兰州市区的标志性建筑。始建于清朝光绪末年，耗资达30万两白银。桥梁共有四座桥墩和多座钢架拱梁，凌空跨越黄河，颇具矫健威武之风姿神韵。
¥ 门票免收

白塔山公园
地处兰州市区北侧的著名园林，因山头有一座白塔而得名。山上有三处大型建筑群，位于山巅的白塔高近17米，通体洁白，身姿挺拔而秀美。由于这里前临黄河，所以是登高俯瞰河区美景和兰州城全貌的理想地点之一，是游客来兰州后必游的重要园林佳景。
¥ 门票免收

五泉山
兰州市区南侧皋兰山北麓具有2000余年历史的传统园林。园内有惠、甘露、掬月、摸子、蒙五眼名泉和殿堂达千余间万余平方米的古建筑群，其中蝴蝶亭、金刚殿、大

▲ 黄河上的中山桥

雄宝殿、千佛阁等古庙依山就势排列、层层相叠颇为密集气派。每年春季的游山庙会期间有各类法事和民俗活动，热闹非凡。

💰 门票免收

甘肃省博物馆

坐落在兰州七里河区，建筑面积达18000平方米，共有13个展厅，是甘肃省内最大的博物馆。馆内收藏文物超过10万件，其中享誉海内外的有长8米、高4米的黄河古象完整化石和铜质"马踏飞燕"雕像（系馆中的"镇馆之宝"）等。

👉 门票免收，需预约。馆藏丰富，值得一看

刘家峡

位于兰州西南约80千米处，因截留黄河而形成的大型水库，高峡出平湖，湖区水质清澈与下游黄河的混浊水质形成鲜明对照，库区两岸有许多挺拔高山，湖光山色宜人。游客乘船飞驰于湖面，颇感景色壮观迷人。

👉 兰州小西湖汽车站有客车直达，车程约1.5小时，车费25元

炳灵寺石窟

地处刘家峡水库边永靖县境内小积石山的大寺沟内，共有石雕造像694身（尊），反映了我国古代前后六个朝代西北地区的风俗风情和社会风貌，颇具历史和考古价值。其中第169号窟开凿在悬崖坑处，佛像颇为高大气派，是我国石雕艺术中的瑰宝。

👉 从刘家峡水库乘船（快艇）可到炳灵寺，船费往返160元／人。

💰 门票50元

榆中兴隆山

在距兰州市区45千米处的榆中县境内，两侧有兴隆、七云群峰夹峙，中央有大峡河欢流，山间有浓密山林和淙淙泉水，绿荫掩映、云雾缭绕，其风光之柔美灵秀在气候干旱、黄土裸露的陇中高原上实为罕见（门票东、西山各40元，缆车单程60元）。

👉 可先从兰州东港地铁站乘K901路公交车到榆中，再换6路公交车前往。节日兰州市区有专线车直达

● 夜游兰州

傍晚的黄河滨河公园是很美的地方。兰州滨河路东西长数十千米，东起雁滩公园，西至矗立黄河母亲雕像的滨河公园，仿佛上海的外滩。在夜晚凉爽的风中随意漫步，听着黄河水浪打浪，看着岸上建筑物上的五彩灯光和河边休闲的人群，挺温馨挺舒服的。

● 推荐游程

常规线路二日游：
D1. 黄河铁桥—甘肃省博物馆—五泉山公园—白塔山公园—市区观光
D2. 兰州—刘家峡—炳灵寺石窟

● 其他游览方式

市内名胜一日游：上午沿黄河滨河路参观中山桥、黄河风光、白塔山公园、水车园、城市雕塑群，而后赴甘肃省博物馆参观；下午游览五泉山公园、市内购物，晚饭后游兰山公园，欣赏兰州夜晚风光。

橡皮艇探险漂流一日游：兰州河口至黄河大桥段或吴家园至皋兰什川吊桥段。

兰州穆斯林民俗专访半日游：参观桥门清真寺、西关清真寺、小西湖，品尝小吃。

▲ 炳灵寺石窟

自助游中国 西北地区

天水

电话区号：0938　麦积山景区：2236316　崆峒山景区：0933-8510202

　　天水是位于甘肃东南部的省内第二大城市，因"天河注水"的传说而得名。相传华夏始祖伏羲就诞生于此，所以这里又有"羲皇故里"之称。天水有多处享誉中外的古迹名胜，尤以与敦煌莫高窟、龙门石窟、云冈石窟齐名的麦积山石窟最负盛名。市区内的伏羲庙、周边的甘谷大象山、平凉崆峒山也是陇东陇南地区不可多得的奇异风景。

● **笔者关照**

虽然不是国内"超一流"的风景名胜，但是麦积山和崆峒山的风光在甘肃省内应属上乘，风景特色亦较鲜明。所以在此逗留1—3日，观赏上述两山及当地其他景区还是值得的。尤其是游毕甘肃和陕西的其他风景后再来天水，游览效果应该令人满意称心。

● **可爱的6路公共汽车**

从天水火车站乘6路公汽走高速路，半小时即到市中心的秦州大厦广场，车票3元，一下子就可以融入天水城市生活的"主旋律"中。

● **关于21路公汽**

此车线路途经天水主要街区，可乘坐观览市容。

▲ 麦积山石窟

气候与游季

　　天水市区海拔1100米，属温带大陆性气候，城区附近属温带半湿润气候，年平均气温为11.5℃。每年8—11月是天水市最佳旅游季节。

交 通

航空

　　天水机场在市郊15千米处。每周有飞往兰州、西安等多个城市的班机。

天水机场电话：0938-2652000

铁路

　　天水站位于陇海线上，北京、郑州、上海、济南、商丘、青岛、无锡等东部城市及西安、重庆、成都通往兰州及其更远地段的列车均在天水停靠。而从兰州乘高铁列车到天水（天水南站）大约只需要1.5小时。天水火车站位于麦积区，距市中心秦州区近20千米车程。

甘肃省 天水

▲ 麦积山奇异山姿

公路

有多班客车发往兰州、西宁、定西、临夏、平凉、银川及西安、洛阳、汉中等城市。还有专线车开往崆峒山等周边景区。

住宿

主要宾馆酒店有天水宾馆、天水迎宾馆、麦积大酒店、虹桥宾馆等，房价比一般中等城市略低。普通旅馆内的房价可以低到40—50元/人。

餐饮

风味小吃有面皮、凉粉、张川羊羔肉、张川锅盔、浆水面、呱呱等。其中以用十余种调料调味的面皮和用荞麦粉做成的呱呱最为常见和口味诱人。另外甘肃和陕西风味的餐馆在街上随处可见，游客可随意光顾。

主要景点

麦积山石窟（国家5A级旅游景区）

在天水东南约70千米处，因山的形状酷似堆积的麦垛而得名。始凿于十六国后秦时期（约公元384年），后又经历代开凿扩建，迄今共有洞窟194个，石雕、泥塑像超过7000尊，因其形神各异且活泼生动，所以麦积山又有"东方塑像馆"之称。主要洞窟有牛儿堂、万佛堂、天堂洞、七佛阁、123窟等。

🎫 门票110元含观光车费。参观某些石窟另收费

伏羲庙

坐落在天水市秦州区，始建于明弘治三年（1490年），相传是为祭祀伏羲和神农氏而建。全庙占地6000余平方米，有牌坊、主殿、月台等主要建筑，是全国最大的伏羲祭祀建筑群。每年农历正月十五和五月十五庙内均有盛大祭祀活动。

🚌 在天水市区，步行或乘21路可到。 🎫 门票20元

● 当地宾馆酒店

①天水大酒店，大众路，标间138元起，电话：0938-8288948。

②汉庭万达广场店，条件不错，房价适中，电话：6826668。

● 景区住宿参考

麦积山住宿：山下的贾河村有不少民宿客栈条件尚可，房价不贵。这里还有不少温泉度假村，如位于34路车总站旁的街亭浴庄，带有温泉池的标间160—200元。

● 另荐景点：南郭寺

位于天水市区以南约2千米处。寺内有东、中、西三个大院和两棵千年古柏树。寺旁的山顶上是眺望天水全景的绝好地点。从市区乘9路公交车可到。门票免收。

石门山

在距天水市麦积区东南50千米处（距麦积山约15千米），因有两山夹峙形如天然石门而得名。这里既有壁立千仞的险峡山景，又有重叠错落的庙宇阁台，风景特色鲜明而迷人。

◎ 可从天水麦积区火车站乘52路公交前往石门山。 ¥ 门票40元

崆峒山（国家5A级旅游景区）

位于平凉市以西约11千米处，面积约30平方千米的范围内有大小山峰数十座，其中最高峰海拔2123米。山区内有崆峒宝塔、蟠龙石柱等多处名景，以8台、9宫、12院为代表的古建筑群40余座，是国家级重点风景名胜区，亦有"国内道教第一名山"之美称，风光很美，笔者力荐。

¥ 崆峒山门票110元，淡季55元。观光车费单程48元、索道单程50元

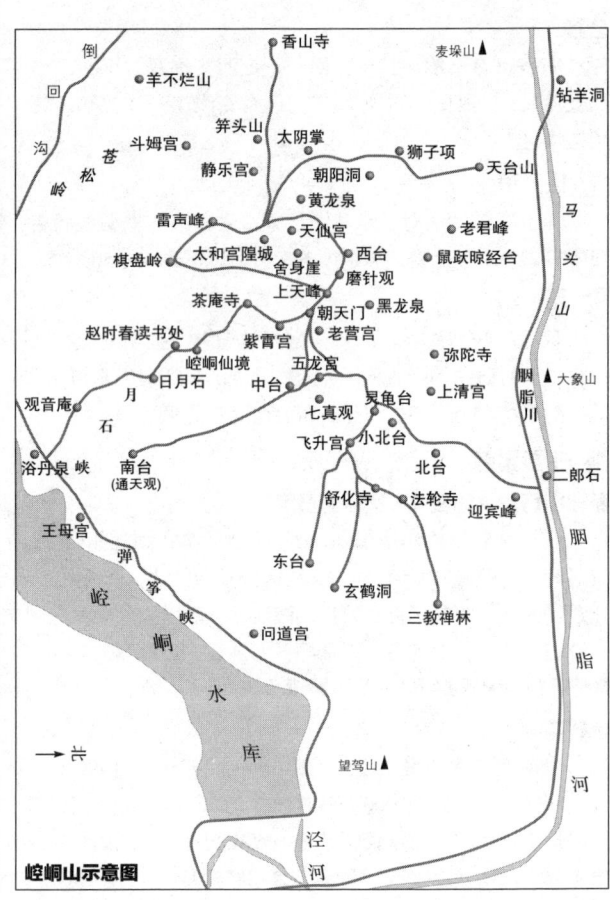

● 麦积山石窟

从天水火车站前乘专线34路车可到，车程近2小时。亦可包车前去，车费90—120元。

石窟内禁止一般游客摄影，如有特殊需要须与景区联系。

● 崆峒山

可先从天水乘客车到平凉，天水市内的南湖剧院汽车站和长客站都有客车开往平凉。每天客车有多班，车程约需4小时。抵达后再换9路或13路公交车到崆峒山。

● 另荐景点：玉泉观

位于天水市秦州区城北天靖山麓的庞大道教宫观建筑群。因观内有玉泉水而得名，为古代秦州十景之一，也是闻名中外的道教洞天福地。

市区有24、26、83路公交车可到。门票20元。

● 天水二日游

D1. 麦积山石窟—仙人崖—石门山。

8:00从火车站广场乘旅游专线车到麦积山风景区，或打出租车，10:00以前可到麦积山。上午上山游览石窟，大约2个小时后，可从麦积山乘车到仙人崖，车费5元，最后再打车或包车去石门山景区。下午乘车回北道，晚上可逛一下北道，尝风味小吃。

D2. 玉泉观—伏羲庙。

在天水市内游览，早上到位于秦州北部的玉泉观，下午去伏羲庙，若是正值伏羲文化节期间，可以看到人们朝宗祭祖的热闹场面。

崆峒山示意图

甘肃省 甘南·夏河·郎木寺

甘南·夏河·郎木寺

电话区号：0941　拉卜楞寺：7121095

　　甘南位于甘肃、青海、四川三省的交界处，一反甘肃省其他地域的贫瘠荒凉，这里有温润的气候和辽阔壮丽的自然风光。藏传佛教格鲁派（黄教）六大寺院之一的拉卜楞寺精美辉煌，桑科草原绿海无边，盛夏时节灿烂花海迎风绽放。更有那蔚蓝如洗的天空、洁白无瑕的云朵和散落在高原草甸上像白云铺地、宝石闪亮般的成群牛羊。藏庙中寓意精深的优美壁画和纯朴藏族同胞们的纯真笑脸亦会在您的心灵和脑海中留下难忘印象。甘南——一个令人心驰神往的美丽地方。

气候与游季

　　甘南地处青藏高原边缘，平均海拔在3000米左右，常年气温较低，年平均气温只有4℃。夏季这里气温一般保持在15℃—30℃之间，草原上山花烂漫，景色宜人；而每年春节过后的正月初八至十六是甘南地区各大小寺院举行法会的日子，也是最热闹的时候，届时藏

▲ 郎木寺风光

传佛教的各种活动可以让您大饱眼福。所以到甘南旅游的最佳时间是冬夏两季。另外由于高原气候变化无常，时有疾风骤雨降临，所以应考虑适当带上保暖衣物和雨衣雨鞋，且夏秋时前去还应携带防晒用品用具。

重要节庆

　　每年正月和七月是拉卜楞寺举行大法会的时节，正月法会在藏语中又称为"毛兰姆"，时间从农历正月初三到正月十七为止。七月法会的会期是在农历七月初八，在这天前后半个月之内，寺内会举行辩经、"乐劝法"法会以及晒大佛等活动，届时还将有话剧、法舞等表演，远近的信徒云集于此，人山人海，场面非常热闹。

● 从四川若尔盖进入甘南也方便。若尔盖每天有数班客车到合作市，到郎木寺的各类机动车极多

交通

　　从兰州去甘南最方便，兰州汽车南站（电话：0931－2392525）每日有多班客车开往甘南旅游的中心夏河，车程3.5小时，车票75元。亦可从兰州先到临夏再换车去夏河，临夏到夏河车程约2小时。夏河与周边的合作等市县交通亦尚属方便。

甘肃省

● 笔者关照

合作市是甘南藏族自治州首府，但夏河才是旅游中心，这里的主要景点景区有拉卜楞寺、桑科草原、白石崖等，周边的郎木寺也有显赫名声。此外从郎木寺乘车向南可入川经若尔盖直到九寨沟，这也是近年来颇为游人关注的游览线路。本书后面有该线游览较为详细的介绍，可供参考。

● 从甘南到成都

沿线主要景点玩遍需7—8天。

● 沿线宾馆酒店

① 夏河夏瑞酒店，夏河县城内，电话：0941－6911116。
② 郎木寺印象酒店，碌曲县郎木寺，电话：17381308899。

● 拉卜楞寺

兰州市每天有多班客车到达夏河。
从临夏、合作等地乘车去夏河亦方便。
从夏河到拉寺步行或乘当地机动车即可。
🎫 门票 40 元。
参观约 2—3 小时。
寺庙门口及周边有拉卜楞宾馆和其他旅馆可供食宿。

🏨 住　宿

夏河既有星级宾馆亦有普通旅舍，房价中等偏高。如高档的宾馆拉卜楞宾馆一般季节砍价后标间价在180元左右，旺季可达260元以上，而卓玛宾馆和武装部招待所等住处均有20—30元／人的床位。而其他主要景点如郎木寺等周边都有宾馆和私人客栈，解决住宿不是太大问题。

☕ 餐　饮

夏河有川味、回族和藏味各类餐馆，去草原游览可以品尝藏族同胞提供的奶茶、糌粑、手抓羊肉，风味独特但口味不一定能被游客接受，所以去野外游览应带足食品饮水。

🚶 主要景点

拉卜楞寺

坐落在甘南夏河县城西1千米处的宏伟寺庙，是与西藏哲蚌寺、扎什伦布寺和青海塔尔寺齐名的国内藏传佛教格鲁派（黄教）六大寺院之一。该寺始建于清康熙年间，占地逾80公顷，有数十座楼宇、佛殿，僧舍更多达近万间。寺内有世界上最长的转经筒长廊和高达15米的释迦牟尼佛像，有在寺喇嘛数千人，寺藏珍稀文物无数。每年正月和七月间举行的大法会上人潮奔涌，"晒佛"等仪式更是热闹非凡，场面壮观。

👉 进入拉卜楞寺庙群并不收门票，只是进几个主要的寺庙门才要买票

贡唐宝塔

拉卜楞寺西南角上的气派宝塔，初建成于1805年，因塔内供奉有从域外而来的无量光佛而闻名。塔高31.33米，外形精美玲珑而又金碧辉煌，内藏数万卷佛经和诸多佛像，游人登上塔顶，还可眺望拉卜楞寺全景和夏河风光。

👉 贡唐宝塔与拉卜楞寺庙群相邻，一定要登上塔顶看一看

桑科草原

甘南夏河县境内的宽阔草原，也是全州的主要畜牧业基地，面积约为70平方千米。盛夏时节景色最美，无边绿海翻卷，高原野花怒放，闪着宝石般透亮光泽的骏马和藏民五彩缤纷的美丽服装点缀其间，风光原始古朴而又奇异迷人。草原上有旅游接待站，游客来此可以骑马驰骋，品尝奶茶、糌粑和手抓羊肉等藏区美食，如果在草原藏胞家过夜，还可在篝火晚会上领略到更加神秘独特的藏族风情。

👉 从夏河包租车去桑科草原很容易，车很多，单程车费20元左右

甘肃省 甘南·夏河·郎木寺

▲ 郎木寺外景

郎木寺

在甘南碌曲县城南90千米处的郎木寺乡,也是甘、川两省交界处的著名寺庙之一,始建于1748年,后经历朝历代风雨沧桑,其间数次被毁,近年来又得以修建恢复,现存建筑有佛教塔、弥勒佛殿、大经堂等。爬上寺后的小山,可以看到秀丽的山乡风景和寺区全貌。附近还有格尔底寺、华盖峰、温泉和峡谷间的藏族原始部落等可供游人游玩观览。

☛ 郎木寺四周有群山,中央有碧水,若开发好了可与云南丽江比美。

尕海湖

碌曲境内海拔3400米的高原湖泊,丰水季节水域面积达到一万多亩,居甘南淡水湖泊之首。湖区水草肥美,风光如画,景色醉人。

☛ 在从夏河、合作去郎木寺途中,您可在车上见到这处美丽湖景。

甘加草原

也是甘南著名草场之一,除去草原和牛羊群,这里还有白石崖——一个幽深岩洞,附近有白石村和藏传寺庙和八角城——长宽各达近200米的古城墙遗址等数处景点。这里游人比桑科草原略少而更显清静,从夏河去甘加途中所见的高原风光亦算美丽迷人。

☛ 可包车或自驾去那看草原风光和白石崖胜景。

黄河首曲

在合作市西南约250千米处玛曲县旁的草原上,河床蜿蜒流畅,浩荡而优美,著名的黄河首曲大桥亦修在这里。周围有高原草甸和雪山草地及尕海湖候鸟保护区。

● 贡唐宝塔
¥ 门票20元。
可与拉卜楞寺一并游览。

● 桑科草原
从夏河乘汽车15分钟可到。乘汽车或租三轮机动车或租自行车均可。包小面包车前去20—30元即可。
¥ 门票免收。

● 草原观光提示
一般来说,到草原深处的藏民去骑马、喝茶、休息收费更公道,他们待客非常友善。

● 郎木寺
从兰州或夏河或合作乘去四川松潘或若尔盖的长途车在郎木寺下车即可。夏河去郎木寺车费71元,3—4小时可到。合作每天去郎木寺的车有2—3班。有的车只到郎木寺路口,这里离郎木寺还有4千米,下车后再换当地机动车,车费2—4元即到郎木寺。
¥ 门票30元。格尔底寺门票30元。

● 尕海湖
从夏河、合作去玛曲或郎木寺的客车经过尕海湖区,下车观光即可。门票50元。

● 甘加草原
从夏河乘去同仁的客车,票价10元左右可到甘加。如果欲游白石崖等各个景点,最好从夏河包车前往。

● 黄河首曲
从合作乘车约5小时可到玛曲。玛曲县城有机动车开往黄河大桥,15—20元/人。县城中有多家旅馆可供住宿,房价不贵。

推荐黄金旅游线：
兰州—甘南—合作—郎木寺—若尔盖—黄龙—九寨沟—成都

推荐理由：这是一条近年来颇为时尚的旅游线路，沿途可见甘南、川北无数神奇壮美而又风格迥异的自然风光，亦能领略到丰富多彩的民俗风情。然而旅途中得到的不仅是舒适浪漫和温馨，更多的感受可能是曲折、困苦和艰难，然而这正是诸多生活在大都市安逸环境中的人想要尝试和体验的。

游程可作如下安排。

D1. 从兰州汽车南站（西站已迁至南站）乘车去夏河，上午8:30开始有车，票价75元，3.5—4小时到夏河。抵达后游拉卜楞寺。夜宿夏河，正规宾馆80—250元，房价适中，住宿方便。

D2. 从夏河乘客车去郎木寺，4小时可到。如赶不上此车可先乘车去合作，车票21.5元，2小时可到。到合作后立即换车去郎木寺，合作去郎木寺的客车从早上6:30开始有，一上午只发2—3班，最晚的一班在12:00，车票44—50元，4小时到郎木寺（途中可览著名湖泊尕海湖风光）。郎木寺镇上有多家宾馆，价钱从100元到300元/间可任选，早点休息养足精神。

D3. 郎木寺观光（门票30元）。郎木寺周边还有格尔底寺（门票30元）、白龙江源头、大峡谷、红石崖等景点，如您勤奋一点儿早出晚归，一日内游完是完全可以的。

D4. 从郎木寺乘车去若尔盖。郎木寺到若尔盖的客车早上7:00—8:00发车，班次不太多，行车2小时可到，车费20—30元。结伴旅行者包辆车更方便，最低400—500元/辆，沿途可走下主路，去四川境内的花湖国家湿地保护区观光2—3小时，那里有洁白雪山、晶莹湖水，湖边森林和草场风光亦原始美丽（门票105元含观光车票30元）。

抵达若尔盖后可寻找地方住宿，然后于次日去唐克乡观光，那里有著名寺庙索克藏寺（距唐克9千米），寺后有一座小山，上面可以眺望迤逦优美的黄河九曲（亦称黄河第一湾）风光（门票60元，不只有夏秋时节观光效果才好）。到若尔盖后也可坐下午的客车去唐克，当天晚上住唐克，那里有条件尚可的个体旅馆，次日清晨去索克藏寺并远眺黄河九曲风光。

D5. 在唐克观光（内容按上段所述），之后可返回若尔盖住宿，次日早6:30乘车去松潘县的川主寺，从那里选择去黄龙或九寨沟游览。另外从唐克也可搭车或包车经瓦切至川主寺而不必从唐克先返若尔盖，且这条路的路况尚好。

D6. 乘车从唐克或若尔盖抵达川主寺，若尔盖至川主寺约140千米，行车约需2—3小时，若尔盖至松潘行车需3—4小时。抵川主寺或松潘后可于当日搭客车或包车去九寨沟或黄龙游玩。笔者认为在川主寺下车即可，这里是去黄龙和九寨沟的必经之路，搭客车去九、黄或包车都方便，如果搭不上车在川主寺住宿也方便。松潘每天早晨有车去九寨

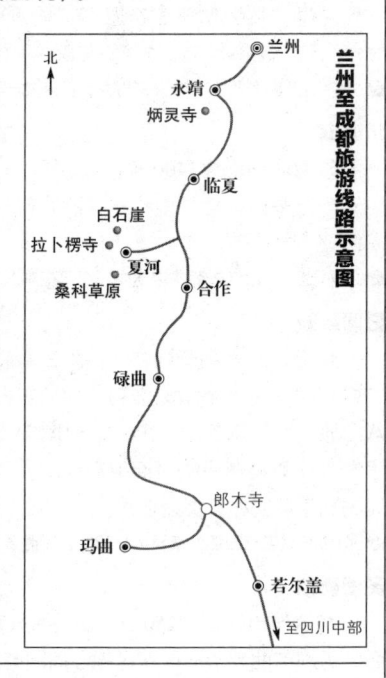

沟（途经川主寺），车票 50 元左右。九寨沟与黄龙之间每日有 1—3 班客车对开（途经川主寺），车票 47 元，3 小时可到。川主寺也有客车直达成都。

关于九寨沟和黄龙的游览注意事项本书在四川省部分有详细介绍可供参考。

如果游客想抓紧时间，可以在上述行程的 **D4.** 上午包车从郎木寺出发，先去花湖观光 2—3 小时，然后直接折向黄河第一湾（从花湖到第一湾车程 90 分钟），下午畅观黄河第一湾壮景，黄昏时去若尔盖住宿，次日就可经川主寺去九寨沟黄龙了。这样多花了百余元车费，却省了一天时间，其实也划算。

另外从若尔盖若不去九寨沟和黄龙，而是取道红原去黑水达古冰川、卡龙沟或是名景米亚罗及古尔沟温泉、桃坪羌寨观光，效果也会不错。

▲ 郎木寺正门

旅行家指导

关于甘南及郎木寺游览观光的补充提示

①从兰州乘客车到夏河后，车站上会有机动车司机拉您去拉卜楞寺观光（车费不贵），行车途中会动员您随后跟他去桑科草原游览，随他们上路（先游拉卜楞寺后去桑科草原）不一定有多大亏吃，但要事先定好去草原的消费价钱和往返时间。

②夏河比较干净便宜的宾馆有华侨宾馆和宝马宾馆，郎木寺比较干净便宜的宾馆有蜀秀宾馆（13551292225）格桑青年旅舍（0941-6671360）等。上述几个住处都有暖气或电热毯，否则即使在夏天，夜晚睡觉也会冻醒的。另外郎木寺的旅朋青年旅馆（13519645151）门厅的留言板上有不少游客拼车出行的帖子，去看一下对您的游览可能有帮助。

③从夏河到郎木寺包车也行，途中可到高山湖泊尕海湖观光，它在车窗的右侧，面积不小。如果下车游览尕海湖也行，门票 50 元。

④郎木寺指的是甘肃省甘南藏族自治州碌曲县郎木寺镇，它并不是具体某一个寺庙的名字，而是镇名。它位于甘肃、青海、四川交界处，海拔 3480 米，始建于清乾隆十三年（1748 年）。

⑤白龙江把郎木寺分为了两部分，一个为达仓郎木寺院（格尔底寺），另一个是甘肃寺院（赛赤寺）。这两个寺庙游客朋友们都应当重点关注。每年农历六月十五日前后，郎木寺会举行盛大的晒佛节。

⑥四川格尔底寺有肉身佛舍利、纳摩大峡谷、仙女洞和老虎穴等景点。肉身殿并不是定时开放的，如果您运气好的话，还能在寺院外遇见活佛祈福。如果在纳摩大峡谷徒步大约需要 4 小时，途经仙女洞和老虎穴，也可以选择付费骑马往返，价格大约 200 元。

⑦甘肃赛赤寺的景点主要有大经堂、续部经堂、弥勒殿、长寿殿等十余座建筑和位于后山的天葬台。这里的天葬台是甘南地区唯一的天葬台且允许游客参观，可以在山顶看到经幡飘扬和秃鹫盘旋。在大经堂可以听辩经，但时间也不是固定的，可以向当地人询问。

⑧郎木寺镇上也有许多当地特色美食饭馆，您若有时间也可以去探秘、品尝。

自助游中国 → 西北地区

张掖·丹霞地貌

电话区号：0936　马蹄寺景区：8891646 / 8891610　山丹军马场：2891022 / 2881818

张掖地处河西走廊西部，东临武威、西连酒泉，系国家级历史文化名城。公元前121年前后，汉武帝派霍去病西征战败匈奴后设立张掖郡，意在"断匈奴之臂，张中国之掖（腋）"。悠久丰富的历史文化风韵，随处可见的历代古迹名胜和粗犷雄奇的西域自然风光，赋予了张掖古城在甘肃省内诸多旅游城市中的特殊地位，而由祁连山冰峰雪水和黑水河灌溉的肥沃土壤及丰饶果粮物产又使之享有"金张掖"的动人美称。张掖的旅游资源丰富，市区的大佛寺、木塔寺、鼓楼、丹霞地貌也是当地名景，周边的马蹄寺和山丹军马场亦有独特山水风情。

气候与游季

张掖属大陆性气候，气候特点是干燥少雨，年平均气温6℃，1月寒风萧萧，天气最冷，7月天气最热，但并无酷暑。每年6—9月，是全年最佳旅游季节。

▲ 马蹄寺石窟

● 汽车西站开往酒泉、嘉峪关

汽车西站地址：环城西路128号。
电话：0936－8215022。

● 汽车东站开往武威、山丹

汽车东站地址 东环南路1号。

● 汽车南站开往马蹄寺景区

汽车南站地址：南环路35号。

● 从张掖火车站到市区

可乘1路公汽，车又多又快，打车则要贵许多（火车站离市区有相当距离）。

交通

张掖有两个火车站，其中张掖站是普通和传统的火车站，西站则是高铁站。北京、上海、郑州、西安、济南、成都、兰州等经兰新线通往新疆的各次火车均在张掖经停。张掖的多个汽车站与周边城市有长途客车往来，通过312、227国道可方便抵达各地。

☞ 张掖目前机场、铁路、公路交通方便顺畅，进出无困难

住宿

不同档次条件的宾馆、酒店齐备，房价尚属便宜，如飞天假日酒店中的标间只需150元左右（电话：0936－8250000）。

还有市中心大佛寺回民街上的瑞安商务酒店条件尚可而房价不贵，标间100元左右。

☞ 推荐当地美味大众食品：牛肉小饭和苗氏卷子鸡，味道好，物美价廉

餐饮

风味小吃和特色食品有手抓羊肉、清汤羊肉、羊头汤、臊子面、搓鱼面、山丹油果子、香饭、酥皮等。有名的小吃街有民主东街、甘州街等，另外明清仿古街亦有不少小吃摊店可光顾。

甘肃省

主要景点
大佛寺
在张掖市区,因寺内有中国最大的室内卧佛像而得名。此寺始建于1098年,由大佛殿、藏经阁、土塔等主要部分组成。其中高达33米的大佛殿内侧卧着身长34.5米、肩宽7.5米、脚长4米、耳长2米的释迦牟尼木胎泥塑佛像,形态逼真、栩栩如生,两侧廊房内有《西游记》《山海经》壁画,寺藏文物甚丰——其中明英宗皇帝赐予的佛经即达数千卷,佛寺的规模和观赏价值在西部享有盛名。

☞ 大佛寺在张掖市区,2、4、5、6、8、12路公交车均可到 ¥ 门票40元

木塔寺
位于张掖市县府南街,初建于北周,重修于隋、唐、明、清各代,相传寺中藏有释迦牟尼真身火化后留下的舍利子。寺中的主体建筑木塔高32.8米,有八面九级,每级均有含有珠宝的木刻龙头和悬挂风铃,造型美观,清风过后铃声悦耳。该塔还是登高观景之佳境,攀上塔顶可将张掖市区全景尽收眼底(距大佛寺很近,可一并游览)。

☞ 地处市中心的广场上,观拍外观很方便。进塔参观需买门票
¥ 门票26元

鼓楼
亦称镇远楼,在张掖市中心,建在一座砖质高台上,楼顶至台基有30余米,造型雄浑壮观。楼顶还有重达600公斤的铜铸巨型唐钟,上有飞天及朱雀、青龙等精美图案。鼓楼是张掖的标志性建筑之一,其规模、高度亦为河西走廊一带的同等建筑之最。

☞ 鼓楼在市中心,有多路公交车可到,步行前去也可

马蹄寺
地处距张掖约65千米的肃南裕固族自治县境内,是集石窟艺术、祁连山风光和裕固族风情于一身的综合旅游区。这里有由胜果寺、普光寺、千佛洞、金塔寺、观音洞等70余处窟龛组成的巨大石窟艺术群,内有诸多佛殿、洞穴及石雕、泥雕、木雕佛像,还有多幅精致壁画,寺周边的祁连山景和高原牧场风光亦很旖旎动人。

山丹军马场
在山丹县南约55千米处的祁连山大马营草场上,因地势平坦、水草肥美特别适

● 马蹄寺
张掖汽车南站有专线车直达。逢双休日,汽车南站还有1日游专车去马蹄寺。发车时间 8:00 左右。
¥ 门票39元,石窟门票35元,特窟门票80元。
马蹄寺距张掖市区挺远,即使包车前往,观光也需要大半天时间。

● 另荐景点:金塔寺
距马蹄寺约20千米,寺区有建在陡峭红石岩壁上的巨大石窟群,石窟内有诸多精美的石雕、彩塑和壁画,造型奇异、姿态万千,观后令人赞叹不绝。可在到马蹄寺观光后包车前往金塔寺,车程1小时左右。

▲ 当地名景木塔寺

合马匹生长繁衍，所以此地饲养马类的历史已有3000余年，自西汉时起一直是历代皇家（国家）的军马养殖基地。山丹骏马体形匀称、粗壮结实、雄健彪悍，系国内外著名良骥。军马场盛夏时的自然风光也很美丽，《牧马人》《文成公主》等数十部影视片在此拍摄后更使马场风光和边塞风情在国内外声名大振（门票65元，观光车费20元，骑马100—300元不等）。

● 山丹军马场

可从西宁或张掖和新疆方向坐高铁动车到山丹马场站下，出站后可乘出租车前往军马场。

军马场分为总场和一、二、三、四、五数个分场，之间每日有客车往返对开，其中观光和游览及食宿中心是一场，每年7月及8月末这里风光迷人。但近年来军马没有以前多了，游客应有心理准备。

● 黑水国遗址

可从张掖包车前去。车费一般需35—40元。

● 丹霞地质公园

张掖高铁西站有车直达景区。也可从张掖坐去肃南的客车在景区道口下，此处有明显路牌标志再步行500米即到。道口有多家宾馆。

门票93元，含观光车票。

夜游门票188元，晚上19:15入园，可观看日落。

● 丹霞地质公园观光指导

①丹霞地貌景色奇异，非常值得一看。②公园由彩色丘陵、冰沟丹霞、裕固风情走廊、九个泉板块构造缝合带科考区四大板块给成。③景区内有4个观景台，有观光车行驶其间，游人最好每个台都上去，这样观光效果才圆满。笔者感觉第1和第4号观景台景色最出色，游客应重点关注。游览时间2小时左右。

黑水国遗址

在张掖以北的戈壁滩上，有两座正方形的城堡遗迹，周边有众多古墓群，依稀可见古时黑水国都市城池的风貌。

平山湖大峡谷

在市区东北约56千米处，山峰卓立、峡谷幽深且山岩上色彩丰富艳丽，景色奇异迷人（高铁西站有车直达，门票100元，观光车30元）。

丹霞世界地质公园

距张掖市区约50千米处的丹霞地貌与彩色丘陵结合的复合景观，其条纹优美、层次分明、色彩艳丽，在国内丹霞地貌景区中独树一帜，观后能震撼人心。

▶ 丹霞地貌是张掖最美的标志性景点，这个景点美得让人叹为观止

▲ 大佛寺正门

推荐游程

D1. 早晨出发去马蹄寺观光，下午返回张掖市区。

D2. 上午张掖市区观光，看大佛寺、木塔寺、鼓楼等市区名胜，下午畅游丹霞地貌美景，留下终生难忘的美好感受。晚上娱乐购物，品尝当地风味小吃。之后有时间可于次日去平山湖峡谷观光。

甘肃省 嘉峪关—酒泉

嘉峪关—酒泉

☎ 电话区号：0937　嘉峪关关城：6396110

　　嘉峪关坐落在甘肃省中部的河西走廊中段，是以万里长城西端起点的雄伟关隘嘉峪关命名的城市。"嘉峪关"三字原意为"美好的山谷"，这里南有祁连山，北有马鬃山，东接酒泉盆地，位置重要、旅游资源丰富。有"天下第一雄关"之称的嘉峪关城楼高大岿巍，与山海关遥相呼应，共同为万里长城增彩添辉；万里长城第一墩、黑山岩画、长城博物馆等也是当地甚具观赏价值的古迹名胜；建在民航机场内的滑翔基地中有飘飞银燕可以载您到碧空中俯瞰祁连雪峰壮景，酒泉卫星发射中心更以发射神舟系列载人飞船而天下扬名——边关美景，个性独特；大漠风光，别具风韵。

❅ 气候与游季

　　气候属北温带干旱气候，终年温差较大，年平均气温7.3℃，年平均自然降水量83.5毫米，无霜期130天。冬季1月最冷，绝对最低气温-28.6℃；夏季7月最热，绝对最高气温38℃。每年5—10月，是嘉市绝佳旅游季节。

▲ 嘉峪关关城雄姿

🚌 交　通

航空

　　嘉峪关机场位于市区东北9千米处，距甘新公路10千米，距酒泉市27千米，交通便利。现已开通嘉峪关至兰州、北京、上海、西安、广州、敦煌、乌鲁木齐等城市的航线。

▤ 酒泉机场24小时问询服务热线：0937-6381202

铁路

　　兰新线上的大站，内地及兰州通往新疆的各次列车均在嘉峪关站停靠，车站距离市中心5千米。南站是高铁动车站。

▤ 从嘉峪关乘动车2.5小时即可到兰州

● 观光总体提示

①嘉峪关和酒泉都是西域名城，一生总要去一次。
②应重点关注嘉峪关城楼、长城博物馆。夏季去七一冰川效果也不错。
③去酒泉卫星发射中心自助游览至少要一整天，开销大约要500元甚至更多，且不能保证看到那里的所有景点。是否前去可视情况而定。

● 市区出租车

起步价6元。

公路

每日有近百辆客车往返于全省各市县，通过平坦宽阔的312国道可以轻松到达兰州、敦煌等地。

- 汽车站电话：0937-6224010

住宿

在陇中一带的中等城市中，嘉峪关市的住宿价格相对便宜且条件好，如三星级的酒钢宾馆双标间200—400元，电话：0937-6238488。又如尚客优酒店大唐美食街店，条件尚好的标间房价平日不过120元左右，电话：6288199。还有一些普通宾馆的标间打折后80元可以入住。

餐饮

嘉峪关市不光是旅游名城，也是西域美食名城，风味菜肴多，各类小吃更是馋人。在当地的正式餐馆中可任意品尝烤羊腿、孜然羊肉、红焖羊肉、油爆驼峰、戈壁雁影、兰发豆腐等风味美食。在排档和小吃摊上，可以吃到臊子面、搓鱼面、兰州拉面、驴肉黄面、烤羊肉和羊肉串。主要的小吃街有嘉峪关市中心环岛边的夜市街和铁路美食街以及建设东路的美食夜市等。

● **就餐很便宜**

这里小吃街上的羊肉串2元／串，驴肉黄面10—13元／碗，一般饭店中的烤羊肉60—70元／斤，游客可任意品尝。

● **当地特产**

主要特产有夜光杯、驼绒画、嘉峪石砚、风雨雕、祁连玉雕、文物复制品以及反映魏晋时代人文景观的"墓砖画"等。其中尤以夜光杯最为有名。

● **嘉峪关城楼**

从市区乘4、6路可到。包؟出租车前去也方便。

门票110元，含长城第一墩、长城博物馆、悬壁长城观光费用。淡季90元。观光车往返20元。

● **包租车观光游览**

在嘉峪关包出租车观光很显快捷方便，一般包车游嘉峪关城楼、长城第一墩、悬壁长城和魏晋壁画墓4个景点需车费130—160元。

主要景点

嘉峪关文物景区（国家5A级旅游景区）

嘉峪关城楼位于嘉峪关城西约6千米处，是明代万里长城最西端的关口，始建于1372年，由内城、外城、城壕三道防线构成，气势雄浑、结构严密，与古城墙相连形成了五里一燧、十里一墩、三十里一堡、一百里一城的完整防御体系，素有天下雄关之称。

长城第一墩 在嘉峪关城南约7千米处，是明代古长城西端起点上的第一座烽火台。始建于1539年，近年来由当地有关部门维修重建。这里地势险要，山下的讨赖河波涛滚滚，四周的大漠风光壮观奇异，是嘉峪关市游览中的重要一景。

长城博物馆 中国第一座全面、系统展示长城文化的专题性博物馆。馆内有以"伟大的长城"为主题的大型展厅，详介有关万里长城修建历史、结构特征等各方面有关知识，观后可极大地增加对中国古代最宏伟建筑知识的了解，平添诸多学问。

悬壁长城 地处嘉峪关市区以北8千米处，现存长城约750米。建造方式与众不同，是以内外两侧夯实黄土墙，中央填充石块而成。此段长城有230余米攀缘在高150余米、倾斜度为45度角的山脊上，如凌空倒挂，故称悬壁长城。

甘肃省 嘉峪关—酒泉

▲ 嘉峪关雄关广场一角

● **长城第一墩**

需从嘉峪关市市区包车前去，往返60元车费。
门票21元。观光车费12元。
与嘉峪关城楼和悬壁长城三点联票110元。
第一墩周边的讨赖河观景台、影视基地等也具观光价值，远处的祁连雪峰美景动人，应一并给予关注。

● **长城博物馆**

新址已迁到嘉峪关长城城楼旁，可在参观长城时同步观览。
¥ 门票含在城楼110元门票中。

● **悬壁长城**

从市区乘专线车或包车前去。
¥ 门票21元。与城楼联票110元。
此景特色鲜明，值得一看。

● **新城魏晋壁画墓**

包车前去更方便，60—70元。车程约30分钟。
¥ 门票31元。

新城魏晋壁画墓 是嘉峪关东北20千米处的新城戈壁滩上数量达1400余座的庞大古墓群。墓区规模庞大且墓内多绘有反映古时社会生活的精美壁画。现只有数座墓室和博物馆对外开放，还有其他诸多墓葬有待发掘开发。

☛ 游览上述景点时应认真听导游讲解，会有新鲜感受和收获

七一冰川

在距嘉峪关西南约130千米的祁连山中，冰川面积达5平方千米，高度在海拔4300—5150米之间，冰层厚度在70—80米。这里虽然号称是亚洲离城市最近的冰川，但一般时节游客并不太多。景区内四处有冰河欢涌、冰柱垂悬，视野内一片银白、晶莹耀眼，冰雪世界风光异常美丽壮观。

☛ 七一冰川风光独特，但由于环保原因，景区停止开放，何时恢复不得而知

酒泉卫星发射中心

在酒泉市东北210千米处的巴丹吉林沙漠深处，是中国国内四大卫星发射基地之一（另三处在西昌、太原、文昌）。至今为止这里已成功发射过多颗人造卫星。2008年9月25日，神舟七号飞船在此发射成功，实现了中国人首次太空行走，亦使当地的观光旅游骤然升温。目前这里可供游人观赏的主要景点设施有卫星发射场、指挥控制中心、航天别墅、测试中心、长征二号火箭箭体、场史展览、问天阁、东方红发射场遗址及烈士陵园等。

☛ 也可参加酒泉各旅行社举办的发射中心一日游，人均收费500余元

黑山岩画

在嘉峪关西北约20千米处的黑山岩壁上发现的岩画群，共有153幅。岩画区绵延达2千米，有马、牛、羊、鸡、鹿、虎、蛇、龟、骆驼等多种动物图案，此外以描绘人类舞蹈、围猎、骑马、列队习武等生产生活内容为场景的画面亦都活灵活现，精美

而生动，反映了古代人民丰富的精神生活和艺术追求，具有很高的史学和艺术价值。

☛ 推荐出租车司机：王师傅（女），可载客游览市区及周边景点。态度好、收费公道。电话：18393973232

● 酒泉卫星发射中心

自助游客先要到酒泉汽车站附近的发射中心招待所办手续买票（场内＋场外门票296元），乘客车抵达后须换乘内部交通车（场内＋场外摆渡车200元/辆）进入观光区。一般时候发射中心只开放部分景点，有发射任务时游客则不能进入。

● 黑山摩崖石刻岩画

可从嘉市包车前往。
¥ 门票20元。

● 另荐游览地点

嘉峪关滑翔基地，在嘉市市区东北约12千米处，是国内最好的滑翔基地之一。在这里滑翔健儿利用祁连山上空的上升气流，多次创造飞行佳绩。一般游客也可在带飞员的引导下乘机升空畅观美景。此外嘉峪关城楼景区内也有轻型飞机载人飞行。

▲ 古城秀色

推荐游程

D1. 上午游长城第一墩、悬壁长城。下午看嘉峪关城楼、长城博物馆，之后可去观览魏晋壁画墓。

D2. 去酒泉卫星发射中心看航天城壮景。之后还有时间，可以去滑翔机场乘机升空览祁连山秀色。

发烧友特别关照

①如果是自驾车到嘉峪关，可注意高速公路上有处制高点可眺望、拍摄嘉峪关长城城楼全景，在这里观拍长城效果很好，当然抵近城楼的拍摄更好。但要注意嘉峪关城楼正门朝西，下午拍摄光线最佳。

②不论自驾车还是乘客车，只要游完嘉峪关后还去敦煌，那都可以在途中顺路游览桥湾和瓜州榆林窟的几处新开放的景点。其中桥湾有桥湾古城遗址和展馆，有康熙皇帝怒斩当地贪官程金山后用他的人皮和人头做成的人皮鼓、人头碗（据传是这样），而瓜州的榆林窟虽没有敦煌莫高窟名气大，但亦有一定的考古、观光价值。门票40元。桥湾就在嘉峪关去敦煌的公路边，游览毫不费劲；但榆林窟距瓜州还有75千米远，自驾车或包车前去更方便。

③七一冰川地处海拔4000米以上，风光尚好，但它已于2017年4月5日起停止对外开放。

④欲去酒泉卫星发射中心参观最好参团（敦煌新沙洲旅行社电话：0937-8289006）。如自助游各环节衔接挺困难，开销也大，约550元。

▲ 嘉峪关城楼

敦煌

电话区号：0937　旅游咨询：8851518、8851568

　　甘肃风景，敦煌最绝。虽然古代丝绸之路的遗痕已为数千年的风沙所掩埋遮盖，但登鸣沙山，览莫高窟，漫步阳关、玉门关遗址，眼前仍然依稀可见汉唐岁月的缕缕烽烟。拥有近500个洞窟的莫高窟当是盖世无双的佛教艺术宝库，阳关和玉门关虽然只剩下断壁残垣，但徜徉其间，人们无法不为历史的厚重和苍凉发出由衷感叹。黄沙灿烂的鸣沙山和清澈的月牙泉已经相依相偎数千年，但为登山滑沙者鸣奏的美妙声响和沙漠之泉永不干涸永不为风沙掩埋的绝景奇观，仍然能给观光者带来新奇快慰和无尽快感。来甘肃一定要游览敦煌，否则您将与神奇瑰丽和绝妙精美失之交臂，您的西部之行可能会留下深深遗憾。

气候与游季

　　敦煌深处内陆，属极干旱大陆性气候，年平均气温9.4℃，7月平均气温24.9℃，1月平均气温-9.3℃。全年干燥少雨，昼夜温差极大。这里有时还会发生干热风和黑沙暴两大自然灾害，游人冬春季节前去可先作简单天气状况咨询，另外不妨戴上太阳镜和帽子、纱巾等物品（防风、防晒是很重要的事情）。每年5—10月，是旅游的最佳时间。

▲ 敦煌月牙泉

● **最新交通信息**

敦煌已通旅客列车，敦煌站与莫高窟游客中心相距不远，分别与兰州、西安、银川、乌鲁木齐对开。日后还可能增加其他车次。

交通

航空

　　敦煌机场位于市东郊13千米处。现已开通至北京、兰州、乌鲁木齐、西安、西宁、银川的航班。另外，每年7—10月根据客运需求，还开通有西安至敦煌、敦煌至新疆鄯善等包机航线。

民航机场售票电话：0937-8829000

铁路

　　敦煌有始发客车同兰州、西安、酒泉对开，另外兰新铁路上的柳园火车站距市区130千米，与市区有大、中巴车相通，全程柏油路，车程2—3小时。柳园车站有旅客列车开往全国各地。现在敦煌市区也通了旅客列车，从敦煌火车站到市中心公交车费5元，铁路交通较为方便。

☛ 敦煌火车站距市中心15千米，有3路公交车直达。电话：0937-5959562

公路

敦煌有宽阔公路连接新疆哈密、青海格尔木以及甘肃嘉峪关、兰州等城市，至格尔木524千米，至嘉峪关383千米，快巴3—4小时可到。

🚌 敦煌汽车站在市区东侧，电话：0937-8822174

住宿

敦煌是典型的旅游城市，满街都是宾馆、酒店、招待所，总数达到近300家。除去暑期和黄金周，总体上说接待能力过剩，因此只要不在最旺季前去，普通宾馆中80—100元的普通标间随处可寻，还可在普通旅店中找到价格更低一些的住处。

● 市区交通

通往莫高窟及鸣沙山、月牙泉等主要景区都有专线游览车，车票很便宜。
出租车起步5元。

● 参考住宿

①骆驼花精品客栈，电话：15101700372。
②那露湾星空民宿，电话：18293758766。
③云博国际大酒店，电话：8888199。

● 推荐美食街（沙洲）夜市

这个市场名气很大，店铺超多，在夜市中几乎可以品尝到全部的敦煌小吃，有臊子面、驴肉黄面、各类砂锅、张掖搓鱼子、烤肉、酿皮子等，口味地道。建议惠顾。

▲ 沙洲市场一角

餐饮

旅游城市当然会吸引国内各类风味餐馆来此安营扎寨，在敦煌可以品尝全国各省风味，尤以川味和新疆风味摊店居多。当地特色风味小吃有安西三绝、牛（驴）肉黄面、炸油糕、臊子面、烤羊肉、砂锅羊肉、杏皮水、凉皮等，特色菜有丝路驼掌、油爆驼峰等，但菜价稍贵。风味食品小吃街有沙洲夜市街等。

主要景点

莫高窟（世界文化遗产）

雕琢在敦煌城区东南方约25千米处的鸣沙山东麓壁上，是我国现存规模最大、最有艺术魅力的石雕艺术群。这里有始凿于前秦时期的洞窟492个，内有彩塑佛像数以万计，精美壁画约45000平方米，此外在洞窟区出土过大量经卷、文书、织绣等，真是一座内藏惊人的世界级文物艺术宝库。莫高窟是全国重点文物保护单位，已当之无愧地入选《世界文化遗产名录》，是中外游客来敦煌后必去游览的重要景观。

☛ 建议上午去莫高窟，因为它面向东方，上午拍纪念照是顺光

鸣沙山·月牙泉

均位于敦煌城南5千米处，山泉相依、山光水色相映，风光极为精美绝妙迷人。鸣沙山沙丘起伏线条柔美而又金沙夺目，本来已很好看，而每当狂风掠过或是游人从山顶滑下时坡上的沙子都能发出呜呜或隆隆的声响，令人倍感

神奇新鲜（近年来沙声渐小）。月牙泉在鸣沙山北侧，泉池形如弯月且池水清澈千年不涸，是最适合观景拍照的绝佳景点。

👉 上午先观拍月牙泉，之后上鸣沙山拍全景，黄昏时看日落，也很美

玉门关

在敦煌西北约90千米处的戈壁滩上，为汉代西陲两关之一，据传系因古时和田美玉均经此运输而得名。玉门关遗址总面积630余平方米，有保存尚好的土城城楼和残垣，如今景色虽略显萧条清冷，但"春风不度玉门关"的优美诗句会为游客增添前去观光的兴趣和决心。

👉 仰望玉门关残楼，一种穿越时空的悲壮苍凉感不禁油然而生

阳关

地处敦煌西南70千米处的南湖乡，是古时丝绸之路的咽喉之地和重要关隘，如今这里仅仅残留着被称为"阳关耳目"的汉城烽燧，但吟王维的千古绝句"劝君更尽一杯酒，西出阳关无故人"，您的心中是否能够领略古人在边塞惜别时的忧伤惆怅之情呢？

👉 导游在此的讲解大同小异，游客怀古惜今的感受会千差万别

▲ 莫高窟外景

● 莫高窟

敦煌市区多处有专线车前往莫高窟，车费8—10元/人。40分钟可到景区游客中心。包租车往返需60—70元/车。

¥ 旺季门票238元，含观光车费，淡季优惠。平日对一般游客只开放8—10个洞窟供参观。

洞窟内不许拍照、摄像，只能用手电辅助照明。

● 鸣沙山·月牙泉

距市区很近，从市区乘3路公交车票价1—2元、打车10元就到。

¥ 门票110元，淡季55元。登山滑沙另收费40元。骑骆驼游月牙泉80—100元。

从月牙泉的东侧拍比西侧好，画面更美，望君一试。

● 玉门关

可从敦煌包车前往。

¥ 门票40元，含汉长城、河仓城门票。

● 阳关

敦煌市有公汽和客车直达阳关。亦可从市区包车前往。景区分为古遗址和博物馆两部分。

¥ 门票50元，观光车费10元。

景区旁有葡萄园和饭店，可用餐并品尝葡萄。

● 敦煌古城

乘敦煌至阳关的车或从敦煌包车前去均可。

¥ 门票40元。

● 西千佛洞

距市区35千米，乘敦煌至阳关的客车或从敦煌包车前去均可。
门票30元。

● 雅丹魔鬼城

从敦煌乘车行驶2小时可到，可与玉门关、敦煌城、西千佛洞一并游览。
景区门票150元/人。
这是一处特色鲜明的景点，值得一看。景区内有观光车带客观赏主要景点，观光车费70元，必须购买。

▲ 沙洲夜市一角

● 推荐当地旅行社

敦煌新沙洲旅行社，办理当地和周边各类游览业务。电话：0937－8829006。

敦煌古城

是1987年中日为合拍大型历史故事片《敦煌》而仿敦煌古城兴建的大型人工景点，位于敦煌市区西南约25千米处。城内有东、南、西三座城门和高昌、敦煌、甘州、兴庆和汴梁五条主要街道，遍布货栈、酒肆、当铺，西域古镇风情浓郁而又风姿独特，现已成为中国西北最完整的影视拍摄基地，游客来此可以领略古代敦煌城中的喧嚣和壮观。

☞ 敦煌古城是人工景点，可适度关注。门票40元

西千佛洞

在敦煌市区西南35千米处，与著名的莫高窟隔鸣沙山相望。现有凿于北魏等朝代的洞窟16处，内有壁画和佛像，规模虽小但仍属敦煌石窟艺术的分支，亦有较高的考古价值和观赏价值。

☞ 游毕莫高窟、鸣沙山、月牙泉后还有时间，可到西千佛洞寻求新的感受

雅丹魔鬼城

是玉门关以西90千米外长达25千米的一处雅丹地貌群落，这里的雅丹地表千奇百怪，有各类土石结构组成的地上"建筑"，有的像楼群、广场，有的像教堂、雕塑，更有狮身人面、孔雀、舰队出海等佳景，其形态千姿百态，观后令人惊叹不已。

☞ 景区南区的制高点是最佳观光处，登高远望，雅丹全景美不胜收

发烧友特别关照

①游程安排以上午去莫高窟，之后马上去鸣沙山月牙泉为宜。莫高窟朝东，上午拍外景顺光（加之此时石窟的解说员刚上班不久，精神饱满，讲解易出好效果），而拍月牙泉也是上午合适，因为刻有"月牙泉"3个字的石碑都朝东（午后就是逆光了），以它为背景拍照才有代表性，十分好看。而鸣沙山上午、下午上去都行。另外在鸣沙山滑沙时的响声已经不大了，但登上山顶看沙海沙山和敦煌市区全景挺好看。

②可在早晨早点去莫高窟，观拍完毕后从景区游客中心门口打车或拼车直接去月牙泉（不经过敦煌市区），赶在中午前把月牙泉拍好（从东面拍），之后就可以在月牙泉和鸣沙山从容观光游览了。

③去雅丹魔鬼城、玉门关、汉长城、西千佛洞、阳关、敦煌古城还可参团，市区有不少旅行社，一日游收费160元左右。以上只包括往返车费，门票和饭费游客自理。出发时间分为早晨、上午、中午不等（晚些回来是为了看日落景观）。游览需10—12小时（甚至有晚上23:00才回来的）。笔者推荐这种玩法。

华东地区
HUADONG DIQU

山东省 332
上海市 363
江苏省 373
浙江省 402
安徽省 453
福建省 484
江西省 519

自助游中国 ▶ 华东地区

山东省
SHANDONGSHENG

黄金旅游线路

① 济南—泰山—曲阜
② 济南—泰山—曲阜—青岛
③ 烟台—蓬莱区—蓬莱区长岛
④ 烟台—蓬莱区—蓬莱区长岛—威海
⑤ 青岛—威海—烟台

在我国华东各大旅游省份中，山东是最令旅游爱好者新奇亢奋而又幸福开心的乐土仙境。这里气候温和，冬无严寒（相对北方其他省份而言）、夏无酷暑；这里物产丰富——德州的扒鸡、肥城的蜜桃、莱阳的香梨、青岛的海鲜，哪一样不是味道鲜美令人垂涎欲滴？这里更有数不胜数、美不胜收的旅游景点和古迹名胜——中部的泰山拔地倚天、身姿岿巍、气势雄浑；南侧的曲阜是儒家学说的发祥地，古迹云集、文物荟萃，倍显中华文化的深厚底蕴；省会济南因遍布泉眼而享有"泉城"之美称；最具风姿神韵的是沿海岸线排列有序的各个滨海名城——青岛、威海、烟台，每座城市都是风光瑰丽而又特色鲜明。此外非常值得一提的是山东省内的公路建设颇具水准，道路四通八达，行车异常快捷便利，所以到山东旅游，可以在很短的时间内纵横驰骋，畅览风光各异的多处古迹名胜，令人非常快活开心。

①青岛的风光太美，不去一次可真不成——即使是一般游览，在那里逗留3天都不为过。

②威海风光的秀美程度与青岛有一点差距，但是那里的环境非常整洁，空气和水质亦达到国内一级标准，亦有成山头、刘公岛等著名景区，所以还是值得一游——二日游览即可宽松开心。

▲ 青岛汇泉湾海滨秀色

▲ 趵突泉观澜亭　　　　　　　　　　　　　　　　　　　　　　▲ 千佛山大佛

③烟台有了蓬莱区，右边是威海，位置绝佳，景点不是很多——烟台山、第一浴场、滨海旅游线风光尚好，所以在这里停留一天有些紧，而二日游览就非常宽松充裕了。

④蓬莱区虽小，但仅一处仙阁就足以让八方游客慕名前来探奇览胜——仙阁依山面海、身姿绮丽。除此之外这里的其他景点分布很紧凑，一日观光即可览其全貌。

⑤长岛风光好，海产资源非常丰富，上岛后真可谓美景看不够、海鲜吃不完——至少停留三日（含周边岛屿游览）才能玩得开心。

⑥实话实说，泰山在国内各山岳风景区中特色并不鲜明突出——它险不过华山，奇不过黄山，云海日出的瑰丽程度比不上峨眉山。但是泰山毕竟在中原大地上巍然耸立、拔地倚天（且有诸多古迹遍布全山），所以它仍是山东旅游中不可遗漏的著名景点——登山细观美景需要两天时间。

⑦曲阜的"三孔"等古迹名胜已入选《世界遗产名录》，这些景点与泰山距离甚近，应与泰山一并游览（在曲阜一日游览即可）。

⑧济南风光的诱人之处就在于城市内遍布名泉，但趵突泉这样的景区若没有泉水喷涌亦只是死水一潭，所以到济南观光最好选在盛夏雨季，满城清泉喷涌的场面确是全国独一份儿（市区各处名泉已有好多年不断流了）。

其他较为有名的景区景点还有乳山银滩、荣成天鹅湖、荣成石岛、枣庄微山湖、台儿庄古镇等，游人可予适当关注。

自助游中国 ▶ 华东地区

青岛

电话区号： 0532　**鲁迅公园：** 82868471　**海底世界：** 58617777　**中国人民解放军海军博物馆：** 82876888　**八大关：** 83869357

笔者认为国内漂亮的海滨城市前三名是青岛、三亚、厦门。青岛是北方滨海城市中最耀眼的明珠之一，这一点毫无疑问。青岛的旅游资源丰富，是国家历史文化名城、重点历史风貌保护城市、首批中国优秀旅游城市。青岛的全国重点文物保护单位有34处，国家级风景名胜区有崂山风景名胜区、青岛海滨风景区。山东省近300处优秀历史建筑中，青岛就占了131处。来青岛一游，欣赏绝美海滨风光，感受深厚文化底蕴，一定会让游人觉得不虚此行。

▲ 青岛市区经典风光之一鲁迅公园·水族馆

气候与游季

青岛的气候非常湿润宜人，除去冬季气温稍低、海景略显清冷惨淡以外，其余时候皆适宜游览，旅游旺季可从3月中旬一直持续到11月初，而夏季这里的气温一般在20℃—28℃之间，凉爽舒适，避暑观光效果甚佳。另外每年7月的国际海洋节、8月的国际啤酒节都是青岛市的重大节日，节日期间青岛市内外嘉宾云集、朋友满座，且有各类文体节目表演，热闹非凡，各位"驴友"千万不要失此良机。此外，每年4—5月及9—10月，青岛气温适中、空气纯净，山光海色诱人，因此时并非旅游旺季，所以游人不多且吃、住、行都很便宜，这时到青岛一游，真是物美价廉、舒服透顶（春秋时节这里海风不小，可考虑备上风衣、帽子，带着墨镜亦有必要）。

交　通

👉 从胶东机场到市区，坐城铁8号线可直达

航空

胶东国际机场位于市区以北约38千米。与北京、成都、福州、广州、桂林、贵阳、海口、杭州、昆明、兰州、南昌、南京、宁波、上海、哈尔滨、长春、深圳、乌

山东省 青岛

鲁木齐、厦门、西安、银川、郑州等近百个大中城市通航。

胶东机场与市区间有数路公交车对开。此外，机场巴士可直达市内的不同地点，车程1—2小时，单程票价30元/人。

● 机场问询电话：96567

公路

青岛公路交通发达，与烟台、潍坊、济南等城市有高速公路相通，亦可乘车轻松抵达威海、蓬莱、荣成、乳山等胶东各市，公路客快十分快捷方便。

● 青岛长途汽车站：0532-83754340　汽车客运北站电话：0532-66911633

铁路

青岛的火车客运站主要有青岛站、青岛北站和青岛西站，有列车同北京、广州、福州、兰州、成都、通化、丹东、南昌、郑州等各大中城市对开，其中与北京间的高铁列车运行4小时即到。此外，新建的红岛火车站也已经竣工并投入使用。站内设施新、空间大、非常华丽气派。

● 火车站问询电话：12306

水运

青岛有通往大连的航线，但是属暑期季节性航线，班期根据旅游流量需要安排。另有开往韩国和日本的国际航线。

● 青岛港客运站在新疆路6号　　轮渡客运问询：0532-82619279

市内交通特别提示

1. 出租车2.1元/千米，起步价10元/3千米。

2. 游船：青岛有两个主要游船码头，一个位于莱阳路，游船往返于小青岛、鲁迅公园、太平角等处；一个位于西陵峡路，主营青岛市区海滨观光全景游。

● 港口客运电话：0532-82825001

住宿

作为国内最著名的海滨旅游城市之一，青岛各类宾馆饭店真是太多了，但星级宾馆的房价却不算太便宜。不过在青岛要想节约住宿费，方法还是多得很，比如不住星级住普通酒店，不住市中心住郊区，躲开旺季在淡季前去等等。每年10月底到11月初天气凉爽，虽观光效果不如旺季，但这时宾

主要星级宾馆（区号0532）

汇泉王朝大饭店	青岛市南海路	82999888
海天大酒店	青岛市南区东海西路3号	87619599

● 空陆联运业务

胶东机场有客运大巴开往周边各市、县。因此乘客下飞机后不必要去市区换车。游友下机后可向机场有关部门询问具体车次和线路。

● 从机场到市区

乘机场大巴车票30元即到。不必打车，车费贵（至少130元）。

● 便宜住处参考

① 斯维登精品公寓，条件尚好，淡季标间百元左右，旺季上浮。电话：0532-80989090。

② 中天海景酒店栈桥火车站店，淡季标间百元出头，旺季上浮。电话：0532-81636566。

③ 金海高铁精品酒店火车站店，交通方便，房价不贵。电话：0532-82977082。

馆酒店便宜，可节省不少房费。
☛ 另荐便宜旅馆聚集区，在火车站西侧

餐 饮

青岛的海产品十分丰富，游客来到这里当然想品尝各类海鲜美味。当地名菜有干烧或红烧对虾、葱烧海参、肉末海参、清蒸加吉鱼、红烧石斑鱼、干炸鲜贝、烤鱿鱼等。至于分布在市区内外的各类海鲜店更是琳琅满目、令人目不暇接。当地有名的海鲜馆一条街有云霄路美食街、登州路啤酒街、大麦岛海鲜街等，街上的各类餐厅及餐厅中的各类海鲜应有尽有。但是游客应注意在品尝前货比三家——可以多走走看看或问问餐厅中走出来的各位食客用餐后的反映，另外在点菜时问清分量和价码并注意适当议价。在选择美食地点时可询问住在宾馆中的各位游友或在网上搜索相关评价。

购物

主要商业街有中山路，是青岛传统的商业街；台东步行街（东起延安三路、西至威海路）上有利群商厦等多家大型商厦，人气很旺；海信广场，是档次很高的著名商城；劈柴院，主要是经营出售当地的风味美食和各类小吃。

主要景点

前海栈桥

青岛的标志和象征，亦是青岛的第一胜景，桥长440米，如一道美丽、飘逸的彩虹，静卧在青岛湾碧蓝的海面，桥头有回澜阁，四周有漂亮的围栏，是眺望青岛市区风光和壮阔海景的最佳地点。

琴岛（小青岛）

青岛湾上的一颗珍珠，因从空中俯瞰颇像一把平放在水面上的古琴而得名。它位于前海栈桥东南方，有长堤同陆地相连，岛上山岩峻峭、林木葱郁，岸边波涛起伏、浪花飞溅，景色优美，妙不可言（岛上的最佳观景点在灯塔北侧的山坡上）。

鲁迅公园

位于汇泉湾北侧、琴岛和第一浴场之间，是青岛历史最悠久也是特色最鲜明的临海公园，集苍松翠柏、幽雅石径、红色礁石和精美亭阁于一身。园内有望海亭，游人在此登亭远眺，见汇泉湾上波光

▲ 漂亮的海滨第一浴场

闪烁、鸥鸟竞翔、风帆点点，煞是好看。

青岛海底世界（国家5A级旅游景区）

位于市南区莱阳路3号，是在中国第一座水族馆——青岛水族馆的基础上扩建而成，总面积达7300平方米，包含梦幻水母宫、海洋生物馆、海豹馆、淡水生物馆等七大展馆，约有2000类、20000多件珍稀海洋生物标本，上千种上万尾来自世界各地的珍稀海洋生物。

海军博物馆

坐落在青岛湾东侧，坐落于市南区莱阳路8号，是唯一一座反映中国海军发展的军事博物馆。该馆筹建于1988年，2021年新馆开馆，陆地面积141.1亩，海域面积125亩，主要分为室内、海上和陆上三大层区，建有人民海军历史基本陈列、主展馆广场、海军英雄广场、陆上装备展区和海上装备区等。

博物馆的精华是陆上装备展区和海上装备区。这里露天陈列着数百件海、空军兵器实物（各式火炮、鱼雷、飞机、导弹一应俱全），岸边的码头上还锚泊四艘战舰和两艘潜艇。远远望去，艘艘战舰风姿威武，舰炮高昂炮口、导弹怒视苍穹，气势威严，甚为壮观。

第一海水浴场

位于美丽的鲁迅公园东侧，是青岛众多海滨浴场中的精华和佼佼者，恰似一颗璀璨的明珠，镶嵌在汇泉湾畔。浴场东西长约1千米，形如一轮弯月，这里沙滩金黄、海水蔚蓝，岸边有各类更衣、洗浴、戏水、游乐设施，是游人到青岛后纳凉、休闲、游乐的绝好地点。

● 推荐特色食街

① 李村夜市，位于李沧区少山路88号，乘地铁3号线至李村站下E口出。
② 台东夜市，位于市北区东三路，乘公交车607、608路可到。
③ 吕家庄夜市，位于城阳区正阳路98号，乘公交车642路可到。

● 推荐特色餐厅

① 春和楼，名气很大，在中山路146号，主营鲁菜风味佳肴，代表菜有葱烧海参、香酥鸡、松鼠鳜鱼、油爆海螺、爆炒腰花、娃娃菜翅丝汤等。人均消费80—100元。电话：0532-82824346。
② 海岛渔村，在云霄路40号。海鲜品种多、价钱适中。可以惠顾。电话：0523-87355588

● 云霄路美食街

就在市南区云霄路20号，319、125、26等多路公交可到，这里有一个非常大的建筑是青岛国际新闻中心，新闻中心的斜对面（东北方向）就是云霄路，海鲜餐厅大都集中在路的西侧，性价比尚好的有海岛渔村、山东菜馆等。

青岛印象及游览要点提示

青岛的老景，就像夏日里盛开的玫瑰，叫人百看不厌、流连忘返。
青岛的新景，犹如变幻莫测的七巧板，令人目不暇接、眼花缭乱。
到了青岛，您起码应该游遍以下景点。
前海栈桥、鲁迅公园、海底世界、海军博物馆、第一海水浴场、琴岛、五四广场、国际帆船中心、海洋公园、崂山。
到了青岛，如果您时间充裕，下列地方亦值得一看：中山公园、八大关、太平角、小鱼山、信号山、观象山、北九水、动物园、石老人、中山路等。
青岛很美，美得难以用语言来形容，笔者推荐几种游览方案，仅供各位游友参考。

八大关

是青岛著名旅游观光区，因景区内由武胜关路、嘉峪关路、宁武关路等八条由关字命名的道路而得名。

八大关景区东起太平角，西至汇泉角，北到岳阳路，南到大海边，风光秀美而环境绝佳。这里繁花似锦，绿树成荫，外观精美别致的西式别墅成群，是世界各式建筑集中荟萃之地，具有极高的历史文化价值和游览观光价值，其中位于景区东南角的花石楼和位于景区西北角的公主楼名气最大，是观光要点。

青岛极地海洋公园

地处市区东部石老人旅游区内的大型海滨公园，有极地海洋动物馆、海平线剧场、深海奇幻—水母秘境、360°球幕影院、极地传奇-冰雪体验馆五大场馆组成，能为游客提供食、住、行、游、购、娱各类服务。极地海洋动物馆外形像巨型帆船、身姿诱人；极地海洋剧场内每日有海豚、白鲸、海狮、海象等海洋动物表演，活泼欢快，引人入胜。

奥林匹克帆船中心

位于青岛市市南区新会路12号，邻近东海路和五四广场，有场馆区、停船区、奥帆博物馆、奥帆大剧场、心海广场等多组建筑群。2008年奥运会的帆船比赛就是在这里进行的。现在该中心已成为集旅游、美食、休闲、娱乐多功能于一身的大型综合性景点，受到外界广泛关注。

▲ 漂亮的海滨别墅群

🚌 317、321路可到。大门票免收。有些小景点和游船要单独收费

崂山（国家5A级旅游景区）

崂山位于青岛东部的黄海之滨（距市区40千米），山依海而立，山与海相连，山上多奇峰、怪石、森林和古庙，有众多的自然景观和人文景观，是"海上仙山"。

崂山风景区由巨峰、太清、华严、仰口、九水共五大游览区组成。目前，青岛市内最流行的崂山一日游只游览崂山东南部的太清景区（这里交通最方便）、仰口景区和九水景区，余下的其他景区可根据游客自身的时间、经费状况自行安排游览。

●前海栈桥
🚇 乘地铁1、3号线可到。
🎫 栈桥门票免收。

●琴岛
🚇 地铁3号线可到。
🎫 门票免收。

●鲁迅公园
🚌 乘228、316、304路等多路公交车可到。 🎫 免门票。

●青岛海底世界
地铁3号线可到。
🎫 门票170元起。

●海军博物馆
可乘地铁3号线至人民会堂站下D口出。
门票免收需预约。

●八大关
乘228、316、31路等多路公交均可到。
进入八大关街区不收门票，但是花石楼看需购门票才能进入。

●青岛极地海洋公园
🚇 地铁2号线可到。
🎫 门票269元通票。老人、儿童有优惠。

●崂山交通
①太清及巨峰游览区
🚌 从市区乘地铁4号线到大河东站下车。
②仰口及华严游览区
🚌 乘蓝谷快线到浦里站换620路公交可到，可在仰口换乘观光车前往华严。
③九水游览区
🚌 乘地铁蓝谷快线可到。
观光车票90元。

推荐游程

一、三日游规划

这是经典的游览方案，游览日程安排如下。

D1. 游前海栈桥、海军博物馆、鲁迅公园、海底世界、第一海水浴场、琴岛

美妙的旅程就从市区最美的青岛湾开始吧！清晨，游人可先来到这里，借着金色的霞光，以秀美的前海栈桥为背景，拍下最有意义的纪念照。然后先去海军博物馆参观，后向东步行30分钟（或乘坐1—2站公共汽车），去游青岛最美的临海公园——鲁迅公园，游毕后再向东走约400米便是海产博物馆和海底世界。游鲁迅公园1小时足够，参观海底世界（含看海兽和人鱼表演）和海军博物馆（必须登上战舰参观才够味儿）各需1.5小时。上述各景点玩完肯定已过正午，游人可在附近的街上吃午餐。下午的时光应交给青岛最漂亮的浴场——第一海水浴场（紧挨鲁迅公园）。沐浴着金色的阳光和清爽的海风，您可在清澈的海水和飞溅的浪花间任意嬉戏、游乐。

晚餐后去小青岛（琴岛，从鲁迅公园向西步行15分钟即到）游览，那里轻柔的海风、皎洁的月光、朦胧的灯影和无尽的涛声会使游人如痴如醉，流连忘返。

D2. 全天游"海上仙山"——崂山

崂山是座很奇特的山，奇就奇在它山上和山下风格不统一。它的上半部（从山腰到山顶）大都是裸露的白色巨型岩石，而山腰以下至山脚则覆盖着浓密的树林。观崂山，上半部您会觉得粗犷壮美，下半部又让人觉得葱茏秀美，同一座山却显出两种不同的味道，只有崂山才有这么"绝"啊！

从青岛市区去崂山非常方便，游人可乘地铁4号线，一直到崂山太清景区的山门处，下车后即可购票并换乘景区提供的专线车进入景区游览。人们游崂山的程序基本一样，即先到太清宫附近下车之后，参观崂山脚下的太清宫。太清宫依山傍海、位置极佳，宫内古树参天、殿宇森然，有三清殿、关岳祠、神水泉等多处景点，它既是崂山东南景区的主景，又是青岛市最大的道教名观。

午餐后从太清宫乘观光车上行，到达索道站。下车后先步行7—8分钟到崂山垭口看海景，然后回到索道站乘缆车，途经瑶池和蟠桃峰，直抵全景区最高的景点——玄武峰南麓的明霞洞（索道缆车运行约15分钟，若步行需2小时）。明霞洞海拔650米，是观赏崂山山光海色的绝好地点，这里既有千年古树，又有碧水清泉，高旷幽静，值得一看。

游毕明霞洞，游人应沿松竹掩映、清溪相伴的石板路下山（向西走），途经另一

▲ 青岛市区风光

深山古刹上清宫，最后抵达崂山八水河上的名景——龙潭飞瀑（从明霞洞走到龙潭需 90—100 分钟）。龙潭瀑布落差 26 米，平日为一涓涓细流，水声叮咚如琴鸣，十分悦耳动听；但每当暴雨过后，瀑布会骤然加大，以气吞山河之势奔腾而下，水雾漫天、声震峡谷，煞是壮观。

看过龙潭飞瀑，崂山东南景区的主要景点就算全都游过，一日游即可结束，一般的游客也会从此下山返回市区。但笔者力荐您在景区内住一天（最好住在来时去过的崂山垭口，该处有两家旅馆，另外垭口东边的青山渔村有大量农家乐旅馆），以便第二天一早在此观看日出。大海日出本来就非常壮美，而崂山因紧靠海滨，居高临下，在此观日出效果会更佳。不久前，笔者就在垭口东侧的山崖上有过一次永生难忘的经历：清晨，当一轮红日从海面上喷薄而出，万丈光芒普照大地的时候，那种绮丽、壮美绝不是用语言能轻易形容的。

D3. 游青岛市区和海滨乐园，观海豚表演

清晨起个大早，先在崂山观日出，然后乘车返回市区，在市政府、五四广场一带下车，开启青岛"city walk"。去近千座高楼大厦间仔细转一转，好好领略一下青岛这座美丽的海滨城市它的光辉灿烂。

之后去看极地海洋公园和其中欢快活泼的海豚海兽表演或是去参观奥林匹克帆船中心，黄昏时到青岛市著名的八大关（八大关很有迷人韵味）和太平角看一看；晚餐后去青岛最有名的商业街中山路或是台东游览购物，然后即可乘车返回。

按上述行程安排，三天时间里您从西到东，攀山下海，游遍了青岛市区及崂山上最有代表性的主要景点，就是让土生土长的青岛人来衡量评判，他也会说这是一个相当完美顺畅、各方兼顾（新景和老景）且又令人无比舒服快活的游览方案。

二、四日游规划

若您的时间有宽裕，可在前面三日游的基础上增加一天时间，去崂山西北侧的仰口景区游览（从市区乘地铁蓝谷快线可到）。仰口景区是崂山的一部分，在这里观海、攀山，视野很开阔壮观，与太清及巨峰景区游览的感觉不同，因此值得一试。如在夏季的雨后，也可去九水景区，它因山有九折、水有九曲而得名，山奇水丽，有"九水画廊"之美誉（门票旺季 60 元，观光车费 30 元）。

三、五日游规划

前四日游程与上面四日游相同，即：

D1. 游青岛主城区主要景点

D2. 游崂山

D3. 游览崂山和青岛主城区其他景点

D4. 去崂山仰口或九水风景区观光

D5. 抖擞精神，跨越青岛各个区域，把尚未去过的著名景点如：信号山、观象山、小鱼山、汇泉角和黄岛区的金沙滩等玩个遍，这样安排游览内容更丰富、效果更圆满。

▲ 八大关标志性建筑花石楼

泰山（国家5A级旅游景区）

电话区号： 0538　**景区咨询：** 96008888

泰山位于山东省中部，山体以主峰为中心，呈放射状向四周分布，全景区共有山峰156座，溪谷130余条，瀑潭64处，寺庙58座，是一个集壮丽山川、秀美溪瀑和众多人文佳景于一身的大型风景名胜区。泰山主峰玉皇顶在泰安境内，海拔1545米，拔地倚天，气势岿巍，山间林密石奇；山巅云海日出，神奇而又瑰丽。古时曾有司马迁、李白、杜甫等名人雅士登山观景，留下诸多美文诗句，而如今更有无数海内外游客登临泰山绝顶，饱领"一览众山小"的豪迈情怀。有"五岳独尊"之称的泰山已成为大家国内旅游中不可遗漏的景点之一。

☞ 冬季雪后山上有独特风光，景色迷人

气候与游季

泰山气候四季分明且各具特色。盛夏时节山上非常凉爽，7月份平均气温仅为17℃，尤其是山顶清风袭人，避暑观光甚佳，暴雨之后，还有可能见到波澜壮阔的云海奇观。春秋两季气温适中皆宜登山，特别是秋天秋高气爽无风沙侵袭，游览效果更佳。冬天山上气温较低，但山上雪景迷人，见到日出的机会亦多。因此总体上说泰山四季皆可游览，尤以4—10月份为最佳游季。

交通

铁路

京沪线上每日有许多高铁列车在泰安（泰山）站经停。从北京乘高铁到泰安站仅需2小时，从济南乘火车40分钟即到泰安站。泰安高铁站在泰安市区南部，有数路公交车直达。

📱 铁路客服中心：12306　火车站问询电话：0538-2181747

公路

距济南、曲阜仅1小时车程，距淄博2小时车程。泰安汽车站有客车发往周边各市县。

📱 汽车客运站电话：0538-2108600

▲ 泰山十八盘风光

● **机场信息**

去泰山可乘飞机在济南遥墙机场降落，然后换车去泰安市。

● **笔者关照**

虽然俗话说"黄山归来不看岳"，但因泰山风光美且景点分布非常紧凑集中，加之山上旅游设施完备，观光旅游一点都不费劲。所以笔者认为各位游友一生中至少应该去泰山玩一次。

● 泰山门票价格

115元起，红门万仙楼入口。

● 山顶住宿参考

① 神憩宾馆，性价比尚好，电话：8223866。
② 南天门宾馆，电话：18660839189。

● 常见的四条上山线路

① 从红门进入，这是最传统的线路（24小时售票）。
② 从天外村上行，可乘车直到中天门进入景区。
③ 从桃花峪上山，风光有别于前山。
④ 东御道步行上山。

● 观看日出

笔者认为在泰山上能否看到日出无所谓，若想见到精彩的日出，也可以到青岛崂山，海上日出壮观无比。

● 山顶夜景迷人

别光在山顶上盯着日出和云海，这里的夜景也很动人——从山上往下看，泰安市区的万家灯火非常灿烂生动，不信您试试看。

● 晚间休闲游乐

① 泰安刘老根大舞台，每晚19:30—21:40开放。门票106元起。
② 《中华泰山·封禅大典》实景演出，每晚演出数场，门票138元起。

市内交通特别提示

火车站有2路和11路公交车到泰山红门（车票2元），从这里可步行登山。68路和39路公交车也可到天外村，这里是游客中心，有专线车直达泰山山腰处的中天门，下车后步行或乘缆车登顶均可。桃花峪—桃花源旅游车，票价：上行35元，下行35元。登山索道：中天门索道单程100元、往返200元。后石坞索道上下行均为20元、桃花源索道上行100元，往返200元。

👉 步行登山可乘2路车到红门；欲坐车上山应坐3路车到天外村换车

住宿

游泰山可选择住在山下市区或住在山顶两种方式。山下市内的宾馆酒店多、条件好而房价不贵（至少比山上便宜），如果不是旅游最旺季，那二星级宾馆的标房性价比极高，但住山下市区风光肯定不及山上好，不能看到日出和云海。

泰山山顶上亦有不少酒店、宾馆，如三星级的神憩宾馆以及南天门宾馆、云巢宾馆和仙居宾馆等，其他普通酒店还有数十家。这些酒店的房价比山下贵，有时因缺水造成游客不能随时洗澡和山上气温较低冬天寒冷，所以住着不一定舒服。不过若想在山上观赏日出和仔细游玩，在山上住一天还是应该的。

👉 泰山山顶东侧的宾馆的一大特色是窗户都挺大且都向东开，这样在房间里就能看到日出，以此来吸引游客入住，不过日出并不是每天都能看到，主要取决于当天的天气状况。

餐饮

虽然当地各类风味美食的名气比泰山的风光要逊色很多，但还是有以"泰山三美"（白菜、豆腐、水）为主要原料烹制的豆腐宴和野菜宴等特色宴席名扬海内外。其他风味菜肴和食品有泰安煎饼——可卷大葱或其他蔬菜、赤鳞鱼、酱包瓜、白蜜食、泰山牙枣等。与其他山岳风景区一样，泰山也是越往上走饭菜越贵（在山顶吃早餐，豆

市区交通提示

出了泰山火车站后，39、68路公交车可直达红门和天外村。39路是上车近，刚出火车站就见到了39路总站，3路车站还在前方不远的街上，至少要步行7—8分钟。乘39路注意应该坐东环线，先到红门之后到天外村。

浆可卖到3—5元/碗、面条25元/碗），所以在泰安市区吃饱喝足并带够食品和饮水后再爬山，可以省下不少伙食上的开支（也可享用山路边服务站供应的开水，每杯1—2元）。推荐到市区的泰山饭店用餐，人少，实惠，环境尚好。

主要景点

岱庙

位于泰山脚下，始建于西汉武帝时期，殿宇高大，松柏苍翠，多精美壁画、石刻，是中国历代帝王举行封禅大典和祭祀泰山神的地方。

☛ 岱庙庙宇很气派，这里也是登山起点，步行登顶就从这里开始吧

经石峪

在岱庙至中天门之间，清澈溪流旁的巨石上有镌刻于1400年前的《金刚般若波罗蜜经》经文，是泰山诸多石刻中最著名的一处，同时也是中国现存规模最大的佛经摩崖刻石。

☛ 边走边看，精彩的风光还在上边

中天门

在海拔847米的泰山山腰处，是泰山中路上山道和西路盘山公路的交会点，也是登山游客上山时的必经之地。人们抵达后可选择继续步行经"十八盘"上山，亦可在此乘缆车一步登天——10分钟内直达山顶的南天门。此外，在这里通过大型观光望远镜仰望十八盘和南天门的远景及游客登山众生相，画面生动，效果绝佳。

☛ 中天门是仰望十八盘风光的好地点

十八盘

泰山山腰中天门与山顶南天门之间的一段登山石级路，共有1633级，有"紧十八、慢十八、不紧不慢又十八"三段陡峭山路，是最考验登山者体力和意志的路段。

☛ 沿十八盘登山很辛苦，但累并快乐着

南天门

是十八盘登山路尽头飞龙岩和翔凤岭两山之间的门楼式建筑，游客从门楼下的通道通过，即可到达泰山极顶。

● **推荐圆满精彩且省力的玩法**

先从山下乘车到中天门，换乘缆车"一步登天"到南天门，下车后在山顶畅观名山秀色，夜宿山顶。

次日早上在山顶观云海日出，然后步行下山，欣赏从南天门到中天门到红门的所有沿途景点，获得对泰山完整而美好的观感（上下全乘缆车效果不好）。

● **眺望十八盘**

中天门山路边有不少公共望远镜，交上1—3元即可环视四周佳景——其中用望远镜眺望十八盘登山路上的人群最有趣，因为每个人登山的体态和姿势都不同，千姿百态且每时每刻都在变化，观后令人很开心。

● 从泰山去青岛

游毕泰山后立即去青岛，把山东省内最有名的山和最美的海滨城市连在一起玩非常令人欣喜开心。

● 游山新方式

① 从红门沿传统线路上山，次日从桃花峪乘索道下山，下山后乘游2路（南环）可直达泰安火车站。
② 从天外村上山，沿天柱峰下山，也是有别于传统玩法的新路线。

● 夜游泰山

泰山的山路石级完整，路边亦有路灯，登攀毫无困难。夜间登山到山顶观日出是热门的观光方式，尽可一试。

● 何时易见日出

在泰山之巅并非每日都能看到日出，只要东边地平线上有云彩，看到日出的概率就很小。
而头天晚上刮了西北风，次日容易看到日出，因为把云彩刮到大海那边去了，这是诀窍，请参考。

▲ 泰山之巅观云海日出

玉皇顶

亦称天柱峰，是泰山最高点。这里地势稍显平坦，有玉皇顶、碧霞祠等精美古建筑，雕有"泰山极顶""灿烂东海"等大字的巨型摩崖石刻在这里随处可见，游客站在玉皇顶不仅能够领略泰山"平地拔起，直顶蓝天"的雄伟，亦可饱览日出、晚霞和云海奇观。

☛ 在玉皇顶上可以充分体味"会当凌绝顶，一览众山小"的豪迈情怀

日观峰

在玉皇顶东南，有长6.5米伸向前方的观海石和长约30米的观日长廊及诸多门和窗户都向东开的观日旅馆。日观周边是观赏泰山日出的最佳地点。

☛ 能否在山上看到日出，很大程度上取决于运气，不必刻意追求

推荐三条常见的游览线路

第一条
D1. 王母池→红门宫→斗母宫→经石峪→壶天阁→中天门→五松亭→南天门→碧霞祠
D2. 玉皇顶→后石坞→南天门（索道）→中天门（汽车）→天外村→普照寺→岱庙

第二条
D1. 王母池→红门宫→斗母宫→经石峪→中天门（索道）→南天门→碧霞祠→玉皇顶→后石坞
D2. 南天门→五松亭→中天门（汽车）→天外村→普照寺→岱庙

第三条
D1. 乘汽车至中天门→五松亭→中天门→碧霞祠→玉皇顶→后石坞
D2. 南天门（索道）→中天门→经石峪→斗母宫→红门宫→王母池→普照寺→岱庙

以上线路所游景点有同有异，但均可观览山上大部分主要景观，可供一般游客做常规游览时所筛选。

济南

电话区号：0531　趵突泉景区：86920900　大明湖景区：86088900

济南位于山东省中部偏西，因地处济水（今黄河）之南而得名。它不光是山东省的政治、经济、文化中心，还是一个以"百泉争涌"而著称的旅游名城。济南城市分布着趵突、黑虎、五龙潭及珍珠四大泉水群，共有泉眼700余处。众泉汇流形成的大明湖，湖面开阔，绿柳成荫；城南的千佛山有许多人文佳景，大明湖、千佛山和趵突泉一起合称为泉城三大名胜。

气候与游季

济南冬冷夏热，春季风沙较大，夏秋时节游览效果较佳。秋季天清气爽，景色优美，而盛夏时节（7、8月份）雨水过后，各大泉群碧涛欢涌，场面显得非常生动、迷人。

机场客服电话：96888

交　通

济南的机场叫遥墙国际机场，距市中心30千米。有航班同北京、上海、广州、桂林、成都、哈尔滨、乌鲁木齐、张家界、郑州等近百个大中城市通航。济南市区的火车站、汽车站和玉泉森信酒店每天6:00—19:00每小时有一趟班车开往机场，车程约1小时，车票20元；另外乘公交车亦可到达。如打车从市区到机场一般需要100元出头。

铁路

济南处于京沪与胶济铁路的交会处，京沪线几乎所有出入烟台、青岛、威海等山东东部城市的列车均在济南停靠，济南与北京、青岛、威海、烟台、乌鲁木齐等国内大中城市通有直达列车。其中乘高铁或动车到北京只需2—3小时车程。济南有三个主要火车站，分别为济南站、济南南站和济南东站。

济南站客服电话：0531-82422002

▲ 济南泉城广场一角

● 笔者关照

虽有趵突泉、大明湖等多处美景，但单游济南仍觉不过瘾、不尽兴。从济南乘高铁列车，40分钟可到泰安，2小时可到青岛，把济南同泰山、青岛连起来玩，会更精彩圆满。

● 主要美食街区

济南的美食街
1. 民族大街市
2. 环联夜市
3. 宽厚里
4. 芙蓉街

公路

济南长途汽车总站有开往本省各市县及北京、天津、石家庄、唐山、秦皇岛、郑州、新乡、开封、许昌、洛阳、上海、南通、宁波、温州、合肥等地的长途车，发往青岛、烟台、潍坊、龙口的客车尤其多。

● 另荐景点：环城河泉水景观带

自2009年7月正式通航以来，备受各方游客的青睐。大家可乘游船环游护城河，尽情观览黑虎泉、泉城广场、趵突泉公园和大明湖一线的美景，近距离感受泉城的独特魅力。分为日航线和夜航线，日航线从黑虎泉到象城广场到趵突泉再到五龙潭、大明湖，最后返回黑虎泉，单程运行约需70分钟。夜航线仅少了大明湖，其他与日航线一致，票价80元／人。
全程票100元／人。

● 便宜住处参考

①花筑芙蓉精品客栈，距趵突泉不远，标间130—150元／间，电话：13589122568。
②锦江商务酒店（济南火车站老商埠店），客房装修很好，90—100元／间，电话：0531-81271888。

● 推荐著名小吃街

芙蓉街上中小餐馆林立，特色小吃品种繁多，值得关注。街上有名的餐馆有会仙楼饭庄等。

● 趵突泉

¥ 门票40元。17:00以后停止入场。

● 大明湖

¥ 进入景区门票免收，但区内一些小景点门票另收。游船票另收。

● 千佛山

¥ 门票30元，万佛洞15元。

● 灵岩寺

¥ 门票40元。

住 宿

作为一个省会城市，也是山东省内的交通枢纽，济南城中的宾馆、酒店很多，可满足不同游客的要求。星级宾馆有和颐至尚酒店、璞秀酒店、美高电竞电影酒店等，中小旅馆不计其数，游客可酌情选择。

主要景点

趵突泉

位于济南市老城区西南，其泉水分为三股从地下喷出，奔腾跳跃，活泼生动。它的名气和地位均位于济南七十二名泉之首，因此享有"天下第一泉"的美称。趵突泉公园内还有金线泉、漱玉泉、柳絮泉等泉眼，共同组成了一个庞大的泉水群，场面壮阔，风光迷人。

乘B100、K49、K96路车都可到

大明湖

在济南老城区东北，由城区众泉水汇流而成，湖边有数百株依依垂柳，过去曾有人用"四面荷花三面柳，一城山色半城湖"的优美诗句来形容它。湖区内还有观光游览水道，游客可以乘船一次游览许多景点。

多路车可到

千佛山

在济南城南，最高点海拔285米。山上有许多始凿于隋代的石佛，还有古刹兴国禅寺及千佛崖、历山院等景点。此外，千佛山北麓的万佛洞，集我国四大石窟之精华，可一瞻北魏、唐、宋造像之风采。登上千佛山山巅，还可北眺济南全城远景。

多路车可到千佛山

灵岩寺

在济南市南约95千米处的泰山西北麓，有千佛殿、辟支塔、墓塔林等数十处景点，是一处有1600余年历史的佛教名刹，系全国重点文物保护单位。

解放桥车站有游707路假日线公交直达

山东博物馆

山东博物馆位于济南历下区经十路，文物藏品大多为山东地区出土与传世的珍品，具有浓郁的山东地方特色。一楼大厅常设有佛教造像艺术展、汉代画像艺术展及三个特别展厅。正厅正中还设有孔子学堂及报告厅。一楼主展厅是佛教造像艺术展和汉代画像艺术展。二楼展厅分为左右两边，右边主要是山东历史文化展，一共分为史前、夏商周、秦汉—明清三个展厅来介绍山东的发展历史；左边为明代鲁王展和刘国松现代化水墨艺术馆。三楼主要展出的是非洲野生动物大迁徙展、考古成果展、山东名人展等。博物馆中有许多特色文创纪念品售卖，也可以盖纪念章。可以在微信小程序搜索"文旅绿码"或"山东博物馆"提前预约后免费进馆。

山东美术馆

山东美术馆西侧紧邻山东博物馆，馆内油画、国画、版画、雕塑、书法篆刻、民间艺术等各类美术作品一应俱全。建筑主体是以正方体为代表的"城"和以正方体变体为代表的"山"的巧妙融合，建筑顶层的天窗设计象征着"泉"，将"泉城"济南的特色融入其中。山东美术馆也是凭身份证预约后就可以参观，建议您时间充裕的话可与山东博物馆一起参观。

● 另荐景点：黑虎泉和泉城广场

①黑虎泉。济南名泉之一，位于市区黑虎泉路边、护城河南岸。因泉水涌出声如虎啸而得名。其泉水量大且水质好，拥挤在泉前取水饮用的人流成为当地特殊景观。乘 K51、K59 等多路公交车均可到。门票免收。

②泉城广场。济南市区中心广场。分为趵突泉广场、泉标广场、四季花园、荷花音乐喷泉、银座购物广场几大部分，集文化娱乐、观光休闲和商业购物诸多功能于一身。广场白天的开阔壮丽和晚间的红火喧嚣都能给人留下美妙感觉。乘 K151、K59、K169 等多路公交车均可到。门票免收。

推荐游程

一日游
趵突泉—黑虎泉—泉城广场—千佛山—大明湖。

二日游
D1. 同上。
D2. 灵岩寺—四门塔—五峰山。

发烧友特别关照

①只要泉眼能喷（涌）水，趵突泉就很好看，还有漱玉泉等其他许多名泉，由于水土保持有方，近年来该泉一直在连续喷涌，这是所有游客的福音。

②千佛山、大明湖名气都不小，但风光与趵突泉略有差距。但乘船游览环城泉水景观带挺开心。

③趵突泉的夜景十分迷人，潺潺泉水与彩灯交相辉映，流光溢彩，格外动人。门口的泉城广场也是晚间休闲观光购物佳curs。

④济南还有四门塔、五峰山等景点，时间充足者可前去游览。

⑤另外山东博物馆、泉城欧乐堡梦幻世界、济南动物园等景点亦可适度关注。

曲阜

📞 电话区号：0537　三孔景区：3709709

　　曲阜位于山东省西南部，是我国古代伟大思想家、教育家、儒家学派创始人孔子的诞生地，也是国家首批确定的24个历史文化名城之一。这里有被列入世界文化遗产的孔庙、孔府、孔林等多处名胜古迹，颇具东方文化和儒家文化魅力。

▲ 孔庙一角

● 景区门票

孔庙、孔府、孔林三处景点联票共140元。

● 游览提示

孔庙紧挨曲阜汽车站，而孔府又紧挨孔庙，从孔府到孔林亦有观光车前往，所以游客到曲阜后观光非常方便。

● 当地特色美食

孔府宴是中国饮食文化重要组成部分，分为寿宴、花宴、喜庆宴、迎宾宴、家常宴等不同宴客方式。曲阜各家饭店都经营孔府宴菜，主要代表性菜品有福寿绵长、一品寿桃、长寿鱼、鸳鸯鸡、凤凰鱼翅、四喜丸子、一品海参、孔门干肉等。游人可酌情品尝。

气候与游季

　　属大陆性季风气候，四季分明，7月份最热，月平均气温27.4℃，1月份最冷，月平均气温1.4℃，虽常年皆可旅游，但以3—11月为游览佳季。

交　通

　　曲阜有3座火车站，分别是曲阜站、曲阜东站和南站。前者是普通车站，后两个站分别是高铁和动车站。从济南到曲阜，高铁列车半小时即到。另外，曲阜与济南、泰山、徐州间有高速公路相通，每日有多班客车穿梭其间，交通方便。

主要景点——"三孔"（国家5A级旅游景区　世界文化遗产）

孔庙

　　位于曲阜市中心，是一处规模宏大的宫殿式古建筑群，与北京故宫、河北承德避暑山庄齐名，是曲阜旅游的主要景点。

🚌 多路车可到孔庙。　🎫 门票80元

孔府

　　位于孔庙东侧，系孔子嫡系长子长孙的官署和私第，占地16公顷，是国内最大的封建贵族庄园之一。

🚌 乘1、5、D53路车可到孔府。　🎫 门票60元

孔林

　　孔子及其后代家族的墓地，在曲阜城北，碑碣林立、

另荐景点：微山湖和日照海滨

①微山湖

是中国十大淡水湖之一。近年来虽然水面有所缩小，但夏季雨后仍可看到辽阔水域和荷花盛开的迷人景色。碧波千顷、风帆点点，构成了中原水乡的独特景观。湖中的微山岛上还有微子林渔家民俗馆和铁道游击队纪念园等人文景点。成人票加观光车价格30元。微山岛门票130元。岛上有不少普通宾馆和农家乐民宿，食宿方便。

②日照海滨

日照市位于山东省东部，濒临黄海，有多处风光尚好的滨海景区如森林公园、第四海水浴场、灯塔景区、山海天景区及水上运动基地等。相对于青岛、烟台这些成熟的海滨城市而言，日照的风光更显出几分新意。笔者建议去那里进行2—3天观光度假。

古树参天，是占地达200公顷甚具规模气派的大型人造园林。

🚌 多路车可到孔林。🎫 门票10元

推荐游程

一日游

主要游览"三孔"——孔庙、孔府、孔林。兼游颜庙、万古长春坊等景点。这样安排游览已能看遍曲阜有代表性的景点。

二日游

在一日游的基础上增加尼山、少昊陵、孔子六艺城、《论语》碑苑等景点，就算彻底玩透曲阜了。

发烧友特别关照

当地实惠的宾馆和餐厅参考

①鼓楼人家曲阜菜馆，人气挺旺，电话：0537-4510888。

②老曲阜饭店，菜品丰富名气也大，电话：0537-4585678。

③贝壳酒店，条件尚可，房价便宜，电话：0537-4407778。

烟台

电话区号：0535　烟台山景区：6632846　养马岛：4763763

烟台是我国北方著名的海滨旅游城市之一，气候温和，景色宜人，是观光、休闲、度假胜地。主要的游览观光景区有烟台山、毓璜顶、金沙滩、长达10千米的滨海游览线等。此外烟台的地理位置非常绝妙，位于一条颇具水准的黄金旅游带上，游人如能沿黄、渤海滨畅快游览，定能获得物美价廉的超值享受。

▲ 烟台海滨第一浴场及矗立在海边的滨海国际酒店

● 笔者关照

论风光，烟台确实比不上青岛，市区景点也挺有限（当然烟台山和滨海游览线景色还挺迷人），所以在烟台停留1天或两天足够。笔者建议把烟台市区和蓬莱区、蓬莱区长岛或威海连在一起玩更物有所值。

● 火车站

在烟台市芝罘区北马路295号。

10、62、50等多路公交车可达。

气候与游季

烟台是海滨城市、避暑胜地，气候尚显温和，虽然严冬时节亦能旅游，但风光稍显惨淡和冷清，4—10月为游览旺季。

交通

航空

烟台莱山国际机场位于城南莱山镇，距市区15千米，可与北京、上海、广州、深圳、厦门、海口、大连、沈阳、哈尔滨、成都、昆明、武汉、济南、西安等20多个大中城市对飞。

机场问询电话：0535-6299666　机场巴士服务热线：0535-5139146

海运

有直达大连、旅顺等地的客轮、货轮。其中至大连、旅顺的客轮每天有多班，行驶7小时即到。

烟台港客运问询电话：0535-6506666

铁路

可直达北京、天津、上海、南京、济南、青岛、佳木斯、西安等城市，其中与北京之间对开的高铁列车最快4小时可到，车票380元左右。烟台火车站造型奇异，是市区独特景观。

火车站问询电话：0535-12306

山东省 烟台

公路
每日与青岛、济南、威海等地有对开班车。行车2小时左右可到威海，3小时左右可到青岛，6小时可到济南。

烟台汽车总站电话：400-636-9369　烟台旅游汽车站：0535-6658714

市内交通特别提示
有公交车数十路，四通八达。出租车起步9元。

住宿
旅游城市，宾馆旅馆云集，还有大量的度假村及各类培训中心，住宿毫无问题。除去7—8月游览旺季外，一般宾馆的标间90—120元，普通旅馆房价更低。

餐饮
烟台是国内八大菜系中鲁菜的发祥地之一，当地的海货亦算丰美，欲尝各类有代表性的风味美食，可到各大中餐厅和海鲜馆。特色菜肴有芙蓉干贝、白扒鱿鱼、葱烧海参、原汁鲍鱼、芫爆鱿鱼卷、糖醋对虾等。欲吃普通饭食，街头的小餐馆可作首选，肉丝芹菜、麻辣鸡块等炒菜18—35元/份。欲尝海鲜最省钱的方式是到居民区的集市上购买鲜货，然后拿到中小餐馆中加工，付一定的加工费就可以了。

主要景点

滨海游览线
即滨海路。南起烟台山，北至新技术开发区，沿途有第一、第二浴场、维多利亚湾、栈桥等近20处景点，火车站前始发的17路公交车贯穿全线，游人可乘车开心观赏游览。

☞ 烟台山和滨海游览线均是烟台观光特大亮点

烟台山
在烟台市区北端，是烟台市的标志。三面环海，山峦叠翠，林木葱郁，山脚及山腰处有燕台石、惹浪亭等景点，山顶的灯塔净总高49.5米，登临塔巅观赏城市风光，大

● 从烟台去蓬莱区
从烟台汽车总站或西站上车，30分钟一班，车票18元左右，1.5小时即到。

● 从烟台去威海
可从汽车总站或旅游汽车站上车，约20分钟一班，2小时可到，车费30元。
如乘高铁列车，从烟台到威海只需30分钟。

● 长达10千米的滨海游览线
火车站广场是17路起点，山东商务职业学院是终点。该车沿海岸线行驶，单程约需110分钟，车费1元。

● 烟台山
🚌 乘17、50、62路车可到。
¥ 门票免收。到灯塔顶端观光另收10元。

● 毓璜顶公园
🚌 乘23路车可到。
¥ 门票免收。

▲ 烟台山海滨的漂亮雕塑

● 另荐景点：**张裕酒文化博物馆**

馆中介绍葡萄酒的酿造历史和工艺，宣传酒文化，游客参观时还可品酒和获赠贴有自己照片的美酒礼品。

🚌 乘17路可到，博物馆门票分为不同档次，分别赠送不同数量的酒品。

● 另荐景点：**牟氏庄园和昆嵛山**

①牟氏庄园是保存尚好的我国北方最大的地主庄园。始建于清雍正年间，民国二十四年基本建成，现保存有厅堂楼厢400余间，以其恢宏的规模、独特的建筑方式和丰富的历史文化内涵引人入胜。现为全国重点文物保护单位。

从烟台或栖霞乘客车均可到。门票60元起。

②昆嵛山位于山东省烟台市牟平区境内，是道教名山。山间峰峦起伏、林木苍翠，有道教发祥地之一的烟霞洞、胶东第一古刹无染寺及岳姑殿、九龙池、龙王庙等多处古迹分布其间，"泰礴日出"、"昆嵛叠翠"等山间名景亦很美丽动人。

从烟台长客站和牟平客运站乘车均可直达。门票40元。

▲ 外形别致的烟台火车站

海秀色颇感壮观迷人。烟台山东侧有1200米长的滨海景观带，海景很美，是市区观光要点。

毓璜顶公园

亦称"小蓬莱"，位于芝罘区南侧的小山上，是始建于元代扩建于明清的古建筑群，主要建筑有小蓬莱坊、玉皇庙、玉皇阁等，在此登高观海，风光亦很壮美。

🎫 门票免收，玉皇庙收费10元

金沙滩海滨公园

在烟台城西的经济开发区，长近18千米的"S"形海岸线、坡缓、沙平，适合戏水游乐。岸边还有秦始皇东巡宫、七彩城嬉水乐园、黄海游乐城等。

🚌 烟台市区有多路公交可到（开发区医院下）。🎫 门票免收

养马岛

位于烟台城东牟平区以北9千米的黄海中，有海堤与陆地相连。因相传古时秦始皇东巡时曾在此饲养战马而得名。现岛上有海水浴场、度假村等休闲设施，另外养马岛不定期有大型赛马比赛，场面热闹动人（从烟台到威海的客车经过养马岛南边）。

🚌 可从烟台乘62路再换67路到养马岛。🎫 门票免收

推荐游程

推荐二日游程

D1. 上午观长达18千米的滨海游览线（乘17路），看滨海景观带，午后到第一海水浴场戏水。黄昏时烟台山顶看市区全景（上到灯塔顶端）。晚上再乘17路看滨海路美丽夜景。

D2. 上午毓璜顶观光，下午去金沙滩看海景、游泳、品海鲜。时间紧迫者只进行**D1.**的游程效果也不会太差。

游览指导

①不要舍不得花门票钱，不要怕费劲，游烟台山一定要登上山顶的灯塔之巅，上面的风光妙不可言。

②可以在火车站乘1、7路公交游烟台滨海风光，坐到烟大新校区即可返回（不必到终点），既舒服又省钱。

③滨海游览线的夜景也非常迷人，给人无尽温馨美感。

烟台市蓬莱区

电话区号：0535　蓬莱阁景区：5621111　欧乐堡海洋极地世界：5664777

蓬莱区位于胶东半岛最北端，小巧玲珑，海景瑰丽迷人。蓬莱仙阁风光独特、个性鲜明，是国内甚具知名度的滨海楼阁胜景，八仙过海的古老传说和频繁出现的海市蜃楼奇观同样引人入胜。蓬莱还是目前通往庙岛群岛的唯一陆海通道，从这里渡海到长岛观光可以饱览北方"海上仙山"的瑰丽风光。

气候与游季

蓬莱属温带季风区大陆性气候，夏无酷暑、冬无严寒，1月份平均气温－2.3℃、7月份平均气温24.6℃。虽然作为海滨景区7—9月份游览最佳，但4—6月及10月上旬风光仍然很美，且因游客少而食宿便宜、交通便利。所以每年4—10月游览均可。

▲ 换个角度看蓬莱仙阁

交通

从烟台到蓬莱的公路非常宽，双向八车道

公路·铁路·航空

长途汽车站有通往青岛、济南、潍坊、龙口等地的长途汽车。与烟台对开的大巴、中巴，票价12—24元。也可乘火车，高铁只需40分钟车程即到烟台市中心。此外，乘飞机到烟台（蓬莱）机场后，有大巴直达蓬莱区，交通十分方便。

蓬莱汽车站询问：0535-5642018

海运

蓬莱每天有开往长岛、大连、旅顺的客船。其中到长岛的轮渡每天6:00—17:30有10—20班，45分钟可到。

港口客运问询　大连方向电话：0535-5642551　长岛方向电话：0535-3212218

市内交通特别提示

出租车分段计费，起步7元/3千米。蓬莱区不大，市内行车一般不会超过10元。

● 来蓬莱很方便

烟台客运总站发往蓬莱的客车随时有，1.5小时可到。

● 从蓬莱去长岛

蓬长客港有去长岛的客轮，乘9路公交车或从蓬莱市打车去均可。

● 最佳观景地点

是蓬莱仙阁最高处（仙阁山顶的北端），从这里向北看黄、渤海海面辽阔，长岛轮廓秀美如海上仙山；向东看三山门的海滨水上白浪滔滔、岸边金沙耀眼，风光壮美令人沉醉流连。此外在蓬莱阁东门外边的三仙门海边观景也是个不错的选择。

● 另荐景点：戚继光故里

戚继光——明代著名抗倭将领。其故居就在蓬莱。总占地面积1900平方米，主要观光景点有表功祠、兵器馆、后花园、戚府、横槊堂等。周边的明清商品一条街和小吃一条街也是故居观光区的组成部分。

● 便宜旅馆参考

在客运站和三山门海滨之间的街道上有很多，淡季能找到60—80元左右的旅馆标间。

▲ 三山门海滨的八仙雕塑

● 游览提示

蓬莱阁景区很大，门也有很多。笔者推荐您从振扬门进入，从南往北依次游览，这样的线路最合适，主要景点一趟下来都可参观到。此外，振扬门对面的路边还有许多餐厅和民宿，可供您选择。

● 蓬莱阁

从蓬莱长客站下车出站后即可遥望到蓬莱阁雄姿，乘坐4、5路公交车或打车11分钟即到振扬门。

▲ 八仙渡海口

🏨 住 宿

蓬莱区旅游设施很好，在距中心景点蓬莱阁1千米的范围内分布着多家宾馆、酒店。星级宾馆有蓬莱艺珺酒店、希岸酒店、维也纳酒店、麓枫酒店等，中小旅馆数量也很多，如果对条件不是太挑剔，除去暑假之外，花上百元左右即可轻松解决住宿问题。

☕ 餐 饮

在蓬莱吃海鲜是太方便了，可以在饭店里坐享其成，海参、对虾、扇贝、黄鱼、墨鱼、鱿鱼、牡蛎随您选。若想吃出派头和级别，还可在大餐厅中领略八仙宴的美味——以对虾、海参、鲜贝、螃蟹、海螺等海货为主要原料，做成8个拼盘、8个热菜和1份热汤，造型精美、香味袭人，极具诱惑力，当然价格不菲。

欲寻物美价廉的吃法可到海边的海货市场去选购刚捕捞上来的海鲜，然后到小餐馆里烹煮加工（适当付加工费），当地的海鲜真是太便宜了——汛期小黄鱼不过5元钱左右一斤，真该放开海量大吃一顿。若是在饭馆中品尝海鲜成品，请注意点菜时一定要砍价并最好看着海鲜下锅，这样可以保证菜品不被"调包"而缩水。

🏛 主要景点

蓬莱阁（国家5A级旅游景区）

位于区北侧的丹崖山巅，与湖北黄鹤楼、湖南岳阳楼和江西滕王阁一起被称为"中国四大名楼"。它依山面海、地势绝佳，布局奇巧、造型精美，是祖国北方不可多得的海滨奇景。游人登上烟云缭绕的仙阁顶端，可以眺望黄、渤海交汇处的景色和远处长岛的风姿。现在蓬莱阁已与周边的田横山、水城和古船博物馆连为一体，游人购买通票后，可一次游遍上述四大景区，获得全方位的综合享受。

💴 单购蓬莱阁门票100元

蓬莱水城

在仙阁东侧丹崖山东侧，始建于宋庆历年间，最初用来停战船的刀鱼寨，后在其基础上修筑水城。如今水门、防浪堤、码头、灯塔、城墙等古建筑设施保存完好，是国内现存最完整的古代水军基地。

蓬莱区游览示意图

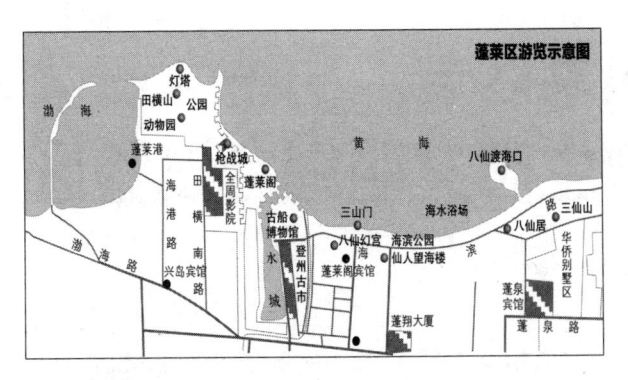

登州古街

位于戚继光故里景区周边，包括牌坊街、磨盘街、戚府后街、鼓楼文化街等。沿街有许多非遗小店和小吃商铺。当夜幕降临时灯光下的古街有别样的韵味。

☛ 登州古市可与蓬莱仙阁景区一起游览

三山门海滨

仙阁东侧的壮阔海滩，沙滩平，海水清，是蓬莱最漂亮的海滩。东侧有八仙渡海口和三山门两大景点。

☛ 可在蓬莱阁上向东俯瞰三山门海滨全景，亦可走到海滨沙滩上观光

八仙过海景区

蓬莱阁东侧的海滨，是20世纪90年代初兴建的人工景区。内有八仙坊、八仙祠、会仙阁，还有观景长廊等景观。蓬莱汽车总站有电瓶车直达景区。

☛ 从三山门海滨步行也可到八仙渡海景区。 门票80元，三仙山景区门票120元

●龙口南山风景区（国家5A级旅游景区）

由宗教历史文化园、欢乐峡谷主题公园、东海海滨旅游区三部分组成。南山公园建在半山腰，园中有世界最大的锡青铜坐佛——南山大佛和国内最大的室内玉佛——南山药师玉佛。展示多彩多姿华夏民族文化的中华历史文化园也非常气派。欢乐峡谷主题公园由民俗文化村、欢乐岛、养生谷、宠物园等十余个观光园区组成，集知识性、观赏性、娱乐性多功能于一身。东海海滨游览区的海岸线长达20余千米，已开发和将要开发的观光游乐项目有月亮湾海滨浴场、高尔夫球场等。

🚌 游人可从烟台火车站、蓬莱汽车站乘专线车去南山。此外，也可从龙口乘102路在同德利欢乐自助站换9路公交车。

💰 南山景区通票120元。

▲ 三山门海景

推荐游程

蓬莱景点相对集中，一日游即可通览全貌。应把主要目标对准蓬莱仙阁（含水城、古船博物馆、田横山、登州古街、三山门海滨）。三山门海滨东缘的八仙过海和三山门景区也有观光价值。另外在蓬长港对面的景点是海洋极地世界，里边游览各类海洋鱼类动物，游客可适当关注，门票175元起。

如欲渡海到长岛观光，需再加上2～3天时间。

游览提示

①蓬莱到处都是旅馆和饭店，游人不论是就餐还是住宿都非常方便。

②蓬莱仙阁景区和古船博物馆内每天都循环放映"海市蜃楼"的录像片（该片真实记录了1987年5月17日出现在长岛海面上的"海市"奇观），此外在2006年10月12日，长达数十分钟的海市蜃楼奇景又一次出现。因此游人在蓬莱观光时应注意瞭望海空，可能会有意外发现。

③从蓬莱返回烟台时，可乘坐火车，30分钟左右即可到达。

烟台市蓬莱区—
长岛海洋生态文明综合试验区

电话区号：0535　旅游客服：3099789

长岛又名长山列岛、庙岛群岛，它位于辽东半岛与山东半岛之间，由32个大大小小的岛屿组成，犹如一把晶莹闪亮的珍珠，撒落在碧波万顷的渤海海面。长岛四面环海，环境优美、空气清新、佳景众多，这里不光有九丈崖、半月湾、宝塔礁、万鸟岛（又名车由岛）等滨海名胜，频繁出现的海市蜃楼、海滋、平流雾、龙吸水（龙卷风）、过龙兵（鲸鱼）等众多海上奇观更是如梦如幻、神奇诱人。长岛还是重要的水产养殖、捕捞基地，素有"中国鲍鱼、扇贝、海带之乡"的美称。到长岛一游，人们可以品尝到最丰美的海鲜，呼吸到最清爽的空气，观赏到祖国北方瑰丽的海景。长岛是大自然的慷慨馈赠，每个来到"海上仙山"游览度假的朋友，都会玩得舒服自在、快活开心。

气候与游季

虽然夏无酷暑，冬无严寒，但冬季海景风光和夏季相比仍显惨淡，故而最佳游季为4月中旬至10月中旬间。

交通

长岛四面皆海，无铁路、公路和空中航班同陆地相连，去长岛的唯一途径是从蓬莱港口乘船。蓬莱与长岛之间对开的轮渡每日有多班，从早6:30到晚18:00基本每半小时都发一班船（船票45元，约45分钟左右到）。

▲ 长岛半月湾

游客可乘火车、飞机到蓬莱，济南亦有汽车直抵蓬莱。

东北三省的游客也可从大连或旅顺乘船到烟台再到蓬莱。从大连湾新港坐轮渡，看日落班次可选13:00—19:20班次，看日出可选22:50—5:50班次，到达烟台港客运站后可乘车1个半小时到蓬莱。

岛上交通与食宿

住宿

长岛位于南长山岛中部偏西侧。主要宾馆有长岛怡景轩宾馆、长岛长园海景度假酒店、烟台蓬莱阁漫亭酒店等多家。这些宾馆的标间价旺季可达400—700元，淡季可降至130元甚至更低,而其他一般旅馆的普通间,旅游旺季需180—220元,淡季只需100元。此外岛上的各个渔村中都有村民接待客人,每人每天150—300元食宿全包,还可亲身体验渔家生活(亦称为"渔家乐"),新鲜快活,其乐融融。

☛ 渔家乐的菜品多样,各种鱼、虾、蟹一应俱全,也可点其他素菜、肉菜

餐饮

岛上各类饭馆餐厅俱全,普通饭菜价格并不比北京等大城市便宜多少,但菜量给得不少,挺实惠。尤其是海鲜,不但品种全,价格也灵活可商,砍价后绝对能比内陆城市的同等菜肴便宜,像黄花鱼一类的海鱼做熟后60—88元钱一大盘,鱿鱼可降到35—48元/盘,如果去渔民家参加"渔家乐",那吃到的海货就更便宜丰美了,因此品尝各类海鲜应是游客在岛上就餐时的首选。另外这里烹调海货一般不过油而直接用白水煮,可做成后味道还挺鲜美,这一招应该被各位游友学以致用。

在岛上渔家乐中开心品尝的海鲜美味有炸鱼、焖鱼、扇贝、江珧贝、鲍鱼、爬虾、花蛤、龙虾、八爪鱼、海螺、海胆、海虹等。

☛ 渔家乐的菜量视人数而定,一般两个人四个菜、四个人六个菜

岛内交通

岛上的公交车四通八达,还有旅游大巴开往各大景点,车费5元,若想更开心方便地旅游,游人也可以打车。岛上有数百辆出租车,收费不贵,均为10元钱起价。

● 岛上民宿客栈

① 长岛一见如故民宿,价格250—300元,电话:18605353718。
② 长岛屿见华园度假民宿,价格200元左右,电话:15216386710。
③ 云庭观海民宿,价格200元左右,电话:13181638958。

▲ 海上晨光

发烧友特别关照

推荐游程和观光指导

游览长岛至少需要两个整天,以笔者的体会,应该重点突出,远近分明。科学、合理的游览日程方案推荐如下。

D1. 陆上游览

把精力和时间全放在南北长山岛上,上午游烽山(观日出)、九丈崖、半月湾,下午游望夫礁、仙境源、林海公园。如游人怕辛苦不愿登山,可舍去烽山游览,而增加其他景点的游览时间。由于上述各景点均有公交和旅游大巴到达,一天内玩遍是没有问题的(也可早上先去九丈崖、半月湾、望夫礁,午后再游仙境源、烽山和林海公园)。

D2. 海上观光

早晨从客运码头乘游船出海,兜上一大圈,观赏庙岛、大黑山岛、小黑山岛、龙爪山、九门洞、聚仙洞、宝塔礁及万鸟岛等海上奇观(如欲节省时间和旅费,亦可单去游万鸟岛),黄昏时返回中心地区,尚未尽兴的可住下来继续观光、疗养(岛上环境幽雅宁静,极为凉爽清新,美景看不厌,海鲜吃不完,住上一个星期也不会厌烦),心满意足者尽可乘船经蓬莱返家。

● **九丈崖**

是岛上最佳景点之一，应重点游览。停留时间最少2小时。游览时最好先从右侧走，即先沿海边游览再钻山洞返回，不要反着走。

景区门口有简易旅馆。

● **半月湾**

也是岛上绝佳景点。在这里单纯观景1小时够用，戏水游乐半天时间亦不嫌多。

● **旅游锦囊——在长岛包车游览方便舒心**

出租车司机并不专门为您一人（或一行人）服务，而是把您拉到景点后商定好在此逗留的时间，之后您进景点游玩他去拉别的客人，到点后准时赶回接送您到下一个景点，您进去游玩后他再去拉别的客人。一天之内如此往复循环，可以轻松带您游遍岛上六大主要景区，还可顺路观览海岛上的公交车到达不了的一些景，不必花太多车费（淡季200—230元，旺季300—360元，车上可乘4人）。照此游览，游客应注意的一是要仔细商定车费和在景区的逗留时间，二是全天游览结束后再付车费。照此行事，您的包车游即可高枕无忧。最后提醒您一句：要提高议价技巧！

若以长岛客运码头为中心出发计算，出租车到岛上最远的景点九丈崖约需20元左右，到半月湾15元左右，到望夫礁10元左右，到仙境源10元左右，到烽山12元左右，到林海公园15元左右。网约车的价格比出租车便宜一些，游人可视情况选择最佳的出行方式。

岛上主要景点

九丈崖

位于北长山岛的西北角，西依珍珠门水道，北临国际海上航线，这里危崖高耸，岩礁密布，乱石穿空，狂涛击岸，海景甚为壮观。

🚌 从游船码头乘1路公交车47分钟可到九丈崖

💰 全线通票150元

半月湾

又称月牙湾，坐落于北长山岛东北端，这里有长达2000米的弯月形海滩，海滩上布满如珠似玉般的球状鹅卵石，仿佛是一处流光溢彩的珠宝世界。这里的海水清、阳光足、空气洁净，非常适合游人进行海水浴、空气浴、阳光浴。海滩上有各类游乐设施，可供不同爱好的游人任意挑选。

🚌 游船码头乘3路公交车44分钟可到半月湾

💰 全线通票150元

望夫礁（望福礁）公园

望夫礁屹立于南长山岛北端，因形状酷似一位怀抱婴儿伫立海边的妇人而得名。相传多年以前一位渔夫出海打鱼，突遇风浪而不归，他的妻子悲痛欲绝，整日怀抱年幼的孩子站在海边，盼望丈夫平安归来。多少年过去，亲人仍无音信，这位妇人就化成了一座美丽的石像——望夫礁，永远伫立在那里，表示着对爱情的忠贞。也许是这个动人故事发生的年代太过久远加之渔岛风情已经发生改变，现在当地人已将望夫礁更名为望福礁，赋予传统老景新的内涵。

🚌 游船码头乘3路公交车45分钟左右可到望夫礁。💰 全线通票150元

▲ 海边奇石

山东省 烟台市蓬莱区—长岛海洋生态文明综合试验区

▲ 九门洞

仙境源

地处南长山岛东侧，这里山崖陡峭，海景壮阔，景区内有唐王李世民东征浮雕、古城墙亭阁、栈桥、九龙洞等旅游景点上百处。因仙境源依山面海、位置极佳，所以游人不光可以在此居高观赏绚丽的大海日出，还有可能看到海市蜃楼、海滋变幻、平流雾龙、龙兵（鲸鱼）闹海等当地四大奇观。

🚌 游船码头乘 3 路公交车 36 分钟可到仙境源。🎫 全线通票 150 元

烽山

耸立于南长山岛南部，因明代抗倭名将戚继光曾在山顶设立烽火台而得名。该山山势灵秀，树木繁茂，不光有鸟展馆和蛇类馆等特色展厅，还是全岛制高点。游人攀上山顶，东可观黄海日出，西可望渤海日落，脚下的长岛县城全貌尽收眼底，南方地平线上的蓬莱仙阁雄姿清晰可见。烽山是长岛上当之无愧的最佳观景点。

🚌 游船码头乘 13 路公交车 40 分钟可到烽山。🎫 全线通票 150 元

林海公园

位于南长山岛南端距县城约 3 千米处，是一处集山、林、海、礁、崖、洞于一身，旅游资源丰富、风光奇绝的海滨景点。在这里，游人既可饱览黄、渤两海交汇处的壮丽风光，亦可端详形态细长优美、徐徐隐入海中的长山尾（当地人说的"长岛的尾巴"）秀色。登上屹立在海边危崖上的名景拂云亭，前方浩瀚大海水天一色、波澜不惊，身后山风徐徐、松涛阵阵、虫鸟轻鸣，置身于这幽远辽阔、宁静柔美的山光海色之中，游人仿佛进入了一种融入自然、荣辱俱忘、四大皆空的美妙意境。

此外，长岛中心区附近的明珠广场、长岛博物馆及周边海上的宝塔礁、龙爪山、万鸟岛等都是不可漏掉的名胜佳景，游人可住下来一一游玩。

● 长岛门票价格

长岛全线票 150 元/人，含半月湾、九丈崖、望夫礁（望福礁）、仙境源、烽山、林海公园六大主要景点。

● 望夫礁（望福礁）公园

景区不大，逗留 60 分钟即可。

● 烽山

游客一定要登上山顶的雄鹰雕像处，在此看北岛全景十分壮观。

● 林海公园

🚌 从游船码头乘 13 路公交车 40 分钟可到。
🎫 门票可买全线通票 150 元。

● 岛上其他游览项目

🎫 除去陆上六大景点观光外，长岛还有数条海上旅游线路。主要分为渔家风情之旅（去长岛钓鱼岛景区观光）、妈祖香缘之旅（去庙岛和显应宫观光）、高山仙境之旅（去高山岛、万鸟岛、宝塔礁、庙岛观光）等。船费 60—260 元不等。发船地点都在长岛港。

威海

电话区号：0631　刘公岛：5287807　华夏城：5999150

威海市地处山东半岛最东端，三面环海，东与朝鲜半岛隔海相望，西与烟台接壤。因其扼守航道要冲，位置险要，素有"渤海的钥匙、京津的门户"之称，是我国北方重要的海上交通枢纽和商品进出口岸。

威海市海岸线长968千米，海洋性气候特征十分明显：年平均气温12℃，年平均降水量800毫米，四季分明，气候宜人。威海市区依山傍海，风光秀美，环境整洁，空气质量、水质和噪声环境质量指标均达到或超过国家一类标准，是我国第一个"国家级卫生城市"，也是"国家级园林城市"，是我国北方的海滨旅游胜境。

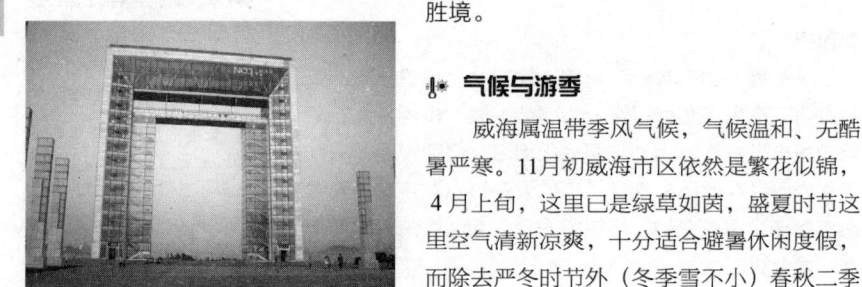

▲ 威海市区标志性景点幸福门

● 推荐威海二日游程

D1.上午刘公岛观光，下午国际海水浴场游乐，黄昏时登环翠楼看威海全景。晚上逛韩国服装城。

D2.去成山头观壮丽海景，兼游野生动物园和海驴岛，途中顺路游览圣水观。之后如有时间可去华夏城观光，门票80元。

气候与游季

威海属温带季风气候，气候温和、无酷暑严寒。11月初威海市区依然是繁花似锦，4月上旬，这里已是绿草如茵，盛夏时节这里空气清新凉爽，十分适合避暑休闲度假，而除去严冬时节外（冬季雪不小）春秋二季亦宜游览。

交通

航空

威海与全国各大中城市有航班往返，例如北京、长春、哈尔滨、广州、上海、兰州等（国际机场距市中心约40千米）。

▇ 威海大水泊机场问询电话：0631-8641172

公路

有通往全省各地与邻近外省的长途客车。其中威海长途客站至烟台客运站间对开的客车有多班。另外从威海乘客车3个半小时可到青岛，7小时可到济南。

➥ 威海汽车总站在市区南缘，有多路公交可到。电话：0631-5969369

铁路

威海有2个主要的火车站，分别是威海站和威海北站，其中威海站有高铁、动车、城际和快速旅客列车等班次，威海北站则班次较少，主要集中在高铁和动车。

▇ 威海火车站在市区南缘。问询电话：0631-12306

海运

威海港与大连港辟有航线，每日对开多班客轮，7小时左右可到。此外，与韩国之间有客轮和游轮对开。

● 威海港轮船客运站电话：0631-5233220

市内交通特别提示

公交车很多线路四通八达。出租车起步8元/2千米，8千米以内1.8元/千米。

住宿

作为一个滨海旅游城市，威海市区的宾馆、度假村及各类培训中心实在太多了。高档的有金海湾汤泉酒店、海景花园酒店、白玉兰酒店等，但是中低档条件尚好且房价不贵的住处更多。除去7—8月份外，许多位置不在市中心的宾馆标间都可降至80—120元/间。

欲在威海寻找便宜的住处，有省时省力的办法，就是乘7路公交车，在抵达国际海水浴场前一站时下车，路边中小宾馆、客栈成群，总数有几十家，都是外观精美的小楼，内部设施挺好，一般季节标间房价70—100元，旺季会明显上浮。

餐饮

海鲜馆很多，韩国料理也很多，可以按需品尝。但应注意吃海鲜不必在客运码头附近，这里流动人口多，价码不便宜，而清静路段上的餐馆往往很实惠。至于普通饭菜，价格适中，肉炒青菜一般在20—28元，纯肉菜在25—38元，一个人花50元左右填饱肚子没问题。特别推荐丰惠

● **另荐景点：荣成天鹅湖和圣水观**

① 荣成天鹅湖面积约6平方千米，位于成山镇境内，是祖国北方较大的天鹅栖息地。每年11月至来年4月份都有大批天鹅、大雁、野鸭等候鸟来此越冬，场面独特而动人。

可从威海或荣城乘车去天鹅湖。门票免收。

② 圣水观在荣成市伟德山脉西麓，因观内有圣水而得名，是道教全真派发祥地之一。该道观风水甚好，位置绝佳，主要观光亮点有玉清宫、将军碑廊、七真观等。

从威海汽车站乘109路公交车到大贞后打车9分钟可到。

● **另荐景点：槎山**

位于荣成市境内石岛镇附近，顶峰高539米，共有主要山峰9座，山势连绵，濒临黄海，山光海色诱人。九龙池、延寿宫、云光洞、千年洞等是山间历史名胜。可从威海、荣成乘车前去。门票50元，网上购买有优惠。

游览指导

① 威海市的自然风光（山青海碧）和城市建设（整洁气派）非常好，值得一看。

② 游刘公岛时哪怕费点劲，也要登上主峰旗顶山（步行登顶需45分钟，亦有缆车可乘），该山是观赏黄海秀丽风光和威海全貌的绝佳地点。

③ 威海其他热门景点有仙姑顶和华夏城。前者是海拔375米的山峰，在山巅眺望海景和威海市区全貌美不胜收；后者是以展示东方古典文化为主的大型生态文化景区，白天、晚上游人皆可入园观光、旺季每天晚上演一台大型实景歌舞表演《神游传奇》秀，一般从6月份演到8月份，因此夏季这里人气挺旺，可予关注。

④ 成山头地形独特，位置险要，四周的海面上风急浪高，景色异常壮美，到威海不去成山头可能会留下遗憾。

⑤ 威海周边还有乳山银滩、荣成天鹅湖、荣成石岛等景点，都值得适当关注。

●另荐景点：赤山法华院

赤山法华院在山东石岛北部的赤山南麓，是胶东最大最早的佛教寺庙之一，今日的法华院是20世纪80年代末在原址上重建的。寺中的大雄宝殿、张保皋纪念塔等建筑居山面海、庄严雄伟；山下的黄海景色开阔壮观，千帆竞发、万船穿梭的石岛渔港风光也很生动别致、新奇迷人。

可从威海、文登、荣成、乳山乘车去石岛，景区就在石岛海滨。门票免收。

●另荐景点：仙姑顶

奇峰耸立、怪石嶙峋，遍布奇花异草，景色秀丽迷人。在仙姑顶山巅看到的威海全景更是开阔壮丽。多路公交车可到。门票50元起，网上购买优惠。

●韩国商品很丰富

威海与韩国一海相隔，因而有不少韩国人来威海做生意，所以威海市内韩国商品种类极其丰富，游客可适当关注。主要商业街有威海港公园旁的威胜大厦、海港大厦、老港服装城等，另外光明花园财富广场也挺热闹。

●成山头

威海汽车站有城际公交4号线直达成山头，120分钟可到，途经威海火车站。如果没赶上直达车，可先乘车到龙须岛，威海到龙须岛的车随时发，抵达后步行半小时或打车5分钟可到成山头。

¥ 成山头门票148元，海驴岛门票120元，每年3月16日至10月31日开放。

●华夏城景区

公交49路、35路可到，也可打车或包车前往。

成人票98元。

佳快餐店，是威海的一家连锁快餐店，店内荤菜8—16元，素菜4—6元/份，25元左右可吃好一顿。

主要景区

刘公岛（国家5A级旅游景区）

地处距威海市区2.1海里的黄海海面。全岛山峦起伏、地势北高南低，远看颇像一艘破浪远航的战舰。岛上有苍松翠柏近3000亩，是国家级森林公园，亦有北洋水师的码头船坞和丁汝昌寓所等甲午战争遗址，全岛最高峰旗顶山则是观赏威海市区全景的最佳地点。

市中心海滨有旅游码头，去刘公岛的船每日有多班，15分钟即到，船票加上岛上门票122元，含甲午战争博物馆和刘公岛博览园观光（注意应在旅游码头买船票）。

环翠楼公园

市区制高点之一，因园内有古典建筑"环翠楼"而得名。环翠楼始建于1489年，西负苍山，东眺碧海，南北分别与佛顶、古陌岭群峰相望。登楼可见"碧波浩淼于城东，环翠楼映于四周，兼沧海山川之胜、水光山色之美"，遂以"环翠"名之。

🚶 环翠楼在市中心，步行即可到。¥ 门票免收。一定要登上楼顶观光

国际海水浴场

位于威海市区西北侧，沙滩金黄，海水幽蓝，自然风光十分纯洁优美，岸边的游乐设施亦非常齐全完善，这样好的海滨浴场在祖国北方真不多见。

🚌 乘7路车可到国际海水浴场。¥ 门票免费

成山头

在威海以东的荣成市龙须岛镇，这里是山东半岛最东端，山岩峭拔、海景壮美，由于海面上经常刮起五六级大风，所以常见水石相击、惊涛拍岸。成山头附近还有海驴岛和神雕山野生动物园两处大型景点。

华夏城景区（国家5A级旅游景区）

威海华夏城景区是华夏文旅集团历经10余年修复威海龙山的44处矿坑，将环境治理与旅游开发相结合的重要成果。景区内有全面展示尧舜禹时期历史文化的禹王宫和集中展示胶东民俗特色的夏园。还有在矿坑里打造的威海人民防空教育馆，在矿坑下面参观感受十分新奇。

上海市
SHANGHAISHI

上海是一座奇异而迷人的城市，它有悠久的历史，更具秀丽的新姿。这里虽然没有雄伟的名山大川，辽阔的高原大漠，但是，它独有的风姿神韵却一直吸引着无数中外游客。

上海的历史就是中国近代史的"浓缩和剪影"，许多大的历史事件和体制改革都在这里发生发展并影响全国。上海是中华人民共和国成长壮大的窗口和象征，几十年的艰苦创业，使它和中华人民共和国一起兴旺繁荣。上海是改革开放的风向标和领头羊，浦东开放的宏图壮景令中华儿女倍感新奇振奋。上海也是全国有名的历史文化和旅游名城，近百处古迹名胜、城市佳景在黄浦江两岸相映生辉，宛若夏日夜晚光芒夺目的灿烂星空。令人钦佩惊叹的是上海城市的迅速发展和上海人的聪颖勤奋——东方明珠电视塔、金茂大厦、环球金融中心的倩影，杨浦大桥、南浦大桥的雄伟身姿，南京路和外滩的摩天广厦把缤纷富丽的城市风光装点到了极致，而创业的热潮和资本证券市场的崛起更似催征的鼓点和号角，激荡着中华儿女奔向现代化的豪迈激情。上海这颗东方明珠的灿烂光华和磅礴气势，绝非三五日就能体会领略，它带给人的是无尽的感叹和回味！

气候与游季

上海属亚热带湿润季风气候。春天温暖、夏天炎热、秋天凉爽、冬天稍冷。上海的景点风光类型很多，一年四季皆可旅游，但要注意1、2月份去要适当携带保暖衣物、而8—9月是台风季节，时有雷雨大风，此时前去游客应及时注意天气预报，以便调整行程。

▲ 黄浦江美景·浦东高层建筑群

交通

航空

上海是中国的三大国际航空港之一，也是国内为数不多的拥有2座大型机场的城市之一。虹桥机场地处上海市区西部，距市中心约13千米。浦东机场位于浦东新区（濒临大海），距市中心约30千米。

虹桥国际机场公共交通有多条线路，其中938、806、807路站点位于国内到达出口处，941、925路站点位于候机楼南侧机场国内货运大楼旁。坐2、10号线地铁也可到达机场。938路：虹桥机场—浦东杨家渡。806路：虹桥机场—卢浦大桥。807路：

363

● 电话区号

上海电话区号：021

● 高铁

从北京到上海时速300公里的动车只需行车4.5小时，票价最低555元。另有高铁列车发往国内各大中城市。

● 铁路上海站免费订票热线

021-8008207890。

● 上海铁路问询

021-95105105。

● 虹桥机场问询热线

021-96990。

● 浦东机场问询热线

021-96990。

● 上海主要汽车站

①上海交运高速客运站有限公司
地址：上海市闸北区恒丰路258号。
电话：021-63173117。

②交通大宇徐家汇客运站
地址：虹桥路211号。
电话：021-64699272。

③上海锦江太平洋长途客运站
地址：恒丰路710号。
电话：021-63170440。

④上海浦东交通巴士长途客运有限公司白莲泾站
地址：浦东南路3843号。
电话：021-58836240。

虹桥机场—清润新村站。

浦东机场也有多条专线车与市区相连，此处还有地铁2号线和磁悬浮列车开往市区。

☞ 从龙阳路乘磁悬浮列车8分钟就可到虹桥机场

铁路

主要火车站有上海站、上海南站、虹桥站、上海西站、松江站等，其中上海站是历史最悠久的车站，现在仍然是重要的车站，南站发的车主要是开往南方各省的，去杭州的D车组也大都是在南站发车。虹桥站的规模也很大。它们共同承担着铁路客运的重任。

☞ 乘地铁1、3、4线和104、109、301等路公交都到上海火车站

公路

上海和周边省份之间的公路交通非常发达，往返苏州、杭州等城市的长途车更是和公交车一样频繁方便，所以在上海周边旅游乘坐长途汽车会感到非常快捷舒适。

☞ 乘地铁1、3线和公交718、704等路可到上海南站

水运

十六铺码头有游船载客游览黄浦江。过去发往南京、汉口、宜昌、重庆的客运航班早都停驶了。但是有客轮和游船开往普陀山、嵊泗等海岛。亦有去韩国、日本的航线。

☞ 轮船客运问询电话：021-56679550 听上海交通台能了解水运信息

市内交通

★公交车

上海公交首条线路开通于1908年3月5日。截至2021年末，上海地面公交运营车辆达1.76万辆，公交运营线路达1596条，线网长度9243千米。近些年，上海公交车站的发车电子屏幕上新增了很多内容，除了原有的线路号、实时温度、当前时间、发车方向、发车时间、发车车牌号等信息外，还新增了无障碍车辆标志、公交线路图，以及相关站点换乘地铁的信息。

★地铁

1号线：莘庄—富锦路。2号线：徐泾东—浦东国际机场。3号线：上海南站—江杨北路。4号线：宜山路—宜山路。5号线：莘庄—闵行开发区。6号线：东方体育中心—港城路。7号线：美兰湖—花木路。8号线：沈杜公路—市光路。9号线：松江南站—曹路。10号线：航中路—基隆路。11号线：花桥—迪士尼。12号线：金海路—七莘路。13号线：金运路—张江路。16号线：滴水湖—

▲ 徐家汇商业区夜景

龙阳路，还有17、18、19等线路。

上海有地铁线路20条（在建的还有多条），各线的运营状况都非常好，为乘客带来快捷和方便。

★ 磁浮列车

由龙阳路站至浦东机场站，时速近300千米/时，行程8分钟。不光是交通工具，还有旅游观光等功能，是上海当地一景。普通票价50元，往返80元，贵宾票价80元，往返160元。持当日机票可打折优惠。电话：021－28907648。

☞ 黄浦江上的轮渡观光效果也行，像外滩到浦东的船途中所见风光很美

★ 黄浦江交通

轮渡：浦东、浦西之间有17条轮渡线供人、车过江，行人票价1—2元/人次，往返都需购票。问询电话：021－61028992。

隧道：上海共有17条过江隧道，其中打浦路、延安东路等隧道可供车行，外滩观光隧道供人行。

★ 出租车

出租车起价2千米14元，而后每千米2.7元。23:00以后起价和里程表分别加1元。等候时间，5分钟2元。

上海公交车、地铁非常发达，建议如果时间充裕尽量乘坐公交车和地铁，乘地铁还可以避免地上堵车的麻烦。

● 地铁交通提示

上海是个人口密度很大的城市，市中心车水马龙，非常热闹，主要路段上堵车的现象是经常发生的，所以如欲快速到达目的地，乘坐地铁是甚佳选择。

上海市设有地铁咨询热线电话：021－64370000，负责解答地铁各线的运行线路、发车时间及票价等各类问题且服务态度甚好，各位可以拨打咨询。

● 上海主要商业街区

① 南京路。外地游客来上海后的必观之景。有市百一店、第一食品商店等大型商厦。在此购物并不便宜实惠。上海当地人可能更加关注其他商业街区。

② 徐家汇商业区。有港汇恒隆广场等多家商厦，人气很旺。

③ 淮海路。有各类品牌名店数百家，也是购物佳境。

④ 四川北路。有通利广场、1933购物中心等大型商城。这里的物价低于南京路，亦有平民商业街之称。

⑤ 东台路。有小型商店百余家，经销古玩、工艺品，与北京琉璃厂相似。

⑥ 豫园商城是小商品街区，出售的各类小商品琳琅满目，看得人眼发花、头发晕。不过，肯定有一款或多款小商品适合您。

▲ 换个角度看浦东高层建筑群

住宿

上海作为亚洲最大的城市之一，酒店业非常发达，各类宾馆酒店真是档次繁多、应有尽有，若想全面介绍这座大城市的住宿状况，笔者很感力不从心。所以，只为您提供一些实用的住宿信息供参考吧，详情见本页左侧内容。（小栏内推荐的实惠住处分布在市区各处，供您任选）

餐饮

如果您是从祖国北方来到上海观光旅游，那一定会为这里的特色风味食品和美食菜肴的数量之多、制作之精美细致所深深打动折服。风味菜肴中的上汤鱼翅、腌子蟹、生煸草头、扣三丝、八宝鸭、冰糖甲鱼、虾马大乌参、红烧和干烧大黄鱼、干烧明虾、糟钵头、脆皮烧鸭、戏水芙蓉、农家粽香肉；特色小吃中的酒酿圆子、虾肉小笼包、真如羊肉、油氽小馒头、生煎馒头、小绍兴鸡粥、三鲜豆皮、排骨年糕、蟹壳黄、南翔小笼包、鸡鸭血汤、城隍庙五香豆、稻香村鸭肫肝、荣华鸡等都是美食佳品，且物美价廉，制作得特别精细。众多特色风味餐厅及美食城，等待敞开胃口开心品尝。

☞ 吃小笼包可去南翔馒头店吴江路和福州路两个分店。人少些，不拥挤

● 推荐实惠住宿地点

①海友上海火车站店，条件一般，房价不贵，电话：021－61620707。
②汉庭漕河泾古北酒店，条件尚好，房价不贵，电话：021－60833955。
③汉庭上海锦江乐园地铁站，条件尚可了，电话：021－64800202。

主要景点

东方明珠（国家5A级旅游景区）

"东方明珠"是上海东方明珠广播电视塔的简称，该塔坐落在上海浦东陆家嘴经济开发区内，高468米。

"东方明珠"造型奇特新颖，它由三根直径为9米的擎天立柱将11个大小不一的球形建筑上下串联并凌空提起，

风味餐厅

上海老饭店，福佑路242号，电话：021－63552275，特色菜有八宝鸭、扣三丝、生煸草头等。
上海德兴馆，广东路471号，电话：021－63522535，特色菜有德兴汤包、开洋葱油拌面等。
金牡丹大酒店，宝山区牡丹江路1538-2号，电话：021－56123888，特色菜有松子桂鱼、毛蟹年糕、本帮红烧肉等。
老正兴菜馆·宴会厅，福州路556号，电话：021－63222624，特色菜有荤头圈子、响油鳝糊等。
菜根香，闵行区革潭路435号市场2楼，电话：18930507707。
老夜上海，长宁区新华路街道凯旋路1398号LG24、25，电话：13916295380。

上 海 市

▲ 东方明珠雄姿

如宝石垂悬，身姿奇异而优美。塔内有明珠科幻城、上海城市历史发展陈列馆、明珠百货公司等多家旅游游乐机构设施，其中离地面263米的巨型观光大厅是该塔中的最佳观景点——站在该厅的巨型橱窗前凭栏远眺，可把新楼林立、开阔壮美的上海全貌尽收眼底——天气晴朗时连远在黄浦江口的崇明岛都清晰可见。

☛ 不论从东方明珠塔下仰望，还是从塔上俯瞰，看到的都是绝美画面

金茂大厦

　　同样位于浦东陆家嘴开发区内，总高420.5米，是曾经的中国第一高楼，地上部分共88层，外形集民族风格和现代气派于一身，是上海市区的标志性建筑。

● 东方明珠

🚌 乘公交81、82、85、870、872路及地铁2号线、4号线均可到。

¥ 门票二球观光199元、三球观光299元、套票（观光加游船）279元、含午餐的套票368元、含晚餐的套票418元，价格也随不同季节有浮动和变化。
参观东方明珠最好避开重要节假日，否则乘电梯上下要长时间等候。

● 金茂大厦

🚌 乘82、85、583路陆家嘴站下，或可乘轮渡泰公线，隧道三、四、五、六线到达。

¥ 门票去88层观光120元。咨询电话：021-68777878。

● 环球金融中心

与金茂大厦相邻。

¥ 观光厅已不对外售票。

● 豫园

🚌 10号、14号地铁可到。

¥ 门票40元、淡季30元。
豫园景区周边是上海市内最繁华的小商品街。人声鼎沸、拥挤异常。

● 上海动物园

上海动物园原名西郊公园，是当地历史悠久的传统观光景点。园区内分为20余个小景区，规模很大，饲养展出动物数千只。很适合亲子游。

🚌 有公交57、748和地铁10号线直达。

¥ 门票40元。

●南京路步行街

时间有限的游客可以专门游览南京路的精华地段，即东侧黄河路与河南中路之间的南京路段。这一段有诸多大型商厦，如永安百货、新世界城、亚太广场等。从步行街的东端还可以乘地铁2号线去浦东观光，游览陆家嘴、东方明珠等名胜。

南京路上还有观光车为游客代步，乘车逛街既省力又开心。

●朱家角

距上海虹桥机场或上海火车新客站1—2小时车程。上海市区的人民广场和体育场到朱家角每日7:00—18:30，每半小时发1班车。上海汽车南站的上朱线公交车可直达，也可乘轻轨列车抵达。现在已免收进镇门票了，镇上8个小景点联票60元。

●黄浦江游览

浦江游览船，精华游（外滩十六铺码头—杨浦大桥，150元/人）、全程游（外滩—吴淞口，只有节假日有船），电话：021-63744261。

●南浦大桥

🚌 乘43、64、65、89、109等路，大桥一、六线。
🎫 门票免收。

●杨浦大桥

🚌 乘8、28、隧道六线等均可到。

乘坐楼内的高速观光电梯，45秒钟即可从首层抵达位于顶层（高340米）面积达1520平方米的观光厅，在此游人可以观朝晖日出、览晚霞落日，千船竞发的浦江壮景和万座新楼鳞次栉比的上海全景非常壮阔迷人。

👉 在金茂大厦观光的效果要略强于东方明珠，且门票便宜，游人尽可前去

环球金融中心

与金茂大厦相距不远，楼顶高492米。楼上94—100层曾是观光层，上面见到的壮景与金茂大厦异曲同工，但是更显辽阔壮美。

👉 在环球金融中心顶层看东方明珠和金茂大厦，感觉是"大巫见小巫"

豫园

为上海市区唯一保存完好的江南古典园林，始建于明朝，有萃秀堂、仰山堂、三穗堂、万花楼、鱼乐榭等40余处胜景，小桥流水、亭阁水榭相映，风光秀美而生动。

外滩

位于黄浦江西侧，全长1500米，是上海最气派繁华的街段。高楼林立且风格各异，典型代表有中国银行大楼、和平饭店、海关大楼、汇丰银行大楼等建筑。造型无不凝重、雄浑、雍容、华贵，被誉为"万国建筑博览会"。

外滩也是观赏黄浦江风光和对岸浦东经济开发区盎然新姿的最佳地点，从这里眺望对面东方明珠电视塔的雄姿效果绝佳，因而是游客抵达上海的必到之地。

👉 观光游、乘船游、晚间游览，外滩都是绝佳地点，黄浦江两岸风光无限

南京路步行街

上海最古老、最有名的商业街，全长1200余米，两侧高厦云集、店铺林立。其中市百一店、第一食品公司等是闻名全国的商市巨腕，数百家中小规模的专卖店亦都门面精美，无比繁华，这里既是上海市区的观光佳境——白天人流熙攘，夜晚霓虹闪烁、彩灯齐发、绚丽多彩，更是购物天堂，各种新、奇、美商品应有尽有，游客可以任购所需。

朱家角

淀山湖畔始建于宋元的江南古镇，古时曾有"长街三里，店铺千家"，1991年被国务院命名为"中国文化名镇"，现大部分已恢复古时旧貌。朱家角古镇如今人气旺盛，每天游人如织，镇上也是美食佳境，可吃可玩，令人快乐开心。

👉 朱家角非常干净整洁，绝不比周庄、同里观光效果差，一定要去看一看

黄浦江游览

从金陵东路外滩码头或十六铺码头发船,一直开到海天相接、天水一色的吴淞口,途经外滩、浦东开发区、陆家嘴高楼群、杨浦和南浦大桥,看尽高楼广厦林立、新颖气派的上海风姿倩影。

黄浦江游览的另一大收获是可以观赏到江上行驶和江边停泊的上千艘舰船,真像观览一个规模盛大的万国船舶博览会,令人非常新奇振奋。

☛ 现在开到吴淞口的游船少了,大多数只是在杨浦、南浦两桥间转一转

南浦大桥

位于市区南部,是上海市区第一座跨越黄浦江的双塔双索面叠合梁斜拉桥,全长8346米,主桥长846余米,跨径423米过江面,主塔高达150米,两侧有斜拉钢索,犹如雄鹰展翅欲飞。它是上海重要的观光新景点,也是世界桥梁建筑史上的奇迹。

☛ 从浦西到浦东的公交车从桥上过,乘车观光就行了

杨浦大桥

是继南浦大桥之后架设在黄浦江上的又一巨型双塔双索斜拉桥,线路全长8354米,其中主桥长1172米,中孔跨度602米,在世界同类斜拉桥中雄踞第一。桥塔的两侧有32对斜拉钢索,酷似巨型琴弦,弹奏出铿锵有力的惊天乐曲。

☛ 各地造的桥多了,桥本身不再让人有新奇感。但桥下的浦江风光是经典

上海博物馆

上海博物馆有两个馆:人民广场馆和东馆。位于人民广场南侧的是人民广场馆,而东馆则位于上海市浦东新区世纪大道1952号。博物馆向公众免费开放,但需要提前预约。两个馆各有特色,人民广场馆作为老馆,拥有悠久的历史和文化底蕴,而东馆则展现了现代化的展示方式和设施,参观体验极好。

☛ 人民广场馆,旁边就是人民广场、南京路。一并观览吧

上海迪士尼乐园

2016年6月16日开园,是中国内地首座迪士尼主题乐园。这是一个让人充满想象力、创造力、冒险精神并能增添无穷精彩的快乐天地,是上海引人关注、令人向往的观光度假新亮点。迪士尼乐园有八大主题园区,分别是米奇大街、奇想花园、探险岛、宝藏湾、明日世界、梦幻世界、迪士尼·皮克斯玩具总动员和疯狂动物城。园内场景生动美观,各式舞台表演和街心巡游种类繁多、令人眼花缭乱,各类观光游乐项目和活动从清晨一直持续到夜晚,给游人带来新奇刺激和无穷快感。虽然游园消费水平较高,但这里每天都是游客盈门、人流如潮。乘地铁11号线在迪士尼站下,从2号或4号口出站,再步行5分钟即到。乘公交浦东50、51、52路也可到。游客可通过迪士尼度假区官方网站和微信公众号购票。园区有两家酒店为游客提供住宿服务(门票400—799元,依不同季节随时浮动变化)。

建议观光前拨打咨询电话:400-180-0000,可问清所有观光程序和注意事项。

● 世纪大道

🚇 乘地铁2号线可到。

● 上海博物馆

🚇 人民广场：人民大道201号，地铁1、2、8号线均可到；东馆：地铁2、4、6号线。

💰 门票免费，可以公众号预约。

● 新天地

🚇 地铁11、10号线均可到。

● 上海野生动物园

上海轨道交通16号线野生动物园站下车再换车抵达。

💰 成人票165元含观光大巴车费。

● 老码头

🚇 地铁9号线和65、305、324等多路公交车均可到达。

● 佘山国家旅游度假区

地址：上海市松江区佘新路358号（距上海市中心约20千米）

咨询电话：021-57657291

上海新天地

新天地位于黄陂南路、太仓路，是一个以上海特有的石库门建筑为主体，遍布各类餐厅、酒吧等餐饮娱乐设施的休闲佳境。白天这里有不少游客观赏特色石库门建筑群并参观这里的中共"一大"会址。晚上各家餐厅酒吧彩灯闪烁，人们在店内外品美食、喝美酒，很显浪漫温馨。新天地已成为上海市区新潮时尚的象征。

👉 建议您在新天地观光，不建议在这里消费，餐饮价格较贵

上海野生动物园（国家5A级旅游景区）

是中国首座国家级野生动物园，位于上海浦东新区南六公路178号，占地153公顷（2300亩），距上海市中心约35千米。园内汇集了世界各地具有代表性的动物和珍稀动物200余种，数量上万，其中更包括有来自国外的长颈鹿、斑马、羚羊、白犀牛等，以及中国一级保护动物大熊猫、金丝猴、金毛羚牛等。园内分车入和步入两大参观区。

老码头

是在黄浦江西岸过去的十六铺码头上改建的休闲观光及艺术创意新园区。遍布餐厅、酒吧、会所、画廊及艺术工作室，漂亮的广场、精美的建筑群别具风韵。在此观黄浦江风光更显生动美丽。

佘山国家旅游度假区

上海佘山国家旅游度假区建立于1995年，规划面积为64.08平方千米，核心区面积为10.88平方千米。

作为国家旅游度假区之一的上海佘山国家旅游度假区，拥有上海陆地唯一的自然山林资源，是一个以山见长、以水为辅、中西合璧、古今交融的自然人文旅游区。佘山度假区内拥有名胜古迹荟萃的佘山国家森林公园（4A）；自然风景与现代造景艺术相结合的月湖雕塑公园（4A）；国内规模超大、拥有世界顶级游乐设备的上海欢乐谷（4A）；拥有亚洲大型温室群，集科研、科普、游览于一身的辰山植物园（4A）；成功举办十余届汇丰杯冠军赛，吸引世界高尔夫球手老虎伍兹的佘山国际高尔夫俱乐部；成功举办CTCC中国房车锦标赛的天马赛车场；上海唯一的乡村俱乐部——天马乡村俱乐部；华东地区大型的露天水上乐园——上海玛雅海滩水公园等景点。一批高、中楼酒店能够满足不同客户群的住宿及会务需要。区域内佘山天主教堂、佘山天文台、地震台、护珠塔、二陆草堂、三高士文化纪念园等珍贵的古迹名胜，亦具有丰厚的历史文化底蕴。

旅游锦囊

为您介绍快速游览上海核心景区的开心省钱窍门：人民广场、上海博物馆（人民广场馆）、南京路、外滩、黄浦江水上观光、浦东游览、金融中心高空观赏美景、豫园逛街购物、新天地晚间休闲游乐……一天内玩得精彩圆满、其乐融融。

① 早上观光，8:00 前后先从人民广场开始，到人民广场太容易了，上海的地铁非常方便，人民广场是重要的换乘站。

② 广场本身风景一般，但周围却有不少重要景点。建议您先花1小时到上海博物馆看看——藏品不少且免费参观。

③ 9:00 左右出博物馆，10 分钟后走到南京西路，新世界城、第一百货、永安百货等大型商厦都在这里，选一处随便转一转。南京路现在仍然是著名的步行商业街之一，建议您花 10—30 元乘上观光车，到南京东路下，再步行 10 分钟，外滩就到了。

④ 10:00—10:30 在外滩观光，看黄浦江两岸秀色，观赏东方明珠、金茂大厦、国际金融中心等代表性建筑的优美画面。

⑤ 10:30—11:30 乘船游览黄浦江精华段（杨浦大桥到南浦大桥段），外滩江边有不少售票点，船票 50—80 元，11:30 上岸，在附近午餐。

⑥ 12:30 在外滩乘轮渡，船票 2 元（船况很好，船上又能看风景），10 分钟就到浦东码头，上岸后就看到了浦东观光车——共有两种车：一是双层大巴，车费 15 元，有导游讲解和一杯饮料；二是普通观光车，车费 2 元。上述两种车都是环线车，依次经过金融中心、金茂大厦、海底世界、东方明珠、香格里拉饭店，最后回到码头。建议您先坐双层的兜一圈，看浦东全景，之后在第二圈时在金融中心下，然后登顶观光（比在东方明珠和金茂大厦上看到的风景壮阔得多）。

⑦ 14:30 左右出金融中心，去海底世界观光，这里虽然与其他城市的同类景点相差不多，但进去观光 1 小时仍可让人感到快乐开心。

⑧ 15:30 上观光车，10 分钟后到码头乘船，再过 10 分钟到浦江西岸，上岸后再以浦东高层建筑群为背景拍风景和人像纪念照，此时光线最佳（上午全是逆光，此时才是顺光）。

⑨ 16:20 打车去城隍庙购物（公交车不方便），那里各类小商品商摊数不胜数。逛到 18:00。

⑩ 18:00 打车到新天地，这里有许多石库门（上海独有）建筑，很有观光价值，亦有不少餐厅、咖啡馆，在这里晚餐，消磨享受到 19:30 左右。之后随意去延安路商业街一逛，这一天观光购物日程安排太精彩圆满了。各位读者朋友尽可一试。

▲ 屹立在黄浦江之滨的人民解放纪念碑

崇明岛

电话区号：021　东平国家森林公园：59338333　东滩湿地公园：39367000

崇明岛地处长江口，是上海第一大岛、中国第三大岛，也是世界上最大的河口冲击岛。崇明岛地势平坦（海拔3.5—4.5米）、环境整洁、土地肥沃、空气新鲜，是著名的农业基地、鱼米之乡，也是上海当地近年来人气渐旺的旅游休闲佳境。

▲ 东平国家森林公园正门

气候与游季

崇明岛全年皆可游览，每年的5—11月份是最佳观光时节。

交通

可从上海火车站、上海体育馆旅游集散中心乘公交车（途经上海市区）到宝杨路码头，再换船前往崇明岛（船次很多）。另外吴淞码头和石洞口码头也有轮渡去崇明岛。此外浦东的上海科技馆东墙外有申崇专线巴士直达崇明岛（五洲大道也有车去崇明岛），车程约1小时。

● 东平国家森林公园

¥ 门票平日35元起，周末50元起。

观光指导

崇明岛上总体风光秀丽，但并无能令人感到惊心动魄的重量级景点，因此去崇明岛宜做休闲度假游而不适合做探险猎奇方面的游览。目前岛上的观光亮点一是东平国家森林公园——内有上海面积最大的人造森林，植被丰富、环境清幽、林木葱郁，林区内有各类休闲娱乐设施，游人可徜徉其间畅享野趣。二是东滩湿地公园——位于崇明岛最东端（节假日门票80元，平日50元），河湖众多、沼泽遍布、苇海成群，还有大量候鸟栖息其间，游人可步行或乘船游览（另外在岛西南部还有个西沙湿地也开辟成了公园，但面积稍小）。三是前卫生态村，是在原来海滨荒滩上垦荒改造而成的，森林覆盖率将近50%，生态环境极佳。村中有大量农家乐，是游人上岛后的主要食宿地点。

现在岛上客车可抵东平森林公园和前卫村，东滩湿地一般要包车或自驾前往。游人用两天时间就可以在崇明岛上玩得非常舒适开心了。

江苏省
JIANGSUSHENG

黄金旅游线路

① 南京—无锡—苏州
② 南京—镇江—扬州
③ 苏州—周庄—同里—锦溪

江苏省位于长江下游,东濒黄海,省内江河密布、湖泊众多、气候温和、物产丰饶,是华东地区著名的鱼米之乡。

江苏省内的自然风光优美且名胜古迹众多。南京、苏州、扬州、镇江、淮安、常熟均是公认的国内历史文化名城;而烟波浩渺的太湖、洪泽湖美景和周庄、同里、锦溪、千灯、甪直等水乡古镇的独特风姿神韵同样引人入胜。江苏省内的水、陆、空交通都很发达便利,游客可以在这里用异常快捷顺畅的速度和方式随心所欲地开心旅游。

①南京是有着2400余年悠久历史的江南古城,也是中国四大古都之一,城中名胜遍布,其中中山陵、雨花台、夫子庙、明孝陵、灵谷寺、玄武湖、秦淮河等景在江南享有盛名,游人可在此做2—3日游览。

②扬州的城市虽小但风光出众,尤其是瘦西湖,它把苏州园林的精巧和杭州山水的绮丽有机地融合在一起,非常令人心动,游人应在扬州畅游1—2日。

③镇江的"三山"很有名,尤其是金山山姿秀美,山上古迹多,是长江边上一朵盛开的芙蓉。在镇江游览若抓紧时间一天就够,其中"三山"特别是金山是游览的重中之重。

④苏州山水园林本来就是华夏山水名胜中的奇葩,而周边的水乡古镇风光更令姑苏古城增彩生辉,把苏州城区园林和周庄(含同里、锦溪、千灯)一起游览定会精彩开心——需要逗留4—5天。

⑤无锡市最美的地方是太湖,太湖最美的地方是鼋头渚和"三山",市区还有蠡园和锡惠公园等名园佳景,2—3日观光可以玩得自在从容。

▲ 瘦西湖风光

自助游中国 华东地区

南京

电话区号：025

由于有2400余年的建城历史，历代政权中有10个在此建立都城，所以南京被称为"十朝都会"，亦被列为国内四大古都之一，与北京、西安、洛阳齐名。由于有了宏伟的中山陵、壮阔的明孝陵、繁华的夫子庙等诸多古迹名景，所以从您一踏进这座城市开始，就会感受到华夏悠久文明历史和灿烂文化之光的华美与凝重。南京的现代城市风光同样缤纷而诱人，踏上雄伟的长江大桥，您可以在辽阔江天之间惊叹人类辛劳和智慧的伟力；漫步在秦淮河边，您也能在桨声灯影中体验、回味岁月时光的美丽和无情。选一个宽松的时间段去南京观光游乐抚今追昔，您会得到诸多感慨和触动。

● 旅途小花絮

南京火车站是国内设计得最好的大型火车站之一。它好就好在能够非常有序地疏导乘车的拥挤人流，设计原理非常巧妙高超。国内大多数省会城市的火车站采用的都是聚集再分流的通道设计，人流量大时会很拥挤。可南京火车站就不是这样，它不设中心干道，乘客一进车站立即被左右两座电梯分开了，各就各位、各奔东西，怎么会再拥挤呢？

● 南京地铁1号线

截至2023年，1号线共32站，从八卦洲大桥南到中国药科大学，运营时间05:30—23:27。起价2元，最高6元。

▲ 宏伟的中山陵

▲ 灵谷寺一角

🚌 气候

南京属亚热带湿润气候，年平均气温为15.3℃。年平均降水量1106.5毫米。6月中旬至7月初为梅雨季节。这里夏季气候炎热（与重庆、武汉、南昌并称"四大火炉"）春秋两季最适宜观光游览。

🚌 交通

航空

禄口国际机场位于江宁区南部，距市区30千米，走机场高速行车约需45分钟。这里有航班飞往全国各大中城市。机场大巴可到达南京火车站等地。

江苏省

▲ 夫子庙正门

● 当地宾馆酒店参考

扬子宾馆，大厂区葛关路688号，025-69928848；
怡华假日酒店，中山北路45号，025-83308888；
扬子江酒店，中山北路550号，025-6976888；
金陵饭店，新街口广场，025-84711888。

● 推荐实惠住宿

当地有多家青年旅舍和快捷宾馆，价格实惠，可自行选择。

● 当地特色美食

主要有以金陵烤鸭、金陵板鸭、酱鸭、盐水鸭、香酥鸭为代表的各类鸭肴。其他风味菜肴和小吃有丁香排骨、黑椒生炒甲鱼、炖生敲、素烧鹅、四味麻团、薄皮小笼包、各式汤包、什锦菜包、蟹黄烧饼等。

铁路

有南京、南京南（中华门）仙林站等多个客运站。其中南京站历史悠久，车次很多。过去几乎所有途经南京的列车都要停靠南京站。南京南站是高铁站，车次也很多，大有后来者居上的规模和势头。从北京乘高铁，4小时出头即到南京南站，堪称神速。仙林站是南京站和南京南站间的联络站，服务当地居民、学生，也承担其他客运任务。

公路

南京是华东地区最大的公路交通枢纽，沪宁（上海—南京）、宁连（南京—连云港）、宁通（南京—南通）、宁合（南京—合肥）、宁马（南京—马鞍山）、宁淳6条主要的高速公路连接了沪、浙、皖、鲁4个省市。全市有9个长途汽车客运站，各类快巴每天发往周边各省市。

▌南京汽车客运站：025-83190300　汽车南站：025-86778366　中央门汽车站：025-85531299

市内交通

公共电、汽车有数百条线路。另有多条旅游专线在运营。

截至2023年，南京有地铁线路13条，还有多条在建线路，轻轨交通非常快捷便利，游人可视情选乘。

推荐游程

一日游：A. 玄武湖—总统府—中山陵—灵谷寺—明孝陵—雨花台—夫子庙。
　　　　B. 雨花台—中华门—莫愁湖—清凉山—夫子庙—瞻园。
二日游：A. D1.中山植物园—廖仲恺何香凝墓—明孝陵—中山陵—灵谷禅院；
　　　　　D2.南京长江大桥—中华门—雨花台—莫愁湖—玄武湖。
　　　　B. D1.明孝陵—中山陵—灵谷禅院—总统府旧址—梅园新村—玄武湖；
　　　　　D2.鸡鸣寺—夫子庙—瞻园—中华门—雨花台—南京大屠杀纪念馆—静海寺。

● 当地特色餐馆

① 绿柳居：建康路68-1号，主营江苏素菜：鸡、烧鹅、鱼片、宫保鸡丁、鸡酥海参都是素食佳肴，电话：025－84876806。

② 民国红公馆（总统府店）：太平北路56号，淮扬菜：美龄粥、牛眼粒、金陵盐水鸭等，电话：025－84311912。

③ 六华春：中山南路400号，主营江苏菜：瓢儿鸽蛋、金陵雨花茶水晶虾、少师坛子肉很有名。

● 中山陵

¥ 门票免收。门口有观光车直达明孝陵和灵谷寺。

● 明孝陵

¥ 门票70元。联票100元，与音乐台、灵谷寺通用。

● 灵谷寺

¥ 门票35元。

● 玄武湖

游1、游3、游22、304路均可到。
从火车站对面乘船也可到湖区。
¥ 门票免收。

● 另荐佳景：瞻园

江南园林中的佳作，被誉为"金陵第一园"。距夫子庙很近。园中假山、水榭、殿堂皆美。园内有太平天国博物馆。
瞻园地址在瞻园路128号，紧邻夫子庙。乘2、16、43等公交车均可到。
¥ 门票30元。

住 宿

南京宾馆酒店甚多，房价适中。五星级的金陵饭店、四星级的新世纪大酒店、三星级的中央大厦均在当地享有盛名。而在众多的中小宾馆旅舍中，100—200元的普标房足以满足一般游客的需求。

主要景点

钟山风景区（国家5A级旅游景区）

中山陵

钟山山体东西长7千米、南北宽约3千米，山势蜿蜒逶迤，形如苍莽巨龙，故称"钟山龙蟠"。钟山风物，当以孙中山先生的陵墓及其附属纪念建筑群为最，中山陵为伟人孙中山先生的陵墓，1926—1929年建于南京市东部的钟山南麓，主体建筑有牌坊、墓道、陵门、碑亭、祭堂和墓室等。陵区的392级石级依山而上，陵门入口处的牌坊宽大凝重而秀美。中山陵是南京市区的标志性古迹名胜，也是外地游客来时的必瞻之景。

🚌 Y14、34、315路公交车可到　👉 每逢周一景区维护不对外开放

明孝陵

地处钟山南麓独龙阜玩珠峰下，至今已有600多年的历史，陵区纵深达2.62千米，是我国古代最大的帝王陵墓之一。陵区现存下马坊、大金门、大石桥、方城、宝城等古迹。其中陵区神道长达800米，两侧遍布狮、獬豸、麒麟等精美气派的动物石雕，是明代皇陵石刻中的经典之作，甚具观赏价值。

🚌 20、315、游3路公交车可到

灵谷寺

在中山陵东侧，是南京古刹中唯一完整保存至今的寺院。寺后的灵谷塔高66米，登上塔顶可览周边佳景，寺内的无梁殿整座建筑全用砖石砌成，无梁无椽，是古代宫殿建筑史上的奇绝和精品。

🚌 游2路、观光4号线和5号线均可到

玄武湖

古时称为桑泊和北湖，1901年辟为公园，是当今南京市内大型风景观光区之一。该湖周长约15千米，湖心有环洲、樱洲、梁洲、翠洲、菱洲5个洲岛，把湖面分为四大片，之间有精美桥堤相连，风光壮阔，景色宜人。

雨花台

是南京城南制高点，因古时天雨落花的传说而得名，因曾经有不少革命者在此就义，在中华人民共和国成立后被建成了烈士陵园。园区的自然风光也很美，只是这里盛产的闻名中外的美丽雨花石已难寻其踪影。

🚌 26、30路可到雨花台　🎫 门票免收

燕子矶

是长江三大名矶之一，在南京北郊观音门外，海拔36米，因有山石挺立江边，形态如燕子欲飞而得名。这里视野开阔，江景秀丽，是南京市久负盛名的观光佳景。

🚌 乘2、74、64路可到燕子矶。🎫 门票10元

总统府旧址（中国近代史遗址博物馆）

位于长江路292号，晚清曾是两江总督衙门和太平天国天王府。1912年孙中山就任临时大总统后亦在此居住办公。国民党统治时期，这里亦被蒋介石作为办公地点和总统府。解放战争期间那幅著名的《人民解放军占领南京"总统府"》的照片就是在府前的门楼拍摄的。

🚌 乘9、304、44路可到。🎫 门票40元

南京长江大桥和长江第二大桥

南京长江大桥竣工于1968年，公路桥长4589米、铁路桥长6772米，异常高大雄伟，当年大桥建成后曾为世人瞩目，当今仍是南京的重要一景，但已略显陈旧。在市区东北方长江上架设的第二座大桥外观新而美，游客可前去观览江桥新姿。

🚌 乘117、67路等公交后下车步行30多分钟可到老桥。新桥亦有566、523路公汽前往

秦淮河·夫子庙

秦淮河是流经南京的主要河流，古时河边遍布商家、茶楼、酒楼，诸多风情故事流传至今。

夫子庙始建于北宋，是秦淮河区的观光及商业中心。1985年后，南京市修复重建了夫子庙古建筑群，现在这里到处有明清建筑风格的商店、餐馆，成为特色鲜明的旅游文化商业街区。白天河边街头游人众多，晚间乘船或步行在秦淮河河滨水上，可以重温河区"桨声灯影"交融相映、朦胧柔美的美妙意境，只是河水没有古时那样洁净清纯了。

● **另荐景点：紫金山天文台**

紫金山山高400余米，是南京市制高点之一，站在山巅，金陵古城全景一览无余，视野开阔，风光壮丽。去天文台观光一是会学到天文观光方面的知识学问；二是看紫金山山林秀色和南京市区全貌。山上风光美，超长距离的索道上山时亦会让乘客感到很新鲜刺激。缆车费往返100元。

乘1、20路车到金山索道站下，另外也可打车上山，车费30—40元。

● **秦淮河·夫子庙**

乘4、7、40、游2等公交车可到夫子庙。

游船票100—120元。

夫子庙全天开放，每年农历正月初一至三十，在夫子庙一带会举行金陵灯会。夫子庙门票30元。

● **夜游南京**

夫子庙前的秦淮河夜景很美，是来南京游客的必看之景。乘船游秦淮河感觉更是柔美朦胧，如诗如梦——来南京观光最让人难以忘怀的事就是秦淮夜游了。另外河边夫子庙旁的多家美食店中都是食客如云、热闹喧嚣。所以夜游秦淮并品尝当地美食是南京旅游中的重要内容，不可漏掉啊！

▲ 秦淮河风光

自助游中国 > 华东地区

扬州

电话区号：0514　瘦西湖景区：87357803

　　扬州城至今已有2400余年的历史。自古就享有"淮古名都，富甲天下"之美称。扬州也是中外闻名的旅游胜境，素来是佳景荟萃之地，风物繁荣之城，有众多的名胜古迹和雅致园林。

　　扬州的"瘦西湖"历史悠久，风光秀丽。在近十里长的湖区两岸，营造了"两堤花柳全依水，一路楼台直到山"的湖区胜境；城边的观音山上寺院遍布，享有"江南第一灵山"之称；"二十四桥明月夜，玉人何处教吹箫"，自古是赏月的绝佳之处。此外，像历史悠久的古刹大明寺，有"城市山林"之称的何园，以四季假山著称的个园，以及曾经留下康熙、乾隆等先圣足迹的行宫遗迹等，都是扬州山水风景中的瑰宝，景色秀美，旖旎动人。

▲ 扬州瘦西湖风光

● **重点提示**

如果您时间仓促而又想领略南方美景，扬州是绝佳选择，短短一天内即能饱览水乡风情，感觉甚佳。

● **旅游锦囊**

与扬州一江之隔的镇江风光美且有多处古迹名胜，其代表景点三山——金山、焦山、北固山在江南享有盛名，把扬州同镇江连在一起游览会平添许多收获和美妙记忆。扬州与镇江两城市客车来往穿梭，交通十分便利（且新开设了旅游专线车，基本每小时1班）。时间紧张的游客可在上午游扬州，下午过江去游镇江，一天内游遍两城主要景点完全没问题——但肯定要早出晚归。

气候与游季

　　扬州地处长江沿岸，气候温和，年平均气温14.8℃，雨量充沛，空气温润，无明显游览淡季，1月份天气最冷的时候，瘦西湖仍然风光如画，待到暮春三月，江南桃红柳绿、草长莺飞的美好时节，这里的秀丽风光还有必要用语言来形容和赞美吗？

交　通

　　扬州泰州国际机场于2012年正式建成通航，现已和全国各大、中城市对飞。此外还可以通过陆路和水路去扬州（也可先飞到南京，南京禄口机场有专线大巴去扬州），宁通高速公路在这里横贯东西，京沪高速路在此纵贯南北，乘客车或自驾车去扬州十分便利。

　　过去游客来扬州基本上是乘火车到镇江（镇江是京沪线上的大站，每日有南来北往多次列车在此停靠），把镇江同扬州连在一起玩。两地间交通尚属方便。镇江火车站前有发往扬州的直通空调汽车，票价15元，45分钟即到。现在坐高铁最为方便，从南京、苏州、无锡、上海、北京都可以乘坐，从北京乘高铁到扬州车程只需5个半小时左右。

扬州汽车总站位于汉阳中路邗江路口，每天从早到晚都有发往南京、镇江、苏州、无锡、淮安、仪征及徐州、蚌埠、济南、武汉、郑州、北京等周边和其他省市的普通大巴和快客，其中扬州到南京只需1.5小时，车费30—50元。

扬州市内的交通很便利，公交线路有数十条，出租车起价7元/3千米，夜间服务费为白天的1.5倍。

火车站问询电话：0514-85546222　扬州汽车北站电话：0514-87963658

住宿

南方小城市住宿方便，宾馆旅店多且便宜，游客可根据自己的爱好任选。如汉庭扬州火车站店，条件较好的标间138元/间起，电话：0514-87730666，汉庭瘦西湖西门酒店也不错，电话：0514-87995099。在人民商场附近有家宾馆——绿杨旅舍，是由古老宅院组成的，许多历史名人曾在此下榻，此旅店建筑风格独特但设施不太新，房价并不便宜。

另荐如家快捷酒店维扬路店，标间140元/间起。电话：0514-87701988

餐饮

以《红楼梦》中描绘的菜肴为蓝本而制作的红楼宴颇为闻名，席间可品佳肴美酒，观红楼服饰，领书中情趣，在扬州宾馆餐厅等大型高档饭店可品尝享用。其他特色菜有红烧狮子头、清蒸鲫鱼、大煮干丝、软兜鳝鱼、炝虎尾、蟹黄汤包、扬州炒饭等。位于国庆路旁的富春茶社是当今名气很大的特色餐厅，值得关注。

富春茶社电话：0514-87233326

主要景点

瘦西湖

"垂杨不断接残芜，雁齿虹桥俨画图，也是销金一锅子，故

● **扬州乾隆水上游览线**

特色旅游：
游客可在御码头登舟西行，沿着当年乾隆皇帝的足迹去观赏美丽的园林风光，聆听关于乾隆下江南时的趣闻逸事，品尝御宴佳肴。

▲ 何园一角

● **推荐特色餐厅**

颇有名气的富春茶社既供应早茶又提供正餐，其特色菜肴清炒虾仁、松子鱼丝、葱炒长鱼、肴肉以及蟹黄包、汤包等，笔者强力推荐。

▲ 二十四桥秀色

瘦西湖示意图

● 瘦西湖

乘游1路、游2路、72、45路可到。

门票旺季100元，淡季60元。游船费用另收。

景区电话：0514-87357803。

园中的五亭桥、白塔和二十四桥是代表性景观，要注意观拍。

● 个园

Z6、18路和旅游专线车可到。

门票旺季48元，淡季30元。夜游门票55元。

● 何园

Z6、26、18路可到。

门票旺季48元，淡季30元。夜游门票55元。

▲ 二十四桥美景

应唤作瘦西湖。"瘦西湖位于扬州市城西北，自古以来就是风光诱人的名胜佳景。

瘦西湖之美主要是因为它集中了苏杭山水风光的长处。杭州西湖风光绝佳，但因湖面辽阔而略显空旷；苏州园林精巧玲珑，但规模太小而缺乏大气。而瘦西湖既有杭州西湖的山水规模，又凝聚了苏州园林的精美集中，它比杭州西湖玲珑剔透，又比苏州园林开阔壮美。一处景区能融数种美感于一身，确为世上罕见。

个园

位于扬州盐阜路，系清嘉庆年间两淮盐业总商黄至筠的私人园林。园内种有诸多竹丛竹林，园主人又特别喜爱竹子，因竹叶形状类似"个"字，故取名"个园"。

个园中的假山堆叠亦精巧著名，假山采取分峰叠石的手法，运用不同的石头，表现春夏秋冬四季景色，号称"四季假山"。游园一周，如历春、夏、秋、冬四季，是扬州园林中颇具特色的一景。

何园

又称寄啸山庄，建于清光绪年间，是晚清园林的建筑代表作。园林中船厅、楼廊、鱼池和假山、花木错落有致，布局深得移步换景之妙。该园虽地处城区，但园内却清风自生、翠烟自留，故有"城市山林"的美称。

游览指导

扬州市内景点相距不远且交通便利，游览可以按个人兴趣随意安排。但应记住，瘦西湖风光极美，不可不去，何园、个园、平山堂、蜀岗大明寺及扬州八怪纪念馆也颇具吸引力，如抓紧时间上述景点一天内游完没问题。如果时间不紧张，打个出租车在城中各景点间慢悠悠地穿梭往返，既看景点又览古城旧貌新姿，再听司机讲述扬州市的发展变迁，这事儿一定很美妙舒适。当然乘旅游专线车逛扬州，感觉也很好。晚间休闲购物可考虑到文昌路、三元路、国庆路等主要商业街区。

如果在扬州做日观光游览，会更舒服开心。

镇江

电话区号：0511　金山景区：85512992　焦山景区：88817103

　　镇江位于江苏省西南部长江与大运河交汇处，系国内著名的历史文化名城，迄今已有3000多年的建制史，这里既是古时镇守江防之要地，又是风光绮丽、古迹遍布的旅游城市。镇江的山水名胜首推三山——金山、焦山、北固山，此外西津古渡街、茅山和被称为"天下第一泉"的中泠泉亦很有名。千百年来，曾有诸多名流纷至沓来，赋诗题咏、挥毫泼墨，李白、白居易、苏轼、陆游、文天祥等人都曾在此写下瑰丽诗文。而"水漫金山""梁红玉击鼓退金兵"等历史故事和神话传说更为镇江增添奇光异彩，使之无愧于"天下第一江山"的美誉佳名。

▲ 镇江金山寺

气候与游季

　　镇江属北亚热带南部季风气候，降水协调、四季分明，年平均气温15.4℃，常年皆宜游览，但以春、秋二季更佳。

交通

铁路

　　镇江是京沪线上的大站，有南来北往多次列车在此经过和停靠。如北京至苏州、大连至上海、宜昌至无锡间的直快列车等每天有20趟不止。镇江近邻南京，也可乘火车先到南京，然后再改乘汽车前往。

镇江火车站问询电话：0511-95105105

公路

　　镇江的两大汽车客运站为镇江客运中心站和镇江汽车客运南站。镇江客运中心站运行的主要班次为沪宁高速班次，往苏北方向快客、普客班次及仪征、江都、扬中专线班次。

镇江汽车客运站电话：0511-85235344　客运南站电话：0511-85029860

住宿

　　梦享智选镇江店，便宜实惠，标间百元左右。电话：0511-85688008。

● **火车与汽车总站**

镇江火车站与汽车总站（客运中心）相距不远，换乘很方便。

● **旅游景点套票**

现有江苏省旅游年卡，游览金山、焦山、北固山、南山等景区联票199元，激活后一年有效，比各景区单独购票便宜一些，游人可关注询问。

● **当地住宿参考**

① 小山楼客栈，标间300—400元。电话：0511-85286708。从火车站乘15路可到。

② 如家neo中山桥店。标间110—150元。电话：0511-85113777。

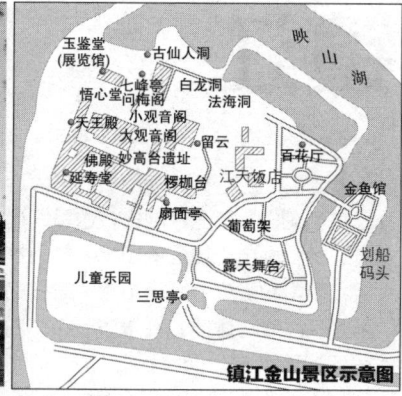

▲ 金山寺秀色

镇江金山景区示意图

餐饮

镇江的餐饮业红火兴旺，大小餐馆遍布街头。当地最富特色的美食"三绝"是香醋、肴肉和汤包，它们不光是各地游客到镇江后首选的风味美食，更是馈赠亲友的佳品。其他有代表性的菜肴有清炖蟹粉狮子头、清蒸或红烧鱼、水晶肴蹄、清蒸鲥鱼、白汁鮰鱼等。主要特色美食街是大市口美食街，游客可前去观光享受。

● 镇江肴肉和汤包味道真是鲜美啊！尤其是肴肉，真可以百吃不厌，赞

● 金山

🚌 从火车站乘2、8、204路汽车（途经市区）可到。金山风光非常精美俏丽，是镇江观光中的必游之景。

● 焦山

🚌 从市区乘83、84、104、204路车可到。

● 北固山

🚌 从火车站乘4路车可到。坐8、130路公交也行。

● 推荐当地风味餐厅

宴春酒楼。主营镇江风味菜，蟹粉狮子头、百花酒焖肉、醋排、肴肉、汤包等当地美食在这全能吃到。人均消费100元左右。地址解放路8号。电话:0511-85010477。

● 推荐镇江特色美食

镇江肴肉太好吃了，就像东北的酸菜白肉和河北的紫沟堡薰肉一样，吃一辈子也不会腻。力荐！

主要景点

金山

镇江最著名的观光景点，在镇江市北郊，高约44米，山姿秀美，古时曾是长江中的一个孤岛，有"江心一朵芙蓉"之称。山上建有许多精美亭阁，尤以金山寺姿态最为动人。《白蛇传》中"白娘子水漫金山"的神话故事即源于此，此动人传说至今还在世间广为传诵。

¥ 金山门票旺季65元，淡季50元

焦山

屹立在镇江市东北4.5千米处的长江中，宛如碧玉浮于江波上，故有"浮玉山"之称。焦山上寺庙精美、万木葱茏，是镇江不可多得的江心胜景。

¥ 焦山门票旺季65元，淡季50元（含渡船费）

北固山

地处镇江市东长江滨，因其山势陡峭、形势险固而得名。相传三国时孙刘在此联姻，山巅的甘露寺便是始建于三国东吴甘露元年（265年）而保存至今的古迹名胜。

¥ 北固山门票旺季40元，淡季30元

句容茅山（国家 5A 级旅游景区）

在距市区40千米的句容、溧阳交界处，主峰海拔372.5米，山虽不甚高，但风光柔美，自然环境保护甚好，主要景点有以万福宫、乾元观为首的九峰、十八泉、二十六洞等（门票旺季100元，淡季80元，观光车35元）。

🚌 镇江火车站和市区黄山汽车站有车到句容，后乘句容113路茅山旅游专线抵达茅山景区

西津古渡街

镇江市西部的一条有千年历史的古街道，在云岩山麓。古时这里曾临长江，据传意大利旅行家马可·波罗曾乘船后在此登岸前往江南。如今这里保存有诸多古代石质和木质建筑，古色古香，特色鲜明，值得仔细观赏游览。

🚌 进入古街免费，但参观各景点要收费，联票50元

南山风景区

在镇江南郊，景区面积辽阔，有招隐、竹林、鹤林三大古寺和虎跑、鹿跑、珍珠三处名泉，景区内山水风光也美丽动人。

💰 门票旺季40元，淡季30元

市区美景

长江路紧挨长江边，这里江天辽阔、风光壮美。而南徐路两侧花木繁茂，被称为生态大道，游人在其间乘车或步行如在花丛中漫游。南门高架桥高大雄伟，横跨市区，甚为风光气派。镇江的市容市貌变化很大，值得认真观赏！

▲ 镇江西津古渡街

● **西津古渡街**
从火车站乘2路在人民路下车即到。从市区乘8、14路公交车也可到。

● **南山风景区**
从市区乘15路公汽可到。

● **镇江观光指导**
①镇江市区的金山、焦山、北固山及西津古渡街都应重点游览。之后有时间可关注茅山、南山等郊区景点。
②焦山、北固山都在长江江上或江滨，但这里的长江并不好看，游人应有心理准备。
③单游镇江稍显内容单调，把镇江、扬州连在一起玩就更丰富圆满了。

推荐游程

一日游：金山、焦山、北固山。并看西津古渡街，观市区风光。晚上品尝美食，休闲游乐。
二日游：D1. 先游金山，登高览长江远景和镇江全貌；之后游北固山、焦山。D2. 上午去茅山，黄昏时返回镇江到长江路、南徐路、南门大桥观光。

旅游小贴士

金山、焦山、北固山和西津古渡街4处景点都临长江或是离江边不远，从西向东排列顺序是金山、西津古渡街、北固山、焦山，坐公交车即可把它们轻松游遍。

建议先去金山，游毕后乘8路到西津渡下车即是西津古渡街，然后乘8路可到北固山，之后乘4路即到焦山。这样花区区10元车费即可游遍镇江市内的4大主要景点。

▶ 北固山甘露寺

自助游中国 ▶ 华东地区

苏州

电话区号：0512　　留园：65337903　　虎丘景区：65323488

　　苏州，东临上海、南接浙江、西依太湖、北枕长江，交通便利，气候宜人，是我国重要的历史文化名城，也是享誉中外的风景旅游城市之一。

　　苏州的名胜佳景以古典园林为主，现保存完好的有60多处，拙政园、留园、沧浪亭、西园等即是其中的优秀代表。这些园林虽然大小不等、建筑布局各异，但无不以小见大，虚实结合，玲珑精致，漂亮优美。苏州周边多水乡古村古镇，周庄、同里、木渎、甪直，既处处风光古朴绮丽又生动迷人。苏州的评弹艺术、春茶种植、刺绣制作和菜肴烹调也在江南水乡中独树一帜，秀丽的自然风光、人文佳景和深厚悠远的历史文化底蕴完美交融，使苏州古城尽享"东方威尼斯"的佳名美誉。

▲ 寒山寺寺庙一角

● 笔者关照

苏州的传统老景虽然已无新意但确实风光更美，加之周边又开发了周庄、同里等数处水乡古镇，所以仍然值得一去。

● 推荐专线旅游车

游1、游2路车途经市区各主要景点，其中游1线经过拙政园、狮子林、西园、留园、虎丘，给游人带来诸多便宜实惠和方便，您可尽情乘坐。

气候与游季

　　苏州地处江南太湖之滨，夏无酷暑，冬无严寒，真正的四季气候宜人，且四季佳景各有千秋，常年皆宜旅游。春秋时节游览更佳。

交通

航空

　　苏州目前没有民用机场。如欲乘飞机去苏州可在上海或常州或无锡降落，上海虹桥机场至苏州汽车只需行驶1小时（虹桥机场每天均有民航班车直抵苏州）。先飞到无锡再转车去苏州也很方便。

铁路

　　苏州是京沪铁路上的大站，目前市区有两大火车站，苏州站是普通火车站，北站是高铁站。每天有数十趟列车在此停靠，从北京坐高铁最快4个小时出头即可到苏州，所以乘火车前去非常方便。

苏州火车站订票电话：0512-12306

公路

　　苏州市公路客运业发达，有多处大型客运站，每日有多班客车同上海、杭州、无锡、南京、镇江、常州、扬州、南通和其他周边省市对开，另外与同里、周庄、木渎、角直、光福间的来往班车亦非常多。
- 主要客运站有北站、南站，还有西站、吴中站等客运中心，南门客运站电话：0512-65776577

水路
过去从古运河乘船可到嘉兴、杭州，现在客船几乎没有了，游览船还有一些。多属于短途观光的方式。
- 游船公司目前有当地的多项水上旅游观光项目

▲ 江南水乡风光

市内交通
★公交车
四通八达，车票价格2元左右，可在支付宝开通苏州公交电子乘车卡使用。
- 市区共有多条旅游专线，其中姑苏旅游1号线、2号线、3号线、4号线对游客更有用处

★出租车
3千米起步，价格14元。
- 每年的11月11日至次年4月15日苏州市内的景点执行淡季门票价格

★地铁
截至2024年，苏州共有7条地铁线路在运营，还有几条在建线路，城市轨道交通极为快捷便利。
- 苏州旅游集散中心设在火车站旁边。可提供观光导游、门票多项服务

● 旅游集散中心

在苏州做市区游览或去周庄、同里，都可到旅游集散中心上车。

▲ 观前街街景

● 观前街

距火车站很近，是苏州最古老、历史最悠久的商业街区，现经过整修后面貌焕然一新，遍布各类商厦和精品屋，松鹤楼和得月楼等著名老字号餐厅总店全在这里，是休闲美食佳境。

住 宿
作为华东地区最著名的旅游城市之一，苏州市内的旅游设施齐全，各类宾馆、酒店随处可见，市区大街上一般条件的普通宾馆标间价格也就在200—300元。而排名靠前的宾馆有：涵玉晓筑、苏州四季酒店、苏州狮山悦榕庄、苏州畅园有熊酒店、苏州柏悦酒店、苏州W酒店等。

主要景点
拙政园（国家5A级旅游景区）
始建于唐代，是苏州古典园林中以水乡风貌著称的大型私家花园。园内景物山水并重但以水为中心，水面占全园面积的35%，四周亭台、楼榭、花木、水廊无不凝重精美。园内有远香堂、小飞虹、雪香云蔚亭、秋香馆、梧竹幽居等近30处佳景。是与北京颐和园、承德避暑山庄和苏州留园齐名的中国四大名园之一。

💰 拙政园门票旺季80元，淡季70元

狮子林

位于园林路，又名五松店，与拙政园隔街相望。园内有许多湖石假山，石峰形态又像狮子，故被称为狮子林。狮子林享有"假山王国"之称，这里的假山群有9条线路、21个洞口，曲径通幽，扑朔迷离，其鲜明个性在苏州园林中独树一帜。

¥ 狮子林门票旺季40元，淡季30元

沧浪亭

苏州最古老的园林，布局独特，园外清溪环绕，园内山石俏美，水与山之间建有一条向内凹曲的精美长廊，山、水、廊相间相融，风姿独特，颇具迷人韵味。

¥ 沧浪亭门票旺季20元，淡季15元

网师园

园内保存着旧时世家一组完整的住宅群，有五峰书屋、看松读画轩、殿春簃等许多景点，建筑布局主次分明又富有变化，园外有园，景外有景，在苏州四大名园中规模最小（面积是拙政园的六分之一），但景色极为精美。

¥ 网师园门票旺季40元，淡季30元

虎丘

位于苏州城西北，依山傍水，风光秀丽，因外形远望像老虎而得名，相传是吴王夫差之父死后葬身之地。历代文人墨客在这里留下诸多诗文碑刻，园中的虎丘塔身姿古朴秀丽，其历史和文化韵味之悠久丰富可与意大利的比萨斜塔相提并论（也是苏州市的象征）。

¥ 虎丘门票旺季70元，淡季60元

● 拙政园
乘游1、游2、游5路车可到。

● 狮子林
乘游1、游2、游5路车可到。

● 沧浪亭
乘3、6、9路车可到，开放时间8:00—17:00。

● 网师园
乘55、529、811路均可到达。

● 虎丘
乘游1、32、36路车和城铁6号线可到。

● 留园
乘游1、游3、游5路车可到。
¥ 门票55元。淡季45元。

苏州虎丘景区示意图: 双吊桶、悟石轩、第三泉、第三泉、二仙亭、可中亭、放鹤亭、千人石、点头石、东丘亭、真娘墓、枕头石、孙武子亭、问泉亭、山庄、试剑石、万景山庄（苏州盆景园）、憨憨泉、断梁殿(二山门)、塔影桥、头山门

留园

江南古典园林的代表，中国四大名园之一。山水、田园、山林、庭院四景俱佳，园中的评弹、昆曲和古筝表演美韵醉人。

寒山寺

位于阊门外枫桥镇，被称为我国十大名寺之一。因唐朝诗人张继所著名诗《枫桥夜泊》而蜚声中外。寺内有《枫桥夜泊》诗石刻和藏经楼、大雄宝殿等建筑（对面还有"枫桥夜泊"的遗址），寺院占地万余平方米。每年除夕之夜，许多中外宾客都要来寺内聆听古钟长鸣，抛除烦恼，辞旧迎新。

☞ 真应感谢唐代诗人张继那一晚的"不朽失眠"，才有不朽名诗《枫桥夜泊》千古流传

太湖游览

太湖烟波浩渺，风光壮阔，景色迷人。位于苏州附近的湖区主要有四大风景名胜：东山——由东山半岛和18座岛屿组成（主要景点有三山岛、雕花大楼、紫金庵、启园、陆巷古村），西山——太湖湖中面积达79平方千米的美丽岛屿（亦称太湖七十二峰之首，岛上的石公山是太湖湖滨名景，已通过湖上大桥与陆地连为一体），天平山——海拔201米的秀美山峰，灵岩山——山中多奇岩怪石和古迹遗址等，风光之美与无锡的名景异曲同工而规模略胜一筹。

☞ 太湖的景色非常壮阔，一定要去太湖东山、西山看一看

太湖三山岛

太湖三山岛，以岛上有三山：大山、行山和小姑山而得名，1985年在岛上发现旧石器遗址，从而以"三山文化"著称。它位于苏州城西南五十余千米的太湖之中。岛上空气清新，民风淳朴，是旅游休闲度假的极佳去处。由于岛上非常安静且消费便宜，所以特别适合长期逗留从事艺术创作等活动。三山岛的主要景点有十二生肖石、板壁峰、抱风亭、人仙桥、清俭堂等，单纯观光大概要3小时时间。

● 寒山寺
🚌 乘游3、31、33、40路车均可到。
💰 门票20元，寺内撞钟另收费。寺对面的枫桥景区门票免收。

● 太湖
火车站有502路车到东山，下车后换小巴到码头即可乘船上三山岛，岛上风光尚好还有大量民宿可吃住。
去太湖西山岛从市区乘城铁4、5号线，换快线11路公交即到。
💰 石公山门票50元。太湖东山和西山到处有农家乐，食宿便利，是观光休闲佳境。

● 推荐新兴美食街区
凤凰街、学士街、嘉峪坊等人气都旺盛。兴福景区旁的太湖船餐也很有名。

游览指导

市内观光当然以古典园林为重点，虎丘、拙政园、西园、留园、沧浪亭、寒山寺等古典园林都是不可多得的好去处，金鸡湖是新兴景区，水面辽阔，风姿诱人。木渎古镇也在市区边缘，值得一看；另外市区周边的太湖西山、太湖东山和光福景区也有一些旖旎风光可供一看，城内的苏州乐园是大型人工游乐场，场内游览设施齐全，但不是外地人来此后的必观之景。

自助游中国 ▶ 华东地区

周庄（国家 5A 级旅游景区）

电话区号： 0512　　**周庄旅游咨询：** 4008282900

　　周庄位于江苏省昆山市境内，古镇虽然已有900多年的历史，期间亦饱经沧桑，但这里却依然保持着完好的江南水乡的典型风貌。这里有南北市、中市、后港、油车漾4条小河穿庄而过，城四周还有淀山湖、白蚬湖清波环绕，水边湖畔到处都有始建于明清时代的古老民宅，小河上共架嵌着14座风格各异、原始古朴的石拱小桥，桥洞下、清波上，常有当地乡民的乌篷小船徐徐驶过，那"吱吱"的摇橹声就像是在吟唱着一首千年未改的古老歌谣。这古宅、流水、小桥、轻舟相融相衬，组成了一幅柔和优美、特色鲜明的水乡风情画，游客们来到周庄，就好像是在诗中行、画中走、梦中游。

"乔老爷"描写周庄的诗词

　　说到周庄，著名诗人、歌词作家乔羽先生有一首小诗写得颇为生动传神：

　　　　人人都说周庄好，九百年风情情未了，
　　　　门巷仍在波光里，扁舟来往橹轻摇，
　　　　声相闻、手相招，小儿小女过小桥，
　　　　景也好、人也好，神仙也说此处好，
　　　　愿作周庄一世人，胜过神仙永不老。

　　看，"乔老爷"笔下的周庄是多么富有诗情画意，到这么美妙的地方游乐一番，绝对会让人长久回味、永生难忘的。

那么，游人如何去周庄一游呢？

　　从苏州去最方便。苏州火车站北广场有旅游车开往周庄，1小时到。从苏州乘地铁4号线到同里，换C10路公交车可到周庄。另外，昆山（133路公交车）、青浦二地每日发往周庄的客车有很多。上海市区每日也有客车直抵周庄（发车地点分别在上海人民广场和长途客运站），行车1.5小时就到。

▲ 周庄水乡风光

抵达周庄后，游人应该如何安排自己的游览呢？

笔者认为，游览周庄应采取"泛游"与"精游"相结合的方法。"泛游"就是在周庄古镇上沿着河边的石板小路随意轻松漫步，自由自在地观览柔和秀美的水乡风貌。周庄小镇面积不大且河河相贯、街街相通，游人即使随意走动也不会迷路或是走太多的冤枉道。再说轻松自在地任意漫游更容易观察、体味和感受水乡古镇那如诗如画的自然风光和浪漫迷人的总体格调。

"精游"就是认真参观镇上的几处重点风景名胜，获取对周庄更深入细致的认识和了解。在周庄一般游客必看的景点有：

周庄博物馆

馆内陈列有大量文字、图片及文物资料，向观众详尽介绍周庄的历史变迁和当今开发开放的发展过程，近年来各大电影制片厂以周庄为外景地拍摄的40多部影视作品在这里亦有陈列介绍。人们可以通过众多优美的图片和文字，全方位深层次地欣赏、透视"江南第一水乡"的迷人风情。

☞ 周庄博物馆值得仔细观览，开放时间 9:00—16:00，无须门票预约

南湖园

周庄的一颗明珠，它建在南湖的北侧湖滨，内分春、夏、秋、冬四大景区，到处有依依垂柳、碧水青波、精美亭阁和弯曲小桥。园内的百年古刹全福寺，殿宇轩昂、楼阁重叠、高大威严，颇具"水中佛国"之迷人风貌。

☞ 南湖园很开阔，建议观光 50 分钟

迷楼

地处贞丰桥畔的一家造型精巧的小酒楼，建于清光绪年间，前临小桥流水，背靠喧闹街市。20世纪20年代初期，柳亚子、陈去病等著名诗人曾多次在此欢聚，痛饮酣歌、乘兴赋诗，宣传新文化，后将所著诗篇汇编成《迷楼集》流传于世，亦使迷楼声名大振。如今迷楼内外一切均保存甚好，游人可以仔细端详观赏其昔日旧貌。

☞ 精巧玲珑的水边楼阁，值得一看，观光 20—30 分钟

● 从苏州去周庄

火车站出站应先到北广场，苏州旅游集散中心就在这。这里去周庄的车随时发。从苏州至周庄 1 小时车程。

● 从上海去周庄

过去的许多旅游专线车大部分停运了。先乘城铁到昆山，再换车去周庄是较佳方案。

● 水上交通

有游览船开往同里、甪直，沿途可览湖区风光。

沈厅

由清代江南巨富沈万三后裔建造,共有房屋百余间相互连接,气势宏伟,规模甚大,为江南民居所罕见。位于沈厅门口的沈厅酒家是目前周庄最有特色的水乡酒楼(也是周庄各旅行社接待中外贵宾的定点餐厅),游人可以在这里品尝历史悠久、风味独特的沈万三家宴,尽情享受万三蹄、韭菜白蚬、莼丝鲈脍等美味佳肴。

▲ 周庄名景——双桥

☞ 沈厅是周庄观光大亮点,不可不看。观光40分钟够用。门口多水乡餐馆,价格相较于其他地方略贵

张厅

建于明正统年间,共有房屋70余间,布局精巧,颇具匠心,箸泾河从院中穿行而流,形成"轿从前门进,船从家中过"的独特水乡建筑格局,堪称江南一绝。

☞ 张厅也是观光亮点,可停留20—30分钟。一定要到后院看看,体味一下"船从家中过"的美妙家居格局

双桥

世德桥和永安桥,两桥联袂而筑,交叉相接,样子很像古代人使用的钥匙,所以既称为双桥也称为钥匙桥。因其造型奇特,原始古朴,故成为众多画家、摄影家到周庄后的重点"猎取"目标。双桥精美的造型图案曾经上过联合国发行的首日封,如今几乎所有来到周庄的人,都要到双桥一游,并以这里的小桥、流水、古宅、轻舟为背景,拍下极有纪念意义的纪念照。

以上各景同处周庄镇中心且相距很近,两三个小时就可以通览一遍。此外周庄还有叶楚伧故居、澄虚道院、全福塔等景点,游人有时间可一一细游。

☞ 双桥是周庄标志性景点,是游人必观、必拍之景。可这里游客太多,想拍一张纯风光照有些难

游览周庄若是"走马观花",有大半天工夫就可以了

上午抵达后先游览水乡风情,观赏周庄博物馆、南湖园全福寺、迷楼、沈厅、张厅等重要古迹名胜,中午品尝鲈鱼、白蚬、莼菜等特色水鲜,饭后打着饱嗝坐上船家的小木船,在古镇中开心一游,然后就可满心欢喜地返回了。若是此时游兴未尽,当然可以找地方住下来(宾馆、民居客栈多的是),晚上再乘小船夜游周庄,观灯船、听江南丝竹、看民俗风情表演,次日上午还可乘船去南湖和大观园一游。当然,如果是画家、艺术家来此观察生活、获取素材、补充灵感,那可以无限期地住下去,十天半个月也是决不会嫌多的。

各位旅游爱好者朋友,有机会踏上江南大地时,千万要挤出时间去周庄一游啊!在这里,您可以饱览迷人的水乡风情,品尝种类繁多的水鲜美味,得到舒适快活的开心享受。周庄好,周庄真的特好。

▲ 水乡古民居

住宿

周庄古镇内外到处都有大型宾馆、度假村和小型民居客栈，房价适中。除节日、暑假外，普通宾馆里的房价也就是200元/间左右（但这是在砍价后）。小型民宿的条件并不差，且大多依河而建，颇有水乡情趣，其中百元出头的双人房不难寻。

特色饮食

古镇内（尤其是溪边河畔），到处有古香古色的小餐馆和酒肆，里边的美味湖鲜可真多——鲈鱼、白蚬、莼菜、万三糕、炸臭干、三味圆、鸡鸭血汤都是江南水乡才有的独特美味，尤其是鲈鱼和莼菜真好吃。鲈鱼比鲤鱼鲜美可口得多（其味道的差别大致相当于苹果和黄瓜之比），莼菜的鲜嫩北方人根本想象不出。但是笔者认为万三蹄的味道很一般，不咸也不淡、不甜也不酸。游客到了这里千万别抠门儿，花了钱绝对能换回美好记忆（沈厅酒家的万三蹄最贵，88元/只，其他小餐馆中的只需40—60元/只）。

●周庄门票价格

周庄镇中各主要景点联票为100元。外地游客只要进镇就必须购票。门票和《只此周庄》演出票共280元，单演出票也需280元，联票更便宜。

●不要逃票

抵达后不必相信三轮车夫和其他"托儿"的话——带您进庄可以逃票之类的。因为他们要收您的小费，即使带进庄也进不了主要景点（景点门口要验票）。

●古镇住宿

古镇内可选的民宿很多，比如舒民宿，条件尚好，标间140元起，电话：0512－57211263。
另外也可选择小桥人家客栈，电话：0512－57211851。

▲ 周庄金福寺

●吃饭可砍价

当地美食多，价格也不便宜，可进菜馆后先看菜谱议价后再吃（同时问清菜量）。

游览指导

①游览周庄千万不要太刻板，请注意轻松和随意。一是要在古镇中自由自在地信步漫游；二是注意别漏掉上文提到的几处美景。周庄镇小，美景多且集中，怎么玩效果都不会太差的。

②除了标准的水乡古镇游——80元/船、可坐8人外，古镇中的河湖港汊中到处都有船家的乌篷船和小舢板，价格非常灵活，最低20—30元钱即可载客"走河串镇"，开心一游，游客可以视情乘坐。只是注意上船前适当砍价并把游览线路（距离）谈妥就行了。

③夜晚的周庄月光皎洁、渔光闪烁，桨声灯影轻柔朦胧，充满如梦似幻般的美妙和温馨。近年来，古镇上的灯光照明效果也特好，完全应该在这里住一宿，美丽的水乡之夜会带给您难忘美感。

★ 补充关照 ★

①周庄古镇风光美，民俗多彩多姿，找一个导游来陪伴讲解，会给您的古镇游锦上添花，非常必要且值得。周庄旅行社导游部位于古镇入口处，请一位导游只需100—150元（陪游3小时以内）。

②在周庄就餐或住宿时，最好自己寻找餐厅和客栈，而不要由三轮车夫或的士司机介绍，他们要拿回扣，所以带您去的地方肯定价格特贵。

同里

电话区号：0512 景区：63311140

同里是周庄的近邻，也是江南水乡古镇的杰出代表，它位于苏州城南18千米处，四面环水，周围有同里、九里、叶泽、南里、庞山五座湖泊环绕。

同里的主要特色是水乡小桥多、明清建筑多、名人雅士多。镇上明清两代园宅38处，寺观祠宇47座，名人故居数百处之多。其中"一园、二堂、三桥"是其古镇自然风光景观中的佼佼者。一园是指同里的第一胜景退思园，该园集江南园林的亭、台、楼、阁、轩、曲桥、回廊于一身，处处皆景，精巧玲珑。二堂即嘉荫堂和崇本堂，均为临水而建的明清古居，宽敞高大，堂内有众多以江南各代民间故事为题的精美石雕、木雕，文化底蕴深厚。三桥分别是太平、吉利、长庆桥，均建于明、清两代。当地人"走三桥"的习俗沿袭已有千余年，据说依次走过这三座桥面，即可消灾解难、幸福吉祥，以上所述三座古桥被誉为古镇上的桥中之宝。此外，古镇上还有罗星洲、陈去病故居等景点，整座古镇的自然景观和水乡风情与周庄相得益彰，各有千秋。

☞ 周庄以水乡风情见长，苏州以精美园林著称。而同里既有水乡风情也有精美园林，因此很值得一去

交通

同里距苏州18千米、上海80千米、周庄10千米。上海、苏州均有客车和旅游车

▲ 同里水乡风情

直达。最方便的方式是乘地铁4号线从苏州到同里，出站后换智轨电车，片刻即到同里。

住 宿

古镇上有数家中高档宾馆饭店，标间120—380元，条件较好。但水乡民居旅馆更多，且家家临水，意境很美而房费不贵，一般季节90—120元带有空调、电视、独卫的房间随处可见（旺季房价上浮），枕着桨声、涛声入睡感觉非常美妙生动。河景周观客栈电话：15306257226、弦月客栈电话：18001553018，可作住宿参考。

推荐游程

一日游： 退思园、丽则女学、三谢堂、文物馆、崇本堂、三桥、耕乐堂、丁字河、嘉荫堂、明清街、世德堂、五鹤门楼、陈去病故居。

● **同里门票**

古镇所有景区通票100元，学生半价。白天只要进镇就必须购票。欲在古镇内住宿，切记在购票时要求加盖印章，否则门票只能当天有效。

● **风味美食**

主要有状元蹄、太湖白鱼、鲈鱼、鳜鱼、糕里虾仁、三丝鱼卷、香油鳝糊等。

● **推荐用餐地点**

双桥旁的竹行街74号（紧挨桥头）有位开排档的钱大姐，她的手艺不错，菜价（议价后）比其他餐馆至少便宜15%，加之她家的餐桌就摆在双桥溪水边，环境很好，笔者推荐各位食客可前去一试。

旅游锦囊

为您提供同里自助游攻略

①从苏州去同里在汽车站和火车站北广场上车均可，但若从杭州、嘉兴方向乘客车或自驾车不必到苏州，在到苏州之前在吴江市的同里道口下车换乘或拐弯即可，这里距同里只有30分钟车程。

②白天只要进入同里古镇就必须买100元/张的门票，晚17:00之后有时就没人收票了，这时可进入古镇住宿看夜景，次日白天镇内也无人查票，但是进镇上的各主要景点还必须购买大门票。

③别看古镇上有那么多景点，但一般游客只看其中主要的几处就行了，笔者认为一定要去的景点是退思园（这是同里的代表性景点）、嘉荫堂、崇本堂、珍珠塔、古风园和三桥，另外古镇外同里湖及罗星洲风光也挺美，其他景点是否观览可视情况而定。游览上述景点若是走马观花有4—5小时足可以了，当然在古镇住一晚体验水乡风情感觉也很美。

④同里镇上的宾馆旅店分布位置非常明确，高档饭店有3—5家，全都在中心街的西侧（游人正面进入后的右手方向），民居旅舍有几十家，全都在中心街的东侧，南侧也有一点。还是住民居旅舍实惠，一般都有空调、电视、独卫，房价旺季150元以上，淡季80—100元即可。

⑤古镇上的餐馆分布位置也明确，中心街右侧的明清街上都是档次中高的，中心街左侧同民居旅舍混在一起的都是便宜一些的。笔者特别推荐您到三桥（太平桥、吉利桥、长庆桥）旁的那几家露天小排档去吃饭，在桥边水边品水乡风味非常令人自在舒适，虽然菜价不太贵，但仍须砍价。

⑥在镇上还可包租船从水上去周庄和甪直，船费依人数多少灵活商议。

▲ 同里湖·罗星洲美景

无锡

电话区号：0510　鼋头渚景区：96889688　灵山大佛景区：85688631

无锡北临长江，南濒太湖，东与苏州接壤，是长江三角洲平原上著名的鱼米之乡，也是以优越的自然风光和悠久历史文化见长的旅游名城。无锡的诸多名胜佳景中以辽阔壮美的太湖风光最为壮观迷人，而蠡园、锡惠公园、太湖仙岛及无锡影视城、嘉园等园林佳景也很令人神往。

▲ 无锡太湖风光

● 推荐特色餐馆

① 王兴记。是老字号，主营当地各式小吃和特色菜肴。在崇安区中山路。电话：0510-82751777。

② 贡唐·宜兴私房菜，主营无锡菜，电话：0510-68579979。

● 笔者对无锡的印象

① 同为太湖边的城市，苏州略显紧凑拥挤，而无锡却更显舒展宽松和大方。让人觉得挺舒适、很宽敞。

② 无锡城边的太湖之滨尽是好风光——从鼋头渚、统一嘉园、中央电视台影视基地、灵山大佛（南面）和龙头渚看到的太湖湖景一个赛一个的壮观漂亮。建议您——仔细观赏。

气候与游季

属亚热带季风海洋性气候，年平均气温15.5℃，温和湿润，四季分明，雨量充沛，四季皆宜游览，但3—10月份效果最佳。

交通

航空

无锡硕放机场位于市区东南20千米处，现已与北京、福州、广州、杭州等数十个大中城市通航。

无锡火车站前有大巴直达机场。

铁路

京沪及沪宁线上每天有数十对列车在无锡停靠。从无锡乘高铁列车，15分钟可到苏州，40分钟可到上海，5小时可到北京。无锡站是普通车站，而无锡东站主要停靠高铁列车。

火车站问询电话：0510-82300426

公路

无锡汽车客运站（亦称为中央车站）在火车站北广场，是全市唯一的大型长途客运站，每天有数百个客车班次发往周边各个市县和周边省份。电话：0510-82588188。另外市区还有几个规模较小的汽车站，如东站、南站等。

水运

过去从无锡乘客轮沿大运河北上可至常州、镇江、扬州，南下至苏州、杭州。无锡至杭州每天有轮船对开，航行时间约7小时。

目前水上客船的班次很少，甚至大部分都停航了。

住宿

无锡的餐饮住宿业较发达，各档宾馆饭店一应俱全，高档次的饭店有湖滨饭店（湖滨路388号，标间388元起，电话：0510-85101888），太湖饭店（梅园环路，标间680元起，电话：0510-85517888），喜来登大酒店，山明水秀大酒店（湖滨路369号）等，上述宾馆条件好但房价不菲。背包族游客可选择的普通宾馆也很多，如位于市中心的汉庭酒店火车站店标间只需118—158元，且交通十分方便。电话：0510-82320999-0。

主要景点

太湖·鼋头渚（国家5A级旅游景区）

太湖是我国第三大淡水湖，湖面壮阔，烟波浩渺，波光帆影相映，景色秀丽迷人。湖区最佳观景处即是鼋头渚，它是太湖之滨的一个状如鼋头的半岛，前方是开阔的湖面，周边长春桥、澄澜堂、飞云阁等多处精美亭阁楼榭和座座色彩艳丽的大型旅游饭店，度假村掩映在湖滨的万绿丛中，令人观后心旷神怡、赏心悦目，此地堪称无锡第一胜景。

☛ 鼋头渚是无锡非常古老但也是非常秀美的标志性景点

太湖仙岛

位于鼋头渚西南2.6千米的湖中"三山"之上，岛上有茂密山林和诸多琼楼玉宇、瑶池灵洞，被称为太湖之中的"蓬莱仙境"，有游船和鼋头渚相通。

从鼋头渚码头乘游船（15分钟一班）20分钟即到仙岛，船票加门票已算在鼋头渚90元的门票内，不单收费。

☛ 一定要乘船上仙岛上去看一看

蠡园

无锡市西南五里湖畔的一处精美园林，相传古时范蠡偕西施曾在此泛舟。园中亭廊堤塔玲珑秀美，湖池清碧，波平似镜，是无锡城市园林中的精品（老人、儿童门票有优惠）。

🚌 乐游1线、1、211路可到。门票45元，淡季30元

锡惠公园

在无锡市西郊，有锡、惠二山和映山湖相连，其中锡山高328米，是无锡最美的山景之一，而惠山下的惠山泉则有"天下第二泉"之称。昔日民间盲艺人阿炳谱写的二胡名曲《二泉映月》使该泉天下扬名（休闲观光门票10元）。

☛ 75、15、611路皆可到

●关注南长街

是无锡重要的古街区之一，街道很长，街上店铺很多且滨临古运河，白天晚上景色皆美，尤以夜景美丽诱人。南长街的人气很旺，其观光热度和效果远超大理古城的洋人街，甚至可以和广西阳朔的西街相提并论。建议游人重点关注。

▲ 蠡园

●主要节庆日

每年10月10日，太湖国际钓鱼节。
每年3月，无锡国际梅文化节。

●太湖·鼋头渚

87路、环蠡湖观光专线可到。下车购票入园后乘景区专线车开行5分钟到游览中心区下车，即可开始畅游。从这里步行10分钟，即可到湖滨绝佳观景处。

💰 门票90元，含观光车、船费和太湖仙岛门票。儿童、老人有优惠。

惠山古镇和荡口古镇

前者与锡惠公园相邻，镇上有直街和横街两条主要街道，还有一条叫龙头河的古河道。街边河畔有规模很大的古民宅及清代祠堂建筑群，历史文化底蕴丰厚，著名的中国泥人博物馆也在这里。荡口古镇位于无锡郊区的鹅湖镇境内，是在原来古村镇的基础上开发重建的。其建设起点高，颇具江南水乡"小桥、流水、人家"的优美意境，近年游人渐多并受到外界广泛关注。惠山古镇可与锡惠公园一并游览。从无锡市区乘712路可到荡口古镇。上述两古镇均不收入镇门票，但镇内小景点需购票进入。

灵山大佛

是1997年建在无锡西南郊马山半岛上高达88米的露天释迦牟尼青铜立像，异常高大壮观，周围还有灵山照壁和祥符禅寺等景观，是建设起点高、人气香火皆旺盛的观光大亮点。

🚌 乘88路车可到，门票210元，含《灵山吉祥颂》演出费用

●另荐景点：灵山梵宫

2008年落成，西临灵山大佛，南朝太湖辽阔水面，有梵宫广场、香水海、曼飞龙塔、五印坛城等华丽建筑群——雄伟美观、美轮美奂。宫内展有东阳木雕、敦煌壁画、扬州漆器、寿山石雕等多种艺术珍品。佛教文化的博大精深、华夏远古文明史和现代建筑艺术的绚烂与精彩在这里体现得淋漓尽致，使观光者受到感官和心灵的强烈震撼。

🚌 从市内乘88路公交可到。门票含于灵山大佛门票中。

●另荐景点：龙头渚公园

在伸入太湖湖区的半岛尽头，有龙门观景台、望龙亭等绝佳观景点，既能登高览太湖壮景，又可乘船去湖中仙岛参观，是湖滨风光美但游人不多很宁静秀美的观光佳境。可从灵山大佛景区门口乘车去龙头渚公园。车票2元。门票25元。

●无锡影视城

🚌 公交82路可到。
🎫 三国城与水浒城联票150元。

无锡影视城（国家5A级旅游景区）

拥有影视制作和文化旅游双重功能的大型影视城，主体部分有唐城、三国城、水浒城、欧洲城等，仿真场景规模宏大而又栩栩如生，每年吸引着诸多影视摄制组和大批观光游客，城中每天还有许多演出节目，内容丰富、异彩纷呈。

▲ 位于太湖之滨的无锡影视城一角

推荐游程

二日游

D1. 太湖景区、鼋头渚、仙岛、太湖乐园、蠡园、灵山大佛、灵山梵宫、龙头渚公园。

D2. 锡惠公园、寄畅园、吟园、无锡影视城、统一嘉园。

之后如还有时间可用1—2天游宜兴的张公洞、善卷洞以及江阴的文庙、君山等景点。

千灯

📞 电话区号：0512　古镇景区：57478178

昆山市千灯镇是中国魅力名镇，距今有 2500 多年的历史。它位于昆山市区东南部，东接上海，西通苏州，自古钟灵毓秀、物阜民丰、人文荟萃、风物清嘉，素有"金千灯"的美誉。它是明末清初杰出的思想家、文学家、爱国学者顾炎武先生的故乡，也是昆曲创始人顾坚的故里。古镇孕育了一代伟人，也因伟人而名扬四海。千灯美丽、富饶、古老而充满生机，至今仍保留着水陆并行、河街相邻的棋盘式格局和小桥、流水、人家的古朴风貌。

如今千灯古镇上的观光景点有顾炎武故居、顾园、顾坚纪念馆、秦峰塔、延福寺、余氏典当行、石板街、古戏台等。

👉 进入古镇并不收票，进景点才收费

气候与游季

全年皆可游览，尤以春、夏、秋三季更佳。

交　通

▲ 千灯水乡风情

从苏州和昆山和上海市区去千灯很方便。旺季苏州火车站和汽车站有客车直达千灯，车行60—80分钟。昆山有公交车112、113路直达千灯。从上海或苏州市内乘地铁11号线在花桥一站下车，出站后换253路公交车，半小时即可到千灯。

观光指导

①千灯古镇的名气不及周庄、同里大，人气目前也不够旺，但是古镇上还是有一些观光亮点如三桥邀月、石板街、余氏典当、延福禅寺、秦峰塔、顾坚纪念馆、千灯博物馆、古戏台、顾炎武故居等，所以值得一去。

②景点门票为 40 元 / 人。大唐生态园门票 20 元。

③观光顺序可按上面第①条列的景点名称顺序进行，这是一个很明确也很合理的观光线路，整个游程需 2.5—3 小时。其中三桥邀月和延福禅寺及秦峰塔造型优美，适合拍风光照和纪念照；顾炎武故居面积很大，甚具规模亦有丰富的文化、历史内含，应重点观览。

④千灯博物馆中收藏了从古至今的各类灯具数千件，特色鲜明，可适当关注。

⑤千灯古镇边的河上也有乘船游览项目，船费 60 元 / 人起。

⑥千灯距锦溪、甪直、周庄等古镇不太远，游人可把上述几处古镇一并游览，这样才显物有所值。

自助游中国 ▶ 华东地区

甪直

电话区号：0512　古镇景区：66191668

甪直是一个有着2000余年历史的江南水乡古镇，位于苏州市吴中区内，距苏州市中心不远（约有25千米）。甪直古称甫里，唐代以后因这里河道形态像"甪"字，所以改为现名。甪直是江南诸多知名古镇之一，这里水网纵横、桥梁密布、古屋林立，还有许多名人旧居遗址，如叶圣陶、萧芳芳故居等。甪直交通便利，从苏州开往周庄的客车经过古镇东侧，大家可以在畅览周庄水乡风情后顺路到甪直观光。

交通

甪直交通方便，乘528路公交车，到晓市路下车后步行300米左右即可到甪直。另外从周庄、昆山、锦溪等周边市、镇乘公交车亦可直达甪直。

住宿

在甪直住宿的游人不多，因为在这里观光有2—3小时就够了，因此古镇上餐馆多、商店多但民居客栈并不多，笔者为您介绍一家7天阳光酒店（古镇景区店），就在古镇街口，双人标间128元起，性价比不错。电话：0512－65017771。

▲ 甪直水乡一角

观光指导·发烧友特别关照

①甪直在江南水乡古镇中占一席之地，亦有一定的知名度，但是与周庄、同里相比，甪直古镇的规模和气派要略逊一筹，镇上的主要观光街道就是呈丁字形的3条（分别叫西汇上、下塘街和中市上、下塘街以及南市上、下塘街）。游人只需要30分钟时间就可以把它们通览一遍。另外镇上的观光亮点还有徐圣寺、叶圣陶纪念馆、沈宅、万盛米行、王韬纪念馆、萧芳芳演艺馆、江南文化园等（进入古镇不收门票但进上述景点要购票，52元/人）。

②甪直古镇上的古桥不少，共有41座，桥身都不太大但建造很精美别致，可留意观看。

③古镇上也有手摇船载客在水上行游，船行线路就是上面提到的3条街边的河道，船费50—60元/人、120—150元/船。

④古镇上遍布出售工艺纪念品的店铺和小饭店，但旅店较少，大概多数人认为无须在这里住宿。

⑤如果您是第一次到苏州和上海一带去游江南水乡古镇，那一定要首先关注周庄、同里、锦溪、木渎和朱家角，之后有时间再去甪直。

江苏省

398

锦溪

📞 电话区号：0512　古镇景区：4006212855　57225167

　　锦溪位于昆山市西南，是一个有着2500多年历史的水乡古镇。这里北有五保湖、南有市河，河边湖畔，遍布江南建筑风格的民宅和古屋；屋前水上，架设着十数座造型各异的古石桥，古风浓郁且特色鲜明，游人乘船沿市河前行，即可饱览江南古镇迷人风貌。锦溪又有"中国民间博物馆之乡"之称，镇上有"中国古砖博物馆""中国收藏艺术展览馆""中国陶都紫砂博物馆"等各类民办博物馆共15家，藏品丰富颇具观光及史学研究价值。古镇市河上的里和桥、众安桥、普庆桥造型美而精巧，水边酒店中的湖鲜产品种类多且味道鲜香诱人，游人来到锦溪，不论是观光摄影还是休闲享乐，都可得到精彩难忘的经历感受。

▲ 锦溪古镇风光

¥ 古镇门票免收。进入小景点另收费用，买联票55元／人。摇橹船150元／船，最多可乘6人，可选择拼船全程25分钟。

气候与游季
　　没有明显旅游淡季，全年皆可游览，尤以春、夏、秋三季更佳。

交通
　　自助游乘车线路：
　　①上海东站—昆山花桥—锦溪
　　②上海长途汽车站—昆山花桥—锦溪（昆山汽车客运站有公交130路车到达锦溪）

另外从上海汽车北站乘去周庄的车在锦溪下也可。苏州汽车北站直达锦溪的车2小时/班,另外从苏州汽车北站乘去周庄的车在锦江花苑下也可到。

食宿

锦溪古镇上的游览中心区域内有多家酒店客栈,但古镇周边宾馆更多,且高中低档一应俱全,住宿非常方便。

▲ 古镇中的廊棚

当地特色风味美食有长寿蹄、清蒸白丝鱼、水乡河虾、酱爆田螺、河蚌豆腐、乡下草鸡、鲃鱼二吃、大闸蟹、红菱、鸡头米等,在市河边的各家餐馆中都可吃到,但是价格不便宜。

☞ 古镇中的碧波楼酒店,环境美位置好,价位适中,可以关注,电话:13328020588

旅游锦囊

如何在锦溪玩得高兴开心

①在江浙一带的江南古镇中,锦溪的古镇风光及水乡风情确属上乘,值得一去,笔者给予强力推荐。

②笔者推荐的理由是:风光美、水乡古镇风情浓郁、景点分布紧凑且交通便利,加之锦溪的知名度不如周庄、同里高,所以游人相对少一些,所以不显拥挤。

③锦溪观光的线路非常明确简单,从正门进入后跨过盘亭桥(此时北有五保湖、南有菱塘湾、水上风光皆美)后再右转过节寿桥后即可进入水乡的观光核心区市河两岸,镇上造型精美的古桥、古屋、古街道、古廊棚都在这里,所有的民间博物馆也都在这里,所以沿市河两岸走一个环线(河两岸都要去,两侧的街分别叫塘街和花街),即可完整地领略古镇风貌。

④从进入景区时开始,一直到节寿桥,再走到普庆桥后到市河西岸的塘街、花街,这些地方都临河,是拍摄水乡风光的好地方;而市河东边的街上,则是博物馆聚集地,游客可区别对待,分别观赏。

⑤古镇的观光核心区范围很小,90分钟即可走一个来回,若是细看那些博物馆,则总共要花3小时的观光时间。游锦溪不要走马观花,匆匆离去,多在古镇的市河边转几圈,才能充分领略古镇的迷人风味。

⑥游船码头在古镇入口处的莲花禅院前,上船后先游五保湖,再去市河,整趟下来还是物有所值的。建议进入古镇后先乘船观光,之后再步行在陆上游览,这样在观光顺序上更合理。

另荐景点

①苏州市沙家浜·虞山尚湖旅游区（国家5A级旅游景区）

沙家浜·虞山尚湖旅游区位于素有"鱼米之乡"之称的江南历史文化名城常熟境内，处在苏、锡、通等城市的环抱之中。虞山是因商周之际吴地先祖虞仲卒葬于此而得名，是我国吴文化的重要发源地。尚湖与虞山相依，因商末姜尚（姜太公）在此隐居垂钓而得名。湖内湿地遍布，鹭鸟翔飞，为中国最佳的生态休闲旅游湖泊之一。沙家浜景区因京剧《沙家浜》而闻名，内有革命传统教育区、红石民俗文化村、横泾老街、湿地公园等景点。这里的红色教育游、绿色生态游、金色美食游、影视文化游享誉国内外。

②苏州市金鸡湖景区（国家5A级旅游景区）

金鸡湖景区位于苏州工业园区，总面积11.5平方千米，其中水域面积7.4平方千米。景区投资89.53亿元精心打造了文化会展区、时尚购物区、休闲美食区、城市观光区、中央水景区五大功能区。金鸡湖景区是中国最大的城市湖泊公园，堪称21世纪苏州"人间新天堂"的象征，是国内极少数对外免费开放的国家重点5A级景区之一。此外，公园内最吸引人、最有特色的120米高的摩天轮则是游客家庭成员集体游玩的最佳选择。每个摩天轮的座舱都安装有空调，可容纳6人同时乘坐，当您所在的座舱运行到最高处时，可以浏览到壮阔的湖光山色和都市景观，此刻正是拿出照相机或摄像机留下美好回忆的最佳时机。摩天轮底部的观看台及餐厅可以为游客提供休息和用餐的场所。最佳出行月份是每年4—5月。开放时间为全天。金鸡湖音乐喷泉喷涌的时间是周五至周日，20:00开始播放30分钟，每晚一场。

③常州市天目湖景区（国家5A级旅游景区）

位于江苏常州溧阳市，区内坐落着沙河、大溪两座国家级大型水库，因属天目山余脉，故名"天目湖"。节假日自驾去那里的上海和苏州游客非常多。到了天目湖除了欣赏山水风光之外，天目湖鱼头也是必购的特产。鱼头跟汤料分开包装，回家煮沸就可以食用，原汁原味、味道鲜美。

④常州市环球恐龙城休闲旅游区（国家5A级旅游景区）

坐落在常州市新北区现代旅游休闲区内，又称东方侏罗纪乐园。园区规划总面积3000亩，一期占地450亩，是一座融科普、游乐、休闲、环保诸多功能为一体的综合性公园。园内库克苏克大峡谷、鲁布拉、嘻哈恐龙城、重返侏罗纪等六大主题区精彩纷呈；疯狂火龙钻、雷龙过山车、探秘飓石阵、穿越侏罗纪、金刚、通天塔、室内过山车等50多个主题游乐项目各具迷人魅力；恐龙知识的宝库中华恐龙馆内珍藏各类国宝级恐龙化石，其中中华龙鸟、巨型山东龙、许氏禄丰龙为三大镇馆之宝；大型音乐歌舞剧《鲁乐回家》、恐龙王国欢乐行花车巡游亦能为游客留下深刻印象。

自助游中国 华东地区

浙江省
ZHEJIANGSHENG

黄金旅游线路

① 杭州—宁波—普陀山
② 杭州—瑶琳—富春江—千岛湖
③ 杭州—宁波—雁荡山—楠溪江

浙江省的风景名胜真叫一个多呀！北有娇娆秀丽的西湖、海天辽阔的普陀山，南有风光绮丽的雁荡山、江清水碧的楠溪江；中部的奉化溪口山清水秀、风光秀美；西部的千岛湖碧波万顷、水天一色；还有巍峨挺拔的天台山，绿荫蔽日的天目山、莫干山，玲珑姣美的绍兴东湖……这么多风光奇艳的美景，没有3—4个星期是根本玩不过来的。

那么外省市的游客来到浙江该如何探奇览胜呢？笔者的忠告有两条：一是要忍痛割爱，二是要择其要点。下面笔者就把自己对浙江省内各风景区的感受和评价介绍给各位读者朋友：

①杭州是中国最美的城市和最理想的观光度假胜境之一，不能不玩——这里不光名胜古迹多、风光美、环境好，而且当地人性情温和，物价便宜，一定要重点游览。

②普陀山山海辽阔、风光壮美且佛教文化浓郁，不愧"东海仙山"之誉，旅游爱好者们一生中至少应该去一回——但岛上物价较贵，应注意快去快回。

③雁荡山—楠溪江一线"贼精彩"，这里的山（雁荡山）不光挺拔秀丽，还神奇怪异，这里的江（楠溪江）风光柔美且有美丽山峰相依偎，山、江一起玩，您定会感到惬意快慰。

④奉化溪口山清水秀、风光旖旎，又有诸多名胜古迹，游客前去一游定会喜出望外。

⑤千岛湖湖面辽阔、岛屿众多，是中国最漂亮的湖泊景区之一，非常值得一去——把它和黄山（安徽境内）连在一起玩，可谓珠联璧合。

⑥距杭州市区只有2—3小时车程的天目山、莫干山风光绝对是高水平，游后定觉物有所值、新奇开心。

⑦绍兴颇具江南水乡迷人韵味，游客可选择合适季节慢慢观赏品味。

▲ 雁荡山风光

402

杭州

电话区号：0571　旅游咨询热线：96123

　　杭州是一个令人百游不厌的城市，"人间天堂"般秀美的湖光山色，冬暖夏凉、温和湿润的宜人气候，花样繁多而又价格便宜的风味美食，无一不令八方游客心驰神往。更加令人称道的是杭州人温和的性格和当地旅游市场井然有序的环境，使人来到杭州的感觉如沐春风，那种快活、轻松而又开心随意的舒适感真是令人难忘。

☛ 游览杭州西湖一定要去湖心岛三潭印月——三潭印月"不光岛中有湖、湖中又有岛"，风光旖旎秀丽，它还是西湖中的最佳观景点。不游三潭印月，就不知道西子湖美到什么程度

▲ 三潭印月湖心岛风光

● 笔者对杭州的印象

① 这个城市太棒了！西湖景色太美了——它白天美夜晚也美、晴天美雨天也美。真不知道应该用何种语言来赞美西湖的迷人风光。

② 如果您习惯了北京、上海、广州的物价，那就会感到杭州的消费还算便宜（至少不贵），尤其是餐饮。这一点让人颇感欣慰。

③ 美景看不厌、美食吃不完——笔者每次到江南后都要"借故"到杭州停留几天。您是不是应该效仿笔者，把杭州当成自己的"梦中情人"呢？

● 出租车

起步价13元（3千米），以后每千米单价2.5元，超过10千米每千米单价3.75元。

气候与游季

　　杭州虽然地处江南，气候温和湿润，但四季仍有明显特征，春季是旅游佳季，6—7月为梅雨季节，8—9月偶有台风侵袭，冬季稍有阴冷，但以西湖为首的杭州风光不同季节有不同的风姿容颜，且都特色鲜明、姣美诱人，所以一年四季皆宜旅游。

交通

航空

　　杭州有空中航班通往全国各省省会和各大、中型城市。萧山国际机场距杭州27千米，市中心武林门有民航专线车前往，30分钟左右一班，车票20元/人。从市区打车去需100—120元。

▲ 湖上游船

● **西湖游船**

在湖边四周均有游船码头，发船频率高，开船准时准点，乘坐甚为方便。

● **环湖观光电瓶车**

行驶线段分为多个区段，大部分行驶路段临湖或距湖水不远，观光效果好，每段10—20元/人。湖滨有多个售票点。

● **杭州运河游船**

主要是乘船游览古运河风光。电话：0571-85021237。

▲ 春游湖上

● **租车连锁店**

西湖边上的许多小饭店、小商店亦有出租自行车业务且连锁经营，可以此店借，彼店还，店主还会给您提供一张租车店"联络图"一类的图纸，按图行事很方便。

● **杭州水上观光**

水上观光从武林门上船到拱宸桥，夜游120元起，游览时间约1小时。白天也可走这条线路，但乘坐的是交通船，船费便宜得多。

▲ 《印象·西湖》表演场夜景

铁路

杭州有杭州站、东站、南站等多座火车站，其中杭州站被当地人称为城站，是市区最传统也是年代最久远的火车站，主要担负着始发车和终点到达车的进出使命，东站是最大的高铁站，南站和西站也有不少列车停靠，总之铁路交通非常发达，乘坐异常便利。

☏ 杭州火车站电话：0571-56720222　　☞ 高速铁路车次多，开往四面八方

公路

杭州是浙江公路网的中心，有中心站、西、南、北、萧山等多个主要长途客运站。游客乘车时只要认准到达地的方向，发车和停靠站的方向就不会弄混了，因为两者的方向基本一致。

汽车站点（区号0571）

客运中心站	艮山西路251号
汽车西站	天目山路89号
汽车南站	秋涛路407号
汽车北站	莫干山路花园岗758号
火车东站客运站	火车东站东广场
杭州全市统一汽车客运问询电话：0571-87650679	

水路

杭州的水路交通过去主要是京杭大运河上从苏州至杭州的客船，这条线现在停航了。另外几条为钱塘江和古运河上的游览线路，一般都是在夏季和旅游旺季才有船。

☞ 武林门客运码头售票处在武林门

市内交通

杭州市区的公交线路密如蛛网，说实话，想去什么地方，找不到公交车都很难。笔者不在这里单独介绍了，但是想提示两点：一是几条旅游线路的观光车值得乘坐；二是杭州市区公共交通的票价相对偏高，游客应有心理准备。

★ **地铁**

杭州目前有12条地铁线路，运营里程超过500千米，您就任意选乘吧。

美食经历·用餐体验·用餐指导

①在杭州，一定要好好品尝当地风味美食。没尝过西湖醋鱼、龙井虾仁、东坡肉和莼菜汤的美味，真是太遗憾了。

②西湖醋鱼一定要趁热吃，凉了味道就差远了。龙井虾仁味道极鲜美，用餐时一定要一人一盘，否则吃完了还意犹未尽，不过瘾。东坡肉肥瘦相间，酸甜适度，一人一份必须吃完。莼菜汤是世界上最鲜美的汤，不品尝一下真是说不过去。

③叫花鸡和生爆鳝片口感不错。宋嫂鱼羹和油炸响铃味道一般，蜜汁坊又甜又腻，味道跟北方的名菜糖醋里脊差不多，所以后面这三样菜虽然名气大但笔者不作专门推荐。

④楼外楼位置好、档次高，但价格确实贵。若想吃出派头享受好环境而又不失实惠，笔者强力推荐花中城、新开元、知味观三家当地名店（连锁店很多，最好去总店）。饭菜实惠（相比楼外楼而言）且环境还好，望您一试！

最后提醒一句：近年来杭州各著名餐厅中菜品涨价明显，游客要有心理准备。

▲ 西湖醋鱼和东坡肉

★ **自行车**

杭州城区很大，但西湖风景区区域明确。游西湖的时候，租一辆自行车骑行既方便又环保。

住 宿

作为国内最著名的旅游城市之一，杭州市内的宾馆酒店业甚为发达，高中低各档次酒店一应俱全，数量达近千家，价格不算太贵，除最旺季外三星级的标房砍价后200元左右可拿下。中小宾馆更是数不胜数，房价在100—130元的民宿也不太难寻，大家可任选。如标间200元左右/间的汉庭新天地酒店，条件尚好，服务热情，房价不贵。电话：0571-85099588。

☛ 另荐各式青年旅舍，多人间50—60元/床。

餐饮及特色食品

杭州的风味菜味道鲜美、种类繁多、制作精细、名扬四海。下面是当地一些主要特色菜肴和特色餐厅。

著名菜肴

西湖醋鱼、东坡肉、龙井虾仁、蜜汁火方、干菜焖肉、荷叶粉蒸、干炸响铃、宋嫂鱼羹、蟹汁鳜鱼、鱼头浓汤、生爆鳝片、掌上明珠、叫花童鸡、天香醉鸡、脆皮乳鸽、拔丝蜜橘、虎跑素火腿、油焖春笋。

推荐特色餐厅·美食佳境

● 楼外楼

地处西湖边、孤山下，环境佳、风水好，而饭菜质量当然是杭州一流，饭菜不能说便宜但还算物有所值，在此用餐还可感受中国美食文化的丰厚底蕴，收获颇丰、令人开心。店中的名菜价格如下：西湖醋鱼88—298元/盘（草鱼便宜而鳜鱼贵）、龙井虾仁198—358元/份、叫花鸡198元/份、东坡肉28元/盅、宋嫂鱼羹26元/盅。电话：0571-87969023。

● 花中城

在清泰街，物美价廉且用餐环境好，专营杭州菜。龙井虾仁138元/份、东坡肉20元/份、西湖莼菜汤25元。近来该餐厅又推出了多种特价菜，笔者推荐。电话：0571-87819188。

● 新开元

在解放路，主营杭州菜。西湖醋鱼78元、龙井虾仁138元、东坡肉25元/份。交通方便，笔者推荐。电话：0571-87017878。

● 知味观

在仁和路，主营杭州菜，菜价适中、相对实惠。笔者推荐。电话：0571-87017778。

● 奎元馆

在解放路，与新开元总店相距不远。主营各类面条也有杭州菜肴。

● 方老大面

距杭州站步行1.2千米，人均45元，是人气面馆，有腰花番茄汁拌川、爆鳝番茄汁拌川等老底小杭帮面。电话：15658829023。

大众快餐

如果吃大众快餐和简单面食，在杭州街头上15元钱左右就可吃饱一顿，街上的小饭店和排档太多了。这里饭馆的面条特多，大排面、叉烧面、肉末面、雪菜面、猪肝面，有二三十种之多，一碗面不过8—12元，饭量小的人一碗面即可当一顿正餐吃。

主要景点——西湖风景名胜区（国家5A级旅游景区）

西湖老十景

★苏堤春晓

苏堤在西湖西南侧，南起南屏路、北接曲院风荷，全长2.8千米。堤上有映波、锁澜、望山、压堤、东浦、跨虹6座玲珑小桥，堤旁种满花木，桃红柳绿相映，风光柔美绚丽。春风骀荡、飞鸟和鸣，此时的意境最动人，故称苏堤春晓。此景为西湖十景之首。

步行穿越苏堤同时观景是非常惬意快活的事，行程约需1.5小时

★曲院风荷

在西湖西侧、苏堤北端，是西湖环湖地区最大的公园，有岳湖、竹素园、风荷、曲院、湖滨密林区5个景区。这里湖心碧荷清波与岸边的精美亭榭相映，色彩艳丽、景色迷人。盛夏时节荷花盛开，香风习习，沁人肺腑。

15路、28路、82路均可到曲院风荷　门票免费

★柳浪闻莺

位于西湖东南岸,是欣赏西湖"三面云山一片水"的绝佳地点,古时因湖滨绿柳间有黄莺鸣叫而得名,如今被开发成杭州城内主要的综合性公园。

🚌 12路、13路、14路可到柳浪闻莺 🎫 门票免费

★平湖秋月

在西湖西北侧白堤西端、孤山南麓,这里不光园林佳景新颖别致、繁花似锦姿色诱人,还是西湖边赏月的最佳地点。金秋之夜在此极目眺望,但见皓月当空、湖天一碧、水月相融,意境之美如幻如梦。

💰 平湖秋月门票免费

★三潭印月

由三座葫芦形水中石塔和湖心岛小瀛洲两部分组成,是西湖湖心最有名气的佳景。三座石塔挺拔秀立,月明之夜塔中灯影倒映水中同月影交相辉映。小瀛洲上岛上有湖、湖心又有岛,风光精美玲珑,是游客乘船游湖时必观佳景。

💰 三潭印月门票55元,含西湖游船船费

★推荐晚间观光游乐方式

①乘船游西湖,湖心夜景柔美朦胧,游人随船漂荡在碧涛间感觉之美如入梦境。

②乘公交车环游市区,沿途看尽繁华都市绚丽风情。

③观看张艺谋导演的《印象·西湖》演出(演出地点在北山路82号,岳王庙正对面岳湖景区内)。

④观看宋城景区内的《宋城千古情》歌舞表演,与《印象·西湖》演出效果各有千秋。

★断桥残雪

在白堤东端里西湖和外西湖分水点上,冬雪之后桥面玉砌银铺,现仍有"断桥残雪"石碑矗立桥头。《白蛇传》中白娘子与许仙在此相会的传说更为此景增添浪漫色彩。这里也是观赏西湖山水秀色之佳地。

💰 断桥残雪景区门票免收

★双峰插云

是由西湖西北侧挺拔峭立的两座山峰南高峰和北高峰遥相对峙、竞秀争雄而形成的山峦美景。阴雨天时山间云拥雾涌,秀丽双峰忽遮忽显,时隐时现,朦胧柔美而又飘逸壮观。

👁 远望近观皆美 🎫 门票免收

●苏堤春晓
🚌 乘4路、315路、游2、游6路等公交车均可到苏堤。

●曲院风荷
观景及休闲度假皆宜,园内有专门的度假区,出租小木屋、吊床及各类炊具。

●柳浪闻莺
公园本身风光一般,但在此眺望西湖景色还算动人。

●平湖秋月
🚌 乘449、584、633路等公交车可达。

●西湖游船
休闲船含三潭印月上岛费的往返游船票55元/人。豪华船含三潭印月则为70元/人。

●三潭印月
从西湖之滨东西南北任何一侧的游船码头上船,都可抵达三潭印月。这里是西湖湖上美景的中心。

●另荐景点：西泠印社

在西湖北侧湖滨，是专门研究金石篆刻和书画艺术的学术团体，始建于1904年。这里有漂亮小山和众多精美亭台阁榭，与遍布其间的书法雕刻珍品完美融合，尽显西湖山水名园和金石艺术之迷人魅力风韵，乘7路、WE1314路公交可到。门票免收。

●断桥残雪

🚌 118、277、27等路可到。

●双峰插云

🚌 7、27、87等路均可到。

●南屏晚钟

🚌 87、315、344等路公交可到。

●花港观鱼

🚌 乘1314、318、194等路在浴鹄湾站下，或乘4、31、87路在苏堤下，进东、南、西三大门均方便。如先乘船游西湖，可在苏堤码头上岸，正好进入景区东大门。

★南屏晚钟

西湖西南的南屏山下有佛教名刹净慈寺，寺内有巨型古钟，晚时敲响声入云霄、峰鸣谷应，回荡至杭州全城。近年来，每到除夕，这里都举行撞钟除旧迎新活动，象征着欢乐、祥和与团结安定的悠扬钟声为古老景点更添新鲜魅力。

🎫 南屏晚钟门票10元，敲钟10元

★雷峰夕照

西湖南岸南屏山旁的夕照山上原有吴越时建造的雷峰塔一座，塔姿优美，也因《白蛇传》中的美丽传奇故事而为人关注和吸引。该塔于1924年倒塌，但旧时夕阳西照之时，金碧宝塔与湖光山色相映生辉的美景仍为世人所记忆怀恋。2002年11月，新建的雷峰塔在旧址上落成且风姿颇为动人，古老景观重获新生（门票40元）。

★花港观鱼

在西湖西侧苏堤南端，小南湖和西里湖之间，全园面积近300亩，由鱼乐园、牡丹亭、花港、草坪和丛林几大部分组成。其中鱼乐园是全园的主景，这里的湖池间放养着数万尾金鳞红鲤鱼，每当游人在湖边投入饵料，鱼群就会从四面游来争食，红鳞逐浪的场面甚为壮观迷人（门票免收）。

西湖新十景

★九溪烟树

在西湖之西，烟霞岭南鸡冠垅。这里九溪清波顺涧而流，谷间奇峰夹峙、篁楠交翠、美景如云。

🚌 地铁4号线在水澄桥A口下车，乘坐308路或314路在九溪公交站下车可入景区南口

★云栖竹径

位于五云山西面山麓的云栖坞里，山高坞深、竹茂林密，清晨黄昏，坞中常有烟雾飘荡，彩云相逐，景色如诗如梦。

★龙井问茶

龙井位于西湖以西林木苍翠的风篁岭上，其泉水与玉泉、虎跑并称为杭州

三大名泉，水质异常清澈甘甜，泉西的龙井村周围种满浓密的茶林，四海闻名的龙井茶即产在此地。问茶的含义是品茶和探询与茶有关的知识和文化。

🚌 27、87、180路可到龙井问茶　🎫 门票免收

★满陇桂雨

桂花是杭州的市花，位于西湖西南南高峰与白鹤峰夹峙下的满觉陇村，山道边植有桂花树7000余株，是杭州最著名的观花胜境，每当金秋时节风过林梢，这里的"桂粟"下落缤纷如雨，满陇桂雨因此而得名。

🚌 87路赏桂专线可到　🎫 门票15元

★虎跑梦泉

在西湖之南约5千米处，相传当地山间泉水系老虎"刨地"而形成，这里山峰秀立，竹林苍翠，有许多林间茶室，用虎跑泉水泡出的龙井茶清香无比，为茶中极品。

🚌 4、180、194、197、315、318路可到虎跑　🎫 门票15元

★玉皇飞云

海拔239米的玉皇山位于西湖与钱塘江之间，山姿雄峻，山顶有道观，这里江天辽阔，山风浩荡，常有云朵和雾涛擦山而来、飞渡而去，故名玉皇飞云。

🚌 12、42路可到玉皇飞云　🎫 门票10元

★宝石流霞

西湖北岸的海拔200米的宝石山上有诸多山石，色泽光亮如翡翠玛瑙，在朝晖晚霞映照下熠熠生辉，流光溢彩，景色迷人。

★黄龙吐翠

西湖之北栖霞岭旁有山间园林黄龙潭，园里有精巧亭台、茂树修竹、怪石清泉，一汪碧澈如玉的潭池上有一个头角峥嵘的石质龙头，嘴中涌出清泉直泻池心，风光独特，引人入胜。

🚌 地铁3号线黄龙洞C口出可到。

★吴山天风

吴山地处西湖东南，高约100米，由紫阳、云居、七宝峨眉多个小山组成。山丘绵延数里，有许多古树和奇异石景。

🚌 地铁7号线吴山广场站D口出可到。

● **另荐其他景点：六和塔、灵隐寺**

① 六和塔，塔高59.89米，身姿肖巍，屹立在钱塘江边。游人登临塔槛，可把钱江秀色尽收眼底，著名的钱塘江大桥全景和杭州市区周边的葱绿山峦也会给游人的视野平添诸多壮观和柔美。

🚌 乘4、139、318等多路公交车可到。门票20元。登塔另收10元。

② 灵隐寺，建于公元326年，是中国著名佛教寺院，也是江南著名古刹之一。寺内古木参天、各类石雕佛像造型精美，天王殿、大雄宝殿等主要建筑更显庄严雄伟。现在灵隐寺与飞来峰景区连在一起开放，是杭州人气最旺的景点之一。

🚌 游1、4路和多路公交车都到灵隐寺。门票30元（需先购买飞来峰门票45元）。

● **九溪烟树**

另外乘27路龙井茶室站下车可入景区北口。

● **云栖竹径**

🚌 324M、121、103、1314路可到。
🎫 门票8元。

● **宝石流霞**

🚌 地铁3号线黄龙洞站C口出可到。
🎫 门票免收

● **周边景点**

钱塘江观潮

钱塘江潮是因海水涌入钱塘江后因江中水流逐渐变窄造成水面逐级抬高而形成的世界一大自然奇观。如逢大潮时潮水汹涌澎湃，场面甚为壮观迷人。位于钱塘江之滨的海宁是观潮绝佳地点，主要观景区是位于海宁市西南45千米处的盐官观潮公园。

★阮墩环碧

西湖湖心的一个玲珑小岛，与三潭印月相邻相对，岛上有环碧山庄、云水居等精美建筑，绿树花丛藏竹舍，景色旖旎动人。

佳景推荐：宋城

位于杭州市西南的钱江之滨，是国内最大的宋文化主题公园。全园由《清明上河图》再现区、艺术广场区、九龙柱群区等景区组成，园中遍布宫苑、市井、作坊、店铺，再现了宋朝时京都的繁荣景象。园中每日都有民俗歌舞表演，活泼动人。

🚇 地铁6号线枫桦西路站转公交308、3202路可到，景区出来有直达三浦路地铁站的接驳车

浙江省博物馆（之江馆区）

浙江省博物馆新馆位于之江文化中心，通史陈列非常值得一看，大家可以了解到浙江人文和科技发展对中华文明乃至世界文明的巨大贡献，展览从青瓷文化、海洋文化、宋韵文化、书画文脉和名人文化出发，解码浙江独特的文化基因，科技感和体验感十足。

● **推荐西溪湿地**

在杭州市区边上，景区内以湿地沼泽田园景色为主，是当地观光休闲人气景区。从市区乘地铁3号线可到，门票80元，船票60元。景区内观光至少需要3小时。

● **黄龙吐翠**

🎫 门票15元。

● **吴山天风**

🎫 门票30元（登城隍阁）。

● **阮墩环碧**

可在湖滨或西湖游船上眺望该岛风光。

● **宋城**

🎫 门票300元。
含《宋城千古情》演出门票。

● **杭州的博物馆**

①浙江省博物馆。新馆在西湖区之江文化中心，地铁6号线到枫桦西路D出口。
②丝绸博物馆。12、42路可到。
③茶叶博物馆。27、87路可到。
④官窑博物馆。42、87路可到。

推荐游程：精彩全面的杭州三日游

D1. 全天游览西湖及周边景点

清晨起床后可先乘公交车沿西湖兜一大圈儿。途经柳浪闻莺、南屏晚钟、雷峰塔、苏公堤，最后抵达杭州北高峰下的名胜灵隐寺（游人可下车游览1.5小时左右），从灵隐寺出来后仍乘公交车，途经曲院风荷、岳王庙、白堤、断桥等名景，这样整整绕了西湖一大圈儿，西湖和湖滨各景是什么样，您就完全看清楚了。

西湖上的游轮极多且管理有序，票价为55元的休闲船含湖心小瀛洲上岛门票（还有一些手划的小艇收费要贵得多）。游人从湖滨上船，15—20分钟后即抵湖心岛小瀛洲（即三潭印月），小瀛洲是西湖上最大的岛，岛上美景交织、风光极好，在此眺望西湖风光各个角度的画面都很美。在这里至少要玩1小时才够。

游毕小瀛洲可乘游船北行到湖北岸中山公园上岸，然后到楼外楼饭店品尝西湖醋鱼、东坡肉、莼菜汤等杭州名菜。饭后顺路看一看孤山附近各景，如孤山、西泠印社、岳王庙、曲院风荷等。然后到湖西侧的苏堤一游。苏堤是西湖风景的精华所在，堤上繁花吐艳、垂柳依依，风光柔和秀美。站在苏堤上，东可望三潭印月、湖心岛、阮公墩等西湖美景，西可观宁静安详的西里湖和湖西侧南高峰等青翠秀丽的群山及堤南红鳞逐浪、情趣诱人的"花港观鱼"胜景。

游毕苏堤（仅在堤上从北到南行走1.5小时）之后应在名景花港观鱼逗留至少45分钟，至此，第一天的游览已非常丰富开心了，晚间如果还有兴致，可以到西湖湖滨，看一看如诗如画的西湖夜景，另外可到新开元、知味观或花中城餐厅继续品尝美味的杭州菜。本日在

市内住宿。

D2. 游西湖、虎跑泉、六和塔、宋城

清晨可先到湖滨，观赏美丽的西湖晨景，建议您重点关注湖东南侧柳浪闻莺景区的翠光亭，这个亭子本身一般，但亭子南侧150米以内却是观赏西湖秀色的最佳地点（笔者个人意见）。上午10:00左右在湖边乘308路公共汽车，到杭州三大名泉之一的虎跑泉观光，品尝那清凉甘甜的泉水，游览那极为清幽、寂静的山林，聆听"虎跑梦泉"的美妙传说。午后向南乘车两站，到钱塘江畔的月轮山上登巍峨挺立的六和宝塔（门票加登塔共30元），并从塔巅观览浩浩东去、白帆点点、百舸争流的钱塘江秀色。

黄昏和晚上的时间可交给杭州第一个大型人造主题公园——宋城。宋城位于杭州西南郊，从六和塔乘车沿江西行20分钟即到，它建于1996年，是目前中国国内最大的宋代文化主题公园。

宋代是中国封建社会发展到成熟的朝代，其科技、经济、文化的发展水平均居世界领先地位。当时的杭州被誉为"世界最美的华贵之城"。而宋城正是以其宏大的建筑规模和疑幻似真的表现手法再现了千年以前中国古代都市的繁荣景象。宋城全城的建筑布局主要依照宋代杰出画家张择端的名画《清明上河图》而建，游人走进宋城，仿佛时光倒流而置身于千年以前中国古代都市的浓浓氛围里。

宋城内每天从早到晚一刻都不歇息的众多歌舞和民俗表演，其中既有"皇帝出城迎宾"，又有"仕女踏青嬉戏"，更有"包公怒铡陈世美""林冲雪夜上梁山""武松怒杀西门庆""梁红玉击鼓抗金兵"。城内有二十个剧院，每天有上百场演出，推荐大家一生必看的是大型歌舞剧《宋城千古情》，该剧演员足有一二百人。晚上9:30左右，各类演出才正式结束，这时游人方可带着喜悦、满足和回味返回杭州市内。

D3. 上午去龙井"问茶"，下午游览西溪湿地

龙井村位于西湖西侧的群山中，濒临杭州两大高峰中的南高峰。这里山峦起伏、松篁交翠，山坡上分布着数千亩的茶园，峡谷中流淌着清澈碧透的溪泉。到龙井一游，不光可以品尝用龙井泉水（杭州三大名泉之一）浸泡的正宗龙井茶——浓郁、清醇、茶香四溢，又可学习龙井茶的种植和炒制技术，了解我国源远流长的茶文化。到龙井品茶、"问茶"（意为：探询、了解）加观景有3个小时就够了。下山后即可回市区从黄龙体育中心客运站乘193路车（地铁3号线也行）去西溪湿地。西溪湿地在杭州市西天目山路西侧的延伸段上，距市区很近。园区水网密布、沼泽成群、芦苇及各类竹木林立，很有野味。游人乘船行驶其间可感受迷人野趣。游览西溪湿地包括路程至少要3小时。黄昏时返回市区。晚上可到西湖西堤北端湖看大型山水实景表演《印象·西湖》（张艺谋导演，门票380元起，淡季可能有优惠）。如此丰富充实的三天游览安排，真可算精彩圆满了。

▲ 雨中乘船游西湖很有迷人韵味

发烧友特别关照

笔者绝活：向您传授几个游览杭州时既能省钱又能开心的小花招

杭州是国内最著名的旅游城市之一，这个城市的名气太大了，受到外界的关注太多了，介绍与杭州旅游有关的书籍、报刊、影视片也太多了，而网上出现的与杭州有关的导游信息也太丰富了，笔者就别跟它们一争高低了，只是笔者去过杭州许多次，有些重要的见闻，就把它们告诉各位驴友，算是给大家的杭州之旅增加一点儿作料吧！

▲ 三潭印月亭榭美景

小花招之一——乘西湖内环线和外环线省钱又开心

西湖的两条公交环线把西湖边的景点串了起来，便宜便捷，只需2元，更推荐内环线，离湖更近，全程约1小时。

小花招之二——推荐便宜宾馆

杭州的游人多，各类会议和商贸活动也多，总之是客人太多，所以宾馆的房价真贵，就是一般季节中，星级宾馆（市中心的）双标间砍价后也大都在200元/间以上。笔者前不久好不容易发现了几家条件尚好而房价不太贵的地方，无私地推荐给大家：①景腾酒店，在杭州东站附近，交通方便，房价不贵，旺季标间150元左右，淡季还能打打折，电话：0571-88357622。②欧聚酒店，也在杭州东站广场旁，标间旺季160元左右，淡季还能优惠，电话：0571-85783126。③布丁严选酒店苏堤雷锋塔店，平日标价百元出头，条件挺好，电话：0571-87085533。

附：钱塘江观潮指导

从海宁到盐官只有半小时车程，交通方便，中巴一般车费10元。观潮每月均可，但以农历八月十八的大潮最为壮阔。此外，杭州市区南缘的六和塔上及塔下，钱塘江桥旁的江滨，以及从大桥至九溪南端的之江路边都是观潮的好地点。

另荐景点：杨公堤

杨公堤，是与白堤、苏堤齐名的"西湖三堤"之一。北起灵隐路、南至虎跑路，沿线有曲院风荷、杭州花圃、茅家埠、龟潭、花港观鱼等名景且随处可见碧澈湖和精美亭桥，是西湖湖滨最漂亮的景观带之一。从杨公堤东望苏堤、西观南北高峰风光绝美。门票免收。

▲ 乘船游览西溪湿地

绍兴

电话区号：0575　市区游客中心：85145000　鲁迅故里景区：85132080

绍兴地处浙江省中部偏北，距省会杭州只有40千米，是我国历史文化名城之一，也是华东著名的旅游城市。绍兴人杰地灵，历史上涌现出许多著名的政治家、革命家、文学家如周恩来、秋瑾、鲁迅、蔡元培等；绍兴也有许多名胜古迹和园林佳景，目前绍兴市内的观光亮点主要是鲁迅故居、沈园、东湖风景区和因《兰亭集序》而扬名天下的兰亭游览区。周边地带的主要景点有柯岩、四明山、五泄等。

☛ 把绍兴和杭州连起来玩非常物有所值

▲ 东湖上的乌篷船群

气候与游季

绍兴气候温润，四季皆宜旅游。
☛ 冬天最冷的时候绍兴各项观光皆可正常进行

交通

绍兴距杭州萧山国际机场约30千米，机场大巴可直达绍兴。从绍兴乘高铁列车，可在半小时左右抵达杭州，一个半小时左右到达上海。

食宿

各类江南菜系在绍兴均可吃到，菜价适中；特色餐馆咸亨酒店新址在鲁迅故居旁，就餐条件不错但价码不低。当地特色美食有黄酒、茴香豆、梅菜烧肉、绍兴醉鸡、雪菜黄鱼等。绍兴的住宿不贵，80—100元的宾馆标间很常见。

☛ 推荐好评酒店：绍兴戴斯精选温德姆酒店，环境舒适，标间在250元左右，电话：0575-88018881

观光指导

目前绍兴市区的观光热点主要有鲁迅故居，它就在市中心，含鲁迅故居、百草园、三味书屋等，门票免收，步行即可到达。还有沈园，园林景色美且有刻有陆游《钗头凤》词的石碑，从鲁迅故居向东步行10分钟即到，门票40元，《沈园之夜》演出80元起。东湖也是当地名景，以碧水亭桥和水边奇崖著称，门票50元，乌篷船费40元。兰亭有鹅池、曲水流觞、兰亭碑等景点，门票70元。其中鲁迅故居名气大、内涵丰富；沈园风光精美，又有美丽的故事和传说打动人心；东湖小巧玲珑，景色独树一帜；兰亭则以古文名篇而闻名天下。这4处景点如果抓紧时间可于一天内轻松游毕，观光顺序应是鲁迅故居、沈园、东湖、兰亭。之后有时间可去五泄、四明山等。

笔者认为单独游览绍兴内容稍显简单，把它和杭州一起玩更显物有所值。

诸暨·五泄

电话区号： 0575　　**五泄景区：** 87773688　　**西施故里景区：** 87106777

诸暨市位于浙江省中部偏北侧，距省会杭州和著名旅游城市绍兴都很近。浣沙江从诸暨市区中心穿流而过，给这个小城增添了无限的秀美灵气和活泼生动。诸暨古时是西施故里、越国古都，是古越文化的发源地之一。早在新石器时代就有先民在此繁衍生息。秦始皇二十五年（公元前222年）置县，历代未废，是浙江省最古老的县（市）之一。诸暨文化底蕴深厚，人杰地灵，历代名人辈出。

诸暨也有秀丽的自然山水，其中五泄景区风光美而特色鲜明，受到各方游人的广泛关注。西施故里和斗岩景区也已开发并向各界开放，诸暨市的知名度正在与日俱增。

▲ 五泄飞瀑秀色

气候与游季

诸暨气候温润，全年皆宜旅游。

交通

诸暨是浙赣铁路上的大站，许多特快及直快列车都在诸暨停靠，从杭州到诸暨乘高铁列车只需行驶约25分钟。当地的公路交通也方便，从杭州汽车南站到诸暨的快巴每天有多班，车程约2小时；从绍兴乘快巴去诸暨更方便，一个半小时就到。诸暨汽车总站还有各类客车与周边的宁波、义乌、金华、余姚等市县对开。

食宿

诸暨市区及五泄景区内外有多家宾馆酒店，住宿方便而房价适中。五泄景区内有五泄度假村等数家度假村，这里景色优美，空气极为清新，野味甚足，住在五泄景区内是高级享受。

主要景点

西施故里

西施故里旅游区是绍兴地区的国家级风景名胜区浣江—五泄风景名胜区的重要组成部分。旅游区以西施文化为主题，充分展示古越文化和故里风情，是一处自然风光优美、文化内涵丰富、游览设施健全的旅游胜地。

西施故里旅游区规划总面积1.85平方千米，按功能划分为一轴一心六区。游人在景区内可以观赏游览的景点有古越文化区、中国历代名媛馆、余任天纪念馆、范蠡祠、浣纱女雕像、西施殿等，景区通票80元，含西施殿、中国历代名媛馆、范蠡祠、郑氏宗祠、民俗馆，也可各景点单独购票。

🚌 西施故里景区就在市中心，步行或乘公交均可到

五泄

　　五泄是浙江省最古老的游览胜地之一，位于诸暨市西郊约20千米处，离杭州仅80千米（诸暨57路公交可到）。

　　五泄有碧波荡漾的五泄湖，四季如春的桃源，一水五折飞瀑撼人的东源和幽雅深邃的西源峡谷等四个景区。大自然的鬼斧神工，为五泄造就了"直上青云端"的七十二峰和"一坪一奇景"的三十六坪。尤其是五级飞瀑，暴雨过后场面令人惊心动魄。1990年五泄被定为国家森林公园；2002年被定为国家重点风景名胜区（门票70元）。

推荐游程

二日游

　　D1. 游斗岩风景区（神州第一天然大佛、千佛朝阳、金井龙潭、白云禅院、中国登山队攀岩培训基地，在业余攀岩道上体验"岩壁芭蕾"，击神州第一大鼓），访西施故里风景区（西施殿、古越台、苎萝山门、西施碑廊、苎萝亭、西施长廊、夷光阁、古苎萝村、西施资料陈列定级、浣纱石）。

　　D2. 游国家重点风景名胜区、国家森林公园—五泄风景区（五泄湖、桃源景区、西源生态大峡谷、田园风光刘龙坪、神州独有五级飞瀑、唐代古刹—佛教曹洞宗祖庭—五泄禅寺）。

观光指导·发烧友关照

　　①诸暨市交通便利，距杭州和绍兴都很近，又有五泄和西施故里两处景色突出的观光亮点，所以值得一去。

　　②五泄景区是当地观光旅游的最大亮点，游人应予重点关注。

　　③目前游人在五泄观光的顺序和方式非常明确和统一，即入园后先走5分钟的上坡路到水库大坝上，之后乘船越过库区（步行没有路，船费已含在门票中），30分钟到天一碧码头上岸。之后步行5—7分钟到电瓶车站，从这里坐电瓶车（车费单程5元）行驶约10分钟后到会龙桥，在这里下车后步行3分钟即到五泄禅寺，再步行约7分钟就可以见到五泄瀑布的最下面一段了，丰水期这里的瀑布景色很美很动人；但此时游人观水后不应向后转而应沿瀑布左侧的山路上行去观看整个瀑布群——体力好的人可走到最上面一级，体力一般的人走到第三级就行了，之后即可原路返回。整个观光过程有3小时即可玩得宽松开心。

　　④五泄景区风光很美，开始时乘船经过的水库水色清绿、波平如镜；上岸后乘坐电瓶车时路两边也是山清水秀且竹林茂盛，视觉感受甚好；下车后步行前进的路两侧更是青山耸翠、碧水欢流、绿荫浓密、野味十足；之后见到的瀑布景观之美丽生动就更不用说了——只要不在枯水季节去，五泄景区是绝对会给您留下美好感觉和记忆的。

　　⑤在五泄景区乘电瓶车到会龙桥下车后，也可先向左拐去西源景区，一路上山后走到五泄瀑布的上头再向下行，自上而下地观看五级瀑布，再从东源景区返回，这样走了一个环线，观光效果更圆满但要多付出不少时间和体力。

　　⑥西施故里景区就在市中心的浣沙江边，建造得很精美，也值得关注，在那里有90分钟时间就可以览其全景了。

自助游中国 ▶ 华东地区

普陀山（国家5A级旅游景区）

电话区号：0580　普陀山管委会：3191919　客运码头：6091121

普陀山位于东海舟山群岛东部，全岛面积约为12.5平方千米，山姿秀丽、海景壮美，有"东海仙山"之美誉。普陀山林木葱郁，遍布奇异礁石、幽深岩洞和宽阔沙滩，海岛风光旖旎且分布着多处佛教文化古迹。岛上有以普济禅寺、法雨禅寺、慧济禅寺、宝陀讲寺四大庙宇为首的数十处佛教寺庙，还有百步沙、千步沙两处海滩美景，是国内久负盛名的四大佛教名山之一。

气候与游览季节

普陀山冬暖夏凉，冬季少有凛冽寒风和降雪，盛夏时节白天的气温也可达到30℃左右且日照强烈，但夜晚气温可降到17℃—20℃且海风沁人，特别凉爽舒适。春秋时节当然更是气温适中。所以，这里是国内不可多得的"全年候"的旅游佳境。

▲ 观日阁是普陀山最佳观景点之一，在上边看到的山海壮景令人惊叹不已

☞ 没去过盛夏时节的普陀山，您就不知道清清海风有多么凉爽袭人

● 普陀山客运码头
电话：0580-6091121。

● 上海到普陀山
①在南浦大桥黄浦旅游集散站乘快巴，终点选择普陀长途客运中心经过跨海大桥，4.5小时可到，票价150元。
②吴淞口码头也有轮船开往普陀山，每周一、三、五20:00开船，船程约12小时，船票109—499元不等。返回船每周二、四、六开行。

交通

飞机

普陀山本岛无机场，舟山普陀山国际机场位于与普陀隔海相望的朱家尖岛上，北京、上海、广州、深圳、厦门、成都、大连等大中城市均有航班到朱家尖（舟山）机场，降落后可乘机场大巴到朱家尖岛的蜈蚣寺码头，从这里乘渡船（随时有船，船票30元）15分钟即可到达隔海相望的普陀山。

☏ 舟山普陀山国际机场订票电话：0850-6260716　机场大巴30分钟1班，车票7元

☞ 朱家尖到沈家门，公共汽车费仅2—5元。也可从沈家门半升洞码头到普陀山，每日快艇有多班，收费30元

汽车

华东大部分市县可乘长途班车到舟山市的定海、沈家门，下车地点是城北车站，沈家门与普陀山隔海相望，几乎每小时都有渡船去普陀山，快艇行驶只需18分钟。

浙江省

位于定海岛上沈家门的城北车站又称舟山普陀长途客运中心，是普陀城区客运交通的总枢纽中心，这里发售以普陀山为主的舟山各岛屿的门票和车船票，并提供导游和订房等多种服务。

■ 沈家门城北汽车站电话：0580-3669000

轮船

过去东南沿海许多港口均有客轮直抵普陀山，其中上海和宁波以及沈家门半升洞去普陀山的船最多，现在宁波到普陀山的船都停航了，上海来的船航次也少了许多，因此现在普陀山的客轮主要是与沈家门半升洞码头、朱家尖蜈蚣寺码头、上海以及舟山一些岛屿对开。

普陀山至蜈蚣寺（渡船每30分钟一班，船票30元）。

普陀山至沈家门半升洞（快艇每天有多班，船费30元）。

普陀山至洛迦山（海蛟、慈光、慈云轮，每天三班）。

☞ 岛上的旅游专线车统一运营，票价公开透明，游客乘坐舒适方便

岛上交通

岛上有多条专线车线路将大多数景点连接起来。

普陀山岛上目前所有旅游专线车由旅游公司统一经营，发车地点在岛上码头广场西侧（上岛即可看到），行驶线路包括了山上所有主要景点（其中在普济寺和法雨寺还有两个大的换乘站），游人乘车无比方便。车票只有5元、10元两个价位，可上车扫码付费。

1路从西天渡口至大乘庵。经过西天渡口、电影院（宝陀饭店）、金融街、海防新村、码头、紫竹林（南海观音）、普济寺、大乘庵。

2路从码头至索道。经过码头、紫竹林（南海观音）、普济寺、大乘庵、法雨寺、飞沙岙、宝月庵、古佛洞、客运索道（乘缆车去佛顶山）。

3路是从码头到梵音洞。

岛上住宿

普陀山上遍布高中低档各类宾馆、酒店和民宿、客栈，普陀山大酒店、中信普陀大酒店等星级宾馆条件好价格不菲，旅游旺季（6—10月间）房价都在500—880元甚至更贵，且打折的余地不大。普陀山庄、海·屿房价低一些。最便宜的住处是分布在西山新村、龙湾村一带的民宿，这些小旅馆以三四层的小楼房居多，房间大多有卫生间、彩电、电风扇或空调，条件尚好。房价标间在80—130元（旺季会上浮许多）。

☞ 岛上的寺庙也可住宿，虽条件一般但收费低廉

● **杭州至普陀山**

可从杭州吴山广场正大门6号或黄龙体育中心乘快巴约3.5小时到舟山的沈家门城北车站，车票110元。

● **宁波到普陀山**

水上船都停航了，公路交通极方便。宁波汽车东站、北站、中巴南站都有快巴经过跨海大桥直达舟山沈家门城北车站，每20—30分钟发1班车，车程2.5小时，车费59元。

● **从城北车站去普陀山和朱家尖**

在这购买普陀山门票后，有专线大巴送游客到半升洞码头或是蜈蚣寺码头（到半升洞乘车免费，到蜈蚣寺车费5元），抵达后乘船即可到普陀山。

岛上餐饮

品尝海鲜

岛上的海鲜当然丰富,大黄鱼、海蟹、鲜贝、虾类、石斑鱼、墨鱼、鱿鱼应有尽有,都是出水不久的鲜货,味道比大城市中冷冻和水发的海味鲜美得多,但价格并不便宜,所以到这里来吃海鲜主要吃的是美味而不是廉价。

岛上海鲜馆最集中的地方是汇聚了数十家餐馆的海鲜园,海鲜品种多但价格挺贵,此外普济寺景区、南天门和法雨寺景区亦有不少海鲜馆,另外大宾馆饭店中的餐厅都有海鲜菜肴供游客任选。

品尝素斋

普陀山上的三大庙宇中每日都有素斋供应,所有游人都能享用,其中普济寺中的素斋10元左右/人,法雨禅寺5元左右/人,大多时候是一菜一饭,但不限量,吃饱了为止。素斋味道很好,吃时挺有情趣,一般是豆腐炒白菜,热量稍显不足,偶尔吃一两顿尚可。

●推荐图岚山庄酒店

图岚山庄坐落在普济寺与普陀山管委会之间,电影院、剧场、邮电中心都在这儿,交通、购物、用餐极为便利。山庄闹中取静且客房条件好,房价实惠(标间淡季300元左右)、附设餐厅,是普陀山性价比最好的酒店之一。笔者强力推荐。电话0580-6091888、13615801888。

●一般饭食

在岛上的小餐馆用餐,素菜25—35元/份,鱼香肉丝等普通肉菜价格在38—48元。如果到了大宾馆、大餐厅中,菜价还要贵20%—30%,游客应有心理准备。

●普陀山门票价格

¥ 上岛费160元/人,船票往返60元/人。老人、学生有优惠。岛上三大庙宇群还需单购门票,每处5元/人。南海观音门票6元/人。

●龙湾新村民宿客栈

① 普陀山客栈,电话:13957218769。
② 潮音阁,电话:0580-3886040。
③ 听潮阁,电话:0580-6698238。

主要景点

壮丽辉煌的四大庙宇群

普陀山上虽然有数十座庙宇,但建筑风格和规模却有很大不同,其中以位于岛屿中央的普济禅寺、白华顶光熙峰下的法雨禅寺和位于全岛制高点佛顶山上的慧济禅寺建造得最气派精美。其中普济禅寺内有殿、堂、楼、轩357间,法雨禅寺内依山而上的六层台基上有殿宇近200间,慧济禅寺雄踞山巅,倚天面海,仙云缭绕,风光壮阔。宝陀

▲ 宝陀讲寺宏伟宫殿

讲寺是近年来新建的大型寺庙,其殿宇依山而立,规模宏大、气势壮观,堪称当代建筑奇迹,令人观后惊叹不已。

👉 四大寺庙必须全看,都是岛上最有观光价值的景观

百步沙、千步沙——华东最漂亮的海滨浴场之一

两处景区均位于岛屿东侧,其中百步沙长600余米,千步沙长1750米,沙滩辽阔,海景壮美,是全岛乃至整个华东地区最漂亮的海滨浴场,这里的海水蔚蓝、沙色金黄、沙质细腻不黏足,特别适合滑沙、踏浪、戏水、游泳。

👉 千万别漏掉这两个沙滩景点

紫竹林、不肯去观音院、潮音洞

在普陀山东南部的梅檀岭下,因此处有紫色山石和紫色竹林而得名,山姿柔顺、海景优美,著名的紫竹林禅院就在这里。相距不远的不肯去观音院,是五代后梁贞明二年(916年)日僧慧锷乘船回国受阻后登临普陀山时修建,在东南沿海一带享有盛名。旁边的潮音洞常有水石相击,潮音悦耳,涛声动人。

🚌 朱1、朱2、朱3路专线可到紫竹林、不肯去观音院、潮音洞。
🎫 门票5元

梵音洞

位于普陀山东端,千步沙北侧,这里洞深崖陡,石劈如门,涨潮时海水冲刷岩洞,急流进退、澎湃有声,是普陀山上风光险峻、颇有震撼力的佳景。

🚌 朱3路专线可到梵音洞,有时需要在法雨禅寺换乘   🎫 门票免费

东山磐陀石

坐落在梅岭峰上,高2.7米,宽7米,顶部平坦可容30余人站立。该石险如滚卵但安稳如磐,是普陀山一大奇景,石上因刻有"磐陀石"三个大字,故有许多游客在此拍照留影。

🚌 乘1路在西天渡口下车,再步行即到   🎫 门票免费

普陀山风光总体评价

A. 四大佛教名山中五台山、峨眉山、九华山均在内陆,而唯独普陀山在海上,是名副其实而又风格独具的"独一份儿"。

B. 岛上山姿柔美、海景壮阔、森林茂盛、庙宇林立,自然风光与佛教文化完美结合,使之成为我国东海之滨的最佳旅游胜境之一。

因此笔者认为,普陀山应该是大家国内旅游中的必观景点(且四季皆可畅游),游客一生中至少应该到那里游览一次。

● **壮丽辉煌的四大庙宇群**

普济禅寺门票5元,朱1、朱2、朱3路专线可到。
法雨禅寺门票5元,朱2、朱3路专线可到。
乘朱2路专线车至终点,可到宝陀讲寺。另外从这转乘索道上山可到慧济禅寺和佛顶山,索道费上行40元,往返70元。
慧济禅寺门票5元。

● **百步沙、千步沙——漂亮的海滨浴场**

百步沙门票免费,朱1、朱2、朱3路专线可到。
千步沙门票免费,朱2、朱3路专线可到。
百步沙、千步沙风光极好,一定要重点观览。在这嬉水游乐感觉奇佳。

● **去观日阁览山光海色**

观日阁在百步沙和千步沙之间,依山面海,是普陀山最佳观景点之一,您一定要上去看看(从百步沙步行10分钟即到)。

● **另荐景点:南海观音**

是岛上的人文佳景。佛像高33米,表情宁静慈祥,身姿巍峨伟岸,成为"海天佛国"的标志性景点。

● **南海观音大佛**

🚌 朱1、朱2、朱3路专线可到。

推荐游程

二日游

D1. 早晨上岛后（或在前一天已上岛，晚上住宿普陀山）先集中游览普济禅寺，逗留45分钟。之后到百步沙观光看海景，停留半小时。然后从普济禅寺乘观光车直达索道站，下车后去宝陀讲寺观光，游览90分钟。之后到索道站一带吃午餐。饭后乘缆车上行至佛顶山巅看慧济禅寺并居山观海，停留45分钟。然后步行45分钟下山到法雨禅寺（体力欠佳者可乘缆车下山，之后换观光车去法雨禅寺），寺中游览45分钟左右。出寺门走5分钟就能看到千步沙海滩，在此观光30—40分钟。之后乘车去梵音洞，观光45—60分钟。之后乘车返回。晚上在普济禅寺旁普陀山剧场看佛教盛典《观世音》歌舞表演。夜宿普陀山。

D2. 早晨先登观日阁（在百步沙、千步沙之间的景区公路边），观日出和彩霞奇观，畅览山光海色。之后游紫竹林、不肯去观音院、潮音洞、南海观音。中午在普济寺一带吃午餐。饭后去百步沙游泳、嬉水，一直玩到黄昏（体力充沛而又游兴浓厚者可在百步沙玩到15:30左右，之后花2.5小时去西山盘陀石景区一游）。之后时间充裕者可继续在普陀山上住宿一晚，次日返回；时间紧张而又想节省住宿费的人可在傍晚离开普陀山（普陀山至朱家尖蜈蚣寺的晚班船17:15后每小时发一班，末班为22:10），经朱家尖和定海踏上返程。

发烧友特别关照

①普陀山气候好、风光好、佛教氛围浓，去一次完全应该，但最好避开"十一"和春节黄金周，此外7—8月份的双休日也应尽力回避，这样可以大幅度节省住宿费用。

②普陀山的物价较贵，尤其是吃饭和住宿。一是岛上东西大多从陆地运来成本高；二是来此观光的以广东、福建及港、澳、台游客居多，旺盛的消费水平和购买力使岛上的物价居高不下，游人应有心理准备。

③淡季的普陀山风光依然挺好，景色并未打过多折扣（只是不能下海游泳）。此时岛上很容易找到便宜的客栈标间，如果到寺庙中吃素斋，每天伙食费可控制在40元以内，因此淡季游普陀山是绝佳方式。

④白天游完普陀山后，晚上到朱家尖或定海住宿，也能节省不少费用，这个方式各位可试行。

旅行家指导

①到普陀山观光以下景点不应遗漏：四大寺庙、两大海滩（百步沙、千步沙）、观日阁、紫竹林、不肯去观音院、东海观音大佛。

②梵音洞是否前去，游人可视情决定。

③时间充裕者还可去洛迦山岛观光，普陀山至洛迦山的渡船船费70元（含洛迦山门票）。

④笔者前面为您推荐了性价比极好的图崴山庄。该山庄还有一家分店，叫馨源聚，是半山腰上的一处寂静园林，在这里可以品茗、观山、赏月，意境很美，还可以扎帐篷宿营（只需交纳极少费用），服务也很好，笔者郑重推荐。电话：0580-6091888、13615801888。

最后说一下沈家门城北客运站，这里卖车票、船票，也卖景区票，还提供导游租车各种服务。所以到了这个车站，您的一切问题均可以迎刃而解，因此您应该重点关注这个名副其实的旅游集散中心。

▲ 普陀名景——不肯去观音院

舟山群岛・朱家尖

电话区号：0580　朱家尖南沙景区：6032006　《印象普陀》演出：6206666

舟山群岛是我国东海最大的渔场，也是近年来正在兴起的海岛旅游胜地，这里的普陀山已是众所周知的名胜佳景，而周边其他岛屿如嵊泗、桃花岛、朱家尖等风光也很优美。去舟山观海景、吃海鲜，游览一些人迹稀少的滨海佳景，可能会有全新的感受。

气候与游览季节

这一带为海洋性气候，因有海水温差调节，所以气温变化稍显温和，冬季较少有严寒天气，夏季早晚更是凉爽宜人，春、夏、秋三季观光效果更佳。

交通

航空

舟山机场位于朱家尖岛上，北京、上海、武汉、厦门、青岛等大城市都有班机直达这里。从朱家尖下机后，可以乘船乘车（有通沈家门的跨海大桥）轻松抵达舟山各个主要岛屿（朱家尖与沈家门有公交车直达，与普陀山有轮渡及快艇对开，上船地点是蜈蚣寺码头，船费30元）。

公路

从宁波、杭州、上海乘客车（每日多班）可以直达舟山群岛的中心定海和沈家门，从沈家门换公交车能直接开到朱家尖岛上。从定海和沈家门乘车乘船，即可到舟山各地区。

☞ 沈家门有多路朱家尖专线公交车通过跨海大桥到朱家尖，交通很方便

海运

宁波到沈家门和普陀山的轮船已全部停开了。上海有去嵊泗的班轮（比如小洋山码头）。定海也有去嵊泗的客轮。如果去桃花岛，要从沈家门的墩头码头乘客轮或快艇，船次随旺季或淡季增减。另外宁波郭巨码头每天早晨有客轮去桃花岛，下午返回。

▲ 桃花岛碧湾金沙美景

● 《印象普陀》大型演出

每晚19:40在朱家尖岛上开演，门票139元起。

● 朱家尖观光指导

这个岛比普陀山大得多，但是交通方便，公交车可一直开到岛的南缘。关注南沙和大青山两个景区即可，其他景点风光一般。

● 朱家尖住宿

各类宾馆、酒店多得是，普通宾馆一般季节双标间160—230元，旺季肯定上浮。如锦江之星朱家尖店，电话：0580-6361888。

● 桃花岛住宿

可关注海韵之星酒店，电话：0580-6062008。

主要景点

朱家尖

岛上共有六大风景名胜区。大青山以山海壮景秀冠全岛（门票旺季100元，淡季60元）；白山观音文化苑景区以奇岩怪石、佛教岩画著称（门票20元）；乌石塘景区以乌石潮音和渔乡风情取胜（门票30元）；南沙、东沙景区以碧水金沙见长，情人岛和里沙生态园也不错（南沙门票旺季70元，淡季20元；东沙门票旺季35元，淡季10元）。

☛ 大青山、南沙、乌石塘是必游景点

桃花岛

位于舟山群岛南部，北距沈家门14.5千米，与普陀山、朱家尖、沈家门遥相呼应，构成了舟山群岛上的"旅游金三角"。桃花岛上有塔湾金沙、桃花峪、安期峰、射雕英雄传旅游城共四大景区，风光秀美、异彩纷呈。全岛制高点是海拔539米的安期峰，山势峥嵘、林木青翠且常有烟云缭绕；最好看的景点是塔湾金沙和桃花峪，电视剧《射雕英雄传》拍摄地射雕英雄传旅游城也是岛上著名的人文景观。

☛ 如果当今世上还有"世外桃源"，那桃花岛就是其中的一处。这个岛山光海色俱佳，笔者强力推荐

嵊泗列岛

有泗礁山、枸杞岛、小洋山、黄龙岛等数百个小岛，岛上沙黄滩美，海上渔轮穿梭，风光原始古朴而又动静相宜。主要观光游乐景区有泗礁诸岛上的基湖沙滩、南长涂沙滩、金鸡山渔村，枸杞岛上的小西天山、海边奇石林立的小洋山等。这里不光海景独特，当地的海鲜也很齐全丰美，内地价格昂贵的对虾、梭子蟹在这里便宜得难以置信（当然是跟渔民直接购买），是观光、休闲及美食的佳境和天堂。

☛ 嵊泗列岛岛屿众多，内涵丰富、风光有特色，建议重点关注，至少应该逗留3天时间

▲ 舟山游艇俱乐部码头

推荐游程

朱家尖、桃花岛二日游

D1. 朱家尖观光：游南沙景区、乌石塘景区，观音文化苑和大青山，夜宿岛上或沈家门。
D2. 乘船去桃花岛：游塔湾金沙、桃花峪、安期峰和射雕英雄传旅游城景区。

嵊泗三日游

D1. 泗礁山岛观光：基湖沙滩、南长涂沙滩游览，金鸡山览渔家风情。
D2. 枸杞岛观光：看山海奇观碑、枸杞沙滩、妈祖岛，到小西天观赏拍照大海落日。
D3. 嵊泗其他景区游览，如大悲山、嵊山岛等。

雁荡山（国家 5A 级旅游景区）

电话区号：0577　咨询热线：62178888　温州江心屿景区：88197557

在浙江省温州市东北、东海乐清湾附近，有一片奇特而美丽的群山。该山的范围很大，共计有 102 峰、103 岩、66 洞、27 瀑、23 嶂、22 潭、20 寺等，全山共有 500 处引人入胜的美景，真是数不胜数、美不胜收。它就是有"东南第一山"之称的北雁荡山。

提起雁荡山，很少有人用"风光秀美"来形容，而一律冠以"风光奇秀"的美称。这是因为该山的山、石、溪、泉、瀑、洞和庙各景是全方位的出色，且山水之奇特怪诞难以用语言来形容。

雁荡山的山峰低则数百米、高则上千米，全都平地拔起、突兀而立，山岩之挺拔陡峭、山姿其奇特怪异程度连黄山也望尘莫及。雁荡山没有干山（干燥、干涸之意），山上十有八九挂着瀑布、山下必定有溪水，其中大龙湫、小龙湫、三折瀑三处名瀑更是闻名全国、享誉海外。小龙湫落差 68 米，是雁荡山亦是全国最秀美的瀑布之一；大龙湫高达 186 米，一度是国内落差最大的瀑布；还有三折三态的含羞瀑、二泉分流的雁尾瀑、气势不凡的西大瀑、活泼潇洒的梅雨瀑，真可谓形态各异、多彩多姿。

雁荡山的庙多洞也奇，且二者常常密不可分。像著名的方洞，就建在离地二三百米高的悬崖峭壁上，而古庙胡公祠，又建在方洞的洞室内。又如，有"雁荡第一洞天"之称的观音洞，洞高 113 米，深达 76 米，洞内竟依山靠岩修建了大雄宝殿等九级宫殿，洞顶还有瀑水散落而下，如若天泉飞雨。这洞与庙、与山、与水的高超巧妙结合，真令各方游人叹为观止、拍案叫绝。

还有那景区内随处可见、数以千计的奇岩怪石，还有那神奇梦幻般的灵峰夜景（本书后面单有介绍），还有那位于高山之巅的雁湖秀色，雁荡群峰中美景之多之奇之绝真令游人如痴如醉而又百思不得其解——这样奇妙的山水是怎样形成的呢？难怪古人云"雁荡山水，雄伟奇特，甲于全球""欲写龙湫难着笔，不游雁荡是虚生"。神奇魔幻般的雁荡山正是以其个性鲜明、无与伦比的独特风光吸引着世界各地的大量游人。

▲ 落差达 186 米的雁荡山大龙湫瀑布

气候与游季

雁荡山地处浙东沿海，气候温和湿润，冬季无严寒，夏季虽然白天气温不低，但经常下雨，加之能吹到徐徐海风，所以晚上凉爽舒适无比。因而这里一年四季皆可旅游。不过雁荡山的瀑布在冬季水小不太好看，所以每年4—10月应算游览佳季。

▲ 雁荡山双笋峰

外地游客如何抵达雁荡山

雁荡山位于浙江省乐清市境内，铁路、公路交通都方便。如今上海、杭州、宁波、温州、厦门、福州都有列车抵达雁荡山站，其中乘高铁从杭州出发2.5小时即到。出站后换景区专线免费公交汽车，片刻就到雁荡山景区。由于雁荡山与温州相距甚近，所以从温州去也方便，北京、上海、杭州、南京、武汉等大中城市都有飞机和火车直达温州。

游客抵温州火车站后，出站后向右手方向走300来米，即有开往雁荡山的汽车站，在此乘车票价30—35元，2小时后抵雁荡山。也可从温州坐高铁40分钟即到雁荡山站，也可乘沿104国道北行的任何一趟过路车在白溪（雁荡山道口）下车，然后原地换车，片刻即到北雁荡山的景区游客中心。

华北、华中一带的游客也可从宁波方向坐汽车去雁荡山，宁波客运南站（火车站对面）每日有多班车直抵北雁荡山。

关于雁荡山游览的有关提示

①景区游客中心发售景区门票和观光专线车票、门票（联票）A线170元/人，B线200元/人（B线覆盖了所有主要景点）。也可购买单个景点的门票。

②观光车去一个景区的往返车票为20元，去多个景区的往返车票为40元，3天内有效。

雁荡山食宿情况介绍

雁荡山的中心是雁荡镇响岭头村，镇上布满宾馆、酒店和各式餐厅。手头宽裕的游人可以选择各类高中档宾馆和山庄，房费每日需350—600元，最便宜的也在180元以上，淡季可砍价（如朴格大酒店，条件挺好，位置不错，电话：0577-62180888。又如花园山庄，电话：0577-62129999）。

雁荡镇响岭头村物美价廉的民宿至少也有百八十家，条件尚好，全是三四层高的小楼，90%以上的房间有彩电、空调、卫生间，除了房间稍小以外，其他各方面比大宾馆并不逊色。这些私人宾馆每间房，除去7、8月份的双休日和"五一""十一"期间，平日里可以砍价，比当地的大宾馆、山庄一类的地方便宜一半还多。

雁荡镇响岭头村上的餐馆极多，用餐很方便。笔者感觉这里的饭菜价格不比北京等大城市便宜，而且一般的菜砍价余地不大，但海鲜砍下20%没问题。响岭头的商业街非常繁华，美食、休闲、购物皆方便。

主要景点

大龙湫

落差达186米的巨型瀑布，终年激流飞泻、喷云吐雾，盛夏时节暴雨过后更是水声如雷，震撼山谷。古人有诗云："龙湫山高势绝天，一线瀑走兜罗棉。五丈以上尚是水，十丈以下全为烟。况复百丈至千丈，水云烟雾难分焉。"大龙湫飞瀑一年四季形态万千且变幻无穷，是雁荡山上最漂亮气派的瀑布景观。

🚌 从雁荡镇响岭头村乘观光专线车15分钟可到大龙湫景区

小龙湫

落差68米的中型瀑布，秀美生动，姿态迷人。瀑布前方的山谷中有深山古庙，四周的山头上有不少奇岩怪石，每天上午，在山谷间的高架铁索上，还有"飞人"表演。另外瀑布上方开放了卧龙谷景区，有清溪、有古洞，值得一看。

🚌 从雁荡镇响岭头村乘观光专线车5分钟即到小龙湫景区

方洞景区

位于大小龙湫间公路北侧的山崖上，有古洞古庙，长达数百米的悬崖栈道和横跨198米高深峡谷的铁索栈桥，风光绮丽、险峻迷人。

🚌 在大、小龙湫之间，从雁荡镇响岭头村乘观光专线车8分钟可到

三折瀑

距雁荡镇响岭头村甚近的一处瀑布景区，由一条山间溪水跨越岩崖形成的上、中、下三段瀑布组成，其中中折瀑最好看，上折瀑因登攀稍稍费劲，一般游客不会前去。

🚌 三折瀑在雁荡镇响岭头村西侧不远处，步行前去即可

灵峰景区

雁荡镇响岭头村北侧约1.5千米处的山间谷地，四周有一圈山峰。这些山峰白天都有自己的形态和名称，可是一到晚上全都呈现出酷似人和动物般的优美轮廓且形态全变，异常奇妙动人（灵峰夜景非常神奇诡异，一定要重点观看）。

● **大龙湫**
💰 门票50元。
游览1.5小时即可。

● **小龙湫**
💰 门票50元。
游览2小时为宜。

● **方洞景区**
💰 门票40元。
缆车上行40元，下行60元。

● **三折瀑**
💰 门票20元。

● **灵峰景区**
从雁荡镇响岭头村乘观光专线车3分钟即到。
💰 门票白天45元。晚17:30以后看夜景45元。

● **森林公园**
在响岭头村西侧，内有少数民族歌舞表演。
💰 门票25元。

● **从雁荡山到楠溪江**
可以先到乐清再转去瓯北的车，抵瓯北后有客车直达楠溪江。也可从雁荡山抄近路（山间公路，三岔路口在距大龙湫不远的地方）经石桅岩到楠溪江，详细路况可向当地人询问。

显圣门

在雁荡山后山,两峰夹峙,形态如门,下有清溪奔涌,上有鸦雀翻飞,气势雄伟而又令人感到恐怖阴森,单身游客甚至不敢只身进入。山门内外的坡崖上还有许多挺拔直立的奇异山石,其姿态之怪异令人观后感到匪夷所思。

☛ 需从响岭头村乘车绕道白溪、大荆到后山才能抵达显圣门　　¥ 门票15元

雁湖

雁荡山西侧海拔千米处山巅上的一汪湖水,相传古时常有大雁在此栖息,雁荡山就是因此而得名。游客来此可追寻雁荡美景之源头,并登高畅览云海、日出及晚霞奇观。

☛ 步行或乘车均可到雁湖。¥ 门票15元

推荐游程

雁荡山共有大龙湫、小龙湫、方洞、三折瀑、灵峰、显圣门、雁湖、仙桥、羊角洞九大景区,一般人常去的是位于前山、交通便利的五处,即大龙湫、小龙湫、方洞、三折瀑、灵峰。其中三折瀑和大、小龙湫均在响岭头村西侧,有一条公路已把三处景点穿起来。而灵峰则在响岭头村北侧,需单独前去。

最常规的游程:雁荡山二日游

D1. 游大龙湫、方洞,观灵峰夜景

早晨先去大龙湫游览(从响岭头村乘观光专线车西行,15分钟可到),看一看全景区最高大最气派的瀑布。在大龙湫停留1.5小时足够,返回途中顺路游方洞景区。该景区不光有古洞古庙,还有开凿在几百米高悬崖上长达千米的凌空栈道和搭嵌在两座高峰之间的铁索吊桥,游人不论是站在山下看吊桥还是站在桥上看山下,都会倒吸一口冷气。方洞是雁荡山前山最险峻的景区之一,游人不可不游。

游毕方洞乘车回响岭头村午餐午休(多睡一会儿没关系),下午去灵峰景区观合掌峰、金鸡峰、第一洞天观音洞和洞内的九级宝殿。晚餐就在景区内或门口用,饭后继续留在原地观赏如梦如幻、妙不可言的灵峰夜景。

D2. 游小龙湫、卧龙谷、三折瀑

上午从响岭头村乘观光专线车去小龙湫景区(5分钟就到),观小龙湫秀色和景区内两山间钢索上的飞人表演。小龙湫岩顶上有一处佳景叫卧龙谷,这里是小龙湫的源头,有高山溪流、湖泊、古洞,风光绮丽迷人,值得一看。

中午在小龙湫景区门口用餐,饭后顺路游三折瀑,下午即可离雁荡山踏上返程。

以上二日游包含当今一般游客都去的雁荡山前山的所有主要景点,且时间安排非常宽松、自在,游人可玩得开心、精彩而又不辛苦劳累,可作为一般游客游览雁荡山的首选方案。

当然,游客还可根据自身的时间、经费和兴趣,可将游程做灵活的调整,推荐方式见下页内容。

▲ 雁荡山方洞景区

周边景点

温州江心屿

位于瓯江之中的江心屿景区，是中国四大名胜孤屿之一，屹立在岛屿上的"江心双塔"1997年被世界航标协会定为世界百强历史文物灯塔，也是温州市标志性景区。

江心屿景区风光秀丽，人文景观丰富，历来被称为"瓯江蓬莱"。谢灵运、李白、杜甫、孟浩然、韩愈、陆游、文天祥、郭沫若等历代著名诗人都曾为孤屿留下过诗篇墨迹。以春城烟雨、瓯江月色、远浦归帆、水汀渔火等为代表的江心屿十景更为孤屿增添了诗情画意。

近年来，江心屿上新建了小飞虹、盆景园、花柳古亭、情人岛、综合游乐场等景点，形成了岛中有岛、园中有园的格局，古老景区更显迷人风韵。

🚌 温州瓯江码头有轮渡直达江心屿，开行 1 分钟即可登岛（乘 28、92、68、B105、永嘉 51 路公交车可到江心码头）。🎫 门票加船票 30 元／人。

温岭长屿硐天

是国家重点风景名胜区。总面积 16.18 平方千米，由八仙岩、双门硐、崇国寺和野山四大景区组成。长屿硐天系南北朝以来人工开采石板后形成的石文化景观。古代工匠历经 1500 余年，共凿出 28 个硐群，1314 个硐体。景区内有众多的石硐，硐套硐，硐叠硐，硐硐相连、硐硐串通，形成了千姿百态的石壁长廊奇观，组成了一幅雄、险、奇、巧、幽的壮丽画卷。

🚌 从温岭市区乘客车可到。🎫 门票：景区 5 个景点联票 160 元，也可买单独景点门票

旅行家指导

如何在雁荡山玩得高兴开心

①游程可安排得更精彩

可在二日游的基础上增加一天游览时间，乘机动车经白溪道口绕着大荆，到雁荡山背后游险峻而恐怖的显圣门景区，并登上海拔 1067 米的雁湖岗观高山之巅的雁湖秀色，这样更可全方位多侧面地观赏、了解雁荡山的神奇和雄伟，留下更美好难忘的记忆。

②游程可安排得更巧妙

游客若因时间紧而只能在雁荡山做短暂停留，则应做巧安排，即将前山的主要游览内容都浓缩在一天时间内——早晨出发游大龙湫，然后游方洞，到小龙湫景区门口午餐，（两景区之间可乘车，也有卧龙栈道相连）饭后游小龙湫和卧龙谷（需 2 小时），离小龙湫后顺路到三折瀑作短暂停留，下午 4—5 点钟到灵峰玩，晚餐后在灵峰观夜景，这样可在一天内尽览秀丽雁荡山各主要景点，由于雁荡山各景区间公路平坦而通畅，又有公交专线车穿梭往返，所以上述一日游在时间和体力上都是一般人完全可以实现的。

③雨季游览效果更佳

水是雁荡的灵魂，枯水期风光秀美程度当然要打些折扣，夏季暴雨之后溪泉之汹涌就不用说了。所以暴雨之后您对雁荡不应望而却步，而要勇往直前，此时会获得绝佳观感。

▲ 雁荡山名景夫妻峰（相依相偎的身姿很动人）

楠溪江

自助游中国 华东地区

电话区号：0577　石桅岩景区：67198968　龙湾潭景区：67198968

楠溪江位于浙江温州北部的永嘉县境内（从温州乘汽车1小时就到），江清水碧、村古山美，是一处"养在深闺人未识"的著名风景游览区。

楠溪江上游溪深林茂、飞瀑成群，下游江水透迤、风光旖旎，全景区共分为大若岩、石桅岩、狮子岩、水岩、四海山等七大部分，其中狮子岩是景区的中心。这里不仅风光优美、景点集中，而且交通便利、宾馆饭店众多，是各方游人来楠溪江的必经之地（集散地）。

▲ 楠溪江秀色

气候与游览季节

楠溪江气候温和、四季如春，常年皆可旅游。冬季最冷的时候，游客仍可观览山岩奇景和古朴村寨。春、夏、秋三季，还可乘竹筏到江中开心漂流和戏水，平添诸多凉爽惬意和开心情趣。

交通

从温州去楠溪江很方便，从温州瓯北客运站，乘到岩头镇的公交车，票价8元，需60分钟左右即可到达景区的中心狮子岩，另外瓯北客运站游览旺季还有专线车到楠溪江景区。也可从上海、杭州、宁波、温州、福州、厦门乘动车到楠溪江站下车，之后换汽车去楠溪江景区很近很方便。

👉 从雁荡山自驾车去楠溪江可走乡间公路（近路），不必绕道温州

住宿

●住在岩头镇的好处

虽然镇上距狮子岩等景区有一点点距离，但酒店宾馆房价便宜一些，且便于用餐和购物。因此，住岩头镇是不错的选择。

●楠溪江假日旅馆

在岩头镇中心，有电视、空调、独卫，许多房间中还有电脑，条件较好，在旅友中很有名气，店里还能为游客提供打折的景点门票，因此笔者强力推荐。双间price平日80—100元。电话：0577-67152787。

狮子岩景区旁有一家狮子岩饭店，标间320—370元/间，还有许多民宿，便宜的双人普通标房一般季节100元可拿下。此外在岩头镇上还有诸多宾馆，经济型标间只需80—120元/间，没有空调的普通旅馆房价只需40—60元/间。永嘉阆溪壹号民宿和永嘉栖迟民宿评价也不错，条件好，距离景区步行350米左右。

👉 狮子岩饭店早餐丰富，位置好，有漂亮天台。电话：0577-67177888

浙江省

428

浙江省 楠溪江

主要景点

狮子岩

位于楠溪江下游中段，距温州只有50分钟车程，因江中有形似狮子的巨石而得名。这里江水清澈，波平如镜，条条竹筏在江心徐徐漂移，风光柔美而又活泼生动。这里有完善的游览接待设施，江边有游船码头及水上游乐区，岸上有旅馆饭店群，景区主要公路沿江蜿蜒，交通便利，因而成为游客在楠溪江的游览中心和必观之景。

☞ 夏秋时节丰水期狮子岩风光无限，冬季景色会打折扣

石桅岩

是高达306米、拔地倚天的巨型山岩，周围有奇峰拱卫，岩下有碧溪环绕，游人不论在岩下仰望还是登上岩石远眺，感觉都很壮阔迷人，石桅岩是楠溪江景区各大美景中当之无愧的明星。

☞ 笔者认为石桅岩的最佳观光拍摄点在景区外的公路桥上，试试看

大若岩—石门台

在楠溪江景区的西侧，由石门台、十二峰、崖下库、陶公洞、百丈瀑诸多景点组成。其中石门台是当中最佳观光处，这里有层次分明而又形态各异的9条瀑布，沿着山间小径潺潺流淌，活泼秀美而又幽雅宁静，景区尽头还有个叫双崟的村寨，多是乡间老屋，古风古韵很迷人。

☞ 大若岩—石门台，这个地方可以适当关注

楠溪江漂流

楠溪江水欢快流淌但江水不深，游客乘竹筏漂流既安全舒适，又惬意开心。现在江上的主要漂流段是从岩头镇到狮子岩，全长5千米。沿途可见无数秀丽山峰（当然山距江稍远）、古村古寨和滩涂及茂密丛林美景，此外在狮子岩江边乘竹筏在附近江面游览，感觉也挺舒适宜人。

● **狮子岩**
从温州瓯北客运站乘车50分钟即到。岩头镇到狮子岩只需8分钟车程。

● **石桅岩**
瓯北客运站每日有车直达但车不多。可以先从瓯北或狮子岩乘车到岩头镇，这里有机动车到石桅岩，车费5元。
💰 景区门票 50元。
景区旁有楠溪书院民宿等旅馆可住。

● **大若岩—石门台**
可从瓯北乘去碧莲方向的中巴在大若、石门台下车。换乘观光车后最先到达的景点是陶公洞（门票 10 元）。从陶公洞门口行驶 2—3 分钟就到十二峰的入口处（门票 30 元），再行驶 10—15 分钟到石门台景区，门票 30元。崖下库离陶公稍远，乘车需30分钟，车费30—35/车。门票 50元。

● **楠溪江漂流**
从小港到狮子岩漂流距离 6千米，一人乘筏 330 元，四人拼乘每船 760 元。

▲ 楠溪江芙蓉三冠

429

推荐游程

二日游

D1. 从温州瓯北客运站乘车直抵石桅岩（如赶不上直达车可在岩头镇换车），开心游览3小时然后乘车返回岩头镇。从岩头镇乘竹筏沿楠溪江漂到狮子岩，下午和晚上在狮子岩边游玩戏水，夜宿狮子岩。

D2. 从狮子岩去大若岩游览，看陶公洞、十二峰、石门台、崖下库诸景，其中着重游览石门台景区，黄昏时返回。

注：D1天也可不游石桅岩而去龙湾潭，效果同样精彩。

● **另荐景点：林坑古村寨**

有青山绿水和古老民居，风景原始优美，是新兴观光亮点，如果在秋天前去，还能观赏到村民晒秋的景象，下午四点半景区会亮灯，暖黄色的村落氛围感十足。租车或自驾可按岩头—岩坦—黄南乡—林坑顺序行进，车程需1—1.5小时。

☛ 古村寨观光：岩头镇上的芙蓉古村和附近的苍坡古村都值得一去，景色各有千秋

另荐当地佳景：龙湾潭国家森林公园和永嘉书院

①龙湾潭国家森林公园位于楠溪江风景区内，距石桅岩约21千米，距岩头镇约26千米，园区总面积1650.8公顷。其间险石林立、峰壑纵横、飞瀑成群、溪泉汹涌，现已开发开放出几十处佳景。其中七折瀑、五连瀑、骆驼峰、三曲瀑、石柱岩、孔雀拜仙等景点都是锋芒毕露、个性鲜明。游人在悬崖绝壁上观赏山水奇景，倍感新奇惊诧、惊心动魄。在这里游客可以体验新西兰皇后镇峡谷秋千同款的高空秋千，让您不出国门享受这份刺激。

②永嘉书院地处从岩头到大若岩的必经之路路边，是集观光旅游、休闲度假、艺术交流、教育培训于一身的优质景点，是浙江省重点文化园区。门票50元。

☛ 楠溪江景区游客中心设在岭下村（从温州、永嘉去狮子岩的公路边），可提供旅游咨询、导游等服务

玩家指南

①游客去楠溪江可以住岩头镇（交通购物方便）。也可住狮子岩，这里有诸多中、小旅馆，且路边就是楠溪江，戏水游乐真方便。②石桅岩非常挺拔秀美，不可不看。③在温州瓯北长客站每天有1—2班客车直达石桅岩，途经狮子岩、岩头镇，错过了就只好分段乘车或打车去了。④大若岩景区中石门台最好，十二峰风光也行，陶公洞只是个庙，不进去也罢。⑤一定要乘竹筏漂一次江，最好是在清晨或黄昏或蒙蒙细雨中，那种柔美朦胧的感觉真是妙不可言。⑥林坑古村有家永嘉山涧农家旅馆不错，平日标价180元/间，可关注。电话：18057738608。

西天目山

📞 **电话区号：0571　西天目山景区：63857361　山下农家乐客栈：63857976**

西天目山位于浙江省杭州市临安区境内。这里是驰名中外的国家自然保护区和国家级森林公园，不光山姿灵秀、溪泉汹涌，而且满山都长满高大浓密的原始森林。从山脚下的禅源寺进入山口，一直到海拔千米的深山古刹开山老殿，曲折蜿蜒的石板登山路完全被密林所覆盖，游人想抬头见一见阳光都是难上加难，真可谓"天目千重秀，林深十里长"。西天目山是名副其实的大树王国，山间那些参天巨树枝干苍劲、蔽日遮天，独特的森林奇观给登山游览的人带来心灵上的强烈震撼。

气候与游览季节

西天目山属亚热带季风气候，年平均气温16℃，冬季温度可降至0℃以下，风光惨淡；春、夏、秋三季万木葱茏、风光秀美。3—11月份皆可旅游，但盛夏时节游览最佳。

如何去西天目山

杭州客运东站每天14:00有客车直达西天目山，票价25元/人。此外，杭州客运西站每天有多趟客车直达临安西边的于潜，游客可先乘车从杭州经临安到于潜，再转车去西天目山更很方便（于潜到西天目山车票8元）。

▲ 西天目山参天老树——阴雨天气时这些老树很像巨型怪物，让人感到阴森恐怖

住宿

山脚下的禅源寺是进山必经之地和游客集散地，寺南200米是山门和售票处，山门内外有多家宾馆，高档宾馆有蔷薇花园酒店、天目山庄、上客堂禅意酒店等。民宿有数十家，如临安溪庐民宿、天目留庄等，民宿的双标间价格视档次各有高低。

此外，在海拔千米的开山老殿庙旁的幻住庵也有旅馆客房，这里还有小型餐厅，愿意在山上过夜的游客可酌情住宿（从山门至开山老店有上山公路也有步行登山道）。

● **重点提示**

西天目山的风光比它的名气要强得多，只要您在旅游佳季中前往并亲自步行从山下攀山，那一定会获得精彩观感（乘车上山省力但观光顺序似乎不太顺畅）。

¥ 景区门票136元/人。
上山观光车费往返40元。

● **推荐景区实惠住处**

龙峰仙居农家乐，条件尚好，双标间90—150元/间，一楼餐厅可提供各式饭菜。
电话：13646877989。

观光指导

①游西天目山主要是看树，大树王国的风姿和派头真是了不得。首先是从山脚下的禅源寺登至海拔1000米高的开山老殿，游人完全在深山密林中穿行，能真正见到太阳的时间不超过10分钟。再者山林中尽是大树明星，像著名的大树王，树围达10米，要五六个人手拉手才能合抱过来；而另一棵高近60米的金钱松，其高度是同类树种的世界冠军，登高山、看巨树，乐趣真是无尽无穷。

其次像开山老殿的东西侧还有山岩险峻、溪流飞旋的倒挂莲花、四面峰等佳景，风光也很诱人。开山老殿之上还有垂直距离达500米的山体和登山路，这里的树林没有开山老殿以下的地方浓密，但是沿此路登至西天目山峰顶后，可以见到山顶的气象站和刻有"天海奇观"的巨型石碑。这里云层对流现象明显，游人若有幸可以见到壮观无比的高山云海，在此观日出、看晚霞，美景肯定更加瑰丽诱人。

②游天目山如果是从杭州市区乘客车来，抵达后先在山门外住一夜最好。这里森林密、泉水冲，深山老林的味道也挺浓，让人感觉很舒服。次日清晨再攒足了劲儿登山，最好一气儿就登上海拔1500米的山顶，因山路比较好走，一般体力的人步行3小时左右即可登顶，再从龙凤尖停车场乘观光车下山。

如今更多的人是从山门坐观光车直接到天目山上的龙凤尖停车场，下车后即可进入景区门，从这里走到开山老殿只要10分钟，但景区推荐的环形游览线是依次游四面峰、倒挂莲花、五世同堂、大树王、冠军树，之后到开山老殿（以上各景都是观光要点），再回到龙凤尖车场，这样玩也行，走这一圈要120—150分钟。

景区亮点和旅途花絮

①笔者是中午时分到达山下的，当时正值阴云天气，浓云笼罩着山林，一棵棵参天老树树干发黑，像是屹立在深山巨石间的怪物，看上去特别阴森恐怖；再加之山上人烟稀少，吓得笔者没敢进去，第二天天晴后才壮着胆钻进了深山老林。

②从山门攀到千米高的开山老殿，能见到太阳的路段不过30米长，其余时间都在大树浓荫中穿行，大树王国，真是名不虚传。

③从开山老殿往上，泉水也少了许多，是否继续往上爬笔者寻思了好一会儿。后来鼓足劲儿登上山巅，却看见了有生以来最壮观的一次云海，真是功夫不负有心人。

④登山入口处有一块道边岩石，它正反两面都刻着字，上山时您看到的是正面的字——幽幽天目寄深情，名山能有几回登；下山时看到的是反面的字——畅游大树王国，回忆美好永恒。这话与您上、下山时的心情、思绪、感受完全一样，刻字者水平甚高且别具匠心。

▲ 世界上最高的金钱松就在天目山密林中

浙江省 西天目山

游览指导

另荐景点：安吉竹海

安吉地处浙江省西北部，是华东地区著名的生态旅游县。安吉县境内山峦起伏、溪流纵横，山水风光美而环境整洁干净。县内漫山遍野都生长着茂密的竹林，因此享有"中国竹乡"美称，当地的观光景点也大多以竹乡风光和竹文化而见长。安吉最著名的景点是竹博园，园内种植并展示珍稀竹子380余种，特色鲜明、引人入胜；江南百草原和中国大竹海两处景点也甚具竹乡风韵。当地还有一处工业旅游佳境天荒坪抽水蓄能电站，因其建在高山之巅而能给游客留下鲜明印象。

杭州西站有城际站点，巴士直达安吉，车程1.5小时。当地观光需2—3天时间。

👉 安吉住宿推荐：竹中驿精品民宿，在竹博园旁，近安吉大熊猫馆。电话：13974069352

👣 周边景点

👉 大明山风光美而且景点多样化，值得一游。冬季山上还有冰雪旅游项目，值得参与

大明山

在临安西部顺溪镇，山高谷深，重峦叠嶂，景区内的奇松、怪石、云海、瀑布诸景均很绮丽，享有"浙西小黄山"之誉。山上的代表性景区有千亩草甸、明妃七峰、龙门瀑布、大明湖等。

景区内的钢铁长城、万米岩洞、超级滑滑梯、山野卡丁车等都是既满足徒步爱好者又能休闲游玩的诱人景点。

浙西大峡谷

在浙西临安市的昌化、龙岗附近，是黄山余脉、钱塘江水系的源流。峡谷全长80余里，分为龙井峡、上溪峡、浙门峡三段，内有鸬鹚潭、八仙潭、吊水岩、剑门关、柘林瀑、狮象潭等数十个景点，山谷溪流间的皮筏漂流令人倍感惊险刺激、欢乐开心。

👉 浙西大峡谷风光尚可，游人春、夏、秋之际前去为宜

● **大明山**

可从杭州汽车西站乘车到昌化，换车即可直达大明山。
💰 门票免收，景区内交通车费25元。索道上行50元，往返80元。

● **浙西大峡谷**

可从杭州汽车西站乘车到昌化，昌化有车去大峡谷，车费9元。
景区门票联票90元，含景区内主要景点和交通费30元。景区内有宾馆可提供食宿。另外有家龙泉山庄，包游人吃住一天收费70—80元/人，很显便宜实惠，笔者特别推荐。电话：0571-63648596。
旅游咨询电话：0571-63731745。

莫干山

电话区号： 0572　**景区热线：** 8412345

莫干山坐落在浙江省湖州市德清县境内，主峰虽然只有811米高，但山峦起伏，轮廓秀美，满山长满铺天盖地、高大浓密的茂盛竹林。莫干山是国内少有的以山林为景区主体的避暑佳境，它与庐山、鸡公山、北戴河并称为中国的四大避暑胜地。

▲ 莫干山竹海

● **莫干山门票**

¥ 门票95元/人。淡季有优惠。

● **参考住宿**

①芦花荡饭店，在莫干山山腰，位置绝佳，住在这里观日出和山景效果甚好。电话：0572-8033164。

②皇后饭店，是山上历史悠久的度假酒店，由8幢风格各异的别墅组成，有露台、餐厅、茶吧，知名度很高。电话：0572-8033803。

③风居山庄，条件尚好，房价不贵，电话：13735110321。

● **纪念品**

可在山上购买各种竹编、竹雕一类的精美工艺品，笋干、竹荪等食品也可关注留意。

气候与游季

莫干山位于浙江北部山区，虽然气候温和，常年皆可旅游，但冬季气温稍低，风光很显冷清，春、夏、秋三季游览更为适合，尤其是盛夏时节，这里的气温比山下低5℃—7℃，终日清风吹拂、竹香撩人，凉爽清新无比，令人舒适不已。

交通

从杭州市去莫干山最方便，乘高铁15分钟可到德清站，再换Y1路车，50分钟即到景区。

上海市区人民广场每日有大巴开往德清县武康镇，车票35—40元，3小时后到德清，下车后换车上山即可。

从上海乘高铁到德清，再换Y1上山也是绝佳方式。

住宿

山间遍布各类宾馆度假村，都建在山间竹林内外，环境极好，四周翠竹掩映，风光优美，空气极为清新。山上的宾馆主要分为两类，一类是由山上过去遗留下来的别墅楼改建的，房屋建造年代久，室内设施相对老化，但位置一般在竹林深处，非常清幽宁静；一类是近年来新建的宾馆和度假村，房子新、设施新，但房价亦贵，游客可根据自身爱好酌情选择。

特色美食

山上可吃到各类山珍野味，但价格较贵，名菜有生炒石鸡、石鼓草鸡、竹筒山鸡、翠玉扁尖、南乳焖肉、清蒸甲鱼、兰花鞭笋、竹虫藏腿等，山上挖到的野菜也是保健佳品和烹调佳品。

浙江省 莫干山

主要景点和游览方式

　　莫干山以竹、云、泉"三胜"和清、静、凉、绿"四优"著称，它们就是莫干山风光的精髓和核心。竹——满山都是浓密竹海，云——山间终日云雾飘拂，泉——山上有许多溪泉飞瀑，清——山清、水清、空气清新，静——山林间极少有人、无比宁静，凉——比山下气温低5℃—7℃，绿——满山松竹掩映、绿荫蔽日，这"三胜"和"四优"完美交融，使得莫干山甚具全国最佳避暑胜境之风姿神韵。

　　莫干山上虽有荫山街（游览中心和游客集散地）和中华山、怪石角、毛主席下榻处、芦花荡、剑池飞瀑、滴翠潭、武陵村、旭光台等景点，但是这里最最诱人的是山上的那种整体的柔美和宁静。山上到处是竹海，竹林之浓密真能淹没人，山林深处隐藏着一座座造型精美的别墅，游客进山后即可一头扎进无边绿海，在轻纱飘拂般的云雾里，在翠影摇曳的竹林间悠悠信步，好好品味"清、静、凉、绿"的美妙滋味。

莫干山游览示意图

▲塔山　中华山▲　观日台　大会堂　游泳池　小会场　天桥　更新亭　荫山洞　剑池　观瀑亭　花厅　观瀑桥　俱乐部　上横　莫干坞　炮台山

👉 国内有两大竹山美景：一是莫干山，二是蜀南竹海，风光都美，但莫干山更显精美玲珑

推荐游程

在莫干山游览一天太仓促，二日游才可领略该山的独特美感和风韵。

　　D1. 杭州至莫干山，住宿荫山街。之后在竹海别墅群间穿行散步细观山景，并游览毛主席下榻处、剑池飞瀑、芦花荡、武陵村、蒋介石故居、滴翠潭、旭光台等景点。

　　D2. 继续山上休闲游乐，看大坑景区、怪石角、中华山、一览亭、观日台等景点，下午下山返回。

👉 最精彩的时间段是夏天大雨过后，莫干山上四处流泉水，碧溪欢涌，景色生动美丽

旅行家指导

　　①荫山街、毛主席下榻处、芦花荡、旭光台、武陵村、滴翠潭同处山腰处，剑池飞瀑在山谷里，中华山、怪石角、一览亭在山顶上。弄清了上述3个层次，您就好安排游览了。

　　②旭光台位置绝佳，在这里既可向前看——云海日出景色迷人，又可向后看——山间风光尽收眼底。因此建议您重点关注旭光台。

自助游中国 华东地区

千岛湖

电话区号：0571　千岛湖旅游咨询热线：400-8811-988

千岛湖位于浙江省杭州市淳安县境内，是为建新安江大坝拦蓄新安江上游而形成的大型人工湖，因湖中有1078座秀美岛屿而得名。千岛湖水色晶莹澄碧，水面面积达573平方千米，是杭州西湖的1—2倍，这里湖水的能见度达7—9米，属国家一级水体，不经任何处理即可直接饮用。千岛湖区岛屿星罗棋布，山水风光旖旎，这里山清、水秀、洞奇、石怪，风光绚丽多姿而又变幻迷离，它是杭州—千岛湖—黄山黄金旅游线上的灿烂山水明星，也是国务院首批公布的44处国家级重点风景名胜区之一。

▲千岛湖风光

● 千岛湖门票价
湖区通票旺季130元/人，淡季110元/人。含湖上所有景点，两日内有效。

● 千岛湖游船票
每条观光线65元/人。与门票合计旺季195元/人，淡季175元/人。

● 重要提示
千岛湖风光很壮美，游过杭州或黄山再来千岛湖一游，您的江南之旅定会锦上添花。

● 从黄山到千岛湖
可以从黄山歙县深渡港坐跨省轮渡到千岛湖，体会新安江的烟波浩渺。

● 千岛湖汽车客运中心
有客车发往杭州、上海及周边市县。

气候与游节

千岛湖的雨季在6月至7月上旬，7月中旬到8月下旬是伏旱季节，天气较热，最佳游览季节是9—11月，秋高气爽，阳光明媚。冬季景区风光略显平淡冷清，但湖水此时最纯净，交通、住宿、游览费用也最低，所以一样可以开心观光且感觉特别宁静、清新。

☛ 千岛湖湖面辽阔、湖水幽深，风光"巨美"，笔者给予强力推荐

交通

千岛湖有铁路、公路和水路同外界相连，三种交通方式都别具特色。这里每日有客车同杭州、上海、宁波、温州、金华、黄山等城市对开。其中从杭州去千岛湖最方便，车程2小时左右。而千岛湖高铁站距淳安20千米远，每日有多班动车开往杭州、深圳等地。水路交通有从千岛湖中心的客运交通码头到黄山深渡港的客运航线，船体行驶非常平稳，船票不对应固定座位，如遇节假日建议早些上船挑选合适位置，欣赏水天相连的景色，无论晴天还是雨天，都别有韵味。

主要景点

千岛湖的范围很大，水面辽阔，岛屿极多，景区主要分为东南湖区、东北湖区、中心湖区、西南湖区、西北湖区和石林景区六个游区。

☛ 笔者管千岛湖叫"巨型深湖"，您觉得千岛湖是这样吗

浙江省

中心湖区

湖面宽阔，港汊密布，山城风貌与名胜古迹交相辉映。主要景点有梅峰岛、龙山岛、月光岛、渔乐岛、桂花岛等。其中梅峰顶端有观景平台，游客在此可看到湖中岛屿300余个，是千岛湖湖区登高览胜的最佳地点。

☞ 中心湖区是游览中心区，应该重点关注

东南湖区

是全湖区风光最辽阔壮美的地方，烟波浩渺、碧波万顷，水质清纯碧澈，这里的岛屿并不密集，但各岛屿的形态很美，主要景点有黄山尖、天池岛、蜜山岛等，游人乘船游览及上岛观景均可，传说"三个和尚没水喝"的故事就发生在蜜山禅寺。

☞ 笔者第一次去千岛湖就是从东南湖区进入的，感觉湖上很棒

西南湖区

这里有著名的龙川半岛和界首群岛，其中仅界首群岛就有各类岛屿140余个，全都玲珑精美且造型奇特，岛与岛之间的水道狭长曲折、纵横交错，游船行驶其间，宛如进入迷宫，倍感曲径通幽，扑朔迷离。

☞ 西南湖区也是重点观光区，风光挺有味道，应予关注

西北湖区

山峦青翠隽永，峡谷绮丽幽深，人文景观也很丰富。主要景点有方腊起义遗址、陈硕起义遗址、流湘瀑布、金坳幽谷、长岭石柱等。

东北湖区

湖面狭窄、港汊深邃，湖、山、林景观多样。主要景点有燕山春晖、屏峰奇岩、千亩田、龙门瀑布等。

石林景区

位于千岛湖景区东南的石林镇，离热门旅游区较远，有很多天然奇石，游人不多。

游湖线路和行船时间

中心湖区水上游览线：游梅峰岛、渔乐岛、龙山岛，8:00—14:30在千岛湖镇（排岭）的旅游码头卖票，旺季门票加船票195元。游览时间4—5小时。

中心湖区水上游览线：游渔乐岛、月光岛、龙山岛。8:00—14:30在千岛湖镇旅游码头卖票，门票加船费195元。游览时间4小时左右。

东南湖区游览：游黄山尖、蜜山岛、天池观鱼、羡山岛、桂花岛，在东南湖区

●出租车

湖区中心千岛湖镇地方不大，出租车起步价5元。

▲ 湖上游船

●推荐佳景九咆界

因境内有9处形态各异、奔流咆哮的瀑布而得名，主要有石苑峡谷、上西古风、甘草湾瀑布群三大游览区，山环水抱、风光美丽而生动，有"江南瀑布王"之誉。从千岛湖镇乘去临岐、秋源的客车可到。

¥ 门票90元

▲ "巨型深湖"的独特风姿神韵

● 乘客船游湖区

安徽深渡镇有客船，乘船观览湖上风光开心又省钱，且浙江、安徽两省的湖区风光有差异，观光挺有趣味。

● 千岛湖码头

客运码头位于千岛湖镇西南角，客轮发往安徽深渡和湖区一些小村镇。旅游码头与客运码头相距很近，游船发往中心湖区（以上两个码头有公交车可到）。东南湖区旅游码头在千岛湖镇东侧，主要发去东南湖区的游船。

● 千岛湖住宿

①亚朵酒店，条件好，房价适中，电话：0571-64813888。
②阳光水岸度假酒店，条件好，性价比高，电话0571-65081818。

● 千岛湖鱼味馆

十字街总店，在千岛湖镇上，电话：0571-64811000。鱼味馆中的菜品数量并不多，代表菜是砂锅秀水鱼头，菜量大价格也贵，一大盆售价在500元以上，食客要有心理准备。

旅游码头上船，船票加门票195元、淡季175元。

☞ 游人乘船每天只能游一条线，游完三条线要三天时间

住宿

千岛湖景区的中心千岛湖镇上及镇周围的湖滨遍布各档宾馆饭店，住宿非常方便。高档宾馆有海外海酒店、绿城蓝湾度假酒店、明豪国际度假酒店、开元度假村、滨江希尔顿度假酒店、伊敦度假酒店、voco阳光大酒店等，这些酒店或依山或临水，环境十分优美，店内设施也十分现代化，房价双休日和节日略有上浮。淳安县城内另有许多中小型宾、旅馆，除去最旺季以外，90—150元的双人房不难找寻。当地酒店预订房间可得到较大程度优惠，但欲寻最便宜的房价还需到达后当面砍价才成。

美食

当然以美味湖鲜为主，特色菜有清蒸鳜鱼、叫花鳜鱼、葱油白花、银鱼羹、荷花鱼米、红油石斑鱼、红烧鱼头、翡翠珍珠羹、千岛玉鳖、菊花鱼球、锦绣鱼丝等。野味有椒盐野猪排、野山菇、石鸡等。鱼味馆、淳家府都是档次最高的饭店，鱼味馆中的秀水砂锅鱼头久负盛名，但菜肴价格不菲，相比之下当地中、小餐馆和大排档中的佳肴品种丰富且价格便宜许多。

☞ 鱼味馆招牌菜肴有鲜茄鱼头、秀水鱼头、土烧有机鱼、千岛河鲜等

▲ 梅峰观岛秀色

旅游锦囊

为您介绍千岛湖自助游的攻略

①千岛湖水面辽阔，风光壮美，非常值得一看。加之这里气候温和，一年四季皆宜旅游，所以无论去几次千岛湖，都不应嫌多。

②从杭州去千岛湖最方便，乘大巴短短2小时，即可抵达千岛湖的中心千岛湖镇。乘高铁或动车就更快了。从黄山方向去可以乘客车到千岛湖上游的深渡镇（黄山市区和歙县均有客车去深渡），这里每天有2班客轮去千岛湖——途中看着湖面一点一点逐渐变宽，最后成为烟波浩渺的万顷碧波，这个过程挺吸引人。行船时间4.5小时，船上只供应简单食品饮料和肉丝面。黄山脚下的汤口镇也有大巴去千岛湖，但车次不多，发车时间在早晨，车程2.5—3小时。也可从金华或上海、宁波等城市乘快巴去千岛湖。千岛湖汽车客运总站在镇东缘，与镇中心有些距离，但有公交车行驶其间。

③千岛湖旅游业发达，有各种各样的宾馆酒店供您选择。高档的可住千岛湖绿城蓝湾度假酒店，它位于千岛湖镇中心区域，坐拥千岛湖核心商业街区，三面环湖，有超大的房间和宽敞的阳台，让您足不出户就能观赏到千岛湖的绝美风光，心旷神怡。中档酒店可住千岛湖中心湖区亚朵酒店，位于淳安新安大街11号夜游码头，它的房间干净整洁、湖景优美、设施齐全、性价比高，就是房间不太大，但楼下的美食店铺物美价廉。便宜实惠的住处可以选择如家酒店（千岛湖银泰广场店），房间干净整洁，位置便利，早餐丰富，服务热情，但隔音效果不佳。

④天屿山观景台是观赏千岛湖日落的绝佳地点，在这里可以俯瞰整个千岛湖大桥，整座山不太高，但上山的路蜿蜒曲折，爬上去单程大约需要50分钟。值得一提的是，这里安装了扶梯可以让您轻松上山（30元/人），十分现代，站在扶梯上观景别有一番趣味。山顶有小吃店和伴手礼店等小店，拍照打卡的效果很不错。下山可以选择步行（都是水泥路，很好走）、乘坐观光车（10元/人）或水滑道（150元/人），您可以视喜好和情况随意挑选。

⑤中心湖区的游览船在镇西南的旅游码头发，时间是8:00—14:30，游程4个多小时。东南湖区在东南湖区旅游码头上船，开船时间为8:00—13:00。游程4小时左右。依上述发船时间推算，任何人也不可能在1天内游完中心和东南两个湖区，若想游遍两个湖区所有的开放岛屿，一定要用2—3天时间。

⑥实话实说，笔者认为千岛湖上的水色美，但山光一般，因为游船停留的几个岛上大都是人工开发的景点，商业气息浓，但是在梅峰顶上观赏湖区全景挺美，建议您一定上去看一看，缆车往返60元。笔者认为乘车上、步行下好，因为可省近一半钱，下山时还会见到湖边一处奇景：千岛湖迎客松，再说步行下山只需10分钟，比缆车也慢不了多少。

⑦游湖途中用餐挺贵，自助餐性价比不高，单点菜更不划算，因此建议午餐自带食品。晚间可在千岛湖镇上品尝各类美食。朋友圈·鲜鱼馆的招牌私厨鱼头很不错，店里还能欣赏美丽湖景。万记淳菜府是众多明星来过的餐厅，新中式的装修，鱼头也很好吃。方英猪蹄软糯筋道，也值得尝试。除此之外，骑龙小吃的鱼肉小笼包口味也很新奇，安上粉皮又嫩又滑，姜家烧饼店分量足，都值得品尝。

▲ 湖区秀色

自助游中国 华东地区

奉化溪口

电话区号：0574　景区咨询：400-181-7718　天台山景区：0576-83958610

奉化溪口风景名胜区位于宁波市西南35千米处，这里不光是蒋氏父子（蒋介石、蒋经国）的故里——镇上有多处蒋氏家族的生活旧址，而且景区内风光柔美、山清水秀，因此，每年都有上百万的海内外游客慕名前来观光旅游，2010年，溪口—滕头旅游景区被认定为国家5A级旅游景区。

溪口风景区主要由雪窦山和蒋氏故居两大景区组成。其中雪窦山是四明山的主峰之一，山姿优美、山势灵秀，山上有：雪窦寺——一座建造于晋代的千年古刹、中旅社旧址——国民党囚禁张学良将军之处、千丈岩——落差达190米的巨大瀑布和妙高台——雪窦山上地势最好的凌空观景台等多处佳景，是整个溪口风光的精华所在。溪口镇上的风景主要以蒋氏家族的故居为主，其中玉泰盐铺是蒋氏（蒋介石）的出生地，丰镐房是蒋氏父子的祖传家居，文昌阁和小洋房分别是宋美龄和蒋经国的旧日住所，而摩诃殿则是蒋经国生母的墓地。整个溪口景区既有漂亮的山水，又有众多的人文古迹，所以游客来到这里既可以观赏美景，又可以访古追今，能获得诸多方面的综合享受。

▲ 溪口妙高台胜景

● 景区公告

为进一步提升景区品质，景区对雪窦山基础设施进行全面升级改造。2024年5月1日起，雪窦山（三隐潭、千丈岩、妙高台、张学良第一幽禁地、人间弥勒）暂停开放，具体开放时间另行通知。蒋氏故居、滕头正常运行，请各位游客合理安排行程！

交通

外省市的游客去溪口镇非常容易，首先应该到宁波，再从宁波火车站南广场乘987路公交车，50多分钟即到溪口公交车站，下车后换奉化570路公交车，可依次经过银凤广场、将母墓道，最后到溪口—滕头游客中心。如果游客愿意先看溪口镇上的风光，那就在银凤广场站下，之后步行15分钟即可到达文昌阁、丰镐房等蒋氏故居。如果愿意上雪窦山游览，那就在溪口—滕头游客中心下车购门票后，有景区观光车载客上山，溪口景区统票180元/人，溪口—滕头景区联票260元/人（三日有效），雪窦山景区交通费30元/人，蒋氏故居景区120元/人，雪窦山景区120元/人。

浙江省

游览指南

由于溪口各景点相距不远且交通便利,所以在这里游览不需太长的时间,基本上是一天两天足够。

一日游的游客一般早上抵达后先上雪窦山观景,玩3—4小时。下山返回时顺路观赏雪窦山口处的蒋母之墓(墓道长达668米且地势极佳),然后回镇上午餐,下午再把蒋氏故居都看遍,然后即可返回宁波。

二日游的游客第一天上午同样是上雪窦山,除观览雪窦寺、中旅社旧址和千丈岩、妙高台外,还可去地势更高的三隐潭和徐凫岩瀑布(落差达297米)一游。可先到徐凫岩瀑布再回三隐潭。三隐潭与仰止桥、妙高台、千丈岩瀑布间可乘单轨列车和索道缆车,行进不太费劲。下午返回途中看蒋母之墓,晚餐后可去溪口镇前水质清澈的剡溪边嬉戏,夜宿溪口镇(镇上宾馆、酒店多得是,价格比一般的中等城市便宜)。第二天上午游览丰镐房、玉泰盐铺、文昌阁等蒋氏故居景点,下午到剡溪上乘竹筏游乐。届时,撑筏人(艄公)不光会带您逐清波而下,饱览溪口镇秀色,还会在筏上表演口技、杂耍等民间技艺,使游客很是欢乐开心。黄昏时上岸返回宁波。

当然,如果客人时间充裕愿意再多玩一天,那第三天尽可去亭下湖一游,在那里的碧水青山间戏水、游泳、荡舟,玩它个"一溜够"。

☛ 雪窦山上的绝佳画面有两个:一是从妙高台俯瞰亭下湖;二是丰水期仰望千丈岩瀑布。美景皆动人

特色美食

溪口镇上不光风光秀美,还盛产各类特色美食,最具代表性的是以下三种:

①千层饼,一种由精白面、砂糖、芝麻、海菜(一种类似于海藻的海洋植物)加工制成的精美点心,形似豆腐干或是绿豆糕,共有27层,松脆香酥、口味甚佳。

②羊角笋,一种形似羊尾巴的鲜嫩竹笋,清白质纯,既可生吃,也可加入其他菜肴中食用。

③芋艿头,一种个头很大的圆形山芋(有的重达1千克),粉质多、纤维少、皮薄肉细、清香可口。

玩家指南

①奉化溪口不光风光优美,气候也非常温和宜人,因此一年四季皆宜旅游。

②溪口镇上的中、小型宾馆酒店房价不贵,像106路公交车沿线(如武岭广场至宁波城市学院站之间)附近的一些民居客栈,双标间住宿费一般季节只需80—120元。

③雪窦寺、中旅社旧址、千丈岩、妙高台都是雪窦山上的名景,游客哪一处也不应遗漏。

④位于雪窦山口的蒋母墓道长达668米,游人步行约半小时才能抵达,但这里背依雪窦山、面向溪口镇,地势极好,在墓前还可看到孙中山先生写的碑文,所以非常值得前去一游。

⑤在溪口镇午餐时不必去大饭店中费钱费功夫,可以去镇中心剡溪大桥对面牌门路口的牌坊东侧的几个小饭店吃快餐套餐,1菜1饭1汤一起收费25—30元,很便宜实惠。

另荐景点：天台山

天台山位于浙江省东中部的宁波、绍兴、金华、台州四市的交界处，是国家5A级旅游景区，景区总面积达187平方千米，既有华顶山、石梁瀑、五峰山这样的自然美景，又有隋代古刹国清寺、汉末三国方士葛玄的炼丹遗址、唐代诗僧寒山子隐居地寒石山等古迹名胜，李白《梦游天姥吟留别》中"天台四万八千丈，对此欲倒东南倾"描写的就是天台山胜景。明代大旅行家徐霞客曾三上天台山，并在著名的《徐霞客游记》的篇首作文，赞誉天台山的秀丽风光。2020年5月，天台山入选首批"浙江文化印记"名单。

▲ 天台山瀑布美景

交通

从杭州、宁波去天台山很方便，上述二市乘车走高速路2小时左右即可到天台山。杭州汽车东站每小时均有去天台山的快巴。宁波汽车南站每日有大巴开往天台山。如乘高铁从杭州到天台山站只需1小时出头。

主要景点

琼台仙谷景区多奇崖峭岩和山间溪湖，异彩纷呈。国清寺也是天台山上的主景，是有600余间殿宇的大型建筑群，寺院宏伟而又清幽宁静。五峰山是国清寺周边的祥云、八桂、灵禽、灵芝、映霞五座山峰，山上古木参天、小径纵横，游客可穿行其间观览美景。石梁飞瀑是高约30米的三叠瀑布，瀑声如雷霆震撼山谷。华顶景区是天台山主峰，海拔1100米，雨后常有云涛翻卷，场面壮观。4月底至5月初，在此观赏到的杜鹃花海姹紫嫣红，别具迷人风韵。

游客可乘客车或自驾车在山间观光。各个景区需单收门票（大瀑布景区100元，琼台65元）。

▲ 天台山秀丽风光

宁波

电话区号：0574　保国寺：87586317　天童寺：88480624

宁波是一座历史悠久的海港城市，古时曾与广州、泉州并称为中国三大对外贸易港口，也成为"海上丝绸之路"东海航线的重要枢纽港。如今的宁波是华东最繁忙的滨海航运枢纽，有航线通往世界各地。宁波的地理位置重要且旅游资源丰富，这里西接杭州、绍兴，东濒舟山海域，南临浙东南广袤的平原和丘陵，市区的保国寺、天童寺、天一阁、东钱湖已有相当知名度，而周边的奉化溪口、普陀山、朱家尖和天台山等则更具迷人魅力。宁波是浙江旅游的圆心和焦点，无论您是攀雪窦青山、涉奉化碧溪，还是去东海仙山普陀览佛国风韵，都会在古老而又年轻的宁波留下清晰足印和难忘游历。

气候与游季

气候相对温和，无明显旅游淡季，常年皆可旅游，8—9月份偶有台风侵袭，但来去匆匆，一般不会对游客造成太大不便，11月至来年2月游客稍显稀少，3—10月观光效果更佳。

交 通

航空

宁波的机场为宁波栎社国际机场，距市区仅12千米，与地铁2号线机场站通过巴士接驳的方式实现无缝对接。

铁路

火车站有8个，包括宁波站、宁波东站、宁波北站、余姚站、奉化站等，有列车发往杭州、北京、广州、南京、温州、福州、上海等各大中城市。

公路

宁波有多个汽车站，其中火车站对面的南站为长途汽车总站，宁波发往全省和全国各地的车多由南站始发。

▲ 天童寺

● 水路客运

宁波市内共有16条水路客运航线。2023年底，宁波北仑峙头车客渡码头建成。

● 从宁波去雁荡山

可以乘坐高铁，一个半小时左右到达，车次很多。

主要景点

保国寺

在距宁波市区约15千米处的灵山腹地中，是国家重点文物保护单位，由天王殿、大雄宝殿、钟鼓楼、藏经楼等主要建筑构成，系我国江南一带保存最好的北宋木

●当地风味美食

十大名菜：冰糖甲鱼、锅烧河鳗、腐皮包黄鱼、薹菜小方烤、火臕金鸡、荷叶粉蒸肉、彩熘全黄鱼、网油包鹅肝、黄鱼鱼肚、薹菜拖黄鱼。

十大名点：龙凤金团、豆沙八宝饭、猪油洋酥烩、鲜肉小笼包子、烧卖水晶油包、宁波猪肉汤团、三鲜宴、鲜肉蒸馄饨、豆沙圆子。

●住宿提示

宁波市中心解放路一带宾馆旅馆挺多，条件好而房价不贵，且交通、购物都方便，可供关注选择。

●天一广场

宁波市区最气派的中心广场，投资12.5亿元开发兴建，非常宽阔气派，由22座欧陆风情浓郁的建筑群组成，3.6公顷的绿地广场，具非常大的音乐喷泉，使商业氛围更有情趣。

●东钱湖

火车站和汽车站均有公交抵达。

🚇 进入湖区不收门票，小普陀30元。船费10—30元。

质建筑之一。寺内的高大殿堂和佛像与院中低凹的空藻井对比反差强烈，建筑风格别具匠心。寺里不供香火，是一个北宋建筑博物馆，推荐对古建筑感兴趣的游客前来。

🚌 从市区乘332、338路车直达保国寺 💰 门票20元

天童寺

地处宁波鄞州东吴镇的太白山麓，有建于1631—1635年的宫殿近千间，由南向北依次建有外万工池、七塔苑、内万工池、天王殿、大雄宝殿、罗汉堂等雄伟建筑，梯级布局甚为精美而排列有序。寺内的清顺治帝书"敬佛"碑、康熙帝书"名香清梵"匾、雍正帝书"慈云密布"匾等均是文物珍品。

🚇 地铁1号线宝幢站下车换乘微55路可到 💰 门票免收，观光车往返

阿育王寺

位于宁波鄞州区五乡镇，依山建有山门、放生池、天王殿、大雄宝殿、藏经楼等楼阁殿堂600余间，寺内珍藏有珍贵碑刻近60件，寺内的舍利塔和大雄宝殿等亦建造精美而气派，素有"东南佛国"之称。

🚇 地铁1号线宝幢站Ａ口出步行10分钟可到 💰 门票免收

天一阁

国内现存最古老的藏书楼，有"南国书城"之称，是明代兵部右侍郎范钦的藏书楼，阁内藏书超过13000册，其中不少为海内孤本。院内矗立的80余块各代刻字石碑也是稀世文物精品。可以在景区门口扫码关注公众号领取免费地图，扫描地图上的二维码可以听讲解。

🚇 地铁1号线西门口站，或乘9、26、371、512路公交车也可到 💰 门票30元

东钱湖

浙江最大的天然淡水湖之一，距宁波东15千米，由谷子湖、梅湖、外湖组成，面积约为杭州西湖的3倍。湖区有百步耸翠、双虹落彩、殷湾渔火、芦汀宿雁等景，湖滨有名人故居等诸多历史遗迹。院子中心有一棵网红树和一大片连廊，可以拍出美图，利民村有许多精致的咖啡馆，在小普陀登高看东钱湖风景也很不错。

🚇 地铁4号线东钱湖站Ａ口出可到

玩家指南

如果时间不是太充足，那不必在宁波市区多停留（1—2天观光即可），因为真正的美景在周边而不在宁波市内——东有普陀山，南有雁荡山、楠溪江，西南有奉化溪口，这些地方才是观光要点。而宁波，我们只把它当成是浙江观光中的一个"跳板"好了。

乌镇（国家5A级旅游景区）

电话区号：0573　景区咨询预订：88731088　乌镇汽车站问询：88711014

据说乌镇是因为镇中居民的墙壁上涂了保护墙壁的黑色油漆而得名的，这个水乡古镇上的民宅大多依河而筑，东西南北四条老街呈十字形交叉分布，水陆相邻，相得益彰，展示出了江南水乡的独特风姿神韵。为乌镇锦上添花的是现代文学史上颇具知名度的作家茅盾和他创作的《林家铺子》等著名文学作品；电视剧《似水年华》在此拍摄并热播后，又有众多观众慕名而来；乌镇戏剧节随处可见精彩表演，代表着年轻人和未来，是展示给世界的具有中国传统文化自信的戏剧节。水乡古镇确有脱俗新鲜之处，但过多游客的涌入和日渐浓郁的商业气息又使今日乌镇失去了一些古朴、原始和自然。

▲ 乌镇风光

进出乌镇

乌镇地处江南六大古镇的中心位置，若乘火车或高铁，请在嘉兴南站或桐乡高铁站下车，有公交直达景区；杭州、上海也有大巴车直达乌镇，票价45—60元，耗时两小时左右。当地交通工具主要是出租车、网约车和小型手划游船。

☛ 乌镇是江南水乡古镇中的杰出代表，素有"鱼米之乡，丝绸之府"之称

住宿

虽然东栅的许多居民家庭都愿意为游客提供住宿，但有关管理部门严禁居民接客并有保安监督巡逻，所以游客不能住在乌镇已经开放的东栅景区内（也就是收取门票的水乡核心部位），而只能住在核心景区外。东栅景区之外有许多旅馆，如古镇东栅景区入口处对面（镇外）的子夜大酒店等，游客可以选择的余地还算大。另外东栅的许多

● 乌镇门票

东栅景区套票110元/人，含茅盾故居、林家铺子、江南木雕馆、蓝印花布作坊、民俗馆等近十处景点。西栅景区150元。
另外18:00—22:00进东栅可买便宜很多的晚间票。21:00以后就没人收取门票了。东西栅联票190元。

● 门票费用不要省

笔者认为乌镇的许多景点具有观光价值，应该购买门票后细细观看。而夜游古镇虽别有一番风味但只能观大致样貌，可能会有遗憾。

浙江省

445

自助游中国 华东地区

●旅游专线车

华东地区各地都有到乌镇的旅游专线。

如上海长途客运南站有到乌镇西栅景区的直达车，车程约2小时，价格55元。杭州市区汽车站有大巴直达乌镇，半小时以内一班票价40—60元，车程90分钟。电话：0571－87650679。

乌镇东栅景区示意图

●住宿推荐

①水沐青华·青丘客栈，条件尚可，房价便宜，电话：15000656614。
②如家商旅酒店，离西栅景区很近，电话：88788666。
③乌镇青琅院酒店，位于西栅，有茶室，拍照出片，电话：17348679888。

●住宿经验

东栅景区正门对面即当地档次最高的子夜大酒店，双标间一般季节也在400元以上。从子夜大酒店向北走3分钟，可到子夜路和茅盾路交会的三岔路口，这里有中档宾馆酒店10家左右，条件都较好但房价不贵，有空调、独卫、电视的双人间一般季节也就是100—200元。住这里最合适。镇上东栅景区内的居民家虽然也可住，但条件相当一般且房价也不便宜，西栅景区内住宿更贵，所以笔者认为东栅景区外的普通宾馆应是住宿首选。

居民私下留游客住宿，西栅景区内是可以住的，酒店和客栈条件好但房价挺高的。

🍵 餐 饮

古镇上的主要餐馆酒楼有子夜大酒店、逢源酒楼、枕河人家等。风味美食有笼香糯米鸭、粽香扎肉、生炒竹林鸡、豆浆生鱼卷、红烧羊肉、麻婆豆腐蟹、桃园三结义、翰林酱鸭、水乡本鸡、冰糖南瓜等。游客可逐一享用。

▲ 乌镇春色

游览指导

在乌镇可以随意漫步，体味水乡的风光韵味。也可一一进入每个景点详细参观，领略它们的不同特点。另外请个导游带您游览古镇每个角落也是件美事，可以从导游的讲解中学到不少知识学问。古镇的夜景挺美，建议晚上出来细细观赏品味。乌镇戏剧节在每年的十月中下旬，可以看到优秀的中外剧目展演，也有工作坊、论坛、展览等丰富多彩的活动。

浙江省

旅游时间

乌镇一天中最美的时候是清晨与傍晚。清晨，河道上会漫起薄薄的雾气，仿佛仙境。傍晚，夕阳西照，游人散尽，一个生活着的乌镇出现在眼前。请避免夏季正午时去乌镇游览，白晃晃的日光直直地晒下来，也没什么廊棚可遮挡，让人感觉非常不好。

主要景点

乌镇东栅的主要景点有茅盾故居、林家铺子、汇源当铺、古戏台、江南木雕馆、蓝印花布作坊、三白酒坊、民俗馆等多处，另外电视剧《似水年华》中的几处外景地亦值得一看。西栅的主要景点有锦堂会所、草本染色作坊、昭明书院、三寸金莲馆、老邮局、大戏院、恒益堂草店和通济桥、仁济桥等。西栅的规模大于东栅，观光要多花一些时间。

● 补充交通提示

①上海客运南站乘大巴到乌镇，8:12开始发车，55元/人。
②乌镇东栅至西栅，两地间有免费班车往返。
③西栅至乌镇汽车站，K358路，车费2元。

👉 桐乡火车站距乌镇很近，上海、杭州都有高铁列车经过桐乡，抵达后换K282等路车可直达乌镇

旅游锦囊

为您提供能在一天半时间内
游览乌镇、南浔、西塘3个江南古镇的观光指南

乌镇、南浔、西塘3个江南水乡古镇游览区同处浙江省境内，相互之间相距不算太远但也绝不是太近。笔者之所以建议大家一次游览上述3个古镇，是因为它们特点各不相同，风光各有千秋，一次看遍会领略到水乡古镇风格迥异的多重美感，确保您的古镇游物有所值。

按照笔者为您设计安排的观光次序和方式，您可在一天半时间内畅游上述3个古镇，具体游览安排如下：

①早晨从乌镇开始观光，重点观览乌镇的核心东栅景区，2小时够用。之后用1.5小时看乌镇新开放的西栅景区。建议午饭从简，12:00左右从乌镇乘车去南浔。

②乌镇至南浔有直达客车但车次不太多，赶不上直达车就乘去桃源的公交（K358、7213路，票价2元），抵达后换车可直达南浔（7219路公交，票价1元），以上车程共需2小时，下车后再步行几百米即到南浔古镇。

③选择古镇南门入口最为适宜，进南浔后向左走，5分钟即到小莲庄和嘉业藏书楼，观景后出门再走回头路（向东），依次游览张石铭旧居、南浔史馆、通津桥、洪济桥等当地名景，最后在百间楼结束游览，以上过程抓紧时间2.5小时够用。

④百间楼距南浔客运北站只有15分钟路程，立即赶到北站（须在17:00之前），北站有开往嘉善的客车（最后一班17:00左右，在站前路边等车），2小时可到（也可先乘车到嘉兴，再换车45分钟就到嘉善）。而从嘉善客运中心乘坐K222路即可到西塘，晚上可饱览西塘古镇夜色。

⑤上午在西塘玩半天，中午品尝当地美食后即踏上返程。此线正向、反向行进均可，不论怎样玩，效果都圆满精彩。

以上游程说的都是坐公交客车前行，如果是坐出租车，那行进和游览就会变得非常宽松，简直是易如反掌。

西塘

电话区号：0573　古镇景区咨询：84567890

西塘，一个有着千年历史文化的古镇，坐落在杭嘉湖平原嘉善县以北。这里地势平坦，河流纵横，水乡民居造型古朴典雅，更以多桥、多弄、多廊、多棚的鲜明特色而著称。其中廊棚able为行人遮风挡雨，宅弄（可理解为民居之间的胡同）曲径通幽，而总数过百的座座石桥、木桥分布在水乡各处河道之上，把西塘古镇装点得风姿秀美而又活泼生动。去西塘旅游，您可在湖光水色间饱览多彩多姿的江南水乡别样风情。

▲ 西塘主要河道杨秀泾水上风光

● 交通提示

也可从杭州汽车东站先乘车到嘉善，车次很多，从嘉善到西塘就太方便了。

● 景区门票

进镇门票95元，含古镇大门票和景区内所有开放小景点。
游船票45元/人。包船240—320元。

● 笔者个人意见

在乌镇和南浔旅游，光在街上和河边转而不进各个小景点是不行的，因为小景点有相当的观光价值。但在西塘观光，光看河边和街上的风景就挺好，进不进小景点不太重要。

交通

进出西塘主要靠公路，周边市县发往西塘的旅游专线车和客车都很多。

火车和客运汽车

1. 从上海乘高铁可到嘉善，出站后换222路公交可到西塘。
2. 杭州也有高铁到嘉善。
3. 嘉善火车站有210路、汽车站有215、216路公交车到西塘。
4. 嘉兴北站有152路公交车直达西塘。

自驾车

上海方向：320国道至嘉善十字路口（这个道口被当地人称作炮台道口），见有西塘指示牌处向北行驶15分钟即到西塘。也可走沪杭甬高速公路，在嘉善县大云出口处出来行至嘉善十字路口，见有西塘指示牌处向北行驶15分钟即到西塘。

餐饮·美食

古镇上河水边到处有餐馆和酒店，随处可品水乡风味美食。塘鲤鱼、清蒸白丝鱼、响油鳝糊、粉蒸肉、汾糊虾、蝉衣包圆、梅菜烧肉、酱爆螺蛳、白水虾、老鸭馄饨煲均值得一尝。

浙江省 西塘

▲ 西塘水边廊棚

主要景点

廊棚

廊棚就是带屋顶的街，在西塘廊棚到处皆有，既能为人遮挡风雨，又有观赏价值，是当地独特街市风景。西塘古镇上的廊棚共有近千米，其中朝南埭廊棚总长168米，可重点关注。

☞ 西塘的廊棚在几座著名江南古镇中相对出色一些，赞一个

宅弄和古桥

宅弄其实就是古民居之间的通道和胡同。西塘古民宅多，宅弄也多，它们有的短小精悍，有的细长悠远，但全都曲径通幽，特色鲜明。像著名的石皮弄长68米、宽仅不到1米，有西塘一线天之称。

西塘镇上共有各式古桥百余座，大都为石柱三孔或单孔木梁桥，建造精美且保存尚好，把古镇风光装点得异常活泼生动。

☞ 宅弄是西塘古镇上的一绝，好好观赏游览吧

薛宅

在西塘古街北边，临街依河，总面积约350平方米，因其建筑布局独特别具匠心，所以成为游客观赏古镇民居时的必观之景。

☞ 薛宅精巧玲珑，可仔细端详品味

●当地住宿

西塘有许多民宅旅舍，大都是石质或木质的二层小楼，室内面积不太大，陈设古色古香，但有较新的家用电器如空调、彩电，并有小巧玲珑但很干净的卫生间，许多旅馆都有临河房间，站在窗前就可以饱览水乡风情。可以选择的旅馆如别有天客栈、缘起西塘度假客栈、有家客栈等，推荐彼岸阳光客栈，电话：18857348955等。

●镇上特色餐馆

人气旺、生意好的有忆江南、老品芳、钱塘人家等。其中忆江南菜品、服务都好，笔者推荐。

推荐游程

在西塘游览2日为佳，主要应关注杨秀泾河道水上风光、石皮弄和其他宅弄及种福堂、来凤桥、各个廊棚、卧龙桥、西园、中国酒文化博物馆、瓦当陈列馆、纽扣博物馆、张正根雕艺术馆、五姑娘主题公园等景点。

晚间古镇河上挂起了不少红灯笼，夜景美丽而朦胧，也可为游客带来美好观感。

旅游锦囊

西塘观光旅游的全面指南

①在浙江一带的多个古镇旅游景区中，西塘是有着鲜明特色且深受诸多旅友喜爱的那一个。笔者觉得就古镇的自然风光和水乡风情而言，西塘并不比乌镇东栅、南浔、周庄、同里强多少，但是西塘有两个优点很吸引人：一是夜景美，有的江南古镇白天风光还不错，但晚上大都漆黑一团（至少是灯光暗淡），缺少江南水乡夜晚灯火阑珊的迷人景象，而西塘古镇的河边，全都挂满了红灯笼，一到晚上全都发出柔和而美丽的光芒，映红了天、映红了水、映红了古镇上的民宅和廊棚，给人的美感真是如诗如梦。二是像乌镇东栅和南浔，它们的景区内都少有宾馆旅舍，使得观光和住宿两个环节有点脱节，对游客而言不太方便，但是西塘镇中河畔两侧全是民居旅店，出门走上三五步就能观光拍照、涉水乘船，很显方便快活。以上两条笔者认为都是西塘古镇的优点和长处，说出来供各位游友参考吧！

②西塘距嘉兴近，距嘉善更近，上述两地都有去西塘的直达车（嘉善车尤其多），只要到了上述两地，基本上就算到了西塘。另外从上述两地去西塘都要经过一个重要的道口，就是 320 国道嘉善十字道口（这个道口并不在嘉善县城中心而在外围，当地人称之为炮台口，自驾车的朋友欲问路，说炮台口更能让当地人明白）。

③外来客车只能止步于西塘的停车站，其距古镇中心区还有一点距离，乘人力三轮几元钱就到了。西塘的中心干道叫邮电路（两边都是商店），从邮电路向北走从任何一条细长的宅弄（如苏家弄、计家弄）穿出去，都可以到达古镇上的观光区杨秀泾，在这里才能看到水乡风光。

④笔者认为西塘古镇的水乡风味浓，但是镇上的几个主要景点如西园、瓦当博物馆、纽扣博物馆等观光价值一般，所以游客观光的主要精力应该放在观赏古镇的总体风貌上，最重要的观光河段是永宁桥至环秀桥之间，这里的水上风光和岸上廊棚最出色，且古镇夜游也是乘船走这一河段。

⑤白天乘船做古镇水上游，每人 45 元钱就可以了，随时有船。一到晚上，只有码头上整点发的船（如 19:00、20:00、21:00）才有 45 元／人的散客票，其余时间需包船，船费 240 元／船以上，赶上了整点船，能省不少钱。

⑥西塘的河边都是特色风味餐馆，饭菜价格谈不上贵，但也绝不便宜。欲吃实惠饭菜可到邮电路旁边的小巷子中去，里边有一些当地人去消费的小餐馆，价格明显便宜。

⑦当地的特色食品主要有黄酒、五香豆、八珍糕、粽子、六月红（河蟹）等；特色工艺纪念品主要有盘扣、中国结、农民画、水墨画、民间剪纸、蓝印花布等，游人可择情选购。

▲ 西塘美丽夜色

浙江省 南浔

南浔

电话区号：0572　古镇旅游热线：3016999

　　南浔在浙江省湖州市境内，是江南水乡六大古镇之一，也是浙江历史文化名镇。南浔不光有江南水乡小桥流水式的风光，更以名园古迹见长。历史上南浔多巨富人家，私家园林也建得异常豪华、精美、气派，主要园林佳景有百间楼、小莲庄、嘉业堂藏书楼、张石铭旧居、张静江故居等，2015年被评为国家5A级旅游景区。

▲ 南浔名景百间楼

交　通

　　南浔东距上海123千米，北与苏州相距51千米，南距杭州125千米。上海、苏州、杭州等地与南浔之间每天都有各类大巴、中巴频繁往返。

　　虹桥长途西站、长途客运南站、沪太路客运站、长途客运南站均有客车发往南浔，车费71元。

　　杭州至南浔发车站在杭州北站，车程约2小时，车费55元。

　　此外苏州汽车南站、嘉兴北站等也有客车发往南浔。

主要景点

小莲庄

　　系清中叶南浔首富刘镛的私家庄园，始建于1885年，于1924年建成。园中建筑精美、荷香袭人，系江南著名园林佳景。

☛ 小莲庄水乡园林风光美，要仔细品味

● **景区门票**
古镇门票免收，但部分景点如小莲庄、嘉业藏书楼等需另收费，可买古镇五个景点通票，价格85元/人，网上购买有优惠。

● **看图观光效果好**
南浔的导游图印得不错，买一份看看会对游览有明显帮助。

● **导游服务**
微信公众号"南浔古镇景区官方"有线上免费讲解，此外可租电子语音导览，租金50元，押金200元，还可请导游陪同讲解，多种方式供您自行选择。

● **南浔古镇住宿**
景区旁的南浔丽菁大酒店不错。电话：0572-3063999。

浙江省

451

● **当地特色美食**

有绣花锦菜、橘红糕、定胜糕、臭豆腐、周生记馄饨、丁莲芳千张包、震远同酥糖、诸老大粽子等。

● **古镇上的其他景点**

刘氏梯号、丝业公会、通津桥、求恕里、广惠宫、广惠桥也有观光价值。

嘉业堂藏书楼

系刘镛之孙刘承干于1920年所建，该楼集园林艺术及藏书功能于一身，以收集大量古籍闻名，现为国家重点文物保护单位。

☞ 嘉业堂藏书楼地位重要，隔溪与小莲庄毗邻

张石铭旧居

是江南巨商张石铭私家巨宅，建筑式样中西兼有，总面积超过4000平方米，有江南第一巨宅之称。

☞ 建筑风格中西合璧（一半是中式民居，一半是欧式洋楼），很有观赏价值

百间楼

南浔古镇东北部绵延达400余米的古民宅建筑群，共有宅居150余间，相传是明代礼部尚书董份所建，明清建筑特色鲜明。

☞ 不知在百间楼这庞大的古屋群中，发生过多少故事

张静江故居

是被称为"国民党元老"之一的张静江的故居，建于1898年。规模气势虽比不上张石铭故居，但仍在古镇上占有一席之地。

☞ 南浔很大，古镇观光区只是其中很小的一部分

住 宿

古镇上离景区较近的家庭旅舍并不多，宾馆有位于游客服务中心边的小莲庄宾馆和嘉业堂藏书楼西边的千翁酒店，标间120—250元，一般季节可打折。

☞ 花筑浔杉里民宿条件、位置不错，电话：18157252656

▲ 古镇游船

推荐游程

如果是乘客车到南浔，下车后可以向东走依次游览洪济桥、通津桥、治国桥、百间楼，然后看张静江故居、颖园。之后沿河西岸而行，看镇史馆、张石铭旧居、小莲庄、嘉业堂藏书楼。半天之内粗览古镇风光没问题。

安徽省
ANHUISHENG

黄金旅游线路

① 黄山—九华山—齐云山
② 黄山—黟县—歙县
③ 黄山—千岛湖—杭州（跨省）

▲ 黄山西海大峡谷奇峰异石

安徽省以安庆、徽州两地首字而得名，面积14.01万平方千米，全省地形地貌多样，主要由淮北平原、江淮丘陵和皖南山区三大自然区域组成。安徽山川壮丽、风光秀美、佳景众多。地处皖南的黄山秀盖五岳，已成为华夏山水风光神奇瑰丽的象征。佛教名山九华山虽然并不挺拔险峻，但山姿柔美且山峰众多，被誉为江南大地上的"九十九朵芙蓉"。位于祁门、休宁附近的齐云山和地处长江以北潜山县境内的天柱山与黄山、九华山相映生辉，构成了国内不可多得的山岳风景群。此外，同样引人关注的是亳州、寿县、歙县、黟县这些遍布徽州历史文化遗迹、风韵的江南古城，它们像是点缀在皖南山水风光带上的一颗颗闪耀的钻石。

①到安徽旅游的首选目的地应该是黄山。黄山的神奇美丽给人的感受真是如梦如幻，值得终生流连回味，来这里玩上几次都不嫌多。

②九华山山姿柔美、竹林密集、溪泉汹涌，山中遍布佛教寺庙，佛教文化氛围甚浓，是安徽旅游中的必观之景。

③齐云山风光尚可，但景区范围不太大，可做1—2日短暂观光。

④天柱山有许多尚未被外界熟知的新奇美景，值得认真关注。

⑤黄山周边的黟县、歙县境内多古民居、古祠堂、古牌坊，徽派建筑风格特色鲜明，徽州的历史文化底蕴深厚，值得认真寻思、体味。如果时间充裕，游人可在这里多做停留，好好领略华夏历史文化的美妙与绮丽。

⑥位于祁门县境内的牯牛降景区山水兼备，盛夏时节气候凉爽是避暑胜境，可予适当关注。

黄山（国家5A级旅游景区）

电话区号： 0559　**黄山景区热线：** 5561111　**黄山旅游集散中心：** 2558358

黄山古称黟山，以奇松、怪石、云海、温泉、冬雪"五绝"著称于世，誉称"天下第一奇山"。全山南北长约40千米、东西宽约30千米，其中景区精华部分为154平方千米。黄山山峰峻峭秀丽，以莲花峰、天都峰和光明顶三大主峰为主体的大小七十二峰布局错落有致，劈地摩天，构成中外罕见的集雄、险、奇、幻于一身的大型山岳风景名胜游览区，山上著名景观还有二湖、三瀑、十六泉、二十四溪等。黄山四季风光各异，朝夕有别，一景多变，且以日出、晚霞、华彩、佛光、雾凇和冰挂等时令景观闻名天下，无愧于人间仙境之美誉佳名。

▲ 黄山天都峰

● 黄山门票

旺季190元/人，淡季160元/人。

● 南京、合肥到黄山

上述两个城市每天有多班客车直达黄山脚下的汤口镇，再换新国线大巴即到景区索道站。

● 从黄山到千岛湖

旺季汤口镇上每天有2班客车直达千岛湖，发车时间6:30和13:00，车费80元。

● 深渡到千岛湖

深渡港每天有1班客船同千岛湖对开，船行4—5小时，船票下舱70元/人，上舱85元/人。还有1班游览船，发船时间9:00左右。

游览季节

黄山一年四季景色宜人。春季遍地百花盛开，松枝吐翠，景色秀美。夏季可来此观松看云、避暑休闲，令人神往。秋季青松、苍石、红枫、黄菊等自然景色美不胜收。冬季来此观赏雪景、雪松，令人赞叹不已。

交通

飞机

黄山机场距市区18千米左右，机场每天有往返于机场与市区的民航班车，也可乘坐出租车（35—40元）。

🛬 黄山屯溪机场：0559-2934999

铁路

黄山是皖赣线上的枢纽站，每天有南来北往的多对列客车停靠。黄山老火车站已停用，现在主要是火车西站和新建的高铁黄山北站。两站都有去往黄山风景区的汽车。

公路

黄山市汽车站在老火车站以南1千米处，所有通往市区及省内各大城市的班车都在这里出发与到达。汽车站也有开往黄山景区入口处汤口镇的大小客车，走普通公路1.5小时可到，车票40元左右，如果走高速路30分钟可到。

黄山景区与安徽周边的一些城市有直达的旅游班车。如上海、南京、苏州、九江、合肥、芜湖、安庆、九华山、铜陵、蚌埠、景德镇等。

从火车站前乘车去黄山景区入口处的汤口镇，大客和中巴一般收费30元左右，乘出租车前往也是一个不错的选择，便捷省事儿，价格百元左右。

➥ 黄山汽车站电话：0559-2566666

住在黄山

黄山市（屯溪）住宿

市内宾馆饭店甚多，普通宾馆中的标间一般季节房价也就是100—130元，三星级宾馆房价打折后160—220元有望拿下。

☞ 不建议住在黄山市区，因为距景区有点远

汤口镇住宿

到处都是宾馆和饭店，总数达数百家，各种档次都

● 当地宾馆推荐

① 光明顶山庄，电话：0559-5586518
② 玉屏楼宾馆，电话：0559-2590999
③ 见水居民宿，电话：13905595403

● 推荐特色餐馆

黄山市老街第一楼，经营徽派风味菜，人均89元左右，菜味鲜美，值得一去。

● 当地特产及美食

特色商品有歙砚、徽墨、茶叶（黄山毛峰、祁门红茶）等。风味美食笋干烧肉、干烧臭鳜鱼味道鲜美，值得品尝。

旅游锦囊

入住黄山云海楼可享受全方位优质服务

云海楼酒店地处进入黄山景区的必经之路汤口镇上（就在黄山脚下），老板程剑原来是当地出色的导游，二十几年前因车祸受伤造成高位截瘫，但他凭着坚强的意志克服困难、顽强进取，先办旅行社，又涉足宾馆餐饮服务行业，在不长的时间内把一个只有7张床位的简易家庭旅馆发展成了在当地知名度甚高的中型饭店。事业有成后程先生经常为社会公益事业做贡献，例如每年捐款资助当地的残疾儿童，举办轮椅黄山行活动等，深受当地政府和群众的好评。

云海楼的住宿条件很好，日接待能力强，每个房间都有电视、电话、空调、卫生间和一次性洗漱用品，设施很新、整洁干净（床上用品和浴巾一客一换），而房价却不贵，双标间150元左右（店内还有豪华套间和大床房、情侣房，有时还推出68元的特价房）。宾馆的一楼餐厅由名厨掌勺，可提供各类徽派风味菜肴和多种农家菜，这里的臭鳜鱼和笋干烧肉味道不逊于大名鼎鼎的老街第一楼，但菜价便宜不少，慕名前来用餐的人很多。宾馆可为游客代办车船票和预订山上住宿，住宿费比游客自己上山入住便宜不少。尤其让游客感到方便的是云海楼的经理会为每位游客详介山上状况并推荐完整圆满的游览方案（根据当时季节、天气及不同游客的身体状况），所以云海楼在众多"驴友"中口碑甚佳，可以说只要入住云海楼，您的黄山之旅就成功了一大半。另外云海楼新的分店叫斯利普酒店，设施很新，游人可关注。云海楼订房及咨询电话为0559-5561109。

▲ 云海楼新店外景

有，普通宾馆中双标间200元以下的地方除去黄金周外不难找寻。在汤口镇偏僻一点的地方，一般季节可以找到房价60—80元的青年旅舍。

👉 汤口镇上的住宿首选当然是云海楼了，服务质量没问题。电话：0559-5561109

黄山山上住宿

宾馆双人标房（如西海宾馆、白云宾馆、光明顶山庄、玉屏楼宾馆等）一般季节开价都在800元以上，周末要1000元以上，旺季更贵。此外极少数宾馆还有六人至十人的上下铺房间（如白云宾馆），这种房间中有独卫的一般200元/床，旺季还会上浮。

▲ 黄山奇松

👉 这些宾馆需在黄山旅游官方平台小程序预订

住宿指点

宾馆的价格随市场变化有相当大的浮动，所以建议背包客在节假日特别是"五一"和"十一"时不要上黄山。一般11月中旬往后山上的房价通常会下调许多，但周末有时也会紧张。选择旅馆最好是在西海和北海附近（排云楼附近也好），这两处附近景点较多，且地势开阔。另外光明顶山庄地处山巅，在房间里就可看到壮丽日出。

白云景区位于前山后山之间，位置较好，这里有数家宾馆酒店，房价比北海和西海各宾馆稍稍便宜一些，也是住宿佳境。

最旺季时，山上可能连一个床位都很难觅到，因此上山就要及时投宿或提前预订，否则就可能要租大衣露宿或在旅馆中睡地铺了，在北海、西海、光明顶等处都有大衣出租。

👉 在黄山上住宾馆饭店有卫浴的多人间很便宜，有空调，能洗澡

☕ 吃在黄山

景区山上没有零散的餐饮摊商，吃饭一般在山上几个宾馆饭店群的餐厅内（景区内也有少数几家饭店），价格挺贵。素炒青菜一般在35元以上，肉菜一般在85元以上，鱼香肉丝可能卖到80—120元/份甚至更贵，部分荤菜菜价能接近200元，就是普通的汤也要40元以上一碗（相比较而言，排云楼宾馆中的餐厅稍稍便宜一点）。另外白云宾馆餐厅中午和晚上有120—140元/人的自助餐，管饱。以上自助餐品种不多但饭菜档次不算低。西海饭店的自助餐还要贵一些。最便宜的就餐方式是在北海景区一

带的商业区中吃快餐，一般40—50元/份。

就餐提示及省钱窍门：其实在黄山上做二日游光是吃饭用不了多少钱，早晨上山前在山下吃得饱些，中午就吃面包、熟菜，晚上在北海、吃40—50元的快餐份饭，基本上可吃饱。第二天早晨在餐厅吃早餐份饭30—35元，中午再吃面包、熟菜，晚上下山在汤口好好吃一顿。这样两天下来饭费也就是150元左右。

👉 可带自热盒饭，打开后加点水它就自动加热了，汤口镇上有售

如何选择游览方式

推荐两种游览方式：一是徒步登山，能使您在接触大自然的过程中感受到黄山的雄、险、奇、幻，充分地欣赏到黄山的美好风光。过去来黄山的游客，特别是体力充沛的游客常有徒步登山观光的。二是乘索道上山，然后徒步游览，步行下山。既省力省时，又可从缆车中观赏不少景观，如天都峰、白鹅峰、仙人指路、天狗望月、东海等秀色，这是近年来诸多游客喜爱的绝佳游法。往返都乘索道观光也挺好的。

👉 从后山云谷寺乘缆车上山，从前山玉屏楼下山是绝佳玩法

推荐游程

如今黄山景区内的步行登山道四通八达，索道路线繁多，十分便利。前后山共三条索道，每日都在恭候游客，因此即使是海拔近2000米而又规模宏伟的大型风景区，但游客登山游览还是相当轻松的。游程可分为一日、二日、三日、四日多种，其中以三至四日游览最为精彩圆满——可以把黄山前、后山上的几乎所有美景尽收眼底。

黄山四日游：

D1. 上午抵黄山市屯溪机场或火车站，稍事休息，中午可游屯溪老街，去第一楼美餐，之后乘车去汤口，安排好住宿，然后游翡翠谷。

D2. 早餐后从云谷寺乘客运缆车上山，游小梦幻、始信峰、石笋峰、狮子峰、北海、石猴观海、排云亭、西海及梦幻景区的一部分和飞来石等山上佳景。住光明顶的山庄或是白云景区的白云宾馆并观绚丽晚霞。

D3. 观赏日出，早餐后游光明顶、鳌鱼峰、一线天、莲花峰、玉屏楼、天都峰、半山寺、慈光阁，步行或乘缆车下至汤口，然后住汤口或乘车回黄山市区，住市区。

D4. 游览黄山周边黟县、歙县等地的古村、古镇（宏村、西递、南屏、塔川、潜口、呈坎等），或去齐云山、太平湖、九华山做一至二日开心游览。从黄山去千岛湖观光也是绝佳选择。

▲ 黄山石笋峰

●温泉景区（暂停营业）

如今游客来黄山一般是住在汤口镇，然后乘新国线大巴直达前后山索道站上山，在温泉逗留观光的人越来越少。

●玉屏楼景区

从这里观前海风光很美，大名鼎鼎的迎客松更是诱人关注。不论晴天雨天这里景色都很壮阔，也有玉屏楼宾馆可住宿。

▲ 黄山雪景

●北海—西海景区

游客应该在山上住一天，看的就是北海—西海的美景。这里的风光壮美且集中，且可览云海、日出、日落及佛光奇观，观后定觉不虚此行。

●黄山景区的三条索道

一索：云谷寺到白鹅新站的新索道已开始运行，单程收费80元。

二索：松谷庵—丹霞峰，全长3709米，运行8分钟，单程80元。

三索：汤口山门水厂—玉屏站，全长2800米，运行10—12分钟，单程90元。

●西海大峡谷

从排云亭到西海大峡谷入口处需步行30分钟。

一般游客没必要穿越大峡谷，只走一半就可以了，即使这样也会用时2—3小时，若乘车上下可省不少力气。

山上观赏日出晚霞的时间、地点

观日出　时间：春冬5:30—6:00；夏季4:10—5:10；秋季4:50—5:20。最佳地点：清凉台、曙光亭、狮子峰、始信峰、丹霞峰、玉屏峰、光明顶、天都、莲花、炼丹诸峰。

看晚霞　最佳地点：排云亭、丹霞峰、飞来石、光明顶、文殊台等处。

主要景区介绍

温泉景区

黄山有许多温泉酒店，可兼具住宿和泡温泉两项功能，例如，莲花山庄温泉度假酒店、鹿鸣谷温泉度假民宿等。单独对外开放的温泉也有，如醉温泉，在屯溪区花山路28号，成人门票加鱼疗仅需88元。

玉屏楼景区

为黄山前山登山途中的美景聚集地，以险峻无比而闻名于世的天都峰（鲫鱼背），海拔1810米，被誉为黄山最高峰的莲花峰，海拔1864.8米，都在此景区内。此外，像身姿优美被公认为黄山标志的迎客松，曲折迂回、妙境通幽的"一线天"，"蓬莱三岛"等佳景也在此地恭候游客。

☞ 玉屏楼景区的突出景点应多留意，该区域的观光时间至少需60分钟

北海—西海景区

是黄山山上风景最集中的地方，也是全山风景的精华所在。这里山路起伏不大而美景众多，像著名的光明顶、丹霞峰、排云亭、仙人踩高跷、飞来石、狮子峰、猴子观海、妙笔生花、始信峰、石笋峰、小梦幻等奇山妙景全都集中在此或距此不远，而云海、日出、佛光等山间奇观也常在这里向游客一展雄姿芳颜。

☞ 从一索下缆车后步行30分钟即到北海。从二索下缆车后即到西海

西海大峡谷（梦幻景区）

是黄山上风光壮美、引人关注的大型风景区。从排云亭到步仙桥，全长达6千米。景区内净是高山深谷、奇峰峭岩和浓密云雾，风光壮丽且人烟稀少，步行穿越很感惊险刺激，但需付出相当大的体力消耗。

☞ 徒步穿越西海大峡谷，用时6小时左右。若乘缆车有4小时即可

笔者游记：在黄山光明顶观云开壮景

一场雨水过后，黄山终日锁在浓云密雾中。在光明顶上住了三天，就是看不清黄山的真面目。远道而来的游客们无不感到惋惜焦急，因不知道天何时才能放晴，一些有要事缠身的人无法久留，只好带着无尽的遗憾走下山去。一对东北来的新婚夫妇下山时不无羡慕地对笔者说："你多幸福呀！有时间一直等到天晴。"还是女生心细，她给笔者留下了联系方式，要笔者把黄山云开后的美景拍下来发给他们。

第四天上午，山上仍然是大雾弥漫，笔者只好回到房间里休息。9点多钟，忽然从附近的山坡上传来了阵阵惊奇的呐喊，一时间群山回荡、峰鸣谷应，接着楼里就有不少人夺门而出，向着楼下飞跑，笔者不知发生了什么事情，赶忙拉开窗帘一看，不由得喜出望外，原来是天晴、云开了。

疾步走出楼门爬上附近的高坡，只见阵阵强劲的西北风无情地撩开了厚厚的云层，梦幻般神秘的黄山终于露出了它的真面目。这时候，展现在游人面前的是一幅何等壮观的图景啊！百里景区到处是奇峰高耸、怪石横空、苍松卓立、乱云飞腾，整座黄山就像是一座顶天立地的巨大山水盆景，叫人新奇振奋，惊叹万分！

在光明顶上放眼四望，只见东南方有两座陡峭的大山巍然挺立，左边的天都峰犹如一柄锋利的宝剑，突兀而立、直刺苍穹；右边的莲花峰则恰似一朵硕大的莲蓬，绽开花蕊、朝天怒放。西边的群山虽不甚高，但重峦叠嶂、千峰竞秀，尤其是那山巅上的岩石形状各异、千姿百态，远远望去，有的像武松打虎，有的如仙人晒靴，有的好比仙女绣花，有的酷似艺人踩高跷，游人仔细观看，越来越觉得生龙活现、惟妙惟肖。忽然，西北方的地平线上现出了一道耀眼的亮光，那就是有"皖南名珠"之称的太平湖，此刻，它就像一位718卧在天边的浣纱少女，倚起腰身朝这里深情地遥望。再看东北方的始信峰、白鹅岭一带，那里的千峰万壑间云雾还未散尽，此刻正是烟雾缭绕、云蒸霞蔚，阳光射去，彩虹骤起，姹紫嫣红、分外妖娆。

这时候，整个黄山都热闹起来了，到处都有人在新奇而惊喜地呐喊，每个地方都有无数的相机在"咔嚓"作响，山路上挤满了欢乐的人群，因为路窄人多，人们难免要相撞。但是，听不见埋怨，也不用道歉，大家只是相对会心地一笑，就又奔向他们要去的、更美丽的地方。

然而，天晴的时间很短，20分钟后，一股更浓密的云雾重新笼罩了全山，但这次出现了与过去完全不同的结果：云层只严严实实地盖到了山腰，露出了众多山峰的上半部。这时候，展现在游人面前的，是一片白茫茫、无边无际的云海，云海上的座座山头恰似蓬岛仙山，山势峥嵘险峻，似乎有一座座琼楼玉宇隐约可见。那山上的一株株奇松怪柏，有的像雄鹰、凌空展翅，有的像仙女、亭亭玉立，其形状之美妙不可言。微风吹来，整座云海波澜起伏，一座座山峰时隐时现，变幻莫测，奇诡迷人。忽然，一股强大的气流从山北袭来，云层在气流推动下，像一条白色巨龙，凶猛地向天都峰扑去，在天都峰巍峨的身躯迎击下，巨龙一分为二，一股沿陡峭的山崖直下，恰似惊涛拍岸、激起千堆雪浪；一股顺深深的山谷而下，一泻千丈。霎时间，山谷里形成了一个巨大无比的云瀑布，那前扑后涌的云堆，犹如滚滚而来的天河之水，无声无息，然而却是汹涌澎湃地向下飞淌。

这时候，山上的游人也都换了一副模样，没有人再忘情地欢呼雀跃，也不见有人在山路上匆匆奔走，大家都像木头人一般呆呆地伫立在那里，望着面前的景色出神，大概人们分不清眼前出现的是真景还是幻境，不知道自己是在人间还是在天上……回到北京的当天，笔者就发了一个邮件，把黄山云开后的美丽景色详细地描述给了那对东北新婚夫妇，并传去了许多精美的照片。也许他们也和我一样，沉浸在对伟大祖国名山奇景的美妙遐想中。

▲ 黄山风光

旅游锦囊

为您介绍自助游览黄山的攻略

不久前,笔者又一次畅游了黄山,不仅饱览了神奇瑰丽的山间美景,也详细地考察了当地交通、食宿、通信、游览等各方面的综合情况,下面就把其中的要点介绍给各位游客。

①欲想登山方便,前一天一定要住汤口镇(云海楼可做首选),别住黄山市,那里离山有点远。

②只有景区大巴可以进入山门到达前后山的索道站,汤口镇上有东岭、寨西(换乘中心)、山门三个购票登车点,此外在汤口镇中心的公路大桥桥头也可上车。到前山和后山的索道站有不同的车,一定别上错,车费19元。

③从观光顺畅和省劲的角度看,还是从云谷寺乘缆车上山好,因为抵达山上后到的是一个相对的高点,之后游览附近各景点基本上是平路即使有上坡也不明显,步行很省力。而从玉屏楼索道上山后到达的是一个相对的低点,马上要走许多上坡路,先要消耗一些体力,不太"给劲"。

④观光顺序及观光线路按本文前边"推荐游程"一栏中介绍的行事即可,笔者认为那个观光线路的设计基本合理。

⑤笔者认为对于一般游客来说在山上最便宜的住宿方式就是住在各宾馆中有卫生间的多人间了,既能保证洗热水澡、看电视这样的基本需要,又不必花太多房费(一般季节中有独卫的多人间一个床位200元左右)。但是现在这样的多人间已经很少了,大部分酒店客房是标间,房价也挺贵。

⑥最实惠的用餐方式就是上边提过的在排云楼或是北海的餐厅中吃30—40元/份的快餐。但是山上的宾馆也好、餐厅也好,对于更实惠的快餐份饭不太宣传,所以用餐的时候游客要主动地去打听快餐的销售点,只要您问,那工作人员还是会告诉您的。

⑦有几个观光要点要提示:一是从云谷新索道下车后向右前方走,有一段峡谷沟壑风光不错(被称为小梦幻景区),可适当关注;二是从曙光亭看到的北海风光比从北海宾馆前看到的要好,一定要上去;三是猴子观海岩石美,脚下的千峰万壑也壮观,一定要走到有铁护栏的观景台尽头去看这一切(观景台脚下是乱石堆,不好走),这样效果才完美;四是西海比北海的山更高、谷更深,看起来更震撼人心,但是在排云亭那里有些导游在引导游客去注意看几个具体的山景石景(什么唐僧、猪八戒之类的),请别理睬,您要站在排云亭前好好感受黄山西海总体上的雄浑壮丽;五是西海大峡谷梦幻景区风光好、很有立体感,但是全程走完太费劲,一般体力的游客从排云楼那里下去走完第一个循环或第二个循环效果就挺好了(从排云楼出发算起往返要2个小时左右);六是飞来石位置绝佳,在石下观高山深谷令人惊心动魄,一定要到此一游;七是光明顶可览四周美景,在莲花峰巅观光更令人流连忘返,两处山顶应分别停留20—30分钟;最后要提一提天都峰,已经恢复开放了,峰顶的鲫鱼背是黄山第一险峰,登上去很感新鲜刺激,建议您鼓起勇气爬一回,但如果遭风雨天气或是您那天的体力欠佳或是精神面貌不太好,那还是应该慎去。

▲ 黄山飞来石

旅游锦囊

笔者"独家绝活"——告诉您如何在1天内游遍黄山上的主要景点

看到这样的题目,您可能要问:为何要在1天内游遍黄山上的主要景点呢?

笔者的答复是:第一是新鲜刺激,1天内见到的美景无数,让您永生难忘;第二是可以省钱,旅游旺季在山上宾馆的标间中住1晚要开销2000元以上呢!第三是因为天气原因,假若天气预报今日是晴天而明天有中到大雨,那只有今天好好观光而明天一下雨山上有可能什么也看不见了;第四是可以节约时间,节省1天时间可以多看周边的重要景点(尤其是黟县美景多甚具观光价值)。有这么多原因,1天之内游遍黄山上的主要景点是不是很有必要呢?不过您不用担心,按照笔者推荐的游程安排去做,您的观光游览会非常开心,也不会太劳累。

具体游程安排如下:

①抵达后一定要住到山脚下的汤口镇,别住黄山市区,那里离山远,上山不方便。晚上吃一顿高热量晚餐,21:00上床睡觉养精蓄锐。

②6:15起床,早餐后乘新国线去云谷寺,计划7:00到,为您留出1个小时的等候缆车的时间。消磨时间的手段有玩手机、和旅友闲聊、进餐积蓄登山热量、商量推敲订好的游山方案等。

③8:00上缆车,8:10抵索道上站,出站后立即去始信峰及小梦幻景区。乘云谷新索道,出站后去始信峰基本是平路、上坡很少,一路小跑25分钟可到。8:35—8:50在小梦幻、始信峰、石笋峰观光拍照(时间不紧张),然后去北海。

④从始信峰到北海全是下坡路,走20分钟就到。9:10—9:20在北海宾馆前的平台上观景,之后上行10分钟到曙光亭。9:30—9:45在曙光亭看北海风光。之后步行去石猴观海,步行15—20分钟可到。10:00—10:20在那里观景,然后用25分钟下到北海宾馆前的平台广场。10:45—11:00在此做小小休整。

⑤11:00出发去西海排云楼,这段路98%是下坡且坡度不小,抓紧时间30分钟就到了。11:30—11:50在排云亭看西海壮景。之后向西走到梦幻景区入口,这段路有起伏但坡度不大,30分钟左右可到。12:20走下大梦幻景区,游毕1个循环回来,用时约50分钟,13:10开始返回,13:40到排云楼餐厅吃快餐份饭并小作休整。14:00出发去飞来石,这段路基本上是上坡但坡度不大,走30分钟可到,14:30—14:45在飞来石观光。14:45从飞来石去光明顶,全是上坡路但坡度不太大,15:20可到。在光明顶观光20分钟后下山经天海到鳌鱼峰,此段路大部分是下坡,用时35分钟,16:10到鳌鱼峰。

⑥在鳌鱼峰观景10分钟,16:20下行经鳌鱼洞去莲花亭40分钟可到。本来从莲花亭是可以上到莲花峰的,但莲花峰目前封闭了,所以直接去玉屏楼为好。从莲花亭至玉屏楼几乎全是平路,30分钟可到,所以17:30前后就可站在玉屏楼前看天都峰、迎客松和前海壮景了。20分钟后开始下山,若是旺季,此时缆车可能还在运行,乘缆车下行即可。如果缆车已停运,那就从玉屏楼步行下山,时间要2.5小时(走到山门),之后再步行10分钟就回到汤口镇了。

本游程可在1天间畅游黄山上的几乎所有主要景点,极为新鲜刺激,但依此方式观光必须注意以下事项:

▲ 黄山奇峰

① 虽然按本线路行走的都是正式的石板登山路，危险系数较低，但本方式只适合于身体条件尚好的青年或中年人，不适合老年人和儿童。

② 本方式只适合于5月中旬至10月初的这个时间段，不适合10月中旬至次年5月初的时间段，因为这段时间天黑得早，影响后半段观光效果，且天黑后下山还不太安全。

③ 即使是夏季，18:30之后天色也会渐暗了，而按上述计划行进，18:30之后游客可能还需要步行下山走一段路（从玉屏楼至慈光阁），这段路全是石板路且路况尚好，但游客也要注意上山时一定要携带手电，以便在行走此路段时照明以保证安全（如缆车还在运营，一定要坐缆车下山）。

④ 从慈光阁或是缆车下站到山门有盘山公路，可打车或搭车，事先订好车更好，所以上山前可在汤口镇上预订好出租车叫他们晚上上来接人，并要司机的名片或电话以便联系。

⑤ 上述游览方式的前提条件是8:00能够在云谷寺上缆车（这样后边的计划才能按时完成），如果是9:00之后才能上缆车，那趁早放弃这个计划而在黄山上住上一晚做二日游。

⑥ 上山时务必穿登山鞋或运动鞋，女士的高跟鞋绝对不能穿，一定要带上手机以便对外联系，还有适量食品饮料，最后再强调一下，要带上手电并且不能是个头太小的手电。

⑦ 此线路没有包括攀登天都峰，如果登这个峰，至少要加上1.5小时时间。不过这个问题不难解决，早上早点起床出发，6:30能上缆车，10分钟后到索道上站，这样一切都来得及，加上天都峰游览就没问题了。

⑧ 上述游览方式在每个小景点都留了够用的观光时间，如果是走马观花简单观景，那速度还会更快一点。

发烧友特别关照

推荐黄山周边游的好地点、好方式：游览山村美景富溪

富溪是一个依山傍水的小村庄，它距黄山20余千米，从汤口镇乘车1小时就到了。

这个小村最大的特色是风光古朴原始而旖旎秀美，周边是形态、轮廓柔和美丽的小山，山下有清澈见底的河流，中间就是遍布古老民宅农舍的小乡村了。小村中的乡民保留着原始自然的生活状态，他们日出而作，日落而息，主要种植茶叶和稻米（这里可是正宗的黄山毛峰茶的产地呢）。到富溪观光，可以看到典型的皖南田园美景和当地农家原始自然的生活场景，吃到新鲜美味的自制腊肉和野鸭、土鸡、竹笋等农家特色风味菜（没有施过化肥的蔬菜和没有喂过含有人工添加剂的饲料而自然长成的猪肉味道真美），感觉非常新鲜迷人。

作者推荐您去富溪观光可与汤口镇的云海楼酒店总台联系，他们可以提供交通和当地食宿方面的综合服务，电话：0559-5561109。提前半天或一天预订最好。

可以在游毕黄山下山后（黄昏时）前往富溪，食宿地点可选在徽百年茶厂附近。这里出产正宗黄山毛峰茶，也能提供农家饭菜。饭后沐浴着清爽的晚风，看乡村夜景或是打着手电筒到村边小溪中去捉鱼，感受真的挺美。

次日清晨登上村边小山，看晨雾中的乡村晨景，采摘山茶或竹笋。上午去溪水中游泳嬉戏，再看看茶厂制茶的工艺和过程，午后就可以踏上返程了。

最后要提示的是从黄山汤口出发，经富溪、丰乐湖到徽州，沿途遍布青山碧水和原始农舍，风光极美，是华东最佳自驾线路之一。请各位重点关注。

▲ 富溪风光

笔者亲身经历：我在黄山领略到的全新美感

在当今黄山脚下汤口镇上的众多个体宾馆中，最有名气的就是云海楼酒店。这里不光有整洁舒适的住宿环境和热情周到的服务，店老板程剑先生顽强奋进、自强不息的经历事迹更是感人至深。

二十几年前，程剑曾是黄山景区内出色的导游，在当地颇有名气魅力，然而在接送游客途中偶然发生的一场车祸，却使这位英俊青年身负重伤以至于高位截瘫。面对飞来横祸给自己造成的伤害损失，程剑伤心过、绝望过甚至考虑过是否就要终此一生。但是经过痛苦的煎熬和反复的思索，他最终选择的是坚强和振奋。正像一首有名的歌中唱的那样："不是所有的男人都没有哭过，而是哭过之后才告别了软弱。"当一粒种子在冰冷的冻土中挺过了最寒冷的冬季而坚持到了春天来临，那还有什么力量能阻止它生根发芽破土而出去迎接温暖、拥抱阳光呢？

凭着顽强的意志和毅力，程剑开始了奋斗创业的进程，其间不知经历了多少困苦艰辛——他最开始创办经营的家庭旅馆只有7个简陋的床位，他摇着轮椅从黄山到千岛湖边为一家旅行社打工代办业务忙碌了几十天才做成了第一笔生意，同样大的困难是同行之间的无情排挤和竞争……然而凭着自己坚强的意志和亲人的帮助，程剑战胜了诸多艰难险阻而获得了令人钦佩的成功——如今他经营的云海楼自助餐饭店已是黄山脚下汤口镇上知名度最高的私营宾馆之一，店内设施良好而服务更佳，深受诸多客人称赞喜爱。

事业有成后程剑赋予了自己新的责任义务，他每年都要出资捐助当地的残疾儿童，黄山市特殊教育学校的学生（都是残障儿童）都熟悉程剑叔叔可亲的笑脸，也感谢他在思想上、精神上、物质上给予的关爱。从2006年开始，每年的金秋十月，云海楼都要举办大型社会公益活动——"轮椅黄山行"，邀请全国各地的残疾人轮友朋友来到黄山，在志愿者的帮助下，自己推摇轮椅，登上黄山之巅，赏迎客松绰约风姿，畅观山上如画风光，共同交流与伤病和逆境顽强斗争的经历和经验，坚定自己乐观顽强走向未来、为国家为社会做有益贡献的信念和决心。目前，"轮椅黄山行"活动已经成功举办了18届，且颇具规模和水平（每次有轮友和志愿者数百人参与），举办得非常成功，受到了国内外的广泛关注和赞誉。时至今日，该活动已成为黄山公益事业的名片和象征，激励和鼓舞了社会各界的许多人。

程剑先生做出的贡献受到了广泛的赞扬和肯定，他先后荣获了国务院颁发的"自强模范"和"最美志愿者"等多项光荣称号，还出席了全国残疾人代表大会，受到了党和国家领导人的接见和鼓励。

不久前笔者在去黄山观光时又一次去云海楼拜访了程剑，从他脸上我看到的只有健康和阳光，没有发现沧桑岁月留下的印痕。与他再次长谈后我更是激动不已、感慨万分。我无比深切地体会到社会并不总是同情弱者，生活中也并不缺少悲伤凄切的眼泪，唯有以坚强的信念支撑着自己的身躯坚强地前行进取，才能创造出幸福欢乐，并把它带给社会、带给他人。

我很庆幸自己几年前又一次去了黄山，因为在那里我领略到了一种全新的美感并且深深为之感动和震撼，这种美就是强者生命进程中绽放出的灿烂光辉。

▲ 程剑先生在黄山之巅留影

翡翠谷（情人谷）

电话区号：0559　翡翠谷景区热线：5577691

在距黄山南大门汤口镇约8千米处的山岔村边，有一条自黄山群峰东麓向下延伸的美丽山谷，它狭长幽深而又草木葱茏，两侧奇峰高耸、层峦叠翠，谷中清溪奔涌，碧水欢流。谷中分布着100多个丽若珍珠、美如翡翠的深潭和泉池，潭池下边的彩色山岩纹理清晰而又色彩艳丽，在清澈泉水的映衬下闪着五彩斑斓的光泽。这条山光水色秀丽，溪泉与奇石景色俱佳的美丽山谷就是翡翠谷，又名"情人谷"。

翡翠谷是国家4A级旅游景区，它集山、水、潭、池和奇岩怪石及茂密森林诸多美景于一身，因发生在这里的美妙传说和动人故事而著称于世。

▲ 翡翠谷秀丽山光水色

气候和观光季节

翡翠谷四季皆可游览，但以4—10月份观光效果更佳。

交通

欲到翡翠谷应先到黄山市区或汤口镇（从黄山市区至太平的客车经过翡翠谷景区大门），从汤口镇乘各类机动车10分钟就到翡翠谷。

从汤口打车到景区门口车费需20—30元，客车车费5元。

景区门票90元

关于翡翠谷昵称"情人谷"的动人故事

据说在20世纪80年代，有30余名上海男女青年到此游玩时迷了路，在面对险情、遭受艰难困苦之时，这些青年互相搀扶、攀岩涉水、勇敢前行，最后终于走出了峡谷。由于患难见真情，回到上海后，这些青年中有10对结成了终身伴侣，这个美丽的故事感动了许许多多人。1999年《卧虎藏龙》在此拍摄，上映后享誉全球，片中的精美画面和主题歌《月光爱人》把情爱之美传遍世界。因翡翠谷风光秀丽而柔美，特别适合情侣结伴同游，近年来到黄山观光的情侣朋友大多要到这里领略浪漫温馨的观光情调，已有越来越多的人将翡翠谷当成是情侣或爱人出游的绝佳候选地。如今翡翠谷与情人谷两个美妙的名字已融为一体，带给游客的是无穷无尽的美妙遐想和清新独特的观光感受。

安徽省 翡翠谷（情人谷）

🐎 景区主要景观和主要观光亮点

长达6千米的山间峡谷

从志祖桥开始，到如意亭结束，山水溪流间依次分布着海蚌滩、龙凤池、花镜池、情人桥、绿珠池、爱亭、鹊桥、孔雀池、恋亭、爱字石等佳景，宛如一条银线穿起的颗颗珍珠。游人游览往返需2—3小时，穿行在绿水青山中，可以获得无比欢畅的观光感受。

大小共100余处潭池和彩石佳景

翡翠谷中有酷似雄狮头部的青狮池，有像大海螺的海蚌滩，有闪着五色波光的花镜池，有悬瀑流入宛如珠帘的珍珠潭，有精美亭阁秀立的绿珠池（含池边爱亭），还有水中石槽形态宛若孔雀开屏般的孔雀池等，无一不是潭池佳景中的佼佼者。此外，四周群山环抱、下方清溪欢涌的巨型"爱"字石和两座别具风姿神韵的情人桥、鹊桥更是游人必看必拍的观光大亮点，颇受八方游客的青睐和喜爱。

清幽宁静的观光及休闲环境

翡翠谷的游人比黄山少一些，因此来这里观光会特别的安宁清静，非常适合情侣和爱人结伴行游，享受世间难寻的美妙和温馨，尤其是到了晚间，翡翠谷内泉水潺潺、轻风沁人，游人漫步在度假区内感受其柔美朦胧真是如幻如梦（在这里住一晚多舒服多开心）。

七夕活动场面宏大诱人

每年农历的七月初七，景区内都要举办盛大的"中国黄山七夕情人节"活动。这个节庆弘扬中华民族的优秀传统文化，深受社会各界的重视和欢迎。每到七夕，景区内都会游人如潮，场面红火喧嚣，这一天的翡翠谷风光最为壮观迷人。

翡翠谷亦是休闲度假胜境

景区内有一家档次很高、设施条件很好的度假饭店，非常适合情侣入住。景区周边的翡翠度假村中餐厅就餐环境好且菜品齐全（各类原生态的农家菜应有尽有），因此这里不光可以短暂观光，亦适合中长期逗留休闲度假。

🎒📷 旅行家指导

如何在翡翠谷玩得高兴、吃得满意、住得开心？

①游客可在游黄山之前或是游黄山下山之后来翡翠谷观光，半天时间够用。

②上山时一定要走到爱字石再向后转，爱字石是景区内最有观拍价值的景观，游人不可不看。途中的潭池和奇石及桥梁美景应逐一细细观览。上下山往返时间需3—4小时。

③若在景区住宿建议您选择景区门口的各家民宿，条件尚好，房价不贵。

④用餐建议您就在游客中心内的餐厅中吃，景区门外的民宿中也都有餐厅，各式农家菜一应俱全，可以任选。

安徽省

465

发烧友特别关照

另荐佳景：九龙瀑布群

黄山以奇松、怪石、云海、温泉"四绝"著称于世，但是山上的人字瀑水量挺小，观光效果很一般。若想领略到山间溪泉和巨型瀑布之迷人风光，建议您到九龙瀑景区去，那里有国内著名的瀑布群——平日里山溪自上而下欢快流淌，雨后水量激增，瀑水飞腾下泻，声震峡谷，场景之美足以震撼人心。

九龙瀑景区在黄山东大门的汤口以北约 2.5 千米处，由全长 600 米、总落差达 360 米的九级瀑布和九个池潭构成。潭水青碧如玉、瀑水汹涌奔流，潭瀑相间，构成了黄山东麓幽深峡谷中充满生机活力的美景。九龙瀑在黄山脚下的诸多观光亮点中独树一帜，每年吸引着国内外诸多游人前来观赏。笔者建议您在黄山观光时抽出半天时间畅游九龙瀑，雨季观光效果更佳。

从黄山脚下的汤口镇乘去黄山区（原太平县）的公交车 15 分钟就到九龙瀑景区大门，这段路打车 20 元够用了。景区门票 60 元。

游览咨询订票电话：0559-5561459。

推荐绝佳游乐项目：香溪漂流

在黄山脚下汤口镇山岔村旁，流淌着一条美丽的溪河——它发源于黄山最高峰莲花峰和天都峰之间，途经著名景区翡翠谷（昵称情人谷），河道蜿蜒、水流清澈，沿岸到处是原始农舍和千年古村。这条河有一个很好听的名字叫香溪（与王昭君家乡的著名河流同名）。香溪流经山岔村的这一段水流相对平缓且岸边风光如画，于是人们就利用这段河道开展了各类游乐项目，其中最有诗情画意也是最过瘾、最令人开心的是橡皮船漂流。

漂流的起点是山岔村杨家坪，漂流距离为 3 千米。此段香溪既有长距离的平静河段，游人在此河段上可以悠闲自在地观赏品味皖南乡村的田园美景；也有飞流急泻的险滩，此时游人会被浪涌颠上来、砸下去，衣服弄湿是肯定的，然而其间享受到的却是跌宕起伏、新奇刺激的特殊体验。由于香溪漂流的游乐方式与游人攀登黄山时在山上的玩法明显不同，所以笔者觉得它能为各位带来新鲜感受，故向各位专门推荐。

建议从汤口镇打车去漂流起点杨家坪，车程 15 分钟左右，车费单程 30—40 元，往返 60 元。漂流时间 8：00—17：30。漂流收费 138 元/人，网上购买有优惠。

旅游锦囊

为您介绍周边旅游胜地——歙县

①歙县距黄山市区约 23 千米，县城风光很美，有青山绿水（江水穿城而过），水上还有几座漂亮的桥梁（晚间桥上彩灯如链），所以游人一到歙县，首先应该关注县城的风光。

②从歙县县城乘专线车可直达棠樾牌坊群，但是唐模、潜口、呈坎几个景区都是要经徽州转车才能去的。徽州地处黄山至歙县的公路中间，距黄山和歙县几乎一样远，如果从黄山去歙县，先经过的是徽州（行车 15 分钟）。

③关于游程安排，笔者觉得一至二日游就可以了。一日游可先去棠樾牌坊群，从这里乘出租车走新公路 30 分钟到唐模，逗留 90 分钟，之后车程 30 分钟到潜口古民居，参观之后再乘车 30 分钟即可到呈坎。建议在呈坎逗留一晚，细观古镇秀色。次日返回县城看老街、斗山街、游徽园、渔梁坝、县博物馆、太白楼等景点。

④时间充裕者可继续关注石潭村、许村041、吴乐宗祠等。

⑤另外，深渡码头每天有去新安江山水画廊和千岛湖的游览船发出，游人可关注。

▲ 潜口民宅

歙县

电话区号: 0559　**棠樾牌坊群:** 6751111

歙县古称徽州,是一座历史文化名城。它位于杭州、千岛湖、黄山、九华山旅游线的中心点,徽杭、屯芜公路在此交会,皖赣铁路穿越而过。境内古民居群布局典雅,园林、长亭、古桥、石坊、古塔到处可见,犹如一座气势恢宏的历史博物馆。歙县文物古迹十分丰富,截至2024年,歙县具有文物保护价值的文物古迹有570余处。稀世罕见的许国石坊和棠樾牌坊群,气势恢宏,古雅壮观,明代三桥,宋代两塔,文房四宝,名特土产,徽州名菜,均令人流连忘返。

交通

航空

黄山的机场位于黄山市屯溪,到歙县需要40分钟的车程,黄山屯溪国际机场覆盖了多个国内和国际目的地。

● 黄山屯溪国际机场:0559-2934999

火车

歙县目前有三个火车站,分别是歙县站、歙县北站和三阳站,国内许多城市有列车直达歙县,交通便利。

● 歙县火车站电话:0559-12306

汽车

歙县距黄山市区23千米,两地客运车站间每天流水发车,票价5元左右。

歙县到黄山风景区75千米,每天亦有多班客车往返。票价21元,如错过这些班次可到黄山市中转。

歙县到杭州每天6:20—14:00有客车往返,3.5小时车程,票价65—75元。

此外,歙县还有客车直达南京、上海、合肥、九江等周边大中城市。

☞ 歙县汽车站就在县城中心,交通方便

轮船

可以从杭州方向先到千岛湖景区的中心千岛湖镇,然

▲ 棠樾牌坊群

● **便宜的家庭旅店**

在歙县客运中心下车后,北面是大桥,东边是河水,向南走再向西拐就是家庭宾馆、旅店建筑群,这里住宿便宜,100元以下有卫生间的住处随处可见。

后换乘客船到深渡（12:30发船，18:00左右到达，下舱票价70元，上舱票价85元），上岸后换汽车45分钟即到歙县。

☛ 从深渡码头到千岛湖每天 7:40—11:40 发两班船，票价 50 元

餐 饮

歙县的饮食都属于徽州菜系。徽菜为全国八大菜系之一，发祥于南宋，起源于歙县，以烹制山珍野味而显其特色。到歙县一定要尝尝当地的农家饭，如石鸡、鳜鱼、毛豆腐、芙蓉糕等。其中，毛豆腐是歙县特有的风味小吃，它鲜而不腻，芳香爽口。

☛ 这些菜也美味：腊鸭豆干、桃花鳜鱼、笋干煨肉

住 宿

歙县县城里宾馆不少，各个档次的都有。笔者向您推荐的是位于县城紫薇路的歙县饭店，条件尚好的双标间一般季节200—300元/间，总台电话：0559-6610000。欲住便宜的民居客栈，可在客运中心南侧找寻。

主要景点

棠樾牌坊群

在歙县西郊，由 7 座牌坊组成。古朴典雅、造型美观，周围有许多古祠堂、古民居，是多部影视剧拍摄的外景地和游客必观之景。

☛ 棠樾牌坊群是歙县的标志性景点，至少应该去一次

徽州古城（国家 5A 级旅游景区）

斗山街位于县城中心，街上有许多古民居、古井、古雕、古牌坊，街上地面由青石板铺成，古风古韵独特浓郁。徽州古城是徽州文化和国粹京剧的发源地，也是徽商的发源地。进入古城右侧有徽州历史博物馆，值得一去。

● 棠樾牌坊群
县城内乘 2 路公交车直达。
🎫 门票100元，包括鲍家花园。

● 徽州古城·斗山街
在歙县老城区，与老街相邻，从客运中心下车后乘 1、2 路和 4 路公交车 20 分钟左右可到。
古城免门票，但府街和摇橹船另收费。

渔梁古镇

歙县旁新安江上古老的拦河水坝，长约百米，由花岗岩石垒筑而成。丰水期的渔梁坝波涛奔涌，风光动人。此外，其渔梁古街依山傍水，别有一番滋味。这里是徽商之源。

● 渔梁坝
从县城乘 2 路车可到。
🎫 门票免收。

潜口

是一座古建筑专题博物馆，汇集了徽州数十余处明清两代建筑群，集中保护，更好地展示出了各类古民居的传统风貌，是了解古徽州建筑艺术特色的好地方。

唐模

秀丽的江南水乡村落，村中许多园林景色是仿杭州西湖景致建成，有八角石亭、同胞翰林坊、檀干园等园林景点。村中主要街道有许多徽派古民居，造型秀美，享有"画中村"之美誉。

● 唐模
可从徽州乘车前去。另外歙县有直达唐模的公路，自驾车者可从歙县直接前往。
🎫 门票 80 元。

呈坎

☎ 电话区号：0559　　呈坎景区热线：3536999

　　在安徽黄山风景区以南约48千米处，有一个原始古朴而又风光秀丽的小山村。它背依青山、前临碧水，自然环境优美，风光旖旎动人。村中古屋林立、溪泉密集，有3条主街和99条小巷，每条街巷中都密集分布着保存完好的民居古宅，且巷边都有涓涓水流在欢快奔涌。这座山村已有1800余年的建造历史，整座村落集青山碧湖和溪流古屋于一身，呈典型的八卦风水格局分布，建造非常精致，布局独具匠心。它就是被称为"中国八卦风水第一村"的呈坎，被朱熹誉为"呈坎双贤里，江南第一村"。

　　呈坎古村特色鲜明：一是环境美。四周青山环抱，中央有龙溪河穿村而过，整个村寨山光水色俱佳且灵气十足。二是古建筑多。目前古镇中仍留存着大量元、明、清三代的古建筑群，其中宝纶阁、罗东舒祠、燕翼堂等都是江南古建筑中的瑰宝，极具史学研究和观光价值。三是村中龙溪河水系分布周密完善，上游进村的河水称为天门水口，下游流出村的河道称为地户水口，村中溪流呈网状分布，形成了碧波绕村过，街街有清流的精妙流水格局，令人赞叹不已。四是环境整洁开发好，旅游设施完备，呈坎水质好、空气质量更佳，是不可多得的休闲度假胜地。村边有许多农家乐客栈和餐馆，景区旅游公司直属的客栈和餐馆更是条件优越，能为游客提供完善的旅游接待服务。因此，呈坎不光适合游览观光，也适合休闲度假。由于集诸多美妙之处于一身，因此笔者认为呈坎是皖南大地上极具吸引力的乡村旅游目的地。

¥ 古镇门票107元

🚌 交通

　　去呈坎首先应该到达黄山市区或黄山市徽州区，黄山市高铁北站及徽州区城北站都有客车直达呈坎，其中黄山市至呈坎的客车8:00—16:00滚动发车，车费10元。此外黄山客运站还有旅游专线车到达呈坎。

🏨 食宿

　　虽然呈坎村外边有多家农家乐餐馆和旅馆，但笔者力荐您选择景区内的山里缘

▲ 永兴湖如画风光

客栈。这家客栈就建在距景区售票处800米处的位置，环境很美、设施很新，服务也很好，在许多房间内都可眺望到呈坎村全景。电话：18255952859。

用餐地点可以选择食全酒美，这家餐厅就在景区内，且就餐环境很好、华丽舒适，徽菜菜品齐全，臭鳜鱼、小杂鱼锅仔、腊味炒竹笋、徽州毛豆腐等菜肴味道很好，服务也很周到热情。

景区亮点闪击

永兴湖美景令人赞叹不绝

永兴湖是呈坎水系中的重要组成部分，也是村中有代表性的著名景观——四周是青山，湖心是清波碧荷和多种水草组成的水生植物群。湖中石桥秀立、湖边古宅成群。不论游客站在哪个角度观拍永兴湖，都是视角绝佳的山水风情画。尤其是盛夏时节，湖上荷花美景，绝对浓艳迷人。

诸多古建筑的历史文化底蕴带给人滋养

呈坎村中古屋成群，几乎每一幢房屋的建造理念和建造方式都独具匠心，而宝纶阁、罗东舒祠、燕翼堂这些的"国宝级"古建筑就更不用说了——从房屋的外观和内部格局，从屋顶的形态到地下排水道的走向，从宅居内各房间的居住等级划分到整座房屋的风水方位，从平安居住时获取舒适安逸的方法到发生水火灾难时的扑救和避险方式，每一处都"有说头、有讲究"。中国古代建筑蕴含着中国人的哲学理念和精妙思维，令当今的观光者赞叹不已且拍案叫绝。到呈坎参观古建筑群后，诸多游客的共同感受一是震撼，二是过瘾。

碧水清波带给村落无尽的灵气和娟秀

在呈坎，游人可以饱览江南水乡的独特风姿神韵。您可以去看天门水口，也可以观地户河道，更可以与每条街边欢涌的溪流直接"握手"。至于村中最漂亮的永兴湖就更能吸引游人的眼球。荷花盛开的季节，就是在湖边拍上百张照片仍会觉得意犹未尽。

成熟的开发理念极好地保护了古村的原始风貌

现在的餐馆和客栈大都在呈坎古村观光区外，因此很好地保护了古村的原始风貌。与那些到处是店铺、到处是叫卖声的极富商业化的其他古镇明显不同，呈坎古村的观光区内倍显古朴和宁静，尤其是到了晚上，永兴湖边上光线幽暗且万籁俱寂，此时游客漫步湖边清幽宁静的美好感觉真是如诗如梦，世间难寻。

各位游客朋友，当您有机会来到皖南时，请一定要到呈坎一游。呈坎——皖南大地上一个美得令人惊叹的小山村。

▲ 呈坎宝纶阁精美建筑

黟县

电话区号：0559　宏村景区：5541158

　　黟县位于黄山主峰西南部，北临九华山，南靠齐云山，是黄山市下属的一个县，县人民政府驻地碧阳镇，距离黄山市区（屯溪）53千米，距黄山区（太平）76千米。黟县已有2000多年历史，全县完整地保存有一大批明清建筑群，建筑风格上徽派特色浓郁，砖、木、石三雕艺术精湛，宅院布局小巧雅致，文化内涵十分深厚。黟县目前有宏村、西递、南屏、关麓、塔川等诸多观光热点，深受游客喜爱和关注。

▲ 黟县宏村月沼风光

👉 黟县是皖南观光亮点。游过黄山后应该去黟县，不然您的皖南游会留有遗憾

交通

　　黟县西距黄山市约50千米，乘高铁从黄山到黟县只需10分钟。从黄山市旅游客运中心或从火车站乘客车，票价6元左右可到，车程近1.5—2小时。黟县县城不大，重点的景区都在县城周边。从县城的客运中心站和高铁站前可以乘客车轻松地抵达宏村、西递、南屏、关麓、塔川等主要风景名胜，网约车当然就更方便了。另外，从黄山景区附近的儒村道口有旅游公路至宏村，交通十分便利。

🚌 黄山景区南大门每天有客车去黟县，票价15元左右

住宿

　　黟县民居客栈很多，中高档的宾馆酒店也有一些。宏村、西递和南屏古镇内有很多居民客栈可以住宿，一般季节标间房价100—200元（视不同位置和条件而异），

●当地住宿推荐

①宏村旅馆繁多，就古民居旅舍而言，宏村便有数家。这里店堂及屋内陈设古色古香，住在其中十分具有情调。评价较高的有漫悦璞树客栈，电话：13733069753。
②西递村中的宾馆、旅店也多，各档次的都有，但是南屏、关麓、塔川村中的住处就少多了，所以上述3个地方不应作为住宿首选。

▲ 承志堂古民居

●西递

参考门票104元，网上购买有优惠。

●宏村

参考门票104元，网上购买有优惠。

●南屏

参考门票市场价43元，2024年免收。

●关麓

门票免收。

●塔川

门票免收。
此地风光原始古朴，秋景尤为出色，是众多画家、摄影师必游之地。

但关麓和塔川的旅店要少得多。此外在距宏村不远处风光如画的奇墅湖边还有一家中坤国际大饭店，可观湖景（订房电话：0559－5548888），住在那里绝对是高级享受。

主要景区

宏村（国家5A级旅游景区、世界文化遗产）

位于黟县西北11千米处。在皖南众多风格独特的徽派民居村落中，宏村是最具代表性的，是罕见的具有独特造型的"牛形村落"，由村中民居前的溪流、跨越吉阳河的小桥、村前的南湖和村头的两株古树分别组成"牛肠、牛腿、牛肚和牛角"，建筑风格布局奇异迷人。素有"中国画里的乡村"之美誉。村中各户皆有水道相连，数百幢古民居鳞次栉比，其间的承志堂是黟县保护最完美的古民居。宏村胜景云集，有南湖书院、南湖春晓、月沼风荷、雷岗夕照、雉山木雕楼、塔川秋色、木坑竹海等。

🚌 可从黟县汽车站坐客车前往宏村，也可乘从黟县东火车站到宏村客运站的公交车

木坑竹海

木坑竹海位于宏村以东约4千米处，竹林密布，竹海浩瀚、风光美而壮观。登上景区的山巅可以见到秀女湖倩影和徽派建筑风格的农村农舍，原生态的田园美景倍显柔美自然。

🚌 可以从黟县城或宏村包车去木坑竹海　　参考门票40元，网上购买有优惠

西递（世界文化遗产）

距黟县县城8千米，是有近千年历史的江南古村寨。这里保留有数百幢明清古民居，建筑和路面都用大理石铺砌，两股清泉村中流过，村中有99条高墙深巷，游客穿行其间如入迷宫奇境。

🚌 可从黟县汽车站乘客车前往西递，也可乘从黟县东火车站到西递的公交车

南屏

位于黟县城西4千米处，有1100多年历史。村中有36眼井、72条巷和300多幢明清古民居，现存8个祠堂，且有族祠、家祠和支祠之分，被誉为"中国古祠堂建筑博物馆"。

村中主要景点有叙秩堂（《菊豆》中的老杨家染坊）和叶氏祠堂等。《菊豆》《徽商》《风月》等多部影视片曾在此拍摄。南屏是一个非常宁静、悠闲的小村，古风古韵浓郁，未有过多的商业气息。

🚌 从黟县汽车站有直接到南屏的客车，也可乘从黟县东火车站到南屏的公交车

关麓

在南屏以西约2千米处，关麓村古时有关麓八大家，实际上是大户人家同姓的八兄弟，村里大部分房子曾是这八兄弟的家宅。这八间大宅连为一体而又互相独立，布局紧凑、高大冷峻。如今房宅虽已衰旧，但仍看出建造时的匠心。

🚌 关麓位于南屏以西2千米处，黟县东火车站有直达关麓景区的旅游专线，票价8元

塔川

塔川村距离宏村仅2千米。该村依山而建，飞檐翘角的古民居，层层叠叠，错落有致，远远望去，就好像一座宝塔矗立在山谷之中，此为"塔"之来历。一条清澈的小溪穿村潺潺流过，给小村带来生机灵气，此为"川"之来历。塔川村因此而得名。

村口及周围地带森林茂密、古树参天，每到金秋时节，满山树叶色彩斑斓，粉墙黛瓦掩映其中，景色分外迷人。

👉 从宏村乘车10分钟左右就可到。也可从黄山汤口自驾到塔川

卢村木雕楼

建于清道光年间，是由七家民居组成的木雕楼群，木楼雕刻手段多样、技艺高超，显示出古代艺人的超凡智慧（据说是工匠花20年时间才雕刻完成），令人观后赞叹不已。

🚌 黟县有客车前往。木雕楼与宏村相距不远，可在游宏村时顺路观览

▲ 塔川村中的古民居

●卢村木雕楼

¥ 门票免收。

●荐景：赛金花故居

赛金花故居又称归园，是一处会集徽派建筑艺术和历史文化特色于一身的精美园林。园中的赛氏故居老屋和诸多古物记录了赛金花扑朔迷离、众说纷纭的一生。县城到宏村的客车路过此地。

¥ 参考门票47元，网上购买有优惠。

▲ 美丽的徽派建筑

发烧友特别关照

旅游锦囊——为您介绍自助游览黟县的攻略

①黟县风光美而名胜古迹众多，非常值得一去，笔者认为就黄山周边的县级风景区而言，黟县的观光价值甚至大于歙县。

②宏村、西递、南屏、关麓、塔川，以上各景都是当地的观光大亮点，游客哪一点都不应漏掉。

③以上各景点位置所在不同，宏村、塔川在县城以北，西递在县城东南，南屏、关麓在县城正西，可以黟县县城为中心游览上述各景，县客运中心有客车直达上述各景且车次不算太少，包租车游览当然更方便。

④宏村的风光最美、古老民居最耐人寻味，应该是黟县观光中当之无愧的焦点、要点，必须重点游览。西递的风光也很好，村中的老房子不比宏村少，但是西递的"水"路不如宏村——宏村的满村碧溪都在欢快流淌，西递村中的几条溪流水量不足，观光效果打了些折扣。南屏和关麓的风景也很好，这两个村子中已经开发开放的景点不如宏村、西递多，但是去一次还是值得。塔川古村内已建起了不少新房，原始自然的生活状态已有部分改变，但村中绝大多数区域还保持着古老乡村的原始风貌——有些地方还能见到白鸭在水上漂、松鼠在树上蹿，当然这里的秋天景色还是很美，如果秋天前往自然能够欣赏到。

⑤上述各景如果抓紧时间（或者说走马观花）有一天时间就可以了。但笔者推荐您花两天时间细细品味，一天可以从县城乘客车到宏村，再从宏村打车到塔川。另一天依旧可从县城乘客车，先到西递，再到南屏，最后从南屏乘车抵达关麓。这三个景点都在一条线路上，因此只要坐从县城开往关麓的车便可途经西递和南屏。就观光停留时间说，宏村要2.5—3小时，塔川要1—1.5小时，西递要2—2.5小时，南屏和关麓各需1.5小时，所以二日游是最舒服的了。

⑥如果是一日游，那先去哪个景点都无所谓，反正它们不在一个方向。如果是二日游那最好第一天先去西递、南屏和关麓，下午或黄昏去宏村住下，晚上和次日游宏村和塔川。请注意，一定要住宏村，因为村南的月надия夜景很好看。此外距宏村不远处的奇墅湖边每晚还要上演一场大型歌舞表演《宏村·阿菊》，场面很宏大华丽，表演很精彩、很动人。您一定要去看一看。订票电话：0559-5548833。

⑦游毕上述景点后若还有时间，可去木坑竹海、卢村、秀里影视村观光并顺路看赛金花故居，这几个地方也是当地著名景观。

▶ 规模宏大的《宏村·阿菊》表演场

旅行家指导

说说宏村美景奇墅湖和宏村夜生活中的特大亮点
《宏村·阿菊》大型歌舞演出

奇墅湖景区在宏村以南约2.5千米处（在黟县县城至宏村的公路东侧），是一处大型高档旅游观光度假区。湖边青山环抱、峰峦叠翠，湖中水面开阔、碧波千顷，自然风光非常旖旎动人。坐落在湖边的中坤大酒店建造精美、设施豪华，能为游人提供餐饮、住宿、休闲、娱乐多种服务，是一个名副其实的"极乐世界"。

中坤大酒店的湖景客房全有落地大窗，在房中观奇墅湖浩渺烟波、看绿水青山间鸥鸟竞翔，真是视觉与心灵的高级享受。在酒店的临湖餐厅品尝徽菜美味佳肴，更有无尽欢乐溢满心头。

更重要的是在奇墅湖边，每晚都要上演一场大型歌舞表演《宏村·阿菊》，这是北京中坤集团投巨资打造的室外实景文化演出剧，演员阵容强大、演出场面恢宏，演出效果异常壮观迷人。

《宏村·阿菊》是以徽州女子阿菊的身世经历为主线，通过选亲、新婚、送别、思念、护村、盼夫、欢聚共7个场景的剧情演绎，歌颂阿菊对美好生活的向往和对爱情的忠贞。实际上该剧赞美弘扬的是徽州儿女的淳朴善良以及对家乡的热爱和对美好生活的向往之情，剧情跌宕起伏、扣人心弦。非常值得一提的是该剧是请外籍艺术家和国际演出团队与中方演员同台献技，与张艺谋的"导演金三角"创作排演的《印象·系列》风格完全不同，该剧运用了不少高科技表演手段和先进声光方式，是一场名副其实的视觉盛宴，使人耳目一新。

游客在宏村游览之余，到奇墅湖边看一次《宏村·阿菊》，住一晚中坤大酒店，真的会很开心（就是从黄山市区专程开车来看来住也值得，也可以看完演出后住在宏村）。因此笔者向大家郑重推荐。

《宏村·阿菊》每晚7:30开演。普通席票180元起，宏村景区加演出普通席联票284元。订票及咨询电话：0559-5548833，网上购买有优惠。在宏村村口，每晚都有《宏村·阿菊》演出公司的免费专线车拉客直达演出剧场，游客前去观看演出很方便。

▲《宏村·阿菊》大型歌舞表演的精彩瞬间

自助游中国 华东地区

九华山（国家5A级旅游景区）

电话区号： 0566　**旅游咨询热线：** 2831288　**市场监督管理局电话：** 2821316

九华山位于安徽省池州市青阳县境内，它北瞰长江，属黄山山脉支脉，景区总面积达120平方千米。作为我国四大佛教名山之一，九华山不光有星罗棋布的百八十处经堂庙宇，而且峰恋叠嶂、山姿异常秀美。唐代大诗人李白曾经三上九华山，写下了"昔在九江上，遥望九华峰。天河挂绿水，秀出九芙蓉"的优美诗句。九华山自古便享有"佛国仙城"和"东南第一山"的美誉。

▲ 九华山天台峰仙姿

气候与游季

属亚热带湿润季风气候，同时具有小高山气候特点。夏季稍短、冬季显长，春季迟来而秋季早至。山上多阴雨和云雾，全年有雾日达160天，空气潮湿但易见云海美景。春、夏、秋三季游览效果更佳。

☛ 九华山和黄山离得不远，两山一起玩是绝佳选择。

● 九华山换乘中心

在九华山下，有客车发往周边各市县，也包括黄山和太平湖。上山的观光车也在这发，凭进山票免费乘坐。

● 机场

九华山机场与北京、上海等城市间有航班对飞。机场距九华山20千米，有专线车对开。

● 景区门票

参考价格：旺季160元/人，淡季140元/人，3日有效。门票含景区内上山车费。老人、学生、教师、军人、残疾人有优惠。

交通

🚌 黄山客运总站有开往九华山的客车，车费65—70元

公路

苏州、上海、杭州、合肥、黄山每日都有客车直达池州市青阳县；长江边的铜陵、贵池等地去九华山的车几乎每小时就有一班，交通极方便。从青阳县城去九华山有20路公交车直达。

铁路

乘高铁去更方便，九华站高铁站位于青阳县，下车后换汽车，半小时可到景区游客服务中心。

水路

过去乘船在长江航线上的池州和铜陵港（从上海、南京方向来可在铜陵上岸，从武汉、九江方向来可在池州上岸）上岸后再换汽车，可以轻松地直达九华山。但现在长

江上的客轮都停航了。九华山车站至景区有专线观光车，每20—30分钟1班。景区内的观光车线路是从九华街到天台索道，游人购票可往返一次。

🏨 住　宿

九华山景区的中心九华街遍布高、中、低各档宾馆、饭店。高档宾馆有东崖宾馆（0566-2831370）、聚龙大酒店（0566-2571888）、上客堂宾馆等；家庭民居旅舍不计其数，最便宜的家庭旅馆双人房70—90元即可拿下；此外，山上部分寺庙有接待游客的客房并提供素膳，食宿非常方便（花80—100元可在庙中吃住一天）。

🐾 主要景点

九华街

位于海拔700米的半山腰处，上山的客车即开至此地。街上遍布原始古朴的民居和古宅，四周溪泉欢流、庙宇林立，近年来街上新建了许多宾馆、饭店和旅游服务设施，是九华山风景区的中心和游客集散地。

☞ 游人必经之地。此地亦有多处寺庙群

天台峰

又称天台正顶，海拔1306米，屹立于茫茫云海之上，是九华山主峰之一。山上的天台禅寺在景区寺庙中位置最高。游客登上峰顶，北可眺望长江远景，南可尽览黄山雄姿，倍感辽阔壮美、秀丽神奇。

☞ 天台顶峰上的风光很美，登山过程也让人高兴开心

凤凰松

为九华山上最漂亮的巨型松树（据传已有1400年树龄），耸立在半山腰的溪水边，身腰粗壮，松枝高展，犹如凤凰展翅欲飞，身姿之秀美绝对超过黄山迎客松，因此被誉为"江南第一奇松"。

☞ 凤凰松是九华山的标志之一，以它为背景拍照极有纪念意义

闵园

群峰环抱的一条山谷，到处是青翠竹林、郁郁葱葱。溪水边挺立着许多嫩绿和金黄色竹棚竹屋，风光特别优美和生动。这里是游客登天台山观景的必经之路，也是一处让人见过颇为流连忘返的观光和休闲胜境。

☞ 九华山重要景点之一，这里的景色非常柔美动人

肉身宝殿

位于九华街西南神光岭的小山腰上，共有地藏塔、地藏塑像、十殿阎罗拱卫等庙中佛教佳品名胜，这里僧侣众多，香火旺盛，是九华山上最大的寺庙之一。

● **餐饮**

山上有大型餐厅和个体餐馆近百家，当地名菜有红烧石鸡、九华三耳、天台双冬、清蒸山凤凰、红烧四鲜、纯鲜山菇等，其他各类素菜更是种类繁多，如竹笋、石耳、木耳、黄花、地心、豆腐、面筋等，都可加工成美味佳肴。但切记有些餐馆菜价水分较多，就餐前应尽力议价。

● **购物**

九华山毛峰茶、石耳、竹笋、黄精等都是首选土特产，另外可买些精美的竹雕、木雕工艺品。

● **笔者关照**

游客在景区内游览时，应注意理性消费，吃饭、住宿、购物以及烧香、拜佛和算命时应问清一切并谨慎消费，以免发生纠纷。

▲ 登临九华，畅观山景

☞ 肉身宝殿和化城寺都是九华山著名的寺庙，进庙观光定有收获

化城寺

位于九华街芙蓉山下，是九华山历史最悠久的开山祖寺，亦称山上的"总丛林"。寺内有大雄宝殿、月牙池、藏经楼几大部分，内藏佛经、书画、石刻等珍品无数，佛学信徒们常在这里谈经布道，国内其他三座佛教名山的僧侣也经常会集于此召开法会，其规模及影响闻名国内外。

● 另荐佳景：花台景区

花台是九华山于2017年开发开放的景区，在九华山的西北部，与天台景区相连。花台景区内奇峰高耸、怪岩林立、林荫浓密、溪泉清澈，还有数处寺庙景观且常出现云海雾涛奇观，经典景点"花后春色"是九华新十景之一。游客可从花台景区入口处乘缆车上行，也可从天台景区走过去。观光需90—120分钟。

● 索道价格

🚡 天台索道：闵园—拜经台，单程85元，往返160元。单程运行12分钟。淡季有优惠

🚡 九华街—百岁宫缆车，上行55元，往返100元。

🚡 花台索道，旺季单程85元，往返160元。

● 摄影佳景

半山腰处的凤凰松，树干粗壮、松枝高展，比黄山迎客松还要壮观迷人，以它为背景拍照效果肯定不凡。

亮点闪击，旅途花絮

①九华山位于安徽省青阳县境内，山姿秀美、丛林茂盛、溪泉汹涌、庙宇众多，可以给众多游客留下美好记忆。②九华山高近1600米，登上主峰天台峰，北看长江如练、南望黄山如屏，视野壮阔、气象万千，风光壮美足以震撼人心！③九华山是绿色的山，山间长满奇松怪柏、茂林修竹，倍显葱茏秀气。④黄山上的迎客松天下闻名，而九华山上也有身姿漂亮、造型奇美的名树——凤凰松，其高大挺拔的松枝向两侧伸展，犹如凤凰展翅欲飞，游人与它合影后会心满意足，倍感欢欣和振奋。⑤九华山间的溪泉水质极好，水中含有多种矿物质，用它洗浴后皮肤会非常滋润滑爽，真是舒服至极。⑥九华山距黄山不远，如果去皖南一次把上述两座名山一起游览，效果绝佳，大家尽可开心一试！

▲ 九华山云海美景

旅游锦囊

为您介绍自助游览九华山的攻略

①目前乘客车只能到山脚下的换乘中心，在此购进山门票后有专线车免费送至山上的游客集散地九华街，在那里查验门票后进入主景区。

②九华山上共有各类宾馆旅店 700 家左右，85%集中在九华街，用三步一宾馆、五步一客来形容是丝毫不过分的。三星级的聚龙大酒店等高档宾馆平日标间房价在 700 元以上，而数百家民宿客栈中有空调、电视、独卫的双人间价格也在 200 元以上。

③九华山上的餐饮价格较贵，九华街上的许多餐厅菜价可打折（普通肉菜开价大多在 50 元以上）。以笔者的观察了解，在九华街上吃饭（除去最旺季），将菜价砍下 20%没有问题（尤其是特色菜）。

④九华山上还有一点事情比较不方便，就是洗手间有的收费 1 元，相比黄山上的所有卫生间都不收费，这点九华山真应该向黄山看齐。

⑤一般游客在九华山至少会看三大景区，离九华街近（就在街东侧，有缆车或步行道上去）的这个叫百岁宫景区，观光效果尚可。离九华街远的（需乘观光车去或步行翻山也可以）是天台峰或称十王峰或主峰景区，这地方风光极精彩。上述两个景区都至最好，但如果时间紧可舍掉百岁宫，但天台峰可不能去。近年来新开发的花台景区也非常美，也应重点关注。

⑥现在九华街上有车况甚好的观光专线车将游客送至半山腰的凤凰松景区（凭进山票免费乘车，车行需 10—15 分钟）。下车后可选择步行或乘缆车上行至天台峰——十王峰。从凤凰松下车后沿柏油路上行，10 分钟后即到索道站。在柏油路左边有条步行道，首先有几十级下去的台阶，然后是平坦的石板路，沿此路走 10 分钟后即到九华山的重要景点凤凰松，这里是一个观光要点，之后可从此沿步行道上行至天台峰，时间需 2—2.5 小时。

⑦凤凰松至天台峰间有不少庙宇，也有不少茂林修竹和山间溪泉，风光挺好，沿途还有一些小餐厅小饭馆和小旅舍，能找到 70—80 元房间，但住宿条件一般。

⑧不管谁去九华山游玩，山腰处的凤凰松和山巅处的天台峰、十王峰都必须看。步行往返有点累，笔者认为步行上去再乘缆车下来既有好的登山观光效果又能舒适开心。游毕天台峰步行去花台然后从那边下山也是绝佳选择。

⑨在凤凰松下面有一处庙宇叫接引庵，过去曾是登山要道上的重点庙宇，现在因为有了缆车，多数客人会绕行，这座庙就被人冷落了，但也正因如此它显得很宁静。笔者在山上时经常到接引庵庙旁的石桥下的溪水边去，在那里一坐就是几个小时。这里没有任何嘈杂混乱，只有晶莹的水花和清爽的山野微风带来的无尽柔美舒适温馨——希望各位游友游毕凤凰松后下到接引庵看一看（步行 2 分钟就到），殿内门联是"接从修行路，引开方便门"，充满情趣。

▲ 登山索道跨越峡谷

齐云山

电话区号：0559　景区：2677777　景区票务：2661088

　　齐云山位于黄山以南33千米处休宁县境内的齐云山镇，是中国四大道教名山之一，也是国务院批准的国家级重点风景名胜区。齐云山是丹霞地貌风景区在皖南的典型代表，这里峰峦卓立、清江环绕、松柏浓翠、风光旖旎。全景区由月华街、云岩湖、楼上楼三大部分组成，号称有三十二峰、七十二石、十六洞、二十三涧，山下的横江水流涓涓、清澈见底，游人登山后再去江上泛舟戏水，倍感凉爽舒适、称心快意。

☛ 初次到皖南的游客应首选黄山、黟县各景点。二次入皖的朋友可关注齐云山

☛ 齐云山是著名的"皖南三山"之一，另两座是黄山和九华山

▲ 齐云山秀色

🚌 交　通

　　欲去齐云山应先乘各类交通工具到皖南黄山市，再从黄山市（屯溪）乘5007路公交，只需2小时左右即可到齐云山道口，这里离山门还有4.5千米山路，步行约40分钟可到山门。亦可步行15分钟到索道站，然后乘缆车上山，上行60元、下行60元。从景德镇方向来的游客可乘高铁至黟县东，后在黟县东站打车16分钟左右便可到齐云山景区。

游　览

　　齐云山景区比黄山小得多，一天即可观其全貌。游客一般沿飞云亭、月华街一线观光（山上有不少摩崖石刻），依次观赏望仙台、象鼻岩、真仙洞府、小壶天、玉虚宫、五老峰、方腊寨、最高峰等景点。下山时可原路返回，也可不走回头路而从五老峰一带下山到横江边，再乘江民撑的竹筏漂过横江上岸出景区。笔者推荐的游览方式是不走回头路，从五老峰下去，到江边乘竹筏返回，感觉不落俗套。

● 山上的中心街

月华街两边都是民居、旅店、餐馆和庙宇，一定要把这条街走完，观感才完整圆满。

● 绝佳观景点

站在山上浮云餐厅的门外向下看，山光水色（横江景色）甚为迷人，是山上最佳观景点之一。

● 景区门票

进山票68元/人。每周三免门票。

● 住宿

山上的月华街上有宾馆、旅舍。如祥富瑞度假酒店，条件尚好，房价适中，电话：0559-2661688。

安徽省 天柱山

天柱山

电话区号：0556　咨询电话：8146608　潜山县旅游局：8932288

天柱山位于安徽省安庆市潜山县境内，是国家级重点风景名胜区，因其主峰恰似"擎天一柱"而得名。天柱山虽然没有黄山、九华山那样名声显赫，但山岳风光非常雄奇诱人，山间遍布险峰、奇峡、幽洞、深谷，亦有诸多流泉飞瀑、怪柏奇松。这里曾被汉武帝封为"南岳"，李白、白居易、苏轼、王安石等文人墨客也曾到此登山观景、赋诗咏志，并留下数百方摩崖石刻，为天柱奇山添彩增辉。

▲ 天柱峰雄姿

气候与游季

天柱山四季有景、四季可游，但是以春、夏、秋三季游览效果最佳。夏季这里的最高气温不超过29℃，是避暑胜境；6—8月，山上雨水较频繁，游客应携带必要雨具；9—10月底秋景迷人，最宜观光摄影；冬季阴冷，游客较为稀少。

☛ 冬天雪后不宜上山观光，山路湿滑且有危险

交　通

天柱山地处皖中、江淮之间，临长江，紧靠105、318国道高速公路和合九铁路，距省会合肥及安庆市（有机场）和长江水运码头很近，交通便利。

☛ 安庆机场也叫天柱山机场，机场问询电话：0556-5861114

航空

可乘航班飞安庆市，然后转乘汽车去潜山县。北京、广州、上海、温州、厦门有航班与安庆对飞。从安庆市区乘公交车可直达机场。

☛ 天柱山火车站在县城东北边，距县城中心约3千米

铁路

合九铁路上的列车都经停天柱山站，这里乘车可直达合肥、蚌埠、九江、庐山、南昌、井冈山、广州、深圳等地。欲乘高铁应在潜山下车，换车去天柱山。

● 景区门票

参考价格：130元/人。淡季110元。景区内部交通车往返30元。
大龙窝索道上行单程是80元，下行60元。

● 潜山汽车站

电话：0556-8921195。

● 住宿

潜山县城和天柱山（山上山下）现已有宾馆近百家，旅馆及农家乐客栈也不少，床位数万张，可以基本满足不同层次游客食宿需要。在山中住宿，民居旅馆标间100元左右，条件尚好，最旺季还会贵许多。而像位置甚好离索道站又近的天柱山庄房价一般为150—300元/间。

公路·巴士

潜山县城至天柱山索道站22千米，是进出天柱山的公路交通枢纽，潜山高铁站和市区天柱山管委会门前都有公交到天柱山景区。高速公路经过潜山，在距县城十多千米的王河设有出入口。安庆直达潜山（天柱山距安庆57千米）的客运班车有数十班次，安庆至潜山中巴基本上每小时一班，如包出租车，需120—250元。合肥至潜山的客车也很多，其中快巴行驶2.5小时可到，车费68—72元。

☛ 住宿参考：①天柱山庄，是山上旅店，电话：0556-8145015　②文娟土菜馆，是山下的农家乐，电话：18956928277

主要景点

西关景区

山势挺拔，沟谷纵横，奇岩遍布，风光壮丽，是天柱山上的美景密集区，像山间最有名的天柱峰、天池峰、飞来峰、蓬莱峰、一线天、百步云梯、通天谷、神秘谷、天乐台、天元石、青龙背等美景都在这里，是天柱山当之无愧的主景和游人必观之地。

☛ 游天柱山应该先游西关而后去东关，这样观光顺畅方便

天柱峰

天柱山的主峰，海拔1489.8米，陡立如柱、挺拔俊美。周围有莲花、含珠、天池、飞来、月华诸峰拱卫，更有云海、雾涛、朝晖、晚霞辉映缭绕，甚具迷人风姿与神韵。

☛ 观拍天柱峰的绝佳位置是天池峰，从这看到的天柱峰秀丽而壮观

神秘谷

天柱山景区内的一大奇观，1—2千米长的山谷内，遍布奇岩怪石、幽深洞穴（光是幽深岩洞就有50余个，且洞洞相连相通），扑朔迷离，神秘莫测，引人入胜。

☛ 特色鲜明一定要游览

东关景区

与西关景区有异曲同工之妙，主要景点有千丈崖、大天门、天狮峰、奇谷天梯等，这里峰高谷深，游人攀登很感惊险刺激。

☛ 游毕西关各景点可从炼丹湖向东经画眉岭进入东关，这里的千丈崖、大天门、奇谷天梯都是惊险路段

三祖寺·潜河景区·天柱山大峡谷·九曲河漂流

三祖寺位于天柱山景区的山下入口处，有众多古庙宇和摩崖石刻。与之相望的潜河河面宽阔，水质清，游客可在岸边观光或乘船漂流。上述二景是天柱山景区的辅景，与西关、东关二景交映生辉。此处不远新开放的天柱大峡谷和九曲河漂流也可适当关注。

☛ 另荐景点：薛家岗文化遗址在潜山县城以南约7.5千米处。这里出土过许多珍贵文物，可关注

推荐游程

二日游

D1. 游马祖庵、天柱山庄、飞来峰、天池峰、神秘谷、天柱峰以及西关各景区。

D2. 游千丈崖、大天门、天鹅峰、奇谷天梯等东关各景区（大峡谷景区视情而定）。

之后有时间可以考虑沿潜山、安庆去九华山、黄山。天柱山到九华山不过5—6小时车程，一次游览上述数景比光游天柱山收获要丰富圆满得多。

☛ 如果体力充沛、意志坚强而又早出晚归并乘缆车，一天内游遍西关、东关两大景区是完全可以的

旅行家指导

如何在天柱山玩得快活开心

①天柱山风光好——山岩奇景多、松竹茂密且有溪流泉水，所以非常值得一去。

②山上的西关、东关两大景区需特别关注，而山下的三祖寺可在路过时简单浏览。

③上山一定要乘缆车，否则步行上山要许多体力，不划算。

④游人购买门票后可乘景区专线车抵达索道入口，乘缆车上到索道上站，出站后立即到了山上美景集聚区，每走一段都有佳景出现。建议您首先去游神秘谷，在谷中要钻行50分钟，之后便看到了飞来峰、蓬莱峰、天柱峰等代表性景点，其中天柱峰一带算是最高峰了。下山时不要原路返回，从天柱峰向东，步行经过万景台、青龙轩、西关寨到炼丹湖，这一段山光水色皆美。到了炼丹湖后，有两种选择：其一是从这里下山至天柱山庄一带住宿，次日游东关各景点。其二是直接从炼丹湖去东关景区游览（也可在炼丹湖住宿，次日游东关）。

⑤东关景区内的山路多起伏跌宕，观光时要费很多体力，游客要有心理准备。

⑥天柱山下有多家宾馆，住宿方便。山上的住宿点首选位于山腰处的天柱山庄，这里有好几幢档次不同的住宿楼，条件尚好房价适中且环境极为优美迷人。欲住民居旅馆可从天柱山庄向西南方向走150米，这里有多家小旅舍，有70—120元的双标间。另外炼丹湖边也有宾馆可以住宿。

⑦天柱山上的餐饮比山下贵，但比黄山、九华山的饭便宜，天柱山庄餐厅正餐价格人均82元，另供应早餐，但菜品不多，可酌情选择就餐，电话：0556-8145015。

⑧严冬时节，天柱山上的雪景迷人，天柱山庄等山上宾馆也照常营业接待客人，但游客登山时千万小心谨慎（雪后山路滑），以保自身安全。

▲ 天柱山飞来峰

福建省
FUJIANSHENG

福建地处中国东南沿海，依武夷山脉、临浩瀚东海，境内群山叠嶂、林海广袤且气候温和、四季如春，是一个深受八方游客关注和喜爱的省份。省会福州并不是典型的旅游城市，但仍有鼓山、西湖等数处名景；泉州城历史久远、古迹众多，侨乡风情旖旎动人；最令人流连忘返的是鹭岛厦门，那里城市整洁、海景壮美，景致出众且旅游业开发管理特别有序，令人游后深感舒适惬意。此外，泰宁的大金湖、龙岩的客家土楼、东山县的东山岛、福鼎的太姥山、周宁的鲤鱼溪、九龙瀑布群和屏南白水洋都是值得一去的福建省旅游景点。这些自然风光和民俗景观让福建焕发出独特的魅力和别样的光彩。

黄金旅游线路

① 厦门—武夷山—泰宁大金湖
② 厦门—泉州—福州
③ 厦门—东山
④ 厦门—冠豸山—永定土楼
⑤ 太姥山—周宁鲤鱼溪—九龙漈瀑布群—屏南白水洋

气候与游季

福建属亚热带季风气候，温和，青山绿水，四季如春，年平均气温20℃上下，最冷月（1月）平均气温6℃—10℃；最热月（7月）平均气温27℃—29.5℃。年平均降雨量在1000毫米以上。基本上全年适宜游览。但应注意冬季岛屿及沿海地区的海风湿冷强劲，此时去海边旅游可能效果欠佳。但远离海边的武夷山、泰宁金湖、永定土楼等景区仍能给游客带来满意观感。

▲ 壮丽的福建南靖土楼奇观（田螺坑土楼群）

厦门

电话区号：0592　厦门及鼓浪屿轮渡咨询：3533188

厦门位于福建东南部、西接漳州、北连泉州，是福建省第二大城市。相传古时这里曾有白鹭栖息，故享有"鹭岛"之美称。厦门依山傍海，风光旖旎，全市有鼓浪洞天、菽庄藏海、皓月雄风、虎溪夜月等数十处佳景，灿若繁星，甚具海上花园和海上明珠之风姿神韵。厦门是国务院最早确立的四个沿海经济特区之一，这里经济发展迅速，城市整洁干净，而旅游市场的开发和管理，更是在国内外享有盛名。来厦门游览观光，可以领略到国内海滨城市迷人的山光水色，享受到成熟完备的旅游服务，得到终生难忘的美好享受。

气候与游季

厦门地处亚热带海滨，属亚热带季风性气候，空气温润、雨量充沛，冬无严寒，夏季气温并不高但日照强烈（此时前去应携带防晒用品，至少应注意携带遮阳伞、帽）。每年3—11月是当地的旅游黄金季节，但作为淡季的冬季，城市中仍到处有鲜花绽放，所以厦门是一座一年四季风光都很旖旎秀美的城市，不同时节前来都会收获到绝佳的观光体验，只是8月份前后为台风季节，游客去前应注意天气预报。

▲ 厦门滨海城市风光

交通

厦门市地处东南沿海，海陆空交通十分发达，机场和火车站都在厦门岛中心，对外省市游客来说十分便利。

■ 高崎机场咨询服务电话：0592-96363　售票电话：0592-5738816

航空

厦门有航班同北京、上海、广州、深圳、南京、武汉、西安、成都、沈阳等近百个城市对开。另有国际航线通往曼谷、新加坡等东南亚多地。

■ 火车站咨询电话：0592-12306　订票电话：0592-95105105

铁路

厦门有旅客列车与北京、上海、广州、深圳、南京、杭州、合肥、南昌、西

● **机场到市区**

有27路、84路等公交车直达，车票2—3元。

● **当地交通**

公交车四通八达，上车1—2元起价，打车3千米起价10元，以后每千米2.6元。

● **笔者关照**

厦门风光美且城市管理有序，观光游乐后令人惬意无比。笔者多次游厦门，经常在那里一次玩8—10天仍然感到意犹未尽，所以这样的好地方您别再犹豫了，应该赶快去，玩几次都不嫌多。

安、重庆、福州等城市对开，高铁早就开通了。厦门与武夷山之间有旅游专列。厦门有厦门站、高崎站、北站3个车站。

☛ 乘1、28、快1线、快2线可到厦门火车站，乘快1线公交可到北站

轮船

主要有国际游轮和近海游轮在各个码头停靠和出航。

公路

厦门市区有数家长途客运站，每天有近百班各类客车发往福州、泉州、广州、汕头、潮州、深圳、东山。公路、长途客运站问询电话：0592-968828。

☛ 市区主要有湖滨、松柏、火车站等汽车客运站

住宿

作为经济发达的沿海旅游城市，厦门市的旅游业十分发达红火，市内随处可见宾馆、饭店。星级宾馆有数十家，其中悦华、假日、京闽、马哥孛罗等宾馆级别档次最高；中低档的宾馆也有不少。最舒服惬意的事情是住到鼓浪屿上去，那里环境整洁又安静，空气清新风光秀美，岛上条件最一般的宾馆房价在200元左右，淡季还可再打折（旺季上浮），可作为游客到厦门后的住宿首选地。

推荐主要星级酒店（区号 0592）

名称	电话
海景千僖大酒店（四星）	2023333
马哥·孛罗东方大酒店（四星）	5091888
维也纳国际酒店（三星）	777377
艾思顿酒店（三星）	569211

●推荐实惠的住宿地点

①幽翔旅馆，在鼓浪屿鸡山路15号，距内厝澳码头不远。虽不在岛的中心区，但条件尚可，房价不贵，综合性价比很高，电话：0592-2067589。

②鼓浪屿海湾酒店，在龙头路17号，房价适中，条件尚好，电话：15859299221。

餐饮

当地特色菜以闽菜风味为主，主要有各类海鲜烹制的美味佳肴，如佛跳墙、鹭岛松子鱼、焗扇贝、黄鱼翅、脆皮明虾球、原汤鱿鱼、八宝芙蓉鸡、枸杞龙虾等，上述菜肴在市区的各主要餐厅均可吃到。风味小吃的品种更多，鱼丸汤、烧肉粽、虾面、蚝仔煎、韭菜盒、炸五香、土笋冻、花生汤、圆仔汤、油葱果等均具地方特色。

如果只想在旅途中填饱肚子，那便宜实惠的快餐店（在厦门街头上很常见）应该是您的首选。店内的荤菜素菜一般有20—30种之多，荤菜6—10元一份，素菜3—5元一份，米饭2元一碗，汤免费，一般饭量的男士花费15—18元即可吃得很好。

此外在火车站周边和鼓浪屿岛上，还有不少小型餐馆，里边的各类海鲜和其他肉、菜半成品都摆在明处，价格可以面议。

主要景点

鼓浪屿（国家5A级旅游景区　世界文化遗产）

面积只有1.88平方千米，但极为精巧玲珑风光秀美的岛屿，与厦门市区隔海相对，岛上景观秀丽多姿，享有"海上花园"之美誉。鼓浪屿上冈峦起伏、错落有

福建省 厦门

致、树木繁茂、空气清新宜人。日光岩、皓月园、菽庄花园等人工佳景和金黄海滩、碧澈海水、银色浪花相映成趣，令人赏心悦目、心旷神怡。岛上最大的特点是宁静——听不见任何车马喧嚣（除少量观光车外不准任何车辆上岛），而和无尽涛声相伴的只有袅袅琴音。2017年，"鼓浪屿：国际历史社区"被列入《世界遗产名录》。

从厦鼓码头乘轮渡20分钟可到鼓浪屿三丘田或内厝澳码头。轮渡去时收费，船票去三丘田35元、到内厝澳35元，都是往返票，且昼夜运营（从16:30到18:30，每20分钟一趟）。晚上及夜间鼓浪屿至厦门是三丘田码头、钢琴码头与渡轮码头对开船。轮渡码头至厦鼓游轮码头间有51路公交车开行。

👉 风光很美就是游人太多了

日光岩

位于鼓浪屿中部偏南的龙头山山顶，海拔92.68米，是全岛最高峰。站在岩顶的圆形观景台上，厦门全貌尽收眼底——市区高楼林立、新潮气派，海峡上巨轮穿梭、千帆竞发（天晴时还可看到大担、二担岛屿），鼓浪屿全岛均被奇山绿树覆盖，风光绚丽柔美、生动多姿。

皓月园

坐落在鼓浪屿东南隅。全园占地25万平方米，主景是高15.7米高大巍峨的郑成功石雕像，它与四周的山石树木、归帆鸥影相辉映，风姿甚为挺拔迷人。

👉 皓月园是鼓浪屿岛东南角的重要景点，气派且壮观

菽庄花园

鼓浪屿岛西侧由私人别墅改建成的滨海公园，分为藏海园、补山园两部分，园在海上、海在园中，有"四十四桥"和"十二洞天"等佳景，园内的古代钢琴博物馆陈列着世界各国多位收藏家珍藏的各式精美古琴，甚具观赏价值。

👉 精美园林，应重点游览

环岛路

环岛路西起轮渡广场、东至厦门国际会展中心，全长近10千米，于1999年3月正式贯通。

它是一条绿色玉带，又是一道美丽的山水长廊，沿途多秀丽海滩和绿树繁花，且有台湾村、胡里山炮台、

● **鼓浪屿**

岛上有观光电瓶车，50元/人，全岛通用（1天之内），也可分段购票。步行游览也方便。

鹭江夜游船票99元，途中可看鼓浪屿风光。

● **岛上观光通票**

最新票价110元/人，含岛上日光岩、菽庄花园、皓月园三个主要景点和风琴博物馆及刻字馆。网上购票有优惠。

● **日光岩**

游客从码头下船后步行20余分钟即到日光岩门口，可步行或乘缆车登顶。
¥ 门票50元。

● **皓月园**
¥ 门票10元

● **金厦海上乘船游**

从厦门轮渡码头、中山码头、旅游码头上船，可以开到离大担、二担和小金门很近的地方观赏拍照。游程需2.5—3小时，船费99元/人。

▲ 鼓浪屿日光岩

487

● 如何观看金门岛

必须乘船去海上，在厦门市区是看不见的。

● 菽庄花园

¥ 门票30元。

● 环岛路

🚌 有近10条公交线和环岛游观光大巴通达。

在此还可临海眺望大担、二担及小金门等岛屿。

● 南普陀寺

🚌 1、21、32路等多路车可到。

¥ 门票免费。

● 胡里山炮台

🚌 2、21、86、96等多路车可到。

¥ 门票25元。

● 集美区

从厦门市区乘车40分钟可到，多路公交直达。

¥ 嘉庚公园门票免收。

国际会展中心等多处美景。环岛路把厦门东南沿海的多处观光佳景连为一体，给外来观光者带来了极大的方便和快慰。

👉 一定要乘观光大巴完整绕环岛路一圈，观光感受妙不可言

南普陀寺

闽南最大的佛教寺庙，厦门八大风景区之一，殿宇林立、香火旺盛，有天王殿、大悲殿、大雄宝殿等主要建筑。寺内明万历年间血书《妙法莲华经》和何朝宗名作白瓷观音等最为名贵。

👉 建议在南普陀寺游览50分钟

胡里山炮台

屹立于厦门市正南方的海滨，不光是居高观海景的好地点，还设有荣光宝藏博物院，内分世界奇石陈列馆、世界古代火枪陈列馆、世界古代宝剑陈列馆、古树化石展示五个展区，陈列有各类传世珍品3800余件。炮台下还有游船码头，游客可以在此上船到海上观光游览。

👉 炮台是重要景观，应该一看

集美区

位于厦门岛外的西北方15千米处，是爱国华侨陈嘉庚先生的故乡，主要景点有嘉庚公园、鳌园、归来堂、集美学村、龙舟池、陈嘉庚故居等。其中集美学村是由陈先生斥资兴建的多座高等学府聚集地，现统一更名为集美大学，也是湖、池、亭、凝集众美的观光风景区。鳌园内有许多精美浮雕和石刻，还有高28米的集美解放纪念碑和陈嘉庚先生墓园。

👉 时间充足者可去集美一游

厦门园林植物园

在紧挨市区的万石山边，俗称"万石植物园"，是国家5A级旅游景区，面积达4.93平方千米，园内椰林挺拔、芭蕉秀美，各种热带植物品种繁多，是喧嚣大都市旁难得的绿色净土和休闲胜地。2022年7月，植物园南门启用，搭乘自动扶梯9分钟可到山顶，十分有趣。

👉 公园门口有缆车载客上山观鹭岛秀色，推荐

海沧大桥

世界第二座、亚洲第一座大跨度连续全飘浮

体系的钢箱梁悬索桥，于1999年12月竣工，2021年11月加固修复，全长6319米，线条流畅、造型美观，由江泽民同志书写题名，是厦门引人注目的佳景。游人登临桥上可览壮丽山海风光。

☛ 海沧大桥是市区颇具气派的景观，一定要上桥看一看

国际会展中心

在厦门岛东南部黄金海岸，占地面积达47万平方米，有会议中心、星级酒店、写字楼、地下停车场几大部分，是大型商贸会馆，也是厦门的标志性建筑，主体建筑如腾飞的大鹏，又如起航的巨轮。此外，在会展中心一带，可以清晰地眺望小金门及大担岛、二担岛的远景。

☛ 从会展中心南边的海滨，眺望大担、二担岛非常真切清晰

▲ 南普陀寺天王殿

● **厦门园林植物园**
🎫 门票30元。

● **海沧大桥**
🚌 多路公交车均可到。其中842路、848路、853路可穿桥而过，乘车观光效果好。

● **国际会展中心**
🚌 19路等多路公交车均可到。

● **夜游厦门**
可在厦门轮渡码头上船参加鹭江夜游，观环岛路、鹭岛两岸及海沧大桥风光，游程1.5小时，票价99元/人。此外，夜晚在鼓浪屿岛上的滨海酒吧和茶座上喝美酒、沐清风、聆听涛声潮音，颇感舒适温馨。

▲ 鼓浪屿上的精美建筑

推荐游程

在厦门，最短也要停留两天，否则游览仓促、乐趣减弱。

D1. 可游南普陀寺、厦门园林植物园、胡里山炮台、环岛路、台湾民俗村、国际会展中心，晚上住在鼓浪屿上，闻海涛，听琴音，品海鲜，享受海上花园的宁静、浪漫和温馨。

D2. 畅游鼓浪屿，先后游日光岩（看鹭岛秀丽全景）、菽庄花园、皓月园、金带水沙滩（岛东北角上还有个风琴博物馆可看）并乘船环游鼓浪屿全岛（环岛游船票需30元，45分钟转一大圈儿），有兴趣的人还可乘船去大担、二担岛和金门岛海域观光。

D3. 游览集美学村看鳌园和陈嘉庚先生陵墓，观览厦门大学和海沧大桥等景点，或去日月谷温泉洗浴游乐。也可到大屿岛、小屿岛观光。

厦门市区各景点相距不远且交通方便，所以上述游程可灵活调整，尤其是 **D1.** 与 **D2.** 可互换。

推荐周边景点

大嶝岛·小嶝岛·角屿岛

大嶝岛、小嶝岛及角屿岛曾被称为英雄三岛。它们位于厦门翔安区大嶝镇，是离金门岛最近的地方。1958年"炮击金门"时这里是前哨阵地，所以遗留下了许多当年战争时期的遗迹，如对台广播站、各类明碉暗堡、战壕隧道及舰艇火炮等，现在供游人参观的战地观光园就是这类景观的集中代表。

现在大嶝岛上有著名的台湾免税公园，即台湾精品购物一条街，出售各类食品及其他商品，种类繁多、价格有优势，很受各方游客欢迎喜爱。在这里隔海眺望或乘船观赏金门岛风光是重要的游乐内容。

小嶝岛自然风光挺美，有海滨餐厅和度假村。也可观光休闲游乐。角屿岛是海中奇石景观，游人可远望它的身姿。

从厦门市区乘地铁到蔡厝，然后换722路车20分钟可到大嶝岛上的战地观光园门口。岛上有环岛公交车和观光车。战地观光园门票40元。从大嶝岛乘船可到小嶝岛。

▲ 集美一角

☞ 可以把厦门同武夷山、泰宁、龙岩或泉州及湄洲岛连在一起玩，可以获得锦上添花般的美感

旅行家指导

①住在鼓浪屿上感觉甚好，风光美、环境佳、安全舒适（虽然现在房价挺贵），望君一试。

②市区各个码头有多种海上观光方式可选：如乘船环游全岛——围鼓浪屿绕一大圈儿，海上看到的风光很美。再如厦海上游——乘长途游览船开到大担、二担岛和金门岛海域细观三岛风貌。可在"屿见厦门"小程序查看所开设的全部海上游船线路，并订票购买。

③环岛路海景好，沿路绿化也好，到处是鲜花绿树，可以乘车遨游，其中乘环岛游观光大巴效果最好，全程车费50元。

④厦门市中心的白鹭洲一带经改造已成为非常漂亮的游览度假区，湖水碧波荡漾、湖畔棕榈秀立且多精美园林，晚间霓虹闪烁、彩灯与月色交相辉映，如诗如梦，观后感受极美，游人前去游览定会留下难忘记忆。

⑤引人关注的景点还有观光疗养胜地和日月谷温泉，那里有花瓣泉、酒泉、加味泉等数十个泉池，洗浴舒适，餐饮游乐也齐全。厦门市区有专线班车前去，门票188元起，电话：0592-6312222。

⑥厦门市环境整洁、风光优美且空气清新，租一辆自行车，自由行感觉颇为开心惬意（市区有许多共享单车）。

▲ 鼓浪屿滨海风光

旅行家指导

笔者独家绝活：为您推荐厦门自助游览的最佳游程和观光方式——保您玩得快乐又开心

①笔者看过许多其他导游书刊中介绍的厦门市区游程推荐，总的感觉是它们都"不灵"，原因是游程安排次序太陈旧、无新意、不够味儿、不新奇刺激。笔者不久前刚刚在厦门游览考察了整整10天，下面就把自己经过精心策划的最新最佳游览日程和方案介绍给您。

②不论是谁，抵达厦门后都应该立即前往轮渡这个地方，轮渡是厦门市区观光的中心点，从轮渡开始游览观光，程序最为合理。

③第一个开始的项目应该是鼓浪屿海上环游（或是其他形式的海上游），厦鼓、第一嵩鼓等各大码头均有游船，航线可自行挑选，各类航线均可绕着宝岛鼓浪屿行驶一大圈，这样下来，厦门市区和鼓浪屿岛的地形方位，您就基本看清楚了（当然行船途中可见美景无数）。

④海上环游的船会把客人拉到鼓浪屿三丘田码头或内厝澳码头，下船后即可畅游岛上风光。鼓浪屿上美景众多，笔者建议您上岸后向左走，10分钟后到皓月园，观光1小时。出门走10分钟（贴着海边）就到菽庄花园，观光1小时出菽庄花园向左走，沿海边金带水沙滩和环岛路前行15分钟穿过鼓声洞，就到了岛西侧的日光岩西门，从这里上缆车可一步登天到日光岩山顶，省去了很多体力和时间。日光岩上风光绝佳，可以停留30—60分钟。至此岛上的三大主要景点您都玩过了。下来后应做的是吃午餐并继续关注岛上的风琴博物馆、海天堂构、珍奇世界等景点。晚上在鼓浪屿上品海鲜。之后沿鼓浪屿东侧、北侧、西侧的环岛路走上半圈（从岛的东边走到北边再走到西边），这一带路边风光美、海景也诱人但游人甚少，非常清静宜人。半小时后可走到岛西侧的鼓浪石，再走15分钟，可到岛南侧的金沙滩（中途穿过鼓声洞），至此，鼓浪屿上的主要景点您都看过了，并且很完整地绕岛步行了一圈，第一天的游程够精彩非常圆满了，在鼓浪屿上枕着涛声甜甜入梦吧（鼓浪屿上美丽的民宿真是数不胜数，在海边小院中闲坐都是一种享受）。

⑤第2天游览开始，首先从鼓浪屿上三丘田码头乘船到厦门一侧的厦鼓码头，然后乘87路

▲ 鹭江风光

到胡里山炮台，观光30—60分钟。出来后去南普陀寺，观光45—60分钟。出来后吃午餐，之后乘M1路车到东渡换乘842、853去海沧大桥观光（车从桥上过，上面看到的风光贼壮阔），之后可乘车原路返回享用晚餐。如果您起得早的话，可以先从鼓浪屿的和平码头乘船出海上看金门（船费99元，行程2.5小时），其间能在海上看到厦门全景和大担、二担及小金门岛的近貌。游毕后再按上述路线行进，便可获得多一份的快乐。夜幕降临的厦门别有一番风味，这里的夜景如诗似梦，引人入胜（时间紧张者可省去白鹭洲观光）。至此一天观光结束，内容非常丰富美妙，别看走的地方多，但以乘车乘船为主并不太累。夜宿厦门市区。

⑥第3天观光开始，好戏还没完。上午先到轮渡，从这乘车去集美，看大学城和嘉庚公园。中午返回轮渡码头或旅游码头，在此乘坐厦门环岛观光大巴畅览市区全景（车费50元，车程2小时）——这个大巴真叫棒，整整围厦门市区绕了一大圈，沿途所见真是美景如织且异彩纷呈。（近期这个大巴可能会停运，如果停运了，建议您包车走一圈，这个行程车费250—300元，可乘4人，分摊车费也并不贵）此时厦门市区的好景点您几乎都看遍了，您可以选择收拾行装踏上返程了——但是笔者不建议您这样，依笔者之见：您还要完成最后一个内容，那就是再次乘船做一次鼓浪屿海上环游。

⑦您一定会问：在第1天的行程中笔者不是已经坐过环岛游的船了吗？为什么还要再坐一回呢？笔者的回答很简单，第一次乘船环游是初览粗看厦门市和鼓浪屿风貌，而这次乘坐则是三天游乐后的总结和升华——这次再次坐船出海，重温鹭江两岸的如画风光，您一定会感到无比开心快慰——3天来在这玩得多么开心，留下了多少美好记忆，就让这种美好记忆再在这美丽的鹭江水面上升华，成为心灵深处美好的记忆永恒吧！

⑧好了，3天精彩绝伦的游程推荐总算完成了，笔者自认为这条线路是迄今为止设计得最新鲜最美妙的厦门自助游方案之一。笔者相信就是让土生土长的厦门人来衡量评判这个方案，他们也会说：我在厦门住了这么多年，也没这么开心地玩过——鲍老兄，你真行啊！

▲ 鹭江秀色——厦门岛与鼓浪屿之间的鹭江，景色秀美、风光无限

旅行家指导

开心游历——笔者在厦门的旅游经历

①以前笔者去过厦门数次,自认为对厦门非常熟悉了解了,所以这次又一次去厦门,笔者只是想重新看一看那里的交通食宿状况,待上一半天就走——没想到,这一次又在那里玩了将近十天,十天之后仍然是游兴未尽,足见鹭岛风光是多么美丽迷人。

②笔者把住宿地点选在鼓浪屿岛上,这样观光方便,房价适中。也有几天住在曾厝垵,那里民宿不贵,且美食、休闲、购物方式多,人气极旺。

③除了头两天笔者到处跑到处看以外,从第三天开始,笔者每天游览的地点几乎一致,虽然每天重复但绝不厌烦——由于是观光度假,早上起床不是很早,大概10:00,出门第一件事是到轮渡码头东边邮局旁的小巷子吃快餐,15—20元钱有鱼有肉,先弄个"肚圆"。

④饭后开始畅游。第一项观光是乘观光大巴环游厦门岛,绕岛(也就是绕城市)一圈约需2小时,沿途风光无限(尤其是从轮渡码头至胡里山炮台再到会展中心再到观音山景区这段路两侧风光美不胜收),观光感受甚为开心(如果这个车停运了,建议包租车走一次全程,看看美丽风光)。

⑤绕岛一圈后前往码头上船开始环鼓浪屿岛海上游——鹭江风光美、鼓浪屿身姿更迷人,45分钟的船程同样让人感到快乐欢欣。

⑥环岛游结束后从厦鼓码头乘船,20分钟后就上了鼓浪屿。日光岩、皓月园、菽庄花园、金沙滩,岛上哪处风光不动人?随便走、开心逛,累了就找个小店喝咖啡、吃冷饮,坐在街边长椅上十分惬意,直到黄昏时分暮色降临。

⑦晚上在岛上找个实惠的地方吃海鲜,饭后到鼓浪屿东侧的海边护栏前(那有许多桌椅)品果汁、吹海风、听潮音、看鹭江夜色,待到20:00左右开始鼓浪屿环岛步行游。

⑧鼓浪屿上的环岛步行道已经开通了,岛上南半缘的路宽,沿途美景多,而北半缘的路是弯曲的石径,但路两边一边是海一边是小山绿树,非常宁静宜人。晚上沿这条环岛路走一圈,听琴音袅袅、涛声阵阵,感觉真是如梦如幻,而途中见到的鹭江美景和厦门夜色更是温馨迷人。有时笔者就想,若是能定居在鼓浪屿上,每天晚间环岛走一圈好了,这样的好生活好感觉真是世间难寻。走完了环岛路,即可回住处甜甜入梦。明天太阳升起时,鹭岛晨光会更加迷人!

亮点闪击·旅途花絮

乘观光大巴做厦门环岛游真是高级享受,尤其是从轮渡码头上车后出发向南,驶上海上高架公路桥的那一瞬间,感觉像是腾空而起、飘然欲飞。轮渡码头至会展中心是环岛路上最美的一段,观光大巴始终在蔚蓝大海边行开,海上的大担、二担、小金门岛近在眼前,而公路两边的鲜花绿树、浓密林荫同样令人赏心悦目,您就买上一听饮料,边喝边过足观光瘾吧!大巴到达厦门岛北边的时候,会从厦门机场的道路旁经过,一架架大型客机腾空而起或是呼啸而降的场景很刺激动人。乘船做鼓浪屿环岛游也是高级享受,45分钟的船程中几乎每分钟都能看到好风景,笔者已经坐船游了10次,还是意犹未尽。乘车路过海沧大桥时,视野也很壮阔——天上飞行的民航客机、脚下穿梭的海上巨轮,整个鹭岛鹭江的美景交织构成了一幅立体观光画卷,画面之美非常激动人心。厦门市的各项旅游产品和各种观光方式都很成熟,操作起来很顺畅,即使是游客首次前来也能迅速抓住要点且玩得方便开心。

武夷山 （国家5A级旅游景区）

电话区号：0599　景区咨询：5135110

武夷山——国内丹霞地貌山水名胜区中的佼佼者，位于福建北部武夷山市，这里丹山奇立、碧水长流，九曲溪穿山而下、清波涟涟，众山峰丹霞拥翠、形态万千，景区内的36峰、72洞、99岩和108处佳景无不妖娆秀美、风姿诱人，"奇秀甲东南"的天然山水画卷已为国内外无数游客所倾慕、依恋。

1999年，武夷山入选世界文化与自然双遗产名录，景点景区的开发管理也不断完善，下面笔者就为大家介绍那里发生的新变化、新气象。

印象之一：九曲溪依然清波见底，竹筏漂流费涨到每人130元仍然游人如潮

笔者第一次去武夷山是在30年前，当时九曲溪的涓涓碧水就给笔者留下了非常美好的观感，一晃30年过去，九曲溪依然溪水碧透、清波见底，真要感谢当地环保部门的辛勤努力和上游山区人民的支持配合。最明显的变化是竹筏漂流费已经翻了近20倍——从7元涨到130元，游客的数量和漂流热情却丝毫不减——也难怪，乘坐一叶轻舟，随清波而下，漂过那无比优美、匀称而又流畅、蜿蜒的九个大弯，看看天游峰、隐屏峰、晒布岩、仙女峰挺拔峭立的身姿俏影，仰望悬崖峭壁上那无法破解的悬葬奇观，听撑筏的艄公为您介绍这里青山碧水间的无数美妙传说，还有什么感觉能比这更为舒适惬意、美妙新鲜呢？

● **景区门票价格**

2024年内景点门票免收。环保观光车费一日70元/人，二日85元/人。

▶ 漂九曲溪须从星村码头上竹筏，一张筏600元可乘6人（每人130元），漂流时间约100分钟。有时乘竹筏的艄公要收小费10—30元/人。

▶ 从武夷山的中心度假区乘观光车向西北行驶，15分钟即到星村

▲ 武夷山风光

印象之二：天游峰依然挺拔秀美

来到武夷山观光的人没有不爬到天游峰上看美景的，山顶上看到的九曲溪大拐弯是武夷山当仁不让的最佳山水画面（此景见于几乎所有影视资料），而千峰竞秀的武夷全景和神奇瑰丽的朝晖晚霞同样能给人如痴如醉般的难忘美感。这么多年过去，天游峰神采依旧。

天游峰在九曲溪中段的五曲处，观光车可抵达景区门口（云窝景区），入园后步行20分钟可到天游峰脚下。最佳观赏景点在山颈处的观景亭和山顶上的观景平台。

可买通票同其他景点一起玩。游览需2.5—3小时。对面的隐屏峰山势很险，也值得登攀。

☛ 在天游峰上看到的美景真想让人大喊：哇……太漂亮啦！

▲ 九曲漂流

印象之三：虎啸岩、一线天、大红袍、水帘洞依然是"忠于职守"，桃源洞景区风姿诱人

作为武夷山核心景区周边的"配景"，虎啸岩、一线天、大红袍、水帘洞依然"忠于职守"，用自己的峭壁悬崖、幽深洞景、茶王风姿和秀美飞瀑为游毕九曲溪、天游峰、大王峰、仙女峰后已经心满意足的游客再添美妙观感，它们"锦上添花"的功劳不可小看——光游天游峰、九曲，风光很美但游程略显单薄。而地处九曲东岸幽静山谷中的桃源洞却能给游客带来新鲜美感——踏过溪边崎岖的石板路，穿过绿荫蔽日的山间密林，钻过巨石堆垒、光线幽暗的峡谷岩洞，您就见到了桃源洞——群山环抱的一块平坦谷地，这里山峦耸翠、修竹秀立、繁花吐蕊、溪水潺潺，谷地中有千年古刹——香火旺盛的桃源观等多处美丽景观。这里真是喧嚣尘世间少有的幽静所在，也是一处名副其实而又不可多得的世外桃源。

从天游峰下贴着九曲溪东边的石板路，30分钟后就到桃源洞。

虎啸岩和一线天在武夷宫至星村的公路边，乘观光车可到，可买通票游览。

大红袍和水帘洞在武夷宫东边，可乘景区观光车前去，可买通票游览。

印象之四："双遗产"名山在中国

1999年，武夷山成为世界文化与自然双遗产。笔者前面介绍了那么多，

▲ 武夷山大王峰雄姿

相信大家对武夷山"碧水丹山秀甲东南"的美誉已经了然于心了。然而，武夷山吸引众多游客的不仅是秀美的自然风光、丰富新奇的动植物、幽远的茶香，这里还拥有一系列优秀的考古遗址和遗迹，包括建于公元前1世纪的汉城遗址、大量的寺庙和与公元11世纪产生的朱子理学相关的书院遗址。可以说，在中华文明悠久的历史长河中，武夷山占据了举足轻重的地位。如今景区内山水之秀美、环境之洁净难以用语言来形容，我们一定要守护好这片绿水青山，让武夷山成为国家的典藏、世界的景仰。

气候与游季

武夷山气候温暖湿润，年平均温度17℃，雨量充沛，一年四季均可游览，但4—11月份效果更佳。冬天九曲溪仍然可漂流，但景区多少显得有点冷清，虽无妨大局，但观光效果会打些小折扣。

☞ 夏季在武夷山九曲溪漂流时要注意防晒，不然短短两个小时就能造成紫外线晒伤，后果很严重啊

交通

航空

武夷山机场位于武夷山市区与旅游度假村之间，紧靠公路（距景区约15千米），从机场行车10—15分钟即可到市区或旅游区。机场有班机直通北京、广州、上海、福州、武汉、厦门、香港、南京、西安等全国各主要城市。

铁路

过去游客多是先乘火车到福建邵武市，再换乘汽车90分钟即到武夷山。现在有了高铁，交通无比方便。全国各大城市途经武夷山的列车很多，上海到武夷山的高铁列车最快3小时可到，乘高铁从武夷山至厦门车程只有2—3小时。

公路

汽车也是进出武夷山最方便的交通工具之一。武夷山市及度假区有各类客车发往邵武、南平、建阳、三明、福州、厦门等省内重要城市及相邻省市。武夷山市及度假区内公交车乘坐方便。当地出租车起价5—7元。从火车站到度假区可乘武夷山10路公交车；从市区到景区可乘武夷山6路公交车，车费3元。

中心结论和游览指导

武夷山山奇水丽，风光秀美，热带植物资源丰富，又含有深厚的历史文化底蕴——这里是南宋时期的文化中心，有朱熹纪念馆、天心永乐禅寺等多处名胜古迹，加之近年来周边景点景区的开发开放进展速度很快，武夷山已成为国内风光最美、旅游项目最丰富的大型风景区之一，来自海内外各国各地的游客都可以在这里得到新鲜美妙的游历和感受。

游武夷山最好的方式是"中心开花而又放射四周"——"中心开花"就是用主要的精力时间来畅游景区的核心地带即九曲溪、天游峰、仙女峰（船上观看）和大王峰、武夷宫等，一般需1—2天；"放射四周"是指游毕中心后兼顾周边其他景点，如一线天、虎啸岩、水帘洞、大红袍等，有时间再去黄岗山、森林公园、十八寨、龙川及青龙瀑布。

住 宿

去武夷山住在度假区比住在市区要方便，因为离景区最近。度假区内有各类宾馆百余家，星级宾馆房价在130—450元，许多中档宾馆标间不过120—160元，只要不在黄金周抵达，住宿毫无困难。另外在度假区北侧仅一河之隔的兰汤村内有几家民宿，房价只需60—80元，但条件稍差。

● 住宿参考

① 武夷山庄，条件好，位置绝佳，服务水平高，平日房价260元以上，电话：0599 - 5251888。
② 锦江都城三姑度假区店，条件好，房价不贵，电话：0599 - 5173999。

餐 饮

武夷山当地的特色风味菜很多，因当地蛇类资源丰富，所以餐馆里丰富的蛇餐蛇宴很盛行。蛇宴上的主菜有龙虎斗、龙凤席、炒龙排、煮龙珠、蛟龙戏水、龙凤汤等，这样的宴席丰盛气派且味美，价格当然不便宜。欲吃节俭的蛇餐可单点单做，像眼镜蛇、大青蛇等做好后180元/斤。其他风味菜有红烧九曲溪全鱼、九曲竹筏、涮兔肉、火烧豆荚、鸡茸金丝笋、菊花草鱼等。

就餐地点推荐武夷山度假区内的三姑旧街，距武夷山南门大约3千米，街两侧有大小餐馆数十家，选择多、经营方式灵活（蛇餐、海鲜可议价），且食品卫生和物价有完备的监督体系，一旦发生矛盾、纠纷便于投诉、处理。夜晚的三姑街夜市非常热闹，充满烟火气。有当地著名的小光饼店，也可以在此选购伴手礼。

发烧友特别关照

① 游览日程安排

A. 二日游：
D1. 去星村乘竹筏漂九曲溪，看晒布岩、天游峰、玉女峰、大王峰倩影。上岸后去天游峰、隐屏峰、云窝、桃源洞观景，黄昏时游武夷宫、朱熹纪念馆，晚上度假区内休闲游乐。
D2. 上午一线天、虎啸岩观光，下午水帘洞、大红袍览胜，晚上看歌舞或茶道表演。

B. 三日游：
D1.—D2. 同上，D3. 去大峡谷、玉龙洞观光，看龙川、青龙瀑布美景。

② 游览要点和注意事项
① 天游峰和九曲溪风光绝佳，一定要在天气最好、光线最好、心情亦最好的时候游览上述二地。
② 天游峰下的云窝景区风光亦美，这里可以仰望天游，俯视九曲，值得游人长久停留、回味。
③ 桃源洞真是别有洞天，去那里会有新鲜、独特的观感。
④ 大王峰、仙女峰身姿轮廓奇佳，但从下往上看更好看，乘船或步行遥望、仰视即可（大王峰山顶树林太密，登顶后向下观景视野受限，并不十分好看）。
⑤ 武夷宫位于大王峰下，芭蕉秀立、绿草如茵，风光旖旎优美，有朱熹纪念馆、宋街等景点，适合清晨或黄昏心情宁静时在这里悠闲漫步，细观美景。
⑥ 九曲溪竹筏漂流上、下午各有2个时间段，分别是上午6:30—9:30；中午12:30—14:30。游人参加漂流应计算好自己的时间。笔者建议您早上先去漂九曲溪，之后再去别处游览。
⑦ 旅游度假区位于武夷宫南侧，有无数宾馆、饭店，美食一条街和商贸一条街也非常红火热闹，各类工艺品、纪念品琳琅满目，是游客食宿、购物之佳境。

旅途花絮——天游峰：美得叫人想大喊大叫

好多年前，笔者在一期《人民画报》的封底上见到了一张巨幅彩色风景照片，照片上的山川之壮丽、溪水之清澈简直无法用语言来形容。但可惜的是，这张画报的右下角是残缺的（看不见照片的名字），所以，笔者只记住了这优美的画面但到底也没弄清它的出处，为此笔者还遗憾了老半天。

后来笔者去游览武夷山，攀到天游峰上的观景亭回头一望，哇！原来那个让笔者魂牵梦绕并且寻觅了千百次的美丽画面就是出自这里呀！那一天，笔者在观景亭上俯瞰了一个多钟头，想把面前（确切地说是脚下）的美景印在脑子里、融在血液中。可是不行——越看越有味道，越看越觉得流连忘返、不忍离去，看样子在这个地方不待上半天、一天是绝对不会尽兴的。

不论哪位朋友去游武夷山，请记住：天游峰是一定要去的。国内的风景名胜中有些地方美得是可以让人想大喊大叫的，天游峰上的观景亭就是其中的一处。您一定不能错过。

另荐景点和观光方式

下梅古民居

下梅古民居位于武夷山市区东南约12千米处，一条长近千米的人工运河将村庄分为南北两部分。村中有明清建筑风格的古街、古井、古民居、古码头数十处，依稀可见清朝初年时这座"武夷茶业名村"昔日的红火喧嚣。现在村中的主要观光点有当溪、古码头、邹氏祠堂、邹氏大夫第、西水别业、施政堂等。

武夷山市区和度假区都有客车去下梅，从市区到下梅车费5元，门票45元。

城村

地处武夷山度假区以南约20千米处的城村，是一座历史悠久的古老村落，以水陆交通为主的时代，这里曾是闽北的通商大埠。

城村始建于隋唐，兴于宋元，荣于明清，衰于民国之际。时至今日，其自然景观、村庄格局仍完整地保留了明清时期古村镇的风貌。现存景观主要有：古粤门楼、淮溪首济、百岁坊、兴福庙、赵氏家祠、聚景楼、风雨亭、进士第、神亭、兰苑民居、天后宫等。古村落布局严谨和谐，变化有序。宗祠、神庙、古民居墙上砖雕石刻精美，屋内也多有雕梁画栋，使建筑艺术和装饰艺术达到完美的统一，充分彰显了先人的智慧和匠心。

武夷山市区有客车直达城村，从武夷山至建阳的客车也路过这里，车程35分钟。

观看《印象·大红袍》山水实景歌舞演出

《印象·大红袍》是张艺谋、王潮歌、樊跃组成的"印象铁三角"导演的大型山水实景演出。每晚19:30在武夷宫附近的《印象·大红袍》剧场演出，演出时间75分钟。旺季会加演一场。门票分为208元、238元、268元多档（有时有优惠票推出）。可以在小程序上购票。

▲ 玉女峰倩影

福建省 泰宁大金湖

泰宁大金湖

电话区号：0598　上清溪：7652678

泰宁位于福建西北部的广袤群山中，这里山川壮阔、河流纵横、古迹遍布、风光绮丽，全县有被当地人统称为大金湖的丹霞金湖、猫儿山、上清溪、状元岩、古城及尚书第、九龙潭、寨下大峡谷和地质博物苑八大景区共数百处美景，山光水色相映颇为神奇诱人，是八闽大地上独一无二的山水名胜。

气候与游季

大金湖地处闽西北山区，气候温和，舒适宜人，四季皆宜游览。夏季这里气候凉爽，是避暑佳境。冬季最冷的时候穿毛衣加外套即可，各大景区的观光游览都可正常进行。

交通

泰宁已经通了高铁，外省市游客可乘火车直达泰宁。火车站距泰宁县城只有15分钟公交车程，有5路公交车行驶其间。

从福建邵武去很方便，北京、上海、广州、武汉等大城市都有列车直达福建邵武市（欲去武夷山也可在这里下车）；邵武市汽车总站每隔1小时就有一趟去泰宁的客车，票价30元左右，行车约1.5小时即到泰宁县城。

鹰厦铁路上的永安、南平等市县每日均有多班汽车同泰宁县对开。此外，厦门、福州、泉州、广州、深圳、汕头也有快巴开往泰宁县。

泰宁客运站电话：0598-7837348

住宿

泰宁县城内遍布高中低档各类宾馆酒店，住宿方便。金湖宾馆是四星级，条件好房价也高，电话：0598-7831866；泰宁大饭店设施也不错，电话：0598-7822111；华资酒店距尚书第很近，交通方便条件好，电话：0598-8791666；另外距汽车站很近的华鑫酒店性价比也很高。

▲ 大金湖秀色

● 交通提示

由于高铁的开通，游客去泰宁观光太方便了，如从南昌乘动车前去只需2个多小时，而泰宁与厦门、福州之间行车也很便利。

● 笔者关照

如果您去了福建一次只游了武夷山，那您的收获还不够；如果您只把武夷山同厦门一起玩，那还是缺点新意。还是到泰宁走一趟吧（泰宁离武夷山只2—3小时车程），这里风光壮丽、景区风格多样且交通、食宿便利，游览之后喜出望外是绝对没有问题的。

旅游锦囊

推荐当地特色美食

大金湖有机鱼是水鲜品牌，值得好好品尝；县城中的小戴酒家和乡味土菜馆烹制的泰宁本地菜味道也美；另外当地小吃中的牛肉粉、豆腐花、暖菇包、碧玉卷口感别致，建议游人关注。

推荐便宜实惠的用餐方式

泰宁街头有不少小型家庭餐馆，荤菜15—22元钱1份，素菜10—12元1份，米饭2元钱管饱，30元钱出头可吃饱吃好一顿普通餐。

当地交通

泰宁县城内的交通工具主要有公交车和出租车，公交线路四通八达，可途经县城中各个街区，车费1元左右。出租车5元起价。此外还有各类机动车开往周边村镇和主要景点。大金湖距县城约9千米，从客运总站乘中巴票价10元，在大街上包一辆"摩的"可乘2—3人去金湖，车票约需30元。从市区打车去上清溪漂流的长兴服务区十几分钟即到，车费在40元左右。

主要景点

👉 金湖一日游光是游船行驶往返就需要4—5小时，真是豪迈壮游尽览佳景

丹霞金湖 辽阔壮美

丹霞金湖是大金湖景区的主景和核心，它是由金溪河上游高筑水坝修建电站后形成的大型人工湖。湖区从泰宁县城延伸到电站大坝，全长达62千米，所以又有"百里金湖"之美称。丹霞金湖的水面非常辽阔，湖水也非常碧绿清澈，湖边群峰绵延、怪石林立，多溪泉飞瀑和熔岩洞穴等美景。落差近20米宛如珠帘垂悬的天际瀑布，水声轰鸣、直泻金湖，周围形成了近百平方米的朦胧水雾。湖滨著名的古刹甘露寺，由全木结构制成，寺体一边搭嵌在山岩上，一边由一根细长的立柱凌空支撑，真可谓"一柱悬空、不假片瓦"，其建筑风格和方式，与我国著名的北岳恒山悬空寺异曲同工。大赤壁是屹立在金湖边的一座赭红色巨型平面山崖，高约百米、宽近500米，壁直如削、气势恢宏。除上述景观以外，湖区最令人寻味并流连的地方就是水上一线天了，它是一个狭窄而幽深的峡谷，两侧的山崖陡峭直立高达数百米，而中间夹峙的水道只有两三米宽，游人随游船进入其间只能向上遥望到一线天空。

福建省 泰宁大金湖

金湖一日游欢乐开心

游客乘船游览丹霞金湖的方式非常活泼生动：先乘船到对岸观赏天际瀑布并到瀑布后面的度假村观看民族歌舞，然后登岸细游古刹甘露寺，而后在船上观赏鸳鸯湖、情侣峰、大赤壁等美景，之后到水上餐厅品尝各式湖鲜美味，饭后再乘船观赏一线天奇观和猫儿山秀色，最后从铁索悬桥处返回。整个旅程虽长达4—5小时，但动静相间、张弛有度，能见到多处美景，又玩得十分轻松舒适。

☞ 这样长时间的水上游实属国内罕见，令人开心

猫儿山奇峰俯瞰金湖

金湖湖滨有许多形状奇异的岩石山岭，屹立在湖区西南的猫儿山就是其中的佼佼者，它因山顶的岩石酷似一只猫头的形状而得名，轮廓鲜明、造型生动，是全湖各景区中最漂亮、奇特的山峰。现在猫儿山已被开辟为森林公园，游客既可在这里观赏近百种奇花异树，追寻各类野生动物的踪迹，也可登上山顶，俯瞰辽阔壮美的金湖全貌。

☞ 在猫儿山巅看到的风光比武夷山天游峰更加壮观迷人

上清溪漂流妙趣横生

如果把金湖比作闽西北群山密林中的宝石，那上清溪就是连缀这块宝石的一条彩带，而当地盛行的上清溪漂流则更是让人流连忘返。

上清溪全长50余千米，其中漂流距离为16千米。这里的溪水湾多、流急、潭深、峡窄，两岸尽是高山密林、悬崖峭壁和奇花异草。漂流上清溪最让游人感到兴奋的一是游览距离长（约比武夷山九曲溪的漂流距离长一些），见到的美景多，按照当地人的顺口溜儿说就是"漂过了

●金湖游乐

金湖距泰宁县城约9千米，有各类机动车20分钟可到，发船时间8:30—14:30，共5班船。门票80元，船费75，加导游费共163元，若上午9:00出发乘船游湖，下午2:00才能返回码头。游湖途中要在水际瀑布（野趣园）、甘露寺、斜线天等景点上岸观光，另外在岸上吃午餐。

▲ 猫儿山奇峰俯瞰金湖

●猫儿山奇峰俯瞰金湖

猫儿山在金湖的西南侧，金湖一日游的船只途中从山下经过，游客可以与船上工作人员协商要求弃船上岸登猫儿山观景，再自己找过路车返回泰宁县城。
🎫 门票40元。

●上清溪漂流妙趣横生

购买漂流票后有景区专线车（车费35元）送到漂流码头上竹筏。竹筏票95元/人，每条筏可乘5人，漂流时间2小时出头。漂流途中有时撑筏的艄公要收小费10元/人。

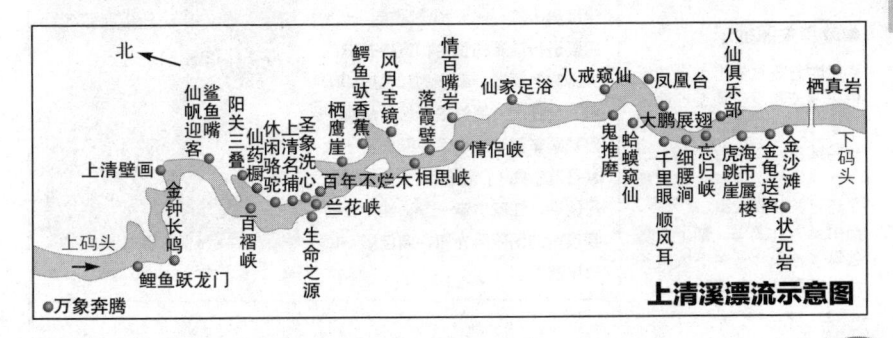

上清溪漂流示意图

501

三十三里路，见到了四十四景、五十五岩、六十六峰、七十七湾、八十八滩和九十九曲；二是上清溪虽然溪水欢流，但河道特窄，宽处不过十余米，而最窄处不过两三米，且弯道甚多，游客乘的竹筏就在这梦幻迷宫般的深山峡谷中钻来绕去，让人深感幽深婉转和新鲜神秘。

状元岩和尚书第

泰宁境内还有状元岩和尚书第两处重要景点——前者紧邻上清溪竹筏漂流的终点码头，据说是南宋时期泰宁著名的状元邹应龙隐居山中发奋读书的地方。景区内有状元谷、晒经崖、天梯石栈等山间美景供游客登高观览；后者尚书第是明朝兵部尚书兼太子太师李春烨的府第，它位于泰宁县城中心，占地6000平方米，有气势恢宏、建造严整气派的殿堂120余间，宅内的庭院、花厅、回廊和住室大都雕梁画栋，工艺精湛，是中国明代民居建筑的精品。

● 状元岩和尚书第

漂完上清溪后上岸步行8—10分钟就能看见状元岩景区的入口，景区内风光很美，丹霞奇观多姿，很有观赏价值，门票34元；尚书第宅院很气派，很值得一看，它就在县城中心，门票20元。

● 寨下大峡谷

从泰宁县城乘客车可到景区道口，下车后步行10分钟即到景区大门。门票55元。

● 九龙潭

从泰宁县城乘各类机动车先到长兴旅游服务站，然后乘景区专线车抵达。日场门票加竹筏漂流、观光车票、玻璃栈道共130元，夜游168元。网上购票有优惠。

● 笔者关照提示

乘船游丹霞金湖、坐上清溪竹筏漂流是泰宁旅游的两大快事，一个辽阔壮美，一个曲径通幽，二者都很美，缺一绝对不可。游毕上述两景后还可关注猫儿山、状元岩、尚书第、九龙潭、寨下大峡谷等其他景点（寨下大峡谷和九龙潭风光很精彩）。

九龙潭

与上清溪、状元岩两景区相邻，因九条蜿蜒如龙的山间溪水注入而得名。九龙潭长约5千米，山水秀丽、幽深宁静、风光迷人。

寨下大峡谷

在泰宁西部建泰公路边的寨下村，由悬天峡、通天峡、倚天峡三段峡谷组成，其间遍布赤壁、洞穴、山间湖泊，有"中国地质公园榜样"之称。

笔者印象·观光指导

笔者对泰宁怀有美好的感情，认为如果认真开发妥善经营，这里带给游客的观感不会比武夷山差。泰宁的金湖游览和上清溪漂流与武夷山九曲溪漂流有异曲同工之妙；泰宁猫儿山巅上的观光效果不次于武夷山的天游峰；寨下大峡谷、九龙潭、状元岩这些景点水平不会输给武夷山的一线天和虎啸岩，因此只要进行认真的整合和宣传并提高旅游服务质量，泰宁的知名度和吸引力会骤增。另外提示您，从泰宁县城乘车到李家岩下（即去寨下大峡谷这条线），沿李家岩、放坑村、丹霞寺、江家坊走一圈，途中会看到很美的田园风光和寺庙佳景，您可试试看。

▲ 上清溪漂流

推荐周边景点

● **桃源洞**

从永安市内乘 8 路半小时即到桃源洞。

¥ 门票 60 元。桃源洞的地貌地形与武夷山十分相近相似，景区内均以碧水丹山、丹霞风光取胜。只不过桃源洞的景区范围小而集中，所以在永安作短暂停留者去桃源洞一游非常合适。

● **鳞隐石林**

13 路公交车可到。

¥ 门票 50 元起。

● **安贞堡**

从永安乘客车可到。

¥ 门票网上购买 27 元。古堡建筑独具匠心，值得好好观赏。可在民居中住宿一晚，二日游更能细览古堡奇观。

▲ 永安桃源洞秀色

桉源洞

地处永安市北 10 千米处的 205 国道旁，景区面积 37 平方千米，由桃源洞、百丈岩、葛里、修竹湾、栟榈潭五大景区组成。峰峦奇雄、涧水娟秀，丹霞风光得天独厚，引人入胜。其中一线天、凤冠亭、跑马岩、幽谷长潭及葛里等景点风光之玲珑精美，在福建省甚至全国范围内也属上乘，有"小武夷"之称。

鳞隐石林

位于永安市西北 13 千米处的大湖镇，有许多石柱、石笋、石芽、石锥，似人似物、栩栩如生，是福建省内最美最有名气的石林佳景之一。

安贞堡

是建于清末且迄今在福建省保存最为完好的寨堡建筑群，坐落在永安市槐南方洋头村。迷宫般的城堡内有大小房间 360 间，水井 5 口，可供千余人居住安身；外侧有数处敌台和多个射击孔，可对来犯的敌匪予以防御和攻击，是集居住和防护多重功能于一身的庞大古堡，也是古代劳动人民智慧的结晶。

发烧友特别关照

推荐泰宁观光游览方式：三日游览最合适

D1. 上午去大金湖乘船游览，5—6 小时后返回，其间可览天际瀑布、甘露寺、情侣峰、大赤壁、水上一线天、虎头寨、猫儿山、水上斜线天等数十处景点，黄昏时游览县城内的古城和尚书第，夜宿泰宁。

D2. 上午漂上清溪，历时近 3 小时，中午上岸后游状元岩，下午乘船游九龙潭。

D3. 上午去寨下大峡谷参观门票 55 元。下午返回县城后参观地质博物苑。

依上述行程安排，您可在三日内畅游泰宁的八大主要景点，获得异常精彩圆满的观光感受。

也有变通的玩法。第一天乘船游湖时可在铁索大桥处自行上岸去游猫儿山，从山顶俯瞰金湖壮景，然后自己下山找过路车返回泰宁（湖上游船不等人），这样可多玩一个主要景点。

自助游中国 华东地区

鲤鱼溪·九龙漈瀑布

电话区号：0593　鲤鱼溪景区：5735355　屏南白水洋景区：3309388

在福建省宁德市周宁县县城以西约5千米处，有一处国内罕有、世间罕见的奇观妙景——鲤鱼溪，这里碧溪欢流、古桥成群、绿树成荫，清澈的溪水中游动着数千条肥壮且五色缤纷的大鲤鱼。鱼光水色相映，风景旖旎动人，是国家4A级旅游景区。

红鳞逐浪　美不胜收

鲤鱼溪长仅1千米，但溪水中竟然生活着成千上万条鲤鱼，它们密密麻麻、成群结队，红、白、粉、墨相间的鲤甲与碧绿流水相融相衬，把整条鲤鱼溪装点得缤纷美丽且特别生动活泼迷人。

👉 这里是"中国鲤鱼文化之乡"

人鱼同乐　快活欢欣

鲤鱼群在这条溪水中的欢快生活迄今已经有800年之久，相传宋代时候古人在此蓄水养鱼，起因是希望让鱼群衔食杂物、澄清水源，之后，当地人养鱼、爱鱼、护鱼的风俗和传统就一直流传下来，随着时间的延续而越发鲜明，这里的人以护鱼养鱼为荣，以捕鱼杀鱼为耻，所以时至今日，鲤鱼溪上就形成了这万鱼同游、人鱼同乐的动人场面。

👉 观光要点分别有鲤鱼溪中心河段、鲤鱼公园、鱼冢、古宗祠寺庙等

溪边美景　古朴诱人

鲤鱼溪边的浦源村民风淳厚且风光原始古朴，溪水两岸的民居富有显著的明清建筑特色。村中有年代久远的古老宗祠，有建造严整的道教庙宇，有碧波荡漾的湖泊，有造型美观的亭台桥榭，更有成片的绿竹和枝干苍劲的参天古树。周围的田园风光也柔美动人。远道而来的游客在这里观群鱼，览美景，定会玩得特别快乐开心。

▲ 鲤鱼溪旁的鲤鱼公园

● 游览指导

①交通
可从福州乘车（火车、汽车都有）到周宁县，从周宁到鲤鱼溪只有5分钟车程。

②住宿
周宁有多家宾旅馆，高、中、低档俱全，位于县中心的途客轻居酒店条件好但价格适中，双标房200元以内／间。

③游览
从周宁县城坐机动车片刻就到5千米外的鲤鱼溪，在这里探奇、观景、拍照，2个小时可玩得特别开心。门票35元。

福建省 鲤鱼溪·九龙漈瀑布

周边景点

九龙漈瀑布

周宁县城东南13千米处的大型瀑布群，上下共九级，总落差达300余米，其中最大的一级瀑布高约46米，宽约55米，景色壮美，是福建省级风景名胜区、国家4A级旅游景区，极具观光价值。

▲ 鲤鱼溪沿岸风光

▲ 闽北奇景屏南白水洋

鸳鸯溪

福建屏南县东北部深山密林中的清澈山溪，国家5A级旅游景区，全长约14千米，这里不光是我国少有的鸳鸯保护区，还有大片的原始次生林和杜鹃花海，湖光山色与美丽禽鸟群交相辉映，绮丽而动人。

屏南白水洋

是闽北山水奇观，被誉为"天下绝景，宇宙之谜"是国家5A级旅游景区，地处鸳鸯溪的上游，两岸是石峰和山林，中间是宽阔溪流，水中有数块巨石，面积达8万平方米，能铺满河床，石面非常平坦，上有山溪清流漫过，游人站立水中，水深仅能没过脚背，脚下银花翻卷，迎面清风习习，令人舒适惬意（笔者力荐这个景区）。

三都澳

福建省宁德市东南面的优美海港，前方有个叫斗姆的小岛，海湾和斗姆岛上都有不少形态奇异的礁石，形成了"鲲鹏展翅""烈马回首""金龟伏珠"等数十处海上奇景。斗姆岛上的斗姆迷宫、古城、螺壳石等更以奇石重叠、怪岩临海的独特景观著称。海上巨轮穿梭的庞大身姿和人工海水养殖形成的巨型水上鱼排阵也为三都澳海湾景色平添诸多壮观和生动。

● 九龙漈瀑布

游客可先到周宁，再换乘当地机动车前去（途经七步镇）。请注意不要在一天当中太早或太晚的时候去，那时游客少所以瀑布的水也小（水量由景区人工控制）。
¥ 门票 55 元。

鸳鸯溪

屏南县城有机动车去往鸳鸯溪，并可包车前往。
¥ 门票 78 元，淡季 40 元。

● 屏南白水洋

屏南县每日有几班客车到景区大门入口处。也可从屏南或周宁乘车先到景区入口处，再换车进去（景区道口离大门有 4 千米路）。周宁县每天有客车直达白水洋道口，100 分钟可到。
¥ 门票 120 元。淡季 60 元含观光车费。

● 白水洋景区住宿

白水洋游客中心酒店，客房部电话：0593-3302873。

● 三都澳

可从福州、宁德、福鼎或温州乘客车抵达。海上渡船票价 50 元、斗姆岛门票 35 元。

▲ 鲤鱼公园一角

福州

电话区号：0591　鼓山景区：88055770

福州——福建省的省会，因全城长满高大浓密的榕树，所以又被称为"榕城"。这里依山傍海、气候宜人，山水风光虽然比鹭岛厦门稍逊一筹，但仍有数处滨海名景，其中最有特色的是"三山"和西湖。此外，福州全市有涌泉、西禅、林阳、地藏、万福、雪峰六大重点寺院，宗教文化非常丰富。到福州旅游，以涌泉寺为重点的鼓山线和以西湖为中心的市区名园线是观光要点。

▲ 福州西湖一角

● 从市区到机场

五一广场旁的民航售票处也有专线车直达，车程约1小时。

● 福州周边的佳景

值得关注的是永泰的青云山和闽侯的十八重溪。其中青云山有云天石廊、青龙瀑布、白马峡谷、水帘宫四大景区，而十八重溪有的地方山水风光可以同庐山媲美。上述两大景区距福州均只有1小时车程，是在福州当地具有知名度的观光新热点。距福州不到一小时路程的平潭县海坛岛也有一些海滨礁石奇景可供观览。

气候与游季

是亚热带海洋气候，温暖宜人。3—4月气温稍低，有时有雨；5—9月为夏季，气温高、雷雨台风多；10—11月为金秋时节，阳光明媚天气甚好，应是游览佳季；12月至来年2月为冬季，但无严寒，穿毛衣即可，旅游仍可照常。

交通

福州长乐机场大巴可到市区，可在小程序"元翔空港快线"选择购票，车票31—50元

航空

福州长乐国际机场现已与北京、长沙、成都、重庆、广州、桂林、贵阳、海口、杭州、长春、哈尔滨、大连、香港、昆明、南宁、宁波、青岛、上海、乌鲁木齐等多个国内城市通航。

福州长乐机场电话：0591-96363

铁路

福州站与北京、昆明、重庆、广州、南昌、青岛、武昌等地有直通列车，另有短途和旅游列车开往武夷山、上饶、永安等地。

从福州到厦门乘高铁车程只需1个多小时。

客运南站电话：0591-38109907

水运

过去客轮可直通上海、厦门、香港等，现在主要是游轮在运营。

公路

福州公路交通极为方便，每日有数百班客车发往省内各地。南下厦门、泉州，北上温州、宁波，西去南平、三明都非常方便。

客运北站电话：0591-87597034　客运西站电话：0591-83773150

住　宿

福州作为省会城市，各类宾馆酒店一应俱全。比如，曼哈顿酒店条件很好，标间房价才200元出头，电话：0591-63519999。

欲图便宜且舒适可选中低价位的商务酒店。如速8火车站店，标间138元起，电话：86255888。

另荐如家快捷五一广场南门兜地铁站店，标间200元起。电话：0591-83310999-9

餐饮、美食

福州的餐饮业红火兴旺，特色菜肴亦很多。代表性的风味菜有佛跳墙、荔枝肉、八宝书包鸡、醉排骨、琵琶虾、荷包鱼翅等。其中佛跳墙是由鱼翅、海参、干贝、鲍鱼、香菇等18种原料制成，营养丰富而味道鲜美，是闽菜中的招牌和明星。在福州市内著名的老字号聚春园可以吃到味道正宗、外观气派的佛跳墙，当然价钱绝不便宜。此外福州的素菜也很有名，涌泉三丝、石鼓三鲜、南海金莲等著名素肴都在当地享有盛名，游客登鼓山时可在名刹涌泉寺品尝。

主要景点

鼓山

因山顶有巨石形状如鼓而得名，海拔925米，巍然屹立在福州市南郊的闽江入海口，山姿巍峨，林木苍翠，是福州风光最美、名气最大的山之一，也是国家4A级旅游景区。

鼓山的游览线路分为东、西、南、北四条。山上的最佳景观是古刹涌泉寺，寺内香火

▲ 鼓山涌泉寺

● 从福州去泉州、厦门

福州南、北客运站都有大巴、中巴直达。另外福州到厦门的高速铁路已通车，车程1个多小时。

● 当地特色餐馆：聚春园酒店

在鼓楼区八一七路旁东街口。主营闽菜。佛跳墙、荔枝肉等菜品很有名。电话：0591-87533604。

● 购物

工艺品和土特产有寿山石雕、福州软木画、脱胎漆器、平潭贝雕、福州玉雕、八宝印泥、乌龙茶、半岩茶、片仔癀、荔枝、果仁、肉松等。主要商品街有八一七路、津泰路、中亭街、五一路、台江路、五四路等。

鼓山游览示意图

●鼓山

乘地铁2号线在鼓山站下，或乘170路、178路公交车在省革命历史纪念馆下转乘鼓岭旅游度假区间1路即到。各路公汽只能到达山下的鼓山下院，之后建议坐专线微型车上山到涌泉寺（步行太累），行车20分钟，车费10元。缆车单程50，往返70元。

●另荐佳景：闽侯十八重溪（暂停开放）

在距福州不远的闽侯县南通乡境内，是以山峡幽谷、洞水溪流为观光主题的中型旅游区。融山、水、洞、石为一体，山光水色幽静迷人。目前景区内的观光要点是第三重溪至第十三重溪，其中以九至十一重溪的风景最佳。景区内有旅店餐馆，能给游人提供食宿服务。

从福州去闽侯十八重溪很方便，在福州汽车西站坐专线车到闽侯县南通镇，再换当地机动车行驶1小时即到。景区门票30元。

旺盛，寺外山泉奔涌，四周长满浩瀚如海的油松、马尾松林。登上鼓山之巅，还可畅览江海一色的闽江入海口风光。

☞ 鼓山涌泉寺必观景点　　鼓山涌泉寺门票40元，十八景门票10元

于山

地处福州市中心，国家4A级旅游景区，山形如巨鳌，有揽鳌亭、倚鳌轩、应鳌石等六鳌胜迹，还有九日台、狮子岩、小华峰等24奇景。最高峰鳌顶山巅是俯瞰福州全貌的观景佳境（门票免收）。

☞ 登顶看看风光尚可　　乘2、69、106、133等路公汽可到

西湖

位于福州市区西北，是迄今福州城内保存得最完整的一座古典园林。由三个小岛和柳堤桥、飞虹桥、玉带桥、步云桥、鉴湖亭、芳沁园等精美亭、桥、阁、榭组成。园内总面积达42.51公顷，波光粼粼，绿柳成荫，是一处玲珑精致的城市园林佳景（门票免收）。

☞ 这里是："福建园林明珠"　　乘109、105、200等多路车可到

开元寺

福州最古老的佛寺之一，唐代兴盛时曾有僧侣数百人。寺中现存诸多文物珍品，其中用蜡铸法浇铸的铁佛坐像重达50吨，重量堪称全国之最（2、69等路车可到。门票免收）。

💰 三坊七巷门票免收，小黄楼、水榭戏台、严复故居3个景点，需另购门票

三坊七巷

是福州市中心南后街从北到南依次排列的十余条坊巷的概称。三坊分别是衣锦坊、文儒坊、光禄坊，七巷分别是杨桥巷、郎官巷、塔巷、黄巷、安民巷、宫巷、吉庇巷。这里是始建于唐宋且迄今保存得最完好的福州市内古民居群，多青石板路和青瓦飞檐的古屋，此地孕育过严复、冰心、邓拓等诸多历史文化名人，是中国十大历史文化名街、国家5A级旅游景区、首批中国历史文化街区（进入三坊七巷街区不收费，但进入景点要收门票，买单票或联票均可）。

☞ 三坊七巷在福州市鼓楼区，有117、8、20等多路公交车可到

推荐游程

三日游

- **D1.** 鼓山、涌泉寺、摩崖石刻、马尾港、罗星塔公园、近代海军博物馆。
- **D2.** 于山、西湖、开元寺、左海海底世界、江滨公园、金牛山公园。
- **D3.** 三坊七巷观光，五一路、台江路、八一七路购物。

▲ 福州园林美景

泉州·莆田·湄洲岛

电话区号：0595　泉州旅游投诉：12315　莆田电话区号：0594

泉州位于厦门东北方约80千米处，是著名侨乡，古时既是"海上丝绸之路"的起点，也是国务院首批公布的历史文化名城。这里自然风光优美，人文佳景荟萃，华夏古文化风韵浓郁，全市有全国重点文物保护单位44处，省级文物保护单位104处，有"地下文物看西安，地上文物看泉州"之称。主要景点和名胜有清源山、开元寺、清净寺、状元街等。

气候与游季

亚热带海洋季风气候，温暖湿润。冬短无严寒，夏季日照强烈，时有雷雨台风，每年4—11月游览更佳。

交通

航空

晋江机场位于晋江市（青阳镇）东环路东侧，距泉州12千米，现已与北京、长沙、成都、广州、杭州、上海、深圳、温州、武汉等全国多个城市通航。

晋江机场电话：0595-85628988

铁路

泉州与武夷山、福州、厦门间有列车相通，由泉州发往武夷山的列车可每天往返。泉州与福州、厦门间的高速铁路已建成并投入运营。

泉州火车站电话：0595-22682919

公路

泉州公路交通发达，每日有发往福州、厦门、广州、深圳、温州、普陀山等处的客车。从泉州乘车走高速路1.5小时可到厦门，2.5小时可到福州。

汽车总站电话：0595-28989908

▲ 开元寺远景

● 世界遗产在泉州

2021年7月25日，"泉州：宋元中国的世界海洋商贸中心"作为文化遗产被联合国教科文组织列入《世界遗产名录》。22处代表性古迹遗址包括：九日山祈风石刻、市舶司遗址、德济门遗址、天后宫、真武庙、南外宗正司遗址、泉州府文庙、开元寺、老君岩造像、清净寺、伊斯兰教圣墓、草庵摩尼光佛造像、磁灶窑址、德化窑址、安溪青阳下草埔冶铁遗址、洛阳桥、安平桥、顺济桥遗址、江口码头、石湖码头、六胜塔、万寿塔（姑嫂塔）。

● **另荐景点：天后宫和海外交通史博物馆**

①天后宫。福建省内规模较大的妈祖庙之一。始建于公元1196年，是妈祖文化和信仰的重要传播地。K602、2路可到。

②海外交通史博物馆。陈列展示有许多古船模型和文物，详细介绍了泉州两千多年来的海事活动和对外交流的历史。22、202路公交可到。门票免收。

● **去石狮观光**

从泉州客运中心乘客车车费7.5元，1小时时间就可到石狮，观光要点有中国最大的服装和小商品批发市场以及黄金海岸景区等。

● **清源山——老君岩**

3、K602、201等路车可到。门票70元，含老君岩造像。当地人喜爱在老君岩观光时摸"老君"的鼻子，据说可消灾免难，咱们就入乡随俗，效仿一回吧。

▲ 清源山——老君岩

泉州旅游示意图

住 宿

位于市中心的湖美大酒店（电话：0595-65318858）、刺桐人家民宿（电话：15960832879）等环境很好，房价适中。其他各类宾馆酒店遍地开花，游人任意选择就是了。

主要景点

开元寺

福建省内最大的寺庙，占地面积达78000平方米，规模宏大且建造精美，与洛阳白马寺、杭州灵隐寺、北京广济寺等名刹齐名。

开元寺中有大雄宝殿、甘露戒坛、藏经楼等名景，耸立在拜亭广场两侧相距200米远的东西石塔是寺中最重要的建筑。古塔塔身雄伟、建造坚固、气势浑雄，其展翅欲飞之形态颇为俏丽动人。现东西石塔已成为泉州市的标志和象征。

33、K602、17等路车可到开元寺。 门票免收

洛阳桥

在泉州城东13千米处的洛阳河上，是我国现存最早的跨海梁式大石桥，始建于1053年，当时耗银1400万两，大桥全长731.29米，上有44座船形桥墩、645个扶栏、104只石狮，原始古朴而又精美凝重，是我国古代劳动人民勤劳智慧的结晶，与北京卢沟桥齐名。

K507路车可到洛阳桥。 门票免收

清源山—老君岩

清源山亦称北山，是泉州城北的天然屏障，海拔498米高，被誉为"闽海蓬莱第一山"，也是著名的泉州十八景之一。2012年被确认为国家5A级旅游景区，这里也历来是外地游客光临泉州城的必观之景。

清源山重峦叠嶂、壑洞深幽、妙景天成，其中坐落在左峰罗山和武山下、由天然岩石雕刻的高5.63米的老君坐像造型生动逼真，是国内最大的道教石雕像，也是清源山上有代表性的主景。

泉州的其他景点有后城旅游文化街、伊斯兰教圣墓、涂门街、西街、少林寺等，时间充裕者可一一关注

清净寺

于1009年仿照叙利亚大马士革伊斯兰

大礼拜堂建成，是我国现存最古老的伊斯兰教寺，也是我国与阿拉伯各国人民友好往来和文化交流的历史见证，寺内有明成祖颁发的保护伊斯兰教清真寺的《敕谕》石刻等珍贵文物。

力荐闽东美景：湄洲岛

是莆田附近海面上的美丽岛屿，林木葱郁，气候温和，有纯净的沙滩和碧澈的海水，是度假胜地。岛上的妈祖庙金碧辉煌、香火旺盛，朝拜者甚多，在东南沿海享有盛名。庙后有石刻岩石，站在石上可览海波鸥影，聆听涛声潮音，意境很美。

除了妈祖庙外，岛上还有黄金沙滩、鹅尾神石园、湄屿潮音等景点。其中黄金沙滩海景壮阔、沙滩宽坦，适合观光及戏水游乐；鹅尾神石园奇石遍布、巧夺天工；而湄屿潮音以涛声悦耳而著称令人闻后回味无穷。

湄洲岛上风光优美、环境整洁、治安甚好，是福建省内热门的观光佳境。岛上有公交车和观光车发往各景区，坐公交车从码头到最远的黄金沙滩和鹅尾神石园才4—5元钱。岛上亦有不少宾馆、餐馆，观光、食宿皆方便。

● **清净寺**

就在市中心华侨大厦旁，步行即可。也有33、41、K602等多路公交可到。
¥ 门票免收。

● **湄洲岛**

可从泉州、莆田乘汽车先到湄洲湾的文甲码头，其中莆田有公交车直达文甲码头，再从文甲港码头换轮船前往。
¥ 上岛门票65元，轮渡往返费60元（共125元）。
岛上妈祖文化园、鹅尾神石园、黄金海滩门票均免收。

● **湄洲岛住宿参考**

湄洲国际大酒店，标间700元起。电话：0594-5938888。

发烧友特别关照

①湄洲岛总体风光好，岛上又有妈祖庙、黄金沙滩、鹅尾神石园、湄屿潮音等突出景点，甚具观光价值。

②妈祖庙景区规模很大，有"海上布达拉宫"之称，新老建筑群应一并游览。在山巅的妈祖文化园中还可居高看海岛两侧的风光，观光效果很好。

③鹅尾神石园是海滨岩石景观群，千姿百态，值得一看。

④岛上的沙滩景区应选择黄金沙滩而不是鹅尾沙滩（前者比后者漂亮许多）。

⑤岛东侧还有一处佳景——湄屿潮音，远眺近观皆可（在妈祖文化园可清晰地眺望到湄屿潮音全景）。

⑥除了上述几处观光亮点外，岛上还有天妃故里、妈祖文化影视城等景点，是否游览可视时间和心情而定。

⑦一日游湄洲岛太仓促，逗留两天时间就比较宽松舒服了。

▲ 妈祖庙风姿

太姥山

电话区号：0593　太姥山景区热线：7288002、7288001

坐落在福建省北部福鼎市境内，景区总面积约92平方千米，有太姥山岳、九鲤溪瀑、晴川海滨、桑园翠湖、福瑶列岛五大景区，另含冷城古堡、瑞云寺两处独立景点，以山峻、石奇、洞异、溪秀、瀑急著称。太姥山景区有54峰、45奇岩怪石、100多个岩洞，共360余景，整个景区面积约为24.6平方千米，是东海沿海一带极为引人注目的探险、旅游观光胜境。

▲ 太姥山风光

太姥山中洞太多，钻洞时常看道边指路牌才能不迷路

太姥山观光指导

太姥山有太姥山岳、九鲤溪瀑、晴川海滨、福瑶列岛、桑园翠湖五大景区，这里的山、石、洞、溪各景都不错，在山巅见到的云海、日出也很壮丽迷人。与其他名山不太一样的地方是这山上洞多且奇异、曲折、幽深，所以游人进洞观奇探险时应注意带上手电而不要带过多的行李物品，否则洞中行动不便。山上较引人注目的岩洞有葫芦洞、将军洞、七星洞、一线天、滴水洞等，山上的龙潭湖、夫妻峰、金龟爬壁、仙人锯板、擎天一柱及观日台均值得一看，其中山巅观日台可览日出及云海奇观（但是一般游客并不登顶，大多走到山颈处就止步了）。

太姥山景区内有不少宾馆、酒店，住宿方便。太姥山门票加往返景区交通车共140元／人。

● **太姥山交通**

从上海、杭州、宁波、温州、福州、厦门乘高铁可直达太姥山站。另外福州、宁德、温州等城市都有快巴去太姥山所在的福鼎市，之后可经秦屿去太姥山。秦屿是太姥山进山道口所在地，不论是从福鼎去太姥山，还是从福州或是温州乘过路汽车，都应在此下车，其中福鼎去秦屿的客车极多，30分钟左右可到。到秦屿后即到景区游客中心。

● **太姥山住宿**

推荐秦屿大酒店，条件不错，房价便宜，电话：0593-2206666。

● **周边景点**

①从秦屿租车2小时可到牛栏岗海滨，这里的海滩虽然不长，但人烟少、沙滩细白、海水蔚蓝，风光美而有野味，可做大半日观光。

②从秦屿乘客车1.5小时可到九鲤溪，乘竹筏漂流，沿途可见青山、碧水和诸多茂林野花。

● **白茶之乡福鼎**

太姥山脚下的绿雪芽庄园对游客开放，可以品茶，可以在茶园里拍摄采茶纪念美照，把白茶当作伴手礼馈赠亲友也是不错的选择。

龙岩·永定南靖土楼群

电话区号：0597　冠豸山景区：8931866　培田古民居：8388998

龙岩位于福建省西部，这里气候温润、雨量充沛、山水明丽、风光秀美。龙岩境内的自然及人文佳景众多且个性突出、特色鲜明，主要景点有"世界上独一无二的神奇山区民居建筑"永定土楼、丹霞奇景冠豸山、岩溶地貌龙洞、"客家建筑奇葩"培田古民居等。

气候与游季

龙岩地处闽西，属亚热带季风气候，年平均气温19℃，冬无严寒，夏无酷暑，四季皆宜旅游。

交通

航空

▲ 冠豸山雄姿

连城（冠豸山）机场过去是军用机场，现已对民众开放，使闽西的交通运输条件大为改观，为来闽西旅游的中外游客提供了极大的方便。2024年8月1日起，因改扩建需要，冠豸山机场暂停所有航班运营。

冠豸山机场问询电话：0597-8918820

铁路

龙漳、龙坎铁路与鹰厦线衔接，游客从厦门及广东境内的汕头、深圳等地，可直抵龙岩。也可乘火车在永安或漳平下，换汽车进入龙岩境内。北京已有直达快车到龙岩。

到龙岩市旅游，如果是到永定县参观湖坑、洪坑、初溪一带的土楼群，最好乘火车在坎市或永定下，那里到湖坑、洪坑一带要近得多，而且有直达的班车。但如果是去连城看冠豸山和塔田古民居，则坐火车到冠豸山站更方便。这个站到冠豸山只有半小时车程。

龙岩客运站电话：0597-3100013　龙岩火车站问询电话：0597-8367068

公路

319国道和205国道纵横全区，从龙岩到永定土楼所在地永定湖坑、洪坑一带有公交车直达，十分方便。也可以先到永定，再转乘直达的公交或摩的。龙岩和永安都有客车去冠豸山，而从永安去更为便利。

● 区内交通

龙岩的市内交通以公共汽车和出租车互为补充，从这里到永定看土楼有直达班车，也可以包车前往。龙岩汽车站开往洪坑的班车每日有多班，车费40元，开行2.5小时可到土楼群中心地带的洪坑镇的土楼民俗文化村。冠豸山和培田古民居都在连城境内，连城有各类机动车直达上述景区。

● 厦门至永定土楼

厦门湖滨南路车站至永定的客车，中途路过数处土楼群。其中有永定县洪坑镇的土楼民俗文化村（笔者认为这里是永定、南靖土楼景观的中心），厦门到此的大巴车费60元/人左右。

🍴 当地特色美食：涮九品、白斩河田鸡、麒麟脱胎、溪鱼豆腐

自助游中国 ▶ 华东地区

● 当地住宿参考

① 7天酒店中山路站，标间百元出头，条件尚好，电话：0597-2518777。
② 连城大酒店，连城县内，电话：0597-6018616。
③ 八一宝源大酒店，连城县内，二星级，标间120元左右。0597-2223288。

● 冠豸山

从连城县城乘机动车，车费5—8元，15分钟即可到冠豸山山脚下或石门湖入口处，冠豸山、石门湖两景区联票115元。竹安寨门票另收。

▲ 冠豸山山景

● 培田古民居

连城县城客运站有客直抵培田古民居，车费8—10元，行车1.5小时。古民居门票50元，导游服务费50元。

● 永定·南靖土楼群

从厦门去永定土楼应乘直达客车，而不必乘去龙岩的车，那样反而绕远。厦门到永定土楼的直达车车费60余元，3小时可到。从广州方向去永定土楼可先乘火车到永定，再换乘去洪坑镇的土楼民俗文化村。从北方前去可乘火车或汽车，到龙岩市，换乘汽车2小时即到永定洪坑土楼民俗文化村的村口。

🏨 住 宿

龙岩市内和连城县均有诸多宾馆饭店，普通宾馆的标房议价后在120—160元，中小旅舍只需80—120元。在永定土楼游览可住当地居民在土楼中或在土楼边民宅中开设的民宿，标间70—120元。许多民宿都有餐厅，人均50元可吃得挺好。

🎠 主要景点

☛ 主峰和石门湖是冠豸山必观之景，观光需3小时

冠豸山

位于连城县城东约6千米处，国家4A级旅游景区，因其主峰酷似"獬豸神兽"而得名。该山平地拔起突兀而立，姿态挺拔而秀美，与武夷山并称为福建境内的"丹霞双绝"。冠豸山共有冠豸山、石门湖、竹安寨、旗石寨、九龙湖五大景区，有仙女岩、翠岛、三叠潭、鲤鱼背、五老峰、一线天、仰云亭等数十处名景，其中冠豸山主峰和石门湖紧紧相依，是游览的精华和核心，而九龙湖和竹安寨则是近年引人注目的观光热点。

☛ 冠豸山正式读音为guàn zhài shān，是国家三个部委会专门发文正音的地方名，传承了当地传统文化

▲ 石门湖秀色

培田古民居

在连城县西约40千米处，村内30幢高堂华屋、21座古宗祠、6处书院、2座牌坊及1条千米古街，保存甚好，客家建筑风格独特鲜明，极具考古及观赏价值，是闽西深山中"养在深闺人未识"的难得人文佳景，有"民间故宫"的美誉。

☛ 培田古民居值得一看，观光需2—3小时

永定·南靖土楼群

在福建龙岩地区的永定县和漳州地区的南靖县境内，

福建省

514

分布着许多造型风格奇特的客家民居建筑群,它们被称为"永定·南靖土楼群",为国家5A级旅游景区,其中仅永定全县就有圆形土楼360座、方形土楼8000余座,规模之大令人惊叹。

永定及南靖的圆形土楼是客家民居的典型代表,土楼很大很圆,犹如从天而降的"巨型飞碟"。每座楼都由两至三圈组成,外圈有四层,有一二百甚至三四百个房间;二圈一般有几十个房间,每座土楼即可居住成百上千人。土楼内居室、厨房、餐室、水井、浴室、仓库一应俱全,并有完善的防火、防盗、防震设施,许多土楼内还有瞭望台和射击孔,用来防范、打击来袭的敌人。永定土楼在设计建造上颇具匠心,因此被称为"世界上独一无二的神奇山区民居",其中代表性的有振成楼、环极楼、福裕楼、承启楼、"东倒西歪楼"、初溪土楼群和田螺坑土楼群等。土楼观光注意事项后面有详细介绍。

☛ 永定·南靖土楼群非常气派,是八闽大地上不可多得的妙景奇观

龙硿洞

位于龙岩市新罗区雁石镇龙康村,龙硿洞形成于3亿年前,洞深2000余米,分为上、中、下三层,洞内曲折迂回,奇异山岩和地下暗河穿插交织、变幻无穷。岩洞外的风光也很秀美,山峦起伏、翠竹成林,且有龙须瀑、睡狮岩、龙潭湖等景点。这样内外皆美的龙硿洞被赋予了"华东第一洞"之称(门票50元)。

发烧友特别关照

①永定·南靖土楼结构奇特,当地民俗亦很新奇迷人,值得一游。

②土楼参观收费标准如下:湖坑镇洪坑村的振成、福裕、如升、奎聚4个楼收费90元(联票),高北村的承启楼门票50元,南溪土楼群收费50元。初溪土楼群门票65元。"东倒西歪楼"加塔下村再加上田螺坑土楼群联票90元。土楼云水谣古镇90元。华安大地土楼群70元。

③冠豸山山水相依,风光水平虽然比不上武夷山,但是仍有相当高的观赏价值。该地的培田古民居历史悠久且建造技艺精湛,游人可在导游陪同下仔细观览。

● 龙硿洞
龙岩市区的公用客运汽车站有客车直达。票价16元。

● 土楼观光的中心
笔者认为是永定洪坑镇的土楼民俗文化村,这里位置居中,交通便利,亦有不少客栈、餐馆,食宿方便。

● 土楼游览提示指导
各处土楼并不紧挨着,租辆机动车2天之内可以看到主要的几处,顺序可按第一天看永定县洪坑土楼民俗文化村、承启楼、南靖县书洋镇田螺坑土楼群(晚上回湖坑镇住宿);第二天按照依次观初溪土楼群和南溪土楼群的方式进行。这样在两天之内可以游览完永定、南靖土楼的大致全貌。

住宿地点选在洪坑镇的土楼民俗文化村门口为宜,这里有近多家宾馆、客栈,条件尚好,标间80—180元。另外土楼中也有民居可住,30—40元/人,还可品尝到土鸡、梅菜扣肉、溪鱼、芋子饭和香甜米酒等当地风味食品。田螺坑土楼群、初溪和南溪土楼群都有居民旅店提供食宿。

▲ 冠豸山冠鹰(zhài)石

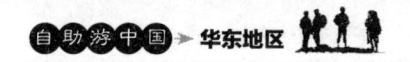

推荐游程

①永定·南靖土楼二日游

D1. 上午洪坑土楼群观光（洪坑土楼民俗文化村内有奎聚楼、振成楼、如升楼、福裕楼4座主要土楼和几十座其他土楼）。下午游高头镇高北村的承启楼（这是当地最大的土楼）、南靖县书洋镇田螺坑村的"四菜一汤楼"以及云水谣景区和不远处的"东倒西歪楼"。

D2. 游初溪土楼群和南溪土楼群（与**D1.** 的土楼群方向相反）。

②冠豸山二日游

D1. 石门湖→冠豸山→竹安寨→连城县城（住宿）。

D2. 上午从连城县城出发参观培田古民居。下午参观连城四堡雕版印刷基地。

游程推荐·发烧友关照

旅游锦囊：如何在两日内游遍永定·南靖土楼的主要景点

游览永定·南靖土楼可以从厦门、广州及其他不同方向进入，各类游程和线路安排都有，笔者向您详细介绍一种时间相对紧凑的观光方式：永定·南靖土楼二日游，起点从永定县湖坑镇开始。

D1. 从厦门或广州方向进入洪坑村，若从厦门出发可从湖滨长客站乘客车，走高速路直达下洋镇，全程三个半小时，途经南靖、书洋镇、湖坑镇，也可乘客车先到永定再换乘去湖坑或下洋的汽车。下午到洪坑后即可看到土楼民俗文化村（这个文化村为观光中心）的多座土楼如振成楼、福裕楼、奎聚楼等。游览土楼文化村内的上述几座土楼有2－3小时可以完成，之后可打车（或乘客车）10分钟车程即可看到高北村的承启楼，这是永定最大的土楼，旁边还有世泽楼、五云楼。之后继续打车50分钟就可到南靖县的田螺坑村，这里有特色鲜明的"四菜一汤楼"——由4个圆形1个方形土楼组成的楼群，该土楼群结构奇异、景色特别壮观（最佳观景点是土楼群背后山间公路边的观景台）。之后可观览云水谣景区，晚上在此食宿。

D2. 早上继续看"四菜一汤"奇观，之后打车走15—20分钟可看到另一土楼奇观"东倒西歪楼"。再乘车15分钟可看到以小桥、流水、石径、古屋著称的塔下村，继续乘车走20分钟到河坑村，能见到由10余座土楼构成的山间土楼群。下午即可从书洋镇或湖坑镇或下洋镇返回。以上游程只用时2天，基本能见到永定·南靖土楼群的主体部分，观光效果较佳而用时不多。

二日游：推荐更紧凑精彩的玩法

第一天，在观看了洪坑土楼民俗文化村后看高北村的承启楼，之后与出租车司机说，让他在去"四菜一汤"时走另外一条路，这样途中就能看到塔下村和"东倒西歪"楼，之后再到"四菜一汤"和云水谣景区，这样一天内多玩数处景点，次日可以抽出大半天时间去观览初溪土楼群和南溪土楼群（这两处土楼群在另一个方向，前去时还要路过湖坑镇的土楼民俗文化村门口）。

观光注意事项：

①以上行程步行是根本不行的，须在当地租车，车费以每天300元左右计算，其中从洪坑土楼文化村出发至田螺坑土楼群，往返150—180元是可以的。

②参观各处土楼时可请当地楼主介绍一下土楼的历史、形成原因及土楼与客家文化的联系，这样能增长不少知识。

③如果观光时间紧迫，可舍去南溪土楼群，但初溪土楼应该参观，因为它很壮观。

东山岛

电话区号：0596　东山岛景区热线：18060237007

我国的东南沿海天澄海碧，礁岛秀丽，自然风光十分壮阔迷人。从海天佛国普陀山、香火旺盛的湄洲岛，到海上花园厦门、鼓浪屿，旖旎秀美的滨海佳景醉倒了多少慕名而来的八方游客。然而，我今天为大家推荐的景点不是"老将"而是"新秀"，它就是福建的东山岛，那里有绚丽多彩的自然风光和许多奇异诱人的人文佳景。

东山风光美、海景惹人醉

东山岛位于福建省南端的厦门和汕头两个经济特区之间（距厦门约110千米），作为一处"养在深闺人未识"的海岛景区，东山岛的自然风光十分绮丽秀美。这里多秀丽海湾、辽阔沙滩、奇礁怪石和茂密森林，佳景密集颇为引人

▲ 东山奇景风动石

入胜。在东山岛的东南沿岸，有至少7个月牙形海湾，且湾湾相连，总长度达30余千米。其中马銮湾长约2千米，金銮湾长达5千米，而著名的岛礁湾，长度接近10千米，论景色比海南的亚龙湾还要壮观迷人。东山岛不光海湾辽阔，岸边的沙滩也是特色鲜明，它们不光平缓、宽阔，而且沙质细腻、洁白、不扎脚、不沾身，所以特别适合开辟成岸边游乐场，供游人开展日光浴、沙滩排球等娱乐活动。东山岛四周共有32个小型礁屿，形态各不相同，像岛东南侧的4个小岛，造型分别像龙、狮、虎、象，神态逼真，栩栩如生，游人划上小船到那里观景拍照，会感到非常快活开心。更为精彩迷人的是海岛东侧的奇景——风动石，它高约4.4米、宽约4.5米、长近4.7米，重量约达200吨，坐落在一块巨大的花岗岩石上，两石上下触点仅两寸见方，人手一推上边的巨石就会微微摇动，但千百年来历经多次台风、海啸、地震，上方的巨石却稳如泰山、巍然耸立，堪称罕见的世间奇景。此外，岛上近几年深受游客喜爱的东门屿等风景名胜区也值得一去，日新月异的东山正在以妖娆秀丽的风姿，笑迎八方游人。

旅游设施全、游乐项目多

东山岛地处亚热带海洋性季风气候区，气温较高，一年四季均可旅游，其中4—10月效果更佳。东山岛有完善的度假娱乐设施，可以为游客提供新奇美妙的游乐和享受。其中，到风动石景区观奇石妙景，到马銮湾和金銮湾进行海水浴、日光浴，是每个游客的"必修课"。

▲ 东山海景

● 景区门票

¥ 马銮湾免费，风动石45元，东门屿55元含船票。

● 节省旅费的窍门

在东山，住在西浦或铜陵镇上的小客栈可以把每天的住宿费控制在60元以内，只在快餐店内吃快餐可以把每天的餐费控制在40元以内。

海上帆板、潜水、游艇、水橇、沙滩排球等游乐项目可以供不同性别、不同年龄段的游客大显身手。东山海域是我国东海渔场的中心，盛产龙虾、石斑、鲍鱼等海鲜珍品，远道而来的游客可以开心品尝，大饱口福。

☞ 东山岛距厦门挺近，游毕厦门再去东山玩1—2日是挺快乐开心的事

交 通

东山岛距厦门只有3小时公路车程，所以从厦门去东山最方便。厦门长客总站每日有空调大巴直达东山，厦门火车站前的客运站也有大巴前去。也可先从厦门乘高铁列车到云霄（车极多），云霄到东山的客车至少20分钟一班，半小时即到。

住 宿

东山岛上的宾馆、酒店甚多，其中以福来喜酒店（0596-6977666）、华福酒店档次最高，普通客栈在东山两大镇西浦和铜陵街上随处可寻，游人可根据不同需求任意选择。

餐 饮

西浦、铜陵两镇上都有不少海鲜排档，马銮湾海滨晚上的自助烧烤更是种类繁多、香气袭人。欲省钱可在小餐馆中点名要快餐份饭，一般15—18元/份，含1菜1汤1饭，菜中能有不少小鱼小虾，作为游客吃着挺开心。

游览指导

在东山旅游以三天时间为宜。其中第一天游风动石和东门屿景区，夜宿铜陵镇。第二天游马銮湾、金銮湾，观寡妇村展览馆。第三天可去乌礁湾，这样即可在短时间内观遍全岛主要景点。另外东山岛的东北方有漳州、厦门，西南方有潮州、汕头、深圳，把东山连同上述各海滨城市一起游览，游程会显得更圆满、丰富、如意、称心。

江西省
JIANGXISHENG

黄金旅游线路

① 南昌—庐山—九江
② 南昌—井冈山
③ 龙虎山—龟峰—三清山
④ 婺源—三清山—龙虎山

江西省位于长江中下游南侧，三面环山、北临长江，全省面积约为16.69万平方千米。江西山川秀美、名胜古迹众多，自古以来就是"人杰地灵"之地。陶渊明、欧阳修、王安石、朱熹、文天祥、宋应星、汤显祖、詹天佑等历史名人都在此诞生，并以其盖世英才光耀华夏文明史册；而井冈山、瑞金等革命根据地和八一南昌起义等重大历史事件亦在中国现代史册上留下光辉的篇章。江西省的旅游资源非常丰富，屹立在南昌赣江之滨的滕王阁早已名扬四海，而以碧溪苍山、原始村寨闻名的婺源也是备受游客关注喜爱的南国美景；尤其声名显赫的是庐山、井冈山、龙虎山、三清山四处国家级重点风景名胜区，它们的傲然风姿和奇伟神韵既令每一位慕名观光者惊叹，也为华夏山水风光宝库尽添奇光异彩。省内其他观光亮点还有明月山、武功山、龟峰及"瓷都"景德镇等。

▲ 婺源彩虹桥秀色

庐山（国家5A级旅游景区）

电话区号：0792　景区咨询：8296565　景区投诉中心：8287906

庐山，久负盛名的自然风光和历史文化名山、驰名中外的山水风光巨星——位于江西九江市南36千米处，北靠长江、南临鄱阳湖，南北长约25千米，东西宽约20千米，景区范围内共有绮丽山峰近百座，雄奇险峻，烟云缭绕，仙姿撩人。

庐山景区内多飞泉瀑布和奇洞怪石。以奇松、怪石、云海、瀑布四绝著称，作为世界文化遗产，山上亦保留有多位近代、当代著名历史人物来此度假时的旧居遗址，有许多与当代中国重大历史事件相关的人文佳景。当地有关部门开发开放了石门涧、太乙村别墅群等多处佳景，增设了国家地质公园游、东谷历史名人别墅群游和生态美景游等许多热门游览项目，古老的山水文化名山正以其崭新的容颜风姿，喜迎八方宾朋。

▲ 含鄱口雪后风光

● 庐山门票

庐山景区实行一票多次多日使用制：进山票160元，七日内可游览庐山核心景区和其他10大景区，每年3月份为庐山景区"免票开放月"。

气候与游季

庐山地处中国亚热带东部季风区域，面江临湖、山高谷深，具有鲜明的山地气候特征。庐山年平均降水约1900毫米，年平均相对湿度约78%，全年有雾的时间多达190余天，夏季平均气温仅为17℃，极端高温在32℃左右，气候凉爽，是国内最著名的避暑胜地之一，所以夏秋时节游庐山最适宜。但是风景区开发开放的冬季游览项目亦颇具诱人之处——冬雪过后，山间银装素裹，冰雕玉琢，万象全新，风光甚美。

☛ 庐山云海入列中国气象服务协会公布的首批15个"天气气候景观观赏地"。

交通

航空

乘飞机的游客需先在九江或南昌降落，再换汽车去庐山。南昌昌北机场电话：0791-87652114。

九江民航售票电话：0792-8210080/8210666

水路

庐山位于长江中游黄金水道南岸，紧邻九江市，水陆交通非常便利，过去上、下游各沿岸港口都有客轮到九江（从武汉乘船快班3小时、慢班6小时就到九江）上岸后换乘汽车，1小时出头即到庐山的中心牯岭镇。可是水上航班现在基本上都停运了。

铁路订票电话：95105105　九江新长途客运站电话：0792-8392222

铁路

庐山—九江地处京九铁路中段，北至北京、南至广州、深圳、香港，沿线各城市的游客只需不到一天时间即可乘火车到庐山。庐山周边有九江、庐山、南昌三个主要站点，其中在九江下车最方便，从九江换乘汽车，1小时出头即到庐山。从南昌下火车换汽车上庐山亦可，在2.5小时左右。庐山火车站停靠的列车也不少，但地点有些不方便，不应作为游客首选。

公路

九江和南昌是上庐山最主要的发车点，九江市区的东南侧是庐山游客中心，在此购票后乘观光专线大巴，沿盘山路上行1小时出头就到庐山中心牯岭镇。南昌客运中心开往庐山的大巴每日亦有多班，抵达游客中心后换乘大巴，行车1.5—2小时可从南线到牯岭镇。

☞ 因为庐山上不光有游客，还有许多当地居民，照顾到他们的消费水平，所以山上物价贵不起来，让人开心。

住宿

庐山的住宿业极发达，有各类宾馆、酒店数家，以景区中心的牯岭镇四周居多，其他各景区附近亦有一些，住宿价随游季淡旺升降，7—8月份及黄金周，山上最便宜的房价亦有140—180元/天，而到了游览淡季，一般宾馆、旅馆中打折后100—130元一间的房间随处可寻。只要不在"五一""十一"这两个黄金周去，平日住宿应性价比高。

● 山上住宿参考

庐山脂红酒店，环境好，地理位置优越，有超大窗户可以赏山景，双标间淡季260元/间左右，电话：19379285717。

▲ 庐山恋电影院

关于庐山上的住宿

山上较高级的宾馆是四星级的西湖宾馆和国脉宾馆，房价平日也在400元以上，西湖宾馆电话：0792-8817099。普通宾馆多了去了。但对于一般游客来说，没必要为您推介某一家宾馆、客栈，因为山上住处太多，建议上山后用餐或购物时先把东西存在某家小商店或小饭店，然后就去牯岭镇逛街，经过哪个宾馆就进去问价钱、看看条件，满意了就订好房间，一会儿再回去取行李，这样轻松、随意又不费劲儿。当然网上订房、手机软件订房更是易如反掌，各种方式大家可任选。

▲ 石门涧悬桥

● 特色食品

首推"三石一茶"。"三石"是石鸡——一种生长在山间溪泉洞穴中的蛙类，肉质细嫩鲜美；石鱼体长一般只有30—40毫米，肉质同样鲜嫩且营养丰富；石耳是山上生长的一种菌类，含有多种维生素，是健身佳品；云雾茶亦在江南享有盛名。上述食品饮品在庐山上到处有售。

● 庐山上的餐饮提示

山上的餐馆经营状况良莠不齐，游客用餐时要尽量在牯岭正街或是小街道上的饭店吃，不要在远离牯岭太偏僻的地方吃，就餐时注意看菜单上有无物价局的监制章，如"挨宰"应坚决投诉。庐山上的工商管理还算认真。外地游客上山后都愿意品尝庐山"三石"，其中石鱼和石耳并不贵。牯岭镇上一般饭店中的石鱼炒鸡蛋大都在20—28元/份、石耳炒肉片30—38元/份，但是野生石鸡很少了，饭店里大多是用牛蛙代替的，80—130元/份。

● 推荐石牛酒家

在庐山天街下方的居民区中，饭菜实惠且味道好，建议重点关注。

🍵 饮 食

山上的饭菜当然比山下贵，但是也没有贵到每家餐馆都是漫天要价的地步，牯岭镇上一般中小餐馆中的肉炒青菜价格一般也就在18—28元，麻辣豆腐一类8—18元钱一份，纯肉菜大多数在28—48元，所以每人每天花上100元左右饭费基本可以吃到一般水平，欲吃"三石"（石鸡、石鱼、石耳）这些山珍特产自然另当别论。

☞ 在牯峰镇上，石牛和小院子餐馆相对实惠一些，信誉也很好。推荐

🚌 山上交通

庐山上的景区分为几条主要的游览线，其中花径、如琴湖、锦绣谷、大天池、龙首崖、黄龙潭、三宝树为西线，含鄱口、五老峰、三叠泉、植物园、芦林湖为东线，会议旧址、美庐别墅、老别墅、望江亭、小天池为中线，这几条线一般游客必须玩。山上开行了游览专线车，游客可乘车游览，车费70—90元（一周内有效），不限乘坐次数，且可到达山上的各个主要景点。这对于单人出行的游客来说还是很划算的，但是结伴旅行者就要比原来多花一点钱了。

☞ 夜生活大亮点：一是在牯岭镇上闲逛；二是去看电影《庐山恋》

🏯 主要景点

牯岭街

地处庐山中心，是庐山行政管理机构所在地，海拔1167米，有"云中山城"之美称。这里处处绿树成荫、花草繁茂，有多家宾馆、饭店、商厦、影院、邮局，旅游设施齐全，是游客登山游览的集散地。附近的小天池和望江亭还是观赏云海和眺望长江的绝好地点。

☞ 位于庐山山颈处茫茫云海之上的繁华小镇，红火喧器

关于庐山上观光方面的提示

①二线的五老峰、含鄱口适合观日出，而一线的龙首崖适合看晚霞，请游客在行程安排上注意。

②游览西线的花径、如琴湖、锦绣谷和龙首崖后，可以从龙首崖沿新建的游览路一直下到谷底的石门涧。石门涧挺精彩，再从那里乘缆车返回，缆车可上行到水库大坝，之后步行向上返回牯岭途中还可经过乌龙寺、黄龙寺、三宝树、芦林湖、会址等景点，如果从水库大坝乘观光车回到牯岭镇，再从上至下游会址、芦林湖、三宝树、黄龙寺、乌龙潭，会轻松省力得多。

③庐山景区内数量众多的历史名人故居游很有味道——游客可以从中回顾中国近代和当代历史的发展脉络，从中获得过诸多感触。

▲ 美庐

花径

是唐代大诗人白居易登庐山时畅游美景和写诗刻石题字的地方。"人间四月芳菲尽,山寺桃花始盛开"描述的正是花径美景。后新辟出花卉区、花展室、水上游览区等多处旅游点。它与如琴湖相依相偎,组成了离牯岭最近的风光佳景。

🎫 门票免收。从牯岭街步行 20 余分钟即到,这里风光特别柔美温馨

锦绣谷

花径西侧长约1.5千米的一处山间峡谷,这里有许多险崖奇石、繁花绿草,灿若锦绣而又雄伟壮观。山谷岩壁上有崎岖观光石径,每当阴雨天时,谷内云蒸霞蔚,此时登高观景非常好看。

🎫 门票免收。晴天景色一览无余,韵味稍差;阴雨天时风云变幻,风光妙不可言

仙人洞

位于锦绣谷西侧出口处,是一个形似佛手般的天然洞窟,深约20米,相传是唐代名道吕洞宾成仙的地方,20世纪60年代后因毛主席诗词《题庐山仙人洞》而四海扬名。

👉 洞前洞后都有"仙人洞"刻字,以它为背景拍照最合适

龙首崖

锦绣谷、大天池西南侧的一处险崖绝壁,因有一巨石峭立山头似苍龙昂首而得名,这里是观赏云海雾涛的好地点。烟云浓密时,游客站在崖上犹如腾云驾雾、展翅欲飞;而天气晴朗时,上下数十里内的田野、河流、村庄都清晰在目,锦绣风光如诗似画。

👉 龙首崖是庐山一线景观中最神奇险峻之处,好好观光拍照吧

含鄱口

状如鱼脊的含鄱岭,屹立在庐山东南方,因宛如张着大口欲吞食脚下的鄱阳湖水而得名。这里是北眺五老峰、南眺鄱阳湖的绝佳观景处,也是庐山上观赏云海雾涛和日出朝霞的最好地点。

五老峰

陡崖峭立、挺拔高峻的五座连体高山,主峰海拔1436米,东邻鄱阳湖、南接含鄱岭,晴天之时棱角锋利、山姿雄伟,雨水过后,傲立于茫茫云海之上,如出水芙蓉,其巍峨神奇雄踞庐山峰群之冠(最好的观景点在第四峰和第五峰)。

👉 五老峰第四峰下方的景观已很精彩,但五峰前边的视野更壮观

● **牯岭街**

几乎所有山下开上来的旅游车、交通车都停在此地。

● **花径**

坐在如琴湖边沐清爽山风,望如画美景,感觉甚佳,望君一试。

● **锦绣谷**

入口处的天桥是最佳摄影点。1小时左右可从入口走到出口。

▲ 云拥含鄱口

● **仙人洞**

名气大但景色一般。可稍作停留观览。

🎫 门票免收

● **龙首崖**

是庐山一线景区中最棒的景点。从锦绣谷西侧出口步行25余分钟可到,也可从锦绣谷西侧出口乘车到大天池(暂停开放)再步行 15 分钟即到。

● **含鄱口**

🚌 从牯岭镇乘东线游览车可直达。

● **五老峰**

从五老峰顶上向南下望,可以见到千米的绝壁和深渊,令人动魄惊心。

● **三叠泉**

庐山二线景区中的最佳景点。先乘东线观光车到景区山上,再向下步行或乘缆车才到。

🎫 门票已经免收了。

观光索道单程 55 元,双程 80 元。

▲ 三叠泉秀色

● 庐山晚间娱乐

观看电影《庐山恋》，在牯岭镇庐山恋电影院。
¥ 门票40元/人。

● 美庐

从牯岭镇中心步行少许即到。
¥ 门票已经免收了。

● 秀峰

这里比庐山中心景区的风光还要好看，正可谓"庐山之美在山南，山南之美在秀峰"。马尾、黄崖两条巨瀑真是壮观气派，几十里地以外就清晰可见。

● 会址

东线游览车可到。
¥ 门票已经免收了。

● 白鹿洞书院

前有碧潋山溪，后有雅静书院，风水甚好，须乘九江到星子的客车前往。另外山南秀峰一日游的专线车均在此停留，门票40元。

三叠泉

五老峰北面的秀美飞瀑，溪流分三级跌下，上级如飘雪拖练，中级如碎玉摧冰，下级如玉龙飞舞，三级瀑布总落差达600米，暴雨过后激流飞泻、雷声轰鸣，场面甚为壮观迷人（游毕也可向下走，出景区东门返九江）。

☛ 去三叠泉要费一点时间和体力，很累，游人要有心理准备

三宝树

位于芦林人工湖下黄龙潭深谷间的三棵千年古树，其中一棵银杏高约30米，另外两棵柳杉各高40余米，三树并排耸立，枝叶苍劲，非常好看。

美庐

庐山牯岭东谷长冲河畔的一座大型别墅，面积近千平方米，宽敞端庄而又精巧玲珑秀美。20世纪30年代至70年代，国共两党曾分别在此召开过多次重要会议，蒋介石、宋美龄和毛泽东亦曾先后在此居住，是我国唯一一栋住过国、共两党最高领袖的别墅。

会址

庐山掷笔峰下一座庄严肃穆的建筑，始建于1937年，曾作为图书馆和大礼堂。中华人民共和国成立后，这里更名为庐山人民剧院，中共中央曾在这里召开过三次中央全会。

☛ 可与会址一并观览的是庐林一号，得到的观感颇为相近

秀峰

位于庐山南麓的星子县境内，由香炉、姐妹、文殊、双剑诸峰组成，这里山峰竞秀、飞瀑高悬（有马尾、黄崖两条巨瀑），景色神奇瑰丽，唐代大诗人李白的名诗《望庐山瀑布》就诞生于此，足见秀峰风光是多么秀丽迷人。

☛ 从庐山上或九江市区乘车均可到秀峰　　¥ 门票62元。缆车往返60元

推荐游程安排

在庐山游览欲舒适圆满至少要3天时间，其中西线1天，东线1天，再用1天去山南秀峰及白鹿洞书院游览。另外庐山周边的鄱阳湖、石钟山、龙宫洞等景点亦值得一去，但这几处景点不必非从庐山山上去，从九江市区去反而更方便。

白鹿洞书院

地处秀峰北侧的幽静山谷，始建于940年，是我国南宋时期的最高学府，朱熹等历史名人曾在此讲学论道，是颇具历史文化底蕴的人文佳景。

推荐周边景点

甘棠湖

九江市内的秀美湖泊水面辽阔，湖区面积约为80万平方米，湖边杨柳依依，林荫浓密；湖心有长堤和烟水亭、九曲桥等精美亭阁。现为九江市民休闲观光主要场所，乘船在湖中游荡很有诗情画意。

🚌 乘16、101、102、103等多路公交车均可到达。进入湖区免收门票。

浔阳楼

矗立在九江长江南岸上，高21米，外观纯朴典雅，因小说《水浒传》中宋江曾在楼间醉题反诗而名扬天下。现在楼中仍有水浒人物展，该楼也是登高眺望长江景色的好地点。

🚌 乘公交5、12、23路均可到。 🎫 门票18元。

锁江楼

九江市的标志性建筑之一，在长江南岸，与浔阳楼相距不远。园内有锁江楼、文峰楼、镇水铁牛等诸多精美建筑。整座建筑群紧凑集中而又精巧玲珑，堪称江城胜景。

🚌 乘公交5、9、82路可到。 🎫 门票18元。

石钟山

在九江市湖口县双钟镇，耸立在长江与鄱阳湖交汇处的滔滔碧水边。虽海拔只有61.8米高，但山形优美，山上遍布精致亭、台、亭、榭，集自然风光、古迹名胜、秀美园林诸多佳景于一身。石钟山早已因宋代大文学家苏轼的《石钟山记》而扬名中外。今日游客登上山顶，仍可饱览开阔壮丽的江湖景色。

🚌 九江客运总站有客车前去。 🎫 门票44元。

龙宫洞

地处彭泽县城西南36千米处的乌龙山麓，分为水洞和旱洞两大部分，总长超过2700米，洞内遍布暗河和石钟乳，是九江周边重要的岩洞景观。

🚌 九江市长客总站有车前去。 🎫 门票80元。

▲ 九江浔阳楼外景

旅游锦囊

为您介绍庐山旅游的攻略

①庐山是我国山岳风景区中的"大家闺秀"。30年前笔者第一次上庐山,就饱领了"匡庐秀色"这句话的深刻含义。后来笔者又先后两次上庐山,每次都被山上的美景所深深打动折服。尤其令人称道的是30年来庐山的风光没有任何衰败老化(数月前笔者又一次去了庐山),所以不论外边的世界和世道如何变化演绎,庐山却总是美景如画、风采依然——庐山真是不简单。

②庐山上的景点如今被公认分为两条线:其中一线是环线,依景点的顺序行进可以走一个圈最后回到起点牯岭镇;而二线是直线,怎么去怎么回来;如果体力充沛的人步行游览一线所有的景点是可以的,时间要7—8小时。但是二线直线距离太远,一定要坐车,否则太累。

③目前庐山各景区之间都有观光车行驶(车费70—90元,七天内有效,不限乘坐次数)。这对于游客来说非常方便。

④笔者认为山上各线都应该去,绝不能只去一个,那样对庐山的印象会不完整。因为每玩一条线就需要一整天时间,所以在庐山山上至少应该停留两三天。

⑤除了庐山山上的风光外,山南的秀峰和白鹿洞书院也值得去。秀峰、东林大佛、白鹿洞书院、东林寺为山下的环山线,但这条线公共交通不太方便,往返要一天的时间。石钟山、龙宫洞也值得去,往返也要一天时间,所以想上庐山及周边地带玩得舒适开心,最少要4天时间。

⑥庐山是避暑胜地,每年7—8月山上游人太多,不光嘈杂拥挤,食宿费用也会上浮,所以暑期去庐山不太划算。笔者力荐大家在4—5月和10—11月份上庐山,这时候山上风光依然秀美,天气也是不冷不热,食宿(主要是住宿)费用也会大大降低,所以春秋时节上庐山会玩得很开心。

旅行家指导

为您介绍庐山西线观光的详尽指导

①西线可以步行游览而且有的路段是必须步行观光的,光坐车反而看不全景点。

②从牯岭镇正街走下去,15分钟就到如琴湖边,再前行10分钟,即到花径门口;在花径景区内沿着如琴湖走10分钟,即到景区北边的出口,走过小马路就进入了锦绣谷景区。锦绣谷内的观光拍摄亮点主要是天桥、好运石、险峰、仙人洞4处,如果是阴雨天气风起云涌则更好看,走完锦绣谷全程1—2小时即可;出锦绣谷从小路向下走,坐车10分钟可到大天池(目前暂停开放);再走小路10分钟可到天池寺;再向下走5分钟即到龙首崖,这里是一线重要景点之一,应至少逗留15分钟观光拍照。从龙首崖向下走45分钟(98%是下坡路)可到石门涧悬桥,这桥本身造型不错,周围山景美下边水景美要好好观赏;过了桥就是石门涧景区入口,如果下到石门涧观光往返要90分钟左右;之后到上边的水库大坝可乘缆车(运行8分钟),下车后从大坝的左手边的观光步行路进去,完全是平路,8分钟可到乌龙潭、黄龙潭。这两个瀑布都不大,短暂观光即可;之后要走25分钟的上坡路才能到三宝树和黄龙寺;然后再走30分钟上坡路才能到庐林湖;从湖边走15分钟可到庐林一号毛主席故居;之后去会址和美庐可步行也可坐车(路微微有点上坡)——如果坐车3分钟可以到会址,再过2分钟可到美庐,如果是步行,从庐林一号到会址要15分钟,从会址走到美庐要10分钟;美庐到牯岭镇正街步行10分钟就可以了。

③综上所述,从如琴湖一直到石门涧悬桥,走的基本上是下坡路(除了锦绣谷内有30—40米的上坡外),虽然落差大但很省劲;从石门涧悬桥到水库大坝是上坡但由于有缆车代步也不费吹灰之力;西线内真正累人的路段是游石门涧内的往返1小时和乌龙潭到三宝树的25分钟,以及三宝树到庐林湖的半个小时;不过笔者马上就会告诉您一种方法,让您在西线内以车代步,玩得既完整全面,又舒适开心。

旅游锦囊

如何在庐山西线玩得省力又开心

①从牯岭镇到如琴湖、花径、锦绣谷、险峰、仙人洞、大天池、龙首崖、石门涧悬桥，这一路基本是下坡，步行观光又省力又能看清所有景观，因此不必坐观光车。

②到了石门涧悬桥，可有两种选择：一是向下去游石门涧，一去一回要花一点力气；二是舍去石门涧，从悬桥去水库大坝，这一段有缆车，游人不费什么劲。

③到了水库大坝，按常规应该继续步行游乌龙潭、黄龙潭、三宝树和黄龙寺。从大坝到乌龙潭、黄龙潭基本是平路，很好走；可是再往上去三宝树、黄龙寺、庐林湖全是上坡。从庐林湖向上去庐林一号和美庐及会址，大部分路是上行，所以按常规方式步行游一线的后半程（也就是东半圈）是很费劲的。

④笔者为您推荐的先进观光方式是，游完锦绣谷、大天池、龙首崖、石门涧悬桥到达水库大坝后，不再步行观光，而是从大坝乘观光车直接回牯岭镇。牯岭镇是相对的高点，从那沿会址、美庐、庐林一号、庐林湖、黄龙寺、三宝树、黄龙潭步行观光，这样全是下坡路，开心舒适无比。到了水库大坝，再乘车回牯岭镇，这样，西线景点您就看全了。

▲ 东谷别墅群一角

旅行家指导

为您提供庐山东线观光的详尽指导

①庐山东线景点的特点是距牯岭镇远、数量少但质量高，亦有很高的观光价值。

②从牯岭镇乘车观光，17分钟可到含鄱口，在含鄱口观光拍照有40—60分钟即可。但是含鄱口内还有2条索道，一个到太乙村别墅群（一去一回加上观光要60—80分钟）；另一个去大口瀑布（一去一回加上观光要80—90分钟），这两个景点可去可不去，笔者不作专门推荐。

③从含鄱口门口上观光车，3—5分钟后可到庐山植物园，里边观光30—40分钟即可，出了植物园再坐车走8—10分钟就到五老峰了。

④五老峰景区内的一、二、三峰都景色一般，四峰拔地倚天，很险峻很壮观，峰下还有巨大的狰狞怪石，给人带来心灵上的强烈震撼，从五老峰大门走到四峰顶需30—40分钟时间。然而最精彩的还是五峰，五峰前方的视野之壮阔简直是国内难寻，在上边逗留1小时都会意犹未尽；从四峰到五峰至少要走25分钟时间（先下坡再上坡）。

▲ 五老峰第四峰下的奇岩怪石

南昌

电话区号：0791　　旅游局：83986887　　滕王阁景区：86702036

南昌是一座有着2000余年悠久历史的文化名城，元、明、清各代皆把南昌作为江西省治（旧时指省会），自古这里就是商贾云集、人文荟萃之地。而1927年震惊中外的八一南昌起义，又使南昌因中国人民解放军在此诞生而享有"英雄城"的美誉。虽然江西省内以庐山、井冈山、龙虎山、婺源为代表的华夏绝佳景区精彩纷呈，稍稍掩盖了南昌这座省会城市的风光魅力，但是以滕王阁、青云谱、南昌起义总指挥部旧址为代表的人文佳景仍然使南昌在全国诸多的旅游城市中占有一席之地，鄱阳湖、梅岭这些山水胜境，也在南昌城市周边熠熠闪光，与苍茫赣水、巍巍滕王阁交映生辉，共放异彩。

▲ 滕王阁秀色

● 推荐2路公共汽车

从火车站发车，途经长途汽车站、滕王阁、八一广场、中山路商业街，非常方便。

● 广场风光很迷人

南昌的八一广场周边有百货大楼、省展览中心、沃尔玛及丽华等大商厦，是市区最繁华的地方之一。开发区内有著名的红谷滩秋水广场，音乐喷泉和巨型摩天轮，景色挺动人。

气候与游季

南昌属亚热带湿润季风气候，日照充足，气候温润。这里一年当中夏冬季长而春秋季短，夏天非常炎热，是中国著名的"火炉城市"之一（就算是5月和9月，这里仍然热不可耐），而冬天天气照样寒冷，所以春、秋两季去南昌旅游较为适宜。

交通

航空

昌北机场位于南昌北郊，距市区25千米，乘民航班车约40分钟可到。有航班飞往北京、成都、重庆、大连、福州、广州、桂林、海口、杭州、昆明、南京、上海等各大中城市。市区民航大酒店有往返于机场的班车，另外市内还有直达机场的多路公共汽车可以乘坐。

昌北机场电话：0791-87652114　　火车订票电话：12306

铁路

南昌地处京九线上，有列车开往北京、深圳、广州、汕头、青岛、武昌等全国多个省市。南昌火车站在西湖区，高铁南昌西站在红谷滩区。

南昌与九江间每日有多对城际列车，最快的45分钟即到。

■ 南昌火车站电话：0791-87023262　🚌 高铁巴士1号线可到南昌西站

住　宿

南昌宾馆、酒店很多，较有名气的豪华酒店有锦峰大酒店、瑞颐大酒店、凯美大酒店、富力万达嘉华酒店、香格里拉大酒店等。经济实惠的酒店有如家酒店、舒悦酒店、希岸酒店、柏纳酒店等。

主要景点

滕王阁

位于沿江路，赣江与抚河故道交汇处，高度达57.5米的巨型楼阁，是与黄鹤楼、岳阳楼、鹳雀楼齐名的中国古代四大名楼之一，亦享有"西江第一楼"之美誉。才子王勃一篇《滕王阁序》早已令其名扬天下，虽然时过境迁，古文中描绘的壮景大多已不复存在，但是登阁远望，见赣水苍茫、江天辽阔，仍会使人激奋不已。每晚上演的《寻梦滕王阁》歌舞表演也很壮观迷人。

☛ 国家5A级旅游景区不能错过，"落霞与孤鹜齐飞"的景色依然很美

梅岭

在南昌城西15千米处，景区面积达150余平方千米，是避暑佳境和佛教圣地。主要景点有洗药湖度假区、天宁寺尼姑庵、江西最大的地表皇室墓葬皇姑墓和狮子峰、脚鱼潭等。景区万木葱茏、空气清新、山岭嵯峨、泉溪碧丽，且这里的气温比南昌市区低8—10℃，因而享有"小庐山"之誉。

八一南昌起义纪念馆

坐落在南昌市中心中山路和胜利路交会处的一座五层大楼，系1927年8月1日南昌起义的总指挥部，周恩来、贺龙、叶挺、朱德、刘伯承等同志均曾在此指挥起义。该馆中保存有大量历史文献资料、图片、文物，可生动再现南昌起义的过程全貌。

☛ 南昌起义纪念馆和八一广场都值得一看

青山湖

南昌市东北侧的大型湖泊，有游乐区、候鸟保护区、丹霞区、天鹅岛等景区和观光点，周边有多家临湖宾馆酒店，系南昌市水上游乐、度假中心之一。

🚌 3、4、16路公共汽车可到青山湖

特色街道

饮食一条街：珠宝街、蛤蟆街。
商业街：中山路。
服装及小商品街：女人街。
旅游一条街：福州路。
服装一条街：广场北路。

● **滕王阁**
🚌 乘2、游2、7、8路车可到。
💰 门票50元，晚间演出门票158元。

● **梅岭**
🚌 112路公交车可到。
💰 主峰门票40元，狮子峰50元。

● **南昌八一起义纪念馆**
🚌 2、5、25、33、229路可到。
💰 门票免收。

● **南昌之星**
高约160米的巨大摩天轮，乘它升顶后可看到南昌市区的壮阔景色。乘17、233、504、506路公交可到。门票50元。

● **江西省博物馆**
江西省文化新地标。位于南昌市赣江北大道698号，乘坐地铁1号线到珠江路站2号出口向东走700米即到。由8个常设展览和3个临时展厅构成，主题收藏有5个，分别为青铜器、金银器、陶瓷器、玉石、字画；馆藏景德镇瓷器精品有121件。江西是非物质文化遗产大省，馆内还有赣鄱非遗展，包括雅俗共赏的九江青阳腔、妙剪生花的瑞昌剪纸、载歌载舞的赣南采茶戏、精打细磨的莲花打锡、名家辈出的景德镇手工制瓷技艺、匠心独运的萍乡傩面具雕刻技艺等。每周二至周日免费开放（需预约）。

●另荐景点：秋水广场

秋水广场地处南昌红谷滩区赣江之滨，与滕王阁隔江相望，是2004年落成的以音乐喷泉表演为主题，集旅游、观光、休闲、购物诸多功能于一身的大型城市广场。广场宽阔而华丽气派尤以晚间气势恢宏、变幻万千的喷泉美景引人入胜。有228、229、503等多路公交车可到。门票免收。

●南昌舰景区

由退役的海军163号导弹驱逐舰和相关景点组成，军舰锚泊在赣江边，炮口高昂，导弹怒视苍穹，威武壮观，是南昌市区著名景观。

▲ 鄱阳湖上的白天鹅

八大山人纪念馆

在南昌南郊有一座道家名园青云谱，系亭阁精致、风光秀美、幽雅宁静的江南园林。因我国明末清初的写意画艺术大师八大山人在此隐居、作画，且在其百年后将衣冠葬于园内，故后人在此开立了八大山人纪念馆，内有展厅十个、精品名画数十幅，皆为稀世珍品。2020年被评定为国家一级博物馆。青云谱内的园林秀色亦十分精美动人。

🚌 20路、115路、212路可到八大山人纪念馆。 🎫 门票凭身份证件领取

鄱阳湖吴城候鸟小镇

国家4A级旅游景区，位于九江市永修县湖亭路，从南昌驾车约一小时可到（途中需要轮渡）。鄱阳湖水天一色，万鸟翔集。景区内建有大湖池、常湖池、朱市湖等观鸟平台。吴城镇是江西四大古镇之一，拥有望湖亭、吉安会馆、天主堂、豆豉街等名胜古迹，景区内水上公路、湖池草原、芦花浮雪、红蓼映霞、两河夹洲、湖中沙山、吉山风车、松门石镜等自然景观赏心悦目。鄱阳湖生态湿地公园地处吴城镇老虎口，是集观赏、游憩、科教、研学为一体的主题生态公园。值得一提的是，夏季水上公路涨水后的景观十分梦幻，仿佛身处画中，可以拍出很多美照。

推荐游程

- ●南昌一日游：市区出发→滕王阁→八大山人纪念馆→八一广场→八一起义纪念馆→新洪城大市场购物→秋水广场看夜景
- ●梅岭一日游：市区出发→天宁寺→洪崖丹井→林彪别墅→皇姑墓→脚鱼潭
- ●鄱阳湖二日游：南昌港出发→石钟山→龙宫洞→小孤山→鞋山
- ●吴城观鸟一日游：南昌港出发→吴城古镇→观候鸟→参观标本→湿地观光

发烧友特别关照

如何在南昌抓住观光景点

南昌市的景点中，滕王阁高大雄伟、气势非凡，又有浓郁幽远的历史文化氛围，所以一定要重点游览。其他景区如青云谱、象湖、青山湖亦可一看。剩下的景点就无关紧要了，而精彩的风光在南昌周边——庐山确实好，值得玩上三天；井冈山也很美，不去一趟亦遗憾；龙虎山和三清山不光在江西省内有名，在国内各名山中确实也有它俩一席之地。所以在南昌停留两天足够，留下时间去畅游上述周边佳景。

婺源

电话区号：0793　江湾景区：7293246　彩虹桥景区：7245516

婺源地处皖、浙、赣三省交界处，这里层峦叠翠、碧波潋滟、林木葱茏、空气纯净，生态环境甚为优越，数十个原始古朴颇具徽派建筑风格的美丽村镇，散落在风光柔美旖旎的青山碧水间。

婺源自然风光绚丽且人文景观众多，这里有数不清的明清古宅，规模气派、造型精美，更有无数古祠堂、驿道、廊桥，无不充满丰厚而悠长的历史文化底蕴。婺源的乡野村寨颇具钟灵毓秀之气，它们或隐现于青翠山间，或倒映在清溪湖面，让人饱领"小桥流水人家"那返璞归真的美妙意境，难怪许多人游毕婺源后发出这样的感叹："五岳归来不看山，婺源归来不看村。"

▲ 婺源田园风光

交通

外地游客可从以下四个方向去婺源：A.从黄山去，距婺源88千米，每天有数班客车对开，车程2.5—3小时，车费45元；如乘高铁列车，车费33元，28分钟即到。B.从江西上饶去，距婺源130千米，每天有客车多班，车程3小时。C.从浙江衢州去，距婺源130千米，车程约4小时。D.从江西景德镇去，距婺源82千米，景德镇去婺源的客车发车密度大，从6:00到19:00，每隔45分钟发一班车，30分钟可到，车票35元。乘高铁到婺源十分便捷，若车次较少，可以选择在上饶站、黄山站、景德镇站转车抵达。

●从黄山去婺源

市客运总站上午发车，30分钟可到，车票35元。

●从江西景德镇去婺源

发车点在火车站不远处的李村客运站，45分钟1班。车费35元。

住 宿

婺源县城拥有各类宾馆酒店近百家，各乡镇中亦有高档宾馆且私人客栈甚多。此外村寨中还有不少农家自办的民宿，干净便宜且充满田园气息，不少旅馆还附带餐厅，游客每天花100—150元即可又住又吃，非常便宜实惠。

当地交通

婺源县城有各类客运车开往各个村寨和景区，车费视行车距离长短而异，从县城至东线主要景点的江湾车费50—60元，车程约40分钟。从县城至北线的游览中心清华镇车费10—15元，车程30分钟。以上两条线均为公路干线，从6:00至17:30都有车开行。从清华镇至理坑和大鄣山以及从江湾到晓起、江岭等景点则属于公路的支线，也有客车前去，但车次稍少一些。更方便的是包乘各类机动车到各村各景游玩，车费约350—400元/天（有议价余地），以上价格灵活可商，游客可根据游季大胆砍价。

☞ 从县城发往东线、北线各景点的车在北站上车。周边省市到婺源的车停在新站

景点门票

思溪延村、彩虹桥、小李坑、晓起、汪口、江湾、文公山等景点每处门票都是60元/人。此外，当地近期又推出了上述各景的大联票，含十余个景点：大鄣山卧龙谷、江湾、李坑、彩虹桥、晓起、江岭、庆源、灵岩洞、思溪延村、汪口、文公山、百柱宗祠、石城、严田古樟民俗园、鸳鸯湖一共210元。

▲ 延村古村落一角

当地风光特色

去婺源游览，主要是观赏这里柔美秀丽的田园风光和村寨美景。像江湾镇中的晓起村，不光有"进士第""大夫第""荣禄第"等各具特色的明清古居，院第气派、装饰精美，而且村中小巷的地面上都铺有平坦的青石板，板平如镜，小路曲折迂回，村内的民居相互交叉连接，生动、紧凑而又错落有致。而室前室后支起的座座瓜棚豆架无一不是青藤缠绕、绿荫滴翠，充满诗画交融般美妙的田园气息。离县城12千米的李坑，村中260多户人家大多依溪而住，清澈见底的溪水倒映两侧粉墙黛瓦的古宅和浣衣女美丽的身影，宛若一幅天然画卷。穿村而过的小河呈现出八卦图般的阴阳鱼形，神秘而又富有情趣。

还有碧澄如玉的鸳鸯湖、造型俏丽的彩虹桥、以精美细腻木雕而著名的俞氏宗祠和延村、理坑、虹关等古村古寨，无一不向世人展现着自己迷人的风姿。婺源还是历史上著名的"书乡"，自唐朝至清朝，这里就涌现出仕官两千多人，灵山秀水孕育出的杰出人物、历史名人亦为婺源增辉添彩。秀丽的山水风光和丰富灿烂的华夏文化交相辉映，使婺源当之无愧地享有"中国最美的乡村"的盛誉。

▲ 婺源乡村一角

关于婺源旅游观光的总体指导

婺源大地山清水秀、美景成群,目前可供游客观光游览的景点从区域、方向的划分上很明确也很有规律。

婺源县城是交通中心和游客集散地,以县城为中心,放射出3条旅游黄金线路。

第一条是东线,主要景点有李坑、汪口、江湾(含萧江大宗祠)、晓起及江岭、源头等。第二条是北线,主要景点有思溪延村、彩虹桥、理坑、大鄣山、灵岩洞森林公园等。第三条是西线,主要景点有文公山、鸳鸯湖等。

目前来看,东线和北线是当之无愧的观光热线,80%以上的游客都要又游东线又游北线,但只有为数不多的游客游览西线,所以只要"盯住"了东线和北线的主要景点,即可领略婺源山水风光的主要风貌。

由于婺源各主要景点景区间均有公路相连,加之干线公路路况尚好且有各类客车行驶其间,所以欲在2—3天内游遍当地主要景区并不困难。笔者认为对于初次来婺源的游客来说,必游的景点有:东线的李坑、汪口、江湾、上下晓起(江岭、庆源有时间也应去,尤其是春天油菜花开的时候);北线的思溪延村、彩虹桥、理坑(大鄣山是否前去视时间而定);西线的文公山风光尚可,鸳鸯湖不是一年四季都是鸳鸯成群,这条线是否去视各位的时间、经费及心情而定。

只要您能看遍东、北两线上的主要景点,那您的婺源之旅就算相当圆满了。

主要景点

东线主要景点(李坑,汪口,江湾,上、下晓起,江岭,庆源)

东线主要景点分布在婺源县城的东北方向,从县城沿干线公路出发,依次经过李坑、汪口、江湾,从江湾向东走2千米可到萧江大宗祠,从抵达江湾前约0.5千米的道口向北拐弯,可到紧紧相邻的上、下晓起两个村庄。

东线的各个主要景点风光各有千秋。其中李坑是典型的江南水乡,虽然村庄的面积不太大,但村中的小桥、流水、古树、古民居交相映衬,风光美丽生动诱人。汪口距婺源县城约23千米,因村前有两条河流交汇河中碧水汪汪而得名,这里曾经是早年婺东一带的水上运输中心和货物集散地,村边河滨的码头遗址一直保留至今;汪口还有颇具气派的古代建筑俞氏宗祠和大夫第及一经堂,甚具古徽州建筑的迷人风韵。千年古村江湾是国家级文化与生态旅游区,也是江西省的爱国主义教育基地,这里山水环绕、风光旖旎、文化鼎盛、群贤辈出,孕育出一大批学士名流,村中的三省堂、敦崇堂、培心堂、滕家老屋、南关亭、东和门、徒戎桥等景点亦甚具历史价值和观光价值。上、下晓起是婺源有名的生态旅游示范村,自然环境优美且人文佳景亦多,村前清溪奔涌、村后山上古树成群,村中建有无数古朴典雅的明清民居,被人誉为"桃源仙境"和"画里乡村"。

从晓起村沿山间公路上行,还可到达江岭和庆源,那边也有不少碧水青山和原始村落,春季油菜花盛开时风光尤为动人(观赏油菜花可租车,这样能看到许多好

● **东线主要景点交通**

以上各景点同处同一个方向，从婺源县城乘客车可轻松抵达。从县城出发后约15分钟可到李坑道口，在此下车向里步行或打车行驶3分钟即到李坑售票口，门票可买联票210元或是单票60元。

从县城乘客车约25分钟（从李坑道口乘客车只需10分钟）可到汪口，门票60元、联票210元。

从县城乘客车45—50分钟（或从汪口乘客车10—15分钟）可到江湾，门票60元、联票210元。

在抵达江湾前约0.5千米处，可以见到一个向北的岔路口，在此乘过路客车行驶15—20分钟可到上、下晓起村，门票60元、联票210元，如果是从县城出发可乘去江岭、庆源的客车中途路过晓起村，从江湾包租车前去晓起也得，车费不超过40元。

● **北线主要景点交通**

从县城乘客车到思口道口只需25分钟，车票5—6元，下车后即可看到许多车可租，上车后不到10分钟即到延村，再过3分钟后可到思溪（之前经过1个售票口，上述2个村门票60元、联票210元），这段路还是乘车好，驾车要25—30分钟。

从清华镇下车后（各类交通车的停车点在镇东北角的河畔大桥边，从县城开来的客车会继续往镇中心的街上开一小段路），步行10余分钟，就可到彩虹桥了，门票60元、联票210元。

景观）。

👉 江岭和庆源是观赏油菜花景观的绝佳地点，可重点关注

北线主要景点（延村、思溪、彩虹桥、理坑、大鄣山）

延村与思溪相邻（中间相距不足1千米）；从思口道口乘车继续向北，25分钟后即到清华镇，著名的彩虹桥就在镇的西北缘。从清华镇乘客车向东北方向行驶30分钟后可到理坑，从清华镇乘客车向正北方向行驶，40分钟后可到大鄣山脚下，再打车即可上山。

延村距婺源县城约30千米，这里的主要看点是一些有近千年历史的明清时期徽商晚年归隐时建造的古民居如馀庆堂、聪听堂、笃经堂等，共有50余幢。思溪的观光要点除了古代商宅如振源堂、承裕堂、承德堂、敬序堂等，还有村前碧绿的溪流和一座造型古朴的风雨桥。清华镇边的彩虹桥造型非常精美，是婺源的代表性景点，其地位有点像黄山的迎客松，游人不能不看。理坑地处深山环抱和碧水环绕之中，村中还有全县最典型的明清官邸群，风光古朴原始亦具迷人风韵。大鄣山以自然山水风光见长，其主峰擂鼓尖海拔1629米，山间有危崖峭壁、幽深峡谷和成群溪泉，其中已经开发开放的鄣山大峡谷——卧龙谷是目前的观光中心（门票60元）。

西线主要景点（文公山、鸳鸯湖）

文公山地处婺源县城西南约29千米处，有青山绿水和茶园，还有诸多与南宋时期著名的哲学家、教育家朱熹有关的名胜古迹。鸳鸯湖是国内最大的野生鸳鸯栖息地，这里有258公顷水面，每年都有数千对野生鸳鸯飞临越冬，被誉为"生态奇观"。

▲ 婺源标志性景点彩虹桥

推荐当地佳景

一是月亮湾,在婺源县城以东约7千米处(在县城与李坑之间),是河中的一个小岛,因形如弯月而得名。风光很柔美很宁静(尤其是晨景美),观光拍摄很有意境。二是源头村,是个原始古朴的小山村,景色很好。三是官坑村,在段莘乡,山水田园风光俱佳。四是以山村、古树、梯田和"晒秋"景观著称的篁岭古村,近来人气很旺。以上几处景点建议游人予以特别关注。

旅游锦囊

为您介绍婺源旅游观光方面的攻略

①婺源的东线、北线都要参观游览,缺一不可,笔者认为西线是否去不太重要。

②从理论上说住在婺源县城中最合适,因为这里是全县地理位置和交通的中心,交通方便,另外住在东线的江湾、汪口、李坑和北线的清华镇也成。

③婺源的饮食物美价廉,特色风味菜有清蒸、红烧、荷包各类淡水鱼,如红鲤鱼、草鱼、甲鱼、乌鲤等,还有粉蒸肉、糊豆腐、各类野菜,

▲ 婺源汪口风光

如蕨菜、南瓜花、苦菜、酸豆角等。上述食品及菜肴在当地各类餐馆中均可吃到,炖土鸡一般100—200元/只、荷包红鲤鱼35—48元、素菜12—18元/份,简单的午餐农家份饭只需30元/人,早餐10—15元/人。

④如果是乘客车游览东线,那一天之间游遍李坑、汪口、江湾和上、下晓起几处景点是一点问题都没有的,因为在李坑停留1.5小时、在汪口停留1.5小时、在江湾停留2小时、在上、下晓起共停留3小时基本够用了(去江岭和庆源再加上2—4小时),而从县城乘车到江湾只需至多50分钟,上述各个景点之间又有客车频繁驶过,观光没什么困难(去庆源车少,交通小有不便)。

⑤如果是乘客车游览北线主要景点,1天时间是不够用的,因为光是大鄣山,一上一下就要3—4小时,所以乘客车1天之内只能游延村、思溪、彩虹桥和理坑,如果再游览大鄣山则需包车(如包租机动车再早出晚归,一天内玩遍含大鄣山在内的主要景点没问题)。

⑥从县城的客运北站门口以及清华镇及江湾等当地主要城镇都可容易地包租到各类机动车。每天300元上下,不限出行时间和里程,比乘客车贵了一些,但确实方便了不少。

⑦最好不要在几个黄金周时去婺源,因为人头攒动,十分拥挤,可能会严重影响心情及观光效果。笔者是在不冷不热的3月初去的,气候宜人,风光尚可而游人不多,玩得很开心。

周边景点

柘林湖

柘林湖风景名胜区位于江西永修县和武宁县境内,是集游览观光、休闲度假多功能于一身的国家重点风景名胜区。柘林湖水库因亚洲第一大土坝将修河拦腰截断,从而形成了目前江西省内面积最大的人工湖,也造就了湖上开阔壮丽的秀美风光。

柘林湖湖光浩渺,碧波万顷,有308平方千米的湖面,湖水深邃纯净,平均水深45米,能见度逾9米,属国家一级水体;湖内岛屿遍布,错落有致,有5亩以上岛屿997个,具有同浙江千岛湖相似的奇异山光水色。

柘林湖风光秀丽,气候宜人,四季各具特色。春季百花斗艳;夏季荷花飘香;秋季稻香鱼肥;冬季银装素裹。四季各有佳景,令观光者赞叹不绝、流连回味。

观光指导:

九江、南昌市和永修、武宁县城都有客车去柘林湖。

门票:

庐山西海(柘林湖):140元起,含游船。

瑶里古镇(国家级4A级旅游景区)

瑶里位于举世闻名的瓷都景德镇东北端,地处三大世界文化遗产(黄山、庐山、西递和宏村)的中间,素有"瓷之源,茶之乡,林之海"的美称,是国家重点风景名胜区、国家历史文化名镇。这里四季气候宜人,森林覆盖率达86%以上。区内有南方红豆杉、银杏树、香榧树、金钱豹、娃娃鱼等国家珍稀动植物180多种。

瑶里古镇区现在有四个自然村,分别是:一村曹家坦,内有陈毅新四军故居。二村老屋上,内有进士第、狮岗览胜及新四军住址等名胜。三村程家,内有程家宗祠、明清居。四村街上,内有徽州古道大转弯石碑及古街。这些名胜保存完好,特别是陈毅故居、狮岗览胜、程氏宗祠及古街是重点文物保护单位(需收门票)。自然风光最美的地方是离古镇十三千米的汪胡自然风景区,它隶属黄山山脉,当地称虎头山(远看极像),著名的南山瀑布就在这里。

观光指导:

景德镇里村客运站有客车直达瑶里。景区门票100元。

景德镇古窑民俗博览区(国家5A级旅游景区)

景德镇古窑民俗博览区位于景德镇市瓷都大道古窑路1号(伊龙大酒店旁),是景德镇陶瓷文化旅游的首选景区,可以您深切体会到瓷都历史文化的博大精深。

历代古窑展示区内有古代制瓷作坊、世界上最古老制瓷生产作业线、清代镇窑、明代葫芦窑、元代馒头窑、宋代龙窑、风火仙师庙、瓷行等景点,向人们展示了古代瓷业建筑、明清时期景德镇手工制瓷的工艺过程以及传统名瓷精品。陶瓷民俗展示区以十二栋明、清时期古建筑为中心的民俗景区内有陶瓷民俗陈列、天后宫、瓷碑长廊、水上舞台瓷乐演奏等景观。水岸前街创意休憩区内有昌南问瓷、昌南码头、耕且陶焉、前街今生、木瓷前缘等瓷文化创意休闲景观。

龙珠阁(官窑博物馆)

龙珠阁位于景德镇珠山顶上,是景德镇的城徽,建于唐代,后来几度兴毁。现在的龙珠阁是1990年重建的,是一幢仿明重檐宫廷建筑,共6层,高34.5米。现已被辟为景德镇官窑博物馆,馆内分为与原官窑相关的资料展示和经由古陶瓷研究所复原的官窑瓷展示两部分。

观光指导:

坐26路公交可以到龙珠阁。门票免收。

龙虎山

电话区号：0701　景区旅游咨询：6656490　景区游客中心：400-8853-766

　　龙虎山位于江西省鹰潭市西南郊20千米处，以碧溪丹山、奇峰异石著称，龙虎山的基本地形地貌是两山夹一水——芦溪河碧波欢流，河两岸有观音壁、石鼓峰、仙岩、水岩、天女散花等多处山景，山水风光与福建武夷山异曲同工。龙虎山是中国道教发祥地、中国道教四大名山之一，有天师府、上清宫等大型道观，而景区内的数百处悬棺墓葬也是闻名海内外的华夏奇景。去龙虎山漂清溪、看奇峰、观"悬棺之谜"，会玩得特别开心。

▲ 龙虎山芦溪河漂流

☞ 龙虎山风景名胜区是中国第八处世界遗产、世界地质公园、国家5A级旅游景区、全国重点文物保护单位

交 通

　　欲去龙虎山应先到江西鹰潭市。鹰潭地处浙赣、皖赣、鹰厦三条铁路交会处，北京、南京、上海、杭州、武汉、南昌、长沙、广州、南宁等大城市都有列车直达或途经鹰潭，高铁、动车、普通列车一应俱全。此外南昌、黄山、景德镇等周边城市还有大巴开往鹰潭，交通非常方便。

　　从鹰潭火车站旁边乘游览专线车K2路（2路也行），车费3—5元可到龙虎山旅游中心，在这买票后可乘观光车去各景区。另外还有客运中巴，票价5—8元，20分钟可到达龙虎山的上清古镇，30分钟可到仙水岩景区。

● 气候与游季

龙虎山位于江西东部，气候温润，四季皆宜旅游，即使是冬季，这里白天的气温亦可达到15℃以上，所以用北方的气候和温度来衡量，龙虎山的冬天是很温暖的。

● 龙虎山地形地貌

主要景区是典型的两山夹一水，与武夷山相同。

● 《寻梦龙虎山》演出

每晚开演，票价178元起。

537

主要景点

仙水岩景区

龙虎山景区中的精华，5千米长的距离内耸立着100多座奇山。四周群峰夹峙、中间碧水欢流，芦溪河清波载着竹筏轻舟徐徐游动，河边长满绿树青竹，有水上玉梳、天女散花、石滩芦雪等名景。一二百米高的沿河峭壁上遍布幽深洞穴，洞内摆放着数百只2600余年前留下的墓葬悬棺，在远古时期工具条件极为原始简陋的情况下，如何把这么大量的棺木吊进离河面一二百米高的洞穴中而又完好无损，这驰名中外的远古之谜至今无人能够破解。

☞ 是龙虎山头号观光亮点，应重点游览，竹筏（游船）不能不坐，升棺表演一定要看

● **仙水岩景区**

是龙虎山中的标志性景点。
🎫 门票通票旺季220元，含景点门票、观光车和游船费用。老人、学生有优惠。仙水岩悬棺每天升棺表演次数在2～4场。

● **仙人城景区**

在仙水岩景区中一座山峰的顶上，是观赏龙虎山全景的好地点，步行登顶要30分钟。门票30元（不在联票内），但目前暂停开放。

● **上清景区**

🎫 天师府门票和上清宫门票均在220元的通票内。
从上清镇坐竹筏顺水而下，先坐观光车20分钟再到码头38分钟漂流到仙水岩，途中风光绮丽动人。但是现在大多数游人只乘船或竹筏漂流正一观码头到仙女岩这一段，时间大约只需约50分钟。

上清景区

一处有千年历史的古镇，镇上有许多古民居、吊脚楼和参天古树，大型道教名观上清宫、天师府殿宇庄严凝重，千年古街上清老街甚具远古风韵，它们都是游客必观之景。上清景区还是龙虎山芦溪河的上游，河边有竹筏码头，游客从这里乘竹筏，可以看遍河畔多处景点，一直漂到下游的另一大型景区仙水岩。

☞ 龙虎山二号观光亮点，也应重点观览，就在这品尝上清豆腐和河鱼水鲜吧

十不得景点

龙虎山仙水岩景区内的10座（组）奇峰异石，分别以尼姑背和尚走不得、仙女配不得、仙桃吃不得、云锦披不得等十个"不得"命名，形态各异且都有各自的美丽传说，是龙虎山水色山光中的精华亮点。

☞ 去仙人城不必爬到山顶，在"山颈"处就能看到龙虎山丽水奇山全景

象鼻山景区

石梁穿洞类型景观，属典型的丹霞地貌，造型奇特，高约100米的山峰有一石梁凌空垂下，整个山体仿佛一只大象在汲水。"仙象雨霁"是龙虎山陆路八景观之一。

天外天——还有更好的玩法

①龙虎山地处江西省东部，这里北有黄山，南有武夷山，游客来此一次把上述三座山连在一起玩会有全新的经历和感受。

②还可以在游毕龙虎山后去弋阳的龟峰景区，那里的山水犹如天然盆景，精美而动人。

住 宿

鹰潭市内住宿较便宜，100—130元即可住条件尚好的宾馆标间，火车站附近就有不少普通宾馆酒店。龙虎山景区游客中心旁边、上清和仙水岩两地都有多家宾馆和民宿。中小宾馆房价在80—150元。此外，芦溪河上的船家有时亦愿接待游客上船居住，虽然船舱狭窄但收费便宜。入夜，芦溪河上微风吹拂、月光皎洁，鱼儿跃出水面的声音清晰可闻，令人倍感宁静温馨。

☞ 龙虎山游客中心，可提供门票、车票、导游、订房多种服务。电话：0701-6658110

餐 饮

特色食品和菜肴有天师八卦宴、天师板栗烧鸡、板栗烧排骨、上清豆腐、红烧干烧芦溪河鱼、百岁菜、贵溪灯芯糕等。中小餐馆中的上清豆腐20—28元/份、河鱼35—50元/份，其中鲇鱼豆腐是大众菜中的佳品，游客可视情况享用。

▲ 龙虎山奇异山姿

旅游锦囊

如何在龙虎山玩得快活开心

①龙虎山与福建武夷山相隔只有200余千米，两山的地形地貌又非常相似，只不过不论山还是水，龙虎山都比武夷山"小一号"，所以它是武夷山"活脱脱的一个小兄弟"。但是龙虎山的悬棺可比武夷山多得多，这是龙虎山的一大特色。

②如今一般人到龙虎山游览，都是游览上清和仙水岩两大景区，上清在芦溪河的上游，仙水岩在下游，由于龙虎山景区开通了观光车（外观像小火车），所以游人的观光方式已经和过去很不一样了。

龙虎山景区相对紧凑，1—2日游览尽可观其主景，游览可按如下方式和顺序进行：

如果欲在一日内游览龙虎山主要景点，可在龙虎山游客中心乘观光车，首先抵达正一观，然后换车去最远的景点上清古镇，用2—3小时观赏古镇风光，参观天师府、上清宫、上清老街、东岳宫天主教堂等景点。午餐后坐观光车返回，细看道教名观正一观，之后再到竹筏和游船漂流码头，上船顺水向下观观音壁。石鼓峰、仙岩、天女散花、水岩等沿岸景点（含"十不得"美景），这些景点是仙水岩景区的精华，另外还可见到不少崖上悬棺。上岸后可参观无蚊村、看升棺表演，再登河东岸的观景台登高览胜，之后游览象鼻山，一天的行程就相当圆满了。

时间宽松者可作二日游：D1. 早晨先游正一观，再从漂流码头乘游船顺水下行，饱览两岸奇异山景，到仙水岩下船后登仙人城山巅看龙虎山全景，然后游无蚊村、看升棺表演，住宿景区外的游客中心附近。D2. 早上观象鼻山，然后乘车去上清古镇，游览上清老街、天师府、上清宫、东岳宫天主教堂等景。然后经游客中心或者直接从上清返回鹰潭市内。

三清山

电话区号：0793　景区旅游咨询：96373　景区旅游投诉：8218891　物价投诉：12358

三清山是国家地质公园、国家5A级旅游景区、世界自然遗产，位于江西上饶市玉山县和德兴市交界处，因玉京、玉虚、玉华三峰如三清列坐其巅而得名。景区面积约220平方千米，其中主峰玉京峰海拔1819米，为景区最高峰。

三清山的风光特点是东险、西奇、北秀、南绝，群山姿态万千、妙趣横生。山上有东方女神、巨蟒出山、玉女开怀、猴王献宝、老道拜月、观音赏曲、葛洪献丹、神龙戏松、三龙出海、海狮吞月十大胜景，"奇中出奇、秀中藏秀"，有黄山的姐妹山之称，苏轼赞道"揽胜遍五岳，绝景在三清"。

▲ 三清山标志性景点东方女神

● 气候与游季

三清山气候温润，全年皆可游览，冬季雪后风光很美，亦有不少游客登攀，秋季观景效果最佳。

● 温馨提示

①三清山有金沙索道和外双溪索道，金沙索道人相对多，节假日可能需要排队，人多时可以选择外双溪索道。但外双溪游客服务中心不能寄存行李，金沙游客服务中心可以寄存行李。索道17:30停止营业，一定要看好时间。
②山上物价较高，游客可以自己带水和食物补充能量。

● 门票价格

▼ 进山票旺季120元。学生有优惠。
▼ 缆车票价：旺季上行70元，下行55元。

交通

三清山位于上饶以北78千米处，所以许多游客从上饶去三清山游览，上饶是浙赣铁路上的大站，几乎所有过往列车都在此停靠。从上饶乘汽车至三清山约需2小时，客车费在30元/人左右。另外亦可乘火车到玉山，玉山火车站和汽车站均有客车开往三清山的南门和东门（从这里上山比上饶还要快捷方便）。

☛ 山上住宿贵，若想节省旅费，那就住山下农家乐吧

住宿

三清山住宿的选择很丰富，包括山上和山下的酒店、宾馆、民宿等。在山上住宿方便观赏日出和日落，但是价格相对较高，还需要携带行李上下山。推荐的有大三清酒店、女神宾馆、日上山庄、天门山庄等。在山下住宿性价比更高、设施服务更好，也有更多的餐饮和购物选择。推荐的有希尔顿度假酒店、开元度假村等，民宿也主要集中在山下，游客可视情况和预算选择。

餐饮

山上景区内饮食稍贵，一碗面条亦要15—20元，蛋炒饭20元，一般全素炒菜如炒土豆丝、卷心菜等在25—30元，肉菜则在35元甚至更贵，如鱼香肉丝30—48元，笋干烧肉要价35—42元。另外山上有的路段如西海岸景区少有售货点，游人登山时应携带适量食品饮水。

主要景点景区

▶ 以下景点皆为三清山的精华，游人哪一处也不要漏掉

玉京峰

位于三清山景区的中心，海拔1819米，是景区第一高峰，山势险峻，如入天际，涉云登顶如履仙境，是三清山景区内的绝佳观景台，在这里既能观赏瑰丽无比的云海、雾涛和日出奇观，也能全方位地环视群峰交织、幽壑纵横、峥嵘险峻的三清山全貌。

▶ 从南山上缆车翻越一座山头后才见到了如剑如戟朝天挺立的主峰，那时您的心中定会狂喜万分

南清园景区

是三清山的主要景区之一，集奇山、怪石、奇松及云海雾涛景观于一身。三清山中的玉皇顶、玉台、司春女神、巨蟒出山、猴王献宝、老道拜月、葛洪献丹等佳景都在此景区中，可谓三清山上的观光要点。

▶ 南清园是一个环线，随您怎么玩，顺行逆时均可，但主要景点要看全。游览体会是：累但非常开心

东方女神

又称女神峰，是位于南清园景区内玉皇顶东侧的一处漂亮石峰。其形态轮廓酷似一位端庄秀丽的美女，美女高鼻梁圆下巴，秀发齐眉，端坐凝眸，栩栩如生。东方女神高约80米，笔者认为比气势雄浑的四川乐山大佛还要挺拔秀丽。

▶ 以它为背景拍纪念照画面最佳，因为它就在您身后边，而万笏朝天、企鹅献花裙景都距您挺远

巨蟒出山

也是三清山一绝，它亦位于南清园景区内玉皇顶东侧，与神女峰相峙，是一座峭壁旁的蟒形巨石，高128米，酷似一条昂首勃起于山谷间的巨蟒朝天猛蹿，气势逼人，是国内山岳风景区中的稀世奇景。

▶ 这个蟒头真是形态逼真、活灵活现。三清山的奇松和云海比不上黄山，但岩石奇景一点不差

猴王献宝、老道拜月、葛洪献丹

它们都是南清园景区内的佳景，均由大小不一的象形奇岩怪石组成，与东方女神和巨蟒出山两处代表性景点交映生辉，为游客留下绝佳观感。

西海岸景区

三清山上险峻神奇的一段山间景观。它长约4千米，沿线奇峰高耸、绝壁倚天、群山逶迤、栈道盘桓，游人行进在山脊陡崖上，顿觉眼前群山起伏如万马奔腾，脚下云雾奔涌似海涛翻卷，甚为惊心动魄。

▶ 西海岸的栈道真平坦啊，但登攀玉京主峰就要费些体力了，可上边风光无限

旅游锦囊

为您提供三清山自助游览方面的攻略

①三清山好看的风光都在"山颈"处至山顶之间——风光绮丽秀美且景点分布集中紧凑,非常值得一看,游遍山上主要景区只需1—2天时间。

②从玉山乘车上山最方便,行车0.5小时即到南山山门。这里也有车去东山门。从上饶去三清山也成,但上山时间稍长。如果是从婺源方向去,可以乘车到三清山东门的索道站坐缆车上三清山,婺源直达三清山的车是开到山的北坡,这里不是山上主要景区,不能去这里。

③三清山上的主要住宿点是南山山门外(有大小宾馆近百家和许多民宿)和索道上站周围,由于游客数量挺多,所以上述地方房价不太便宜。即使一般季节,山门外的宾馆打折后标间也在100—160元,山上的宾馆平日间打折后都在180元以上,旺季涨到200—350元/间(住宿条件尚好)。笔者曾游遍了南清园和西海岸两大主要景区,只在山上看到了一家个体旅舍玉台山庄,它的位置不错,出门不远爬个小山头可看日出,但住宿条件太一般。另外,索道站下站旁也有不少酒店和客栈。

④山上的餐饮也挺贵,一碗面也要50—60元,方便面10元一桶(开水5元),不过食品都是山下运上来的,成本高些可以理解。在山上吃饭要一两个菜填饱肚子也就行了。

⑤打开景区游览图看,山上的景区多了去了,但目前大多数游客去的只是南清园、西海岸和阳光海岸三个景区,少数体力好而兴致高的游客爬到主峰上看日出。笔者的建议是最少要看南清园和西海岸两个景区,否则真是白白上山跑一趟。

⑥从三清山金沙索道和外双溪索道乘缆车上山都方便,步行上山太累费时间。缆车速度很快,想想同等距离您若步行要花多少时间。

⑦下缆车后还要向上步行约25分钟,到达日上山庄后才算真正步入了游览区,这里有个分岔路口,向左去西海岸、主峰和南清园,向右只能到南清园(去南清园是环形路,左上右上都可到)。笔者推荐的游览次序是:先向左去西海岸,这里去西海岸先要走30分钟的上坡路,到了西海岸栈道后路的坡度就相当平缓了。从栈道入口处到绝佳景点步行要45分钟,然后可从阳光海岸栈道去南清园游览。从日上山庄走到南清园的最佳景点东方女神一般体力的人要80—90分钟(从日上山庄向左上山和向右距离几乎相等),加上观光拍照(山上好景都在这),游南清园一个景区就要3小时出头。

⑧在三清山观光1—2天均可。如果是早上8:00乘缆车上山,先游西海岸再去南清园,那么16:30结束观光完全可能,此时下山还有客车去玉山。但最佳观光方式是第一天游西海岸和南清园,夜宿山上。次日游主峰景区(兴致高的人可起早上主峰观日出)。依此安排游程,三清山之旅绝无遗憾。

▲ 山上佳景

江西省 井冈山

井冈山（国家5A级旅游景区）

电话区号：0796　景区咨询电话：6565271

井冈山位于江西省南部的罗霄山脉中段，不只是闻名遐迩、众所周知的中国工农红军创建的第一个革命根据地，还是一处自然风光秀美、名胜佳景众多的旅游胜境。井冈山风景名胜区面积为261.43平方千米，这里山势雄伟、林海密集、溪流澄碧、瀑布成群、鹃花满山、翠竹遍地，山光水色相映，风景绚烂多姿。

井冈山风光的最大特点是红绿结合且相映生辉，这里所说的"红"就是丰富的革命历史人文景观，而"绿"就是秀丽的自然风光。全山共有茨坪、龙潭、黄洋界、五指山、笔架山、仙口、桐木岭、湘洲等十一大景区近460余处佳景，令人惊叹、流连忘返。我国当代文豪、著名历史学家郭沫若先生畅游井冈山后，曾发出过"井冈山下后，万岭不思游"的由衷感叹。

▲ 井冈山主峰五指峰

● 气候与游季

井冈山属亚热带季风气候，年平均气温14℃，7月最热平均气温24℃，1月最冷平均气温3℃。这里冬温夏凉，春夏多阵雨，秋冬多雾，每年4—10月为游览佳季，4—5月山花烂漫风光绚丽，盛夏时节凉爽宜人为避暑佳境，秋天云高气爽亦很令人心旷神怡，冬季稍有潮湿阴冷，为旅游淡季。

交通

井冈山位于江西省南部，有机场、铁路和公路客运和外界相连。井冈山站在井冈山市区，出站后有专线公交车直达井冈山景区的中心茨坪，车程约70分钟。南昌长途客运站每日有客车直抵井冈山（一般3小时可到），南昌到吉安的客车更多，先从南昌乘车到吉安再换车去井冈山亦是不错选择。

坐飞机前往的游客可以先飞井冈山机场，机场距茨坪

● 茨坪汽车客运站

在茨坪东北角，是山上主要客运中心。

● 餐饮及购物

茨坪商业街上有不少餐馆和商摊，普通菜馆中的普通炒菜20—28元。欲吃山珍和野味价格稍贵，一般50—80元；主要商业街天街上有几个相当规模的大排档，可吃到各类烧烤。

当地特色风味菜肴主要有醋鸭、客家霉豆腐、腊味香酥豆、粉蒸泥鳅、花篮芋丸、井冈烟笋、乡村柴把肉等。当地特色商品主要有各类竹雕及木雕工艺品、木耳、灵芝等各类山珍和药材。

商业街上店铺林立，游客可择情购物。

● 黄金旅游线路

把井冈山同庐山、南昌、深圳连在一起玩。这条大京九旅游线汇聚了两座名山、两座名城，非常物有所值且交通方便（有京九铁路相连）。

● 便宜住宿参考

银湖湾酒店在茨坪，条件一般但房价相对便宜，平日标间价在150元左右，电话：13979629533。

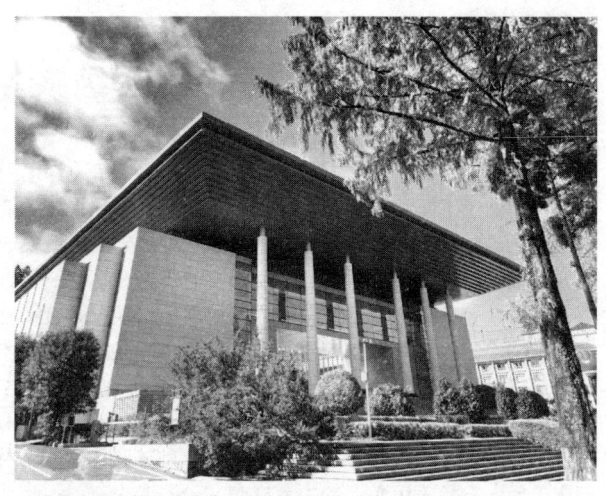

▲ 井冈山革命博物馆外观

80千米，然后再换乘汽车去井冈山。机场及机票信息咨询电话：0796-5268060，机场大巴票价20元。

住宿

井冈山的市区在山下，而景区的中心是茨坪镇，镇上有近百家宾馆、饭店。星级宾馆有维景大酒店、红叶大酒店、井秀山庄、井峰宾馆等数十家，平日房价在130—400元。除去游览最旺季和五一、十一长假外，一般不会客满，入住很方便。此外茨坪镇上有许多普通宾馆，房价只需70—100元，而卫生条件尚好，适合背包族游客。

游览指导

井冈山上的景区游览主要分为5条不同的线路。A线有黄洋界、小井、会师广场、龙潭等景点；B线有大井、水口、荆竹山。C线有井冈山主峰、井冈湖。笔架山专线有五马朝天、笔架山等景点；另外还有茨坪城区线路。每条线路"红""绿"结合得挺好，游客循线游览更方便。一般游客游览A线及B线后即可心满意足。现在山上的主要交通工具是景区内提供的观光交通车，车很多，发车间隔也不大，可以到达山上的各主要景点。如果用正常速度游览，游上述各线要两至三天时间。

▲ 井冈山大井村红色历史遗址

主要景点

黄洋界哨口及纪念碑

黄洋界海拔1343米，层峦叠嶂、地势险要，是当年井冈山革命军在根据地的五大哨口之一。1928年8月和1929年1月，中国工农红军在这里击退了敌军的两次大规模进攻，毛主席书写的著名诗篇《西江月·井冈山》一诗更使黄洋界声名大振。现在，黄洋界山顶上耸立有高大的胜利纪念碑，当年作战时的战壕、工事、堡垒等也恢复了原貌，游人可以在此观览山景，仔细回味当年"黄洋界上炮声隆""我自岿然不动"的战斗场面和豪迈意境。

👉 是井冈山的主要景点，游览1小时

大井朱德和陈毅同志旧居、毛泽东旧居

在井冈山茨坪西北面7千米处，1927年10月，毛泽东率秋收暴动部队登上井冈山，此后在这里居住了一年多。在这里，毛泽东、朱德、陈毅、彭德怀等同志深入进行社会调查，发动群众开展土地革命，建立工农革命政权，部署著名的黄洋界保卫战，为红色政权的建立和巩固，写下了辉煌的一页。现在，大井革命旧址已被列为全国重点文物保护单位，供游人瞻仰，周围的高山田园风光亦很清幽动人。

👉 游览50分钟

井冈山革命博物馆

位于井冈山市中心的茨坪镇，外观凝重、庄严肃穆，有大型陈列展室共7个，内有文字、图片、实物数千件；通过星星之火可以燎原、中国革命道路的艰难探索、井冈山革命根据地的创立、发展、新局面、走向全国胜利几个主题展厅，真实、完整、全面地介绍了井冈山革命斗争两年零四个月的难忘历史，是人们接受革命传统教育和爱国主义教育最重要的基地之一。

👉 国家一级博物馆粗略观览需90分钟，详细参观需3小时

龙潭景区

龙潭景区由五龙潭和金狮面两部分组成，其中金狮面以奇峰怪石、瀑布和一些人造景点组成，可惜那里的风光虽好但路程艰难，而五龙潭风光秀美，路况甚好，且有缆车上下，所以成为众多游客的观光首选。

五龙潭由大小18级气势磅礴的瀑布和5个池水清澈的深潭组成（5个深潭的名字分别是碧玉潭、锁龙潭、珍珠潭、击鼓潭、仙女潭）。它们上下串联、瀑潭相间，潭潭有清波，瀑瀑显仙姿，动静相宜，风光极美。其中碧玉潭上的第一级瀑布落差近70米，水流湍急且清碧如玉，是井冈山上最美丽气派、壮观迷人的瀑布景区。

● 亮点闪击和精彩回放

①井冈山真是个好地方，满山是森林，遍地流泉水，空气特清新，但可惜的是这里冬天寒冷还会下雪，否则这座山真能成为中国人最适合定居的地方之一。

②五龙潭的风光真好，山水绮丽，游览方式也特绝——乘坐的缆车正好从最大的瀑布顶上经过，往下一看，哇！

③水口景区也好，有山有石、有水有树，笔者在彩虹瀑前真的见到了七彩飞虹，看来这个瀑布的名字真不是吹出来的。

④井冈湖的湖水深，大坝特高且陡峭无比，不论谁从坝上向下看一眼都会倒抽一口冷气。您若敢探出半个身子向坝前坝下张望，那绝对是个胆大无比的勇士。

▲ 黄洋界云海奇观

● 井冈山
联票160元，淡季150元。含山上所有景点和观光车费70元/人。有效期5天。发车地点在茨坪游客中心。

● 龙潭飞瀑景区
缆车往返70元。
乘缆车观光需90分钟，步行往返需3小时。
建议乘缆车下到谷底，再步行走上来，这样既能节省部分体力，又可从空中仔细观赏龙潭壮景，画面很美。

● 笔架山
近期景区停止运营了。

● 水口景区
单程步行需1.5小时，往返步行需3小时。

▲ 龙潭小溪

● 主峰景区
粗略观景拍照约需90分钟。

笔架山（杜鹃山）

位于茨坪西南约13千米处，因有7座山峰排列形如笔架而得名，高1357米，林木葱郁、山景壮丽，山间的十里杜鹃长廊和山顶看到的井冈山全景让人陶醉。现在有缆车送游人直达山上，观光非常便利。

水口景区

这是一条长达数华里的山间大峡谷。两边石峰对峙，陡峭直立，中央溪水欢流，潭清谷幽，峡谷中古木参天，杜鹃林茂密，不时有山莺低飞、松鼠跳跃，风光旖旎、野味十足。

水口景区有奇虹瀑、金牛戏水、百叠泉、龙门、展旌群峰等佳景。其中水流落差达96米的奇虹瀑最为神奇诱人，它不光飞流直泻气势如排山倒海，而且每到夏季的上午8:00—11:00，瀑水都会在阳光照射下现出七色彩虹。色泽斑斓、鲜艳瑰丽，堪称人间罕见的奇观妙景。

主峰景区

主峰景区是井冈山最高大雄伟而又壮阔迷人的中心主景，其中主峰五指峰海拔1597.6米，巍峨壮美高耸入云。由于它的山势秀美，加之中国工农红军的第一家造币厂就建在井冈山下，所以当20世纪90年代中国第一张百元人民币问世时，井冈山主峰被光荣地选为钱币背面图案的主景，它的风姿倩影从此走入了千家万户。

井冈湖是五指峰下人工筑坝蓄水形成的大型人工湖，湖上碧波千顷，四周山林苍翠，不时有漂亮的游船和快艇划过水面，由银白色浪花构成的优美航迹把一湖清波点缀得更加生动秀美。

主峰景区还有红军游击洞和一线天等景点，其中最佳观景区在主峰对面、井冈湖上方的盘山公路边。这里有大型观景台，游客在这里倚栏远眺，可以把山光水色相映衬的井冈山主峰全景尽收眼底。

旅途小花絮——井冈山的味道真好闻!

笔者是在一天的黄昏时从吉安向井冈山乘车进发的,因为白天下了火车又坐汽车疲惫不堪,所以车开不久后就不知不觉睡着了。睡梦中笔者突然闻到一股凉爽清新且芳香无比的气息,这股气息是那么清爽湿润,又是那样沁人肺腑,宛若清风拂面、好似身浴清泉,那一瞬间,从鼻腔到胸腔,从大脑到全身,顿感一种难以名状的清爽舒适,笔者睁开眼睛一看,哇,视野里都是青山翠谷、茂密丛林和清亮溪水,井冈山到了!

做了半小时的深呼吸,笔者明白了这股清新芬芳的气息来自何处——它来自凉爽的大地,来自清澈的溪泉,来自满山的绿竹,它是山的气息、水的气息、竹的气息的混合体——这就是井冈山的气息。

笔者游历过国内许许多多的山岳风景区,但是从闻到的气味中感觉意识到了山的临近,这可是真真正正的头一回,这美好的经历和独特的感受至今还在笔者的脑海中记忆犹新,井冈山的气味呀,真好闻……

茨坪景区

茨坪是原井冈山市政府的所在地,是一座美丽的公园式山城,也是井冈山市旅游接待的中心。这里满山流泉水、遍地是密林,一座座漂亮新颖的城市建筑依山而建,掩映在湖光山色、绿树鲜花丛中。茨坪不光是人文佳景的聚集地——有毛泽东旧居、井冈山革命博物馆、革命烈士陵园、中国红军军械处旧址等数十处革命历史遗址,还是井冈山上最重要的旅游度假区。茨坪建有多处宾馆、酒店,是井冈山上最理想的旅游观光、避暑疗养胜地。

☛ 茨坪是井冈山的老县城,也是井冈山现在的游人集散中心,这里有观光车发到各个景区

▲ 茨坪秀色

推荐游程

推荐三日游程

D1. 上午在井冈山(茨坪)城区观光,游南山公园、挹翠湖、观毛泽东旧居、革命烈士陵园、中国红军军械处旧址、井冈山革命博物馆。下午在主峰、井冈湖观光。

D2. 上午游览黄洋界哨口、龙潭景区、小井红军医院,下午参观大井革命旧址、水口景区。

D3. 游览红军游击洞,外加五马朝天景区观光。

这是比较宽松的玩法,时间紧张的游客可以采取适当方式,两天内可游遍山上主要景点。

自助游中国 ▶ 华东地区

明月山

电话区号：0795　景区服务电话：3516666

明月山在江西宜春市城西南约15千米处，由太平山、玉京山、老山、仰山等十数座海拔千米以上的山峰组成，主峰太平山海拔1736米，山间有奇峰怪石、高山草甸和温泉地热资源，风光美丽且景观丰富，是江西省内重要的旅游休闲度假区。

目前明月山景区共有5大景区和1个度假区，其潭下景区、太平山景区、塘家山景区风光都很出色，而温汤温泉度假区内的温泉水质良好，泡汤十分舒适惬意。

▲ 明月山风光

● 门票

￥90元。老年人、军人、残疾人、儿童可享受优惠。缆车往返150元。

交通

首先应乘火车或汽车到宜春，从宜春火车站前坐公交115路车，可直达明月山景区，但请留意回程时间。

☛ 宜春汽车站去明月山的客车15分钟1班

住宿

景区内外有多家酒店宾馆和温泉度假村，能为游客提供餐饮和洗浴服务。另外景区外还有些农家院接待游人。温汤镇上的明月山天沐温泉度假村休闲洗浴设施非常豪华完善，在天然山谷里，饮料水果免费。

☛ 当地风味美食：土鸡、小河鱼、烟熏腊肉、瓦罐汤、野味、盐皮蛋

游览指导

①明月山山势连绵起伏，巍峨壮观，山间森林及云海景色也美丽动人。明月山的温汤温泉水温68—72℃，富含硒和其他20多种微量元素，可洗可饮，十分适合康养旅游。

②山上的云谷飞瀑、海狮盼月、七彩溪、高山草甸、乌云崖、竹径通幽、仰山寺青云栈道以及云海日出景观可重点关注。

③登明月山要花费一点体力，欲图省力可以乘缆车上行，下山时可以乘缆车或步行，乘滑索下来更惊险刺激。

④住宿可选择在景区外的温汤镇，这里距山门仅有十几分钟车程，且有不少温泉度假村，游人泡汤及观光都方便。

龟峰

电话区号：0793　景区管委会：7112400　弋阳宾馆：5902888　景区咨询：5842020

龟峰位于江西省弋阳县，是国家级风景名胜区、国家5A级旅游景区，其特点是山水相依、风光优美，尤以山间奇峰怪岩闻名于世。龟峰大小山峰间的几乎所有岩石都酷似乌龟且"龟姿"各异、形态动人。

龟峰景区的景点分布紧凑集中，被人称为"精巧玲珑的山水盆景"，虽然这里的景区规模和风光水平比不上庐山、三清山等"明星"，但是奇异的山光水色仍然使它在华东地区享有举足轻重的地位，是世界地质公园龙虎山—龟峰地质公园和世界自然遗产"中国丹霞"的组成部分。

☛ 首次来江西的游客当然应该关注庐山、三清山、龙虎山。但如果是路过龟峰玩上半天也挺开心

气候与游季

龟峰气候温暖，一年四季皆宜游览。笔者曾在冬天最冷的时候去过龟峰，这时候山上的植物依然茂盛，湖中的水亦不结冰，各类游览设施皆正常开放，因此龟峰没有明显旅游淡季。

☛ 景区门口有数家宾馆，房价不贵

交　通

▲ 龟峰奇异山姿

可选择的交通方式主要是铁路和公路，浙赣铁路在弋阳有站，但不是每趟车都停靠，客人可在弋阳、上饶或鹰潭中的任何一站下车，再换汽车去龟峰。弋阳至龟峰景区有公交车直达，车票3元。上饶与鹰潭之间对开的客车全经过龟峰道口（鹰潭发的车到这个道口约有60分钟车程），在这个道口下车换乘中巴十余分钟即到景区。

💰 龟峰景区门票60元，含龟峰、南岩寺景区。观光车票20元。游船费80元／人

景区特色和观光指导

到龟峰观光既可看水，又能观山，其中观山应该是重点，因为各种奇形怪状的石头都在山顶上。

一进景区大门，就有专线观光车免费送游客直达主要景点。车辆行驶有两个终点站：一个是锁春洞，这是山洞门口，展旗峰下面；另一个是游船码头，从这里上船可到水上看龟峰山光水色。笔者觉得先上山后玩水更好——从桂花园沿天然之叠、一线天、四声谷、将军楼、童子拜观音、老鹰戏小鸡、好汉坡走一圈，用时也就是1小时出头，能看到不少奇石景观。下山后道路出口距游船码头已不太远，步行10分钟就可上船做水上游乐了（船票另收费）。

笔者刚才说的各个景点都算是游览一线，而二线上的南天一柱、罗汉献宝、骆驼峰等景点都太远，一般游客不必前去。

华中地区
HUAZHONG DIQU

湖南省 551
湖北省 577
河南省 596

湖南省
HUNANSHENG

黄金旅游线路

① 长沙—衡山—岳阳
② 武陵源（张家界、天子山、索溪峪、猛洞河）—凤凰—麻阳

湖南省位于长江中游南岸，因在洞庭湖南面而得名。东临江西，西靠渝黔，南临粤桂，北接湖北。全省面积21.18万平方千米。境内山峦起伏、河流纵横，地形地貌纷繁多样，风光美丽而生动。湖南省内有国家级重点风景名胜四处，省级风景名胜近百处，主要分为东、西两大部分。东线风光以名山、名城、名楼、名人故居为主体，文物古迹众多，饱含3000多年楚文化之迷人风韵，代表景区有南岳衡山、洞庭湖、岳阳楼、长沙岳麓山、橘子洲及韶山、花明楼等。西线则以迷人的自然山水风光、绚烂的少数民族风情和原始古朴的生存状态见长而独树一帜且天下闻名，武陵源的奇山丽水、凤凰小城的旖旎柔美、德夯苗寨的苗家风景无一不是华夏山水宝库中的艳丽奇葩，它们相依相连且交相辉映，构成了华夏大地上无与伦比的观光胜境。

湖南地势南高北低，东南西三面山水环绕，中部丘陵、盆地起伏，北部湖泊、平原交错。属亚热带湿润季风气候，冬暖夏热，四季分明，一年四季适宜旅游。

▲ 凤凰古城沱江秀色

长沙

电话区号：0731　湖南博物院：84415833　岳麓书院：88823764

长沙是湖南省的省会和政治、经济、文化中心，地处湘中东北部，市区跨越湘江两岸。作为西周时代著名的楚汉古都和国务院公布的首批 24 个历史文化名城之一，长沙市的史存遗迹十分丰富，岳麓书院、开福寺、天心阁都是国内闻名的古迹名胜，而马王堆汉墓更以其无与伦比的史学价值和考古价值而享誉天下。长沙的自然风光景点有岳麓山、橘子洲等，周边的韶山和花明楼因是当代重要历史人物的出生地，从而亦受到国内外游人的广泛关注。

▲ 长沙湘江·橘子洲

气候与游季

江南城市，气温偏高。虽然冬无严寒，但夏有酷暑，长沙的盛夏时节十分炎热，气温有时超过40℃，春、秋、冬三季适宜旅游。由于冬季天气有时小有阴冷，而春季的天气时有起伏变化，所以金秋时节游览更佳。

●长途汽车西站
八一西路。
电话：0731-96228。

●汽车南站
中意一路643号。
电话：0731-96228。

●当地风味美食
湘菜的口味特点是香鲜酸辣且口味浓烈。代表性菜品有东安仔鸡、麻辣仔鸡、发丝百叶、麻仁香酥鸭、花菇无黄蛋、口味虾、豆椒肉丝、家乡烧鱼、红烧狗肉、蒸腊味合、一鸭四吃、三层套鸡、口蘑汤泡肚、老姜煨鸡汤等。代表性小吃有姊妹团子、德园包子、杨裕兴面条、臭豆腐、柳德芳汤圆等。

交通

航空
黄花机场位于黄花镇，距市区35千米。市内民航大酒店有往返于机场的班车，车费15—20元/人。另外也有数路公汽到达机场。

长沙火车站问询及长沙高铁站问询电话：0731-12306

铁路
长沙地处京广线上，南来北往的列车多在长沙站停靠，长沙南站是高铁车站，有高速列车发往全国各地。
16、63、67、124、135、159、365、503 路公交均可到长沙南站

公路
长途汽车站有开往省内各市县及南宁、温州、武昌、合肥、九江、南昌、南京、赣州、襄阳、荆州、广州等地的客车。

住宿

长沙的酒店、宾馆数量多而房价不贵。例如，火车站对面五一路上的普通宾馆的标间价格只需100—160元，附近的民航大厦也是价格适中的好住处。市区内房价在90—130元/间的普通民宿不计其数。

主要景点

岳麓山

湘江西岸的著名风景区，岳麓山—橘子洲旅游区在2012年联合成为国家5A级旅游景区，岳麓山风景名胜区由麓山、天马山、桃花岭、石佳岭、寨子岭、后湖、咸嘉湖、橘子洲八大景区组成。最高峰海拔300米，林木苍翠、山谷清幽、风光秀美。山间有多处自然和人文佳景如岳麓书院、麓山寺、禹王碑、爱晚亭等。登上山巅，还可极目远眺"湘江北去、百舸争流"的壮阔景色和长沙市区的全貌。

¥ 岳麓山门票已经免收了，可提前3天线上预约。景区观光车往返30元

岳麓书院

在岳麓山东麓，是创建于北宋太祖开宝九年（976年）的著名学府，中国历史上四大著名书院之一。书院面积达3.1万平方米，历史上曾有王夫之、左宗棠、曾国藩、陈天华等名人光临此地，留下诸多佳话和诗书遗迹。

¥ 书院门票40元。云麓宫门票5元。麓山寺门票5元

湖南博物院

在开福区东风路50号，馆内珍藏展出各类珍贵文物18万余件，其中有著名的长沙马王堆汉墓中出土的黄沙地印花敷彩真裾式丝绵袍和素纱禅衣，游人观后可饱领中国文化的灿烂光华。

¥ 博物馆基础展出免费但要提前预约

● 汽车西站
岳麓区望城坡。
电话：0731-96228。

● 汽车东站
远大一路。
电话：0731-96228。

● 当地宾馆酒店
① 湖南宾馆，条件好，设施先进，服务热情，房价适中，电话：0731-84404888。
② 汉唐四季酒店，交通方便，在市中心，设施尚可，房价不贵，电话：0731-88102997。

● 岳麓山
地铁2号线溁湾镇站3号口到东门，地铁4号线湖南大学站2号出口到南门。

● 岳麓书院
地铁4号线湖南大学站2号出口。

● 湖南博物院
地铁6号线湘雅医院站2号出口。

● 橘子洲
🚌 16路公交车和地铁2号线橘子洲均可到。
自驾车和乘江边轮渡也可直上橘子洲岛上。

橘子洲

湘江江心一个长近5千米的岛屿，由水陆洲、牛头洲等几部分组成。这里橘树成林、江天辽阔，是长沙市传统名景，现岛上建有橘洲公园，主要景点有橘洲公园和高32米毛泽东石像。盛夏时节，这里的江滨游乐场亦可供游客戏水游乐。乘观光车行进在橘子洲岛上是感觉甚好的高级享受。

¥ 岛上门票免收，可提前3天预约。电瓶车费20元/人。每周末有晚间焰火表演，值得一看，具体以公布时间为主

长沙世界之窗和海底世界（国家4A级旅游景区）

世界之窗位于长沙东北部，是占地40万平方米的大型主题公园。世界之窗旁边的海底世界是中国海洋科普教育基地，向游人展示瑰丽神秘的海洋风光。

🚌 公交358、222、158路可到世界之窗和海底世界，地铁5号线马栏山地铁站1号口出后骑行或打车也可到

🚶 周边景点

韶山旅游区（国家5A级旅游景区）

位于距长沙约100千米远的湘潭市境内，是毛泽东的出生地。现有毛泽东同志故居、毛泽东广场、毛泽东图书馆、毛氏宗祠、毛泽东同志纪念馆等景点保存甚好并供游人瞻仰，附近的滴水洞建有供中央领导人居住的别墅，20世纪60年代毛泽东曾在这里小住，因此此地亦成为当地名景。

¥ 毛泽东纪念园免票。滴水洞门票40元。韶峰景区90元含缆车费

花明楼景区（国家5A级旅游景区）

花明楼炭子冲村，是刘少奇同志的出生地，现有刘少奇故居和纪念馆、铜像广场等景点对外开放，周边亦有秀美田园风光，近年来此参观的人数日益增加。

🚌 长沙、湘潭、韶山都有旅游专线车到花明楼。¥ 花明楼门票免收，需提前预约

大围山国家森林公园（国家4A级旅游景区）

在长沙西南约148千米处的浏阳市境内，以山奇、水秀、林幽著称，是国家地质公园，入选"最长沙"文旅打卡地。

¥ 门票90元起

推荐当地特色餐馆

① 火宫殿。在坡子街127号（黄兴广场附近），主营湘菜和湘味小吃。该店餐环境尚好，一、二楼是小吃，三、四楼是湘菜餐厅。毛家红烧肉、东安仔鸡、麻辣仔鸡、发丝百叶等菜肴味道都鲜美独特。人均消费70元。电话：0731-85822299。
② 辣椒炒肉土菜馆。代表菜品有辣椒炒肉、连汁土鸡、青椒炒肥肠丝、爆炒甘鸡等。

● 门票信息

¥ 世界之窗成人票200元，海底世界150元含海洋馆。老人、军人有优惠。

● 韶山

在韶山，到处都是大大小小的毛家菜餐馆，可品尝毛氏红烧肉、火焙鱼等湘菜美味。

● 参团旅游

如果游客时间不充裕，可以参加长沙各旅行社组织的一日游团队去游韶山和花明楼，游程安排紧凑，全包价180元（可议价）。火车站前售票点很多。

● 大围山国家森林公园

可从长沙汽车东站乘客车直达也可从浏阳乘客车前去。

推荐游程

二日游
D1：湖南博物院→岳麓山→岳麓书院→爱晚亭→麓山寺→云麓宫→橘子洲。
D2：上午去韶山参观，下午如时间充裕可到花明楼游览。

衡山（国家5A级旅游景区）

电话区号：0734　衡山旅游咨询：5673377　常德桃花源景区咨询：0736-7076666

衡山位于湖南省衡阳市以北50千米处，是湖南省内历史悠久的旅游度假区，也是国内著名的五岳之一。衡山景区地域辽阔，共有大小山峰72座，沟壑幽深、林木参天，自然风光秀丽迷人，主要景点有南岳大庙、祝圣寺、水帘洞等，海拔1300米的主峰祝融峰是观览日出、云海的绝佳地点，为各路观光客必游之地。

气候与游季

衡山春季多雨，常年多云雾，夏季凉爽，冬无严寒，四季皆可游览，但最佳时节是夏末秋初的8—10月份，此外12月至来年2月初，也是登高观赏雪景的好时节。

▲ 衡山祝融峰山顶风光

交通

航空

离衡山最近的机场是衡阳南岳机场，衡阳城区距衡山所在地南岳区虽然路途稍远，但有汽车往返于景区和市区之间。

铁路客服及订票电话：12306　南岳汽车站电话：0734-5662463

铁路

来衡山旅游可以乘高铁或普通列车经京广线到衡山站和衡山西站，再换车去衡山景区，其中西站距景区很近，只有10余分钟车程。也可以乘车到长沙、衡阳或株洲火车站下车，这三个站点都有开往衡阳市南岳区（原南岳镇，是衡山景区的门户）的班车，下车后步行片刻即到景区大门。

高铁在衡山西站下车，在此下车后乘公交车可直达南岳山门。

● 景区票价

进山门票旺季110元。山上有些景点单收门票。

● 当地交通

①长沙火车站有旅游大巴直达衡山，车费约41元。
②从衡阳火车站到山脚下的南岳镇有1路汽车，车票15元/人。
③南岳镇汽车站有专线环保车直达衡山门。
④山门处有免费公交车到游客中心。
⑤游人可以步行上山，欲乘景区专线车上山，每人收费78元。
⑥下了缆车后还要步行至少40分钟才到祝融峰巅。

公路

从衡阳中转，可在衡阳汽车西站转乘长途汽车，至南岳区汽车站下车，行程45千米。

从长沙中转，可从长沙汽车东站乘长途汽车，至南岳区汽车站下车（里程约150千米）。

● **当地餐饮**

在南岳衡山景区内外可吃到各类素斋和野味，其斋宴的名字亦独具匠心，如一品香、二度梅、三鲜汤、四季青、五灯会、六子连、七层楼、八大碗、九如意、十祥景，都是原料和做法相当独特的宴中珍品。

● **景区中的农家乐**

可吃到不少山珍野味和绿色蔬菜，价格还算公道。游客在山上可视情享用，不过要注意一是到管理部门批准的农家去"乐"，二是吃前应问清饭菜品种、菜量和价格。

住 宿

衡山是湖南省内传统景区，餐饮住宿业发达，游人吃住十分方便。山脚下的南岳镇满街都是宾馆酒店，普通宾馆标间议价后不过160—180元，70—80元/间的普通客栈随处可寻。此外在风景区内的宾馆已拆了不少，但在路边和索道客运站旁还有一些小型个体客栈，房价80—150元不等。

主要景点

☞ 观光要点是南岳庙、万寿广场、忠烈祠、半山亭、南天门、祖师殿、祝融峰、水帘洞。

南岳庙（国家5A级旅游景区）

位于衡山脚下的南岳区，始建于唐代，占地面积近10万平方米，有牌坊、御书楼、正殿等主体建筑，气势宏伟，是我国南方最大的宫殿式古建筑群。（门票58元，学生有优惠）

☞ 游1路可到。观光约需90分钟

水帘洞

在南岳区东北方4千米处的紫盖峰下，洞宽7—10米，内有清澈溪泉奔涌而出，形成数十米高的秀美飞瀑，形态迷人，周边还有龙神祠、雪浪亭等佳景。门票30元。

☞ 南岳庙前有专线观光车开往水帘洞，车费6元

方广寺

衡山深谷中由八座山峰环抱簇拥的山间古刹，主体寺院建于503年，迄今保存较好，寺周丛林古树密布、溪泉曲折蜿蜒而人迹罕至，宛若世外桃源。

衡山景区示意图

祝融峰

南岳最高峰，海拔1300米，山顶有用坚固花岗岩建造的祝融殿，峰下谷底常有云飞雾涌，游客登高远望场面磅礴壮观。

❍ 山顶的祝融殿有望月台，山颈处有观日台，均是登高览胜之佳境

●祝融峰

山顶风光一般但云海壮丽，能否看到漂亮云海看您的运气。

●衡山景区

门票110元。

推荐游程

一日游：
麻姑仙境、南岳大庙、祝融峰、老圣殿、阿迪力高空行走遗址、南天门牌坊、忠烈祠（徒步登衡山很累，建议乘观光车和缆车上山，步行下山。上下都乘缆车也影响不了观光效果）。

二日游：
D1. 忠烈祠、半山亭、麻姑仙境、灵芝泉、蒋宋官邸、祝融峰、南岳大庙。
D2. 水帘洞景区、南岳古镇。

补充推荐景区（湘北常德景区）

常德桃花源

常德位于湖南省北部，东濒洞庭湖，西连张家界，是著名的历史文化名城，迄今已有2200多年的历史。当地主要景点有人间仙境桃花源、茶道源头和李闯王禅隐之地夹山寺、白鹭之乡花岩溪、古城遗址城头山、水上明珠柳叶湖、湖南屋脊壶瓶山等。

桃花源风景区距桃源县城20千米，距常德市53千米，距长沙市197千米。已开发了桃仙岭、桃源山、桃花山、秦人村等景区，风景区面积达到了150多平方千米。

桃仙岭景区面积1.5平方千米，是神话故乡。据传陶渊明就是在此写出《桃花源记》这千古不朽的奇文。唐代著名诗人刘禹锡任朗州（今常德市）司马时，经常寓住于此，吟诗作赋。今存刘禹锡草堂，室内刻有其所著名文《陋室铭》。

主要景点有：桃花源牌坊、牌坊公园、双星亭、浴仙池、刘禹锡草堂、咏归亭、桃花湖、花影池。

桃花山景区面积约2.5平方千米，是道教文化的中心。从西晋到晚明，以桃源山为主的名胜古迹，很有名声。

现景点有：后门洞、问津亭、缆船洲、桃川宫、水府阁、空心筏、炼丹台、清风桥、仙径亭、沧鼎池、功德亭、中日友谊亭、天宁碑院等。

当地其他景区

沅江从常德市穿城而过，江滨环境整洁，风光柔美。常德诗墙就在江边，刻有不少中国书法、美术、诗词艺术家的手迹真品。不远处的武陵阁城楼造型精美是常德的标志。柳叶湖和湖滨公园则是休闲胜境。游人可在常德市区做一日观光游乐。

●交通

航空 常德桃花源机场位于常德市区西南方向的许家桥附近，目前有到北京、广州、深圳、海口等城市的航班。
铁路 从长沙到张家界和到宜昌、襄樊的火车途经常德，此外有数班列车从广州始发途经常德火车站。
公路 长沙客运西站有快巴直达常德，票价85元。
当地交通 可从常德市南站坐车前往桃花源景区，直达车13元/人。从常德河街到桃花源景区的旅游专线也开通了，停靠常德高铁站、万达广场等，20元/人。
桃花源风景区门票：102元起（6个景区的联票）。

岳阳

电话区号：0730　岳阳楼·君山景区：8159311

　　岳阳是地处湖南东北部洞庭湖与长江交汇处的重要历史名城，城市规模虽然不大，但拥有数处风光美丽而又富含华夏古代文化底蕴精华的山水名景。洞庭湖碧波万顷，岳阳楼精巧玲珑，君山山姿柔美同样引人入胜。更令无数游客熟知向往的是那篇四海传扬的《岳阳楼记》，洞庭佳景和古代先圣的浩荡胸怀完美交织，令每一位游客怦然心动。

● 当地住宿参考

①瑞卡酒店，在市中心步行街附近，交通便利。
②如家快捷火车站店，位置好，性价比较高。

● 名吃及特产

当地的巴陵全鱼席是用多种湖鲜烹制而成的，在国内外享有盛名。此外腊肉、腊鱼、腊鸭条也是美食和馈赠亲友之佳品。特色商品和土产有洞庭银鱼、君山银针茶等。

▲ 岳阳楼

气候与游季

　　岳阳虽然地处江南但四季仍较分明，1月份最冷，平均气温3℃，7月份最热，平均气温28℃，常年雨水充沛，旅游佳季为5—10月份。

交通

航空

　　乘飞机去岳阳的游客可到岳阳三荷机场降落，也可飞到长沙黄花机场。岳阳民航售票处有往返于黄花机场的班车，行程约3小时。

火车站问询电话：0730-3241122　　汽车总站电话：0730-8227458

铁路

　　岳阳处在京广线上，北京西与长沙、衡阳、南昌、湛江、郑州、西安、兰州、洛阳、宜昌、长春、武昌与广州、深圳、南宁、湛江间往返的列车均在此停

湖南省

558

靠，班次极多且高铁、动车一应俱全。
- 高铁车站是岳阳东站，在此坐高铁列车到长沙仅需约 30 分钟。

公路
有开往常德、邵阳、湘潭、株洲、长沙、衡阳、上海、温州、郑州、信阳、武汉、荆州、宜昌、广州、东莞、珠海、南宁、石狮、海口等方向的客车。

主要景点

岳阳楼（国家 5A 级旅游景区）
屹立在洞庭湖畔，楼高20米，襟山带水，位置绝佳，游客登楼观览，洞庭湖景开阔壮美。从古至今有无数文人雅士来此观光并赋诗咏志，留下诸多美丽诗文传世，其中因有名句"先天下之忧而忧，后天下之乐而乐"的《岳阳楼记》最负古今盛名。
- 江南三大名楼都很精彩，岳阳楼在其中独树一帜。门票 70 元起。需提前预约

洞庭湖
古时湖面开阔，曾有"八百里洞庭"之称。如今湖区面积已大为减少，但依然烟波浩渺、广阔无垠。湘江和洞庭湖共同汇入长江的三江口风光独特，湖上的美丽岛屿君山也是当地名气甚大的佳景。岳阳楼和君山是观赏湖区风光较好地点。
- 丰水期湖面烟波浩渺、枯水期湖面大幅度缩小，风光要大打折扣

君山（国家 5A 级旅游景区）
屹立在洞庭湖中的小岛，与岳阳楼遥相呼应。岛上有七十二峰和舜二妃墓、射蛟台、酒香亭等景点，且到处苇叶青青、竹林遍地、茶树飘香、清馨袭人。君山曾被古人誉为"白银盘里一青螺"，亦有洞庭仙山之美称。
- 君山景区门票 80 元，学生有优惠。岛上观光车费 10 元

张谷英村
岳阳周边三面环山、原始古朴的乡野村寨，古老民居建筑家家相依、户户相连，特色非常鲜明。周边还有连绵起伏的青山和碧波见底的溪流，自然风光柔美动人。
- 市区五里牌站有专线车到张谷英村，车程 2 小时，车票 45 元

●周边景点：杜甫墓
在平江县城东南 16 千米的小田村，有唐代大诗人杜甫的墓地。游人可从岳阳楼到汨罗，再换车经平江抵达。

●岳阳楼
乘 10、15、19、22、24 路均可到。

●君山
丰水期可从岳阳楼下的游船码头乘船 50 分钟可到君山。从火车站亦有公交 15 路直达君山。

●张谷英村
门票 45 元。
村中民居旅舍可提供食宿。

●另荐景点：南湖
与洞庭湖相邻，中间的南津港大堤是两湖的分界线。湖上有龙山、龟山佳景。一年一度的国际龙舟赛在当地享有盛名。

推荐游程

二日游：
- **D1.** 上午观岳阳楼，览洞庭湖秀色，下午乘船或乘车去君山畅游。
- **D2.** 去张谷英村看民间古村落，领远古风情、观乡民特色生活习俗。

武陵源·张家界
（国家5A级旅游景区）

电话区号：0744　张家界武陵源风景区：67890123　旅游咨询：6885888　紧急救助：6885119

武陵源风景名胜区位于湖南省西北部，地处湘、鄂、渝、黔四省（市）交界地带，是世界自然遗产，也是国家级重点风景名胜和中国旅游胜地四十佳之一。武陵源号称有奇峰3000座，秀水800处，景区内集奇山、怪石、秀水、岩洞和茂密丛林于一身，峰林如海、谷壑幽深，风光壮美，气势雄浑。景区内的张家界国家森林公园、天子山、索溪峪、杨家界四大景点风光都很美，震撼人心。周边的天门山、芙蓉镇、猛洞河诸景亦与武陵源相依相连且交映生辉，被人统称为风光绝美的武陵源风光带。它们是华夏大地上光芒夺目的山水巨星，日复一日、年复一年带给八方游客长久美感。

●武陵源观光总体指南

经过多年的开发、改造和整合，武陵源（含张家界市区和周边地带）现在形成了多个大的观光亮点。分别是武陵源景区（含张家界国家森林公园、天子山、袁家界、杨家界四大景点和黄龙洞、宝峰湖等附加景点）、天门山景区（在张家界市区边缘）、芙蓉镇和猛洞河景区。其中武陵源景区人气极旺，天门山景区观光热度也较高，芙蓉镇、猛洞河景区亦有相当多的游客前往。笔者认为武陵源景区和芙蓉镇属于必观之景。时间经费充足的朋友可上天门山做半日或一日观光（山顶上风光一般但登山缆车乘坐时惊险刺激）。猛洞河现在主要游览方式是漂流，夏秋时节可前去过把瘾，冬天不去猛洞河而只游芙蓉镇效果就很好了。

▲ 天子山奇峰

气候与游季

武陵源及周边景区盛夏山峦叠翠，溪水潺潺，严冬白雪皑皑，银装素裹，景色秀丽迷人，四季皆宜游览。但相比之下4—10月份游览效果更佳。武陵源夏季气温较高（7月份平均气温26—35℃），但山高树密，景区内并不十分炎热；冬季气候温和（1月份平均气温4—11℃），是我国江南各景区中无须承受严寒即可观赏雪景的好地方（笔者在冬季游过武陵源，感觉风光尚可）。但要注意每年"五一""十一"、春节和暑假景区内游人激增，住宿价格和游览价格也会上浮，同时上山的缆车和电梯也会十分拥挤（有时要长时间排队等待），所以此时前去应谨慎考虑。

湖南省 武陵源·张家界

🚌 交通

航空
　　张家界市有专用机场供客机起降，北京、上海、南京、武汉、长沙、成都、重庆、宜昌、杭州、福州、广州等大城市都有航班直抵张家界。机票经常可打折优惠。

ⓘ 张家界机场离市区极近，大约10千米

火车
　　张家界是枝柳铁路上的大站，北京、郑州、怀化、柳州、广州、长沙、上海均有客车直达张家界，乘高铁或动车前往极方便。

ⓘ 张家界火车站和长途客运站紧紧相邻，乘车换车极方便

汽车
　　湖南省内的大中城市如长沙、常德、株洲、吉首、怀化等均有客车直达张家界。长沙客运西站的快巴4小时到张家界，车票120元。张家界长途汽车站（客运总站）就在市区北边火车站广场旁。

ⓘ 去武陵源、芙蓉镇、凤凰都在这个客运总站上车

区内交通
　　火车站到张家界市中心可乘各路公共汽车，票价1—2元，20分钟即到。张家界客运总站与火车站相邻，这里距张家界景区（森林公园）33千米，每日有专线车滚动发车往返其间，车票13元，车程60分钟。张家界客运总站发往武陵源和天子山镇的车也是滚动发车，到武陵源车费14元、车程70分钟，到天子山镇车费15元、车程90分钟。

🏨 住宿
　　张家界市区和各景区内外有大量的宾馆酒店，只要游客不在十一期间及春节期间前去，住宿无困难；一般季节这里的普通宾馆标间价不过100—140元，80—100元/间的民宿也有。

🍲 餐饮
　　当地的特色菜以土家族风味为主，味道集辣、酸、鲜于一身，如酸鱼肉、泥鳅钻豆腐、腊猪头、炒腊肉、岩耳蒸鸡、炖鳝鱼、腊鱼、团年菜、血豆腐、乌鸡天麻汤等都是当地一般餐馆里能吃到的特色菜肴。还有一种叫三下锅的菜，由三种原料组成，价格不贵且味道独特，可以一试。
　　景区内的饭菜比市区要略贵，就是吃普通的一份肉菜，价格也在28—48元，加上汤和米饭，60元左右可以吃饱

● 航空咨询
电话：0744-8238417。
机场大巴到市区车费30元。

● 火车站咨询
电话：12306。

● 长途客运站
电话：0744-8512205。

● 从张家界到凤凰
游毕张家界再去凤凰恐怕是湘西之旅中最让人开心惬意的事了，可以把湘西山水风光尽收眼底。张家界市汽车客运站每天有多班客车到凤凰，车程1小时左右，车费90元。

● 相关链接
长沙客运西站，电话：0731-88708705。

● 景区门票
武陵源核心景区大门票224元，张家界天门山275元。

▲ 茅岩河漂流

湖南省

▲ 张家界风光

一顿。如果人数多可以按桌包餐，一般八菜一汤（四荤四素）的普通餐350元可拿下，其菜量可供7—8人享用。

📣 山上袁家界景区门口有35元／人的自助餐，很实惠。笔者推荐

● 张家界国家森林公园

💴 三索一梯（天马山索道、黄石寨索道、百龙天梯）联票4日有效，多程不限次乘坐，298元／成人。

金鞭溪就在景区入口处，游览毫不费力。

从金鞭溪畔步行登至黄石寨山顶约需2小时，亦可乘缆车上山，山顶观光至少需要1小时时间。

● 天子山

从山脚下步行登顶约需3小时，乘缆车6分钟即可。

也可从张家界汽车站先坐汽车，至天子山镇售票口，换乘观光车，30分钟即可到山顶的贺龙公园。

除了贺龙公园外，天子山上的主要观光点还有神堂湾、点将台等。上述两景的观光效果与贺龙公园有异曲同工之妙。

主要景点

张家界国家森林公园

是武陵源最早开发开放的观光区，奇峰林立，森林茂密，佳景众多，共分黄石寨、金鞭溪、腰子寨、琵琶溪等多个小景区，景点多达百余处。其中黄石寨山峰高1250米，山顶有张家界景区内最大的观景台，山景甚为壮阔；金鞭溪清波绿树相映，水边有金鞭岩、神鹰护鞭等奇异山石，景色刚柔相济；而琵琶溪景区景色稍显平淡；腰子寨风光好但路况多起伏跌宕，攀登很辛苦，游客较少前去。

📣 森林公园是传统景点也是必观景点，一定要看全金鞭溪两侧美景

天子山

也是武陵源的传统景点，位于张家界国家森林公园西北部，两者相距只20分钟车程，这里多奇石险崖，群峰竞秀、山景绝佳。主要观光点有贺龙公园、神堂湾、点将台、大观台等。

天子山景区的精华是位于山巅的贺龙公园，公园本身规模不大，但这里却是位置绝佳的凌空观景平台。从这里

湖南省 武陵源·张家界

凭栏俯瞰，只见脚下奇峰林立、怪石横空，数百米深的巨大山谷中有上千根陡峭直立、形状各异的石笋、石柱平地拔起、直刺蓝天，山谷中云海奔腾、雾涛翻卷，座座危石怪岩忽掩忽露、时隐时现，神奇梦幻般的景色会令游人心摇神荡、流连忘返。

袁家界

位于张家界金鞭溪上方的重要景区，与黄石寨隔山谷相望。这里有一条环形观光路，沿途有天下第一桥、乾坤柱（又称哈利路亚山）、迷魂台等数处名景，是武陵源景区重要的组成部分。

▲ 天子山奇峰

杨家界

也在武陵源景区山上，与袁家界景区相距不远，两景区有观光公路和观光车相连相通。杨家界的景色以神奇险峻著称，有乌龙寨、金鸡报晓、天波府、一步登天、空中走廊等数十处佳景，其中以耸立在悬崖孤峰上的一步登天和空中走廊地势最为险要，登攀时最为刺激迷人。景区的游览路边时常有土家族村姑演唱山歌，成为景区中颇具特色的一景。

天门山

主峰海拔1518.6米，是张家界海拔最高的山，山上孤峰高耸、陡岩凌空、风光壮观迷人。天门山有天门洞、天门寺、觅仙奇境等多处美景，游人乘缆车登顶的过程更十分惊险刺激。

索溪峪景区（宝峰湖·黄龙洞）

位于武陵源政府所在地，景区内山、石、洞、溪、泉、瀑各景齐备，但最突出的景点是宝峰湖和黄龙洞。

宝峰湖地处索溪峪南侧1.5千米处，是一座罕见的高峡平湖，被称为"人间瑶池""碧水浮空"，宝峰湖风景区总面积4100亩，湖深72米，湖长2.5千米，湖中有绿岛，四面奇峰环绕，湖光山色异常秀美。现湖区已开发出洞天飞瀑、鹰窝寨等处佳景。黄龙洞位于武陵源景区的最东端，享有"中华最佳洞府"盛誉。初步探明洞底长达7.5千米、总面积10万平方米，内分两层旱洞和两层水洞，垂直高度

● 袁家界
从金鞭溪坐百龙电梯可直达。或从天子山坐观光车也可到。

● 杨家界
可从袁家界、天子山乘观光车抵达。与张家界、天门山通票。

● 另荐景点老屋场
也在武陵源山上，观光方式也是从上向下看。主要景观有神兵聚会、空中田园等。这个景区没有观光车，可以从山上的丁香榕包车前去，车费100元。

● 天门山
上山索道站在张家界市区火车站旁。
上山缆车行程要40分钟时间，中途可以尽览山上美景，所以上车时尽量一个人坐一个车厢，这样视野好、便于观光拍照。如果运气好，在缆车上看到的云海雾涛景观之美之壮丽足以让人终生难忘。

● 宝峰湖
在武陵源有公交车可到。
¥ 门票110元，含游船费用。湖水清绿、风光甚美，可乘船游览。

● 黄龙洞
在武陵源有公交车可抵景区。
¥ 门票120元起，含洞内游船费用。
是大型洞穴，游览需3~4小时。

167米，有1库、2河、4瀑、3潭、13厅、98廊以及几十座山峰、上千个白玉瑶池，洞中各色钟乳石柱、石幔、石花、石瀑琳琅满目，多彩多姿。

➡ 游毕森林公园、天子山出山后可顺路看宝峰湖、黄龙洞。

▲ 天门山登山缆车

● 芙蓉镇

从张家界乘高铁30分钟即可到芙蓉镇站。抵达后有大巴直送镇上，换车再到景区。门票108元。

沿2.5千米长的镇中心青石板路漫步，细观土家族民俗风情并挑选工艺品是件特别开心的事。

古街上的刘晓庆米豆腐店（电影《芙蓉镇》外景地）颇有名气。米豆腐是用米粉做的类似于北方人吃的"拨鱼儿"一类的东西，味道一般，但在店前拍照留念挺有意思。

● 猛洞河

猛洞河上段漂流需从王村乘车去漂流点上船，用时约2小时。

猛洞河中段有一名景小龙洞，洞中钟乳石甚美，乘船游河后可进洞观光。

● 茅岩河风景区

张家界市区有2班专线车去茅岩河，景区也有专线车接游客前去漂流。

● 九天洞景区

从张家界市或天子山景区乘车均可到九天洞。

💴 门票65元。

芙蓉镇

芙蓉镇，原名王村，背依青山，前临酉水，自古就是土家族、苗族聚居地，镇上有许多独具土家族建筑风格的木质吊脚楼，镇中心已有千年古史的青石板路长达2.5千米。芙蓉镇风光秀美——镇边青溪环绕还有落差达68米的湖边飞瀑，少数民族风情浓郁——这里的大部分居民要么开饭店专营土家族风味菜肴，要么编织出售色彩艳丽的手工工艺品。20世纪80年代中期电影《芙蓉镇》在此拍摄，更使此地名扬天下。芙蓉镇也是游览猛洞河的起点（分为漂流和平湖观光两种方式）。古朴秀丽的风光和重要的地理位置使之成为湘西旅游中最重要的游客集散地之一，2012年成为国家4A级旅游景区。

➡ 瀑布落差68米，形态挺美，沿观光路可以走到瀑水下观景

猛洞河风景名胜区

猛洞河距张家界约80千米，河流全程百余千米，上游水流湍急、落差甚大，适合探险漂流，非常惊险刺激。下游波平如镜，适合乘游船观景。河水最后注入因酉水上修建水电站而形成的高峡平湖。湖边依山傍水的古寨更是风光古朴、特色鲜明。猛洞河漂流景区是国家4A级旅游景区。

➡ 也可从芙蓉镇下边的船码头租船游水库和猛洞河

🚶 周边佳景

茅岩河风景区

距张家界60多千米，河长50余千米，沿途有血门沟、洞子坊、茅岩滩、茅岩瀑布等30多处景点，享有"百里画廊"之美誉，该河冬季水少，夏秋时节漂流甚具魅力。

九天洞景区

位于桑植县西南的水洞村境内，洞中空间甚广，分为上、中、下三层，有3条地下河、3个地下湖、5座自生桥、10余座洞中山、36个洞厅，曾经享有"亚洲第一洞"的美誉。现在全国同类型的洞穴景区有很多，但该洞仍可在其中占一席之地。

➡ 茅岩河夏天去更好。九天洞倒是全年可以畅游

旅行家指导

为您提供武陵源景区的总体观光指导

①武陵源各大景区山水风光各异：张家界森林公园山水兼备，天子山、袁家界、杨家界山景壮美，索溪峪的代表景点是高山湖泊和溶洞，芙蓉镇的诱人之处是古镇风光和民族风情，猛洞河则以水见长。游人应把上述各景都游遍，这样才能获得相对完整的观光感受。

②必观景点应有张家界国家森林公园的黄石寨、金鞭溪；袁家界的天下第一桥、迷魂台、仙人桥、乾坤柱；天子山的贺龙公园、点将台、神堂湾；杨家界的乌龙寨、天波府、一步登天、空中走廊；索溪峪的黄龙洞和宝峰湖；王村古镇的石板街、王村瀑布、土司官寨和猛洞河漂流等。另外可适当关注茅岩河漂流和九天洞。此外时间充足者可从张家界市区乘缆车上天门山一游。

关于张家界国家森林公园

是传统老景，也是必观之景，园内的主要观光亮点是金鞭溪、黄石寨、腰子寨，另有砂刀沟等小景点。笔者认为金鞭溪必须仔细看——中央是溪水、两侧是奇峰，山水风光完美相融，非常美丽动人。黄石寨过去是游人必观之景，现在的分量不那么重要了，因为游人肯定要去袁家界，那里的风光与黄石寨相似且隔山相望，所以时间充足者可既上黄石寨又玩袁家界，时间紧迫者只看袁家界就够了。森林公园中的腰子寨风光好但山路险，上去太累。笔者不作专门推荐。

关于天子山

也是武陵源传统老景，但风光最动人。观光方式全都是从山顶上向下俯瞰，有各类石笋、石柱、石峰成百上千甚至是成千上万，风光奇绝、美不胜收。贺龙公园、神堂湾、点将台都必须看，大观台去不去无所谓（大观台景色一般但观光不劳累）。

关于袁家界

是非常美观又非常精巧的山巅景观（环形游览线），其中天下第一桥、乾坤柱和迷魂台都是武陵源顶尖级美景。游人一定要把环线走完畅观美景（70分钟够用）。

关于杨家界

有天波府、乌龙寨、一步登天、空中走廊等突出景点，风光出色但山路不太好走，观光要花一点气力和时间。团队是不会关注这个景区的（游览费力费功夫），但体力好欲寻新奇刺激的自助游客却能从这里得到新鲜发现。看全杨家界主要景点要花半天时间。

关于宝峰湖和黄龙洞

这两地方都距武陵源山门不远，但如今它俩只是武陵源景区的一个组成部分，所有游客都会去森林公园、天子山、袁家界，但只有部分游客会去宝峰湖和黄龙洞观光。原因很简单：武陵源最惊心动魄的景点不在这里而在山上。

武陵源景区要大门票，其他仍需单独购票的游览和消费项目有天子山索道、十里画廊内的观光小火车、从水绕四门到袁家界的百龙登山电梯。晚上观《魅力湘西》歌舞表演（或看《张家界千古情》表演）158元起价，在一些售票点可打折。

▲ 武陵源奇峰怪石

旅行家指导

为您的武陵源观光出高招

①如何确定观光顺序？

笔者认为应该是张家界国家森林公园、天子山、杨家界、袁家界、宝峰湖、黄龙洞、芙蓉镇，这样省力而观光顺畅。之后还有时间可加上半天天门山观光。

②如何在张家界国家森林公园玩得高兴开心？

一定要从森林公园正门进去（张家界汽车站有车滚动发，车费13元）。进门后左手是黄石寨，欲观光可乘缆车上去、步行下来，否则全程徒步太累；右手方向是腰子寨，不建议上去。之后就是游览金鞭溪了，走完金鞭溪全程一路观山水美景（到水绕四门为止）最少要2小时时间且一路是下坡，步行很省力（这就是笔者让您从这个门进去的主要原因）。走到水绕四门后有百龙电梯上行到袁家界，也有观光车免费送到天子山缆车站（中途经十里画廊，可下车进行1—2小时观光），从这乘缆车可直达天子山巅。

③如何在天子山玩得高兴开心？

坐缆车上行约6分钟就到了天子山顶，出缆车站再坐观光车5分钟就到了贺龙公园，这个景点一定要重点看（脚下和前方都是好风景），公园旁的天子阁也是观光好地点（可看御笔峰）。从贺龙公园乘观光车5分钟可到点将台、再行驶5分钟可到神堂湾，这两景时间充足的人应全看，只看一个舍去另一个也行。看过了贺龙公园、点将台、神堂湾三景，您的天子山之行毫无遗憾（还有个山顶观光点叫大观台，风光不如前面介绍的3个地方）。

④如何在杨家界玩得高兴开心？

要准备花一点时间和气力（要半天时间），建议您先去乌龙寨、天波府，之后看一步登天、空中走廊。这样不会漏掉主要观光亮点。

⑤如何在袁家界玩得高兴开心？

这是一个环线，70分钟可走一圈，紧盯住天下第一桥、乾坤柱、迷魂台几个主要观光点就行。切记走完整一圈，顺时针、逆时针行进都行，但是走到一半向后转则完全不合逻辑。

⑥如何在天门山玩得高兴开心？

一定要乘缆车——腾云驾雾、直上蓝天（直上高山），真刺激！在缆车上就可平视或俯瞰天门洞奇观，登顶后不必多停留。但是下山途中乘缆车可在半山腰索道站下，然后乘观光车去看天门洞，这个洞景色很好看。之后再回到索道站上缆车下山。

⑦如何在芙蓉镇玩得高兴开心？

进入景区后先沿青石板路（主要街道）走下去，一直走到水库边，途中看尽古宅古屋（中途石板路左边有个观景台，是拍瀑布绝佳地点）。之后在水库上乘船观光（船费面议）。之后沿瀑布旁的观光路走上去（经土司官寨）回到古镇景区大门，这样芙蓉镇的古镇、古街和秀美瀑布就全看了，很开心。

▲ 芙蓉镇瀑布美景

旅行家指导

为您介绍武陵源观光的补充提示

①武陵源的山景不逊于黄山，且笔者认为这里的岩石景观还要强于黄山，一定要去玩至少一次。

②在张家界国家森林公园的金鞭溪观山景是仰望，上天子山、杨家界、袁家界、老屋场观光全是平视和俯瞰，明白了这一点，您心中就有谱了。

③上山巅观景（天子山、袁家界）有3种方式：一是从金鞭溪尽头的水绕四门乘百龙电梯，上行5分钟到袁家界；二是乘天子山索道缆车上行6分钟到天子山巅。还有一条路径是从张家界汽车站乘客车从山背后绕到天子山镇，下车后进山门有观光车免费送到山上各景点（还需在山上三岔口换车）。山上的三大景区天子山、杨家界、袁家界之间有观光公路和免费观光车相连接，乘坐无比方便。

④游张家界、天子山、袁家界、杨家界四大景点一天时间不够用，需要2天时间。中间一晚可住山上也可出山住山门外或住张家界市区次日再进景区。住市区或武陵源镇宾馆条件好，但房价贵，次日进山又要花一些车费或缆车费。住山上以农家乐为主（大宾馆不多），在天子山、袁家界路边和丁香榕村都有不少农家乐，条件尚好（标间淡季100—200元、旺季定会上涨）。在山上吃饭也贵，包餐30—35元只有一份肉炒青菜加上汤和米饭。在袁家界景区门口有餐厅提供35元/份的自助餐，能吃饱吃好，笔者强力推荐。

⑤三索一梯的门票4天内有效。应注意是4个白天的概念而不是96小时有效。也就是说即使是第一天下午买的门票，那到第4天也应该出来。否则到第5天上午，门票就超出时限了。不过以笔者的观察，觉得景区内对门票的查阅并不十分严格和苛刻，景区管理者还是挺注意关照游客的好心情的。

⑥芙蓉镇上的观光亮点之一是电影《芙蓉镇》的外景地刘晓庆米豆腐店。现在镇上出现了好几家同名的店，有点以假乱真的劲头。请注意，正宗的刘晓庆米豆腐店在河畔街（古镇中心干道）113号，紧挨着那座刻有"贞节"两个字的牌坊，还是很醒目的。不过笔者觉得米豆腐味道中规中矩，不如米粉香嫩爽口！因此笔者建议游客光顾刘晓庆米豆腐店，但是去吃店中的米粉而不是米豆腐。

▲ 秀冠湘西

凤凰

电话区号：0743　客服热线・咨询订票：3502059

凤凰县地处湖南湘西土家族苗族自治州南部，因县城以西25千米处有一山峰形状酷似凤凰展翅欲飞而得名。这里山清水秀、民风古朴，自然风光十分旖旎动人。凤凰有绿荫蔽日的南华山森林公园，长达12千米神奇莫测的奇梁洞，重峦叠嶂、百态千姿的屯粮山，而风光最为柔美的地方，还是位于县城中心的凤凰古城。

凤凰山城依偎着沱江，群山环抱、关隘雄奇，这里的山不高但秀丽、水不深但澄清，峰岭相摩、河溪相通，澄碧的江水从古老的城墙下蜿蜒而过，翠绿的南华山倒映江心，江中渔舟游船数点，山间暮鼓晨钟兼鸣，河畔的吊脚楼轻烟袅袅。难怪已故著名国际友人路易・艾黎老人认为中国境内有两个最美的小城，一个是福建的长汀，一个就是湘西的凤凰。2024年，古城联合南华山神凤文化以湘西土家族苗族自治州凤凰古城旅游区的名义入选国家5A级旅游景区。

▲ 凤凰古城秀色

● 为览"边城"去湘西

还记得沈从文先生的美文《边城》吗？还记得根据《边城》改编的同名电影中那一幅幅优美的画面吗？就是冲着沈先生笔下的美景，我们也应该到湘西去看一看。《边城》的原型是湖南省花垣县的茶峒镇。

交　通

凤凰已通高铁，从长沙到凤凰只需行驶2—3小时，抵达后换乘磁悬浮列车即到凤凰古城。游览张家界后再乘火车经吉首（行车2—3小时就到吉首）去凤凰也是条挺不错的线路。张家界汽车客运站每天有数班大巴直达凤凰，车程约4小时，车票80元。

当地交通

凤凰有城北、沱田、土桥垅几个客运站，有客车开往各市县各景区。

凤凰古城及周边主要景点的票价

古城景区门票免收，内部景点单收费，主要观光项目有沱江泛舟及沈从文故居（20元）、万寿宫（5元）、熊希龄故居（10元）、杨家祠堂（15元）、东门城楼（15元）、虹桥艺术楼（5元）等景点的游览。此外南方长城门票45元、黄丝桥古城20元、奇梁洞98元。

湖南省 凤凰

推荐游程

A. 历史文化名城一日游：
　　北门城楼和跳岩、沱江泛舟、虹桥、吊脚楼群、万名塔、沱江两岸风光带、远眺沙湾夺翠楼、沈从文墓地、沈从文故居、熊希龄故居、杨家祠堂。

B. 凤凰古城、德夯苗寨二日游：
　　D1. 凤凰古城。
　　D2. 游德夯风景名胜区，观赏矮寨大桥奇观、流沙瀑布、燕子群瀑布、看民族风情表演。

主要景点

☞ 笔者推荐的观光要点：沱江风光、虹桥、跳岩、万名塔、沈从文故居

凤凰古城
　　古城风貌古朴原始，沱江清流秀美诱人，江边城内还有沈从文故居、熊希龄故居、东门城楼、北门城楼、南华山、万名塔、虹桥、跳岩等观光点，是凤凰游览的中心。
　　游览凤凰古城的主要方式有步行观景、乘船游沱江在水上观赏古城秀色、名人故居游览等多种方式。
¥ 古城参观免收门票

沈从文故居
　　在凤凰古城中(步行前去即可)，四合院中共有房屋11间，游客可在此回忆文坛泰斗的生平，感受沈老名著中的不朽魅力和韵味（故居附近的古城邮差纪念品店不错）。

黄丝桥古城
　　是国内罕见保存甚好的唐代古城堡，占地面积达2900平方米，有和育门、实城门、日光门三个高大城楼，特色鲜明、造型壮观，是当地重要景点。
🚌 先从凤凰乘客车到阿拉营，再换车即到黄丝桥古城

奇梁洞
　　在凤凰以北的奇梁桥乡，洞长6000余米，中心有清溪穿流，内有古战场、画廊、阴阳河等景区，周边有不少峡谷、险滩、丛林、村寨，风光生动而多姿。
🚌 在凤凰汽车站乘客车，15分钟可到奇梁洞

南方长城
　　是在当地古长城旧址上翻建的新建筑，虽然规模不及北京八达岭长城，但显出几分玲珑秀气，观光效果尚可。
🚌 凤凰至阿拉营的中巴经过南方长城

●**另荐景点：山江苗寨**
一个具有浓郁苗族生活气息的小山寨，坐落在凤凰西北约20千米的山间峡谷中。古时苗语称该寨为蛤蟆洞，后因寨旁修建山江水库而得名。山江苗寨中苗家风情浓郁，传统节日"四月八"的跳月跳花、"六月六"的山歌对唱都很生动迷人。从凤凰县城乘中巴专线车可到。

●**黄丝桥古城**
¥ 门票 45元。

●**奇梁洞**
¥ 门票 98元/人。也可买通票。

●**南方长城**
¥ 门票 45元。也可买通票。

●**笔者关照**
湘西世外桃源般的生活场景和情调真是温馨柔美、妙不可言。笔者是在很多年前看了电影《边城》的，时至今日影片中那美丽的画面还时时在眼前浮现，主人公之一那个叫翠翠的小姑娘的生活命运还在牵动着笔者的心。一部作品有如此的魅力，的确不简单。

569

当地住宿

当地虽有星级酒店，但在凤凰住古城中的个体客栈最划算。这些客栈都很小，但卫生条件尚好，床被干净，服务也周到热情，一般每晚200多元就能住上挺不错的房间（长假及旺季房价会涨，邻江的客栈明显比不邻江的要贵）。若选择一个紧挨沱江的小客栈，在房间里即可欣赏碧溪轻舟，感觉妙不可言。

古城内比较推荐的民宿是凤凰隐悦江景民宿，此店临江，风景甚佳，在客房内即可看沱江风景，还有独立阳台和智能居家，还可以联系老板接送，咨询当地攻略。此外可以选择的临江客栈还有临水居客栈、景栖江边客栈，笔者看好位置奇佳的临江客栈是老营哨客栈（条件虽一般但紧邻江边），双人标间100多元。

当地餐饮

当地风味菜有各类鸭货（血粑鸭最有名气）、牛肝菌炒肉、蕨菜腊肉、酸鱼、回锅肉、地衣、蕨菜、酸菜汤等。古城外商业街上的小餐馆内的家常菜比古城内的便宜，一般每人40元即可吃饱一顿（素菜10—15元、荤菜20—38元、泡菜等小凉菜不过3元左右），但繁华主街上像样的餐馆中的菜价似乎也已与大中城市接轨。古城中较有名的餐馆有大使饭店、老屋饭店等。游客吃普通饭菜可随心所欲，而欲吃当地风味菜还应与店主议清价格和菜量，此点需要稍加注意。

欲吃普通饭菜应躲开繁华的商业街，到当地人光顾的小餐馆中去，菜价能便宜许多。有的自选快餐摊收费仅12—15元/人，但是能有4—6种荤菜、6—8种素菜供客人任选，米饭还不限量。不过这些摊点摆放的地方都离古城挺远。

⊙从彩虹桥向北走几分钟，可见街道两侧的多家小餐馆，菜价比古城内沱江边上的餐馆至少便宜20%

发烧友特别关照

①在凤凰游览有2—3天时间基本足够，其中 **D1.** 在古城内观光，参观古城内各个景点并泛舟沱江。晚上在江边放河灯，碧波上灯花闪烁、烛光摇曳，意境挺美（就是有些江边酒吧的音乐声太大，破坏了这美妙的意境）。看大型歌舞表演《边城》演出效果也很好。**D2.** 可以游奇梁洞、黄丝桥古城和南方长城。此外还可安排1天时间做老洞一日游。老洞是凤凰周边的少数民族山寨，其房屋户户相连、家家相通、互为依靠，很有特色，此外这里的苗族歌舞表演也很活泼热烈。去老洞可以自助游亦可参团（凤凰城内售票点有多处），一日游团队全包约150元，含车、船费用及中餐和导游。因为去老洞先要乘车30分钟，再上船走40分钟，上岸后又要步行1—2小时，其中环节挺多，所以参团游挺省心，百余元的价格不算太贵。此外凤凰周边还有个古山村都罗寨，亦有原始风光。

②沱江泛舟，旅行社的船走的是跳岩至沈老墓的一段，途中经过虹桥、万名塔，风光优美紧凑甚具观光价值。而私人船走的是沈老墓至桃花岛一段，风景一般，笔者认为没有必要去。

③去凤凰之前最好看一遍沈从写的《边城》，看电影效果也不错——能荡漾起心中美妙的情绪。《边城》太美了，尤其是影片将要结束时有一段用竹箫吹奏的优美乐曲，配上美妙的旁白画外音，其声其意境之美真能经久不散，绝了。

▲ 凤凰古城风光

吉首·乾州古城

电话区号：0743　矮寨奇观景区：8665350

如今到湘西旅游观光的人们，大都把目光对着武陵源景区和著名的凤凰古城。可您是否知道，就在武陵源和凤凰古城之间，还有一个美丽而独特的城市，它就是湖南湘西土家族苗族自治州的首府吉首市。吉首不光是湘西的政治、经济、文化、交通中心，亦有相当出色的自然和人文景观，其中乾州古城、德夯苗寨和矮寨公路大桥就是其中的杰出代表。

这里我们特别要介绍乾州古城。它始建于明正德年间，是吉首的古县城。它与凤凰古城齐名，被誉为"南长城上的双子城"。乾州古城的基本地形地貌与凤凰古城完全相同，都是两侧城池夹屹一江碧水——贯穿凤凰古城的是沱江，在乾州古城中央昼夜奔流的是万溶江；沱江的水清澈，万溶江的水呈青绿色；沱江、万溶江两岸都是古城墙和成群成片的吊脚楼，各具湘西苗族土家族古城古寨之迷人风韵。凤凰古城中的南城楼造型精美，乾州古城中的北门城楼结构奇特；凤凰古城中有沈从文故居、沈从文墓地、熊希龄故居等人文景观，乾州古城中的杨岳斌故居、罗荣光故居、乾州文庙亦具丰厚历史文化底蕴。尤其令人称道赞叹的是，湘西古文化遗产在乾州古城中得到了妥善保护和发掘，这里的湘西古文化遗产园就是古老文化的保护基地和展示中心；而古城中每天上演一场的非遗歌舞及民俗风情表演更是把湘西古文化的魅力演示得淋漓尽致从而令观众倾倒折服。乾州古城至今为止还未被过度开发，因此这里的百姓生活情调淡泊而平静，古城中亦不显嘈杂混乱——尤其到了晚间，万溶江两岸一片寂静，只有江水奔流与凉爽晚风吹拂，风声水声同唱一首轻柔美妙的歌，如果此时您在江边漫步，体味到的美妙意境绝对是世间难寻。

▲ 万溶江秀色

旅行家指导

为您介绍吉首和乾州古城观光的全新攻略

1. 吉首和乾州古城四季皆可游览,没有明显的观光淡季。

2. 吉首是枝柳铁路上的大站,每天有多班铁路客车在吉首停靠。从张家界乘高铁50分钟可到吉首,从凤凰古城乘公路客车1小时就到吉首。吉首亦有快巴同省会长沙和张家界对开。

3. 从吉首火车站乘公交车可直达乾州古城,车费1—2元,车程约需40分钟。

▲ 吉首古镇中的漂亮廊桥

4. 古城内有多家客栈和酒店,许多客栈都有江景房,在房内就能看到万溶江风光。笔者推荐一家梦香缘客栈,就在古城中心,条件好房价不贵,服务也热情。淡季江景房标间150元左右(空调、电视一应俱全,24小时可洗热水澡),旺季适当上浮。

5. 欲吃便宜实惠的普通饭食可到遍布吉首城区的"大碗饭"快餐店中去。"大碗饭"就是自选快餐的代名词,有荤、素菜10余种任选,菜、饭、汤均不限量,每人收费十几二十元,可以随便吃。欲吃特色鲜明的当地风味菜,建议您去乾州古城内的上和居餐厅,就在南门巷34号,门面装修很美,点菜没有菜单,老板会亲自推荐,味道不错,真是高级享受。

6. 古城中的名胜古迹和观光亮点主要有拱极门、胡家塘、罗荣光故居、杨岳斌故居、仁和居、乾州文庙、三门开(北门城楼)、万溶江风光(含跳岩、吊桥景观)等。游客自己游览效果已经很好,在古城南门入口处请个导游讲解后观光效果更佳。

7. 古城中的非遗风情歌舞表演和民俗展示一定要看,这场演出是百分之百的原生态,非常原始、古朴、动人。每天上午下午各演一场,门票38元/人,还送一根文创雪糕。

8. 游乾州古城,一定要好好体味这里百姓的生活情调——淡泊而宁静、平稳而与世无争,真好!

9. 每天傍晚在古城万溶江畔北门城楼旁的空场上有许多人跳广场舞,其舞姿非常优美、场面非常欢快,达到了登峰造极的地步,是笔者见过的全国之最,一定要前去观看。

10. 观赏万溶江夜景的最佳地点是横跨江面的吊桥上,笔者认为这里的夜色之美跟俄罗斯民歌中唱的《莫斯科郊外的晚上》有异曲同工之妙,不信您试试看。

11. 当地有许多土特产可以选购。笔者建议您关注古丈毛尖黄金茶,该茶叶系列产品口味好,无公害无农药无污染,包装亦精美且价格实惠,可以自己喝和馈赠亲友。

12. 建议您在吉首逗留两天,一天去矮寨公路大桥和德夯苗寨观光,另一天从早到晚在乾州古城内悠闲自在地玩个够。这样安排游览效果一定很精彩、很开心!

▲ 古镇文庙一角

德夯苗寨·矮寨大桥

电话区号：0731　景区热线：8665350　归园田居客栈：17374332512　苗寨石头客栈：13887800909

德夯苗寨位于湘西土家族苗族自治州首府吉首市西部23千米处，其地名的苗语含义为"美丽的峡谷"。这里山峦起伏、险崖高耸、峰林叠嶂，流泉飞瀑及原始森林遍布，随处可见水车、水碾、古渡、小舟和苗家特有的吊脚木楼，田园风光似锦，充满画意诗情。德夯苗寨的主要观光点有落差达216米的流沙瀑布（瀑布下的九龙潭景色也很美），有由十余道飞瀑组成的燕子群瀑布群、银花四溅的玉带瀑布和迎客峰、盘古峰、天问台、雷公洞等。

德夯矮寨是个村镇，镇子西边山上有湘渝公路最危险的路段，在100米长的直线距离内公路绕了13个弯，上升了数百米高，是国内公路建设史上的奇观。现在矮寨村镇上方修起了特大悬索桥，新桥凌空架设在两山间，它的主跨跨径达1176米，是世界上最大的钢桁梁悬浮桥之一，非常气派壮观。由于德夯苗寨和矮寨公路大桥相距甚近，古老的原始村寨风光与现代科技和工业的创新成果交映生辉，因此游客现在都是把苗寨和大桥放在一起观光游览，并且赋予了它俩一个全新的组合名称，叫矮寨奇观。

▲ 德夯苗寨奇异山姿

旅行家指导

如何在德夯矮寨奇观景区开心游乐

德夯为苗族聚居地，民族风情多彩多姿，这里的女子喜戴银饰、穿无领花衣，男子扎绑腿、穿对襟衣、吹木叶。他们自己种桑养蚕，纺纱织布，手工艺品制作巧夺天工；他们用古老的方法榨油、造纸、碾米，用筒车提水灌田。当地的民俗游览和表演节目有苗家做客、拦门对歌、敬酒、苗家跳歌晚会和时装表演、火把送客等。目前苗寨前面的表演场上每天下午和晚间有为游客举办的专场表演。苗寨山间虽有几条峡谷，但目前多数游人主要游览的是九龙溪峡谷，峡谷尽头就是流沙瀑布，雨季景色壮观。游人往返步行需2小时时间。

观览矮寨公路大桥有不同的方式：A. 在矮寨镇上仰视，效果最好。B. 乘客车或自驾或租车到矮寨公路山腰往上处的湘川公路死难员工公墓纪念碑前下车平视大桥，画面绝佳。C. 在山顶购买门票后上桥参观（第二层桥面）感觉也很好。D. 也可在山腰往上处观赏大桥雄姿后再向上行驶，经过公路收费站后直接驶到大桥上（第一层桥面）穿行而过（桥上不让停车），这样的观光方式效果最精彩、最全面。

● **德夯住宿**

归园田居客栈，房价不贵，老板娘服务周到，还可提供导游、租车服务，可予关注。

● **景区门票**

苗寨门票80元/人。《德夯幻境》晚会门票258元。矮寨公路大桥门票115元（可登桥参观）。

● **交通**

从吉首火车站前乘专线中巴车，车费10元可到矮寨奇观游客中心，从吉首东站（高铁站）乘18路公交专线也可到各景点。

● **当地食宿**

德夯苗寨内有多家小型客栈，矮寨镇上也有一些宾馆、餐厅，食宿方便。

资兴·东江湖

电话区号：0735　旅游咨询：3322792　紧急救援：3335269

在湖南省东南部，有一座年轻并充满生机活力和诱人魅力的城市资兴。它虽然没有巨大的城市规模和显赫的名声，但却有着优越的地理位置、便利的交通条件和丰富的旅游资源，因而被确定为中国优秀旅游城市、湖南省首批旅游强市和全国首批生态旅游示范区。

资兴位于湘、赣、粤三省交会处，距京广铁路上的重要城市郴州只有40余千米，从郴州向东沿宽敞笔直的郴州大道驱车短短50分钟，即可到达资兴的城市中心区，再向东南方向行进5—6分钟，即可到达水域辽阔、风光壮美的东江湖景区了。

东江湖是资兴旅游资源中的最大亮点，它的湖区面积达到160平方千米，与浙江的千岛湖和广东的万绿湖有异曲同工之妙。湖区美景众多，游客需做两日以上观光才能领略它的迷人风韵。东江湖上的观光内容和方式很丰富，湖边观光、湖上乘船兜风、登上湖心岛看溶洞奇景和坐船漂流东江都有很好的游乐效果。资兴市区内外佳景云集：东江湖旅游文化街、汤市温泉、八面山、无量寿佛寺、黄草古镇、一线天和百里丹霞画廊都是自然和人文佳景中的佼佼者，游人可以根据自己的兴趣和时间各取所需。在湖南省西部和中部的其他重要景区如武陵源、衡山已为游客所熟知的今天，抽出2—3日时间去资兴和东江湖一游，容易玩出新感觉、新意境。这也是资兴和东江湖的魅力所在。

▲ 停泊在东江湖边的漂亮游船

气候与游季

资兴地处湖南东南部，气候温暖湿润，一年四季皆宜旅游，但以春、夏、秋三季观光效果较佳。

交通

自驾车：

从京港澳高速路郴州出口下来沿郴州大道行进约34千米可到资兴东江城区。之后向右转即进入东江大道，再行驶约3千米即到东江湖景区。

从厦蓉高速路岭秀出口下来可到资兴黄草镇及东江漂流起漂点和东江湖景区。

高铁：

1. 从高铁郴州西站下车，出站后有客车到东江湖景区（8:40—15:40，每小时一班）。

2. 东江湖景区直达车：郴州西站每天发车多班。

汽车、火车：

从郴州天龙客运站和郴州火车站乘坐直达资兴巴士可到资兴市区，下车后乘坐1路、2路、3路公交车均可到达东江湖景区。

住　宿

资兴市区和各景区内外均有不同档次的宾馆酒店，游人有充足的选择余地。如江滨国际大酒店（电话：3358888）和雄森豪廷酒店（电话：3320999）都在东江湖旁，位置好，档次高，住宿舒适气派，当然房价稍贵。维也纳酒店位于城市新区，条件也不错且房价适中（电话：3322666）。此外林海城大酒店、七天大酒店（电话：3488777）、智好酒店（电话：3239018）也是下榻的好地方。

此外，在当地的各个旅游景点旁都有一些农家乐客栈和餐厅，食宿相对便宜，适合背包族和自助、自驾游客。

餐饮及当地特色美食

当地的特色风味食品主要有各类原生态的农家菜和来自东江湖中的各类湖鲜——比如，淡水三文鱼（分为金鳟和虹鳟）、农夫鱼、竹香糯米鱼、清水鱼、雄霸东江（一种鱼菜的名称）和腊肉、腊鱼及爆火肉、米粉鹅等。湖鲜在东江湖边的各个水鲜馆中都可吃到，但价格不菲，不过餐前可以议价，饭后多少可以打一点折，所以价格还算机动灵活。欲吃各式农家菜，可到各个农家乐餐馆中去，许多农家乐、度假村可以为游客提供相对实惠且美味的农家菜肴。

主要景点

东江湖旅游区（国家5A级旅游景区）

是人工筑坝蓄水形成的大型水库，水面浩瀚而辽阔，湖上风光壮美动人且景色多样化——既有烟波浩渺的湖区，又有曲折狭长的河道，游客乘船在湖区遨游，可以获取不同风格的多重观光感受。

雾漫小东江

小东江长约12千米，位于东江湖水库大坝下方，其实就是东江湖下游的河段和泄洪道。由于东江湖水水温很低，因此湖水下泄到小东江被阳光照射后水温升高致使水雾蒸腾，形成了江上独特的雾霭奇观——烟云缭绕、霞飞雾涌且随风任意飘荡，为碧绿的小东江水面和江边山林披上了缕缕轻纱，其画面和意境之美宛若仙境，游人在江边观山观水观雾后会感到神奇梦幻般的美妙。以雾漫小东江为题材拍摄的摄影作品在国内享有较高的知名度。

兜率灵岩

兜率岛是东江湖上的重要岛屿，也是游湖客人在湖上的集散地。在这里居高看山光水色皆美，岛上还有一座很大的溶洞。洞内各色钟乳石千姿百态，很有观赏价值。由于兜率岛是东江湖上B线游览的游船折返点，因此超过半数的游人都会去岛上观光游乐。

东江漂流

起点在东江湖上游的黄草镇龙王庙,河道全长28千米。漂流分为激流漂和平湖游两种,途中经过险滩108处和无数山水奇景,夏秋时节,游人如潮。

黄草古镇

位于东江湖上游的古老村落,村中遍布青瓦白墙的水乡民居和平整而蜿蜒的青石板路,路边就是碧绿的东江湖水。镇上古风浓郁,但由于是东江漂流的集散地,所以游客频繁经过,给古镇带来了生机和活力。黄草镇上有许多农家乐餐馆客栈,在这里小住一日感觉很美很舒服。

东江湖旅游文化街

在东江湖景区入口处,含东江湖奇石馆、摄影艺术馆、人文潇湘馆。这里遍布精美建筑和清澈溪河,矗立在小桥流水间的各式亭台水榭风姿各异、秀丽玲珑。街上的展馆展品都很丰富且饱含潇湘历史文化底蕴,为游客观赏体味资兴多姿多彩的历史文化提供了很好的窗口和平台。旅游文化街也是当地购物佳境,各色旅游工艺品、纪念品在这里均有销售,游客可任意选择。

一线天

资兴市内和周边地带还有许多丹霞地貌景观,一线天景区就是其中的佼佼者。它矗立在资兴市与永兴县接壤的便江江岸上,山水风光奇异而动人。这个"一线天"指的是两座巨大丹霞山岩中的狭窄缝隙,它长约356米、高约50米,最宽处1.2米,最窄处只有0.2米,游人穿行其间很感神奇趣味。

旅行家指导

如何在资兴和东江湖玩得高兴开心

东江湖和资兴境内的其他景点虽然至今为止知名度不太高,但是那里交通便利、环境整洁、风光秀美,值得一去。当地的最大观光亮点当然是东江湖,在湖区游览一日只能走马观花,二日游才能玩得舒适宽松。目前湖上观光主要分为1、2两条线路。1线路门票85元;2线路门票128元,均含观光车费(2线路含湖上游船费)。笔者建议各位选择2线,内容更丰富。雾漫小东江是东江湖区的佳景、绝景,风光很美、令人心醉。只要您是在4—11月份抵达资兴,那清晨一定不要贪睡,一定要早些起床,赶到小东江观雾并拍摄,之后再到湖上开心游乐。东江湖湖区面积很大,光在岸上观光是不行的,一定要乘船到湖心去畅览美景(选择2线游览即可)。湖中的兜率岛也是最佳观景点之一,在岛上居高远望景色颇为壮美,加之岛上还有一个规模不小的兜率溶洞可参观,因此笔者认为兜率岛不能不游。兜率岛上的兜率溶洞洞内钟乳石奇观很美也很集中,其总体风光水平在国内同类溶洞景区中绝对属于上乘。请记住以下这些洞中奇石景观的名字:擎天石柱、九天仙女、金母元君、海底龙宫、巨型石幔、狮子滚绣球——以上诸景形态各异、身姿动人,极具观拍价值,千万不要放过它们。若想在资兴玩得舒适宽松,在第一天乘船游湖后,晚上住在黄草镇,休息并好好观赏水乡古镇风情。次日乘车去龙王庙参加漂流,下午踏上返程。笔者对一线天这个景点情有独钟——不光因为它狭长而奇异,更重要的是游人要抵达便江后乘船行驶约15分钟,才能到达一线天。途中见到的江山风景很漂亮。时间充裕的游人可关注资兴其他景点如回龙山、汤市温泉、八面山等。

湖北省
HUBEISHENG

黄金旅游线路

① 武汉—宜昌—三峡
② 三峡—神农架—武当山

湖北简称鄂，位于长江中游，中南部为江汉平原，西部、北部、东部皆有不少丘陵岗地，总面积约为18.59万平方千米。湖北省地形多样而风光优美，万里长江横跨全省，造就了上游雄伟壮丽的三峡奇观和下游河湖密布的"水乡泽国"美景；省会武汉扼守华中要冲，位置险要，有巍巍黄鹤楼和辽阔东湖为之增彩添辉；西北部的神农架和武当山以崇山峻岭和茂密森林令人神往；而中华民族辛勤智慧凝集筑造的葛洲坝水利工程和三峡水利工程更为荆楚大地平添崭新迷人风韵。

气候与游季

湖北省是亚热带季风气候，冬暖夏热，四季分明，有明显的南北过渡性。春季阴晴不定，春夏之交有梅雨，常阴雨连绵，令人透不过气来；夏季湿热，7、8月间温度较高，那种湿热气候常使人不适；秋季秋高气爽、天高云淡是游览佳季。冬季干寒不适合进入山区，特别是徒步游应慎重考虑，最好避开多雪多雾的天气。

▲ 从宜昌名景三游洞看西陵峡口风光

武汉

电话区号：027　黄鹤楼景区：88875096　东湖磨山景区：87510179

武汉位于湖北省中部偏东，因长江和汉江在此交汇融合，所以素有"江城"之称。武汉由武昌、汉口、汉阳三镇组成，其中武昌在长江南岸，汉口和汉阳均处江北，它们分别以高等学府聚集的文化区、最繁华热闹的商业区和城市重点发展的经济开发区等不同特点和身份而著称。武汉也是国内历史文化名城之一和荆楚文化的发源地，而具有江汉平原特征的自然风光也很美丽旖旎。游客来到这里，可以饱览江城风情万种的迷人华彩和巴楚文化的独特风韵。

气候与游季

武汉的夏天酷热无比，温度有时会达到40℃及以上，是国内三大"火炉"城市之一，即使下雨后也不显凉爽；而这里的冬天也挺阴冷。所以去武汉观光最好避开夏、冬二季。春、秋二季武汉温度适中，是游览佳季。

▲ 黄鹤楼雄姿

交通

航空

武汉有航班联通全国各主要城市，位于市区西北黄陂区天河镇的天河国际机场离市区有60分钟的车程，机场每30分钟都有一班车与汉口的金家墩汽车站和武昌的傅家坡等多个客点对开。

▪ 机场问询电话：027-96577

水运

武汉是我国长江沿岸最大的中转港之一，上游至重庆、下游至上海都有定班客轮往返，当然由于各种原因，现在的长途客轮都停航了，目前在江上行驶运营的主要是过江轮渡，还有少量游船。

▪ 武汉火车及高铁订票电话：027-12306

铁路

武汉是华中地区最繁忙的交通枢纽，有列车发往各省各地。武汉三大火车站是武汉站、汉口站和武昌火车站，在买好车票后一定要仔细看清楚票上注明的是从哪个车站上车的。

● 特色美食街

位于阅马场的美食街汇聚了武汉的众多特色美食店摊，比较有名的有艳阳天和鑫华园等；附近的首义园也是品尝各种风味小吃与欣赏艺术表演的好去处。此外，户部巷的早点小吃很出名，吉庆街的夜市也颇受外界关注。这里着重提一下户部巷，它就在长江大桥下不远处（武昌一侧），交通方便，美食品种繁多，人气极旺，建议您前去开心惠顾，好好体验一番。

公路

市区有数处大型客运站，各类客车每日发往省内地区，去九江、沙市、咸宁、黄石、宜昌、孝感等周边城市易如反掌。当然也有许多跨省快巴客运线路。

地铁

线路共有12条，四通八达，乘坐方便。

住宿

武汉宾馆、酒店甚多。欲住高档型可选晴川假日酒店，它就屹立在江北汉口长江边，高大伟岸，夜间灯火璀璨，有私属樱花林和露台餐厅，这里的标房价格平日在500元左右，总台电话：027-84716688。其他各档次宾馆酒店遍布市区各处，游人可任选。

餐饮

武汉菜具有江南水乡特色，风味菜肴有红烧武昌鱼、清蒸武昌鱼、莲子鱼、莲藕排骨汤、四季美汤包等。早餐时当地人喜爱食用的热干面制作简便而味道好，为当地一绝。

☛ 推荐美食街：大成路、山海关路早点及小吃种类多，吉庆街夜市人气旺

购物

以小商品市场红火喧嚣的汉正街已名扬天下（取材于汉正街的文学影视作品就有不少），到此观光购物可感受武汉市井生活的独特习俗氛围（地铁6号线汉正街站的设计也很有特色）。江汉路上餐饮、娱乐场所俱全，是武汉最著名的步行商业街之一。

主要景点

东湖（国家5A级旅游景区）

位于武昌区，开阔壮丽，水面比杭州西湖大六倍，共有听涛、磨山、落雁、白马、珞洪、吹笛六大景区，景区山峦轮廓柔美，绿树葱郁成荫，精美亭桥众多，是国内城市湖泊景区中的佼佼者之一。

☛ 可以先游听涛景区，再乘船去磨山，途中穿过宽阔湖面

黄鹤楼（国家5A级旅游景区）

黄鹤楼屹立在长江南岸的蛇山之巅（系1985年重建），高大巍峨，它与湖南岳阳楼、江西滕王阁一起并称为"江南三大名楼"。历代名士李白、崔颢、白居易、陆游等都曾到此吟诗作赋，留下诸多动人诗句。登上黄鹤楼顶，可将武汉三镇全貌尽收眼底。

☛ 登上黄鹤楼居高远眺，是游人到武汉后的观光必修课

●推荐特色餐馆

①三五醇酒店

中高档餐厅，用餐环境很气派舒适。主打性价比，主营湖北风味菜。代表菜品有莲藕排骨汤、珍珠豆腐元、招牌虾饺皇、三合全家福等。人均消费68元。

在汉口新华下路245号。电话：027-85774678。地铁7号线取水楼站D口步行660米可到。

②湖锦酒楼

在多地都建有店面，川、湘、粤、鄂各风味菜品齐全，是江城著名的餐饮酒店。其名菜有至尊辣得跳、金汤杂粮炖辽参、片皮鸭等。人均消费105元。

八一路店地铁8号线洪山路站出B口步行840米可到。

③艳阳天·非遗楚菜

在武汉每家店的面积都很大很宽敞。可以说是武汉餐饮界的大哥大。其菜肴还算实惠，适合普通百姓消费。特色菜肴有红焖武昌鱼、粉条炖土鸡、黄焖肉圆、楚乡粉蒸肉等，人均消费65元。

黄鹤楼店地铁5号线彭刘杨站出C口步行280米可到。

● 401路和402路车

是武汉市内线路较长的公交车，途经市区诸多重要景点。尤其是401路车，途经长江大桥、黄鹤楼、植物园等，坐公交车观赏市容很划算。

● 东湖

🚇 地铁8号线梨园站下车可到东湖绿道入口，可在此处购买观光车票。

🎫 门票：听涛景区免费。磨山景区免费，登山索道往返50元。樱花园门票60元。

● 发烧友提示

东湖景区很大，游客观光可择其要点，听涛景区很开阔，是传统景点。磨山景区是后开发的，可作观光首选。樱花园适宜春天赏花。

听涛和磨山两景区间有游船往返，单程船票30—40元/人。

● 黄鹤楼

🚇 地铁5号线司门口黄鹤楼站A口出到西门。

🎫 门票70元。夜间观光120—150元。

● 归元禅寺

🚇 地铁4号线/6号线钟家村站下车可到。

🎫 门票10元，节假日期间20元。

● 湖北省博物馆

地铁8号线省博湖北日报站A口步行600米可到，只能南门进，北门出。

🎫 门票免费，可提前5天预约。

● 辛亥革命武昌起义纪念馆

401、402等多路可到，在阅马场站下。纪念馆与黄鹤楼相距很近，可一并游览。

🎫 免门票，需预约，周一闭馆。

▲ 东湖一角

龟山

是著名的武汉"三山"之一，在长江北岸，与南岸的蛇山、黄鹤楼遥遥相望。山顶上有三国城、望江亭等景点，在这里纵观武汉全景和长江秀色亦很动人心魄。

👉 龟山和蛇山均可览江城壮景，在蛇山黄鹤楼上看到的场面更美！

归元禅寺（国家4A级旅游景区）

佛教名观，也是武汉佛寺中的"四大丛林"之一，在汉阳区翠微路西端，内有殿宇200余间和500尊脱胎漆塑、贴金描彩罗汉等文物珍品，亦曾接待过西哈努克、基辛格、李光耀等海内外名人嘉宾。

👉 建议去归元禅寺做60—90分钟观光

武汉长江大桥

1957年10月通车运营，桥长1670.4米，身姿雄伟，犹如钢铁巨龙，横跨长江两岸，站在桥上眺望四方，倍感壮阔豪迈。

湖北省博物馆

地处东湖之滨，馆藏展品数万件，内有曾侯乙编钟、越王勾践剑等多件国宝级的珍贵文物，参观感受新奇震撼。馆内每天进行的编钟鸣奏表演，古风古韵浓郁迷人。

👉 博物馆每层都有文创店，一层品种更齐全

辛亥革命武昌起义纪念馆（国家5A级旅游景区）

武昌起义在武昌蛇山南麓的阅马场北端，是辛亥革命武昌起义时军政府的所在地。南区主要陈列有晚清中国、革命原起、武昌首义、创建共和、辛亥百年5个展厅。

木兰文化生态旅游区（国家5A级旅游景区）

木兰文化生态旅游区由武汉市黄陂区的木兰山、木兰天池、木兰草原、木兰云雾山四大景区组成。想看山，这里有国家地质公园、千年宗教名胜木兰山；想看森林，这里有幽谷美景、浪漫山水的国家森林公园木兰天池；想看草原，这里有华中唯一的草原风情景区木兰草原；想看花，木兰云雾山里有万亩杜鹃，木兰清凉寨景区有10万株野生樱花。

● 木兰文化生态旅游区

武汉港有专线车直达。发车时间15:30—17:00、7:30—10:00。也可先从武汉乘车到黄陂，再换车前往。从武汉市区到木兰车票25元/人。景区门票60元/人。游船30—50元/人。
木兰文化生态旅游区内食宿设施完善，建议在此住宿一晚。

推荐游程

二日游

D1. 东湖观光，参观省博物馆，登蛇山和黄鹤楼看江天壮景，参观辛亥革命武昌起义纪念馆，临近商圈美食休闲。

D2. 登龟山，游晴川阁和古琴台以及长江江滨公园，去汉正街游览购物、观市井风情。之后若还有时间，可去木兰天池做1—2日观光休闲。

旅游锦囊

如何在武汉玩得快活开心

① 虽然武汉城市不算小，亦有一些个性突出的景点，但笔者认为，在这里停留2—3天时间已经可以玩得相当开心了。

② 必须重点观赏游览的景点有长江大桥、黄鹤楼、东湖，其中长江大桥上和黄鹤楼之巅都是观赏武汉江天秀色和市区全景的好地方，一定要去。而东湖水面辽阔、烟波浩渺，风光十分壮丽迷人（一个城市中有这么辽阔的水面，真是武汉人民的福分），但是这个湖的湖区面积太大，时间太短不可能观其全貌，有选择性地看几个主要景点就行了——笔者建议您去听涛和磨山景区，这两个景区开发得都不错，听涛景区湖面壮阔，磨山风光精美，加之乘公交车（比如，武昌火车站始发的402路）前往磨山途中要经过东湖其他的几个湖区，见到的美景很多，收获很大，令人如意称心——切记在车上找个挨窗户的座位好好看风景。

③ 笔者郑重向您推荐位于武汉市区北缘的木兰天池景区，这里山水风光美、环境幽静、空气又清新，同武汉市内的嘈杂混乱形成鲜明对照，在此观光后住一晚感觉会很舒服。

④ 对龟山（山上的电视塔前有临江观景平台）、归元寺、古琴台、湖北省博物馆等景区可予适当关注。另外辛亥革命武昌起义纪念馆与黄鹤楼相邻，也值得一看。

⑤ 武汉的东南西北各个方向都有相距不远的美景：比如，乘客车向东走2小时可到九江（庐山），乘火车向北走2小时可到河南鸡公山，乘快巴或高铁向西走4小时可到宜昌（三峡游览），南方不远处有赤壁古战场遗址和度假胜地九宫山，游客观光时可将上述各景随意串联。

▲ 木兰天池秀色

三峡·宜昌（国家5A级旅游景区）

电话区号：0717　三峡游客中心：6910000　三峡人家景区：8850588　三峡大坝景区：6763498

长江三峡东起湖北宜昌南津关、西至重庆奉节白帝城，全长约193千米，是万里长江中上游最为雄伟壮观的峡谷。三峡沿岸无峰不雄、无滩不险、无洞不奇，其中西陵峡长76千米，宽阔浩荡；巫峡长约46千米，幽深秀丽；瞿塘峡虽长仅8千米，但山峰夹峙、挺拔险峻。长江三峡风光如画，景色壮美，它集名山大川、名胜古迹、巴楚文化、民风民俗于一身，是国内最负盛名的山水风光旅游区之一。三峡大坝截流蓄水从而形成了"高峡出平湖"的壮观场面，为古老峡区增添了全新韵味。

宜昌扼守三峡入口处，位置重要，这里不光有葛洲坝、三峡大坝、三游洞、车溪、三峡人家等新老观光景区，还是从下游逆水进入三峡的必经之地。宜昌市区每日有各类船舶载客去三峡做各种形式的开心游览。

▲ 西陵峡口风光

● 宜昌市内交通

宜昌市内交通便利，各类客车及出租车一应俱全。从长途客运站到轮船码头（九码头），坐4路车1元车费即到。九码头有客船开往长江三峡。火车站（东站）站前有多路公交车到市中心。

● 三峡游客中心

大型旅游交通中心，在宜昌市区九码头，发售各种三峡观光船票和公路客运车票，4路公交可到。

交通

游览三峡一般从湖北宜昌开始，逆水上行从宜昌市区乘船经葛洲坝、三峡大坝进入峡区后依次看西陵峡、巫峡、瞿塘峡美景，心中颇感新奇和震撼，同时这里交通方便，离三峡也极近。如从重庆乘船顺水而下也行，但离三峡较远。宜昌有空中航线、铁路和水路与外界相通。

航空

北京、深圳、广州、上海、昆明、温州、西安、桂林、张家界等数十个大中城市有班机飞往宜昌。宜昌机场距市区26千米，有专线大巴与市内对开。

铁路

北京、广州、湛江、无锡、西安、太原等城市均有直达列车到宜昌，乘坐高铁和普通列车都非常方便。

公路

宜昌地处湖北中部，公路交通便利，从武汉乘客车2小时即到宜昌，从荆州到宜昌只有1小时车程。

水路

宜昌至巫山（小三峡入口处），从前普通客轮船程8—9小时（从三峡坝上开船）。巫山至奉节普通客轮，船程3小时。奉节至宜昌普通客轮行驶约11小时可到三峡大坝太平溪码头，再换汽车1小时到宜昌市区。

可现在长江上的普通客轮完全停航了，取代它们的是许多旅行公司经营的一般游轮和豪华游轮，不同种类和级别的豪华游船多了去了，什么总统系列、世纪系列、黄金系列、长江之星系列等，设施都很好，船上享受和消费的项目也多且航次和出行时间搭配很合理，因此说游客乘坐各个档次的豪华游船游览三峡毫无问题。

☛ 只要选好游览内容和妥当的游程，乘坐豪华游轮游三峡还是很享受的

● 路途捷径

从武汉方向来宜昌可乘高铁2小时即到。

▲ 神农溪水上风光

● 推荐便宜住宿

山行酒店，在市中心，交通方便，庭院式建筑环境好，房价不贵，一般季节标间148元起，性价比高，电话：0717-6058368。

🏔 三峡主要景点

西陵峡

西起秭归县香溪口，东到宜昌南津关，全长76千米，是三峡中最长的峡谷，过去以江面宽阔、滩多水急著称（现在江面更宽但水流不急了）。西陵峡中有兵书宝剑峡、白狗峡、镇山峡、牛肝马肺峡等多段著名峡谷，两岸有许多溪、泉、石、洞，亦有屈原、王昭君、白居易、苏轼、陆游等诸多历史名人留下的历史文化遗迹。

☛ 如今从宜昌市区上船才能看到西陵峡全景。从太平溪上船只能看到部分峡区景观

🎈 发烧友特别关照

乘船游三峡的技巧和学问

首先要选个好天气，最好是雨后初晴，大晴天和雨天都不太好。笔者首次去三峡的时候恰逢雨后放晴，天空碧蓝如洗，峡区两岸的山上披着一朵朵白云，就跟美丽少女戴着白纱巾似的，真棒！但后来又有一次过三峡的时候是大晴天，太阳直射，弄得江边群山一览无余，一点都不朦胧含蓄，味道差了很多。另外要注意的是三峡大坝截流蓄水后，巫峡风光依然秀美，要重点关注，而瞿塘峡和西陵峡的风光则稍显逊色。

▲ 江上客轮

巫峡

位于重庆巫山与湖北巴东之间，全长46千米，人烟稀少、幽深秀美，过去这里的江流湍急而水面异常狭窄，现在江流不急了水面也宽了不少，八艘轮船对着开也没问题。巫峡两岸有巫山十二峰等许多绮丽山峰，它们上插云霄、下临深谷，壁立千仞、挺拔秀丽。现在由于峡区水位抬高，这些山峰的相对高度有所降低。但以神女峰为首的十二座奇峰仍然屹立在巫峡沿岸，且风姿仍然绰约动人，给前来的八方游客带来无限美感。

☛ 三峡大坝蓄水后巫峡的"味道"变了，但风光仍然秀美诱人。赞

瞿塘峡

西起奉节白帝城，东至巫山大溪镇，全长8千米。过去外界对该峡的形容描绘是两岸山峰高耸，江心水流湍急，滚滚江涛奔腾飞泻，景色颇为雄奇险峻。而现在这里的变化同西陵峡和巫峡一样也是江面变宽而水流变平缓。乘船经过时的"惊险"感觉少多了，但峡区的主要景点奉节白帝城、风箱峡、古栈道、犀牛望月等仍然秀美，极具观光价值。

▲ 幽深秀丽的小三峡

秭归

长江北岸的名城，是著名爱国诗人屈原的故里，有屈原祠、屈原纪念馆等古迹名胜。秭归是三峡大坝雄姿美景和浓郁楚文化氛围相结合的旅游新城。

☛ 屈原祠是国家5A级旅游景区

葛洲坝

系长江工程的实验坝，建在长江三峡末端的宜昌市境内，距上游的三峡水利枢纽38千米。葛洲坝竣工于1988年，坝长2606.5米，坝高53.8米，现在它与三峡大坝交映生辉，成为华夏水利工程建造史上的两颗巨星、两座丰碑。

三峡大坝（国家5A级旅游景区）

坝址在湖北宜昌三斗坪，距葛洲坝仅38千米远，兼有防洪、蓄水、航运、发电等多种功能；坝高185米、坝长2309.5米。已形成容量达393亿立方米的三峡水库，惊现了"高峡出平湖"的人间奇景。观光门票免收，景区换乘大巴35元/人。

●西陵峡

西陵峡东口距宜昌市区甚近，从宜昌乘船过葛洲坝后可到达峡口，中途体验过闸。

●巫峡

三峡之中最美丽亦是人烟最稀少、野味最足的江段，过去几乎所有与三峡有关的电影电视剧中最美妙诱人的镜头，均是在这里拍摄的。现在风光有变化，但神女峰风采仍旧动人。建议重点关注。

●瞿塘峡

风光动人但该峡太短，江轮只需半小时即可穿峡而过，这点令人不太尽兴。

船至瞿塘峡前一定要做好观光准备，不要在船舱内休息，否则一觉醒来，美景将被错过。

●秭归

屈原祠门票80元。
附近有香溪源、昭君故里等佳景。

●葛洲坝

🚌 宜昌市有3、9路车直达葛洲坝船闸。

葛洲坝前巨大的船闸会把轮船轻松提起来，送到上游的江水中去，游客待在船上可欣赏到升船的全过程，新鲜又开心。

湖北省 三峡·宜昌

三峡沿线美景

①小三峡—小小三峡（国家 5A 级旅游景区）

小三峡是长江主要支流大宁河下游段内的三段峡谷，分别称为龙门峡、巴雾峡、滴翠峡，全长 50 千米。峡中奇峰耸立，飞瀑高悬，奇石遍布；游人乘船行驶其间，不时可见群鸟翻飞、鸳鸯戏水、群猴嬉戏，颇具迷人野趣。小小三峡是大宁河小三峡的姊妹峡，位于大宁河支流马渡河上，由三撑峡、秦王峡、长滩峡三段峡谷组成，全长 20 千米。小小三峡水流平缓，清澈见底，沿岸奇峰多姿，风光旖旎。可与小三峡一起乘船游览。

②神农溪纤夫文化旅游区（国家 5A 级旅游景区）

发源于神农架南坡，长约 60 千米，在巴东附近的巫峡口汇入长江。溪上有神农峡、绵竹峡、鹦鹉峡、龙昌峡 4 段峡谷，沿岸有不少山峰、奇石、古栈道和悬棺美景，山水风光动人。游神农溪要从巴东上船，船费加门票共 180 元，游览时间 3—4 小时。

三峡大坝景区游览指导

三峡大坝景区是国家 5A 级旅游景区，景区内的观光要点有 5 处：①大坝上海拔 185 米的观景台，在此可通览坝区全貌；②从大坝向西眺望，可以畅观高峡平湖的胜景；③可以下到坝旁，观赏水库泄洪时飞流千丈的壮观场景；④到库区制高点坛子岭上观光。⑤到长江南岸的截流纪念园仰视大坝。游客可从宜昌市区东山大道 80 号的大三峡旅行社门口乘专线车去大坝。游览半天基本够用。门票免费。观光车、电瓶车及平湖游船费另收。

🗺 周边景点

三峡人家（国家 5A 级旅游景区）

在宜昌市区西北三峡大坝与葛洲坝之间的大型观光度假区，集秀丽自然风光和诸多人文佳景于一身，是览峡区美景、领略巴楚历史文化精髓的绝佳地点。

👉 三峡人家近年来人气挺旺，建议重点关注船游景区票价 258 元

九畹溪

宜昌市秭归县境内的秀美峡谷，以探险漂流和休闲漂流项目为主要游乐方式，岸上的仙女山、情侣峰、将军岩、剪刀崖等景点也身姿各异、形态优美。在当地享有相当高的知名度。

● **小三峡**

小三峡出口紧邻重庆市巫山县，巫山县旅游码头每日有多艘游船载客入峡旅游，码头上即有游船售票点，船费加门票 180 元，游览往返 4 小时左右。

● **三峡人家**

宜昌夷陵广场有公交车去三峡人家，车票 6—10 元。景区门票 150 元，渡船费 60 元。索道单程 30 元。

● **九畹溪**

先从宜昌乘客车去秭归再换车前往。漂流 120 元起价。

● **另荐名景：三游洞**

在宜昌市区西北约 12 千米处，是长江北岸西陵山北峰峭壁上的巨大山洞，因古时大诗人白居易与其弟白行简和另一诗人元稹在此一游而得名。现景区内有三游洞、至喜亭、陆游泉、印章刻石园等景点，在园内观长江江上风光效果奇佳。10 路公交车可到。景区门票 65 元，与西陵峡联票 128 元。

585

推荐游程

游客游览三峡，主要有两种途径

A. 先到宜昌，然后乘船沿江逆行，先后游览西陵峡、巫峡、瞿塘峡，之后原路返回或乘船一直到重庆或中途在巴东下船去神农架游览。宜昌客运码头每周都有数班豪华游船逆水上行开往巴东、巫山、奉节、万州或重庆，从宜昌太平溪码头至巫山（小三峡入口处）只需8—9小时，到重庆一般是三晚四天或是四晚五天。这条线路和玩法适合从华东、华南、华中、华北等地前往三峡的游客。

▲ 小三峡中的游船

B. 先到重庆，然后从重庆坐船顺江而下，途经丰都鬼城、忠县石宝寨、云阳张飞庙、奉节白帝城及瞿塘峡、巫峡、西陵峡，最后到达湖北宜昌（游览内容非常全面丰富，游程极为完整）。以上行程大约是三晚四天。重庆轮船客运公司每周有多班游轮下行（现在也有许多游人选择先从重庆坐火车或汽车到万州，再从万州上船下行，这样虽看不到丰都鬼城和忠县石宝寨，但可以节约一点游览时间）。此线路是西南、西北各省区去三峡观光的游客的上乘选择。在重庆购买船票应到朝天门码头。这里售票处有多家，网上订票当然就更方便了。

★ 观光提示 ★

笔者对长江上游岸上城市和景点的印象和观感

①丰都鬼城既展示了我国古文化的内涵，亦有人为的"装神弄鬼"的成分，笔者只作一般推荐。
②石宝寨景区在三峡库区蓄水后修了挡水平台，但景观未受大影响，建议参观游览。
③张飞庙观光价值一般，是否前去视个人兴趣而定。

力荐游览方式：乘游船去三峡观光

目前三峡上的游轮有很多种，分为各个系列，比如，总统系列、黄金系列、华夏系列、长江之星系列等，行程和观光内容大同小异，游览效果各有千秋。

以从宜昌出发为例，标准的行程是三晚四天和四晚五天，除了峡中观光处，还赠送几个陆上游览的景点，比如，三峡人家、三峡大坝、神农溪、神女溪、小三峡、白帝城、石宝寨、丰都鬼城等。价格以每人2300—4500元不等（与观光季节有很大关系）游人可根据自身喜好从容选择。

笔者认为，一个游船的游程是好是坏，取决于它在什么时候通过巫峡，巫峡的风光最美最适宜观拍，因此一定要选在白天通过巫峡的船，最好是上午，这时拍神女峰是顺光，凌晨和半夜过巫峡的船一定不要坐。

另外三峡的3条支流小三峡、神女溪、神农溪中以小三峡最美，所以哪条游船赠送小三峡游览，哪艘船就是好船，就是游览效果最佳的船。

综上所述，我认为黄金系列游船最好，它符合上述两个条件（各位可以查询一下相关信息）。因此力荐黄金系列，各位听我的，没错。

▲ 巫山神农峰奇异山姿

周边景点

赤壁古战场

赤壁古战场位于湖北赤壁市境内的长江南岸,是中国古代"以少胜多,以弱胜强"的七大战役中唯一沿存原貌的古战场遗址。遥想当年,这里发生了波澜壮阔、气吞山河的庞大战争,也造就了诸葛亮、周瑜、曹操、庞统、黄盖等历史人物,孕育出动人的历史传奇故事引得后人千古传诵。到赤壁古战场凭吊古迹,会产生诸多新奇感受和丰富联想。

如今赤壁古战场景区主要由赤壁山、南屏山、金鸾山三部分组成,观光者可以在山边俯瞰长江江流,追忆体味古人的英雄本色和豪迈情怀。

游人可以先乘火车到赤壁站或赤壁北站,然后转车直达赤壁古战场。门票135元。

九宫山

既有江南山峰之秀、又具塞北岭岳之雄,被誉为"九天仙山"的九宫山位于湖北通山县境内。主峰海拔1656米,是国家级重点风景名胜区。山中巨瀑大崖头瀑布落差达420米,而海拔1230米的云中湖则是风光秀丽的高山湖泊。山间气候凉爽、空气清新,是湖北省内著名的避暑胜境,但冬季的高山滑雪项目也可吸引不少游人。

九宫山间也有不少人文佳景,自古以来这里就是著名道教圣地。1645年农民起义领袖李自成殉难于此,更使九宫山声名远扬。1979年建于山间的闯王陵已是全国重点文物保护单位。

游人可从武昌宏基客运站乘客车先到通山,再从通山乘专线车直达九宫山。景区门票旺季60元,淡季45元。可能会有部分时段推出免门票活动,如2024年7月16日—9月15日的九宫"避暑季",票价情况以您具体去的时间段为准。

清江山水画廊

在湖北省长阳土家族自治县境内,是河岩水库筑坝形成的大型人工湖山水景区。清江发源于湖北省恩施州利川市之齐岳山,在宜都陆城汇入长江,总长约423千米。其中流经长阳的148千米江段本来风光就很美,又因水库的兴建而抬高了水位,使得江面更宽阔、水流更平静,形成了狭长而秀丽的百里山水画廊观光区。清江江面波平如镜,又有百舸争流,柔美和生动奇妙结合的山光水色吸引了来自海内外的八方游客。如今清江游览的标准模式是先乘船游江,经过倒影峡、仙人寨,上岸后登武落钟离山的山顶观光,再乘船返回,整个游程长5小时左右。

游人可从宜昌客运总站或东站乘客车直达长阳,车票30~40元。长阳县城内有8路公交车去水库大坝旁的游客中心,车费3元。石龙峡景点加索道往返票价共175元。景区咨询电话:0715-2065555。

▲清江秀色

神农架

电话区号：0719　景区热线：372136

神农架位于湖北省西部，东接荆襄，西临巴渝，北望武当，南依三峡，景区方圆达数百平方千米。这里群山巍峨——海拔3106.2米的华中第一高峰神农顶即位于景区中心；森林稠密——林木覆盖率达70%，各种珍禽异兽频繁出没，神秘莫测，充满诱人的魅力。

神农架景区内有神农顶（风景垭、瞭望塔、大九湖）、红坪画廊、天燕（燕子垭、燕子洞、天门垭）、神农祭坛、官门山、天生桥等多处景点，风光原始古朴而又雄伟壮丽。把长江大小三峡或道教名山武当山同神农架一起游览更会让游客感到更加开心。

👉 笔者认为神农顶、大九湖、神农坛、官门山、天生桥、天燕6大景区较为精彩

▲ 神农架神农祭园

● 补充提示

神农架天气较冷，盛夏时节前去亦应携长袖衣裤，春秋两季应带毛衣或薄羽绒服，否则早晚气温低难以承受。

● 笔者关照

神农架的山势雄伟（多为海拔两三千米的崇山峻岭）而溪泉汹涌，水光山色比一般人想象的要强许多；但是野人之谜至今悬而未决，一般游客去那里观光，根本不可能见到野人，所以各位游友对此不必有任何幻想。

🌡 气候与游季

神农架山高林密，气温较低，每年4月中旬至10月中旬为旅游黄金季节，盛夏时节游览最佳（林区早晚气温较低，即使是夏季前去亦应带长袖衣裤），10月底至次年3月气候较冷，冬季有时还会大雪封山，游览小有不便。

👉 过去去神农架是探险，如今去那里是观光享受，公路路况好极了

🚌 交通

神农架的红坪机场，有航班同国内武汉、上海、广州三个城市对飞。机场大巴可把游客送到景区中心的木鱼镇，车费50元/人。从公路去神农架可以从南、北两个方向乘车前往。

北线：十堰市—房县—神农架旅游中心木鱼镇。十堰市长客南站每日有数班客车开往木鱼镇，车程约4小时（途经房县），亦可从十堰先乘到房县的车（车很多），抵达后换车去木鱼镇。

南线： 可从武汉、宜昌、兴山、巴东、香溪、奉节等多地乘车去神农架。或乘高铁，从重庆或武汉到神农架2小时即到。每天至少还有1班直达高铁列车与北京对开，交通十分便利。此外巴东每日有数班客车开往木鱼镇，车费55元左右。从周边的老河口、秭归、当阳、保康乘客车去神农架亦方便。

☞ 从神农架返回时应提前购票，旺季时木鱼客运站车票有些紧张

景区内交通

神农架主要分为松柏镇和木鱼镇两大部分，其中松柏镇是林区行政中心，而木鱼镇由于距各主要景区近，所以是公认的旅游中心，镇上遍布宾馆酒店。附近的酒壶坪游客中心有专线车载客去神农顶景区参观。此外，木鱼镇还有客车可到红坪和天燕景区道口，包租当地的各类微型车去红坪和天燕观光，也是一个不错的选择。

☞ 神农架游客中心在木鱼镇北面山上，可提供售票、观光车和导游服务

住宿

木鱼镇上有泊隐逸墅民宿、花筑·山语民宿、悠然时光精品客栈等近百家酒店，房价一般季节120—450元。另外木鱼镇还有一些条件尚可的中小宾馆，双人标间一般季节房价80—130元，而淡季只需70—80元。应该提示的是黄金周期间当地游人激增、房价暴涨，游客应慎去。

☞ 住宿参考：神农山庄，在木鱼镇，电话：0719-34525550

餐饮

当地有各类野味、山珍，均为天然食品。风味菜肴有香菇炖土鸡、岩耳炖土鸡、腊肉、懒豆腐、野香菇、苞谷酒、各类泡菜酸菜等。游客可以自己的喜好，任意品尝上述美味佳肴。

▲ 神农架山溪

● **神农架主峰大神农架**

景区提供的专线车可载客游览，发车点在木鱼以北的游客中心。

¥ 门票联票299元，包括神农顶、大九湖、官门山、神农坛、天生桥和天燕六大景区。环保观光旅游车费70元。大九湖门票包含在内，车费70元。

● **建议自驾或包车游览**

神农架地域辽阔，景区之间相距挺远，若想1—2天内游遍当地各主要景区，自驾和包车游览最为方便快捷。尤其是去神农顶和天燕景区。

发烧友特别关照

①风景垭的景色特棒，这是一处让人观后能大声喊"哇"的地方，站在垭口好好观景拍照吧！
②天燕景区的风光也很美，登能能见到不少秀丽山景。
③燕子洞外洞的洞厅很大，有许多燕子倒挂在洞顶休息，内洞漆黑幽深，据传洞内有巨蟒栖息，游人不可贸然进入。
④大神农架山高可以俯瞰四周，但山顶有茂密箭竹林，游人登攀时非常艰辛不易（难以穿过密林），上山者要三思而行。

自助游中国 ▶ 华中地区

●购物

当地特产有香菇、蜂蜜、神农茶叶、板栗、根雕、水晶石等，此外带有蝴蝶标本的书签很美观精致，可做赠友之佳品。

●天燕风景区

从木鱼镇行车一个半小时可到，不算太偏僻幽静，但前些年却发现了野人行踪，引起广泛关注。

●红坪画廊

风光就在公路两侧，不必非要下车观景，在车上听导游或司机简介也行。

●神农祭坛

地处神农架景区的南大门，位置重要，环境优美。
从木鱼到兴山的客车路过此地，也可包车或驾车前往。
▣ 门票含在269元联票内。

●还有更好的玩法

神农架位于鄂西北的深山腹地，去那里游览要稍稍花一点时间和力气，去一趟单看林区风光稍显单调，最好能把神农架和南边长江三峡或北边武当山合起来玩，这样游历会更加丰富开心。本书前后分别有长江三峡和武当山两地的风光介绍，敬请关注（游览上述三地需要5—6天时间）。

🚩 主要景点

神农架主峰大神农架（神农顶）

海拔3106.2米，为华中第一高峰，挺拔巍峨，山上长满冷杉、高山杜鹃和箭竹林，游人登顶后可居高俯瞰景区全貌。当地诗人有云："苦竹成林杉蔽空，龙盘虎踞势豪雄，登临方知群山小，此是华中第一峰。"足见该山是多么险峻绮丽。附近的其他代表性景点有小龙潭、金猴岭、太子垭、神农谷、神农营、板壁岩、瞭望塔、大九湖等。

☞ 风景垭也在神农顶景区内，景区专线车可到

风景垭

也在神农顶景区内，号称"神农第一景"。海拔2300米，这里谷深壁陡，冷杉箭竹成林，琅玡群峰高低参差，石林丛生被似笋，风光壮丽迷人。

☞ 风景垭风光可以和黄山、张家界媲美。门票含在神农顶景区内

瞭望塔

位于大神农架北坡2900米处，塔高40米，原为自然保护区护林防火和防森林病虫害观测的专用设施，现也为游客提供观景服务，登上塔顶可将神农群峰、千里林海尽收眼底。

☞ 瞭望塔在主峰景区内，可一并观览，不单收门票

天燕风景区

由南北相望的燕子垭、天门垭组成，海拔2328米，209国道从景区中心穿过（是湖北省国道公路的最高点），游览极为方便。景区内分为会仙桥、燕舞亭、吊桥、高山草坪、燕子洞等多处小景点，在这里游客可以看到高山杜鹃、金燕戏洞和云海佛光等山间奇观。其中以钻燕子洞看成千上万只金丝燕和登高观赏雨后佛光最令人快活开心。

☞ 有跨越公路的钢质彩虹桥连接整个景区   ▣ 天燕景区门票45元

红坪画廊

位于松柏镇西南约40千米处，是介于崇山峻岭间的一小块峡谷盆地，谷宽不足百米，长约15千米，有纸厂河清流贯穿其中，将三瀑、四桥、五潭、六洞、七塔、八寨及36座山峰融为一体，是全景中最传统的景点，游客可以乘车观览也可下车观光（有个神农天梯景区）。

▣ 画廊谷门票35元。红坪道路两边有不少旅店，可住宿

神农祭坛

位于红花乡小当阳村，距木鱼镇7千米。园内分为主体祭祀区、古老植物园、千

年古杉、蝴蝶标本馆、编钟演奏厅五大部分。主体建筑为21米高的巨型神农牛首人身雕像。晚间园内有精彩的篝火烧烤晚会和活泼欢快的民族歌舞表演。

☛ 神农祭坛白天、晚间皆宜游览

天生桥

距神农坛景区约4千米处，黄岩河上有巨石飞峙，如天桥飞架山崖之间，桥下有急流飞泻，水雾弥漫，场面惊险壮观。

小龙潭

距神农架保护区大门约6千米处，是"神农架野人考察工作站"所在地和生态旅游及科普教育研究基地，有"野人"谜园、野生动物保护中心等。这里的"野人馆"如实地反映了国家组织的两次神农架野人考察的主要成果，陈列有许多野人毛发、脚印、图片，非常耐人寻味。

香溪源

北距木鱼镇约5千米，即香溪河的发源地，也是王昭君故里。香溪水质清澈，两岸花竹掩映，水中鱼游潜底，颇具诗情画意。周边还有降龙瀑、天生桥、老君山原始森林等景区可供游览。

此外，神农架景区还有老君山、杉树坪原始森林、宋洛乡、冰洞山等多处景点，游人可一一细玩。大九湖景区虽然路途遥远但风光柔美，笔者力荐。

● 具体游程安排

一日游：
从木鱼镇出发，乘客车或包车沿途观红坪画廊、天燕景区，午后回来看神农顶景区（瞭望塔、风景垭、大神农架），晚上到木鱼镇去神农祭坛参观并参加篝火晚会。

二日游：
D1. 可先参观神农顶，观瞭望塔、风景垭及大神农架，黄昏时到大九湖观光住宿。
D2. 先看大九湖晨光。然后返回游香溪源、红坪、天燕景区和天生桥，晚上去神农祭坛参加篝火晚会，次日返程。

神农架总体印象

①山景好，尽是海拔3000米左右的崇山峻岭，且层岩叠嶂达一二十层之多，特别辽阔壮美。

②溪流瀑布多，神农架的山峰上大多数都悬挂着瀑布，且几乎每条山谷里都有溪水，水色清澈碧绿，特别秀美迷人。

③"野人之谜"扑朔迷离——这些年来，有许多人来神农架探寻野人奥秘，亦发现了许多诸如毛发、脚印之类的东西，但真正的野人至今"活不见人、死不见尸"。到底神农架有没有"野人"，您还是亲自去了之后根据那里的自然环境好好分析吧！

游览总体指导

到神农架主要是看山看水看树，一般去过神农顶（风景垭、瞭望塔、板壁岩、金猴岭）、大九湖、天燕景区、红坪画廊、天生桥、官门山及神农祭坛和香溪源就完全可以了。时间、经费充足，体力充沛而又好奇心强的游客可以住下来，多游一些人迹罕至的景区。至于去密林中探寻野人踪迹，需有专业设备和向导并经过有关部门协调批准。神农架山深林密，毒蛇毒虫及各类野兽频繁出没，游人不要进大山深处。

自助游中国 ▶ 华中地区

武当山（国家 5A 级旅游景区）

电话区号：0719　武当山景区热线：5665396

武当山位于湖北省西北的十堰市境内，前临烟波浩渺的丹江口水库，背依苍茫辽阔的神农架林区，景区面积达 300 余平方千米，内有"七十二峰、三十六岩、二十四涧、十一洞、三潭、九泉、十池、九井、十石"，景点密集，山光绮丽；武当山还是国内四大道教名山之一，也是著名的武当拳发源地。

▲ 武当山石刻

气候与游季

武当山属典型的山岳垂直性气候，海拔越高则气温越低，750米以下高度地方的年平均气温在16℃，750—1200米高度地方的年平均气温在12℃，1200—1600米（顶峰）之间地方的年平均气温在9℃，这里每年3—11月为最佳旅游时节，但冬季登高观赏雪景风光亦很壮美。

交通

航空

十堰武当山机场有班机直飞北京、上海等各大城市，其中北京飞武当山2小时即到。

　十堰武当山机场客服电话：0719-8876888

铁路

武当山山前有武渝铁路通过，山前的武当山站和不远处的十堰站都是当地大站，高铁站是武当山西站，有北京、郑州、武汉、重庆、西安各大城市开来的列车在此停靠，交通尚属便利。

　武当山火车站服务电话：0719-12306

公路

从十堰市乘汽车到武当山只需1小时出头（走高速只需30分钟）。十堰火车站前有公交车经过武当山火车站、武当山镇到达景区山门，如202路公交车。另外十堰市内每天都有多班武当山一日游班车发出（和北京的长城和十三陵一日游差不多）。从武当山火车站乘公交车到山门只需50分钟左右。汉十高速公路贯穿武当山麓，游客从

● 武当山一日游

十堰市各大旅行社均有此业务（适合时间仓促而又想玩得紧凑舒服的游客），具体价格以各旅行社报价为准。

● 景点门票

武当山景区门票有多种类型，含金顶和紫霄宫的门票价格为 164 元，车票 90 元。都不含的门票价格为 126 元，车票同价。

湖北省

山门入口处购票后乘环保专线观光车可以一直开至山上的中转地太子坡和半山腰处的南岩及琼台风景区，景区外的客车和出租车是不允许进入山门并开到山上各景点的。

住宿

十堰市和武当山下的武当山镇均有各种档位的宾馆，住宿十分便利。山腰的南岩景区和山顶的金殿景区亦有不少宾馆、饭店。欲住山上的旅馆，还是选择南岩景区最为便宜，如一般季节南岩宾馆的标间收费100—140元。

☞ 南岩景区个体旅店不少，房价不贵，店内大多有餐厅，但饭菜不便宜

主要景点

紫霄宫

始建于北宋宣和三年（1121年），元明清三代均对其进行了扩建、重修。紫霄宫现存建筑182间，建筑面积8553平方米，是武当山上保存完整、规模较大的宫殿之一，殿区内有龙虎殿、十方堂、紫霄殿、太子岩等多处名殿美景，殿中供奉的真武神老年、中年、青年塑像是明代艺术珍品，且该殿位于山门入口不远处，是游客乘车进山后先见到的大型庙宇。

☞ 紫霄宫是山间重要景观，应在上山途中观览，观光时间1小时左右

南岩风景区

武当山上最美的景区之一，位于武当山半山腰，峭岩凌空，峡谷幽深，崖壁上建有元君殿、龙虎殿等著名寺庙，周围还有滴水岩、仙侣岩、黑虎岩等佳景，全都是上接碧霄、下临绝涧，真可谓"无限风光在险峰"。山间平地上有许多大型宾馆饭店，这里是从前山攀登主峰的必经之地，来往游客均在这里下车步行向金顶进发。

☞ 南岩风光有特色，要重点关注

金顶·金殿

金殿建在海拔1612米的武当山主

● 主要宾馆

①武当山宾馆，在武当山镇，电话：0719-5665548。
②紫云阁酒店，在紫霄宫附近，级别高，条件好，可适度关注。电话：0719-5689339。

● 餐饮

景区内外的餐馆以川味为主，另外值得一尝的当地风味有黄陂三合、广水滑肉、沔阳三蒸等。在紫霄宫中有素斋供应，中餐散客15元/人。

● 还有更好的玩法

武当山距神农架自然保护区甚近，从山脚下的十堰市乘客车，短短5小时即到神农架的行政中心松柏镇，也可不经松柏镇直接去当地的旅游中心木鱼镇。神农架有无数崇山峻岭和溪泉飞瀑，野人出没的传闻和踪迹更是神秘撩人，建议您游毕武当山再去神农架，这样游览会更加新奇开心。

武当山游览示意图

峰天柱峰山巅金顶上，系铜铸镏金建筑，由20吨精铜和300公斤黄金铸成，金碧辉煌且造型精美，在阳光的照射下熠熠生辉，数十里以外仍清晰可见。

● 金顶风光壮美

天气晴朗时在金顶南边可看到神农架群峰，北可览丹江口水库秀色，气派极了。

此外武当山还有玉虚宫、遇真宫、玉虚岩、琼台三观、太子坡、逍遥谷等多处景点，游客可视情况游览。

☛ 别看上山途中某些地段风光平淡，但山巅金顶一带却是景色精彩绝伦，好好观赏拍照吧

游览指导

① 游览武当山前山有一天工夫就可以了，乘客车或租车可以一直开到山门入口处，购买门票后坐景区观光车上山，在太子坡下车后可以换乘另外的观光车到琼台或南岩景区（有时有直达南岩和琼台的车）。如在南岩下车后，可观赏南岩宫、仙侣岩、雷神洞等名景，然后步行2小时即可到达主峰天柱峰之巅的金殿景区，在金顶山巅游览观景有1.5小时足够，之后即可下山返回。

② 另外如在琼台景区下车则有索道直达金顶，全长1500米，运行25分钟即可，往返150元，淡季有优惠。不愿花费更多体力而又欲登顶的游客可考虑乘索道上下。

③ 从南岩步行上山，顶峰观光后乘缆车从琼台下山是较好方法，看到的景点多、不仅观览了武当山的总体风貌而又不算太费劲。反向游览也可以更轻松省力。

④ 如果是下午到达武当山，建议住山上南岩或琼台景区，次日观光方便。

⑤ 如果登山时恰逢阴雨天气，笔者认为游客应该坚定地登上顶峰，因为阴雨过后（或下雨间隙），在顶峰上可能会见到脚下绚丽无比的云海奇观。

⑥ 在山上购物要谨慎。另外景区内的工商、物价及综合执法部门的工作尽心尽力，游客如果在消费时"挨宰"应该敢于投诉维权。

旅游指导·另荐佳景

另荐景点之一：襄阳古隆中景区

是一个以诸葛亮故居为主的文物风景区，相传三国故事中"刘备三顾茅庐"的故事就发生在这里。隆中已有约1800年的历史，明代这里已经形成了"隆中十景"，中华人民共和国成立后又修建了隆中书院、诸葛草庐、琴台、铜鼓台等多处景点。现在古隆中景区总面积达到了22.05平方千米——群山环抱、松柏参天，山顶有标志性景点腾龙阁，山下的武侯祠、抱膝亭、躬耕田、观星台诸景亦让游客充分领悟了古代杰出人士"淡泊明志、宁静致远"的思想境界。作为襄阳市最著名的景区，古隆中人气很旺，每天游客如潮。

从襄阳市内乘512、6路公交车可到。门票67元/人，观光车20元/人。

另荐景点之二：襄阳城

古襄阳城在襄阳市中心，居山临水。城墙墙体高近约8.5米，周长约7.4千米，共有6座城门，非常凝重气派。古时这里曾有"华夏第一城池"之称，现在是襄阳城内的特大观光亮点。

襄阳市内有多路公交车抵达，步行前去也可。门票免收。

▲ 古隆中景区山景

周边景点

恩施大峡谷

在湖北省的西南部,有一条江流在武陵山、巴山、巫山这些崇山峻岭中千回百转、奔腾向前。它始发于利川齐岳山,蜿蜒东行,而后潜行进腾龙洞,伏流三十余里,再咆哮而出,进入沐抚巨擘;再辗转恩施、宣恩、建始、巴东、长阳,最后在宜都注入长江。这条江流古称夷水,孕育了灿烂的文化,泛漾着淳厚的民风、古朴的民俗,它是土家人的母亲河,现称八百里清江。

"八百里清江,每一处都是风景",在清江江段中,有一处被专家誉为"中国的科罗拉多"的名景,它就是湖北恩施大峡谷。它位于湖北省恩施土家族苗族自治州恩施市屯堡乡,峡谷全长108千米,总面积300多平方千米。

恩施大峡谷的地理构造非常复杂,这里河谷多深峡,地缝多暗河,山体多天坑,山泉多瀑布;喀斯特和丹霞地貌发育异常完整奇异。

恩施大峡谷有五大奇观:

一是清江升白云,二是绝壁环峰丛,三是天桥连洞群,四是暗沟接飞瀑,五是天坑配地缝。众多奇观异景集于一身,造就了中原大地上不可多得的山峡名胜。

观光指导:

恩施市内有数路专线车可达,车票25元。车程约1.5小时。

无论您从哪里来大峡谷都要先到位于恩施市屯堡乡营上村的马鞍龙旅游服务中心,再从这里乘坐景区车去沐抚的大峡谷。第一站是云龙地缝景区,第二站是七星寨景区。游完两个景区后可坐观光车到中转中心,从那里再坐景区车返回到游客中心。这两个景区进去以后都需要爬上爬下,所以没有体力和时间真不行。

景区套票370元/人,包含地面缆车、云龙地缝、七星寨、景区车票、索道上行票、垂梯和扶梯票。大峡谷旅游咨询热线电话:0718-8542333。

腾龙洞

腾龙洞位于利川市城郊6千米处,西南起于腾龙洞洞口,与明岩峡峡谷景区相连;西北抵于黑洞洞口,与雪照河峡谷景区相通,是沿清江河谷延伸的狭长景区。

腾龙洞主要景区有两个:一为腾龙洞旱洞景区,全长59.8千米,洞口宽74米,高64米,为亚洲第一大旱洞;二为落水洞水洞景区,水洞吸入了清江水,形成了23米高的瀑布,清江水至此变成长16.8千米的地下暗流。神奇的是,水旱两洞仅一壁之隔,有着完全不同的奇特地质构造。腾龙洞集山、水、洞、林、石、峡多景于一身,融雄、险、奇、幽、秀各式特色为一体,声誉远扬,中外闻名。腾龙洞是中国目前已探明的最大溶洞之一,也是世界特级洞穴之一。

观光指导:

(1)从恩施市坐车到利川腾龙洞景区车程1小时。大巴车费50元/人。

(2)利川站到腾龙洞叫出租车最方便,价格约25元,车程15分钟左右。

(3)利川市火车站有专门的腾龙洞旅游接送车辆,出站即可乘坐。车费5元。

景区门票150元。

▲ 鄂西奇异山峰

河南省
HENANSHENG

黄金旅游线路

① 郑州—少林寺—洛阳
② 郑州—开封
③ 郑州—信阳（鸡公山）
④ 郑州—焦作（云台山）

河南亦称"中原"和"中州"，古时曾经是中国历代王朝的政治、经济、文化中心，素来享有"中国历史文化的缩影"之美誉。省内的洛阳、开封、安阳是国内三大古都，而郑州、南阳、商丘、浚县也是国家级历史文化城。灿烂的华夏文明在河南大地上留下了独一无二的深厚历史文化风韵，而浩荡黄河、巍巍嵩山更为中原疆土增彩添辉，同样令人心仪神往的是鸡公山的葱茏、秀丽，石人山的挺拔奇崛和洛阳牡丹花海的娇艳华美。行走游乐在中原，领中华文明史之悠久、辉煌，观自然山水风光之神奇、美丽，游人可以得到诸多享受和回味。

① 省会郑州不光是政治、经济、交通、文化中心，亦有突出景点，其中黄河游览区（市郊邙山）就非常值得一去。

② 少林寺的威名早已传扬海内外，那里又开放了三皇寨和嵩山主峰等新景区，为古刹观光平添诸多新意。

③ 开封的清明上河园和其他景区亦具独特魅力，去河南不能不游开封。

④ 洛阳龙门石窟的地势和风水在全国三大石窟中最佳，市区周边的关林和白马寺在当地亦很有名气，全市可做二日游览，当然别忘了品尝闻名遐迩的洛阳水席。

⑤ 鸡公山屹立在信阳城南38千米处，名声虽没有庐山、黄山显赫，但风光非常美、气候非常凉爽，夏秋时节前去令人无比舒适惬意。

⑥ 焦作虽不比其他市区名气大，但游后您可能会大吃一惊。哇！原来太行山也有这么漂亮的山水风光！

⑦ 省内还有石人山、白云山、龙潭大峡谷、栾川老君山、平顶山尧山—中原大佛景区、伏牛山、老爷岭、古城安阳和郭亮村等景区，游人可视情游览。

▶ 落差达314米的焦作云台山大瀑布

郑州

电话区号：0371　郑州黄河文化公园风景名胜区：68222228

郑州位于黄河以南25千米处，是河南省乃至中原地区的政治、经济、文化中心。京广、陇海铁路在此交会，亦使郑州成为中国铁路交通的重要枢纽之一。郑州是一个历史悠久的城市，市区及周边有诸多在中国文化史、艺术史、工农业发展史上占有重要地位的古代遗址，而以黄河邙山游览区及嵩山、少林寺为代表的自然景观和人文景观亦在国内占有重要地位。

▲ 开阔壮美的邙山黄河游览区

气候与游季

郑州属大陆性季风气候，年平均气温14.3℃，四季分明，7月份最热、1月份最冷，降水主要集中在夏季。春秋两季气温适中，为游览佳季。

☛ 东有开封、西有洛阳，三地一起游览会感物有所值

交通

航空

郑州机场位于新郑市（惯称新郑机场），距郑州市区30千米，与北京、重庆、福州、广州、等各大城市对飞。从机场到郑州东高铁站可乘2线大巴，行车1小时可到。

■ 机场服务电话：96666

铁路

郑州地处京广与陇海两线的交会处，是全国重要的交通枢纽之一，每天都有东来西往的100多对列车均在此停靠，从郑州上车可以直达全国各地（有高铁2小时即到

● 高铁

主要开停站为郑州东站。至西安只需2小时。

● 推荐住宿

①大同宾馆，交通方便，设施完善，服务到位，平日标间200元左右，电话：352-5868002。

②索逸酒店火车站店，平日标间120元起，电话：0371-55085577。

●出租车

轿车10元/3千米，12千米内2元/千米，超过12千米，3元/千米。

●特色餐馆

①萧记烩面馆，专营正宗的河南烩面，兼营其他风味菜肴。黄河路店，电话：0371-68969888。

②黄河人家，主营各类农家菜及黄河鲤鱼，品种多菜价不贵。

③阿五黄河大鲤鱼。主营豫菜和实惠家常菜。人均消费117元。

●主要商业街

有二七路、二七广场、人民路、大康路、解放路、德化路等。

●郑州黄河文化公园

从市内乘游16路车可直达。该车始发于火车站北港湾。

💰 门票48元。

景区索道50元/人。

主要星级宾馆

郑州建国饭店	0371-65792028
郑州希尔顿酒店	0371-89960888
郑州君澜大酒店	0371-61639999
郑州索菲特国际饭店	0371-65950088
河南黄河迎宾馆	0371-66778888

西安）。郑州火车站是全国最繁忙的火车站之一，而郑州东站是高铁站。

☎ 火车站电话：0371-12306

公路

郑州有多家公路客运站，有各类客车开往邯郸、石家庄、保定、阜阳、阜南、淮南、合肥、宿州、上海、温州、常州、苏州、北京等各省各大中城市。其中客运总站在火车站对面，去嵩山少林寺就在这乘车。去开封则在南站上车。

☎ 汽车客运中心站电话：0371-58505111

🏨 住 宿

郑州有数百家高、中档宾馆，还有大量的普通酒店和民宿，同其他省会城市相比，房价稍显便宜。背包旅客可选择条件尚可且房价较低的普通宾馆，如羚锐大厦酒店（人民医院附近，电话：0371-56821001，标间房价百元出头）。

👉 郑州火车站对面有不少便宜宾馆，可以找到100元左右的标间

🍽 餐 饮

郑州餐饮的品种以豫菜为主，风味菜肴有桶子鸡、鲤鱼焙面、套四宝、坊肉焖饼等，更具特色的饭食是河南烩面。河南烩面在郑州大街上的每家餐馆中基本能吃到，但以合记烩面、萧记烩面、杨记拉面馆等最具盛名。

👉 建议在邙山游过黄河后，在景区内品尝农家菜，很开心

🎡 主要景点

郑州黄河文化公园

在郑州城北20千米处，南有苍翠邙山、北有浩荡黄河，山水相映、风光壮美。游客在此可以登山眺望黄河壮景，乘高速气垫船到河心兜风，河边山下的游乐场地上还有诸多娱乐项目供游客参与。

👉 邙山是必观景点应重点关注。当地主要土特产品有唐三彩工艺品、澄泥砚、桐木漆器、玉雕、贡米、蛋黄饼、龙须糕、百子寿桃等

河南博物院

河南博物院收藏着成千上万件中原地区出土的历史文物，颇具观赏价值。院内还经常举办玉器、明清工艺品等各种专项展览，每天定时举行的古乐表演也挺值得看。

🚌 乘 G900、G83、S160 路车可到。　🎫 门票需从小程序提前预约

大河村遗迹

位于郑州城北12千米处，面积约30万平方米，曾发掘出包含仰韶文化、龙山文化、商代文化三个不同历史时期的大量墓葬和房屋遗址，对考古科研有重要意义。

🚌 从市区乘 G185、G131 路车可到大河村遗迹。　🎫 门票免收

花园口

地处郑州以北约17千米处，以黄河河上风光、漫长黄河堤坝和雄伟黄河大桥为观光亮点，亦有1938年黄河决口标志和决口界碑等景观，是见证历史和眺望黄河风光的好地方。

🚌 乘 G9 路车可到花园口。　🎫 门票免收

● 推荐观光购物佳境
二七广场

市区最繁华的中心广场，广场中心耸立的二七纪念塔共有14层。这里是观光拍摄纪念照的绝佳地点。有 G9、G60、B12 等多路公交车可到。

▲ 乘气垫船游览黄河

推荐游程

二日游

D1. 郑州方特欢乐世界或郑州海洋馆、黄河大观、黄河文化公园。晚上二七广场休闲购物。

D2. 河南博物院、商城遗址（或花园口观光）。

三日游

D1.—D2. 同二日游。

D3. 从郑州去登封，览嵩山雄姿看著名寺庙，领中国武功之神威（从郑州长途汽车中心或郑州客运南站乘车1.5小时即到登封）。

发烧友特别关照

黄河文化公园景区背依青山，面临黄河，风光很壮阔（在火车上就能看到，在铁路西侧的黄河南岸，景区内的炎、黄二帝像很壮观），游览项目也很多，在景区的餐厅内还能品尝农家菜的美味，所以来郑州的人很少有不去这里的。此外，景区旅游管理有序，观光效果很好，建议各地来客把这当作来郑州后的观光首选。

少林寺（国家 5A 级旅游景区）

电话区号：0371　景区：62745000　嵩山景区服务热线：62830518

"日出嵩山坳，晨钟惊飞鸟，林间小溪水潺潺，坡上青青草。"自从电影《少林寺》问世以来，《牧羊曲》的美妙歌声和影片中精彩有趣的故事情节牵动了多少观众的心，那么您想不想到少林寺去观赏那蜚声中外的神奇庙宇、领略中华武术的赫赫神威呢？同样精彩的观光内容是登嵩山主峰，在上边可以饱览中原大地壮景。

▲ 少林寺山门

● 景区门票

¥ 门票 80 元
含少林寺、武术表演、塔林、达摩洞、二祖庵、三皇寨，当天有效。

交通

A. 从郑州市客运中心站乘直达少林寺的客车票价30元左右，也可乘到登封市的车（票价25—27元，90分钟可到），抵登封后有客车前往少林寺很方便。

B. 从洛阳长客站乘去登封和许昌的客车，90分钟即到少林寺道口，车费26—54元，下车后即可购票进入景区。

C. 从京广线上的许昌市和枝柳线上的汝州市乘车，都可在2小时之内到达少林寺。

☞ 从郑州或洛阳去少林寺别坐黑车，时间没保证

游览安排和内容

游览少林寺主要有以下事情可做：

A. 观赏寺庙本身。少林寺有千佛殿、藏经阁、大雄宝殿、天王殿等多座庙宇，殿宇森然，香火旺盛。寺庙中展示的佛教文化亦很耐人寻味。

B. 观赏寺庙以西的塔林。这里有数百座形态各异但全都精美玲珑的石塔（系历代高僧长眠之地），是中国最大的古塔群。

C. 通过少林寺与塔林之间路边的高倍望远镜眺望山景，可以看到北侧山峰上的名景达摩洞。

D. 乘塔林东南面的嵩杨索道登高至钵盂峰，俯瞰少林寺全貌，附近的三皇寨和二祖庵及忘我峰都有一些峥嵘秀丽的山景，很值得观赏。

E. 观看少林武术表演，景区内专门的武术表演场每天上、下午和晚上都有威武雄壮的武术表演，会把中华神功的无穷魅力，淋漓尽致地展示给八方游客。

河南省

笔者提示

①完成以上游程只需半天至一天时间（如果不游三皇寨的话半天就够了，如去三皇寨就要用一整天且至少应乘半程缆车，否则时间紧迫），愿意逗留者可住宿在景区外或不远处的登封市内（少林寺与登封间只有25分钟车程），当天下午或次日再游嵩山其他景点。

②欲图惊险刺激，去攀登嵩山主峰可先乘2路公交到嵩阳书院，这里有登山路可全程步行，单程登上顶峰峻极峰约需4.5小时。走一个嵩阳书院、老母洞、逍遥亭、峻极宫、三皇口、卢崖瀑布、中岳庙的环线（此外，笔者推荐另一个很时尚的徒步游线路，从嵩山主峰南坡西侧上，东边下，沿途美景无数）要7小时左右。

🚶 周边景区

中岳庙

是河南规模最大的古代建筑群，位于嵩山太室山东南麓，是古时祭祀太室山神的场地，有中华门、天中阁、崇圣门、峻极坊、中岳大殿等宏伟建筑，颇具壮观气派之风姿神韵。

🚌 从登封市乘2路公交车可到中岳庙。🎫 门票30元

嵩阳书院

位于嵩山南麓，在登封市区以北约3千米处。始建于484年，与湖南的岳麓书院和江西庐山的白鹿洞书院齐名。院中环境幽雅，有巨型古柏和精美刻字石碑，是嵩山古迹名胜中的精品。书院还是游人登攀嵩山主峰的绝好起点，登顶后风光壮观迷人。

🚌 从登封市乘2路公交车可到嵩阳书院。🎫 门票30元

嵩岳寺塔

在太室山下的嵩岳寺内，塔高40余米，共有15层，造型别致且挺拔雄伟，是全国重点文物保护单位。

🎫 与太室山、嵩阳书院、法王寺和老君洞的联票80元

嵩山主峰

峻极峰是嵩山主峰，海拔1492米，从山脚下登攀要3—4小时才能到达山顶（乘缆车可以大大缩短登山时间），抵达后可居高观览中原大地辽阔壮丽的无限风光。

●节省费用的窍门

少林寺门票80元，可是门票的年票才100元，买一张可多次进出，真的很划算。

●应重视三皇寨

三皇寨山势峥嵘，挺拔险峻，还有狭长而陡峭的登山路和栈道，游后颇感新奇刺激，游少林寺时应重点关注。步行去三皇寨往返需6小时，亦有缆车可乘，单程50元。另外二祖庵景区有一条缆车索道，上下很方便。

●三皇寨游览关照

如果游少林后，乘缆车去三皇寨，经过悬空栈道、连天吊桥、一线天、悬天洞、回心崖、三皇禅院、南天门、好汉坡，出三皇寨后山大门，再从那里返回登封（不走回头路），即省力又玩得开心。

●嵩山主峰

🎫 中岳景区和卢崖瀑布联票50元。

少林寺景区游览示意图

洛阳

📞 电话区号：0379　龙门石窟景区：65980972

洛阳位于河南省西部，因地处洛水之北而得名，是中国七大古都之一，也是华夏文明的主要发祥地之一。洛阳旅游资源丰富，以人文佳景著称。龙门石窟、白马寺、关林、天子驾六博物馆都是享誉河南、名扬四海的古迹名胜。小浪底水利枢纽工程河面开阔，成为山水光色秀丽的旅游新景。每年4月份，市花牡丹于遍洛阳全城，五彩缤纷、万紫千红，尤为引人入胜。

气候与游季

洛阳属温带大陆性气候，春季干旱，夏季多雨，秋季温和，冬季天气寒冷，年平均温度在14.8℃。最佳游季应属秋高气爽的9、10月份，但4月份牡丹盛开之时来洛阳，却能观赏到牡丹花节的盛况。

▲ 洛阳龙门石窟壮景

● 笔者关照

论风水、地势和佛像代表作的高大气派程度，龙门石窟都要胜过敦煌石窟和云冈石窟。另外4月份盛开的牡丹花海也是华夏闻名。所以龙门石窟和牡丹花应是游客关注的重中之重。

🚌 交通

航空

机场位于邙山，与北京、上海、广州、昆明、成都、大连等国内外各大中城市通航。

📞 机场客运问询电话：0379-62328667

铁路

洛阳是陇海线上的一个大站，北京、郑州和上海、青岛、厦门等东部城市通往西北及西南成渝地区的各次列车大多在洛阳停靠。洛阳高铁站设在龙门镇，从市区乘28、33、81路公交均可到。

📞 火车站问询电话：0379-62561222

公路

有客运车辆开往郑州、焦作、开封、汝州、许昌、三门峡等周边各个市县，亦可到达石家庄、保定、北京等地。

📞 客运总站问询电话：0379-63239453

● 旅游公交专线车

53路：平等街北口—龙门石窟，途经关林。60路：谷水西—龙门，途经关林。81路：洛阳站—龙门，途经关林。83路：洛阳站—机场路衡山路东，途经机场、洛阳古墓博物馆。996路：洛阳汽车站—洛阳市第十高级中学，途经龙马负图寺、汉光武帝陵。

河南省 洛阳

推荐洛阳的3个博物馆

① 洛阳博物馆。位于洛阳市洛龙区聂泰路,是一座集文物收藏、科学研究、陈列展览、社会教育与文化交流诸功能为一体的综合性博物馆,其创建于1958年,举办有大型基本陈列"河洛文明"和六大专题陈列,对洛阳及河南省政治、经济、文化、历史感兴趣的朋友可仔细观赏浏览。乘地铁2号线可到,门票免收,需预约。

② 民俗博物馆。是在原来的潞泽会馆基础上建成的。主要展示洛阳当地的婚俗、信俗、寿俗及各类民间艺术。其中民间艺术展品种类繁多且精美华丽,具有很高的观赏价值。乘公交206路可到。门票免收。

③ 古墓博物馆。古墓博物馆分为地上、地下两部分。地下部分专门展示从汉到魏晋时期的各种墓室格局和墓室壁画砖雕,其中西汉卜千秋壁画墓和西汉打鬼图壁画墓都是馆中珍品,北魏世宗宣武皇帝景陵亦颇具规模气势。观后会让人有新奇发现和丰富收获。乘公交83路可到。门票免收需预约。

住 宿

洛阳宾馆酒店数量不少,价格适中,比如,华墨逸致酒店,在国花路地铁站旁,交通方便,房价不贵,平日标间200元左右,性价比较高,电话:0379-62307885。又如火车站旁的丹城酒店,平日标间房价在100元左右,电话:15237981305。当然,各类高、中档宾馆酒店遍布全市,供您任选。

☛ 另荐暖树青年旅舍,有百元以内的床位。电话:15515325722

餐 饮

洛阳的特色美食和风味菜主要有糖醋鲤鱼焙面、油酥锅盔、烫面饺、张记馄饨、洛阳水席、张记烧鸡、不翻汤、潘金河烧鸡、尚记牛肉汤、鲤鱼跃龙门、洛阳燕菜、牡丹汤等。其中洛阳水席是洛阳餐饮中最具特色的菜式,因主菜以汤菜为主,另一个原因是酒席上菜吃一道换一道,如行云流水一般,得名水席,是洛阳特有的传统名吃。正宗的洛阳水席共有20余道菜,吃起来很排场,很费时间,当然价格也挺贵。一般吃客并不一定要这样费钱、费工夫,只需要点上洛阳水席的3—4道精华菜品尝一下就完全可以了,同时辅之以其他几样当地小吃,即使是三四个人,花上200元左右也可以吃得挺丰盛。

☛ 洛阳水席中最普通的家常菜是连汤肉片,物美价廉,请您吃吃看

● 特产及购物

主要特色商品有仿唐三彩工艺品、汝瓷工艺品、宫灯、牡丹、杜康酒、双麻酥、王麻子剪刀、洛宁竹帘、洛绣等。

● 当地特色

洛阳的古迹名胜和特色美食以及工艺纪念品在华中乃至全国均有盛名:①龙门石窟是全国最高大、壮观、气派的石窟之一;②少林寺虽然隶属郑州市,但它距洛阳最近,从洛阳出发去少林寺最方便开心;③虽然不一定每个人都喜欢洛阳水席的味道,但它确实是全国独一份儿;④唐三彩是当地最常见的工艺品,满街都是唐三彩的摊商,其规模之大、品种之多之精美令人吃惊。

● 特色餐馆及风味菜肴

①真不同饭店(老城区中州东路)电话:0379-63952609,从火车站乘5、56路可到。特色菜有牡丹燕菜和连汤肉扯。

②杏花村水啼楼,与真不同只隔一条街,专营洛阳水席,价格比真不同便宜40%左右。电话:0379-63512885。

● 品尝洛阳水席

真不同饭店各类水席名菜一应俱全,就餐环境好但价格不便宜(牡丹燕菜约60元/份、连汤肉片约35元),另外洛阳城中的每家餐馆几乎都有水席菜肴,像水席中的连汤肉片在小餐馆中不过二三十元钱1份,洛阳燕菜也是,所以水席不是非要在真不同饭店吃。

603

主要景点

龙门石窟（国家 5A 级旅游景区）

洛阳市区最大观光亮点，位于洛阳市区以南12千米处的伊河畔，地势与风光甚佳，现存洞窟像龛2345个，造像11万余尊，与敦煌莫高窟、大同云冈石窟齐名，是规模庞大的石雕艺术宝库（乘118、81路可到）。

☞ 龙门是必观之景，不能不游　　¥ 门票90元

白马寺

在洛阳城东12千米处，占地面积达４万平方米，主体建筑天王殿、大佛殿、大雄宝殿皆雄伟，是佛教传入我国后第一座由官府建造的寺院，所以享有"中国第一古刹"之称。

🚌 56 路公汽可到白马寺。¥ 门票 35 元

关林

关林地处洛阳城南 7 千米处，因葬有三国时期名将关羽的首级而得名。这里有殿宇150余间、大小石狮110多个，是一处保存尚好的古代建筑群。

🚌 55、81 路公汽可到关林。¥ 门票 40 元

天子驾六博物馆

位于洛阳市中心周王城广场地下，2002年在此挖掘出了"天子驾六"车马坑，成为21世纪国内考古的重大发现，现在原址上建成博物馆向游人开放。

🚌 5、77、201、81 等多路公交车可到。¥ 门票 30 元

小浪底水利工程

在洛阳市以北40千米的黄河干流上，系筑坝蓄水而形成的大型人工湖，大坝雄伟，湖水清澈，坝上库区有三段天然峡谷，游客可乘船遨游，大坝下方的公园景色亦十分秀丽。小浪底风光很美，值得一看。大坝游览区和坝下公园门票40元。

● 另荐景点：王城公园

洛阳最大的综合性公园，在市中心王城广场西边。分为古文化区、牡丹园区、动物园区、游乐场等几个部分。春季牡丹花会期间，这里是主会场和主要观花地点之一，热闹非凡。晚间灯会场面也很艳丽美观。有 11、40、50、103 等多路公交车可到。门票平日免收，牡丹花会期间门票 30—50 元。

● 小浪底水利工程

从洛阳火车站前乘 303 路公交车可到，车程 2 个半小时左右，车票 1.5 元。

● 春季观赏牡丹花的好地点

洛阳市的观花佳境有王城公园、神州牡丹园、洛阳牡丹园、国家牡丹园、中国国花园。

推荐游程

D1. 关林—龙门石窟—白马寺。晚上在市区休闲娱乐，品尝水席佳肴。

D2. 古墓博物馆—白马寺—王城公园观赏牡丹（或去小浪底观库区山水秀色）。

发烧友特别关照

①论地势和环境，龙门石窟依山面河，风水极佳，就是冲着龙门石窟，洛阳也值得专门去一回。另外从洛阳去少林寺也方便，车程 100 分钟。

②如果在 4 月份抵达洛阳，牡丹花盛开的场面会很动人，但上文中介绍的几个赏花地点的花期和赏花效果并不同，游人应向当地人咨询后再选择赏花地点。

河南省 焦作

焦作

电话区号：0391　神农山景区：5036466　青天河景区：8972910　云台山景区：7709300

焦作虽然是河南省内传统的工业城市，却有着华中地区不可多得的秀丽风光。这里有以云台山、青天河、神农山为首的五大景区、十大景点，山水相间、雄秀相融，景色极为秀美迷人。虽然笔者已经游遍中国绝大多数省份，但是来到焦作后，仍然对这里的自然风光感到新奇惊讶。

☛ 焦作有五千年的文明史、三千年的建城史，历史十分悠久

气候与游季

焦作地处黄河以北，四季分明，冬季天气较冷风光稍显平淡，春、夏、秋三季更适宜旅游，黄金观光时段是每年的4月初至10月底。

☛ 黄金周云台山景区游人太多，慎去

交通

焦作交通便利，这里有焦新、焦枝、焦太铁路穿境而过，高铁早就通车了，乘列车可直达郑州、新乡、石家庄、北京、洛阳、太原等全国各大城市。这里亦有以焦郑、焦晋高速路为中心的公路网，有客车开往周边各省市，其中焦作至郑州、新乡、洛阳均只有1小时左右公路行程。焦作距郑州机场和洛阳机场的距离也很近，乘飞机进出亦很方便顺利。

🚆 火车站问询电话：0391-12306　客运总站电话：0391-2981144

住宿

焦作市内有诸多星级宾馆和普通宾馆，房价中等偏低。如高铁站旁的几禾轻居酒店标间才120元左右（电话：0391-2778999），胜世精品酒店高铁店标间打折后才150元左右（电话：0391-5359888）。在云台山、青天河等主要景区，都有宾馆、旅店。其中云台山门外的岸上服务区旁有大量的农家乐民宿客栈，一般季节标间约100元／间，住宿很方便。

☛ 云台山有泉瀑峡、潭瀑峡、红石峡、子房湖、百家岩、凤凰岭、叠彩洞、茱萸峰等十大景点，景色极为迷人

▲ 云台山一角

● 焦作市博物馆

位于河南省焦作市山阳区建设中路72号，于1965年建馆，拥有藏品近三万件。基本陈列有"巧手赋新生——焦作文物保护科技成果展"、"窑火神工——馆藏瓷器"精品展等。门票免收，每周一闭馆。

● 观光指导

在焦作观光至少要3天时间，其中云台山游览至少要一整天，青天河一去一回也要一天，神农山至少要大半天，欲去青龙峡、峰林峡还要另加时间。

云台山内的几大景区如泉瀑峡、潭瀑峡、红石峡都精彩，必须全去。去青天河的路上会经过许多高崖深谷，很有立体美感，要留意。

605

主要景点

云台山（国家 5A 级旅游景区）

位于焦作市区东北方的修武县境内，山奇水丽，景色奇绝。这里有挺拔秀美的高峰、单级落差达314米的全国最大瀑布——云台瀑布、集奇岩峭壁和清碧溪水于一身的"盆景峡谷"红石峡等诸多美景，是焦作最负盛名的观光名胜。

👉 建议重点关注小寨沟（泉瀑峡、潭瀑峡）、红石峡、茱萸峰景区

青天河（国家 5A 级旅游景区）

虽然是因修建电站筑坝蓄水而形成的人工湖，但两岸青山耸翠、湖心清流蜿蜒，景色柔美而动人，有"中原小三峡"之称。青天河景区有以奇山丽水、奇泉异洞为主体的308个小景点，游客乘船观光甚为舒适开心。

👉 乘缆车上山巅观光，风光很美

神农山（国家 5A 级旅游景区）

在焦作以西约34千米处的太行山南麓，总面积96平方千米，有9山2河28峰共136个景点。其中主峰紫金顶海拔1028米，山光水色瑰丽，山间还有古刹三皇殿和数量甚多的猕猴种群。

👉 神农山上风光很迷人，上神农山去看看吧

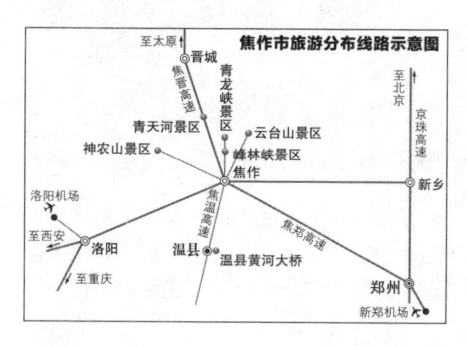

● 云台山

市区客运总站及火车站前每日有各类车辆前去（含公交3路），1小时左右可到。

● 景区门票

云台山 180 元含观光车费，三天内有效。青天河 60 元。神农山 65 元。峰林峡 60 元。

● 青天河

焦作西高铁站有旅游专线车到青天河景区，票价 10 元。

● 神农山

市内长客站有客车有直达神农山停车场的客车，或者也可以从焦作长客站坐车到紫菱，再从紫菱坐车到神农山。

青龙峡·峰林峡

青龙峡地处距焦作市区25千米处的深山中，主要由长约7.5千米的青龙峡、长22千米的净影峡等景区组成，集峰、岭、台、沟、涧、川、瀑、洞于一身，是焦作山水名景中的重要组成部分。峰林峡是焦作北部太行深山中的观光胜境，景区面积25平方千米，主要景观有群英湖大坝、老君滩、睡美人、三潭印月、小孤山等。

发烧友特别关照

①焦作山水风光甚佳，找时间前去一游，定觉不虚此行。

②观光时间最好选在 5—10 月，冬季前去效果欠佳。

③在焦作五大山水名景中，云台山和青天河应为重中之重，之后可选择游览其他三处景区。此外丹河峡谷景区山水相映且有不少农家旅店，适合度假休闲。

④焦作市区南侧的广场辽阔壮丽，晚间夜景迷人，值得观赏。市区西北侧的果园路很安静、干净，这里有大型公园，有三星级宾馆，住在这里安宁、惬意、舒服。

河南省 开封

开封

电话区号：0371　清明上河园景区：25663928　开封府：23963159　龙亭公园：22198151

开封地处河南省东部的黄河南岸，西距郑州约72千米，已有2700余年的历史，是中国历史上著名的七大古都之一。战国时期的魏国，五代时期的后梁、后晋、后汉、后周以及北宋和金国均在此建都。尤其是北宋时期的开封，经济繁荣、人口众多，是当时的全国政治、经济、文化中心，也是世界上最繁华的城市之一。灿烂的华夏文明史给开封留下了众多的名胜古迹，如今的开封已成为中原大地上最引人关注的旅游城市之一，颇具古都名城之风韵魅力。

☛ 建议您重点关注龙亭、大相国寺、开封府、中国瀚园、清明上河园、山陕甘会馆这6处当地名景

气候与游季

属温带大陆性季风气候，冬冷夏凉、四季分明，年平均气温在14℃，春、夏、秋三季皆宜游览，尤以9—10月最佳。

交通

☛ 目前开封尚无民航机场，游人可先飞到郑州，再乘车去开封

铁路

上海、成都、西宁、郑州、石家庄、银川、洛阳、青岛、武昌、合肥、杭州、无锡、宜昌、烟台、西安、北京、深圳均有列车开往或途经开封。从郑州乘高铁到开封半小时即到。

火车站问询处电话：0371-95105

公路

长途汽车站有车开往郑州、武汉、济南、洛阳、安阳、鹤壁、许昌、焦作、南阳、新乡、登封等地。从郑州汽车南站乘城际公交车一个半小时就到开封了。

开封汽车东站电话：0371-22924756　　西站电话：0378-22021708

住宿

旅游城市，宾馆众多，如清明上河园漫心酒店，条件很好，房价适中（电话：0371-25958888）、普通的商务酒店更是量多而价格实惠，游客可任选。

▲ 清明上河园正门

● 公路交通

有国道106线（北京—广州）和310线（天水—连云港）及220线在当地交会。开洛高速从开封经郑州通向洛阳。

● 两大汽车客运站

分别是开封东站和西站。

● 笔者关照

开封城中古风古韵浓郁，城区不大各古迹名胜相距不太远，且当地交通便利、食宿便宜，所以值得一去，一天至两天观光即可舒适开心。

● 当地特产及购物

主要商业街有鼓楼街、寺后街、书店街、宋都御街、大相国寺市场等。主要特色商品有汴绣、官瓷、朱仙镇木版年画等。

607

●特色美食餐馆

① 又一新饭店，主营糖醋软熘、鲤鱼焙面、炖十景、扒三样、紫菜莲蓬鸡等。地点在市中心鼓楼街。

② 第一楼，是河南最著名的包子馆，制作的小笼包子色白透亮，小巧柔筋，灌汤流油，地点在寺后街。

③ 马豫兴，始创于清光绪十二年（1886年）。传统产品桶子鸡，以选料考究和味道上乘而闻名中州。

④ 黄家小笼包子馆，主营汤包和各类开封菜，比第一楼便宜实惠。

●特色美食街

鼓楼街夜市，是开封规模最大、品种最多的夜市街区。以鼓楼广场为中心，延及周围4条街。鼓楼夜市通宵达旦，风味小吃数不胜数，乘13路车均可到达。

●另荐市区其他景点

① 包公祠。在市区包公湖西畔，由主展区、园容展区和服务区三部分组成，是为纪念北宋著名清官包拯而建，现为河南十佳旅游景点之一。乘28、16、56路公交可到。门票30元。

② 中国翰园。分为碑刻艺术展区和园林风光展区两大部分，其中碑廊石刻展区长达3千米，内有古今各流派书法大家的墨宝无数，甚具艺术和观光价值。乘51、53、30路公交可直达。门票40元。

🍵 餐 饮

开封是中国十大菜系中"豫菜"的发祥地。豫菜是在北宋宫廷菜肴的基础上，吸收了川、扬、京、广等地名菜之精华，而逐渐形成的中原菜系。在开封的诸多佳肴中，最吸引人的有鲤鱼焙面、桶子鸡、花生糕、套四宝等。其中鲤鱼焙面是在黄河鲤鱼的头尾间"盖上"一层用面粉手工拉成的乳白色"被面"，再用油炸成金黄色，又好看又好吃。当地的其他风味小吃有麻辣羊蹄、黄焖鱼、羊肉泡馍、华侨卷粉、卤牛肉、炒凉皮等。

👉 第一楼客人太多了，您要有等位的心理准备

🏯 主要景点

龙亭公园

在开封西北隅，原为宋、金皇宫后御苑的一部分，占地约1300亩，包括午门、玉带桥、龙亭大殿、万寿宫等诸多建筑群体，其中龙亭正殿建在72级台阶之上，巍峨壮丽。园中的潘杨二湖、同春园、长廊水榭等景观亦非常精巧秀美。

🚌 乘30、13、31路车可到龙亭公园。💰 门票45元

大相国寺

位于开封市中心，是北宋时期开封最大的寺院和全国佛教中心，现存有天王殿、大雄宝殿、藏经楼、千手千眼佛等殿宇和佛像，依稀可见该寺当年的迷人气派和风姿神韵。

🚌 乘28、16、56路车可到大相国寺。💰 门票40元

开封府

在开封市内包公湖东湖北岸，系近年来重建，建筑面积1.36万平方米，主要建筑有文城墙、天庆观、梅花堂、府司西狱景区、潜龙宫、清心楼等，府前的包公湖风光也动人。

🚌 乘28、56、16、31路公交可到开封府。💰 门票65元

铁塔

在开封城东北的铁塔公园内，因塔身的琉璃瓦呈褐色很像铁的光泽而得名。该塔建于北宋皇祐元年（1049年），至今已有900余年历史。塔高55.88米，挺拔屹立，游人登上塔顶，可将开封城内外风光尽收眼底。

🚌 乘58、39路车可到铁塔。💰 门票30元

禹王台

是春秋时晋国大艺术家师旷吹奏乐曲的地方，后因纪念大禹治水的功绩又在此

兴建了禹王庙。现已开辟为禹王台公园，内有苍松翠柏、楼阁亭台，供游客观赏。

🚌 乘28、17、15路车可到禹王台。 🎫 门票免收

清明上河园（国家5A级旅游景区）

按北宋画家张择端《清明上河图》中描绘的开封古城盛景而兴建的大型宋代文化主题公园，集中体现宋代开封城中的生活百态和民俗民情。园中有城门楼、古街、店铺、河道、码头、茶楼、酒肆、当铺等诸多仿古建筑和场景，每天还上演歌舞、杂耍等民间技艺，场面红火喧嚣、别致生动，古风古韵引人入胜（门票120元，门票加晚间表演联票249元起）。

● **清明上河园观光**

每天晚间园内均上演《大宋·东京梦华》歌舞。

● **另荐景点：山陕甘会馆**

位于开封徐府街85号，是由清代山西、陕西、甘肃旅居开封的商人聚资修建的。馆内各类精美石雕、木雕、砖雕及艳丽彩绘数不胜数。堪称秀冠中原的艺术宝库。乘28、16、31路可到。门票25元。

旅游锦囊

旅游锦囊：如何在开封玩得省力省钱又开心

开封市内目前有龙亭、铁塔、天波杨府、中国翰园、清明上河园、开封府、包公祠、大相国寺等十大观光亮点，分布在市区中部和北部，笔者推荐打出租车前往这些景点，这样可以仔细观赏开封市区风景，司机还可兼做导游讲解，乘客听后很长知识学问。在开封市区租车很容易，车费不贵，1天之内游遍上述10处景点分段打车费约需100元，包车一天车费300—400元。

推荐游程

二日游

D1. 游龙亭、宋都御街、铁塔、天波杨府、中国翰园、清明上河园，晚间在清明上河园内观歌舞表演。

D2. 游禹王台、开封府、包公祠、大相国寺、山陕甘会馆、延庆观，晚上去鼓楼美食街品尝当地风味小吃。

发烧友特别关照

周边佳景：郭亮村

郭亮村位于河南辉县西北约60千米上的太行山深处，坐落在海拔1000米高的悬崖峭壁上。以奇异山岩、幽深隧洞、绝美溪瀑和原始农舍等特色风景见长。一排排、一幢幢石砌农家庄院依山面谷矗立在千仞绝壁上，构成了中原崇山峻岭中的独特风光。而长达1200米的郭亮洞和盘旋在山间的挂壁公路则是当地人开山劈石、历时多年开凿建成的，显示了中华民族的勇气和智慧。奇异的山村地势和当地居民特殊的生存环境、生活方式引起了海内外八方游客的广泛关注。近年来去郭亮村（含当地的万仙山景区）观光的游客日益增多。

去郭亮村可以乘大巴车从开封汽车中心站先到河南新乡，然后从新乡坐城际公交到辉县，再换车去郭亮村。郭亮村是万仙山景区的一部分，要买门票。

鸡公山

电话区号：0376　景区：6912058

　　夏秋时节，如果您想离开拥挤、嘈杂、喧嚣、燥热的都市生活，去郊野中寻得一份凉爽、清幽和宁静，那笔者向您郑重推荐一个好去处——河南信阳鸡公山，那里有清爽的空气、优美的环境和旖旎动人的自然风光，是国内四大避暑胜地之一。
☛ 春、夏、秋三季前去观光效果更佳

风光优美且特色鲜明

　　鸡公山位于河南信阳市正南38千米处，海拔784米，作为与北戴河、庐山、莫干山齐名的中国四大避暑胜地之一，这里的景色异常秀美且特色十分鲜明。鸡公山上有许多造型奇特、轮廓优美的山峰和岩石，犹如雄鸡高啼的鸡公山主景之一报晓峰，酷似驼峰起伏般的骆驼峰，两岩并立宛如情人娓娓交谈的恋爱石等，全都形态鲜活，栩栩如生。鸡公山上植被茂密，分布生长着近2000种花草树木，高低相间、绿荫浓密、郁郁葱葱。鸡公山上有许多溪泉、湖泊、瀑布，它们或池水碧澈、清波荡漾，或水花四溅、声震八方，把整座大山装点得特别美丽动人，多彩多姿。

▲ 鸡公山山景

☛ 笔者对鸡公山的评价为：山峦起伏、沟壑纵横、林深木秀、溪流泉涌、别墅林立、风姿独具

青山绿树间矗立着数百座大型别墅

　　它们大多由20世纪初来华的外国传教士所建，分为英、美、德、日等不同风格，外形别致、建造精美，成为鸡公山上个性鲜明的特殊风景。漫游鸡公山，就像参观一个盛大的万国建筑博览会，令人眼界大开、回味无穷。
☛ 山上观光要点：主要有报晓峰（鸡冠头）、姐妹楼、颐庐、逍夏园、宋美龄舞厅等。☒ 鸡公山景区门票70元，网上购买有优惠

山上的游览项目很多

　　白天可以登高看寻山石奇景，下谷底观赏溪流瀑布，游览外观构造各异的大型别墅，进茂密竹林寻静探幽。晚上的鸡公山上更是清风徐徐、凉爽沁人，树丛间飞满了大大小小的萤火虫，它们发出断断续续而又晶莹透亮的光芒，与山路上闪烁的朦胧灯影交相辉映衬，把整座山峰的夜色装点得如诗如梦。

　　欲去鸡公山应先乘火车到信阳，站前广场有客车直达景区大门（车程约60分钟）。山上有环保电瓶车行驶于各景区之间，乘车游览既可以畅观美景，又特别舒服省劲。鸡公山上遍布各类宾馆、饭店、餐厅，游客餐饮住宿均很方便。

华南地区
HUANAN DIQU

广东省 612
广西壮族自治区 653
海南省 708

广东省
GUANGDONGSHENG

黄金旅游线路
① 广州—肇庆
② 广州—珠海
③ 广州—深圳—潮汕
④ 广州—清远
⑤ 广州市区—番禺区

广东省简称粤，它位于中国大陆南部，东西北三侧与闽、桂、湘、赣四省区交界，南与香港、澳门特别行政区相邻并同东南亚诸国隔海相望。优越而无与伦比的独特地理位置，使之当之无愧地成为我国对外交流的重要窗口。亚热带气候的温暖湿润和充沛雨水，使广东大地常年暖风吹拂，到处鲜花绽放，遍地绿草如茵。白云山、鼎湖山、七星岩、丹霞山、从化温泉，无一不是风姿绰约，而广州、深圳、珠海、汕头等南国名城又把现代化国际都市的千般娇媚、万种风情演绎得精彩绝伦，如诗似梦。

广东是我国南方风光秀美而极具生机活力的省份，在四季常青的南国花城中沐浴现代文明的美妙感受令人无比心动。

气候与游季

广东地处低纬度地区又濒临南海，属于热带和亚热带气候，高温多雨，长夏无冬，四季常青。春季平均气温在20℃，夏季平均气温为28℃，秋季平均气温25℃，冬季平均气温12℃。

对广东大多数地区而言，一年四季都适合旅游，但夏天天气炎热，日照强烈，游人应有思想准备。春秋时节观光效果更佳。

▲ 下川岛椰林美景

发烧友特别关照

旅游锦囊：如何在广东省内选择游览景点、线路并玩得快乐开心

①广东真是个好地方，经济发达、交通便利、美景众多、气候宜人，笔者认为它是国内"全年候"旅游的最佳省份之一。

②以广州为中心，广东省内到处都有好风光——中心地带有广州、佛山、肇庆、深圳、珠海、从化；西南方向有江门、阳江、茂名、湛江；正东和东南方向有惠州、汕尾、汕头、潮州；东北方向有河源、梅州；正北方向有清远、韶关。这么多好地方，且每个地方都有好风景，足够游客在这里度过一周左右的欢乐时光。

③综上所述，笔者认为短时间内不可能把广东全省玩透。如果是时间经费都有限的游客，到广东观光的首要任务就是科学选择景点——抓住重点且合理安排游程。

④首次来广东的朋友如果想逗留一周左右，去广州、肇庆、深圳、珠海就非常开心愉快了（可以加上从化一起观光和休闲）。

⑤第二次来广东的朋友笔者推荐两种线路方案，一是去广州、江门、阳江、茂名、湛江一线。江门的开平碉楼和古村落及川山群岛、阳江的海陵岛、茂名的放鸡岛、湛江的湖光岩风光水平在广东省内均属上乘。用7—8天时间可以游遍上述各景。

⑥二是去广州、惠州、汕尾、汕头一线。惠州的罗浮山和南昆山及巽寮海滨、汕尾的红海滩、汕头的礐石景区和南澳岛风光都很美，去一次总不嫌多。

⑦此外，如果您还有空余时间的话，推荐去河源和韶关一游。河源是个好地方，城市整洁、风光秀丽，有以万绿湖为首的多处景区且风格各有不同，可以做三日左右的观光游乐。而韶关市美景荟萃，其中最出类拔萃的是丹霞山和南华寺。笔者认为短期把它俩玩好就可以了，长时间详细观光就请您把韶关周边的始兴、南雄、乳源、乐昌各市县都走一次吧，观光感受各有千秋。

▲ 江门市川山群岛壮丽海景

广州

电话区号：020　旅游信息咨询中心：38925756　越秀公园：86661950　广州塔：89338222

广州是一座有着2200余年悠久历史的古城。相传古时有五位仙人身穿彩衣、骑着五色羊降临广州，把丰熟的谷穗和吉祥的祝愿带给人们，所以广州被人称为羊城。广州地处亚热带，夏长冬暖，湿润多雨，终年常绿，四时花开，所以"花城"亦成为广州的爱称。广州地处富饶的珠江三角洲北部，地理自然环境优越，加之当地人勤劳而聪慧，所以改革开放后，这里成为国内经济发达，百姓生活殷实的黄金经济带。广州也是一座美食城，以荔枝、菠萝、香蕉、柑橘为代表的岭南佳果四季飘香，以鲜嫩爽滑、美味可口而著称的粤菜更是享誉海内外。广州的自然风光亦有鲜明特色，白云山、越秀公园、世界大观、华南植物园处处景色优美，在其周边地带还分布着肇庆七星岩、鼎湖山、从化温泉、清远飞来峡、增城白水寨等风景名胜。

▲ 珠江水上风光

● 发烧友关照

①市区观光应重点关注广州塔、沙面、珠江江上和江滨风光。此外天河新区城市新姿诱人。番禺更是当之无愧的观光亮点。

②不建议首次来广东的游客只游广州，那样不太尽兴。至少您应该西到肇庆、南到深圳。肇庆的星湖风光堪称国内一流，深圳的国际大都市风采会令游客倍感新奇振奋！

气候与游季

气候温润、四季常青，全年皆宜游览。但应注意4—6月是雨季，8—9月天气炎热且日照强烈，冬天最冷时穿长袖外套即可。最佳旅游时节是10—12月份。

交通

航空

广州的白云机场位于花都区，在城市最北边，离市中心有30多千米，每天都有飞往全国各省会及各大中城市的航班。广州市内有多条机场快线，亦有城铁专线通往市中心。

白云机场客服热线：020-96158

铁路

广州火车站位于市区北缘，与广东省长途汽车站相邻，京广线上的车多在此停靠。广州火车东站在东部，京九线上的车多在此停靠。上述两站每日有数十趟列车与全国各省各主要城市对开。另外，广州番禺内的火车站即广州南站，这里开停多条高铁线路列车和城际高速列车。

广州站客服电话：020-12306

公路

广东的高速公路和普通公路均很发达，以广州为中心通往全国各地及省内的各级公路密集而通畅。广州市区有多处大型汽车客运站，其中火车站旁边的省汽车站规模最大。外地游客可以把这里当成乘车首选。

☛ 省汽车站线路四通八达，售票发车各环节极为有序，强力推荐

市区主要公路客运站电话（区号020）

省汽车客运站	火车站旁	86661297
广州市汽车站	环市西路158号	86684259
流花汽车站	广州火车站对面	86684259
广佛汽车站	中山八路95号	81815490
天河客运站	广汕公路元岗	37085070

公路客运站（区号020）

广园客运站	86378888
罗冲围客运站	81982052

水路

广州的海上客货运输和珠江水上的客运也非常发达，有客船开往香港、澳门、海口、三亚、梧州等地。

☛ 出租车3千米起步12元，以后2.60元/千米

市内交通

广州市内的公交车均为无人售票车，票价2—3元，郊区线票价更高。自备零钱，自觉投币，不设找赎。不过这个问题好解决，在手机上下载个公交乘车卡就可以了。

地铁

广州地铁共有16条线路，通往城市各处。

地铁咨询服务热线：020-83289999。

地铁价格以里程计价，起价2元，最高15元。

☛ 广州火车站前就有地铁站，乘坐极为方便

●住宿信息参考

①英伦精品公寓三元里地铁站店，是公寓式住宅，设施齐全，房价不贵，平日标间200元左右，电话：18927569532。

②春田家家青年旅舍。标间150元左右，有空调，可洗热水澡。从火车站乘地铁2号线可到。电话：020-81923232。

③旺兴宾馆。标间平日150元左右，有空调、卫生间。距上下九步行街不远，从火车站乘地铁1号线可到。电话：020-81375487。

住宿

广州的宾馆酒店业红火发达，城区有各类宾馆上千家，住宿非常方便。

主要星级宾馆有白天鹅宾馆，沙面南街，电话：020-81886968；中国大酒店（五星），市区流花路，电话：020-86666888；国际金融酒店，东风西路，电话：020-83321688；白云宾馆，环市东路，新世界宾馆等。至于普通经济型酒店和商务酒店，更是不计其数，各位游客任选就是了。

☛ 在广州只想填饱肚子很容易，在街上吃快餐有十几元钱就成了

主要景点

越秀山

广州最大的综合性文化观赏公园，园内山水相依，包括三个人工湖、七个石英砂岩丘陵，历代均入选为羊城八景。湖心有小岛与湖畔相连，楼阁、轩榭小巧精美。园内有越秀山体育场、游

▲ 沙面岛上的精美建筑

● 当地特色美食

精致粤菜，生猛海鲜，更有五花八门的各类蛇餐，广东人真会吃，外地人来广州作短暂停留，根本无法尝遍当地美味，只能挑其中有代表性的简单品尝。

当地特色菜有有烤乳猪、脆皮鸡、红烧大裙翅、菊花龙虎会、生炒水鱼丝、香滑鲈鱼球、凤爪炖海狗、芙蓉蟹虾片、烧鹅、梅菜扣肉、文昌鸡、东江盐焗鸡、太爷鸡、佛跳墙、三蛇炖水鱼、毒蝎煲三蛇、椒盐蛇碌等。

广东人有饮茶的习惯，茶市既是提供饮食的场所，也是会亲访友、商务应酬的佳境。

饮茶亦有早、午、晚茶之分，早晨的茶市往往凌晨4:00就开门，晚茶的茶市打烊要在凌晨1:00之后。

● 早茶

茶点有虾茸面、炒河粉、马蹄糕、萝卜糕、艇仔粥、鲜虾饺、玉液叉烧包、椰酱鸡蛋饺等，品种极多。

像幸运楼、广州酒家、东江海鲜酒家、莲香楼等餐厅(在市区有多家连锁店)都是品茶的绝佳地点。

● 越秀山

🚇 地铁2号线越秀公园站下步行654米可到。

● 白云山

🚇 地铁2号线萧岗站A口出可到白云山西门。

可选择步行、乘缆车、乘观光车三种方式上山。

● 陈家祠

🚌 乘104、105、107、109路和地铁1号线可到。

💰 陈家祠门票10元。

推荐特色餐厅

广州的各式餐厅、酒楼太多了，那些著名的老字号就不说了，新兴的美食街如越秀公园对面的盘福路、北京路商业区周边的光明广场、名盛广场（西湖路边）一带都是餐馆酒店成群，让人看得目不暇接、眼花缭乱。为了避免大家挑花了眼、抓不住重点，也为了让各位游客一边用餐一边享受周围的好风光，笔者去粗取精，为您推荐两家位置好、环境漂亮的美食佳境：

①二沙岛上的玫瑰园餐厅，主营西餐。紧邻珠江，风景诱人，珠江上的游轮从眼前驶过，在此用餐能饱览珠江水上风情。人均消费100元左右。电话：020-81218008。

②广州酒家滨江西店，也在珠江边，位置绝佳，坐在餐厅中就能看到对面的沙面岛、白天鹅酒店和不远处的广州塔，不论白天夜晚面前呈现的都是广州市区最美的风光。该店经营地道的广州菜，人均消费100元出头。电话：020-84423123。

▲广州酒店滨江路店外景

泳场及美术馆等，是广州市民休闲、游览的首选地点之一（广州著名的五羊雕塑，就在越秀公园内）。

💰 越秀公园门票免费。园内镇海楼门票10元、观光车费全程20元

白云山（国家5A级旅游景区）

位于广州市城北，因雨后常有白云缭绕而得名，共有大小山峰30余座，主峰摩星岭高382米，峰峦重叠、佳景云集。山间有多座公园和大量宾馆、别墅等旅游度假设施，是广州最经典的观光度假区。

💰 山南门岗门票5元，云台花园10元，索道上行25元、下行20元

陈家祠

由广东省72县陈姓人氏合资兴建的祠堂，于1894年建成。祠堂有9堂、6院共19座建筑，建造及装饰技艺巧夺天工。现陈家祠堂内收藏展出广东历史文物和大量工艺纪念品，是岭南重要的博物馆和旅游景点，也是"新羊城八景"之一。

黄花岗烈士墓

1912年为纪念在广州起义中牺牲的72位烈士而建，位于广州市白云山下的先烈路，墓区肃穆庄严，墓前的碑上有孙中山先生所题"浩气长

存"四个镏金大字。现为全国重点文物保护单位。

🚌 6、10、11、16、27、63、74、78、85路可到。 💰 门票免收

华南植物园

在广州市东郊龙眼洞火炉山下，占地面积315公顷，是我国最大的南亚热带植物园，有棕榈植物园、竹类植物园、药用植物园等数十个展区，生长植物超过5000种。园内林木苍翠、花间藏径，有许多湖泊、溪流、曲径、草地，热带风光旖旎动人。

🚌 28、30、39、84路可到。 💰 门票20元，联票50元

农民运动讲习所旧址

位于市区中山路4号的古朴庄重的建筑群，毛泽东同志多次来此讲学，培养了许多农民运动学员骨干，此地现为全国重点文物保护单位，是人们了解中国近代史的好地方。

🚌 地铁1号线农讲所站C口出可到。 💰 门票免费

沙面

珠江白鹅潭北的一个椭圆形小岛，虽然是面积只有0.3平方千米的弹丸之地，但因此地鸦片战争后沦为英法租界，所以建造有大量的西方古典主义建筑群，风格情调颇为独特鲜明，被人称为"羊城第九景"。现在，广州有名的白天鹅宾馆和国际海员俱乐部等均处此地，是风光秀丽富有异国韵味的观光胜境。现在有地铁和多路公交车抵达沙面。

珠江水上风情

珠江横贯广州市区，江面宽、水量足，江心船舶穿梭往返，江岸上高楼广厦林

● **购物及商业街区**

主要商业街区有北京路商圈、上下九商圈、中华广场商圈、东山商圈、天河商圈、太古汇商圈、环市中商圈、江南西商圈、火车站商圈等。每个商圈都红火喧嚣、华丽气派。建议游客关注北京路、上下九、天河三大商业街区。

● **沙面**

夜晚沙面街头彩灯闪烁、酒吧林立，情调颇为温馨迷人，是不可多得的休闲胜地。
白天徜徉在此，亦有独特观感。
别看这里地处市中心，却有便宜旅馆和大众小吃店，在这里食宿挺不错，交通亦方便。

● **另荐景点：中山纪念堂**

位于越秀公园南麓的高大建筑，高约49米，建筑外观壮美恢宏，是广州人民和海外侨胞为纪念孙中山先生兴建的，也是广州老城中的标志性建筑物之一。

🚌 地铁2号线纪念堂站C口出步行170米可到。 💰 门票免费

另荐佳景：增城白水寨

白水寨景区位于广东增城市境内，距广州市区只有1.5—2小时车程。景区的主要观光亮点是总落差达400余米的瀑布群和由9999级台阶组成的有"天南第一梯"之称的观光路。白水寨景区山上飞瀑高悬，谷中溪流汹涌奔腾，风光壮阔且充满活泼动感。由于它满足了广东人不出远门就可畅观瀑布美景的愿望，所以来此观光的人很多，可以说是门庭若市。

从广州市区去白水寨最好是先乘车到从化（广州市内各大客运站都有客车直达从化，车费20—22元，车程70—90分钟），再从从化客运站换车，车费10元，50分钟后即到白水寨景区大门。另外芳村客运站始发的增城、派潭专线车可直达白水寨。白水寨景区门票60元/人。目前景区内游乐餐饮设施齐备，也有度假酒店，游人在此观光有半天时间即可玩得圆满开心。

● 珠江水上风情

较好的观景点有海珠桥、人民桥、沙面、白天鹅酒店等，珠江新城一带的城市风光也非常壮观。

● 观赏城市夜景

也可去白云山，山顶上能看清大半个广州城的夜晚风光。

● 广州塔

▓ 成人150元/人起；
儿童、老人、学生有优惠。
电话：020-89338222
网址：www.cantontower.com
微博：weibo.com/cantontower

推荐特色旅游项目：珠江夜游

珠江夜游是广州市颇具特色的专项游览项目之一。每晚从人民桥附近的西堤码头（还有天字码头等多处上船点）上船，一路沿江行驶，先后途经解放大桥、海珠桥、江湾桥、海印桥、广州大桥、鹤洞大桥后返回，沿途可见珠海丹心、东湖春晓、鹅潭月夜等羊城八景和无数新颖气派的城市建筑。船上还提供饮料和食品，游客边品美食边观赏霓虹闪烁、灯花如海的城市夜景，感受甚为欢乐开心。票价分为普通游轮和豪华游轮几个档次，票价108—228元不等，游客可任意选择。咨询电话：020-83332222。

立，颇具迷人风姿神韵。珠江是广州市区的观光亮点之一，白天夜晚皆可畅游，尤以夜景美丽动人，游人应重点关注。

推荐游程

二日游

D1. 市内观光：陈家祠、中山纪念堂、五羊雕塑、上下九路商业步行街、沙面、沿江路、二沙岛、珠江新城、天河体育中心、中信广场，晚上乘船夜游珠江。

D2. 登广州名景白云山观光览胜并登广州塔看广州市区全貌。之后还有空可到市区西南的番禺玩1—2天，番禺有宝墨园、长隆欢乐世界、莲花山等数处精彩景观。

力荐佳景

广州塔简介

广州塔屹立在广州城市新中轴线与珠江景观轴线的交会处，总高度600米，是中国第一、世界第三高塔。广州塔与海心沙亚运公园、花城广场和珠江新城CBD隔江相望，处于整个新中轴线的中心点，登塔可俯瞰白云山，远眺珠江口，遍览全城，是广州城市格局中的点睛之笔。

广州塔不仅是广州的地标，也是世界经典钢结构建筑中最具时代性的标志性建筑。其扭转的椭圆螺旋体形，形成了各种独特的空间效果并使塔身中部呈纤纤细腰的结构，广州塔也被市民亲切地称作"小蛮腰"。

广州塔依托得天独厚的旅游资源，是国家4A级旅游景区，并创造了云霄488摄影观景平台"世界最高户外观景平台"、速降体验游乐项目"世界最高惊险之旅"、璇玑地中海餐厅"世界最高旋转餐厅"三项吉尼斯世界纪录。

● 广州塔交通指南

机场： 从广州白云国际机场前往广州塔约需30分钟车程。

火车站： 从广州火车站、广州东站及南站均可搭乘地铁前往。

公交： 262路、121路、121A路、204路、旅游公交2线等5条线路（珠江帝景苑总站）以及468路、旅游观光1线、水上巴士等可直达广州塔。

地铁： 地铁3号线广州塔站或APM线广州塔站直达。

停车： 广州塔设有600多个小汽车停车位及20个旅游大巴专用车位。

周边景点

广州番禺有非常精彩的景点

不久前笔者去广州畅游，发现与市中心相距约 20 千米的番禺区有不少精彩景点，论自然风光和人文佳景的动人程度，这里比广州市内有过之而无不及。

佳景之一：莲花山

莲花山坐落在珠江口的狮子洋西岸，景区内有秀丽山峦、茂密丛林、莲花古塔，还有古人凿岩采石后留下的诸多石笋、石柱、石洞、石穴，论奇石佳景能与著名的昆明石林相提并论。莲花山下就是珠江入海口，水面上千帆竞发、万舸争流的场面同样令人感到新奇和振奋。

佳景之二：宝墨园

宝墨园坐落在番禺西南缘的沙湾镇紫坭村，是集清宫文化、岭南建筑和园林艺术及珠江三角洲水乡特色于一身的大型人文景观。园内有诸多精致美观的仿古建筑和园林佳境，陈列着无数国内外收藏家捐赠的价值连城的珍宝和艺术品，单是园内的清溪碧湖间栖息游动的各色鲤鱼就达数万尾，为游客平添视觉上的无尽美感。

佳景之三：余荫山房

这是一座有 130 余年历史的私人宅园，别看它只有 1598 平方米的建筑面积，却把中国古代园林建筑中的亭、台、楼、阁、堂、馆、轩、桥、廊、堤及石山碧水有机地融为一体，其建造之精美和紧凑集中堪称奇绝，让人观后发出由衷惊叹，是国家 4A 级旅游景区。

佳景之四：长隆旅游度假区（国家 5A 级旅游景区）

长隆旅游度假区地处番禺大石镇礼村（与广州市内相距约 10 千米），由长隆野生动物世界、长隆欢乐世界、长隆水上乐园和长隆国际大马戏等部分组成。其中长隆野生动物世界和鳄鱼公园供游人白天观赏各类珍稀野生动物——已经非常令人快活开心，而长隆欢乐世界又把给予游人的愉悦和欢欣推向了极致——园内有丛林探险、律动天地、欢乐嘉年华、尖叫地带等六大主题园区，有餐饮、游乐、歌舞、滑水等多种游乐项目和观光项目，长隆大马戏的晚间马戏表演精彩热闹，所以长隆旅游度假区应作为游人在广州观光时的必游之景点。

游览实用指导

广州火车站有地铁列车直达番禺，如去长隆观光可在汉溪长隆站下车，刚出站就是长隆度街区的游客中心，这里有观光车免费送游人到各个景区。番禺汽车总站也有客车开往上述各景点。莲花山门票 50 元，宝墨园门票 54 元，余荫山房门票 18 元，长隆野生动物世界门票 350 元，长隆欢乐世界门票 200—250 元，长隆水上乐园门票旺季 300 元、淡季 160 元，长隆马戏大剧院门票 300—450 元。以上景点儿童购票均有优惠。另外广州市内有 202 路、221 路、247 路、512 路、530 路、562 路公汽直达长隆野生动物世界和欢乐世界，有 282 路专线车到余荫山房和莲花山，可视情乘坐。

欲游上述四处主要景点需要 2—3 天时间，所以在番禺住宿 1—2 晚很有必要。番禺宾馆酒店很多而房价比广州市内略低，住宿很方便。

▲ 长隆欢乐世界入口

佛山佳景众多，颇具观光价值

佛山是南国名城，距广州很近。这座城市既是陶瓷之乡、粤剧之乡、美食之乡，也是广东省内的旅游胜境。佛山市区内外有西樵山、梁园、祖庙、清晖园、南风古灶、南海影视城、三水荷花世界等八大景点和数十处小景点，秀丽山水风光和众多人文美景交映生辉，颇具诱人魅力。

佳景之一：西樵山

是沉寂多年的死火山，山上古树成群、绿荫蔽日，是国家5A级旅游景区。13平方千米的景区内到处是青峰绿树、清澈溪泉和漂亮的度假别墅群。山顶上屹立的观音像高大伟岸，天湖池水清波涟涟，还有翠岩、石燕岩、碧云洞多处佳景。西樵山是佛山首屈一指的观光亮点。

佳景之二：祖庙

祖庙建筑群由万福台、灵应牌坊、锦香池、钟鼓楼、庆真楼组成，历史悠久、结构严谨、装饰瑰丽，是佛山传统人文佳景，名气很大。庙内有黄飞鸿纪念馆，介绍武术大师黄飞鸿的生平。馆前每天有武术和舞狮表演，场面精彩、气势夺人。

佳景之三：梁园

梁园号称岭南四大园林之一。园内清溪碧湖、精美亭榭相映成趣，甚具朦胧柔美意境和水乡古民居独特建筑格局的美妙风韵。

佳景之四：清晖园

清晖园位于广东省顺德区大良镇清晖路，占地面积2.2万平方米。故址原为明末状元黄士俊所建的黄氏花园，现存建筑主要建于清嘉庆年间。取名"清晖"，意为和煦普照之日光，喻父母之恩德。主要景点有船厅、碧溪草堂、澄漪亭、六角亭、惜阴书屋、竹苑、斗洞、狮山、八角池、笔生花馆、归寄庐、小蓬瀛、红蕖书屋、凤来峰、读云轩、沐英涧、留芬阁等。清晖园与佛山梁园、番禺余荫山房、东莞可园并称为广东四大名园，是岭南园林的代表作，现为省级文物保护单位。现有的清晖园，集明清文化、岭南古园林建筑、江南园林艺术、珠江三角水乡特色于一身，是一个如诗如画般的迷人胜境。

佳景之五：南风古灶

是保存完好的古代烧瓷窑灶遗址，现在在遗址旁建起了陶瓷艺术博物馆。到这里走一圈，高妙陶瓷烧制的工艺和历史悠久的制瓷文化您就全领略到了。因此南风古灶是瓷都佛山"瓷乡旅游"的观光亮点，游人不可不看。

如何在佛山玩得高兴开心

①上面我们已经介绍了西樵山、祖庙、梁园、清晖园、南风古灶的风光简况，笔者认为初次去佛山的朋友看过这几处景点即可获取满意观光效果。时间极为充裕者可再去游南海影视城和荷花大世界。

②祖庙（门票20元）和梁园（门票10元）都在市中心，相距不远且有多路公交车抵达，游客想找到它俩都不难。建议在上述两个景点各逗留1小时。

③去西樵山可在佛山市区乘256路公交到西樵镇，再乘观光车上山（门票50元、观光车费20元），山上面积不小，步行登山有点累。切记不要错过观音像和天湖两大景点。如果能在山上住一晚，则是舒服透顶的美事。

④在市区乘109、120、137路车可到南风古灶，门票25元。观光90—120分钟就可以了。

⑤向大家重点推荐清晖园（从佛山市区乘禅城至顺德的专线车或旅游城巴4线可到，门票15元）。这个园林景色绝佳，就精美程度而言不逊于苏州的名园，所以来到佛山不看会是个遗憾。建议在园中观光至少3小时。

开平碉楼和古村落

如果您从广东省开平市驱车向东南方向行驶,那一定会在公路两侧看到大量的多层塔楼式建筑,它们有的孤独挺立、有的结队成群;有的外观原始自然而有的又是缀满奇异石雕花饰。这些像炮楼一样的奇异建筑计有1800余座,它们就是大名鼎鼎的开平碉楼群。碉楼是19世纪末至20世纪初当地人修建的集居住和防护多功能于一身的独特建筑,是岭南建筑艺术和当时历史文化及社会意识形态相结合的产物。这些碉楼群又往往建在清波绿树相映的古朴村寨中,形成了开平大地上独有而国内罕见的妙景奇观。

☛ 开平风景之美之绝就在于碉楼群和古村落的完美结合,这个特点在自力村和马降龙村中体现得淋漓尽致,好好观赏吧

气候与交通

开平是全年候的旅游胜境,四季皆可开心游乐。

从广东省客运站(广州火车站旁)乘快巴,2.5小时可到开平。若乘高铁1小时即到开平南站。

☛ 开平宾馆酒店众多,房价不贵

▲ 碉楼美景

观光指导·笔者关照

①在开平观碉楼和古村落,应抓住5个观光要点。一是自力村:田园风光秀美且有漂亮碉楼群,代表性景点有铭石楼、云幻楼等,不仅能远看,还可登楼参观。二是马降龙村:植被茂盛、竹荫浓密,还有骏庐、林庐等碉楼景观,也是观光大亮点。三是锦江里,这里主要有两个著名碉楼瑞石楼和迎龙楼:都是外观装饰最漂亮华丽的巨型碉楼,极其适宜观光摄影。四是立园:是极为漂亮精美的园林,集传统园林、岭南水乡和西方建筑风格于一身,园内景色令人感到惊艳和赞叹。五是赤坎古镇:镇上有不少奇楼老屋建筑,现被开辟成影视城供游客观览。

②在开平观光一是看碉楼群外观的千姿百态,还有不同碉楼群中蕴藏的多种建筑风格和文化;二是看古村落景色的古朴和柔美;三是看岭南园林精湛的建造技艺。上述三个观光亮点都能让人新奇惊讶、眼界大开。

③如果是乘客车在开平观光,约需2天时间。笔者建议您自驾或包租车,可在一天内轻松玩遍上述景点。

④马降龙村碉楼群门票50元、立园门票100元、自力村碉楼群门票78元、赤坎影视城门票60元。锦江里碉楼群门票50元。以上碉楼景点联票180元,景区咨询电话:0750-2678888。

川山群岛

电话区号：0750　上川岛码头：5381881　景区咨询：5381881

听到川山群岛的名称，您可能感到几分陌生和意外：这个群岛在何处，我怎么没有听说过呢？陌生归陌生，意外归意外，但是川山群岛却是一个精彩迷人的绝佳所在。它地处广东台山市以南的波澜壮阔的南海上，毗邻港澳，历史文化底蕴深厚，位置重要，风光壮美，旅游资源丰富、民俗风情诱人，是国家4A级旅游景区。

川山群岛是我国第二大群岛，面积235.81平方千米，像一把珍珠撒在南海的碧波中，其中最大的两个岛屿分别叫上川岛和下川岛，它俩相距约6海里却同具以下特点，即海景壮美、山峦秀丽、植被良好而旅游设施齐备，是游客去南海观光游乐的理想目的地。不久前笔者去川山群岛做了详细考察，觉得上、下川岛风光美而知名度不太高（外界对它还不为熟悉了解），这样恰恰能给游客带来新鲜美好的观光感受，于是在这里向大家予以特别推荐。

气候与游季、交通

川山群岛地处祖国南海，气候温暖，它的旅游

▲ 上川岛壮阔海景

季节和国内大多数景点是一样的，即春、夏、秋三季是旅游旺季而冬天游客稀少，盛夏期间来此休闲游乐的人最多，但是冬天风景亦不算太差，全年皆可游乐。

欲去上、下川岛应到广东台山的山咀码头上船。广州市汽车站去台山的客车30分钟发一班。车程2小时左右。台山至山咀码头的专线车30分钟发1班，车程70—90分钟，车费22元左右。山咀码头至上川岛船费50元，山咀码头至下川岛船费55元，基本上每小时都有1—2班船。

当地的餐饮及特色美食

特色风味菜肴主要有：虾酱炒浪糍、白鳝酸菜煲、急箦炒情人螺、清蒸白蚬干、花生焖油追、酥炸龙吐、姜葱蚝仔、苗虾干蒸蛋、青口咕噜肉等。

特色海产品主要有石斑鱼、花蟹、龙虾、濑尿虾、海胆、皇冠螺、狗爪螺、将军帽（斗嫁）、紫菜、水字螺等。

住 宿

上、下川岛旅游区有别墅、宾馆、酒店百余家，许多酒店都有食、宿、娱乐、健身、商务、会议等综合服务功能，如金都酒店（电话：5755612）、夏日酒店（电话：5381881）。

主要景点

上川岛

由1个主岛和12个小岛组成，全岛面积约156平方千米，岛上有总长达30千米的海滨沙滩，其中金沙滩、银沙滩、飞沙滩遍布上川岛主岛东海岸，海滩辽阔，海景壮丽，是当地旅游观光的主体。上述3处沙滩中以飞沙滩风光最美，它全长4800米、宽420米，前方海水清澈碧透，岸上旅游设施齐备，是各方游客来到上川主岛后的观光要点和集散地。在飞沙滩的南北两侧，有一连串的海滨美景，如5200米长的金沙滩、银白色的银沙滩、形态精美玲珑的宝鸭岛、奇石林立的九龙洞、乐川大佛像等，其中在乐川大佛景区内的望海亭、赏浪亭和听涛声亭皆为观赏上川岛东海岸风光的最佳地点，在此看到的飞沙滩、金沙滩一带的壮美海景（有千重银浪、万顷碧波）堪称华南之最。

上川岛上还有几处观光亮点：一是位于岛北侧网塘湾的省级猕猴保护区，内有猕猴数千只，可供游人观赏；二是位于岛南端的沙堤渔港，这里渔轮穿梭，渔家风情浓郁，岸上多海鲜餐馆，是体味渔家风情品尝海鲜的好地方；三是坐落在岛中部大象山南麓的圣方济各·沙勿略墓园，是为纪念1552年病逝在岛上的传教士圣方济各·沙勿略而建，该墓园背依青山，前临碧海，位置绝好，风水甚佳，是岛上最佳观景点之一。

下川岛

位于上川岛以南约11.11千米处，面积约98平方千米，是川山群岛内较大的岛屿之一。下川岛生态环境很好，岛上长满木瓜、芭蕉和浓密椰林，田园风光旖旎柔美。岛上有王府洲、独湾、竹湾、东湾、牛塘湾、姐妹湾等多处海湾，亦有观音山、登高石等多处旅游观光点，其中以王府海滨旅游区风光最美、观光度假设施最完备。王府洲是一处半月形的海湾，前方碧波万顷、礁岛秀美、岸上柳林密布、酒店及度假别墅林立。度假区海边沙滩上有乘船、冲浪、滑水、沙滩排球等各类游乐项目，岸边椰林间有优美的石径（也称"情人路"），游人漫步其间很有诗情画意。

▲ 下川岛王府洲海滨风情

推荐游程

在上、下川岛观光以 3 天时间为宜

D1. 可以先到下川岛独湾港，上岸后立即乘车去王府洲度假区，安排好住宿后即可开始游览：以王府洲海滨为中心观光游乐，兼顾桂榜湾、牛塘村、姐妹湾、龙闲、川东大湾、竹湾、东湾等景点，晚上在王府洲休闲享乐。

D2. 可以包车去东海岸看日出，去海滨公园游乐。中午坐船离独湾港去上川岛，40 分钟可到。上岸后坐专线中巴（车费 8 元）或打车到飞沙滩安排住宿。下午畅游飞沙滩，晚上在飞沙滩或沙堤渔港品尝海鲜，并看大海迷人夜色。

D3. 上午从飞沙滩向北，依次看金沙滩、九龙洞、乐天大佛景点，最后到猕猴保护区参观。午后回到三洲港后打车去看圣方济各·沙勿略墓园，下午即可踏上返程。

旅游锦囊

如何在上、下川岛玩得快乐开心

①川山群岛风光壮美，游人不太多，野味甚足，颇具观光价值，非常值得一去。

②笔者已经游览过全国各省市的主要景区，自以为对全国各地已经了如指掌，但是不久前去过川岛群岛后仍然大感惊奇欣喜和意外，真没想到广东沿海还有这么个好地方。

③上、下川岛都要去，只去一个观光效果不完整、不过瘾。

④观光顺序方面，笔者觉得先去下川岛再去上川岛为好，因为上川岛海景更美，在最美的地方结束游览犹如好戏在高潮时谢幕，心中的印象更深更难忘。

⑤在下川岛要把游乐重点定在王府洲度假区，这个地方开发得最成熟，兼顾岛上其他景区即可。

⑥上川岛的观光亮点在飞沙滩，这是岛上最辽阔的海滩，风光美且岸上食宿及娱乐设施齐全，在这里好好玩就是；而在去乐川大佛的途中会在右手侧看到金沙滩，顺路游览即可；真正的绝佳观光点在乐川大佛景区内的那几个观海亭，在那里居高向南远眺，飞沙滩、金沙滩和宝鸭岛景色完美交融且场面特别壮观，这里是川山群岛中的最佳观景点。至于猕猴保护区和沙堤渔港，笔者认为观光效果一般。

⑦圣方济各教堂风景甚好，位置奇佳，来上川岛后千万别忘记看它一眼。

⑧我们上边推荐的三日游程只是针对一般游客，实际上川山群岛海鲜美味、海景秀丽且渔家风味浓郁，在这里住上十天半个月也是不会厌烦的。

⑨笔者建议您 4—6 月或 9—11 月去上、下川岛游览，这时游人相对少一些，岛上更显宁静，食宿价格也会更便宜。

▲ 上川岛弥勒大佛像

广东省 河源

河源

电话区号： 0762　**万绿湖景区：** 8780361

河源在广东省北部、东江中上游，东接梅州、汕尾市；南邻惠州市，西连韶关、北与江西省交界，是一座交通便利、旅游资源丰富、风光绚丽多姿的城市，在广东省内和华南地区占有重要的位置。

作为一个美景众多的旅游城市，河源知名度目前还不算太高，但这里的山水风光和人文胜景却有着国内罕见的高水平且甚具观光价值。河源的主要风景区有万绿湖——水面辽阔、烟波浩渺、水色青绿；新丰江水库大坝景区——坝体雄伟、巍峨高耸，是工业旅游胜境；苏家围古村落——坐落在东江之滨，有800多年历史、古风古韵浓郁；南园古村——始建于明末清初，现有保存完好的古屋数百间，其建筑方式独特令人叹为观止；新丰江音乐喷泉每晚在市区新丰江心向游人展示迷人风姿；御林门温泉度假村——河源各温泉景区中的杰出代表，能让客人在其中享受到无尽欢乐温馨。此外河源还有万绿谷、桂山、霍山、新丰江森林公园、野趣沟等其他景点和观光度假区。哇！有这么多美景集于一身，绝对能让来到河源的八方游客感到不虚此行。

▲ 乘船畅游在万绿湖上

气候与游季

河源地处华南，属亚热带季风气候，这里光照充足、雨水充沛、温暖湿润，全年皆可开心畅游。

交通

原来的京九铁路经过江西省进入河源境内，新的高铁开通后，可以快速抵达福建省内的主要城市和深圳、广州。105和205国道纵贯河源全市，河惠高速公路通达广州、深圳，粤赣、河龙等高速公路也可到达河源。河源拥有非常多的高速公路，构成了河源四通八达的交通网络（有公路快巴与省内省外各大中城市对开），使河源成为粤东北的重要交通枢纽。

住宿

河源市区高中低各档宾馆酒店很多，房价不贵，您可视情况选择。此外，在万绿湖、新丰江水库大坝和苏家围古村景区内外，都有一些不同档次的宾馆和民宿，而御林门度假村的客房更是舒适宜人。游人在河源住宿非常方便。

酒店住宿信息参考

希尔顿欢明酒店	电话：8918888
棕榈树酒店	电话：8896998
亚朵酒店	电话：3799999

主要景点

万绿湖

万绿湖景区是河源规模最大的山水及生态旅游名胜区。这里有总面积达1600平方千米的辽阔水面、1100平方千米的湖畔青山、360多个湖上岛屿，规模宏大、美景众多、风光诱人。

万绿湖又名新丰江水库，是人工筑坝蓄水后形成的大型山间湖泊，与浙江省著名的新安江水库先后建成。万绿湖的特点一是水面壮阔、烟波浩渺；二是景区内处处皆绿（到处是葱绿山峦和碧绿湖水）且四季常绿。游人来到万绿湖边，首先会被那种耀眼的"鲜绿色"所震惊折服，到湖滨和湖心游览观景后，一定会感到振奋和欢欣。

万绿湖湖边有镜花缘、龙凤岛、镜花岭、水月湾、桂山万绿谷等景点可供观览，而坐游船去湖上观光是八方游人到来后的必修课。

🚌 河源市区有107路公交车直达万绿湖。🎫 湖上游船票1号线192元、2号线170元。

苏家围古村

位于东源县义合镇，距河源市中心约26千米，是一个有800余年历史、环境优美、客家文化氛围浓郁的江边村寨。苏家围紧邻东江，浩浩江涛终日从村北流过，泱泱碧水、点点渔舟与遍布村中的茂林修竹、浓密绿荫相映，风光非常柔美生动，所以苏家围又有"南中国画廊中的乡村"之美称。苏家围有建造历史达近百年的明清府邸式古居18座，全都结构精巧、建造精美而坚固，透射出客家建筑艺术的聪颖和智慧，而保存完好的迎亲桥、紫苏园、永思堂及穿行在村北江边的鹅卵石古道同样向外界展示着古老乡村当年兴盛时的迷人风韵。

🚌 河源汽车总站有专线车去苏家围。🎫 门票30元。

南园古村旅游区

在东源县仙塘镇红光村，距河源市区约10千米，村中有建于明末清初的古民居建筑30多座，构成了颇具规模的古建筑群，其中大夫第、老衙门、古炮楼、新衙门及客家民俗博物馆等就是古建筑中的杰出代表。南园古村中的客家古民居设计建造构思独特且独具匠心，许多房里建有通风排水系统，古炮楼中更是有诸多枪眼和地道，攻防功能皆备。村中的柳溪书院中讲堂、凉亭、鱼池、书房、天井一应俱全，还有不少精致的木雕砖雕，也是村中重要景观。

🚌 南园古村。河源汽车总站有专线车直达。🎫 门票30元。

恐龙之乡特色鲜明

河源是著名的恐龙之乡,远古时期这里遍布恐龙活动的踪影,近年来河源更是发现了诸多恐龙生活的遗迹。从1996年至今,河源已发掘出了恐龙蛋化石数万枚,给本以秀丽山水和绿色生态见长的河源增加了新的观光亮点和观光内容,如今到河源寻觅恐龙遗踪已成为诸多中外游客的游览重头戏。河源市恐龙博物馆新馆也已于2016年建成,对外开放,人们尽可以前去观光猎奇。

🚌 河源恐龙博物馆。市区有多路公交车可到。¥ 门票30元。

新丰江音乐喷泉

挺立在河源市区河源大桥与珠河大桥之间的新丰江江心,于1999年2月建成。主喷嘴能喷出近170米高的水柱,场面宏大、蔚为壮观。另外还有1068个副喷嘴和600余盏水下彩灯与主喷嘴配合、呼应,每晚组成数十种精美神奇的图案场景供大家观赏,是河源晚间观光的最佳去处。

☞ 1999—2009年间,它曾是亚洲第一高音乐喷泉。¥ 门票免收。

温泉之乡

河源不光有秀丽的山水,这里的地热和温泉资源也异常丰富,目前河源境内遍布各式温泉洗浴度假区,每一处都能给前来休闲疗养的客人带来舒适温馨。在这其中位于河源市紫金县九和镇的御临门温泉度假村条件极好,十分舒适迷人。

御临门温泉度假村是按五星级标准建造的高级温泉疗养区,建筑风格是将典型的印度尼西亚巴厘岛风情与岭南客家文化结合而成,建造起点高、食宿及洗浴条件好,深受各方客人的青睐和喜爱。宽敞的接待大厅、舒适的客房和餐厅以及建在山间河畔由大小不同、形态不同、温度不同的数十个泉池组成的洗浴区都能带给客人美妙清新的感受,到了节假日,御临门温泉度假村甚至会一票难求。

☞ 欲去御临门温泉度假村,可从河源乘专线车到九和镇,换乘去热水村的机动车即到。

¥ 门票148—228元。

推荐游程

二日游

D1. 上午乘船游览万绿湖,看龙凤岛、镜花缘、水月湾景区和客家风情馆,中午品尝湖鲜。下午南园古村观光,晚上在市区看新丰江音乐喷泉倩影。

D2. 上午游苏家围古村寨,午后去新丰江水库大坝看美景,之后返城区顺路看恐龙博物馆,之后去御临门温泉度假村洗浴休闲享乐。次日上午踏上返程。

这样安排非常精彩圆满,大家尽可一试。时间充足的游客也可做三日游:**D1.** 日程同上,**D2.** 上午游苏家围古村景区,下午去万绿湖边的万绿谷住宿并观光游乐。**D3.** 上午看新丰江大坝,中午回市区看恐龙博物馆,下午去御临门温泉。

从化

电话区号：020　从化碧水湾温泉度假村：87842888

从化曾是广东省南部风景名胜中的"老明星"，那里的温泉度假区很早就已四海扬名。如今，从化更具旖旎秀美的飘然新姿，那里开发的温泉疗养新区、碧水峡漂流景区、流溪河森林公园、广州蓄能电站和石门森林公园等景点风光甚为瑰丽迷人。来到广东后您一定要抽出2—3天时间去从化一游，感受之美妙舒适会令您回味无穷。

☛ 从化是国内不可多得的观光休闲胜境，笔者强力推荐

▲ 碧水峡开心漂流

● 笔者的指导和关照

在去从化之前笔者只知道那里有个温泉度假区，觉得洗个温泉浴待上2小时也就差不多了，就可回广州了，没想到这一去竟然在那里玩了整整4天时间。所以毫不夸张地说，从化是广东省内风光最美、景点类型最多样丰富的地方之一，也应是外省游客在广东省内的必观之地。

具体的观光指导是：

D1. 去温泉老区观光洗浴并住在那里。**D2.** 上午先去看温泉新区美景，然后去广州蓄能电站参观，下午返回时去碧水峡玩漂流，感受其间的开心和刺激。夜宿流溪河发电厂明珠度假村。**D3.** 游览流溪河森林公园后下午返回。时间充足的人可加1天时间去石门山观光游乐。

气候与游季　交　通

从化地处广东南部，气候温暖，不光春、夏、秋之季适宜观光，冬天的温泉浴更合节气时宜，全年皆可开心畅游。

从广州火车站对面的省客运站乘车，票价25—30元，1小时即到从化，另外广州天河客运站也有客车直达从化。

📞 广州市客运站电话：020-86661297　从化客运总站电话：020-87990999

主要景点·观光指导

从化的温泉度假老区已接待过不少国内外名人和各界游客，现在在老区不远处又开发了更气派的碧水湾温泉度假新区，温泉酒店很多，都能洗浴和做各类项目，您可以从中任选一个去做休闲游乐（可考虑在度假村中住一晚），好好享受一下。流溪河森林公园在温泉度假区东北约20千米处，山水壮阔而迷人，广州蓄能电站有高山、有碧湖，还有请游客进山中机房观光的工业旅游项目，特色鲜明；碧水峡漂流与蓄能电站可在一天内连在一起游览，晚间可在流溪河电厂度假村住宿。石门国家森林公园有高山、有密林，尤其是这里冬季盛开雪白梅花，山间还有大片树叶殷红的树木，所以冬天来此观梅观红叶，场景尤为动人。

去新老温泉度假区、碧水峡漂流、森林公园和蓄能电站，从化市内客运总站都有客车抵达景区道口，石门森林公园可考虑从从化打车前往，游毕上述景区约需3天时间。

肇庆

电话区号：0758　鼎湖山景区：2621116

　　肇庆地处广东省珠江三角洲的西部，东距广州90余千米，它是国家历史文化名城，也是岭南文化的发祥地。肇庆市及周边有梅庵、悦城龙母祖庙、崇禧塔、阅江楼等40余处颇具史学价值的文物古迹，闪烁着华夏古代历史的灿烂光辉。肇庆市区的自然风光亦很优美，星湖旅游景区（含七星岩和鼎湖山两大部分）享有"桂林之山、西湖之水"和"北回归线上的绿色宝石"之美誉，是广东省内最为精美漂亮的山水名胜区之一，国家5A级旅游景区。

气候与游季

　　肇庆属亚热带季风性湿润气候，阳光充足、雨量充沛，年平均气温为22.1℃，夏无酷暑，冬无降雪（最冷天穿毛背心即可），四季皆宜畅游。

交通

　　肇庆距广州只有90余千米，从广州去肇庆最方便。广州南站每日有多班高铁列车到达肇庆，行程不超过1小时。广东省客运站和广州越秀南站均有客车随时发往肇庆，车费30—45元不等，2小时即到。广州白云机场也有快巴直达肇庆。此外，从广东省西侧的茂名、湛江等城市乘汽车和火车到肇庆亦十分方便。

　　另外肇庆滨江西路上还有水上客运站，这里有船同广州、梧州、香港等地对开。

住宿

　　肇庆的宾馆旅店很多，价格比广州市区便宜不少，市区许多宾馆的标房价打折后都在100—280元/间且条件尚好，笔者力荐您住市中心星湖牌坊旁的白天鹅迎宾

▲ 七星岩风光

● 笔者关照

肇庆风光美且距广州甚近，所以即使时间再紧张，您到广州后也应抽空去肇庆做至少1日观光，游后保证满意称心。

● 交通咨询

民航售票处电话：0758-2220145
火车站端州区站北路电话：0758-6161822
汽车客运总站电话：0758-6818611

宾馆住宿参考（区号 0758）

星湖大酒店	2211888
松涛宾馆	6623688
肇庆国际大酒店	2833228
皇室假日酒店	6623226
星岩宾馆	2224112
鼎湖避暑山庄	6629882

●七星岩
肇庆市区有19路等公汽和环湖游览专线车及游船直达景区，因景区紧贴市区，步行前去游览亦成。

门票70元，景区内数处小景点另收费。仙女湖门票含船费65元。

景区内观览车收费10—25元。

这个地方风光很美，可谓肇庆市甚至是广东省的标志性景点，应好好游览和拍照。

●鼎湖山
肇庆市区有各类专线车去鼎湖山，3、15、21路均可。

门票70元。观光车费20元/人。老人、学生优惠。

●阅江楼
6、10、15、18路可到。

门票免收。

馆，位置绝佳、条件较好的普标房打折后才168—268元/间，电话：0758-2316688。

主要景点

七星岩
在肇庆市区北侧，6.3平方千米的湖面上，耸立着七座挺拔秀美的石峰，水绕山环、波光岩影相映，风光俏丽精美，构成了一座天然而绮丽的山水盆景，被誉为"岭南第一奇观"和"人间仙境"。

笔者对七星岩的感觉是：这里什么都好看

鼎湖山
在肇庆市东北方约18千米处，由鼎湖、鸡笼、伏虎等十余座山峰组成，含天溪、天湖、云溪三大景区，龙潭飞瀑、伏虎听泉、曲径云封、天湖探险等数十处佳景。鼎湖山动植物资源丰富，生长栖息着数百种鸟兽和数千种植物，山上万木滴翠、溪泉清碧，空气极为凉爽清新，亦有"北回归线上的绿色宝石"和"绿色宝库"之称。

鼎湖山与七星岩不是一个风格，但也应重点观览

端州古城墙
在肇庆市区人民南路，始建于宋代，是目前广东省内仅存的完整古代城墙。城墙呈长方形，周长约2800米，是肇庆市内著名古迹。

公交5、9、10、12、17路均可到古城墙

梅庵
地处端州区城西的梅庵岗上，为纪念禅宗六祖慧能在此地插播菊花而建。现存山门、大雄宝殿和祖师殿，颇具唐宋建筑特色，现被开辟为肇庆博物馆。

公交5、22、12路可到梅庵。 门票免收

阅江楼
位于肇庆端州区正东路东侧，始建于明朝，楼高两层约15米，临江而立、古风浓郁，是有名的"肇庆八景"之一。

鼎湖山风景区导游图

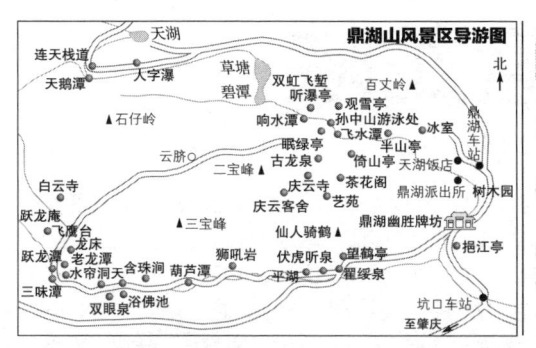

推荐游程

二日游

D1. 抵肇庆，游七星岩和阅江楼、端州古城墙、梅庵、西江、阅江楼。

D2. 畅游鼎湖山。晚上看星湖和七星岩音乐喷泉美丽夜景。市区休闲购物。

补充提示

①肇庆街头有不少普通宾馆，找到一两百元的双人间并不困难。

②当地美食有各类粤菜及各类海鲜，另有不少山珍野味，美食街有天宁北路的珍宝美食街和七星岩景区内的北岭美食一条街等。欲图实惠可在街上吃快餐，牛腩和叉烧快餐饭一般二三十元。

③市区街上的电动车太多，尤其是在十字路口处，绿灯一亮群车蜂拥而过，游人在街上千万要小心，注意安全。

④如果是游完肇庆还要游广州而时间又不太紧张，可以当晚住在肇庆而不是回广州住，因为肇庆的住宿比广州便宜得多，一晚上可省不少钱。

发烧友特别关照

①游览七星岩景区最好从南门（星湖牌坊）进，西门出，这样从观光角度和顺序上似乎更合适合理。

②游七星岩一定要登上制高点天柱岩，从这里看肇庆全景外妖娆迷人。

③天柱岩山北有个佳景——观鱼池，池中的彩色鲤鱼多达上万尾，红鳞逐浪的场面非常生动美妙，值得一看。

④游鼎湖山最好在山门入口处乘观光车先到山顶的宝鼎园，然后一路步行下山边走边玩，这样非常轻松省劲。山中的蝴蝶谷景色秀丽值得观览，另需门票35元。庆云寺是山中重要景观，亦应关注。

⑤鼎湖山中有避暑山庄和青年旅馆，因空气清新、环境优美，住在这里异常舒适。

⑥租辆自行车游肇庆，又灵活又方便，尤其是在七星岩湖边骑行，美景迭出，每时每刻都有新鲜美感，您是否应该试试看？

⑦周边景点较出色的有德庆盘龙峡、怀集燕岩、世外桃源、广宁竹海大观等，时间充足者可一一畅览。

▲ 星湖丽水奇山

德庆·盘龙峡

电话区号：0758　景区电话：7235038

  盘龙峡是位于广东省肇庆市德庆县境内的大型生态旅游观光度假区，度假区内集观光游乐、休闲度假、探险漂流、温泉洗浴等诸多功能和享乐方式于一身，景区范围大，观光度假游乐设施全，颇具诱人魅力。是广东省内甚具知名度和影响力的亮点之一。

  盘龙峡地处广州市西北方向约190千米处，与著名旅游城市肇庆间只有2小时车程，把肇庆的七星岩、鼎湖山同盘龙峡连在一起观光游览效果甚佳，建议大家给予重点关注。

☛ 从广州、肇庆至德庆的途中可关注怀集燕岩、世外桃源、金林水乡等佳景。

气候与游季

  盘龙峡一年四季皆可游览，即使是冬季，这里依然是青山常绿、碧水长流，山脚下的温泉度假村亦能给游客带来无尽舒适温馨。

德庆客运总站电话：0758-7762337

▲ 盘龙峡峡谷漂流

交　通

  广州市内有高铁直达南江口站，出站后换专线车即到景区，从肇庆乘车去德庆也方便，每小时至少有1班车，快巴55元，行驶2小时可到德庆。德庆县城每天有多班客车直达盘龙峡，车费10元，车程30分钟。

游览指导

  ①盘龙峡的游览主要有两大方式，一是上山观光（山上森林密布、峡谷中溪水欢流），看山水和溪泉瀑布美景并参加峡谷漂流；盘龙峡山谷间还种植着大面积的薰衣草，花季景色独特、花香诱人。二是在山脚下的温泉游乐区洗浴享乐，游览时间以1～2天为宜。

  ②从景区门口有观光车直达山腰（车程15分钟），下车后可参观桃花湖、寻龙谷、森林栈道等景点，之后可从水车王国（有100多个水车）入口处向下走，这条峡谷是观光核心区，主要景观有梅雨瀑、聆听瀑等几条瀑布，还有勇士漂（138元）和逍遥漂（68元）两段漂流。游人可以全程步行走下来，也可以步行一半路然后乘船漂流下来，勇士漂的终点是休闲漂的起点，休闲漂流的终点就是景区大门了。

  ③山下的温泉度假区条件甚好，有好多泉池和酒店客房，住在这里享受温泉洗浴和餐饮美食，简直舒服透顶。

  ④盘龙峡景区的风光、游乐设施以及管理和服务都很好，笔者向大家强力推荐。门票60元。

广东省 清远

清远

电话区号：0763　连州地下河景区：6678683

清远地处珠江三角洲与粤北地区接壤地带，地形地貌独特，旅游资源丰富，这里虽然不如肇庆那样的旅游名市名声显赫，但以连州地下河、英西峰林和飞来峡、黄腾峡为首的数处山水风光景区和清新温泉仍可算是景色优美、个性鲜明、引人入胜。

交通

从广州火车站对面的省客运站乘客车沿广清高速路行驶，1个多小时即可到清远（快巴50元左右），从广东其他城市到清远也十分快捷方便。

清远市有新站和旧站两大客运站，有客车发往广东各市县及周边省份，也有专线车发往当地的各个景点。去往广州市的快巴一般在新站发车。

▌广州市客运站电话：020-86661297

住宿

清远的住宿比广州便宜，普通宾馆的双标间价格在150—300元。主要星级宾馆有清远迎宾馆、新乐纵帆酒店、银泉公寓等。

推荐实惠住处：锦江之星清新观景台店，电话：0763-5869999

主要景点

新景泉温泉度假区

在清新县三坑镇，距广州仅90分钟车程。度假区内有60余个大大小小的泉池，涌出高温且含有多种微量元素的矿泉水，洗浴后可健体强身。度假区内餐饮、住宿、游乐设施齐全完善，短游长住均令游客倍感轻松开心。

飞来峡

位于粤中北江上的一段美丽峡谷，距清远市区23千米，由粤中北江峡、飞来古寺、三霞洞、紫竹钟声、螺星翠林五大景区组成，山、水佳景及人文佳景共具，是当地最传统的风景名胜。

北江是一条充满生机活力的大江，两岸风光美丽动人

▲ 连州湟川三峡秀色

● 新景泉温泉度假区

广州市汽车站、市汽车站及罗冲围车站有客车直达。清远和清新客运站每天均有客车去温泉，50—60分钟可到。温泉度假区范围很大，其中河心温泉是观光游乐中心。

● 力荐游乐方式：黄腾峡漂流

清远有许多江河峡谷可供漂流，黄腾峡漂流是最诱人的游乐路线和方式之一。黄腾峡漂流河道全长4.8千米，全程票268元，其中天然猛士漂流距离2.8千米（收费178元）、观景勇士漂流距离2千米（收费138元）。峡谷内共有急流险滩130处，能给漂流者带来无限惊奇刺激。漂流公司咨询电话：0763-3906999。

633

●飞来峡

广州市内的省汽车站、市汽车站及罗冲围汽车站每天有各类车去清远，车程约1小时。从清远至飞来峡有旅游空调中巴和普通中巴，1.5小时可到。

💰 门票免费，车费10元，船费30元。

●太和古洞旅游区

从清新乘客运中巴2元钱40分钟即到。

●连州地下河

可从广州或清远先乘客车去连州，再从连州长客站或文化广场乘中巴可直达，亦可从连州先到东陂镇，再换机动车半小时即到。

💰 门票110元。

太和古洞旅游区

地处清远市清新县北郊的花尖山上，是清远著名的道教洞观之地，山上有灵山古观、太和宝殿、桃源仙馆、护法殿、玉皇殿等古刹，亦有挺拔山岩、幽深林壑和溪流泉瀑，自然风光和人文景色俱佳。

☞ 笔者觉得这里门票15元，性价比很高

新华鸸鹋文化生态园

建在清远市清新县太和镇五星村旁的大型鸸鹋养殖场，饲养着有"澳洲鸵鸟"之称的大型鸟类动物鸸鹋数千只，有较高的观光价值。游客可以观看鸸鹋的孵化、育雏、生长过程，并与这种与人齐高的大鸟合影，乐趣无穷……

☞ 鸸鹋这种大鸟不怕人，"鸟随人动"的场面让人感到温暖和开心

连州地下河

在连州市北25千米处的东陂镇，是隐藏在大口岩溶洞中的大型地下岩溶风景区。陆上景观有"仙人神田""仙人河"等钟乳石奇观。洞中暗河蜿蜒幽深，游船行驶距离长达1500米，穿越四座山腹，途中经过香蕉峡、莲花峡、龙门峡三处峡谷，所见奇岩怪石不计其数。

☞ 连州地下河景观紧凑、精美玲珑，湟川三峡风光独特，上述二景均值得一看

湟川三峡

是连州市区西南缘北江支流湟川上的三段精美玲珑的峡谷，分别叫仙女峡、楞伽峡、羊跳峡，枯水季节峡谷中仍有江涛欢流，雨季谷边挂满流泉飞瀑，游客乘船在峡中行驶可览山光水色和岸边山民生活场景（游湟川三峡在连州城南的龙潭度假区上船，门票50元）。

发烧友特别关照

如何在清远玩得快活开心

①温泉度假区一定要去，温泉景区太美丽、太舒适、太温馨了，人一进去就不想出来。

②飞来峡景区山清水秀，江上还不时驶过各种轮船，风光柔美而生动，亦应成为清远观光中的"必游之景"。

③鸸鹋生态园特色鲜明，观后会有独特感受（从清新乘中巴三四十分钟即到）。

▲ 乘船在连州地下河中遨游

④连州地下河景色美而景观紧凑集中，短短1.5小时就可游毕全程，令人愉悦欢欣。

⑤连州湟川三峡景区不同季节风光有差别，雨季观光效果更加奇丽动人。清远当地的佳景还有笔架山、玄真洞、薰衣草世界、三排瑶寨、桃源生态旅游区、金龙地下河、英西峰林走廊等，游人时间充足可一一光顾。

广东省 深圳

深圳

电话区号：0755　世界之窗：26608000　中国民俗村：26602111　欢乐谷：26949184

作为一线城市之一的深圳，不只是经济特区中的明星，这里的旅游资源也非常丰富。深圳紧邻深圳海湾和大鹏海湾，海滨风光美丽而壮阔（大小梅沙景区就是其中的杰出代表）；城市中亦有许多新建的人造大型主题公园，它们同具一个特点，就是建造规模大，建设起点高，游乐设施齐全完备，颇受各方游客的关注和欢迎。目前，深圳市区的观光亮点有世界之窗、锦绣中华民俗村、锦绣中华、欢乐谷、明斯克航母、地王大厦、野生动物园、大梅沙、小梅沙等。另外市区东部的著名景点东部华侨城也颇具观光价值，受到社会各界的广泛关注。

气候与游季

深圳属热带和亚热带气候，春秋平均气温在20℃，夏季平均气温为28℃，冬季平均气温约为12℃，夏秋时节时有台风，每年的4—9月为雨季。深圳四季皆可旅游，但要注意这里的阳光挺厉害，5—10月间到深圳最好带上遮阳伞、遮阳帽或防晒霜。严冬时节仍可开心游览。

▲ 花园般的城市实在漂亮

旅游锦囊

为您的深圳游出谋划策

①世界之窗、锦绣中华民俗村（含锦绣中华）、欢乐谷、东部华侨城、深南大道、地王大厦为必观之景，天气热时去大小梅沙也不错。途经世界之窗、锦绣中华民俗村、欢乐谷的欢乐干线观光车也值得一坐。

②虽然世界之窗和锦绣中华民俗村内游乐项目较多，但笔者认为它们支撑游客做一整天观光的动因仍显不足，所以建议每天上午安排其他地方观光而午后再进这两个地方游玩，晚上再留在园内看表演，这样就显得充实而圆满了。

③深圳的公交车线路很多，但游客记住这3条线就够了——一是101路，从火车站出发向西开，途经地王大厦、锦绣中华民俗村、世界之窗、欢乐谷、野生动物园；二是387路，从火车站向东开，途经明斯克航母、大梅沙、东部华侨城；还有一个游1路，从东到西跨越整个市区，经过上述各个景点——观光客只要认准了这3路公交车（不过游1路线路缩短了），那游遍深圳主要景点就是"小菜一碟"。

635

交通

航空

深圳宝安机场有航线与北京、上海、杭州、沈阳、哈尔滨、武汉、西安、乌鲁木齐等近百个城市相连，亦有国际航班飞往世界各国，每日进出港的航班多达数百个，有多家航空公司可选。

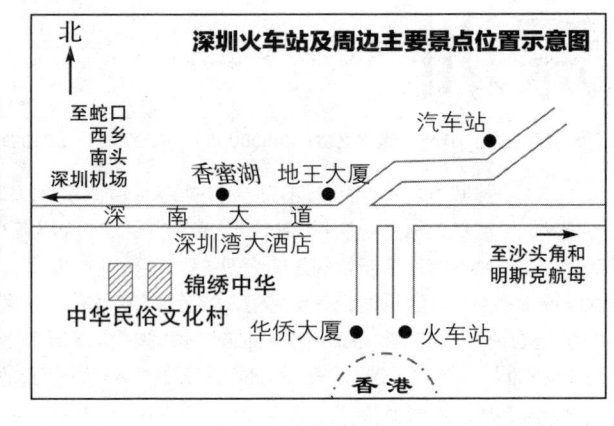

机场客服电话：0755-23456789

深圳火车站及周边主要景点位置示意图

铁路

京九、京广（含广深）两条重要铁路干线均通往深圳，从福建到广东的高铁也通车多年了。城市内共有8个火车站，其中北站、福田是高铁站，游客可从北京、郑州、武昌、岳阳、九江、南昌、井冈山、赣州、福州、厦门、汕头、广州等大中城市乘火车直抵深圳。

☞ 深圳已开通了18条地铁线路（含有轨电车），轨道交通四通八达

公路

深圳市的公路客运业太发达了，客运大巴四通八达，运营范围不光覆盖本省各市、县和周边省份，甚至远达河南、贵州、四川、安徽等省。深圳与广州间的大巴每天有50—60班，2小时即到。深圳到汕头的大巴有30余班，进出均很方便。深圳有多家大客运站和客运中心，分别是银湖汽车站电话：0755-82436052，罗湖汽车站电话：0755-82321670，福田汽车站电话：0755-83587526，盐田汽车站电话：0755-26693270。

☞ 罗湖既是口岸，又有大型客运站，火车站也在这里，是交通集散地

市内公交

深圳市内的道路好，公交线路多达近百条，可到达城市各个方位，且车速甚快，车况也好，许多车都有空调，上车1元钱起价的少，2元甚至3元起价的大巴很多，且尽是远距离公共汽车，动不动多达四五十站，相当于从北京的门头沟一直开到顺义或平谷，真带劲。另有观光专线多条（其中游1路很重要，近期开通了游1路摆渡车），可带游客抵达各主要景点。

▲ 欢乐干线上的观光车

● **推荐便宜住处**

①格林豪泰酒店老街地铁站店，平日间房200元左右，电话：0755-82298889。

②太阳岛假日酒店，平日标间200元左右，且距罗湖口岸不远，交通方便，电话：0755-82143100。

市内地铁

深圳市地铁建设发展迅速，截至2024年年底，已有18条线路（含有轨电车），形成了"四横四纵"的地铁网络结构，20余座换乘站。地铁计价方式按里程计算，换乘不另收费，乘坐非常方便。

住 宿

深圳市中心的宾馆、饭店极多，客房、餐饮、娱乐、通信条件都好，房费适中。市区当然有众多的豪华酒店，但普通宾馆、商务酒店也是遍布市内各个区域，大家可以从容选择。

餐 饮

深圳是个典型的"移民城市"，因而各地风味美食亦都在此落户，川、湘、粤、淮扬、东北各类餐饮遍布全市各主要街区。但与其他城市相比较，深圳的餐饮物价偏贵，正式餐馆里吃高档粤菜和海鲜要有预算。不过如果离开市区中心干道到旁边的中小街道上去，用餐费用就可以减少许多。许多快餐店中的白切鸡、滑蛋叉烧、咖

发烧友特别关照

为您提供深圳观光的各种游程安排

①最标准的游览方案——深圳三日游

D1. 上午 8:00—9:30 乘公交车观览深圳中心干道深南大道，览高楼广厦林立的特区风采，10:00— 11:30 地王大厦观光。

13:00—19:00 游锦绣中华民俗文化村。晚上在园内观看歌舞表演。

D2. 8:30—11:30 游大、小梅沙海滨景区。之后去东部华侨城观光，夜宿东部华侨城或大小梅沙。

D3. 早晨进园畅游欢乐谷，里面的游乐项目太多，要好好观赏、体味、享受。下午畅游世界之窗，晚上在园内观看大型歌舞表演（中外演员数百人先后登台，场面异常壮丽恢宏）。之后即可乘夜车返程。

依以上安排，您可在 3 天内游遍深圳市区的各主要景区景点。

②更宽松的游览方案——深圳四日游

D1.—**D3.** 可按三日游之安排。

D4. 上午沙头角中英街购物，然后参观大亚湾核电站，下午游野生动物园，晚上去蛇口海上世界休闲娱乐。

③更紧凑的游览方案——深圳二日游

D1. 早晨游锦绣中华民俗文化村，停留 4 小时，下午世界之窗，晚上在园内观看歌舞表演。

D2. 早晨在地王大厦观光，停留 1 小时，之后游大、小梅沙海滨风光，晚上去欢乐谷观光游乐。

以上二日游程虽然紧张，但仍能游览市内的主要景点，适合只能在深圳作短暂停留的游客。

▲ 东部华侨城风光

● 地王大厦

🚍 3、10、12观光线，N5路、101、203、223路等多路车可到。

🎫 观光票80元。

大厦内还有激光游戏等多种游乐项目，游客可任选用。站在300多米高的观景厅里，只觉得脚下的大楼在微微晃动——据说超高层建筑在一定范围内摇动是正常的，"摇摇但不欲坠"的感觉挺奇妙。

▲ 地王大厦夜景

● 世界之窗

🚍 26、101、109、113、301、204、209、223、301路等多路车可到。

🎫 门票220元含晚上观看大型歌舞的费用。夜场门票120—150元。

晚上19:30开始的歌舞表演是深圳夜生活中的大亮点，每天观众如潮。

电话：0755-26608000。

喱牛腩饭套餐不过是20—40元，含一菜一汤一饭。另外深圳市区各处还有不少餐饮大排档，黄昏后生意尤为红火，美食品种和菜价也较正式餐厅更灵活，较为有名的有盐田海鲜一条街、凤凰路美食街、乐园路海鲜街等。当地特色餐馆推荐两处：①华城渔港，主营各类海鲜，价格不贵，人均百元左右可吃到一般水平。②新梅园，主营潮汕菜肴，也有不少海鲜，人均消费百元可吃得很好。

🚶 主要景点

地王大厦观光　惊煞游客

地王大厦正好位于城市中心，是深圳最高大的建筑之一，其大型观光厅就建在大厦的顶部，离地面整整384米（北京著名的中央电视塔观景厅才高225米），游人通过专用的观光电梯登上观景台，可以把深圳城市全貌尽收眼底——巍峨高耸的梧桐山，碧波粼粼的洪湖，宽敞气派的深南大道，以"三天一层楼"被人称为"特区效率"的速度盖起来的国贸大厦，全都会向游人一展迷人风采。

👉 从地王大厦看不远处的京基大厦，画面也是精彩绝伦

华侨城旅游度假区（国家5A级旅游景区）

★ 世界之窗　美景纷呈

作为深圳人造主题公园中最大的亮点，世界之窗集浏览世界各地自然风光和著名景观、领略各国风土人情和观赏大型歌舞表演等多项功能于一身。全园各景区的主要景点都是按固定比例微缩复制而成，游客在这里不光能看到法国的埃菲尔铁塔、美国的科罗拉多大峡谷、澳大利亚的悉尼歌剧院、非洲的原始森林部落等各大洲有代表性的诸多佳景，还可以参加自驾红外线电控车穿越南美热带雨林、阿尔卑斯山高山速降滑雪、科罗拉多大峡谷探险做漂流等多种娱乐活动。而每晚上演的以回顾人类社会的起源和发展、展望世界美好未来为主题的大型歌舞表演更是场面恢宏，蔚为壮观。

★ 锦绣中华民俗文化村　游览真开心

锦绣中华民俗文化村占地达20万平方米，内有24个风格独特的少数民族村寨和其他数十处场景，集中展示了我国56个民族的浓郁风情。游客在这里可以仔细了解各个民族的生活习俗，品尝各类风味小吃，观看大型民族歌舞表演，学习民间工艺品制作，真是见闻广、收获多。民俗文化村内有许多游乐项目的设置和安排都颇具匠心和情趣，像著名的风情河漂流就特别奇妙诱人，游客坐在无动力的圆形橡皮船上顺流

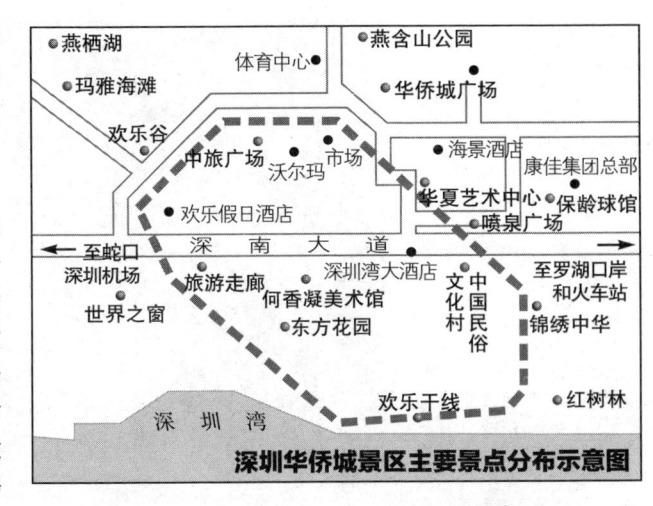

而下，一会儿经过漩涡区，一会儿经过涌浪区，一会儿被"抬"上岩顶，一会儿又被"摔"进谷底，一会儿经过光控瀑布被浇个"透心凉"，一会儿又遭到水炮射击而变成"落汤鸡"。民俗文化村内每日舞姿翩翩歌声不断，欢声笑语不绝于耳，是一个专门制造开心和欢乐的游乐胜地。

★锦绣中华　佳景荟萃

锦绣中华紧邻中华民俗文化村，是一处全面反映中国历史、文化、艺术、古代建筑和民族风情的大型人工微缩景区，也是世界上景点最多的微缩景区之一。园中近百处景点均按中国区域版图位置分布设置，是中国自然风光与历史精粹的生动缩影。著名的万里长城、秦始皇陵兵马俑、布达拉宫、黄果树瀑布等传统老景当然在园中占据重要位置；而宁夏大曹王寺、成吉思汗陵、阿里山野柳、悬棺等不太为人熟知的佳景亦在这里一展雄姿风韵。此外像皇帝祭天，光绪大婚、孔庙祭典的场面和古装乐队演奏的编钟美妙音乐都带给您意味悠长的美好意境。游览锦绣中华，真能让人在一天内"畅游大江南北锦绣河山，领略中华五千年历史风云"（园内每天有《金戈王朝》《东方霓裳》《龙凤舞》中华歌舞表演）。

★深圳欢乐谷

和上文景区一起构成华侨城5A级旅游景区，共有西班牙广场、魔幻城堡、冒险山、金矿镇、香格里拉等九大主题区和100多个游乐项目，每天有多项各类新奇刺激而又惊险有趣的游乐和表演，给游客带来无限快活欢欣。

★东部华侨城

位于深圳大梅沙，占地近13万平方米，是华侨城集团斥资35亿元精心打造的国家生态旅游示范区和世界级度假旅游区。东部华侨城旅游区内有茶溪谷、大峡谷两个主

● 锦绣中华民俗村
🚌 B605、B706、M207、M208、M347路和地铁1号线等多路车可到。
🎫 门票220元（与锦绣中华通用）。

● 重要观光提示
中华民俗文化村与锦绣中华已合并为一个景点，全名叫锦绣中华民俗村，通票220元。园内晚间表演另收费。

● 笔者关照
不要只把锦绣中华这样的微缩景园当成"哄小孩"的地方，笔者游历过全国，见到的风景名胜不计其数，但参观锦绣中华后仍觉得很有收益，此观点供您参考。

●欢乐谷

🚌 20、101、209、113、204、223、301、310、311、320 等多路车可到。

🎫 门票日场260元，玛雅海滩门票50元，欢乐干线40元。

●另荐大、小梅沙海滨风景区

这两个地方还挺美的，大梅沙壮阔，小梅沙秀气。去了一看才知道，深圳不光有都市风情，自然风光也挺棒的。当然小梅沙海边上还有深圳海洋世界值得一看（门票280元。）

🚌 有多路公交车到达，小梅沙交通很方便。

🎫 大梅沙门票免收。小梅沙门票50元。

●东部华侨城

🚌 乘103路、387路、J1中、M207路、大梅沙假日专线、观光巴士线、快线E12、快线E13均可到达。

🎫 门票大峡谷200元、小火车票50元。有时有优惠。

●关于沙头角中英街

这条街是观光和购物点，去不去由您自行决定。

▲ 东部华侨城山顶上的观光栈道，在此观景会感气象万千、风光无限

题公园，茶翁、茵特拉根、海菲德三座旅游小镇，四家度假酒店，两座18洞山地高尔夫球场，还有大华兴寺和天麓地产等旅游观光点和投资项目。景区内观光休闲亮点有：大峡谷探险乐园、茶溪谷度假公园、茵特拉根小镇、茶翁古镇、大华光寺、茵特拉根酒店、茵特拉根温泉、茵特拉根瀑布酒店、云海谷高尔夫会员球场和公众球场等。由于建设起点高且具规模气势，所以东部华侨城颇受关注，游客人数与日俱增。

与城市西部的华侨城景区相比较，东部华侨城的亮点在于景观分布的立体化，山脚、山腰、山顶都有动人的美景，尤其是登上山巅极目远眺，脚下大、小梅沙的海景非常辽阔壮观，引人入胜。

发烧友特别关照

世界之窗，锦绣中华民俗村，欢乐谷，地王大厦观光，大、小梅沙海滨风景区及东部华侨城游览，每个地方都锋芒毕露，特别精彩，游客哪一处都不应漏掉（笔者特别关照您：深圳的大、小梅沙都是海滨佳景，虽然知名度不高但风光挺美）。此外，像深圳海洋世界、沙头角中英街、大亚湾核电站、蛇口海上世界等景可视情游览。游览时间以3—4天为宜，2日游局促，5日游会令人倍感舒适欢欣。

景区亮点闪击和旅途花絮

①地王大厦观光比北京的中央电视塔还要壮观好看。中央电视塔观景厅高225米,而地王大厦高300多米,中央电视台位置偏北京的一隅(西三环),而地王大厦正好在深圳的市中心。站在地王大厦顶层,视野内360°全是奇观妙景,您所能做的就是口中不时发出"哇、哇"的惊叹声。

②深圳真是花园般的城市,市区到处是繁花似锦、绿树成荫,每栋居民楼的楼顶,也都养满色彩鲜艳的花草,它们交相辉映,把整座城市装点得五彩缤纷。

③世界公园中的"花活"(游览消费项目)真多,让人多花了钱还特别欢乐开心。

④华侨城景区真会渲染气氛、招徕游客,他们把观光轨道车都开到大街上去了(既有欢乐干线的轨道车也有世界之窗景区自备的轨道车,观光车高架轨道从空中跨越深圳中心干道),游客见了谁能不动心?

⑤锦绣中华微缩景园真好,它能非常完整地向游客展示全国各个著名景区的全貌,笔者甚至认为,把锦绣中华仔细看一遍,再看看记录各地景点的电视风光片,就可以不必去各地各景点实地游览了。

⑥中华民俗文化村真好,里边不光少数民族村寨多、歌舞表演多,还有许多可供观光的游乐的"小把戏""小花活",最开心的就是风情河漂流,500多米的短短距离能让每个"漂流客"都倍感欢乐充实、幸福开心。

⑦锦绣中华和中华民俗文化村合为一体共同经营了,全名叫"锦绣中华民俗村",游客观光肯定会更方便、更开心!

⑧东部华侨城规模大,建设起点高,有观光和休闲度假双重价值,可景区很大,若想一天内玩得开心又宽松,需要抓紧时间早出晚归。

⑨非常精彩的观光点还有深南大道旁的京基100广场,这里有深圳第2高的京基100大厦,其身姿峭巍,头顶蓝天白云,白天夜晚画面皆美,著名的邓小平画像也在这附近。因此,也是网红打卡地和八方游客到深圳后的必观之景。

⑩更重要的新景点是平安金融中心,坐落在福田区,楼高599米,是中国第2高楼、深圳第一高楼,登上楼顶,可以将深圳全景和香港的风貌尽收眼底。门票200元/位,绝对物有所值。

⑪蛇口海上世界也是深圳著名的旅游观光度假区,建议您在晚上前去休闲、购物、品尝美食。入夜,这里灯花璀璨、霓虹闪烁、喷泉欢涌,景色非常欢快生动、温馨迷人,各式餐厅、饭店、咖啡屋和精品商店全都开门迎客,建议您在此度过一个美好难忘的夜晚。

▲ 欢乐谷景区正门

珠海

电话区号：0756　圆明新园景区：8610388　长隆海洋王国：4008830083

珠海位于广东省珠江入海口西侧，与澳门相邻，它是一座新兴的花园式滨海旅游城市，也是南海之滨一颗灿烂夺目的明珠。

珠海山清水秀、海域宽阔，市区及周边共有大小海岛100多个，因而享有"百岛之城"的美誉。作为著名的沿海经济特区之一，珠海在城市规划建设上突出环保意识、旅游意识，这里环境整洁、空气清新、海水碧澈，城市整体形象甚为美丽迷人。

▲ 在横琴岛上看到的澳门风光

● 笔者对珠海的印象

①珠海没有深圳那样的华丽气派，欲览国际大都市风姿神韵，首选城市是深圳而不是珠海。
②珠海的物价明显比深圳便宜，这一点令人高兴开心！
③珠海风光柔美，但市区没有太震撼人心的景观，这点游客要有心理准备。

● 广珠城铁已开通

从广州到珠海最快45分钟可到，珠海城铁站与拱北口岸紧紧相邻。

气候与游季

珠海全年温暖湿润，冬天不冷，最冷的1月和2月平均气温也有14℃；夏天不算热，最热的6、7、8三个月平均气温才28℃。每年的5月至10月是雨季，总降雨量要占全年降雨量的90%以上，所以虽然全年皆宜游览，但3—4月与10—12月是珠海的最佳旅游季节。

☛ 珠海市区交通：普通公汽1—2元起价，空调车2.5—3元起价

交通

珠海机场位于距市区40千米的三灶岛上，有航班飞往国内外各大城市。珠海有拱北和香洲两大长途客运站，每日有各类巴士发往省内各主要县市，到广州只需3小时车程。珠海九洲港是华南交通枢纽，每日有船只往返于深圳及香港之间。

☛ 从广州火车站旁的省站乘大巴，行车3—4小时即到珠海

住宿

珠海不乏高档宾馆，但房价比广州明显便宜，如五星

级的珠海度假村，门市价虽然1000余元，但平日可优惠至500—800元。石景山旅游中心的湖景房平日不过300多元。条件尚好的碧海酒店海景房打折后可降至380元左右。总之双标间在250—300元的宾馆在市区随处可见，笔者看好的经济型酒店是锦江之星情侣中路店，标间200元左右，电话：0756-2219899。

主要景点

珠海渔女雕像

石雕身高8.7米，重约10吨，由优质花岗岩构成，屹立在珠海市风光秀丽的香炉湾畔，双手高擎一颗晶莹璀璨的珍珠，向人类奉献珍宝，向世界昭示光明，是珠海市的象征。

🚌 9、99路可到珠海鱼女雕像　门票免收

石景山

亦在珠海香炉湾畔，因其山石嶙峋古怪，酷似各种动物而得名。这里的满山怪石有的像骏马、有的像大象、有的酷似老鹰和熊猫，千姿百态且形象逼真。石景山山顶也是登高观景之绝地，在此极目远眺，碧海蓝天、波光帆影尽收眼底。

👉 游客应该到石景山山顶看一看，珠海渔女雕像、野狸岛、市区远景都历历在目

圆明新园

是有选择性地仿造中国清代名园圆明园而建成的大型人工园林景区，耗资6亿元，于1997年建成。园内建筑分为中国古典皇家园林、江南园林和西洋古典式建筑三大类，辉煌壮阔、风采诱人。且在每一处建筑群内，都增设了参与性很强的表演娱乐内容，向游客展示不同年代和国度的历史文化和风土人情。

👉 圆明新园门票免收

御温泉

在珠海周边的斗门区斗门镇，是条件较好、设施豪华舒适的大型温泉度假村。村内有咖啡温泉、酒温泉、木温泉、花草药温泉、音波喷射温泉、瀑布温泉等各类温泉池和各种洗浴方式。其环境美观程度和洗浴疗养舒适程度在广东省内同类度假区中属上乘。

海泉湾度假区

以海洋温泉为核心，配合其他各类游乐园区和设施而建成的大型温泉度假区，区内的神秘岛、海底世界及温泉洗浴区特色各具，是珠海著名度假休闲胜境。

🚌 在拱北口岸乘海泉湾中旅巴士可到。608路公汽也到海泉湾

共乐园（唐家湾公园）

坐落在珠海唐家湾镇峨岭北麓的山岭上，是始建于清朝宣统年间的私人花园，

● **珠海渔女雕像**

晚间这里有彩灯，观光效果很好。马路对面的海滨公园也值得一看。

● **石景山**

🚌 观光01线可到。
💰 门票免费。索道费往返60元。

● **圆明新园**

🚌 13、20、25路可到。
💰 门票免收。

● **御温泉**

🚌 从珠海乘609路车可到。门票加洗浴198元／人，24小时内有效。

●海泉湾度假区

🎫 温泉门票 148 元。神秘岛主题乐园门票 158 元。梦幻剧场 50 元。

●东澳岛

珠海香洲水堤客运站每日有轮船前往，船票 100—150 元。香洲北堤客运站电话：0756-2111688。东澳岛客轮售票处电话：0756-8858100。

🎫 上岛费 20—30 元。

●外伶仃岛

香洲客运站每日有快船前去，船程 125 分钟，船费 120 元。

另外，广州、深圳、香港都有班船直达外伶仃岛。

●其他岛屿游览

从珠海乘船，还可去桂山岛、万山岛、担杆岛、荷包岛、庙湾岛游玩，各岛风光各有千秋。上船地点大部分在香洲港客运站。

占地 350 亩，依山傍湖，绿荫蔽日，风光优美而宁静。是珠海著名的三大园林佳景之一。

🚌 3、10、69 路公交车均可到。🎫 门票 10 元

野狸岛

在香洲区香炉湾海边，有大桥同陆地相连。岛上有野狸山、名亭公园、环岛观光路，是珠海市区休闲佳境，白天晚上皆可观光游览。

🚌 9、99 等多路公交均可到野狸岛。🎫 门票免收

东澳岛

万山群岛中的一处游览、休闲、度假佳境，天空明澈、海水蔚蓝、沙滩金黄、渔舟点点，且远离城市喧嚣，游后倍感开心，舒适宜人。

👉 珠海可以玩的岛屿很多，东澳岛和外伶仃岛的旅游设施更完善一些。另外庙湾岛野味十足，亦可重点关注。

外伶仃岛

在珠海珠江口外的万山群岛中，距珠海市区 51 千米。山石俊秀、岛姿优美，有伶仃湾、塔湾、大东湾等海滩游乐区。海滩四周水色蔚蓝、旅游度假村建筑精巧、玲珑、秀美，令人观后倍感赏心悦目。

推荐游程

三日游

D1. 观珠海渔女、石景山、情侣路、圆明新园、梦幻水城、拱北口岸。

D2. 澳门环岛游，看澳门友谊大桥、澳门中银大厦、澳督府、回归纪念碑等景点。御温泉洗浴游乐。（提前办好港澳通行证及签注）

D3. 去外伶仃岛或东澳岛观光休闲。其他可关注的海岛游览区有桂山岛、万山岛、庙湾岛等。

节约旅费的窍门

珠海是个典型的旅游度假城市，每到双休日或节假日，周边省市的诸多游客就会蜂拥而至，所以这里的多数酒店执行两种收费方式，即双休和节假日房费上浮 10%—20%，如果您选在周一至周四在珠海食宿，那就可以少花 10%—20% 的费用。

▲ 情侣路上奇异的夜光人像

旅游锦囊

推荐景点：珠海长隆

是巨型海洋动物观光园、游乐园。建在珠海市区边缘的横琴岛上，规模超大，内有八大主题景区，分别是海象山、英雄岛、极地探险、海豚湾、雨林飞翔、横琴海、海洋奇观、海洋大街。园中各类海洋动物多达数千只（头），各类动物表演、音乐喷泉表演、歌舞表演、烟花表演完美交织，令人眼花缭乱。园内还有各式餐馆和度假酒店，为游客提供全套食宿服务。虽然这里门票很贵（350—450元/人），但是凭借自身的硬件设施和优质的旅游服务以及长隆集团拥有的名气声望，该海洋王国还是门庭若市、人气高涨。笔者力荐这个景点。乘14、63、86、K10、K11路公交车在横琴湾酒店下即到。

经典观光方式：情侣路散步

情侣路是珠海最漂亮的海滨路段之一，两侧绿荫浓密、新式楼群身姿秀美，这里白天风光如画，夜晚月光皎洁、海风沁人，令无数游客心旷神怡倍觉惬意温馨，迄今已有诸多影视剧及风光片在此拍摄，当您看到剧中那美丽的画面时，是否知道它就出自花园城市珠海呢？情侣路上有9、99路公交车和观光巴士行驶运营，笔者认为99路的日华花园一站是情侣路上的最佳观光点，白天晚上都很美。这一带城市风光华丽优美，海景也壮阔，著名的酒吧一条街也在这儿，游人可重点关注。

▲ 美丽的珠海情侣路

发烧友特别关照

除了上面介绍的观光景点外，游客在珠海还可选择新的观光方式：

①澳门海上观光游

珠海市区与澳门紧紧相连，从珠海拱北即可看到澳门雄伟的跨海大桥身姿，而乘船到海上观澳门全景更是当地诱人的观光游乐方式。过去澳门海上观光游的发船地点在九洲港，而现在改在湾仔旅游码头（坐5、14、60、61、62路公汽可到）。这里每天从上午到晚上发出的观光船多达10—20班，海上观光往返约需1.5小时，船票200元左右（视游览船的舒适程度而异）。游客要注意的是尽量早上船，这样才能坐到好的观光位置。

②其他特色旅游方式

珠海每两年举办一次航空航天博览会，在国内国外影响甚大。此外珠海还建有国际赛车场，国际赛车活动对汽车运动爱好者颇有吸引力。

▲ 澳门风光

自助游中国 > 华南地区

大韶关旅游圈

电话区号：0751　南华寺：6501014

韶关位于广东省北部，是一座环境整洁、气候宜人、风光秀丽、佳景云集的美丽城市，也是近年来广东乃至华南地区迅速崛起的旅游名城。

韶关市地处广东北部山区，气候温和，夏无酷暑（夏季气温比广州低10℃），是华南地区不可多得的消夏胜地，而严冬时节这里亦无明显的寒流侵袭，境内所有旅游景区皆可正常观光，因此堪称全年候的观光胜境。

韶关市区有浈江、武江两条江流环绕穿行，江水碧绿，江滨城市风光旖旎动人。市内空气清新、市容整洁，是广东省内有名的宜居城市。韶关市区和周边有丰彩楼、中山公园、大鉴寺、莲花山、文化广场、河滨公园、曲江园、张九龄墓、芙蓉山等景点。而位于市区南缘的南华寺更因其寺庙历史悠久、寺内佛教文化独具丰富底蕴而名贯中外，成为当地甚具规模声望的文化旅游佳景。韶关每个市县都有特色鲜明的山水名胜和人文美景，其中仁化县的丹霞山、始兴县的满堂客家大围和东湖坪民俗文化村、南雄市的珠玑古巷和梅关古道、乳源瑶族自治县的广东大峡谷和必背瑶寨、乐昌市的金鸡岭、九龙十八滩漂流、古佛岩溶洞和龙王潭生态旅游区风光都很美，甚具观光价值。韶关的东西南北方向都有颇具吸引诱惑力的美丽风景，游人可以从容仔细观赏，在韶关逗留1—2天根本不可能领略到这颗"粤北明珠"的全貌，而用1周左右时间才可饱领大韶关旅游圈迷人的风姿神韵。

☞ 韶关火车站前有旅游咨询点，免费导游并提供资料，对游客很有帮助

☀ 气候与游季

韶关夏季凉爽、冬无严寒，无明显旅游淡季，全年皆可开心畅游。

▲ 丹霞山奇异山姿

☞ 以丹霞山和南华寺为中心，韶关的四面八方都有好风景，用一周时间才能玩得宽松开心

🚌 交　通

韶关的机场叫丹霞机场，有航班飞往国内各省的主要城市。京广铁路在韶关有站，每天有数十班客车在此停靠，北京、上海、天津、沈阳、哈尔滨、重庆、西安、郑州等城市开往广州的列车（包括武广高速铁路）都在韶关有站（还有部分旅客列车在韶关所辖的乐昌、乳源、曲江三市县的车站停靠），铁路交通很方便。韶关火车站

646

地处市中心浈江东岸，有1、2、3、4、9、10路公交车可抵达，高铁站则坐落在市区西南缘。

韶关的公路交通也发达，105、106、107国道贯穿韶关境内，乘客车去往广州、深圳、珠海、清远、从化、肇庆、中山等省内大中城市都方便，还有不少省际快巴开往周边各省市。韶关有两个较大的客运站，一个在火车站对面，一个是西站，两站都有多班客车开往周边的仁化、始兴、南雄、乐昌、乳源等市县和周边各个景区，旅游观光很方便。

● **铁路订票**
电话：95105105
● **汽车东站**
电话：0751-6176602
● **汽车西站**
电话：0751-8754176
● **住宿参考（区号0751）**
①维也纳国际酒店，电话：8702666。
②浈江悦轩大酒店，电话：8200666。
③始兴新丰迎宾馆，电话：2258888。

住宿·餐饮

韶关市区和周边的仁化、始兴、南雄、乐昌、乳源等市县内遍布高中低各档次的宾馆酒店和普通旅馆，且房价适中，住宿很方便。

当地的特色美食菜肴有烧鸭、叉烧肉、金沙排骨、松子鱼、咸鱼蒸五花、姜蒜蒸腊鸭、干窝鸡、秘制鱼头、丝瓜炒田鸡、指天椒炒牛肉、老干妈爆炒虾、酸笋焖鸭、花旗参炖斑鸠、土伏岑煲龟等。以上菜肴在市区的各家餐馆均能吃到，总体上说还算是物美价廉。

☞ 丹霞山景区内有大量宾馆和农家乐，住宿方便

▲ 丹霞山山光水色

主要景点

丹霞山

位于韶关市仁化县境内，距韶关市区约45千米，距仁化县城9千米，是国家重点风景名胜区、国家5A级旅游景区、世界地质公园。丹霞山景区的面积约有292平方千米，其山体多由红色沙砾岩构成，古人因该山到处是赤壁丹崖且"色如渥丹、灿若明霞"，所以称其为丹霞山。丹霞山是世界上发育最典型、类型最齐全的丹霞地貌景区之一，亦被称为"中国的红石公园"。

丹霞山山形奇异且山水兼备。山上的一帆风顺、巴寨山、玉壶峰、五仙岩、燕岩等奇山怪岩形态都很挺拔秀美；而位于景区西南侧的阳元石和位于景区南侧的阴元石更因其独特的形态在山区各景中独树一帜。纵贯丹霞山景区中央的河流叫锦江，其江心清波流淌，岸边奇峰临碧水、翠竹掩村庄，风光十分绮丽诱人。目前，丹霞山共分为阳元山、大石山、翔龙湖、长老峰等景区，大小景点有近百处，游人的观光方式主要有登高观山景、锦江乘船游乐和欣赏特色奇石等。游览丹霞山主要景区需要1—2天时间。（韶关火车站前有旅游专线车直达丹霞山门口，门票挂牌价100元但经常出售优惠票，含观光车费，游船票120元，索道往返60元。）

☞ 丹霞山风光同福建武夷山相似，景色各有千秋，不去一次很遗憾。在丹霞山观光一日游显得紧张，二日游比较适宜

满堂客家大围

在韶关市东侧的始兴县城南约60千米处的隘子镇境内,是始兴县首个国家4A级旅游景区。客家围楼是建于清朝道光年间的城堡式建筑,集居住和防御等数重功能于一身,与福建省的永定、南靖土楼有异曲同工之妙。满堂客家大围主体建筑分为左中右3大部分,以楼房居多,配之以少许平房。围楼内有大院4个、祠堂6个、议事厅2个、天井4个、围楼内部有防火装置,亦有不少瞭望孔和枪眼,居民住在其中可自成体系且防御土匪敌寇袭击,充分体现了客家先人的勤劳智慧和独具匠心,游人可在其间饱览客家建筑风格和文化的魅力(先从韶关坐客车到始兴县,之后换当地专线车50分钟即到满堂客家大围)。

☛ 客家大围与开平碉楼和福建土楼有相似之处且规模不小,具有观赏价值。观光需1—2小时

东湖坪民俗文化村

在始兴县城西北缘,村内有庞大的明清古建筑群,其中九栋十八厅、曾氏宗祠、永成堂围楼、藏宝秘图与曾氏银库和牌坊群都是特色鲜明的代表性建筑。村内的古屋内外有不少雕花、绘画和石像,体现出客家文化的深厚底蕴(从韶关到始兴县的客车经过东湖坪民俗村口,景区近期可能关闭)。

☛ 东湖坪古村保护尚好,建议在此做2—3小时观光游乐

珠玑巷

在韶关东北方向的南雄市以北约9千米的珠玑镇境内,是广东省仅有的宋代古巷古道,全长约1.5千米,历史上这里曾是中原到岭南的交通要道,也是珠江三角洲居民的发祥地和众多海外华侨的祖居。珠玑古巷路面宽约4米,全由鹅卵石铺砌而成,古巷两侧分为北门、中街、南门等组成部分,有门楼3座,两侧有大量的古老民居和大量的各式宗祠,古巷旁还有秀丽的湖池、古桥和巨大的古榕树,风光秀美很有观光价值,其观光要点有驷马桥、南门楼、贵妃塔、双龙桥、千年古榕、沙女湖、中门楼、北门楼等(先从韶关坐客车到始兴,再换当地机动车,行驶20分钟即到珠玑巷)。

☛ 珠玑巷观光亮点多、人气挺旺,建议重点关注。梅关古道上下往返2小时够用

梅关古道

在南雄市区东北方向约30千米的梅岭山上。是古时连接岭南地区与内地的交通要道和重要关隘。梅关古道两侧山峰夹峙,中间石板山路起伏,其位置险要,也是历代兵家必争之地。古道山巅有梅关城楼,城楼那边是江西,这边是广东,两省通过门楼下的通道相连。如今站在城楼间眺望两省山川风貌,仍可体味到古时行人车马往来的画面。梅关梅岭也是革命战争年代时著名的游击区,陈毅曾带领部队在这里打了长达数年的游击战,他所写的《梅岭三章》脍炙人口,广为流传(先从韶关坐客车到始兴,之后换乘专线车,40分钟后到梅关古道道口,步行15分钟即到售票口)。

金鸡岭

屹立在韶关西北方向乐昌市坪石镇境内京广铁路边,海拔338米、长350余米的陡峭石山上,山顶上有一块形态酷似公鸡的巨型岩石,这就是著名的金鸡石,金鸡岭因此而得名,是著名的广东八景之一。金鸡岭景区小而精,景点紧凑而精美集中。这里是典型的丹霞地貌,谷深壁峭、陡岩林立,象形奇石数量众多,是岭南不可多得的山岳美景。

▲ 古佛岩奇石景观

金鸡岭上的观光亮点是一字峰、观景亭、蛋谷、朝阳亭、金鸡石等,其中金鸡石形态独特,是金鸡岭的标志,适合观赏拍照;而屹立在山顶另一端的朝阳亭则是看日出、日落和坪石镇全景的绝好地点,站在金鸡岭山巅甚至可以眺望到湖南省内的风光,风景壮阔迷人(先从韶关乘火车或汽车到乐昌坪石镇,下车后步行或打摩的7—9元钱即到金鸡岭)。

☞ 笔者对金鸡岭的评价是:好景点、好地方、好风光。观光约需2.5小时

古佛岩

在乐昌市区西南约5千米处,是一个大型石灰岩溶洞,洞内有不少钟乳石美景,形态奇异、美观动人。古佛岩洞穴内部分为3层,观光路盘旋其中,沿途可见古佛殿、观音殿、王母殿、玉皇宫、西游宫、逍遥宫、金龙殿7处奇岩怪石集中的地点。古佛岩洞外山林秀美而旅游设施齐全(有餐厅和宾馆),可算是观光休闲佳境(先从韶关西站乘客车到乐昌,车费60元、车程1.5小时。再从乐昌坐专线车或打车15分钟即到)。

☞ 古佛岩是当地名景,但风光水平比不上国内那些著名溶洞景区,可适度关注

龙王潭

乐昌东北23千米处的漂亮山水风景区,由龙泉、龙湖、龙谷3大部分组成。其中龙泉景区有大型的温泉度假村,能为游客提供洗浴、食宿及娱乐服务;龙湖即龙山水库,有美观好看的水面供游人观赏;而龙谷景区则是游客的观光主体,里边有苍翠山峰茂密树林和多级山间溪泉瀑布(有九瀑十八潭之称)。这里溪流汹涌、瀑布动人、空气清新生态环境好、风光美且野味甚足,是粤北山区较出色的山水景区之一,近年受到外界广泛关注(先从韶关坐客车到乐昌,乐昌有客车专线到龙王潭)。

☞ 龙王潭有清澈山溪,有漂亮瀑布,景区不大但风光动人,建议做半日观光

洞天生态庄园

地处昌市西北约5千米处原乐昌林场内的生态度假村。村内森林浓密、溪泉遍布、空气清新、景色诱人。这里有餐饮、住宿、娱乐各类设施供游人享用,是当地较有名气的乡野度假村(从乐昌市打车,20元车费15分钟就到)。

☞ 时间充裕者可于白天在其他景点观光,结束后到生态庄园休闲、住宿

广东大峡谷

在韶关以西乳源瑶族自治县境内,距韶关市区约95千米。大峡谷长约15千米,最深处300多米,两侧是险峻直立的绝壁悬崖,山崖上有一股巨大的瀑水直泻谷底。谷底宽度并不大,但是丛林密集、奇石遍布、溪水奔流,有点儿湘西武陵源山水的味道。由于四周山峡直立,所以不论是峡谷上方俯瞰谷底还是谷底仰视周围山峰,都可看到峡区美丽的山水风光,雨季时节谷边的壶口瀑布飞流直泻,景色也很壮观迷人。大峡谷中还有2个水电站,站内站外激流欢涌、机器轰鸣,亦让游人观后领略到生机和活力。现在游人可从3条山路3个方向下到谷底,其中峡谷西侧由1386级石级组成的"通天梯",因其狭长陡峭、游人攀爬其间感觉奇特而在外界享有盛名(先从韶关客运西站乘车到乳源,乳源每天有数班客车到大峡谷,车程1小时)。

👉 广东大峡谷雨季时观光效果好。观光时间需3—4小时。如果去过湖南武陵源,那对这个景点可不必太在意

必背瑶寨

地处乳源县城东北方约54千米处,这里青山连绵、梯田层叠、林木葱绿、溪水蜿蜒,瑶寨就坐落在依山面水背风向阳的山腰间。聚居在必背瑶寨中的瑶族属于过山瑶,有独特的生活习惯和民俗风情。游人来到必背,一是可以观看山水美景和田园风光,二是可以饱览瑶族风情。山寨中有自己的歌舞表演队,游客来临时他们会聚集在一起列队欢迎并表演竹杠舞、顶杠、丰收舞并展示瑶族婚嫁场景。村中的瑶族风味餐厅可以提供各类风味美食。村中还有几家山寨旅舍,供游客小住一晚体验山野风情(乳源市区有专线车直达必背瑶寨。车程1小时)。

👉 虽然瑶寨边修了一些现代房屋有点煞风景,但依山傍水的瑶寨还是能给游人带来美好感觉

云门寺

位于乳源县城以北6千米的慈云峰下,是我国佛教禅宗五大支派之一"云门宗"的发祥地。寺庙占地面积12000平方米,主体建筑有放生池、天王殿、大雄宝殿、藏经阁、斋堂等,许多殿堂连成一片,规模宏伟但建筑风格美观且建造精细,非常美观耐看且耐人寻味。云门寺中存有一些颇具价值的文物。寺庙的后缘山坡前长满参天古树,亦有泉水欢快奔流,为古老寺院平添无限迷人风韵(乳源到必背瑶寨的客车经过云门寺)。

👉 云门寺、南华寺都是建造极为精美秀气且香火旺盛的岭南名寺,游客哪一个都不应漏掉

南华寺

南华寺是我国著名的佛教古刹,又是禅宗六祖慧能弘扬"南宗禅法"的发源地。始建于南北朝梁武帝天监元年(502年),至今已有1500多年的历史。这座千年古刹规模宏伟且珍藏有许多历史文物,如古建筑、碑铭、木雕、泥塑、刺绣、铜铸等,都是国家的宝贵文化遗产,也是我国古代劳动人民的智慧结晶。南华寺是国家级重点文物保护单位,也是当今游客来韶关后的必观之景(韶关市区有多路公交车可到)。

推荐游程

韶关市区、丹霞山二日游
　　D1. 上午去丹霞山，阳元石、锦江、主峰景区及阴元石等，晚上住丹霞山。
　　D2. 回韶关市内去南华寺，游览曹溪温泉等景点，午后看市容及两江江滨秀色。

始兴、南雄二日游
　　D1. 上午从韶关或仁化去始兴，在到始兴县城前下车观东湖坪民俗村，然后经始兴县城去满堂客家大围，往返途中观墨江沿岸风光。住宿始兴。
　　D2. 从始兴乘车经南雄后到梅关古道，返回途中看珠玑古巷。之后回南雄市观三影塔，然后踏上返程。

旅游锦囊

旅游锦囊之一：如何在韶关市区和丹霞山玩得高兴开心

　　①韶关交通便利、气候宜人、风光优美、佳景云集，甚具观光价值，非常值得一游，笔者给予郑重推荐。②韶关市区有浈江、武江两江流过，环境很整洁，市容很优美，令人观后感到赏心悦目。市区观光主要是看两江沿岸城市风光——白天美晚上也美；另外可关注南华寺、车八岭自然保护区、马坝人遗址等景；尤其是需要着重提示的是南华寺寺庙雄伟、香火旺盛，应该重点关注。在韶关市区观光有1—2天够用。③丹霞山特色鲜明、山形奇特且山水兼备，是韶市的"拳头产品"，颇具观光价值，一定要重点关注。④丹霞山山门处有观光车拉客，一定要乘车否则步行很累。观光顺序一般是先乘车跨过锦江，之后看江西边的阳元石等重要景点，精力充沛的人可经阳元石旁边的九九天梯云崖栈道爬到更高的山上（嘉栖亭）去观景，一上一下需要90分钟。游完了阳元石可坐观光车跨过锦江到主峰脚下，上山可步行也可坐缆车，笔者力主您坐缆车（上行40元，往返60元），这样可以一步登天，上到接近于最高点的韶音亭一带，之后观光就省劲多了，否则步行上去太辛苦了。⑤到达缆车上站后只需要步行5—10分钟，就可到山上最佳观景点韶音亭了，山上最好看的风光就在此地（对面的一帆风顺、巴寨山、玉壶峰、五仙岩等美丽山峰全在这里），好好观光拍照吧。⑥之后可以沿山上观光路向南走，依次经过龙王泉、虹桥（从这一线向东看都是山峰美景），70—90分钟后到达观日亭（此间大部分是下坡路），这个亭子的重要程度与韶音亭差不多，都是主峰景区中的绝佳观景点，应在这里好好观光拍照。⑦从观日亭下来后经丹梯铁索、通天峡到达别传禅寺，这个庙造型不错，从庙前也能看到锦江水上风光。出了庙门不远向左走一条近路，步行5分钟就能到山中另一名景阴元石了。在阴元石观光有10分钟就行。之后返回，走15分钟平路即到翔龙湖边的游船码头，坐船15分钟穿过这个湖后再步行5分钟就可以出主峰景区门了，这里有观光车送您踏上返程。⑧如果在丹霞山玩两天，那锦江水上风光可以放在第二天游览，如果是一日游，可以进景区后先看阳元石，再乘船游锦江，之后上主峰观光。

▲ 南华寺一角

旅游锦囊之二：如何在始兴、南雄玩得高兴开心

①始兴县和南雄市在韶关市的东北方向，从韶关出发去仁化县游完了丹霞山后再去始兴县和南雄市一游，亦能获得满意的观光效果。②始兴县的美景中建议您重点关注满堂客家大围和东湖坪民俗文化村两处，其中满堂客家大围很有规模气势，建筑颇具匠心，充分体现了客家先祖的勤劳和智慧，游人一定要到围屋内部仔细观赏。东湖坪民俗文化村内古建筑很多，客家文化氛围浓重，也具观光价值。另外在从始兴县城去满堂围的公路边可以看到路边的墨江风光——江水青绿，岸边有不少山林和古村落美景。③南雄的主要观光亮点是珠玑古巷和梅关古道。如果是从县城出发，首先经过的是珠玑古巷，这是一个很大的古村镇观光区，游人进村后应该走一个环线，把村中的主要观光点看完，观光时间需60—90分钟。④梅关古道在半山腰上，下车后再步行20分钟就到景区大门了。参观这个景区一定要步行到位于山颈处的梅关关楼，在刻有"南粤雄关"和"岭南第一关"大字的门楼下拍照很有纪念意义。从关楼的门洞穿过去，那边就是江西省的地界了，站在关楼下眺望雄关古道，遥想当年古道上的繁华景象，别有一番滋味在心头。

旅游锦囊之三：如何在乳源和乐昌玩得高兴开心

①乳源和乐昌在韶关的正西和西北方向，两个县市相依相连，境内都有一些美景，可以把它们连在一起游览。②乳源最有知名度的景点是大峡谷和必背瑶寨。大峡谷山谷幽深，和湘西武陵源的山水风格有点相似，到大峡谷观光可以在峡谷上方向下探望，也可下到谷底领略深谷风光。在峡谷内走一个环绕如果全程步行要3小时左右，如果半程乘缆车可省近一半的体力。建议从峡谷东侧步行下去之后横穿谷底，然后从西南侧电站旁走1386级天梯或乘缆车上来，这样基本可览峡谷全景。③乳源有客车直达必背瑶寨，该寨依山面水、风水甚佳，近年来修了一些新建筑，原始状态有点被破坏了。到寨中观光，看民族歌舞表演并品尝农家饭菜有3小时够了。④距乳源县城只有6千米的云门寺很有观光价值，游人不要漏掉。⑤乐昌的观光要点有金鸡岭、九泷十八滩漂流、古佛岩、龙王潭等，上述四处景点都应该去。其中金鸡岭和九泷十八滩一起玩更好——游金鸡岭一定要上到山顶，上面的视野壮阔，金鸡石也栩栩如生，下山后再玩漂流（不过漂流近期可能会停业）。龙王潭景区是真山真水，野味十足，值得一看，古佛岩的洞内风光在当地属上乘，可去那里半日观光。⑥时间充足的游客还可关注乐昌的白水寨生态园、应山古村、7011工程旅游区、上黎家梯田、廊田楼下古村、洞天生态庄园、户昌山古村等景点。

推荐游程

乳源、乐昌三日游

D1. 去乳源游览大峡谷，下午返回县城去云门寺参观。住宿始兴。**D2.** 上午去必背瑶寨，返回时从镇上换车去乐昌，抵乐昌后先去龙王潭观光，再去古佛寺观洞内风景，住宿乐昌市区或古佛岩。**D3.** 从乐昌乘火车去坪石，抵达后先登金鸡岭山峰，然后看7011工程游览区，黄昏时游览结束踏上返程。

◀ 广东大峡谷谷底风光

广西壮族自治区

GUANGXIZHUANGZUZIZHIQU

黄金旅游线路

① 桂林—阳朔
② 桂林—阳朔—资源—龙胜—三江
③ 桂林—阳朔—荔浦
④ 桂林—阳朔—贺州
⑤ 柳州—金秀—融水
⑥ 南宁—大新（德天）—靖西
⑦ 北海—钦州港—防城港

广西是我国西南边陲最美丽富饶、最具诱人魅力的省区之一，这里气候温和，风光优美，佳景之多之美令人头晕目眩，而方便的交通又令人无比舒畅惬意，所以诸多游客去西南旅游的首选目标就是广西。

说到广西，我们不必再进行那些没有新意的常规介绍——诸如全区的基本地形地貌、平均气温是多少摄氏度、聚居着多少个少数民族之类的，这样的介绍很难有新意！因为笔者近年来多次去过广西，笔者就着重说说对广西的亲身感受吧。

笔者对广西的亲身感受

①广西的气候太棒了，冬天您可以到那里去避寒——天气最冷的时候那里的屋中也不必生火；夏天您可以到那里去避暑——天气还没有北京热，当然太阳挺厉害，可是空气特纯净——每天当然要出汗但身上居然没有泥；盛夏时节，我在广西北海曾经有过一件T恤衫连穿了5天的经历，汗一挥发了就什么都没有（连汗味也没有），可见那里空气多么纯净。

▲ 桂林穿山秀色

②广西的美景太多了，桂林、阳朔及周边的资源、龙胜、三江，柳州及周边的金秀、融水、宜州，南宁及周边的大新、靖西、凭祥，北海及周边的钦州、防城港，还有荔浦、桂平、百色，哪个地方都是佳景云集！就是在广西逗留一个月也未必能游遍上述各个景区。

③广西的物价相对便宜，尤其是吃住，就是在桂林这样的旅游城市中，有电视、空调、卫生间而房价只有100—200元的住处（多为个体民居客栈）也随处可寻；在全区境内大部分地方的快餐店里，花上20多元都可以有肉有菜有汤有饭，真是超值。

下面是笔者对广西自然风光和景区景点的评价和推介

①关于桂林：这个城市太美了，漓江之旅太令人难忘了，如果您连桂林和漓江都没去过，难道不感到有些遗憾吗？

②关于阳朔：这个地方更了不得，风景之多与风光之秀比桂林市区有过之而无不及，在这里粗略游需3—4天，仔细游玩则需一个星期。

③关于资源：这里与福建武夷山同属丹霞地貌，但风光比武夷山还要绮丽壮观，更令人称心的是它离桂林这么近（只有2小时车程），所以来广西一趟不去资源有点儿遗憾，游览需2—3天。

④兴安、龙胜、三江都是桂林周边的山水明星，兴安的灵渠、猫儿山，龙胜的龙脊及大寨梯田和矮岭温泉，三江的鼓楼和风雨桥都在广西乃至全国享有盛誉。这几个地方相依相偎、紧紧挨着，游客最好把它们"一勺烩"。

⑤柳州山水的名气没有桂林大，但这里东有金秀（大瑶山风光），北有融水（贝江、元宝山），所以亦值得一去。

⑥南宁市区的风光很一般，但距南宁2小时车程的大新有德天瀑布，3小时车程的靖西有通灵大峡谷和古龙山峡谷群，把上述两个地方连在一起玩还算令人新奇开心。

⑦北海有银滩、涠洲岛、星岛湖等突出景点，从这里去海南和越南亦很方便容易。尤为令人称道的是这里的气候好、物价便宜且生活情调特别宁静温馨，所以这里是国内最适合度假和定居的城市之一。

⑧荔浦虽然亦有青山绿水，但这里的喀斯特岩溶洞穴特别巨大和神奇。其中，丰鱼岩和银子岩的气派和秀美均可称为广西之最，一日游即可轻松游毕。

⑨贺州虽有姑婆山和小三峡等景点，但这里最令人寻味的是黄姚古镇，今后它有可能同周庄一类的地方相媲美，所以就是冲着黄姚古镇，贺州也值得一去。

⑩南部沿海还有钦州港和防城港两个滨海景区，其中钦州港岛屿奇多，奇异迷人，乘船观光很开心。而防城港天然景区特多，甚具开发潜力，以后可能会与名城北海并驾齐驱。

其他景点还有百色乐业大石围、桂平西山、宁明花山等，游客也可逐一关注游览。

桂林

📞 电话区号：0773

  桂林，享誉世界的山水名城。"神姿仙态桂林山，如情似梦漓江水"，千百年来，这里的奇山丽水、绚丽风光醉倒了慕名而来的八方游客。桂林市大规模的城市更新——显山露水，连江接湖，开墙通景，使全城面貌焕然一新；迅猛开发开放周边区县景点——兴安的乐满地大型游乐场、资源的天门山百卉谷、五排河、阳朔的世外桃源、遇龙河、兴坪古镇、荔浦的丰鱼岩、银子岩，金秀的莲花山、圣堂山，贺州的姑婆山、桂江、黄姚古镇，处处新景奇景频繁涌现，宛如夜空中升起的新星，放射出灿烂夺目的光彩。如今的桂林周边已经形成了一个庞大无比、秀丽无比的山水名胜群——无论把桂林同东、南、西、北哪个景区的风景连在一起玩，都会让人感到丰富多彩、幸福开心。

🌡 气候与游季

  桂林属亚热带季风区，气候温和多雨，最冷是1月份，月平均气温8℃，最热的是7月份，月平均气温达28℃，总体上说虽然是四季分明但冬无严寒、夏无酷暑，四季皆宜旅游，但是12月份至次年2月份是漓江枯水期，游览效果可能稍差（游船行驶的距离比春、夏、秋三季短），况且山水间的植被和花木看起来也不是太鲜亮，所以春、夏、秋三季更适合观光。此外，夏季风光秀美但阳光有些厉害，游客应该注意遮阳防晒。

▲ 漓江秀丽山光水色

● 重点关照

去桂林游览最好多准备几天时间，周边的阳朔和资源风光极美且有特色，一并游览会更圆满开心。其他县市如三江、龙胜、贺州等亦有新奇美景，值得重点关注。

🚌 交通

▮ 机场问询电话：0773-2845351 民航售票电话：0773-3890000

航空

  桂林两江机场与国内国际近百个大中城市对开航班。市内的民航大厦有专线车直达机场，单程20元。

👉 机场大巴车程约1小时，中途停靠香江宾馆站

▲漓江名景九马画山

● 推荐便宜且条件尚好的住宿

①祯嘉酒店火车站店,在红岭路,对面是桂林有名的大型商厦万象城,四周有许多餐厅、超市,交通、购物、用餐方便。酒店条件尚好、干净卫生、服务周到热情而房价不贵,平日标间房价在百元出头(旺季和黄金周会上浮),是桂林市内较为便宜的酒店,电话:0773-3879111。笔者推荐。

②汉庭酒店象山公园店,在桂林市中心干道中山路旁,交通方便、服务热情规范,房价适中,可适度关注,电话:0773-3132888。

● 桂林的3个火车站

桂林站位于市中心中山路边,是高铁列车站。桂林北站是普通车站,各特快、直快列车都在这里到发。火车西站有少量列车停靠(高铁和动车为主)。

● 特产和购物

特色商品主要有桂绣、纸伞、各类精美箱包、壮族民族服装、各类纱巾、披肩等。另外当地的沙田柚子、橘橙等水果也是物美价廉。

● 推荐特色商品街区

正阳步行街相当于北京的王府井或大栅栏,街两边都是精品屋、专卖店,人气很旺。另外,东西巷知名度也很高。万达和万象城是著名的商圈,亦应重点关注。

铁路

桂林向北有京广线、向南有黔桂、枝柳线,从北京、武汉、长沙、上海、无锡、广州、南宁等国内各大城市均可轻松乘车抵达桂林。另有北京到桂林的高铁列车10小时即到,车费860元。从上海乘高铁到桂林9小时可到,车费640元起。

☞ 桂林长途客运站的客运专线辐射全省、四通八达。真棒

公路

桂林原来的长途客运站(在桂林火车站西北300米处)已经搬迁了,取代它的是客运南站、北站、琴潭汽车站等新的车站。每天有大巴通往柳州、南宁、北海、湛江、广州、深圳等南方各大城市及周边阳朔、资源、兴安、龙胜、荔浦、三江各地。其中省内交通尤为方便。

市内交通

公交车有数十路,四通八达,1—2元起价。出租车很多,9元起价。网约车就更多了,交通非常方便灵活。

住 宿

满城都是宾馆、酒店,星级酒店多,普通宾馆更多。希尔顿、大公馆、璟象酒店、喜来登、香格里拉等都是高档酒店的杰出代表,中低档的宾馆在市区也随处可寻。最方便的就是在火车站前的中山路上找地方住,平常季节标间房价在百元左右的酒店非常多,大家随意在携程和华住会等平台网上选择预订就是了。当然笔者也为各位推荐了两个性价比高的住处(见左侧边栏)。

☞ 小南国餐馆招牌菜:旱蒸剑骨鱼、糖醋脆皮鱼、糖醋排骨、老娘黑叉烧

餐 饮

桂林有许多当地名菜,如啤酒鱼、啤酒鸭、桂林荷叶鸭、桂林田螺、桂林米粉、罗汉气锅鸡等。市中心中山路旁文明路上小南国餐馆(欣桂厨)物美价廉(主营各类桂林风味),笔者向大家做特别推荐,电话:0773-2855518。但如果只想填饱肚子,那最合适的用餐方式就是吃快餐,桂林街头上快餐店比比皆是,主要有烧腊快餐(鸡、鸭、猪肉加上配菜)和自选快餐等不同的形式,饭量一般的男士花二三十元钱亦可饭足汤饱,这点特别令人快活欢欣。

☞ 作者自己感受:桂林米粉并不是最好吃的,更好吃的米粉在广西东兴呢

主要景点

象鼻山
位于市区桃花江与漓江交汇处，巨型山石垂入江中如象鼻饮水，形态优美生动，是桂林市的标志性景点。

🚌 2、16、23、57、58、88路车可到象鼻山。🎫 门票免收

伏波山
相传为古时伏波将军试剑之地，东枕漓江，孤峰雄峙，形态优美，园内集中了山、石、洞、水、庭园、文物、六美兼具，有"伏波胜境"之美誉。

🚌 2、13、15、58、4A路车可到。🎫 门票22元

叠彩山
位于桂林市区东北部，濒临漓江，与独秀峰、伏波山鼎足而立，由明月峰、仙鹤峰和四望山、于越山组成，占地面积2平方千米。园内有叠彩亭、风洞、叠彩楼、望江亭和拿云亭等诸多名胜，其中拿云亭为最佳观景点，游人登高至此，可尽览"一面晴风四面山，望疑仙境在人间"的如诗画面和优美意境。

🚌 2、观光公交1号线、58路车可到叠彩山。🎫 门票25元

独秀峰·王城公园
在市中心靖王汉城内，孤峰突起，陡峭高峻，素有"南天一柱"之称，是桂林城区久负盛名的观光名胜。

🚌 1、22、30、99、100、3、11、98、14路车可到。🎫 门票130元

七星公园
桂林市区最大的综合性公园，位于市区漓江东岸，因园内有七峰相连的七星山而得名，有"北斗七星""驼峰赤霞""月牙虹影""普陀石林"等胜景，园内的七星岩洞内还有许多钟乳奇石，千奇百怪，引人入胜。

🚌 21、10、24、204、206路车可到。🎫 门票55元，进洞参观另收45元

芦笛岩
地处桂林市区东北郊，山水田园风光秀丽而尤以岩洞、奇石、怪景著称。芦笛岩洞深240米，游程达500米，洞内分布有大量的石笋、石柱、石幔、石花、琳琅满目，玲珑剔透，被称为"大自然的艺术之宫"。

🚌 1、3、13、58、4A路车可到芦笛岩。🎫 门票90元

穿山公园
隔漓江与象鼻山相望，与江两岸的龟山相依，形同两

●象鼻山
从摄影留念的角度说还是16:00后到这里为好，因为这时太阳光能照到整个象鼻山。

●叠彩山
该山山顶是桂林市区最佳观景点，应重点关注。

●晚间观光娱乐
①观《梦幻漓江》大型歌舞表演，内容集歌舞、杂技于一体，背景宏大，演员众多，其表演规模在亚洲罕见。地点：七星路95号梦幻剧场，电话：0773-5850998。门票120元。

②参加两江四湖游览观光，这是桂林颇为新潮时尚的夜间观光方式。游客乘船游览市中区的榕湖、桂湖、桃花江、木龙湖等美景，感觉甚佳，船票90—210元。售票电话：0773-2806009。

③两湖夜间陆上观光
位于市中心中山路两侧的杉湖、榕湖夜景很美，日月双塔身姿动人。沿日月双塔、古榕桥、古南门走一圈，观光效果很圆满亦不用花游船费用。

④观看《印象·刘三姐》实景演出表演。每晚1—2场，演出地点在阳朔，本书后边有评介。

●另荐景点：冠岩
巨型天然溶洞，内有形态各异的石钟乳和暗河瀑布。虽然桂林周边的溶洞景观不少，但冠岩内观光要乘电梯、船、滑车、小火车，游乐方式很丰富多样。加之溶洞景区外有秀美漓江和原始村落，所以自助游游客前去会有满意收获。

🚌 桂林琴潭站有专线车直达冠岩。门票60元。

只相斗的公鸡，合称斗鸡山。这里山岩陡立，漓水蜿蜒，风光无限，山底还有500米深的巨型岩洞，是市区重要的观光佳景。

漓江（国家5A级旅游景区）

发源于桂林东北兴安县的猫儿山，流至平乐县恭城河口，全长164千米，其中桂林至阳朔段的83千米江段风光之优美绮丽实为世间所罕见，有数百处景点，人称百里画廊。这里群山叠翠，清江蜿蜒，水映奇峰，如诗似画般的美景令古今中外无数游客倾倒沉醉。

推荐游程

桂林市的公园太多，游客应注意选择其要点，在这里游览时间以两天至三天为宜。其中用一天时间游市区风景——象鼻山、伏波山、叠彩山、七星岩，以上几个景区时间充足的游客应该都去看看。之后有时间可游芦笛岩、独秀峰等景点。另外再用一整天畅游漓江。漓江一日游丰水期行船只需4—5小时，枯水期则需行船6—7小时。丰水期到阳朔约在下午14:00左右，上岸后可游览月亮山、大榕树或世外桃源等当地名景，枯水期尤其是冬季到阳朔应该会晚一些，可能会因为天已昏黑难以继续游览更多的景点。另外须特别说明的是阳朔的风光绝好，游览漓江后记应住在阳朔，次日继续游览，而不要当天回来（阳朔的住宿很方便）。

旅游锦囊

①象鼻山适合拍照留念（它是桂林的标志），而叠彩山才是市区最佳观景点，站在山巅，桂林全景尽收眼底，风光之美，无与伦比——不要偷懒，一定要登上山顶，否则会留下很大遗憾。

②冠岩风光好开发得也好，分海陆空三层游览，新奇刺激，如果时间充足，可乘专车线，1小时即到冠岩景区。另外冠岩洞外有个叫河泊园的小山村，田园风光柔美，值得一看。

③漓江游览的船票上印有投诉电话，旅途中如遇不快尽可投诉，有关部门会尽快予以答复解决，保证游客利益不受侵害。

④由于桂林市内新兴建开发了不少商业娱乐街区，城市风光日益新潮气派，夜景也分外迷人，所以游客在关注山水风光的同时，亦应留意桂林城区的发展和变化，值得观赏游览的市区特色街道有中山中路商业街、正阳路步行街、上海路、东西巷等。另外，万达广场、悟悦广场也应该去逛一逛。

漓江游览示意图

●穿山公园

🚌 6、16、214、32路公交车可到。

💴 门票免收。

●漓江游览提示

游览漓江在市郊的磨盘山码头上船，开船时间上午8:00—10:00。桂林全市到处有漓江一日游售票点，票价300—380元不等，视不同季节和是否含阳朔各景点门票而异。

●另荐景点

刘三姐景观园，是近年来新开放的景点，主要展示壮乡文化和民俗，每天还有壮族歌舞表演。坐3路可到，门票85元。

旅游锦囊

游览补充指点

①特别推荐一个美食佳境,就是欣桂厨(小南国)餐厅,桂林市内有多家连锁店,开一家火一家。特别推荐店内的旱蒸剑骨鱼这道菜,味道鲜香、肉质细腻,每天吃一次,连吃几个月也不会厌烦(当然是笔者个人的感觉)。另外,店内的糖醋排骨同时俱备糖醋、樱桃等多种酸甜味,也值得认真感受品味。

②切记游漓江一定要游全程,要坐所说的三星级或四星级游船,不能只游其中的一段江面。桂林市区到处都有漓江一日游的船票发售点,但价格悬殊,从320元到450元不等,价格低的只含游江船票和车费,不包括在阳朔上岸后游览的景点门票,而价格高的就包括阳朔一些景点的门票费用。具体买什么价位的票,要认真问询后决定。

③其实每天早上自己去磨盘山码头买票游江挺好,船票215元/人。最后1班船发船时间为10:30,乘坐从容而方便。

→ 游毕桂林一定要去阳朔。阳朔的美景非常多,观光效果非常好。桂林的资源县风光也很诱人

发烧友特别关照

桂林周边多佳景

桂林及周边地区佳景密集。著名的"三山(象鼻山、叠彩山、伏波山)两洞(芦笛岩、七星岩)一条江(漓江)"和阳朔风光就不用说了,其他值得一游的地方还有:

兴安县——灵渠、猫儿山(距桂林1.5小时车程)。

资源县——资江、天门山(百卉谷)、八角寨、宝鼎瀑布(距桂林1.5小时车程)。

龙胜县——矮岭温泉、龙脊梯田、大寨金坑梯田(距桂林2.5小时车程)。

三江县——风雨桥、鼓楼、侗乡风情(距桂林1—2小时车程)。

荔浦县——银子岩(距桂林1小时车程)。

贺州市——姑婆山、温泉、黄姚古镇、桂江(距桂林2.5小时车程)。

上述景区同具以下特点:山清水秀、风光秀美、交通便利、生活费用低(吃住便宜),所以笔者郑重建议有条件的游客去一趟广西把它们都游遍(行程需8—9天、费用约需4500元),如果您能这样畅游一大圈,其间感觉之美妙就会像是在人间罕见的"世外桃源"中做了一次快乐的"活神仙"。

▲ 银子岩洞内风光

旅行家指导

笔者对桂林的认识和评价

近来有不少读者询问笔者:"我们第一次出远门,应该到哪里观光旅游才能玩得满意开心呢?"笔者回答说:"不用考虑,当然是去桂林!"他们又问:"那西藏呢?那里的风光不是也很美吗?"笔者对他们说:"西藏确实也很美,但是去西藏旅游是个事儿(意思是要计划周全些,如找准游览季节,又要锻炼身体以防可能出现的高原反应等),可是去桂林游玩不是事儿——那里气候温和、交通便利,何时想去买了车票就上路,游后保您感到满意和开心!能给所有游客带来美妙的游历和记忆,是华夏山水风景名胜中的瑰宝,这个超级美丽、精妙的地方就是山水甲天下的桂林。"

阳朔

电话区号：0773　世外桃源景区：2851088　旅游热线电话：15677103659

提起广西阳朔的鼎鼎大名，几乎无人不知、无人不晓。可是许多人对阳朔的印象只局限在它是游览漓江后的上船点和折返点，只知道阳朔有月亮山和大榕树。其实，阳朔境内山水秀丽、佳景云集、风光之美比桂林市区有过之而无不及，加之当地旅游部门近年来花大力气招商引资，大力开发新奇景点，许多新景的建设起点甚高，风光特别优美。下面就为大家介绍阳朔境内的主要新景、美景。

▲ 阳朔奇山秀水令人乐不思归、流连忘返

● 重要提示

"桂林山水甲天下，阳朔山水甲桂林"，阳朔的风光比桂林还要美，亲眼去看一下您就会信服了。

● 交通

先到桂林市，之后从桂林汽车南站乘车，车票25元左右，70—80分钟就到阳朔。此外，汽车总站（中山路边的老车站）还有商务车去阳朔，车费约50元。

阳朔名景之一：世外桃源

由台商斥巨资于1997年兴建，其场景风光完全按我国古代著名诗人陶渊明所著的《桃花源记》建成。四周田园锦绣，山水交融，景区内遍布桃花、绿草、古朴村寨和幽深岩洞，亦真亦幻，如诗似梦，是一个名副其实的当代桃源仙境。

世外桃源的主要游览方式是乘船观光，游客坐上一叶小舟，时而漂过宁静湖水，时而穿过山间溶洞，时而漫过湖边农舍，时而进入蛮荒时期的佤族村寨。一路上可以观览到的秀丽景点有20余个，而水边村寨内村姑们的悠悠山歌和欢快舞姿，亦会让游客欢乐开心。

世外桃源的旅游接待管理工作水平甚高，通过国家环境管理体系的认证，几乎所有到阳朔观光的游客都要去世外桃源游览美景，它是阳朔山水中当之无愧的灿烂明星。

☛ 世外桃源是首批国家 4A 级旅游景区。观光需要至少 2—3 小时

阳朔名景之二：山水园

山水园的位置真好，地处阳朔县城的东南缘，濒临秀丽的漓江边，满江清波就从园下而过，昼夜欢流，所以这是在阳朔观赏漓江秀色和对岸群龙迎宾群山风光的最佳地点。山水园中的导游服务更好，不论游客多少，即使只有一个人也有专职的导游陪伴，一会儿娓娓动听地为您介绍自然风光和人文佳景，一会儿为您唱壮族山歌民谣，其服务态度之真诚、工作之尽力真是感人至深。

☛ 山水园是阳朔风光的代表和文化溯源的象征。逗留 1 小时即可

阳朔名景之三：漓江下游景区

一般游客来漓江游览，主要是乘船在桂林和阳朔之间观赏美景，而我们所说的漓江下游景区，是指阳朔县城至下游普益乡留公村（也可至平乐）一段近20千米长的水域。这里江面开阔，山形柔美，沿岸山峰映碧水，翠竹掩村庄，风光原始古朴而又旖旎诱人。

漓江下游景区有鳖鱼洲、群龙迎宾、书童山等多处山水佳景，然而更令游客流连的是这里就是电影《刘三姐》的实景拍摄地——电影开头部分刘三姐孤身划着竹排在碧水春波之上悠悠漂来，秀丽的画面、美妙的歌声就是在书童山下的江心拍摄的。而"对歌"一场戏则是在江边一处叫宣安码头的地方拍摄的，莫老爷和陶、李、罗三个秀才就是在这里被聪明秀美的刘三姐搞得丑态百出的。现在，阳朔西街东口不远处的漓江边有客运码头，每天发船去这段江面载客观光，广西民间的美妙传说和秀丽的自然风光，一定能够更加完美融合、交映生辉，给游客带来惊喜和美感。

阳朔名景之四：高田景区

高田位于阳朔城正南，著名的月亮山和大榕树就是该景区中的"老明

●世外桃源

世外桃源位于桂林至阳朔的公路干线边。门票 60 元，水上及陆上游览有导游全程陪同讲解。

游览约需 2 小时，进门入口处的综合服务楼（一楼是商店、二楼是餐厅）的三楼平台上是绝佳观景、摄影点。但是三楼一般不让外人上去。

●山水园

山水园在阳朔县城东侧、西街东口旁的漓江边，步行即可到，门票 22 元。有导游全程陪同讲解，游览需 60—90 分钟。

●漓江下游景区

山水园门口有漓江下游游览的售票处，船票 95—140 元。

●另荐：龙颈河漂流

漂流起点在阳朔兴坪古镇东边大源林场内，河水湍急很显惊险刺激。收费168元。阳朔县城有售票处和发车点。电话：0773-8704999。

▲ 世外桃源秀色

● 遇龙河漂流

遇龙河是指白沙镇金龙桥至高田大榕树旁工农桥间长约7千米的河道，其间两岸山峰绮丽，河心碧波荡漾，沿途有遇龙桥、夏棠佳胜、狮子山等数十处美景，风光之美妙不可言。

● 高田景区

去高田可乘客车，从阳朔到高田或金宝的车全经过高田景区，10分钟即到。

阳朔西街西口还有许多摩的和其他机动车载客去高田。

从西街上租辆自行车去高田游玩最自在开心。

月亮山门票30元，含大榕树门票30元，聚龙潭70元，鉴山寺免费、蝴蝶泉60元。

● 兴坪古镇

从阳朔汽车站乘中巴，票价60元，1小时就到兴坪。

登上老寨山顶约需50分钟，山顶上的观景亭是最佳观景点。

星"，然而这里同样风光诱人的是近年来开发的诸多山水新秀，规模宏伟、气势非凡的佛门禅院鉴山寺，绿水悠悠而又奇石遍布的聚龙潭（门票55元），长达8千米、沿河遍布翠竹古榕和原始村寨、风光绮丽的遇龙河，都会向游客争显迷人风姿。然而高田景区遍布青山绿水和奇异山石，几乎无处不是景、无景不迷人，所以这里是大家公认的广西境内山水风光最秀丽精美且非常集中的地方。1987年美国前总统卡特先生来此参观，坐在汽车内观景后感觉不满足，后来临时向有关单位要了自行车，自己骑行畅游了高田风景区。现在阳朔旅游部门已在景区内修建了一条长近10千米的自行车道，供游人徜徉其间，畅观美景。

☛ 高田处处是美景，即使是游玩一整天仍会意犹未尽

阳朔名景之五：兴坪古镇

兴坪古镇位于漓江至阳朔段的中段，乘船游江的客人在这里都是一掠而过，但是走进兴坪仔细游览，会发现这里真是漓江山水中的亮点。

一是漓江沿岸风景优美的景点都在兴坪附近，像著名的九马画山等都距兴坪甚近，所以许多游客第二次来桂林游览时都直接来兴坪，乘船游览漓江山水的精华杨堤到兴坪段，在最短的时间内观赏最多的景点。

二是兴坪江边有一座奇峰老寨山，别看它海拔只有300米，但游客攀上山巅，可以见到无比开阔壮美的风光——漓江从正北流向东南，又从东南流向西南，拐了一个硕大无比蜿蜒浩荡的弯，江两岸耸立的奇峰怪岩超过200座，全都造型奇异、挺拔秀美，其场景之壮阔、江水之清澈、山峰之绮丽，全桂林境内已经对外开放的各景区均无法与之相媲美。

三是在距兴坪镇2千米的地方有一个始建于1506年而迄今保存完好的小渔村，村中的古屋都是青砖黑瓦、坡屋面、马头墙、飞檐、画栋、雕花窗，建筑结构特色异常鲜明，村中的古建筑群占地达1.5公顷，而村对岸的鲤鱼山、金瓦山、元宝山、笔架山等亦都风采各异，美景动人。1921年冬天，孙中山先生乘船溯漓江

而上的时候,曾亲临此村登高观景,并在村前江上的船上宿夜。由于兴坪古镇美景集中风光多彩多姿,所以近年来此观光的游客与日俱增。

☛ 兴坪有一个观光休闲佳境大河背村,风光古朴原始,美

阳朔名景之六：阳朔西街

　　阳朔西街已有1400多年的历史。这条位于碧莲峰下长约800米的商贸旅游街既古朴典雅又充满现代气息,街上遍布旅游纪念品商店,出售各类当地风光明信片、山水字画、民族服装及竹雕、木雕和各类手工艺品,制作精细,秀美玲珑,令人爱不释手。街上亦有诸多宾馆、餐馆、酒吧、咖啡厅,为中外游客提供餐饮、食宿、休闲、娱乐方面的综合服务。白天西街上人流熙攘、游客如潮；入夜,街上的各家店铺内外都点上了氛围感十足的蜡烛和灯笼,游客们或在各家商店前随意观赏、选购,或坐在餐馆和咖啡厅内外品美酒、尝佳肴、休息谈天,其松弛、开心、快活、惬意程度自不待言。晚上是西街最美丽的时候,那种温馨浪漫的情调真是世间难寻。

☛ 西街旁的徐悲鸿纪念馆和阳朔公园也值得一去

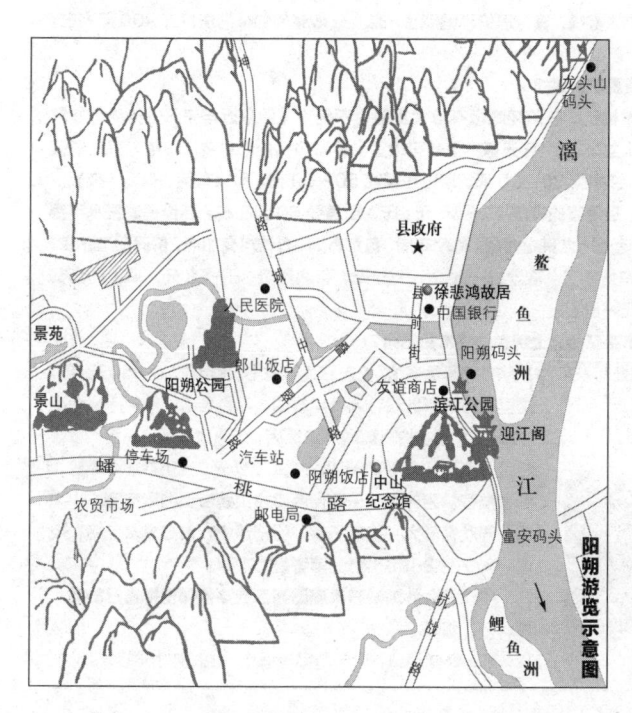

● **阳朔高铁站**

距兴坪古镇3千米,距县城约28千米,出站后换专线车到县城,车费20元。

● **当地美食**

首推啤酒鱼,其他有纸包鸡、芋头排骨、锡纸漓江鱼、桂林米粉等,西街上还有不少西餐馆,味道尚可但价格已经涨起来了。当地较有名的啤酒鱼菜馆有谢大姐、彭大姐餐厅等。

● **阳朔西街**

从阳朔客运站下车后换乘各类机动车向南走1.5—2千米到新西街街口,从漓江码头上岸后步行向南10分钟即到西街东口。西街红火喧嚣,充满温馨格调,但它并不是很长,短短15分钟就可以从一头走到另一头。

● **当地高档宾馆酒店**

①碧莲江景酒店,在漓江边,档次高,条件好,平日标间在500元以上。
②河畔度假酒店,在遇龙河边,环境优美,淡季标间也在380元以上,旺季肯定会上浮。

● **大型歌舞表演《印象·刘三姐》**

由著名导演张艺谋策划、执导,场面宏大,特色鲜明,引人入胜。每晚在阳朔表演1—2场,开演时间为19:30—20:00,票价268元起。电话：0773-8811982。

阳朔游览问答一点通

问：阳朔的气候怎么样，有明显的旅游淡季吗？

答：没有，这里地处亚热带，气候温和，四季常青，夏天的太阳有点儿厉害，但只要打伞戴帽，别让它直接照在脸上、身上就成；冬天最冷的时候穿薄毛衣即可；春节的时候，阳朔人山人海，有的老外在西街上从初一直住到初八，过得特别幸福开心，可以说不存在旅游淡季。

问：如今人们都是如何到阳朔游览的？

答：第一次来广西的人当然是先游桂林、漓江，游船在阳朔停靠后上岸顺路一游。可是来过一次尝出"甜头"的人，下次来了广西后就会直奔阳朔，他们认为，在广西众多的山水名胜中，阳朔才是最美丽动人的。

问：外地游客怎样到达阳朔呢？

答：非常简单，先坐火车或飞机到桂林，桂林汽车南站发往阳朔的大巴10—20分钟一趟，票价20—40元，行车70—80分钟就到了。另外桂林长客总站有快巴去阳朔，车费50元左右。

问：阳朔的住宿方便吗？

答：当然方便。高中低档宾馆饭店都有。豪华宾馆房价较贵。阳朔县城北面是中小宾馆、招待所密集区，这里虽少有高楼广厦（一般是4—6层楼），但是客房的条件不差且价格便宜，带有彩电、空调、卫生间的普通标房在一般季节打折后100多元就可以拿下了。另外值得一提的是西街周边有多家中小型宾馆，虽然主要是个体经营，但条件好（一般接近三星级标准）服务也好，加之这里有无数的商店、咖啡馆、餐馆，吃、住、休闲、购物都方便，所以住在西街周边一定是特别舒服的。近年来西街周边的客栈、宾馆房价稍涨了一点，一般条件的标间房价在200元左右，一些精品客栈还要贵一些。

问：阳朔的餐饮业收费贵不贵呢？

答：与全国的大中城市相比，在阳朔吃饭不算太贵但也不便宜（但是近年来涨价势头也非常明显）。早点吃油条、豆浆或米粉，10元基本上就可以了。县城内到处都有餐厅饭馆，里边的素炒青菜也就是15—25元，纯肉菜30—50元，所以正餐花50—60元，可以有菜、有汤、有饭。这里的特色名菜是啤酒鱼，最便宜的鲤鱼40—50元/斤，草鱼要60元左右。西街是消费水平很高的地段，这里餐馆中的中西餐（尤其是西餐）有凉有热、有菜有汤、有饮料有甜点，价码已与北京、上海等大城市中的同等餐馆持平了。像沙拉一般25—35元、普通热菜35—58元，早上的套餐品种挺全，一般25—35元一份。

问：能给我们推荐几家实惠而又上档次的特色餐馆吗？

答：可以啊！西街入口处有一家"大师傅"啤酒鱼餐馆，位置好菜价适中，水煮鱼50—60元/斤。这里处在繁华地段，人气挺旺的。笔者更看好的餐厅是西街中段（83号）的喜鹊啤酒鱼饭店，位置太好太"黄金"了。但菜并不贵，啤酒草鱼也是约60元/斤，且用餐环境极好，笔者推荐。另外，位于西街西口益田西街上的欣桂厨（小南国）餐厅名气大、菜品正宗，价格适中，也是美食佳境，电话：0773-8889528。笔者强力推荐。

问：那么外地游客来到阳朔后应该如何安排自己的吃、住、行、游呢？

答：非常简单，两句话即可概括：住在西街或西街周边、

▲ 阳朔兴坪江山美景

吃在西街、休闲购物在西街而玩遍阳朔全境,这样的安排您会舒服透顶。

问:在阳朔游览多长时间才能宽松开心呢?

答:最少应该三天时间,要是能在这里逗留一星期,效果就太精彩圆满了。过去那种游毕漓江上了岸后,看一眼月亮山、大榕树就打道回府回桂林的方法可能会有许多遗憾。

问:阳朔都有哪些景点必须要看呢?

答:一是世外桃源,这是阳朔景点中的亮点,现在许多团队都不去月亮山、大榕树,而改去世外桃源了。另外高山风光仍然是阳朔风景中的精华,这里的月亮山、大榕树风光仍然很美,而且又新开发了鉴山寺、聚龙潭、图腾古道等多处美景,让人有些眼花缭乱。另外兴坪风光精彩,在这里不光能乘渔民的小船游览漓江风景最集中的"中段",还能登上300米高的老寨山观赏漓江大拐弯的壮景,美极了。

问:除了这几个地方外,阳朔还有什么地方应该去呢?

答:漓江下游也不错,这里江面开阔,水流平缓,山景也挺美。另外遇龙河漂流也特有诗情画意,沿途经过的青山绿水、古宅古桥和美丽田园太多了。此外,阳朔城内的山水园地势好风光也很好,周总理曾在这里观景拍照,您也应该去看一看呀!

问:在阳朔旅游,日程上应该如何安排呢?

答:假如您在阳朔停留3天,那第一天上午可以去世外桃源,午后返回阳朔县城游山水园,下午乘船游桂林至福利的漓江下游段。第二天可以上午漂遇龙河,下午抵高田风景区后上岸游览。第三天上午去兴坪,先乘渔民小船观赏漓江中段风光,然后去总统村看渔村风情,之后一定要登上老寨山山顶观看无边壮景。3天时间这样安排已经非常圆满了,其他景点是否去玩您就自己发挥吧!

问:在阳朔,每天晚上应该怎样享受呢?

答:当然是在西街上度过呀。这里有又多又好的工艺品店,出售的小商品都特别值得欣赏、玩味;街上有许多家咖啡馆、茶馆、餐馆,店前、街心和餐桌上点满了光芒闪烁的蜡烛和彩色小灯笼,在朦胧美妙的烛光灯影中尝美味佳肴,品咖啡、香茶、美酒,与同来的或刚刚结识或根本不认识的游客一起轻声聊天,共享美丽时光,这是一件多么快活温馨的事呀!同样令人开心的是参加漓江夜游,乘上渔民的小船驶到江心,看月光皎洁、江波如镜、渔光闪烁,意境也是很美的。

问:请您给我们一些游览方面的实用指导吧!

答:好,世外桃源位于阳朔城北20千米处,乘去桂林的车20分钟即到,门票55元起。山水园就在阳朔城内,步行去即可,需买门票。游览漓江下游可以在山水园门口购票上旅游公司的船,亦可在江边上渔民的小船(多是机动竹筏),2—3小时打个来回没问题。去高田游览2—4小时或是一整天随您掌握。去兴坪可在阳朔客运站上中巴,1小时就到,兴坪江边停有不少游船,也有竹筏,船票最低40元但有时还要买游江的门票,可载您去漓江最美的九马画山打个来回;至于攀登老寨山,一般体力的人有50—60分钟就行。玉龙河漂流和漓江夜游最好交旅行社操办,一切环节衔接得挺好,西街上有不少售票点,服务态度都不错。另外,租辆自行车去高田观光也挺美(西街上有租车点并配有向导,车费1天20元左右),与大自然接触得更密切。阳朔西街上有不少旅行社和旅游咨询点,店内店外都有大量文字图片介绍,您去一问一看就全都清楚了。

问:还有个问题,这里的治安如何?

答:这里的治安没问题,阳朔民风淳朴且管理有方。

问:最后请您用一句话把您对阳朔的印象总结概括一下吧!

答:好,阳朔这个地方太棒了,风光美,环境佳,人也好,物价又不太贵,快去阳朔开心旅行吧,一定会让您心满意足的。

如何在遇龙河上漂得舒适开心

到了阳朔是不能不漂遇龙河的，河上的山光水色真是美不胜收，而沿岸的田园风光更是旖旎动人。阳朔县城中的遇龙河漂流售票点非常多，游客交费后可享受往返、漂流观光和免费导游等一条龙服务。

漂遇龙河分为不同的距离和方式。一是漂全程，从遇龙桥到工农桥，全程用时需5—6小时，丰水期亦要4小时左右。二是漂上、下各半程，其中下半程是从骥马码头漂到工农桥，用时2小时左右。笔者觉得漂全程感受非常好，开船前还可到遇龙河上最漂亮的富里桥观光拍照，不缺时间经费的朋友漂全程肯定开心（但近期这种漂流多被漂半程所取代）。

当然漂半程也绝对够"美"的了——因为可以省出时间从工农桥上岸后顺路游览旁边的高田风光——大榕树、鉴山寺、聚龙潭、月亮山、图腾古道都在这里，所以半天时间漂遇龙河、半天时间游览高田，这样的安排非常精彩而又宽松毫不费劲。

阳朔县城中到处都有遇龙江漂流的售票点，游人可任选一家办理漂流手续。此外遇龙河畔的步行观光路已经修通了，徒步游效果也很好。

▲ 在遇龙河上开心漂流

旅行家指导

推荐全新旅游方式：包租车畅游阳朔、畅游大桂林旅游圈

当今到阳朔观光的朋友，大都不满足于用常规的日程和方式按部就班地游览各处景点，如今到桂林旅游的朋友，也不满足于只是观览三山两洞一条江这些传统老景，而是把目光拓展到了集桂林、阳朔、资源、龙胜、三江、荔浦诸多美景于一身的"大桂林旅游圈"。那么如何告别那种慢吞吞的传统观光方式，如何快捷、迅速、灵活、舒适、自在地在桂林和阳朔开心遨游呢？笔者为您推荐包租车游览的好方式。

在阳朔，包租车出游很方便。自驾租车每天租金为200—300元，代驾租车每天租金为400—500元。无论是自驾还是请别人代驾，都可以在阳朔的青山碧水间随意遨游，想走就走、想停就停、想观光拍照就观光拍照、想吃想住就可以大范围地搜寻便宜实惠的餐馆、客栈，其中享受到的快捷、灵活、方便自不待言。用这种方式，两天之间可以玩遍阳朔的每一个角落，用4天工夫，可以游遍大桂林旅游圈的主要景点。您何乐而不为？况且若是结伴出游分摊车费，那么性价比真的很高。

笔者向您介绍懿光圈租车公司，这家公司可以向游客提供阳朔及桂林地区的包租车服务，车型齐全、车况良好、收费公道。公司的老板晨风在阳朔有多年从事旅游、酒店行业的经验，人脉广且服务理念时尚先进，待客热情，还可为游客设计游览日程、联系实惠的酒店餐馆并提供各景点的打折门票，还能亲自接待团队客人并带客游览。另外，山水风光和人像艺术摄影也是该公司的经营项目。因此向大家郑重推荐。懿光圈租车公司办公地点在阳朔石马路，电话：0773-8887888、19907739559。

▲ 阳朔遇龙河迷人景色

推荐周边景点

玲珑秀美——银子岩

银子岩位于荔浦县城正北22千米处（离阳朔高田景区很近，从阳朔乘车前去只需40分钟）。银子岩的规模稍小，但特别美丽精巧。它属于层楼式溶洞，分为上层洞穴、中层大厅、下层洞穴三个层次，各层洞厅中都布满了各类奇异的石钟乳和水质碧澈的泉池。游人进入洞室后忽而钻进洞底，忽而又攀上洞顶，在迷宫般的美妙意境中饱览大自然鬼斧神工的杰作，真是美妙新奇、快活开心。

银子岩洞外的风光也颇为秀美迷人，四周青山环抱，中央奇峰高耸，宛若一个巨大的天然盆景。景区内现已建成完善的餐饮住宿设施，是观光度假佳境。现在从阳朔去银子岩的车很多，往返很方便，门票65元。

亚洲第一洞——丰鱼岩

丰鱼岩位于荔浦县城正南16千米处。这个巨大的山间洞穴长达5.3千米，纵贯九座山峰，所以享有"一洞穿九山，暗河深十里，妙景绝天下"之美称，被地质专家认为是"亚洲第一洞"。丰鱼岩有许多大小不一的洞厅，其中最大的面积达到2.5万平方米，颇为恢宏壮丽。洞中遍布石笋、石花、石柱、石幔，千姿百态且色彩艳丽，构成了洞中不夜城、五羊迎宾、群龙戏水、宝塔天国等近百处奇景，是国家4A级旅游景区。

丰鱼岩内分为陆上游览区（长2千米）和暗河漂流观赏区（长3.3千米）两大部分。陆上游览区主要是观赏巨大的洞穴、洞厅和各类奇石佳景。暗河观赏区则是游客乘船沿狭长的水道前行，游览沿途经过多处急流峡谷、洞中湖泊和洞顶飞瀑。

从荔浦县城中心广场乘专线车，45分钟可到丰鱼岩景区。门票45元。丰鱼岩洞内观光需110分钟。

▲ 银子岩洞外风光

旅行家指导

观看大型水上歌舞表演《印象·刘三姐》的技巧和学问

①这个表演一定得看——场面极宏大、表演很动人，看了它您才能领略到广西山水风光和民俗风情的精髓和灵魂（笔者这些年游历过广西所有景区，按理说见识够广了，但看了《印象·刘三姐》后仍然被感动得热泪滚滚）。

②在桂林市内和阳朔县城，到处有《印象·刘三姐》的售票点，购票极方便，每晚7:30—8:00在阳朔县城以南约1千米的刘三姐歌圩上演（旺季有时晚上演2场，第一场的时间在20:00），请注意应最少提前10分钟到达。阳朔西街西口有观光车直达歌圩（打车也成），车费10元左右。

③看《印象·刘三姐》最重要的是看总体效果而不是看哪一个演员，所以在表演场内坐得高效果更好（一般应高于第14排），购票时可向售票人员申明。

演出咨询电话：0773-8811982。

资源

📞 电话区号：0773

过去外地游客去广西旅游，总是把桂林和漓江当作观光目标的首选，但是如果您千里迢迢去广西一次只游览了桂林和漓江，那就太遗憾了。因为在桂林正北107千米的猫儿山下，还有一个美景聚集地，那就是以奇山丽水、丹霞地貌而著称的资源县。资源境内青山高耸，碧水蜿蜒，美景众多——资江清流、八角寨群山、宝鼎飞瀑、五排河狂涛、天门生态园、高山草场、银竹老山原始公园……真是数不胜数，气象万千。

气候与游季

资源地处桂北山区，气候温和，盛夏时节气温比桂林低3—4℃，凉爽宜人，适宜避暑。冬季气温稍低，有时会降小雪但无严寒天气，即使是1月，资江沿岸仍有桃花吐蕊、映山红绽放（游客穿毛衣、外套即可），资江亦四季有水，全年皆宜漂流、游览。

▲ 蜿蜒而流畅的资江大拐弯

交通

欲去资源应先乘火车或飞机到广西桂林市，桂林市汽车北站每日每隔30分钟就有一班客车发往资源，行车1.5—2小时，车费50—60元。另外桂林每日还有多班豪华快巴发往资源，2小时可到。

资源山水比福建武夷山还要壮观迷人！

提起国内以丹霞地貌而著称的山岳风景区，大家都会觉得风光最美、名气最大的是福建的武夷山，但如果您到广西资源玩一趟，就会发现这里的风景比武夷山还要壮观迷人。

武夷山和资源的基本地形地貌都是两山夹一水，可武夷山的水是溪，资源的水是江，宽阔浩荡程度不可相提并论；九曲溪拐了9道弯，资江在漂流距离内拐了31个弯，游客漂九曲溪历时1小时45分钟，而资江漂流用时将近3小时，景点（节目）谁多谁少无须争议。武夷山的山峰很绮丽，从下往上看更好看（大王峰和仙女峰都是这样），资源的山峰也绮丽，但是从山上往下看更好看。如果在中心主景的水平上双方还是各有千秋的话，那周围"配景"水平的悬殊程度就可能有些大了——资源的八角寨山峰壮美程度绝对超过武夷山的一线天、虎啸岩，宝鼎瀑布的气派绝对大过武夷山的水帘洞。所以综合各方情况全面来衡量，笔者认为资源山水确实秀盖武夷群山。

▲ 八角寨螺蛳山

住 宿

资源县城较小，宾馆分布较集中，豪庭大酒店、维也纳宾馆均是高、中档住处，标间房价在280元/间，随不同季节浮动。县城内还有几十家普通宾馆，带有卫生间、电视、空调的普通双标房价格在100元左右，住宿非常便宜、方便。

主要景点和游览方式

资源县的主景在资江，最诱人的游览方式当然是漂流

资江发源于猫儿山东麓，落差大，江水急，在22.5千米的游览距离内，它居然流过了45条滩，拐过31个弯，两岸有风帆石、锦鸡山、观音峰、百卉谷等60余处景点，游人乘船逐清波而下，两岸的美景就让您看全了。

☞ 资江漂流的美感不比游漓江差，您可千万要尝试一回啊

资江漂流的方式与众不同

资江漂流不是坐船（或竹筏）一游到底，而是时动时静、时走时停，一会儿在江心顺流而下，一会儿又停船上岸观赏美景，在长达3小时的漂流过程中，导游会安排游客先后四次上岸：第一次是观赏和拍摄资江的主景风帆石，风帆石高近80米，形态既像一张迎风张起的船帆，也像一面猎猎招展的旌旗，身姿巍峨，甚是壮观；第二次是上岸眺望拍照对岸的奇景神象饮水（一块巨石酷似象鼻弯弯浸入江中，形态生动、惟妙惟肖）并品尝渔民自制的美味竹筒饭和酸辣烧江鱼；第三次是到浪田村参观娱乐，紧靠资江边的浪田村是一个瑶族村寨，这里的村民每天都为前来观光的游客表演瑶族歌舞，令游人特别开心；第四次是到资江最漂亮气派的景区天门山·百卉谷，游人可以沿险峻的山路攀至天脊或神仙寨，在这里见到的资江奇峰林立、清江蜿蜒，比在武夷山天游峰上看到的九曲溪大拐弯还要神奇壮美得多。

☞ 资江漂流的感觉很好，活泼欢快充满野趣

八角寨是资源境内的又一佳景

这是一处以丹霞地貌而著称的大型山岳风景区，听听这里景点名胜的名字就足够神奇诱人：降龙栈道、云台仙境、八角溢彩、群螺观

● **住宿参考**

豪庭大酒店，资源最高级的宾馆，平季打折后双标房150—250元/间，旺季会上浮。

● **资江漂流**

去资江漂流可从县城乘中巴，10分钟后即到丹霞码头，漂流船票约200元/人（含天门山、百卉谷门票），乘橡皮船约600元/船（团体客人可优惠），时间需2.5—3小时。

● **天门山百卉谷**

资江漂流的终点是天门山百卉谷，欲进百卉谷景区需购门票，有缆车往返。资江漂流游客免门票。游览需3小时。

游天门山时一定要登上神仙寨（至少登一半）和天脊，在这里可以看到比武夷山天游峰上看到的还要精彩的壮丽风光。

资源主要景区示意图

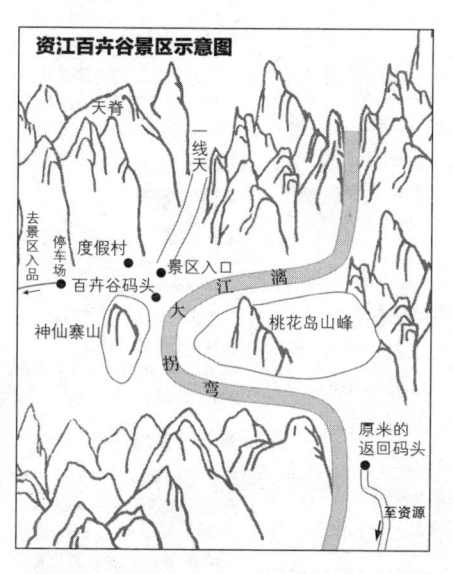

天。这里巨大的山岩有的横空出世，有的壁立千仞，有的摇摇欲坠，有的拔地顶天，真是神奇怪异、巧夺天工。

☛ 游八角寨，一定要走一个完整的环形旅游线

八角寨景区有数处奇景颇为引人入胜

一是位于景区大门左侧的螺蛳山（亦称群螺观天），这里有四座一二百米高的巨大山岩——山头尖、底座圆、身带线条生动优美的圈状螺纹，颇像海水退潮后搁浅在沙滩上的大个海螺，身姿勇武，给游客以深深的惊异和震撼；二是开凿在险崖绝壁上的降龙栈道，它上倚危岩、下临百丈深渊，游人凭栏下视，顿觉惊心动魄、毛骨悚然。龙头香是全景区的制高点，在这里环视八角寨全景，见上百座奇峰怪岩巍然耸立，连绵起伏者如海潮奔涌，波澜壮阔，挺拔俊秀者如松竹玉立，身姿俏美，妙不可言。

☛ 夏季雨后来资源观光，一定要到宝鼎瀑布看一看

宝鼎瀑布　天降神泉

宝鼎瀑布位于资源县城以南12千米处，由九级总落差达700余米的子瀑布组成。每到盛夏时节，瀑水奔腾而下，银花飞溅，声震山谷，场面壮观，甚为迷人。

●八角寨

去八角寨可从县城乘去梅溪的中巴，票价10元左右，1小时可到，然后从梅溪换当地中巴或打车，25分钟可到八角寨，需门票，游览需2.5—4小时。

●宝鼎瀑布

从县城打车即到，游览需1.5—2小时。

推荐游程

标准的资源三日游方案：

D1. 上午漂资江，下午在天门山登高（天脊、神仙寨）观资江大拐弯壮景，晚上回资源县城住宿（亦可宿天门山）。

D2. 上午游八角寨，看国内一流的丹霞地貌奇观，下午游宝鼎瀑布和宝鼎湖。

D3. 五排河漂流探险，下午返回县城结束游览经桂林返家。

紧凑的资源二日游方案：

D1. 全天游览资江、天门山百卉谷。

D2. 上午游八角寨，下午观宝鼎瀑布。

如果您只有一天时间：

可以上午漂资江，下午游天门山或游八角寨，这样亦能玩得快活欢欣。

景区亮点闪击和精彩回放

①资江漂流挺不错,先后四次上岸探奇览胜,妙趣横生,比乘船游览桂林漓江还要快活开心。可是近年来,漂流的内容越来越简化,有时船程缩短到了2小时左右,岸上的游览内容也取消了一些,这有点儿让人遗憾。游客开漂前应做适当咨询后再购票,以免产生不必要的误会和纠纷。

②天门山百卉谷是资江上最漂亮的风景,资江在这里拐了3个大弯,江流浩荡且蜿蜒,特别优美、壮阔。

③天门山百卉谷有两处绝佳观景点,一是神仙台,可以展望资江大拐弯全貌;二是天脊,站在山巅,360度视野范围内全是千姿百态的漂亮风景。

④八角寨风光也精彩,尤其是屹立在大门入口处的螺蛳山,"螺体"真巨大(高达百十米),令人惊诧,给刚一下车还未开始游览的游客来个"下马威"。

⑤宝鼎瀑布有点儿"绝",从千米高山上跌下来,拐了两个大弯又流进宝鼎湖里,游客必须连山带瀑带湖一起玩,非常新奇开心。

▲ 资源壮景

发烧友特别关照

①到了桂林观赏了漓江美景后如果还有时间,可适度关注资江游览,只要时间允许,到资源玩一趟会有不错的观光感受。

②资源山水最诱人的地方就在于它的风光绮丽且风格多样,游人到此游览一次既可漂清江,又能登险峰、观飞瀑,会玩得特别满足开心。现在当地又开发开放了许多新景点,像艰辛神秘的原始森林探险、惊险刺激的五排河漂流等,活泼秀美的资江风光正以其迷人的风姿,笑迎八方游人。

③假如您是中午才到资源,那不妨下午先去游八角寨或宝鼎瀑布,第二天再用全天时间游资江,上午漂流,下午到天门山百卉谷观光,这样才可有充足时间畅览资江和天门山百卉谷美景。

④如果中午或午后漂流而又是自助游,那到达天门山百卉谷并登高游览后估计已是16:00左右,这时有两种选择:一是住在天门山,宾馆有客房小楼也有竹楼、木楼;二是坐摆渡车或是步行到资梅公路旁,从这里搭顺路车回县城,行车至少需45分钟。

⑤在资源,参加旅行团队去游览资江、八角寨、宝鼎瀑布亦很方便舒适,旅行社派来的导游还会为大家讲述许多资源山水的小故事,并为大家唱瑶族山歌、跳瑶族舞蹈,让游客高兴欢乐之余还增长知识学问。资源县城内有数家旅行社,收费不高,手续简便,请您一试。

⑥资源的旅游资源丰富,很有开发潜力。

龙胜·龙脊和大寨梯田

电话区号：0773　梯田全景楼客栈：7585688

龙胜各族自治县位于桂林市西北约100千米处，境内青山叠翠，自然风光十分秀美，是大桂林旅游圈引人注目的亮点之一。这里不光有驰名中外的龙胜花坪、矮岭温泉和被称为"摄影家福地、乐土"的龙脊梯田，而且瑶、侗、壮、苗等少数民族风情亦十分浓郁迷人，几乎每座依山傍水的木楼古寨中，都有新奇独特的风俗和故事，每个来龙胜观光旅游的客人，都会带着丰富新鲜的见闻和记忆满意而归。

▲ 龙脊梯田胜景

● 县城住宿参考

比较好的宾馆是维也纳酒店，平日条件甚好的双标间200元左右，电话：0773-7518880。

气候与游季

龙胜地处桂北，气候相对温和湿润，常年皆可游览，但冬季龙脊梯田景色相对平淡，所以观光佳季应为每年的4—10月。

交通

欲去龙胜应该先到桂林市，桂林市琴潭车站（2路公交车的终点）发往龙胜的班车从6:10—17:00几乎每20分钟就有一班，车费几十元，2—3小时可到。另外桂林北站每日有发往龙胜的空调快巴，车费差不多，2小时即到。此外，龙胜与相邻的资源县每日也有2—3班客车对开。

龙胜游览总体指导

龙胜风光甚好且观光景点众多，能为各地游客留下美好观感。全县景点的分布是以县城为中心，向西北、东北、东南方向放射出三条旅游线。西北线上的景点主要是银水侗寨，这个依山傍水的寨中民族风情浓郁，非常值得一看。东北方向主要有原始森林公园和矮岭温泉，前者园内有亚洲最大的铁索悬桥和山林及猴群（一般游客在此停留不超过1小时），后者是温泉洗浴疗养区，适合休闲度假但观赏价值有限（游客可视情决定在此是否住宿）。而东南方向则是当今龙胜观光的特大亮点——龙脊梯田和大寨金坑梯田（还有黄洛瑶寨），这两处梯田佳景已是闻名全国、声震海外，每年吸引着国内国际大量游客。

至于游程安排，银水侗寨和原始森林公园及矮岭温泉可同一天去，但一定要上午去侗寨（因为有歌舞表演），当晚可住在温泉或回县城住。次日和第三日畅游龙脊梯田和大寨金坑梯田。

广西壮族自治区 龙胜·龙脊和大寨梯田

主要景点

龙胜温泉国家森林公园

距龙胜县城约44千米，总面积10平方千米。园中森林茂密，溪水清澈，怪石嶙峋，谷幽洞深，公园中的主景是龙胜温泉，其他景点有猴山、五剑山、横盘山、白面奇石、龙音潭瀑布等。

龙胜矮岭温泉

位于县城以东49千米的矮岭溪边，泉水来自地下1200米深的岩层下，水质为偏硅酸重碳酸钙镁型，水温45℃—58℃，含有锂、锶、锌、铁等多种矿物质，洗浴饮用均可，有保健作用。温泉景区地处幽谷，四周碧峰林立，风光很美，设有宾馆、疗养院，可供游人疗养、度假、休闲游乐。

岩门峡漂流

漂流河段由温泉口至白面瑶寨，全程约6千米，两岸群峰嵯峨、林木葱郁，河心狭窄幽深、水流湍急，游客乘一叶小舟顺河而下，会有惊心动魄的感觉，领略驾驭自然、征服自我的豪情壮气。

龙脊梯田

主要分布在距龙胜县城33千米（距桂林市99千米）的和平乡平安村一带，被称为"壮乡人民的骄傲"和"画家、摄影家的福地"。

梯田景区面积约为66平方千米，景点最高处海拔1180米，最低处海拔380米。条条田垄从山脚一直盘绕到山顶，层层叠叠，如链似带，形成了"小山如螺，大山如塔"的画面和布局，风光秀美奇绝为国内外所罕见。

龙脊梯田共有15000多块，大的不足1亩，小的只能插几株秧苗，但基本上全是种植稻子的水田，因而这里春秋时节风光最美，最适合绘画和拍照。初春时节水田插秧灌满水，每块田池都是颜色分明，波光如镜，深秋时节稻谷成熟，满山金浪随着秋风起伏摇曳，扣人心弦，令人心醉。

桂林、龙胜、资源位置示意图

● **矮岭温泉**

龙胜县城与矮岭温泉间每日有客车对开，1.5小时即到，车票20元左右。泡温泉、住宿另收费。

● **如何去龙脊梯田**

在龙胜旅游，龙脊梯田是当之无愧的绝佳观景点。去龙脊梯田可以从桂林市坐客车直达梯田风景区的平安村停车场，车程2小时左右。从这里换车只需用15分钟，就可到达梯田景区山顶，车票往返约20元。

● **梯田景区住宿信息**

①平安村云山居民宿，客栈位置好，地势高，环境美，房价适中，电话：13768729302。
②梯田胜景山庄酒店，视野好，房价不贵，可关注，电话：17877362828。

● **景区门票**

梯田观景票80元。是与大寨梯田的通票。

●大寨金坑梯田

比龙脊梯田壮观得多，一定要去看一看。桂林有直达大寨的客车，一直开到梯田的停车场，再换车或乘缆车到上方观景台观光。也可先从桂林乘车到和平乡道口，这是到大寨的必经之道，在此等过路车去大寨，50分钟可到。

大寨金坑梯田门票80元。与龙脊梯田通票。

●从龙脊梯田去大寨金坑梯田

两个梯田之间有一条山路，但徒步至少需2.5小时，有点累，虽然途中风光尚可但要不要走。较好的办法是从平安村停车场先乘回龙胜县城的客车，15分钟后到二道桥头，这里是去大寨的必经之路，在此等候过路中巴（30分钟一趟），40—50分钟即到大寨村口。

●银水侗寨

从桂林驾车约2小时可到，门票50元。

龙脊梯田景区主要居住有壮、瑶两个民族，他们民俗奇特，风情独具，优美的服饰和山歌舞蹈，造型奇异而精巧的木楼民居，味道醇美而喷香的茶、酒和风味美食，会给八方游客带来全新感受和诸多流连回味。

大寨金坑梯田

在龙脊梯田东北方约23千米的和平乡，虽然这里与龙脊梯田同为梯田景观有异曲同工之妙，但是这里的梯田从面积到层数，高度比龙脊梯田要大得多、多得多、气派得多。龙脊梯田已很壮美，但若与大寨金坑梯田相比简直是小巫见大巫。龙脊梯田的级数一般有数十层，但大寨金坑梯田的级数许多地方都超过了100层；如果说龙脊梯田的精华是当地人所说的"七星伴月"和"九龙五虎"的话，那用同样的标准来比喻衡量，大寨金坑梯田就不知道有多少星、多少月，多少龙、多少虎了。所以，这里是颇受游人关注的桂北山水名胜中的灿烂明星。

银水侗寨

是前些年开发开放的少数民族村寨，位于龙胜县城西北约4千米处。这里是群山夹峙的一条峡谷，谷中修竹秀立、芭蕉浓密、清泉欢涌，风光奇佳。侗寨的规模并不大，只有五六幢竹楼，但是这里可以展示多姿多彩的侗家风情。游人可以细观侗家生活习俗，购买当地特色手工艺品，品尝侗族家乡饭。最有袭人魅力的是每天举行的侗族歌舞表演，能给游客带来新奇感受和长久回味。

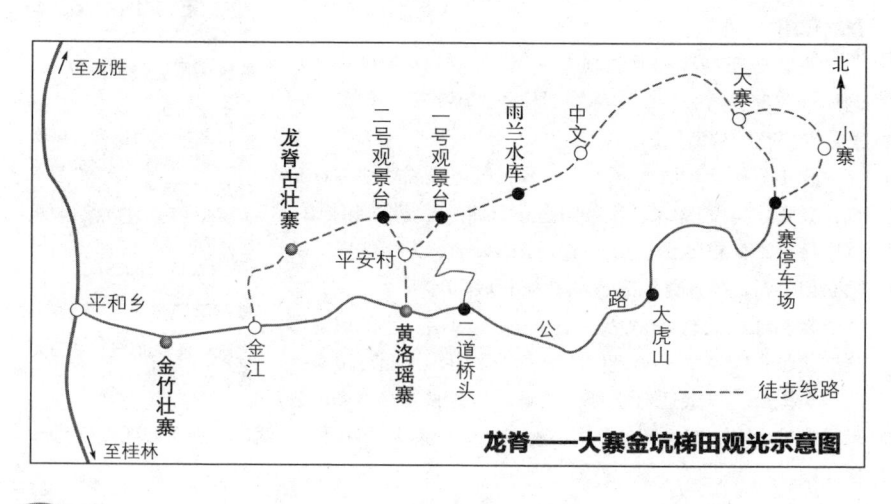

龙脊——大寨金坑梯田观光示意图

发烧友特别关照

关于龙脊梯田和大寨金坑梯田游览的最新攻略

①龙脊梯田的食宿状况

目前客车可以一直开到龙脊梯田所在地平安村停车场，之后步行（也可乘摆渡车）就可以进入平安村了。村中到处都是家庭宾馆和餐馆。其中高级的豪华酒店房价可达近千元，但普通民宿更多，标间100—250元的住处随处可寻，旺季房价还会上浮。吃饭可在宾馆一层的餐厅中吃，价格很贵。一般肉炒青菜要20—30元1份，纯肉菜30—70元1份，土鸡一只要80元以上，所以在平安村停留一天，饭费至少需百元左右。

②龙脊梯田观光

平安村后边的山上有两个观景台，离得近的是2号台，上边看到的风光主要是"七星伴月"，风景尚可。村子东头山顶上的是1号台，上边看到的风光主要是"九龙五虎"，风景特精彩（这个地方一定要去）。游客一定要两个观景台都看，才有满意效果。1号台与2号台之间有条平坦的石板路，步行30分钟可到。建议先去2号台，看较为寻常的风景，再去1号台看最精彩的（之后可从1号台下山而不必再回2号台）。从游客进村开始，到看完两个观景台再回到村中，最快也要2.5—3小时。如果是中午抵达，最好在平安村住一夜。

③大寨金坑梯田的食宿状况

目前大寨村的停车场在村口，下车后步行片刻就能进村，村中也有家庭宾馆数近百家，住宿条件和收费标准与平安村相等。

④大寨金坑梯田观光

目前这里有三个主要观景点，分别称为1号、2号、3号。目前游客常去的是3号（2号风光也很精彩）。从大寨村爬到3号景点至少要步行90分钟，上边的景观"贼壮观"，停留30分钟观景仍觉不过瘾（一定要从山头东侧一直看到西南侧），看一个3号景点若连步上下就要4小时左右，如果3个景点都看，一般体力的人步行要一天半时间。从前一般游客来到大寨只看3个景点中的1—2个，以看3号景点的居多，3个都看的大都是摄影爱好者和时间体力都充足的游客。好在现在登山缆车已开通了，从山下到山顶金佛顶不过是几分钟的事，所以游客完全可以少花气力多看美景。

⑤观光总体指导

游客从桂林或龙胜出发后最好先到龙脊梯田，午餐后观梯田胜景，晚上住平安村，览民俗风情。第二天早晨上山观日出，之后下山乘车去大寨观金坑梯田，下午看3个景点中的1—2个，晚间可返龙胜或桂林，也可住在大寨次日再看1个景点。

⑥推荐灵活的交通和观光方式

平安村也好，大寨村也好，里边的民宿非常多，几乎每个老板都能为客人提供接送服务，只需与他们电话联系一下，表示一下订房的意愿，就OK了。（他们的车每天都能到桂林火车站和市区各处接游客，可把游客直接从桂林接到平安村和大寨村，车费60—80元/人）。

▲ 梯田风光如画

兴安

电话区号：0773　乐满地主题乐园：6229988

兴安位于广西东北部，南距桂林约60千米，是大桂林旅游圈的重要组成部分之一。兴安境内有猫儿山、灵渠、五里峡等山水佳景，又兴建了有"中国的迪士尼乐园"之称的乐满地主题乐园，园中有数十种游乐设施和方式且经营管理极为科学先进和完善有序，引起游客广泛关注。

▲ 猫儿山云海秀色

交通

兴安距桂林市区甚近，从桂林客运北站乘大客，票价10—25元，70分钟即到兴安县城，交通极为便利。

若从桂林包车前去，每车一二百元车费。网约车、顺风车当然也很方便。

● 乐满地交通
桂林市内每天7:00—21:00有景区专线车去乐满地，发车地点在桂林火车站前广场东侧，90分钟可到。

● 猫儿山
桂林客运北站有车直抵兴安，每天有多班车去猫儿山。桂林各旅行社亦都开办了猫儿山一日游业务。

💰 景区门票160元含观光车费，山上观光至少需要4个小时。

● 灵渠
从兴安县城乘机动车，行驶5分钟即可从灵渠的西南入口进入公园。

💰 门票仿古游70元，寻秦之旅140元（含船费）。

主要景点

猫儿山
距兴安县城56千米，系五岭之一的越城岭主峰，最高峰海拔2141米，山上云海苍茫，森林稠密，原始风光绮丽壮美。猫儿山禁止徒步或自驾上山，只能坐景区大巴。猫儿山的云瀑日落很美，若看日出日落须在山顶住宿。

灵渠
是公元前214年秦始皇为进攻岭南的军队运送粮草而下令修建的水上通道，也是我国古代著名的水利工程之一。如今的灵渠景区水质清澈、山林相映，风光柔美，人烟稀少，颇具迷人野趣，是当地受人喜爱的美景之一。参观灵渠还可畅览我国古代劳动人民勤劳智慧的结晶，得到诸多感叹。

秦城水街
古运河灵渠穿过兴安县城的一段，长约1千米，由秦汉建筑文化、古桥文化、古雕塑文化、灵渠历史文化、岭南市井风俗文化五大部分组成。街心水畔清波翠柳相映、亭台廊榭成群，水乡风光如诗如梦，堪称大桂林旅游圈景点中的明星。

乐满地主题乐园

是台商投巨资建成的占地达90公顷的大型游乐城。分为欢乐中国城、美国西部区、梦幻世界区、海盗村、欧洲区、南太平洋区及曼佗罗园。园中观光、游览、餐饮、住宿设施一应俱全。游乐及表演项目众多，在西南地区享有盛名，是首批国家5A级旅游景区。

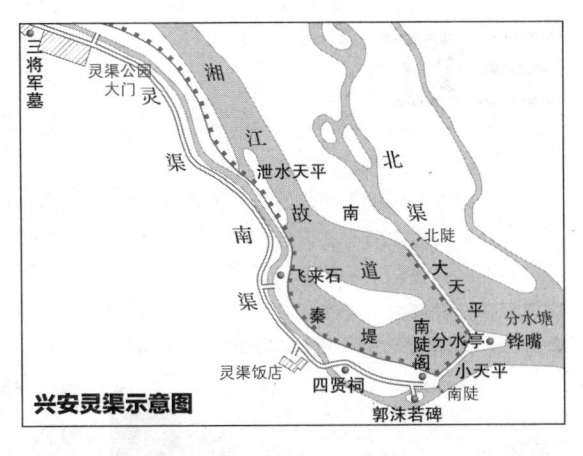

兴安灵渠示意图

● 乐满地主题乐园

从兴安县城乘各类机动车10分钟即到。

💰 平日门票免收，园内游乐另收费。

发烧友特别关照

如何在桂北玩得高兴开心

①桂林北部有资源、兴安、龙胜、三江等美景聚集地，山水风光颇具水准，笔者认为首次来广西的朋友在畅游了桂林和阳朔后，下一个目标就应该是桂北观光了。

②资源山水很壮美，乘船漂资江无比欢乐，游乐效果不比游漓江差多少，各位一定要尝试一回。天门山·百卉谷和八角寨也是观光亮点，宝鼎瀑布夏日景色迷人，建议您在资源停留1—2天。

③兴安的灵渠和水街可以一看，乐满地这个主题公园的游乐项目和服务水平在国内同类景区中确属上乘，可以带给游客无尽的快乐欢欣。

④猫儿山山高，风光壮观，景色非常好，强力建议您抽出一天时间好好游乐一番。

⑤去龙胜主要是看平安和龙脊两个梯田，其他景点可以视情选择。

⑥三江的程阳八寨景区真不错，有好多座风雨桥和好几座侗族村寨，一天时间可把它们看仔细，二日游更显舒适宜人。

▲ 侗寨中漂亮的风雨桥

三江

📞 电话区号：0772

三江县地处湖南、贵州、广西三省区交界处，界内遍布小山和丘陵。清澈的溪河旁、苍翠的山岭上分布着许多少数民族村寨，侗乡风情奇异迷人。游客来到三江，一可领略绚丽多姿的民俗民情，二可观赏特色鲜明的侗族建筑，其中程阳风雨桥和马胖鼓楼都是闻名海内外的建筑艺术瑰宝，风姿独特，颇为引人入胜。

☞ 笔者认为三江程阳桥景区的风光水平远远大于它的名气。

▲ 三江风雨桥远景

● 住宿

三江县城内高档宾馆房价不贵，像最高级的四星级三乡侗乡宾馆标间一般季节300元可拿下。电话：0772-8619888。程阳风雨桥旁有程阳桥旅舍等多家民宿，旁边的侗寨里亦有一些个体酒店，收费都不贵，标间100元的住所很多。

🚌 交 通

铁路

三江站位于枝柳线上，有湛江至襄阳的旅客列车和桂林发来的动车（动车车费30元左右，车程最快22分钟）在此停靠。三江高铁车站距县城约16千米，有公交车同县城对开。

公路

可从桂林、龙胜、柳州等周边县市乘车前去。

桂林至三江：每天有数班。车程3.5小时。

龙胜至三江：每天有数班，车票20—30元/人，车程2小时。

柳州至三江：每天6:30—17:30，每30分钟一班，车票40—50元/人，快巴58元左右。

☞ 从桂林去三江是绝佳选择，途中可游龙胜梯田和其他美景

发烧友特别关照

程阳桥景区已改为程阳八寨景区，里边并非只有一座风雨桥，全景区由马安、大寨、东寨等8个寨子、7座古桥、8座鼓楼组成，风光绮丽而独特，民族风情浓郁。在这里观山水、览古村、住木楼、吃侗家饭、看歌舞表演，会有许多新鲜见闻。在程阳八寨景区一日游会仓促，二日游才能宽松开心。

过去当地的乡间公路过程阳桥，人们在路边就能观拍这座桥的美景，但现在不行了。景区已由旅游公司统一经营，范围扩大了许多且全封闭，游客必须购买门票才能入内，门票加观光车共90元起。

▲ 侗寨风情

三江至程阳桥：在三江汽车站坐三江至林溪乡的车，中途在程阳桥景区下，车程约50分钟。

🚌 主要景点

程阳风雨桥

风雨桥是侗族建筑中的一绝，它集桥、廊、亭三者于一身，兼有过渡、休息、观赏等多种功能。三江境内的风雨桥有数百座，程阳桥即是其中的杰出代表。该桥位于三江县城古宜镇北面约20千米处的林溪河上，长64.4米，宽3.4米，高10.6米，整座桥不仅造型精美玲珑，而且全桥不用一钉一铆，大小梁木全用榫衔接或以凿木相吻合，建造艺术高超精湛，巧夺天工，是侗族劳动人民勤劳智慧的结晶。

👉 这座桥雍容华美的身姿神韵真的无法用语言形容。

侗族鼓楼

鼓楼是侗家特有的建筑，它是人们议事、聚会和娱乐的场所。三江境内有许多大小不一的鼓楼，其中最著名的是八江乡马胖村的大型鼓楼。该楼高约42米，有九层飞檐，建造十分精美，它的规模气派堪称三江之最，也是游客在三江的必观之景。此外程阳风雨桥附近的马安屯永安鼓楼（与风雨桥门票通用）在当地亦很有名。

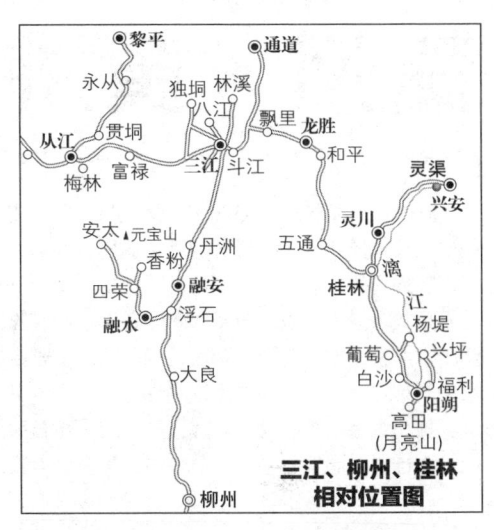

现在为了游人观光方便，三江城的中心广场上又新建了一座大型鼓楼供大家随意观览。

👉 不去马胖鼓楼而看看永安鼓楼也不错，路近，观光方便。

● 程阳风雨桥

🚌 从三江汽车站乘去林溪乡的车在程阳桥下即可，车票约6元。也可从三江包车去程阳桥。

● 品尝长桌宴

景区内马鞍屯鼓楼前每天18:00会有长桌宴举办，这大多是团队美食的方式，散客也可参与，一般人均消费60～80元。

三江、柳州、桂林相对位置图

推荐游程

D1. 观程阳八寨景区自然风光，古老水车系列，程阳风雨桥观景拍照，桥头对歌敬酒，观侗族风情表演，参观这里的七桥八寨和绿水青山。

D2. 游三江县城，马胖鼓楼。或去程牛寨，座龙寨，八协鼓楼，程牛梯田。

三江地处桂西北地区，地域稍显偏僻，单去那里游览可能收获不够丰厚，把它和龙胜、桂林连在一起玩才能物有所值。

贺州·黄姚古镇

电话区号：0774　姑婆山景区：5236813　黄姚古镇：6722748

贺州市北距桂林210千米，地处桂、湘、粤三省区交界处，自古就是交通要塞、商贾云集繁茂之地。改革开放后，这里的经济发展迅猛，但秀丽的自然风光却一直未能引起外界的关注。直到一位香港影视导演以贺州为外景地，拍摄了两部电视连续剧《茶是故乡浓》《酒是故乡醇》（在港播出后收视率竟然高于《霍元甲》），才使贺州山水声名大振。有许多游客蜂拥而来观赏剧中拍摄的美景，美丽的贺州恰似桂东山水中的灿烂新星，正焕发出艳丽夺目的诱人风采。

贺州大地山清水秀、野趣天成，岩洞奇石鬼斧神工，田园风光和谐秀美，有姑婆山、大桂山、温泉、桂江、黄姚古镇等多处美景。

▲ 姑婆山风光

● 另荐景点：大桂山国家森林公园

原生态的原始森林公园。在贺州市区以南约40千米处，密林遍布、溪瀑成群、空气清新，代表性景点有留羊顶（可观云海日出）、藤蔓世界和五马归槽瀑布等。贺州市区有专线车抵达。门票75元。

交通

桂林长客站电话：0773-3822666。　贺州客运总站电话：0774-5283263

游客可从广州、梧州、贵阳、南宁、桂林乘高铁和动车到贺州，也可乘大巴从桂林去贺州。桂林长客站开往贺州（当地人管贺州叫八步）的客车（途经阳朔）。豪华空调快巴，3—4小时就到；此外，柳州、梧州、南宁、广州等周边城市，都有直达车每日同贺州对开（其中柳州和梧州到贺州的直达车每日至少有8班），交通十分方便。

住 宿

贺州市内的宾馆饭店甚多，高中低各档均有，无须一一列举。推荐住贺州宾馆，院内的贵宾楼条件尚可，标房100—200元/间，还可打折。贺州宾馆的最大特点就是正规、安全而条件好，游客尽可一试。

另外贺州国际大酒店条件好而房价稍贵（双标300元以上），八步大酒店条件尚可，标间200元上下，亦可供游客选择。

☞ 黄姚古镇内外均有宾馆和农家乐，住宿方便

主要景点

姑婆山　自然风光绚丽迷人

姑婆山位于贺州市正北方向约30千米处，主峰天堂顶海拔1844米，是桂东第一高峰。山中多苍翠山峦、茂密丛林，幽谷深壑神奇，溪泉飞瀑清丽，原始风光甚为秀丽迷人。山中的仙姑瀑和罗汉瀑落差并不算大，但清流四季奔涌；情人谷长满两枝并依的连体树，宛如情侣相依相偎；而姑婆山的主峰则长满漫山遍野的杜鹃林，暮春时节杜鹃花盛开，一片姹紫嫣红。现在，景区中凭借电影走红，吸引大量游客参观方家茶园和九铺香酒厂，底蕴深厚的中国古代茶文化和酒文化与秀丽的自然山水风光完美交织，使姑婆山成为贺州山水中最有代表性的主景。

☞ 姑婆山国家森林公园是国家4A级旅游景区

贺州温泉　度假佳境

贺州温泉度假区位于市区北路的黄花村，它背依青山、前临碧溪，层林叠翠、环境优美。这里的温泉出水量达每小时60吨，水温60℃，含有硫、镁、锂等38种微量元素，可促进人的血液循环，健体强身。

☞ 这里是桂东著名旅游休闲胜地

桂江观光　尽览美景

桂江上接漓江、下汇西江，在贺州市昭平县境内流程达40千米，它的下游江面开阔，波平如镜，上游江水湍急，有多处险滩，江边多起伏青山、茂密竹林和原始农舍。现有机动客货船行驶其间。游人乘客轮漂江，时间长达4.5小时（船费30—40元），不仅能饱览山光水色，还能尽情观赏沿岸百姓生活、劳作的场景，情趣颇多，收获甚丰。

☞ 强力推荐您乘船游桂江，沿岸风光美、气象万千

● 推荐住宿

① 贺州宾馆，标间100—150元，电话：0774-5211268。
② 姑婆山森林宾馆，电话：0774-5236918。此地空气好适合休闲度假。
③ 黄姚古镇上花筑酒店还不错，标间150元。电话：0774-6728611。

● 姑婆山

贺州市区每日有多班客车开往姑婆山，1小时可到。游人包微型车前去更方便，车费约需70元。

💰 景区门票66元，观光车费15元。

游览常规景点半天时间即可，若是登攀主峰需用一整天时间且要早出晚归。

景区门口有森林宾馆可供住宿疗养，条件甚好，附设野味餐厅。

● 贺州温泉

从贺州市内乘客车30—40分钟即到温泉。

💰 门票50元左右。

●桂江观光

游桂江可从昭平县逆水上行或从平乐县顺水下行，团队客人可包乘各式江轮，散客可乘江上客船。客船船费30—40元/人，每天上、下行至少各有一班。平乐下行的发船时间在8:00前后，昭平上行的发船时间为13:00。不过开船时间及价格有时有灵活变动，游客出发前应做适当询问。

●黄姚古镇

桂林客运总站每日有数班客车直达黄姚。也可从贺州西客运站乘客车去黄姚古镇，6:30—17:30基本每小时一班车，1小时可到。另外亦可从昭平县乘客车前去，行车1小时。黄姚古镇观光门票75元。古镇上的"玄妙"太多，外人初来乍到大都看不懂，所以游览古镇必须请导游。景区入口处有导游接待站。

●玉石林和紫云洞

市区均有客车前去，包车也方便。

黄姚古镇　贺州绝景

黄姚古镇是贺州市内最具特色也是最为原始古朴的名景。它位于昭平县城东北60千米处，四周是典型的喀斯特地貌，奇峰林立，溶洞幽深。古镇内外有江溪穿插环绕，镇中多古树、古庙、古祠堂和各式亭台阁榭，且有山的地方必有水，有水必有桥，有桥必有亭，有亭必有联，有联必有匾，构成了古镇独特的风景。古镇的街道全部用青色石板镶嵌而成，历经数百年，至今仍保存甚好且平滑如镜。镇内建筑按九宫八卦阵布局，岭南风格特色极为鲜明。这里有文明阁、光宁庙、吴宇祠、护龙桥等八大景二十四小景，清乾隆时期镇上古商业街的各类店铺亦保存甚好，且每一座民宅、每一块石碑、每一副对联、每一块奇石都风格迥异，耐人寻味。漫游黄姚古镇，就像浏览一幅远古时代的风情画，可以从中体味到人世间悠悠千年的沧桑风雨、世态烟云，令人驻足良久，回味悠深。

☞ 黄姚在国内古镇景区中独树一帜，很有观光价值

玉石林和紫云洞

玉石林在距贺州市区18千米的黄田镇，是由汉白玉石柱、石笋组成的奇石景观。玉石林是国家4A级旅游景区，游于林中，如入仙境，大自然的鬼斧神工真是令人叹为观止，来到这里您可看到"千年骆驼""空中走廊""一线天"等众多的奇异自然景观。玉石林独立于四周的石灰岩山中，被游人誉为"人间仙境"，被地学专家称作地质奇迹。紫云洞在市区西南8千米处，洞中暗河和钟乳石风光奇异。

💰 玉石林门票70元，紫云洞门票53元

推荐游程

四日游

D1. 去姑婆山观光。看瓦窑冲和银河落九天瀑布、九铺香酒厂、大草坪、仙姑庙、仙姑瀑布、方家茶园、情人谷、牛头寨，夜宿景区森林宾馆或返回住市内。

D2. 从贺州（经钟山）去黄姚古镇，畅览古镇风情。观古戏台、宝珠观、鲤鱼街、八仙睡榕、岭南第一石板街等景点，住宿古镇。

D3. 上午继续黄姚古镇观光，下午乘车去昭平，住宿昭平县城。

D4. 中午从昭平上船逆水游览桂江，开船时间13:00，游程长达4.5小时，黄昏时在平乐县城上岸结束游览，之后可经桂林返回。

柳州

电话区号：0772　鱼峰公园：3806870

柳州是广西第二大城市，它北望桂林、南依南宁，热带风光绮丽，城区地貌特色鲜明。清清柳江呈U字形流过市中心，江边有许多挺拔峭立的山峰。著名的鱼峰山山巅是观赏城区全貌的绝佳地点，都乐岩中的46个岩洞里到处有钟乳奇石佳景。周边的宜州、金秀、融水也是桂中大地上冉冉升起且越发引人关注的山水名胜新星。

气候与游季

柳州冬无严寒，夏无酷暑，四季皆宜旅游，但最佳游览时节还是春、秋二季。这里的冬天草不黄、树不枯，但风光不及春秋两季，盛夏时节阳光强烈，北方游客来此应携带防晒用品。此外，这里雨水偏多，游客可考虑携带必要雨具。

机场问询电话：0772-3201088

交通

柳州白莲机场有航班同国内各大中城市对飞，但班次明显比南宁和桂林的机场航班少。柳州铁路交通亦发达，有高铁和普通列车同北京、上海、南宁、成都、贵阳、湛江等诸多城市对开。这里主要的公路客运站是市区鱼峰山西侧的长途客运总站，每天有多班大巴发往南宁、桂林、广州、深圳、珠海及金秀、融水、宜州、三江、北海等周边县市。

市内有数十条公交线路四通八达，出租车2千米起价8—10元。

火车站问询电话：0772-12306　长客总站电话：0772-3808400

住宿

柳州的宾馆多且便宜，星级酒店有柳州宾馆、金皇冠柏曼酒店等，还有许多价格低廉的民宿客栈，住宿非常方便灵活。如位于柳州火车站附近的优城酒店（0772-5378555），标间价格淡季才80元左右，像这样的住处还有许多。

▲ 柳州市区风光一般，但是周边有金秀、融水、三江等观光亮点。图为三江侗寨中精美玲珑的风雨桥普济桥

●笔者关照

初次来柳州观光的人，可以把这里的山水风光精华看作一个扁担。中央的支点是鱼峰山、马鞍山，两边一头担着融水（或宜州），一头挑着金秀。只要游览了这三个地方，您的柳州之行就会快活开心。

●另荐景点柳侯公园

是为纪念唐代柳州刺史柳宗元修建的，院内的古迹主要有柳侯祠、柳宗元衣冠墓、柑香亭等，另有湖桥亭榭和精美假山，景色宜人。乘2、636、36路可到。公园门票免收。柳侯祠门票10元

● 鱼峰山

位于市中心，有多路车均可到。另外从市中心的长客总站步行10分钟就到鱼峰山了。

● 另荐景点：马鞍山

鱼峰山东侧的马鞍山是当地著名景点和城市制高点，可与鱼峰山一并游览。门票免收。

● 欢乐情怀

坐在鱼峰山下，买上一杯冷饮，看各族歌手、舞者轮番上阵欢歌曼舞，这是柳州观光中最令人欢乐的开心享受。

● 都乐岩

从市区乘21路公汽可到，车程40—50分钟。

● 柳江线条美极了

它环绕着柳州市区流了大半圈，弧线特别蜿蜒优美，美得令人难以置信，是不是外星人开凿的运河呀？

● 周边美景

柳州长客站每日发往宜州、融水、金秀三地的大、中巴，从早到晚接连不断，游客观赏游玩上述景区均非常方便。

主要景点

鱼峰山（鱼峰公园）

位于柳江南岸市区，山高88米，山姿卓立，山形秀美，山下的小龙潭水色清绿，玲珑秀美，山顶有观景台，游人登攀至此可览市区全景和柳江秀色。因相传鱼峰山是刘三姐成仙的地方，所以山腰处雕有刘三姐石像。山前的露天表演场内每天有壮族同胞载歌载舞，甚至通宵达旦。

"柳州有座鱼峰山，山下有个小龙潭。常年四季歌不断，歌仙美名天下传。"过去壮族人民心目中的歌仙是刘三姐，如今歌仙的美称属于柳州城内的许多普通人。每天9:00—18:30，鱼峰山下都有歌舞表演和联欢，一拨儿又一拨儿的歌手轮番上场，尽情展示自己的歌喉和舞姿，游人亦可随时登台献艺，园内的游客见此无不感到快活开心。

鱼峰山门票免收。 建议在鱼峰山观光2小时够用了

都乐岩

位于柳州城南12千米处的都乐村，由12座山峰、46个岩洞、一条3000多米长的清溪、4个碧波荡漾的人工湖、140余公顷平坦绿地以及书法碑林组成，岩溶洞穴奇观和锦绣田园秀色交映生辉，风光旖旎，引人入胜。

门票30元。 建议在都乐岩游览2—3小时

周边美景

柳州周边美景多。从柳州乘车向西1—2小时可到宜州，那里有刘三姐故里景区等佳景；向北1—2小时可到融水，那里的贝江漂流少数民族村寨观光活动的欢快程度堪称广西之最，元宝山探险亦很神秘诱人；向东行驶2—3小时可到金秀，那里的大瑶山间有圣堂山、莲花山等山岳美景，更可领略浓郁独特的瑶家风情。

补充提示

①柳州火车站前有数路公交车直到鱼峰山（20分钟就到），下火车后先去鱼峰山一游非常方便，令人快活欢欣。与鱼峰山遥相对应的马鞍山也可一去（两山之间有索道相连）。

②游毕柳州再去南宁和桂林易如反掌，乘大巴上高速，3小时可到南宁，2小时可到桂林。

③如果把柳州和融水、金秀连在一起玩，有3—4天时间就够了，其中融水用一个整天，柳州观光半天即可，主要看鱼峰山和马鞍山，余下的时间可全都交给金秀，那里的大瑶山风光绮丽迷人。

融水·元宝山·雨卜苗寨

电话区号：0772　旅游集散中心：6608120

如果您想到广西境内探奇览胜而又去过了桂林、阳朔、南宁、北海这些传统老景，那笔者向您郑重推荐一个好去处——广西融水县，那里不光风景秀美，少数民族风情亦十分浓郁迷人。融水县有许多挺拔秀美的山峰和清澈蜿蜒的河流，且漫山遍野都覆盖着浓密的原始森林，游客无论在这里攀山、游水，还是进行森林探险，都会玩得特别开心。在当地诸多的游览方式中要数雨卜苗寨观光和元宝山探奇最精彩。

☞ 别看融水名气不大，但确有好山好水，民族风情亦十分绚丽多姿，所以这个地方非常值得一去

气候与游季

融水气候温暖湿润，冬季不冷，无明显旅游淡季，只是盛夏时节前去应注意防晒。

贝江漂流精彩开心

贝江漂流曾是融水旅游项目中的"拳头产品"，每天上午10:00前从专用的码头出发，游船行驶20分钟后即可进入一个依山傍水并有浓密芭蕉、茂林修竹掩映的苗族山寨沟滩，寨中的山民会用甜香的迎宾

▲ 外国游客在苗寨中与当地演员合影

米酒为大家接风洗尘。之后会在专用的表演场上演一台大型民族歌舞节目，其中有欢快热烈的苗寨迎宾歌和活泼奔放的芦笙踩堂舞，节目丰富多彩且妙趣横生；有的节目还欢迎游客入场参与，同唱同跳，许多游客虽然手脚并用、努力模仿但还是憨态百出，场内的表演者和场外的观看者都颇感快乐欢欣。

之后在山寨里的竹楼上享用一顿丰盛的民族风味大餐，菜有炸江鱼、炒酸猪肉、炸玉米笋、炒酸泡菜等。席间身穿鲜艳民族服装的苗族姑娘和小伙有时走到桌前为客人敬酒，尽显主人待客的友好热情和独特的迎宾方式。

饭后继续上船游江，酒足饭饱后沐浴着清凉的微风观赏峡谷秀色真是一件美

推荐金秀游程

D1. 上午去莲花山游览，下午返县城住宿（金秀四周青山环抱，城中清溪昼夜流淌，环境优美，空气新鲜）。

D2. 上午去圣堂山，全天观光并住宿圣堂山上（山光石景及云海日出都很壮观）。

D3. 早晨继续在圣堂山观览美景，午后返回县城看瑶族博物馆，之后即可踏上返程。

事，沿途又可看到许多奇峰怪石和翠绿竹林，之后会抵达另一个苗寨长赖观看斗马表演。上岸后大家都颇感满足开心，交口称赞一日游物有所值。

因为贝江上修建了水利工程，贝江漂流因水位上涨而停止。但是新的观光亮点出现了，就是元宝山探奇和雨卜苗寨观光。

☞ 笔者去过许多少数民族村寨，感觉贝江边勾滩苗寨的风光水平和迎宾歌舞的欢快程度确属上乘

元宝山探奇·雨卜苗寨览民族风情

融水境内的元宝山海拔2101米，是广西境内的第三高峰，山脚下有许多苗、瑶、侗族居住的村寨，山上遍布原始森林，古木参天，浓荫蔽日，山泉淙淙，是一个游人罕至的神秘世界。游客可沿细长陡峭的登山路从深山老林中攀到峰顶，亦可住在山下的少数民族村寨中，尽情领略多姿多彩的民风民情。

雨卜苗寨全名叫雨卜民族风情旅游度假村，距融水县城30余千米。村中风味美食品种丰富、味道诱人；民族歌舞表演多彩多姿，近年来观光游览升温迅速，游人可前去做半日或一日开心游乐。

🚌 去元宝山观光可以从县长客站乘车前往，行车2小时可到。🎫 门票免收

交通、食宿及游览指导

欲去融水旅游应先乘火车或飞机到广西柳州，然后从柳州长途客运站换乘大巴，1小时就到融水县。县城中的吃住挺便宜，其中条件甚好的融水大酒店中的标间房价不过130—200元，宾馆二楼的餐厅供应各类风味菜肴。街上最便宜的快餐只需10—12元钱一份。游览时间以2天为宜，其中一天玩雨卜苗寨，再用1—2天去元宝山探奇览胜，即可玩得满意开心。

在融水观光也可参团而行。融水县城中有多家旅行社，每家都有1—3日游览项目，游客可以从容选择。

周边景点

金秀圣堂山

位于金秀县城西南60千米处，由7座海拔1600米以上的挺拔山峰组成，主峰圣堂山顶高1979米，巍峨壮美，身姿迷人。圣堂山上多400—500米高的巨型石笋石柱，如塔林戟海，形态万千。山上的登山路起伏蜿蜒长近10千米，沿途可见石狮赏月、神秘古墙、孔雀开屏、枯木逢春、南天一柱等60余处佳景，山间奔涌的云海雾涛和坡上盛开的万亩变色杜鹃林更把圣堂群峰装点得神奇梦幻般瑰丽娇媚。

金秀每日有一班客车发往圣堂山，2小时可达山脚，此地离山腰验票处还有12千米，步行需2.5小时。

金秀莲花山

位于金秀县城西北部14千米处，主峰海拔1350米，因远看山体酷似一朵含苞欲放的莲花而得名，莲花山由泥盆系紫红色砾岩和石英砂石组成，属丹霞式刚棱削面柱形地貌，山上随处可见直上青天亭亭玉立而又摇摇欲坠的陡峭石峰，其中盘王升堂和石林仙都为山中最佳景。

县城至头排或柳州的客车途经莲花山，行车只需1小时。

▲ 金秀圣堂山风光

北海

电话区号：0779　海底世界：2223888　涠洲岛景区咨询：6016278

在广西大地的南端、辽阔的北部湾畔，屹立着一座旅游名城——北海市。这里日照充足，海风沁人，环境整洁，空气清新，全年花繁叶绿，四季瓜果飘香，大气和水质质量极高，还有许多颇具水平的风景名胜——像著名的银滩、涠洲岛、星岛湖等全都风光秀丽、景色迷人。近年来北海市又实施开展了颇具规模的银滩海滨现代化开发改造，开辟了通往邻国越南的水、陆旅游线，吸引了大批游客。

气候与游季

北海属亚热带海洋性季风气候。年平均气温22.9℃，最高温度37.1℃，最低气温2℃。年平均降雨量1670毫米。北海冬无严寒，夏无酷暑，夏季虽然日照强烈，但空气清新不混浊，冬天最冷时气温也降不到零下，且不会风雪交加，是一个全年都适合旅游的观光胜境。

▲ 屹立着南珠魂雕塑的北部湾广场

推荐游程

二日游

D1. 北部湾广场（南珠魂雕拍照）→海底世界观光→南珠宫观览购物→午后银滩戏水游乐→晚上银滩公园观音乐喷泉奇观，去老街休闲购物。

D2. 自助或参加团队去火山岛涠洲岛观光，看猪仔岭→三婆庙→天主教堂→鳄鱼山、地质博物馆、标志碑广场、石螺口、五彩滩、滴水丹屏等景点，傍晚返回北海。

三日游

D1—D2 同上，**D3.** 去合浦县星岛湖游览。

或 **D1—D2** 同上，**D3.** 去越南芒街做出境一日游（提前办好出境手续）。

游览指导

①在北海旅游要抓住重点，一般来说游了银滩（侨港海滨也不错），玩了涠洲岛，看了北部湾广场、北海老街，大概也就行了，其他景点可任选。

②吃海鲜就去外沙桥头吧，性价比级高。

③涠洲岛上各类酒店极多，提前订房更加稳妥保险。

④岛上有公交车、电动观光车、电瓶车多种交通方式，观光很方便。

⑤涠洲岛物价较贵，上岛一次光交通、门票就要500元左右，应有心理准备。

●乘车诀窍

从南宁到北海的公路客运也很发达,许多人都选择坐汽车。汽车和火车各有优、缺点,大家可从容选择。

●餐饮及特色美食

来到北海这样一个南方海滨城市,游客最应该好好品尝的就是各类海鲜。在北海的每个餐厅内都可以轻而易举地品尝到各类海鲜美味,各类鲜货一应俱全,而海鲜餐厅聚集的地方主要有以下几处:

①外沙桥头

是海鲜买卖集散地和餐饮区,各类海鲜货色齐全且非常便宜,人气挺旺。

②长青路小吃街

入夜后市中心北部湾广场东侧的长青路上的小吃排档亦非常多,不光有海鲜且有各地风味,菜价也不贵,鱿鱼、炒海虾一般都是20—30元一份,其他海鱼35元左右。由于这里地处市中心,所以外地游客来此倍感方便惬意,可谓首选美食佳境之一。

🚌 交 通

航空

北海机场距市区24千米,是广西三大机场之一,与北京、上海、长沙、武汉、深圳、昆明、重庆、成都、广州、郑州、桂林、杭州等多个城市之间都开设有直达航线。机场距离市区大约30分钟车程,打车车费50—60元,亦可乘专线大巴往返(在市区民航大酒店发车)。

▌民航售票电话:0779-8512769　汽车客运中心站电话:0779-2210352

铁路

桂林、南宁和防城港有火车往返北海,4个城市间每日对开高铁或动车多班。其中南宁至北海最快70分钟左右可到。

▌火车站问询电话:0779-12306　客运码头电话:0779-3880711

公路

从南宁去北海最方便,南宁琅东站和江南客运站都有舒适的空调快巴开往北海,全程走高速路,3小时即到。此外,桂林、柳州、湛江、广州、梧州等周边城市每日都有快巴直达北海,桂林到北海走高速路只需约6.5小时,车费约150元。

▌南宁江南客运站电话:0771-4519999

☛ 如坐汽车不要图便宜坐普通大巴,时间可能没有保证,还是坐豪华大巴好。

水路

主要的客运航线有:北海→海口、北海→涠洲岛等。

市内交通

公共汽车　线路可以轻松覆盖全市主要城区和风景区,皆为无人售票投币上车,起步票价1—2元。

出租车　可利用各种软件下单叫车。

🏨 住 宿

北海有各类宾馆、酒店及旅馆数百家,对于一个规模不大的海滨城市来说,总体上接待能力很强,除去暑期和"十一"黄金周外,这里的大部分宾馆饭店都不会客满。

北海高档的宾馆有香格里拉宾馆、富丽华大酒店、海滩大酒店等,中档宾馆的代表有皇都宾馆等。此外还有大量的普通宾馆,如锦江之星、如家、七天等经济型酒店,平日标间也就是200元左右。所以,游客来到北海最省心的就是住宿问题,如果您对客房的要求不高又避开了旺季,那么每天的住宿费用低得十分超值。

广西壮族自治区 北海

▲ 侨港度假区一角

●推荐实惠的住处

①新皇都酒店，北海最古老的星级酒店，住在里边很有怀旧的感觉。房价便宜，标间100元左右，电话：779-3033388。
②无忧小院侨港店，是个体民居，条件尚可，房价便宜，平日标间100元左右，电话：18877971477。
此外皇都酒店周边的小街道上有不少个体旅舍，房价更便宜。

●购物

北海市的商业中心在北部湾广场周边和北部湾路中段，有南宁百货和安商港、启东商城、新力购物广场、国通购物中心等大型商场，还有以销售珍珠首饰为主要特色的南珠宫、恒通珠宝等多家旅游涉外定点商场。其中南珠宫是北海最大的珍珠制品商城，值得惠顾。

餐 饮

北海一般饭店餐厅中的菜价比北京、上海等大城市便宜一点，令外地游客欢欣。更让人愿意接受的是小街小巷上的自选快餐排档，那里的鱼、肉、鸡、鸭、香肠等荤菜4—6元1份，各式素菜2—3元1份，米饭1元1碗，另送1碗高

发烧友特别关照

为您提供北海观光的最新指导

北海近年来总体风光变化不大。虽然银滩景区经过了总体改造，但是过去的银滩公园没有了，游客反而无法抓住观光要点。星岛湖内的某些景区建设年头较长。去越南出境游也受到限制，东兴口岸有时会封关。值得一提的人气上升的观光地就是涠洲岛了。另外在市区去银滩的路边新开放了海洋之窗，观光效果与过去的海底世界异曲同工，但是设施更全而新，游人可适当关注。另外北海市的物价尤其是食品价格比过去上涨了不少，游人应有心理准备。

▲ 银滩海滨

689

● 晚间美食乐土

① 长青路。晚上有百家排档开业，各类小吃及海鲜一应俱全，100元钱吃得您走不动道儿。

② 北部湾广场周边，亦有不少摊铺，烧对虾30元左右一盘，还有其他各类海鲜、烧烤，让人大饱口福。

● 推荐休闲方式

早晨去北海市中心中山公园晨练并游园，中午花20—30元钱到快餐店吃饭，午后到按摩中心做保健。午休后与黄昏时去海滨游玩，晚上到大排档吃海鲜，然后回去开心看电视到深夜，哇，一天又一天，舒服极了。

● 银滩新姿动人

银滩海滨已完成了全面清理和改造，今天的银滩（违章建筑全被拆除）不收门票，游人可步行或乘观光车在海边观景和乘船到海上游乐。北海市内有3路车直达银滩，车费2元。从市中心打车需25—30元。

● 另荐景点：海洋之窗

海洋动物展馆，与北海海底世界异曲同工，但展览内容更为新鲜。可在去银滩景区的路上顺路观赏。乘3路公交车可到。门票148元起。

汤。在这样的快餐摊上，女士10多元钱绝对解决问题，男士20多元钱亦能弄个肚圆。

另外早餐和正餐亦可在各类小饭店中吃米粉，6—8元一大碗，里边有肉有菜，饭量小的人一碗米粉就可当一顿正餐吃。

主要景点

银滩是北海的"王牌景点"

它以沙滩平长、沙质细白、海水温清、波浪柔软、无鲨鱼出没等"五绝"著称。由于这里的海滩都由高品位的石英砂组成，所以在阳光的照射下，整片沙滩呈现出一种美丽的的银白色，真是别具一格、美丽壮观。银滩海滨的游乐项目多得是：乘船出海兜风，到碧波深处击水游泳，去情人岛观光，各种玩法随您挑选。

银滩海滨不光海景好，距北海市区也很近，加之这里即使在冬季的晴朗天气中亦能戏水游乐，所以不论您什么时候抵达北海，最重要的事就是应该"铆足劲儿"，到银滩海滨过把"痛快瘾"。

☛ 环保观光车可载客在银滩海滨观光游乐。车费10—30元

火山之岛——涠洲岛

涠洲岛是中国最大的火山岛，位于北海以南22海里处的北部湾海面，是由13000年前南海底部的火山喷发、岩浆堆积而成，这里到处可见巨大的火山岩，形状奇特、纹理清晰分明，岛上亦长满仙人掌、槟榔树、香蕉林，绿荫浓密、郁郁葱葱。

涠洲岛上有主标志广场、猪仔岭、鳄鱼山、天主教堂、五彩滩、石螺口海滩等多处景点。游人上岛后可以观光游乐，捡拾贝壳，购买各类纪念品。尤为值得一提的是岛四周的海水特别碧透纯净，所以，经常有外地游客携带各类专业装备到这里邀游潜水，观赏、探索热带深海中的绮丽和奥秘。

星岛湖是北海周边重要的一景

它有6660公顷的辽阔水面，上有大小岛屿1026个，宛如颗颗璀璨星星散落在绿水碧波中，故因此而得名。1995年中央电视台拍摄电视连续剧《水浒传》的时候，在这里依山傍水修建了以"水泊梁山"为主题的大型外景地，犹如锦上添花，使星岛湖名声大振。游客前去湖区秀色，参观"水浒名城"，品尝各类水产湖鲜，可玩得畅快开心。

▲ 涠洲岛风光

海滩公园　夜景宜人
这里有壮观的音乐喷泉群"潮"，每天晚上，伴随着《蓝色多瑙河》的美妙乐曲声，5000个喷管一齐喷水，5000盏彩灯交相辉映，场面恢宏而又变幻莫测，游人置身其中，感觉如诗如梦。

海底世界
海滨公园中的大型水族馆，内有海豹、海豚、海龟等数百只海兽和数千条艳丽缤纷的各类珍奇海洋鱼，颇具观赏价值和科普价值。

北部湾广场
是城市中心广场，四周椰林挺立，绿草如茵，广场中央有造型精美的"南珠魂"大型雕塑，是北海市的象征。

侨港海滨
在北海市区西南，亦有清澈的海水、辽阔的沙滩和壮美的海景，但这里游客较少，尤其是晚间十分清幽宁静，与银滩海滨的红火喧嚣形成鲜明对照（晚间这里的美食街人气挺旺，应该关注惠顾）。

北海老街
沿街全是中西合璧的骑楼式建筑，风格独特。20世纪早期这里是繁华商业区，如今的街景无言地诉说着自己的沧桑历史。

山口红树林
在山口镇英罗港，有珍贵红树29种、数万株，树丛茂密，长在海滨滩涂上，游客划船进入感觉扑朔迷离、如梦如幻。

● **火山之岛——涠洲岛**
从市区坐3路车到国际客运码头乘船前往。那里每日有多班船去涠洲岛，最早8:00开船。中午下午也有船。船费150—300元。航程1.5小时。岛上观光车费另收。
💰 上岛门票98元。淡季有时有优惠。

● **星岛湖**
🚍 先从北海汽车总站坐车到合浦（45分钟），再从合浦汽车总站乘10路公交车前往。
💰 门票联票138元，含湖上船票和3个景区的门票。

● **海滩公园**
🚍 在北海市内乘3路汽车可直达。
💰 已经不收门票了。

● **海底世界**
🚍 3路汽车可到
💰 门票168元。

● **北部湾广场**
🚍 1、2、3、5、7路等几乎所有公汽均到。不收门票，免费观览。

● **北海老街**
🚍 可乘2路或打的过去。
💰 门票免收。

● **侨港海滨**
🚍 从市区乘5路车直达。
💰 海滨景区门票免收。

● **山口红树林**
可从北海市区先乘车到山口镇，再换其他机动车前往。如果您是从广州、湛江方向来北海，那到北海前先经过山口红树林，可从公路入口处打车进去先行游览后再去北海市区。

巴马

电话区号：0778　巴马汽车总站：6216648

巴马是河池市境内的一个瑶族自治县，位于广西西北部，与百色、田阳、凤山、凌云等市县相邻。巴马山多平地少，属于典型的喀斯特地貌，多山间溶洞和溪流峡谷，自然风光秀美迷人。巴马山清水丽、气候宜人、空气新鲜、环境整洁，非常有利于人类的生存。这里是世界五大长寿之乡中百岁老人分布率最高的地区，有"世界长寿之乡""养生天堂"的美称。近年来巴马优越的气候条件和人居环境得到了外界的广泛关注，来这里观光休闲度假的人与日俱增。当地的盘阳河、百魔洞、百鸟岩、水晶宫、赐福湖、长寿村等自然和人文景观亦已向八方来客初现迷人的风采神韵。

交通

乘火车和飞机先到广西百色，之后换汽车1小时就到巴马县城。南宁、柳州、百色、金城江每日也有多班大巴直抵巴马，从南宁到巴马车程4—5小时。巴马县城到百魔洞的公交专线（30分钟1班）途经百鸟岩、坡纳村、长寿村（八盘屯）、坡月村、百魔洞等观光点，交通非常方便。

☞ 在巴马几个适合养生的乡村中，坡月村规模最大、八盘屯（长寿村）风景最好，坡纳屯离县城最近，客人可自由选择。

▲ 巴马长寿村八盘屯秀丽风光

食宿

巴马县城有巴马大酒店、龙凤大酒店、安远酒店、贵银大酒店、富民大酒店等星级宾馆，也有不少普通宾馆和旅馆，平日可比较轻松地找到100—150元的标间。在乡下风光优美的坡纳村、长寿村、坡月村都有不少农家乐民居旅馆，设施完备有空调、热水器，房价在80—150元（有的农家乐可按月收费，每间房月租700—1200元）。巴马特色美食有香猪、油鱼、火麻鸡、黑山羊肉、烤茄子、青椒酿、甜酒、花糯饭等。

☞ 坡月村山水碧坡苑宾馆性价比不错，电话：0778-6276666

游览

当地的观光亮点有百魔洞（喀斯特地貌神奇瑰丽，门票85元）、百鸟岩（洞内洞外山光水色俱佳，门票90元）、水晶宫（洞内钟乳石百态千姿，门票150元）、凤山三门海（集地下河、洞中洞、天坑群于一身，门票98元）、赐福湖（山水壮美、岛屿成群），等等。游览时间以2—3天为宜。

钦州·七十二泾·三娘湾

电话区号：0777　三娘湾景区：3816533

到过广西北海的人，都不会忘记银滩海滨那碧波万顷、水天一色的壮丽风光。可您是否知道，在东距北海仅100千米的钦州市，还有一处大型滨海名胜，这里礁岛遍布，水网密集，同银滩的开阔壮美、一览无余形成鲜明的对照，它就是被人称为"海上蓬莱"的七十二泾风景区。

何谓"泾"？其实就是海岛与海岛之间狭长弯曲的水上航道，七十二泾景区的海域面积约为36平方千米，内有大小岛屿100余个，各岛之间的水道亦多达百余条，所以七十二泾只是一种大概的叫法。站在高处极目远眺，景区内岛如明珠，泾如玉带，山环水绕，风光特别绮丽迷人。

交通

去钦州七十二泾非常容易，可从广西壮族自治区首府南宁或北海市乘高铁或快巴，1小时即到钦州，之后换去钦州港的车，40分钟即到，抵达港口后想吃想住想玩就可随心所欲了。

乘船游七十二泾真开心

乘船在七十二泾海面邀游，您会有三方面强烈的体会：一是岛屿真多，像气势雄壮宛如战舰疾驰的阿公山、蜿蜒起伏如蛟龙卧海的龙门岛、山体高峻可以俯视景区全貌的鸡笼山、形态酷似一棵白菜的青菜头等，全都身姿各异，形态优美；二是水道弯曲多回环往复，游船在水道内穿来绕去，游客很快就会迷失方向，在这里您才能真正体会到什么叫曲径通幽、什么叫扑朔迷离；三是森林密布，七十二泾景区内长有大片大片的海上红树林，它们根系发达而又树冠茂密，且专门长在各个陆地与海水相交的海滩

▲ 钦州七十二泾

● **钦州汽车客运站**

电话：0777-2103448。

● **钦州港当地交通**

港区的交通工具中最方便的就是"摩的"（三脚猫），5—8元钱可到港区任何地点，运营一直到深夜。当然还有一些其他机动车，起步价8—10元。

● **如何去三娘湾**

从钦州市客运总站去三娘湾的公交车大概15分钟发1班，车费15元左右。

693

●住宿

钦州港目前有多家宾馆,其中性价比较好的是三星级的正元大酒店。电话(0777-3889692),食宿娱乐设施齐全,条件甚好,还可在房间中居高俯瞰钦州港全貌。

●餐饮

在钦州港吃一般的快餐也是相当便宜,像正元大厦旁的正元海鲜城和迎宾馆内的自选快餐厅都有种类繁多的自助快餐供您选择。花几十元钱,就可以吃得丰盛满足。

上,不光能防风抗浪、保护堤围,还像一圈圈绿色花环,把各个岛屿装点得特别葱茏秀美。

游七十二泾景区,还能见到两处海上胜景

一个是场面甚大的"海上牧场"——渔民们人工设置的养殖牡蛎的筏排,这些筏排少则上百、多则数千,沿着海面一字铺开,真是壮观气派;二是钦州大港——港区水面辽阔、塔吊林立,常有巨型轮船穿梭往返,规模气势颇为壮阔雄伟。

当地的旅游码头每日有游船恭候游人(周边还有仙岛公园、龙门渔港、麻兰岛等海上名胜)。见惯了北海开阔壮美的海景,再去钦州七十二泾领略一下"海上迷宫"的奇诡、神秘和秀丽,会感到特别新鲜和开心。

景区亮点闪击

力荐佳景:钦州三娘湾(中国白海豚之乡)

三娘湾位于钦州市区以南38千米处,是钦州市花大力气开发开放的大型滨海旅游度假区,近年来知名度与日俱增,吸引了海内外的大量游客。

三娘湾海面辽阔,海水洁净,岸边有金色沙滩和茂密树林,是当地风光原始而优美的大型海景名胜。三娘湾海边有很多小渔村,这里的百姓多年来一直靠打鱼为生,每当清晨渔船出海时,千帆竞发的场面很壮观;而渔村中常有渔家女在树下织网补网,渔家风情浓郁而生动。游客来到三娘湾,可在海边戏水游乐,享受阳光和海水的爱抚;也可去渔家品尝海鲜,观赏渔民的生产生活场景;无论是短暂观光,还是长住度假,游客在三娘湾都可以得到欢愉和开心。

而当地最有特色的观光项目就是观赏海豚之旅。由于三娘湾海域栖息着300多只海豚,它们在海中尽情嬉戏玩耍且经常跃出海面,优美的身姿和活泼的游乐方式很令在海上观光的游客快活欢欣,所以去三娘湾看海豚已经成了广西区内乃至华南地区颇具知名度的旅游观光方式,许多游客都为在三娘湾看见了海豚而感到满足和愉悦。

从钦州市客运站门外乘班车5路公交车1.5小时可到三娘湾,景区门票免收。景区内有"列车旅馆"和许多渔家旅舍,海鲜餐厅更是比比皆是,游人食宿很方便。欲参加观赏海豚之旅可与当地旅行社联系。

三娘湾旅游咨询电话:0777-3816533。出海观海豚,注意选择正规旅行社。

▲ 三娘湾中开心愉快的观赏海豚之旅

防城港

电话区号：0770　江山半岛旅游区：3398069　十万大山国家森林公园：8462108

提起防城港，您也许会感到有些陌生，但是您如果亲身到防城港一游，那感觉八成会喜出望外，甚至可能会颇感新奇震惊——怎么我以前就没有听说过这处风光原始又绚丽的滨海名胜呢？确实，防城港作为广西南部新兴的沿海旅游城市，自然环境甚美、热带风光极为诱人，它正在后来居上，成为与名城北海交相辉映的南方海景巨星。

▲ 东兴金滩海滨秀色

交通

从南宁去防城港极方便，南宁和北海都有高铁列车直达防城港。此外，南宁江南汽车客运站和琅东客运站每日有多班客车直抵防城港，发车时间6:00—20:00。快巴行驶2小时，票价约50元；慢巴行驶4小时，票价约35元。

南宁江南客运站电话：0771-4519999。

防城港客运站电话：0770-3258265。

住宿

防城港有各档次的宾馆、旅店，价钱适中。推荐在市区住金石湖海汇酒店，设施新、条件不错，交通方便，标房价格200—300元/间，酒店内各类餐饮游乐设施齐全，门口还有快餐店，人均十几元、二十元即可吃饱吃好一顿。此外在防城港的江山半岛、企沙半岛、万尾半岛上都有不少度假村可供游客住宿，本书在下面单有介绍和推荐。

☛ 广西好吃的米粉就在东兴，不信您到国贸市场那里尝尝看

● 气候与游季

防城港地处南国海滨，气候温暖湿润，全年适宜旅游。冬季最低温度高于0℃，从未见过冰雪，即使是1月份，只穿毛衣即可。夏季多雨且阳光照射强烈，观光者要注意防晒，春秋时节旅游无比舒服开心。

●江山半岛

防城港港口和市区汽车站有专线车直接去江山半岛，每日有多班车，行驶20分钟即到。

●大平坡—白浪滩

在防城港的防城车站或港口车站都有专线车到达大平坡—白浪滩。

¥ 门票免收。

景区内各类宾馆一应俱全，但节假日游客多，房间应尽量提前预订。

主要景点

江山半岛

广西最大的半岛，与防城港市区隔海相望，是当地最具潜力的海滨名胜。江山半岛上长满各类热带植物，椰树、杧果、槟榔和竹林郁郁葱葱而人烟稀少，风光旖旎原始，有大平坡—白浪滩、灯架岭、怪石滩、古运河等多处美景。

☛ 这里是美丽宁静的世外桃源

大平坡—白浪滩

位于江山半岛中段东缘的一处海滨美景，这里沙滩长近8千米、宽近2.8千米且特别平坦壮阔，海水退潮时滩平如镜，所以被称为大平坡；海水涨潮时能完全盖住沙滩，一波又一波的浪花特别秀美诱人，所以又享有白浪滩的美名，一个地方能有两个颇具特色的名字，这在海滨名胜中还不多见。这里有多家酒店、度假村等游乐餐饮住宿设施，休闲疗养、观光游乐很方便。

☛ 大平坡海滩风光独特，广西独一份

灯架岭

在江山半岛东南缘海岸边，山势挺拔险峻，山顶曾是海军、空军观察站，现建有一座秀丽灯塔为过往航船指引方向。灯架岭濒临海边，位置甚好，登上山巅可将江山半岛数十里内的山海美景尽收眼底，连海峡对面的氵万尾半岛也清晰可见，这里是江山半岛的绝佳观景点。

☛ 灯架岭是畅观海景的绝好地点

怪石滩

灯架岭下的一片海上岩石群，形态神奇怪异，有笔架石、金龟望海、鳄鱼跳水等景点，涨潮时会被海水淹没，退潮时身姿显露引人入胜。与灯架山相接，可顺路观赏。

月亮湾

江山半岛东侧的传统景点，有3个相连的海湾和多处沙滩，岸上有许多木瓜树、芒果树和民居客栈，可供游客疗养休闲。

☛ 这个景点有些古老了，笔者不作专门推荐

万尾半岛

与江山半岛隔海相望，同是防城港三大半岛之一，岛上有金滩、万鹤山等名景，在当地颇为引人关注。

金滩

万尾半岛上绵延15千米的海滩，沙滩平整，沙色金黄，是理想的海滨浴场，岸边遍布度假村和海鲜餐厅，可游可住可吃，是广西境内继北海银滩之后的著名滨海名景。

☛ 万尾半岛美景多，金滩就是观光亮点

万鹤山

也在万尾半岛上，本是一片面积数平方千米长满海边灌木的滩涂沙山，但近年飞来数万只白鹤在此栖息、繁衍。它们早出晚归，黄昏时万鹤归巢落满枝头时犹如天降大雪，场面非常壮观迷人。

☛ 人与自然和谐相处的典范，黄昏时前去会有美好观感

边城东兴　秀色宜人

东兴位于我国大陆海岸线西南末端，濒临北部湾，西南与越南交界，是广西境内著名的边境城市，也是通往邻国越南最重要的边境口岸。东兴市内有中越友谊大桥、中越人民友谊公园等景点，周边有大女巳尾半岛（含金滩、万鹤山）、竹山、十万大山等山海名胜，南部风光甚为壮美。

☛ 竹山风光很美，一定去看看

竹山

一道长长的海堤在这里连接着我国广西和邻国越南。这里山青海绿、风光如画，北回归线纪念塔雄姿和边防军乳白色的哨所及楼顶上迎风招展的五星红旗点缀其间，色彩艳丽而柔美，令人流连忘返。

中越人民友谊公园

在东兴市内，距中越友谊大桥不远。园内有为援越解放战争中牺牲的中国军人竖立的纪念碑，还有数处葱茏小山和碧绿湖水，是东兴市区休闲佳境。

☛ 友谊公园是精巧玲珑的小公园，可也1小时观光休闲

● 灯架岭

客车可抵达但班次少，可包租车来此，山下有石级路，登攀10分钟可登顶。

● 金滩

从防城港到东兴的途中在万尾半岛路口下车，这里有过路车40分钟就到金滩。另外东兴市的国贸市场前有专线车随时去金滩。
¥ 门票免收。

● 金滩夜景美

皎洁月光与金色沙滩相映衬，给人一种柔美朦胧而又壮丽辉煌的美感，真令人流连忘返。

● 万鹤山

乘车去金滩的途中路过万鹤山道口，下车后步行30分钟即到。

● 竹山

在东兴市内的国贸商城边有专线中巴开往竹山，30分钟可到。

●北仑河滨夜景美

是游人在东兴市区晚间休闲观景的首选地点。

●出境越南游

东兴是全广西组织越南游览收费最便宜的地方,游程1—7日不等。

●十万大山国家森林公园

十万大山虽然在东兴境内,但因道路曲折,故而还是从南宁去更方便。南宁市江南客运站每日有快慢车多班到上思,其中空调快巴行车1.5小时就能到上思县城,再换乘当地微面行车45分钟就到十万大山山门。

门票35元。

▲ 山珍美食

十万大山国家森林公园

在东兴市和上思县境内,山体高峻,洞奇涧清,溪泉汹涌,森林浓密,是广西境内不可多得的山岳风景名胜。十万大山中的空气甚佳,负氧离子含量丰富,游人进山后倍感清爽舒适,每日在山间溪泉中戏水游乐更是令人通体畅快、舒服透顶。山门入口不远处有大型宾馆度假村,游客在此短游长住都会很开心(晚间住在景区枫林小区的木板屋中,紧邻山泉溪流,感觉凉爽温馨)。

风光美、空气清新,既适于观光探险又是休闲度假胜境。力荐

★ **重要提示** ★

十万大山的知名度虽然不甚高但风光很美,空气特别清新且景区内餐饮、住宿及休闲游乐设施齐备,《英雄虎胆》等著名影片还在此拍过外景,所以游客前去观光游乐定会觉得不虚此行。

推荐游程

防城港—东兴是很大的一片地方,若是游遍上面介绍的数处景点起码要3—5天,但绝对物有所值。日程可按如下安排:

D1. 从南宁乘车至防城港市,登市区的制高点仙人山观市区全貌,下午乘汽车到江山半岛,顺路游览月亮湾,然后住宿大平坡、白浪滩海滨。

D2. 游江山半岛。大平坡—白浪滩观海景、灯架岭、怪石滩览胜、观岛上白龙尾古炮台、外贸码头、古运河遗址,晚上继续住白浪滩海滨并尽情下海嬉水、捕鱼、游乐。

D3. 早晨从江山半岛乘车到防城港,换车去东兴,中午可到东兴,宿国门酒店。下午去金滩和万鹤山观光,金滩晚景挺迷人。晚上再回市内。

D4. 上午去竹山看边境海景,这里的位置和地位同我国辽宁省的丹东齐名,下午回东兴游中越友好公园,继续住宿东兴。

D5. 越南芒街一日游(提前办好签证等手续)。芒街市容观光,商品街购物。16:00后回来踏上返程。此游程未含十万大山游览,若游该山需加2天时间。

南宁

📞 电话区号：0771

南宁位于广西的西南部，是一座历史悠久、风光旖旎、热带风光特色鲜明的南方名城。这里气候温暖，四季如春，市内长满棕榈、槟榔、木棉等热带风情树，满目青翠，处处绿荫，享有"中国的绿都"之美称。

当地主要景点有青秀山、伊岭岩、南宁极地海洋世界、扬美古镇等。另外，邕江上风光不错，可乘船游览。

气候与游季

属亚热带季风区，阳光充足，雨量充沛，气温较高，夏季最热的7—8月平均气温28.2℃，最冷的1月平均气温仍可达8℃，真是鲜花常开，树木常青，四季皆宜旅游，但5—10月前来要注意防晒，北方游客尤应予以重视。

交通
航空

吴圩机场在距市区33千米处，与北京、长沙、成都、重庆、大连、福州、广州、贵阳、海口、杭州、香港、济南、昆明、南昌、南京、上海等各大中城市通航。

航班查询电话：0771-96365　火车站客服电话：12306

铁路

南宁与西安、北京、无锡、昆明、郑州、湛江、成都、凭祥、北海、百色、桂林间有高铁和普通列车对开，北京与越南河内间的往返列车也在南宁停靠。

公路

原来南宁市汽车总站和二运公司都在南宁火车站附近，现在搬到了两处新址，一是市区南缘的江南汽车站，二是市区东缘的琅东汽车站，两处皆为大型公路客运中心，每天有数百班大型客车发往全区及华东、华南、西南

▲ 青秀山美丽风光

● 推荐特色街区

兴宁路步行街在市中心是修旧如旧的古街区，有三街两巷，很有四川成都宽窄巷子的风姿神韵。这里遍布各式店铺，是休闲美食佳境，夜景也美，建议重点关注。

● 餐饮

特色风味菜有蛇餐、五世起昌鱼、纸包鸡、柠檬鸭等，更让人流连的是大街上的自选快餐摊，花上20多元钱可吃到两荤两素，肉菜有鱿鱼、叉烧、鸭块、香肠等，还含高汤米饭。想想别处餐馆中一份火爆鱿鱼卷就要三四十元以上，而在南宁花上20多元钱可以吃到含鱿鱼卷在内的四菜一汤一饭，笔者觉得真是超值。

的各个县市。那么游客在南宁如何区分上述两个客运站的不同功能呢——很简单，根据您所要去的目的地方向来区分：江南站在城市南缘，去广西西部、南部地方如百色、防城港、钦州绝对是这里车多；琅东站在城市东缘，去广西东部、北部地方如柳州、桂林、贺州、三江是这里车多；去旅游名城北海市江南和琅东的车一样多。

琅东汽车客运站电话：0771-5508633　　江南汽车客运站电话：0771-3109661

住 宿

作为一个省会城市，南宁的住宿不贵，旅游淡季许多普通宾馆的房价都降到200元左右。出火车站向右走至汽车二运的路边还有不少普通旅馆，条件一般，收费亦低廉。

主要景点

青秀山（国家5A级旅游景区）

位于市区东南约5千米处，由青山岭、凤凰岭等18座山峰组成，景区面积4.07平方千米，有海天一览、翠屏飞瀑、子夜松风等数十处景点。群峰叠翠，石奇泉清，是南宁市区传统景区之一。山巅净高60米的青山塔是广西最高最大的塔，游人登塔远望，绿都全景美不胜收。

10路、34路及环城车可到青秀山。￥门票20元

白龙公园

市区中心的一处综合性公园，园内白龙湖清波映垂柳，岸边亭阁桥榭精美玲珑，园林景美有"小西湖"之称。

￥门票免收

广西民族文物苑

占地2.4万平方米，是广西壮族自治区博物馆民族民俗文物室的扩展。苑内展示了广西各地各民族的风光、建筑、文物、生活习俗，乡土气息浓厚，民风民情丰富诱人，能让人在短时间内获取对广西自然风光和民族风情较为全面的了解，增长知识和学问。

14、17、38、218路车可到

伊岭岩

位于南宁城外18千米处的一座巨型岩洞，洞分三层，面积达2.4万平方米，各类

● 另荐景点：大明山和南湖公园

① 大明山地处武鸣县东北部，山体绵延60多千米，主峰龙头山海拔1760米，为广西中南部最高峰。山间多奇峰幽谷、高山草甸和秀丽飞瀑，风光壮丽有"广西庐山"之称。近年来该景区观光热度逐渐升高，已成为南宁周边山岳景区中的新星。南宁小金山广场和人民东路民族商场门前各有专线车到大明山，车程2.5—3小时，安吉客运中心也有客车路过大明山道口。门票128元，含观光车费。

② 南湖公园是南宁市区东南的大型综合性公园，园内热带植物繁茂，湖区水面开阔，还有精美桥榭点缀其中，园林佳景秀美葱茏，晚间的音乐喷泉和水幕电影亦为园景增添生气和灵韵。

14、20、215、3路公交车可到。门票免收。

▲ 南宁街头绿树成荫

钟乳奇石千姿百态,已开发开放八大景区供游人观览。

🚌 市区安吉车站有客车直达。 🎫 门票50元

良凤江国家森林公园

距南宁市区14.5千米,良凤江从园内涓涓流过,四周有千余种热带花木构成的森林,绿荫蔽日,热带风光诱人。

🚌 610路可到　🎫 门票15元

扬美古镇

在南宁30余千米外的左江下游,是保存甚好的宋代古镇。古时这里是商贾繁华之地,现仍有清代一条街、明清古建筑群、魁星楼等景点,游人抵达后可在镇上悠闲漫步,亦可到左江边乘船,从水上观览古镇风情。

周边景点

友谊关

位于广西凭祥市西南18千米处的中越边境上,扼守中越两国交通咽喉要道,位置非常险要。它的主体建筑是一座22米高的城楼,巍峨雄伟,上有陈毅元帅书写的"友谊关"三字巨匾。

👉 在友谊关可买到各类越南商品,逛逛新华路夜市街也挺开心

宁明花山

位于南宁以南160千米处的宁明县驮龙镇的明江岸边,临江的345米高的山崖上刻满了各类土红色的图画,整个壁画区高40余米,宽200余米,有各类图案近2000种(据考证岩画已有2000多年历史),至今仍有诸多游客和学者前来观光览胜和考察、研究,是南国边陲不可多得的古代人文佳境奇景。

宁明花山景区景点示意图

● **扬美古镇**

从市区市区乘游1路可到。
🎫 门票10元。

● **友谊关**

可从南宁乘快巴,3小时后即可到凭祥(也有火车),再换乘当地公交车,40分钟后即到友谊关。
🎫 门票42元。

● **宁明花山**

先从南宁客运总站乘客车,3小时后可到宁明。换机动车1小时后到驮龙镇,在此上船(驮龙桥边)即到花山。
🎫 门票加船票80—110元(在船上观景)。

宁明花山是当地传统景点,随着广西境内其他景区的崛起,这已不是观光要点,但这里风光有特色,还是值得一看。

发烧友特别关照

南宁可用两至三天时间游览,依次游伊岭岩、青秀山、扬美古镇、大明山、广西民族文物苑、广西博物馆、南湖公园等。但是与南宁周边的景区城市相比,南宁的风光并不出众,其广西特点亦不算突出,所以游客通常把南宁当成一个"中转",从这里转车去游周边美景,可选目标有北海、防城港、大新、百色、靖西、友谊关、宁明花山等。

701

中越边境——大新·靖西

电话区号： 0771　**德天瀑布景区：** 3627088　**德天山庄：** 3690199　**通灵大峡谷服务热线：** 6180706

广西大新和靖西同处祖国的西南边陲，这里地处亚热带，阳光充足，雨量充沛，山清水秀，风光秀美。然而，在20世纪90年代之前的一段岁月里，中越两国关系紧张，战事不断，与邻国越南隔山隔水相望的大新和靖西亦曾聆听过隆隆炮声，弥漫过滚滚硝烟。现在拂去了战争烟云，边境地带一片宁静和平，众多的山水风光佳景亦被陆续开发开放出来，迎接远道而来的八方游客。在这其间有两处新景颇为引人注目，它们一是德天瀑布，二是通灵大峡谷。

▲ 大新德天瀑布全景

● 笔者关照

本文介绍的是自助游览大新德天瀑布和靖西通灵大峡谷的有关知识。如果您时间仓促，也可在南宁参加德天瀑布一日游，比如7:10从火车站出发，19:00返回，全包价200—280元/人。德天瀑布、通灵大峡谷二日游400—480元/人。

● 游览咨询

在南宁，大新游和靖西游都是非常热门的线路，火车站和长客站周边都有旅行社的店铺，随时提供咨询及导游售票服务。

气候与游季

靖西与大新同处亚热带，气温高且日照强烈，夏季热而多雨，冬季温暖宜人。这里的气候很令人感到矛盾：冬天暖和舒适（只穿单衣加外套即可），但德天瀑布和通灵大峡谷中的瀑布水都很小，很煞风景；夏季水大瀑布好看然而日照强烈，北方人可能会有点不适应。不过从观景的角度说最好还是在5—11月份的丰水期前去，这样可以饱览瀑布气势。不过您可要打伞、戴帽或是抹点防晒霜什么的——就是4月中旬的阳光，也能叫您的肤色（如无任何防晒措施）3天左右变成棕色。

交通

A. 大新德天瀑布

广西壮族自治区首府南宁的西乡塘、琅东汽车站每天有多班直达快巴发往景区，行车2.5—3小时，也可乘车先到大新，之后可换乘客运中巴，去德天瀑布约需1.5小时。也可先乘车到硕龙镇——这是去德天瀑布的必经之地，镇上有许多机动车，30分钟就到大新德天瀑布。

此外，南宁火车站前每天都有大新—德天一日游的大巴往返，7:00—8:00从南宁开车，15:00以后从德天返回南

广西壮族自治区 中越边境——大新·靖西

宁、吃、行、游、景点门票全包价每人200—280元——不只观德天瀑布，还顺路游览龙宫岩、黑水河、绿岛行云、沙屯叠瀑等沿线景点。

B.靖西通灵大峡谷

南宁琅东站每20分钟发1班大巴发往靖西县，票价65元，需行车4.5小时（也有火车但班次少）。从靖西县城汽车南站乘去湖润的客车在通灵路口下，再步行约20分钟即到通灵大峡谷。

▲ 黑水河奇峰

住宿

A.大新。德天瀑布景区有金豪轩民宿、云山居民宿等，房间打折后200多元，但大新县城内住宿更便宜些。

B.靖西。通灵大峡谷门口有多家民宿，房价在90—160元浮动。靖西县城内宾、旅馆均便宜，像级别很高的靖西大酒店，标间房价在130—220元。除去"十一"、春节黄金周外，住宿无任何困难。

● 德天瀑布

¥ 门票80元。观光车30元。
竹筏费48元/人。
游览3小时足够。

● 中越两国如兄弟

大新县与越南只隔着一条宽仅30米的归春河，且河水不深（蹚水即能过河），真是一衣带水，也应该永远情如兄弟。

主要景点

德天瀑布——雄伟壮观的亚洲第一大跨国瀑布

大新县东距广西壮族自治区首府南宁140余千米，全县内共有国家一、二、三级景点40余处，像奇峰夹峙、树木葱茏的黑水河谷，波平如镜、石峰玉立的乔苗平湖，鬼斧神工、造型奇特的龙宫岩，多级跌落、如银练翻滚的沙屯叠瀑等，然而场面最为神奇壮观、最令游客观后倍感动魄惊心的还是横跨中越两国的德天瀑布。

● 另荐佳景：古龙山峡谷群

就在靖西县通灵大峡谷公路的入口处，风光极美，峡谷游玩极开心。

德天瀑布位于大新县归春河上游的硕龙镇德天村和越南接壤的浦汤岛下，落差近70米、瀑宽约120米，它与不远处的越南板约瀑布相依相接，两瀑合宽近200米，是公认的亚洲第一大跨国瀑布。

德天瀑布锋芒毕露、特色鲜明：一是气势磅礴，丰水时节瀑水奔腾而下，撼天动地、声震十里之遥；二是活泼生动，德天瀑布不是像许多瀑布那样一跌到底、一览无余，它的瀑水分为三级依次跌下，且水流有宽有窄、有前有后、有粗有细，仔细看去，整个景区的子瀑布多达近百条，它们

▲ 归春河上

703

另荐其他景点

①从南宁出发抵达德天之前经过名仕田园景区。这里溪河清澈、翠竹成林、南国田园风光古朴柔美，宛如当代世外桃源。游人可做2—3小时顺路观光游乐。门票加竹筏漂流共约120元。

②大新境内还有黑水河、沙屯叠瀑、绿岛行云等景点，亚热带风光旖旎秀美，时间充足者可任意延长自己的游程，争取玩得更详细、更开心。

●站在德天瀑布向下看风光很动人

两侧青山夹峙着一河碧水，清澈碧绿而又波平如镜的水面上不时有支着红黄相间漂亮遮阳棚的游艇划来划去，色彩相映而又动静相宜，画面特柔美。

●通灵大峡谷

门票115元，老人学生有优惠。游览需2.5—3小时。

高低不平、错落有致、穿插流淌、时分时合，真是欢快生动、多彩多姿。

☀ 上午11:00前游德天瀑布更好，拍摄是顺光，之后就是侧光和逆光了

与德天瀑布相邻的佳景——靖西通灵大峡谷

通灵大峡谷位于德天瀑布以西40千米处，谷长10余千米，由念八峡、通灵峡、古劳峡、新灵峡等数段峡谷组成，它是一条四面封闭、深陷在地平线下的盲谷（四面没有出口），谷内集溪流、瀑布群、地下河、山中洞穴、古崖葬等诸多自然景观于一身，其中贯穿通灵峡中的谷底河四季奔流、波涛汹涌，位于峡谷尽头的高崖飞瀑落差达160米，丰水期场面甚为壮观迷人。更让人感到新奇刺激的是在瀑布底下还有一条巨大的溶洞暗河，里边有多处激流瀑布、深潭漩涡，由无数奇异钟乳石构成的山中岩溶大厅更是神奇瑰丽、百态千姿。

通灵大峡谷还是一处神奇热带植物王国，这里生长着近2000种热带花草树木。花树繁茂，美景纷呈，是西南边陲甚为引人关注的旅游胜景。

▲ 名仕田园景区秀色

发烧友特别关照

①游德天瀑布半天时间就够了，主要是瀑上瀑下观景，坐船到越南一侧观光，在瀑布上方水塘中游泳和观赏不远处的53号界碑。游通灵大峡谷亦要大半天时间，内容主要是峡谷观光，看植物世界奇观和大瀑布壮景（夏季水足）。时间充裕的游客（尤其是自驾车的朋友）可以在观赏过大瀑布和大峡谷等景点后再去黑水河、沙屯叠瀑、跃进飞渡、绿岛行云等景点一一细玩。

②游德天瀑布时请注意不要深入越南境内，如遇公安盘查，可能会有很大麻烦，切记！

百色

电话区号：0776　乐业大石围：0771-7920585　古龙山峡谷景区：6180315

百色是广西西部颇具迷人特色的著名山城，曾因中国革命史上发生的重要事件而扬名于世，更因其妖娆秀丽的山河美景而引人入胜。百色境内山峦起伏、江河纵横、风光壮丽而多彩多姿。这里的乐业大石围天坑群、黄猄洞天坑群、布柳河峡谷，无一不是风光独特而又个性鲜明，古龙山峡谷景区（位于靖西）更是绮丽迷人且观光漂流方式奇特，恰似锦上添花，使祖国西南这片神奇瑰丽的土地更具迷人风韵。

▲ 在大石围山巅看群山美景

气候与游季

百色气候尚显温和，夏、秋两季气温较高，冬春时节北部山区稍显寒冷，最佳游览季节应该是每年2月底至11月底。冬季大石围和黄猄洞天坑群尚可游览，但布柳河的溪河水量较夏、秋季少，不能达到最佳观光效果。

交通

外省市的游客可以从广西、云南两个方向去往百色。从广西省会南宁去百色最方便，南宁火车站每天有数班高铁或动车直达或途经百色，行车时间近2小时。南宁北大汽车客运站每天有多班客车发往百色，行车4小时可到。

另外可以从云南省会昆明乘火车东行去百色，昆明去南宁或湛江的列车途经百色，普通列车行车约需4小时，动车3小时即可。

从火车站下车后可乘1路公共汽车，行驶30分钟可到市中心的公路客运部站，有客车发往周边县市，去百色最著名的乐业大石围、靖西的通灵大峡谷也在这里上车。

百色火车站电话：0776-2687222　　百色长途客运总站电话：0776-2881290

住　宿

百色市区有许多宾馆酒店，条件尚好而房价不贵。例如位于市中心交通甚为便利的田阳国际大酒店客房大、设施新且服务极为热情周到，双标房价一般季节只需180—238元，与它隔街相对的几家宾馆双标房才80—100元。市区内还有一些普通客栈，可以找到60—80元的双人房。在大石围天坑群所在的乐业县城和通灵大峡谷所在的靖西县，宾馆酒店的价格就更便宜了。

餐　饮

百色市区和乐业及靖西县城内都有不少自选快餐店，人均十几元钱可以饱餐一顿——有鸡有鸭有鱼有肉有汤（每种菜只有一小份），高汤随便喝，米饭管饱，很是便宜实惠。

主要景点

乐业大石围天坑群

在百色以北的乐业县境内，有巨大的喀斯特岩溶陷落型天坑十余处，有"世界天坑博物馆"之称。天坑群中最大的是大石围天坑，它深613米，坑口东西走向宽600米，南北走向宽420米，坑内容积约为0.8亿万立方米。天坑四周是直立的绝壁，坑底有暗河、溶洞和茂密的原始森林。由于地势险要，一般游客只能在坑边俯瞰坑内美景，只有经过特殊探险训练且携带专业装备而又经过有关部门批准的科考队员，才能用特殊手段依坑边绝壁下到坑底而进入神秘的溶洞暗河，穿过"通向地心之门"，到未知的奇妙世界去看个究竟。

先要从百色乘大巴到乐业县，高速路行车车程约1.5小时。乐业县客运站去大石围天坑群（途经）的中巴车人满即开，行驶20分钟后到大石围景区大门。购票入园后有观光专线车直送大石围天坑边的车站（中途开行20分钟左右，会有几次停车观景的机会，下车后步行20分钟即可到天坑边的观景台观览天坑壮丽风光了。

景区门票90元含观光车费。

百色起义纪念馆

地处百色市区东北侧的山上，整座建筑外形非常庄严凝重。馆里有多个展室，向观众详细介绍百色起义的起因、过程及其在中国革命史上的意义作用，亦展示当今百色的总体风貌和宏伟发展规划，观后会明显加深对百色历史、现代和未来的了解。纪念馆前的平台则是观赏百色市区全景的绝佳地点——百色市风水地势俱佳；四周是青山、中央是江水，山间水畔尽是迭起的新楼，山城风景之美令人惊叹。

百色起义纪念馆就在百色市区，有1、9等多路公交车抵达。门票凭证件领取

古龙山峡谷群（靖西）

就在靖西通往通灵大峡谷的必经之路的路口不远处，风光甚为原始绮丽。无尽山峦和成群飞瀑及茂密森林相依相间，组成了广西境内不可多得的巨大峡谷群观光探险游乐区。

景区内最具神奇魅力的游览方式是橡皮船漂流，全程虽然只需1.5小时，但途中三次穿越壮丽峡谷、又三次钻过漫长而幽深的山间岩洞，途中还要上岸步行穿过巨大的山间瀑布群，看尽险山急流间的无数美景，倍感新奇刺激而又动魄惊心。

古龙山峡谷群是广西壮族自治区内大型景区中的佼佼者，游后（主要是峡谷漂流）会让您感到不虚此行。笔者向读者郑重推荐。

👉 古龙山峡谷群地处靖西至湖润、大新、南宁的公路干线边（也就在通往通灵大峡谷的支线公路入口处），乘靖西去往上述各地的客车在通灵大峡道口下即可，下车后即见古龙山景区招牌，往前10分钟就到售票处。徒步游118元，峡谷漂流190—218元／人。漂流往返时间总共需要2.5小时。景区电话：6180315。

推荐游程

百色境内的景点数量多、风光美丽而个性鲜明，其中乐业大石围、通灵大峡谷和古龙山峡谷群都是广西壮族自治区内一流的新、奇、美景，其他景区如布柳河、黄猄洞天坑群、罗妹莲花洞、右江风光等亦颇具水平。笔者认为百色各景区的风光总体水平要远远超过它们自身的名气，建议各位游客对百色给予特别关注。尤其应该重点观览游玩大石围和古城山峡谷两大名景。在百色走马观花只看主要景点也要3—4天，详细观光要一星期时间才成。

推荐最简明的四日游程：

D1. 从百色出发去乐业（途中会看到当地另一名景澄碧湖风光），中午抵达游大石围天坑，下午游黄猄洞天坑，宿黄猄洞或县城。

D2. 上午出发去布柳河，正午及下午布柳河观光，晚上宿布柳河或乐业县城。

D3. 从乐业返百色，中午抵达后观市区风光，看百色起义纪念馆，下午乘车去靖西。

D4. 上午去到靖西游通灵大峡谷，下午游古龙山峡谷群。

如时间紧迫，可省去D2和D3的部分游览内容，专心游大石围和古龙山峪谷群。

▲ 大石围天坑边的陡峭岩壁

海南省
HAINANSHENG

黄金旅游线路
① 海口—文昌—琼海—万宁—陵水—三亚
② 海口—儋州—乐东—三亚
③ 海口—五指山—保亭—三亚

"请到天涯海角来，这里四季春常在。"每到滴水成冰的隆冬时节，海南都要成为国内休闲旅游候选中的热点。在信息更迭更加迅速、生活方式变化更快的今天，人们早应该不再对海南游抱有浓厚的兴趣，可是很奇怪，一年又一年，大家对海南游览的兴趣和热情丝毫不减。也难怪，谁让人家有那么好的气候和那么出色的热带风光呢？作为导游书的作者，笔者必须再写一次海南，而且笔者写的内容有新意而不落俗，您可一定要仔细看一看呀！

笔者对海南的评价：海南是自助游的乐土

这是因为：①海南的气候太好了，虽然夏有酷暑，但冬无严寒，所以一年四季都没有冬季寒冷的威胁，人们只要穿一身短衣短裤，就可以惬意轻松地游来走去，无比简单、欢快、开心。②海南的食宿价格适中（旅游淡季），只要您不是太挑剔，那每天只花很少的开销就可以满足一般的需求；一般宾馆旅馆的房价也是便宜且灵活得很，虽然旅游旺季（尤其是春节黄金周）房价会大幅上涨几百元甚至上千元，但是一般季节带有卫生间、电视的标间房价在一二百元的住处随处可寻（甚至是星级宾馆）。这点又很令人舒服开心。③海南的交通太发达了，有普通大巴、豪华大巴通往全省各市县，由于白天天气热人们适宜晚间活动，所以像海口到三亚这样的交通干线上连半夜时分都有客车往返穿梭，人们想去哪里几乎是随心所欲。

综上所述，海南气候太好，交通食宿太便利，又有那么多、那么美的景点风

▲ 三亚天涯海角景区的"天涯石"是海南最重要的标志性景观

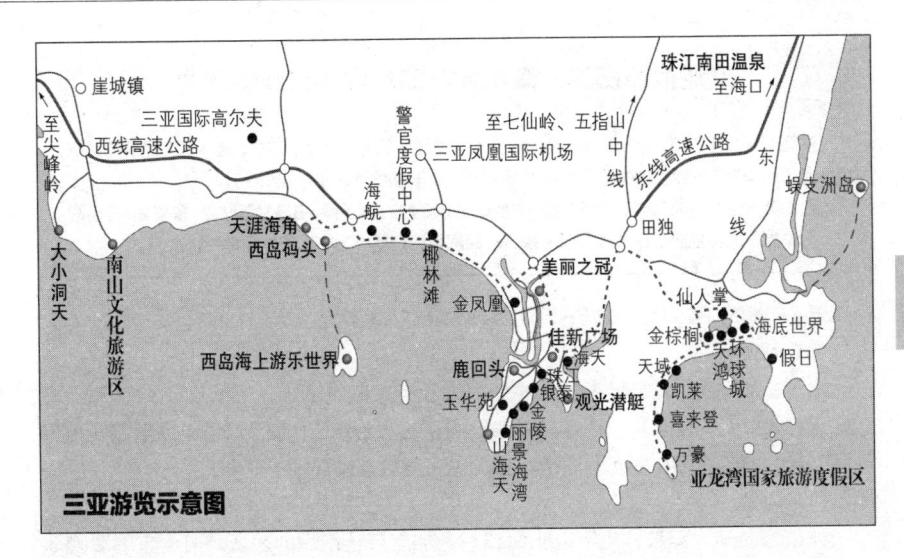

光，所以您只要带上钱和身份证件，就可以独往独来，天高任鸟飞、岛阔凭君跃！

海南游览的现状：东线最火爆、中线已萧条、西线待开发

  海南的中线旅游早些年曾经"火"了一阵，可是因为东线修了高速路而中线还是普通路，所以来中线的团队和游客都日渐稀少，大名鼎鼎的民族文化村也歇业关了门；而西线虽有尖峰岭森林公园、松涛水库、蓝阳温泉湖等景观，可是景点稀疏、交通不如东线方便，所以也难成规模和气候。而景点非常紧凑集中且又有高速公路、高速铁路能"引丝穿珠"的东线就成了当之无愧的观光最热点——90%以上的团队和至少80%以上的散客游玩的都是东线。因此，只要您把目光和精力对准东线（尤其是初次去海南的观光客），那就是把握住了海南旅游的精髓和要点，就能玩得非常满意和开心。

  但是有一点须注意，游东线一定要老景新景一起玩，而不能光玩老景——东郊椰林、兴隆温泉、热带植物园、南湾猴岛以及亚龙湾、大东海、鹿回头、天涯海角这些传统老景绝对青春犹在、风采依然。而云龙湾、铜鼓岭、石头公园、博鳌水城、万泉河漂流、石梅湾、蜈支洲岛、西岛、分界洲岛和吊罗山森林公园这些新兴景点风光亦很奇丽诱人，如果您能在海南逗留5—6天，那就可以把这些老景新景"一勺烩"，游后保您感觉精彩、圆满和快慰。

三种游览方式任选，海南游没法不开心

  ①自助游

  岛上到处是挺立芭蕉、秀美椰林，热带风光如诗如画，况且交通发达，食宿相对合理（虽然近年来上涨了不少），气候相当宜人，相信您在这种地方一定能玩出精

> **交通信息提示：海南全岛高速铁路已开通运营**
>
> 铁路东线北起海口，南至三亚，中途设美兰、文昌、琼海、博鳌、万宁、陵水、亚龙湾等站点，全程运行约需90分钟，车次每日有数十近百班，发车时间为6:30—24:00。
> 西线高铁也是在海口和三亚间开行，主要设乐东、东方、棋子湾、白马井等站点，车程2—3小时。
> 无论是东线还是西线车票都可网上预订，只刷身份证就可上车，乘坐非常快捷方便。

彩效果——本文后边会为您提供自助游方面的详尽指导。

②自驾游

岛上东西线均有高速路，中线的路况近年来也非常好，只要您能把车开上岛（琼州海峡有汽车轮渡），或是在当地租辆好的"坐骑"（租车手续不太繁杂，租车费每天200—300元），那您的海南游将会无比灵活方便且顺利开心。

③参团游

如果您时间太紧张，也可以到海口后参加旅行社组织的团队，最便宜的2晚3天游（可游海南东线主要景点）收费才700元左右且途中食宿条件尚可。不过笔者是自助游专家，所以不建议您参加旅游团，因为自助游更能享受无尽的开心和潇洒。

▲ 天涯海角景区中的"海角石"与"天涯石"有异曲同工之妙

海南游览玩法分享

笔者已经去过海南20多次了，每次都玩得非常快活开心。我攀登过海南所有著名的山峰，游览过无数美丽的海滩，亦观赏到了绚丽多姿的少数民族风情，无论任何人在任何季节来到海南，都会留下美好难忘的记忆。下面，我要把在海南获取的美好感受和游览经验介绍给大家，并提供真实准确实用的出行指导。

在本书以后的内容中，我还给各位推荐了到达海南后的多条旅游线路和多种旅游方式，但是最精彩美妙的玩法我也早就构思好了，但现在还未亲身尝试过呢（还没来得及尝试，无保留地贡献给大家，请各位游友先尝试一下吧！）——这就是在游览海南各主要景区景点后，再乘车沿东西两线高速路做海南环岛游——海南的高速路宽阔平坦，路边的风光更是神奇壮丽。乘车绕行一周绝对可以把您在海南得到的美好感觉、美妙经历再总结回味一下，绝对可以使您对海南的认识了解聚集凝结起来升华到新的高度，从而使您得到的美好观感在心灵的记忆深处达到美好的永恒（当然沿新修通的环岛旅游公路驱车行进也行，效果有异曲同工之妙。但是车速不会有在高速上前行那么快）。我建议您的环岛乘车游先从三亚开始（因为一般游客的海南常规游大都是在三亚结束的），先起西线高速路到海口（三亚到海口走西线高速路要自驾或包车，从海口到三亚走东线可乘快巴。不必乘东环高铁，车速太快看不清景点)，再从海口沿东线高速路去三亚（之后从三亚踏上返程），这样可以在一天之内再次畅览海南省大部分山海佳景——您一定会一次又一次地在车窗前发出欣喜而忘情的呐喊惊呼：——哇！尖峰岭！哇！莺歌海！哇！南渡江！哇！琼州湾！哇！万泉河！哇！石梅湾！哇！分界洲岛！哇！宝岛明珠三亚城！之后建议您去鹿回头山顶居高远望、凭海临风，那一刻您一定会感到欢乐溢满心胸而无法自控，您一定会情不自禁地对自己也对别人说：留下了这么美好的游历和记忆，我的海南游真是太精彩、太难忘、太开心了！

旅游锦囊

为您推荐一条海南绝佳黄金旅游线

如果您有6天时间，可在海南按以下游程安排观光游览，这条线路是笔者精心安排设计的，新景老景相结合，线路及游览次序合理顺畅且新颖不落俗套，包您游后觉得圆满开心，物有所值。

D1. 上午海口简单观光，看五公祠、海瑞墓、游海口西海岸，观假日海滩、贵族游艇会。午后去文昌游东郊椰林，宿百莱玛度假村。**D2.** 早晨开始在文昌游月亮湾、铜鼓岭、石头公园三大景区，下午去琼海看博鳌风光，宿琼海。**D3.** 在琼海漂流万泉河，午后去兴隆温泉度假区观景，看热带植物园、并且在此洗温泉浴，美食、休闲购物享受，宿兴隆。**D4.** 从兴隆直抵三亚（途中在车上眺望石梅湾、分界洲岛）。到三亚后先去天涯海角观光，之后顺路游览西岛，宿三亚。**D5.** 早上去蜈支洲岛游乐，下午3:00之后返回途中看亚龙湾风光（逗留2—3小时），晚上登鹿回头山顶看城区夜景，宿三亚。**D6.** 从三亚去保亭，途中游呀诺达或槟榔园景区，到保亭后登七仙岭山峰，下山后宿山下温泉度假区，洗浴游乐享受。次日从保亭先到陵水南湾猴岛，下午登分界洲岛览大海秀色。黄昏时离岛从东线高速路上乘车回海口。以上游程走的是一个环线，涵盖了海南80%左右的著名景点，观光游乐效果佳（当然景点的选择和行进次序可以适度微调，灵活掌握）。需要您做到的只有两点：一是每天吃饱喝足（这样才有精力）；二是要勤奋，至少是早出晚归。

海口

电话区号：0898　机场问询：966114

海口，海南省的省会，全省的政治、经济、文化中心，尤其是交通的中心。城市新、街道宽、高楼大厦林立，路边遍布芭蕉、棕榈树，热带风光绮丽动人。海口市离广东雷州半岛太近了，从雷州半岛南端的海安镇乘船向南走半小时后，白天即可以看到海平面南侧新楼高耸的大型现代化城市的轮廓，晚间可以眺望到天边上灿烂夺目的万家灯火，最后可以踏上海南岛上的漂亮名城（此时最大的感受就是天气热），换上简单清爽的夏装，开始轻松畅快地开心游乐了。

气候与游季

海南气候的突出特点就是温暖炎热。在海口，冬天最冷的1月穿普通长袖衣服完全可以，偶有寒流袭击也不过是一两天的事。弄件毛衣或外套就解决了。在三亚，冬天最冷的1月份，日最高气温亦会达到30℃—32℃，绝对可以下海游泳，而夜间最低气温仍有20℃左右，不开空调或风扇还有点儿憋闷，所以三亚常年是夏天。每年的3—11月，海南全岛都可以穿单衣单裤或短衣短裤，3月的海口气温至少相当于

● **海口观光总体关照**

海口的风光不能说不美，但是海南其他地方的风光更美。所以这样整洁气派而又富有热带风光秀丽的大城市，我们也只好把它当成海南观光的一个"环节"了，就在这里做1—2日短暂停留吧，之后去到海南其他地方去。

● **海南火车交通信息**

如今坐火车可从北京、上海、广州直达三亚（途经海口）。

● **推荐游程**

一日游：上午五公祠、海瑞墓，午后假日海滩游乐，黄昏时看骑楼老街。晚上观览海口街景，休闲购物，看《印象海南岛》表演。

二日游：**D1.** 与一日相同，**D2.** 去火山口地质公园或是去看红树林。

▲ 海口的海滨风光确实比不上三亚，但是西海岸的假日海滩还是值得一去。本图是假日海滩游乐区一角

北京的6月份，而三亚3月份的太阳足以晒得地上冒烟，盛夏时节就更不用说了，所以应该穿什么衣服去海南游览，您就看着办吧！另外需要提醒的是，海南每年5月至10月是雨季，尤其9月，是降雨高峰期。6月至11月又是台风季节，在此期间，经常会受到8级以上的强台风袭击。因此，去海南旅游的最佳时间是每年的11月至次年的4月间。

交通

航空

海口每天有上百个航班与国内外大中城市对飞。美兰机场位于市东南方向，距市中心27千米，海口民航宾馆门前有往返机场的班车，乘高铁去机场更方便，一站即到。

美兰机场问询电话：0898-65760114　民航售票处电话：95539

铁路

粤海铁路早已修通并运行，搭火车到海南很方便。但不是火车一直开到海南，而是开到雷州半岛南端的海安后上火车轮渡船，由渡船载至海南。现在北京、上海、广州均有列车与海南最南端的三亚市对开（途经海口），另外海南全岛高铁都开通了，从海口到三亚只需90分钟，绕全岛一周需3—4小时。

火车订票电话：31686222　高铁客服电话：12306

公路

海口是整个海南岛公路网的总枢纽，有客运总站和东、南、西客运站共四大车站。海口市客运总站有开往深圳、广州、汕头、柳州、南宁、重庆、武宁、梧州、福州、武汉、杭州、岳阳、郑州、珠海的客车。南站有多班车发往海南东线的文昌、琼海、万宁、陵水、兴隆并直至三亚，过去东站始发的客车大都改在南站发了。西站的客车则开往中西线的儋州、东方、五指山市等。游客非常好区分行车方向和上车站点。

海口公路客运统一客服咨询电话：0898-66803800

水运

海口新港及秀英码头与广州、深圳、北海、湛江、海安通航，有客轮和游船直驶香港。开行班次最多的是

●**海口火车站**

在海口市区西部，从市内乘40路可直达。

●**海口东环高铁站**

有高铁列车开往东线、西线各站点。

●**公路交通太方便**

从广州、湛江、南宁等南国城市，可以乘大巴直达海口甚至三亚。而且跨越琼州海峡时，是大巴直接开上渡船，不需乘客多走一步路，舒服极了。

●**从海安到海口**

游客要想节省车费，可以从广州、湛江、北海等城市坐普通车先到雷州半岛南端的海安镇，这里从早到晚都有去海口的轮渡，行船90分钟即可。

●**夜渡琼州海峡**

海安码头深夜仍有客货混装船去海口。客舱中有座椅、有空调，挺舒服的。所以不管白天还是黑夜，只要到了海安就基本上算是到达海南了。

●**海口的大型公路客运站**

东站、南站是开往海南东线的，去三亚、文昌、琼中、琼海、万宁、陵水还有五指山市（快巴）都在这上车。去海南西线的儋州、东方及中线的五指山（通什）等在西站上车。而客运总站的客车是专门发往广州、深圳、湛江、南宁等地的。几大车站功能很分明，太好区分和选择了。

●**当地特色美食街区**

国贸金龙路美食街、海甸岛沿江路、新埠桥、板桥路等都有不少海鲜和当地菜馆。食客有充足的选择余地。

713

● 笔者对海口的印象

① 海口的风光在岛内并不出色，但还是有一些亮点和看点。海滨景区关注假日海滩和贵族游艇会就可以了。时间充裕者可以浏览海口周边的野生动植物园、火山口地质公园和东寨港红树林。

② 贵族游艇会每晚的露天自助餐不错，边吃边看海景感觉真美。

● 实惠住处参考

① 海口海油大厦，在新港码头不远处，下了轮船步行20分钟即到。三星级的装修条件尚好，标间打折后120—150元/间。电话：0898-66779860。

② 锦江之星海口骑楼老街店，交通方便，房价不贵，平日标间百元出头，电话：66212288。

● 五公祠

▣ 门票20元，淡季有优惠。

● 海瑞墓

▣ 门票10元。

● 关于《印象·海南岛》

大型实景表演《印象·海南岛》原来每晚在海口西海岸的印象剧场上演，后来演出效果欠佳就停演了。

到雷州半岛南端海安镇的跨海轮渡，基本上每小时发1班船。

🚢 秀英港售票咨询电话：0898-68653315　0898-68653680

🏨 住　宿

海口作为一个省会和旅游城市，市区的宾馆旅馆多得惊人，但总体来说，房价不贵亦不便宜，90—120元可以不费力气地找到普通宾馆的标间（有卫生间、有空调，天太热没空调不好受），而二星级宾馆的标间一般是在120元起价，三星级的标间一般在180元以上。不过淡季一般宾馆在此价位上还可打折，所以住宿不会对游人造成很大的不便。

☛ 另荐海口青年旅舍，条件尚可的多人间50元/床

☕ 餐　饮

当然可以品尝各类海鲜，正式餐厅不用说，一般的排档上就可以吃到各类海味美食。海口的餐饮并不都贵，尤其是一般的普通饭食。就是在闹市区，亦有20元左右的快餐份饭和盒饭。走进市区的小胡同，小餐馆中的自选快餐可以吃到2荤2素1汤1饭（当然每份菜量很少）。所以只要不摆谱而又稍稍选择一下吃饭地点，一天有40—50元钱饭费就可以把普通饭食吃得有滋有味了。

☛ 特色美食有海鲜、石山羊火锅、加积鸭、文昌鸡、各类蛇餐等

🏯 主要景点

五公祠

在海府路169号，始建于清光绪十五年（1889年），是为纪念唐宋两代被贬谪来海南的李德裕、李纲、李光、赵鼎和胡铨五位历史名臣而建。今由五公祠、苏公祠等古建筑和新建的海南博物馆构成，统称"五公祠"。被誉为"海南人文古迹第一胜境"。

海瑞墓

海瑞墓建于明万历十七年（1589年），现由墓、墓道、扬廉轩、展览馆等古今建筑构成。海瑞是海南琼山人，明代著名的敢于犯颜直谏的清官，素受民众敬重，有"海青天"和"南包公"美誉。

万绿园

总面积71公顷，是独具热带海滨生态园林特色的大型城市公共绿地广场，观赏植物园林与蓝天、碧海、现代化高楼大厦融为一体，是海口市内的休闲游乐中心（门票免收全天开放）。

海南省 海口

假日海滩

位于海口市西部黄金海岸。长约6千米的海滩林木葱葱，阳光明媚，可进行海水浴、日光浴、各种沙滩活动和海上运动。主要观光游乐点有假日海滩、西丽海滩、贵族游艇会等。

从这里观赏市区远景和琼州海峡秀色画面也很美丽动人。

贵族游艇会

在假日海滩西部，有美丽庭院、豪华客房、漂亮泳池和椰林沙滩，是休闲、游乐及朋友聚会佳境。晚间这里的露天自助餐很丰美、很诱人。

秀英古炮台

为抵御法军入侵，清光绪十七年（1891年）建成。与虎门、吴淞、大沽口并称为中国四大古炮台。但目前关闭没有开放。

热带野生动植物园

在距海口市中心约27千米的东山镇，规模很大，展示数百种野生动物和数千种热带植物，园内每天都有驯兽表演。

东寨港红树林

在海口美兰区演丰镇，海上红树林浓密茂盛，景观独特，乘船游览感受美好清新（门票26元。船费60元/人）。

● 假日海滩
¥ 免门票／全天开放。

● 贵族游艇会
¥ 门票免收。

● 热带野生动植物园
¥ 门票158元。

● 另荐景点：骑楼老街

主要分布在海口市区得胜沙路、新华南路、中山路、博爱路、解放路一带，街道两边有许多有百年历史的南洋建筑风格的骑楼，徜徉其间很有时光倒流的感觉。这里有不少小商品及小吃摊店，消费时会感到实惠、随意和亲切。老街在人民桥附近，有多路公交车抵达。

● 另荐景点：海口火山群世界地质公园

在海口市西南约15千米的石山镇，是100万年前火山爆发留下的遗迹。总面积108平方千米的园区内遍布火山石、火山锥，仅岩溶隧道就有30多条。登上马鞍形火山口上的观海亭看火山全貌，大自然神奇的伟力令人惊叹。这里也是眺望琼州海峡的好地方，天气晴好时，竟能清晰地遥望到雷州半岛南端的海安镇。

从海口秀英小街站或海波市场站乘去石山、永兴的中巴专线车可直达。

¥ 门票40元起。

▲ 海口西秀海滩一角

自助游中国 华南地区

三亚

📞 电话区号：0898

三亚位于海南岛的最南端，风景十分美丽，以同时具备阳光、海水、沙滩、绿色和清爽洁净的空气五大热带海滨旅游观光要素而著称于世。这里的亚龙湾、大东海、鹿回头、天涯海角四大景区风光之美堪称海南之最，而近年来开发开放的蜈支洲岛、西岛、三亚湾、亚龙湾热带天堂森林公园和南山及大小洞天游览区风光同样旖旎。三亚是一个典型的旅游观光和消费型的城市，城市风光好，而这里温馨、浪漫、舒适的生活情调更是国内翘楚。游海南不能不游三亚，三亚才是海南风光中的精髓和灵魂。

▲ 三亚亚龙湾海滨美景

● 三亚机场问询

电话：0898-9612333

● 三亚汽车客运总站

电话：0898-88252656

● 三亚火车站

电话：0898-31520461

● 三亚火车交通信息

如今坐火车可从北京、上海、广州直达三亚（途经海口）。不过这些车走的是海南西线且海口和三亚的火车站都离市中心很远，有点儿不方便。

● 三亚机场至亚龙湾

🚌 27路公交车直达。

🚐 **交 通**

航空

三亚凤凰机场位于市区西，距市区14千米。

👉 机场大巴到市区车票25元。8路公交车从机场到三亚市内

铁路

如今北京、上海、广州都有旅客列车直达三亚（途经海口和东方），所以乘火车去海南可作为重要交通方式之一。

另外海南环岛高铁都开通了，从海口到三亚最快只需82分钟，车费114元，途经文昌、万宁、陵水、田独等站点，乘坐很方便。

👉 火车站在三亚市郊荔枝沟，有多路公交车直达

公路

三亚汽车站有开往广州、南宁、茂名、湛江甚至是桂林的客车。行车路线是先开至海口，上汽车轮渡过海到海

安上岸，再取道雷州半岛去往目的地。

三亚至海口南站的专线快车每隔20分钟就发一班，走东线经陵水、万宁、琼海、文昌、海口6市县，全线走高速，车程只需4小时，票价70—90元。三亚汽车站到省内各市县的客车车次密集，乘坐方便。

👉 三亚长途汽车总站在市中心解放路，有多路公交可到

住 宿

三亚作为一个旅游消费型城市，宾馆、酒店多得不计其数，且高中低各档齐备。高档酒店林立，标房价一般在700元以上。大东海酒店、中油大酒店都不错，不过房价格多变，笔者会为您推荐数处非常便宜而条件尚好的住处。

👉 大东海一带的酒店比亚龙湾的便宜，三亚湾的许多家庭客栈也是背包客的首选

便宜实惠的住处参考

①凯瑞莱海景酒店，在大东海，标间淡季约200元起，电话：88336363。

②如家大东海酒店在三亚大东海旅游区，酒店位置好、交通便利，服务也好而房价不贵。酒店一层有车票机票代售点，这一点很让人感到满意和方便。电话：0898-88221888。

③三亚海棠湾长悦度假酒店（养生谷店），2024年开业，离海边近，电话：18708988689。

④三亚青宜美宿（亚龙湾森林公园店），房间设施齐全舒适，电话：18976003995。

餐 饮

普通饭菜和海鲜排档

三亚有便宜实惠的普通饭食，比如在市中心解放路中段的三亚客运中心（长客总站）南侧，就有多家自选快餐店，每家店中都有10余种荤菜、素菜可任选，花上二三十元钱可吃到两荤两素和高汤米饭（当然菜量不多）。另外走进三亚的任何一家中、低档餐馆，都可以让店主现做一份简单的快餐——在海南甚至是整个华南，现炒快餐的含义就是用肉炒一份青菜，熬一碗高汤外加限量或不限量的米饭。只是餐厅的级别不一样，现炒快餐的价码也不一样。实惠的用餐地点还有分布在各条小街上的重庆和沙县小吃站，20元左右可吃饱吃好。

● 从海口到三亚

可从海口南站乘快巴，也可以从美兰机场和秀英港拼车，还可坐高铁，各种方式都方便。

● 从三亚到海口

乘客车虽然东线和西线都可以走，但是80%以上的游客都是乘大巴走东线（途经琼海、万宁），极少有从西线经东方、儋州去海口的。

● 推荐住宿

鹿岭海湾维景国际大酒店，位置好，在三亚东部海边，级别高但房价不贵，平日标间300多元起。

● 当地的特色小吃及果品

主要有椰奶清补凉、椰子饭、糯米糕、炒冰、抱罗粉、酸粉、各类鲜榨果汁以及椰子、芒果、火龙果、木瓜、莲雾、皇帝蕉、石榴、山竹等热带水果。

● 特色商品及购物

可以关注各类珍珠制品及贝壳工艺品、各类椰雕工艺品、各类热带鲜果和干鲜海产品。另外海南休闲服既鲜艳漂亮又舒适透气。买一身在海南穿一穿之后带回家去也真不错。

717

●可亲可敬的2路公交

笔者曾把2路车比作三亚市内漂亮的流动风景。它的线路纵贯三亚城区几乎所有主要街道，车的密度大而车费便宜，2元钱跑完全程，车内还有空调，超级精彩！

▲ 市区秀色

另外您如果听了笔者的建议住在了大东海，那晚上可以到大东海酒店门口或是海边的海鲜城门口去，这两个地方有露天排档，可以吃到各类烧烤和其他美食。

三亚有许多海鲜餐馆，形成规模而又有些名气的是春园海鲜排档、火车头海鲜排档和第一市场的海鲜加工一条街等。所以综合比较之后，本人还是要向大家推荐春园。下面笔者有专门的介绍。

☞ 到了三亚，就要"爆撮"各类美味海鲜。一定要选诚实经营的海鲜馆

🏝 主要景点

亚龙湾（国家4A级旅游景区）

位于三亚市区以东25千米处，1992年经国务院批准为国家级旅游度假区，享有"天下第一湾"之美誉，这里海水能见度10米以上，海湾近10千米长，融碧海、沙滩、空气、阳光和绿色为一体，还可开展攀崖、海滨沙滩排球等运动，又是最佳的潜水观光胜地。现已建设成集休闲度假、特色观光、文体娱乐及会议展览等多重功能于一体的综合性度假旅游胜地。

☞ 亚龙湾海景很美、海水碧蓝，是三亚最漂亮的海滩，要重点游览

旅游锦囊

说说春园和其他海鲜大排档及当地的海鲜美食

①春园过去名声很大、食客反映很好，但近来外界对它有些众说纷纭了

春园海鲜大排档在三亚河西路156号以东约150米处，是三亚最大的超大型海鲜排档，这里有餐桌200余张，由几十个摊主、老板共同经营（分片营业），场面极壮观，就餐场面火爆动人，是三亚餐饮业中的大亮点。

头些年春园刚开业时海鲜卖得挺实惠便宜。管加工的摊主老板心眼更活，加工费常常主动给您打折，由于他们长年累月加工海鲜，所以厨技特别高超，烹制的海鲜味道极为鲜美，所以食客"回头率"特高，但是最近由于承包和经营方式的转变，春园的海鲜已经不像过去那么便宜实惠了，不久前笔者再次去海南时也验证了这一点。但是笔者认为春园还应该去，因为它的综合性价比还是最高的。

②许多原先在春园经营的老板都出来自己开店了

首先，春园的位置好，在市中心，交通方便，而火车头排档离市中心远，太偏。而第一市场是一家一家分开的店面，形不成经营上的规模效应，没有春园大排档的人气旺盛。所以综合比较之后，本人还是要向大家推荐春园。

③三亚当地主要海鲜美味种类和菜肴推荐

有清蒸石斑鱼、红烧白昌鱼、清蒸鲍鱼、辣炒青膏蟹、干煎带鱼、椒盐沙丁鱼、尖椒小鱿鱼、清蒸和乐蟹、葱爆红花蟹、海胆蒸蛋、清蒸生蚝、清蒸立鱼、宝剑鸡腿螺、干烧海鲈鱼、冬瓜白螺汤、炒五指山野菜等。以上菜肴在春园和其他海鲜排档能品尝到。

大东海

位于市区东南部，这里风平浪静，海水清澈透明，沙滩光洁细软，平整舒适，阳光和煦，气候宜人。区内海滨度假旅游设施配套齐全，建有许多风格各异的滨海度假酒店，还设有海滨浴场、嬉水乐园、观光潜艇、潜水和跳水基地，是距三亚城中心最近的热带滨海旅游度假区。

▲ 三亚亚龙湾壮景

☞ 海景比不上亚龙湾，但是距市中心近，观光游乐很随意、很方便

鹿回头山顶公园

因黎族青年和美丽神鹿的传说而得名，现在神话中的猎人和鹿女已雕塑成"鹿回头"巨型石雕，高12米，长9米，屹立在高峻的鹿回头山顶上。三亚市也因此而得名为"鹿城"。这里还是三亚城区东部的制高点，游人在此可俯瞰脚下浩瀚的大海，远眺起伏的山峦，三亚全景尽收眼底，尤以观夜景效果最佳。

☞ 在这里白天晚上观光都美，晚上看万家灯火，白天看三亚辽阔海湾

天涯海角游览区（国家 5A 级旅游景区）

位于三亚市西南滨海23千米处，碧海、青山、白沙、巨石、礁盘浑然一体。刻有"天涯""海角""南天一柱""海畔南天"的巨石雄峙南海之滨，为海南一绝。风景区既是观赏自然风光的妙处，又是可以畅游海泳、乘船出海兜风，游乐项目甚多的休闲娱乐胜境（这里不光有"天涯""海角"两块石头，海景也非常棒，不信您站在"天涯"石以东50米处看一看）。

南山文化旅游区（国家 5A 级旅游景区）

位于三亚市以西40千米处，是全国罕见的大型文化和生态旅游园区。

南山佛教文化苑内的南山寺、不二法门，以雕塑和建筑表现佛教文化主题，融中国、日本和欧洲园林特色为一体。南海观音巨型铜像高108米，是世界上第一尊耸立于海上的观音像，也是世界上最高大的海上雕像建筑物。园中独具特色的"天厨妙味素食自助"餐厅可供素斋，菜式达60多种。由于南山景区开发建设起点高、园内自

● 亚龙湾

在三亚市东南 25 千米处。
¥ 亚龙湾中心广场经费，贝壳馆 56 元 / 人，蝴蝶谷：联票 69 元。

● 大东海

在三亚市东部。
现在从东线进出三亚的各类机动车已经改走迎宾路而不走大东海了，所以这里清静、安宁了许多，在此观光、住宿皆舒适。
¥ 免门票 / 全天开放。

● 鹿回头山顶公园

位于三亚市区东南边。
¥ 门票免收，观光车 28 元。开放时间：7:00—23:00。

● 天涯海角游览区

从市内乘旅游观光专线大巴（也就是过去的新国线大巴）可直达。途中可看到三亚湾秀丽海景。
¥ 门票目前免收。

然生态环境甚好，因此近年来知名度迅速提高。

ⓘ 笔者不专门推荐南山，门票偏贵

大小洞天（国家5A级旅游景区）

南山大小洞天风景区（原海山奇观风景区）总面积22.5平方千米，开山历史至今已有800多年。以其秀丽的海景、山景和石景堪称琼崖第一山水名胜。唐代高僧鉴真率日本留学僧人等35人第五次东渡日本，海上遇台风漂流万里至此登岸，并修建大云寺，传播佛教文化；风景区内至今尚有"钓台""海山奇观""试剑峰"等历代诗人摩崖石刻。大小洞天景区游客稀少，非常清幽宁静，特别适合情侣相依慢慢细玩。

ⓘ 大小洞天是美丽而宁静的小景区，值得一看

蜈支洲岛

蜈支洲岛位于距三亚市东30千米林旺镇后海约2.7千米的海面上，面积1.48平方千米。最高峰海拔79.9米，岛上山峰层叠，绿树成荫，花果遍地。环岛海域海水能见度可达6—27米，海底珊瑚五彩斑斓，美丽的热带鱼四处游荡，是公认的观海、潜海胜地。岛上现由旅游公司统一开发建设，休闲客房、海滨竹楼、风味餐厅等餐饮住宿设施齐备，是三亚周边最有名的新兴景区。

ⓘ 蜈支洲岛环境整洁、风光优美、野味十足，应该重点游览

西岛海上游乐世界

西岛位于天涯海角风景区对面的海上，利用其优越的自然条件，开发建设成了各种海上休闲娱乐项目、设施齐全的海上大型游乐世界，岛上有摩托艇、滑水、潜水、空

海南省

● 南山文化旅游区

从市区乘旅游观光专线大巴可到，旅游大巴车票视上车地点而定。

💰 门票108—129元，学生有优惠。金玉观音门票25元。开放时间：8:30—17:30。南山文化旅游区景区内设有电瓶游览观光车，往返票价30元/人。

● 大小洞天

从市区乘旅游观光专线大巴可直达景区门口，车费十几元。

💰 门票免收。

● 蜈支洲岛

可从三亚乘28路旅游专线车到岛上的交通码头乘船上岛。

💰 门票加船票往返：135元/人起。

● 西岛海上游乐世界

💰 门票：98元起（含乘快艇登岛）。

西岛开发得挺现代化，游乐设施也全，交通又方便，所以游客数量不少。但是这里的"野味"不如蜈支洲岛浓。

● 推荐旅游观光专线大巴

过去叫新国线大巴，三亚新开通的观光专线车，从亚龙湾一直开到大小洞天，全程票价30—50元。有空调车和非空调双层大巴两种车辆，前者凉爽舒适，后者适合途中观景。

▲ 标志性海景

推荐佳景：亚龙湾热带天堂森林公园

在三亚城区东南方约25千米的亚龙湾旅游度假区旁，公园以山、石及森林景观为主，主峰红霞岭山顶还是居高眺望亚龙湾全景的绝好地点。这里是电影《非诚勿扰2》的外景地，成为三亚观光中的亮点。从三亚市内乘15路公交和新国线大巴均可到，门票158元含观光车费。游览至少需4小时时间。

中拖伞、海底漫步、钓鱼等游乐项目，游客可以任意选择尽情游乐。从天涯海角风景区东部的公路边的西岛专用码头乘快艇10分钟即可抵达西岛（从市区去天涯海角和南山及大小洞天的客车都经过这里）。

☛ 西岛与蜈支洲岛有异曲同工之妙，也应重点关注

三亚湾·椰梦长廊

东起三亚港、西至天涯湾，20千米长的漫长海岸线沙滩金黄、海景壮阔、绿荫浓密、椰林秀美，这就是三亚湾·椰梦长廊。这段海滨风光带从三亚市区一直向西延伸到天涯海角景区东侧，虽然开发开放得晚，但风光秀美迷人——南边是大海、北边是各色新式楼房和别墅群，中央是海滨大道和两边的热带花木及挺拔椰树，颇具国内一流的热带海滨之迷人风韵。笔者管这里叫"国内第一黄金海岸"。

☛ 三亚湾也是眺望东、西两岛的好地点

珠江南田温泉

海南有许多档次很高的温泉疗养度假区，如蓝洋温泉、官塘温泉、七仙岭温泉都是休闲胜境。而珠江南田温泉离三亚最近，这算是一大优势。这个温泉水温约56℃，水质尚好且有几个泉池，在其中休闲洗浴很舒适也很有趣味。

● 三亚湾·椰梦长廊
¥ 门票免收。

● 珠江南田温泉
¥ 门票178元起。
电话：0898-88819888。

推荐游程

A．二日游
D1. 上午天涯海角，午后亚龙湾，黄昏时登鹿回头览三亚全貌，晚上大东海听涛。
D2. 去蜈支洲岛观光、游乐、潜水。晚上在三亚休闲、娱乐、购物、美食。

B．三日游
D1. 游天涯海角、西岛、南山、大小洞天。晚上在市区饱尝海鲜美味。
D2. 上午游亚龙湾，玩一个整天，包括去亚龙湾热带天堂森林公园观光（门票加观光车140元）。黄昏时游鹿回头、看三亚市区全景。晚上市区休闲购物、品尝海鲜。
D3. 去蜈支洲岛观光、潜水，开心游乐。返程时顺路去南田温泉洗浴、住宿。
上述两种游程笔者认为都很精彩、圆满。

旅游锦囊

劝您"不要来三亚"

看到这个标题,您可能会倍感疑惑:您不是导游书的作者吗——应该告诉我们怎样玩好三亚才对,可是为什么……

笔者要告诉您,笔者要您不来三亚是有先决条件的,那就是平时尽管来,玩得越开心越好。但是春节黄金周期间不要来三亚。原因太简单了:这时候游客激增、食宿价格全面上涨而服务质量难免下降,这时您来三亚干什么?来找不痛快、不愉快吗?

那您可能要问:那春节间我们应该去哪里玩,才能获得既温暖舒适而又开心愉快的观光效果呢?答案现成的:有如下地点可供您选择:①云南的昆明—大理—腾冲一线;②云南的昆明—抚仙湖—西双版纳一线;③广东的川山群岛,再加上开平碉楼和古村落;④广西的北海、钦州、防城港一线。

上述各线各景区在本书内都有详细介绍,您就详细阅读、按书行事吧!

● 呀诺达雨林文化旅游区

三亚市大东海和明珠广场有免费车前去。门票150—168元含观光车费。网上购票有优惠。

呀诺达雨林文化旅游区(国家 5A 级旅游景区)

又称三亚热带雨林,虽在保亭县境内,但距三亚不太远。景区内茂密雨林蔽日遮天、飞瀑山泉水流欢涌,热带雨林奇观让人颇感新奇惊叹,登上山巅观景台远眺蜈支洲岛远景风光也很壮观。

发烧友特别关照

①天涯海角景区不光有刻有"天涯"和"海角"等字样的巨石,这里的自然风光也很美,可是游客往往在上面的刻字巨石前拍照后就匆匆离去,这样游玩太草率,不能真正体味到天涯海角景区的韵味。

②亚龙湾太辽阔、太壮美,在这里观光、戏水太让人快乐开心,您必须把至少4小时的时间扔在这里,否则无法得到海南观光中最高级绝妙的享受(不能光在海边观景,必须下海游乐)。另外位于亚龙湾的热带天堂森林公园风光尚可且因电影《非诚勿扰2》在此拍摄所以成为颇受关注的观光亮点,也应重点关注。

③大东海风光比不上亚龙湾,但是这里观光不收门票,距城市又近,陆上广场空间很大加之晚上的音乐喷泉清波欢涌、场面诱人,所以还是值得一去。

④在鹿回头山顶只能看到三亚城区的海滨即三亚湾,这里海景虽然比不上亚龙湾但风光尚可,尤其是看到的三亚城市全景挺气派。建议黄昏时去鹿回头,先观看晚霞,然后看灯花如海的三亚夜景。

⑤力荐海上佳景蜈支洲岛和西岛,它们共具同样特点:海水洁净、风光诱人、游乐项目多而餐饮住宿设施齐备,在岛上又住又吃又玩真是令人流连而不忍离去(相比之下西岛交通方便容易到达而蜈支洲岛野味更足)。

⑥南山是佛教和生态旅游区,建设投资大、起点高,门票偏贵,是否前去您自行选择。

⑦三亚湾绵延22余千米,景色尚好,在去天涯海角或南山的途中在车上观赏即可,不非要留意这段海滩上的哪个具体景点。

▲ 三亚湾美景

旅游锦囊

佳景比拼

蜈支洲岛和西岛哪个更美?

蜈支洲岛和西岛都是三亚著名的海岛风景区,它们都是三亚及海南滨海名胜中的巨星和观光大亮点。可是有些初次去海南的朋友拿不定主意去哪个岛观光更适宜,下面笔者就根据精心考察后得出的结果、结论,对上述两处海岛景区的长短优劣作一番认真的对比。

①蜈支洲岛距三亚市区稍远,乘客车去要至少1.5小时。西岛码头就在三亚至天涯海角的干线公路边,在此乘船15分钟即可上岛,交通稍显便利。

②蜈支洲岛上的椰树高大,非常挺拔秀美。西岛上的椰林矮,但人在树下绿荫中穿来钻去有点诗情画意。

③蜈支洲岛上的两处沙滩一个离码头近,一个远。西岛上的沙滩距码头近,上岛后马上可以开心嬉戏。但论游览区的空间开阔程度说,蜈支洲岛绝对优于西岛。

④在蜈支洲岛上向东向南看海景壮美,在西岛上向东向北看,三亚市区远景新颖气派,双方各有千秋。

⑤蜈支洲岛有海滩亦有山峰陡崖,其中从全岛制高点日光岩上俯瞰海景甫提有多壮丽。而西岛的景区大部分在一个平面上,稍显平淡呆板。当然西岛西侧新开发的牛王岭景区也是2座小山,在一定程度上弥补了上述缺陷。

⑥蜈支洲岛上的食宿条件极完善,五星级的珊瑚大酒店华丽气派,里边简直是个极乐世界。而西岛上的住宿条件很一般或者说很少有人会在岛上住宿过夜和休闲享受。

⑦最大的综合感觉是蜈支洲岛野味足,西岛则人工建设修饰的味道浓。

综上所述,虽然是双方各有所长、各有千秋,但笔者的意见并不含糊,笔者的看法是——若是随团游,就听导游安排,带您去哪儿就去哪儿;若是自助游(特别是欲在岛上过夜),那就坚决去蜈支洲岛。当然,如您时间金钱都不缺,两个岛都去不是更圆满精彩开心吗?

▲ 三亚湾美丽风光

为您介绍三亚休闲、娱乐、美食各方面的综合信息

推荐晚间休闲娱乐的多种方式:

①登鹿回头山巅览市区全——画面美丽无比,景色华丽迷人。

②找个合适的餐馆开心品尝新鲜正宗的各类海鲜,尽享大自然对人类的精彩馈赠。最好每天晚上去春园饱餐一顿。

③在三亚河边看都市夜色——灯花灿烂的城市中心区夜景无比动人。

④到亚龙湾或大东海观听涛,让轻柔纯美的海风吹拂抚慰自己的身心。

注意体验海岛游的美妙滋味

①一定要去蜈支洲岛游览,全国至少是海南省内开发得最好的海岛景区就是那了。

②一定要在蜈支洲岛上住至少一晚,晚上的蜈支洲岛灯光效果极好,那种景和美妙的光线和意境真是世间难需。

③在蜈支洲岛上住一晚,费用可能会达近千元,可"花了的钱才是自己的",这个钱花的太物有所值了,蜈支洲岛太美了,笔者向您强力推荐。

另荐景点：三亚千古情景区

三亚千古情是宋城集团斥巨资在三亚兴建的大型文化旅游观光景区。分为千古情主题景区和大型歌舞秀《三亚千古情》两大部分。园内分为数十个小景区，白天观光游乐项目繁多，且与游客有良好的互动。下午 5:00 和晚上 8:00 开始的《三亚千古情》大型歌舞演出内容新奇别致，在三亚市享有极高的知名度。景区在迎宾路 333 号。门票 260—300 元含演出票。电话 0898-88658333。

旅游锦囊

观光指导·节约旅费的窍门

看看网上各位游客发表的各种信息和游记，有些不小心踩了坑。其实在笔者看来，三亚的餐饮住宿和游览观光业收费并不贵，关键的问题是游客要找到节约旅费的技巧和窍门。下面笔者就为您介绍一些关于既能省钱又能玩得开心的技巧和常识。

①住在便宜实惠的宾馆，可以把每人每天的住宿费尽量控制在 100 元左右（如果单个客人单住 1 间房每日 200 元，结伴游客合住 1 间房分摊房费后不过每人 100 元）。

②预算不高尽量别住亚龙湾，那地方尽是四星级至五星级酒店，房价动不动就得 500—800 元甚至上千元，旺季会更贵！

③大东海附近的酒店比亚龙湾便宜不止一个台阶，200 元以下的住处非常多，要住就住这里，另外春园附近也有不少便宜宾馆。

④吃海鲜还是应该去春园，但是春园近年来已不那么物美价廉了，但是火车头和下岗工人之家两个有名的排档也不比春园强多少。所以春园还是首选。

⑤吃普通饭菜就干脆吃快餐，三亚次要街道上有不少快餐店。要是觉得不好找就干脆乘中心干道解放路上的公交车到客运总站旁去吃（还可顺路看看三亚市容）。客运总站南边有不少快餐店，20 多元钱两荤三素汤免费饭管饱，加上往返车费 30 元钱左右就弄个"肚圆"，这在旅游城市中不能算贵吧！

⑥不少游客反映三亚有些出租车司机乱收费，可笔者要说的是：这里公交车四通八达，为啥您总要打车呢？从大东海去亚龙湾，坐旅游观光专线才 5—8 元钱（现在又出来个更便宜的 15 路公交车），从解放路民航道口乘普通中巴去天涯海角才 2 元钱，就是去特远的蜈支洲岛——现在可以从三亚乘 28 路公交车直达，出租车想宰您也宰不着啊！

⑦在三亚八大景点中，亚龙湾、大东海、鹿回头、天涯海角一定要去，蜈支洲和西岛可以选择去一个，而南山可去可不去。在三亚和海南，可以节约旅费的窍门还很多，有机会再为各位详介。另外要告诉大家的是，平日去海南食宿很方便。但是春节黄金周由于游人激增且购买力旺盛，造成三亚人满为患且食宿价格暴涨，因此笔者建议大家春节时别去海南了。国内风光美、冬天暖和的地方有很多。

▲ 亚龙湾温馨海滨

海南东海岸·西海岸

东海岸是指海南省海岸东缘的多处海滨城市和滨海名胜景点，主要有文昌——东郊椰林、铜鼓岭、月亮湾、云龙湾，琼海——博鳌观光度假区、万泉河，万宁——东山岭、兴隆温泉度假区、热带植物园、石梅湾及陵水的南湾猴岛、分界洲岛等。上述景点的共同特点是特点鲜明、个性十足，是海南风光精华中的重要组成部分。加之海南东海岸气候好而交通方便，所以观光游乐特别令人幸福开心。笔者认为，外省游客去海南观光，除了三亚外，最应该重点关注的地方就是海南东海岸的上述佳景。

海南西海岸沿线有一些景观，但风光水平与东海岸差得远，本文后边也有相应的介绍。

▲ 文昌云龙湾海滨美景

游览指导

关于东海岸沿线的观光指导

①东海岸最精彩漂亮的地方是东郊椰林、椰林湾、铜鼓岭、月亮湾、石头公园、云龙湾、万泉河及兴隆热带植物园。此外博鳌水城、玉带滩、兴隆温泉度假区、石梅湾、南湾猴岛也值得一看。另外三亚的蜈支洲岛是海上名景，游客在从海南东线自北向南游览时未到三亚先经过去往蜈支洲岛的道口，因此可先去该岛后去三亚。

②陵水境内的吊罗山森林公园和分界洲岛近年来知名度渐高，可适当关注。但由于三亚有蜈支洲和西岛两处岛屿美景，且风光都不逊色于分界洲岛，因此笔者更希望大家去游蜈支洲和西岛。

③万宁东山风光略显一般，是否前去您可视情况而定，但是兴隆温泉度假区生活情调很好值得逗留一天（一晚）。

④游览东海岸3—4天只可游览主要景观，5—6天才可以玩得宽松开心。

关于西海岸沿线的观光指导

海南西线的主要景区如尖峰岭、松涛天湖、热带植物园等本书后边有专门的介绍。这里我们再补充介绍说明一下海南西海岸那几个紧邻海边的景区景点的游览注意事项。

①莺歌海，虽然名字好听，但风景一般，本人不作专门推荐。

②棋子湾，海景壮阔，风光尚好，可作半日观光游览。

③东方，城市规模不小，但好看的海滨景区不多（只有一个鱼鳞洲景区风光不错），游览半天时间足够。

④海花岛，人工修建的岛屿，不是自然景观，可顺路观览。

⑤临高角，是解放战争时解放军登陆海南的地方，有纪念碑和纪念馆等人文景观，但海景平淡，作2小时观光即可。总之，海南东海岸的旅游资源状况和水平要远高于西海岸，只要把观光的焦点对准东海岸，就可以游玩出好的效果。

725

文昌·东郊椰林·铜鼓岭

电话区号：0898 百莱玛度假村（东郊椰林中心）：68912888

不久前一个朋友游海南回来对笔者说："哇，海南真美，热带风光真绮丽，椰风海韵好醉人。"笔者问她："你去东郊椰林了吗？"她说："没有啊！"我当即哑然失笑，"没去过东郊椰林，你有什么资格谈论椰风和海韵（最起码没资格谈论什么叫'椰风'）？"

在海南的亚龙湾和大东海，确实有一些挺拔秀美的椰子树，可那不过是星星点点、稀稀拉拉的三四百棵；可是东郊椰林呢——15千米长的范围内生长的椰树竟有将近50万棵，想想这会是何等美丽壮观的场面。

东郊椰林不光椰树多，长得也特别漂亮优美，尤其是它们的"身材"特别多样化——有高的、有矮的，还有"中不溜"的；有的椰树直着长、有的斜着长，还居然有"横向发展"的；所以这里的美椰树真是千奇百怪、千姿百态。没去过东郊椰林，您就不知道棕榈科中的"美少女"——椰子树会长得有多好看；没去过东郊椰林，枉到海南游。

▲ 隐藏在文昌东郊椰林深处的百莱玛度假村

笔者推荐： 各位读者，文昌东郊椰林的中心就是百莱玛度假村。别看这个度假村中都是木质房屋，但每间房内都有空调、电视、卫生间，除了房间老旧些外别的方面感觉并不差（村内也有两幢新屋）。晚上躺在这样的林间别墅内，听海潮袭鸣、椰涛阵阵，感觉无比舒适温馨。一回忆起自己在文昌、在东郊椰林、在百莱玛度假村度过的美好时光，我就会感到无比欢乐开心！

海南省 **文昌·东郊椰林·铜鼓岭**

🚌 交 通

从海口汽车东站乘客车，走高速60分钟，不走高速路90分钟即可到文昌市区。在长客站下车后可原地换乘开往东郊椰林的中巴，约90分钟后即到东郊椰林中心的百莱玛度假村。

👉 从海口乘高铁，20分钟即可到文昌

🏨 住 宿

东郊椰林中心的百莱玛度假村风光美，客房房价也绝不便宜，标房打折后通常也在160元以上。度假村西边还有国际大酒店，标间房价便宜一些，在百莱玛度假村门口东侧，还有港门旅馆等个体宾馆，带电视、独卫的双人间90—120元/间，游人亦可关注。笔者向您郑重推荐景区东侧的个体旅馆椰村旅馆，这家旅馆与百莱玛度假村只一墙之隔，二楼的小标间有空调、电视、独卫，24小时可洗热水澡，条件尚可而房价不贵，90—110元/间。

👉 一定要在百莱玛住一晚，感觉之美妙不可言

🦌 主要景点

百莱玛度假村

该度假村前临大海、背靠浓密椰林，村中有各式椰树成百上千棵，绿荫蔽日且林间隐藏着座座木质度假别墅，风光美丽而生动。游客白天可以在村边的海滩上戏水游乐；晚间可在村间品美酒、吃海鲜。夜晚的百莱玛五彩灯花随着海风轻轻摇曳，似有似无的美妙乐曲与涛声相呼应，那种情调真是浪漫温馨。

👉 百莱玛是东郊椰林的最大观光亮点，一定要重点游览

椰林湾

就在百莱玛度假村边，这里海水碧、沙滩黄，岸上椰林浓密，风光绚丽迷人，可以在此开心观光、游乐戏水。

👉 椰子公园精巧玲珑，也值得一看。可从百莱玛打车前去

椰子公园

椰林深处的一处优美而玲珑的公园，里边长着不少亭亭玉立的椰子树和槟榔树，它们都是棕榈科树木中的"美女"。游览椰子公园的主要目的就是看椰树和槟榔树，它们非常漂亮，好好以它们为背景拍照留念吧！

宋氏祖居

全国重点文物保护单位。门楼横楣上挂着邓小平题写的"宋氏祖居"匾额。祖

● **乘车诀窍**

欲去东郊椰林，从文昌乘去东郊椰林的客车直达最好，也可从文昌汽车站门口乘去清澜的中巴，40分钟后到清澜港海边，在这先看看海景，一会儿再换去东郊椰林的中巴车40分钟后即到。

● **严防蚊虫叮咬**

东郊椰林的蚊子和小咬太厉害，带上防蚊油吧！

● **东郊椰林门票**

💰 门票10元。

● **文昌市区住宿**

房价不贵，五星级的有维嘉大酒店，而三星级的凤凰城大酒店，双标打折后200元左右，且服务非常热情周到，电话：0898-63338888。
此外市内中心公园（孔庙对面）遍布中、小宾馆旅店，有空调、彩电、独卫的双人房一般70—120元，此类旅馆至少有40余家。

● **百莱玛度假村**

就在东郊椰林的中心，度假村内环境风光均很美，订房及咨询电话：0898-68912888。

● **椰子公园**

与百莱玛相距很近，可一并游览。

727

▲ 从铜鼓岭山巅看月亮湾远景

居右边是宋庆龄汉白玉雕像。宋庆龄纪念馆陈列着大量历史照片和珍贵文物，生动翔实地再现了已故国家名誉主席宋庆龄光辉的一生。

¥ 宋氏祖居门票15元。开放时间：8：00—17：30

清澜高隆湾旅游区

与椰林湾相望，海湾状如弯月，沿岸椰树绿林环抱，湾内波平浪静，海滩沙质松细洁白，是理想的天然海水浴场。已建有多家海滨度假酒店和海鲜餐厅。

🚌 在清澜港西南侧。从文昌市区乘中巴30分钟可到。 ¥ 门票免收

孔庙

始建于北宋庆历年间（1042—1048年）。后多次重建，是海南现存最完整的古代建筑群，被誉为"海南第一庙"。孔庙前庭中轴线上布有棂星门、泮池、状元桥和温文尔雅的孔子全身塑像。后院两旁的庑殿内，有孔子箴言和名家书画。

¥ 孔庙门票15元。开放时间：8：30—18：00

铜鼓岭旅游区

被誉为"琼东第一峰"。主峰海拔338米，伴有18座大小不同的山峰，绵亘20余千米，蜿蜒起伏，形如大海上崛起的蛟龙，美丽壮观。丰富繁茂的绿色植被，千姿百态的海蚀地貌，岭下光怪陆离的海底世界，多重美景交织，使铜鼓岭风光颇具迷人魅力。

¥ 铜鼓岭上风光非常壮阔，一定要上去看一看

● **当地特色美食**

主要有文昌鸡、文昌鸡饭、锦山牛肉干、抱罗粉及各类海鲜。

● **宋氏祖居**

在昌洒镇古路园村，从文昌市区乘客车1小时后到祖居道口再步行50分钟可到。

● **清澜高隆湾旅游区**

这里与东郊椰林遥遥相对，海景一般，椰林也没有东郊椰林那么好看。不过这里开发了不少房地产项目，海边新楼林立。

● **孔庙**

文城镇文东里14号，在市区中心，步行即可到。

● **铜鼓岭旅游区**

在文昌龙楼镇东部海滨，可从文昌市区乘客车先到龙楼镇，再包当地微面或摩的上山。从龙楼包摩的至山顶约要25—35元。

¥ 门票免收。停车要收费10元。乘观光车上山往返45元/人。

玩家指南

到文昌游览有3天时间可以玩得十分舒适宽松，总体方针可以是住在东郊椰林百莱玛度假村，玩在百莱玛度假村、椰子公园和椰林湾。时间安排可以上午游百莱玛，下午椰林湾戏水，黄昏时到椰林公园观光，晚上再到百莱玛看夜景。第二天有时间可以考虑到铜鼓岭观光，那里有铜鼓岭、月亮湾、石头公园、云龙湾四大景点，风光都很出色很振奋人心。游这几处景点1天够用、2天宽松。时间充裕的游客可再关注宋氏祖居和红树林等其他景点。

石头公园

在铜鼓岭西南方的海滨,可供游人观光的面积将近1.5平方千米。这里遍布海滨巨型礁石,大的体积方圆达数十近百米,重量可达数千吨。这些各色岩石都是数万年前造山运动时大自然鬼斧神工堆积雕琢的成果,又经过了海水漫长时间的冲击拍打,所以外形特别怪异、轮廓极为美丽神奇,令人观后赞不绝口。

☛ 石头公园和云龙湾风光都非常诱人,笔者强力推荐

云龙湾

在铜鼓岭和石头公园的西南侧,海滩长近5千米。形如一轮弯月,是尚未被游人熟知的观光处女地。云龙湾海水碧澈,沙滩橙黄,岸上多椰树,水边多奇礁怪石。云龙湾的正前方是无垠大海,白浪掀天且一望无际,而稠密的礁石群从海湾左侧一直绵延到数千米外的石头公园,游人沿海边沙滩、石丛穿行很感新奇神秘。

●另荐景点月亮湾

在铜鼓岭山下北侧,沙滩长、海水蓝、人迹稀少,风光原始而壮丽,与铜鼓岭山峰相映生辉。

●石头公园

在铜鼓岭西南侧,也需从龙楼镇打摩的或微面去,摩的车费20—25元。

●云龙湾

从龙楼打车去十几元即可,门票免收。海边有大型度假村提供食宿,双标间一般季节200元以上。订房电话:0898-63216888。

此外在海湾北侧还有一家普通旅馆,有50—80元/间的双人房。

沿线亮点闪击和旅途花絮

①东郊椰林真美啊!主要是椰林的面积大、椰树的姿态美。在去东郊椰林前我也描写过海南,还经常用"椰风海韵"这个词,后来才知道,自己真是太可笑,连东郊椰林都没见过,您怎能体会到椰风海韵这个词的真正含义呢?

②椰子既是树上结出的果实,同时它也是一粒种子,"椰熟蒂落"后躺在地上没人管,就会自己生根发芽。在东郊椰林景区,随处可见散落在地上的椰果中长出的小椰树,真是"无意种椰椰成荫"啊!

③在北方,椰子(尤其是椰汁)是很珍贵的,一听椰汁饮料就要好几块钱呢!可是在东郊椰林,哪棵椰树上不挂着几十个椰子,地摊上买个几斤重的大椰子只要几块钱。卖椰子的老太太下手真麻利,5秒钟后,您就能喝上甜甜的椰汁了。

④月亮湾的浪花真白呀!我第一次见到如此颜色的浪花着实吓了一跳:因为它白得耀眼或称为扎眼,我这才明白了"银白"或"煞白"二字的含义,也顿时恍然大悟,闹半天我以前在别处见到的海浪颜色都不过仅仅是灰白而已。

⑤月亮湾好壮阔呀!那天我在游人最容易到达的地方看到了一个巨大的半月形海湾,本想走到海湾那头去观看更美的海景,但觉得海湾太长而自己此刻体力欠佳,所以决定改天再说。可我第二天爬到铜鼓岭山顶向下一看,哇!闹半天像我昨天见到的那么大的海湾湾湾相连共有14个(之后还有同等距离长的直线状海滩),这里海岸线之辽阔真让我惊叹。

⑥云龙湾海景好风光也原始,由于知名度不高因而游客不多所以野味很足。我到达云龙湾的那天晚上,只听到震天价响的海涛声但就是不敢到海滩上去,因为沙滩上一个人也没有,我一个人太孤单、太渺小,"肝儿颤"。

⑦石头公园真美呀!这里的海中和岸边遍布各类礁石,像狮、像虎、像海龟、像老鼠——我就别瞎比喻了,任何语言也难以形容描述这些海滨石景的百态千姿。

琼海

电话区号：0898　博鳌永久会址：62691509　万泉河漂流：62818496

　　琼海有许多风光秀丽而又特色鲜明的风光景区，如万泉河、官塘温泉、红色娘子军纪念园和娘子军塑像等，可是这些景区谁也"火"不过博鳌。博鳌原只是万泉河入海口处的一个小镇，亦只有一些滨海旅游度假区在开发建设。但2003年亚洲经济论坛把这里选作永久会址——每年亚洲各国政要来此参加论坛峰会，一下子使博鳌声名大振。现在经济论坛已在博鳌举行多次例会。一个面积达40平方千米的大型豪华国际会议中心和商贸旅游区已经建成，博鳌有着无限的光辉前程。

▲ 博鳌亚洲论坛永久会址

● 琼海客运站

在琼海市东风路。从海口站乘车可到琼海客运站。电话：0898-62822327。

● 关于博鳌高铁站

这个车站距博鳌有点距离，游客应有心理准备。

气候与游季

　　琼海可真是一个好地方，一年四季来此游玩都很舒适开心。

交通

　　从海口、文昌、陵水、三亚乘高铁动车可轻松抵达琼海和博鳌。

　　从海口客运东站，乘车走高速路1.5小时就到琼海，快巴25—30元、普巴35—40元。走普通公路2.5小时足矣，从三亚乘车也可在1—2小时内到琼海。

　　琼海市区开往博鳌的客车10分钟一班，票价5元，40分钟可到，终点是博鳌禅寺。另外琼海机场已通航，与全国各大城市有航班对飞。

主要景点

博鳌水城

位于万泉河入海口，自然生态保护得近乎完美。区域内融江、河、湖、海、温泉、山麓、岛屿为一体，集椰林、沙滩、奇石、田园于一体。其中一条狭长的分隔河海的沙洲"玉带滩"被列入吉尼斯世界纪录。博鳌水城亦在此兴建，成为亚洲论坛永久性会址所在地。已建有高尔夫球场、高档次温泉度假酒店和其他游乐设施。

从琼海市区乘中巴车至博鳌镇只需30—40分钟，车费3—5元／人

博鳌亚洲论坛成立会址

在博鳌水城东侧，是一座外观多角形的白色半露天建筑，亚洲论坛的首次和第二次年会是在这里举行的，游人来此可观看会址原貌并乘船到不远的玉带滩观光。

成立会址门票26元，玉带滩观光船票70元，可买联票

东屿岛博鳌亚洲论坛永久会址

在成立会址西侧的东屿岛上，由五星级的会议中心、商务酒店和高尔夫球场组成，非常美观豪华气派。在这里举办了亚洲论坛的多次年会。从这里也可乘船到玉带滩观光。

门票131元，含门票、游船费游览车费和游船费用。学生老人军人有优惠

玉带滩

博鳌海边狭长美丽的金色沙滩，滩内是万泉河，河水平静，滩外是大海，浪涛汹涌，海上有圣公石等礁石美景。玉带滩是当今游客来博鳌后的必观之景。

走到玉带滩尽头的"尖尖"上，看到的景色最漂亮

万泉河漂流

全程长约15千米，时间约3小时。既有穿激流越险滩的澎湃激情，又有两岸风光尽收眼底的诗情画意。沿途可见波涛汹涌的急流险滩，神形绝妙的奇峰异石，银河奔泻的飞流瀑布，椰竹掩映的苗寨村舍，令游人恍若步入人间仙境。

万泉河漂流非常美妙而令人开心，笔者强力推荐

官塘温泉度假村

度假区总面积20多平方千米，区内环境优美，风光宜人。温泉日流量逾万吨，水温68℃—84℃，属富含氟、硅、锂、锶、低矿化度、低铁、碳酸氢钠型热矿泉水，有保健作用。

白石岭风景区

因海拔328米的山顶上有一颗色苍白的千吨巨石悬于空

● **当地特色美食**

主要有嘉积鸭、温泉鹅、文昌鸡、东山羊、万泉河鲤鱼等。

● **成立会址**

乘客车从博鳌镇下车后即到。

● **永久会址**

虽与成立会址隔万泉河相望，但大门不在一个方向。从公交车的终点博鳌寺下车后再换车10分钟可到。

● **万泉河漂流**

由万泉河休闲漂流有限公司经营，售票处在琼海市市区东风路，电话：0898-62818496，漂流收费128元/人，但可打折。
漂河沿途风光原始而优美。游客在船上打水仗也很开心。因此是琼海观光中最令人高兴的游乐方式之一。

● **官塘温泉度假村**

嘉积镇西南8千米处，琼海市区有中巴车前往。温泉休闲中心是度假区中心。
进入温泉度假村观光、用餐都不收门票。只有下水洗浴才收取费用。

中而得名，由众多山岭组成，总面积16.24平方千米，有1308级登山石级贴崖而上可达主峰。山上林木葱绿，怪石嶙峋，石洞幽深，神奇莫测。登高望远，可饱览万泉河绮丽风貌和琼海市区远景。

🚌 从琼海市区乘中巴半小时可到白石岭

红色娘子军纪念园

占地面积200亩，由园前区、主题雕塑区、园林景区、游客服务区四大功能区组成，集旅游、观赏、教育多功能于一体，以形象的艺术手段，回顾展示中国现代革命史上唯一的娘子军的官兵军容风采和战斗经历。

🚌 东线高速公路琼官塘入口处，从琼海市区乘中巴或打车可轻松到达

● 白石岭风景区

💴 门票加缆车往返共70元。

● 红色娘子军纪念园

💴 门票免收。

园内每天有娘子军军歌和成立仪式表演，还有当地少女穿着娘子军军装与客人合影留念。

● 关注爱华路

该路在市区西南侧，街区干净整洁，两侧都是中小宾馆旅店，可作住宿首选。笔者力荐的酒店是三星级的源源居，标间100—120元/间。

▲ 娘子军连老战士

▲ 玉带滩碧海金沙

当地宾馆酒店住宿参考

豪华星级酒店		区号 0898	
博鳌金海岸温泉大酒店	五星级	博鳌水城	62778888
琼海官塘温泉休闲中心	四星级	琼海官塘温泉度假区	62802088
琼海金芙蓉度假村	四星级	琼海博鳌	62777888

发烧友特别关照

①游览琼海的主要观光热点是参观博鳌水城和参加万泉河漂流，其他景点如红色娘子军纪念园、官塘温泉度假村、万泉湖度假村亦值得一看。

②参观博鳌主要是参观一下亚洲论坛会址并乘船到玉带沙滩上看美丽海景，观光时间有2.5小时够用了。笔者要提示您的是博鳌论坛永久会址（在东屿岛上）比成立会址更好看（非常美观气派），因此可以重点关注。

③万泉河漂流很有意思，在琼海市区售票处购票很方便，全包价每人128元。

④从琼海去万泉河漂流码头没有客车，可以先乘客车到东平农场，再打摩的前往，这样有30多元钱就能到了。若是从琼海包车往返，车费需200—250元。

▲ 玉带滩美丽风光

海南省 万宁·兴隆温泉度假区

万宁·兴隆温泉度假区

电话区号：0898　热带植物园：62554410　东山岭景区：62222269

万宁过去是以被誉为"海南第一山"的东山岭著称，可是跟国内其他名山相比，东山岭确实算不了什么。真正美妙的地方是兴隆温泉度假区，这里温泉水温高、出水量足，又处在从海口到三亚的必经之路上，所以许多旅游团队和散客都在这里观光、休闲、娱乐。每家宾馆内都有温泉泳池可任意洗浴游泳。商业街一到晚上人流熙攘、灯红酒绿，情调特别柔美温馨。令人开阔眼界的地方还有兴隆热带植物园，奇花异树太多太多而园内服务甚佳（系国家4A级旅游景区），您可千万别忘去参观一下啊！此外当地还有石梅湾、香水湾等佳景。

交通

乘高铁和公路大巴都方便。海口客运东站、南站和三亚每天有多班客车直达万宁市，也有数班车到兴隆。也可乘海口到三亚的客车在高速路兴隆出口下，然后乘过路中巴或打车20分钟就到兴隆。另外可从海口或三亚先乘车到万宁，万宁到兴隆随时发车，车票6—10元。

▲ 热带风光旖旎的兴隆康乐园度假村

住宿

兴隆的酒店度假村很多，但档次差别很大，像五星级的康乐园大酒店标间开价在500元以上但条件确实很好，普通宾馆也有多家，标间120—150元就行了，条件一般。笔者的建议是要么住好的，要么就在普通旅馆中挑最实惠的、省钱就行。

● 东环高铁到万宁

从海口、文昌、琼海、三亚到万宁很方便。其中海口到万宁车程仅1小时，车费65元起。

● 推荐便宜的住处

雅眠酒店高铁站店，平日标间百元出头且条件尚好。电话：32015966。

主要景点
兴隆热带植物园

园中热带植物之多、花色树姿之优美令人叹为观止。加之这里的各类特色鲜明的观赏花木都非常紧凑地种在游览道边（就是为了方便游客观览），所以游客几乎每走一步都会有新发现，实在令人开眼又开心。

在兴隆度假区西南方，打车去25分钟可到，车费至少需60元

●景点参考：东山岭

是万宁市以东约 2 千米处的三座山峰，海拔 184 米，山间有奇岩怪石和曲折洞穴，早年享有"海南第一山"之美称。从万宁乘 2 路公交车，车费 2 元或打车 10 元钱可到。

💰 门票 40—50 元。

●热带植物园

💰 植物园门票 42—50 元/人。

园中奇花异树太多。您知道巧克力豆长在树上是什么样吗？知道咖啡长在树上是什么样吗？知道与菠萝名字差不多的波罗蜜是什么东西吗？好好看看吧，植物园中应有尽有且美不胜收。

这个地方与云南西双版纳的勐仑热带植物园有异曲同工之妙。

●石梅湾·加井岛

💰 石梅湾门票免收。

▲ 石梅湾椰林秀色

度假区夜景

入夜，兴隆度假区内微风吹拂、霓虹闪烁，各处宾馆、餐厅、酒吧及商业店铺前都挤满了前来度假观光享乐的人群，欢声笑语相交，觥筹交错，尽享人生美妙时光，兴隆的夜晚无比甜美温馨。

👉 晚上打个车在兴隆度假区转转挺好，可以获得美妙的观感

石梅湾·加井岛

石梅湾是近年来新开放的海滨游览区，在万宁市和兴隆度假区南边。海景壮观、海水清澈，岸边新建的度假区异常华丽气派，是当地引人注目的观光亮点。加井岛在石梅海面上，岛上有茂盛的林木，亦有奇异的礁石和白净的沙滩，适合观光和潜水游乐。

👉 可从海口或三亚乘车到东线高速路兴隆道口下，然后换当地机动车去石梅湾

玩家指南

①南亚风情园和东南亚风情园过去生意很火，如今都停业了。如今到兴隆旅游主要是泡温泉，看一下热带植物园，休闲享受一下。另外，石梅湾海景尚可，可作半日至一日观光游览。

②去热带植物园观光特长学问，园中的服务也真好，游客人数再少也有专职导游陪同，还可免费品尝当地特产茶和咖啡（园中自产），很令人满意开心。

③在从海口到三亚的途中可在大巴上看到石梅湾海滨。专门下车前去观光也算物有所值。

陵水—分界洲岛·猴岛

电话区号：0898　分界洲岛：31817733　猴岛景区：83360902　吊罗山景区：83381388

陵水最出名的景区就是大名鼎鼎的猴岛了，它并不是孤岛而是半岛，岛上的山峰间栖息着数千只猕猴——当然它们并不都每天下山，而每天下山的猴子不过几百只，那也能把猴岛游览区闹个天翻地覆，至少是红火喧嚣充满欢乐动感。游览区内每天有驯猴表演和"猴子仪仗队"的迎宾仪式。乘坐缆车跨过海峡去猴岛时还可在高空畅观陵水湾大海美景。对了，陵水境内的分界洲岛和吊罗山森林公园近年来名声渐大，已被许多游客关注。尤其是分界洲岛已成为海南东线游览和海岛观光中的重要组成部分。

▲ 分界洲岛游船码头一角

交通

海南东环高铁在陵水有站点。从海口汽车南站乘客车，走高速路3小时、走普通公路3.5小时可到陵水。从三亚乘客车1.5时即到陵水。

☛ 陵水食宿不贵，可以在县城中住宿一晚，之后南下或是北上

主要景点

南湾猴岛

一座三面环海的海洋半岛型猕猴自然保护区，1965年设立，是一个神秘的猕猴王国和花果世界。岛上现有猕猴2500多只；各类热带植物数百种；鸟类、兽类各有20多种。这里建有我国目前最长的一条跨海旅游观光索道，似彩带将港湾和猴岛连接，在这里游客可以乘索道在空中饱览渔港风情，登猴岛与群猴同乐，上渔船和鱼排阵看渔家风情并品鲜活鱼排大餐，得到多重快乐观感。

☛ 猴岛观光2小时够用

● 南湾猴岛

陵水县南部的南湾半岛上，距离县城14千米。
从高铁站乘公交车，30分钟可到新村镇，下车后步行10分钟可到售票处。
🎫 门票147—154元/人（含缆车）。
开放时间：8:00—17:20

● 住宿参考

华尔顿精选酒店（陵水火车站店），地理位置便利，在椰林镇花园路104号。

分界洲岛（国家5A级旅游景区）

陵水以北牛路岭以东海面上的秀丽小岛，岛中心是小山，山东侧是陡立山崖而北侧是奇异礁群和弯月形海滩，风光多样、景色迷人，近年来被开辟为海上游乐中心。在海口至三亚的高速路上可清楚地看到该岛倩影，乘船上岛只需10分钟。

▲ 从行驶在海南东线高速公路上的客车中拍到的分界洲岛远景

👉 游分界洲岛至少要半天时间，在岛上住一晚更显宽松舒适

● 分界洲岛

从陵水高铁站乘公交车即到分界洲岛码头，亦可乘三亚或海口的客车在牛路岭道口下。

💴 门票含船费127—132元。在岛上山巅观海景很美。

● 牛路岭

在东线高速公路万宁市和陵水县交界处，乘车从海口去三亚途中即可在牛路岭隧道前后看到大海风光。

● 吊罗山国家森林公园

从陵水客运站先坐客车到本号镇，再换当地机动车可到。这是一个未被外界完全熟知的观光胜境，山中有可与黄果树媲美的大瀑布。不过山中人烟有点儿少，欲进山探秘最好结伴同行。

牛路岭

牛路岭山脉绵延直至海边，海南东线高速公路牛路岭隧道在此穿山而过，是最佳的观海点。在此观海，眼前是湛蓝浩瀚的大海，不远处是一颗翡翠似的绿岛石梅湾，右边是拥有大片银色沙滩的香水湾，风光壮阔迷人。

👉 牛路岭是海南东线高速路上的绝佳观景点，注意在车上向东看

吊罗山国家森林公园

是我国少有的原始热带林森林区之一，面积3.8万公顷，拥有湖光峰峦、飞瀑溪潭、岩洞怪石、巨树古木、奇花异草等众多自然景观，山中热带植物种群极为丰富，达3500多种。吊罗山最高海拔1499米，常年气候凉爽，年平均气温为20℃，是理想的避暑休闲胜地。海拔近1000米的山谷天池边建有度假山庄等设施。

👉 景区允许自驾车驶入，游客可开车畅游吊罗山。门票59元起

景区亮点闪击和旅途花絮

① 去陵水猴岛不光可以看到猴子，乘缆车飞跨陵水湾时见到的海景和海上的巨大"鱼排阵"也很壮观迷人。一定要乘缆车而不要乘船去猴岛。

② 飞跨陵水湾的缆车是国内少见的变速缆车，一会儿快一会儿慢，慢时让人感觉悠闲安逸，快时让人新鲜刺激而又动魄惊心——这是笔者见过的全国独一份儿。

③ 分界洲岛开发得不错，已成为和蜈支洲、西岛并列的海南三大海岛佳景之一。美中不足的是岛上盖的房子外观普通，没有蜈支洲岛上的建筑那么精致好看，这一点令人遗憾。

④ 陵水湾上的鱼排阵上养着各类海鲜，参观完猴岛后搭上小船前去撮一顿，保您满意而归，当然需要破费不少银子。

海南中线

电话区号：0898　槟榔谷：38661116　五指山：86627528　七仙岭：31833888

中线是指三亚与海口之间的广阔区域，这里有起伏的岳陵山地和茂密的热带森林。中线公路干线途经五指山市（原称通什），连接海口、三亚两大名城，沿途有五指山、七仙岭、太平山等景区景点。由于海南东线高铁和高速路的贯通和东线景区风光带的迅速崛起，交通稍显不便的中线游览已逐年降温，但登攀五指山进行森林探秘及五指山河谷漂流仍吸引了一定数量的客人，去七仙岭享受温泉浴也是一种高级享受。群山环抱、气候凉爽而幽雅宁静的五指山市区亦不失为海南中线的避暑观光佳境。

交通

由于海南中线的二级公路已经铺通了，所以，中线的交通已比过去便利多了。如今从海口乘客车（途经保亭）3小时可到五指山市，而从三亚汽车总站乘客车票价25—27元，1.5小时就可到达五指山市区或是保亭县城了。

▲ 山水秀丽的五指山市区

主要景点

☛ 登上五指山第一峰至少要3小时，到第二峰再加50分钟

五指山

海南岛第一高峰，海拔1867米，以形如五指而得名。五指山有几块保存完好的热带原始雨林，是最丰富的物种基因库之一，山上终年云遮雾绕，山景扑朔迷离。这里的山寨至今保留着浓郁的黎、苗民族风情，因此更具神秘和魅力，近年来有不少游客进山尝试探险之旅，体验感受全新。

五指山河谷漂流

五指山河谷是万泉河两个源头之一。河谷漂流是五指山特色旅游项目，以险著称。其漂流路段从五指山天湖（水库）至毛阳镇牙合村（黎族村）的万泉河源头（亦称毛阳河）河段，全程6千米，享有海南岛高山河谷第一漂之誉。从海榆中线毛阳镇186千米处及南圣镇分别到五指山水库坝下即可参与漂流。

● 五指山

可从五指山市区乘车先到水满乡（行车1小时），再换机动车走6千米至五指山脚下。这里有五指山国际度假山寨接待游客，安排好食宿后即可上山游览。

¥ 门票40元。

若从海口、三亚出发抵达后穿越热带丛林到达山顶后返回，一般需要2天时间。即使从五指山市出发去山上游览，一天时间也紧张，所以在山下住一晚是很必要的。登上主峰往返需7—9小时时间。

● 五指山河谷漂流

电话：0898-86636655。

▲ 五指山河谷漂流

海南省

● **海南省民族博物馆**

💰 门票免收。
开放时间：9:00—17:30。

● **太平山瀑布**

💰 门票免收。

● **推荐住宿**

维也纳国际酒店（保亭中心店），驾车到七仙岭约20分钟，电话：0898-83825555。

● **七仙岭**

位于保亭县城以北大约8千米处。从县城乘2路车3元钱行驶15分钟可到，现在外边车辆不许开上山，从山下乘景区专营的观光环保车开到山门入口处约需15分钟。

● **七仙岭温泉度假村**

位于保亭县城以北8千米处的七仙岭山峰脚下西侧，三面环山，地势甚佳。这里有多家温泉度假村，每家都是可以住宿、洗浴和尽情享受的世界。

● **槟榔谷**

在三亚通往保亭和五指山市的公路边，所有在三亚与保亭和五指山市之间行驶的客车都经过它的门口，其中从三亚乘车到槟榔园需45分钟，从保亭乘车需35分钟。

海南省民族博物馆

馆舍依山面城，粉墙黄瓦，雕龙飞檐，宏伟庄重，馆内共有8个展厅。是一座以收藏、陈列海南历史和黎、苗、回族文物以及研究海南各族传统文化为主的综合性展览中心。

🚍 博物馆在五指山市北面，乘机动车去即可

太平山瀑布

太平山海拔800多米，山上岩峰奇秀，山花烂漫，林木荫翳，曲径通幽。太平山瀑布奇伟壮观，雨季飞瀑倾泻，飞溅起如珠似玉的水花，轰声如雷，回荡不息。

🚍 五指山市东北部通什度假村附近，从五指山市区乘机动车可到

七仙岭温泉国家森林公园

因山巅耸立着七座大小和高矮不一的巨型石峰，宛若七位仙女般绰约秀丽而得名，是海南中部最美也是最奇异的山峰之一。七仙岭山上覆盖着茂密的热带原始森林且保存尚好，森林奇观随处可寻，其热带雨林风貌的美观程度比云南西双版纳的热带森林有过之而无不及。山腰处以下常年有溪泉流淌，山间亦常有野猪和猕猴等动物出没，充满生机活力和野趣。现在人工铺建的宽坦车道可直达山脚和山腰处，沿整齐的石级登山道游人可轻松步行登上主峰。

👉 从七仙岭山门入口处登至山顶至少需90分钟

七仙岭温泉度假区

就在七仙岭山下，有自喷温泉泉眼多口。这里的泉水水温达到95℃，含有多种矿物质和微量元素，且清澈透明、基本无异味，是海南最好的温泉之一。

🚍 应该在七仙岭温泉度假区至少住一晚，尤其是在冬天

槟榔谷

地处保亭县南部的群山之巅，三亚至五指山市干线公路的东侧，是人工修建的大型少数民族观光村寨。这里槟榔树、椰树浓密，森楼竹楼秀美，民族风情浓郁。游人进园后可观赏黎苗族生活习俗，观看民族歌舞表演，饱领海南黎苗风情的独特魅力。

仙安石林

地处保亭县与三亚市接壤的琼南山区。中心石林景区和周边自然景观面积合计达0.39平方千米。其中石林景区位于四周悬崖绝壁相围的大山上，有不计其数的形态怪异的石峰、石柱、石芽，它们如刀似剑，挺拔孤立，千奇百怪，婀娜多姿。

笔者在保亭的美妙游历和美好记忆

保亭的最佳景点就是山姿绮丽的七仙岭,它的山尖很奇特,数十近百千米外就可以远远眺望到它的仙姿。但遗憾的是笔者头两次去海南都与这座奇山擦肩而过,直到第三次登上宝岛后才近距离或称零距离地尽览了七仙岭的芳颜,几次畅游之后笔者觉得这座山是海南岛内个性最鲜明而又引人入胜的绝佳山岳景点。

一、七仙岭温泉度假区位置、地势、风水、风光俱佳

从保亭县城驱车向北走十余分钟(路程8千米),就到了七仙岭温泉度假区。这个度假区由七仙岭山峰、诸多泉眼组成的温泉群和多座酒店度假村组成,且山、泉风景俱佳而宾馆度假村环境甚美,休闲度假设施极为舒适、现代化,带给游客无尽的美感和快乐温馨。

度假区的北侧是连绵起伏的山峦,巍峨壮丽凝重挺拔。度假区的东侧就是七仙岭的主峰,山头上大小7座奇岩怪石相依相偎的轮廓形态很挺拔、奇异而壮美。在温泉度假区的每个地方都可仰望七仙岭主峰的美景。

度假区内至少有多家度假村,每一家都是新楼秀美、椰林浓密,环境之美令人拍案叫绝。而每家度假村都有漂亮的温泉泳池,游客可以全天候地尽享温泉浴的美妙滋味。

二、七仙岭山光美、森林景观奇异

从温泉度假区乘观光专线车,15分钟后,就能到达位于山腰处的七仙岭主峰景区入口了。进入景区大门后有一条蜿蜒但平展的石板登山路把您一直送到主峰山尖(步行登顶需90—120分钟)。其间给人印象极深的一是山间热带雨林浓密而遍布森林奇观;二是主峰山巅视野开阔、风光无限。

七仙岭山麓间的热带雨林太浓密了,一旦走进登山路,想见一见太阳都是难上难。林间到处是藤树缠绕,盘根错节的热带雨林奇观随处可见。说实话,论热带森林景观七仙岭比云南的西双版纳都要紧凑、集中、直观。

七仙岭山巅的风光很壮丽,手攀陡峭山岩上设置的铁索,游客可以到达山顶"七仙"中的从南数的第二座山岩。站在岩顶,可以清晰地看出数十千米远,海南中部的无边绿野、挺拔的五指群山、秀丽的温泉度假区和保亭县城全貌,都会向您一展雄姿芳颜。

三、惊险绮丽和温馨舒适齐备,七仙岭值得一游

在七仙岭温泉度假区登山可观海南稀有的壮景,"入水"可享受温泉浴的美妙滋味,一天之内或几天之内既可领略惊险刺激又可尽享温馨柔美,这样的美事很让人动心。加之这里游客比海南东线少,环境清幽宁静,所以笔者认为七仙岭很值得一游。

游客最好在游完海南东线和三亚后去七仙岭,在这里小住二三日,好好品味温泉度假区的独特美感。如果您是第二次或第三次去海南而又有意游览海南中部风光,那保亭的七仙岭更应成为您宝岛之行中的重要一站!

▲ 七仙岭奇异山姿

海南西线

电话区号：0898　海南热带植物园：23300193　尖峰岭：85721668

海南西线主要是指乐东、东方、昌江、儋州、澄迈等县市。与红火喧嚣的东线观光相比，海南的西线游览稍显冷清安静，不过这里的尖峰岭森林公园和东坡书院及海南热带植物园仍是海南较有知名度的观光景点，而蓝洋温泉度假区的休闲洗浴和松涛水库的乘船游览同样能给游客带来舒适和开心。到这里做一次寻幽探雅的另类观光游览亦不失为海南游览的独特方式。

● **西线火车交通**

海口至三亚的高铁列车经过西线，有多个站点。

● **火车站**

电话:0898-95105688。

● **儋州汽车站**

电话:0898-3127201。

● **发烧友指导**

① 尖峰岭值得一去，抓住顶峰观光和天池游乐两个重点。
② 松涛水库每天10:30、14:30各发一班游船。笔者力荐!

● **海南热带植物园**

就在儋州市区边缘，市内有中巴车前去。30分钟可到。下车后还需乘机动车行驶7千米，车费10元。
门票25—32元/人。
开放时间：7:30—17:30。

● **东坡书院**

可从海口乘客车到儋州，从儋州军屯站换车前去。开放时间：8:30—17:30。
门票20元/人。

● **笔者关照**

西线观光可将重点放在松涛水库、热带植物园、蓝洋温泉、尖峰岭四处景点。其他景点如莺歌海盐场、棋子湾、临高角、白鹭天堂等目前并不具备值得游人专程前往的观光价值。

▲ 尖峰岭雄姿

交　通

海南西线的交通还算畅通。从海口市客运西站和三亚市客运总站乘客车，可以轻松到达西线各个县市，交通很方便。

👉 海南西线的公路交通不如东线发达，客车班次也少了许多，但高铁列车乘坐非常快捷方便

主要景点

海南热带植物园

建于1958年，面积100公顷，种植从世界热带亚热带50多个国家和地区收集、引进、保存的3100余种国家一级、二级热带保护植物和珍稀濒危植物。现有热带树木、热带香料植物、药用植物、果树、油料植物、观赏植物、珍稀植物六大展区，是世界热带植物资源的宝库。

👉 这个植物园可以看看，但观光效果比不上东线兴隆植物园

东坡书院

北宋时期为纪念北宋大文豪、谪臣苏东坡而建。院中载酒亭、载酒堂、奥堂龛等建筑古色古香,享有"天南名胜"之美誉。其中载酒堂是苏东坡被贬昌化军(现儋州市)居住、讲学的场所,留下其许多书稿墨迹、文物史料,是院中观光中心。

☛ 东坡书院是国家3A级旅游景区

儋州旅游景点示意图

松涛水库

是海南省最大的人工水库,被誉为"宝岛明珠"。主坝高80.1米,长760米,水容量33.45亿立方米,水面面积130平方千米,始建于1958年。库中有300多座岛屿,泛舟其上,如游画中。四周群山环抱,遍布莽莽苍苍的原始森林,松涛阵阵。湖中水产品丰富,其中的"鳙鱼火锅"和全鱼宴别有风味(船费中含有船上的活鱼餐费,您开心吃鱼就行了)。

☛ 乘船游松涛水库(船行3.5小时)并品尝美味鱼餐开心极了

蓝洋温泉度假区

温泉带长6千米,宽500米,在2平方千米范围内有大小自然泉眼十几个,日流量达数千吨,平均水温78.4℃,对治疗风湿性关节炎、皮肤病及心血管系统疾病均有疗效,度假区内还有观光花园、观音洞、莲花岭瀑布等景点,并已建成多家温泉度假酒店。

☛ 尖峰岭风光够水平,值得专门前去观光游览

尖峰岭国家森林公园

是我国现存面积最大、保存最好的国家级热带原始雨林森林公园,也是我国生物分布多样性程度最高的地区之一,总面积1600公顷,主峰海拔1412米,森林覆盖率达98%,年平均气温19.3℃。公园具有山奇、水秀、森茂、洞幽、谷险等特色,游人可在此进行热带雨林科教科普、沟谷探险、生态野营、森林浴及天池泛舟等多种观光游乐。在海拔近千米的山谷天池建有多家度假酒店,是园中的疗养、避暑及休闲娱乐中心。

● **松涛水库**

在儋州市南丰镇,从儋州市乘客车去50分钟可到。湖上游船票价150元/人。

● **当地美食**

红鱼粽,吃时先把红鱼粽切成薄片装盘,加少许猪肉片、姜丝下锅蒸熟。吃时脆、松、滑、香。

● **蓝洋温泉度假区**

距儋州市区12千米处的兰洋镇,从儋州乘客车25分钟能到。

● **尖峰岭国家森林公园**

在乐东县尖峰镇,距三亚市90千米。海口汽车西站和三亚每天有客车直达。游客也可从三亚先乘到田流的火车,抵达后乘当地机动车即到尖峰岭镇。从镇上上山路还挺远,光靠步行费劲,可乘机动车上去。山上分为主峰和天池及鸣凤谷几大景区,主峰和天池不在一个方向,游人上山时应注意。目前天地景区为主要观光点,体力好的才会攀登主峰。

¥ 门票55元/人。

笔者亲身游历——漂流万泉河，欢乐又开心

万泉河发源于五指山，从海南中部的琼海市境内流入大海，全长约153千米，两岸青山涌碧水、密林掩乡村，风光非常秀美迷人。笔者曾有幸乘船漂流万泉河，留下了非常新鲜美妙的记忆。

我是从琼海市区乘客车先到东平农场，又打了一辆车去万泉河漂流的起点。沿途饱览了旖旎秀美的海南中部田园风光，尤其是快到漂流起点的时候，看到路边有许多漂亮的槟榔树，它们身材匀称挺拔，又瘦又高，用一般词汇无法形容其挺拔俏丽。之后看到了隐藏在深山峡谷中的万泉河水——这真是一条宽阔浩荡而又充满生机活力的河，1月正是海南的枯水时节，可是万泉河中仍是清波奔流甚至是汹涌澎湃，让人看后欣欣振奋。

在河北岸有一个规模不小的漂流码头，有完善的餐饮服务及游览接待设施。由于我到这里的时候没有其他来漂流的游客，漂流公司让我稍等一下，说一个人乘船漂流太孤单，没劲。我觉得也是。20分钟后，一下子等来了两拨客人，一拨是北京来的两对中年夫妇（我的同乡），一拨是12个年轻漂亮的海南小妹，据说她们都是一家五星级酒店的服务员，因为工作努力表现出色而被酒店表彰奖励来漂流。上船时漂流公司的人送上了不少水盆、水瓢、水枪，说是给我们打水仗使用的。之后一个工作人员带我们举起右手庄严地宣讲了一段誓词（我们在船上，他站在岸上），意思是漂流过程中一定不乱扔东西、保护河水清洁，注意环保之类。之后他说："现在开船，祝你们漂流高兴开心。"语音未落，他忽然弯下腰，猛地用双手向我们撩起了河水。我们没有准备，几下子就被他撩得浑身上下水花淋淋，大家急忙操起水枪水瓢对他进行还击，可这家伙却非常灵活敏捷地跳上河堤跑了。

没有打着挑起事端的那个家伙，我们漂流客之间就互相"攻击"吧。这时候漂流船已离开了

▲ 漂流万泉河 欢乐又开心

河边开到了河心，于是我们几个北京客为一船，那帮海南小妹为一船，双方在万泉河上展开了正面"对攻"：水盆、水瓢加上水枪，各式家什一块儿上，目标很明确，就看谁的火力猛了。一时间万泉河上碧波飞舞、银花回溅，不到10分钟，两条船上的人全都变成了落汤鸡，连开船的船工也不能幸免。虽然我们船上泼水的频率高，力度大，但是小妹人多，所以我们稍显下风，正当我们准备调整阵形，加大火力的时候，第一个急流险滩到了。

万泉河上也有奔腾咆哮的河段，这个险滩长达70—80米，浪花高达1—2米，几次被波浪托到空中又跌进河心后，我们的身上就彻底湿透了（河水冷，真是"透心凉"啊！）。但是这点遭遇还不能动摇我们的求胜心。驶过险滩后我们马上调转船头逼近另一船，被河水彻底浇透以后，她们纷纷放下武器说："太冷了，不打了，不玩了！"

大家决定休战，于是两条船不再互摆开战斗队形前进，而是各自在河心缓缓漂游，我们开始悠闲自在地观赏起河边的美丽风光来。

万泉河真美呀，河心清波见底，两岸山峦耸翠，浓密的丛林从山头一直盖到水边，很有点儿"亚马孙河热带风光"的意味。记不清船工介绍说山上长着多少种树，水中活动着多少种鱼，反正我的感觉就是在做着一场"绿色的梦"，沿河美景真让我如痴如醉。

这悠闲安宁的时光持续了大约40分钟，正当我们在河心清波上舒舒服服地随波漂流尽享美妙感受的时候，有位同船客无意中回头一望，立即说："不好了！"我们扭头向后看去，只见小妹们乘的那条船正在急速朝我们冲过来，于是众人赶忙抄家伙准备迎战。谁知她们靠近我们的时候，这帮小妹全都在船上站起身，对着我们齐声唱起活泼欢快的海南情歌，逗得我们全船人都哈哈大笑，也都向她们挥手或敬礼，感谢她们的友好和善意。两条船上的船工也看出了双方想"和平共处"，于是也就不再以战斗姿态前行对峙而是尽可能地把船开得舒服一些、活泼一些、潇洒一些，以便让我们能充分体味漂流的美好，于是两条船就尽情地在万泉河清波上纵横驰骋、左盘右旋、犁波耕浪。

同样精彩美好的瞬间也出现在下游的河段，当时一个当地的村民小姑娘正站在河心低下头漂洗她乌黑美丽的披肩长发，我们那艘船上的小妹们靠近她时纷纷向她招手呼喊表示问候，这个洗头发的小姑娘听见声音后也抬起头微笑并招手回以同样美好的问候，那一刻我心中真有些感动甚至是百感交集：我感到眼前的画面很美、很纯洁，因为这些小姑娘之间的问好没有任何地域的间隔或是地位的差别或是出乎任何一种职业或场合上的要求和需要，而是她们内心情感的真情显露和写照，无比真诚美好。我很庆幸来到海南后漂流了万泉河，也很庆幸能与一帮天真美丽的海南小妹做伴共同观赏沿河美景同时也享受漂流过程中的活泼生动和美妙温馨。我觉得漂流过程虽然只有短短的2小时，但是这段难忘的游历却一定会在我心灵深处留下新鲜亮丽的永恒记忆。

▲ 万泉河下游风光

华北地区
HUABEI DIQU

北京市 745
天津市 766
河北省 771
内蒙古自治区 791
山西省 809

北京市
BEIJINGSHI

北京是我们的首都。这里有享誉中外的名胜古迹，每一处都闪烁着华夏灿烂文明史的夺目光辉。这里亦有自然山水美景，它们如珍珠散落分布在古城内外，而每一处都是个性鲜明而又引人入胜。这里曾发生过许多轰轰烈烈的历史事件和故事，令人刻骨铭心而又感慨振奋。

来北京旅游前请认真准备和规划，做好各种预约！重要的事情强调三遍，这样才能在有限的时间内真正领略、观赏、感受到伟大首都宏伟壮美而又奇妙动人的风姿神韵。

▲ 故宫太和门

☀ 气候与游季

北京是个四季分明的城市：冬季寒冷，1月份最冷温度可达－17℃，夏季炎热，最高温度可达40℃，春季虽气温适中，但偶有风沙侵袭。5月份是全年第一个游览最佳时节，之后就是炎热的夏季。9—10月份是全年最佳的观光时节，这个时候天气真棒啊，既少风，又少雨，秋高气爽，万里无云，天空洁净清纯，阳光照在身上暖融融，让人舒适无比。此时来北京观光最令人快活惬意。不过作为一个以古迹名胜和国际现代都市风情为主要亮点的城市来说，一年四季任何时候都能给游客带来满足和惊喜，因此可以说北京没有太明显的旅游淡季。

🚌 交 通

北京的交通既便利也有些不便利，便利的是铁路、公路及空中运输十分发达，游人在选择交通工具时几乎可以随心所欲。不便利的方面包括：一是人较多，上下班

北京市

● **北京首都国际机场**

地铁首都机场线和多条机场大巴线路可到。
电话：010-96158

● **北京大兴国际机场**

地铁北京大兴国际机场线和多条机场大巴线路可到。
电话：010-96158

● **铁路信息咨询**

12306 订票热线与"铁路12306" App

● **北京站**

地铁2号线和公交104、103、39、122、639等多条线路可到。
电话：010-51831812

● **北京西站**

地铁7号线、9号线和公交53、309、917、982等多条线路可到。
电话：010-51824233

● **北京南站**

地铁14号线、4号线/大兴线和公交20、133、106、458等多条线路可到。
电话：010-51867688

● **北京北站**

地铁13号线、2号线和公交632、651、332等多条线路可到。
电话：010-51866852

● **北京丰台站**

地铁10号线、16号线和公交专4、专149等多条线路可到。
电话：010-51856102

● **北京朝阳站**

地铁3号线和公交413、911、通游专线6路、专194等多条线路可到。
电话：010-51825923

▲ 天坛

时间有些拥挤；二是北京城市太大，要想完全熟悉了解这座城市实在是太费劲；三是变化发展太快，就拿城市公交来说，车多如穿梭，线密如蛛网，连北京当地的居民有时都说不清到底要乘哪路车才能抵达目的地。所以我们下面只把北京的交通概况和乘车要点介绍给读者。

■ 机场巴士服务热线电话：010-81698565

航空

北京首都国际机场位于市区东北部30千米处。机场大巴有开往北京站、方庄、公主坟、大兴机场、通州、北京南站等多条支线，各支线沿途有多个停靠点，可以说是在北京城内遍地开花。大兴国际机场已于2019年正式通航，它在北京市区的南侧，距天安门广场约46千米。大兴机场也有多条机场大巴线路通向市区，另外，机场城铁专线与市区的地铁10号线在草桥站换乘。

铁路

北京主要有北京站、北站、南站、西站、丰台站、朝阳站6个客运火车站。北京站主要始发去华北、东北、华东的列车，西站主要始发去华南、西南、西北的列车，但上述两站发车有重合。北京北站主要始发去内蒙古、河北的客车，还有一些旅游列车。南站和丰台站主要始发高铁快车。朝阳站主要始发东北方向的列车。网上和手机购票非常方便。"铁路12306" App购票方便，游客也可以在那里了解各个车站的售票信息。

↱ 北京东直门长途汽车站电话：010-64673094。位于东直门外斜街45号

▲ 慕田峪长城秀色

旅游锦囊

为您推荐去长城、十三陵、颐和园、"鸟巢"和"水立方"和市区各个景区游览的绝佳方式，能叫您玩得保险、开心又省钱。

①外省市的游客来北京后大多要到长城、十三陵、颐和园观光游览，看一看"鸟巢"和"水立方"也是大家的心愿。

②为了规范北京的旅游市场，保护游客的权益，北京市有关部门在天安门广场南侧的前门箭楼下设立了北京游客集散中心，专门售票并发车组织游人去八达岭长城、十三陵、颐和园、"鸟巢"和"水立方"观光，票价规范合理，往返时间准时，杜绝了宰客行为的出现，深受各方游客好评。

③去上述各景区游览，车费和门票费用有不同的计费方式，有不同的套餐可选，需要具体问题具体询问。

④在北京市旅游集散中心购票上车参加上述游览，途中服务质量有保证，收费公道且安全、准时，故笔者给予郑重推荐。咨询电话：010-83531111。

▲北京前门箭楼——北京游客集散中心就在这城楼前

市区内交通

★出租车

北京出租车车费起价均为13元，3千米后按每千米2、3元计费。夜间行驶和空驶里程适当加价，另外低速行驶和等候5分钟高峰时段按2千米收费，还要收燃油费1元。

☛上下班高峰时段打车要谨慎，遇堵车计价器走字毫不留情

★公交车

北京市有各类公交线路数百条，公交客车四通八达，给乘客带来极大便利。在各类公交车中，1、3、4、5、6打头的公交电汽车，起价为2—3元，运营时间一般为5:00—23:00；2打头的为夜班车，运行时间一般为23:00—4:30。

8和9开头的一般为郊区车，亦有一些是长距离的跨省跨市区的专线车。标志为"特"的双层公共汽车行驶在市区各线。以上各类车用公交卡乘坐均有优惠。

北京有两条公交观光线，投币20元/人次，刷公交卡10元/人次，观光公交设计十分古色古香，乘坐起来乐趣十足，均为有人售票线路。

1线：永定门内→先农坛→天桥→珠市口南→大栅栏→天安门广场东→天安门西→中山公园西门→故宫西门→北海→故宫→沙滩路口西→北京妇产医院→南河沿→天安门东→天安门广场西→前门→大栅栏→珠市口南→天桥→永定门内。

●**北京的主要汽车站**

北京六里桥长途汽车站。电话：010-83831716。丰台区六里桥南里甲19号。

北京赵公口长途汽车站。电话：010-67229491。丰台区南三环中路34号。

北京四惠长途汽车站。电话：010-65574804。朝阳区建国路68号。

北京莲花池长途汽车站。电话：010-63322354。丰台区广安路35号。

北京北郊长途汽车站。电话：010-82846760。

● 风味小吃

烧卖、艾窝窝、焦圈、豆汁、驴打滚、豌豆黄、炒肝、爆肚、白水羊头、卤煮火烧、灌肠、门钉肉饼、茶汤等。

● 夸夸北京的出租车

相比全国许多其他城市而言，北京的出租车行业管理要规范得多，出租车司机的职业素质也要好得多，行车时很少有不打表、乱收费宰客等观象，拒载的概率很低，而况况也挺好——至少在北京市区是这样，所以大家可以放心乘坐。

● 特色菜肴

北京烤鸭、涮羊肉、仿膳大餐、满汉全席。

● 美食关照

欲吃正宗烤鸭，一定要去全聚德或便宜坊，那里的烤鸭就是好，味道正宗、服务也佳，当然是优质优价。

2线：前门→天安门广场东→天安门西→中山公园西门→故宫西门→北海→故宫→北池子北口→故宫东门→东安门大街西口→新东安市场→王府井路口北→天安门东→天安门广场西→前门。

🍴 餐饮与美食

北京本来就有品种众多的风味食品，全国各地的美食餐馆又争相来京落户，所以在北京可以选择的餐饮亮点真是太多了，短期停留根本无法体味京味饮食文化的博大精深。

焦圈、豆汁、豌豆黄、炒肝、爆肚、白水羊头、灌肠、茶汤等绝对是特色鲜明的北京小吃。可是现代社会发展神速，人们的口味亦在变化，相信许多人对这些小吃已无太大兴趣。而烤鸭、涮羊肉、仿膳宫廷菜等绝对是北京的美食中的正宗，所以来北京吃一次总不嫌多。笔者建议外地来京做短期观光的游客在北京采取"两极分化"的就餐方式：即白天在各大景区内外采取"低标准进食"，填饱肚子就成；而晚上回到宾馆放下行囊洗去风尘，再去大餐厅如全聚德、仿膳、便宜坊、东来顺及新侨和"老莫"当中享受最美的风味和最高级的服务，留下美好的感受和记忆，您说怎么样？

☛ 去全聚德体验正宗的烤鸭吃法，回味无穷。近年北京的老字号餐馆菜价上涨明显，您要有心理准备。

特色美食街

簋街以夜市餐饮闻名，沿街共有各种商业店铺100多家，其中餐饮服务业店铺最多。时间越晚生意越火，所以俗称"鬼街"。现在这条街已改建扩建，街道宽了，比原来气派壮阔了，各家店铺的生意依旧红火，晚上去用餐的人很多。

发烧友特别关照

夸夸北京的地铁

北京的地铁线路有近30条，通车里程近800千米。首班车发车很早，末班车收车很晚，车次密度大且车速快，载客能力较强，是城市各交通方式中极为重要的组成部分。

由于北京的各类机动车数量太多，地面交通拥堵严重，所以车速快而又不会堵车的地铁就成了人们能准时抵达目的地的交通首选。笔者的经验体会是只要有急事，一定要乘地铁，即使不能直达也会到达邻近地段，之后从地铁出来再换公交车或打一段车，就能到达了。地铁加公交车或是地铁加出租车是笔者认定的北京市内远距离行进的最物美价廉的选择。

北京市

旅游锦囊

为您推荐北京的特色餐厅

①全聚德烤鸭店和平门店

这里北京所有全聚德烤鸭店中规模最大的一家店——店内有各类大小餐厅数十个，占据了整整四层楼，可以同时容纳2000余人就餐，一天能烤制上千只鸭子但仍然有些供不应求，每天正餐高峰时间都要排队拿号稍候片刻才能进入——但是该店的服务质量也太好了，烤鸭选材精良、制工工艺讲究，味道极为鲜美，当然价格不菲，258—278元/只，但优质优价。

②便宜坊烤鸭店崇文门店

该店是北京多家便宜坊烤鸭店中最大最正宗的。这里提供的焖炉烤鸭与全聚德有所不同（全聚德是挂炉明火烤鸭，鸭子又焦又香，而便宜坊的烤鸭又嫩又香），在京城中独树一帜且价格比全聚德便宜一些——245元1套。对该店笔者也是强力推荐。订餐电话：010-67112244。

③新侨三宝乐西餐厅

是北京历史最古老最名气也最大的西餐馆，也是当今北京较为便宜实惠的西餐厅，这里提供各类法式西式菜肴，如果是单点菜，人均250元可吃好一顿，同样诱人的是168元/位的西式自助餐，能品尝到汤、凉菜、热菜、饮料、甜食等共近50余种，品种多，味道好，也很气派。笔者强力推荐。电话：010-65133366。

④烤肉季餐厅

京城著名老字号，专营烤肉和各类清真菜，代表菜是烤牛、羊肉及扒肉条和它似蜜。该店地处后海东北沿，店前即是燕京八景之一的银锭观山，还有酒吧街，游客美食后可顺路观览该地的美丽风光，笔者强力推荐。订餐电话：010-64042554。

⑤曲园酒楼

北京历史最悠久的湘菜馆之一，位于西城区展览馆路48号（邻近阜外大街）。主营各类正宗湖南菜肴，东安仔鸡、豆椒肉丝、冬笋鱿鱼里脊丝、左宗棠鸡味道都正宗鲜美，人均消费80—120元就可吃得满意丰盛了。

⑥晋阳饭庄

专营山西风味饭菜。代表性菜品有香酥鸭、过油肉、糖醋鲤鱼等。其中香酥鸭的吃法独特，用饼包住鸭肉与葱酱一起食用（与吃烤鸭一样），味道很香（218元/套）。另外这里有几十种面食，喜欢晋陕风味的朋友尽可前去。总店电话:010-63031669。

⑦莫斯科餐厅

又称"老莫"，是北京最古老的西餐厅之一，对于喜欢怀旧的人来说，去"老莫"也不失为很有情趣的事情之一。餐厅面积不小，很华丽，席间还有俄罗斯艺人演奏歌曲，但这里的饭菜也较贵。地址在西直门外大街135号北京展览院院内。

⑧淮阳春饭店

也是北京著名的老字号餐馆，位于西城区月坛南街。主营淮扬风味菜肴。松鼠鳜鱼、汤包、蟹黄狮子头、霉干菜烧肉都是做工精细，有滋有味，人均消费100—150元。电话：010-68011224。

▲ 全聚德的烤鸭套餐

749

旅游锦囊

为您介绍北京晚间休闲娱乐的好方式

①休闲娱乐方式之一是逛街购物。王府井、西单、东单、前门及大栅栏这些商业街加上三里屯、蓝色港湾、国贸这些大商圈，还是能满足大多数人的购物热情的。

②休闲娱乐方式之二是美食，上边我们为大家推荐了许多特色餐馆，每个都是可以吃到21:00前后的。白天看美景，晚上品佳肴，这会让您的北京之旅足够开心。另外着重推荐一个美食佳境，就是中央广播电视塔上的旋转餐厅，可以边吃（海鲜自助餐，价格可不便宜）边看京城美丽夜景——这时您可以深刻领略两个词组的美妙含义，一个是"万家灯火"，一个是"灿烂夺目"。地址：海淀区西三环中路11号。

③休闲娱乐方式之三是小酌一杯，主要的酒吧街有三里屯、什刹海等。这里不作专门推荐，只建议您适度关注。

④晚间北京确有华丽高雅的去处，那就是到各大剧院、戏院去观看演出。候选地点有北京大碗茶（老舍茶馆，能品茶并观赏演艺节目）。地址在前门西大街正阳市场3号楼，到天桥德云社听相声（郭德纲有时参加演出），地址在北京市西城区北纬路甲1号，票务咨询电话：010-63040912。如果说这两个地方还有点"土"的话，那保利剧场和国家大剧院则经常上演惊世之作——尽是国内国际顶尖级艺术团体和艺术家的演出，看一场或是听一场，会带给您艺术上心灵上的强烈震撼，八成会带来至少一个星期的好心情。还有一个好地方是天桥剧场，它几乎是中芭的专用剧场。如果恰逢演出时节，一场《天鹅湖》或是《睡美人》或是《春之祭》或是《红色娘子军》，都会让您看得痴如醉。天桥剧场旁的北京天桥艺术中心经常上演国内外优秀的音乐剧作品，如果您想欣赏京味十足的戏剧作品，北京人民艺术剧院（北京人艺）也是绝佳选择。

▲ 前门

主要景点
天安门与天安门广场
　　天安门广场位于北京市中心，南北长880米，东西宽500米，面积达44万平方米，可容纳100万人举行盛大集会。是当今世界上最大的城中广场。天安门城楼坐落在广场的北端；人民英雄纪念碑屹立在广场的中央；人民大会堂和中国国家博物馆在广场的东西两侧遥遥相对；毛主席纪念堂和正阳门城楼在广场的南部，总体观感异常宏伟壮丽。

👉 来天安门广场看升旗，心中满满自豪感

中山公园
　　位于天安门西侧，原名社稷坛，是皇帝祭祀土神和谷神之处。为了纪念孙中山先生，于1928年改名为中山公园。1949年，人民政府对该园进行了大规模建设。现园内有拜殿中山堂、坛南区、坛西区、东坛门外、坛北区等几大部分，主要景点有长廊、保卫和平坊、柏树林、南坛门石狮、水榭、四宜轩、唐花坞等。中山公园内古木参天，环境优美，是观光游乐佳境。

👉 静下心来慢慢游览，会觉得中山公园景色非常精美迷人

太庙（劳动人民文化宫）
　　太庙在明、清两代为皇家祖庙，在天安门东侧，面积13.96万平方米，四周有围墙三重。太庙以古柏最为著名，园内有多株已有数百年树龄的古树，是全国重点文物保护单位。太庙始建于明永乐十八年（1420年），嘉靖、万历年间和清顺治年间曾多次重修，主要建筑为三进大殿及配殿。太庙的规划和木石部分大体保持原状，是北京最完整的明代建筑群之一。

👉 劳动人民文化宫是重要景观，值得认真游览

故宫（国家5A级旅游景区　世界文化遗产）
　　又名紫禁城，建成于明永乐十八年（1420年），是明清两朝的皇宫。它位于北京市中心、天安门广场北侧，景山南门对面，东西宽753米，南北长961米，面积达72万多平方米，共有宫殿房舍九千余间，是世界上规模最大的宫殿建筑群，是我国劳动人民勤劳智慧的结晶，是外地游客到北京后的必观之景。

👉 应仔细观览故宫这座宏伟建筑群，至少逗留3小时时间

●天安门与天安门广场
交通：乘1、特1、2、特2、4、特4、5、9、10、17、20、22、44、52、53、54、57、59、110路等多路公共汽车均可到达，乘地铁1号线也可达。
天安门城楼票价：15元（学生票5元）。
开放时间：8:30—17:00。
注意事项：上城楼需要寄存包，还要进行安检。
人民大会堂票价：30元（凭学生证买票15元）。
开放时间：8:30—15:00。
注意事项：不能携包进入，必须先寄存。
毛主席纪念堂开放时间：8:00—12:00（周二至周日）。
注意事项：必须寄存随身小包，并通过安全检查，瞻仰时一定要保持肃静。
中国国家博物馆开放时间：9:00—17:00。
以上都要做好预约。

●中山公园
💰 门票：3元，花展期间10元。
开放时间：6:00—21:00
🚌 交通：乘1、4、52、59等多路公交车和地铁1号线可直达。

●太庙
🚌 交通：乘1、2、10、20等发往天安门的车和地铁1号线可达。
💰 门票3元。

●故宫
门票：淡季（每年11月1日至次年3月31日）40元，旺季（每年4月1日至10月31日）60元。学生、军人、60岁以上老人凭证有优惠，珍宝馆和钟表馆门票各10元。
公交1、2、52、82、120、90路和地铁1号线可达。

▲ 天安门城楼

● 景山公园

💰 票价：2元。
🚍 交通：乘101、58、103、109等路公交车可达。

● 笔者关照

景山西门正对着北海的东门，把它们连在一起游览非常方便。

● 北海公园

💰 门票：10元（旺季，4月1日—10月31日）。5元（淡季）。联票15—20元。
🚍 交通：乘公交车5、101、103、109、124、128、专1、专2路到北海南门，乘13、42、107、111、118、612、701路公交车和地铁6号线到北海北门。

景山公园（国家4A级旅游景区）

景山公园坐落在京城南北中轴线上，南接故宫神武门北对城北钟鼓楼，西临北海公园，占地面积23公顷，山高42.6米。这里早在金代就堆土成丘，元、明年间又继续移土至此并叠积为高大的山体。清顺治十二年（1655年）将此山改名为景山。公园有寿皇殿、绮望楼、观妙亭、周赏亭、万春亭、辑芳亭、富览亭等精美建筑，游人登临山顶可览故宫全景和世界文化遗产北京中轴线秀色。

北海公园（国家4A级旅游景区）

位于市中心区，在故宫的西北面。因与中海、南海分称三海而得名。是我国现存最古老、最完整、最具综合性和代表性的皇家园林之一。全园占地69公顷（其中水面39公顷），主要由琼岛、东岸、北岸团城景区组成，著名景点有大白塔、五龙亭、九龙壁等，风光非常华丽精美。

👉 北海公园的"北海礼物"文创店广受好评，可在此购买北京旅游纪念品

天坛（国家5A级旅游景区 世界文化遗产）

位于北京东城区，是一座巨大的祭天神庙，占地273万平方米，建筑布局呈"回"字形，由两道坛墙分成内坛、外坛两大部分。外坛墙总长6553米，内坛墙总长4152米。最南的围墙呈方形，象征地；最北的围墙呈半圆形，象征天，北高南低，这既表示天高地低，又表示"天圆地方"。天坛的主要建筑物集中在内坛的南北轴线上，主要建筑有圜丘坛、皇穹宇、祈年殿和皇乾殿等；另外，回音壁等也是园中很有特色的景点。

推荐新景：北京环球度假区

位于北京通州区，紧邻六环路和京哈高速路，是全球五大环球影视主题公园之一，于2021年9月正式开园。园内共有七大主题景区，总面积超过4平方千米，有37处地标式景点和24个大型演出场所，另有数个大型度假酒店和多处餐厅，是集游乐、餐饮、住宿多功能于一体的大型游乐场，说是一个欢乐世界毫不过分。

七大主题景区推荐行进线路为：变形金刚基地—侏罗纪世界努布拉岛—哈利·波特的魔法世界—未来水世界—功夫熊猫盖世之地—小黄人乐园—好莱坞。

北京市区有589、T116路公交车和地铁7号线、1号线八通线可到环球度假区。门票视不同季节浮动很大。

雍和宫（国家4A级旅游景区）

是北京地区规模最大、保存最完好的喇嘛教黄教寺院。雍和宫初建于清康熙三十三年（1694年），曾是雍正继位前的府第。雍和宫南北长近400米，占地约6.6万平方米，具有将汉、满、蒙古、藏等多种建筑艺术融为一体的独特艺术风格。整个寺庙可分为东、中、西三路，中路位于南北中轴线上，由南往北，依次为牌楼院、昭泰门、天王殿、雍和宫殿、永佑殿、法轮殿、万福阁等建筑。

👉 雍和宫寺庙壮观，香火旺盛，值得一看

孔庙和国子监博物馆（国家4A级旅游景区）

孔庙位于北京东城区国子监街，占地2.2万平方米，为元、明、清三朝祭祀孔子的场所，主要建筑有先师门、大成门、大成殿、崇圣门、崇圣祠等。庙内珍藏丰富，古迹众多，体现了中华传统文化的博大精深。国子监位于国子监街15号，与孔庙相邻。其始建于元朝大德十年（1287年），是我国元、明、清三代国家管理教育的最高行政机关和国家设立的最高学府。街道中轴线上分布着集贤门（大门）、太学门（二门）、琉璃牌坊、辟雍、彝伦堂、敬一亭等建筑，这里有我国现存的唯一一所古代中央公办大学的遗址，经常举办传统文化主题活动。

👉 京城著名古迹，与雍和宫紧紧相邻可一并游览

什刹海

什刹海景区是指前海、后海和西海及其周边地区146.7公顷的范围，以什刹海命名。景区中三海水面达33.6公顷（约占总面积的23%）。什刹海景区历史文化积淀深厚，有文物保护单位40余处，占

● 天坛

💴 门票：公园门票15元，淡季10元。园内景区另收门票。联票淡季30元，旺季34元。开放时间：6:30—22:00。

🚌 交通：乘17、35、36、60、116路公交车和地铁8号线可达。

● 雍和宫

💴 门票：25元（凭学生证可以买学生票）开放时间：9:00—17:00。

🚌 交通：13、684、116、117等路公交车可达，也可乘2号和5号线地铁直达。

● 孔庙和国子监博物馆

💴 门票：30元。

🚌 乘地铁到雍和宫站下，南行200米即到；或乘13、116、807路公交车可达。国子监街上有4座保存尚好的清代一间式彩绘木牌楼，街边槐树成行、景色优美，值得关注。

● 什刹海

🚌 13、42路北海北门站下。
💴 门票免收。

购物·主要商业街道

北京的主要商业街有：王府井商业街、西单商业街、东单银街、秀水市场、前门大街、琉璃厂古文化街、中关村电子市场、潘家园民间工艺品市场、红桥小商品旧货古玩市场等。其中王府井是北京最著名的商业步行街，街上有百货大楼、新东安市场、工美大厦等大型商厦，近年新开的嘉悦商场、apm、王府中环也广受欢迎。西单、东单商业街亦很繁华热闹，但似乎西单更显气派。秀水市场主要经销各式中外服装，场面很"火"，有大批中外游人及购物者光临。琉璃厂古文化街主要经营各类古玩、古字画、仿古工艺纪念品，荣宝斋、宝古斋等著名老店都在这条街上。三里屯是北京具有国际视野的时尚潮流地标，具有百年历史的隆福寺也被改造成了集美术馆、咖啡厅、市集等于一体的新晋网红打卡地，在北京逛街购物，多条线路任您选择。

●恭王府

门票：40元，还有一种70元的套票，有导游专门讲解。

乘13、111、42、107等路公交车可达。

▲ 中央电视塔室内观景台

●中央电视塔

门票90元，儿童半价，60岁以上老人50元/人。

乘公交车300、323、901、特6路、811、921、336、40、64、74、368、374路在阜成路下车。

●中华世纪坛

门票：凭有效证件在门口服务台领取，参观其他展览门票另购。
咨询电话：010－59802222。

乘1、21、65、337路公交车或地铁1号线在军事博物馆站下车。

●白云观

景点门票：10元。

乘26、45、46、48、114、308、319、650、47、50、62、78路电、汽车可达。

●鸟巢和水立方

乘公交407、656、658、753、939、运通113或地铁奥运支线均可到。

鸟巢门票50元，水立方门票30元。

▲ 白云观戏台

西城区的三分之一以上。景区内有许多的王府和花园，如保存最好的恭王府、醇亲王府等，这一带也是原老北京主要的商业活动区。宋庆龄故居、郭沫若故居也在景区内，如有时间建议进入参观。

☞ 什刹海风光很美，附近还有烟袋斜街、鼓楼、南锣鼓巷

恭王府及花园

位于西城区前海西街的恭王府是北京保存最完整的清代王府。其前身为清乾隆时的宠臣、大学士和珅的宅第，清嘉庆四年（1799年）和珅获罪，宅第入官。清咸丰帝将其赐予六弟恭亲王奕䜣，是为恭王府。恭王府分府第和花园（花园叫"萃锦园"）两部分，占地约3公顷。

☞ 恭王府及花园是国家5A级旅游景区，建议观光90—120分钟

中央电视塔

坐落在海淀区西三环中路玉渊潭西侧的中央电视塔是北京最高的建筑物，共有405米，身姿异常高大挺拔。建在塔颈处的室内观景厅和室外观景台可以让游客一览京城全貌，塔上的旋转餐厅能让客人边品佳肴边观八方佳景。

☞ 您可在塔上的北京最高空中邮局寄出明信片，盖纪念章

中华世纪坛

位于玉渊潭公园的南面，东边为军事博物馆，西边为中央电视塔，是为了迎接新千年而特意兴建的。它有总长约270米的青铜甬道，上面镌刻了从有人类出现到公元2000年的时间纪年。主体建筑包括世纪大厅、东西方艺术馆、现代艺术馆和多媒体数字艺术馆，世纪大厅内的环形壁画，周长117米，是目前国内最大的同类品种的壁画。世纪坛上还经常举办各类欢庆活动。

☞ 在外边就能看清世纪坛的风貌

鸟巢和水立方

鸟巢是国家体育场的别称，因其外观与鸟巢相似而得名。这个庞大的体育场南北长333米、东西宽296米，建筑面积约26万平方米，可以承担大型体育赛事和娱乐活动，北京夏季和冬季奥运会的开幕、闭幕式都是在这里举行的。

水立方是国家游泳中心的别称，这座建筑外观奇特，晚上灯火通明时其造型和色彩更是美不胜收。它与鸟巢相距不远且遥相呼应，成为北京城内颇具知名度的亮丽佳景。

白云观

白云观是北京最大的道教庙宇，为中国道教协会所在地，在全国享有盛誉。其创建于唐开元二十七年（739年），距今已有1200多年悠久历史，现存建筑主要是清代修建的。道观由层层递进的四合院组成，规模宏大、气势非凡。参观白云观可分中、东、西三路进行，主要殿堂均在南北中轴线上。从轴线南起有琉璃照壁、七彩牌坊、山门等。

☞ 白云观庙宇挺气派，建议观光60—90分钟

西单文化广场

大型城市广场，其东侧为西单图书大厦，北侧为西单商业街，总规模42599平方米，近年来新建的西单更新场打破绿地公园与商业卖场的边界，24小时免费开放，重塑西单核心区的潮流影响。但更新场中美食选择较少，建议您在附近吃完饭后再来。

☞ 地下直通地铁，十分方便

动物园与海洋馆

北京动物园是中国开放最早、饲养动物种类最多的动物园，现占地约90公顷，饲养展览动物500余种和5000余只。近年来进行了大规模的扩建，现建筑面积80公顷。

北京海洋馆坐落在北京动物园内，南倚长河，毗邻北京展览馆、天文馆和首都体育馆，作为世界最大的内陆海洋馆，该馆的总建筑面积达4.2万平方米，馆内共分七个不同内容的展示场馆，分别命名为雨林奇观、风情海滩、海底环游、白令小镇、鲸豚湾和海洋剧院、国宝中华鲟鱼馆。馆内饲养展示各类热带海洋动物、生物，缤纷艳丽，美不胜收。

☞ 动物园的熊猫上午更活跃

香山公园

又叫静宜园，位于北京海淀区西郊，距市中心20千米，全园面积160公顷。因山中有巨石形如香炉而得名，是北京著名的森林公园。1186年，金代皇帝在这里修建了大永安寺，又称甘露寺。寺旁建有行宫。经历代扩建，到清乾隆十年（1745年）定名为静宜园。1860年和1900年惨遭抢劫和焚毁，1949年后陆续修复了大部分名胜。主要景点有鬼见愁、玉华山庄、双清别墅等。香山红叶最为著名，

▲ 位于动物园东侧的莫斯科餐厅是北京历史悠久的西餐馆

● 动物园与海洋馆

门票：动物园15元，淡季10元。海洋馆成人175元，学生凭学生证87元，不含大学证件。
乘7、15、16、102、103、111、332、105、107、111、27、206、209等路公交和地铁4号线可达。

● 香山公园

门票：旺季10元，淡季5元。联票15元。从积水潭地铁换乘331路，终点站下。或在西直门乘563直达香山。从动物园坐360路也到。

● 笔者关照

游览香山一定要同时观览碧云寺、卧佛寺、樱桃沟等景点，它们均是香山景区的有机组成部分。

● 中华民族园（中华民族博物馆）

门票：90元。淡季60元；学生票价优惠。公交407路可达。

▲ 中关村电子城

▲ 中国人民革命军事博物馆主楼

● **北京植物园**

🎫 门票 10 元，温室 50 元，卧佛寺 5 元。

🚌 乘 318、505、630、360、698、714 路可达。

● **八大处公园**

🎫 门票：10 元，学生 5 元。

🚌 动物园乘 347 路公交车可达；从北京游乐园乘 958 直达；或乘地铁到玉泉路换 389 路也可。

八大处园区内亦有红叶，金秋时节来此亦能得到美妙观感。

● **颐和园**

🎫 门票：普通票：淡季 20 元（11月1日—3月31日），旺季 30 元（4月1日—10月31日）；联票：淡季 50 元，旺季 60 元（联票含门票、文昌院德和园、佛香阁、苏州街）。

🚌 乘地铁 4 号线、西郊线、公交 303 路、346 路、332 路等车可到。

▲ 颐和园十七孔桥

每年深秋时节漫山红遍、佳景迷人。

中华民族园

中华民族园位于北四环路亚运村西侧，是一座集我国众多民族传统建筑、民俗风情、歌舞表演、工艺制作、民族美食以及收藏陈列于一身，全方位展现中华各民族风情风貌的大型综合性游乐园。该园浓缩了 16 个民族的建筑群落，每组建筑都以 1∶1 的比例建造，重现了每个民族特有的建筑风貌。园中有歌舞及民俗表演。

👉 民族园的景观与深圳的中华民俗村基本上是异曲同工

北京植物园

坐落在西山脚下，园内栽培露地木本植物 15 万余株、500 余种，露地草本植物 200 余种，温室植物 200 余种。植物园以展示我国东北、西北、华北地区植物资源为主，兼顾部分华中、华南亚热带观赏植物。既有科学内容，又有园林外貌。按照"因地制宜、借势建园、突出植物造景"的原则，植物园已建成松柏区和十几个专类花园，还有热带温室、音乐喷泉等特色观光点。园内树木葱茏，鲜花争妍，风光秀美，周边的香山、卧佛寺也是京郊久负盛名的景点。

👉 植物园与香山和卧佛寺相邻，一并游览会显物有所值

八大处公园

位于北京西山著名风景区南麓，始建于隋唐至明清时期，因山中有八座古刹而得名。八座古刹即指长安寺、灵光寺、三山庵、大悲寺、龙泉庵、香界寺、宝珠洞、证果寺，大部分都是建于元、明、清时期。园中的主峰叫平坡岭，顶端很平坦，登临可眺望京城远景。周围有古松柏为主体景观的百卉园，以飞流瀑布、山间小溪，平湖叠水三景合成的映翠湖，以黄栌树、火炬树为主要树种的红叶观赏区，诸多美景相映衬，使该园成为与香山齐名的京郊名胜之一。

👉 八大处是北京挺古老的景点，时间充裕者可去游玩。观光需半天时间

颐和园（国家 5A 级旅游景区　世界文化遗产）

颐和园位于北京的西北郊，原是清代的皇家花园和行宫。其前身清漪园，始建于清乾隆十五年（1750 年），1860 年被英法联军焚毁，光绪十二年（1886 年）慈禧挪

用海军经费和其他款项重建，并于1888年改名为颐和园。1900年，颐和园又遭八国联军严重破坏，1902年再次修复。颐和园主要由万寿山和昆明湖组成，占地290.8公顷，其中水面约占3/4。环绕在山湖之间的宫殿、寺庙、园林建筑分为宫殿区、居住区、游览区三大区域。是世界上造景丰富、建筑集中、保存最完整的皇家园林，有"皇家园林博物馆"之称。

▲ 圆明园遗址公园

一定要登上佛香阁和龙王庙，这是两个绝佳观景点

圆明园（国家5A级旅游景区）

有"万园之园"美称的圆明园，建成于清乾隆年间，原有亭台楼阁140多处，总面积达350万平方米。由圆明、长春、绮春三园组成，里面藏有为数众多的名人字画、秘府典籍、钟鼎宝器、金银珠宝等稀世文物，集中了我国古代文化艺术的精华。然而1860年英法联军入侵北京后，大肆搜掠园内的文物珍宝，然后放火将这座万园之园焚毁，现在游人看到的只是圆明园的遗址。

● 圆明园

💰 门票：大门票10元，学生票5元，遗址15元。
🚌 乘331、319、320路公交车和地铁4号线可达，也可从王府井新东安市场附近乘305路可达。

● 卢沟桥

💰 票价：20元，学生票10元。
🚌 公交309、339路和地铁16号线可达。

卢沟桥

卢沟桥位于北京市西南15千米丰台区永定河上，始建于金代，距今已有近830多年历史，是北京现存最古老也是最精美的石造联拱桥。以该桥美景命名的"卢沟晓月"是"燕京八景"之一，桥上雕刻的近500只石狮亦很有名。1937年7月7日，这里发生了震惊中外的"七七事变"，抗日战争在此揭开序幕。现该地建有抗日战争纪念馆供人参观凭吊。

胡同与四合院

胡同和四合院是老北京的代表性建筑，集中体现了北京传统的建筑文化。来北京不逛胡同，不算是真的游北京。四合，是指东南西北的房子都有，布局严整，院落敞亮，使人有雅静舒服的感觉，而且长幼有序，各居其室，作息方便。四合院平排并列，为出入方便，每排院落间必须留出通道，这就是胡同。北京的胡同形成于元朝，明、清以后又不断发展，所以具体数目也不一样。老北京人说："大胡同三千六，小胡同多如牛毛。"意思是说多得数不清。世世代代的老北京人生活在胡同和四合院里，过着闲适的生活，经历着朝代更替、时事变迁，每一条胡同都蕴藏着一段历史、一个故事，耐人寻味。

可去什刹海去看胡同和四合院，前门一带的胡同也是特色鲜明，保存尚好

国子监街

原名成贤街，位于北京旧城的东北部，有将近700多年的历史，属于北京20多片历史文化保护区之一。国子监是元、明、清三朝时期国家设立的最高学府。如今在国子监街上，有孔庙、国子监、牌楼等文物。1949年以后，祠堂、庙宇、大宅院等建筑

▲ 琉璃厂古文化街一角

都转作他用，其中以住宅居多。

👉 什刹海风光不错，花90分钟走一圈吧

银锭桥

　　银锭桥位于什刹海的前海和后海之间的水道上。为南北向的单孔石拱桥，因形似银锭故称银锭桥。是什刹海的著名打卡拍照地之一，燕京小八景之一。过去站在银锭桥上可遥望西山，景名为"银锭观山"。该地也是经典的酒吧一条街，吸引了大批国内外观光客。

🚤 京城水上游

　　水上游也是北京极富特色的旅游项目。北京的水路发达，古时达官贵人就时有驾船沿河游玩的习惯。今天游人更可以乘漂亮游船，品味沿途风光的恢宏与婀娜。

👉 水上游也算京城时尚的观光方式，下面几条观光线路风景各有千秋

亮马河游船

　　从蓝港码头出发，享受京城新潮夜景，途经多个国际风情区，在通过水闸的时候，还会上演国内首个水上超高清裸眼3D秀，沿河两岸还有吉他弹唱等精彩活动，全程约40分钟左右。可以在"亮马河风情水岸"公众号预约购票。日航运营时间15:00—18:30，成人平日50元/人，周末及节假日80元/人。夜航运营时间19:00—22:30，成人平日120元/人，周末及节假日180元/人。

大运河水上观光游船

　　大运河是世界文化遗产，观光游船的坐船地点在通州区运河奥体公园二号码头，全程往返航时约60分钟。游客可以在途中欣赏北运河上大桥的雄伟身姿和大运河森林公园的自然美景。游船每天4班次，分别为9:30、10:45、14:00和15:30，请提前规划好出行时间。价格150元/人，有时会有半价优惠。此外，南门涮肉（通州店）可以实现坐在大船上吃老北京涮肉，就在运河文化广场内，感兴趣的游客可以去体验一番。

皇家御河游船

　　是指从出发，途经紫御湾（需下船换船）后到达颐和园，途中可观赏五塔寺和紫竹院风光。以上水上观光项目根据不同季节和河道状况时开时停，游人去前应做咨询和确认，成人票价120元/人，儿童票价60元/人。

● **亮马河游船**
蓝港码头可在14号线枣营站A口出步行到达。

● **大运河游船**
二号码头可在地铁6号线北运河西站B口出后步行或骑行到达。

● **国子监街**
🚇 乘地铁到雍和宫站下，南行约200米即到；或乘13、116、117路公交车可达。

● **京剧表演**
位于建国门内的长安大戏院每晚上有京剧表演，可留意观看。

● **银锭桥**
🚌 乘107、111、118路公交和地铁8号线可到。著名的京城老字号烤肉季餐厅也在银锭桥边，观光时顺路吃一顿很划算。

科技及文化旅游

北京是全国政治、经济、文化中心，科技在北京发展中占了相当大的比例，北京集中了一大批知名的科技企业如北大方正、清华同方等。参观科技园区也是北京旅游的重要组成部分。

大学区

位于中关村的北京大学和清华大学是大学区游览的首选，它们是中国最著名的学府，其园内旖旎优美的园林风景，众多的历史文化遗迹，给游人带来超值的享受。

中国科学技术馆

位于朝阳区北辰东路5号，馆中展品涉及生命科学、生物和环境保护、信息科学、材料、机械、交通、能源、航空、航天、数学和基础科学以及中国古代科技等各个领域，并建有专门的儿童科技乐园。建馆30多年来，截至2023年，服务线下观众6500万人次。

北京天文馆

北京天文馆落成于1957年9月29日，同年10月1日正式对外开放，是中国第一座大型天文馆。天文馆由两部分组成：北京西直门外的北京天文馆（简称西馆）和北京建国门内的北京古观象台（简称东馆）。北京天文馆和北京古观象台同时被北京市命名为"青少年科普教育基地"。

▲ 北京大观园

● 皇家御河游船
发船地点在动物园，去动物园和海洋馆观光后乘此船去颐和园很合适。

● 798 艺术园区
🚍 乘 401、402、405、418、688、909、955、991路公交车均可到。
💴 门票免收。

● 大学区
北京知名高校均可坐地铁到达，但进校需预约。

▲ 城市中的四合院

另荐佳景

798 艺术区

北京798艺术区位于北京市朝阳区酒仙桥路交叉口，原是中华人民共和国成立初期前民主德国援助建设的"北京华北无线电联合器材厂"，即718联合厂。718联合厂于1952年开始筹建，2000年12月，原700厂、706厂、707厂、718厂、797厂、798厂六家单位整合重组为北京七星华电科技集团有限责任公司。为了配合大山子地区的规划改造，七星集团将部分产业迁出，为了有效利用产业迁出空余的厂房，七星集团将这部分闲置的厂房进行出租。因为园区有序的规划、便利的交通、风格独特的包豪斯建筑等多方面的优势，吸引了众多艺术机构及艺术家前来租用闲置厂房并进行改造，逐渐形成了集画廊、艺术工作室、文化公司、时尚店铺于一身的多元文化空间。

现在，798艺术区群星荟萃，艺术家云集，这里经常举办各类新潮时尚的书展、画展及媒体新闻发布会。798艺术区已成为京城内最有影响力的文化创意产业园之一。

▲ 798 一角

▲ 中华世纪坛外景

● 中国科学技术馆

🎫 门票：常设展厅（A馆）：成人30元，学生20元；球幕影厅（B馆）：成人30元，学生20元；儿童科学乐园（C馆）：成人（陪同）30元，儿童30元。
🚌 乘319、379、419、425、450、484、518、695等路公共汽车可达。

● 北京天文馆

🎫 门票10元。
🚌 乘7、15、19、27、102、105、107等多路公交车可到达。

▲ 古观象台

北京郊区游

★八达岭长城（国家5A级旅游景区）

八达岭长城位于北京延庆区境内，是万里长城的精华之一。这里是最早向游人开放的长城地段，在中外游客心中享有极高的声誉，人们常说的"不到长城非好汉"几乎是专指八达岭长城而言。

截至2024年4月，八达岭长城已接待中外游人超2亿人次，先后有尼克松、里根、撒切尔夫人、戈尔巴乔夫、伊丽莎白二世等380余位外国首脑和众多的世界风云人物登上八达岭观光游览。今天的八达岭同样期待着您的光临。

👉 首次来京的游客还是去八达岭看长城吧！风景好路途也近

慕田峪长城（国家5A级旅游景区）

慕田峪长城位于北京怀柔区境内。这里的长城有鲜明独特的建筑风格——敌楼密集，关隘险要，城两侧均有垛口。尤其是东南面有3座敌楼并矗一台的正关台，为长城建筑之罕见。慕田峪长城极富有立体感。以慕田峪关地势最低，海拔仅486米，往东至大角楼（慕字一台）不到500米的距离内，长城高度陡然上升了117米。往西，从慕字四台（正关台）至慕字十九台高度起伏不大，从慕字二十台至牛角边最高处，只经过近10座敌楼，长城高度就从慕田峪关的海拔486米上升了533米，达到海拔1019米。从整体角度看，这段长城犹如在山巅腾飞的一条巨龙，非常壮观迷人。

👉 长城是世界文化遗产

明十三陵景区（国家5A级旅游景区 世界文化遗产）

明十三陵是中国明朝皇帝的墓葬群，坐落在北京西北郊昌平区境内的燕山山麓的天寿山。距离北京约50千米。十三陵地处东、西、北三面环山的小盆地之中，陵区周围群山环抱，中部为平原，陵前有小河曲折蜿蜒，山明水秀，景色宜人。

明代术士认为，这里是"风水"胜境，绝佳"吉壤"。因此被明朝选为营建皇陵的"万年寿域"。该陵园建于1409—1645年，距今已有300—500多年历史。陵区占地面积达40平方千米，是中国乃至世界现存规模最大、帝后陵寝最多的一处皇陵建筑群。

龙庆峡（国家4A级旅游景区）

龙庆峡位于京郊延庆区东北5千米处，是幽深秀丽的天然峡谷，长约7千米。碧绿的河水在峡谷中蜿蜒前行，两岸山峦郁郁葱葱，连绵不绝，颇有南国风味，故享有

760

"小三峡"的美名。游客到此除了可以乘游船观赏沿途风景外，还可以登山前往百花洞、神仙院景区。每年冬天在此举办的冰灯展吸引数十万名游客前来观看。

☛ 最热和最冷的时候去龙庆峡吧！夏游山水、冬看冰灯，都开心

十渡（国家 4A 级旅游景区）

有"北方桂林"之称的十渡位于北京房山区西南部拒马河畔十渡镇，著名景观有望佛台、石人峰、蝙蝠山、龙山大"佛"字、石门、棒槌岩和跳水台等。是北京周边最秀美的山水风光景区之一。

雁栖湖（国家 4A 级旅游景区）

位于怀柔区城北 8 千米处，原名北台上水库，被开发成京郊著名的水上游乐园。这里三面环山，南侧是平原，湖区碧波荡漾、景色宜人，有各类游乐度假设施，是观光度假佳境，现已发展成为著名的国际会议中心。

☛ 雁栖湖、红螺寺都是京北名景，与慕田峪长城一起玩吧

红螺寺

位于怀柔区城北的红螺山南侧，规模宏大，有"京郊巨刹"之称。这里山光庙影相映，且有"御竹林""雌雄银杏树"及"紫藤寄松"三处绝景，甚具观光游览价值。

☛ 夏季暴雨过后（雨停后）去黑龙潭，溪瀑汹涌震撼人心

黑龙潭

黑龙潭位于京郊密云区石城乡境内，距北京市中心约 100 千米。在长约 4000 米、水位落差达 200 余米的峡谷内，由于溪水层层跌落而形成了 18 个大小不一且形态各异的水潭。溪潭相间、风光秀美而又多彩多姿。游人从景区入口处的山脚攀至山顶，可把景区内的奇山异石和三瀑十八潭尽收眼底，倍感新奇刺激。从东直门乘 980 转密 60 路车可直达。门票旺季 120 元，淡季 60 元。

京东第一瀑

在黑龙潭以北约 4 千米处，景区山水风光特色与黑龙潭相同。这里的山间水潭没有黑龙潭多，但是瀑布景色却比黑龙潭壮阔，以落差达 70 米的大瀑布（"京东第一瀑"）为代表，景区有大型瀑布群至少 3 处，盛夏时节雨水过后瀑水奔腾，声震山谷，景色最为迷人。

☛ 北京郊区能有这么好看的瀑布群，真是难得啊。适合雨后观光游乐

● **八达岭长城**

¥ 门票 40 元，淡季 35 元。缆车往返 140 元。

交通 火车：从北京到八达岭有旅游专线车，通往沙城、张家口、集宁、呼和浩特等西北城市的各次快车慢车，上行下行都要在青龙桥车站停车数分钟。可在北京站、北京南站（永定门）和北京北站（西直门）就近乘车，下车站在青龙桥西站或八达岭站。

汽车：877 路公交车可到，每天 6:00—12:00 从德胜门发车，游 1 路 6:00—10:00 前门发车，游 4 路 6:00—10:00 动物园发车，游 5 支 6:30—10:00 颐和园发车，游 2 支 6:00—9:30 崇文门发车。

请注意在德胜门乘 877 路车，一定要乘公交公司的车，这个车安全正点，票价规范。

▲ 慕田峪长城

● **慕田峪长城**

¥ 门票：登城 45 元/人，缆车往返 140 元/人，施必得滑道往返 140 元/人。

交通：西直门火车站乘旅游专线至北宅（在火车站购景点门票免车票），下车后换乘汽车到达。从东直门乘 936 路可直达，或从东直门乘 916 路到 H23 站再乘也可。

● **明十三陵景区**

可从德胜门西站乘 345 支线至昌平东关路口转 878 路至景区。

¥ 旺季定陵 60 元，长陵 45 元，昭陵 20 元，神道 30 元。淡季有优惠。亦有套票出售。

●笔者关照

怀柔区景色甚佳,是京郊明珠,值得一看。

●龙庆峡

门票:40元,冬季80元。乘船100元。

交通:汽车:游8路(旅游专线车),始发站:前门、安定门地铁西口(每周六、日发车);919路(市郊车),始发站:德胜门箭楼每5分钟开一辆,1小时后可到延庆,再乘920环线到龙庆峡。

火车:西直门上车,至延庆南站。

●十渡

汽车:前门(22路站)发车的游10路专线车直达。917路公交也可到。

八渡是十渡景区的中心,可在此食宿并做重点游览。

●雁栖湖

门票40元,学生证半价。

湖区东南侧山顶上有一座景亭,登高远眺视野内风光如画,感觉奇佳。

从北京市内乘游6路(宣武门、东四十条发车),或从东直门长客车站乘916路可到。

●红螺寺

从北京市区乘游6、游16路可到。从东直门客运站坐867路可直达。北京北站另有旅游列车直达。

▲ 怀柔水库秀色

青龙峡(国家4A级旅游景区)

地处怀柔区北部,田园风光和山川秀色皆美。景区内有清波荡漾的青龙湖、雄伟的湖区水坝、起伏的群山、盘踞在山顶上的古长城遗迹和完善的旅游度假设施,集观光休闲多种功能于一身。是怀柔区内重要的旅游度假区之一。

☞ 又能玩、又能吃、又能住。去青龙峡一次让人很开心!很舒服

桃源仙谷

地处密云区境内的大型旅游观光度假区,景区内有高山、密林、奇石、巨瀑,尤以奇峰异石和山溪美景著称。桃源仙谷中的最大瀑布落差达115米,身姿壮美景色诱人。桃源仙谷景区内的游览距离长达8千米,游人从山门入口处走到最高点云蒙山顶往返要6—7小时,其间所见美景无数。桃源仙谷景区内处有大型度假村和许多农家院,餐饮住宿设施完备,游人来此观光度假会非常快乐舒适。

☞ 桃源仙谷很壮阔,内有美景多处,观光需一整天时间

▲ 雁栖湖美景

旅游锦囊

为您提供北京自助游览观光的攻略

①北京的名胜古迹太多,一次游遍有困难,所以首次来京的游客一定要抓住重点。

②初次来京还是游览八达岭长城(注意不是水关或居庸关长城),那里的长城有代表性且交通方便。二次来京再去慕田峪或司马台长城。

③在天安门广场南侧的前门正阳门前有北京游客集散中心,他们组织的长城、十三陵一日游规范、保险、安全,游客可在游天安门和毛主席纪念堂时顺路订好次日的长城、十三陵一日游票。

④位于北京西三环路上的中央电视塔塔身高大,塔上有露天观景台,游人在塔上可将半个北京城尽收眼底,非常壮观迷人,视野非常壮阔,笔者强力推荐。

▲ 京东第一瀑胜景

⑤为了抓紧时间,可在观光时顺路光顾北京的特色餐厅品尝风味美食,如在王府井观光逛街时去东来顺、翠华楼、丰泽园,在琉璃厂逛街时去全聚德烤鸭店和平门店,在动物园观光后去新疆餐厅、在北海和后海观光时去烤肉季,上述景区和餐厅相距很近。

⑥除去市区和郊区知名度很高的景点如故宫、颐和园和长城一类外,北京郊区有些景区知名度不太高但甚具观光价值,笔者向大家强力推荐的有百花山、灵山、桃源仙谷、京东第一瀑,另外密云区境内的司马台长城地势险峻且建造神奇,观后您一定会有惊喜,您一定会惊叹:"哇,我们的先人怎么这么有本事啊!"

⑦北京的人太多,为了使观光更快捷顺畅,笔者强力推荐以下交通方式——短途:打车或乘公交车;中途:地铁(北京的地铁线路多且车速快)加上打车;长途:乘各条专线车。上下班高峰期间尽量乘地铁,以免承受堵车之累。

发烧友特别关照

如何在北京的炎热夏季享受到秋天般的凉爽舒适

北京的盛夏时节有时候真不好过,不光气温高,而且空气湿度大,每年都有几个星期的"桑拿天",让人痛苦不堪。下面笔者为您介绍几个京郊消夏避暑的绝佳地点,读者朋友前去一游定会在那里享受到秋天般的凉爽舒适。

①去京城西郊的百花山、灵山,这两处山岳景区都因海拔高而气候凉爽。去年夏天正值北京城内最高温的时候,笔者在市区热得"要死要活"的,可是到了百花山,呼吸到的空气就跟冰冻橘子汁似的,又凉又甜,真叫人舒适不已。次日又到了灵山,下午山上下了一场雨,傍晚出来一看,满街上都是披着大衣的人,想想这里有多么凉快——不仅是凉快,简直是有点儿寒冷了。

②龙庆峡也是避暑佳境,由于地处京郊北缘,加之有深山环抱,这里的气温至少比北京市中心低5℃—8℃,从市区来到这里就相当于从盛夏来到了初秋,暴热烦闷一扫而空(景区内有许多宾馆可住,每晚都有消夏晚会和歌舞表演)。

③去密云区的云蒙山也是不错选择。云蒙山地处密云区县交界处,山东和山西两侧都有许多好景点。笔者认为颇具观光价值的有怀柔境内的青龙峡和密云境内的京东第一瀑及桃源仙谷等。

▲ 百花山风光

推荐游程

一至四日游

D1. 去天安门广场看升旗仪式,参观广场及天安门城楼、国家博物馆、人民大会堂、人民英雄纪念碑。之后游览故宫,午后登景山看京城全景,然后游览北海(从前门或东门进、北门出),黄昏时去什刹海观"银锭观山"美景,然后在烤肉季餐厅品风味美食。晚上去王府井逛街购物、休闲娱乐。

D2. 游八达岭长城、十三陵(一定要乘由公交公司运营的专线观光车),晚上逛前门和大栅栏商业街,品尝美味烤鸭。

D3. 游览颐和园、圆明园,下午返回看奥运会主会场"鸟巢"。晚上逛蓝色港湾或朝阳门商圈并去三里屯酒吧一条街休闲娱乐。

D4. 游动物园、海洋馆,登中央电视塔居高观北京壮景,晚上去琉璃厂古文化街购物。

之后如果还有时间,可做如下安排:

①用1天时间游香山、碧云寺、卧佛寺、植物园,或把八大处和香山连在一起玩(二者相距不远)。

②用1—2天去京郊西南的十渡景区游览,或把十渡和野三坡连在一起玩。

③用1—2天去京郊怀柔区游览慕田峪长城、红螺寺、雁栖湖、青龙峡或是去游览密云区的桃源仙谷和京东第一水瀑景区。

④用1天时间游览北京环球度假区。

发烧友特别关照

如果您是第一次来北京,那应该重点游览天安门广场、人民英雄纪念碑、人民大会堂、国家博物馆、故宫、景山、北海、颐和园、圆明园、八达岭长城、十三陵、天坛等景点。此外奥运场馆鸟巢和水立方以及位于人民大会堂西侧的国家大剧院也值得一看。

如果游览过上述景点后还有时间或是您第二次、第三次来北京,那可以继续游览香山、碧云寺、卧佛寺、植物园、八大处、雍和宫、国子监、动物园、海洋馆、中央电视塔、环球影城、慕田峪长城、雁栖湖、云蒙山、龙庆峡、黑龙潭、云居寺、十渡、灵山、百花山、爨底下村等其他景点。

▲ 天坛

旅游锦囊

如何用 3 天左右的时间畅游北京周边省市的景点

前面笔者为大家介绍了北京地区的游观光方式,下面笔者再为各位推荐一些用较短时间(3天左右)去北京周边省市开心游览的方案,这样,您只要凑出 2—3 天时间,投资不多的旅费就能得到精彩的游历和满意的观光效果。

①夏季笔者向您强力推荐承德、坝上草原观光游——这条线上既有皇家园林、古迹名景,又有秀美的自然风光,尤其是坝上草原:蓝天白云与无边绿野相映的壮景会让人得到心灵上的震撼和强烈美感,而青山绿树和碧绿溪湖在那里简直是随处可寻,观光效果绝佳。游程安排可以上午出发,中午到承德,下午观光;第二日上午去坝上,下午抵达观光;第三天上午继续坝上观光,下午返京。

②同样花上三天时间,去山东省烟台市长岛风景区也是精彩选择:晚上乘夜车去烟台,次日早晨到,先游烟台海滨,下午游蓬莱,黄昏时去长岛;第二天全天游长岛;第三天原路返回(4—10月份适合游览此线)。

③北戴河是前些年北京周边游经典目的地,近年来阿那亚也是极具浪漫情调的文艺打卡圣地。从北京出发到昌黎火车站只需 40 元左右,订阿那亚园区内的酒店或民宿即可入园,可以游览海边的孤独图书馆、阿那亚礼堂、UCCA 沙丘美术馆等景点,也有各式各样的美食店供您品尝。如果您不想在园区内住宿,购买美术馆票也可在指定时间入园。

④还有一个绝佳目的地是河南安阳,那里的太行山风光甚为迷人,还有殷墟博物馆等历史人文佳景。北京有高铁列车直达那里(运行最快只需 2 小时),花 3 天工夫畅游安阳定觉物有所值(春、夏、秋三季皆可游览)。

天津市
TIANJINSHI

电话区号：022

天津北依燕山、南临渤海，既是首都北京的门户，也是一座历史悠久、风光秀丽的文化名城和旅游名城。天津的古文化街、五大道洋楼别墅群及其他诸多历史名人故居颇具幽远古朴之迷人风韵，而东疆亲海公园和国家海洋博物馆等景点以及美食游、民俗游等游乐项目亦都别致新颖、特色鲜明，加上这里吃、住、行、游诸方面的物价水平稍稍低于周边其他大中城市，所以已有越来越多的人把天津当作旅游观光和度假购物的乐土。

气候与游季

属温带大陆性气候，冬冷夏热、四季分明，7月份平均温度达26℃，但1月份平均温度可至-4℃，春、夏、秋三季皆宜游览，即使是严冬时节，市内的历史文化游和美食游、民俗游等活动亦可照常进行。

交 通

滨海机场有地铁和多条大巴线路开往市区，也有线路到北京市区

▲ 海河·解放桥

● 水运
天津站铁路轮船联运售票处：龙门大厦。

● 城铁高速列车
如今乘城际快车，30分钟即可从天津到北京。

航空
天津滨海机场距市区约13千米，有航班通往上海、广州、三亚、沈阳、乌鲁木齐等国内各大中城市。
机场问询电话：022-24906563　民航售票电话：022-95350

发烧友特别关照

①在天塔和天津之眼上观景很壮美，海河—渤海一日游内容丰富，挺让人开心，去五大道看洋楼群旧貌能领略津门古风古韵（国内保存得这么好的异国风格建筑群真是少见），去滨江路商业街购物和服装街购物特别便宜、实惠、诱人，把老景、新景结合起来，把观光和购物结合起来，您的天津游会感不虚此行。

②盘山的风光虽比不上泰山、黄山，但在冀北、京东有这么一座特色鲜明的山亦属不易，去做一日至二日观光均可（从北京方向去也非常容易方便）。

③北京的王府井虽繁华，但商店还是在路两边，可盛夏时节的晚上，天津滨江路上的商摊全都摆在大街中央，这时您才能真正体会到步行街的味道和含义。

④其他旅游、观光、休闲、购物佳境还有周恩来邓颖超纪念馆、天后宫、意式风情街等，时间充裕者可予关注。

火车

　　天津主要有天津站、天津西站、天津南站、天津北站几个主要车站。天津站位置属市中心，通地铁2号线、3号线和津滨9号线；天津西站到文化街、海河不远，通地铁1号线和6号线；从天津南站乘地铁到市区约30分钟，距离较远。天津有发往全国各省市的始发车，并且与北京间每日有多班城际特快列车对开，30分钟即可到达。

　🏠 天津站电话：12306　天津西站电话：022-26189505　天津南站电话：022-60569571　天津北站电话：022-26181162

公路

　　天津有多个汽车客运站，此外火车站广场附近亦是长途客车重要发车点，每天有大量的客车开往周边郊县及北京、河北、内蒙古、东北、山东等地。

水运

　　天津港有客货轮发往大连等城市。夏季客运班次多，具体航班需向客运站问询。

市内交通

　　地铁：共有11条地铁，车站200多座，总里程300多千米，乘坐非常方便。

　　观光巴士：从平津战役纪念馆经古文化街、文庙、食品街、旅馆街、名人故居等至历史博物馆。

住宿

　　天津市区高中低各档宾馆数量均多，游客的住宿还算方便。如全季酒店，距

旅途花絮

　　"天塔"上观美景，能治"天津迷路症"。

　　"天塔"是天津广播电视塔的简称，比赫赫有名的北京中央电视塔还高出一截子呢。"天塔"上既有室内观景厅又有露天观景台，均建在250余米高的塔腰上，在这个高度上眺望天津市区全景，那种开阔壮美的感觉自然是不用多说的。笔者一到天津，就迫不及待地登上"天塔"观览津门秀色，兴奋快意之余，笔者发现了天塔观景台的一大妙用：它能相当有效地治疗"天津迷路症"，看到"天塔"就能认方向。

　　谁都知道天津的街道斜的多，正南正北正东正西的少，所以外地人来到天津后十有八九搞不准方向，于是问路就成了天津旅游中的一大内容。笔者是个方位感挺强的人，在其他地方极少迷路，可是一到天津就"晕菜"，就"找不着北"，什么东北角、西南角、南市，乱七八糟的总也搞不清。哎，谁知那天登上"天塔"一看，顿觉心明眼亮了许多。"天塔"的室内观景厅中每个大玻璃窗前均有明文提示，把在这个窗户这个角度看出去能见到的主要街道、主要建筑提示给您，按图索骥，一一对号，真有恍然大悟之感。噢，火车站在那儿，劝业场在那儿，食品街、服装街在那儿，海河是那样流过来的，它们之间的相互位置原来是那样的啊！

　　从"天塔"上下来，再钻进市区那纵横交错的街道上去，心中果然有谱了许多，有时虽然在细节问题上还要打一下"磕巴"，可总的来说，走冤枉路的概率大为降低。有时一时犯了迷糊，笔者就站在那儿闭上眼睛，把在"天塔"上看到的城市全景在脑海里"过一下电影"，嘿，这一下，大概的方向就又找准了。所以笔者劝那些初到天津的朋友，先到"天塔"上一游，在那里既能畅观津门秀色，又可总揽全局、把握方向，一举多得。

▲ 天津广播电视塔

● **天津美食三佳境**

①天津广播电视塔上的旋转餐厅，可以坐在里边一边吃一边畅览津门全景。
②去食品街"胡吃海塞"。
③狗不理包子总店，可以尝到最正宗的狗不理包子（可是食客近来越来越少）。

● **狗不理总店**

在和平区山东路77号，电话：022-27302540。
狗不理肉包套餐66元/份，含1碗粥，2份小菜和8个肉包或三鲜包。

● **起士林大饭店**

和平区浙江路33号，天津最著名的老字号西餐厅，电话：022-23300330。

● **天津菜馆**

在南市食品街，主营津味菜肴。代表菜品有草青虾仁、白凤鳕鱼丁、虾脑鱼肚、红烧鱼唇等。人均消费100元左右。

火车站不远，条件尚好的标间300多元，电话：022-85580888。还有七天优品快捷酒店火车站店，虽条件一般但位置好，标间两三百元。

🍴 餐 饮

天津饭菜价格比北京的同类餐馆便宜10%左右，所以在天津品尝各类风味美食还算令人快活开心。笔者向您力荐天津美食一条街，这里汇聚了各种风味的餐馆数十家，四川麻辣菜馆、蓬莱海鲜酒楼、东北八大碗餐厅、江苏的淮扬饭店，各地风味酒店均在这里安了家。此外像天津著名的狗不理包子、桂发祥麻花、耳朵眼炸糕、猫不闻水饺都在这里设有专卖店。走进食品一条街，见到众多的餐馆和店铺，看得人眼花缭乱。

食品街上的饭菜价格过去很便宜，但最近涨价的幅度也很大。不过街上的不少餐馆推出了小盘菜（价格和菜量是标准菜价的一半左右），所以花上30元钱出头吃上两菜一汤的地方还是挺多的，笔者认为食品街二层的鸭溪酒楼最最实惠。

另外像天津传统的风味小吃三绝——狗不理包子、桂发祥麻花、耳朵眼炸糕，均在各大街区各大商厦及火车站、汽车总站随处有售，游客可以任意选购。

▮ 食品街上的鸭溪酒楼。在食品街二层，电话：022-26428222

🏛 主要景点

天津广播电视塔

天津广播电视塔，塔高415.2米，目前是亚洲第六高塔，因其拔地倚天，与碧空白云相映，身姿异常秀丽，所以新确立的天津新十景之首便称为"天塔旋云"。

🎫 门票50元

水上公园

市内最大的水上游乐中心，有许多清波绿柳和精美亭阁，其风光虽然比不上北京的皇家园林颐和园和北海，但在天津市区确属上乘。

🎫 门票免收

五大道洋楼群

位于市区重庆路一带，有建筑风格各异的小洋楼几百幢（系英、法、德、日等9国在天津强占租界时的建筑），建造精美，保存很好，成为津门独特的一景。在天津参观小洋楼，犹如在北京参观四合院，最能领略一个城市的古老韵味和昔日风情（门票免收）。

古文化街（国家5A级旅游景区）

在海河西岸，北起老铁桥、南至水阁大街，全长近700米，街道两侧有店铺数百家，均为明清风格的仿古建筑。这里出售各类古玩玉器、古旧书籍和传统手工艺品，其街道风貌和功能，与北京的和平门琉璃厂大街异曲同工。

津湾广场

海河边上的大型高端国际商业娱乐区，各类商务、餐饮、娱乐、休闲设施一应俱全。广场内有许多风味餐厅酒店和酒吧、咖啡馆，亦有影视城和歌舞表演场，成为天津市内特色鲜明的观光新亮点。津湾广场距天津火车站甚近，游客下车后走过解放桥即可抵达津湾广场开心观光娱乐。在附近海河码头上登船做水上游乐亦能使人倍感欢欣。

🚍 从天津站步行即可到津湾广场，亦有多路公交车抵达

滨江道商业街

市区最繁华的商业步行街，从东北向西南依次分布着劝业场、华旭商厦、华联商厦、滨江商厦四家大型商城，其他中小商店不计其数，人头攒动，热闹喧嚣，是天津城区购物游的范围主体和中心。

食品街

在和平区南市，这里汇集了各地域各风味的餐厅和食品店近百家，街心喷泉欢涌，街畔宫灯高悬，充满欢乐喜庆的节日气氛，是天津美食游览的中心，也是市区不可多得的最适合平民百姓消费享受的餐饮胜境。

🚍 在和平区南市，多路车可到。从火车站打车到食品街车费10元左右

海河游览区

海河横贯天津市内，河水清澈，两岸有精美护栏和许多漂亮广场以及河边花园，有"东方塞纳河"的美称。游客既可以在市中心的河道上划船戏水，亦可乘游船向东一直驶到大沽口的海河入海口，观看天津港雄姿和渤海风光（火车站前解放桥一带的海河河滨环境和风光挺好，游客可予以重点关注）。

梁启超故居

位于天津河北区民族路44号，是民国初年梁启超购地所建，为意式两层砖木结构楼房，造型典雅别致。

💰 门票10元

塘沽滨海游乐城

位于塘沽区高沙岭海滨，有国内最大的人工海滨浴场——面积达18万平方米，

● **特色商品和购物**

天津的特色商品和食品主要有杨柳青年画、"泥人张"彩塑、"风筝魏"风筝、"砖刻刘"砖雕、桂发祥麻花、耳朵眼炸糕等。主要商品街有劝业场、滨江道、和平路、服装街、古文化街、意式风情街、估衣街、人人乐淘宝街等。外地游客可重点关注劝业场、滨江道、和平路、服装街、古文化街。另外食品街上出售的各类糖果和小吃，也是馈赠亲友之佳品。

● **晚间休闲娱乐方式**

①到食品街开心美食，大快朵颐。
②去滨江道商业街游览购物。
③看海河夜景。津湾广场一带风光就很不错。

● **海河渤海一日游**

每天9:30—10:00发船，从解放桥一直开到二道船闸，上岸后换乘大巴去大沽炮台和塘沽外滩观光，然后开到塘沽港上船游渤海，约18:00返回。

💰 观光费用80元/人含游览讲解。

嬉水游乐及餐饮住宿设施一应俱全，是盛夏时节游客休闲游乐的极佳去处。

🚍 天津火车站前旺季有车抵达。塘沽火车站亦有车前往

盘山（国家5A级旅游景区）

在天津市蓟州区西北15千米处，系燕山余脉，主峰864米，山姿秀美。盘山上的风光分段而异，下段以水为胜，清流潺潺、溪泉碧澈；中段以石为胜，多奇异山石并存有不少摩崖石刻；上段以树为胜，有苍松翠柏数千棵。以景区综合水平而论，盘山在津北、京东应算不可多得的山岳名景，非常值得一游。

👉 盘山去一次决不嫌多。一定要登上山顶看一看

黄崖关长城

在蓟州区东北30千米处的山崖上，这里山势陡峭，崖壁如削，长城盘桓山岭之间，异常雄伟壮观。周边还有八卦城、太平寨、黄崖水关、百家墨迹碑林等多处景点，集雄关险景和人文园林于一体，是天津境内唯一的以长城为核心的大型综合景观。

🚍 可从天津或北京乘车先到蓟县，然后换公交到景区。💰 门票70—85元

泰达航母主题公园

是由俄罗斯退役的航空母舰改造后建成的大型娱乐城，停泊在汉沽区八卦滩海滨。舰上观光活动很有新意，游客还可观看航母风景、飞车特技、花车巡游、极炫飞跃等主题演出。

💰 观光门票220元

推荐游程

三日游

D1. 上午天塔观景，在塔上旋转餐厅美食游乐，中午下塔后去对面的水上公园观光，下午服装街购物，黄昏时去食品街开心尝各类美味，晚上去津湾广场休闲娱乐。

D2. 海河之滨观景，古文化街购物，中午在狗不理总店品美食，下午去五大道看小洋楼别墅群。晚上逛滨江道商业街。

D3. 从解放桥码头上船进行海河—渤海一日游（周六上午10:00举行开桥仪式也有观看价值），或去塘沽看泰达航母主题公园。

此外在距天津不远的杨村还有与北京世界公园类似的杨村小世界，时间充足者可做一日观光游乐。

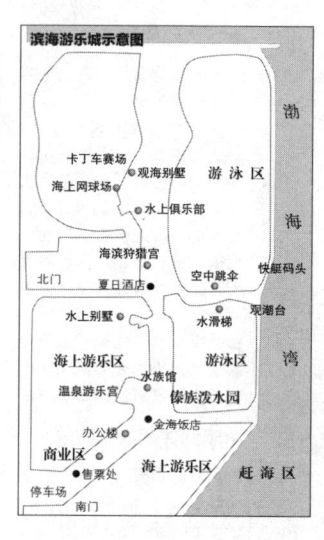

● 盘山观光指导

可从天津乘火车或汽车先到蓟县，再换公交车半小时就到盘山。

从北京乘火车或汽车去蓟州盘山也方便。

门票78元。缆车价格：入胜索道60元，云松索道60元，挂月索道加观光车共100元。电话：022-29828186。

● 笔者郑重推荐

五大道洋楼群规模很大、保存很好（此地还有不少名人故居和餐馆），已经成了天津市的名片。建议游人去那里做半日观光游乐。

● 另荐景点：石家大院

系津门富绅、天津八大家之一的石元士官邸，建于清光绪年间，由大小四进院落组成，建造精致而又有气势。现已辟为杨柳青博物馆，院内亦拍摄过多部著名影视作品。从天津市区乘175、757、824路公交可到。门票23元。

河北省
HEBEISHENG

黄金旅游线路

① 北京—北戴河—南戴河—黄金海岸
② 北京—承德
③ 北京—丰宁坝上草原
④ 北京—保定（白洋淀）—石家庄（含苍岩山、嶂石岩、天桂山、西柏坡等）

河北自古便是京畿要地，燕赵古国的故土上有许多名胜古迹，可是从全国其他省份专门来河北观光的游客似乎不太多，究其原因可能是这里离北京太近，首都的耀眼光芒掩盖住了诸多周边地带上的美景。但如果您不是过于挑剔和善于攀比，还是可以在河北省内找到不少游览佳境并能从中得到新奇和快慰的。

①石家庄—保定一线的风景名胜主要有苍岩山、嶂石岩、天桂山等，以上景点虽然无法和黄山、庐山相比美，但苍岩山和嶂石岩的风光水平在祖国北方的山岳风景区中仍算可圈可点，另外华北明珠白洋淀风光绝对够水平——一年四季都有佳景，游后感觉如诗如梦。

②古城承德不光是避暑胜境，避暑山庄和外八庙的建造更是气势雄浑而又独具匠心，一生中去承德游览一次绝对不嫌多。

③坝上草原因其气候凉爽且自然风光美丽原始，所以颇为引人注目，它是华北夏季观光佳景中的灿烂明星。

④北戴河曾是国内最著名的海滨名胜，近年来似乎对游客的吸引力逐渐消退，但有一个办法能让您在那里玩出新的方式和感受——把北戴河、南戴河、黄金海岸连在一起游玩，古老景区定会焕发出崭新风韵。

此外在张家口和崇礼一带有万龙、多乐美地、长城岭等滑雪场和张北草原等热门景区，在天津以东的乐亭县亦开发了一些海滨美景，值得大家关注。

河北省及周边示意图

771

自助游中国 ▶ 华北地区

秦皇岛—北戴河

河北省

☎ 电话区号：0335

　　秦皇岛—北戴河是渤海之滨最著名的避暑胜境。这里的秦始皇求仙入海处和北戴河海滨度假区在华北甚至全国享有盛名。而东侧的山海关城楼、老龙头、燕塞湖、孟姜女庙和西侧的南戴河和黄金海岸等周边佳景则恰似众星簇月，把祖国北方这处不可多得的滨海名胜装点得更加缤纷艳丽。这里也开发开放了野生动物园、乐岛、渔岛秦皇求仙入海处、阿那亚等诸多佳景，传统的景区正在焕发出引人注目的青春活力。

▲ 鸽子窝晨景

☀ 气候与游季

　　秦皇岛—北戴河，夏季天气凉爽；冬季因有海水调节温度，因此亦无明显严寒；春秋时节气温适中、风和日丽，亦适合游览。所以这里虽然是公认的避暑胜地，夏季最适宜旅游，但是春、秋两季前来，也能留下美好观感。

🚌 交通

航空

　　机场位于北戴河市区东北20千米处，现已与北京、大连、长春、哈尔滨、上海、石家庄、太原等城市通航。

📞 机场问询电话：0335-96360　机场售票电话：0335-7520000

铁路

　　秦皇岛市拥有秦皇岛、北戴河、山海关三个火车站，前往东三省的列车大多在秦皇岛市境内路过或停留。从北京始发的高铁列车和旅游特快2—3小时即可到达北戴河、秦皇岛，交通极为方便。

📞 火车站问询电话：0335-7932222

公路

　　秦皇岛每日都有开往北京、天津、承德、郑州、石家庄、内蒙古、兴城、锦州、沈阳、鞍山、大连等方向的长途客车。北戴河海滨每日有专线旅游大巴同北京、天津

● 当地的火车交通指导提示

乘火车去秦皇岛、北戴河游览可以在秦皇岛或北戴河站下车。北戴河站距海滨景区近，交通便利；秦皇岛站距海滨景区稍远但也有公交车直达。另外也可在昌黎火车站下车，先去黄金海岸观光，再乘车向东经南戴河去北戴河。

● 从火车站乘车去海滨度假区

①秦皇岛站前出租车很多，拼车或包车都很方便，网约车就更不用说了。

②从秦皇岛火车站乘34路公交车可直达海滨景区，车程约1小时。

772

对开，从北京自驾车去秦皇岛、北戴河可沿京哈高速路东行，2—3小时即可到达。

■ 秦皇岛客运站：0335-3067010

北戴河海滨游览示意图

●从北京到北戴河

最快的高铁列车100分钟即到，车票百元出头。当然暑假还有多次加车。

●从北戴河火车站到海滨

①从北戴河站外乘5路最方便，车票1元，30分钟即到海滨景区中心汽车站，也可乘22路，但是它要绕道南戴河，比5路慢得多。
②包车从火车站到海滨约需30—40元，可乘至少4人。

●海滨到秦皇岛市区

有34路直达车往返，车极多，车费2—3元。途经鸽子窝和野生动物园，一直开到秦皇岛火车站前。

●租车游览北戴河海滨省力又开心

打车从中海滩沿东海滩一直开到鸽子窝，淡季一般30元即可，途中能见到多处美景。包车半天一般需200—250元。海滨景区到处有机动车揽活儿，游客可随意选择。

住宿

作为海滨旅游城市和度假区，秦皇岛市—北戴河度假区内的宾馆饭店多得不计其数，尤其是北戴河海滨景区内，密密麻麻挤着数百家宾馆度假村。这里的房价随季节大幅升降，盛夏时节双休日时普通宾馆的标房可达300元甚至更高，暑假一过则降价。至于一般中小旅馆，除去7月初至8月末和"五一""十一"黄金周外，一二百元的房间随处可寻。

☞ 当地特色菜：八爪鱼、辣炒花蛤、烧大黄花鱼、炖海杂鱼、烧白眼鱼

餐饮

北戴河海滨景区内遍布各类海鲜馆，但海边的餐馆价格不便宜，普通肉菜价格在30—50元，普通海鲜一般在40—80元一份，但除去旅游最旺季之外，一般个体的海鲜馆中的菜价都可以打折甚至会主动打折，所以就餐前砍价是游客的必备程序。笔者曾把开价70元/条的海鲫鱼砍到40元/条，把2斤重的白眼鱼砍到35元/条，这两种鱼味

性价比高的住宿参考

①喆啡酒店（秦皇岛北戴河老虎石浴场石塘路店），房间干净舒适，地理位置优越，服务细致周到，距老虎石海上公园960米，距俄罗斯风情街660米，从北戴河火车站打车或驾车20分钟可到。旺季标间200元左右，电话：033-55928866。

②丽枫酒店（秦皇岛迎宾路火车站店），距离秦皇岛站1千米，步行约15分钟可到，附近有公交6路、33路、34路等，交通十分便利。酒店房间宽敞，视野开阔，周边有各式各样的美食餐厅，可满足游客们的多种需求。标间180-250元不等，电话：033-53811111。

道都鲜美。

欲吃普通饭食可离开海边，到当地人生活聚居的街区去（如北戴河石塘路市场的西边街上），但这里的中小餐厅中的菜价近来上涨幅度也不小。可是笔者经过考察发现石塘路市场以西有几家海鲜大排档，饭菜很便宜实惠，有许多30元左右的肉菜，各类海鲜30—70元/份，比其他餐馆便宜很多，因此笔者推荐。

主要景点

北戴河海滨景区

东起鸽子窝、西至南戴河，有无数海滨美景，碧浪金沙诱人陶醉。其中精华部分是中海滩和东海滩，这里的老虎石、碧螺塔、金山嘴、鸽子窝等都是久负盛名的观景佳地。

● 个体旅馆参考

距海滨不远的刘庄村以及草场中路有不少个体旅馆，房间不很大但条件尚可而且房价便宜，有卫生间的房间旺季100—250元，而淡季只需70—80元，可以适当关注。

莲蓬山

北戴河景区中的制高点和最佳观景点，登上该山东可望至秦皇岛市区，西可看到南戴河、黄金海岸，海滨景区全貌开阔壮美，天气晴好时登山观景感觉甚佳。

山海关景区

位于秦皇岛以东28千米处，是古时万里长城东端的重要关隘，现在城墙城楼均已得到修复。挂有天下第一关巨幅题匾的箭楼是最适合摄影留念的佳景。

💰 门票旺季50元。与孟姜女庙、老龙头联票110元

● 海滨游览最佳处

从中海滩至东海滩再至鸽子窝，总长超过10千米，会集了老虎石、金山嘴、碧螺塔、鸽子窝等著名景点，是北戴河海滨风光最佳地带，应重点游览。

老龙头

是万里长城东端的入海处，大型城墙城堡被扩建一新，游客登临城堡之巅可饱览天水一色的渤海风光，其景色异常开阔壮美，与北戴河鸽子窝异曲同工。

💰 门票60元，淡季有优惠。海景壮美，值得一去

● 莲蓬山

💰 门票25元。

参观时一定要登上最高点瞭望塔。

燕塞湖

位于山海关城西3.5千米处，湖区蜿蜒曲折，湖心清波碧透，岸边多卓山奇峰，是深山中藏匿的一颗珍珠。

🚌 从秦皇岛和山海关乘游览车或客车均可到。💰 门票50元

南戴河海滨

与北戴河仅一河之隔，这里景观的总体水平不如北戴河，但沙滩

北戴河—南戴河—黄金海岸方位示意图

河北省 秦皇岛—北戴河

比北戴河宽坦，另有仙螺岛、天马雕像、国际娱乐中心等景点。

野生动物园

在北戴河海滨以北1千米处，这里与传统的动物园最大的不同就是大多数动物都是野生放养，游客乘坐观光小火车穿行园中，可看到数千只自由自在地觅食和悠闲玩耍的野生动物，猛虎扑食、群鹿飞奔、狗熊作揖等场面很让人快活开心。

角山

距山海关城楼约3千米的平地拔起的美丽山峰，山间的大平顶、万寿山、角山长城、旱门关、栖贤寺等景点都很出色。在山巅能眺望渤海远景和燕塞湖秀色。

¥ 门票40元含缆车费

孟姜女庙

由贞女祠和孟姜女苑两组建筑群组成，坐落在山海关以东6.5千米处的凤凰山上。庙间的诸多石像和碑刻，再现了我国古代四大民间传说之一的"孟姜女哭长城"的故事全景。

¥ 门票25元，淡季有优惠

● 出海打鱼

乘船到深海打鱼捞虾，观大海风光，上岸后烹调自己的"战利品"，享受"胜利成果"。北戴河一些正规旅行社组织此活动，船只经过挑选，安全有保证。

● 南戴河海滨

¥ 国际娱乐中心门票120元。

● 野生动物园

¥ 旺季门票90元。

发烧友特别关照

何时去北戴河游览最合适？笔者的意见是春末夏初的4月、5月、6月三个月和夏末秋初的9月、10月两个月。此时的北戴河风光依然秀美，而景区内的环境之幽雅宁静、风光之柔和秀美简直无法用语言来形容（游客一少，北戴河的"野味"就出来了，大到各主要景区，小到路边的一草一木，都是那么美观、清爽、洁净）。更重要的是，此时全景区的宾馆、饭店、交通的接待能力全都十分充足，价格会大幅下调（尤其是4月、5月和10月），在餐厅就餐时的价码也非常灵活（可商量）。这时候去北戴河一游多好，您有可能受到"众星捧月"般的礼遇：一个人住旅馆，会有几个人为您服务（服务员比客人还多）；一个人想打车，常常会上来七八个司机热情相邀。这时候，您才能体会到"物（游客）以稀为贵"的妙处，您可以好好享受一下这种美妙滋味。

▲ 北戴河东海滩秀色

推荐游程

三日游

D1. 北戴河中海滩、金山嘴、东海滩、碧螺塔、鸽子窝、莲蓬山、野生动物园蓬莱山。
D2. 山海关城楼、孟姜女庙、老龙头、燕塞湖。
D3. 南戴河海滨、仙螺岛、国际娱乐中心、黄金海岸。
其中 **D2.** 和 **D3.** 游程可互换。

● 角山

🚌 山海关城楼和山海关火车站有微型车直达。

● 笔者关照

当地景点还有秦皇入海处、长寿山等,游客可一一光顾。

山海关乐岛水族馆

在老龙头西侧,馆内有数百种珍稀海洋鱼类共2万余尾,缤纷瑰丽。另外每天有人鲨同游、潜水、喂鱼等表演,供游人观赏。

🚩 水族馆在山海关市区。 ¥ 门票160元。淡季有优惠

新澳海底世界

位于秦皇岛海港区河滨路81号,每日有海豚、海豹、海狮表演,另有数千尾观赏鱼和热带海滨风光展示。

¥ 门票100元

集发生态观光园

在北戴河海北路中段,有包括热带雨林在内的千余种名优花卉、林木茁壮生长,另有攀岩、蹦极、空中飞人、竹筏漂流等四十余种娱乐方式,带给游人诸多新奇趣味和丰富开心游历。

¥ 门票100元,淡季有优惠

▲ 鸽子窝风光

发烧友特别关照

笔者向各位力荐北戴河海滨风光

①笔者认为:北戴河是北方海滨景区中的"皇家园林"——环境整洁、风光优美、旅游服务设施建设起点高而条件好,颇具诱人魅力。

②很多朋友只把北戴河当成避暑胜地,这种认识很不全面。其实北戴河的观光佳季可从4月中旬持续到10月底,避开7—8月份的暑期而在春秋时去北戴河更能玩得清静舒适、省钱开心。

③除去旅游最旺季外,北戴河的消费并不贵。与其说从北京出发花 300—400 元到郊区的一些农家乐度过双休日,那还真不如到北戴河待上两天,中海滩、东海滩、鸽子窝、联峰山风光组合的漂亮壮美程度以及观光效果真比京郊的大多数农家院强。当然这是笔者个人意见。

黄金海岸

📞 电话区号：0335

如果您酷爱海滨风光而又觉得北戴河、大连等传统景区没有新意，那笔者向您郑重推荐一处海滨名胜，它就是河北省昌黎县境内的黄金海岸海洋自然风景保护区。黄金海岸位于昌黎城南17千米处，海岸线全长50余千米，这里的海岸沙细、滩缓、水清、日照充足、气候宜人，非常适合游人进行海水浴、沙浴、阳光浴、空气浴，且岸边有非常完善的疗养、住宿、游乐设施，是华北地区不可多得的消夏避暑胜地。

气候与游季

北方海滨景区，盛夏凉爽，冬春寒冷，4月下旬至9月底为游览旺季。但是近年来严冬时节海滨的数家宾馆也开业接待游客。室内温暖如春且有多种游乐活动，海滩辽阔可以放焰火、鞭炮，许多游客来此过春节，玩得非常高兴开心。

▲ 盛夏时节的黄金海岸

交 通

去黄金海岸的路径有以下3条：

①乘火车到昌黎（昌黎是铁路上的大站，许多从北京、天津方向和从沈阳、山海关方向开来的列车都在此停靠），出站后换乘专线车，20分钟即到黄金海岸，也可包车。

②从北戴河火车站前广场乘22路公共汽车南行，20分钟即到南戴河，从南戴河换乘各类机动车向西行驶，30分钟即到黄金海岸。

③从秦皇岛火车站前广场乘34路公汽，40分钟可到北戴河海滨，再换乘8字头的公共汽车西行，20分钟可到南戴河，再行车约30分钟就到黄金海岸。

住 宿

景区内有近百家宾馆、疗养院及度假村，除去游览最旺季外接待能力绝对过剩。一般房价在7—8月份的周末虽可达三四百元甚至更贵，但一般季节只需100多元，住宿极为方便。

● 住宿参考

①大田园宾馆，在一纬路路口，是位置最好交通最便利的宾馆之一。标间100~150元。

②北京电视台培训中心，也是当地条件较好、服务规范的宾馆之一。

餐饮

旅游旺季海边有许多海鲜排档，可以品尝各类海鲜。淡季一纬路附近的数家海鲜餐厅仍营业，仍可吃到鱼、虾、蟹等各种美味。

▶ 力荐您品尝一种大众鱼类：白眼鱼，肉厚刺少，价格便宜，超级实惠

●国际娱乐中心

从黄金海岸打车5分钟即到。是南戴河最"火"、人气最旺的人工景点。

门票160元，含10项免费游乐；如滑沙、滑草等；另有一些项目需自费。

旺季时，景区内的《海誓南戴河》歌舞表演挺精彩。

●发烧友指点

①一纬路是黄金海岸游览区的中心，但这里的沙滩却不是最好的。最漂亮的沙滩在二纬至五纬路之间。这里的沙滩宽达60—70米，色泽金黄，宛如一块硕大的金色羊毛地毯。且不说周围还有壮美的海景，还有那么多的游乐设施，单是能在这样宽坦柔软、色泽诱人的沙滩上嬉戏游乐，就足以让人欢呼雀跃一番。

②来到海边的人，都不会忘记去观赏美丽的大海日出，而笔者却要在这里提醒您：黄金海岸的月色和夜景也很动人。大海日出展示的是奇丽、壮美和辉煌，而海上生明月（尤其是农历十五前后，月亮像个金色的大圆盘悬挂在海上）则使人倍感幽远、宁静和安详。

●游览要点提示

到黄金海岸游览主要是登山（碣石山）和观海景，获得一种总体上的辽阔壮美感最重要，如能领略到一种典型的"北方的海"（犹如"北方壮汉"般）的独特味道，即算不虚此行。另外，黄金般美丽动人的沙滩和海边的多种娱乐设施也会给游客带来无限的欢欣。

主要景点

黄金海岸线

沙滩辽阔、海景壮美。这里的沙滩宽度多为40—60米，最宽处可达70—80米，比北戴河海滨的大多数沙滩宽一倍还多，且沙质纯净、细柔均匀、软似绒毯、色如黄金。游人在宽坦的沙滩上奔跑、跳跃、戏水、游乐，会感到无比舒适开心。位于黄金海岸一纬路南侧的海滨有游船、水滑梯、激光打靶、快活林乐园等多种设施，可供不同年龄段的游客嬉戏、游玩。

国际娱乐中心

该中心虽隶属南戴河景区管辖，但离黄金海岸极近。娱乐中心占地约380万平方米，园内青山挺拔、海景秀丽、环境优美、空气清新，并备有高山滑沙、滑草、划艇、卡丁赛车、旱冰场、海水浴场、森林小火车等多种游乐设施项目（也开发开放了中华荷园、水乡庄园等新景区），是各方游客休闲娱乐的好地方。

碣石山

位于昌黎县城以北1千米处，是久负盛名的历史名山。该山主峰娘娘顶海拔695米，是居高眺望浩瀚渤海美丽景色的绝佳地点。自古以来，共有秦皇、汉武、唐宗等七代帝王在此登山观海，并留下许多脍炙人口的动人诗篇流传至今，仅曹操的一篇《观沧海》就已让碣石山四海扬名。

推荐游程

二日游览即可快活开心

D1. 可在海滨游乐、乘快艇出海或乘热气球俯瞰黄金海岸全景，并去渔岛观光（那里海滨原始风光美）。

D2. 可到国际娱乐中心滑沙、游泳，乘森林小火车观光，之后有时间还可去邻近的南、北戴河继续观光度假。

承德

电话区号：0314　避暑山庄：2029771、2022779

承德位于河北省东北部，有北京的北大门之称，作为清朝时期的国家第二政治中心，这里自然人文佳景荟萃，古风古韵独特浓郁。避暑山庄辽阔壮丽，雄踞山城中心，外八庙如群星簇月环列周边，气势雄浑而又异彩纷呈。巍峨殿堂庙宇与秀美山光水色相映，把祖国北方的边塞名城装点得分外妖娆。

气候与游季

承德地处华北平原和内蒙古高原之间，属温带大陆性季风气候，四季分明，冬季较寒冷，夏季很凉爽，春天有时有风沙，每年4月底至10月中旬为游览旺季，冬季仍可游览观赏各处皇宫庙宇，但效果感觉不如夏季。

▲ 避暑山庄一角

交通

铁路

去承德旅游一般取道北京，可乘坐高铁列车（每天有数十班），到承德车程只需1小时左右，车费100元左右。也可以从沈阳方面前往：从沈阳到承德，高铁2小时即到。去承德北面坝上的木兰围场旅游，可在北京北站乘京通线列车在四合永车站下车，再转乘中巴前往。从承德专栏围场观光也很方便。

承德火车站问询电话：0314-7622602　　承德火车售票电话：0314-20836902-362

公路

从北京到承德汽车大约需要行驶2—3小时。承德长途汽车站现已开通至北京及石家庄的高级快客，在旅游季节，北京和天津都有旅游班车直达承德，平时也有固定班次的长途汽车往返。北京开往承德的快巴车费50—65元（四惠站发车）。

北京四惠客运站电话：010-65574804　　承德客运总站电话：0314-2123588

发烧友特别关照

承德市区的风光景点虽然名气不小但数量依然有限，所以在那里逗留1—2天就完全可以了。如果欲做多日观光，应该关注承德周边的景点。如从北京出发去承德，途中经过的雾灵山、司马台长城等值得做短暂观赏游玩（司马台长城很精彩），而游毕承德之后可以把目光投向坝上草原，那里夏秋时节的景色非常值得一看。

● **推荐相对便宜实惠的宾馆酒店**

① 如家睿柏云宾馆，火神庙小区14号，标间150—220元/间，电话：0314-2131111。
② 时尚睡吧快捷宾馆，在桥西路安业大厦内，条件一般但房价便宜，标间70—120元起，电话16603143539。

● **避暑山庄**

¥ 门票130元。淡季90元。山地观光另收车费60元/人。山庄门口有导游服务处，找个导游陪伴并一路讲解可以增加不少知识学问，有的工艺纪念品商摊上的店主和服务员也做兼职导游，收费比正式导游员低很多，但讲解还很热情耐心。

● **笔者的独特感受**

一般游客游览避暑山庄只是在景区的东南角几个湖泊相连、楼水相间的地方看一看。可是笔者爬上山庄北侧山顶上的观景亭后觉得风光特别迷人。在这里南可观山庄全景，北可望外八庙雄姿，就是爬山要费一点时间。

区内交通

承德的交通非常方便，市内的公共汽车线路全、车次也比较多，花2元钱一般可到市内各景点。从避暑山庄大门外乘118路可到外八庙。承德的出租车起价为7元/2千米，以后1.4元/千米。此外网约车也很方便。

➤ 在承德市区包出租车半天需200—250元，适合结伴游客，可去多处景点

住 宿

承德市区不乏宾馆、酒店，但数量和密度比不上南方那些发达的旅游城市，价格掌握得亦稍显死板。主要星级宾馆有盛华大酒店、白楼宾馆、山庄宾馆、绮望楼宾馆、露露公寓等。另外还有一些中小型宾馆，价格便宜但条件不甚理想，好在一般游客在承德只停留一天，因此住宿无明显困难。

➤ 便宜住宿可选玉清饭店，是家庭旅店。普间60元/间，电话：0314-5019196

餐 饮

承德的饮食价格不贵且菜量较大，一般饭量的人要一个热菜基本可吃好。风味食品的代表是莜面食品和各类野味及山珍，如兔肉、鹿肉、山鸡、狍子等，这都是古代宫廷菜肴中的佳品。尤其是鹿肉和狍子在其他地方较难吃到，且据说都是人工饲养的，食用时并不违法，所以开心品尝就是，但味道也没鲜美到哪儿去。另外市区的新乾隆酒楼菜品丰富，乔家满族八大碗主营各类野味，都值得一去。

▌ 新乾隆酒楼电话：0314-2076768

主要景点

避暑山庄及周围寺庙景区（国家5A级旅游景区 世界文化遗产）

避暑山庄是中国最大的皇家园林，总面积564公顷，比北京颐和园大近一倍。园内分宫殿区和苑景区两大部分，内有烟雨楼等数处佳景。宫殿区是旧时皇室处理公务的地方，游客一般只在此做短暂观览。苑景区又分湖区、平原区和山峦区三部分，其中湖区溪湖清碧、亭台殿阁精美，是观光的要点和中心。

▲ 外八庙风光

外八庙环列于避暑山庄之外的北、东两面的大型寺庙建筑群，以群星簇月之态势环抱避暑山庄，是清康熙、乾隆年间陆续建造的。现存庙宇有普陀宗乘之庙、须弥福寿之庙、普宁寺、广缘寺、溥仁寺、殊像寺、安远庙7座。其中普陀宗乘之庙是仿拉萨布达拉宫而建，规模宏伟，人称"小布达拉宫"；须弥福寿之庙是仿西藏日喀则的扎什伦布寺修建，亦很壮观迷人；普宁寺中有高达22.28米的千手千眼的观音雕像，是国内同种雕像高度之最。以上三处庙宇应是游客来承德后的必观之景。

🚌 从避暑山庄门口乘6、118路公交车可到外八庙

棒槌山

在避暑山庄东北方向，山上有高约38.29米的上粗下细的棒槌形巨型山石，虽"头重脚轻"，但亭亭玉立、挺拔俏美，是承德市不可多得的天然胜景。游棒槌山可步行或乘缆车攀登至棒槌石下细观奇景（缆车上还可观承德市区全貌），在市区至外八庙之间远眺该山亦可获取美好观感。

🚌 10路可到双塔山。亦可乘登山缆车抵达，往返80元。 💰 门票50元。

双塔山

位于承德西南10余千米处滦河之滨的两座塔形石峰，挺拔孤立，山形秀美，山顶还建有小型砖塔，建造原因和手段令人匪夷所思。后来修建了双塔山公园，游人可登上高梯，细观双塔近景。

从承德去坝上草原

从承德去坝上自驾车只需4小时。自助游可先乘汽车从承德到围场县，围场到坝上的客车很多。若随团前去可从承德避暑山庄门口的国旅报名，二日游标价380元，打折后300元左右即可成行。费用包括交通、住宿、游览但不包吃和其他自费游乐项目。游毕承德后又想去坝上锦上添花的朋友可考虑此方案。

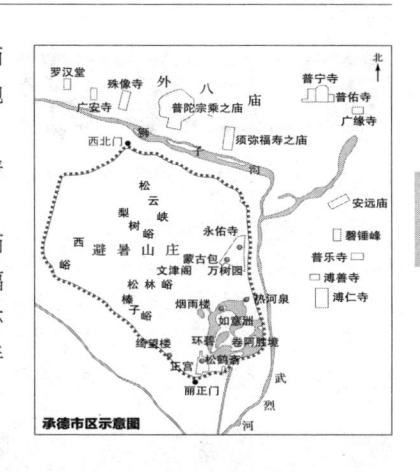

● **外八庙**
普陀宗乘之庙和须弥福寿之庙门票联票60元，普宁寺和普佑寺联票80元。

● **乘118路车很方便**
🚌 118路公交经过避暑山庄正门和几乎所有外八庙寺院。

● **外八庙游览指导**
游外八庙时只要观赏普陀宗乘之庙、须弥福寿之庙和普宁寺就足够了。

● **双塔山**
从承德打的40—50元可到。
💰 门票50元。

推荐游程

二日游标准行程和一日精华旅程

D1. 避暑山庄畅游：湖区、山区、宫殿区细观各处美景（最好请导游）。

D2. 眺望或登攀棒槌山，参观外八庙中的普陀宗乘之庙、须弥福寿之庙和普宁寺。之后如有时间可去游双塔山。时间紧张者可上午游避暑山庄。午后去外八庙，一日游完全可行。

坝上草原

☎ **电话区号：** 0314　塞罕坝国家森林公园：7802275

从河北张家口市以北100千米处到承德市以北100千米处的广阔地域均被人称作坝上地区，坝上地区风光最美名气最佳的地方是塞罕坝，蒙古语意为"美丽的高岭"，它位于河北围场县的正北方向，在清朝时期即是著名的皇家猎苑（亦被称为木兰围场）。这里水草丰沛、禽兽繁集，自然风光原始古朴、纯洁秀丽，是众多游客游览观光、休闲度假和摄影家及画家进行艺术创作的绝佳胜地。

▲ 坝上草原风光

气候与游季

坝上草原地处北疆，地势高、气候寒冷，每年11月至次年4月不适合游览（但有时冬季雪景动人），而5月底至9月中旬才是旅游佳季。6月底至7月初，草原上盛开大片大片的油菜花，黄绿相映，色彩鲜艳而柔美。9月底至10月初坝上草原上蓝天白云赏心悦目，大地一片耀眼金黄，是摄影家画家的丰收季节。10月中旬初雪过后，这里又披上了银色盛装，别有一番风姿韵味。不同爱好和品位的游客可选择不同时间前去。

● 塞罕坝草原门票

进入机械化林场后门票免收，之后再往里走还要收河北省、内蒙古自治区间的界河过河费120元/人（也就是乌兰布统景区门票）。

● 围场县的客运站

县城内有2个主要汽车客运站，均有车发往塞罕坝草原。从四合永下火车后有当地中巴开往围场县城，车票约10元/人。围场南北两个客运站间可打车。

交通

自驾车

可从北京出发沿怀柔、古北口、承德、隆化一线抵达围场县城，再从县城去塞罕坝草原上的机械化林场、泰丰湖红山军马场等景点集中地。北京至围场县均为高速路，路况很好，一般行车2—3小时可到，从围场县城至机械化林场再至红山军马场路况也不错行车也很快捷顺畅。

乘公共汽车

可从北京乘长途客车至围场县，需5—6小时车程，再从围场县北站换乘当地小公共汽车至机械化林场（30分钟一班，票价约20元，1.5小时可到）或红山军马场（票价约30元/人，3小时可到）。

乘火车

①从北京站乘2189次列车（也有其他车次）7小时后到达河北四合永站，在此换乘微型车半小时可到围场县，然后再从围场至坝上草原。

②北京丰台站也有列车到四合永，游客可视情况选择。另外也可乘火车先到承德，承德客运总站到机械化林场的客车每日亦有数班。

当地租车

从围场县城包租一辆机动车每日约需600—700元，包租一辆载客十几人的小公共汽车，每日约需500—600元，普通微型车可议价到400—500元。因坝上草原风景区内路况欠佳，几乎没有游览专用车。且出于游览、摄影的需要，所以没有自备车的朋友在当地包租车辆去景区游览是明智选择。在机械化林场或红山军马场租车更方便（各类机动车很多）。

住 宿

机械化林场、红山军马场、泰丰湖等地均有度假村及招待所，普通宾馆一般季节的双标间80—120元/间，旺季7—8月的周末标间可能涨到300元以上甚至更高，机械化林场有几家准四星级酒店，红山军马场最高级的宾馆之一，是

▲ 坝上秋光

●两个草原观光点

塞罕坝草原上的2个主要游客集散地分别是机械化林场和红山军马场（乌兰布统），前者距围场县城近、后者远，但也必须去。

●包车观光也方便

游客也可先乘客车从围场到机械化林场或红山军马站后再包租当地的微型车去草原上观光游览。这样能稍微省一点钱。在机械林场包车一般需600—700元/天，但在红山军马场包同样的车就需500—600元/天。在草原上观光一般需要2天时间，包车出游非常快捷方便。对结伴出游者来说尤为划算。

发烧友特别关照

坝上草原游览内容·游程安排及摄影指导

塞罕坝国家森林公园内的佳景集中地带主要有机械化林场、红山军马场等地，前者周围有月亮湖、百花坡、泰丰湖、七星湖、御道口、红松洼保护区、神龙潭、桃山顶、太阳湖、亮兵台等美景，后者周边有将军泡子、公主湖、乌兰布统古战场、大峡谷、塞罕坝国家森林公园、野鸭湖、欧式风情区、影视基地、桦木沟等景点。此外，坝上草原到处有葱绿小山、碧澈湖水、无尽草原和艳丽花海，观光及摄影者可乘车尽兴发挥任意邀游，随心所欲地畅览各处美景。日程安排以2—3日为宜。

D1. 北京—围场—机械林场—御道口、月亮湖—塞罕塔—七星湖—泰丰湖，宿泰丰湖或机械林场或红山军马场。

D2. 红山军马场—欧式风情区—影视基地—将军泡子—野鸭湖—公主湖—机械化林场，宿机械化林场或直接踏上返程。

草原上的摄影佳境主要有喇嘛山、将军泡子、公主湖、五彩山、大峡谷、桦木沟、湖家湾子、小红山、三岔口、北沟、蛤蟆坝、东沟、夹皮沟、影视基地等。以上各地摄影发烧友尽可关注。

自助游中国 ▶ 华北地区

●观光住宿提示

盛夏时节周一至周四去坝上住宿会便宜一些，可轻而易举地找到一两百元的普通宾馆间间。双休日住宿贵，房价会在上述标准上翻番。因此夏季周一至周四是明智选择。

●住宿参考

红山军马场老村长宾馆条件尚可，标间一般季节100—140元，旺季上浮，电话：13663141618。

进入坝上新路径

可在内蒙古克什克腾旗游览达里湖、阿斯哈图石林后自驾车或乘客车从北侧进入红山军马场（乌兰布统），沿途风光优美，有不少秀美山河及森林景观，亦能见到原始村寨和大片风车（风力发电机）阵，视觉感受极佳。克什克腾旗每天有客车去红山军马场，车程2—3小时。

北京军区红山军马场贵宾楼。对客房要求不是太高的游客可选北京军区红山军马场度假村所属的招待所（在贵宾楼马路对面），住宿费很便宜。在机械化林场和红山军马场，普通宾馆、个体民宿随处可寻。

旅游锦囊

为您提供坝上观光游览方面的攻略

①在红山军马场附近游览可以在欧式风情区、影视基地、将军泡子观光（将军泡子应是重点），并在泡子北边的马兰跑马场骑马游乐；亦可骑马去野鸭湖看水草茂盛、水鸟翻飞的湖区风光（去野鸭湖往返要3—4小时），同时乌兰布统古战场亦有一些战场遗迹可观赏。

②在机械化林场可以游览的地方有泰丰湖——蓝天白云和碧绿湖水相映的画面挺美，湖边还有一些游乐设施。不远处的七星湖上也有乘船观光项目。在机械化林场与围场县城之间路边有月亮湖和塞罕塔（塔上能眺望绿茵如海的塞罕坝草原全景）等景点，游人可视情况游览。

③摄影爱好者常去且易出好片的地方已在前页介绍。游客可在抵达坝上后向当地人或其他"驴友"请教。在机械林场可买到坝上景区的导游图，图上清晰地标明了上述一切。

④坝上草原气温较低，4月底或9月中旬，这里的夜间温度可达0℃，观光者应注意携带保暖衣物。

⑤红山军马场已建有加油站，给自驾车游客提供方便。

⑥在坝上驾车漫游应注意时间，太阳落山后应速回住宿点，否则可能因方向难辨而迷路。

⑦若是从北京、承德方向去坝上，住在机械化林场是很好的选择，这里比红山军马场稍稍现代化一些，宾馆多商店多，关键是租车便宜，因为这里是私家车司机上街自行揽客自由竞争，脑瓜活的司机就会首先降价。但红山军马场是统一管理统一定价，所以各类机动车价钱要高一些。

▲ 夏天雨后的草原风光

石家庄

电话区号：0311　嶂石岩景区：84260157

　　石家庄位于华北平原腹地、太行山东麓，于1968年被确定为河北省省会，成为全省政治、经济、文化、科技及信息中心。石家庄市区西侧井陉县内的苍岩山和市区南侧赞皇县境内的嶂石岩系国家级重点风景名胜，此外市区周边还有赵州桥、柏林禅寺、隆兴寺、天桂山、西柏坡等自然和人文景观，是河北省内名胜古迹较为集中的地区之一。

▲ 位于赵县县城内的柏林禅寺寺庙正门

● **南焦客运站**
有客车开往赵县、栾城、赞皇、嶂石岩、巨鹿、邢台、邯郸。电话:0311-68091070。

气候与游季

　　石家庄属温带大陆性季风气候，年平均气温约在12℃，四季分明，冬夏季温差大，春夏秋三季皆宜旅游，但秋季观光气候及感觉最佳。许多人文景观的观光则不受季节影响。

交通

航空

　　正定机场位于市区以北正定县新城铺镇，距市区32千米，现已与上海、包头、成都、广州、海口、哈尔滨、呼和浩特、昆明、兰州、南京、沈阳、深圳等多个大中城市通航。市内民航大厦有往返机场的班车。

石家庄正定机场客服电话:96360

铁路

　　石家庄站是河北省内重要交通枢纽，过往的高铁和普通列车极多，与北京西站之间最快90分钟即到。火车站位于石家庄市区南部，有多路公交车可到。

石家庄火车站问询电话:0311-12306

公路

　　1. 客运总站有发往北京（六里桥）、天津（西站）、郑州（总站）、秦皇岛、承德、张家口、保定、太原、济南、安阳、邯郸、邢台、沧州的高速客车。

　　2. 客运北站有开往平山、西柏坡、驼梁、天桂山、陕西省和山西省的客车。电话：0311-68091182。

●客运总站

桥西区站前街81号,电话:0311-87025775。

●苍岩山

从石家庄市区西缘的西王汽车站有直达车去苍岩山,亦可以从石家庄市乘车到井陉县,再转车去苍岩山很方便(车程约1小时)。
🎫 门票65元。

●赵州桥

🚌 从石家庄南焦汽车站乘车1小时即可到赵县。下车后乘当地机动车去赵州桥,20分钟可到。
🎫 门票免收。

🏨 住 宿

作为河北省省会,石家庄交通便利,经济发达,来往流动人口很多,宾馆饭店数量亦不少,光是星级宾馆即有百余家。此外还有许多普通宾馆旅店,一般来说300元左右就可住上条件尚好的普通宾馆标间了。

☞ 更实惠的地方是各个洗浴城里,能洗能吃能住,价格便宜得惊人

☕ 餐 饮

石家庄市市内的餐馆是以河北风味为主,特色风味菜有金毛狮子鱼、狗肉全席、菊花鱿鱼及石家庄扒鸡等,总体上说特色不太鲜明,但这里的饭菜价格比北京等大城市便宜且菜量大,所以用餐时仍能使人感到快慰开心。

🎯 主要景点

苍岩山

位于市区西南约70千米处的井陉县境内,山高近千米,山岩陡立、层峦叠翠,有炉峰夕照、山腰绮柏等"苍岩十六景",是河北省内风光秀丽且不可多得的山岳风景区。建在山间断崖之间石拱桥上的桥楼殿凌空屹立、飘然欲飞,是与著名的北岳恒山悬空寺齐名的国内三大悬空寺庙之一。

☞ 风光挺好,值得一去,观光加用餐4小时够用

赵州桥

又称安济桥,在石家庄市区45千米处赵县城南的洨河上。建于1400多年前的隋开皇末年(公元600年)至大业初年(公元605年),是世界上第一座单孔敞肩式石拱桥,桥形轻灵优美、建造颇具匠心,曾被世界权威机构选定为国际历史土木工程里程碑之一。

☞ 赵州桥景区不大,观光游览1—2小时即可

柏林禅寺

坐落在赵县县城东南角,始建于汉献帝建安年间,现有钟鼓楼、观音殿、怀云楼、云水楼、普贤阁、万佛楼等,规模宏大,是河北省佛教文化建筑的代表。从石家庄南焦客运站乘车可直达,门票免收。

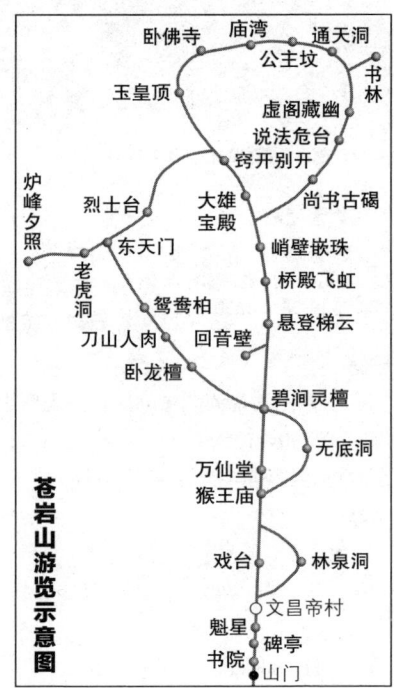

苍岩山游览示意图:卧佛寺、庙湾、通天洞、公主坟、书林、玉皇顶、虚阁藏幽、说法危台、窍开别开、炉峰夕照、烈士台、大雄宝殿、尚书古碣、东天门、峭壁嵌珠、桥殿飞虹、老虎洞、鸳鸯柏、悬登梯云、刀山人肉、回音壁、卧龙檀、碧润灵檀、无底洞、万仙堂、猴王庙、戏台、林泉洞、文昌帝村、魁星书院、碑亭、山门

➡ 该寺庙名气很大，香火旺盛，值得一去

嶂石岩

在河北赞皇县境内，距石家庄100千米，由九女峰、圆通寺、纸糊套、冻凌背四个小景区组成，总面积达120平方千米。丹崖、碧岭、奇峰、幽谷间有近百处佳景，部分路段山岩之绮丽险峻可与西岳华山和张家界相媲美。

➡ 嶂石岩是河北省罕见的秀丽而壮观的大型山岳景区，笔者强力推荐

抱犊寨

位于石家庄市区西17千米处，海拔580米，山巅有全国最大的山顶门坊——南天门，全国首座山顶地下石雕五百罗汉堂及气势雄伟的长城寨墙等，全长1800余米的登山客运索道也是山间重要景观。

隆兴寺

建在正定县城内，是国内规模较大的佛教寺院之一，现为全国重点文物保护单位。主体建筑有天王殿、摩尼殿、弥陀殿、大悲阁等。其中大悲阁中高达21米有42只手臂的铜铸菩萨像是驰名中外的佛学艺术珍品。此外，隆兴寺北侧按照古典文学名著《红楼梦》中描绘的意境而建造的荣国府和宁荣街等仿古建筑群及赵云庙亦值得观赏寻味。

西柏坡中共中央旧址

西柏坡位于河北平山县境内，距石家庄约90千米。1948年5月至1949年3月这里是中共中央和人民解放军总部所在地。毛主席和党中央在此指挥了解放战争中著名的辽沈、淮海、平津三大战役，并召开了具有重大历史意义的党的七届二中全会。

● **嶂石岩**

旺季石家庄南焦汽车客运站有车直达嶂石岩。也可先从南焦乘车到赞皇县城，这里去嶂石岩的中巴每天有无数班。

¥ 门票65元。单人＋观光车共85元，网上购买便宜。

● **抱犊寨**

石家庄市有游12路车直达。

¥ 门票65元。缆车单程40元。

● **隆兴寺**

从石家庄火车站乘轨道交通2号线到柳辛庄，后换乘164路可到。

¥ 门票50元。

● **西柏坡中共中央旧址**

石家庄市区有西柏坡红色旅游专1路可到西柏坡。

¥ 门票免收。参观点含中共中央旧址、陈列纪念馆、石刻园、纪录电影《新中国从这里走来》、"无名丰碑"展览馆。

推荐游程

二日游：

D1. 苍岩山、西柏坡中共中央旧址。亦可游毕苍岩山后在井陉县境内游览娘子关、石头村等景点。

D2. 正定隆兴寺、荣国府、宁荣街、柏林禅寺、赵州桥。

游毕上述景点如时间充裕可视情考虑到嶂石岩（风光尤为精彩壮观，观光需要至少一个整天）、抱犊寨、天桂山等地游玩。

嶂石岩游览示意图

保定

电话区号： 0312　　**野三坡景区：** 4565701　　**白洋淀景区：** 5060999

保定位于河北省中西部，与京、津呈三足鼎立之势，有北京南大门之称，也是全国历史文化名城。"华北明珠"白洋淀、挺拔险峻的狼牙山、规模宏大庄严凝重的易县清西陵及山清水秀的避暑胜地野三坡，均是保定市周边个性鲜明的游览胜境。此外位于市区的古莲花池、直隶总督署诸景亦有相当高的观光价值。

气候与游季

属暖温带大陆季风气候，年平均气温12℃，四季分明，冬季寒冷有雪，夏季炎热干燥，春季多风沙，春、夏、秋三季适宜游览。但夏末秋初天气好，观光效果更佳。

交通

铁路

保定处在京广线上，由北京发往各省市的许多高铁和普通列车都停靠保定，从北京西站乘高铁车，到保定也就是半小时。

　火车站问询：0312-12306

公路

保定有开往北京、石家庄、天津、沧州、衡水、任丘、太原、鄄城、郑州、廊坊、张家口、秦皇岛、威海、高碑店、定兴、涿州、望都、涞水及各区县的客车。

　客运总站问询：0312-5972888

住宿

市区的主要酒店有燕赵大酒店、乐梦酒店等，总体上说房价很便宜。白洋淀所在的安新县城有不少宾馆和度假村，游览时亦可住在老乡家或渔民家，农家饭中的贴饼子、熬小鱼真好吃。其他主要景点如清西陵、野三坡、涿州影视城都有宾馆，游览时住宿方便。

☛ 建议住各类洗浴中心，在里边连洗带吃带住只需消费百元左右

餐饮

风味食品有市区各主要街道口都能买到的卤煮鸡、驴肉火烧等。若去白洋淀游览，则可以品尝到各类美味湖鲜。尤其是住到渔民家中，又焦又香的玉米面贴饼子和柴锅熬小鱼味道真是美。

● 保定市区的景点

主要有古莲花池、直隶总督署等，以上各景都在市中心且的裕华路上且相距很近，观光很方便。

● 住宿信息参考

M智选酒店，距火车站不远，标间房价百元出头，电话：7518866。

● 当地观光提示

保定城区景点不是太多，风光稍显平淡。不建议游人在城区停留太多时间。时间充裕且兴趣浓厚者可选择白洋淀、清西陵、狼牙山、野三坡等景点。游遍上述景点需要4—5天时间。

● 关于野三坡景区

虽然在河北涞水县境内，但从北京去也很方便。

主要景点

白洋淀（国家 5A 级旅游景区）

位于保定以东45千米处的安新县境内，是华北平原上最大的淡水湖、雄安新区标志性自然景观，共有大小湖泊140余个，水乡风光旖旎生动。白洋淀风光四季各异，春季水静湖清，盛夏荷花盛开，秋天芦花飘舞，冬天雪后湖光一片银白。乘上渔家小船驶入淀内，见河河相贯、淀淀相通、碧波蜿蜒，感觉如入梦境一般。

☞ 2017 年以前白洋淀为保定和沧州共辖，2017 年后为雄安新区所辖

清西陵

位于保定约100千米处的易县境内，占地面积达100多平方千米，是以清朝四个皇帝陵为首的庞大古陵墓群。陵区异常辽阔且凝重气派，其中雍正皇帝的泰陵气势最为壮观，共有各式建筑60余座。这里还有华北最大的古松林，绿荫如海、葱郁迷人。

☞ 清西陵陵区辽阔，古建筑保存完好，值得一看

野三坡（国家 5A 级旅游景区）

在河北涞水县境内，是20世纪80年代初期才开始被游人关注的风景名胜。这里太行山群峰高耸、拒马河碧波欢涌，山光水色相映，是与京郊名景十渡齐名的避暑游乐胜境。主要景区有百里峡、拒马河、佛洞塔、白草畔森林、龙门峡和金华山6处，其中百里峡全长约52.5千米，由三条子峡组成，是风景区中的主景。

冉庄地道战遗址

位于清苑区冉庄镇境内，系抗日战争时开始挖掘修建的地下通道群，抗日及解放战争中，冉庄民兵曾利用地道同敌人作战数十次，中华人民共和国成立后，这里还曾拍摄过《地道战》《平原游击队》等著名经典影片。

● 白洋淀
从保定汽车南站乘客车，1小时后可到安新县城。白洋淀就在县城东南边，有专线车直达，车程不超过15分钟。
💰 成人单独船票80元/人，白洋淀东码头门票＋船票＋荷花大观园＋文苑成人票共185元。
淀中的王家寨度假村可住宿。

● 清西陵
从保定或易县乘车可轻松到达清西陵。
💰 景区通票旺季 108 元，淡季 80 元。

● 野三坡
从北京西站乘火车到野三坡站可到，或从保定、涞水乘汽车前去也行。
💰 景区门票百里峡100元，百草畔原始森林 60 元，龙门天关 50 元。
景区电话：4565701。

● 冉庄地道战遗址
从保定客运站乘车先到清苑区再换车去冉庄。
💰 门票免费。

▲ 涿州影视城中的拍摄现场

河北省

清西陵游览示意图

●涿州影视城

从涿州火车站前或经济开发区乘4路中巴，50分钟后可到影视城。若从北京出发沿京石高速路行驶，可从涿州影视城道口向东拐，10分钟后即到。目前暂停营业。

●狼牙山

可从保定乘车先到易县，再换易县到管头镇的中巴，在狼牙山路口下，在此换去西水村的班车即到狼牙山。若从易县包车去狼牙山，车费需30—40元。

¥ 门票80元。索道往返80元。

涿州影视城（暂停营业）

在河北涿州市城东，是中央电视台斥巨资兴建的亚洲最大的影视拍摄基地，由唐城、宋城几部分组成，迄今已有数百上千部影视作品在此拍摄，因而享有"东方好莱坞"之称。

狼牙山

屹立在河北易县西南40千米处，因群峰尖立似狼牙而得名。主峰海拔1105米，异常直立陡峭。抗日战争时期在此英勇杀敌的"狼牙山五壮士"的事迹至今还广为传诵，此外该山的自然风光亦同样壮丽迷人。

☞ 山势险峻，山顶风光很好，还有五壮士纪念塔，一定要爬上去看看

定州塔

在定州城内南门里东侧，从北宋咸平四年（1001年）开始，耗时55年才建造完成。该塔高83.7米，是世界上现存最大的砖木结构古塔，在冀中平原上颇具挺拔秀丽之风姿神韵。

¥ 门票30元。可登塔观光远眺，登塔门票100元

另荐佳景：清东陵

清东陵位于河北省唐山市遵化市境内，是我国现存规模最宏大、体系最完整、布局最得体的帝王陵墓建筑群，是河北省首批被列入世界文化遗产名录的景区，国家5A级旅游景区。占地78平方千米的15座陵寝中，埋葬着5位皇帝、15位皇后、136位妃嫔、3位阿哥、2位公主共161人。

清东陵至今已有300多年的历史，建筑恢宏、壮观、精美。由580多个单体建筑组成的庞大建筑群巧夺天工，每一座陵寝都记载着辉煌或衰败的历史，每一座陵寝都传承着动人或神秘的故事。主要景点有：孝陵、定陵、昭西陵、孝东陵、景陵、裕陵等。景区电话：0315-6940888。

交通： 由北京驾车从京通快速路到102国道，经过蓟县东行，由邦窑路石门收费站向北行即到清东陵，沿途路标明显，交通十分便捷。从蓟山或遵化均有直通景区的公共汽车。

门票：裕陵（含地宫）旺季60元/张，淡季40元/张；定东陵（含慈禧陵及地宫）旺季60元/张，淡季40元/张；景陵旺季45元/张，淡季30元/张。

发烧友特别关照

①白洋淀是华北平原上的一颗明珠，只要雨季时水面大，风光就非常好看。
②易县清西陵与狼牙山相距不远，一次游两地更加物有所值。
③单游野三坡感受有些单薄，把它和北京房山十渡一起玩可能更加圆满开心。

内蒙古自治区

NEIMENGGUZIZHIQU

黄金旅游线路

① 呼和浩特—鄂尔多斯—包头
② 呼伦贝尔—满洲里—阿尔山
③ 锡林浩特—东乌珠穆沁旗—科尔沁右翼前旗

内蒙古自治区地处祖国北部边陲，形态狭长，东西跨度较大，其版图形状如同一匹昂首奔腾的骏马。这里有辽阔的草原、广袤的沙漠，边塞风光旖旎诱人。勇敢、剽悍的民族精神和豪放刚烈的性格气质，又在这块辽阔疆土上成就了数不胜数的英雄人物和英雄壮举，留下诸多壮丽史诗和传奇佳话。到内蒙古草原上观赏"天苍苍，野茫茫，风吹草低见牛羊"的边塞美景，领略体味蒙古族人民的豪放气概和独特生活习俗，您会得到无比新鲜美感和丰富收获。

景区划分

内蒙古自治区东西方向的跨度较大，因此可将呼和浩特和包头归为中部景区，将东北部的锡林郭勒、赤峰和呼伦贝尔归为东北景区。从景区类型来看，中部景区的蒙古族历史古迹众多，保存尚好，但自然旅游资源相对较少。东北部景区以草原风光见长，也是内蒙古风景最美最吸引游客的地方。这里也有一些古迹，但分布不如中部地区那么紧凑集中。额济纳旗位于内蒙古自治区最西端，以美丽无比的胡杨林和众多古代城池遗迹著称，是非常理想的观光、摄影胜地。由于这里的秋景较有特色，因此可予以适当关注。

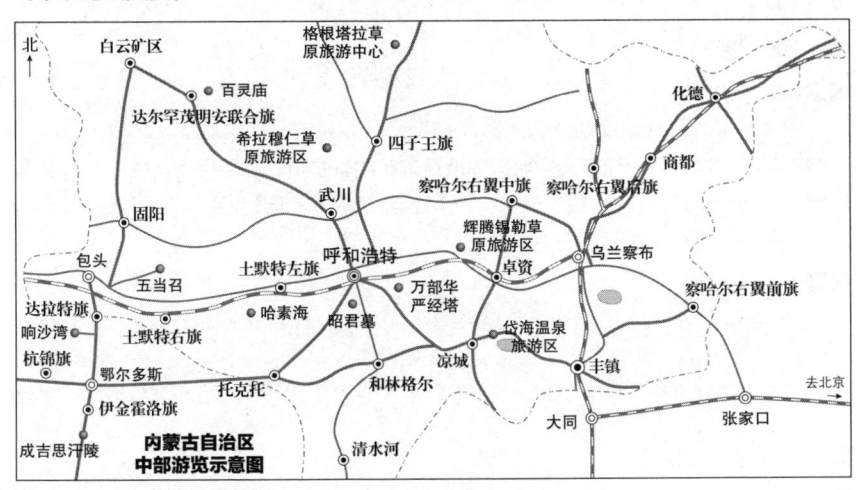

内蒙古自治区中部游览示意图

呼和浩特

> 电话区号：0471　内蒙古博物院：4614333　昭君墓：5150202

呼和浩特又称"青城""召城"。"青城"是蒙古语中"青色的城"之意，"召"在蒙古语里意指寺庙。呼和浩特名不虚传，这里既有特色鲜明的塞外风光，又有甚具深厚历史文化积淀的人文遗迹。全市共有大小庙宇50多座，周边有希拉穆仁草原、格根塔拉草原、辉腾锡勒草原等自然风景区，是颇有知名度的塞外城市。

▲ 造型别致、规模宏大的内蒙古博物院

气候与游季

呼和浩特属中温带季风气候，冬天很冷，最低气温能达到-23℃以下，有时有暴风雪。呼和浩特最佳旅游季节是每年4—10月，要是去草原，最好是在7、8月份，这时的水草最为丰美，8月底以后草就渐渐枯萎了。草原和沙漠上昼夜温差极大，夜里比白天温度要低20℃左右，所以即使夏季去呼和浩特也要带上长袖衣服。

☞ 那达慕草原旅游节，每年7—8月举办。内蒙古草原旅游节，每年8月举办。游人均应关注

交通

航空

呼和浩特市白塔机场位于市区东北15千米处，目前有往返北京、广州、深圳、上海、武汉、桂林、西安等大中城市的近百条航线。乘机场大巴可到市中心。白塔机场将于2025年11月27日正式关闭，航班转场至新建的呼和浩特盛乐国际机场运营。

▪ 机场问询电话：0471-96777

铁路

京包铁路途经呼和浩特市，铁路交通比较方便。从北京乘高铁到呼和浩特最快只需2个多小时，车票170元起，另外从包头始发经过呼和浩特的普通客车大多会预留一些座位，给乘客购票带来便利。呼和浩特主要有火车西站和东站两个车站，其中西站开停客车数量更多。

▪ 火车问询电话：12036

公路

有呼包高速和110国道路贯穿，有客运大巴发往周边各省市。呼和浩特目前有4个长途汽车站，长途客运总站与火车西站紧紧相邻，乘车方便。

长途客运南站电话：0471-5954997 长途客运北站电话：0471-6965969

住宿

①如家酒店呼和浩特火车站东街人民会堂地铁站店，标间170元/间左右，电话：0471-6263131。

②京华宾馆火车站店，标间150元左右，电话：2264888。

③杭盖国际青年旅舍，距内蒙古博物院地铁站步行360米，标间百元出头。普间50—60元/床，电话：13080207275。

餐饮与特色食品

风味美食有手把肉、奶制品、马奶酒、酸奶子、奶茶、奶皮子、酥油、奶酪等。特色米面食品有莜面、荞面、刀切酥、哈达饼、王小二大饼、一窝丝等。

主要景点

大召寺

在呼和浩特市内。蒙古语名"伊克召"，意思为"大庙"，是呼市最早的黄教寺庙。该庙又称为无量寺、银佛寺，寺内的银佛、龙雕、壁画称为"大召三绝"。

🚌 大召寺就在呼和浩特市城区。💴 票价35元

席力图召

蒙古语意为"法座""首席"，此庙因四世达赖的老师长期住持而得名。建于明隆庆和万历年间，是呼和浩特市规模最大的寺庙，又名延寿寺，每年会在这里举行佛会、跳"恰木"等宗教活动。

🚌 与大召寺隔街相望，乘6、59、3路车可到。💴 门票25元

五塔寺

原名金刚座舍利宝塔，塔始建于清雍正年间，高约16米，塔座是一个长方形高台，台上矗立着五座小塔，塔身均以琉璃砖砌成，非常美观。

🚌 五塔寺位于市区。💴 门票免收

内蒙古博物院

在呼和浩特市新城区新华大街，建筑规模宏大，馆里藏品繁多，是了解、学习蒙古族历史、文化的绝佳场所，也是市内的观光研学新亮点。

🚌 在火车站前坐公交车可直达。💴 门票需提前在小程序上预约

昭君墓

是远嫁塞外的古代美女王昭君的墓地。地处呼和浩特以南的大黑河畔，距市区

● 特色餐饮推荐

市区的蒙古大营一带聚集了许多当地特色餐馆，提供蒙古族美食，游人尽可前去品尝。晚间的美食佳境有东影南路夜市街等。

▲ 五塔寺倩影

● 内蒙古饭店

规模不小，是集餐饮住宿为一体的五星级现代化商务酒店。这里最好吃的菜有烤羊排、蒸螃蟹、蒸羊蹄、现切烤羊肉，还有很多口感不错的甜点。人均消费150—200元。

在乌兰察布西路31号，电话：0471-6938888

● 昭君博物院

🚌 昭君墓在市区南，坐1路到呼市第一医院站换209路可到或乘专线旅游车昭君墓站下车即到。

💴 门票免收

●清公主府

在呼和浩特市新城区通道北路62号，乘公交车可到。
💰 门票免收。

●希拉穆仁草原

从呼和浩特去希拉穆仁草原，可以自己乘车去。有公交车直达，另外在火车站旁的长途汽车站乘去召河的车也可到。
从呼和浩特市汽车北站乘去科布尔镇的客车也可到。

●格根塔拉草原

先从呼和浩特乘客车到四子王旗，再换当地机动车即到。

●辉腾锡勒草原

草原风光独特，且有巨大的风力发电厂，诸多风力发电机组成的风车阵很壮观。附近的黄花沟景区也很美。
游客可从呼市先乘火车到卓资山或乌兰察布，卓资山火车站前有不少个体车去辉腾锡勒草原，30分钟即到。
💰 黄花沟门票90元/人。

距离约为9千米。每当入秋后，各处草地都已枯黄，唯有昭君墓上的草保持着青色，故称昭君墓为"青冢"，"青冢拥黛"亦成为古代呼和浩特市的美景之一。园内每天还有民族歌舞表演，值得一看。

清公主府

位于呼和浩特市北郊，是清康熙帝六女儿恪靖公主的府邸，已被评为重点文物保护单位，经常举办文物陈列展。

👉 盛夏时节来呼和浩特观光，以下三大草原美景需特别关注

希拉穆仁草原

位于呼和浩特市正北90千米处。希拉穆仁河从这里穿过，河畔有建于清乾隆三十四年（1769年）的清代喇嘛召庙"普会寺"，该寺院原为呼和浩特席力图召六世活佛的避暑行宫。这里是距呼和浩特市最近的草原旅游区之一。

👉 很传统很古老的草原景区，观光效果尚可但消费时应小心谨慎

格根塔拉草原

在呼和浩特以北的四子王旗境内，也是当地著名的草原旅游度假区，与希拉穆仁草原有相似之处但受游客关注的程度更高。

👉 格根塔拉草原每年8月15—25日都会举办旅游那达慕，这个时候也是避暑的极好时光

辉腾锡勒草原

位于呼和浩特东北150千米处。辉腾锡勒蒙古语意为"寒冷的山梁"。这里冬季寒冷，夏季凉爽，平均最高温度为18℃，有黄花沟、99泉、两羊卜村山石、风力发电厂等景观，风光诱人。

👉 从卓资山火车站包车去辉腾锡勒草原，车费两三百元

发烧友特别关照

为您提供呼和浩特旅游的最新攻略

呼和浩特市区可圈可点的观光亮点并不多，游人看过大召寺、席力图召、五塔寺、王昭君墓和内蒙古博物院就完全可以了。大召寺位于市区内，应算必观之景；席力图召就在大召马路对面，寺庙规模小，人气也没大召寺那么旺盛；五塔寺距大召寺不算太远，寺庙精巧玲珑，值得一去；王昭君墓在呼市南郊，来此观光的团队和散客都不少；内蒙古博物院建筑规模很大，馆内藏品很多，看后很长知识学问。以上几处景点如果抓紧时间，可在一天内游完，如果二日游览，那就非常宽松自在了。呼市周边有4—5处草原风景区如希拉穆仁草原、格根塔拉草原、辉腾锡勒草原等，游人可任选其中1—2处前去观光游玩；笔者推荐的是格根塔拉和辉腾锡勒草原。

包头

电话区号：0472　五当召：8715022　响沙湾景区：3963366

包头位于内蒙古中部偏西，北依大青山，南临黄河，是内蒙古最大的城市。包头在蒙古语中称为"包克图"，意思是有鹿的地方，由于这里有包钢这座现代化大型钢铁生产基地，所以包头又有"草原钢城"之称。包头市中心的昆都仑区新楼林立，现代都市风光华丽气派。成吉思汗的陵墓距包头市100多千米，是当地著名古迹。热门的响沙湾景区虽在鄂尔多斯市境内但距包头不远，从包头出发去响沙湾观光非常便利。

气候

包头属于温带大陆性气候，春季多风，夏季凉爽，最佳旅游季节是每年的春夏两季，这里的年均最高气温是21℃，夏日前来避暑效果甚佳。

☛ 包头市容不错，整个城市很宽阔很舒展，给人观感甚佳

交通

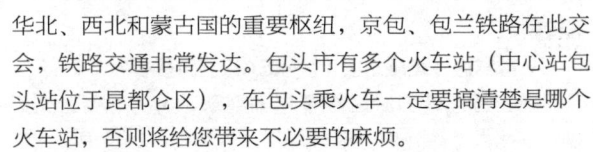

包头是连接中国华北、西北和蒙古国的重要枢纽，京包、包兰铁路在此交会，铁路交通非常发达。包头市有多个火车站（中心站包头站位于昆都仑区），在包头乘火车一定要搞清楚是哪个火车站，否则将给您带来不必要的麻烦。

■ 包头东河国际机场电话：0472-96777　包头火车站电话：0472-12306

住宿

包头旧区（东河区）在东面，向西十几千米是中华人民共和国成立后建的新区（青山区和昆都仑区），环境很好、出行方便，建议住在新区。包头市内的住宿条件很好，有各种档次的宾馆可供选择但房价不贵。

■ 包头汽车总站电话：0472-4870812

▲ 包头市中心秀丽气派

● 推荐便宜住宿

①速8酒店火车站店，平日标间100多元，电话：5321999-9。
②汉庭酒店包头阿尔丁大街博物馆店，标间价格150元左右，电话：6869888。

● 餐饮

巴盟人家·内蒙地方菜，在昆都仑区民族东路华丽家族小区28-108。
马家稍卖，主营羊肉烧麦、羊汤，位于昆都仑区阿尔丁大街恩和小区二区三层商店10号。

●五当召

包头东站到五当召景区有7路旅游公交专线车，每日两趟。

门票60元。

●美岱召

乘包头到呼和浩特的班车，1小时可到。乘火车可在萨拉齐站下，换乘6路中巴即到。

门票30元。

●南海

有5、53、68、18等多路公交车抵达。

门票20元。

此景区夏季风景更佳。

●成吉思汗陵旅游区

可从包头东河客运站乘车先到东胜，从东胜鑫泉汽车站乘客车可直达，或乘车先到伊金霍洛旗后转车去也可。景区内有大型度假村提供食宿。中午和晚间还有民族歌舞表演。

门票90元。

●响沙湾

从包头东河区长客总站乘去东胜的客车到响沙湾道口（车程1—1.5小时）下，再换过路车西行2千米即到。

门票：130元（含缆车）。淡季有优惠。

每天中午的蒙古族婚俗表演很欢快。

☕ 餐饮

包头的风味小吃有马奶酒、燕麦片、熏鸡、素锅盔等。位于包头西部的钢铁大街汇集了许多不同风味的餐馆。

☞ 笔者认为在包头和鄂尔多斯观光以下景点不可遗漏：蓝天广场、五当召、南海、响沙湾、成吉思汗陵

🏛 主要景点

五当召

位于包头东北70千米处，是内蒙古地区保存较完整的喇嘛教寺庙，"五当"在蒙古语中是"柳树"的意思。五当召是以西藏扎什伦布寺为蓝本而建的，它的藏式建筑颇具特色。召内有很多制作精美的佛像和壁画，堪称艺术精品。

☞ 是一片寺庙群，观光效果尚可但路途远，从包头往返要大半天时间

美岱召

在包头以东约80千米处，是城寺结合、人佛共居、特色鲜明的喇嘛庙建筑群，总面积4000余平方米。寺庙依山傍水、景色秀丽，寺内有大量精美壁画，有较大观赏价值及考古价值。

☞ 去美岱召交通小有不便，游人可适当关注

南海

南海湿地景区位于包头市东河区南侧的黄河北岸，景区总面积约1664余公顷，中心地带是南海湖，湖心有秀美岛屿、湖畔有茂密芦苇丛，四周还有不少溪河和芦荡美景，是当地观光休闲胜境。

☞ 南海是钢城明珠，风光很美，游人在此可做水上和陆地观光游乐

周边景点

★成吉思汗陵旅游区（国家5A级旅游景区）

成吉思汗陵旅游区是鄂尔多斯草原上的重要人文景观，与成吉思汗陵相距不远，是以介绍蒙古族历史文化和成吉思汗生平和征战史为主要功能的大型文化旅游区。景区内建筑规模宏大，历史文化底蕴深厚，旅游区内包括成吉思汗陵园，游人观后会得到明显教益。

☞ 景区规模很大，展示蒙古族历史文化丰富底蕴，值得一看

★响沙湾（国家5A级旅游景区）

距包头市以南50千米处，地处鄂尔多斯市达拉特旗境内，景色非常壮阔，主要特色景观有沙漠风光和响沙奇观，还有沙湖和沙地绿洲等景点。这里是在内蒙古体验沙漠风情的绝佳去处。笔者强力推荐。

推荐游程

笔者认为在包头（含周边的鄂尔多斯）观光需要 2—4 天时间，其中包头市区及周边景点观光要 2 天时间，去响沙湾和成吉思汗陵游览需要再加 2 天时间。推荐观光方式如下：

D1. 上午从包头火车站坐公交车半小时后到阿尔丁广场，观光半小时，之后坐公交车向东到劳动公园，观光 50 分钟，之后再坐公交车，40 分钟后到终点站包头东站，下车后打车行驶 6 分钟即到南海景区大门，进去游览 150 分钟，晚上在东河区或昆都仑区住宿。

D2. 早上乘车去五当召，在那里观光 60 分钟。下午返回东河区从客运总站乘车去东胜。2 小时后抵达，夜宿东胜市区。

D3. 早上从东胜鑫泉汽车站乘车直达成吉思汗陵，先游成吉思汗陵旅游区，再游成吉思汗陵景区，两个景点观光要 3.5—4 小时。之后立即返回东胜，乘去包头的车在响沙湾道口下，在此换过路车去响沙湾，住宿在响沙湾景区内（如果时间紧张，也可住东胜市区，次日再去响沙湾）。

D4. 上午畅游响沙湾景区，之后在景区午餐并看歌舞表演，下午踏上返程。

发烧友特别关照

为您推荐包头旅游的最新攻略

①昆都仑区是包头市区的主城区，这里新楼林立，非常华丽气派，现代都市风光迷人，游人去后会有意想不到的观感。

②昆都仑区的游览要点有阿尔丁广场（又称市府广场）、劳动公园等，其中劳动公园内还有动物乐园，每天固定时间会有小老虎与游客互动，而阿尔丁广场夜色挺美亦有观光价值。另外位于东河区的南海景区和位于固阳县的五当召寺庙也在包头各主要景区中占有重要位置，值得重点关注。而响沙湾和成吉思汗陵两大景区论确切位置应该是在鄂尔多斯市境内。

③南海景区可算是草原钢城边的一颗明珠——中间是碧绿湖水和湖心岛屿，湖四周有茂密芦苇丛，远处的起伏青山和都市楼群身姿也很动人，游人乘观光车或游船绕湖一周视觉感受绝佳，笔者给予强力推荐（当然夏季观光效果更好）。

④五当召距包头市中心有一定距离，从包头东河区前去往返要 3—4 小时，若从昆都仑区出发来回要 5—6 小时。所以此处寺庙虽然具有观光价值但是游览它却要花上至少大半天时间，游人要有心理准备。美岱召在包头和呼和浩特之间，距美岱召火车站不远，可在从呼市到包头的途中顺路观览。

▲ 响沙湾沙漠驼铃

阿尔山

电话区号：0482　阿尔山森林公园：7155555

阿尔山国家森林公园位于内蒙古自治区东北部，大兴安岭西南麓，其地域广阔、地貌奇异、森林茂盛、河湖众多且遍布火山遗迹，颇具观光科考价值。景区内有大小景点数十处且风姿各异，代表性景点有驼峰天池、阿尔山天池、石塘林、三潭峡、杜鹃湖、不冻河、龟背岩、大峡谷等。另外还有数处温泉度假区，如阿尔山温泉群、五里泉温泉都在当地享有盛名。阿尔山气候凉爽，是避暑胜地，盛夏时节观光休闲效果最佳。

☞ 阿尔山环境好且空气新鲜，值得一去

气候·交通

阿尔山天气寒冷，旅游旺季持续得很短，大致只有6月15日至9月15日3个月时间，深秋及冬春季节皆不适宜观光，其最佳游览时间是每年的7—8月份。

▲ 阿尔山市区风光

去阿尔山主要是火车和汽车两种交通方式。阿尔山每天有一班火车与沈阳对开。乘汽车去阿尔山车次最多的是乌兰浩特（车程5小时）和呼伦贝尔（也就是过去的海拉尔，车程3小时），满洲里有大巴车到阿尔山，每天一趟，票价约120元，从满洲里到阿尔山途中可见到呼伦贝尔草原的壮丽风光。

餐饮

阿尔山市内的餐饮价格不低，普通的肉炒青菜一般不低于25元，鱼香肉丝、烧肉段等家常菜30—60元但菜量不少，米饭2—3元/碗。森林公园内的餐饮收费还要更高。

旅游锦囊

为您介绍阿尔山观光的简明攻略

①阿尔山国家森林公园（门票195元）自驾车不许入内，游人必须乘观光车进山，景区内有7大主要景点，游人至少应去驼峰天池、杜鹃湖、龟背岩、石塘林、三潭峡5处景点（皆为观光亮点），此外大峡谷景区也值得一去。如果要轻松游遍上述几处景点需花一整天时间，游客应注意早上出发时不要晚于10:00。笔者推荐的玩法是先乘车到最远的大峡谷，再倒回来依次游览上述名景，这样观光效果更好。

②位于阿尔山伊尔施镇上的国门景区是中蒙陆路开放口岸，有国门、界河桥、边防哨所等景点，值得一看。

③另外位于阿尔山东南方向的奥伦布坎景区自然风光优美，园中游览项目很多，可在阿尔山的途中顺路观光。

满洲里

电话区号：0470　国门景区：6666666　套娃景区：6667777

满洲里地处内蒙古自治区东北部的中、俄、蒙三国交界处，位置重要，是扼守亚欧第一大陆桥的交通要冲，享有"亚洲之窗"的美称。这里是我国最大的陆路口岸，对俄边境贸易繁忙，每天和俄罗斯之间大量的人员和货物往来，构成了北方边陲独特的城市风情。满洲里满街都是具有俄式建筑风格的漂亮楼群，市容美观整洁。白天主要街区的大、中型商厦店铺内人流攒动、交易繁忙，晚上各大宾馆、酒店、咖啡厅灯火明亮，充满温馨浪漫的气氛，生活方式、生活情调非常舒适迷人。

☛ 观光度假皆宜，满洲里非常值得一去

气候与游季 · 交通

5—9月份为观光佳季，冬季气温较低，不适宜户外观光。满洲里机场位于满洲里市西南9千米处，目前已开通的航班有满洲里至北京、上海、杭州、广州、哈尔滨、呼和浩特等各大中城市的直飞或中转航班。满洲里火车站位于满洲里市中心，目前亦有旅客列车开往哈尔滨、牡丹江、长春、沈阳、北京。满洲里汽车客运总站也在市中心，有多班客车与周边省市对开，公路交通便利。

▲ 国门雄姿

火车站电话：0470-12306　客运总站电话：0470-6220358

住宿

满洲里城市中的宾馆、酒店房价也随季节大幅波动。夏天7—8月份的时候，普通宾馆的标间可能涨到160—300元/间，但是10月份至来年4月份，同样的客房可能会降到80—100元/间，住宿总体上说还算方便。如果图住在繁华街区、交通购物方便，可以选北国之春商务宾馆，双标间一般季节150—220元，电话：0470-6239088；中辉大酒店也是不错之选，标间180—270元/间，电话：0470-3985678。

☛ 满洲里是购物天堂，各类俄罗斯商品琳琅满目，主要有手表、望远镜、套娃、皮衣、皮帽、邮票等

餐饮

满洲里城内遍布各类中、西餐馆，里边的消费价格并不太贵，西餐馆中的各类汤一般10—25元、沙拉15—35元、各类肉菜30—55元，基本上花60—100元就可吃一顿西餐便饭了，比北京、上海等城市中的西餐馆便宜得多，游客可开心品尝。

●国门景区

🚌 从市中心坐6路到体育馆换8路公交车可到，车程20分钟、车费2元。若打车去时约30元，回来约15元。
🎫 门票60元。

●套娃景区

🚌 从市区乘8路公交可到。打车车费20元左右。
🎫 门票50元。
可在去国门观光返回途中顺路游览。

●俄罗斯艺术馆及东欧风情园

🚌 从市区乘8路公交可到。打车车费20元左右。
目前这两个景区有部分景观并入了套娃景区和套娃大酒店，游人可把它们与套娃景区一并观览。
🎫 门票免收。

●呼伦湖

🚌 从满洲里火车站乘火车到扎赉诺尔西，后打车到呼伦湖（打车费约200元）。
🎫 门票40元。

主要景点

👉 满洲里是精巧玲珑的小城市，2—3日观光即可玩得满意开心

国门景区（国家5A级旅游景区）

在满洲里市中心以西约9千米处，是边境口岸，其主体建筑国门是一座横跨在中俄铁路线上巍然屹立的乳白色巨型楼房，高43.7米，其正面刻有"中华人民共和国"7个大字，非常壮观醒目。登上"国门"大楼可以临窗远眺，将俄罗斯后贝加尔斯克市和中国满洲里市的远景尽收眼底，中俄国际客货列车就从国门下方隆隆驶过，景色非常美丽生动。

套娃景区

地处满洲里市中心与国门景区之间的迎宾大道北侧，是当地观光亮点之一。景区的主体是造型别致的套娃大酒店，外观高大，色彩鲜艳，是当地的标志性建筑之一。而套娃广场是以俄罗斯传统工艺品套娃为主体造型而兴建的大型旅游娱乐广场。广场宽阔，建有大小不一的套娃数百个且形态各异，颇具观赏价值。

满洲里市博物馆

满洲里市博物馆位于满洲里市南三街道1号，建筑面积4882平方米，是地方综合性博物馆，内设七个展厅，藏品约1400件（套），珍贵文物14件（套）。

👉 门票免收，无须预约

呼伦湖

中国第五大湖，也是内蒙古自治区第一大湖。位于呼伦贝尔草原西部新巴尔虎左旗、新巴尔虎右旗和扎赉诺尔区中间，湖长93千米，最大宽度41千米，水面开阔、烟波浩渺，在湖边的许多地方都能见到天水一色的湖区风光，美景动人颇具观光价值。目前湖区的观光方式主要有湖边观景和乘船游湖。呼伦湖中水产资源丰富，有鱼类30多种。到附近饭店品尝呼伦白鱼也是游客享乐的方式之一。

推荐游程

在满洲里观光有2—3天够用，这个城市精巧玲珑，生活气息浓厚，非常舒适温馨。当地的观光亮点是国门景区、套娃景区、满洲里市博物馆和呼伦湖，其他景点可适当关注。建议第1天早晨先去看国门景区，逗留2小时，返回途中着重观览套娃广场并参观满洲里市博物馆。下午前往满洲里市博物馆，晚上在市区品尝西餐并看俄罗斯风情歌舞表演。第2天去呼伦湖观光。

锡林浩特

📞 电话区号：0479

锡林浩特市位于内蒙古高原的锡林郭勒草原中部。东临西乌珠穆沁旗，西依阿巴嘎旗，南与正蓝旗相连，东南与赤峰市克什克腾旗接壤，北同东乌珠穆沁旗为邻。锡林浩特市旅游业有得天独厚的优势，观光亮点有驰名中外的古刹贝子庙——始建于清乾隆八年（1743年），至今已有280多年的历史，它与百灵庙、大召寺和五当召齐名，其建筑具有鲜明的民族特色；有草原奇观平顶山、美丽的锡林河、碧波绿海般的锡林郭勒草原、奇特的锅盔山。古朴的民族风俗，丰富多彩的民族文化，新鲜的空气，充足的阳光构成了大草原的杰作，极富民族特色的"那达慕"盛会，每年都吸引众多的中外游客前往。

❄ 气候与游季

锡林浩特夏季气候凉爽，冬季则非常寒冷。这里的游览佳季是每年的5月中旬至9月中旬，7—8月份因天气凉快、风清气爽是绝佳旅游度假时机，冬天天寒地冻风雪较大，游客不宜前去。

🚌 交通

锡林浩特虽处草原深处，却有火车、汽车、飞机等多种交通方式同外界相通相连。锡林浩特有直飞北京、呼和浩特及海拉尔等城市的航线。

▲ 草原秀色

锡林浩特有旅客列车开往呼和浩特、包头、乌兰察布、通辽等城市。但目前尚无高铁或动车运行，因此车速较慢，到呼和浩特的普通列车车程9小时左右。预计将开行动车组，实现通辽市、赤峰市、锡林郭勒盟与呼市间的快速通行。

乘公路客车进出锡林浩特也方便，有多种客车与张家口、北京、天津、呼和浩特、石家庄、东乌旗及西乌旗对开。张家口发往锡林浩特的客车每天有2—3班，发车时间集中在早晨，行车时间为6小时。张家口至锡林浩特市之间皆为平坦柏油路面，路边风光很美，是自驾游的理想观光线路。

801

●贝子庙

就在市区北侧，有多路公交车抵达，从市中心步行去也方便。

门票免收。

该庙是锡林浩特最重要的景点之一，应重点关注。

●额尔敦敖包山

在市区北侧，贝子庙后边。可先坐车或步行到贝子庙广场前，然后从贝子庙东墙外向北走即到。

门票免收。

敖包山是观赏锡林浩特城区全景的好地方，一定要上去看一看。

●另荐景点：平顶山

沿锡林浩特至张家口的公路南行，在30千米处（公路两侧）可见到平顶山奇观。这里的群山相互依偎，大大小小排列有序，而顶部却如刀削般的平整，构成一幅奇特的画面。

据地质学家考证，平顶山是千百万年前火山喷发造成的奇迹。当时，这一带多火山爆发，岩浆吞没了平坦的草原，给大地盖上了一层厚厚的火山岩，后来由于地壳的升降，形成了大面积的平顶山奇观。

▲ 锡林郭勒草原风情

●锡林河九曲弯

可从锡林浩特租车前去游光。也可从张家口到锡林浩特的行车途中前去游览。

住 宿

锡林浩特有多家宾馆酒店，条件尚可，但房价随季节大幅起降。冬季因客源稀少，普通宾馆标间可降到90—120元，而夏季游客众多，同等房价会上涨到250—320元。由于这里只有夏天才是游览佳季，所以高昂的房价想躲也躲不开。不过城市中还有一些普通的旅馆和民宿，夏季房价在90—120元之间。

主要景点

贝子庙

位于锡林浩特市内额尔敦敖包山下的贝子庙，始建于清乾隆八年（1743年），历经七代活佛精修而成，共耗费白银174万多两。全庙共分五大殿，中为朝克沁（行政教务）殿，两侧分别为拉布楞（活佛）殿。此外，贝子庙周围还建有十几座小殿和两千余间喇嘛住宅，总建筑面积达1.2平方千米。

贝子庙建成后，有100多年的兴盛时期，喇嘛最多时达1200多人，后来，随着清王朝覆灭，贝子庙亦开始逐渐衰败。

1947年内蒙古自治区成立后，贝子庙一带成了锡林郭勒盟政治、经济中心，周围的建筑不断扩大，数十年后，最终形成了现在的锡林浩特市。目前，贝子庙主体建筑都已经过修复并对外开放。

额尔敦敖包公园

额尔敦（宝地）敖包公园位于锡林浩特市区北端，是一座数百米高的山，山脚下即是贝子庙。额尔敦敖包在周山环绕之中，清澈的锡林河从身旁轻轻流过，愈加显得婀娜多姿。

在额尔敦敖包可见"一日三景"之奇观。日出时，蓝色的天空，雪白的蒙古包，清清的河水，碧绿的草原，满山的牛羊群，尽收眼底，令人心旷神怡；日落时，晚霞洒满山坡，蒙古包炊烟袅袅，驼铃声、牛羊声，声声入耳，使人思绪万千；日落后，天上的星星与街上的明灯汇成光的海洋，十分壮观，令人陶醉。

锡林河九曲弯

锡林浩特市南15千米处，这一地段的河流因地势之故造成河道弯弯曲曲，宛如一条绿色的飘带在微风中摆动。

东乌珠穆沁旗

电话区号：0479　东乌珠穆沁旗汽车站：3221524

东乌珠穆沁旗位于内蒙古高原的中段、锡林郭勒盟的东北部，北与蒙古国接壤，东、南、西三个方向分别与通辽市、兴安盟、西乌珠穆沁旗和阿巴嘎旗相邻。东乌旗境内草原辽阔、水草丰美、物产丰富，尤以发达的矿产业和畜牧业著称。加之这里天高地广、绿野无垠，所以草原特色鲜明、风光独特迷人，享有"草原明珠"之称。

气候与游季

东乌珠穆沁旗地处祖国北部边陲，气候凉爽，旅游季节为每年的5月初至9月中旬，冬季气候较冷不适合观光。

交通

东乌珠穆沁旗的对外交通以公路为主，有公路干线和各类客车通往锡林浩特、西乌珠穆沁旗、科尔沁右翼前旗、赤峰、通辽等周边市县。外界游人去东乌旗观光最好先到锡林浩特或沿赤峰、林西一线到西乌旗。锡林浩特和西乌旗去东乌旗的客车有多班，其中锡林浩特至东乌旗行车需4.5小时，车费60元；而西乌旗至东乌旗行车只需1.5—2小时，车费35元。另外赤峰也有直达东乌旗的客车，但班次较少（车费140元）。上述各地之间的公路均为三级柏油路，路面不宽但还算平整，行车途中还能饱览草原风光，比较舒适开心。

▲ 从乌里雅斯太山巅看草原美景

住宿

东乌旗纳兰商务酒店，条件尚可，双标间一般季节打折后221—320元/间，电话：0479-3221074。另外鑫园宾馆房价不贵，标间100多元，电话：0479-380000。

主要景点

辽阔壮美的草原风光

由于东乌旗地处锡林郭勒草原深处，地广人稀、草场辽阔，所以这里的草原风光非常壮美迷人，浩瀚蓝天与无边绿野相依相接的壮景在草原上随处可寻。而在天与地之间缓缓游动的则是大朵大朵的洁白祥云和像白云一样的羊

● 观赏草原风光

从锡林浩特和西乌旗去东乌旗的客车上就可以饱览草原风光，请留意观看。

803

●乌里雅斯太山

目前无客车前去，欲去游览须在东乌镇县城内包租机动车。往返车费要80—100元，单程行驶30分钟可到。

💴 门票30元。

笔者提示您一定要登上该山山顶，上面看到的草原全景很壮阔迷人。

●那达慕大会盛况

每年夏秋时节举办大会，但会期短暂只有数天，去前最好咨询好会期，以免扑空。

●珠恩嘎达布其口岸

车程约48分钟，可从东乌旗租车前去。

▲ 草原风情

乌里雅斯太山

在东乌旗县城以北约15千米处，主峰海拔1050米，山姿奇异、怪石丛生，是草原上不可多得的山岳美景。从山下仰望乌里雅斯太山头，只见奇岩高耸、怪石成林，山势巍峨；而沿着弯曲石径登上山顶向四周俯瞰，则可以遥望锡林郭勒草原的无边绿野。朵朵白云从头上掠过、片片羊群在绿海上漂移，祖国北疆的独特风光会令每位在乌里雅斯太山巅远眺的人心动。

那达慕大会盛况

每年夏秋时节，草原上的人们都要举办盛大的"那达慕"大会，以庆祝当地农牧业的丰收、抒发人们欢乐喜悦的情怀。"那达慕"在蒙古语中就是娱乐的意思，那达慕大会也就是草原上一年一度最盛大的节日。每当大会开幕之时，草原上的牧民都要奔走相告甚至是全家出动，从四面八方赶来参加盛会，其火爆喧嚣程度有时要超过新年和春节。大会上的表演和比赛项目主要有赛马、摔跤、射箭、拔河，另外蒙古象棋的比赛也很紧张而诱人。大会上还会有当地的蒙古族文艺团体和从各地赶来的其他艺术表演团队表演的丰富多彩的文艺节目，各类商品展销的场面同样红火动人。现在，那达慕大会不仅仅是草原人民的节日，许多外省市的游客也专门在大会开幕期间来草原观光游玩，那达慕大会盛开时的草原风光风情最美丽生动而迷人。

珠恩嘎达布其口岸

在东乌旗乌里雅斯太镇以北60千米处，与蒙古国苏赫巴托尔省毕其格图口岸对应，是中蒙人民友好往来的重要通道。该口岸于1992年经国务院批准成立开放，是国家一类季节性开放陆路口岸。

珠恩嘎达布其口岸对于沟通加强中蒙两国间的人员和物资流动有重要作用，亦有一定的旅游观光价值。游客可以在口岸观览边陲风光，观看两国边境贸易状况。

▲ 夏日的草原风光

西乌珠穆沁旗

电话区号：0479　西乌珠穆沁旗客运站：3522716

西乌珠穆沁旗位于内蒙古锡林郭勒盟东部，北与东乌珠穆沁旗，西与锡林浩特市交界，南与赤峰市所辖县（旗）毗邻，东与通辽市的扎鲁特旗相连。

西乌珠穆沁旗地处锡林郭勒草原最美丽富饶的地段，这里地势平坦开阔、土壤肥沃、水草肥美，是内蒙古自治区内畜牧业最发达的地区。西乌旗的自然风光也很美，碧绿无边的广袤草场与蓝天白云相映，构成了北国边陲特有的草原风景。目前当地已经开发开放的景点有蒙古汗城、成吉思汗瞭望山、东浩齐特王爷庙、游牧部落、哈布其盖漂流度假村等。

气候与游季

西乌旗地处祖国北疆，气候凉爽，这里的游览季节较短，每年9月中旬至次年5月中旬风光显得惨淡，真正的旅游旺季是每年5月底至8月底。

交通

西乌旗与外界连接的主要交通方式是公路和铁路，其中公路有客车同赤峰、林西、锡林浩特、科右前旗、东乌旗对开。与锡林浩特的公路

▲ 夏日草原风情

车程只有不到2小时（全程柏油路，路面不宽但很齐整），与赤峰市之间的车程为5小时（也是全程柏油路）。赤峰和锡林浩特开往西乌旗的车次很多，其中锡林浩特到西乌旗的客车车费30元左右，赤峰至西乌旗的客车收费100元左右。另外如果是从赤峰去西乌旗，那公路有将近一半是上坡路（坡度不陡），自驾车的朋友们应注意。铁路每天有固定的两趟列车同呼和浩特和乌兰浩特对开。

食宿

西乌旗县城内有各档次的宾馆、酒店，其中档次较高的是乌珠穆沁宾馆，条件尚好，夏天旅游旺季时标间房费一般为300元左右。其他宾馆有金尊宾馆、哈达宾馆等，档次均比不上乌珠穆沁宾馆，当然房价也便宜许多。

当地主要特色风味菜是各类牛羊肉，大街上普通餐馆的饭菜价格适中，一般肉炒菜的价格在30—50元，20元钱一碗的牛肉面可以吃饱，各类面食品也很多。若是

● 蒙古汗城

🎫 门票免收。

去蒙古汗城是最舒适便捷约的。

从西乌旗县城内打车去蒙古汗城要35—45元车费，而返回时搭送客人来汗城的出租车最便宜时有15元钱就够了。

● 成吉思汗瞭望山

可从东乌旗县城包车前去。往返加游览2.5—3小时。

● 浩齐特王盖庙

就在县城中心，步行前去即可。门票免收。

▲ 草原度假村一角

结伴旅游者来西乌旗，去当地名景蒙古汗城内聚餐会很开心，因为那里既可开怀畅饮又能看到好风光。

🏇 主要景点

蒙古汗城文化旅游区

距旗政府所在地巴拉嘎尔高勒镇15千米，紧贴西乌旗至林西、赤峰的公路干线旁，是以成吉思汗时代的蒙古部落建筑风格为基本形式建立的大型草原度假村。该度假村有各类蒙古包和帐房百余项且造型各异而排列有序，颇具规模和气势。度假村的中心是一座直径18米、建筑面积为260平方米的多功能蒙古包，包内既是大型餐厅也是综合娱乐场，每天举办蒙古族欢宴并为客人上演民族歌舞节目。其他小的帐房和蒙古包则是供客人住宿的客房和小型餐厅。度假村前的草原开阔、草场肥沃，每天有赛马、射箭、摔跤等具有蒙古族特色的竞技表演，游客亦可在此骑马纵横驰骋，体验牧民生活方式。由于蒙古汗城地势好、风光美而交通方便，所以它已经成为西乌旗的标志性景点，来西乌旗观光的人几乎没有不来蒙古汗城一游的。

成吉思汗瞭望山

该山是以成吉思汗寻找丢失骏马的传说命名的。山上风光和山下草原风光都很辽阔、秀美，是当地名景。

浩齐特王盖庙

是有300年建造历史的大型古代寺庙群，由大小不同的7个小庙组成，占地面积达到3000余平方米，曾遭破坏，后经过修缮，现在的寺庙庭院面积约有1500平方米。该庙是一处有鲜明地域特色和民族风情的名胜古迹，是西乌旗重点文物保护单位。

推荐游程

一日游

上午看县城西侧的巨型雕塑"三个摔跤手"（又称为"搏"），之后去成吉思汗瞭望山，下午去蒙古汗城观光并参加那里的晚宴，夜宿蒙古汗城或县城，亦可在当晚踏上返程。

二日游

D1. 与上述一日游相同。
D2. 可以驱车去游牧部落或是去哈布其盖漂流景区。

发烧友特别关照

为您推荐介绍克什克腾旗的主要景点

阿斯哈图花岗岩石林园区

在克什克腾旗北部大兴安岭最高峰黄岗梁以北约40千米处,约5平方千米处的山脊上分布着大量由花岗岩组成的石林,其形态如塔、如柱、如笋、如人、如兽,千姿百态,栩栩如生。由于该石林与云南石林、元谋土林、新疆的雅丹地貌虽有部分相似但又有很大不同,所以被有关方面专家命名为"内蒙古石林"。阿斯哈图花岗岩石林景区面积大且风光绮丽壮阔,所以它当之无愧地成为现在克什克腾旗的代表性景区。

观光指导:阿斯哈图花岗岩石林园区,经棚镇有客车前去。车程150分钟左右。门票120元。

达里诺尔湖

简称达里湖。在克什克腾旗首府经棚镇以西约90千米处,是内蒙古第二大内陆湖。达里诺尔湖区面积238平方千米,湖面开阔,烟波浩渺、水色青绿,很有草原巨湖的迷人风韵。达里湖区鱼类资源丰富,岸边有规模不小的旅游度假区,游客来此观光湖、休闲度假、品尝湖鲜美味,很感舒适开心。在湖区的西北侧,还分布着著名的达里诺尔火山群,它是我国九大火山群之一,有呈锥形、马蹄形和环形的火山口遗址数十个,地貌奇特,亦具观光价值。

观光指导:克什克腾旗客运车站有客车前去达里诺尔湖,车程2—2.5小时。门票北岸景区90元,南岸景区120元(3月31日至10月31日收费)。

青山岩臼花岗岩地貌园区

在距经棚镇25千米的海拔约1500米的高山上,是我国唯一以岩臼群和花岗岩峰林地貌为主体的地质公园。

岩臼就是岩石在风化、风蚀及冻融等地质作用下形成的塌陷凹坑。其形态以椭圆、半圆或匙形为主,如缸如桶、如鼓如盘,看去很感美丽奇特。

在青山岩臼景区内有各类岩臼数百上千个,堪称地质学中的奇迹。此外登上千余米的青山岩石顶,还可饱览克什克腾旗千山万峰的美丽山姿,遥望山脚下西拉木伦河浩荡东去的美景。

观光指导:青山岩白花岗岩地貌园区,无专门客车前去,可从克什克腾旗包车往返。

乌兰布统草原风光

提起围场坝上草原的鼎鼎大名,大家都不会陌生,可是说起它的精华部分乌兰布统,可能有些朋友还会一时摸不着头脑。其实围场坝上草原观光区分为两个部分,南侧归河北省管辖,像机械化林场、七星湖、月亮湖等都在这里,而北侧是内蒙古克什克腾旗的地界,像知名度很高的红山军马场、将军泡子、野鸭湖等都在这里,这一大片辽阔的草原就被当地人称为乌兰布统。

乌兰布统草原风光极为辽阔秀美,四处可见青翠的山峦、清澈的溪流湖泊,茂密的森林和空旷的草坪,草原上的风光每处皆可入画,而将军泡子、野鸭湖等地更是八方游客来到坝上时的必观之景。

观光指导:克什克腾旗客运站每天午后有客车直达乌兰布统景区的中心红山军马场(景区门票120元),车程约需4小时,路上草原风光美丽、气象万千。

呼伦贝尔·额尔古纳

呼伦贝尔市和额尔古纳市均位于内蒙古自治区东北部，是国内夏季旅游观光胜境。这里的旅游季节非常短暂，从每年的6月持续到9月。其观光要点主要是夏日草原风光和中俄边境风情，此外穿插其间的几个边陲小镇和森林及湿地公园亦有诱人之处。由于这里地域辽阔，每个景点之间有一定距离，因此自驾和租车游更能显示出独到的优越性。

▲ 室韦古镇中的木屋民居

发烧友特别关照

①盛夏时节的呼伦贝尔大草原绿野无垠、风清气爽、水草茂盛，风光如画，是一年当中景观最漂亮、最迷人的时候。非常值得游人专程前往观光游乐。下面笔者就为您介绍一种快捷但又非常顺畅开心的观光方式——呼伦贝尔（海拉尔）、满洲里、黑山头、恩和、室韦、临江、根河湿地、海拉尔环线四日游，保您获得开心畅快的观光享受。具体日程如下：

D1. 从海拉尔包租车出发，向满洲里行进，途中看尽呼伦贝尔草原风光。抵达满洲里前可去呼伦湖一游。这个湖很壮阔，有些地方可以看到水天一色的壮观景象，湖边停留1小时即可。中午抵达满洲里，午餐后着国门景区、套娃景区，晚上在满洲里休闲娱乐。

D2. 从满洲里出发，沿中俄边境行进，中午经黑山头后沿边境线行驶，抵近观赏俄罗斯异国风景，黄昏时到达边陲小镇室韦（这里与俄罗斯仅一河之隔）。晚间在此享受美食、住宿，隔河看对岸的歌舞表演，快乐休闲。

D3. 早上在室韦继续览边陲风情，之后驱车沿额尔古纳河行进，途经临江（这个小村距室韦10余千米，就在河边，风光不错）后再走约20千米，即可观赏两处当地名景月牙泡和老鹰嘴（老鹰嘴是江边奇石景观）。之后游览莫尔道嘎森林公园。这个公园森林茂密、面积很大，开车观光很开心（门票100元，观光小火车100元，门票+小火车套票150元）。晚上可住莫尔道嘎镇或是临江。

D4. 从临江向额尔古纳进行，途中可见界河、白桦林和一些山水美景。之后见到的最漂亮的景观就是根河湿地了。夏季的根河湿地河水清澈、水量充沛、草场肥沃、林木葱郁，风光秀丽让人赞叹不已。应该在这里好好登高观拍美景。在额尔古纳午餐后，即可向海拉尔行进，途中顺路观览金帐汗蒙古部落。黄昏时到达海拉尔，四日游圆满结束。

②此游程既可顺时针行进，也可反向行进，似乎前者更合逻辑。

③呼伦贝尔—额尔古纳一线气候凉爽，最佳游览季节是6—9月份（5月和10月风光都不是最佳状态）。冬天不宜旅游。

④在海拉尔和满洲里，租车出游很容易。

⑤以上行程安排很紧凑，如果欲玩得宽松舒适，可适度延时1—2天时间。

山西省
SHANXISHENG

黄金旅游线路

① 太原—平遥—壶口
② 太原—五台山—恒山—应县木塔
③ 大同—恒山—应县木塔—五台山

山西简称晋，因地处太行山西侧得名，且黄土高原的景色奇特迷人，原始古朴而粗犷雄奇的三晋风情会给游人带来特色鲜明的全新经历和记忆。山西省有众多名胜古迹，五台山、恒山、云冈石窟、太原天龙山、晋祠和壶口瀑布是当地为人熟知的传统老景，而平遥古城、王家大院、乔家大院、渠家大院等人文景观值得一去。如果您有时间、有兴趣，可以乘火车沿京原铁道穿行，沿途可见诸多风格迥异的地貌景观，亦可乘汽车从太原沿杏花村、柳林和离石直至陕西延安，道路两侧映入眼帘的是黄土高原最原始真实的风情写照。

气候与游季

山西为温带大陆性季风气候，冬季长且寒冷干燥；夏季短且炎热多雨，春季温差大，风沙多；秋季短暂，气候温和。年平均气温为10℃，最低气温为0℃；年平均降水量为500毫米。

▲ 大同华严寺

自助游中国 ▶ 华北地区

五台山（国家5A级旅游景区）

电话区号：0350　显通寺：6545414

五台山因有东、西、南、北、中5座峰顶平坦如台的高山而得名，山势高峻、庙宇众多，全都依山而建，巍峨壮丽、金碧辉煌，庙宇内布满精美雕刻和彩画塑像，是研究和了解佛教文化的好地方。五台山高3000余米，气温比平原地带低近20℃，素有"清凉世界"的美称，是华北地区最著名的避暑胜地之一，游人来此既能登山观景，又可消暑纳凉，获取诸多方面的收获与享受。

▲ 以塔院寺为首的五台山中心庙宇群

● 交通提示

①北京西站和北京丰台站每天都有旅客列车沿京原铁路去太原，中途经过五台山车站，车程6小时左右，车票50元左右。
②北京六里桥长客站每日有大巴直达五台山。

🍴 食　宿

☀ 气候与游季

五台山气温甚低，盛夏时节游览最为适宜（7月上山亦应携带长袖衣服），春秋季节进山须穿厚衣，冬季冰天雪地、寒风刺骨，游客较少前来，但近年每年春节期间，景区内都要举办各类欢庆活动，为古老景区开辟了新玩法。

¥ 山上日照强烈，要注意防晒

🚌 交通

游人去五台山旅游有多条路径可选：①从北京出发可乘火车沿京原铁路西行6小时左右到山西境内的五台山火车站，在此换乘专线汽车，一个半小时就可到五台山的中心台怀镇；②太原市长途客运东站每天有多班长途客车开往五台山，3.5小时可到；此外从忻州和五台县乘车也可去五台山。

¥ 京原铁路沿线尽是高峰深谷，风景很美，坐在火车上好好观赏吧

景区的中心台怀镇遍布宾馆、饭店，游人的餐饮、住宿非常方便。旺季房价不便宜，宾馆标间的价格一般在300—580元，民居客栈中200—300元的标间很多见。各餐厅、饭店中的菜价都不便宜，夏季普通的素炒菜也可能卖到35元以上，肉菜更贵。一些特产、山珍可以甚至卖到100元以上，如在正式餐馆（有景区管委会核定的菜谱）吃普通饭菜在价格上基本没问题。另外这里早餐很实惠，可以

留意享用。

五台山景区热线：4001666236

五台山特色鲜明

特色之一：山体高大

五台山海拔超过3000米，是华北地区的最高峰，并且山体极大，群峰绵延近200千米，所以这片山的态势用虎踞龙盘来形容是非常恰当的。五台山与黄山、张家界一类的山岳风景区很不一样，黄山、张家界是一群单个"竖"着的山——平地拔起、奇峰卓立、挺拔秀美；而五台山则是一片"横"着的山——既群峰逶迤、连绵起伏，又巍峨壮丽、高耸入云。尤其是五台山的五大主峰（东、西、南、北、中五个台顶），它们的高度都在海拔3000米上下，常年挺立在浓云密雾、怒风猛雷之中，山姿异常壮美，景色特别迷人。所以有人说去黄山、张家界旅游后得到的是新奇美妙的观感，而登临五台高峰却能让人感受到一种心灵上的震撼，这是非常恰如其分的形容。

五台山山体高大雄伟，从台怀镇仰望或从台顶俯视都有壮丽观感

特色之二：庙宇奇多

作为国内四大佛教名山之首，五台山上分布着近50座大型庙宇，这些庙宇在外观和建造布局上却有极大的不同，真是五花八门、异彩纷呈。像五台山中心的台怀镇干道西侧，就坐落着七座大型寺庙，周围数千米的距离内又分布着南山寺、碧山寺等诸多庙宇群。这些庙宇全都背依青山、面向台怀镇，风水极好，位置甚佳。更让游客感到不可思议的是在东、南、北、中四座3000米高耸入云的台顶上，都各有一座造型精美奇特的大型庙宇，中国古代高超的建筑水平和佛教高僧名师们的独具匠心真是令人感叹和震惊。

● 当地宾馆参考

① 云漫山居民宿，电话：15034139248。
② 友好贵宾楼，电话：0350-6542888。

● 用餐提示

一定要在挂有景区管委会核定的统一价目表的正式餐馆中用餐，如出现问题可选择投诉。

● 景区门票

¥ 全价票135元。军人、学生凭证半价。

● 五台山游览

景区中心台怀镇上有公交车和旅游专线车，也可租各类机动车（租车点在马路东侧），乘车到达各处庙宇和攀上各个台顶毫不费劲。

● 不可遗漏的景观

台怀镇中心的塔院寺内有五台山的标志大白塔，显通寺是山上最大的寺庙，菩萨顶位居山巅位置甚佳，黛螺顶上可居高俯瞰台怀镇全貌，上述各庙应是游客必观之景。

▲ 东台晨曦

特色之三：气候凉爽

五台山海拔超过3000米，气温常年比山下低约20℃，所以气候特别凉爽宜人。在这里，7月、8月的正午时分，人站在阳光下居然可以一点汗都不出（只要不做剧烈运动），晚上睡觉必须关闭门窗并盖厚棉被。所以，夏秋时节到五台山一游，会感到无比舒适惬意、快乐欢欣。

▲ 南台花海——五台山的感觉明显与其他山岳景区不同，游人应该好好观览

☛ 笔者在五台山曾目睹过"七月飞雪"的奇观

主要景点

显通寺

● 显通寺
¥ 门票10元。

位于台怀镇北侧，始建于东汉永平年间，占地面积达8万平方米，是五台山最大的寺庙，气势恢宏，颇为壮观。

☛ 在台怀镇中心，是必观之景，应重点游览

塔院寺

● 塔院寺
¥ 门票10元。

是五台山著名的五大禅院之一，寺内有高75.3米的大白塔，塔身巍峨身映蓝天白云，是五台山的标志性景点和绝佳摄影点。

☛ 在台怀镇中心，应重点游览

菩萨顶

● 菩萨顶
¥ 门票10元。

地处台怀镇北侧灵鹫峰上，地势极佳，有殿堂、禅房430多间，主体建筑大雄宝殿前香火旺盛，各类佛事活动频繁，每日吸引大批游客。

☛ 在台怀镇中心，应重点游览

黛螺顶

● 黛螺顶
¥ 门票8元。上山有公交车可乘。

位于台怀镇东侧山巅，始建于明成化年间，该寺背依东台高峰，位置险要且峭立无比，是登高环视五台山全景和台怀镇全貌的极好地点。

☛ 一定要登上黛螺顶看看

南山寺

在台怀镇以南3千米处，有高低

错落的殿堂300余间，在北方山地寺庙中气势异常壮观，寺内有释迦牟尼雕像和汉白玉送子观音等佛教珍品。

🚌 观光专线车可到南山寺。💴 门票免收

罗睺寺

在台怀镇东侧，有天王殿、文殊殿、藏经阁等建筑，寺内的"开花献佛"装置为五台山一绝（木质大莲花中藏有四尊佛像，花瓣可开可合）。

🔘 罗睺寺在台怀镇中心。💴 门票4元

● **其他重要寺庙**

注意有龙泉寺、王爷庙、殊像寺、金界寺、梵仙山、碧山寺、广化寺等。

● **摄影佳景**

台怀镇塔院寺南面有宽阔空场，从那里以大白塔为背景拍摄人像纪念照最有五台山特色，是公认的经典画面。

游览指导

在五台山游览有两天时间基本够用，第一天游览台怀镇中心寺庙群（塔院寺、显通寺、罗睺寺、菩萨顶等），并登上黛螺顶山峰观赏台怀镇全景。第二天乘车去2—4个台顶观光，再游一南一北两个寺庙——南山寺和碧山寺，照此安排游程即可玩得圆满开心。如欲避暑休闲或研究佛学文化则当然应住下慢慢细玩。

五台山附近有恒山、悬空寺、应县木塔、大同云冈石窟等名景，把上述景区同五台山一起游览会倍感圆满开心。

▲ 台怀镇一角

发烧友特别关照

①五台山天气较凉爽，即使7—8月中，晚上也可穿长袖衣裤。四、五月或九、十月去，可考虑穿薄羽绒衣，冬天的五台山十分寒冷，游客则应在登山前做好充分的保暖措施。

②五台山海拔高，空气纯净，因而阳光中紫外线强度极高，所以夏季到五台山还要注意防晒。否则天气并不热也没出什么汗，可是一天就能让您晒黑不少。

③旺季五台山的食宿价格很贵，游人应有心理准备。

④在台怀镇用餐时应选择风景区内较为正规的餐馆，点菜时有必要再敲定一下菜价和菜量，如遇挨宰应坚决投诉。

⑤台怀镇上拍摄人像纪念照的好地点有塔院寺的南门外、菩萨顶的登寺天梯下方，以及显通寺的各大寺庙前。游人可留意关注。

⑥五台山山高且空气清新，所以游人在山上仰望夜空会觉得星光非常明亮灿烂，五台山上见到的星空无比美丽，一定要认真仔细地观赏。

▲ 台怀镇壮丽全景

813

自助游中国 ▶ 华北地区

恒山·悬空寺

☎ 电话区号：0352　恒山景区管委会：8333077　悬空寺：8333031

恒山山脉西衔雁门、东跨河北，共有大小山峰108座，主峰天峰岭坐落在山西省大同市浑源县城南4千米处，海拔2016.1米，自古就有"人天北柱""绝塞名山"之美称。恒山是一座"特别粗糙的北方的山"，山上绝少有流泉飞瀑、茂密丛林，却随处可见峥嵘奇峰、险峻岩石，以及挺拔的孤松和大块大块裸露的黄土梯田。

☛ 春、夏、秋三季观光效果更佳

🏇 **主要景点**

☛ 恒山特色鲜明，值得一看

北岳恒山（国家4A级旅游景区）

恒山的最佳观景处是海拔2016.1米的北岳极顶天峰岭，游人在此居高远眺，可以清清楚楚地看见远方的景象。头顶蓝天白云，俯瞰辽阔大地，您会感到与浩瀚永恒的大自然相比，人类是多么渺小，一个人的生命又是何其短暂，真可谓"人在天地间，似蝼蚁千万"。壮阔的北国山川景色会令人心潮起伏、感慨万千。难怪许多游客都说：登临北岳极顶后能让人心胸开阔，耳目一新——会对自然、社会和人生中的事情看得更清醒、理智、准确和客观。

▲ 北岳恒山悬空寺

● **景区门票最新价**

💰 恒山进山票45元。恒山缆车往返140元。

💰 悬空寺门票15元，登寺门票100元。

● **笔者提示**

①虽说从四面八方去恒山都方便，但最方便的还是从大同去。大同有901路公交车到浑源县，收费15元/人，车程1.5小时，从浑源到恒山有普通中巴直达，打车20元左右。

②从大同火车站前包车去恒山及悬空寺亦方便，一般轿车往返需要500元（议价后），可乘4人。

☛ 不能只去山腰处的庙宇群，一定要登上北岳极顶看一看，很壮观

悬空寺（国家4A级旅游景区）

恒山上有会仙府、苦甜井、姊妹松等诸多佳景，而建在主峰对面翠屏峰半山腰上的悬空寺更是特色鲜明。它共有大小殿堂40余间，全都建在离地面数十米的绝壁上，上依危岩、下临深谷、傍崖而栖、凌空欲飞。从古至今，晋北地区曾发生过多次强烈地震，一些建在平地上的坚固房屋都明显受损，但悬空寺却安然挺立，中国古代高超的建筑水平真令世人拍案叫绝。由于北岳恒山既有壮美的山川景色，又有中外驰名的悬空寺，所以这里一直是闻名遐迩的观光佳境，每年吸引着大量游人慕名而来。

山西省

814

山西省 恒山·悬空寺

游览指导

游人去恒山旅游大致有四条线路可选：①从北京乘火车沿京原铁路到灵丘，然后换汽车2小时就到恒山。②从山西省会太原乘汽车，3小时到浑源县县城，再乘汽车10分钟可到悬空寺，半小时可到恒山。③从大同市乘汽车1.5小时即到恒山（一日游班车和普通客车均很多）。④亦可在游毕五台山后乘车向北去浑源登恒山（可经过应县），五台山到恒山行车需2.5—3小时。由于恒山停车场建在恒山半山腰，而登山又有索道可乘，缆车上行20分钟即即可到达山颈处，所以游客下汽车后只需1个多小时即可登上2016.1米高的北岳极顶，眺望晋北大地的壮丽风光（能清楚地看出百里远）。

悬空寺距恒山主峰只有15分钟车程（在县城与恒山之间），进入寺内游览1小时足够，所以，用一整天的时间游览恒山和悬空寺会玩得特别舒适宽松。恒山景区和悬空寺景区内有不少饭馆但少有宾馆，愿意多玩几天的游客住宿在浑源县城可能更方便。

▲ 陡峭的恒山登山石级

另荐周边佳景：应县木塔

当您乘汽车从京原铁路五台山站向西北行驶1小时，登上连绵起伏的太行山巅时，会发现10千米以外的地平线上屹立着一座高大无比的古塔，它凌驾于群楼绿树之上、耸立在蓝天白云之间，异常挺拔雄伟，它就是著名的应县木塔。

应县木塔位于山西省朔州市应县县城西北侧，塔高67.13米，高度大致相当于现代城市中的22层楼。它比著名的西安大雁塔高3.3米、比北京北海公园的大白塔还高16.4米，且造型古朴典雅、轮廓精美玲珑，是晋北大地上不可多得的奇观妙景。

应县木塔外观为五层，而塔身内有九层，全部由木质材料制成，其中共用斗拱54种，支撑主塔的巨型木柱就有32根，全塔的各类构件多达数万件，建塔时消耗木料约为2600吨。如此之多的木质构件纵横交错，严丝合缝，且层层叠叠、错落有致，其内外结构之神奇严密、设计建造之高超精湛，令古今中外登塔参观的众多游人新奇惊讶、目瞪口呆。

应县木塔建于辽清宁二年（1056年），至今已有900余年的历史，其间历经强烈地震和水灾的侵袭，亦在战乱中被枪炮击中，但是木塔依旧巍然屹立、挺拔高耸，堪称我国古代建筑史上的奇迹，也成为中华民族勤劳智慧的有力象征。

▲ 应县木塔

●特别提示

许多游客都对广西龙胜的龙脊梯田情有独钟且游后流连忘返，笔者提示您在恒山主峰上向南方俯视亦可看到许多梯田——这里的梯田不像龙胜梯田那样是水田，而是赤裸裸的黄土旱田，虽不娟秀精美但线条形状粗犷，亦能给人带来独特观感，游人可留意观看。

●换位观景

您在浑源县城中向南眺望，看到山姿雄伟且顶端有一座金属通信发射塔的就是2000多米高的恒山主峰了，此时您一定会想：这山挺高啊，我能登顶吗？可当您先坐汽车、又换缆车又步行，1.5小时后，就能站在山巅那座金属塔下俯瞰浑源县城全景了。这时您会想：刚才我是在县城的哪个地方，仰望脚下的这座高山呢！

●应县木塔真高大

现在只允许游客上到木塔的一层，如能登上塔顶，可以望出三四十千米远，欲览应县全貌，那更是小菜一碟。

●木塔观光指导

五台山汽车站乘去大同的大巴车可路过应县，抵达应县的车程时间约为2小时左右。而从大同乘车走高速到应县只需30分钟。应县木塔在县城中心，交通很方便。

💰 木塔门票50元，游览观光需30—60分钟。
木塔前的应县中心街上有许多旅馆、餐馆，消费便宜，食宿方便。

太原

电话区号：0351　晋祠景区：2149649

太原是我国重要的能源生产基地，素有"煤都"之称。近年来，这里的城市建设改造和旅游资源的开发开放日益加快，城市风貌焕然一新。

太原市内有当地人引以为傲的迎泽大街，宽度70米；有清波绿树相映的迎泽公园，每年在园中举办的"煤海之光"大型灯展吸引着来自海内外的八方游客；城南的双塔寺造型精美，壮观绚丽，成为太原城市的标志；雕琢在天龙山山巅的龙山石窟高大雄伟、庄重古朴，是我国北方不可多得的道教名胜。

太原市山水的精华是位于市区西南25千米处悬瓮山下的晋祠，这里有亭、台、楼、阁、桥、榭数百处（间），精美的宋代彩塑侍女像43尊，整个园林古木参天、山环水绕、风景优美，而穿园而过、碧波粼粼、晶莹透亮的难老泉水更是为历代文人墨客所称颂。除此之外，太原周边地带也有许多颇具水平的旅游景点，像平遥古城、乔家大院、王家大院、绵山和酒乡杏花村等，古老的三晋风光正为越来越多的游人所瞩目。

▲ 太原双塔寺

气候与游季

太原冬季寒冷，而夏季炎热，雨量集中，秋季天高气爽，4月至10月为旅游季节，冬季市区内外的古迹名胜亦可照常观光。

● **从北京直达太原**
高铁最快2小时可到，车费197元起。

● **发烧友关照**
①太原是省会亦有突出景点，值得做两至三日观光游乐。
②应重点关注晋祠、天龙山，榆次的常家庄园和后沟村也很"够味"。
③去山西光游太原显然不过瘾。北边的五台山、恒山、云冈石窟和南边的平遥古城及几个著名大院还有壶口飞瀑，才是真正的精彩所在。

交通

太原武宿机场问询电话：0351-7286462

航空

武宿机场位于市西南，距市区15千米。可与北京、长沙、成都、大连、福州、广州、海口、杭州、昆明、兰州、南京、青岛、上海、沈阳、深圳等城市通航。太原火车站有机场巴士往返机场。另外有201路等公交车到机场。

铁路问询电话：0351-12306

铁路

太原与运城、宜昌、成都、宝鸡、广州东、商丘、长沙、石家庄、北京、青岛、杭州、上海、天津、汉口、大同等众多城市间有直通列车。

建南客运站电话：0351-7071191　太原客运东站电话：0351-2389052

公路

太原客运总站在距火车站不远的迎泽大街上，每日都有开往本省各市县及北京、天津、石家庄、郑州、西安、延安等方向的长途客车。其中太原至北京（高速直达）每天有数班。开往五台山、悬空寺、应县木塔等在客运东站发车。开往平遥的客车发车在建南汽车站。

▌长途客运总站电话：0351-4042346

太原周边游览示意图

住 宿

太原市的宾馆酒店房价比其他省会城市略低。四星级酒店的代表是三晋国际饭店、山西大酒店、愉园大酒店等；三星级酒店的代表是山西饭店、并州饭店、君豪酒店等。普通商务宾馆也很多，背包族游客可在火车站前的迎泽大道前找住处，主路旁的小街道上有些中小型宾馆酒店。

☛力荐柳巷美食街。街上店铺多，美食品种丰富，价格还算实惠，赞

餐 饮

太原的各类面食真是种类繁多，刀削面、手拉面、青拌面、猫耳朵、拨鱼、面麻片、炒疙瘩、红面糊糊、炒剔尖、炒莜面、荞面、莜面窝窝真看得人有些眼花缭乱，每样都吃不可能，肚子也受不了，就挑一两样有代表性的品尝吧！

另外餐桌上不可缺少的调料是山西老陈醋，在高中档餐厅用餐时，不管您要不要，吃饭前先盛上一小碟摆在您面前，尝也可以不尝也可以，其重要地位跟正式西餐中的开胃酒似的。正宗的山西老陈醋确实香，应该尝一尝。

还有一个重要的菜肴是过油肉，总是出现在餐馆菜单中的第一行（跟北京饭馆里的鱼香肉丝似的），可见当地人对它是多么器重。它是当地最常见的肉炒菜，吃一回总不嫌多！

●实惠住处参考

①轻奢智能影院酒店，标间90元/间，条件尚好，电话：19537103093。

②七天连锁太原南站店，标间110—130元/间，条件也好，电话：0351-7660777。

●推荐特色餐厅

①山西饭店

在五一广场，以经营太原地方风味为主，是太原当地著名的饭店之一。名菜有过油肉、糖醋丸子、刀削而、凉拌莜面、黄牛肉等。
人均消费100元左右。
电话：0351-6688888。

②郝刚刚羊杂割店（柳巷店）

羊肉汤配上油酥饼，味道奇佳，值得一尝。这家店人气挺旺，有时要排队用餐呢。
人均消费29元。
地址在柳巷83号（近府西街）

③山西会馆

在体育馆路7号，主营当地各色风味美食，电话：0351-7088885。

● 另荐景点：山西博物院、晋商博物院、中国煤炭博物馆

①山西博物院
是山西最大的文物收藏、研究、展览中心。亦是国内大型综合性博物馆之一。位于太原汾河畔，建筑造型恢宏大气且新颖别致。馆藏文物及其他展品超过50万件，是了解中华文明起源和山西历史文化的好去处。公交807、803路可到。参观免费，需提前在小程序上预约。

②晋商博物院
馆内以展示晋商的历史和丰富悠久的晋商文化为主，令人观后感悟颇深。博物馆内遍布各类石雕、木雕、图案及造型生动别致，栩栩如生、引人入胜。

③中国煤炭博物馆
是国家级煤炭博物馆、全国工业旅游示范基地。馆内展示了煤炭的形成和开采过程，介绍国内外煤炭工业的发展史，内容独特，令人观后耳目一新。

乘38、855、809等多路公交车可到。门票60元。

● 推荐景点：常家庄园
位于太原东南晋中市榆次区，是清代晋商巨贾常氏一族的私家庄园。园内堂室高大且多窗饰、彩绘、楹联、木雕、碑刻等文化珍品，附近还有占地面积约120亩的"静园"，景色优美。是可与祁家大院、乔家大院相媲美的古宅名景。从榆次乘12路公交可到，门票80元。

其他特色食品菜肴还有太原羊脑、榆次灌肠、晋中油糕、孟封饼、豆腐脑、珍珠粥、豆沙糕、羊杂碎汤、灌肠、六味斋酱肉、高平豆腐等，您有胃口就逐一品尝吧！

主要景点

晋祠
在太原市西南约25千米处，是太原市的标志性景点，集诸多精美园林、建筑、壁画、碑刻于一体，园中的周柏、宋塑侍女像和难老泉等佳景全国闻名。

🚍 市区有308、804、856路等公交车直达晋祠。¥ 门票80元

天龙山景区
佛教圣地，位于太原西南40千米处，主峰高1700米，层峦叠嶂。山间有龙山石窟和苍峰碧溪，这里石雕精美气派、山景秀丽宜人，是太原市仅次于晋祠的名胜佳景。

🚍 从晋祠门口乘329路公交可达天龙山石窟。¥ 天龙山石窟博物馆门票50元

双塔寺
又名永祚寺，位于太原城南，双塔并立造型精美，登临50米高塔顶可览市区远景，是太原标志性景点。

🚍 从市区乘801、808路公交车可到双塔寺。¥ 门票旺季30元，淡季20元

纯阳宫
位于太原市五一广场西北隅，始建于元代，明万历年间进行了重修，清乾隆年间进行了整修与扩建。纯阳宫是道教建筑文化中别具特色的优秀范例，具有鲜明的道教建筑特色。

🚍 4、6、10路公交车可到纯阳宫。¥ 门票30元

崇善寺
位于太原市区东南隅。现有大悲殿等明代建筑，寺内多尊巨型佛像。亦收藏有诸多藏经、古书、绘画等文物。

🚍 数路公交车可到崇善寺。¥ 门票免收

发烧友特别关照

游程推荐

在太原观光有三天时间可以玩得非常快活宽松。
D1. 可游晋祠、天龙山、双塔寺。晚上在市区品美食，观汾河夜景。
D2. 可游崇善寺、纯阳宫、双塔寺、山西博物院和煤炭博物馆、晋商博物院及迎泽公园。
D3. 去榆次游后沟古村和常家庄园，三日游程非常充实圆满。

平遥

电话区号：0354　古城旅游服务热线：5609577、5690000

平遥地处晋中，位于太原市以南90千米处，城市不大但特色鲜明。已有2700年历史的平遥古城是我国四大古城之一，已入选《世界文化遗产名录》。古城中的日升昌票号是中国最早的银行，周边的乔家大院、王家大院等无一不是国内明清古代建筑群中的瑰宝。游览古城平遥，可以领略到中国古代历史文化底蕴的深厚，得到风味独特的美好观感。

气候与游季

平遥属典型的温带大陆性气候，气候温和干燥，四季分明，冬夏温差大，冬春季常有风沙。年平均气温为10.2℃，年降水量约415.9毫米且集中在夏季。对于一个以古城古迹为主要风景集聚区来说，这里夏秋时节游览较舒服，冬春时节虽然气候不够宜人但也无碍大局。

▲ 平遥古城北门城楼——城楼只是平遥古城内的景点之一，这里的必观景点还有日升昌票号、城隍庙、文庙和旧县衙等

交通

铁路

从太原乘火车向南行驶，2小时即可到平遥，每日有普通客车8班以上，此外动车到太原只需46分钟（车票28元左右）。另可从北京、石家庄、运城、西安等多个城市乘火车直达平遥。平遥火车站在古城西北侧，高铁站在县城西南边，站前有公交车去县城内各站点和古城景区。

¥ 从平遥火车站前乘公交车1—2元即可到古城

公路

从太原市市区东缘的建南客运站乘车2小时出头即到平遥，车票快巴50元左右（从太原火车站乘11路公交车可到建

●县内交通

平遥城城内的景点相距不太远步行或乘电瓶车，电瓶车价格一般2元/人。

推荐游程

以二日游为宜

D1. 游平遥古城墙、日升昌票号，文庙、城隍庙、旧县衙、中华镖局等（古城北门及西门城楼很气派，文庙、城隍庙、旧县衙规模都不小，另外镖局很值得一看），晚上夜宿平遥。

D2. 乘车到灵石观王家大院，午后乘灵石去太原的客车途中在祁县乔家堡下车，游乔家大院，然后乘车向北返回太原。

819

●平遥门票价格

古城门票 125 元。含古城内 20 个景点，有效期 3 天，淡季有优惠。在古城门入口处和各个小景区门口都有售票处。双林寺门票 33 元。

●节省旅费的窍门

在平遥火车站和汽车站都有机动车拉客，10 元钱左右就可把您送到古城，但是您入住旅馆后一些店主可能要给这些司机回扣，所以房费就不会大便宜。若想节省费用可以在搭车时跟司机说自己是来平遥找朋友办事的，不需要住宿，而乘车从古城西门或北门进城到西大街与南大街交界处时自己下车就成了，这里旅馆很多，可以自己选住处。

●住宿提示

平遥城内有许多家庭宾馆已经名声在外，但出名后游客数量猛增，有时房价就会上涨，而服务质量亦会下降。所以以往到平遥住家庭民居旅馆别太注重那几处网上人人熟知的老面孔，在古城内耐心找寻且货比三家可能住得舒服、省钱又开心。

●平遥古城

从平遥古城站乘 108 路公交车 36 分钟即可到平遥古城，从平遥老火车站乘 209 路公交可到古城，车程 30 分钟。

平遥古城示意图

南客运站）。平遥汽车站在古城东北边，打车到古城 10 元。

平遥汽车客运站问询电话：0354-5690011　太原建南客运站电话：0351-7071219

住宿

平遥古城内外有许多宾馆、旅馆，总体上说价格不贵，古城外的宾馆条件尚可但没有当地古老民居的韵味。古城内有数十家颇具特色的家庭旅馆，房屋非常古老但房内设施一点都不差，一般都有电视、空调、卫生间，住在其中感觉挺舒服。推荐古城善庆会馆、裕丰恒客栈，古风浓郁、设施也新，可适度关注。

☞ 另荐贞君泉客栈，在平遥古城内，双人间 40—50 元/间，性价比高

特色食品及风味小吃

特色食品有平遥牛肉、凉粉、山药灌肠、黄酒、各类面食尤其是莜面窝窝、拨鱼及猫耳朵、油糕、刀削面及名菜过油肉等，其中平遥牛肉在街上随处有售，可谓馈赠亲友之佳品。平遥坨坨是一种集凉粉和灌肠于一身的食品，味道独特。特色餐厅在县城中心的步行街上比比皆是。

☞ 购买平遥牛肉，散装的更好，因为散装的都露在外边，肉质一目了然

特色商品

各类古董（真的和仿制的全有）、推光漆器、各类杂木旧家具、各类剪纸、鞋垫，但切记购买时一定要砍价。

☞ 各类古董不要买，多为仿制的。各类漆器倒是制作精美，可以关注

主要景点

平遥古城（国家 5A 级旅游景区　世界文化遗产）

平遥古城，明朝初年为防御外敌入侵而建，此后经过各朝代共十余次的重修扩建，才形成了今天的规模。古城城墙总长 6163 米，墙高 12 米，中段有多处敌台，四周有高大城楼，非常壮观雄伟。古城墙把面积 2.25 平方千米的平遥县城隔为两个世界，墙内的街道、铺面、市楼保留着明清制式，墙外则高楼林立，是一座古代与现代建筑各成一体，交相辉映的游览观光佳景。

1997 年 12 月，平遥古城入选《世界遗产名录》，由于城内建筑保持着完整

的14—18世纪的建筑风格,所以它已成为研究中国古代政治、经济、文化、艺术和宗教发展的实物标本,有极高的观赏、研究价值。

日升昌票号

位于平遥西大街38号,创建于清道光四年（1824年）,是我国第一家专营存款、放款、汇兑业务的私人金融机构,亦被人称为平遥乃至中国的第一家银行。

票号的出现,结束了现银镖运的历史,开辟了中国金融业的新纪元。日升昌票号业务发展的鼎盛时期年汇兑额可达3800万两白银,规模可观,以"汇通天下"而盛名远扬。

现在的日升昌票号已开辟为中国票号博物馆,该博物馆通过场景复原、蜡像模型相结合的陈展方式完整地再现了票号当年营业的盛况并揭示了票号业在100多年经营初中中所蕴含的独特文化现象。人们徜徉其间可以了解银行业的发展。

城隍庙

始建年代不详,明清续建,是国内保存最完整的城隍

● 日升昌票号
票号就在古城内,步行即到。

● 城隍庙
在平遥县城东侧。门票含在通票中。

● 文庙
在平遥县城东南隅。门票含在通票中。

● 旅游锦囊
去山西光游平遥一地肯定不过瘾,最好把平遥同太原和壶口一起玩,太原市的晋祠、天龙山均颇具特色（晋祠门口可包车直抵平遥）,而从平遥乘火车向南行驶1小时即到临汾,从临汾乘客车3—4小时就到壶口瀑布。一次游上述三地只需5天时间,而三个目的地的先后游览顺序则可依据您来定（当然不要漏掉祁县乔家大院和灵石县王家大院）。

● 古县衙
在平遥古城中心。门票含在通票中。

● 中华第一镖局
就在古城南大街61号。门票含在通票中。

● 乔家大院
从平遥汽车站前乘开往太原方向的大巴车，半小时后可到乔家堡站，下车后沿一串大红灯笼掩映的路行走几百米就到乔家大院。
如果您是从太原乘车去平遥，那先经过乔家大院的道口而后到平遥。
¥ 门票115元，淡季有优惠。

● 王家大院
¥ 门票旺季55元，淡季35元。
王家大院在灵石县境内，可从平遥乘火车或汽车先到灵石县，再换旅游专线车半小时后可到王家大院。
🚍 从介休火车站对面乘11路公交车也可到，包车单程需40—45元。
观光需3—4小时。

● 张壁古堡
🚍 从介休市内乘301路公交车可到。
¥ 门票75元，网上购买有优惠。

👉 名声显赫但规模并不太大，观光需90—120分钟

王家大院
位于灵石县静升镇，是灵石亭望族静升王氏的故居，分为高家崖和红门堡两大部分，其建筑规模很大，有"中国民间故宫"之称。
高家崖已开辟为"中国民居博物馆"，它是一座封闭式的城堡式建筑，共有院落35座，房间300余间且依山而建、气势宏伟壮阔。院内随处可见精美砖雕、木雕、石雕，秀丽、雅致、迷人。红门堡与高家崖相邻相望，因堡门是红色的，故得此名。堡内有许多特色鲜明的石雕，集南北风情于一身，是清代雕刻艺术的精品（观光约需3小时）。

👉 王家大院规模宏伟，极富历史、文化、观光价值，笔者强力推荐

庙之一。由城隍殿、财神庙、灶君庙组成的建筑群，结构严密、布局精巧，布满殿宇屋顶各处的琉璃造型更是颜色鲜亮、色泽动人。

文庙
占地3万余平方米，内有棂星门、大成门、大成殿、明伦堂等各类建筑100余座，分服务区、祭祀区、儒学区、科举区四大区域分布。庙内保存着状元试卷、清代文官系列服饰等文物精品，历史文化气息浓郁。

古县衙
古县衙坐北朝南，由衙门、仪门、牌坊、大堂、宅门、二堂、内宅等系列建筑构成，基本保持了明、清衙门的建筑和功能特征。衙内遵循的封建礼制让今人观览后十分耐人寻味。

中华第一镖局
是明末清初镖局的旧址，主要介绍中国镖局发展史，以及在明清时期，中国有名的十大镖局、十大镖师和走镖过程中的逸事趣闻。

🚶 周边景点

乔家大院（国家5A级旅游景区）
位于太原市西南22千米外的祁县境内，始建于清代，原是当地一位富商的私宅，现被开辟为民俗博物馆，展示内容以民俗及风土人情为主，包括乔家历史、乔家珍品、商俗展示、民间工艺品等。
乔家大院具有鲜明的清代建筑风格，共有6座大院20进小院，300余间宅室，呈双喜字形构筑，房屋结构美观大方、建筑风格精致古朴，且因这里是电影《大红灯笼高高挂》的外景拍摄地，所以备受海内外各方游人的瞩目。

大同

电话区号：0352　云冈石窟：7992622

大同位于山西省最北部，是我国历史名城之一。这里又是我国北方重要的能源生产基地，素有"煤都"之称。1600多年前北魏曾在大同定都，前后时间跨越达90余年，著名的云冈石窟即是始凿于北魏而保留至今的当地最杰出的名胜古迹。此外，大同市区和周边还有华严寺、九龙壁、恒山、悬空寺、应县木塔等景点，在晋北乃至整个华北地区均享有盛名。

气候与游季

大同市地处黄土高原，年平均气温6℃—7℃，冬季非常寒冷，夏季天气凉爽，是避暑的好去处。大同气候的显著特点是昼夜温差大，您最好多带一件衣服，以便早、晚外出时备用。每年的春、夏、秋三季是旅游的较佳时间。

交通

大同云冈国际机场距市中心约15千米，有机场大巴到市中心的大同宾馆、政务审批中心等地，车程30—40分钟。大同云冈机场问询电话：0352-7581666。

大同有普通和高铁列车直达北京、太原、呼和浩特、包头、银川、兰州等城市。火车站位于大同市区北部，乘70、66路公交车均可到。

大同汽车站有长途车可通达太原、张家口、北京等地。长途汽车东站和南站亦有到五台山、恒山等旅游区的直达车。

▲ 云冈石窟大佛雕像

● 旅游咨询

大同有多家旅行社在火车站街道上设有咨询接待站，为游客提供咨询服务。

■大同火车站问询电话：0352-7122922　大同汽车客运东站电话：0352-2464510

发烧友特别关照

①大同市区及周边有突出景点：云冈石窟、华严寺、普化寺及恒山、悬空寺、应县木塔都很精彩。前去观光一次绝不嫌多。

②把上述景点加上五台山一起玩，更显圆满、快乐、开心！

③大同的老城区（城墙）于2008年进行整体修复，2016年完工，是中国现存较为完整的一座古代城垣建筑，给人的观感非常好，凝重美观而为大同市区平添诸多新奇美感。

④大同餐饮相对便宜实惠，一定要好好吃几顿！

住 宿

比较受欢迎的宾馆有全季酒店、花鹿酒店、麓枫酒店等。市区总体房价在国内同等城市中仍算便宜，一般的普通标准间只需90—140元/间。如御江快捷酒店标间100元/间左右，电话：0352-2398777。

● 凤临阁饭店
电话：0352-6663888。

● 五台山・恒山
如今从大同驱车只需3小时就可以到达佛教圣地五台山了（大巴车费57元）到恒山1个多小时也行了。把大同的云冈石窟、浑源恒山、悬空寺及应县木塔同五台山连在一起玩是当今很时兴的玩法，短短3—4天内即可获取圆满观感。

● 云冈石窟
门票旺季120元，淡季100元。在国内三大著名石窟中，云冈石窟大部分石像的色彩比敦煌和龙门石窟美观，应该关注这一特点。20号石窟前的大佛非常气派，是标志性景点，以它为背景好好拍照吧。
包车从市区到云冈需40—65元。

● 推荐游程
D1. 恒山—悬空寺、应县木塔，住宿大同。
D2. 云冈石窟、市区善化寺、上下华严寺、九龙壁。

● 另荐景点：杜庄土林
由千奇百怪、身态各异的土柱、土台、土崖、土岭组成，它们有的孤独耸立、有的成群连片，成为北方荒野中的独特景观。乘901路公交车在杜庄下，再步行即可到。
门票60元，网上购买有优惠。

● 善化寺
坐65路公交车可到。
门票免收。

餐 饮

大同有不少风味独特的美食品种，特色小吃有羊杂粉汤、大同黄糕、豌豆面、莜面窝窝、荞面坨坨、阳高杏脯等。比较好的美食地点有永和红旗美食城，那里就餐条件好而物美价廉。另外华严寺旁的凤临阁饭店也很有特色。

主要景点

云冈石窟（国家5A级旅游景区　世界文化遗产）

在大同市西郊17千米处的武周山南麓，凿于北魏，距今已有1600余年历史，其规模和艺术价值与敦煌莫高窟、洛阳龙门石窟齐名。云冈石窟现存主要洞窟45个，共有佛像石雕59000余尊，其中20号窟前的露天释迦牟尼坐像石雕高近14米，轮廓优美、表情生动，是整个石窟景区的代表作，亦是我国古代石雕中不可多得的艺术珍品。

3路公交车从市区内的公交四公司始发，终点云冈站下车步行2分钟即可到云冈石窟

九龙壁

建于明洪武二十五年，位于大同市区东街西侧，壁高8米、长45.5米，由426块五彩琉璃拼砌而成，上布九条飞龙，五彩斑斓、形态生动，是国内三大九龙壁之一，笔者看来，比著名的北京北海公园九龙壁还要壮观迷人。

多路公交车可到九龙壁。门票免收

华严寺

在大同市中心，是辽金时期我国佛教华严宗的重要寺庙之一，分上、下两寺。上寺有山门、佛堂、云水堂、大雄宝殿，下寺的主体是薄伽教藏殿，专门用来存放佛经。全寺殿宇嵯峨、雄伟而壮观。

市区有38、61路公交车直达华严寺，步行前去亦可。门票旺季50元，淡季40元

善化寺

大同城南的大型寺院，始建于唐，是国内现存最大、最为完整的辽金时期建筑。寺内的大雄宝殿、三圣殿、山门等均很壮观，殿内壁画亦有很高美学价值。

绵山

电话区号：0354　旅游咨询：7055111

绵山又称介山，属太岳山脉，地处山西省介休、灵石、沁源三市县交界处，是国家5A级旅游景区、中国历史文化名山、中国清明节（寒食节）发源地。绵山绵延50余千米，最高峰海拔2566.6米，其山势陡峭，多悬崖绝壁，苍松翠柏，自然风光非常优美，山上亦有多处人文佳景，是山西省内著名的省级风景名胜区和旅游避暑佳境。

门票旺季110元/人，淡季90元，观光车费50元

交通

绵山距太原市约170千米，距运城市约260千米，距介休市只有20千米，交通尚属便利。欲去绵山可以先乘火车或汽车到介休，抵达介休火车站后换乘专线车前往绵山，车程50分钟左右。如果从介休打车到绵山，车费需50元左右。绵山目前主要有龙头寺、龙脊岭、栖贤谷、介公岭、水涛沟等十余个大景区共数百处景点。绵山景区的风景散布于6千米长的山间旅游公路沿线，起点为龙头寺，中间为云峰寺，终点为水涛沟。游客可以乘坐旅游观光车前往各个景区，去开始"绵山十里山水画卷"之旅。

发烧友特别关照

①绵山食宿较为方便，龙头寺、一斗泉、云峰寺、水涛沟均有游客接待处，山上有多家大中型宾馆、酒店，住宿便利，并且都是紧贴悬崖而建，其建筑本身就是一大景观。绵山的每家宾馆酒店都附设餐厅，提供山西风味饭菜，团体游客还可在云峰野苑观赏席间宫廷乐舞表演。

②绵山景区的地形特点是两侧是高山，中间是峡谷，半山腰有一条盘山公路一直插进山里边，沿途每隔一段就有一座宾馆或一个景点，游人可以逐段游玩观光并选择合适地点住宿。在绵山各主要景区中，笔者认为龙头寺、蜂房泉、大罗宫、云峰寺、水涛沟是必观景点。尤其是水涛沟，溪水潺潺、风光灵秀而生动；是不可多得的深山美景。

在绵山做一日观光太紧张，做2—3天游览才能玩得高兴开心。

▲ 绵山水涛沟风光

东北地区
DONGBEI DIQU

辽宁省 827
吉林省 847
黑龙江省 863

辽宁省
LIAONINGSHENG

黄金旅游线路

① 大连—旅顺口—千山
② 沈阳—本溪(水洞)—丹东
③ 丹东—大连—千山
④ 兴城—锦州(笔架山、医巫闾山)

辽宁位于我国东北地区的南部沿海,西北与内蒙古相邻,西南与河北接壤,东北与吉林相连,东南则以鸭绿江为界与朝鲜隔江相望。省内有东北最大的辽河平原,是我国著名的商品粮和水果产区,重工业城市有省会沈阳、煤都抚顺、钢都鞍山等。

辽宁并不是我国的旅游资源最大省之一,但其自然风光和古迹名胜的秀美程度在东北地区仍属上乘。省内各主要海滨城市都有绮丽迷人的风光,其中丹东、大连、兴城都是祖国北方颇具魅力的旅游名城。主要风景区有鞍山千山、本溪水洞、盘锦江海滩等。

对辽宁省内景点风光的评价

① 大连市的自然风光美、城市面貌新,金石滩、滨海路等景点,甚具迷人风姿,是全省各旅游城市中的明星——游览至少需要2—3天。

② 鞍山千山风光好而又知名度不高,所以前去一游,八成会有喜出望外的观感收获,1—2日游览均会新奇开心。

③ 丹东市区的鸭绿江景区与朝鲜民主主义人民共和国隔江相望,边陲风光特色鲜明,周边的青山沟、凤凰山风光美而绮丽,是祖国北方不可多得的边境旅游名城。在丹东观光有3天时间基本够用。

④ 兴城海滨虽然开发开放的时间较短,但那里的风景美丽而生动(山、海、岛、泉、古城一应俱全),是北方海滨景区中冉冉升起而光芒夺目的明星,在那里做2—3天观光或长期疗养度假均可。

⑤ 沈阳有北陵公园、沈阳故宫等古迹名胜,城市建设亦在近年来有突飞猛进的发展,市区的五里河一带荟萃了许多新颖而美丽的建筑,观后令人惊叹和感动。二日游即可圆满称心。

⑥ 其他值得关注的地方还有东北最大的溶洞游览区本溪水洞、盘锦海滨的红海滩、东戴河海滨景区等,游人有机会可一一驻足。

▲ 西塔风情街街景

自助游中国 ▶ 东北地区

沈阳

电话区号：024　　北陵景区：86896264

　　沈阳位于辽宁省的中部，是全省政治、经济、文化中心，也是东北境内重要的交通枢纽和重工业城市。沈阳迄今已有2000余年历史，汉、辽、金、元、清等朝代均在此或建城或立都，至今仍保留有故宫、东陵、北陵等古迹名胜。近些年来，随着当地经济的发展，沈阳的城市建设有相当大的改观，出现了不少宏伟建筑、商业街区和餐饮游乐城，城市风情红火喧嚣，在辽宁省内独树一帜。

▲ 沈阳北陵景区大门

● **当地特色餐饮**

李连贵熏肉大饼（沈阳店）
熏肉大饼的吃法同烤鸭差不多，都是用饼卷着肉吃，并且包着葱和酱。应该说味道有异曲同工之美。
消费：人均约50元
电话：024-2383511

老边饺子馆（中街路店）
身在沈阳不可不尝尝老边饺子，这是当地的著名老店，饺子无论煎煮蒸，口味都很棒，拌馅时肯定有独特配方。推荐煸馅饺子、饺子宴。
消费：人均约60元
地址：沈河区中街路208号（玫瑰大酒店对面）
电话：024-24865369

气候与游季

　　沈阳夏季凉爽，比华中、华南一带至少低3℃—5℃，而冬季寒冷，春秋季短促，4—10月为游览佳季。

交通
航空
　　沈阳桃仙国际机场是东北地区最大的航空港，距市中心约22千米，可与北京、长沙、成都、重庆、大连、福州、桂林、贵阳、海口、杭州、哈尔滨、呼和浩特、香港、济南、昆明等全国各大中城市通航。沈阳火车站和火车北站有机场专线大巴，另外城铁2号线也可从市区抵达机场。

机场问询电话：96833　　火车问询电话：12306

铁路
　　沈阳是京哈线及哈大线铁路线上的大站，北京通往东北各省的列车都在沈阳停靠。沈阳有通往东北地区大连、丹东、营口、鞍山、本溪、通化、锦州及东北以外的北京、上海、广州等城市的直通列车。目前沈阳有沈阳站和沈阳北、沈阳南大火车站。

客运总站电话：024-3122023　　客运北站电话：024-88529078

公路
　　有多个大型汽车客运站，如长途客运总站，位于沈阳市大东区滂江街22号，共有营运线路70余条，遍及7省9个市区，日发班次130个。

长途客运西站，位于重工街134号，这个客运站承担着沈阳西部地区旅客集散的任务，服务半径辐射沈阳市西部区域及山海关方向的广大区域。

客运总站电话：024-31982345　客运西站电话：024-25739596

地铁

目前，沈阳有1号线、2号线、4号线、9号线、10号线共5条地铁线路，还有几条待修通运营的线路。

住宿

市内高、中、低档宾馆均多。五星级酒店有皇朝万豪、都喜来、香格里拉今旅酒店等。普通商务酒店知名度稍高的有白玉兰酒店、汉庭中山广场店、锦江之星故宫店等。若想找条件好而房价非常便宜的住处，可考虑位于市中心团结路上的温馨豪家宾馆，标间百元上下。

餐饮

沈阳的美食佳肴种类多样，有借鉴传统宫廷菜的烹调艺术而又荟萃了中华名菜精华的满汉全席，其风格独特且富有深厚的美食文化底蕴，是级别档次最高的美食佳品，但它价格昂贵，尚不能属于大众食客。

欲吃当地物美价廉的风味小吃，可选以下地点的餐厅和小饭馆。火锅——沈河区小南街风雨坛和刘老根大舞台一带；烤牛肉及韩国菜——西塔地区的朝鲜族风情街；红焖羊肉——沈阳区小北街。

主要景点

沈阳植物园·世博园（国家5A级旅游景区）

位于沈阳市的东郊，在辉山风景区和东陵之间，距市区1千米，建于1959年，植物园总占地面积200万平方米，植物园以百合塔、凤凰广场、玫瑰园为标志性主题建筑，荟萃了世界五大洲及国内重点城市的园林和建筑精品共有100个展园分布于南北两区。2006年在这里举办了世界园艺博览会。园内有百态凌云、风翼问天玫瑰流芳等八大景观。

从沈阳火车北站坐168路北线公交车可直达。门票50元

沈阳故宫（世界文化遗产）

系清太祖努尔哈赤和清太宗皇太极营造和使用的宫殿，是我国现存的两大皇家宫殿建

● 站间交通

沈阳站与沈阳北站之间可乘坐4号线和1号线地铁往返，换乘较方便。

● 住宿窍门

沈阳市区有许多洗浴中心，既能洗浴又能住宿。收费百元左右，还能观看晚上的大型演出并休息一夜，许多店内还会次日早餐。适合在当地做一日停留的游客。

● 经济型酒店参考

① 如家快捷酒店中街小西路店，标间130元/间起，电话：024-24107777-9。
② 白玉兰酒店沈阳五爱中街店，标间150元/间起，电话：024-82900518。

● 晚间娱乐

沈河区刘老根大舞台剧场每晚有二人转表演，极具东北特色。是休闲娱乐佳境。可重点关注。

● 沈阳故宫

在沈阳市区沈阳路乘地铁1号线及333、287、296路公交车可到。
门票50元。

▲ 沈阳故宫

●北陵（昭陵）

💰 北陵公园门票 5 元。昭陵门票 40 元，淡季 20 元。

●推荐景点张氏帅府

位于沈河区朝阳街少帅府巷 46 号，是奉系军阀首领张作霖及其长子张学良的官邸。其主要建筑有大青楼、小青楼、西院红楼群、赵四小姐楼等。这里发生的许多事件与中国近代历史息息相关，观后可使人增强对近代中国历史的了解和认知。

🚌 140、260、215 路公交车及地铁 1 号线可到。

💰 门票 48 元

筑群之一。宫中主体建筑有大政殿、十王亭、大清门、崇政殿等。

北陵（昭陵）

是清太宗皇太极与孝端文皇后博尔济吉特氏的合葬陵寝，位于皇姑区泰山路12号北陵公园内，规模之大堪称"清关外三陵"之最。北陵主要分为南边的北陵公园和里边的昭陵两大部分，陵区开阔、林木苍郁，风光幽静迷人。

🚌 130、220 路公交和地铁 2 号线均可到

"九·一八"历史博物馆

位于望花立交桥西北角，造型独特别致，整座建筑外观是一本翻开的大型"台历"，刻有"1931年9月18日"巨幅大字，馆藏文物图片记录了"九·一八"事变的全过程，激励国人不忘国耻、振兴中华的决心。

🚌 163 路公交可到。免费开放

怪坡

在沈阳沈北新区清水台镇帽山西麓，坡长约80米，宽约25米，走势西高东低。当您把汽车开到坡下熄火后，它会自动地滑行向更高的坡顶，此现象很显神奇怪异，怪坡因此而得名，现已开发成综合游览园区。

🚌 383、新城子环路公交（外环）路公交车可到怪坡。 💰 门票 40 元

五里河城市建筑风光

在沈阳城南的五里河一带，有许多新颖、高大、气派的城市建筑，如夏宫，外形酷似悉尼歌剧院，此外还有沈阳科学宫、河畔花园等，它们与不远处清波荡漾的浑河穿插相映，构成了一幅充满现代气息的优美画卷。五里河旁还有东北最大的IT产业区三好街，周边还有沈阳音乐学院、辽宁艺术学院等艺术院校。

西塔朝鲜风情街

位于西塔朝鲜族聚居区，全长约700米，街上分布大量的商企机构，各式朝鲜餐馆（也有其他风味餐厅）、商店、酒吧、娱乐城更是五花八门、数不胜数。

推荐游程

一日游

上午参观北陵公园，重点是清太宗皇太极的昭陵。然后看"九·一八"历史博物馆。午后到故宫观光，顺路看张氏帅府，黄昏时五里河览城市新区风情，晚上在西塔街吃美食、休闲、游乐或去逛中街和到刘老根大舞台看表演。

之后还有时间可安排一整天畅游世博园和棋盘山森林公园。如果是在冬季游沈阳，棋盘山景区内的冰雪大世界可以关注。从市内坐 168 路可到。门票免收，滑雪及其他游乐项目另收费。

大连

📞 **电话区号：0411**

大连本来就是祖国北方最漂亮的海滨城市之一。改革开放后这里发生的巨大变化更是翻天覆地，如今大连城市和景区建设之精彩、漂亮、气派，几乎让所有来此观光的游客都赞叹不已，而进出口商品交易会和国际马拉松赛等国际盛会更把大连装扮点缀得多姿多彩。大连已成为大家去东北地区旅游时不可遗漏的观光胜境。

气候与游季

大连是东北最暖和的地方，年平均气温10℃，8月平均气温27℃，1月平均气温－1℃，旅游旺季从5月下旬延续到9月中旬，但4月和10月亦可观光。冬季海景虽显萧条，但游览目的地仍有不少，如银装素裹的星海广场，此外大连的许多宾馆酒店都设置了室内海水游泳池，冬天亦可戏水游乐，因此冬季休闲度假来大连也会有美好体验。

▲ "北国明珠"大连

发烧友特别关照

①游大连要有新视角、新方式，不能光玩传统景点，金石滩、滨海路、星海广场、极地海洋动物世界以及现代博物馆等都是新景区中的明星，旅游者切不可把它们遗漏。

②星海广场甚为开阔壮丽，广场上有许多美景和游乐方式，几乎成了大连市区的必观之地。滨海路依山傍海，路上的金沙滩、银沙滩、燕窝岭、石槽北大桥、棒棰岛、东海公园风光皆美，绝不可不游。

③大连全年皆宜游览，盛夏季节自不待言，严冬时各大宾馆酒店内仍是温暖如春，许多宾馆酒店还建立了室内海水浴场，三九天仍能游泳、踏浪。

④更为精彩的时间段是金秋9月到10月中旬，此时气候宜人，风光优美，恰逢国庆佳节黄金时段贯穿其中，大连市内外游客云集，此时的"北国明珠"最具奇光异彩，最是飘逸动人。

大连市主要景区示意图

交通

航空
大连周水子国际机场位于市西郊，距市区10余千米。可与北京、长春、长沙、常州、上海、成都、重庆、福州、广州、海口、杭州、哈尔滨等多个城市通航。

市区昆海广场有往返机场的班车，乘轨道2号线和532、40、701、1101路公交车亦可直达。

机场问询电话：0411-96600

铁路
大连与北京、沈阳、哈尔滨、大庆、牡丹江、佳木斯、齐齐哈尔、赤峰、朝阳等多个城市间有直通列车。火车站位于市中心，而大连北站则是高铁站，乘高铁到北京只需4小时车程。

火车站问询电话：12306　　自助门票电话：95105105

公路
大连的汽车客运站有车开往沈阳、丹东、营口、长春、白山、北京、天津、哈尔滨等周边多地。

大连汽车客运总站电话：0411-83627007　　大连北站长途客运站电话：0411-83628681

水运
大连港有开往烟台、威海的客轮（有的是暑期航班），其中开往烟台和威海的航班每天有多班。

港口问询电话：0411-39567988

轨道交通
大连目前运营的地铁线路有6条，分别为1号线、2号线、3号线、5号线、12号线和13号线。

● 市内交通特别提示
出租车白天起步价约10元。

● 住宿信息参考
①格林豪泰大连火车站店，交通方便，房价不贵，电话：0411-82414765。
②锦江之星大连火车站俄斯风情街店，房价非常便宜，标间百元出头，电话：0411-88105588。

● 特色街区提示
有胜利桥旁的俄罗斯风情街以及天津街（美食街）。

● 亚惠快餐连锁店
是一家连锁快餐店，各个商场街区都可见其身影。15—18块钱即可可吃得心满意足。

● 特色美食街
①中原小吃街，位于中山区青泥洼桥中原小吃街。
②交大夜市，位于西山岗与西林街交叉路口东南150米。

住宿

市区有高、中、低档宾馆酒店多家，市中心及主要干道也多高档宾馆，豪华气派，总的趋势是距市中心越远房价越便宜，市区主干道西端的黑石礁便宜住处稍多且交通便利，可供您参考。

推荐绝佳观光方式：乘旅游环线车畅游大连城区佳景

旅游环线车发车地点在火车站前，车费30元/人。中途经过中山广场、记者林、棒棰岛、棒棰岛前、石槽、渔人码头、虎滩乐园、北大桥、燕窝岭、小傅家庄、森林动物园、人民广场，终点还是火车站。该车把滨海路上和市中心区的主要景点转了个遍，乘坐它游大连太方便太开心了。但该线冬季停驶，游人只能在春、夏、秋三季乘坐。

餐饮

各类海鲜名菜数不胜数，原壳鲍鱼、八仙过海、清蒸干烧或油炸扇贝、红烤大虾、珍珠海胆、灯笼海参、鱿鱼戏龙螺等皆为海鲜菜佳品。代表性的餐厅有延安路和同泰路上的天天渔港、品海楼·大连海鲜、喜鼎海胆小馆等。

欲吃普通快餐可选择当地有名的亚惠快餐连锁店，该店在市区有多家分店，里边熘肝尖、鱼香肉丝、红烧鸡块等荤菜一般20元以内，汤3元钱1碗、米饭2元钱管饱，花上二三十元钱即可吃好一顿，算是物美价廉。

☯ 天津街边的烧烤一条街店摊也不少，适宜晚间光顾

游客在大连重要的游览项目有：

★**老虎滩海洋公园（国家5A级旅游景区）**

老虎滩乐园虽是传统老景但已面貌全新，除有海滩、礁石奇景外，又新建了极地海洋动物馆、水底世界、珊瑚馆、鸟语林、海豹表演场等新景，游乐项目多，已成为大型综合游览区，从这里上船还可去当地名景棒棰岛观光。

极地馆是世界上最大的展示极地海洋动物及极地体验的场馆，由极地动物区、表演区、鲨鱼区、极地体验区四部分组成。馆内白鲸、海象、海狮、企鹅、鲨鱼、北极熊等动物种类繁多，憨态可掬，动物表演妙趣横生，游后令人甚为快乐开心。

☯ 建议游玩线路：珊瑚馆—极地馆—欢乐剧场—海兽馆—鸟语林

★**星海公园·圣亚海底世界**

圣亚海底世界位于星海广场西侧，星海公园内，海底世界内有不同园区，其中海洋世界内118米长的海底透明通道，将您带入全景式的海底世界，陈列展出上万条（只）珍稀而美丽的海洋鱼类，缤纷瑰丽，美不胜收。极地世界以南北极和青藏高原景观为背景，以极地探险为主题。圣亚海底世界与美国好莱坞及迪士尼乐园异曲同

● **当地特色餐馆**

正黄旗海鲜烧烤餐厅，在地铁2号线中山广场D2号口附近。主营海鲜烧烤，菜品种类繁多（超过80种），生意很红火。物有所值，可予关注。电话：0411-81779999。

● **老虎滩海洋公园观光**

🚌 地铁5号线虎滩公园站C口出可到。

💰 门票旺季220元，淡季190元。观光船费130元，详细游览需停留2—3小时。

● **星海公园观光**

🚌 多路公交车和地铁1号线可到。

💰 进入公园免费。圣亚海洋世界门票110元，圣亚极地世界100元，珊瑚世界门票70元，银河星海门票100元。以停留3—4小时为宜。

● **当地主要商业街**

主要有青泥洼、天津街、人民路、西安路等，皆为主要商业街。其中青泥洼距火车站近，游客前去游览购物很方便。

▲ 金石滩海滨奇景

工，颇为神奇诱人。从星海公园上游船还可沿海岸线观赏到燕窝岭、金沙滩等10处滨海佳景，快乐又开心，星海公园东侧的星海广场异常辽阔壮美，非常值得一看。

🚌 乘406、531路可到动物园。 ¥ 圣亚海洋世界4馆联票240元

●旅顺口观光

大连汽车客运总站有大巴直达旅顺，另外也可从大连城西的黑石礁汽车站乘中巴。在旅顺观光可包出租车，一天需300元（游览当地各主要景点含老铁山观海景），只含车费，不含门票。

★大连森林动物园

大连动物园是建在山上的森林动物园，位于西岗区迎春路60号，前身是大连动物园。园区建造布置得美丽、生动、富有情趣，就是北京、上海等大城市的游客观后也甚觉开心快慰。从园区缆车上可以眺望远方海上美景（需逗留至少4小时）。

🚌 乘529、40等路可到

●跨海大桥

跨海大桥离银沙滩很近，导航到森林动物园南门，过马路即可到达最佳日落观赏点。

★滨海路

滨海路贯穿多个景点，全长32千米，分为南、北、西三段，沿途有海之韵旭日广场、棒棰岛、石槽、渔人码头、老虎滩、北大桥、燕窝岭、秀月峰、付家庄、大连森林动物园、银沙滩、金沙滩等数十处景点，山光柔美，海景旖旎，宛若一条玉带串联起无数颗珍珠。游客可乘市区旅游环线车（发车地点在火车站前，车费30元）畅游滨海路，把山海美景尽收眼底。

●更新的走法

①把大连和丹东连在一起玩，观赏东北两座沿海名城。
②把大连和千山连在一起，山光海色尽收眼底。
③把大连和山东半岛的蓬莱、烟台、威海、青岛等海滨城区一起玩（从大连渡海去山东只需4—6小时船程），线路新颖、感觉全新。

※ 滨海路木栈道全长20.99千米，是世界上最长的木栈道

★广场风光

大连市内的广场特多且风格各异，以乘16路车为例，沿途可看到大连最大最气派的星海广场、最漂亮的人民广场（市政府前花园锦簇、鸽羽成群）、最繁华的胜利广场（火车站前商业街）、最喧嚣热闹有"音乐广场"之美称的中山广场（每晚有大量市民聚集在此载歌载舞）。广场风光大检阅内容绝对精彩丰富，是在人民广场上与漂亮的和平鸽群合影，是到胜利广场逛街购物，还是

冰峪沟旅游风景区游览示意图

去中山广场与人们一起轻歌曼舞,请您任意选择(可乘16路公交车通览上述广场)。

★旅顺口

旅顺口是大连的一个区,距大连市不到1小时车程。这里依山傍海、山清水秀。旅顺的主要景点有军港、旅顺火车站、建在白玉山顶的公园和海军兵器馆、蛇岛博物馆、203高地、樱花园、震撼的日俄监狱旧址博物馆、闯关东影视基地以及数处古炮台。从旅顺上船还可去蛇岛观光,从这里去山东蓬莱亦只有4小时船程(详细游览旅顺需大半天时间)。

★冰峪沟

冰峪沟位于大连东北方向的庄河市境内,由凌云峰、英纳湖、小峪河三个游览区组成,有花果山、双龙江、仙人洞、云雀峰等数十处景点且山水兼备,有"辽南小桂林"之称,是四季景色不同,皆宜观光的景区(自助游可以,在大连市内参团前去也行。夏季观光效果更佳)。开放时间为4月20日—10月31日。

● 大连博物馆

位于大连市星海湾广场西北侧,是一座收藏、展示、研究大连地区历史文化的综合性博物馆,是国家一级博物馆,国家4A级旅游景区。馆内藏品数量达32984件(套),其中珍贵文物达150件/套。乘坐地铁1号线会展中心下车可到,也可乘16、18、22、23、28、202、542、801、901路公交车在会展中心站下车。每周一闭馆,门票免收。

游程安排

在大连游览有三天时间可玩得详细、全面且舒适、宽松。

D1. 金石滩观光游乐:游黄金海岸、恐龙生态园、金石缘公园、金石高尔夫球场等。

D2. 市区观光:棒棰岛、老虎滩乐园、极地海洋动物馆、动物园、滨海路、星海广场及星海公园,乘车观览市区各广场。

D3. 旅顺口游览:军港、白玉山、日俄监狱旧址博物馆、电岩炮台、胜利塔等。之后有时间可关注冰峪沟景区。

推荐游览新方式

一天内游遍大连市和旅顺口的主要风景区

按照一般人的游览观光速度,游大连和旅顺口应该是放在两天时间里分别进行的,但由于一些游客时间紧促,加之大连和旅顺口各景点之间的交通非常方便通畅,所以一天内既游大连又游旅顺口是完全可以实现的,最简明快捷的方法是参加大连市各旅行社举办的大连—旅顺一日游(大连火车站前广场东、西两侧均有售票点),只要游客在7:00前到售票点报名交费,都来得及参加当天的旅行团队,去畅游大连市区和旅顺口的迷人风光(头一天预约更好)。

大连—旅顺口—日游日程如下:

先乘车从大连去旅顺口,游览白玉山、鸡冠山、兵器馆、万忠墓、电岩炮台、胜利塔军港及旅顺口日俄监狱旧址等。然后返回大连,游星海公园(含圣亚海底世界)、星海广场、滨海路、燕窝岭、北大桥、金沙滩、群虎奔海雕塑、老虎滩乐园及人民广场、水晶广场、中山广场等。

自助游中国 东北地区

大连金石滩（国家 5A 级旅游景区）

电话区号：0411　景区热线：87900700

到过大连的人，都不会忘记老虎滩、星海公园等滨海名胜的迷人风光，但如果您以为它们就是大连风光中的精华所在，那可真是大错特错了。大连的国家级旅游度假区金石滩，风光之美可以说是"统镇"大连从前所有的传统老景。

金石滩位于大连东北端的黄海之滨，海岸线总长近 30 千米

这里海景壮美、沙滩漫长、奇石密布、巧夺天工。景区的东部遍布生成于震旦纪、寒武纪的巨型沉积岩石，在大自然千万年的海蚀风摧的雕琢下，形成了近百处海滨奇景。这些巨石有的像石猴观海、大鹏展翅，有的如巨龟探路、猛虎回头，其中最生动形象的是景区的主景"恐龙吞海"，那长达三四十米的巨型岩石酷似一只硕大的恐龙，正步履蹒跚地爬到海边张开大嘴吸食海水，其身姿、神态惟妙惟肖、栩栩如生。由于金石滩海滨奇石众多、形状独特，所以这里被人称为"中国独一无二的"、"世界极其罕见的"、"地球不能再生的'神力雕塑公园'"。

金石滩海滨空气清爽、沙滩洁净、自然环境十分幽雅迷人

景区内建有数十家宾馆、度假村和观光游乐场所，像著名的发现王国主题公园、快乐海岸、文化博览广场、金石狩猎俱乐部、黄金海岸度假区、金石缘公园、金石蜡像馆等都是游人休闲度假的好地方，游客可乘观光车逐一轻松游览。

游览指导

游客去金石滩旅游非常容易，可以先乘飞机、轮船、火车到大连，从大连火车站西北角的轻轨 3 号线车站上车可直抵金石滩，车程 1 小时左右，车票 8 元。抵达金石滩后即可看到游览中心和观光车始发站，购买景区门票后乘车出发游览。

金石滩有众多的宾馆、饭店，其他服务设施也一应俱全，所以游客的饮食、住宿均非常方便。游览金石滩一天工夫只能走马观花，用 2～3 天时间才能玩得从容、开心。景区文化博览精品通票 155 元，含金石蜡像馆、地球之光科普体验馆、金石滩生命奥秘博物馆、华夏文化体验馆和毛泽东历史珍藏馆 6 个景点。景区观光车票 20 元/人，20 分钟发 1 班车，可载游客沿海岸线环行。另外发现王国大型主题公园中游览观光项目多且诱人，还有歌舞表演，是金石滩观光的大亮点，标准票 260 元，优待票 150 元。

▲ 金石滩奇景"恐龙吞海"

辽宁省

鞍山

电话区号：0412　千山景区：5081117

鞍山地处辽东半岛北部，东临千山山脉，西接辽河平原，是中国北方最大的钢铁工业基地，也是东北境内集自然风光、温泉康复和宗教文化多种资源为一体的旅游名城。鞍山市及周边的风景名胜有千山、汤岗子温泉、海城白云山及盘锦红海滩等，其中千山是国家级重点风景名胜区，面积达125平方千米，风光甚好，享有"东北第一名山"之称。

气候与游季

鞍山属暖温带大陆性季风气候，冬冷夏热，四季分明，1月最冷，7月最热，4—10月为游览最佳时节。近年来亦有不少游客冬季到千山观赏雪景，并到汤岗子温泉洗浴疗养。

▲ 千山秋色

交通

铁路

沈大铁路途经鞍山，有列车直达沈阳、大连、长春、哈尔滨、北京、上海、广东。从沈阳到鞍山乘高铁行车30分钟即可。

🚍 火车站在市内建国路，站前有2、34等多路公交车

公路

长客站位于火车站东南侧，有大巴直达沈阳、大连、丹东、本溪、天津、北京。其中行车到沈阳只需2小时，到天津和北京可夕发朝至。笔者坐过鞍山到北京的快巴，很快也还算舒服。

☎ 火车问询电话：12306　长客总站问询电话：0412-2213506

住宿

鞍山市区宾馆众多，星级宾馆有希尔顿花园酒店、凯里亚德酒店、白玉兰酒店等，房价在全国各中等城市中属中档，另有不少普通宾馆，标间只需70—100元。此外在千山风景区大门外，还有大

● 鞍山腾鳌机场

为军民合用机场，有航班与北京、上海、广州等大城市对飞。

● 机场问询电话

0412-6374999。

● 住宿提示

①住在火车站前广场，优点是交通方便，一般宾馆的标准间也就是100元上下。条件稍好的宾馆有天河宾馆，房价不贵的二星级宾馆有蓝天宾馆、邮电宾馆等。
②住在千山山门处，空气好，游览方便，既有星级度假村，也有普通民宿。本文下页有介绍。

837

批观光宾馆、度假酒店和各类度假村，接待不同需求的游客。

主要景区

千山（国家 5A 级旅游景区）

在鞍山市区东南约30千米处，层峦起伏、千峰叠翠，相传有九百九十九座山峰，因而享有"千朵莲花山"的美誉。共分北沟、中沟、南沟、西沟四大景区，其中北沟是开发最早的传统景区，沟内海拔550米的五佛顶是千山最佳观景点之一。近年来，千山又发现了一座由整座山岩组成的巨型天然弥勒佛像，高约70米，可与四川乐山大佛媲美。千山山深林密，气候凉爽，风光秀美，因而成为东北境内著名的游览观光胜地。

🎫 千山景区门票北沟80元，淡季60元。

●千山

🚌 从鞍山火车站乘千山号和8路汽车可直达千山。

景区北沟的五佛顶、天上天、大佛景区和南沟的仙人台都是绝佳观景点。

游览千山北线最好乘缆车上而步行下，否则全程步行上下太费体力和时间。

玉佛苑

位于鞍山市东山景区内（在鞍山至千山的必经公路旁），内有玉佛阁、玉带桥、山门等组成的巨大仿古建筑群。其中玉佛阁内有一块高7.95米、宽6.8米、厚4.1米的巨型玉石王，上有120名玉雕师用17个月时间雕刻成的精美释迦牟尼像，成为价值连城的世界最大玉佛（1997年入选吉尼斯纪录），每年吸引众多观光游客观览瞻仰。

🚌 从火车站乘8路可到玉佛苑。🎫 门票30元。

汤岗子温泉

地处鞍山市南15千米处，共有温泉18穴，地下涌出的温泉水温高达72℃，含有钾、钠、硫、镁多种微量元素，可饮可洗。现建有大型洗浴疗养中心和宾馆酒店群。

🚌 从鞍山火车站乘13路公交车可到汤岗子温泉。

另荐周边景点：本溪水洞

在本溪市区以东约35千米处，是北方罕见的大型充水溶洞，分为水洞和旱洞两

千山山门外住宿参考

①龙源假日温泉酒店，条件尚好，房价不贵，票间平日168—280元，可适度留意。电话：0412-2352666。

②佳泰温泉度假酒店，条件尚可，房价适中，电话：0412-2352666。

大部分，全长3650千米，目前已经开发开放的游览线长约2800千米，内有三峡、七宫、九湾等多处景点，游客可步行和乘船进洞参观。

🚌 从本溪火车站乘游览专线车可到。💴 水洞+旱洞门票 110 元，淡季 70 元

盘锦红海滩

在辽宁省盘锦市以南的辽河三角洲海滨，因海滩上长满紫红色的碱蓬草而得名，风光奇异，在国内各海滨景区中独树一帜。此外这里还有数十平方千米的滨海苇丛湿地，人迹稀少、野味甚足，游人来此可以观赏到丹顶鹤、野鸭、海鸥等上百种鸟类，得到新鲜独特的观光感受。

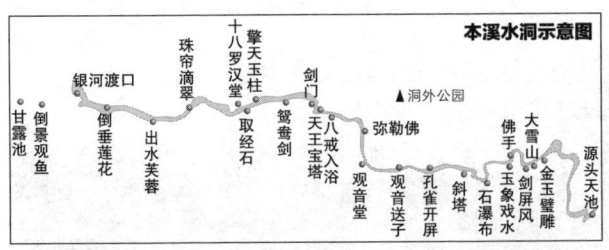

本溪水洞示意图

甘露池 — 倒景观鱼 — 银河渡口 — 倒垂莲花 — 出水芙蓉 — 珠帘滴翠 — 十八罗汉堂 — 擎天玉柱 — 取经石 — 蟹鳌剑 — 剑门 — 八戒入浴 — 天王宝塔 — 观音堂 — 弥勒佛 — 观音送子 — 孔雀开屏 — 斜塔 — 石瀑布 — 石象开屏 — 佛手 — 大雪山 — 玉屏风 — 剑劈水 — 金玉壁雕 — 源头天池

▲洞外公园

● **盘锦红海滩**

北京、沈阳、抚顺、鞍山都有火车直达盘锦，另外从沈阳或鞍山乘汽车，3小时可到盘锦，盘锦市火车站前有专线车到达红海滩，车费10—20元，车程1小时，包车前去亦方便。

💴 门票免收。观光车费35元。

发烧友特别关照

①千山风光很诱人

千山风光真不错，山头众多、森林茂密，还有许多溪泉、奇石和庙宇，北方能有这样的山真是不可多得、来之不易，加之千山空气清新、环境洁净、旅游设施完备且景区管理非常规范有秩序，因此游客来此一游必觉物有所值（从北京来千山观光也很容易，有高铁直达，全程运行只需5小时）。所以来鞍山别的地方可灵活掌握，但千山可能不游并且最好在这逗留两天时间。

千山景区内的五佛顶景区是传统老景点，而景区的天然大佛和弥勒大佛宝塔也颇具观光价值，因此应该把它们通览一遍。

千山游览咨询接待电话：0412-5081117。

②盘锦红海滩值得一去

红海滩是盘锦观光的特大亮点，其景区辽阔、景色独特、风光奇异，非常值得一看。红海滩的碱蓬草并不是一年四季都是红色，而是从夏季开始变红，到了初秋颜色最深，所以9—10月份的红海滩最好看。红海滩景区有约海滩码头、依水云舟、稻梦空间等特色景点，其中船码头才是最好看的地方，那的海滩最"红"，景色最震撼人心。笔者给予强力推荐。

红海滩景区售票处到景区大门还有一段距离，可乘景区专车但车次不多，进入景区大门后，就有观光车接送游客了，一直抵达风光最美的船码头景区。

▲ 美丽千山——千山景区大且风光秀丽

丹东

电话区号：0415　虎山景区：4252155

丹东是中国最大的边境城市，它位于辽宁省东南鸭绿江与黄海交汇处，与朝鲜民主主义人民共和国新义州隔江相望。丹东风光旖旎、气候宜人，边陲美景，特色鲜明——鸭绿江水碧波荡漾、中朝友谊大桥挺拔雄伟，锦江山、鸭绿江、国门湾、断桥诸公园四季秀逸，凤凰群山雄奇俊美，周边的青山沟、五龙背温泉、大孤山古庙、大鹿岛和虎山长城等山水美景亦都像群星簇月、光芒映衬、熠熠生辉。

▲ 鸭绿江风光带一角

● 笔者的感受及丹东观光总体提示

①边境名城，风光独特，值得一去。

②在市区观光应重点游览鸭绿江江滨风景，鸭绿江大桥和断桥及国门公园都值得一看。乘船到江心游览更开心。锦江山上能看丹东全景，也必须要去。

③周边地带可关注凤凰山和虎山长城，青山沟只有5—10月适宜游览。

④赴朝鲜旅游会有独特观感，建议各位尝试。

气候与游季

丹东四季分明，但冬夏季较短而春秋季节较长。游览佳季为4月中旬至10月底。

交通

航空

丹东机场位于市区以南的浪头镇，与济南、北京、成都、威海、上海、深圳、海南等地有航班互通。丹东市区有888路公交车直达机场，有旅客班车到市内，从丹东机场始发，途经胜利街、二院华美新天地、花园宾馆。

机场班车咨询电话：0415-6176569　丹东机场客服电话：0415-2217999

铁路

丹东有多次客车开至各地，其中距沈阳277千米，高铁开行1.5小时即到，丹东到北京间有特快和高铁列车运行，高铁行车只需5小时左右，票价422元起。

火车站问询电话：0415-12306　客运总站问询电话：0415-2134571

公路

丹东市有各类公路大巴发往周边各省市，乘汽车往返极为方便，其中大连到丹东走高速公路只需3小时左右，沈丹高速公路早已修通，从沈阳到丹东走高速路只需2.5小时左右。

住宿

在丹东，非常有名的酒店是山上街69号的丹东宾馆，从这儿可以俯瞰全市风光和鸭绿江秀色，其他三星级酒店还有中联酒店、锦禾酒店和云上酒店等，中小酒店数量不少。与其他中等城市相比，丹东市的住宿不是太便宜，中等条件的宾馆标间打折后亦在150元以上，火车站前有些小型旅店，房价低但条件不甚理想。

本页左边小栏内推荐的几家经济型酒店性价比尚好，供您参考

餐饮

因与朝鲜相邻，所以丹东市区内有不少朝鲜风味餐馆，随处可吃到泡菜、冷面、狗肉、打糕等朝鲜族饭食。又因沿江靠海，所以街面上的海鲜餐厅亦不少，欲吃大黄鱼、对虾、海蟹等非常容易。丹东一般餐厅中的菜价比北京等大城市略微便宜一些，即使在享乐消费设施齐备的沿江开放区，海鲜餐厅亦没有贵到哪里去，所以笔者推荐到鸭绿江边观景后就地品尝当地美食（不必回市区吃），但最好避开最豪华的东海渔港一类而选择菜价标在门外招牌上的中档餐馆。

主要景点

锦江山公园

锦江山公园位于市区制高点锦江山上，园内繁花吐艳，绿树成荫，山巅有中朝友谊亭，站在亭顶极目远眺，鸭绿江浩浩荡荡，从东北一直流向西南，几乎占据了180度的宽阔视野。入夜，鸭绿江大桥彩灯如练，身姿迷人，锦江山是俯瞰丹东市区全景和对岸朝鲜新义州风光的绝好地点。

游锦江山一定要登上中朝友谊亭，特好看

●经济型酒店参考

①如家酒店·neo丹东鸭绿江抗美援朝纪念馆锦江店，在锦山大街95—3号，标间150元/间起，电话：0415-2191188。

②锦江之星丹东鸭绿江兴五路店，票间130元起，性价比好，电话：0415-6138777。

●锦江山公园

303路公交车可到。

门票免费。

●游览鸭绿江提示

游船可开到对南岸朝鲜新义州只有几米间隔的江滨，但切记不可随意登上岸，也不可对朝鲜士兵随意拍照，否则有可能发生政治纠纷，不是闹着玩的。

●当地特色餐厅

长白山中韩料理，在高丽街。主营朝鲜风味，兼营中餐和其他菜肴，口味多样，菜品丰富。人均消费78元。建议各位游人关注。

电话：0415-2167178。

●著名小吃街区

安东老街有许多满、汉、韩风味餐馆，人气挺旺，适合晚间消费。

●鸭绿江江滨风景区

🚌 从火车站乘 121、303 路公交车可到。

💰 断桥景区门票 30 元。江滨景区各段都有游船码头，有各式游船随时载客去鸭绿江心游览。船费＋断桥票共 90 元。雨季时江面上涨满了水，游船可开至离朝鲜岸边只有几米的地方，新义州特别行政区清晰可见。

●凤凰山

💰 门票 60 元。景区内单程观光车票 10 元。

●青山沟

🚌 可从丹东客运站乘客车经宽甸县后抵达青山沟。车程 2.5～3 小时。

💰 景区联票 110 元。

鸭绿江风景名胜区（国家 4A 级旅游景区）

江边坐落着鸭绿江公园、断桥景区和国门湾公园。鸭绿江公园内有多种游览设施，是丹东最经典的景点。国门湾公园位于鸭绿江大桥正下方，在此可以看到国际客货列车从头顶上隆隆驶过，充分感受"国门"的气氛。断桥景区的主体是鸭绿江上的一座在战争时期被炸断的巨大铁桥，登上桥顶，可以饱览鸭绿江两岸的绚丽风光。

抗美援朝纪念馆

建在锦江山西麓，由纪念塔、纪念馆、全景画馆和国防教育园组成。馆内陈列的大量图片、文字和实物向游客完整、全面地反映抗美援朝战争的历史（连上甘岭的坑道在馆中都有 1：1 比例的复制让人观赏），是游客接受爱国主义教育的好地方。

🚌 有多路公交车可到纪念馆。 💰 门票免费

凤凰山

耸立在丹东以北 40 千米处的凤城市城东，素以雄伟险峻、泉洞清幽、花木奇异、四季景秀的自然美著称。凤凰山景观更是险中藏奇、秀里蕴幽，游客登山可以看秀丽风光，下山后可以去不远处的五龙背温泉洗浴，做一日游览很合适。

🚌 从丹东乘各类客车向北，只需 1 小时即到凤凰山

虎山长城

一段长度不大但形态很美的长城，盘踞在鸭绿江畔的虎山之巅（距丹东约 40 千米），其始建于明成化五年即公元 1409 年，当时的作用是为防御建州古真人的侵扰。清江秀色、长城雄姿及不远处的朝鲜异国风光，游客登上虎山可随意观览。

🚌 从丹东客运站乘客车可到虎山。 💰 门票 60 元

青山沟

丹东东北部宽甸满族自治县境内的新兴山水风景区，有青山湖、虎塘沟、飞瀑涧和中华满族风情园四大景点，近年来知名度迅速提升。

兴城

电话区号： 0429　　**钓鱼台大酒店：** 5417777

　　兴城市位于辽宁省西部，西南距山海关约100千米（从北京乘火车4小时即到）。它是我国唯一一个集山、海、岛、泉、城为一体的游览疗养胜地。这里有美丽富饶的兴海湾——海岸线全长14千米；巍峨壮美的首山——居高临下、地处要冲，扼守辽西走廊重要关隘；海景壮阔的菊花岛——辽东湾上最大的岛屿；北方罕见的温泉——水温高达70℃，含十几种矿物质和微量元素，可饮可洗；特色鲜明的明代宁远古城——我国迄今为止保存得最完整的四座明代古城之一。

　　全景区42平方千米的范围内竟分布着50多处名胜古迹。只要您来到兴城，不论是登山，还是游海，不论是消夏避暑，还是寻古探幽，都可以玩得有滋有味、新奇刺激。近年来，每到盛夏时节，对北戴河、大连已少有新鲜感的游客正越来越多地涌向兴城海滨，美丽的兴城风光正为越来越多的游人所了解和喜爱。

● 气候与游季

　　北方海滨风景区，夏秋凉爽宜人，冬季稍显寒冷（年平均气温8.7℃），4月末至9月底为游览佳季。

● 交通

　　京哈铁路上的许多直快（还有少数特快）在兴城站停靠，从北京或沈阳乘特快到兴城只需4—5个小时，从山海关或锦州到兴城只需1个多小时。北京到兴城西站的动车3小时即到。

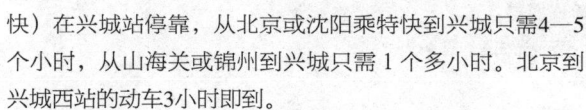

　　火车问询电话：12306　　汽车客运问询电话：0429—5359000

● 住宿

　　兴城市区及兴海湾风景区内外遍布各种档次的宾馆、旅馆和度假村，总数有百八十家。从游览观光方便的角度衡量，住在兴海湾比住市内更合适，可以轻而易举地下海游泳和观赏日出。条件好且位置奇佳的宾馆首推兴海湾边的钓鱼台宾馆，标间旺季才160—250元/间。房价便宜的宾馆有景区门外的环海大酒店、金海宾馆等多家，旺季80—

▲ 兴城海滨秀色

● **笔者的游览印象**

这个小城市真不错，风光美、人口密度小、物价又便宜，但是冬天有点冷。

● **推荐海滨便宜而实惠的住处**

环海大酒店，就在兴海湾景区大门斜对面（在大门的东北方向马路对面），一楼是海鲜餐厅，价格透明公道；二楼至五楼是客房，条件甚好的标间房价一般季节只需80—100元。电话：0429-5428888。

辽宁省 兴城

843

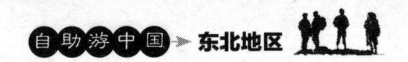

120元/间、淡季50—80元的住处不难找寻。
- 海浪屿假日酒店电话：0429-2425678

餐 饮

兴城市区餐馆内的菜价适中，一般餐馆中有不少十几二十元钱的炒菜，凉菜多在6—12元，海滨景区内外的海鲜馆虽海鲜菜品众多，可菜价不便宜，但可以砍价。以笔者的观察，这类餐厅中的肉菜一般不能砍价，但海鲜砍下20%的价钱是可能的。要注意的是砍价一定要对养在鱼缸鱼盆中游动的或是从冰箱中取出的冷冻的海鲜实物砍价，而不能光对着菜谱砍价，否则只能是纸上谈兵——价码砍低了而上菜的分量（尺寸）也降低了，岂不是枉费心机。

☞ 欲吃便宜实惠的饭菜，可做1路汽车在古城南门下，那里有一些相对便宜的餐馆

主要景区

海滨浴场（兴海湾）

从兴城火车站前广场西侧乘1路公交车（票价2元），沿着笔直的兴海大道，只需半小时，就来到了美丽的海滨浴场风景区。海滨浴场景区以高大的菊花女神像为中心，全长近1500米，是一个典型的半月形海湾。这里海水洁净、坡缓沙平、海滩上有多处浴场和各类嬉水游乐设施，供游人享用。乘摩托艇出海兜风、到碧波深处击水游泳，游人可以肆意畅游。海滨浴场景区内还有众多依山面海的宾馆、酒店，游人在房间里就可以看到美丽的海边日出。

🚌 从火车站去兴海湾可乘1路公共汽车，票价2元。若打车只需20—25元。🎫 兴海湾门票免收

菊花岛（觉华岛）

菊花岛又称觉华岛与兴城隔海相望（45分钟船程），它是渤海辽东湾上最大的岛屿，岛上的唐王洞、八角井等景点虽然风光一般，但岛周围的海景却挺壮美，加上这里每天都有出海归来的海船向游人出售海鲜——鱼、虾、蟹，各种货色一应俱全，而价格能比兴城海滨便宜两三成，所以几乎所有来兴城的游人都要去一次觉华岛，因为既能购买海鲜，又可畅览海景。

💰 兴海湾东侧有游船码头，去觉华岛观光往返约需4小时

发烧友特别关照

①兴城风光美、物价相对便宜，是避暑观光胜境。值得一去。

②笔者每次去东北后返回北京时，都要在兴城下车玩一天并小住一晚，很喜欢这里宜人的气候和安宁的环境。

③兴海湾一定要好好玩，一定要在海边住一晚。古城一定要去逛，最好在城墙上走一圈。首山远看已经很美，觉华岛去一次就行。

▲ 兴城滨海风情

首山·温泉

首山位于兴城市区东侧3千米处（从海滨风景区大门外打车15分钟就到），平地突起、海拔近330米，为全城制高点。由于山姿优美、苍翠秀丽，所以它被誉为兴城景区内有名的"睡美人"。登上主峰顶端的烽火台，游人可将山海关内外辽阔壮美的山光海色尽收眼底。

兴城有2处温泉，一处在乡下，另一处就在兴海大道上（1路公交车在此有站）。这里的温泉无色无味清澈透明，水温达70℃，泉水中含有十余种矿物质和微量元素，即使是只洗浴一次，也会叫人通体舒适无比。现在，兴城市内的许多宾馆、疗养院都已把温泉水引到了室内，游人可在房内尽情享受温泉浴。

¥ 首山门票免收

明代宁远古城

宁远古城始建于明宣德三年（1428年），至今已有500余年的历史。全城呈正方形，四周有巨型方砖堆砌的城墙。城墙高8.8米，周长约3.2千米（要1个多小时才能绕行一圈）。全城东、西、南、北四座城门和城内的鼓楼、炮台、石坊等古建筑全都保存完好，中心街道"明代一条街"经修复也都恢复了古时的旧貌，游人在古香古色的城内走一遭，仿佛感到了时空逆转、自己又回到了遥远的古代。由于兴城古城是我国保存得最完好的四座明代古城之一，所以它一直是众多影视作品首选的外景地，像大家熟知的《平原游击队》《三进山城》《吉鸿昌》等都是在这里拍摄的。想一想"李向阳占领城南关""烧鬼子的粮库""端松井的老窝"那一个个精彩片段中的镜头在这里是否似曾相识？追寻"李向阳的踪迹"，会给您的古城游平添颇多情趣。

● 觉华岛

¥ 往返船票120元。
觉华岛上有旅游车，乘车游览很省劲。岛上的雷屯村和码头附近有不少渔家民宿，可吃可住，收费不贵。

● 首山·温泉

如果不想登山，在兴海大道的东侧（1路汽车沿线）可以向北遥望首山远景，轮廓挺美。

● 明代宁远古城

从火车站步行15分钟就到古城。登上古城城楼环行一周可看尽城区全貌。
¥ 古城通票70元。

● 古城西门

影视剧中"李向阳占领城南关"的镜头画面是在这里拍的，好好看看吧！

● 古城南门

门外是兴城现在最繁华的商业区，街景古朴而又红火喧嚣，无论您买什么东西，都可以到这里来。

推荐游程

在兴城游览至少也要两天工夫，游程可做如下安排：

D1. 上午游海滨景区，菊花女神像拍照并戏水游泳。下午乘船去觉华岛，看海岛风光并购买海鲜。晚上品海鲜美味、览海滨夜色。住宿海滨景区内。

D2. 早上观大海日出，继续海滨游乐，然后，出兴海湾去眺望或登攀首山，正午时游览古城。下午即可返回。时间充裕者可关注周边的笔架山、医巫闾山、九门口长城、止锚湾等景点。

虽然兴城还有不少美景，但只要游了兴海湾、上了觉华岛、攀了首山、泡了温泉、逛了古城，您的兴城之旅即算圆满，其他地方是否前去可视情况而定。

845

周边景点

锦州大笔架山

大笔架山挺立在辽东湾海面上，总面积8平方千米，是锦州市第一大海岛。游人在岸边远望，见岛上三座山峰并排耸立，峻峭挺拔，山姿犹如笔架，大笔架山因此而得名。

大笔架山不光山姿奇特，海景也很壮美，而连接笔架山与海岸之间的"天桥"更是叫游人眼界大开、拍案叫绝。"天桥"是一条十几米宽的碎石甬道，长约1.7千米，南到笔架山山脚，北接大海岸边。天桥之"绝"，就绝在它的高度不高不矮，涨潮时它会完全被海水淹没，而在退潮时又完全露出水面。于是，您经常可以看到这样有趣的场面：涨潮时天桥被淹没，笔架山完全成了座孤岛，许多想上山的游人只能在岸边焦急等待，翘首以盼（此时只可乘船过去）。而当退潮时，海水退去，天桥显现，人们就顺着那"S"形的细长桥身，兴高采烈地拥向大笔架山。这忽明忽暗、时隐时现的"天国神桥"和极有规律的大海潮汐变化吸引了全国各地的许多游人，凡是来到锦州的人，几乎都要到大笔架山看一看。

笔架山上还有三清阁、神龟出海、一线天等景点，其中坐落在笔架山巅的三清阁是居高眺望辽东湾海景的绝佳地点。

锦州火车站有大巴直达大笔架山，车费8元。车程约45分钟。门票65元。

辽沈战役纪念馆

辽沈战役纪念馆坐落在锦州市区东北侧的一片坡地上（从锦州火车站步行20多分钟可到）。这里林木葱郁、松柏参天、环境肃穆庄严。馆区占地18万平方米。它和辽沈战役纪念塔、东北解放战争革命烈士纪念碑廊等建筑融为一体，气势恢宏，雄伟壮观。

10、211路公交车可到。门票免收。

医巫闾山

医巫闾山山势自东北向西南方向伸展，纵长约45千米，横宽14千米，景区内号称有名峰50余座，最高峰是海拔866.6米的望海山。闾山自古是全国十二大名山之一，亦被誉为东北三大名山（医巫闾、千山、长白山）之首。全山被划分为青岩寺、玉泉寺等十个相依相连的景区，有众多自然和人文景观，游客经过近2小时的奋力登攀，来到巍峨挺拔的望海山顶，见脚下群峰起伏、峭岩凌空、山海辽阔，令人目尽千里，心胸豁然。

锦州长途客运站有大巴直达。也可先从锦州或沟帮子乘车到北镇，换3路公交车即到。门票55元。

九门口长城

九门口长城在绥中县境内，是明代长城的重要关隘，也是历代兵家必争之地。九门口长城依山势起伏而盘旋逶迤，有9座道水门横跨在河谷之上两山之间，独特的"水上长城"景色奇异而壮观。

山海关和绥中旺季有专线车直达。门票40元。

绥中电厂海滨（东戴河）

绥中电厂海滨是绥中发电厂旁的一片海滩，长约2千米。岸边是沙滩和发电厂的厂房及宿舍，亦有不少新建的宾馆和农家乐。海上景色壮阔。

可从秦皇岛、山海关或绥中乘专线车直达。从山海关火车站打车前去车费约60元。门票免收。

吉林省
JILINSHENG

黄金旅游线路

① 长春—吉林—长白山
② 长春—吉林—图们—珲春

吉林省因境内的吉林城而得名，是满语"吉林乌拉"（意为"沿江"）的简称。省内既有长白山、大黑山、龙岗山等巍峨高山，亦有松花江、图们江、鸭绿江等浩荡江河，白山黑水相映，风光特色鲜明。自然山水风光以松花湖、长白山最具迷人风韵；吉林得天独厚的自然条件而形成的雾凇奇观是海内外公认的"中国四绝"之一，严冬时节频繁出现尤为引人入胜。

①长春市区有南湖、净月潭等园林景区，特色旅游可以观赏"八大部"与伪满皇宫遗址，此外长春电影世纪城亦甚具规模，游客前去观赏电影拍摄过程并了解中国和世界电影发展史应会不虚此行（建在净月潭附近的长影世纪城规模大，观赏及游乐项目多）——在长春观光一天稍显紧张，两天时间则显惬意宽松。

②吉林市最著名的景点是松花湖，水域面积大、湖鲜美味多，在此短暂观光或长期度假均可。

③吉林市区冬季出现的雾凇奇观很精彩，可惜不是每天都有，找个宽松的时间住在吉林等待雾凇出现，功夫肯定不会白费。

④长白山太精彩了，山势陡峭险峻、森林密、溪泉多、瀑布美而天池奇观更是国内一绝——作者看来，这里比新疆天山天池美丽且紧凑集中多了，只有去一趟长白山，您的东北之旅才能算不虚此行。2—3天游览即可。

⑤省内其他观光热点还有查干湖、拉法山、红叶谷等。其中查干湖的"冬捕"场面非常奇特动人。因此严冬时节去查干湖一游会有新奇收获。

▲ 长白山天池风光美，天池边的山峰也身姿奇异、美丽动人

自助游中国 ▶ 东北地区

长春

电话区号：0431　长影世纪城：84550888

吉林省的省会，当然是全省的政治、文化、交通中心，因历史上曾是伪满洲国的国都，因而城市中遗留下大量伪满殖民遗迹，主要代表有伪满皇宫和国家级重点风景名胜"八大部"等。自然山水风光中较有名的是南湖公园和净月潭风景区，此外以"一汽"为主体的工业观光游和以长影世纪城为中心的影视文化游在长春也很盛行。

气候与游季

长春四季分明，冬季寒冷漫长，夏季温暖但短促，秋季晴朗天气多，夏、秋、冬季皆宜旅游，夏季避暑效果好、冬季冰上雪上游乐项目多，游人可择机前去。

住宿

7天酒店吉大二院店、汉庭酒店自由大路店、如家酒店人民广场店，都是便宜实惠的住处。另外，海航紫金花酒店条件尚好，房价适中，可予适度关注，电话：0431-80535555。

▲ 长影世纪城一角

● 交通

①有空中航班飞往全国各大中城市（长春龙嘉国际机场甚具规模），机场问询：电话：0431-96665。
②火车站位于市区北部，电话：0431-12306。
③长客总站在火车站对面。电话：0431-86769980。凯旋客运站电话：0431-86769901。
高速客运站电话：0431-81797069。

● 节省旅费的窍门

如果只在长春停留一晚，那可以去住大街上的洗浴中心。长春市内的洗浴中心很多，连洗浴带休息一夜只收费78—118元，不过这样的价钱只能在休息大厅睡觉而不是住单间，睡觉时应注意看好自己的随身物品。

现有6条地铁线路，还有数条在建线路

主要景区

伪满皇宫博物院（国家5A级旅游景区）

伪满皇宫是市区东北角光复路上占地达12公顷的伪满洲国皇帝溥仪居住使用过的皇宫。由勤民楼、缉熙楼、同德殿等黄色小楼组成，现已被辟为历史陈列馆和博物馆向游人开放。

🚇 乘轨道交通3号线、1号线可到伪满皇宫。　门票70元

伪满八大部

八大部位于新民大街旁，是伪满洲国治安部、司法部、外交部、交通部等八个部的遗址，八处遗址的八幢大楼建筑风格均不同，外观宏伟而又个性鲜明，有较高的史学和观赏价值。

🚇 乘轨道交通1号线、2号线可到八大部

南湖公园

市区最大的公园之一，园区壮阔而幽静，湖区面积达

吉林省

848

游览指导

在长春观光应把重点放在长影世纪城、净月潭和伪满皇宫博物院及八大部。其中后者是长春传统古迹名景,而长影世纪城则是中国第一家世界级电影主题乐园,颇具长春特色。如果抓紧时间,一日内游遍上述景区是可能的。但要注意净月潭景区很大,步行观光费劲最好坐观光专线车。

92万平方米,陆上和湖滨有许多亭、桥、阁、榭,亦有大片的白桦树林。这里夏天可避暑观光,冬季可开展雪上爬犁等游乐活动,是长春人主要的休闲胜地。

🚈 轨道交通1号线可到南湖公园。🎫 门票免收

净月潭(国家5A级旅游景区)

长春市区东南12千米处的大型旅游度假区,由净月潭风景名胜区、国家森林公园和旅游度假三大部分组成。景区范围很大,有森林、高尔夫球场、水上游乐场、滑雪场等观光游乐区,餐饮住宿设施也很完备。

🚈 轻轨列车3号线可到。门票30元,游览车费通票每人20元,不限次数

长春电影世纪城

位于净月潭附近的大型电影文化主题公园,集美国好莱坞影城和迪士尼乐园特色于一体,城内有三维巨幕电影、4D特效电影、水幕电影等观光游乐项目数十个,游客可在娱乐中了解电影制作过程,畅享高品位精神愉悦(门票旺季240元、淡季120—198元,老人、儿童有优惠)。

🚈 乘轻轨列车6号线均可到长春电影世纪城

长春世界雕塑公园

位于主干道人民大街南端,占地92公顷,是目前国内最大的雕塑艺术馆。馆内有大批中外雕塑精品,其中来自非洲的马孔德木雕非常值得一看。

🚈 Z303、15、G115路直达长春世界雕塑公园。🎫 门票50元,淡旺季价格会有所波动

●当地菜馆

①东方饺子王
位于风光秀丽的南湖之畔,主营荤素各类馅饺子,煮、蒸、炸一应俱全。人均消费55元。总店在人民大街与工农大路交会处。电话:0431-85693868。

②万里闯关东铁锅炖菜馆
专营各类铁锅炖菜,人气旺盛,菜品量大实惠,在吉林大路与福安街交叉处,电话:0431-83009888。

●264路车

264路公交车途经长影世纪村、南湖公园、文化广场、伪满国务院、伪满皇宫,可视为长春市内的旅游专线。

●笔者感受

虽然吉林省内的观光亮点在长白山和松花湖,但是长春市内的伪满皇宫、八大部以及净月潭和长影世纪城均值得一看,因此可做1—2日短暂游览。

推荐游程

A. 二日游

D1:上午参观伪满皇宫,午后看八大部和世界雕塑公园,黄昏时去南湖公园,晚上到人民广场、重庆街游览购物。

D2:上午去长春电影世纪城开心游乐,下午顺路看净月潭景区,黄昏时回市内坐一坐从红旗路至和平大街的有轨电车,古风浓郁很有特殊味道。

B. 影视文化一日游或一汽制造厂半日游

可去长影世纪城—吉林电视塔—长春广播电视中心观光,或去一汽参观汽车制造全过程。

长白山（国家5A级旅游景区）

电话区号：0433　长白山北景区咨询：4000006789　西景区咨询：0439-6331900

长白山位于吉林省东南部安图、抚松、长白三县交界处，南部和东南部与朝鲜民主主义人民共和国相邻，是总面积达200余平方千米的大型山岳风景区和自然保护区。

长白山异常挺拔高峻，这里海拔2500米以上的山峰有16座，其中主峰白头山高2691米，常年为冰雪覆盖、峰高云绕，身姿特别秀丽迷人。长白山上的风光风格多样而又个性鲜明，山上原始森林密布——有针叶林带、阔叶林带、亚高山岳桦林带、高山苔原带等多种植被分布；溪泉瀑布清澈而汹涌——有东北境内最漂亮的长白瀑布；而位于白头山顶的天池波平如镜，水映蓝天白云，更是把游客带入如诗似画般的优美境地。此外，山上还有长达数十千米的长白山大峡谷等多处佳景，频繁在天池之中出现的"长白水怪"亦给人带来无尽的兴趣和新奇。到长白山观美景已成为我国东北境内旅游中最令人快活开心的事情。

气候与游季

长白山属温带大陆性山地气候，夏季凉爽，冬季寒冷而漫长。旅游旺季从6月中旬到9月中旬，尤以7—8月游客最多。冬天的长白山虽然气温甚低，但近年来冰雪旅游的项目逐渐增加，因此严冬时来此观光游览的人数也是与日俱增。但要特别注意冬季游览需带足御寒衣服（厚羽绒衣、帽子、围巾、手套、棉鞋等均不可缺），另外一定要走景区规定线路，不可随意进入无人的雪野和山谷，以免发生意外。

●长白山门票

北景区全价门票105元＋大巴车票85元＋旅游班线车票（往返）35元＋天池主峰80元、西景区214元、南景区190元，含观光车费。

●发烧友关照

长白山风光好，天池更"够味儿"——这里的天池风光比新疆的博格达峰天池要精美、紧凑、集中得多，交通也要方便得多，所以欲观山顶天池秀色，游客的首选目标绝对应该是长白山而不是天山。

交通

航空

长白山机场位于白山市松江河镇，有航班飞往全国各地，机场大巴可直抵长白山各景区。

铁路

长白山高铁站是离长白山景区最近的火车站，位于二道白河镇，有发往各省市的列车，到北京最快6小时车程。

经敦化：从北京（关内）及沈阳、长春、吉林方向来的游客也可先乘长图线火车到敦化站下车，再转乘汽车前往二道白河镇，敦化至二道白河镇，车程需2小时，车费30元左右。

经延吉：游客可在延吉观光后转乘长途客运车或出租车到二道白河镇，之后即可轻松进山游览。

公路

到长白山一般先到二道白河镇，201国道、202省道经过白河镇。从敦化走201国道、从延吉走202省道、从通化走201国道都可到二道白河，另外从安图方向乘车也可到长白山风景区。

三条登山线路

线路一：北坡登山

乘车从山北长白山自然保护区管理局所在地二道白河镇出发，沿途观赏长白山林区风光（针叶林、阔叶林、桦树林、高山苔原带一应俱全，红松林尤为好看）。1.5小时后到天池枢纽站岔路口，从这里可选择两种游览方向和方式：A. 乘车去天文峰（途中可看到垂直分布的长白山森林景观以及观景台、黑风口等景点），并从峰顶向下俯瞰天池全景和池边群峰秀色。B. 从岔路口步行或乘车去瀑布和温泉方向，抵达温泉停车场后经过约15分钟的步行，可沿山路到达瀑布观景台，远观长白山瀑布秀色。下山后去温泉洗浴、品尝用温泉蒸煮的鸡蛋，顺路观赏小天池、绿渊潭等景点。返回二道白河镇途中还可看峡谷浮石林和东北虎林园等其他景观。

> 这条线路和游览方式是目前游览长白山最常规的玩法

线路二：从西坡登山

是指先从吉林和长春或其他地方先乘各类交通工具到长白山西侧的松江河镇，然后乘汽车进山。进入山门后可以观赏的景点有原始森林、双梯子河、高山苔原、老虎背、喘气坡、天池及天池十六峰、锦江峡谷和瀑布等，其中沿千层台阶登顶俯瞰天池感觉亦很壮观（途中体力消耗也不小）。然后原路返回或向北走途经二道白河镇返回。

由于北坡与西坡间有山间公路，所以两者间亦可融会贯通，游客从哪条线路上山已变得非常灵活自如，如系自驾车游览，那当然就更方便了。

线路三：从南坡登山

是指从吉林长白县经南坡登顶看天池

▲ 落差达68米的长白山瀑布是东北最美的瀑布之一

● 关于二道白河镇

二道白河镇距北坡山门28千米，距长白瀑布50千米，距西坡山门76千米，是长白山旅游的中心，至少是长白山北坡游览的中心。二道白河分为二道镇和白河镇两大部分，其中二道镇离长白山更近，此点旅游者需注意。

● 首次进山应注意

从二道白河沿北坡上山观光最常规、最普通，可以轻松获取圆满的观感。

长白山天池游览示意图

● **长白山自然博物馆**

位于吉林省延边朝鲜族自治州安图县白山大街美山宾馆附近，展出长白山国家级自然保护区的垂直景观、自然资源及其历史现状。博物陈列利用现代化设计理念，用多媒体技术来控制展厅内的声、光、电，用现代的仿真技术制作的模型、沙盘，用三维立体成像技术制作的火山喷发厅，用三维立体投影抠像技术制作的怪兽传说厅等，使新馆更加生动形象，充满活力，栩栩如生。门票30元／人。

● **实惠的住宿参考**

二道镇上有许多条件很好的宾馆，但价格不菲。笔者发现了两处相对便宜的住宿地点，一是华驿酒店二道白河店，标间一般季节百元出头，电话：0433-5411777；二是京诺假日宾馆，淡季标间100元左右，旺季300元左右，电话：18744367161。

全景。风光很棒，本书后面会有长白县的详细介绍。

住宿

长白山北景区的宾馆、旅馆和酒店主要分布在二道白河镇、山门附近和瀑布及倒站口附近的三大区域。其中二道白河镇上的宾馆、酒店数量多而价格便宜，加之这里有火车站、汽车站和许多大餐厅、大商店，交通购物都便利，所以许多游客都住在二道白河镇。这里既有标房价180—480元/间的高、中档宾馆，也有80—100元/间的普通民宿和家庭旅舍，且一般时候住宿不会满员，所以可作为长白山观光时的住宿首选。

山门附近有白山大酒店等数家宾馆，房价已比二道白河镇上高一截，标房价约在250元以上。而瀑布景区附近的酒店价格又会再上一个台阶，标房价约在450元以上，旺季可达600元甚至800余元。西坡景区的主要住宿点应选在松江河镇，镇上各类宾馆酒店成群，吃住非常便利。

☞ 另荐如家华驿酒店（长白山二道河店），标间200左右，电话：0433-5411777

餐饮

长白山区有许多特色美食，杰出代表有松蘑、雪蛤等。在景区内外的大宾馆餐厅中用餐当然很贵，平民百姓可在二道白河和松江河镇上尽享各类美味佳肴，这里有专营烧烤的小吃街亦称"串街"，餐馆聚集的饭店街，大小餐馆小吃摊林立，其中有不少经营朝鲜族风味——各类泡菜、腌菜很新鲜适口，狗肉汤很浓，热量也大得惊人，食后全身发热，充满活力。

☞ 欲图实惠建议您品尝"汤饭"，20元出头即可吃好

主要景点

长白山天池

在长白山主峰白云峰及朝鲜将军峰山颈处，海拔2194米，也是中朝两国界湖，池水南北长约4.4千米、东西长约3.4千米，水质清澈晶莹，倒映周围16座俏丽

▲ 雨雾中的天池

吉林省 长白山

山峰和天空中朵朵白云，风光优美，引人入胜。
☛ 这里处处是佳景，应好好观光拍照。但冬季风光大打折扣

长白山瀑布

在天池北侧，系天池之水从山崖缺口处泄漏而成。瀑高68米，夏秋时节急流飞溅、声震峡谷，严冬之时冰凌花盛开，千姿百态、魅力袭人。
☛ 以瀑布为背景拍风光和纪念照画面精彩绝伦

天然温泉群

在瀑布下方1千米处，有泉眼数十个，水温最高的达82℃（可以煮熟鸡蛋）且含有镁、氢、钙等多种元素，已开辟成洗浴疗养区。
☛ 边泡温泉边喝野生蓝莓汁感觉真舒适

长白山十六峰

白云、孤隼、冠冕、观日、华盖、锦屏等16座山峰，全部环长白山天池而立，高低形态各不相同，但全都高耸入云、挺拔秀美，是长白山佳景中的精华。

长白山大峡谷

在白山市抚松县境内，长达70余千米，谷底有锦江激

● 山上观光提示

从二道白河上长白山，必须先到游客中心，游客须在这里买进山门票和专线车票，之后乘专线车向西行30余分钟抵达一个岔路口，此时游客可有两种选择或是从这个道口换乘景区提供的大巴车往上走，20多分钟后可到长白山主峰，从观景台向下俯瞰天池全景；或是从这个道口继续乘专线车向西走3千米，下车后步行20分钟可到长白山瀑布观景台，远观瀑布秀色。

另外需要提示的是任何客车、出租车和私家车都不能进入长白山山门内，进山门后游客必须乘景区提供的专线车，而想去顶峰必须先从山门乘专线车到景区内的岔路口，之后换乘景区指定的大巴车，才能上顶峰俯瞰天池。但大巴车通常只在顶峰逗留二三十分钟，观光很不尽兴。

▲ 天池秀色

853

● 安全提示

乘景区内大巴到峰顶观天池全景时因山势太高，所以常遇狂风劲吹及云推雾卷，有时颇有几分艰辛和危险，游客应遵守当地有关管理人员的提示和忠告，在狂风中下车观景切记注意安全。

● 包车游览长白山西坡

西坡景点稍显分散，建议包车游览，可在 4:00 左右出发游览西坡天池并观日出，上午观锦江瀑布，14:00 之前抵大峡谷，这样才有足够的时间观览峡谷风光。

● 西坡的千层台阶

从西坡沿千层台阶登顶要费一点劲，游人应有心理准备。

流涌过，两岸多怪石奇岩和茂密山林，风光壮阔可与美国科罗拉多大峡谷媲美。

☛ 大峡谷风光尚可，可在此观光 2 小时

锦江瀑布

在长白山西坡，瀑高 70 米，分二级跌落，烟雾弥漫，水声如雷，遥传数千米。

☛ 美观程度虽然比不上长白山瀑布，但亦有观光价值

高原冰雪运动训练基地

位于海拔 1640—1820 米的长白山间，有高山滑雪、越野滑雪场及速度滑冰场等训练场地十几处，亦有完备的餐饮、住宿、娱乐设施，是国内运动员冰雪运动项目冬训的重要基地，也是游客冬季观光的必游之地。

☛ 二道镇有一个景点叫美人松苑，内里有挺拔秀美的松树林，值得一看

推荐游程

标准而经典的一至三日游（游程可灵活安排）

D1. 从各省市乘各类交通工具到长白山，应以二道白河为住宿首选地点，下行抵达二道白河。2.5 小时到达（大部分是柏油路）。二道白河分为二道镇和白河镇两部分，游人应在二道镇住宿。这里宾馆饭店很多，其中镇上的多家个体宾馆旅舍收费低廉，条件尚可，应为背包族游客住宿的首选地点。午休后去二道镇西侧的长白山博物馆参观，了解"绿色宝库"长白山秀丽的山川风貌和丰富的自然资源。博物馆中的怪兽图记录了多年来长白山天池中多次发现神秘"怪兽"的经过，游人不可不看。晚上在二道镇品尝当地特有的干豆腐炒肉和朝鲜特色美食香辣泡菜和香喷喷的狗肉汤。

D2. 游人清晨从二道镇出发，在游客中心购票后，乘专线车抵达岔路口，如欲上顶峰观天池可换景区内大巴车上行，如欲到长白瀑布观景观光乐可继续乘车或步行向西约 3 千米即到温泉停车场，进入景区后翻越两座小山（步行 20 分钟），即可见到落差达 68 米、水流湍急、壮观无比的长白山瀑布，这是东北地区最美的瀑布，游人尽可以它为背景拍照留念。之后下山回到停车场，用餐后洗个痛快的温泉浴（如此时游兴未尽，可从岔路口乘汽车直上长白山顶峰，从那里俯瞰壮丽的天池全貌），然后带着一身轻松和爽快返回二道镇。

D3. 可从白河镇包车或参加旅行社的一日游团队，去长白山西坡游乐。观赏原始森林、双梯子河、老虎背、喘气洞、锦江峡谷、天池等景点。这样可以看全北坡、西坡的所有主要景点。当然时间紧迫的游客可舍去第三日的游览，早晨即乘各类交通工具返程。

长白县·长白山南坡

电话区号：0439 南景区热线：15714391616

长白朝鲜族自治县位于吉林省东南边陲，地处中华名山之一的长白山南麓和举世闻名的鸭绿江源头。境内山川壮美、河流密布、森林茂密，是吉林东部的美景聚集地。长白县与朝鲜隔江相望，边境线长260.5千米，边境风光奇异动人。因长白县林海浩荡、空气清新且盛产人参、鹿茸、灵芝以及长白奇石等珍宝，故享有"林海之乡、人参之乡、天然氧吧、绿色宝库"等美誉。近年来随着交通条件的改善和当地旅游资源的开发，长白县日益受到外界的关注和了解。

☞ 欲抵近观览朝鲜风貌，请到长白县去，用"近在咫尺"来形容中朝两国的距离毫不过分

气候与游季 · 交通 · 住宿

旅游佳季为4—10月，盛夏时节观光最佳。

乘火车到长白县可在松江河一站下，然后换客车3小时即到长白县。沈阳、长春、哈尔滨、通化、白山、临江等城市都有汽车直达长白县。

长白县有各档次的宾馆酒店，其中果园朝鲜族民俗文化村食宿非常便利，可作为首选。

▲ 从长白县长白山南坡看到的天池美景

❶ 从吉林省临江市到长白县的滨江公路是国内最美的自驾线路，沿途有看不尽的绿水青山，边陲风光极诱人

主要景区

长白山（国家5A级旅游景区）

长白县主要的观光亮点之一是长白山。长白山天池南坡是国家5A级旅游景区。面积辽阔且风光多样而美丽诱人。从长白县城驱车前往长白山主峰的天池景区，车程长达1.5小时，行车顺序是先沿江（鸭绿江），再爬山，途中所见美景无限——前半程公路沿鸭绿江行进，途中可见沿线奇山丽水和多处原始古朴的边陲村落，对岸朝鲜境内的景色和百姓生活风貌也新鲜独特，游人观后很开心。后半部经过长白山山门后公路即在山区盘旋，路两边依次可见炭化木生成带、长白山大峡谷（长达10千米崖壁陡峭、奇石林立）、针叶林景观带、岳桦林景观带和高山花园等生态景色和自然奇观。抵达山巅后见到的长白山天池全景更是辽阔壮美而仙姿独具，使人观后久久难忘并从中感到深深的震撼。

☞ 从南坡看到的长白山天池风光太壮美了，笔者就在山顶俯瞰了一个半小时，仍然不忍离去

855

塔山公园

塔山公园位于县城西北部，海拔894米，是东北地区最高的公园。这里有唐渤海时期的长白灵光塔，还有英华楼、观日台等景点。由于塔山公园雄踞长白县城北侧而又山势高峻，所以该山还是瞭望长白县城全貌和对面朝鲜第二大城市惠山市远景的绝好地带（从县城步行前往即可，门票免费）。

☞ 从塔山上看到的朝鲜惠山市容市貌真清楚，用观光望远镜望效果更佳

千年崖城风景区

位于长白县长白镇腹地，是一座融古朴与现代相结合的综合游乐园，国家4A级旅游景区。与朝鲜两江道惠山市隔江相望，玻璃栈道、摩天轮、惊心步桥、飞天秋千吸引了无数游客，流连忘返。来到这里，游客可以探寻长白历史古迹与文脉，部落商业街、古城民俗村、石林探险等景点已陆续开放，趣味十足。景区内一般的游玩观景门票免收，最高点的5项娱乐项目需要单独收费。

长白口岸景区

地处长白县西南缘的鸭绿江边，这里有高19.2米、宽10米、跨度41米、建筑面积为850平方米的国门大楼，其外观气派、造型精美，适合观光拍照。与朝鲜惠山口岸以全长148米的长惠大桥相连，游客可以在大桥中间体验"一脚跨两国"，打卡中国32号界碑。

☞ 通过当地旅行社，可去朝鲜做1—3日开心游乐

果园朝鲜族民俗文化村

在长白县城东缘的马鹿沟镇，是当地朝鲜族民俗旅游观光度假中心。民俗村背靠青山、面朝鸭绿江，地势绝好，风水极佳。村中民居全是典型的朝鲜族建筑形态，其建造工整、排列有序，另有民俗演艺广场、朝鲜族民俗馆、文化墙、阿里郎标志等建筑设施，向游人展示朝鲜族的生活习俗以及绚丽多姿的民风民情。民俗文化村集观光、住宿、餐饮、休闲度假多重功能于一体，游人入村后可以入住典型的朝鲜族民居，品尝味道鲜明的朝鲜族风味美食，观看歌声悠扬、舞姿优美的朝鲜族民族歌舞表演。

旅游锦囊

为您介绍长白县旅游的攻略和观光指导

长白县地理位置独特且风光秀美，旅游资源具有浓郁的特色且重点突出（自然风光、边境美景和跨国游以及朝鲜少数民族风情游齐备且都很诱人），颇具旅游观光价值。去长白县旅游至少需要在那里逗留2—3天时间。其中长白山南坡及天池风光和边境美景是观光亮点；多彩多姿的朝鲜族民族风情和赴朝跨国游也很吸引人。住宿地点力荐长白县城东缘的果园朝鲜族民族文化村，该村背依青山、面向鸭绿江，地势好、风水极佳。其中朝鲜族民居内是火炕，特色浓郁，可做饭可洗热水澡，每幢房可住5—6人，特别适合结伴旅游者。民俗村就在县城东缘，交通方便，游人可随意前往。

吉林

电话区号：0432　松花湖景区：66666666

吉林市是吉林省的第二大城市，这里四面环山、三面临水，有"北国江城"之称。主要景点有松花湖、北山公园和吉林陨石博物馆等，冬季出现的雾凇是与桂林山水、云南石林和长江三峡并称的中国四大奇观，每年吸引着慕名而来的众多游客。

气候与游季

吉林市属温带大陆性气候，四季分明，夏热冬冷，全年皆可游览。辽阔的松花湖是北方著名的避暑观光区，严冬时节出现的雾凇奇观更是神奇瑰丽、娇美诱人，因此不论冬夏到吉林游览都会有开心收获。

▲ 劈波斩浪在松花湖上

交通

航空

长春龙嘉国际机场位于长春市，距吉林市中心约76千米。吉林市内坐高铁22.5元即可到达龙嘉站，每天20班，用时约30分钟。

问询电话：0431-96665

铁路

吉林市与北京、天津、上海、沈阳、哈尔滨、大连间有直通列车，高铁从北京到吉林需6小时车程。在吉林乘车，还可东去抵达敦化（长白山）、延吉和图们。

火车客运问询电话：0432-12306

公路

有开往长春、通化、辽源、白山、敦化、牡丹江、宁江、前郭、双阳、双辽、四方台、沈阳、五常、哈尔滨、佳木斯等地的客车。到长春只需行车1.5小时。

吉林市汽车站电话：0432-63305310

餐饮

风味美食有三套碗、人参鸡、鹿茸三珍汤、清蒸白

● **当地主要节庆**

雾凇冰雪节
每年1月份在吉林市举办。以观赏中国四大自然奇观之一的吉林雾凇为主。期间举办盛大的东北秧歌会、五彩缤纷的彩船游江会、焰火晚会、国际及全国性的滑冰滑雪及冰球赛事，场面喧嚣动人。

北山庙会（国家级非遗）
四月初八佛诞节、四月十八的娘娘庙会、四月二十八的药王庙会、五月十三的关帝庙会。其中以四月二十八的药王庙会最为热闹。

● **推荐便宜实惠的住处**
①阳光100假日酒店火车站东广场店，标间100元左右，电话：0432-63380000。
②壹号精品酒店，标间90元起，电话：19843020418。

●松花湖

🚌 市区有33路车前去，50分钟可到。

●游览指示

松花湖的风光辽阔、壮美，但是游湖还是有些窍门儿，找到了观光要点效果才能达到最佳。笔者提示您开船后一定要在船舷北侧观光，好景都在这边；二是在五虎岛上岸后一定要登上那座观景亭（高五层）的顶层，上边可看到湖区壮丽全景。

●品尝湖鲜好地点

在松花湖坝上坝下的餐馆中及五虎岛、卧龙潭景区内，都能尝到著名的"三花"即季花、鳊花、鳌花鱼的美味。

●北大湖滑雪场

旺季吉林站西广场有旅游专线车到滑雪场，车费20元，车程1小时左右。

💴 门票免收，其他游乐项目另计。

●另荐景点：龙潭山

是市区东部、松花江东岸的以山林为主要景观的公园。山间有龙凤寺、龙潭古池和森林景观，在山顶眺望到的吉林市区全景很动人。

🚌 44路公交车可到。

💴 门票免收。

鱼、荷花田鸡油、白肉血肠、砂锅老豆腐等。另外松花湖中饲养的各类湖鲜肉质清纯细嫩，尤以季花鱼、鳊花鱼、鳌花鱼等口感最佳。

🦌 主要景区

松花湖风景名胜区

松花湖是吉林市观光的最大亮点，它位于吉林市东南15千米处，是拦截松花江修建丰满水电站后形成的大型人工湖，水域辽阔，湖区面积近500平方千米，湖形呈狭长形，宛若摇头摆尾的游龙。湖区的主要景点有丰满水库大坝、金龟岛、五虎岛、卧龙潭等，大坝东南侧有大型游船码头，每日有各式游船载客去湖区遨游。

💴 松花湖门票10元，游船票+观光车票（从景区门口到游船码头）共55元

北山公园

吉林市区内的名胜古迹位于城市边缘。北山公园以山地景观为中心，主峰海拔270米，辅之以楼阁亭台、清湖碧荷。主要景点有玉皇阁、药王庙、关帝庙、钟鼓楼等，夏季园中荷花盛开，香飘四野。

🚌 42、1、52路公交车可到北山公园。💴 门票免收

吉林市博物馆

吉林市博物馆是一座融合了自然科学、人文历史和艺术的地方综合性博物馆，国家4A级旅游景区，馆藏文物2万余件，是吉林地区文物收藏保管中心。藏品以考古品和陨石标本居多，陕、晋、豫三省出土文物也占一定比重。收藏的吉林一号陨石重达1770千克，是目前世界单体石陨石之最。吉林市陨石博物馆与吉林市博物馆在同一地点，是全国唯一一家公立陨石专题博物馆，每年接待观众数十万人次。

北大湖滑雪场

在吉林市永吉县五里河镇，距吉林市约56千米，这里海拔1200米以上的山峰有9座，冬季气温低但因山峰遮挡而风速较小，是理想的滑雪和游乐区。这里滑雪和高山速降设施全，还有三星级的运动员村，住宿餐饮条件较佳，曾举办过多届全国冬运会。

雾凇岛

松花江上的一个小岛，在吉林市以北的乌拉街满族镇境内，距吉林市区约40千米，这里的环境和气候极易产生雾凇，因此是理想的观赏雾凇的好地方。

👉 适合观雾凇的地点有丰满水库大坝下方、市区松江中路、雾凇岛等。

吉林雾凇（中国四大自然奇观之一）

因松花江水汽在寒冷的冬季凝结在沿江的树枝上再结冰而形成，雪白晶莹、玲珑剔透、千姿百态，美不胜收。

☞ 松江中路是城区必观之景。这里夏季、冬季都能给您带来好观感、好心情

松江中路

位于市区中心的松花江滨，从临江门大桥起到吉林大桥止。道路宽阔、绿化甚好，街边多精美雕塑和喷泉，街景和江景都非常美丽气派。冬季这里则是观赏江城雾凇奇观的绝佳地点。

● 雾凇岛

可从吉林长途汽车站乘车前往，门票50元。

● 雾凇泊

吉林摄影协会在乌拉街设有雾凇泊游览接待中心，能为观光者提供摄影、食宿方面的服务。

从市区去雾凇泊可从火车站前乘车，1小时后到乌拉街，换机动三轮车20分钟后到韩屯下车即到。

推荐游程

一日游：上午游松花湖、看五虎岛、卧龙潭等景点，亦可在水库大坝旁参加工业旅游，看大坝壮景和发电场风光，品尝美味湖鲜，黄昏时返回市区游北山。

二日游：D1. 同上。

D2. 在松江中路或去乌拉街、韩屯、土城子、曾通屯一带观雾凇（吉林市有雾凇预报电话，公开接受游客问询），午后返回市区看吉林市博物馆、龙潭山公园。

发烧友特别关照

如何在吉林观赏雾凇美景

雾凇发生的时间在11月下旬至次年4月间，但并不是每天都有，在以下条件下容易形成雾凇：①气温较低，达到-15℃——20℃。②有风但不能太大，一般不超过2—3级。在正常情况下，雾凇每月出现的次数在4—8次，所以抵吉林后能否看到雾凇还需要一点运气。

观赏雾凇一定要在早晨和中午之间，7:00—9:00效果最佳，10:00以后雾凇有可能逐渐融化。最佳观景点有丰满水库大坝下的吉诺尔观赏区，长约2千米；市区松江路的十里长堤景区；市区北边40—60千米处的乌拉街、韩屯观赏区（有雾凇泊）及雾凇岛、土城子—曾通屯一带，上述地点均可观赏拍摄到美丽的雾凇奇观。观拍雾凇要注意御寒保暖，棉衣或羽绒衣、手套、棉鞋不可缺（可在当地购买）。由于气温很低，电子产品可能一般无法工作，机械相机手动对焦最可靠保险，一般电池电量可能不足，带上锂电池最保险。

▲ 雾凇美景

周边景点

查干湖（国家5A级旅游景区）

查干湖位于吉林省西北部的前郭尔罗斯蒙古族自治县境内，湖南北长37千米、东西平均宽约17千米，湖水总面积500平方千米，是吉林省内最大的内陆湖泊，也是国内十大淡水湖之一。

查干湖在蒙古语中被称为"查干淖尔"，意思为"白色圣洁的湖"。湖区渔业资源丰富，年产鲤、鲢、鳙等各类鲜鱼达6000余吨。其中查干鳙鱼味道鲜美，是享誉中外的鱼中珍品。

夏秋时节的查干湖气候凉爽、风光诱人。游人乘船遨游水上看清波如海、观鸥鸟齐飞，感觉之美如诗似梦。冬季的湖区银装素裹且寒风刺骨，然而却是一年中的捕鱼佳季——查干湖的"冬捕"活动规模之大、场面之壮观在国内外享有盛名——这里曾有过一网捕鱼上百万斤的骄人纪录。风光秀丽的查干湖以其独特的风姿，向八方游客展示无穷魅力和迷人神韵。

观光指导：查干湖距松原市区45千米、距长春193千米、距哈尔滨265千米。去查干湖可先乘火车、汽车到松原市（乘飞机可先到长春、哈尔滨、大庆机场，再换火车、汽车到松原）。松原火车站前不远处的公路客运站有查干湖景区免费直通车，车程约1小时46分钟。

在湖区可以品尝全鱼宴和各类湖鲜，味道鲜美但价格不菲。住宿可以选择湖滨或是松原县城（冬季还是住县城好）。夏季可乘大船或快艇。湖区的冬捕仪式一般在12月底开幕，游人可适时前去。

拉法山国家森林公园

拉法山属于长白山余脉，坐落在吉林省蛟河市北偏东约13千米处。其主峰海拔886.2米，山峦突兀、拔地而起、形态奇异，人们在数十里外就可瞭望到它的雄伟身姿。

拉法山间佳景云集，尤以怪石奇洞居多，自古有"八十一峰""七十二洞"之称。山间的云罩峰、棋盘峰、宝剑峰、太和洞、穿心洞、太极洞、通天洞等风光各异，而七步险、北风口、悬羊岭等景更以险崖绝壁、登攀不易而著称。登上拉法山巅可览风光无限。红叶谷、庆岭活鱼一条街等亦以秋林美景和活鱼美味著名。

观光指导：游人可从长春、吉林乘车到蛟河市，再换当地公交专线车即到拉法山。门票55元。

红叶谷

红叶谷景区在拉法山国家森林公园的庆岭风景区，以千山红遍、层林尽染的秋日佳景著称。景区绵延近50千米，有各类红叶树十余种，每到深秋霜降后，整条山谷中的林木呈现出耀眼的鲜红或深红，其色彩之艳丽足以震撼人心。

观光指导：应先从长春、吉林等地乘车到蛟河市，蛟河市有专线车直达红叶谷。也可乘吉林到蛟河的车在302国道的解放屯道口下，再向西步行3千米可到。景区门票60元。

庆岭活鱼村

在长吉图高速路蛟河服务区内，总面积约150万平方米，有活鱼餐馆数十家，专营庆岭活鱼餐。该村规模大、店铺多、人气旺，且有完备的停车、住宿设施，已经在相当程度上取代了原来的庆岭活鱼一条街，成为吉林省内颇具知名度的美食佳境。

▲ 夏日的查干湖湖滨风光

延边

电话区号：0433　防川风景区：7536172

延边朝鲜族自治州位于吉林东部，靠近日本海地区，地理位置独特，少数民族风情浓郁。这里南与朝鲜接壤，东与俄罗斯相邻，站在国境线上"一眼看到三国"是特别令人新奇开心的事情。延边开发了长白山、延吉、珲春、图们江等多处旅游观光和边境贸易区，边陲游览魅力独具。

气候与游季

年平均气温为-4℃，冬季寒冷、春季多风，夏秋时节为游览佳季，不过在严冬时节来此观光可能更会领略到北国之冬的独特风光韵味。

冬天不宜游防川景区，可能会风光惨淡

▲ 防川一眼望三国景区全貌

交通

延边朝鲜族自治州首府延吉市现已与北京、长春、大连、三亚、沈阳、深圳、上海、天津等地开通空中航线。北京、长春、沈阳、大连、吉林、哈尔滨、牡丹江等市与图们间的往返列车均在延吉停靠。其中从长春始发的高铁列车约2.5小时可到延吉西站。延吉有发往长白山、敦化、绥芬河、龙井、珲春、图们、牡丹江、哈尔滨等地的客车。

珲春住宿参考：高铁明珠酒店，标间100多元，电话：0433-7828888

主要景点

"一眼望三国"防川风景名胜区

地处珲春以南15千米处，濒江临海、依山傍水，东面是俄罗斯小镇包德哥尔那亚，西南图们江对岸是朝鲜豆满江市。站在村前数千米的边防军哨所楼顶上，中、朝、俄三国景色尽收眼底，天气晴朗时连远处的日本海亦历历在目，"一眼望三国"的感觉颇令游人开心振奋。

从珲春高铁站乘防川景区旅游专线约1小时20分钟可到防川景区，从珲春包车前去更好，往返车费220元左右。景区门票77元，含观光车费用。

图们

吉林省最大的边境城市，有通往朝鲜的图们江大桥，中朝两国以桥中段为界。大桥两侧就是图们江公园，站在园内江边桥头的"国境线"上，可以眺望边陲风光和朝鲜异国景色。

从图们老火车站打车5分钟即可到图们江公园。公园不收门票，进入中朝边境口岸观景收费20元。

帽儿山国家森林公园（国家4A级旅游景区）

距延吉市10千米，山间林木茂密，且有荟萃了朝鲜各式民居的民族风情园，园内有歌舞、马戏等表演娱乐项目，是展示延边少数民族风俗的窗口和标志。

延吉市有数路公交车前去。门票免收。

六鼎山文化旅游区（国家5A级旅游景区）

六鼎山文化旅游区位于敦化市南郊，这里依山傍水、群峰环绕，山间坐落着世界上最大的比丘尼修行道场——正觉寺，该寺也是东北最大的佛教寺院。山顶端坐着世界最高的释迦牟尼青铜坐像，是六鼎山的标志性景点，十分雄伟。山间还有渤海古墓群、满族精神家园清祖祠等名胜景观。建议游人花上大半天的时间在此游览（门票加观光车费110元）。

咨询电话：0433-6688330

旅行家指导

为您介绍图们及珲春的游览指导：

①图们江公园不大，江对岸的朝鲜风光也一般，观光加乘船游览2小时够用。

②珲春防川的"一眼望三国"景区很壮观，连远处蔚蓝的日本海都清晰可见。观光1小时即可。严冬时节不宜前去。

③从图们也可出境去俄罗斯符拉迪沃斯托克（海参崴）游览，费用比从黑龙江绥芬河出境便宜一点点。

④符拉迪沃斯托克（海参崴）三日风情游日程如下：

D1. 07:30从图们出发至珲春长岭子口岸，08:30验关后乘车前往俄罗斯拉夫扬卡，午餐后乘旅游汽车前往海参崴。晚餐后可观赏俄罗斯风情艺术表演（费用自理）。

D2. 早餐后海参崴市容观光。景点主要有海参崴陆港火车站、二战火车头纪念碑、9288西伯利亚大铁路终点站纪念碑、胜利广场、远东理工大学最高点观海参崴全景、金角湾、参观C-56潜水艇博物馆，外观太平洋海军司令部、第一艘在海参崴登陆的商船遗址、太平洋海军军舰群。并逛紫金商店、巧克力商店，后乘船前往太平洋日本出海口。在海上观海参崴全景（费用自理）。另外还可去海参崴农村体验俄罗斯传统民俗接待，与俄罗斯人共同品尝伏特加、啤酒及欣赏俄罗斯民族歌舞（费用自理）。晚餐后自由活动。

D3. 早餐后，乘旅游汽车赴斯拉夫扬卡，午餐后回国。16:00抵达图们。结束旅程。

以上三日游费用1680元左右，具体事项可向图们江国际旅行社垂询。

电话：0433-3661999。

▲ 图们江公园美景

黑龙江省
HEILONGJIANGSHENG

黄金旅游线路
① 哈尔滨—五大连池—黑河
② 哈尔滨—牡丹江—镜泊湖
③ 哈尔滨—牡丹江—鸡西
④ 哈尔滨—大兴安岭—北极村

说起黑龙江，最普通的说法当然是它是我国位置最北、纬度最高的省份，有广袤群山、茂盛森林，林海雪原等壮丽风光，但是这样的叙述太常规化，还是让笔者谈谈自己到黑龙江畅游后的亲身感受和对当地自然风光的论述评价吧！

①省会哈尔滨作为全省的政治、交通、文化中心，地位重要，文旅资源丰富，夏季的松花江风光和冬季的冰雪旅游项目都不错，做2—3日观光即可。

②镜泊湖风光很美，会超出一般人对它的想象，所以游后您八成会发出如此感叹：哇，真没想到东北还有这么个好地方。

③亚布力滑雪旅游度假区设施齐全、游乐项目多，严冬时节能为游客带来快活欢欣。

④五大连池火山爆发后的遗址保存完整但自然风光一般，边城黑河城市小但边城特色浓郁，还可以从此出境去俄罗斯做出境游，所以把五大连池和黑河连在一起玩才能物有所值。

⑤如果不是对丹顶鹤情有独钟，那就不必专门去齐齐哈尔的扎龙。

⑥漠河夏天的极昼和北极光非常动人，严冬时节冰封大地更显北疆特有风情，最冷或最热的时候去定有新奇收获。

⑦如果欲观边城红火喧嚣的商贸交流盛况，应去绥芬河，那里比黑河热闹得多，抵达后再花一千多元钱，还可到俄罗斯符拉迪沃斯托克（海参崴）览异国景色。

⑧双峰雪乡是牡丹江周边观赏北方雪景和林区秀色的好地方，去后定觉不虚此行。

⑨鸡西市旅游资源丰富，景点风光美极具诱惑力，建议您盛夏时节前去做至少三日观光游乐。

⑩其他值得关注的景区还有伊春、抚远、黑瞎子岛等，游客有时间可一一驻足。

最后要提醒大家的是，去黑龙江最好是在盛夏或严冬，夏季这里空气凉爽，非常舒适惬意；而严冬时节千里冰封、万里雪飘的场景在南方根本见不到。另外不必对冬季的寒冷太担心，那里的宾馆、旅馆（包括旅客列车）保暖采暖设施特完善，室外天寒地冻，室内温暖如春，一冷一热，全都能给人带来全新感受，棒极了。

▲ 黑龙江源头风光

自助游中国 ➤ 东北地区

哈尔滨

电话区号：0451　中央大街景区：87650401

哈尔滨——中国东北北部最大的政治、经济、文化中心，由于它地处在中国版图上形状酷似一只展翅欲飞的天鹅的黑龙江省下方，所以被人誉为是"天鹅项下的珍珠城"。

哈尔滨风光优美、空气凉爽清新，是国内著名的避暑胜境和旅游名城。美丽的松花江从市区蜿蜒流过，宽阔的太阳岛像明珠般在松花江北岸熠熠生辉，巍峨秀美的防洪胜利纪念塔是城市的鲜明标志，有近百年历史的中央大街汇聚了浓郁的欧亚建筑风情，一年一度的哈尔滨之夏音乐会为北国夏夜平添温馨、凉爽和舒适，而红火喧嚣、热闹非凡的哈尔滨冰雪节则在严冬时节为慕名而来的八方游客带来无限的新鲜刺激和欢乐开心。北国江城的迷人新姿和奇异风采，正在为更多的游人所关注喜爱。

▲ 哈尔滨中央大街街景

● **民航问询**
电话：96368。

● **民航大厦**
位于中山路99号，有往返机场的班车，票价20元。

● **哈尔滨国际冰雪节**
中国·哈尔滨国际冰雪节与日本札幌雪节、加拿大魁北克冬季狂欢节和挪威奥斯陆滑雪节并称世界四大冰雪节。于1985年1月5日创办，成为世界冰雪盛会，这一天已成为哈尔滨人的盛大节日。冰雪节期间包含了新年、春节、元宵节、滑雪节四个重要的节庆活动，可谓节中有节，喜上加喜。

气候与游季

哈尔滨属温带大陆性季风气候，四季分明，冬季寒冷而漫长，夏季凉爽而短暂，这里盛夏时节是避暑胜地，严冬时节则是冰雪观光和游乐的胜境。特冷和特热时来此游览易出好效果，春秋时节来此反而觉得特色不够鲜明。

交通

➤ 在哈市下飞机后乘机场3号线，可直达市中心中央大街，车票20元

航空

哈尔滨太平国际机场是东北地区第二大国际航空港，位于哈尔滨市西郊，有班机飞往北京、天津、上海、南京、青岛、温州、厦门、广州、深圳、沈阳、大连、西安等多个大、中型城市。机场与市区对开的民航大巴线路有多条，车费20元。

机场问询处电话：0451-82894220

铁路

哈尔滨是东北地区的铁路枢纽中心,京哈、滨绥、滨洲、滨北、拉滨五大铁路在此交会。哈尔滨站离景点如中央大街、索菲亚教堂很近,有地铁2号线;哈尔滨西站周围有许多年轻人爱逛的商场及特色小吃街。哈尔滨有多趟旅客列车同北京、天津、上海、广州等多个大、中型城市对开;与省内的齐齐哈尔、牡丹江、绥化、佳木斯等城市也开通了高速快车和旅游专列。这里还有发往黑河、漠河、满洲里等城市的列车。

☞ 旅游不建议选择哈尔滨北站或哈尔滨东站

公路

有数十条长途公交线路,通往省内各主要城镇和省外各邻近城市。

哈西公路客运站,哈尔滨西站旁,电话:0451-87068765。

发车方向:佳木斯、七台河、鹤岗、牡丹江、齐齐哈尔、大庆、吉林、长春、沈阳、白城等地。

道外客运站,承德街,电话:0451-88393270。

发车方向:克山农场、逊克、汤旺河、嘉荫、延寿、双城、榆树、尚志、东宁、肇东、肇源、肇州等地。

三棵树客运站,桦树街3号,哈尔滨东站旁,电话:0451-57682646、57665331。

发车方向:巴彦、青冈、克山、依兰、达连河、七台河、桦南、宾县、方正等地。

☞ 哈市的主要公路客运站是哈西公路客运站(又称哈站),应重点关注

●特色商品特色美食

猴头、鹿茸、野山参和貂皮衣物都是当地特色商品中的珍品,特色鲜明、蜚声中外但也肯定是价格昂贵,离普通百姓的生活有一点距离。但是大列巴(大面包)、哈尔滨红肠和各类俄罗斯工艺品、纪念品却都算得上是物有所值。此外当地的西餐(主要是俄餐)、东北风味菜及奶制品绝对可算得上美味佳肴,游人一定要大胆品尝,敢于消费、一饱口福!

●重点关注中央大街

游客来哈市观光的重要内容之一就是到中央大街品尝美食和购物:著名的华梅西餐厅、马迭尔西餐厅和冷食店及多个俄罗斯精品屋都在这,您就逐一惠顾吧!

▲ 冰雕美景

● **住宿参考**

①如家驿居酒店索菲亚教堂店，便宜实惠，平日标间120元左右可适度关注，电话：0451-87161888。

②伊六八青年旅舍，距中央大街不远。设施一般但位置好且有便宜床位（50元/床），电话：15124585980。

● **推荐特色餐厅**

①华梅西餐厅，在中央大街112号，专营正宗西餐，在哈市名气甚大，内有各类套餐及零点，人均消费120—150元即可吃到一般水平。电话：0451-84619218。

②波特曼西餐厅，在中央大街西七道街休闲区53号，性价比不错，人均消费200元左右。电话：0451-84686888。

③东方饺子王和老厨家，也在中央大街上，中餐饭菜均有特色且物美价廉。

● **中央大街**

🚌 13、16、101路等多路公交车和地铁3号线均可到。

市内交通

哈尔滨市现有3条地铁和百余条公交线路，遍布市区郊区各地。并有数千辆出租车昼夜行驶、随时载客。

市内出租车起价8元/3千米，之后1.9元/千米。公交车上车为1元，空调专线车1—2元起价。

🏨 住 宿

性价比好、相对便宜实惠的宾馆有双悦轻奢酒店，位于十四道街，电话：0451-51017811；维也纳大酒店，电话：0451-85986578；如家精选酒店，电话：0451-55325111。另有许多普通宾馆、旅店，只要游客稍稍留点心，即使是在市区主要街道上，90—100元/间的住处亦不难寻，您可视情况参考。

🍲 餐 饮

在哈尔滨吃家常饭菜，最大的感受是与内地饭店相比这里菜价不便宜而菜量极大，一般的肉菜价码都在38元之上，而数人聚餐人均点一个菜就够吃了。风味菜肴可考虑西餐和东北的各类炖菜、砂锅白肉及血肠、杀猪菜等游客可择情选用。另外这里的多家西餐厅也很出名。在中央大街上有许多特色鲜明的餐馆，比如东方饺子王和华梅西餐厅，游人可适度关注。

☞ 推荐老厨家，就在中央大街上，电话：0451-87322225

🐎 主要景点

中央大街

市内最繁华的商业街，北起松花江防洪胜利纪念塔，南至经纬街，始建于1898年，全长近1450米。两侧共有71栋欧式和仿欧式建筑，地面则全由条石铺成。这里是亚洲最长的步行街之一，欧陆建筑风格浓郁、精品商厦鳞次栉比而又缤纷艳丽，是目前哈尔滨市区内最红火喧嚣而又温馨舒适的商业街区。

☞ 俄罗斯工艺纪念品主要有：套娃、巧克力、打火机、手表、民族服饰等

斯大林公园

松花江南岸的开放式沿江公园，与太阳岛隔江相望，有许多花园、绿地和精美建筑，其中防洪胜利纪念塔造型独特，一度成为哈尔滨市的标志。

☞ 公园就在中央大街北侧，步行即可到，亦有多路公交车抵达。门票免收

圣·索菲亚教堂

地处哈尔滨市内，是远东地区最大的东正教堂，教堂的四周墙体全用红砖砌成，顶部为洋葱头形状的巨大穹顶，布局奇异、外形精美，颇具别致典雅的古典艺

风情。
🚌 有 1 路等多路车均可到。🎫 门票 20 元

太阳岛景区（国家 5A 级旅游景区）

位于哈尔滨市区的松花江北岸，与南岸的斯大林公园隔江相望，有水阁云天、栖凤台、坐龙广场、东北抗联纪念园、俄罗斯风情小镇、冰雪艺术馆等数十个景区景点，总面积约为38平方千米，是游人进行野游、野餐等活动的乐园。20世纪80年代初，因纪录影片《哈尔滨的夏天》中的美妙插曲《太阳岛上》而声名大振。每年冬天在太阳岛上举办的雪雕博览会场面也很诱人。

🎫 12 月 15 日至 2 月 28 日收费，冬季雪雕博览会门票 198 元，需预约

东北虎林园

建在松花江北岸，与太阳岛相邻，是为挽救保护濒危动物而修建的世界上最大的野生东北虎林园，占地面积144万平方米，面积达36公顷，可观赏纯种东北虎百余只，游人可乘游览车行进在虎群中观景。

🚌 35、145 路公交可到东北虎林园。🎫 门票和观光车票共 110 元／人

冰灯游园会和冰雪大世界

冰灯游园会每逢冬季在兆麟公园内举办，从1月 5 日延续到 2 月末，场地上有冰雕艺术家雕刻创造的冰灯冰景作品1500—2000件，晶莹透亮，千姿百态，流光溢彩，是冰的世界、灯的海洋。冰雪大世界则坐落在松花江北的太阳岛西区，严冬时这里有大量冰雕、雪雕和各类游乐活动，是哈尔滨冬季冰雪节的主会场。

▲ 圣·索菲亚教堂

●另荐景点：龙塔和哈尔滨极地公园

①龙塔是黑龙江省广播电视塔的爱称。该塔坐落在哈市新技术开发区。塔高 336 米，外形高大挺拔，登塔后可在观光台上极目远眺，将哈市远景尽收眼底。
地铁 2 号线省医院站 2 号出口可到。门票 95 元。

②极地公园的极地馆在太阳岛北侧，馆内饲养展出珍稀动物数百种，馆内的白鲸、海狮表演和许多人兽互动游戏很有趣味。
🚌 门票成人 198 元、儿童有优惠。

●太阳岛

🚌 地铁 2 号线可直达太阳岛，另在友谊路有 29 路公交车直达太阳岛。
从斯大林公园的松花江滨乘游船（往返 10 元）或渡船（单程 2 元）可直达太阳岛。

●冰灯游园会和冰雪大世界

🚌 共有 10 余路公交均可到冰灯会。
🎫 门票 100~150 元学生有优惠。
🚌 地铁 2 号线可到冰雪大世界。
🎫 门票 325 元，学生票 240 元，并有免费班车等优惠。

推荐游程

哈尔滨城市风光一日游:
游览斯大林公园、防洪胜利纪念塔、观松花江水上风光、看中央大街步行街、圣·索菲亚教堂;去太阳岛观光游乐;晚上中央大街休闲、美食、购物。

哈尔滨生态环境一日游:
太阳岛风景区游览(参观新潟友谊园、水阁云天、太阳山、观赏植物花卉园);在东北虎林园观赏东北虎;游览森林植物园、欧亚风情园。

哈尔滨建筑艺术一日游:
游览防洪胜利纪念塔、中央大街步行街、圣·索菲亚教堂、省美术馆、博物馆广场、哈尔滨铁路局、哈尔滨工业大学、建筑工程大学等,还有天主教教堂、大直街东正教教堂与天主教教堂等欧式建筑及具有东方建筑艺术风格的极乐寺、文庙。

哈尔滨冰雪风光二日游:
D1. 松花江上观冬泳,冰雪大世界娱乐,参观冰灯游园会,参观文庙、圣·索菲亚教堂、中央大街步行街。
D2. 太阳岛上观雪雕、赏雪,虎园观虎,中俄民贸一条街参观购物。

▲ 太阳岛公园正门

周边景点

伊春市汤旺河林海奇石景区(国家5A级旅游景区)

伊春市汤旺河林海奇石景区始建于2001年,占地面积190平方千米。景区以稀有的花岗岩石林地貌景观和完善的原始生态为特色,树在石上,石在林中,林海奇石,地球一绝,拟态奇石千姿百态,惟妙惟肖。独特的花岗岩石林生成于2亿年前的印支运动期,是目前国内发现的唯一一处类型最齐全、发育最典型、造型最丰富的印支期地质遗迹,具有很高的科研和美学价值,在世界上亦属罕见。林海奇石风景区植被繁茂,山色葱翠,漫步古树白桦的幽径间,可闻百鸟欢歌、可赏松柏轻舞、可嗅杜鹃花香、可观兴安奇石、可在这天然的大氧吧里放下疲意与烦恼,进入返璞归真、天人合一的境地,体验"千里冰封,万里雪飘"的林海雪景,感受"山行本无雨、空翠湿人衣"的意境。置身公园云绕山梁,溪流低谷,空气负氧离子高达每立方厘米5万个,夏季平均温度在18—23℃,在南方炎热的季节里这里是一处清凉的世界、世外桃源,是黑龙江新的黄金旅游区。奇石景观区共分五大区域,由构造峰林景观区、拟太奇石景观区、城墙山景观区、冰缘石海景观区、圣水溪堑谷景观区组成。景区以其独特的地质地貌、优美的生态环境、清新的空气、独具匠心的设计、宜人的气温吸引了大量游客。

地址: 伊春市汤旺河县汤逊公路 电话: 0458-3574029
可从哈尔滨坐火车或大巴至汤旺河县后打车到景区

萧红故居

萧红是我国著名的女作家,其代表作《呼兰河传》《生死场》在现代文学史上享有重要地位。萧红故居在呼兰区萧红大道,和纪念馆在一起,展品的陈列和介绍十分详尽,纪念品店内还可盖章。

呼兰区3路、呼兰2路可到萧红故居公交站。门票免收,刷身份证进入。

旅行家指导　为您介绍在哈尔滨旅游观光时的注意事项

①去哈尔滨观光，最好在夏季和冬季抵达。盛夏时节，松花江涨满了水，风光秀美程度达到了全年之最，给哈尔滨全城都带来了生机和灵气。冬天的这里冰雪游乐项目确实有特色，能带给人全新感受和美好心情。

②在《太阳岛上》那首歌风靡一时的年代，岛上的风光其实并不怎么美，而现在风光却很美。经过多年的开发建设，岛上的总体风光水平提升很快，又开发开放出了俄罗斯风情小镇、国际啤酒城、俄罗斯金色剧院、俄罗斯艺术展等景观，夏季时来此一游，观光休闲效果不会差。

③从哈尔滨市区去太阳岛有乘缆车、轮渡、游船和公交车4种交通方式，笔者认为从松花江边（斯大林公园）乘游船最合适——20元钱包去包回，况且在行船途中有意在松花江上走了一大段，便于游客在船上饱览江城美丽风景。

④东北虎林园和极地公园是哈尔滨市内的重要观光点，但上述两景在国内同类景点中并不算太突出，因此笔者只作一般推荐。

⑤真正好看的景点是夏天的松花江和太阳岛以及冬天的冰雪大世界，另外去龙塔上看市区全景观感也壮阔。圣·索菲亚教堂和中央大街及防洪纪念塔四季都好看。

⑥华梅西餐厅饭菜价格已经上涨了不少，但它在中央大街上还算是实惠的餐馆。华梅对面的马迭尔西餐厅服务很好，价格比华梅略微贵一点。要说在网上知名度极高的奶油雪糕，马迭尔和华梅的味道都很好，您可以任选。

⑦哈尔滨博物馆也值得一去，离中央大街等景点都很近，共有5栋楼，周二至周日开馆，门票免收。

周边景点

亚布力滑雪旅游度假区

位于哈尔滨以东193千米处，距牡丹江120千米。严冬时节山上积雪厚度可达100多厘米，可供游客进行各类雪上运动，黄金滑雪游乐时间是每年11月中旬至次年3月下旬。

亚布力滑雪旅游度假区由高山竞技滑雪区和旅游滑雪区两大部分组成。由风车山庄、国家体委、交通山庄、大青山滑雪场、通信山庄、电力山庄、云鼎山庄、雅旺斯、好汉泊雪场，以及农家院共同组成。亚布力滑雪旅游度假区建30万平方米水溪景观带，林丰草盛，五小连池依山就势，梯次相连。深度开发建设夏季旅游产品，规划设计占地面积33.8公顷的生态水上乐园。

亚布力滑雪场每日08:00至16:00开放，门票价格10元（滑雪费140元/2小时、280元/半天、380元/全天；租雪服80元/天；特聘滑雪教练200元/人·2小时、300元/人·半天、500元/人·全天，由于雪场不同，价格也有所不同）。1.2米以下儿童按门市价五折收费，滑雪价格根据不同的雪道价格不同。

交通：可在哈尔滨火车东站乘坐K7047次列车（8:08发车，回程16:08发车，票价38元），约3小时到亚布力火车南站（南站就在度假区），下车后坐小巴直达亚布力度假区（约5分钟）。

▲ 雪上游乐

五大连池—黑河
（国家5A级旅游景区）

电话区号：0456

在我国的东北边陲，有一条风光秀美、佳景云集的黄金旅游线，它集壮丽火山、清澈湖水、边境名城和异国风情于一身，且这里夏季清风习习、凉爽舒适，冬季千里冰封、白雪皑皑，一派辽阔壮美的北国风光。这条黄金旅游线的南端是塞北明珠五大连池，北端是边陲重镇黑河市，下面就让我们背上行囊，到那里进行一次开心畅快的游览吧！

气候与游季

五大连池至黑河一线地处高纬度地区，气候非常凉爽宜人，是国内最佳避暑胜地之一，而严冬时节虽然气温很低但仍然适合旅游。因为这里冬季空气极为纯洁，因有冰雪覆盖地面，所以风力再大也刮不起土，透着一股纯净和爽快。加之黑龙江各地的宾馆、旅馆取暖设施齐全先进而房屋的保暖性能又好，所以室内的温度通常可达到23℃以上，室外的寒冷和室内的温暖都让人感到很舒服（加之冬季这里还有多种室外游乐活动），所以，只要携带足够保暖衣服，冬游黑龙江绝无问题。

▲ 盛夏时节的黑龙江风光

当地景区亮点闪击及精彩回放

①老黑山是五大连池景区中观赏火山喷发遗迹最好的地方之一，这里到处都是烈火焚烧过的遗迹，说得通俗一点，满地都是焦黑色的"炉灰渣"。

②在五大连池看到那长达十数千米由熔岩冷却而形成的岩石河流，遥想当年火山喷发、岩浆奔流的场面该是多么灼热和壮观。

③五大连池的泉水真棒，药泉山有多处著名药泉，吸引众多游客来此疗养。

④大黑河岛商贸城中精美的工艺品、纪念品太多了，令人眼花缭乱，许多店可邮寄到家，十分方便。

⑤黑河文化街的国际大早市很有意思，是富有人情味的地道东北早市，来吃早餐的话，10元左右即可吃饱，也有各种各样的其他商品售卖。早市大概在五六点钟就开始了，临近九点结束，快结束时的商品折扣力度很大，值得体验一番。

▲ 俄罗斯布市风光

🚌 交 通

可以从各地直飞五大连池德都机场，从哈尔滨乘火车去五大连池和黑河也方便，哈尔滨到五大连池车程约16小时（含龙镇换乘9小时），到黑河约13小时。

黑河火车站到黑河市区还有6—8分钟车程，乘公交票价2元，打的票价10元即到，黑河城内的交通主要有乘坐公交和打车两种方式，公交车单程1—2元，打车10元钱出头可到城区各处。

🏨 住 宿

住宿在五大连池

五大连池宾馆、旅馆不少，且疗养院奇多，范围不大的疗养区内至少有疗养院数十家，有名的如五大连池工人疗养院、鸡西疗养院等。这里的疗养院其实就是宾馆客房加上医务室和少数医护人员（他们为客人提供温泉洗浴及治病方面的简单指导），所以每家疗养院都对外开放接待游客，房价在120—250元/间不等。网红宾馆酒店主要有轩煌大酒店、新泉山温泉酒店、康年温泉酒店等。

住宿在黑河

作为一个边陲旅游边贸城，黑河市的宾馆、酒店也是多得不计其数。经济实惠的住处有左岸明珠商务酒店、自由空间边锁宾馆，笔者向您推荐四星级酒店黑河国际饭店，该宾馆地处黑河市中心的黑龙江边，位置奇佳，住在高层房间内，南可览黑河全貌，北可观江对岸俄罗斯布拉戈维申斯克市（海兰泡）风光，视觉感受甚好，标间房价250元左右，淡季最低价可降至160元左右。

🍴 餐 饮

黑龙江省内的饭馆特点几乎一样，就是菜价贵但菜量

● **从黑河到漠河**

黑河每日有客车发往边境县城呼玛，次日再换车可到塔河、漠河。沿此线行进可饱览北方边陲独特风光，尤其是北极村秀色。

● **住宿提示**

五大连池的各家疗养院都愿意接待大型疗养团队，而对散客不够热情。建议游人声称自己是为单位旅游团打前站的，这样会受到礼遇，房价也会得到优惠。

▲ 黑河国际饭店主楼

● **黑河国际饭店**

就在市区黑龙江边，从火车站打车车费8—10元，7分钟可到。电话：0456-8276001。

● **其他宾馆酒店参考**

①如家酒店黑河火车站店，条件较好，标间148元起，电话：0456-8969666。
②五大连池云泊假日酒店，在五大连池迎宾路，条件尚好，电话：0456-6375555。

发烧友特别关照

如何游览黑河

重点是沿江带状公园观光，眺望对岸俄罗斯风光，大黑河岛商贸城购物亦非常开心，此外去俄罗斯布拉戈维申斯克市（海兰泡）二日游也是新奇开心的事。在黑河，最低限度也要游览三日——第一天黑河市区观光购物，第二天去俄罗斯布拉戈维申斯克市（海兰泡）二日游，第三天下午返回，如果再去黑河周边景区或去俄罗斯做多日游另当别论。

▲ 五大连池一角　　　　　　　　　　▲ 连池朝晖

足，一般的纯肉菜在35元左右甚至更高，但菜量之大简直到了两位女士一顿正餐合吃一个菜都能吃饱的地步。在五大连池，在街上的个体餐馆比在疗养院中的餐厅吃饭要便宜灵活一些。在黑河，虽然总体上饭菜价格贵，但能找到便宜、实惠的菜肴，这其中特别让人流连回味的一是尖椒干豆腐，二是砂锅余白肉，它们都是当地最常见的家常菜，每家餐厅都有。尖椒干豆腐由尖椒、干豆腐皮和肉片或肉丝一起炒成，25—32元钱满满的一大盘，饭量小的女士光吃这一盘菜而不吃饭即可吃饱。砂锅余白肉25—30元钱一份，里面有许多酸菜、粉丝和五花肉片，不论是菜量营养价值还是口味，都能满足一个人一顿正餐的需要（男士可能需要再吃一碗米饭），且吃后暖暖和和、舒舒服服，感觉美极了。

● 从哈尔滨乘汽车去五大连池

在龙运客运站上车，车票125元，行车5.5小时可到。

● 餐饮提示

当地江中盛产的大马哈鱼很好吃，肉丝挺粗，跟牛肉似的，但应切记必须要红烧或干烧的，笔者觉得葱烧的不太好吃。

除大马哈鱼外，其他江鱼也很美味。另外当地盛行的风味菜"杀猪菜"是把猪的下水混在一起做，听起来很害怕，但吃起来味道有些独特。

● 如何游览五大连池

必游景点是老黑山和火烧山，这两个地方的火山喷发遗迹特别壮观迷人，且游老黑山一定要登上山顶观看火山口奇观。五池和三园可以有选择地去离疗养院近的一两个。药泉山名气大，登上山顶可览疗养区全貌，但火山喷发的迹象不如老黑山和火烧山明显，所以不必一定前去，因此在五大连池有2天时间即可玩得特别宽松开心，而如果是休闲度假或是欲通过温泉洗浴健身，可延长在此逗留的时间。

🚩 主要景区
五大连池（国家5A级旅游景区）

五大连池位于黑龙江省五大连池市境内，素有火山公园之美称，全景区由14座新老期火山、5个汐水相连的火山堰塞湖、60多平方千米的"石龙"（玄武岩台地）和多处极具医疗保健价值的矿泉、药泉组成。这里山姿奇异、湖水辽阔、熔岩地貌千姿百态、泉水医疗功效神奇，是我国北方不可多得的集观光、度假、科学考察和疗养健身多项功能于一身的大型风景名胜区。

五池水上游览区

五大连池的景区中心是五个汐水相连的串珠状湖泊，分别被称为一池、二池、三池、四池和五池，它们都是由火山喷发，岩浆堵塞了河水而形成的火山堰塞湖。五池中以头池最小，面积仅0.11平方千米，而三池最大，丰水期时面积接近21.5平方千米。五池相连水质清澄碧透，宛如五块晶莹而硕大的美玉，在祖国北疆的辽阔旷野中熠熠生辉。

五大连池各湖之间均有暗河相连、水源充足、终年不枯，湖中盛产鲤、鲫、鲢鱼和珠贝，每到夏秋时节，雨水过后，总会有大片大片的云彩飘临湖上，那条条小鱼湖中游，朵朵白云水上走的佳境妙景真是如诗如画，令人心醉。

火山奇观

五大连池风景区内共有14座死火山，组成了一个庞大的火山群，它们呈东、西方向分成两组有规律地排列，每组各有7座火山锥。

五大连池火山群中海拔最高的也不过是500—600米，它们既没有华山的险峻挺拔，也没有黄山的神奇怪异，然而，每座火山喷发后形成的火山熔岩地貌都非常完整地保存下来，规模之宏大，形态之多样实为国内外所罕见。像火山群中具有代表性的老黑山，山顶的火山口深136米，直径达350米以上；又如著名的火烧山，它的火山口直径达415米。火山群内漫山遍野都是200多年前喷发时留下的火山砾、火山渣、火山弹，而岩浆奔涌流淌冷却后形成的石河、石湖、石海随处可见，整个火山区就是一个烈火焚烧过的世界，满目疮痍，一片焦土，然而，这里又是一个保存甚好的火山地质博物馆，地质工作者到此如获至宝，各方游客亦可在此畅观火山遗迹，尽情想象昔日火山喷发时的壮观场面。

☛ 火烧山是代表景点，应重点观览

三园览胜

五大连池景区还有不少人工兴建的景点，其中最具代表性的是益身园、长寿园、山泉园三处园林佳景。

益身园独具观赏游乐性，园中有长廊、有古亭、有瀑布、有涌泉，还有长近1千米的药泉湖，集自然风光和精美建筑于一体。而长寿园和山泉园则是在优美园林的环境中增设了许多洗浴、疗养、保健设施，为游客服务。长寿园中设有大型泉水洗浴中心和日光浴场，山泉园中设有大型矿泥浴场，它们的主要功能是让游客（患者）通过

▲ 冬季的老黑山火山口

● **五池异彩**

从五大连池风景区中心的药泉山乘各类机动车，3—5分钟即到池边。

● **景区门票**

🎫 龙门石寨门票45元，天池20元，温泊40元，北药山20元。

● **火山奇观**

从五大连池风景区的中心药泉山乘各类机动车，20分钟可到老黑山，15分钟可到火烧山。

● **药泉山**

处在五大连池景区中心，山并不高，但是登顶后可览五大连池全貌，游人可适当关注。

●五大连池疗养

如今人们闲暇时间多，手头亦宽裕，所以如果您有意，那真不妨到五大连池小住一段。可住在便宜的个体旅店，泉水饮用和洗浴都可买月票，开销不大。

●另荐其他景点和游览方式

黑河周边还有不少景区供观赏游乐。如参观中俄民族风情园和《中俄瑷珲条约》的签订地瑷珲古城及瑷珲历史博物馆；去市区16千米外的卧牛湖戏水游泳、垂钓，品尝全鱼宴；到距市区90千米远的鄂伦春人聚居地新生乡去领略"马背上的民族"的奇异民风民情，并品尝狍子、野猪肉和黄花菜、猴头蘑等野味山珍。参观旅游华侨馆和知青博物馆，去锦河大峡谷游乐。此外去逊克县沾河景区观赏森林小火车并参加水上漂流也会使人得到快乐欢欣。

黑河市是一个休闲度假佳境，全城遍布宾旅馆、餐厅，餐饮、食宿、娱乐设施完善且收费不贵。这里社会稳定，治安状况良好，民风民情亦很淳厚、朴实。所以，无论您是来此短暂观光还是休闲长住，都会过得非常舒适开心。

▲ 黑河夜景

矿泉水和矿泥洗浴，强身健体。

药泉圣水

五大连池景区内遍布各类喷泉、涌泉，泉水中含有锰、钡、锌、钴等多种微量元素。当地建有大、中型疗养院数十座，而景区的南饮泉、北饮泉、翻花泉、南洗泉附近每天都是人头攒动、门庭若市，来自全国各地的无数游客在这里连喝带洗，强身健体，甚至还有不少海外人士慕名而来观光、疗养。风光秀美而又独具矿泉、药泉资源的五大连池已成为祖国北疆颇具诱人魅力的旅游热点。

边城黑河

观赏了五大连池秀色，再让我们乘车向北，到黑龙江边的小城黑河做一番观光游乐。黑河位于黑龙江省的北端，与俄罗斯布拉戈维申斯克市（海兰泡）隔江相望，这里有江滨公园、瑷珲古城、影视城和鄂伦春族原始村寨可供游客观光游览，而最能给人带来新奇感受的事还是去大黑河岛商贸城购物和去黑龙江对岸的俄罗斯布拉戈维申斯克市（海兰泡）参观游乐。

☞ 黑河风光独特，边陲景色优美而奇异，笔者郑重建议各位前去观光游乐

大黑河岛商贸城

大黑河岛位于黑龙江主航道中方一侧，距俄罗斯布拉戈维申斯克市（海兰泡）只有几百米远，是中俄两国最重要的陆上口岸之一，而商贸城就建在岛中心，是整个黑河市的标志性建筑。它的营业面积达5.8万平方米，经营家电、家具、日用百货、文具用品、服装、鞋帽、箱包等上万种商品。商贸城中最令中国游客耳目一新而又爱不释手的进口商品有各类皮货——用银狐、紫貂、水獭、海狮、海豹皮制作的各式皮衣皮帽不光保暖性能绝佳，而且设计独特、样式美观，一件皮衣（皮帽）就是一件工艺品；各类俄式相机、望远镜和手表——虽然外观不够小巧但结实凝重，耐使耐用且价钱便宜；各种工艺纪念品——如木版画、桦木雕刻、套娃和各类邮票和古钱币，各类风味食品——如鱼子酱、伏特加酒、各式奶酪、巧克力。

走进大黑河岛商贸城，最大的感觉一是开心快活，二是担心忧虑，新奇

开心的是有这么多款式新、质地好的商品可以自由选购,担心忧虑的是想买又不敢买——因为惹人喜爱的东西太多,如果不是直接返家,这么多东西只能直接快递寄回家了。

☑ 进入大黑河岛商贸城不收门票

江滨公园

黑河市区还有一个游览观光的好地方,那就是沿黑龙江边修建的带状公园。它西起黑河码头、东至大黑河岛桥,全长近3千米,分为历史文化园区、中西文化园区和科技文化园区三大部分,园内遍布鲜花绿树、幽雅石径和精美石雕。站在公园的石栏前,即可俯瞰黑龙江秀色和对岸的俄罗斯布拉戈维申斯克市风情。盛夏的黑龙江水欢快流淌,游船穿梭往返江心,两岸有无数的中外游客在荡舟、游泳、纳凉;严冬的江面全为冰雪覆盖、一片萧瑟宁静,而此时仍有不少人在江上溜冰、滑雪、堆雪人、做冰雕,开心游玩嬉戏。黑龙江就像一首旋律多重的交响乐,又像一幅四季不一的风情画,每时每刻都向人们展示、奏响优美的画卷和动人的旋律。

☑ 公园免收门票,但在江边刻有"中俄边境"大字的石碑前留影可能要交费

异国风光

与黑河市仅一江之隔的俄罗斯布拉戈维申斯克市(海兰泡)有许多漂亮的城市建筑,异国风情非常浓郁迷人,整座城市全为浓绿绿荫所笼罩,宽阔的列宁广场、胜利广场,展品众多的阿穆尔州地质博物馆和造型美观的东正教堂及建在原始森林深处、山间绿湖之间的穆欣度假基地都是中国游客游览观光的好去处。现在黑河市内的各大旅行社都经营去布市出境游的业务,游程安排分为一日至七日游多种(其中二日游最常见),游人可以根据自己的时间、兴趣和经济实力各取所需。

赴俄游览手续非常简单,最好先在户口所在地办好护照,否则要多等1天时间并另交280元,详细程序可咨询相关旅行社。

▲ 黑河风光

● 大黑河岛商贸城
大黑河岛地处黑河市区东南缘,从市中心坐公交票价1—2元或打车约10元,10分钟就到。

● 商贸城购物
男士首选该是打火机吧,款式足有好几十种,精美玲珑令人爱不释手。女士首选应是毛皮服装和俄罗斯套娃,套娃大的里边套小的,小的再套更小的,一套就有8—10个,可以从大到小斜着摆上一大溜,可爱极了。

● 江滨公园,风光优美
江滨公园在市区北侧,是游客来黑河后的必游景点,从公园北缘走到南缘约需1小时。

● 出境观光费用
去俄罗斯布市作二至三日游,二日游收费1000元左右。

自助游中国 ▶ 东北地区

漠河·北极村·北红村

电话区号：0457

　　漠河位于我国最北端的黑龙江畔，由于其地理位置奇特，所以被人誉为"金鸡冠上的璀璨明珠"和"中国的北极村"。漠河气候寒冷，是盛夏时节的避暑胜境，这里出现的极地白昼和北极光奇景，也是中国大地上的独一份儿，漠河的北极村和北红村隔黑龙江与俄罗斯阿穆尔州和外贝加尔边疆区相望，边陲风光奇异动人，近年来当地在每年夏至前后举办的"北极光节"，亦吸引了大批慕名而来的八方游客。

气候与游季

　　漠河是中国最冷的地方之一，夏季只有短短两个月，而冬季则长达7个月，冬季温度常保持在－30℃至－40℃，最低温度曾达到－52.3℃，所以盛夏时节这里是中国极好的避暑观光度假佳境，而冬天漠河及大小兴安岭内外千里冰封、万里雪飘，风光非常壮美诱人，所以来此观看北国冬景的人也有不少。只是因为气温极低，所以冬季游客来此须备足御寒衣物——一般的衣服根本不管用，须有过耳棉、皮帽，皮衣皮裤最好，或厚棉衣、裤及厚羽绒服也成，鞋子也要备一双比原来尺码大1号的（因为要穿双层袜子），这些衣物须在哈尔滨或齐齐哈尔等城市准备好，到漠河再买恐怕不成。

▲ 北极村神州北极广场一角

● 北极光节
每年6月22日夏至前后在漠河举办。

▲ 北极哨兵雕塑

☞ 4月及10月的白天，北极村的气温并不会太低，不必太担心

交　通

　　漠河机场已通航，平时每天有航班与北京、哈尔滨等城市对飞。乘火车前去也方便，离漠河最近的车站是漠河县城所在地的漠河火车站。哈尔滨和齐齐哈尔市分别有列车开往漠河站。其实火车到的漠河只是漠河市的所在地，真正的漠河村（北极村）还要从漠河市往北坐1.5小时的客车（打车40分钟左右）。

　　一般游客可先抵达哈尔滨，从哈尔滨乘火车经齐齐哈尔、嫩江、加格达奇至漠河，车程17小时左右。

漠河机场电话：0457-2858888　漠河火车站电话：0457-12306

餐饮住宿

漠河市有多家宾馆酒店，其中半岛假日宾馆条件好，房价稍贵；松林宾馆相对便宜些。北极村中有中型度假村北极山庄（房价挺贵）和多家民宿、客栈，民宿中的标房80—280元/间，旺季还要上浮。北红村中也有一些家庭旅馆，房价同北极村差不太多。

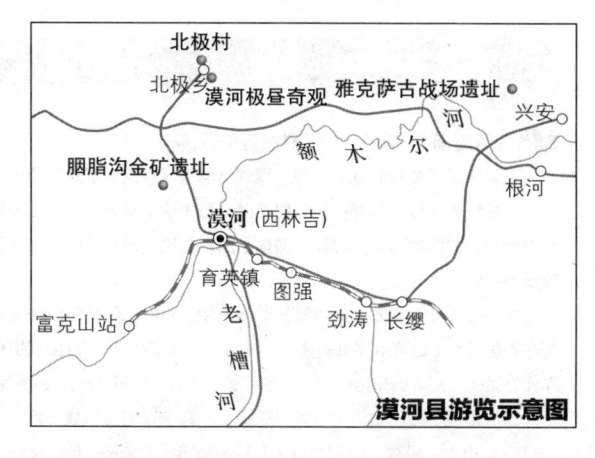

漠河县游览示意图

在当地可以吃到的特色菜主要是各种做法烹制的江鱼，以及猪肉炖粉条、小鸡炖蘑菇等各类农家饭菜，特点是菜量大而价格高，普通的肉菜也要35—40元甚至更贵。

💰 北极村门票68元，老人和学生有优惠。景区内电瓶车30元／人。北红村门票免收

北极村·北红村自然风光和游览项目

漠河地处北纬52°10′至53°33′，是中国的最北端。独特的地理位置，造就这里每年冬至后昼短夜长，白天只有7小时左右，而夏至来临时又变为昼长夜短，甚至出现朝晖与晚霞同现天空的极昼现象。因此，这里又被称为"北疆不夜城"。

更为精彩的是每年出现次数甚少而只有幸运者才能见到的北极光奇景。它是由太阳光照射地球外部的电离层而形成的奇特发光现象，是中国境内只有黑龙江沿线地域才能见到的天然佳景。

此外漠河小镇上的北极村邮局被人称为"中国最北邮局"，驻守在此的边防军哨所营地被人誉为"北疆第一哨"，再往北还有神州北极广场、北极沙洲、北望垭口、"我找到北了"石碑和北极点钢雕等景点、看点北极村附近的洛古河村黑龙江源头两江交汇处的清江碧水、宽阔草甸和江对岸原始古朴的俄罗斯风光亦很旖旎动人。

到漠河旅游夏季可以观白昼和北极光奇景，冬天可以尽览千里冰封、万里雪飘的北国银色世界，到黑龙江边眺望异国风光和以神州北极、北极点、北极村、中华北陲等石碑石雕为背景拍摄留念也是非常有纪念意义的事情。仅在北极村观光时间一天完全够用。另外从漠河北极村乘车到黑龙江边更原始古朴的北红村观光的方式也很盛行，那里有龙江第一湾（日月江山）、乌苏里江浅滩、中国最北点石碑、边防军哨所等景点，值得一去。从北极村出发前去车费需300—400元。

推荐游程

D1. 北极村观光。晚上住北极村或去北红村住宿。

D2. 游北红村、中国最北点、黑龙江第一湾观光。下午返回漠河县城。

发烧友特别关照

为您介绍漠河北极村·北红村观光的攻略

①北极村冬夏时节观光皆可。夏季这里气候凉爽,黑龙江风光柔美,极昼和北极光景色独特诱人,每年的北极光节都在夏至时开幕,可见这里夏天的观光效果不会差。而冬季这里是中国最冷的地方,北国冰雪风光绮丽,应该是国内的独一份儿。所以最冷和最热的时候去北极村,游览效果都很好。

②外省市的游客去北极村观光非常方便,可以先到哈尔滨或齐齐哈尔,上述两城市均有旅客列车直达漠河(也可乘飞机前往),其中哈尔滨每晚18:20始发的K7041次是快车,车况较好,可作为乘坐首选。该车途经齐齐哈尔、加格达奇,次日12:13到漠河站。

③从漠河下车出站后可有两种选择,一是在漠河县城住一晚,次日去北极村,也可从火车站前打车立即去北极村。漠河县城去北极村有88千米路(全程是柏油或水泥路面),出租车行驶40分钟即到,车费单程约200元(还有议价余地)。

④漠河县城每天有3班大客车发往北极村,开车时间7:00、10:30、14:00,车程约1小时,车费25元/人(从县城发车后途经漠河火车站)。对于一般游客来说,这个车性价比高,但租车时间更灵活。

⑤北极村总体风貌还算宁静柔美。笔者认为观光要点如下:一是进村前有一段山坡上的森林景色不错(树很高大);二是进村前有个中华北陲的石碑可拍照留念;三是刚进村口时有个北极村的石刻也可拍照留念;之后就进了村子中心,可以在村中央黑龙江大街上的邮局盖个邮戳作纪念;之后再走十余分钟就到了黑龙江边,这里有个面积很大的七星广场,是各方旅客来此的集散地之一;该广场前边10米处就是黑龙江,站在江边沿江山光水色尽收眼底——对岸的俄罗斯境内只有山林而少有人烟。到了七星广场还不算完,向东南方向走2千米(45—50分钟)可到有"北疆第一哨"之称的边防军哨所,而向北走30分钟可到神州北极广场,再向北走可到北极沙洲广场和"北极点"钢雕,这些地方才最有观光和拍照留念价值。以上景点大多有观光车代步。

⑥综上所述,笔者认为北极村的主要精华地带就在黑龙江边,其中以神州北极广场和中国"北极点"钢雕、北极沙洲广场三个地方最重要,以上三个地方不能漏掉任何一处,而边防军的哨所内部是不让游客进去的,所以去不去那个地方可以视情况而定。

⑦较好的游览方式是乘火车抵漠河后在县城住一晚,次日清晨坐车去北极村(体力充沛者下了火车就去北极村也行),开到北极村口后再换乘景区观光车到各个风景点上(观光车费30元),因此观光一点都不费劲,游览一个白天,黄昏时即可返回县城乘晚班火车离开。

⑧如果游毕北极村后还欲去北红村,需要加1天时间,租车费另加300—400元,游毕北极村再去北红村更感新奇开心。

⑨北极村内的漠河鄂伦春民族博物馆是一座声、光、电等现代化科技手段与原始民族文化融合的博物馆,它面积不大,但展览内容十分新奇有趣,由七个依次排列的"仙人柱"展厅组成,主题分别是:兴安猎神、猎民人家、游猎兴安、神秘萨满、质朴民风、文体活动和崭新生活,充分展示了鄂伦春民族历史的变迁和发展过程,您若时间充裕也可去参观体验。

黑龙江省 齐齐哈尔

齐齐哈尔

电话区号：0452　扎龙自然保护区：4006870888　明月岛景区：21111505

　　齐齐哈尔位于黑龙江省西部，在达斡尔族语中是"边城"的意思。这里有许多古迹遗址和观光名胜，最最著名的就是被誉为"丹顶鹤之乡"的扎龙自然保护区，此外地处嫩江之滨的明月岛和颇具考古价值的昂昂溪遗址以及位于市区的龙沙公园等，也是当地知名度较高的旅游观光景区。

气候与游季

　　齐齐哈尔地处北方边陲，气候寒冷，年平均气温只有3℃，冬天冰天雪地，夏季短而凉爽宜人，每年的5—9月为游览较佳时节。

交通

航空
　　齐齐哈尔现已与北京、广州、上海、广州等多个城市通航。
- 距齐齐哈尔市中心10.5千米
- 电话：0452-2381111

铁路
　　齐齐哈尔与哈尔滨、大连、长春、北京等多个城市间有直通列车，其中哈尔滨至齐齐哈尔动车1.5小时即到，另外包头与呼伦贝尔、沈阳与加格达奇、沈阳与呼伦贝尔间的列车也在齐齐哈尔停靠。从齐齐哈尔乘车，还可到边陲名胜漠河观光游览。
- 齐齐哈尔站和齐齐哈尔南站为主要火车站

公路
　　客运总站和客运东站及豪华站运站有客车开往哈尔滨、大庆、黑河、嫩江、五大连池、绥化、满洲里等周边市县。
- 客运总站电话：0452-2133166

▲ 齐齐哈尔市站前广场城市风光

● 推荐游览线路

夏季二日游
D1. 游览扎龙自然保护区，观赏国家一级保护动物丹顶鹤和其他野生飞禽。
D2. 上午游览明月岛、嫩江公园、防洪纪念塔；下午游览龙沙公园。晚上卜奎大街逛街购物。

冬季二日游
D1. 白天游览扎龙自然保护区、雪地观鹤；晚上参观齐齐哈尔冰雪游览会（龙沙公园）。
D2. 游览嫩江公园、防洪纪念塔、大乘寺，观看嫩江冬泳表演。之后踏上返程。

主要景点

扎龙国家级自然保护区（国家5A级旅游景区）

　　位于齐齐哈尔东南约30千米处的乌裕尔河下游，是中国最大的以鹤类为主的珍稀鸟类和湿地生态类型自然保护区。这里河溪纵横、湖泽遍布，苇丛浓密，栖息着6种丹顶鹤和其他数百种野生珍禽，堪称鸟类的王国。盛夏时节，扎龙保护区碧波泱泱、草苇青青，是不可多得的避暑观光胜地。保护区范围甚大，一般游客最常去的是保护区的中心扎龙湖观鹤旅游区。

● 扎龙国家级自然保护区

齐齐哈尔市火车站门前广场东北角有306路公交车前往扎龙保护区，车程约1小时，单程10元。龙沙公园门口也有专线车到扎龙。

欲观野生丹顶鹤可到景区内的观鹤台，使用望远镜5元/人。但野生鹤群并非每日随时可见。人工放养的丹顶鹤每天上下午各放飞1—2次。

● 安全提示

1. 丹顶鹤是一种比较凶猛的动物，尤其在产卵期，经常会发生攻击人的事件，所以靠近时一定要注意保护自己，必要时手里拿根木棍什么的。
2. 千万不要自己随意下到沼泽中去，否则有生命危险。

● 交通提示

淡季去扎龙自然保护区可在火车站前乘9路公交到大岗子，这里有中巴开往扎龙镇，镇上与保护区还有一点距离，另买2元钱车票可到。

● 明月岛风景区

¥ 上岛只收船费30元，门票10元。观光车费20元。

● 逛街提示

市中心的卜奎大街在齐市较有名气，可前去游览观光购物。

🚌 扎龙景区门票65元，电瓶车费10元，乘船观光单程50元

明月岛风景区

流经齐齐哈尔的嫩江江心中的一座孤岛，距齐齐哈尔市区约7千米，全岛面积360公顷，林荫浓密、繁茂葱茏，洋溢着一派盎然生机。岛中央建有以月宫厅、指高亭及明月山庄为首的大型古建筑群，气势雄浑但又典雅秀美，还有全国最长的儿童游览列车铁路。岛上餐饮、住宿、娱乐设施全，夏季观光效果最佳（冬季明月岛不能观光）。

🚌 坐6路公交先到明月岛码头再换船即可登岛，轮渡船费30元

龙沙公园

市区最大的综合性公园。园内有青山翠湖和漂亮游船以及诸多观光游乐设施，是休闲度假佳境。

🚌 9、14、115等多路公交车可到龙沙公园，门票免收

▲ 龙沙公园正门

昂昂溪遗址

位于齐齐哈尔市昂昂溪区境内，是由若干沙丘组成的新石器遗址群，遗址群总数近40处，出土过大量珍贵文物，系全国重点文物保护单位。

👉 另荐如家快捷酒店，在长途客运站东侧，性价比高，条件尚好

🏨 住 宿

齐齐哈尔有高、中、低各档宾馆酒店，总体上价格适中（好像比哈尔滨稍稍便宜一点）。如果是首次前去可住站前交通便利的宾馆，另外扎龙自然保护区内也有宾馆。

发烧友特别关照

如果您不是摄影家或是对丹顶鹤情有独钟的话，单去齐齐哈尔可能有些不值得。但是从这里北上可以到达大兴安岭和北极村，西去可到达内蒙古的边陲名城满洲里，那两个地方的观光的效果和感觉要精彩许多，何去何从您就自己考虑吧！

牡丹江·双峰雪乡

电话区号：0453　镜泊湖景区：6270666　雪乡景区：400-000-0453

牡丹江位于黑龙江省东南部，是中国东北通往俄罗斯及日本等国家的交通要道上的中心城市，也是黑龙江省内重要的交通枢纽。牡丹江境内山川秀丽、江湖纵横、气候凉爽，是北方边陲著名的游览胜境。这里夏季适宜避暑，严冬时节可开展冰上雪上观光娱乐，主要游览区有镜泊湖、牡丹峰及双峰林场（中国雪乡）等。此外距牡丹江不远的兴凯湖、绥芬河等地颇具观光游览价值。

气候与游季

牡丹江冬季寒冷，夏秋凉爽，较佳游览季节是每年5—9月，此时这里气温比华北、华南低，而正值雨季，河湖水量充沛，溪流瀑布形态最美（镜泊湖尤为明显），最适合游玩。但严冬时节，这里大地银装素裹，别有一派雪乡风光，所以冬季游览近年来亦很盛行。

▲ 镜泊湖上的漂亮游船

交通

航空

牡丹江现已与北京、广州、上海、青岛、烟台等城市通航。

铁路

牡丹江与北京、图们、大连、济南、哈尔滨、齐齐哈尔等城市间有直达列车。其中从北京乘高铁到牡丹江只需8小时，从哈尔滨到牡丹江高铁只需行驶5小时。

火车站问询电话：0453-8823772

公路

客运总站在西三条路，有客车开往哈尔滨、大庆、佳木斯、绥芬河、鸡西、密山、七台河等。另有旅游专线车直抵镜泊湖。其中乘大巴直达哈尔滨只需4小时。

客运总站在西三条路。电话：0453-6227452

● 笔者关照

①牡丹江有两处美景，一是镜泊湖，夏季风光特美；二是中国雪乡，冬季景色"贼精彩"。一冬一夏、一冷一热皆宜游览真叫我们外地的游客如意开心。

②从牡丹江乘车1小时，就可以到达美丽而安宁的边境小城绥芬河。这个城市精巧玲珑，环境美而整洁，异国风情浓郁。这里满大街都是来做边贸的俄罗斯人，市景独特、活泼动人。在这花上1000多元钱，就可以到俄罗斯远东大城市符拉迪沃斯托克（海参崴）做3—4日开心游乐，您何乐而不为？

🏨 住 宿

牡丹江市区的住宿非常方便，中档宾馆有牡丹江宾馆、北方宾馆等。去镜泊湖游览可住湖区，有各样大小宾馆、度假村，其中镜泊山庄和山庄广场是游客集散地，那里当然有众多星级宾馆和度假村，但景区外边小型旅舍中有90—130元/间的房间亦能找到，旅游淡季甚至能有70—80元/间的住处。

☛ 建议游镜泊湖时住镜泊山庄一带，条件好、风光美，当然房价稍贵

● 住宿参考
① 如家酒店（牡丹江火车站大商新玛特店），步行至火车站约20分钟，条件尚好。
② 东方明珠国际大酒店，在七星街，属于高档型。

● 镜泊湖
从牡丹江汽车客运总站乘专线大巴，票价30元，2小时即到湖区的北大门。
💰 景区门票100元。观光车费30元。游湖船票须根据不同船型和线路长短面议。游湖最好坐大船而不是坐快艇，坐快艇来去匆匆，无法细观秀丽镜泊之美景。

● 从长白山到镜泊湖
游毕长白山后可从南线吉林敦化市北去镜泊湖，敦化客运总站每日有多班车开往东京城，游客乘此车中途在杏山一站下——杏山亦就是镜泊湖道口，在此上过路车半小时即到湖区。

● 吊水楼瀑布
从景区北门步行10分钟即到。另外从镜泊山庄乘观光车十余分钟即到吊水楼瀑布。游人在夏季暴雨过后才能见到飞瀑壮景。
💰 景区门票含在大门票中。

☕ 餐 饮

在牡丹江市可以吃到各类东北菜，在双峰雪乡可以品尝鲜蘑、木耳、山鸡等野味，去镜泊湖游玩可以好好领略各类美味湖鲜——鲤、鲢、鳖花、红尾等鱼种一应俱全，尤以湖中长的鲫鱼味道更鲜美——吃全鱼、中段或鱼头都成。

牡丹江市区的菜肴价码不便宜，一般肉菜价格也在30元以上但菜量甚大，一般饭量的人一顿饭点1个荤菜足矣。在镜泊湖景区用餐价格很贵，肉菜都在38元以上。

🚩 主要景点

镜泊湖（国家5A级旅游景区）

位于牡丹江市南约110千米的宁安市境内，南北长45千米、东西宽最大达6千米，是近万年前因火山爆发熔岩堵塞了牡丹江河道而形成的大型火山堰塞湖。湖区青山环抱、碧波千顷，近百座造型精美、色彩艳丽的亭、台、楼、阁掩映在湖滨的万绿丛中，而蜿蜒曲折的湖心上有大小孤山、白石砬子、珍珠门、道士山等八大胜景。这里风光美且空气清新，是黑龙江省内最漂亮的湖泊景区，也是祖国北方著名的避暑胜境。

吊水楼瀑布

镜泊湖区最重要的风景名胜，在湖区中心镜泊山庄北侧，系镜泊湖的出水口。瀑布落差12米，宽近40米，盛夏时节暴雨过后急流飞泻，震耳欲聋。瀑布旁有观景亭台，供游客畅观美景。

☛ 镜泊湖风光很美，建议重点关注

火山口国家森林公园

在镜泊湖西北约50千米处的张广才岭的深山内，是万年前火山爆发后遗留下来的一组共10个火山口"陷坑"，最大的一个直径达550米，深约200米，山口内壁上长满茂密森林，亦常有小动物出没其间，是国内少有的存在于火山口内的"动植物园"。

🚌 镜泊湖景区有观光车，车费50元。💰 门票55元

八女投江群雕

1938年10月，东北抗日联军八位女战士在遭遇日军战至弹药绝尽之时，毅然投进乌斯浑河中，壮烈殉国。为了纪念"八女投江"的英雄壮举，在牡丹江市江畔公园内建造了八女投江群雕，八女形象神圣庄严，游人观后肃然起敬（群雕在市中心松花江边，有数路公交车抵达，门票免收）。

中国雪乡

深山之中的林业开发区，位于牡丹江大海林业局境内，张广才岭中段。这里山深林密，冬季雪景动人，适合观赏拍照森林景色，体验北国雪乡风情，是近年来知名度迅速提高、颇受外界关注的观光胜境（由于近年来游人数量激增，雪乡的物价上涨也非常明显）。本书下一页有雪乡观光的详细介绍。

● 如果是从哈尔滨乘汽车去雪乡，那到海林即可下车而不必绕道牡丹江

● **另荐景点：唐代渤海国遗址**

渤海国遗址古城池周长约3100米，建造于1000多年前，具有一定史学和观光价值。该遗址距镜泊湖很近，游人可在游湖时顺路观览。

● **中国雪乡**

中国雪乡门票130元。

大海林风景区示意图

推荐游程

二日游

D1. 去镜泊湖游吊水楼瀑布、乘船游湖观大小孤山、白石砬子、珍珠门、道士山、老鸹砬子及毛公山各景，品尝"湖鲫"等水鲜，住宿镜泊山庄。

D2. 观地下森林、熔岩隧道、唐代渤海国上京龙泉府遗址，下午回牡丹江市区观八女投江雕塑，览城市夜景。

冬季如欲从牡丹江市去中国雪乡观雪景并体验林区风情，往返需2—3天时间。

发烧友特别关照

①镜泊湖风光极美，全东北也找不出这么美而开发得又这么好的湖泊景区，笔者看来比吉林的松花湖强多了，就在那里好好玩个痛快吧！

②冬天去双峰雪乡也不赖，别有一番北国风情。

③到了牡丹江，乘车向东走1小时即到绥芬河，在那里交上1000多元钱，就可以去俄罗斯的远东名城符拉迪沃斯托克（海参崴）一游，体验异国风情，保您满意而归。

发烧友特别关照

旅游锦囊——为您提供双峰中国雪乡观光的攻略

①中国雪乡在牡丹江西南方向的海林市大海林林业局内，面积约500公顷，海拔在1200米以上，降雪期一般在10月—次年4月间，当地积雪最大厚度可达1—2米，雪景雾凇奇观和密林、山村景色相映，是祖国北方最著名的冬季游览特色景区之一。

②从牡丹江市和哈尔滨市去中国雪乡皆方便。牡丹江市客运中心站旺季每日下午有直达客车到雪乡，车费35元。亦可从牡丹江乘网约车前去，随时可出发。

③从哈尔滨去中国雪乡也成，哈市中央大街口每天有大巴去雪乡。

④欲从哈尔滨乘火车前去，可不必坐到牡丹江，在牡丹江前一大站海林下火车，这里有客车去长汀，12元行车1.5小时，抵长汀后换车去雪乡。

⑤雪乡气温很低，冬季前去必须穿厚羽绒服，裤子至少要棉毛裤加绒裤或毛裤。必须戴有护耳的帽子或普通帽子加上毛线护耳和围巾以便护耳挡脸，光着头去可能会冻掉鼻子。鞋子最好要棉鞋，皮鞋有毡垫也成但应有两层袜子，由于白雪反光刺激眼睛，戴上墨镜为佳。

⑥雪乡有大量乡民办的家庭客栈，也有一些宾馆。住家庭客栈条件尚可，尤其是保暖没问题，晚上睡热炕还可能热得睡不着觉，一般有公用卫生间的房子每床80元甚至可达100元以上。有独立卫生间的标间房价旺季在300元以上甚至可达到580元/间。有些旅馆可包餐，餐饮消费的价码也不低，普通肉菜价格大多在40元以上。网红的民宿客栈也有多家。

⑦雪乡的门票是130元。在这观光游乐的主要内容是观拍雪景（百态千姿），乘马拉雪橇出游，去滑雪场游乐和登羊草山或大秃顶子山看日出（上山车费加雪橇费约需200元）以及徒步穿越和观赏民俗等。

⑧雪乡有两家大的滑雪场，滑雪收费不太便宜，旺季人多时2小时收费100—180元，有时会有优惠。笔者觉得在这里看雪景就挺好，不非要滑雪，因为滑雪场在北方城市中哪里都有，不如省下这一二百元钱到老乡家吃香的——猪肉炖粉条、小鸡炖蘑菇、排骨炖土豆，"可劲儿地招呼"，大渣子粥更是香气扑鼻。

⑨还要关照您的是，虽然是冬天天气越冷雪乡的风光就越有特色，但春节黄金周期间还是别去——那时游客太多，人满为患，雪乡的野味锐减，食宿费用大幅上涨，观光感觉会大打折扣。

⑩近年来，有许多游客先到吉林省内的东升林场，从那去雪乡也方便（仅一山之隔）。在中国雪乡与东升林场之间进行的野外穿越活动也吸引了大批游客参与（正、反向穿越都行），如果您愿意从东升林场（又称"雪谷"）开始雪乡之行，又对穿越活动感兴趣，也可联系当地导游带您玩个痛快。

▲ 双峰雪乡风光

大鸡西旅游圈

区号：0467　鸡西旅游咨询：2351236　虎头景区管委会：5928333　兴凯湖景区：5608802

去黑龙江鸡西、去兴凯湖旅游观光是笔者儿时就有的梦想。还是在上中学的时候，笔者看过一本《林青散文选》，书中描写的是从前北大荒刚刚开始开发建设时的迷人景象。书中有一篇美文——《万顷一碧兴凯湖》，看后真叫人心驰神往。文中描绘了兴凯湖水天一色的壮丽风光和湖中的水鲜珍品大白鱼的美妙滋味；尤其是作者在清晨乘船迎着朝阳在湖上行进的美妙意境，看后真的能叫人永生难忘。那时笔者就想：什么时候也能去兴凯湖，畅览北国边陲这处不可多得的名湖佳景啊！

▲ 兴凯湖当壁镇景区湖滨秀色

一晃这么多年过去，笔者已经游遍了祖国几乎所有的景点，创作编写的《自助游中国》一书已经出了11个版本了，但我与鸡西、与兴凯湖由于阴错阳差，一直失之交臂——不补上这一篇真是心有不甘哪！好在不久前，笔者去鸡西去兴凯湖畅游的心愿顺利实现——三天内乘车游遍了鸡西的各个主要景点，感觉太精彩、太圆满、太难忘了！

鸡西真是个好地方！天高云淡、地广人稀、土地肥沃、植被茂密、生态环境保护甚好，又有兴凯湖、虎头、珍宝岛三大观光亮点，颇具观光游乐价值——外省市的游客在这里做3—4日观光游乐，一定会玩得心满意足、快乐开心！

由于鸡西地域辽阔、美景众多，因此用普通的地域划分方式已经不能十分恰当地描述这里旅游资源的规模和分布，因此我认为用"大鸡西旅游圈"一词来定位更为妥当合适。又因鸡西气候凉爽而佳景诱人，是国内不可多得的夏季旅游胜境，正好与南国宝岛海南省遥相呼应、交映相辉。因此我提出的口号是"冬天避寒去海南、夏季消暑到鸡西"。鸡西，这颗镶嵌在天鹅颈下的边陲明珠一定会为更多游人所熟知和喜爱，并在华夏旅游资源宝库中放射出更加灿烂夺目的光辉。

气候与游季

鸡西气候凉爽，每年10月至来年4月为旅游淡季，5—9月则是旅游旺季。虽然说天气越热这里的风光就越好看，暑假来此观光效果更佳，但是笔者认为每年5月和9月来鸡西旅游也很合适。这时的天气不算冷，但因游人少，所以交通更显便利，食宿费也会比暑期低一些。

交通

鸡西虽然地处祖国东北边陲，但交通非常便利，当地有铁路、公路、航空同外界相连。北京、上海、哈尔滨等许多城市均有航班每日同鸡西（兴凯湖机场）对飞。北京、齐齐哈尔、哈尔滨、牡丹江均有旅客列车直达鸡西（从哈尔滨到鸡西，高铁列车需行驶2—3小时，每天有数班列车，牡丹江去鸡西的旅客列车更多），哈尔滨、牡丹江每日还有公路快巴发往鸡西。

鸡西辖区内部分景区公路里程一览表

鸡西—珍宝岛 335 千米	虎头—珍宝岛 90 千米	珍宝岛—东方红湿地入口 38 千米
鸡西—虎头乌苏里江 226 千米	虎头—公司亮子 71 千米	虎头—珍宝岛湿地 38 千米
鸡西—虎林（高速）166 千米	公司亮子—珍宝岛 19 千米	珍宝岛—珍宝岛湿地入口 52 千米
虎林—虎头 65 千米	虎头—东方红湿地 52 千米	公司亮子—珍宝岛湿地入口 33 千米
鸡西—月牙湖 209 千米（月牙湖—虎头 14 千米，月牙湖入口——月牙湖 3 千米）		
兴凯湖当壁镇景区—5 千米兴凯湖莲花景区	兴凯湖当壁镇景区—兴凯湖宾馆 25 千米	
兴凯湖当壁镇景区—12 千米兴凯湖白鱼湾景区	兴凯湖当壁镇景区—兴凯湖博物馆 27 千米	
兴凯湖当壁镇景区—30 千米兴凯湖新开流景区	兴凯湖当壁镇景区—兴凯湖管委会湿地栈桥 30 千米	
兴凯湖当壁镇景区—兴凯湖泄洪闸景区 60 千米		

推荐游程

标准三日游可做如下安排：

D1. 上午8:00左右从鸡西出发（自驾或租车或租车后自驾），2小时后可到虎头景区，抵达后观乌苏里江秀色并乘船游江，中午在江边品尝水鲜美味。午后13:00出发去珍宝岛，14:00左右可到。连办登岛手续并在岛上观光有90分钟够用。15:30离珍宝岛回虎头，途中花1小时游览珍宝岛湿地。夜宿虎头镇——宾馆酒店不少，江边夜景迷人。

D2. 上午8:00开始在虎头观光，景点有瞭望塔、二战终结园、天下第一虎等。11:00驱车去月牙湖，观光并午餐。13:30离月牙湖去兴凯湖，15:30抵达兴凯湖新开流景区，观光游乐到17:00。之后驱车40分钟到当壁镇景区住宿（这里有宾馆、旅馆数十家）。

D3. 早上开始畅游当壁镇景区，兴凯湖最美最漂亮的风光就在这里。午后14:00离开，返回途中若经过密山可顺路观览北大荒书法长廊。黄昏时到鸡西结束旅程。

鸡西的景多，玩的方式也多，以上只是笔者为各位设计的最常规、最合理的游览日程，至于其他个性化玩法，大家可以任意创造、任意发挥的。

▲ 二战终结园

黑龙江省 大鸡西旅游圈

笔者印象和总体观光指导

鸡西旅游资源丰富且景点风光水平甚高，极具观光游览价值。游客来到鸡西做3—4日游乐后，感到"喜出望外"是绝对没有问题的。

到鸡西观光，首先领略到的就是开阔壮美——虽然每个景区相互间有点距离，但公路交通四通八达且路况好得令人惊叹（自驾和乘车行驶其间，正好饱览"北大仓"的无边旷野和辽阔天空，公路两旁是玉米高粱的浓浓绿色或是成熟稻谷的耀眼金黄，真是"风光引人心醉"）。从鸡西到密山至虎林，全是高速路，从虎林到虎头，全是快速路，从虎头到珍宝岛的边境公路则是平坦的水泥路面，行车不光方便而且异常开心舒适。

对于首次去鸡西观光的人，我建议您自驾车或是抵达后在当地包租车，这样方便快捷，3日之内可以把数百平方千米内的多处美景"一勺烩"。若是结伴出游平摊车费，那开销还真不贵（若租车后自驾260—280元/天，需出示身份证并交少量押金）。

相反如果是乘公交车或客车一站一站慢吞吞地观光，虽然车费开销少但是逗留的时间要延长，这样食宿费用要增加，所以也不一定划算。

▲ 天下第一虎铜雕雄姿

住 宿

在鸡西市区和兴凯湖及虎头景区，都有不少宾馆、酒店，游人可各选所需。以下宾馆都能为游客提供优质住宿服务，各位可参考。

鸡西市域内：龙城花园饭店

兴凯湖当壁镇景区：话昌宾馆、金融宾馆

兴凯湖白鱼湾景区：老侯婆旅游家庭旅馆

兴凯湖景区：兴凯湖国宾馆、兴凯湖兴凯水城酒店

虎头乌苏里江景区：虎林好时光商务酒店

当地特色美食

主要有鸡西冷面、鸡东朝鲜族风味狗肉、兴凯湖开湖白鱼宴、乌苏里江开江鱼、东北杀猪菜以及当地出产的山珍和野味。尤其值得一提的是兴凯湖大白鱼味道极为鲜美，游客一定要品尝。

887

主要景点

兴凯湖

用烟波浩渺、一望无际、碧波万顷、辽阔壮美等任何一组歌颂赞美之词形容兴凯湖风光的秀丽都不会过分。这个庞大而壮阔的巨型湖泊地处鸡西市区以东约120千米处，是中俄两国的界湖，总面积达4380平方千米（湖的南部属于俄罗斯，北部属中国）。就湖区景色的开阔壮美程度而言，兴凯湖绝对雄踞国内各大淡水湖之首，站在湖边极目远眺，不会有人认为这只是一个湖泊的概念，面前的美景具有大海一样的风姿神韵。

兴凯湖有两个湖区，分别是大兴凯湖和小兴凯湖。湖边有当壁镇、新开流、白鱼湾等多个旅游度假区和观光点，每个地方的风景和观湖效果各有不同。目前开发开放得最好、人气最旺的景区是当壁镇和新开流，它们两个是外地游客来兴凯湖后的必观之景、必游之地。

当壁镇景区是开放时间最长也是经营管理得最成熟最规范的景区。这里湖水清澈、湖上风光壮美（游人在湖边观光嬉水或是乘船游湖皆有好观感、好效果），岸上有完善的旅游度假设施（宾馆酒店成群），游客在此餐饮、住宿、娱乐、购物、游玩会感到非常舒适便利。

● 景区门票

兴凯湖当壁镇景区门票39元，兴凯湖新开流景区门票免收，虎头风景名胜区门票免收。麒麟山景区49元，北大荒书法长廊20元。

新开流景区距当壁镇约26千米，这里有一座高大的观景台，游人登上台顶，可以饱览大、小兴凯湖不同风格的美景，还可乘快艇或游轮，到两个湖泊中心兜风游乐。

虎头风景名胜区（国家5A级旅游景区）

乌苏里江是中俄两国的界江，它全长905千米，其中流经鸡西境内的江段长202千米，虎头景区就处在乌苏里江的源头位置。虎头一带的乌苏里江江面开阔，水量充沛，两岸长满茂盛林木，植被浓密、自然环境非常洁净美丽。虎头镇就掩映在乌苏里江西岸的绿荫里。这里房屋稀疏、居民不多，生活情调非常平稳宁静，江边风光亦十分柔美秀丽——乌苏里江昼夜流淌，江对岸的俄罗斯境内鲜花绿树一直漫延到遥远的天际。给乌苏里增添活泼动感的是江上中方码头上发出的艘艘漂亮游船，它们载着八方来客游江并观拍中俄两国风光，船上、江上不时传来欢声笑语，为平静江面增添生机和活力。

虎头景区气候凉爽，盛夏时节到此休闲避暑感觉无比舒适。笔者认为虎头完全可以同海南三亚市相提并论——一个是夏季旅游胜境，一个是冬季游乐天堂，游客可在不同季节各取所需。如果盛夏时节在虎头住下来，早上到乌苏里江看日出，上午乘船游江，午后到江边嬉水游乐并垂钓，黄昏时提着钓来的大鱼回去烹调并美食，晚间坐在江边任轻风吹拂直至深夜——哇，这样精彩而美妙的生活内容和日程安排定会让人感到温馨和陶醉，您亲身尝试一下该有多美。

珍宝岛

从虎头景区驱车沿着平整而宁静的边境公路向北行,大约1个半小时后,就见到了碧波欢涌、水面开阔的乌苏里江,而对岸的珍宝岛则向您扑面而来,并以迅雷不及掩耳之势占据了您正前方的整个视野。

乌苏里江真美!珍宝岛真美!江边和岛上,齐刷刷地长满了高大浓密的树林,江心也是一江碧水在流淌,虽然无声无息但是汹涌澎湃。江两岸皆为浓绿色所笼罩,而岛上的边防军哨所的建筑和国旗的颜色却是耀眼的银白和鲜红,这反差极大的红、白、绿三种颜色完美交融在一起,显得非常漂亮令人倍感赏心悦目,相信每个初次见到这个画面的人,都会发出惊叹和欢呼!

月牙湖

月牙湖地处虎头景区以西14千米处,从鸡西前往虎头景区的途中经过月牙湖道口,在这个道口向右拐进去,3—5分钟后(行程3千米),就能看见湖区秀色了。

月牙湖是个精巧玲珑的湖,湖区不太大但形态美如月牙,湖心则生长着千亩以上的野生荷花,盛夏时节红花绿叶充满湖面,画面之美丽色彩之浓艳真能惊煞游人。

月牙湖边有餐馆和酒店,可餐饮可住宿。在从鸡西去虎头、珍宝岛的途中(或在返回途中)到月牙湖稍作停留,用餐休息并乘船到湖心观光拍照,真的很不错。

北大荒书法艺术长廊

鸡西不光有秀美的自然风光,亦有重要的文化旅游胜境,北大荒书法长廊就是其中的佼佼者。北大荒书法长廊地处密山市青年水库的东侧,北依青山、南邻碧水,环境很美,经营管理也很好,是国家3A级旅游景区。

书法长廊中刻有国家领导人的书法作品,还有启功、欧阳中石、艾青、丁玲等文化名人留赠的墨宝,有各式碑刻数千块(座),珍品云集、风格万千、美不胜收。

农业旅游观光——风光独特、魅力袭人

这里是国家商品粮生产的重要基地,农业生产是当地的支柱产业之一,同时也派生出了"农业旅游"这个新概念和新观光方式。

这里的耕地面积极为辽阔,许多地方的稻田和麦田少则千亩多则数万、数十万亩甚至更多,辽阔得一眼望不到边。春天夏天这里往往是一派浓绿,夏天或秋天田野中呈现的就是一片耀眼的金黄——这绿色和黄色组成的田野不论是绿浪翻卷还是金涛滚滚,您都可以领略到浩瀚海洋般的辽阔壮美和绚丽动人。

这里有40余座大小水库,每一座都是闪烁着绿色波光的翡翠珍珠。尤其令人惊叹和称道的是,由于近年来农业生产效益好,收益高,所以当地农民的生活水平也大大提高。在鸡西的乡下,房子盖得美观漂亮并且新楼成群成片,形成规模的村镇,现代农业发展的魅力和效力真让人感到新奇。

旅行家指导 为您介绍鸡西旅游观光的攻略

①鸡西有三大观光亮点：兴凯湖、虎头乌苏里江景区和珍宝岛，哪个也不应漏掉，必须重点游览。其他景点也应适当关注。

②去兴凯湖首先应重点游览当壁镇景区，最好的湖区风光就在这里，另外湖边岸上的旅游度假设施也完备，因此游兴凯湖不去当壁镇是很大的损失。但是新开流景区也应该去，因为在这能看到大、小兴凯湖两个湖区（在当壁镇看不见小兴凯湖）。湖边的其他景区如白鱼湾、莲花的风光水平比不上当壁镇和新开流，因此，路过时简单顺便浏览就可以了。

③虎头乌苏里江景区的总体风光很好，边境风光美，江上风光亦迷人。此外这里陆地上的空间也很大，笔者认为虎头经过开发建设，完全可以成为祖国北方最出色的避暑观光和休闲度假胜地之一。因此，虎头景区也应为游客重点关注。

④现在虎头景区已经开发开放了许多景点，除了江滨观景和乘船游江之外，游客可看的景观还有瞭望塔、虎头要塞遗址、影视城、天下第一虎等。笔者认为瞭望塔一定要上去，在塔上观光可以把中、俄两国美景尽收眼底，另外，虎头景区的全景在塔上也是一目了然。此外虎头要塞是侵华日军修建的，是第二次世界大战最后战场遗址之一。至于品尝水鲜和乘船游乌苏里江，也是外地游客到虎头后的必修课。

⑤不论是图名气，还是为看风景，珍宝岛都值得一去。看到江上、岛上美丽的风光和中、俄边境上的祥和宁静，人们定会感慨万分。不过欲去珍宝岛就要经过虎头，而且珍宝岛的开放时间由当地旅游管理部门规定，建议提前咨询。

⑥珍宝岛湿地、兴凯湖湿地可在旅途中顺路观览。至于"北大仓"的农业旅游观光项目（比如辽阔的农田、漂亮的乡镇）在行车途中真是比比皆是，请留意观光拍照。

⑦我们上边推荐的景点只是鸡西诸多美景中的一部分，推荐的游览日程也是最常规的方式。其实鸡西的美妙诱人之处多得是：这里天高地广、空气质量好、环境整洁、美景又多，玩上一个星期也不会感到枯燥厌烦的，您就开心游乐、好好享受吧！

▲ 虎头乌苏里江景区江上美景

港澳台地区
GANG AO TAI DIQU

香港特别行政区 892

澳门特别行政区 898

台湾省 900

自助游中国 > 港澳台地区

香港特别行政区

电话区号：00852 旅游热线：25081234

香港特别行政区由香港岛、九龙半岛、新界和周围262个岛屿组成，陆地面积加海域面积的总面积为2754.97平方千米。香港是亚太地区国际金融、贸易、航运和信息产业的重要中心，也是世界著名的旅游胜地。1997年7月1日，香港回到了祖国怀抱，成为中华人民共和国的特别行政区。美丽的"东方之珠"从此更显迷人风姿神韵。

香港的主要观光热点有海洋公园、太平山顶、维多利亚港、兰桂坊、迪士尼乐园、赤柱、湿地公园等。

主要景区

海洋公园

位于香港岛南侧，是东南亚规模最大的主题公园之一，享有"全球最受欢迎的主题公园"之美誉。

海洋公园内有海洋天地、动感天地、冰极天地、热带雨林天地、梦幻水都、亚洲动物天地、威威天地七大主题区。全园建筑分为高峰乐园和海滨乐园两大部分，中间以登山缆车和海洋列车相接。整个公园三面环海，地理位置甚佳，布局精巧美观且园内观光游乐设施齐备，是八方游客来港旅游时的必观之景、必游之地（公园范围大、游乐设施多，时间充裕者可在此全天游览）。

▲ 香港会议展览中心

太平山顶

太平山顶观景台海拔428米，集观光、娱乐、购物于一体，是观览香港维多利亚港风光的绝佳地点。这里白天山光海色开阔壮丽，夜间景色柔美而温馨，港岛和九龙万家灯火交映生辉，为游客平添美好观光记忆。太平山是游客赴港后的必游之地。

游客去太平山顶观光毫不费力，山下有登山缆车和观光巴士载客上行。山上的杜莎夫人蜡像馆和众多美食娱乐场所亦能为游客提供观光和美食方面的综合服务（建议游客黄昏时上山，夜幕降临后下山，这样观光效果最好）。

● 旅游热线电话
25081234，每日9:00—18:00。

● 海洋公园
地铁南港岛线到海洋公园站。

维多利亚港

是香港最著名、最漂亮的港湾，地处香港岛中环与尖沙咀之间，南北两岸的美景如织，中银大厦、中环摩天轮、香港国际金融中心、香港环球贸易广场、香港会展中心等代表性建筑造型皆美，鳞次栉比的都市风姿气派迷人。入夜，香港岛和九龙半岛上的万家灯火交相辉映如星空灿烂，而地处中间的维多利亚港就成为美丽夜色的最佳观景点之一，"东方明珠"的美丽风姿此时最为动人。晚间在会展中心前码头乘游轮观赏维多利亚港周围建筑夜景和"幻彩咏香江"航游是必备游览项目。

迪士尼乐园

位于香港大屿山，是一座集美国加州和世界其他迪士尼乐园风格特色于一身的大型主题公园。园内有美国小镇大街、探险世界、幻想世界、反斗奇兵大本营、明日世界等七大景区，每晚有浪漫烟花，给游客带来新鲜体验和奇妙感受。

兰桂坊

是香港名气最大而特色鲜明的酒吧区和文化旅游区，位于香港岛中环皇后大道的南侧。这里有多家酒吧和食肆，外观装饰风格美观多样，内部环境及格调美妙温馨。每天黄昏过后，这里灯红酒绿，街景迷人，各方客人络绎不绝地来到兰桂坊，在各处美丽空间中畅享生活的芬芳和甜蜜。

铜锣湾

铜锣湾是香港的主要商业及娱乐场所集中地，位于香港岛的中心北岸之西。区内有多家大型百货公司及大型商场，如崇光百货、时代广场、希慎广场等。铜锣湾原指今为维多利亚公园的海湾及其东岸，因为该处的海岸线像一个铜锣而得名。由于这里商厦林立、食肆众多，观光购物客如潮，所以铜锣湾已经成为香港购物方面的地标。具有极高的人气。

🚌 铜锣湾有多路公交车和港铁抵达。 🎫 门票免费

尖沙咀

尖沙咀是九龙油尖旺区的一部分，位于九龙半岛的南端，与香港岛的中环及湾仔隔维多利亚港相望。是香港九龙主要的游览区和购物区。区内亦设有多个博物馆和文娱中心，饮食业和酒吧业也很发达。尖沙咀街上有很多外国游客，世界各国风情文化在这里完美交融，夜晚在此观看维多利亚港风光效果绝佳。

🚌 乘港铁荃湾线在尖沙咀下或乘西铁线在尖东站下均可到。 🎫 门票免费

金紫荆广场

为纪念香港回归祖国而建立的金紫荆广场位于香港会展中心旁。1997年7月1日香港特别行政区成立，中央政府把一座具有纪念意义的金紫荆雕塑赠送香港。该雕塑被安放在会展中心旁，这个地方就被命名为金紫荆广场。广场上高6米的铜像名

● 太平山顶
坐地铁到中环站，再步行到花园道山顶缆车总站。

● 维多利亚港
三条公路海底遂道：红磡、东区、西区。
轮渡：
天星小轮航线包括：中环←→尖沙咀、中环←→红磡、湾仔←→尖沙咀、红磡←→湾仔航线。新渡轮，在维港内经营有：中环←→长洲、中环←→梅窝、中环←→坪洲、尖沙咀←→梅窝←→长洲、北角←→红磡及北角←→九龙城航线。

● 迪士尼乐园
地铁欣澳站与乐园间有往返列车，几分钟1班。

为"永远盛开的紫荆花"，寓意香港永远繁荣昌盛。在金紫荆广场一角还矗立着高20米的香港回归祖国纪念碑。金紫荆广场地处维多利亚港的中心位置，在此观光视野很好，是游客来港后的必观之景。

🚇 乘地铁港岛线至湾仔下车出A1口，之后步行即可。
💰 门票免费

▲ 香港迪士尼乐园一景

旺角

旺角位于弥敦道北端，是极其繁华拥挤的商业街区，是香港人流最旺盛的地方，也是香港本地人休闲购物的首选地点之一。这里各色银行、商业大厦林立，众多餐馆、饭店店铺格局小巧精致。五花八门的各类商摊更是数不胜数、遍地开花。夜晚的旺角人气更为旺盛，虽然人头攒动，拥挤不堪，但各方观光购物客和各路吃客都可在此得到开心和满足。

🚇 乘港铁观塘线、荃湾线在旺角站下车即到。💰 门票免费

庙街

庙街是香港一条富有特色的街道，位于香港九龙油麻地，很多电影都曾在这条街道取景。这里以售卖平价货的夜市而闻名，有香港的平民夜总会之称。庙街在香港的文化史中多扮演平民阶层的形象。《庙街皇后》等诸多影片，都深刻描绘了庙街上的人情冷暖。相比铜锣湾的现代繁华，维多利亚港的百年浮沉，庙街更显平和亲切并且和香港市民的情感联系更亲近。若想了解香港的历史文化习俗和百姓生活场景，庙街是不可错过的一处观光佳境。

🚇 乘港铁荃湾线在佐敦站下出A口，再步行即到。💰 门票免费

中环

中环又称中区，是香港中西区的一个地名，亦是香港的政治及商业中心。这里有为数众多的金融中心、数不胜数的餐饮食肆和品牌时装专卖店，是游客和香港当地人最喜欢逛街的地方。此外香港许多标志性的建筑如上海银行大厦和曾为亚洲最高的建筑怡和大厦也坐落在中环，构成了香港岛最美丽和壮观的城市风景线。香港的政府总部、立法会大楼、终审法院以及前港督府（现称礼宾府）都位于此，因此把中环比作是香港的心脏非常恰如其分。

🚇 乘港岛线或荃湾线在中环站下即到。💰 门票免费

星光大道

位于香港九龙尖沙咀东部的尖沙咀海滨花园,紧邻维多利亚港,是为表彰香港电影界的杰出人士并展示香港电影历史及其艺术成就而设立的特色景点。星光大道地面装嵌了70余名电影名人的牌匾,从香港德高望重的老牌电影人狄龙、楚原、谢贤,到当代国际港片大师吴宇森、徐克、洪金宝、冯宝宝及杨紫琼、刘德华、成龙等,都在这里留下了他们的手印。诸多电影故事能唤起人们对香港电影史、电影人的美好印象和记忆。从星光大道欣赏香港著名的维多利亚港景色、香港岛沿岸特色建筑物以及香港崭新的多媒体灯光音乐会演"幻彩咏香江",角度极好,效果绝佳。

🚍 乘港铁西铁线至尖东站下车,再步行即到。🎫 门票免费

🚌 交 通

航空

香港国际机场位于大屿山赤鱲角。距离市区40千米,是世界十大航空港之一。每天都有往来于国内各地及国外主要城市的航班,进出十分便利。机场交通:

1.机场快线:10分钟一班,列车的服务时间由每天早上5:54至凌晨0:48。机场快线到青衣站70港币/人,九龙站105港币/人,香港站115港币/人,如果用八达通可以优惠。其中香港站和地铁中环站可以接驳,乘客可从这里转乘地铁前往沿线各站。

2.机场巴士:共有20余条线路,每5—20分钟一班,票价20—50元不等,还有通宵巴士服务。来往于九龙站香港岛、新界、大屿山等地和香港机场之间。

铁路

香港有多个火车站,主要的火车站为红磡站和香港西九龙站。

1.广东线直通车由香港红磡往返东莞(常平)、广州东、佛山及肇庆。目前,来往红磡与广州东之间的直通车每日对开有多班,全程约1小时40分钟。

2.北京及上海有直通高铁每天开出。由香港西九龙站开往北京西的直通车全程约8—11小时,开往上海全程8—11小时。

▲ 维多利亚港美景

● 兰桂坊

地铁中环站 D1 出口右转循毕打街直走，沿皇后大道中右转，再左转德己立街直行，共走约 10 分钟到兰桂坊。

▲ 香港最受游客喜爱的购物场所之一——铜锣湾时代广场

● 住宿参考

①兰桂坊酒店，在中环。
②港丽酒店，在金钟。
③香港皇家太平洋酒店，在西环。

▲ 铜锣湾 SOGO

公路

深圳宝安国际机场每天有多班大巴发往香港各地。深圳高铁北站有开往香港的快巴。此外，广州、佛山、中山、清远、东莞、顺德等多个城市均有快巴同香港对开。

水运

★ 澳门—香港

香港与澳门之间的客运船只班次很多，航班往来于香港机场海天码头、尖沙咀的中国客运码头、香港上环信德中心的港澳码头和澳门外港的客运大楼之间，乘客还可以在乘船过程中欣赏珠江三角洲和香港离岛的美丽风景。快艇24小时提供客运服务，全程1小时左右。此外香港与深圳机场、蛇口、广州南沙间也有客船对开。

▲ 海洋公园一角

推荐游程

（一）香港岛一日游：金紫荆广场→海洋公园→浅水湾→铜锣湾→太平山顶→兰桂坊

7:30　金紫荆广场（交通：乘地铁至湾仔站步行前往）
9:30　金紫荆广场→海洋公园（交通：由地铁湾仔站往金钟站，再转乘629专车）。
　　　游览点：登山缆车、海洋馆、山上机动城、太平洋海岸、水母馆。
　　　可于集古村酒楼享用午餐。
15:00　海洋公园→浅水湾（交通：巴士）。
　　　游览点：海滩、巨型天后像及观音像、影湾园商场。
　　　于影湾园露台餐厅享用下午茶。
16:30　浅水湾→铜锣湾（交通：于浅水湾道乘63线巴士[周一至周六]或40线绿色小巴）。
　　　购物点：时代广场、崇光百货及渣甸坊露天广场。
19:00　铜锣湾→太平山顶（交通：乘地铁至中环站，由J2出口步往花园道山下缆车站，搭乘山顶缆车）。
　　　游览点：乘缆车、赏夜景、参观香港杜莎夫人蜡像馆。
　　　餐饮／购物点：山顶广场、凌霄阁。
22:00　太平山顶→中环兰桂坊（交通：乘缆车下山，于山下缆车站步行前往；或于山顶广场乘1线绿色小巴）。

（二）九龙半岛一日游：花墟／金鱼街／雀鸟花园→花园街→又一城商场→啬色园黄大仙祠→尖沙咀香港太空馆／香港科学馆／香港艺术馆／购物／星光大道／"幻彩咏香江"会演→庙街夜市

9:00　花墟／金鱼街／雀鸟花园（交通：地铁太子站）。
　　　领略花鸟鱼的闲情。
　　　附近购物点：花园街露天市场、新世纪广场。
12:00　太子地铁站→又一城商场（交通：地铁九龙塘站）。
15:00　又一城商场→黄大仙祠（交通：地铁黄大仙站）。
　　　附近购物点：好莱坞广场（地铁钻石山站）。
17:00　黄大仙祠→尖沙咀（交通：地铁尖沙咀站）。
　　　游览点：香港太空馆（逢星期二休馆）／香港科学馆（逢星期四休馆）／香港艺术馆（逢星期四休馆）。
　　　购物点：海港城商场、广东道、柏丽购物大道、加连威老道、美丽华商场。
20:00　"幻彩咏香江"会演／星光大道。
　　　晚餐于尖沙咀诺士佛台的西餐厅。
21:30　尖沙咀→庙街夜市（交通：地铁佐敦站）。

（三）新界／离岛一日游：三栋屋博物馆→宝莲禅寺／天坛大佛／心经简林／昂坪市集→香港迪士尼乐园

9:00　三栋屋博物馆（逢星期二休馆，交通：地铁荃湾站）。
11:00　荃湾→大屿山宝莲禅寺／天坛大佛／心经简林／昂坪市集（交通：在地铁荃湾站乘E31线巴士至东涌市中心，再转乘昂坪缆车或23线巴士）。
　　　于宝莲禅寺享用斋菜午膳。
15:00　宝莲禅寺→香港迪士尼乐园（交通：乘昂坪缆车或23线巴士返回东涌，乘地铁至欣澳站再转往迪士尼站）。
21:00　香港迪士尼乐园→返回市内或住宿乐园内酒店。

自助游中国 > 港澳台地区

澳门特别行政区

电话区号：00853 旅游热线：28333000

澳门自古以来是我国的领土，1999年12月20日我国恢复对澳门行使主权，建立澳门特别行政区。

澳门市区三面环海，风光优美，有众多名胜古迹，市区内外分布着许多风格独特且中西合璧的特色街区和建筑群，显示出当地特有的历史文化魅力。

主要景点

澳门历史城区（世界文化遗产）

是澳门规模最大、保存最完整最集中的东西方风格共存的建筑群。它以澳门旧城区为核心，由多处相邻的街道和广场连接而成，主体建筑和主要部分有妈阁庙前地、亚婆井前地、岗顶前地、大堂前地、耶稣会纪念广场、妈阁庙、港务局大楼、郑家大屋、圣若瑟修院及圣堂、圣奥斯定教堂、民政总署大楼、大三巴牌坊、大炮台、东望洋炮台等。

澳门历史城区已于2005年7月列入《世界遗产名录》。

大三巴牌坊

在澳门大三巴斜港，是圣保禄教堂前壁的遗迹。"三巴"是"圣保禄"的译音，又因教堂前壁貌似中国传统的牌坊，所以称大三巴牌坊。

大三巴牌坊分为上下四层，顶部为三角楣，外观奇特、造型精美。牌坊上的多座塑像显示出深厚的基督教文化韵味。始建于1602年的大三巴牌坊如今已成为澳门公认的标志性建筑。

玫瑰圣母堂

澳门众多教堂中具有代表性的一座，地处市区板樟堂前地，由16世纪时天主教的西班牙"多明我会"教士初到澳门时设立，至今已有400余年历史。玫瑰圣母堂供奉有花地圣母像，堂内还收藏有不少艺术品，有较高的参观欣赏价值。

● 乘坐免费巴士

在澳门海关门口，有去威尼斯人度假村的免费穿梭巴士，路过市区，十分方便。

● 澳门历史城区

🚌 有多路公交车可到。步行前去亦可。

● 大三巴牌坊

🚌 在新马路站下车，沿议事亭前地及步行径前往可到。

威尼斯人度假村

是美国金沙集团投巨资兴建的占地11万平方米的会展场地，开幕时是全球第二大建筑物和亚洲最大的单幢式酒店，是当今澳门最有影响力的观光游乐场所之一。

澳门旅游塔

澳门旅游塔在港澳地区简称为观光塔。是澳门的标志性建筑。其高度为338米，主观光层位于距地面223米处。该塔是世界上最著名的观光塔之一。登上高速电梯，几分钟就能到达观光层。透过明亮的玻璃窗，可俯瞰整个澳门和珠海地区，天气好的时候，香港远景亦是历历在目。在塔上的360度旋转餐厅边品美食边观塔外风光，亦是绝佳享受。

● 玫瑰堂

有多路公交车可到。外观和内部陈设都美观，值得一看。下午参观更适宜。

金莲花广场

金莲花广场位于澳门新口岸高美士街、毕士达大马路及友谊大马路之间。为庆祝1999年澳门主权移交，中国中央人民政府向澳门赠送了一尊名为《盛世莲花》的雕塑。其主体部分由花茎、花瓣和花蕊组成。采用青铜铸造，表面贴金，重6.5吨；基座部分由23块红色花岗岩相叠组成。雕塑总高6米，花体部分最大直径为3.6米。三层红色花岗岩相叠的基座，形似莲叶，寓意澳门三岛。莲花盛开、亭亭玉立、冉冉升腾，象征澳门永远繁荣昌盛。《盛世莲花》雕塑就坐落在金莲花广场中心，很有纪念意义和观光价值。与香港的金紫荆广场有异曲同工之妙。

交 通

航空

澳门国际机场位于氹仔，24小时开放。令人感到新奇的是，澳门国际机场有客机和直升机两种交通方式供选择。有多家航空公司的航线来往澳门与内地、台湾省、菲律宾、泰国等地的不同城市之间。旅客可直接由澳门国际机场往本地区内各目的地，或乘坐客机转往亚洲、欧洲及美洲等地。电话：0853-28861111。

★ 机场交通

澳门国际机场离澳门客运码头只需15分钟左右的车程，距路氹边境只有5分钟左右的车程。机场与市区之间有专线公共汽车连接（主要有AP1、MK1、MK2、N2、26、36路等），沿途经过澳门几家主要的酒店。

公路

★ 澳门—广东 公路交通

澳门岐关车站与广东省各大城市之间每日有多班大巴对开。

1. 经澳门由陆路进入中国内地必须经过两个出入境通道：澳门关闸边检大楼和拱北边检大楼，其开放时间为7:00至24:00。

2. 莲花大桥是连接澳门与中国内地的第二条陆路通道。旅客可经路氹城边检站进出澳门，旅客出入境时间为9:00至20:00。

水路

澳门到香港的客运快船每日有数十近百班，船程1小时左右。

澳门至深圳机场（福永码头）及蛇口之间也有快船对开。

澳门区内交通

有各类大型、中型、小型公汽行驶在澳门市区，班次密集。

台湾省

电话区号：00886

台湾岛位于我国东南海面上，隔台湾海峡与福建省相望。岛上自然资源丰富而风光优美，自古以来享有"祖国宝岛"之美誉。台湾岛上多山地，除了岛西岸一带是平原外，占全岛2/3左右的地区都是崇山峻岭。台湾的主要大城市有台北、高雄、台南、南投、嘉义、台东等；而日月潭、阿里山、阳明山、台北故宫博物院、台北101大楼、安平古堡、玉山公园等则是当地有较高知名度和影响力的观光热点景区。

主要景区

日月潭

在台湾岛中部的南投县境内，四周群山环抱、林木葱郁，中央潭水晶莹、波光潋滟，水色山光皆美。日月潭的面积为百余平方千米，游人可以通过乘水上游船和乘陆上观光车等不同方式观览湖区各个景点，领略"青山拥碧水、明潭抱绿珠"的美丽潭区风韵。

阿里山

在嘉义县东北，属玉山山脉的支脉，隔同富溪与玉山主峰相望。阿里山由大武峦山、尖山、祝山、塔山等18座山峰组成，最高峰海拔2905米。阿里山的日出、云海、晚霞各景都很秀丽，而山上丰富的森林资源和独特的登山铁路，亦为山区美景增色不少——尤其是乘火车从海拔仅30米的嘉义爬升到海拔2216米的阿里山顶，更是当地盛行的山区观光经典方式。

阳明山公园

位于台北市北方，海拔443米，以多山间溪流、温泉和森林茂密著称，是风光原始古朴且最具自然风味的山丘景区，也是台湾四大公园之一。

阳明山国家公园分为前山公园和后山公园两大部分，其中后山公园是其精华所在。山上

▲ 日月潭风光

▲ 台湾东海岸的旅游风景区

的莲花亭、鱼乐园、快雪亭、水河台、阳明飞瀑等景点均有较高的观光价值。

台北故宫博物院

在台北市林外双溪，原称"中山博物院"，落成于1965年孙中山诞辰纪念日，其建筑风格仿北京故宫博物院设计，外观庄严宏伟。台北故宫博物院院藏艺术珍品数量极多且品种丰富，是名副其实的艺术品收藏宝库。

台北101大楼

总高度达508米的摩天大楼，造型宛若劲竹节节高升，建筑外观独特而个性鲜明，是台北市的标志性建筑。

101大楼内遍布商店、餐厅及娱乐场所，具有商贸、餐饮、休闲、娱乐等综合功能。大楼与台北市政府大楼、国际会议中心、世贸中心等相距很近，上述各建筑相依相连，构成了新颖气派的现代化都市美景。

孔庙

在台南市中区南门路，建于清康熙四年（1665年），是台湾目前历史最悠久、建筑最壮观的孔庙。其中心建筑大成殿结构特殊，殿中没有柱子和回廊，只用厚墙外的排梁支撑，堪称中国古建筑中的杰作。每年的孔子诞辰，庙中举行的祭孔典礼气氛庄严、场面隆重，观后令人发思古之幽情。

第12版后记

《自助游中国》一书曾多次再版,且每一个版本都经过加印。对于广大读者给予的关注和厚爱,笔者非常感激和感动,而回报这种关注和厚爱的最好方式就是把下一版的新书做好,为广大读者和旅游爱好者提供最真实精准而又明确实用的旅游指南服务。

近年,由于笔者长期出国旅游,未曾在国内长住,加之新冠肺炎疫情的影响,故本书的再版更新也出现了停顿,在此向各位读者表示深深的歉意。但是把本书内容更新和重新出版发行,一直是我的夙愿和决心。经过多方努力,在2025年,笔者终于能把修改充实后的新版《自助游中国》(第12版)一书奉献给大家了。

在本书的修改、充实过程中,笔者根据自己近来的亲身游历,对全国各省各主要景区景点的交通、食宿、游览、娱乐、通信、购物等综合方面的各类信息作了全面调查、核实、修改、订正,还酌情增加了不少介绍新景区、新游览线路方面的内容,目的就是想把这本书编写成国内具有权威性和实用性的自助游指南性图书,从而为大家提供最真实、准确、实用的导游服务。如果您从书中得到了自助游方面的有效指导从而在旅途中玩得更顺利、更圆满、更加开心,笔者将倍感欣慰;如果您发现本书某些内容小有瑕疵(有关交通、食宿、景点门票及通信方面的部分信息可能会有误差和变动),请理解这些都是因为国内旅游业的蓬勃发展且变化神速所致(尤其是近来因物价调整,国内各地交通费用调价频繁、变化较多。另外各个景区的门票也在频繁调整,票价也因购买平台不同而存在一些差异,所以虽然书中为您介绍了大量的门票价格信息,但购票时应以景点当时实际执行的票价为准),对此我们已经倾尽全力,但仍然是鞭长莫及。如果您希望经常在神州大地上做潇洒愉快的观光旅行,那么请把这本《自助游中国》(第12版)作为您旅行的伴侣,笔者将不断地充实和完善这本书,它将会为您带来全新的内容和全新的指导,伴随您在广阔天地间开心游乐,得到难忘的美好享受。

后记

  要着重说明的是：我只是一个普通的作者，我是在中国旅游出版社的支持和相助下做完本书的更新工作。

  在本书编辑出版的过程中，中国旅游出版社的各位领导、各位专家、各位老师给予了诸多关心和厚爱，这里我要特别感谢社长和编辑老师，没有他们的热情关注、大力支持和精心安排，本书是不可能顺利出版发行并与读者见面的。

  最后要表达的是，本人诚交旅游爱好者和社会各界的朋友，欢迎您与我联系，在网络上输入"鲍威自助游中国"或输入"鲍威作品"还可查询到笔者创作的所有旅游指南图书的信息，也欢迎大家关注笔者创作编写的介绍境外跟团游内容的新作《两年玩转世界》，希望能和大家多多交流，更期待来自各方的指导和教诲。

鲍威

2025年6月20日

责任编辑：石赜睿
责任印制：冯冬青
装帧设计：何　杰

图书在版编目(CIP)数据

自助游中国 ／ 鲍威编著. -- 12版. -- 北京：中国旅游出版社，2025.7. -- ISBN 978-7-5032-7553-1
I. K928.9
中国国家版本馆CIP数据核字第2025CG9170号

书　　名：	自助游中国（第12版）
作　　者：	鲍威　编著
出版发行：	中国旅游出版社
	（北京静安东里6号　　邮编100028）
	http://www.cttp.net.cn　　E-mail:cttp@mct.gov.cn
	营销中心电话：010-57377103　　010-57377106
	读者服务部电话：010-57377107
经　　销：	全国各地新华书店
印　　刷：	三河市灵山芝兰印刷有限公司
版　　次：	2025年7月第12版　2025年7月第1次印刷
开　　本：	889毫米×1194毫米　1/32
印　　张：	29.5
字　　数：	1200千
定　　价：	69.80元

ISBN 978-7-5032-7553-1

版权所有　翻印必究
如发现质量问题，请直接与营销中心联系调换